国家社科基金项目“粤北土话濒危现象的社会语言学研究”（06CYY001）
教育部人文社科重点研究基地重大项目“岭南濒危方言研究”（07JJD840201）

成果

韶关土话调查研究

李冬香　庄初升　著

暨南大學出版社
JINAN UNIVERSITY PRESS
中国·广州

图书在版编目（CIP）数据

韶关土话调查研究/李冬香，庄初升著. — 广州：暨南大学出版社，2009.12
ISBN 978-7-81135-401-0

Ⅰ. 韶…　Ⅱ. ①李…　②庄…　Ⅲ. 汉语方言—方言研究—韶关市　Ⅳ.H17

中国版本图书馆 CIP 数据核字（2009）第 188160 号

出版发行：暨南大学出版社

地　址：中国广州暨南大学
电　话：总编室（8620）85221601
　　　　营销部（8620）85225284　85228291　85220693（邮购）
传　真：（8620）85221583（办公室）　85223774（营销部）
邮　编：510630
网　址：http：//www. jnupress. com　　http：//press. jnu. edu. cn

排　版：广州市天河星辰文化发展部照排中心
印　刷：佛山市浩文彩色印刷有限公司

开　本：890 mm × 1240mm　1/16
印　张：32.25
字　数：1020 千
版　次：2009 年 12 月第 1 版
印　次：2009 年 12 月第 1 次

定　价：62.00 元

目　录

上编　韶关土话调查报告

下编　韶关土话濒危现象的社会语言学研究

上 编

韶关土话调查报告

第一章 引 言

第一节 韶关地理历史概况

一、韶关地理概况

韶关市地处粤北，位于东经112°50′至114°45′、北纬23°5′至25°31′之间。西北面、北面和东北面与湖南郴州市、江西赣州市交界，东面与河源市接壤，西连清远市，南邻广州市、惠州市。现辖南雄市、仁化县、始兴县、乐昌市、乳源瑶族自治县（以下简称乳源县）、翁源县、新丰县、曲江区、浈江区和武江区10个县（市、区）。韶关市被称为广东的北大门，从古至今都是我国北方及长江流域与华南沿海之间最重要的陆路通道，战略地位十分重要。京广铁路、京珠高速公路和106国道南北向纵贯全市，323国道东西向横穿全市，107国道、105国道则分别经过本市的北部和东南部。

韶关市地处南岭山脉南部，以山地、丘陵地貌为主。自北向南三列弧形山系排列成向南突出的弧形，构成粤北地貌的基本格局：北列为蔚岭、大庾岭山地，长140千米；中列为大东山、瑶岭山地，长250千米；南列为起微山、青云山山地，长270千米。其间分布两行河谷盆地，包括南雄盆地、仁化董塘盆地、乐昌坪石盆地、乐昌盆地、韶关盆地和翁源盆地。红色岩系构成的丘陵、台地分布较广，特征显著。仁化丹霞山一带以独特的红岩地貌闻名于世，是中国典型的“丹霞地貌”所在地和命名地，面积约280平方千米。北部地势为全省最高，位于乳源县、阳山县和湖南省交界的石坑崆，海拔1 902米，为广东第一高峰。韶关市境内的河流大多属于珠江水系北江流域，只有新丰县内的部分河流属于东江流域。北江的干流是浈江，自东北向南贯穿全境，主要支流有墨江、锦江、武江、南水，呈羽状汇入北江。韶关市拥有丰富的森林资源和独特的生态系统，是广东省最大的再生能源基地和天然生物基因库，森林资源及野生动植物资源极其丰富，森林资源居省内首位。

韶关市的少数民族以瑶族、畲族为主，此外还有满、回、京、苗、黎、白、侗、土家等，共31个。瑶族主要分布在乳源县、曲江区和始兴县，畲族主要分布在南雄市和始兴县。根据第五次全国人口普查结果，韶关市各少数民族人口为4.59万，占韶关市总人口的1.68%。①

据统计，2005年末韶关全市常住人口292.26万，户籍人口318.66万，比上年增加1.68万。其中非农业人口126.10万，农业人口192.56万。全年出生人口3.7万（计生口径），出生率为11.59‰，人口自然增长率为6.4‰。②

二、韶关历史沿革

韶关历史悠久，早在十万年前就有先民在此活动生息。先秦时期，韶关地区尚没有实体建制，属扬州府。春秋时属百越地，战国时属楚地。秦始皇三十三年（前214）在今两广地区置南海、桂林和象郡三郡。其时，粤北各地均未建县，今天的“三连”（即连山、连南和连州）及乐昌中北部地区为长沙郡地。秦亡，南海尉事赵佗建立南越国，领三郡之地，今天的“三连”及乐昌中北部地区仍属于长沙郡，始兴、南雄属于九江郡。西汉元鼎六年（前111），以湘南、粤北之地建桂阳郡，郡治在今湖南省郴州市，粤北的桂阳（今“三连”）、曲江（今曲江、仁化、乳源、乐昌）等县属之。三国吴甘露元年（265），以桂阳郡南部置始兴郡，郡治在曲江莲花山下（今韶关市），属荆州，辖曲江、始兴等六县（范围大体上是今粤北地区）。

西晋武帝平吴（280），以始兴郡改属广州，郡治在曲江，辖境与东吴的始兴郡基本相同。永嘉元年（307），分荆州之长沙、衡阳、湘东及广州之始安、临贺等九郡，另立湘州，始兴郡属之。南北朝宋元嘉二十九年（452），罢湘州并荆州，以始兴、临贺、始安三郡属广州。次年，复度湘州。泰豫元年（472），改始兴郡为广兴郡，属湘州。南齐（479—502）初年，广兴郡复名始兴郡，仍属湘州，领曲江、桂阳、阳山、始兴、浈阳等十一县。梁天监六年（507），另置西衡州，分湘、广二州地置衡州，将原始兴郡分为始兴、安远和阳山三郡。其中，始兴郡领曲江、仁化、浈阳、梁化（析曲江县地置）、平石（析曲江县地置）和翁源（析浈阳县地置）六县。陈天嘉元年（560），改桂阳之汝城（今属湖南省）为庐阳郡，分衡州之始兴、安远置东衡州，并于翁源县置清远郡。东衡州州治在曲江（今韶关市区），领郡三：始兴郡领曲江、梁化、浈阳和平石四县，仁化已废；安远郡领始兴、须阳（析曲江县地置）二县；庐阳郡领汝城县。

隋开皇九年（589）改东衡州为韶州，取州北名胜韶石山之“韶”字为州名。十一年，废韶州，所辖曲江、始兴、大庾、梁化和平石等县并属广州。仁寿元年（601），以番禺山为名，改广州为番州。大业三年（607），罢番州为南海郡，领十五县，其中韶关有四县：曲江（含浈阳）、始兴、翁源、乐昌。唐武德四年（621），析广州之曲江、始兴、乐昌三县置番州。不久，改名东衡州，属岭南道。贞观元年（627），东衡州复名韶州。天宝元年（742），韶州改为始兴郡，仍属岭南道，州治及辖地不变。始兴郡领曲江、始兴、乐昌、翁源、浈昌（光宅元年建县）和仁化六县。南汉乾亨四年（920），在浈昌县治所置雄州。宋开宝四年（971），为避免与河北的雄州重名，改韶关的雄州为南雄州，割韶州的始兴县隶属之。

明洪武元年（1368），韶州路改为韶州府，领曲江、乐昌、仁化、乳源四县；南雄路改为南雄府，领保昌、始兴二县。二年，英德州降为县，归韶州府，翁源县改属韶州府。清代初年，韶关的行政建制沿袭明制。到了嘉庆年间（1796—1820），韶州府领曲江、乐昌、仁化、乳源、翁源和英德六县；南雄直隶州领始兴县。

明嘉靖二十六年（1547），在韶州府始立遇仙桥税务（后称太平西关）。清康熙九年（1670），移南雄太平桥税关于韶州府城浈江门外，称太平东关；同时，在韶州府城北设旱关一处，称太平北关。从此，韶州府城一地设水陆三关，相沿成俗，遂称为韶关。

1911 年 12 月 5 日，废除韶州府，成立南韶连绥靖处，辖南雄、始兴、曲江、乐昌、仁化、乳源等十一县。民国二年（1913），成立南韶连道，设观察使，辖区不变。民国七年（1918），南韶连道改为岭南道。民国九年（1920），撤销岭南道，成立南韶连行政委员会。民国十六年（1927），划出连县、连山和阳山瑶族地区，成立连阳化瑶局。民国二十一年（1932），成立广东西北区绥靖委员公署，辖二十五县，其中韶关有六县。民国二十五年（1936），广东省划分为九个行政督察区，韶关为第二区。民国二十七年（1938），广州沦陷，国民党广东省政府 1939 年 2 月迁韶州。

1949 年 9 月 15 日，广东北江临时人民行政委员会成立，辖曲江、始兴、南雄、仁化、乐昌、乳源等十六县；11 月 25 日，韶关市人民政府成立。1950 年，北江人民行政督察专员公署成立（简称北江专署），辖韶关市和上述十六县。1952 年，撤销北江专员公署，成立粤北行政公署。1956 年，撤销粤北行政公署，成立韶关专员公署，辖一市十六县。1968 年，韶关专区革命委员会成立。1983 年，韶关地、市合并为韶关市，管辖曲江、翁源、乐昌、乳源、仁化、始兴、南雄等十二县。1988 年，广州市的佛冈县和韶关市的连山、连县、连南、阳山、英德五县划归清远市管辖，广州市的新丰县划归韶关市管辖。1994 年，乐昌县撤县建市（县级）。1996 年，南雄县也撤县建市（县级）。至此，韶关市管辖南雄市、仁化县、始兴县、乐昌市、乳源县、曲江县、翁源县、新丰县、浈江区、北江区和武江区 11 个县（市、区）。

2004 年 5 月，韶关市部分行政区划进行调整，由 11 个县（市、区）调整为 10 个县（市、区），撤销北江区、曲江县，设立曲江区，并调整浈江区、武江区和仁化县的行政区划：①将原北江区的行政区域和原曲江县的花坪镇、犁市镇划归浈江区管辖；②将原曲江县的重阳镇、龙归镇、江湾镇划归武江区管辖；③将原曲江县的黄坑镇、周田镇、大桥镇划归仁化县管辖；④曲江区辖 9 个镇：马坝镇、罗坑镇、樟市镇、乌石镇、沙溪镇、大塘镇、小坑镇、枫湾镇、白土镇等，区人民政府驻马坝镇。2006 年，仁化县撤销丹霞镇、仁化镇，设立丹霞街道办事处。

第二节　韶关汉语方言概况

由于历史和地理的原因，韶关地区的语言比较复杂。除了汉语，还零散分布着少数民族语言。就汉语而言，韶关境内也分布着多种方言，主要有客家话、粤语、西南官话、闽南话以及归属未明的粤北土话，下面分别简要介绍。

一、客家方言

客家方言是韶关市最主要的方言，分布范围最广，使用人数最多。10 个县（市、区）中，新丰、翁源、南雄、始兴是纯客县，基本上都通行客家方言；其他 6 个县（市、区）的农村大都有一半以上的地区通行客家方言。下面是各个县（市、区）客家方言分布的情况：

曲江区：2004 年行政区划调整后的曲江区辖 9 个镇，其中大塘、小坑、沙溪、枫湾、罗坑 5 个镇除个别瑶族村落外，均通行客家方言；马坝、乌石、樟市、白土 4 个镇的大部分村落通行客家方言。

浈江区：2004 年行政区划调整后的浈江区辖 5 个街道办事处、2 个办事处和 5 个镇，客家方言主要分布在花坪镇。此外，新韶镇大部分村落以及十里亭镇、乐园镇的部分村落和犁市镇靠山边的村落也使用客家方言。

武江区：2004 年行政区划调整后的武江区辖 2 个街道办事处和 5 个镇，江湾镇、龙归镇、重阳镇的大部分村落以及西联镇和西河镇的部分村落使用客家方言。

乐昌市：九峰、五山、两江、大源、秀水、梅花、云岩、沙坪等乡镇的全部，罗家渡、廊田、乐城街道办事处等乡镇的大部分村落及长来、北乡、庆云、白石、坪石和三溪等乡镇的部分村落使用客家方言。

乳源县：必背、游溪、东坪和柳坑等乡镇的瑶胞说瑶话（勉语），兼通客家方言。在汉族地区，除了桂头、杨溪两镇的部分村落说闽南话系统的“连滩声”、部分村落说土话及粤方言之外（兼通客家方言），其余各地均通行客家方言。

南雄市：湖口、珠玑、梅岭、邓坊、水口、南亩、江头、主田、古市、全安等乡镇说客家方言，学术界的意见比较统一。而包括政府所在地雄州镇在内的其他乡镇的方言，《中国语言地图集》一律划归为“韶州土话”，[③]庄初升（2004）则认为是赣南“老客”往广东境内自然的延伸。[④]南雄的客家方言可分为三个小片：①雄州话，通行于市区雄州镇及其近邻；②上方话，通行于乌迳、大塘、油山、新龙、坪田、孔江、界址、黄坑等乡镇，以乌迳话为代表；③北山话，通行于百顺、帽子峰、澜河、苍石等乡镇，以百顺话为代表。

仁化县：2006 年行政区划调整后的仁化县辖 1 个街道办事处和 10 个镇，石塘、丹霞、董塘、周田、黄坑等乡镇（街道办事处）的部分村落说土话，县城通行粤方言，其他地方均属于客家方言区。其中，红山镇、大桥镇及董塘、石塘、周田、黄坑等镇的大部分村落，城口镇和丹霞街道办事处的部分村落所说的客家方言性质比较明确；东部的长江、扶溪、闻韶等镇的方言被《中国语言地图集》划归为土话，庄初升（2004）则认为是一群“老客家话”，它正好与南雄境内的“老客家话”相连成片。[④]

始兴县：纯客县，除了深渡水瑶族乡等地的瑶胞对内使用属于少数民族语言的瑶话（勉语）外，全县通行客家方言，内部有一些显著的差别。

翁源县：纯客县，全县通行客家方言。

新丰县：纯客县，全县通行客家方言。但按传统说法，新丰方言有客家方言和水源话两种，后者又称“蛇声”。客家方言主要分布在丰城、梅坑、小镇、沙田、遥田、黄磜、回龙等乡镇，水源话主要分布在马头、石角、大席等乡镇。据周日健《新丰方言志》，客家方言和水源话在词汇、语法方面大同小异，语音方面的差异比较显著。[⑤]尽管如此，该书还是认为水源话同样属于客家方言，[⑥]故新丰是纯客住县。不过，本地居民一般都认为客家方言和水源话是不同的。

庄初升（2005）以 10 个具有代表性的方言点为例，描述粤北客家方言语音的基本面貌。这 10 个点分别是：南雄市乌迳、仁化县长江、始兴县太平、连州市九陂、乐昌市梅花、翁源县新江、乳源县侯公渡、新丰县丰城、英德市浛洸、清新县鱼坝。除了连州市九陂、英德市浛洸和清新县鱼坝 3 个点以外，其余 7 个点属于韶关市。下面用表格的形式概括上述韶关市 7 个客家方言点语音的一致性和差异性。

表 1-1　韶关客家方言的语音特点[⑦]

是否具备该项语音特征 / 方言点 / 参加比较的语音特征	南雄乌迳	仁化长江	始兴太平	乐昌梅花	翁源新江	乳源侯公渡	新丰丰城
（1）古全浊声母今读清塞音、塞擦音时，一般都送气。	+	+	+	+	+	+	+
（2）古精庄知二与古章知三今读两套不同声母。	+	+	−	+	+	+	−
（3）古非组有几个口语常用字读为重唇音。	+	+	+	+	+	+	+
（4）古泥、来母今读不论逢洪、细都有别。	+	+	+	+	+	−	−
（5）古见组字今读逢细音基本上都腭化。	+	−	+	+	−	−	−
（6）古晓、匣母的合口字有今读f、v声母的表现。	+	+	+	+	+	+	+
（7）古溪母的个别或一些口语字有今读h或ʃ、f的现象。	+	+	+	−	+	+	+
（8）古歌、豪韵今读有别。	+	+	+	−	−	−	−
（9）山摄一、二等的见系字今读基本上有分别。	−	−	+	+	+	+	+
（10）古辅音韵尾-m-n-ŋ-p-t-k相对完整地保留着。	−	−	−	−	−	−	+
（11）古合口一、二等见组字的今读一般有-u-介音。	+	+	−	+	+	+	−
（12）古梗摄字白读层的主要元音都是a。	−	−	+	+	+	+	+
（13）古所江切的“双”字与“松轻~”字同音。	−	−	−	+	+	+	+
（14）古全浊上、次浊上的口语字今读阴平。	−	+	+	+	+	+	+
（15）古全浊上的非口语字今读阳去或去声。	+	+	+	−	−	−	−
（16）古浊去除部分次浊去字今读去声外，其他的基本上今读上声。	−	−	−	+	+	+	+
（17）“毛鳞蚊笼聋”5 个字在口语中均今读阴平。	−	−	−	+	+	+	+
（18）古入声以古清浊为条件分化为阴入、阳入两调。	−	−	+	+	+	+	+
（19）古次浊入有规律地分化为阴入、阳入两调。			+	+	+	+	+
（20）调值方面阴入低阳入高。			−	−	+	+	+
（21）有小称变音。	+	+	−	−	−	−	−

说明：“+”号表示参加比较的方言点具备表左所列的某项语音特征，“−”号表示不具备该项语音特征，空白表示不具备比较的条件。

从整体上不难看出，南雄乌迳和仁化长江比较接近，代表的是一类“老客家话”；乐昌梅花、翁源新江、乳源侯公渡、新丰丰城的语音特征比较接近，代表的是一类“新客家话”。始兴太平话也属于“新客家话”，但因为地缘的关系，有些语音特点更接近“老客家话”。

二、粤方言

历史上，韶关市并不通行粤方言。近半个世纪以来，由于种种原因，韶关市区以及曲江、乐昌、仁化等县（市、区）的城区甚至部分乡镇也逐渐通行粤方言，这些地区的粤方言属粤语广府片。此外，有部分村落存在粤方言岛，如浈江区犁市镇上寮、中寮和下寮，乳源县桂头镇七星墩等地。他们的祖先多是最近一两百年从清远等地迁移而来的。这些地区的粤方言因历史短暂，与广州话、清远话差别不大，因此本书不作介绍。

三、闽南方言

据庄初升（2004），在曲江区、武江区、浈江区、乳源县、乐昌市和仁化县等6个县（市、区）境内，沿着武江、浈江以及北江中、上游（武江、浈江两河至韶关市区汇合成北江）两岸，星星点点分布着几十个大小不一的闽南方言岛，使用人口估计在2万以上。韶关闽南方言岛的居民多是清朝以来从闽南、潮汕一带辗转迁移而来的。如据乐昌市河南镇塔头坝村《余氏族谱》记载，塔头坝余姓始祖钦意公于清乾隆年间（1736—1795）自今天的粤西郁南县连滩一带经仁化移居而来，而郁南县连滩一带的余姓始祖芳选公则是嘉靖四十年（1561）从闽南漳浦县五凤里蒹葭村柑板桥迁来的。

韶关闽南方言岛语音上具有如下一致性的特点：

（1）保留“古无轻唇音”的特点。

（2）古知组字多保留“古无舌上音”的特点，但也有一部分字读 ʦ、ʦ‘。

（3）古心、书、禅、邪母的部分字白读为 ʦ、ʦ‘。

（4）古匣母的少数字读舌根塞音 k 或零声母。

（5）古云母的少数字白读为 h 声母。

（6）古疑母字读 ŋ 或零声母。

（7）古支韵一些字的白读主元音为 a。

（8）有撮口呼韵母。

其中，第（1）～（7）条是和本土闽南话共同的特点，第（8）条则是韶关闽南话独有的特点，可能是受周边的粤、客方言影响所致。⑧

四、西南官话

根据庄初升（2004），在乐昌市的北部地区，说土话的居民一般还会说西南官话（当地称为“湖南话”），形成对内使用土话、对外使用西南官话的双方言交际格局。另外，也有个别村落基本上对内、对外都使用西南官话。乐昌市北部的西南官话是湖南南部西南官话就近扩散的结果。下面以乐昌市老坪石镇的口音为代表简要介绍西南官话的语音特点：

（1）古全浊声母今读塞音、塞擦音时，逢平声送气，逢仄声不送气。

（2）古知、章、庄组声母今读 ʦ、ʦ‘、s。

（3）普通话中已经腭化的一些见组字保留舌根音的读法。

（4）部分疑母字读 ŋ 声母。

（5）古阳声韵合并为-ŋ 尾韵。

（6）古入声字今读阳平调。⑨

五、粤北土话

粤北地区分布着一群归属未明的方言土语，《中国语言地图集》称之为“韶州土话”③，现在学术界则普遍称之为“粤北土话”。庄初升（2004）在掌握24个方言点的语言材料的基础上，根据某些历史性的语音标准，把《中国语言地图集》归为“韶州土话”的方言分为三片：雄州片、韶州片和连州片。这三片土话中，雄州片土话主要分布在韶关市的南雄、仁化等地，这种土话实际上是“老客家话”，应该归入客家方言，前文“客家方言”一节已作介绍；连州片土话主要分布在连州市和连南瑶族自治县，韶关市乐昌北部黄圃、皈塘、三溪等地的土话也属于连州片土话，其语言特点整体上与湘南土话更为接近；韶州片土话分布在今韶关市，是粤北土话中特色最为鲜明的一个土话群。[10]其中，韶州片土话是本书的重点研究对象。为区别于《中国语言地图集》的“韶州土话”，本书把韶州片土话改称为“韶关土话”。韶关土话的分布及使用人口见下节，其语言特点见第四章。

第三节 韶关土话的分布及使用人口

从地理条件来说，韶关土话主要分布在以韶关市为中心的低丘陵、宽谷盆地中，尤其是在北江及其支流两岸的坝地上。从县（市、区）来说，韶关土话主要分布在曲江、武江、浈江、仁化、乐昌和乳源六个县（市、区）。图 1-1 是韶关土话分布的总体情况：

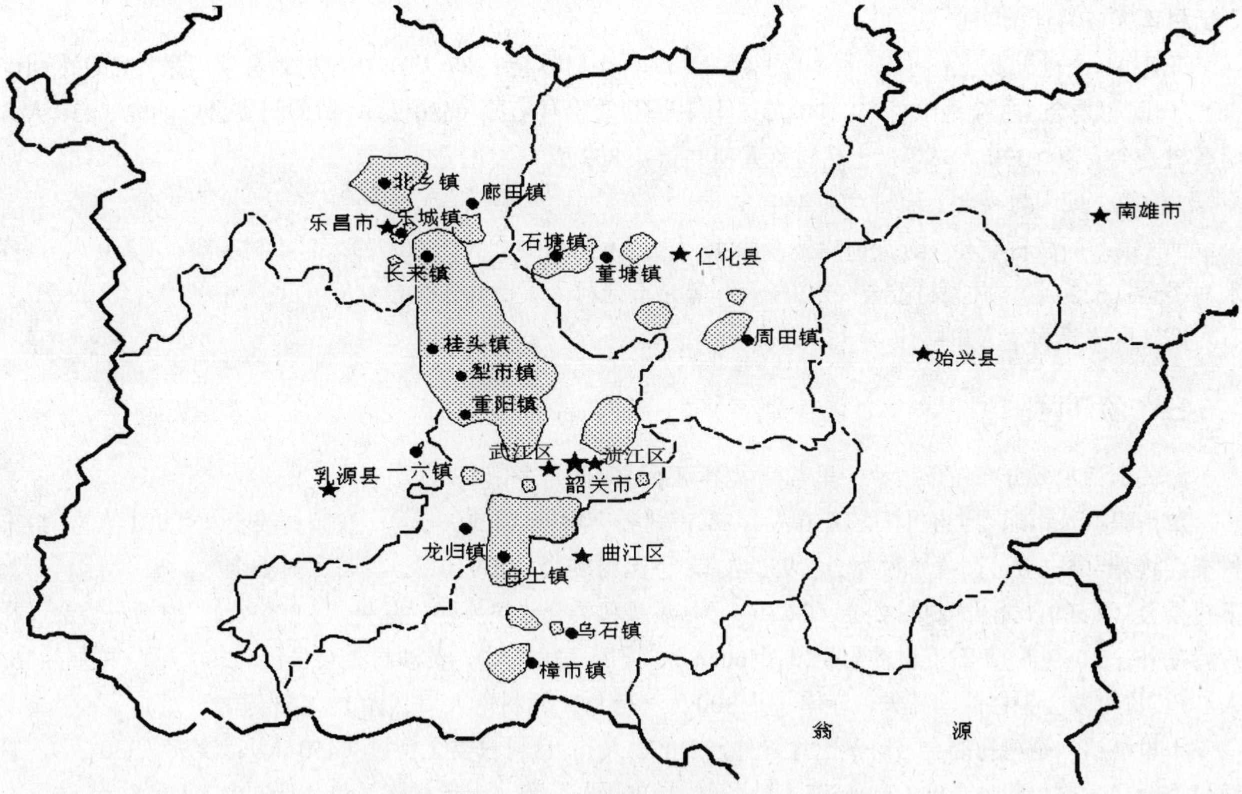

图 1-1 韶关土话的分布

下面分县（市、区）详细介绍韶关土话的分布及人口。要说明的是，以下人口数据绝大多数来自当地村委会 2005 年年末的统计数据，只有极少数村落土话的人口数是估计数，不过，这些估计数都是由熟悉该村的村干部提供的，因此同实际人口相差不会很大。

一、曲江区

韶关土话主要分布在樟市、白土和乌石等三个乡镇。

樟市镇：北约村委会新欧、新肖、细肖、黄屋、老欧、老肖、涂肖（共 898 人），流坑村委会老肖、新肖、黄屋、横坪头、张屋、胡屋、中村、新邓、下钟（共 2 771 人），南约村委会上门、下门、新厅、刘屋

（共 584 人）等，土话村落人口共计 4 253 人。

白土镇：河边村委会下三都骆姓（298 人）、乌泥角欧姓（150 人），苏拱村委会（大岭、坪庄、角山除外，954 人），上乡村委会（1 568 人），中乡村委会（1 456 人），下乡村委会（1 702 人），白土居委会渔业队（257 人），大村村委会（2 236 人），界滩村委会中界滩（500 人）、东安寨（400 人）等，土话村落人口共计 9 521 人。

乌石镇：涿浬村委会吴屋、谭屋、曹屋、侯屋、上黄、上肖、下肖等，土话村落人口共计 750 人。

此外，散居在曲江区城区的船民原来主要使用韶关土话，共约 3 000 人。

曲江区土话村落人口共计 17 524 人。

二、武江区

韶关土话分布在重阳、龙归、西河、江湾和西联等五个乡镇。

重阳镇：水口村委会（1 844 人），黄岸村委会黄土坛（1 356 人）、上南岸（400 人），重阳村委会重阳（547 人），九联村委会大沙洲（790 人）、陀村（672 人），大夫前村委会（龙头寨除外，1 016 人）等，土话村落人口共计 6 625 人。

龙归镇：龙归村委会车角岭（270 人），龙归居委会渔业队（120 人），后坪村委会后坪（1 360 人）等，土话村落人口共计 1 750 人。

西河镇：大村村委会上村、下村（共 1 446 人），村头村委会（987 人），红星村委会坝厂朱姓、胡姓（100 人），向阳村委会（韭菜地除外，1 100 人），什石园村委会什石园（620 人），黄塱村委会广明龙（230 人），塘寮村委会麦屋（320 人）等，土话村落人口共计 4 803 人。

江湾镇：朝阳村委会上瑶村，共 454 人。

西联镇：西联村委会（五夫田除外，1 845 人），下胡村委会（1 200 人），车头村委会（1 350 人），赤水村委会（622 人），甘棠村委会（2 208 人）等，土话村落人口共计 7 225 人。

武江区土话村落人口共计 20 857 人。

三、浈江区

韶关土话主要分布在犁市、十里亭、乐园和新韶等四个乡镇。

犁市镇：犁市居委会渔业队（650 人），犁市村委会狮塘（1 100 人），沙园村委会（1 991 人），群丰村委会连塘（566 人），黄塘村委会（952 人），下园村委会（1 910 人），厢廊村委会（2 634 人），石脚下村委会（2 509 人），大村村委会（2 230 人），溪头村委会（溪头侯姓除外，1 000 人），梅塘村委会（瓦片岭除外，2 099 人），石下村委会胡屋（460 人）、谭屋（300 人），黄沙村委会侯屋（200 人）、刘屋（362 人），黄竹村委会牛栏前、高夫、赤岸（共 300 人）等，土话村落人口共计 19 263 人。

十里亭镇：靖村村委会（陈屋上厅除外，2 172 人），良村村委会良村（450 人）、沙头（330 人），腊石村委会（学前村除外，880 人），湾头村委会（1 200 人）等，土话村落人口共计 5 032 人。

乐园镇：沙梨园村委会鹤冲村（620 人）、头村邓姓（100 人），长乐村委会华屋（250 人）、中村（280 人），新村村委会新村（200 人）、高头（420 人），六合村委会（1 433 人）等，土话村落人口共计 3 303 人。

新韶镇：水口村委会（水塘部分除外，533 人），黄金村委会黄金村（272 人），石山村委会石陂（650 人）等，土话村落人口共计 1 455 人。

此外，南门街道办事处的武镇街、复兴路、井巷路部分老本城人和韶关市水运公司散居的船民原来主要使用韶关土话，共约 500 人。

浈江区土话村落人口共计 29 553 人。

四、仁化县

韶关土话分布在周田、黄坑、丹霞、董塘和石塘等五个乡镇（街道办事处）。

周田镇：较坑村委会新屋（120 人），平甫村委会冯屋（120 人）、插莒扶（120 人），周田村委会李屋（1 100 人）、张屋（620 人）、何屋（200 人），上道村委会黄屋、李屋（共 520 人），龙坑村委会大罗、细罗（共 330 人）、猪头皮村李姓（35 人），八村村委会李屋、谭屋（共 300 人）、龚屋（300 人）等，土话村落人口共计 3 765 人。

黄坑镇：高塘村委会冯屋、刘屋等，共计 475 人。

丹霞街道办事处：麻塘村委会（950 人）、狮井村委会狮井（480 人），夏富村委会上迳、下迳、夏富（共 1 563 人）等，土话村落人口共计 2 993 人。此外，散居城区的船民原来主要使用韶关土话，共约 500 人。

董塘镇：江头村委会刘屋（200 人）、叶屋（600 人）、石龙头村大部分（300 人）、高宅村委会大村李姓（280 人）等，土话村落人口共计 1 380 人。

石塘镇：石塘村委会（2 700 人），水沥村委会历林（450 人）、京群村委会厚里（530 人）、猴子坪（280 人）、河塘（200 人），安岗村委会安岗大村（1 100 人）、山背（200 人）以及刘屋和杨屋的杨姓（共 150 人）等，土话村落人口共计 5 610 人。

仁化县土话村落人口共计 14 723 人。

五、乐昌市

韶关土话分布在廊田、北乡、乐城和长来等四个乡镇（街道办事处）。

廊田镇：平富村委会（1 067 人），寨头村委会（780 人），楼下村委会楼下、鹿江（共 3 300 人），马屋村委会白马寨、油榨丘（共 1 380 人）等，土话村落人口共计 6 527 人。

北乡镇：茅坪村委会（矮石村除外，2 510 人），东红村委会（728 人），新村村委会（下秧田、西畔村、砍面村除外，1 820 人），黄坌村委会（李家组除外，2 110 人），上丛村委会（新溪组除外，1 920 人），前村村委会（王家、石窖子、吴家除外，1 530 人）等，土话村落人口共计 10 618 人。

乐城街道办事处：下西村委会骆家（400 人）、坎下（260 人）以及邝村和三驳桥部分（共 170 人），榴村村委会上榴（614 人）、下榴（146 人），练塘村委会练塘（630 人）等，土话村落人口共计 2 220 人。此外，原张家巷、李家巷的居民和散居城区的船民原来主要使用韶关土话，共约 2 400 人。

长来镇：上坪村委会（上坪坝除外，621 人），安口村委会（1 617 人），水口村委会（水口坝除外，1 350 人），前溪村委会（2 757 人），罗村村委会（糖寮除外，1 660 人），长来村委会（2 950 人），大赛村委会（大赛坝除外，427 人），灵口村委会（灵口坝除外，1 720 人），金竹山村委会石塘（610 人），和村村委会伍汪（500 人），东边村委会横岭、冲下部分（共 1 250 人）等，土话村落人口共计 15 462 人。

乐昌市土话村落人口共计 37 227 人。

六、乳源县

韶关土话分布在桂头和一六两个乡镇。

桂头镇：松围村委会松围（810 人）、枧梯围（756 人）、棉围（307 人）、墨石（191 人）、下阳陂（288 人），王龙围村委会水塘围（260 人）、王龙围（1 110 人），塘头围村委会塘头大部分（670 人），小江村委会茶园底部分（110 人），桂头社区渔业队（420 人），莫家村村委会大部分（500 人），凰村村委会凰村（1 600 人），七星墩村委会上桂、温山、旱塘、白土螺（共 1 440 人），红岭村委会胡龙岭（285 人）、斗村（418 人），均村村委会新均村、老均村（共计 1 100 人），杨溪村委会杨溪（1 578 人）、樟树堂（282 人）、合尾（89 人）等，土话村落人口共计 12 214 人。

一六镇：一六村委会欧屋，共约 300 人。

乳源县土话村落人口共计 12 514 人。

把以上六个县（市、区）土话村落人口相加，韶关土话区总人口为 132 398 人。2005 年韶关市常住人口总计 292. 26 万人，韶关土话区人口占韶关市常住总人口的 4. 53%。需要指出的是，土话的实际使用人口数比上述总人口数要少。这是因为：第一，上述人口中，包括了外来人员。而这些外来人员中，有的使用土话，有的则不使用。第二，有些村落土话只限于部分人使用，部分人转用其他方言。此外，上文统计的土话区总人口只指今天还有人使用土话的村落人口，历史上曾经使用过土话但现在已完全改用别的方言的村落人口没有计算在内。

韶关市各县（市、区）土话的具体分布图示如下。图中实心黑圈●表示该村委会是纯土话村落，黑圈里面带实心黑点⊙表示该村委会是非纯土话村落，空心圈○表示该村委会以前通行土话，现在已无人会说。

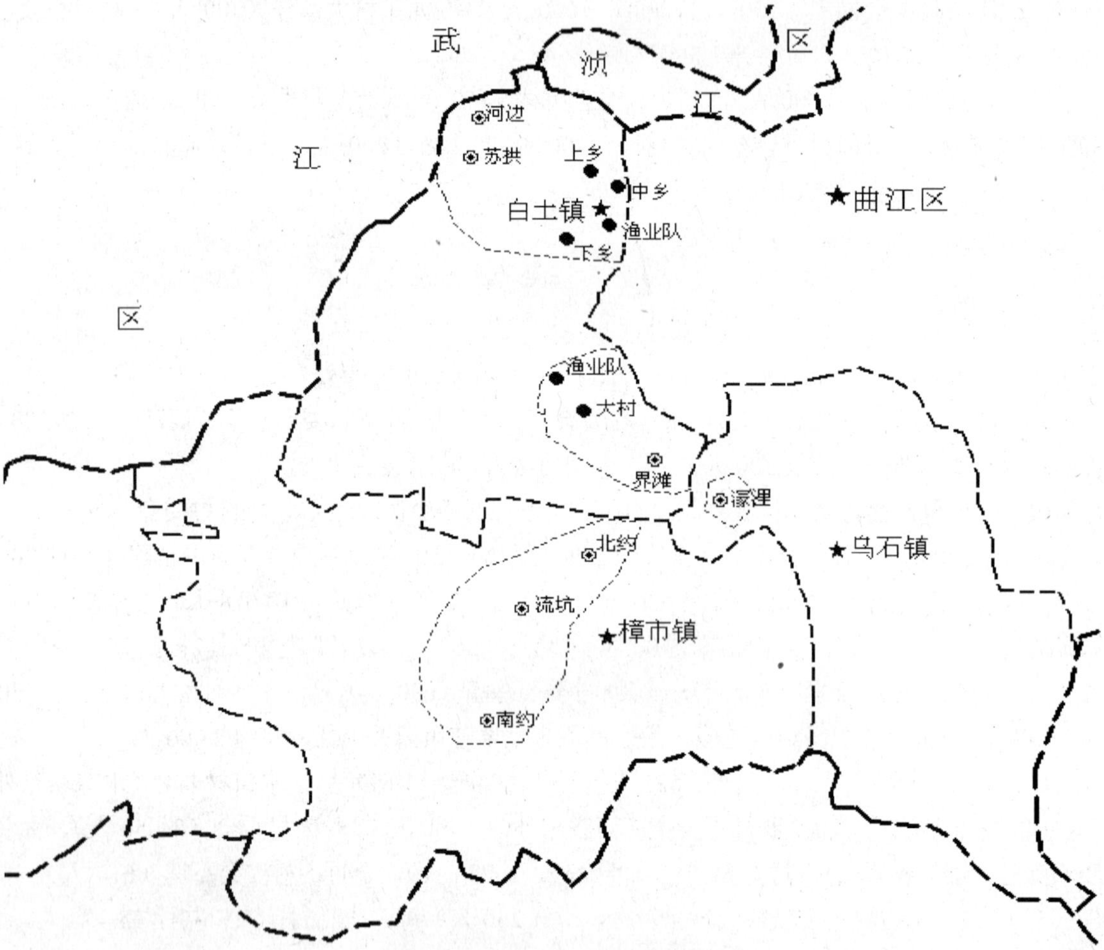

图 1-2　曲江区土话的分布

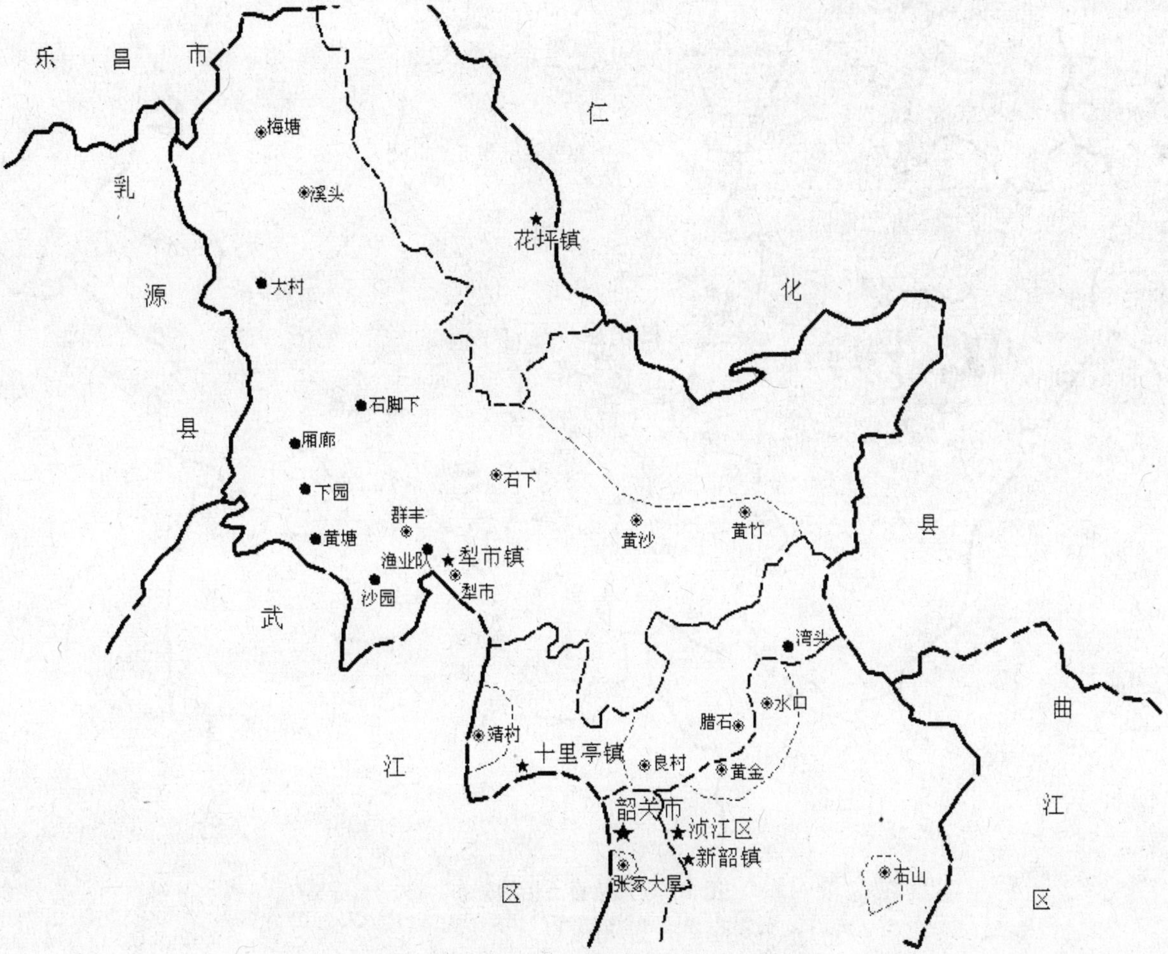

图 1-3 浈江区（乐园镇除外）土话的分布

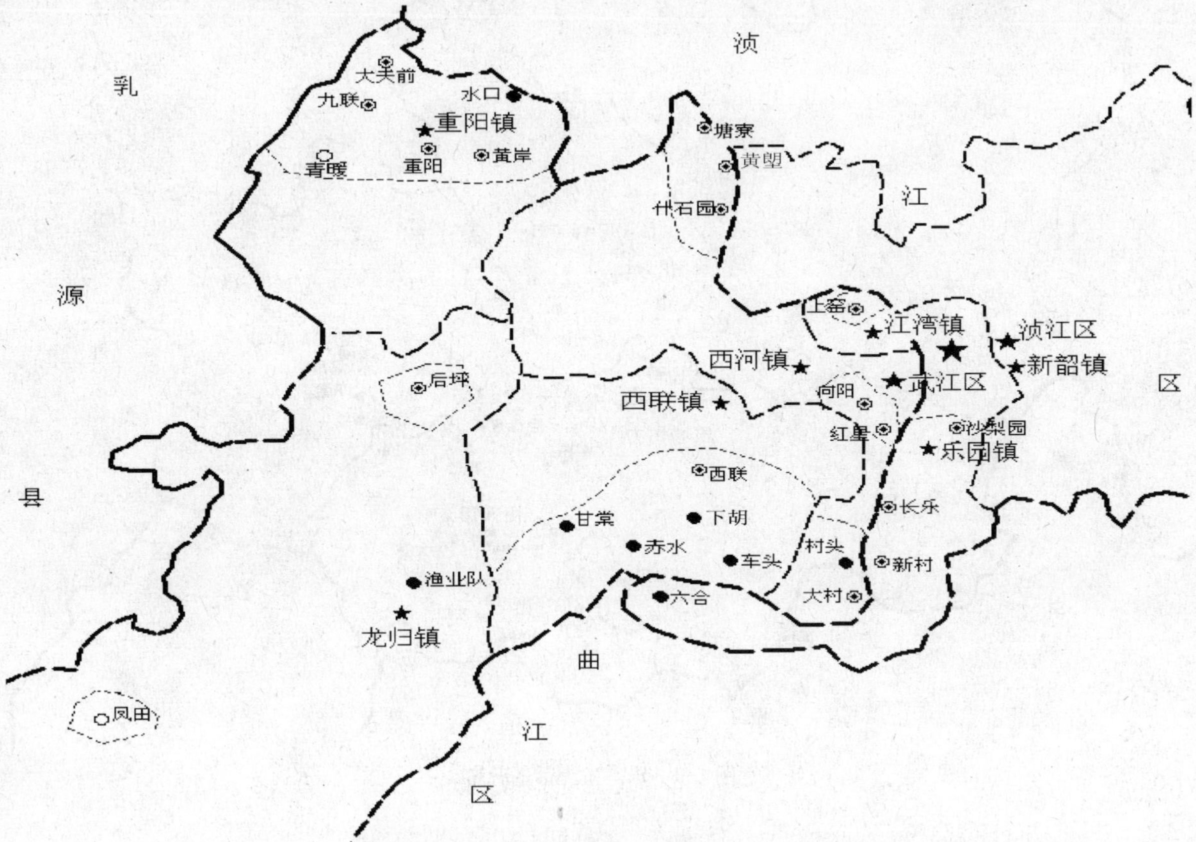

图 1-4 武江区和浈江区乐园镇土话的分布

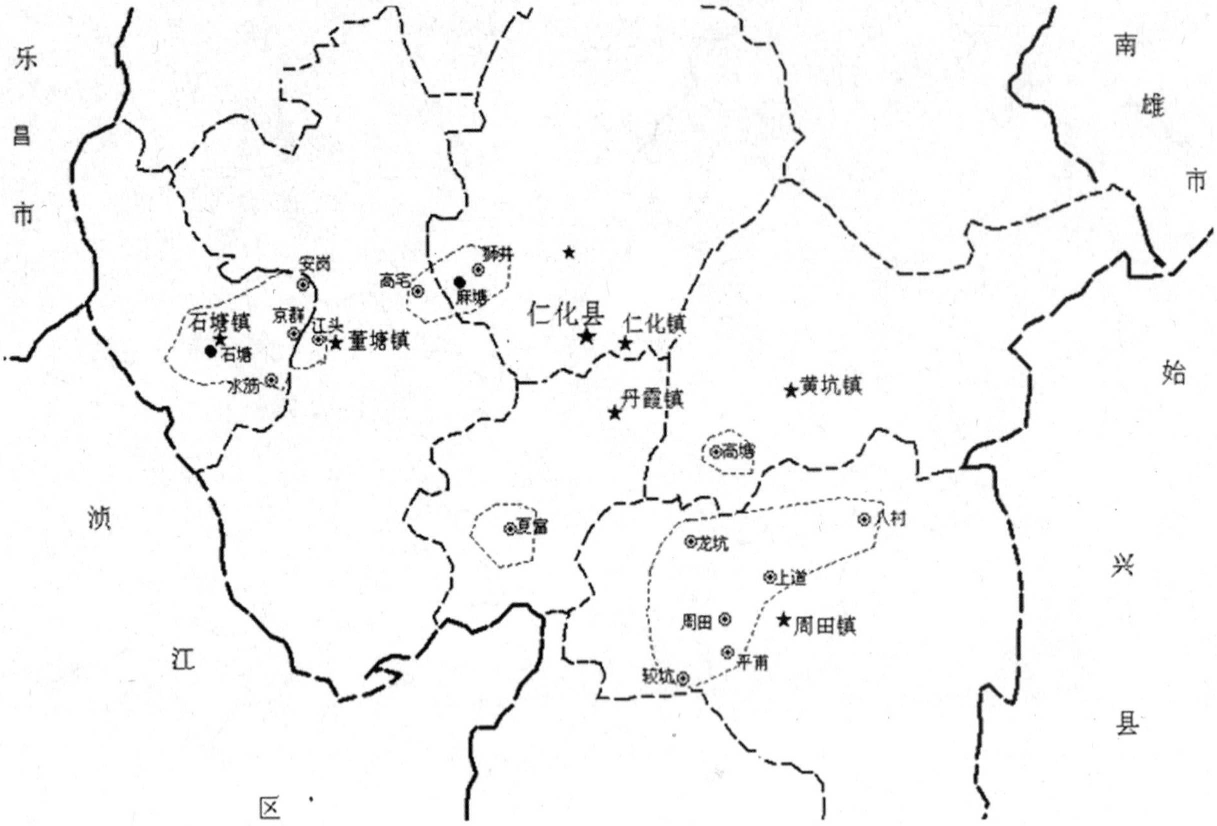

图 1-5 仁化县土话的分布

图 1-6 乐昌市土话的分布

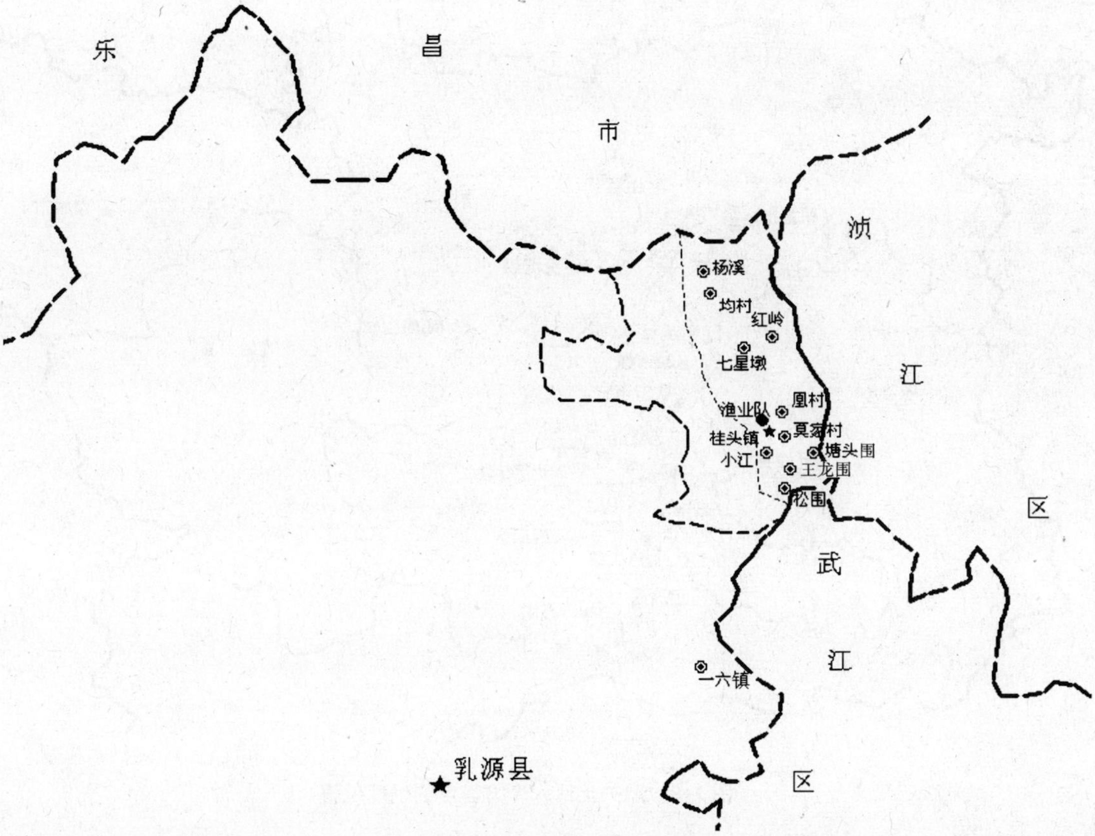

图 1-7 乳源县土话的分布

第四节 本书重点描写的方言及发音合作人

如前所述，韶关土话分布在曲江区、武江区、浈江区、仁化县、乐昌市以及乳源县 6 个县（市、区）。由于张双庆主编的《乐昌土话研究》（厦门大学出版社，2000 年）已详细报告乐昌市境内的土话，因此，本书上编“韶关土话调查报告”就不再重复。

为比较全面了解韶关土话的语言特点，我们在曲江区、武江区、浈江区、仁化县以及乳源县 5 个县（区）中选取了 6 个方言点作为代表。这 6 个点分别是：曲江区白土镇大村村委会、武江区西河镇向阳村委会、浈江区新韶镇石山村委会石陂、仁化县周田镇周田村委会、仁化县石塘镇石塘村委会、乳源县桂头镇松围村委会。这 6 个方言点的地理位置如图 1-8（用“▲”表示）：

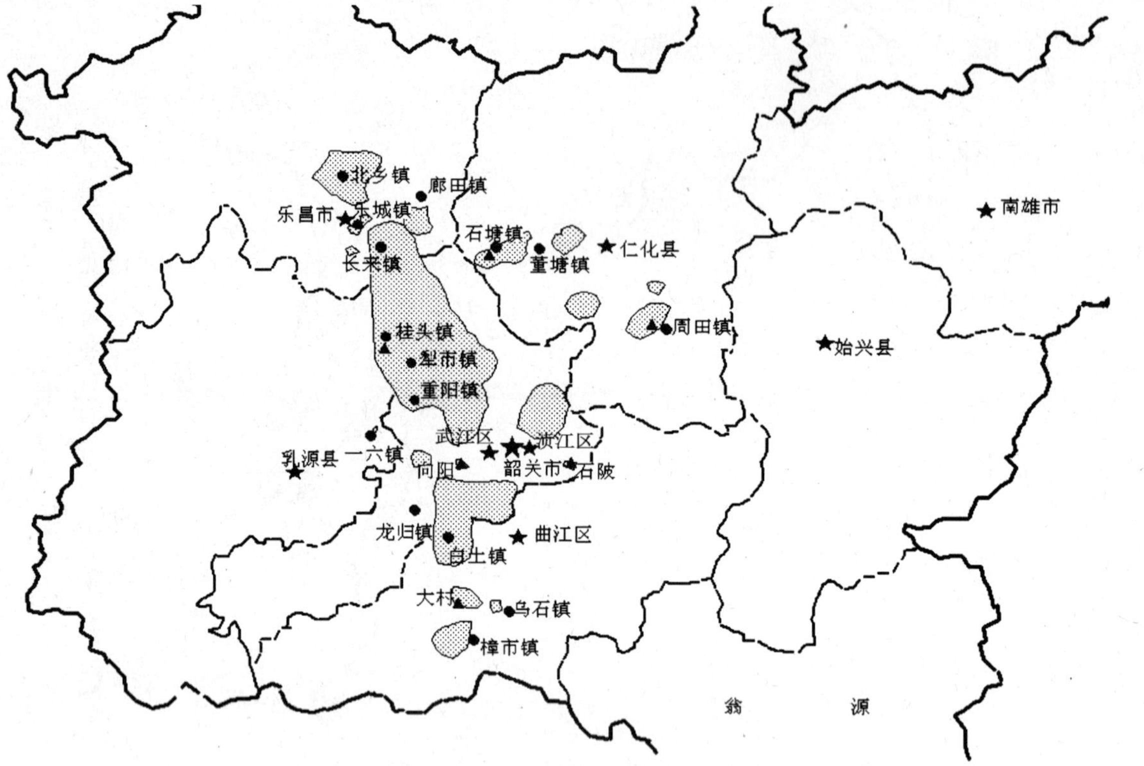

图 1-8　韶关土话六个方言点的地理位置

下面是多年来协助我们调查的各方言点发音合作人的芳名，附记于此，谨此表达我们衷心的谢忱。

曲江区白土镇大村村委会——李寿养，男，1941 年生，高小，退休教师。

武江区西河镇向阳村委会——吴润福，男，1927 年生，小学，退休干部；
邓志亮，男，1947 年生，初中，农民。

浈江区新韶镇石山村委会石陂——蒋应同，男，1933 年生，小学，农民。

仁化县周田镇周田村委会——李付程，男，1933 年生，初中，农民；
李世洪，男，1954 年生，初中，退休干部。

仁化县石塘镇石塘村委会——李昭传，男，1936 年生，小学，农民；
李昭环，男，1951 年生，大专，干部。

乳源县桂头镇松围村委会——邓成峰，男，1941 年生，大专，中学教师。

注释：

①http://www.shaoguan.gov.cn/website/out/new/zoujinshaoguan/Index.jsp?code=002003&childcode=002003 002#

②韶关市统计局. 韶关市 2005 年国民经济和社会发展统计公报. 见:2006 韶关统计年鉴（内部发行），2006. 6

③中国社会科学院与澳大利亚人文科学院. 中国语言地图集 B13“广东省的汉语方言”. 香港:香港朗文（远东）出版有限公司, 1989

④庄初升. 粤北土话音韵研究. 北京:中国社会科学出版社, 2004. 190

⑤周日健. 新丰方言志. 广州:广东人民出版社, 1990. 361

⑥周日健. 新丰方言志. 广州:广东人民出版社, 1990. 362

⑦庄初升. 粤北客家方言语音概貌. 韶关学院学报, 2005（5）

⑧庄初升. 粤北土话音韵研究. 北京:中国社会科学出版社, 2004. 18～20

⑨庄初升. 粤北土话音韵研究. 北京:中国社会科学出版社, 2004. 20～22

⑩庄初升. 粤北土话音韵研究. 北京:中国社会科学出版社, 2004. 301～327

第二章　韶关土话的语音系统

第一节　曲江区大村土话的声韵调

一、声母（17 个，包括零声母）

p 霸补饱八	pʻ 爬破办白	m 马尾猫蜜	f 火夫飞凡	v 禾胃滑碗
t 多戴刀得	tʻ 驼袋讨达			l 糯来老纳
ʦ 借煮真桌	ʦʻ 茶厨炒七		s 锁西十双	j 雨右盐蝇
k 歌姑街检	kʻ 具裤跪刻	ŋ 鹅语严岸	h 靴许起学	ø 哑袄鸭屋

说明：（1）m、ŋ 与齐齿呼韵母相拼时实际音值是 b、g。

（2）ʦ、ʦʻ、s 同 ʉ、ɵ 相拼时，实际音值接近舌叶音 ʧ、ʧʻ、ʃ。

二、韵母（28 个，不包括变韵）

ɿ 紫移接十	i 义戏基业	ʉ 火补水割
ᴀ 来拜鸽八	iᴀ 写车舌壁	uᴀ 刮
ɔ 坐错助薄药		
o 个加答达		
ɵ 靴筛全建		
ᴀi 坏体走沟		
ei 粒得贼食	ie 鸡镰鞭延	
əe 际丽集七		
oe 女回炊笔		
ᴀu 宝毛交炒	iᴀu 标叫劣爵雀	
ɐu 木毒六曲	iu 流酒久削	
ᴀn 宾灯兵蝇	in 林深进娘	un 吞银本永
ɐn 冬风公龙		
ᴀŋ 感減根彭	iᴀŋ 井请轻迎	uᴀŋ 关轰
ɔŋ 帮党网窗		
ɵŋ 贪柑凡单		
m̩ 吴五安		

说明：（1）i 在 j 后时，带有舌尖色彩。

（2）ɵ 是一个央元音，实际发音开口度略大。

三、声调（单字调 7 个，变调 2 个）

阴平	13	坡批衣高金枪江清	阳平	21	驼犁肥捞苗含彭灵

上声	24	果委袄九胆点反敏			
阴去	44	破坐礼意老抱懒抗	阳去	22	饿贺弟第味效嫩动
阴入	5	答粒一发铁角锡裂	阳入	3	腊杂薄舌特食六热
变调	2ʔ23	哥沙姑$_{大\sim}$锯$_{\sim子}$队鸽担$_{\sim子}$竹			
	4ʔ45	鹅爷$_{老\sim}$路话锤位鸭虫玉			

说明：（1）阴入、阳入都是短调，与之相配的韵母均带有轻微的喉塞-ʔ。

（2）有两个中塞式变音，既是变调现象，又是变韵现象，具有区别意义的作用。如：墨 mo^{4}ʔe^{45}≠尾 mo^{2}ʔe^{23}、虫 tsʻɐ^{4}ʔn^{45}≠葱 tsʻɐ^{2}ʔn^{23}。

第二节　武江区向阳土话的声韵调

一、声母（18 个，包括零声母）

p 坝饱般百	pʻ 批陪偏薄	b 米尾慢袜	f 饭回欢伏	v 禾弯黄旺
t 多知东得	tʻ 梯桃桶敌			l 来奴连农
ts 朱庄早桌	tsʻ 床菜沉杂		s 书瘦神粟	j 夜烟荣育
k 家果纲脚	kʻ 圈旗近客	g 危染眼硬	h 河海开黑	ʔ □ʔiɛ^{24}$_{（沙子）硌脚}$
ø 爱呕暗鸭				

说明：（1）v 的摩擦很明显。

（2）ts、tsʻ、s 在ʮ前接近舌叶音 ʧ、ʧʻ、ʃ。

（3）k、kʻ、g 与合口呼相拼时，实际音值是 kʷ、kʻʷ、gʷ。

（4）声母为 ʔ 的字目前只发现一个，同 j 有对立，即：□ʔiɛ^{24}$_{（沙子）硌脚}$≠影 jiɛ^{24}。

二、韵母（32 个）

ɿ 资志迟事	i 车$_{\sim马炮}$蚁希气热	u 部火裤骨出	ʮ 主厨树羽
a 怕茶三家画$_{名词}$		ua 瓜寡夸	
ɔ 浮沟后肉六			
ɛ 低来洗百炙	iɛ 车蛇冷壁屐		
ə 怀歪弯环挖		uə 胆阶矮八鸭	
œ 靴			
ai 碑皮知胃笔		uai 归危季跪	
ɛi 鸡毅北德迹		ui 袋改抹国雪	
ɔe 醉对猪水			
au 宝闹交袄			
ɔu 螺初饿落壳	iu 表秋牛弱脚		
an 分真灯林	ian 斤敬忍形	uan 均军昆困银	
ɛn 边现占烟		un 官竿安	
ɔn 春吞全笋	iɔn 券软原永		
aŋ 东公红荣用			
ɛŋ 香强亮想胀			
ɔŋ 帮狼双讲阳			

oŋ 般短酸旱

m̩ 吴五悟

说明：（1）ɥ在见系声母后，舌尖色彩消失，实际音值为 ʉ。

（2）ə 韵只与 v 相拼。

（3）ɛŋ 有时读为 eŋ，但 ɛŋ、eŋ 不构成对立。

三、声调（单字调 7 个，变调 1 个）

阴平	12	包灯高偷天枪张康汤	阳平	21	茶材头豪罗陈年林同
上声	24	果掌草点手死厂桶网			
阴去	44	马五坐厚爱代探痛	阳去	22	地又饭赵谢害命赖
阴入	5	阔发恶客摘答夹八	阳入	3	日热直白业历杂
变调	3ʔ35	柳筛名词银兔枣鱼笔鹅蝇门			

说明：（1）阴入、阳入都是短调，与之相配的韵母均带有比较明显的喉塞-ʔ。

（2）变调是一个高升调，调型同上声相似，但终点在单字调中比上声高，超出本调的调值范围。语流音变中，变调则基本上在本调的调值范围内。变调伴随着变韵，韵母中间嵌有喉塞。

第三节　浈江区石陂土话的声韵调

一、声母（20 个，包括零声母）

p 布杯饱斧	pʻ 簿倍炮泼	m 墓米埋尾	f 花灰罚饭	v 禾文黄横
t 赌底党东	tʻ 梯田堂定	n 耐闹嫩农		l 来疗论聋
ts 榨嘴灶庄	tsʻ 斜曹蚕钱		s 写试仙霜	
ʧ 遮招张竹	ʧʻ 车潮场虫		ʃ 社烧常声	
k 家乖记梗	kʻ 苦块旗客	ŋ 惹艾咬硬	h 虾海孝换	ø 野爱妖烟

说明：（1）v 的摩擦比较轻微。

（2）m、ŋ 分别带有同部位的浊塞音 b、g，实际音值分别是 m^b、$ŋ^g$。

二、韵母（36 个）

ɿ 纸四时实	i 除芋骑叶	u 肚湖苏斧
a 茶挂杂杀	ia 写斜额踢	
ø 头呕厚哭	iø 育浴	
ai 戴赖派怪		
ɛi 来筛鸡麦	iɛi 阁	
ɐi 取祭笠七		
au 宝袄饱手	iau 九旧求有	
ɛu 流酒绣牛	iu 苗照摇鸟	
ɔu 禾果梳各	iɔu 茄略雀药	
ɔi 绪对桂国	iɔi 锐蕊	
ui 胎爱抹骨	iui 月乙疫役	
an 南蚕兰饭		

ɛn 含沉邻等　　iɛn 今音斤鹰
ɔn 吞笨门笋　　iɔn 银近菌蘑菇裙
in 尖钳钱电　　iun 乾软圆远　　un 肝寒短碗
aŋ 梗坑冷争　　iaŋ 惊井坪轻
ɔŋ 糖缸黄讲　　iɔŋ 凉枪姜痒
ɐŋ 同孔蜂胸　　iɐŋ 荣容用
m̩ 五

说明：（1）u、un 中的 u 唇形微展。

（2）ɐŋ、iɐŋ 中的 ɐ 有时接近 ʌ。

三、声调（单字调 6 个，变调 2 个）

阴平	11	坡家芋败毛慢动弓	阳平	42	禾茶来祠摇曹田同
上声	24	苦腿酒惨演敏党肯			
去声	55	马霸菜买变近远~痒重轻~			
阴入	5	答泼七作驳尺哭粥	阳入	3	纳杂蜡入舌滑肉俗
变调	3	鸽塔雀约字~；凭据壳			
	33	鹅沙舅笔钱丸蚊木			

说明：（1）阴平的实际调值为 211。

（2）阴入、阳入都是短调，与之相配的韵母均带有轻微的喉塞-ʔ。

（3）有两个变调，一个调值为 3，都是古清入字，混入了阳入调；一个调值是 33。有些清入字读变调的时候既可以读 3，也可以读 33，两者不构成对立。

第四节　仁化县周田土话的声韵调

一、声母（18 个，包括零声母）

p 波比帮逼　　pʻ 破步坪薄　　m 麻望木袜　　f 肥苦~瓜风活　　v 伟禾弯滑
t 多东灯德　　tʻ 梯停动毒　　n 泥脑南农　　l 犁罗冷辣
ts 猪将粽桌　　tsʻ 迟秦枪集　　s 私书顺熟
k 饥果军夹　　kʻ 课孔昆局　　ŋ 牙危银弱　　h 开戏咸狭　　ʔ 呕恩
ø 矮袄仁益

说明：（1）ts、tsʻ、s 同细音相拼时，带有舌叶音色彩，接近 tʃ、tʃʻ、ʃ。

（2）泥母在细音前一般同疑母合流为 ŋ，但个别地方仍读 n，同 l、ŋ 都形成对立。如：捏 ni^{5}≠□$ŋi^{5}$挠≠裂 li^{5}、能宁安~ $niaŋ^{11}$≠人 $ŋiaŋ^{11}$≠零 $liaŋ^{11}$。

（3）声母 ʔ 同零声母有对立。如：恩 $ʔiaŋ^{33}$≠音 $iaŋ^{33}$、□$ʔiaŋ^{214}$（沙子）硌脚≠引 $iaŋ^{214}$。

二、韵母（31 个）

ɿ 支师四十　　i 举篾直北　　u 布火住乌
a 拜低瓜□li3~猎　　ia 偷抠谢猎　　ua 垮跨瓜冬~
ɛ 哩　　iɛ 鸡舐德叔
ɔ 加戴车活　　iɔ 夜野爷

ai 屁利胃密		uai 拐
ɛi 木六曲族		
oi 陪灰袋国		uoi 推鳃吹桂骨
au 刀考孝草	iau 标肖桥摇	
ɛu 左哥学落	iu 刘手油脚	
an 温吞林深	iɔn 云运永匀	uɔn 菌近春
	iaŋ 名山金横	uaŋ 筐轰
ɛŋ 冬虫凶总	iɛŋ 翁荣用	
ɔŋ 放浪双腔王	iɔŋ 亮抢让样香	
oŋ 盘南三旱方	iŋ 面专年远	
ɱ 吴唔五		

说明：(1) ia、iɔ、iɛ 中的-i-介音较松。

(2) oi 在非零声母音节中读 ui，uoi 的实际音值接近 uɔi。

三、声调（单字调 7 个，变调 2 个）

阴平	33	多高边抽昌伤帮中	阳平	11	茶材陈唐尝床长~短神
上声	214	古宝手粉滚碗短肿			
阴去	53	老有淡厚菜怕送唱	阳去	31	害树漏病夜慢饭动
阴入	5	急竹客黑尺一~出八湿	阳入	3	月入热白六狭熟裂
变调	12	哥家自~蔗锯名词炭簿女孙~			
	3	鹅茄鱼路猫羊黄牙~蝇筒			

说明：(1) 阳平的实际调值为 211。

(2) 阴入、阳入都是短调，与之相配的韵母均带有轻微的喉塞-ʔ。

(3) 有两个变调，一个调值为 12，一般来自清声母和浊上字（本音为阴调类）；一个调值为 3，都来自浊声母字，混入了阳入。

第五节　仁化县石塘土话的声韵调

一、声母（15 个，包括零声母）

p 波拜百北	pʻ 破赔白病	m 马网麦木	f 花换房福
t 多对胆胀	tʻ 大梯偷摊		l 锣糯染验
ts 榨纸桌装	tsʻ 坐茶床虫		s 锁社是休
k 家鸡鸽金	kʻ 茄开球穷	ŋ 牙义业入	h 虾猴合坑
ø 禾鸭烟话王			

二、韵母（34 个）

ɿ 做世紫汁	i 戏移猎日	u 补杜末突	y 猪去虚税
a 爱阶鸽力	ia 斜额踢锡	ua 跨台开国	
o 驼歌梳桌	io 约药		
	ie 偷猴瘦屋		ye 靴筛雪决

ai 毙妻笠笔		uai 徐须桂律	
ei 来鸡西食	iei□$_{iei44}$：撒	uei 挖□$_{uei5}$：凹下去	
au 宝毛刀脑	iau 标苗消雀弱		
ou 疤遮答尺	iou 爷野夜		
iu 流昼九着穿			
	iẽ 棚兄东红		yẽ 赚癣建船
aŋ 办山肩硬	iaŋ 柄镜领营	uaŋ 短乱酸轰	
ɛŋ 咸浸眼人	iɛŋ 引因闰永	uɛŋ 滚裙	
iŋ 镰签鞭见			
oŋ 贪淡敢江	ioŋ 娘箱香秧	uoŋ 王往枉	
ɱ 五			

说明：a 在 ai、uai 中的实际音值为 ɐ；在 au 中带有圆唇色彩，发音部位靠后。

三、声调（单字调 5 个，变调 1 个）

阴平	44	坡罪飞右染面官动	阳平	22	禾梅牛田贫神堂粮
上声	314	火以伟手斩桶滚党			
去声	45	坐米细舅野有灌进			
入声	5	答杂发罚篾福服肉			
变调	3	鹅沙锯名词~鞋弟老~尾鸽岸			

说明：（1）阳平的实际调值为 322。

（2）入声、变调都是短调，与之相配的韵母均带有轻微的喉塞-ʔ。

第六节　乳源县桂头土话的声韵调

一、声母（19 个，包括零声母）

p 爬补百坪	pʻ 破簿倍薄	b 麻墓尾明	f 火花分房	v 禾吴王横
t 大图动洞	tʻ 拖弟三~塔读			l 糯螺立农
ts 左遮张庄	tsʻ 坐车除穿		s 锁社新霜	j 叶如盐蝇
k 歌古剑格	kʻ 茄裤欠客	g 我五染热	h 河合牵坑	
kv 瓜古拐国	kʻv 苦快规柜			
ø 多猪哑屋				

说明：（1）v 无论在音节前还是音节中都与没有 v 的音节形成对立。如：芋 vu^{51}≠哀 u^{51}、官 $kvœn^{51}$≠姜 $kœn^{51}$。

（2）j 同零声母形成对立。如：优 jiu^{51}≠丢 iu^{51}、演 jin^{324}≠顶 in^{324}、冤 $jyẽ^{51}$≠恩 $yẽ^{51}$。

二、韵母（25 个）

i 车是十百		u 大府菜骨	y 除主水出
a 野夜国			
œ 靴			
o 刀包咬袄			
	ie 买败底刮		ye□$_{tsye4}$：肥~~

ai 第四立七		
ɛi 标烧猎热		
ei 鸡头柜翼		
au 补兔舞物		
ɔu 箩茶瓜错	iu 刘酒手有	
ou 薄各镬哭		
œy 门略脚药		
øy 茄筛对雪		
	iẽ 潭犯关患	yẽ 联砖软县
ɛn 镰添见村	in 盲硬惊赢	
œn 滩肝断张		
aŋ 林顺棍层		
oŋ 狼光讲东		
m̩ 唔不		

三、声调（单字调 6 个，变调 1 个）

阴平	51	波飞糟妖秋尖山惊	阳平	45	禾旗毛流贫唇唐农
阴上	324	果齿酒惨两斤~讲请孔	阳上	21	坐马耳答两~尺脚屋重轻~
阴去	44	簸怕四杂力姓毒六	阳去	22	糯道苋慢认丈动洞
变调	4	鹅沙泥~猴鸭凳竹粽			

说明：变调是短调，与之相配的韵母均带有轻微的喉塞-ʔ。

第三章　韶关土话音系与中古音系的比较

本章从声母、韵母和声调三个方面列表归纳韶关土话音系与中古音的基本对应关系。需要说明的是，本章在第一节"声母的比较"中把字数较少但明显属于白读层口语音的也列举了出来，在第三节"声调的比较"中则把字数较多的非口语字的读音也列举了出来。至于第二节"韵母的比较"部分，由于韵母读音非常复杂，特别是文读层与白读层叠置的现象比较普遍，而对应表能够容纳的内容又非常有限，因此未能一一列举所有韵母的文白层次，读者使用的时候最好结合查检第五章"韶关土话字音对照表"。每一个对应表之后都列举了六个土话点的音类与中古音主要对应关系的例外读音。例外读音是指不符合基本对应关系的特殊读音，有可能是俗读，也有可能是训读或误读。在确定声母、声调的例外读音时以对应表为依据，与对应表不一致的读音，就视为例外读音；确定韵母的例外读音时也以对应表为主要依据，把明显属于文白异读现象，而且其历史层次比较清楚的读音都视为基本对应，其余的与对应表不一致的读音一般视为例外读音。

第一节　声母的比较

一、韶关土话声母与中古声类主要对应表

表 3-1　韶关土话声母与中古声类主要对应表

土话声母 / 古声类 \ 方言点	大村	向阳	石陂	周田	石塘	桂头
帮	p	p	p	p	p	p
滂	pʻ	pʻ	pʻ	pʻ	pʻ	pʻ
並(1)	pʻ	pʻ	pʻ	pʻ	pʻ	p/pʻ
明	m	b	m	m	m	b
非(2)	f	f	f	f	f	f
敷	f	f	f	f	f	f
奉	f	f	f	f	f	f
微	m/v	b/v	m/v	m/v	m/Ø	b/v
端	t	t	t	t	t	Ø
透	tʻ	tʻ	tʻ	tʻ	tʻ	tʻ
定(1)	tʻ	tʻ	tʻ	tʻ	tʻ	t/tʻ
泥	l	l	n/ŋ	n/ŋ	l	l
来	l	l	l	l	l	l
精	ts	ts	ts	ts	ts	ts

（续上表）

古声类＼土话声母＼方言点	大村	向阳	石陂	周田	石塘	桂头
清	tsʻ	tsʻ	tsʻ	tsʻ	tsʻ	tsʻ
从	tsʻ	tsʻ	tsʻ	tsʻ	tsʻ	tsʻ
心	s	s	s	s	s	s
邪	tsʻ/s	tsʻ/s	tsʻ/s	tsʻ/s	tsʻ/s	tsʻ/s
知[3]	ts	ts	ts/tʃ	ts	ts	ts
彻	tsʻ	tsʻ	tsʻ/tʃʻ	tsʻ	tsʻ	tsʻ
澄[1]	tsʻ	tsʻ	tsʻ/tʃʻ	tsʻ	tsʻ	tsʻ
庄	ts	ts	ts	ts	ts	ts
初	tsʻ	tsʻ	tsʻ	tsʻ	tsʻ	tsʻ
崇[4]	tsʻ/s	tsʻ/s	tsʻ/s	tsʻ/s	tsʻ/s	tsʻ/s
生	s	s	s	s	s	s
章[5]	ts	ts	ts/tʃ	ts	ts	ts
昌	tsʻ	tsʻ	tsʻ/tʃʻ	tsʻ	tsʻ	tsʻ
船	s	s	s/ʃ	s	s	s
书	s	s	s/ʃ	s	s	s
禅	s	s	s/ʃ	s	s	s
日	ŋ/j	g/j	ŋ/Ø	ŋ/Ø	ŋ/Ø	g/j
见	k	k	k	k	k	k/kv
溪	kʻ/h/f	kʻ/h/f	kʻ/ʃ/f/h	kʻ/h/f	kʻ/h/f	kʻ/kʻv/h/f
群	kʻ	kʻ	kʻ	kʻ	kʻ	kʻ/kʻv
疑	ŋ/j	g/j	ŋ/Ø	ŋ/Ø	ŋ/Ø	g/j
晓	h/kʻ/f/v	h/kʻ/f/v	h/kʻ/f/v/ʃ	h/kʻ/f/v/s	h/kʻ/f/s	h/kʻ/f/v
匣	h/f/v	h/f/v	h/f/v/ʃ	h/f/v/s	h/f/Ø/s	h/f/v
影	Ø/j/v	Ø/j/v	Ø/v	Ø/v	Ø	Ø/j/v
云	j/v	j/v	Ø/v	Ø/v	Ø	j/v
以	j	j	Ø	Ø	Ø	j

说明：

（1）桂头古並、定、澄母（今读塞音）口语中常用上声字以及全浊入声字一般送气，澄母（今读塞擦音）和其余全浊声母非入声字则一般不送气。参见第四章“韶关土话的语言特点”和庄初升（2007）。①

（2）非组各点都有极少数字读重唇。

（3）除桂头外，其余各点知三都有部分口语字读如端组，但各个点字数相差较大。桂头知母三等部分口语字读 Ø，也是读如端母。石陂二等一般读舌尖塞擦音，三等一般读舌叶塞擦音（止摄开口三等除外）；读如端母的仅限于“知”字的白读层。参见第四章“韶关土话的语言特点”和庄初升（2007）。②

（4）崇母各点平声一般读 tsʻ，仄声则有 tsʻ、s 两读。

（5）章组石陂除蟹开三、止开三读舌尖音外，其余读舌叶音。

二、韶关土话声母与中古声类对应的例外字

1. 帮组

帮母各点以读 p 为常例。彼：大村、周田、石塘和桂头读 pʻ；豹：向阳和石塘的字音为 pʻ；爆：周田

读 pʻ；禀：石塘话音为 l；扮：向阳、石陂读 pʻ；编：各点都读 pʻ；遍：各点都读 pʻ；拨：桂头读 pʻ。

滂母各点以读 pʻ 为常例。坡玻：各点都读 p；攀：向阳、石陂读 p。

並母除桂头外各点以读 pʻ 为常例，桂头常用上声字和入声字读 pʻ，其余的读 p。婆：周田单用和石塘在“姼婆外祖母”中读 p；稗：石陂读 p；币：石陂、石塘读 p；毙：各点都读 p，其中桂头不属例外；佩跑叛：桂头读 pʻ；暴：大村、向阳、石陂读 p；菢：石陂、周田读 p，当另有来源；辫：各点都读 p，其本字可能是“编”；[③]伴：大村读 p；笨：各点都读 p；勃：大村、周田和桂头读 p；棒：周田读 p；並：大村、石陂和石塘读 p。

明母向阳、桂头以读 b 为常例，其余各点以读 m 为常例。弥：大村读 ŋ，石塘读 l。

2. 非组

非母各点以读 f 为常例，极少数字话音为 p。贩动词：石塘读 pʻ。

敷母各点以读 f 为常例，极少数字话音为 pʻ。捧：除石塘外，其余各点或者读 p，或者字音为 p。

奉母各点以读 f 为常例，除桂头外，极少数字话音为 pʻ；桂头常用上声字和入声字为 pʻ，其余的为 p。辅：石陂读 p；妇新~：除石塘、桂头外，其余各点读 p。

微母石塘以读 m、Ø 为常例。无：读 ŋ。

3. 端泥组

端母除桂头外各点以读 t 为常例，桂头以读 Ø 为常例。肚猪~：大村、桂头读 tʻ；堤锻~炼：桂头读 t，其余各点读 tʻ；的目~嫡~亲督：桂头读 t。

透母桂头以读 tʻ 为常例，贷：读 t。

定母除桂头外各点以读 tʻ 为常例，桂头常用上声字和入声字读 tʻ，其余的一般读 t。杜：大村读 t；肚腹~队：桂头读 Ø，其余各点读 t；兑：向阳、石塘读 t，桂头读 Ø；导钝：桂头读 tʻ；调~动逗但弹子~：石塘读 t。

泥母周田和石陂逢洪音读 n、逢细音读 ŋ，其余各点无论逢洪细都读 l。聂：大村读 s，石塘读 ŋ；碾：各点都读 ʦ；诺：大村读 j；能宁安~：周田读 n。

来母周田以读 l 为常例，柳~笔：读 ŋ。

4. 精组

清母石塘以读 ʦʻ 为常例，妾：读 ʦ。

从母各点以读 ʦʻ 为常例。自字：各点都读 s；皂：周田读 ʦ；赠：各点都读 ʦ；秦：石陂读 ʧ，石塘读 s；捷：除石陂和石塘外，其余各点读 ʦ；截：向阳读 ʦ；昨：除石陂和桂头外，其余各点读 ʦ；匠：石陂读 s；籍：周田、桂头读 ʦ。

心母各点以读 s 为常例。赐：除周田外，其余各点读 ʦʻ；赛：大村、向阳和桂头读 ʦʻ；膝：除大村外，其余各点读 ʦʻ；僧：各点都读 ʦ；速：各点都读 ʦʻ。

邪母大村以读 ʦʻ、s 为常例，颂：读 ʦ。

5. 知组

知母向阳、桂头以读 ʦ 为常例。卓：两个点都读 ʦʻ；琢：向阳读 ʦʻ。

彻母除石陂外各点以读 ʦʻ 为常例，石陂二等读 ʦʻ、三等（止摄开三除外）读 ʧʻ。宠：石陂读 ʦʻ；侦：石陂读 ʧ，其余各点读 ʦ。

澄母除石陂外各点以读 ʦʻ 为常例，石陂二等读 ʦʻ、三等（止摄开三除外）读 ʧʻ。此外，除桂头外，各点都有部分口语字读 tʻ，桂头有 t、tʻ 两读。召：周田、石塘和桂头读 ʦ；痔：大村、石塘读 s，向阳、周田和桂头读 ʦ；宙：石陂读 ʧ；传~记：向阳读 ʦ；仗：石塘、桂头读 ʦ；丈姨~杖：向阳读 ʦ；轴：桂头读 ʦ。

6. 庄组

初母石陂以读 ʦʻ 为常例，篡：读 ʧʻ。

崇母平声各点以读 ʦʻ 为常例，仄声则有 ʦʻ、s 两读。豺：石陂读 s；愁：大村和桂头的字音为 s；闸：石塘读 ʦ；铡~刀：大村、石塘读 ʦ；崇：除周田和桂头外，其余各点读 s。

生母各点以读 s 为常例。参人~：大村、石陂读 tsʻ；产：各点都读 tsʻ；刷：大村、向阳读 tsʻ，石塘和桂头有一读为 tsʻ。

7. 章组

章母除石陂外各点以读 ts 为常例，石陂蟹开三、止开三读 ts，其余读 ʧ。诊：向阳读 tsʻ，石陂读 ʧʻ；只~~：石陂读 ts。

昌母除石陂外各点以读 tsʻ 为常例，石陂止开三读 tsʻ，其余读 ʧʻ。扯：石塘字音为 ts；齿：周田和石塘的话音为 ts；炊：石陂读 tsʻ。

船母石陂止开三读 s，其余读 ʃ，舐：读 ʃ；实蚀：读 s。

书母除石陂外各点以读 s 为常例，石陂蟹开三、止开三读 s，其余读 ʃ。赊：石陂读 ʧʻ；势：石陂读 ʃ；始：各点都读 tsʻ；守：石塘话音为 ts；兽：石陂读 ʧʻ，其余各点读 tsʻ；摄：石陂读 ŋ，当是误读为"聂"；深：石陂读 ʧʻ，周田读 tsʻ；设：向阳、周田读 tsʻ；释：石陂读 s；束：石陂读 ʧʻ，其余各点读 tsʻ。

禅母除石陂外各点以读 s 为常例，石陂蟹开三、止开三读 s，其余读 ʃ。绍：大村、石陂读 ʧʻ；售殖植：石陂读 ʧʻ，其余各点读 tsʻ；十：石陂读 s。

8. 日母

日母大村以读 ŋ、j 为常例，向阳、桂头以读 g、j 为常例，石塘以读 ŋ、Ø 为常例。染：石塘读 l；肉：大村、向阳和桂头读 l。

9. 见晓组

见母各点以读 k 为常例，桂头部分字读 kv。箍名词：除石塘外，其余各点读 kʻ；拘：除石塘外，其余各点读 kʻ；会~计：各点都读 f；钩：向阳读 g；构：向阳读 kʻ；概规括级揭决昆矿菊：各点都读 kʻ；诀：向阳读 kʻ；关：周田读 kʻ。

溪母除石陂、桂头外，各点以读 kʻ、h、f 为常例，石陂以读 kʻ、ʃ、h、f 为常例，桂头以读 kʻ、kʻv、h、f 为常例。枯揩：除石陂和周田外，其余各点读 k；去：除周田话音为 s，其余各点或读 h，或话音为 h，可能另有来源；屈：大村、向阳、周田和桂头读 v，石塘读 k。

群母除桂头外各点以读 kʻ 为常例，桂头以读 kʻ、kʻv 为常例。渠倦：桂头读 k；杰：向阳、桂头读 k；健：石塘、桂头读 k；仅：各点都读 k；掘：大村、石塘和桂头读 k；竞：各点都读 k。

疑母大村以读 ŋ、j 为常例，向阳、桂头以读 g、j 为常例，石陂、周田和石塘以读 ŋ、Ø 为常例。吴：桂头读 v；顽：向阳读 v；虐：桂头读 l；岳：向阳读 Ø；验：桂头、石塘读 l；乐音~：石陂读 l；玉：大村读 l。

晓母除石塘外各点以读 h、kʻ、f、v 为常例，桂头有极少数字读 kʻv；石塘以读 h、kʻ、f 为常例。此外，石陂、周田和石塘三四等部分字腭化，腭化后石陂读 ʃ、周田和石塘读 s。休：向阳读 j，桂头读 s；欣：向阳读 j，周田读 Ø，桂头读 s；勋训：大村读 s；轰~炸：各点都读 k；畜~牧蓄储~：除石陂外，其余各点读 tsʻ。

匣母除石塘外各点以读 h、f、v 为常例，石塘以读 h、f、Ø 为常例。此外，石陂、周田和石塘三四等部分字腭化，腭化后石陂读 ʃ、周田和石塘读 s。蟹：石陂、周田读 kʻ；校学~：大村、石陂、周田和桂头读 k；舰：石陂读 k，其余各点读 l；贤：向阳读 s；完穴：向阳、桂头读 j；丸：大村、向阳和桂头读 j；悬玄：大村读 s，向阳、桂头读 j；县：大村、向阳和桂头读 j，石陂、周田读 Ø；混相~：石塘读 kʻ；降投~：除向阳和石塘外，其余各点读 k；形刑：向阳读 j；型：向阳读 j，周田读 Ø；萤：大村、向阳和桂头读 j，石陂、周田和石塘读 Ø；汞：各点都读 k。

10. 影组

影母大村、向阳和桂头以读 Ø、j、v 为常例，石陂、周田以读 Ø、v 为常例，石塘以读 Ø 为常例。欧：向阳读 g；饮：周田、石塘读 ŋ；乙：向阳读 g；握：大村读 ŋ，桂头读 g。

云母大村、向阳和桂头以读 j、v 为常例，石陂、周田以读 Ø、v 为常例，石塘以读 Ø 为常例。卫：石塘读 ŋ；阎：大村读 ŋ；晕：大村、周田读 f；熊：石陂读 ʃ，周田读 s，其余各点读 h；熊：石陂读 ʃ，其余各点读 h。

以母大村、向阳和桂头以读 j 为常例，石陂、周田和石塘以读 Ø 为常例。唯遗：除石塘外，其余各点读 v；延：桂头读 ɡ；缘沿：石塘读 ŋ；引纸~：石塘读 l。

第二节　韵母的比较

一、韶关土话韵母与中古韵类主要对应表

表 3-2　韶关土话韵母与中古韵类主要对应表

古韵类	例字	大村	向阳	石陂	周田	石塘	桂头
果开一	多/个/河	ɔ/o/ɔ	ɔu/uə/ɔu	ɔu/ai/ɔu	ɛu/a/ɛu	o/a/o	ɔu/u/ɔu
果开三	茄	ɔ	ɔu	iɔu	iu	o	øy
果合一	螺/果/火	ɔ/ɔ/ʉ	ɔu/ɔu/u	ɔu/ɔu/u	ɛu/ɛu/u	o	ɔu/ɔu/u
果合三	靴	ɵ	œ	ɔu	ɛu	ye	œ
假开二	麻/茶/家	O	a	a	ɔ	ou	ɔu
假开三	写/车/爷	iᴀ/iᴀ/o	iɛ/iɛ/a	ia/a/ia	ia/ɔ/iɔ	ia/ou/iou	i/i/e
假合二	瓜/夸/花	o/ᴀ/o	ua/ua/a	a	a（ua）/ua/ɔ	ou/ua/ou	ɔu/a/ɔu
遇合一	补/租	ʉ	u	u	u	u	au
	古/五	ʉ/m	u/m	u/m	u/m	u/m	u/au
遇合三（鱼）	女/序/猪	oe/ʉ/ʉ	ɔe	i/ɔi/i	uoi/uoi/u	uai/uai/y	au/øy/au
	初/锯	ɔ/ʉ	ɔu/i	ɔu/i	ɛu/i	o/y	ɔu/au
遇合三（虞）	斧/取	ʉ/oe	u/ɔe	u/ɐi	u/ai	u/uai	au（u）/au
	朱/句/芋	ʉ	ɿ	i	u/i/i	y	y/au/u
蟹开一（咍）	袋/菜/爱	ʉ	ui	ui	oi	ua/ua/a	u
	灾/耐/概	ᴀ/oe/oe	ui	ai	a/ɔ/ai	a	u
蟹开一（泰）	带/蔡/盖	o/oe/ʉ	uə/ui/ui	ai/ai/ui	ɔ/a/oi	a/a/ua	u
蟹开二（皆佳夬）	拜/斋/解	ᴀ	uə	ai	a/a/ia	a	ie
蟹开三（祭）	币/祭/世	oe/əe/ɿ	ai/ai/ɿ	ai/ai/ɿ	ai/ai/ɿ	ai/ai/ɿ	ai/ei/i
	例/势/艺	ᴀ/iᴀ/ei	ai/ɛ/ɛi	ɛi	ai/iɛ/ai	ai/ei/i	ei
蟹开四	米/泥/鸡	ᴀ/ᴀ/ie	ɛ/ɛ/ɛi	ɛi	a/a/iɛ	ei/a/ei	øy/ie/ei
	礼/计	əe/i	ai/ɛi	ɐi/ɛi	ai/iɛ	ai/ei	ai/ei
蟹合一（灰）	赔/雷/灰	ʉ/oe/ʉ	ui/ɔe/ui	ui/ɔi/ui	oi/uoi/oi	ua/uai/ua	u/øy/u
蟹合一（泰）	兑/外/悔	oe/ʉ/oe	ɔe/ui/ai	ɔi/ui/ɔi	oi/oi/ai	uai/a/ai	øy/u/ei
蟹合二（皆佳夬）	乖/坏/话	ᴀ/ᴀi/o	uə/ə/ua	ai/ai/a	oi/oi/ɔ	ua/a/ou	ie/ie/ɔu
蟹合三（祭废）	岁/废	Oe	ɔe/ai	ɔi	uoi/ai	uai/ai	øy/ei
蟹合四	桂/惠	Oe	uai	ɔi	uoi/ai	uai/ai	ei

（续上表）

古韵类 \ 例字 \ 土话韵母 \ 方言点		大村	向阳	石陂	周田	石塘	桂头
止开三（支）	皮/离/纸	oe/əe/ɿ	ai/ai/ɿ	ɐi/ɐi/ɿ	ai/ai/ɿ	ai/ai/ɿ	ai/ai/i
	儿/奇/椅	ʉ/i/ɿ	ɿ/i/ɿ	i	i	y/i/i	y/ai/i
止开三（脂）	比/地/师	oe/əe/ɿ	ai/ai/ɿ	ɐi/ɐi/ɿ	ai/ai/ɿ	ai/ai/ɿ	ai/ai/i
	你/二/姨	ei/i/ɿ	ai/i/ɿ	i	ɛi/i/i	i	ei/ai/i
止开三（之）	李/士/市	əe/ɿ/ɿ	ai/ɿ/ɿ	ɐi/ɿ/ɿ	ai/ɿ/ɿ	ai/ɿ/ɿ	ai/i/i
	耳/旗/意	i/i/ɿ	i/i/ɿ	i	i	i	ai/ai/i
止开三（微）	气/衣	i/ɿ	i/ɿ	i	i	i	ai/i
止合三（支）	吹/跪/委	ʉ/oe/oe	ɔe/uai/uai	ɔi	uoi/uoi/ai	y/uai/uai	y/ei/ei
止合三（脂）	醉/水/柜	oe/ʉ/oe	ɔe/ɔe/uai	ɔi	uoi	uai/y/uai	øy/y/ei
止合三（微）	尾/鬼/围	Oe	ai/uai/uai	ɔi	ai/uoi/uoi	ai/uai/ai	ei
效开一	毛/草/高	ᴀu	au	au	au	au	o
效开二	饱/吵/咬	ᴀu	au	au	au/au/ia	au	o
效开三	庙/烧/摇	iᴀu	iu	iu	iau/au/iau	iau	ɛi
效开四	条/晓	iᴀu	iu	iu	iau	iau	ɛi
流开一	亩/头/狗	ᴀi	ɔ	ø	ia	ie	ei
流开三（尤）	富/流/手	ʉ/iu/iu	u/iu/iu	u/ɛu/au	u/iu/iu	u/iu/iu	u/iu/iu
	谋/瘦/舅	ᴀi/ᴀi/iu	ɔ/ɔ/iu	ø/ø/iau	ia/ia/iu	ie/ie/iu	ei/ei/iu
流开三（幽）	彪/幼	iᴀu/iu	iu	iu/iau	iau/iu	iau/iu	ɛi/iu
咸开一（覃谈）	南/暗/敢	ɵŋ	uə	an	oŋ	oŋ	iẽ
	蜡/鸽/合	o/ᴀ/ʉ	uə/ɔu/ui	a/a/ui	ɔ/ia(au)/oi	ou/a/ou	ie/ɔu/u
咸开二（咸衔）	咸/衫/减	ᴀŋ	uə	an	iaŋ	aŋ	iẽ
	插/夹/鸭	ᴀ/ᴀ/o	uə	a	a/ia/ɔ	a/a/ou	ie
咸开三（盐严）	尖/染/严	Ie	ɛn	in	iŋ	iŋ/iŋ/ɛŋ	ɛn
	接/折/业	ɿ/ɿ/i	ɿ	i	i	i	ɛi
咸开四	甜/嫌	Ie	ɛn	in	iŋ	iŋ	iẽ/ɛn
	贴/碟	I	i	i	i	i	ɛi
咸合三	凡/法	ɵŋ/o	uə	an/a	oŋ/ɔ	oŋ/ou	iẽ/ie
深开三	品/林/森	un/in/in	ɛn/an/an	ɛn	an	ɛŋ	aŋ
	针/任/饮	In	an/ian/ian	ɛn/ɛn/iɛn	an/iaŋ/iaŋ	ɛŋ	aŋ
	笠/十/急	əe/ɿ/i	ai/ɿ/i	ɐi/ɿ/i	ai/ɿ/i	ai/ɿ/i	a/i/ai
山开一	懒/肝/安	ɵŋ/ɵŋ/m	uə/un/un	an/un/an	oŋ	oŋ	œn
	辣/割	o/ʉ	uə/ui	a/ui	ɔ	ou	u
山开二（山删）	办/山/颜	ɵŋ/ᴀŋ/ɵŋ	uə	an	oŋ/iaŋ/oŋ	aŋ/aŋ/oŋ	iẽ
	八/杀/瞎	ᴀ/ᴀ/ʉ	uə/uə/ui	a	a	a	ie

（续上表）

古韵类	例字 \ 土话韵母 \ 方言点	大村	向阳	石陂	周田	石塘	桂头
山开三（仙元）	棉/线/扇	Ie	ɛn	in	iŋ	iŋ	ɛn
	建/言	ɵ	ɛn	in	iŋ	yẽ/ɛŋ	yẽ/ɛn
	裂/舌/热	i/ʅ/ie	i/ʅ/i	i	i	i	ɛi
山开四	边/先/肩	ie/ie/ᴀŋ（ie）	ɛn/ɛn/uə（ɛn）	in/in/iun	iŋ/iŋ/iaŋ（iŋ）	iŋ/iŋ/aŋ	ɛn/ɛn/iẽ
	篾/切/结	i/ʅ/i	i/ʅ/i	i	i	i	ie/ɛi/ɛi
山合一	盘/官/丸	ɵŋ/ɵŋ/ɵ	oŋ/un/iɔn	un/un/an	oŋ	oŋ/uaŋ/yẽ	œn/œn/yẽ
	钵/阔/活	ʉ/ʉ/o	ui	ui/ui/a	ɔ	ou/ua/a	u
山合二（山删）	闩/关/弯	ɵŋ/ᴀŋ/ᴀŋ	oŋ/uə/uə	un/an/an	iŋ/oŋ/iaŋ	uaŋ/uaŋ/aŋ	œn/iẽ/iẽ
	滑/刮	ᴀ/uᴀ	ə/uə	a	a/ua	a/ua	ie
山合三（仙元）	全/砖/拳	ɵ	ɔn/ɔn/iɔn	un/un/iun	iŋ	yẽ	yẽ
	饭/劝/远	ɵŋ/ɵ/ɵ	uə/iɔn/iɔn	an/iun/iun	oŋ/iŋ/iŋ	oŋ/yẽ/yẽ	œn/yẽ/yẽ
	雪/发/月	ɵ/o/ɵ	ui/uə/iɛ	i/a/iui	i/ɔ/ia	ye/ou/ye	øy/u/øy
山合四	县/玄	ɵ/ie	iɔn/ɛn	iun/in	iŋ	yẽ	yẽ
	缺/血	ɵ	i	i/ui	i	ye	øy
臻开一	吞/根/恩	un/ᴀŋ/ᴀŋ	ɔn/ian/an	ɔn/ɛn/ɛn	an/iaŋ/iaŋ	ɛŋ	œn/yẽ/yẽ
臻开三（真殷）	民/斤/秦	un/in/un	an/ian/ɔn	ɛn/iɛn/ɛn	an/iaŋ/uɔn	ɛŋ	aŋ
	七/侄/虱	əe/ʅ/ɵ	ai/ʅ/ʅ	ɐi	ai/ʅ/i	ai/ʅ/ye	ai/i/øy
臻合一	门/寸/滚	Un	an/ɔn/uan	ɔn	an/uɔn/uɔn	ɛŋ/ɛŋ/uɛŋ	œn/ɛn/aŋ
	卒/骨	ʉ	ui/u	ui	uoi	u	au/u
臻合三（谆文）	笋/准	Un	ɔn	ɔn	uɔn	ɛŋ	aŋ
	分/军/云	Un	an/uan/iɔn	ɔn	an/uɔn/iɔn	ɛŋ/ɛŋ/iɛŋ	aŋ
	戌/出/佛	ʉ/iu/ʉ	ʅ/u/u	ui	i/uoi/oi	ye/y/u	y/y/u
宕开一	帮/桑/缸	ɔŋ	ɔŋ	ɔŋ	ɔŋ	oŋ	oŋ
	托/索/各	ɔ	ɔu	ɔu	ɛu	o	ou
宕开三	娘/想/床	in/in/ɔŋ	ɛŋ/ɛŋ/ɔŋ	iɔŋ/iɔŋ/ɔŋ	iɔŋ/iɔŋ/ɔŋ	ioŋ/ioŋ/oŋ	œn/œn/oŋ
	张/让/阳	in/in/ɔŋ	ɛŋ/ɛŋ/ɔŋ	ɔŋ/iɔŋ/iɔŋ	ɔŋ/iɔŋ/iɔŋ	oŋ/ioŋ/ioŋ	œn
	着/弱/药	iu/iu/ɔ	iu	ɔu/iɔu/iɔu	ɛu/iu/iu	iu/iau/io	œy
宕合一	广/荒	ɔŋ	ɔŋ	ɔŋ	ɔŋ	uaŋ/oŋ	oŋ
	郭/霍	ɔ	ɔu	ɔu	ɛu	o	ou
宕合三	放/狂/王	ɔŋ	ɔŋ	ɔŋ	ɔŋ	oŋ	oŋ
江开二	绑/双/江	ɔŋ	ɔŋ	ɔŋ	ɔŋ	oŋ/ioŋ/oŋ	oŋ
	雹/桌/学	ɔ	au/ɔu/ɔu	ɔu	ɛu	o	o/ou/ou
曾开一	朋/层/肯	ɐn/ᴀn/ᴀn	aŋ/an/an	ɛn	ɛŋ/iaŋ/iaŋ	iẽ/aŋ/aŋ	oŋ/aŋ/aŋ
	北/贼/刻	oe/ei/ei	ɛi	ɐi	i	a	a
曾开三	冰/菱/蒸	ᴀn/in/ᴀn	an/ɛn/an	ɛn	iaŋ	aŋ	aŋ
	力/色/食	əe/ei/ei	ɛi	ɐi	i/iɛ/ai	a/a/ei	a/a/ai

（续上表）

古韵类 \ 例字 \ 土话韵母 \ 方言点		大村	向阳	石陂	周田	石塘	桂头
曾合一	弘	ɐn	aŋ	ɐŋ	ɛŋ	iẽ	oŋ
	国/或	oe/ei	ui/ɛi	ɔi/ɛi	oi/a	a	a
梗开二（庚耕）	彭/争/硬	ᴀŋ	iɛ	aŋ	iaŋ	aŋ	in
	百/册/客	ᴀ	ɛ	ɛi	ɔ	ou	i
梗开三（庚清）	平/井/成	ᴀn/iᴀŋ/iᴀŋ	iɛ	iaŋ/iaŋ/aŋ	iaŋ	iaŋ/iaŋ/aŋ	aŋ/in/in
	警/轻/影	in/iᴀŋ/iᴀŋ	iɛ	iɛn/iaŋ/iaŋ	iaŋ	aŋ/iaŋ/iaŋ	aŋ/in/in
	迹/石/益	iᴀ/iᴀ/ei	ɛi/iɛ/ɛi	ɐi（ia）/a/i	ia/ɔ/iɛ	ia（a）/ou/ia	a/i/a
梗开四	瓶/星/经	ᴀn/iᴀŋ/ᴀn	an/iɛ/ian	ɛn/iaŋ/iɛn	iaŋ	ɛŋ/iaŋ/aŋ	aŋ/in/aŋ
	劈/踢/击	iᴀ/iᴀ/i	iɛ/iɛ/ɛi	ia/ia/i	ia/ia/i	ia/ia/i	ɛi/i/ai
梗合二（耕庚）	矿/横	ɔŋ/ᴀŋ	ɔŋ/iɛ	ɔŋ/aŋ	ɔŋ/iaŋ	oŋ/aŋ	oŋ/in
	获/划	ɔ/ᴀ	ɔu/ə	ɛi（ɔu）/ɛi	ɛu/a	o/a	ou/i
梗合三（庚清）	琼/永/营	in/un/iᴀŋ	ian/iɔn/ian	iɛn/iɔn/iaŋ	iaŋ/iɔn/iaŋ	ɛŋ/iɛŋ/iaŋ	aŋ
	役	Ei	ɛi	iui	i	iau	øy
梗合四	萤	iᴀŋ	ian	iaŋ	iaŋ	iaŋ	aŋ
通合一（东冬）	东/宋/公	ɐn	aŋ	ɐŋ	ɛŋ	iẽ	oŋ
	木/毒/屋	ɐu	ɔ	ø	ɛi	ie	ou
通合三（东钟）	风/穷/用	ɐn	aŋ	ɐŋ	ɛŋ	iẽ	oŋ
	福/缩/竹	ɐu	ɔ	ø	ɛi	ie	ou/ou/a
	六/肉/玉	ɐu	ɔ	ø	ɛi	ie	ou

二、韶关土话韵母与中古韵类对应的例外字

果开一：石塘以读 o、a 为常例，大：读 ou。桂头以读 ɔu、u 为常例，搓：读 ie。

果合一：石陂以读 ɔu、u 为常例，簸~箕：读 ui。

假开二：桂头以读 ɔu 为常例，拿加~大：读 ie。

假开三：姐：大村、向阳、石陂、周田、石塘和桂头按常例应分别读 iᴀ、iɛ、ia、ia、ia 和 i，实际分别读 ɔe、ɛi、ɛi、Ai、ai 和 ɛi，当是训读为“姊”。桂头以读 i、ie 为常例，遮：读 in，当是训读。

假合二：向阳、桂头分别以读 a、ɔu 为常例，划~船：分别读 ɛ、i。

遇合一：按常例，大村、向阳、石陂、周田、石塘和桂头精组应分别读 ʉ、u、u、u、u、au，实际上，错：分别读 ɔ、ɔu、ɔu、ɛu、o、ɔu；做：大村、周田和石塘读 ɿ，石陂读 ɔu。桂头遇合一帮组以读 au 为常例，菩~萨：读 ɔu。

遇合三：去：按常例，大村应读 ʉ，石塘应读 y，向阳、石陂和周田应读 i，实际上，大村读 oe、石塘读 ai、向阳读 ɔe、石陂读 ɐi、周田读 iɛ，当是另有来源。如：大村一读为 ʉ，属常例，但在“如□$ki^{2}ʔi^{23}$现在”中读 ɿ。石陂章组、见系以读 i 为常例，竖娱：读 u。石塘见系以读 y 为常例，愚：读 i。桂头见系以读 au、y 为常例，渠：读 ei；芋：读 u。

蟹开一咍韵：大村以读 ʉ、oe、ᴀ为常例，戴态：读 o。向阳以读 ui、uə 为常例，来：读 ɛ；赛：读 ɔe。

周田以读 oi、a、ɔ、ai 为常例，腮：读 uoi。石塘以读 ua、a 为常例，来：话音为 ei；腮：读 uai。桂头以读 u 为常例，来：话音为 ei；腮：读 i。

蟹开一泰韵：艾：向阳、周田按常例应分别读 ui/uə、oi/a/ɔ，实际分别读 ɛi、iɛ。石塘以读 ua、a 为常例，大~夫：读 ou。

蟹开二：大村、向阳、周田、石塘和桂头按常例应分别读ᴀ、uə/ɛ、a/ia/ai、a、ie，实际上，奶：分别读ᴀŋ、iɛ、iaŋ、ɛŋ、iẽ；筛：分别读 ɵ、ɔe、iɛ、ye、øy；挨~近：石塘读 ei。石陂以读 ai、ɛi 为常例，稗：读 ɐi；奶：读 ɛn。上述各点"奶"的读音当是训读，可能是百越语底层词。④

蟹开四：除桂头外，端系各点以读洪音为常例，提：大村读 iA，石陂、周田和石塘读 ia。

蟹合一：石塘以读 ua、a、uai、ai 为常例，最：读 ɛŋ。

蟹合三：石塘以读 ai、uai 为常例，税：读 y。

止开三支韵：大村来母以读 əe 为常例，篱~笊~：读 oe。石塘来母以读 ai 为常例，篱笊~：读 uai；见系以读 i 为常例，蚁~公仔：读 iŋ。

止开三脂韵：尼：按常例，大村应读 əe，向阳、周田、石塘和桂头应读 ai，实际分别读ᴀ、ɛ、a、a、iɛ。

止开三微韵：向阳以读 ai、i、ɛ 为常例，毅：读 ɛi。

止合三脂韵：桂头以读 øy、y、ei 为常例，帅：读 ie。

止合三微韵：向阳以读 uai、ai 为常例，魏：读 ɛi。

效开一：向阳以读 au 为常例，逃牢：读 u。石陂以读 au 为常例，菢：读 ø；蒿：读 ɔu。周田、桂头分别以读 au、o 为常例，菢：分别读 u 和 ei。石陂、周田和桂头的"菢"本字应是"伏"。⑤

效开二：猫：按常例，大村应读ᴀu，石陂、周田和石塘应读 au，实际分别读 iᴀu、iu、iau、iau。石塘以读 au 为常例，豹：话音为 a。桂头以读 o 为常例，稍：读 au。

效开四：向阳以读 iu 为常例，鸟交合：读 ɔ。

效开三：桂头以读 ɛi 为常例，舀：读 œy。

流开一：桂头以读 ei 为常例，藕：读 yẽ；斗跟~喉：读 øy。

流开三：桂头帮组以读 ei、u、iu 为常例，妇新~旧~年：读 au；愁：话音为 o。

咸开一：大村以读 ɵŋ、ᴀŋ 为常例，三：读 ɔ；暗天~：读自成音节 m。向阳端系以读 uə 为常例，三：读 a。石陂以读 an 为常例，甘~蔗：读 un。

咸开二：向阳、石陂、石塘和桂头按常例应分别读 uə、an、aŋ、iẽ，实际上，赚：分别读 oŋ、un、yẽ、œn；杉：分别读 a、a、ou、ɔu。大村、周田分别以读ᴀŋ/ɵŋ、iaŋ/oŋ 为常例，杉：分别读 o、ɔ。

咸开二入声：石陂以读 a 为常例，鸭：读 ai。石塘以读 a 为常例，峡：读 i。

咸开三：大村以读 ie 为常例，阎：读 ɵ。向阳以读 ɛn 为常例，欠：读 iɔn。石陂以读 in 为常例，阎：读 iɛi；欠：读 iun。周田以读 iŋ 为常例，潜：读 oŋ。石塘以读 iŋ 为常例，严：读 ɛŋ。桂头以读 ɛn 为常例，检：读 aŋ。

咸开三入声：大村以读 ʅ、i 为常例，猎：读 iᴀ。

深开三：参人~：大村、石陂、石塘按常例应分别读 in、ɛn、ɛŋ，实际分别读 ɵŋ、an、ei。

深开三入声：粒：大村、向阳和桂头按常例应分别读 əe、ai、ai，实际分别读 ei、ɛ、a。

山开一：大村以读 ɵŋ 为常例，安：读自成音节 m。石塘以读 oŋ 为常例，干~活：读 aŋ。

山开一入声：石陂以读 a 为常例，捺撇~：读 ai。

山开二：大村以读 ɵŋ 为常例，晏：话音为自成音节 m。周田以读 oŋ、iaŋ 为常例，雁：读 a。石塘以读 aŋ、oŋ 为常例，眼~睛：读 ɛŋ。

山开二入声：向阳以读 uə、ui 为常例，拔：读 ai。

山开三：向阳以读 an 为常例，联缝：读 ɔn。石陂以读 in 为常例，掀：读 iɛn。石塘见系以读 iŋ、yẽ 为常例，言：读 ɛŋ。

山开三入声：大村以读 i、ɿ、ie、ɵ 为常例，舌~头：读 iA。向阳以读 i、ɿ 为常例，薛：读 ui。桂头以读 ɛi 为常例，揭：读 øy。

山开四：大村以读 ie、ɵ 为常例，辫：读 un。石陂以读 in 为常例，眠：读 ɛn。石塘见系以读 iŋ、yẽ 为常例，研：读 ɛŋ。

山合一：拼~命：大村、向阳、石陂、周田、石塘和桂头按常例应分别读 ɵŋ、oŋ、un、oŋ、oŋ、œn，实际分别读 un、an、ɛn、an、ɛŋ、aŋ。

山合一入声：向阳以读 ui 为常例，括包~：读 u。石塘帮组以读 ou 为常例，末：读 u。

山合二入声：大村、石陂、周田、石塘和桂头按常例应分别读A、a、a、ua、ie，刷：实际分别读 o、ui、oi、ye 又音、u；挖：石塘话音为 uei。

山合三：泉：大村、石陂和周田按常例应分别读 ɵ、un、iŋ，实际分别读 ɵŋ、an、oŋ。石塘以读 oŋ 为常例，晚：字音为 uaŋ。

山合三入声：大村以读 ɵ、o 为常例，劣：读 iɔ。周田以读 i 为常例，说：读 oi；月：读 ia。石塘以读 ye、ou 为常例，劣：读 i；月向~葵：读 ie。

山合四入声：向阳以读 i 为常例，穴：读 ɿ。

臻开一：石塘以读 ɛŋ 为常例，跟~斗：读 uaŋ。

臻开三：大村以读 in、un 为常例，宾频：读An。向阳以读 an、ian、ɔn 为常例，邻：读 un；诊门~：读 uə；人仁：读 ɛn。石陂见系以读 iɛn 为常例，银近远~：读 iɔn。周田以读 an、uɔn、iaŋ 为常例，银近：读 iɔn。桂头以读 aŋ 为常例，近~紧：读 yẽ。

臻开三入声：向阳以读 ai、i、ɿ 为常例，悉：读 ɛi；疾：读 uə；乙：读 iɛ。石陂以读 ɐi、i 为常例，乙：读 iui。石塘帮组以读 ai 为常例，蜜：读 a。桂头以读 ai、øy 为常例，悉：读 a。

臻合一：奔：大村、石陂、周田按常例应分别读 un、ɔn、an 为常例，实际分别读An、ɛn、iaŋ。桂头以读 aŋ 为常例，尊：读 yẽ。

臻合一入声：向阳以读 ui、u 为常例，突：读 ɛi。石陂以读 ui 为常例，勃：读 ø。周田以读 u、ai、uoi 为常例，勃：读 ɛu。桂头以读 au、u 为常例，突：读 a。

臻合三：石陂以读 ɔn、iɔn 为常例，迅：读 ɛn。桂头以读 aŋ 为常例，遵：读 yẽ。

臻合三入声：除周田外，"橘"在其余各点中都同该韵摄的其他入声字的读音不同，其中，向阳读 i、桂头读 iẽ，大村、石陂和石塘读 i。

宕开一：大村以读 ɔŋ 为常例，蟒：读Aŋ。石塘庄组以读 oŋ 为常例，桑：读 ioŋ。

宕开一入声：石陂以读 ɔu 为常例，昨：读 a。桂头以读 ou 为常例，昨：读 oŋ，当是训读。

宕开三：桂头以读 œn、oŋ 为常例，两~尺：读 ɛn。

宕开三入声：周田以读 iu 为常例，雀跃：读 iau。

宕合一入声：扩：各点都与"旷"同音。

宕合三：石塘以读 oŋ 为常例，匡筐：读 ioŋ。

江开二：大村以读 ɔŋ 为常例，胖：读An；蚌：读Aŋ。向阳以读 ɔŋ 为常例，胖：读 oŋ；棒：读 aŋ。石陂以读 ɔŋ 为常例，棒双腔：读 ɐŋ。石塘以读 oŋ 为常例，棒腔：读 iẽ；窗皓~：读 yẽ；双：读 ioŋ。桂头以读 oŋ 为常例，窗：读 yẽ。

江开二入声：大村以读 ɔ 为常例，浊：读 ɐu；卓琢：读 iau；握：读A。向阳以读 ɔu 为常例，卓琢：读 iu。石陂以读 ɔu 为常例，朴浊：读 ø。周田以读 ɛu 为常例，浊：读 ɛi。石塘以读 o 为常例，朴：读 ie；握：话音为 ei。桂头以读 ou 为常例，雹：读 o；卓琢：读 œy；握：读 ie。

曾开一：朋：各点都读同通摄。恒：向阳和桂头按常例应分别读 an、aŋ，实际分别读 ɛn、iẽ。

曾开一入声：石陂以读 ɐi 为常例，肋：读 a。石塘以读 a、ai 为常例，墨：读 ei。桂头以读 a、ai 为常例，勒：读 ie。

曾开三：石塘以读 aŋ 为常例，孕：读 iɛŋ。桂头以读 aŋ 为常例，扔：读 iẽ。

曾开三入声：大村以读 ei、əe 为常例，翼：读 ie。桂头以读 a、ai、i 为常例，翼：读 ɛi。

曾合一入声：周田以读 iɛ 为常例，域：读 iɛ。桂头以读 a 为常例，域：读 øy。

梗开二：打：各点都读阴声韵，属例外，其中，石塘读同梗摄入声韵，桂头读同遇合一，其余各点读同假开二。大村以读ᴀŋ、ᴀn 为常例，耿：读 in。向阳以读 iɛ、an、ian 为常例，梗：读 ua；耿：读 uɔ；孟棚：读 aŋ。石塘以读 aŋ 为常例，梗：读 uaŋ；棚：话音为 iẽ；耿：读 ɛŋ。桂头以读 aŋ、in 为常例，棚：读 oŋ。

梗开二入声：大村、向阳、石陂、周田、石塘和桂头按常例应分别读 o/ᴀ、ɛ、ɛi、ɔ、a/ou、u/i，实际上，“迫”分别读 œ、ɛi、ɔu、i、ai、a，“核果子~”分别读 ʉ、u、ui、ai、u、u。

梗开三：大村以读ᴀn、iᴀŋ 为常例，聘：读 un；贞侦盈：读 in。向阳以读 an、iɛ 为常例，正刚才：读 ɛ。石陂以读 aŋ、ɛn 为常例，正刚才：读 a。周田以读 iaŋ 为常例，贞侦：读 an。石塘以读 aŋ、iaŋ 为常例，贞侦鲸：读 ɛŋ。

梗开三入声：大村、石陂和周田知组分别以读 iᴀ/ei、ɐi/a/i、ɔ/i 为常例，只~~：实际分别读 ie、ʅ、ʅ。桂头精组以读 i、a 为常例，席主~夕：读 ai。

梗开四：石塘以读 aŋ、iaŋ 为常例，瓶並：读 ɛŋ。

梗开四入声：大村、向阳、石陂和桂头按常例应分别读 iᴀ/ei/əe/i、iɛ/ɛi、ia/ɐi/i、ia/i，实际上，滴：分别读ᴀ、ɛ、ɛi、ie；的目~：大村读 ie；历经~：桂头读 ɛi。周田以读 ia、i 为常例，的目~嫡~亲戚：读 ai。石塘以读 a、ia、ai、i 为常例，笛：话音为 iau。

梗合二：“矿”各点都读如宕摄。“宏”除石陂外，其余各点读如通摄。

梗合二入声：“获”各点都读如宕开一入声。

梗合三：“兄荣”各点都读如通摄。桂头以读 aŋ 为常例，倾：又读 oŋ。

通合一入声：按常例，大村、向阳、石陂、周田、石塘和桂头应分别读 au、ɔ、ø、ɛi/iɛ、ie、ou，实际上，秃：分别读 ʉ、u、ui、uoi、o、u；扑：大村读 ɔ，向阳读 ɔu，周田读 ɛu；酷：大村读ᴀu，桂头读 o，向阳、石陂和石塘读 au；瀑~布：向阳读 ɔu，石陂和石塘读 au，周田读 ɛu。

通合三：桂头以读 oŋ 为常例，恐：话音为 aŋ。

通合三入声：周田以读 ɛi、iɛ 为常例，突：读 uoi；育辱浴：读 iu。桂头以读 ou 为常例，竹：读 a。

第三节　声调的比较

一、韶关土话声调与中古调类主要对应表

表 3-3　韶关土话声调与中古调类主要对应表

古调类	清浊 \ 土话声调 \ 方言点	大村	向阳	石陂	周田	石塘	桂头
平	清	阴平 13	阴平 12	阴平 11	阴平 33	阴平 44	阴平 51
	次浊	阳平 21	阳平 21	阳平 42	阳平 11	阳平 22	阳平 45
	全浊	阳平 21	阳平 21	阳平 42	阳平 11	阳平 22	阳平 45

（续上表）

<table>
<tr><th colspan="2">方言点 土话声调 清浊 古调类</th><th>大村</th><th>向阳</th><th>石陂</th><th>周田</th><th>石塘</th><th>桂头</th></tr>
<tr><td rowspan="6">上</td><td>清</td><td>上声 24</td><td>上声 24</td><td>上声 24</td><td>上声 214</td><td>上声 314</td><td>阴上 324</td></tr>
<tr><td rowspan="2">次浊[1]</td><td>阴去 44</td><td>阴去 44</td><td>去声 55</td><td>阴去 53</td><td>去声 45</td><td>阳上 21</td></tr>
<tr><td>上声 24</td><td>上声 24</td><td>上声 24</td><td>上声 214</td><td>上声 314</td><td>阴上 324</td></tr>
<tr><td rowspan="3">全浊[2]</td><td>阴去 44</td><td>阴去 44</td><td>去声 55</td><td>阴去 53</td><td>去声 45</td><td>阳上 21</td></tr>
<tr><td rowspan="2">阳去 22</td><td rowspan="2">阳去 22</td><td>阴平 11</td><td rowspan="2">阳去 31</td><td rowspan="2">阴平 44</td><td rowspan="2">阳去 22</td></tr>
<tr><td>上声 24</td></tr>
<tr><td rowspan="3">去</td><td>清</td><td>阴去 44</td><td>阴去 44</td><td>去声 55</td><td>阴去 53</td><td>去声 45</td><td>阴去 44</td></tr>
<tr><td rowspan="2">浊</td><td rowspan="2">阳去 22</td><td rowspan="2">阳去 22</td><td>阴平 11</td><td rowspan="2">阳去 31</td><td rowspan="2">阴平 44</td><td rowspan="2">阳去 22</td></tr>
<tr><td>上声 24</td></tr>
<tr><td rowspan="3">入</td><td>清</td><td>阴入 5</td><td>阴入 5</td><td>阴入 5</td><td>阴入 5</td><td>入声 5</td><td>阳上 21</td></tr>
<tr><td>次浊</td><td>阳入 3</td><td>阳入 3</td><td>阳入 3</td><td>阳入 3</td><td>入声 5</td><td>阴去 44</td></tr>
<tr><td>全浊</td><td>阳入 3</td><td>阳入 3</td><td>阳入 3</td><td>阳入 3</td><td>入声 5</td><td>阴去 44</td></tr>
</table>

说明：

（1）次浊上各点都有两个演变方向。除桂头外，其余各点口语字随清去，非口语字随清上；桂头口语字随全浊上，非口语字随清上。

（2）全浊上除石陂外其余五个点都有两个演变方向。在这五个点中，除桂头外，其余各点口语字随清去，非口语字随浊去；桂头口语字随浊上，非口语字随浊去。石陂全浊上有三个演变方向，口语字部分随清去、部分随浊去的口语字，非口语字部分随浊去的口语字，部分随浊去的非口语字。

二、韶关土话与中古调类对应的例外字

1. 清平字的例外

哥：向阳和石塘读同清去，石陂和桂头读同清上；霞：桂头读阳去；赊：石塘话音为去声；堤：各点都读阳平；泡：石塘和桂头有一读读同清去；跑：除石陂读阴平外，其余各点读同清上；监~狱：大村、石陂、周田和石塘读阴去；森：石陂读阳平；刊：周田读去声，桂头读阴上；扳，石陂、石塘读上声，周田和桂头作名词时也读上声；删：石塘读去声；扇~动拼~命钻~洞：各点都读同清去；钢：向阳读阴去；汪姓氏：大村读阴去；妨：除向阳外，其余各点读同清上；腔：石陂读上声；增：石塘读去声；应~该：石陂、石塘读去声；撑动词听~见：各点都读同清去；粳：周田读上声；轰~炸：石陂读去声；烘：除石陂外，其余各点读同清去；纵~横：除向阳外，其余各点读同清去；供~给：各点都读同清去。

2. 浊平字的例外

婆姣~：石塘读上声；魔：大村、向阳和桂头读阴平；拿：石陂读上声，桂头读阴上；划~船：除桂头读阳去外，其余各点读入声；愉：大村、向阳和桂头读阳去，石塘读阴平；梨：大村读上声；毛：石陂作姓氏和周田在“松毛”中读阴平；条雪~：向阳读上声；愁：桂头话音为阴平；掂~起：各点都读阴平；任姓氏：大村、向阳和桂头读阳去，石陂读阴平；前~晡日：石陂读上声；研：大村和石陂读同浊去，周田和石塘读上声；馒：向阳、石塘和桂头读同浊去；鳞：大村、石陂和周田读阴平；蚊：大村、向阳和周田读阴平，石塘读上声；昂：除周田外，其余各点读同清上；肠：大村、向阳和桂头读同浊去；妨：大村、周田、石

塘和桂头读上声，石陂和向阳读阳平；降投~：除向阳和石塘外，其余各点读同清去；扔：大村读阳去，向阳、周田、石塘和桂头读阴平；铭铃马~薯：石陂读上声；聋：石陂、周田读阴平。

3. 清上字的例外

妥：石陂读去声；姐：向阳读阴去；垮：各点都读阴平；斧：石塘读阳平；娶：石塘读阴平；楷：大村、石塘和桂头读阴平；挤：各点都读阴平，可能是另有来源；悔：除桂头读阳去外，其余各点读同清去；企~业：除桂头读阳上外，其余各点读同清去；毁：石陂读去声；委：石陂读阴平；水下~：大村、向阳读阴去；扫~地：各点都读同清去；吵：除石塘外，其余各点读阳平；表手~：各点都读阴平；喊：各点都读同清去；点动词：向阳、石陂读去声；伞：各点都读同清去；坦：桂头读阳上；诊：大村读阴去；谎：各点都读阴平；哽：石塘读阴平；境：周田读阴去；矿：各点都读同清去。

4. 浊上字的例外

（1）次浊上字的例外。

我：周田话音为阴平；雅：大村、桂头读阳平；惹：石塘随非口语字演变为上声；努：桂头读阳平；语：石陂读阴平；羽：大村读阳去；你：周田读阴平；累积~：大村、向阳和桂头读阳去，周田读阴平；了~解：桂头读阴上；牡：大村、周田和桂头读阳去；眼窟窿：石塘读阳平；染：石塘读阴平；免：石陂读阴平；晚：石陂在“细～仔”、周田在“～姨”中读阴平；蟒：桂头读阳平；朗：大村、周田读阳去；两—~：桂头读阴上；壤：石陂读阴平；仰：大村读阴去，桂头读阴上；网往永勇：桂头读阴上；拢：石陂读阴平，桂头读阴上。

（2）全浊上字的例外。

舵：除大村和石陂外，其余各点读阳平；祸：大村读阴平；部：石塘随口语字演变为去声；肚腹~：各点都读同清上，其中石陂不属例外；距：桂头读阴平；腐~烂：石塘随次浊上非口语字演变为上声；辅：周田、石塘读上声；竖：石陂读阳平；亥：大村读上声；蟹：各点都读同清上，其中石陂不属例外；技：桂头读阴平；痔：大村读上声，石陂读阳平，向阳、周田和桂头读同清去；抱：周田、石塘读上声；稻：大村、桂头读阴平；绍：桂头读阴上；舰：石塘读阳平，桂头读阴上；践：除周田和石塘外，其余各点读同清上，其中石陂不属例外；件—~衣服：各点都读同清上，其中石陂不属例外；辫：大村读阳平，周田读阴平；伴：除向阳和石陂外，其余各点读同清去；很：向阳、石陂、周田和桂头读同清上，其中石陂不属例外；盾：大村、石陂、周田和桂头读同清上，其中石陂不属例外；菌细~：桂头读阴上；丈姨~：大村读阴平，向阳读上声；杖：向阳读上声；晃：各点都读同清上，其中石陂不属例外；棒：石塘、桂头读同清上；蚌：向阳读上声；挺：各点都读同清上，其中石陂不属例外；汞：除周田读上声外，其余各点读同清去。

5. 清去字的例外

把柄：各点都读同清上；亚：石陂、周田和石塘读阴平；跨：各点都读阴平；处~所：周田读上声；去：各点都读阳平，可能另有来源；傅：除周田读阳去外，其余各点读阴平；贷：除向阳和周田外，其余各点读同浊去；概：周田读上声；派：石塘读上声；制：石塘读入声；势：大村、石塘读同浊去；配佩：石塘读入声；会~计：各点都读同浊去；块：除石陂外，其余各点读同清上；慰：大村、向阳、石陂和石塘读上声，其中石陂不属例外；倒~水：各点都读同清上；稍：石陂读去声，桂头读阴上，其余各点读阴平；店饭~：大村读上声；泛：桂头读阳去；旦：桂头读阴上；谏：除周田没有调查到以外，石塘读去声，其余各点读同清上；片尿~：除石塘和桂头外，其余各点读上声；窜：石塘读上声；锻~炼：各点都读同浊去；唤：除向阳外，其余各点读同浊去；转~圈：大村、石陂、周田和桂头读同清上；卷试~：除周田和石塘读小称外，其余各点读同清上；镇：石陂读上声；振震：石陂读上声；顿：大村、周田读阴平，石陂读上声；迅：桂头读阳去；舜：石塘读阴平；奋：大村读阳去；丧~失：石塘读上声；创：石陂读上声；倡：向阳、石陂和桂头读阴平；胖：向阳读阳去；竟：石陂、桂头读同清上；映：各点都读同清上，当是训读为“影”；钉~住：各点都读阴平；订：石陂、周田读阴平；空~缺：向阳、石陂和桂头读阴平；统：各点都读同清上；综：各点都读阴平；讽：大村、周田和桂头读阳去，石陂、石塘读上声。

6. 浊去字的例外

座：桂头读阳上；骂：除向阳和桂头外，其余各点读同清去；下~山：除桂头读阳上以外，其余各点读同清去；墓：石陂读去声；露：石陂、周田和石塘读同清去；薯：除周田外，其余各点读阳平；附：石塘、桂头读同清去；雾：石陂随清去演变为去声；屡：向阳、周田和石塘读同清去；芋：桂头读阴平；艾：石陂、周田读同清去；寨：石陂读去声；币：石陂、石塘和桂头读同清去；毙：除向阳和桂头外，其余各点读同清去；系~统：石陂、石塘读去声；佩：石塘读入声，其余各点读同清去；妹大~嘀：大村读上声；兑：向阳、桂头读同清去，石塘有两读，或读上声，或随清去演变为去声；画：向阳作动词时读阳平，桂头读阴去；卫：石陂读去声；惠慧：石塘读去声；避：大村、石陂读阴入；义：石陂读去声；议会~：桂头读阳上，其余各点读同清去；自：桂头读阴平；示：大村、石陂和周田读同清去；视：除大村和向阳外，其余各点读同清去；寺：石陂读阳平；饲：各点都读阳平；痔：大村读上声，石陂读阳平，桂头读阴去；异：大村读阴去；瑞：石陂、石塘读去声；为~了：除向阳、周田外，其余各点读阳平；隧：大村读阳平；胃：石塘读去声；暴：各点都读同清去；导：石陂、石塘和桂头读同清去；效：桂头读阴去；校学~：桂头、石陂读同清上，其中石陂不属例外；妙：石陂、石塘读上声，其中石陂不属例外；疗：各点都读阳平；召：周田和石塘读阴平，桂头、石陂读同清上，其中石陂不属例外，耀：石塘、桂头读同清去；调~动逗宙：石塘读去声；售：各点都读阳平；站车~：石塘读去声；艳：大村、石塘读同清去；弹子~：石陂、石塘读上声，其中石陂不属例外；健：石塘、桂头读同清去；电：石塘读去声；垫：桂头读阳上，其余各点读同清去；叛：各点都读同清去；幻：向阳、石塘读同清去；恋：大村、石陂和桂头读阳平；传~记：向阳读上声，周田读阴平，石塘读去声；倦：石陂、石塘读上声，其中石陂不属例外；院：大村读上声，石陂、石塘读去声，桂头在“院长”中读阴上；县~长：向阳读上声；恨：石塘读去声；阵打眼~：石塘读上声；慎：石塘读去声；仅：各点都读同清上；闷：桂头读阳平，石陂、石塘读上声，其中石陂不属例外，钝：大村、石塘读同清去，桂头读阳上，石陂、周田读上声，其中石陂不属例外，殉：各点都读阳平；问：石陂读去声；晕：石塘读阴平；傍：桂头读阴去，其余各点读阳平；藏西~：大村、石塘读阳平；脏内~：石塘读去声；忘：各点都读阳平；赠：大村、石陂读阴平，其中石陂不属例外，其余各点读同清去；孕：向阳、石塘读同清去，大村、石陂和桂头读上声，其中石陂不属例外；孟：大村读阴去，石陂、周田和桂头读上声，其中石陂不属例外；盛丰~：石陂、周田和石塘读同清去；泳：各点都读同清上，其中石陂不属例外；缝~隙：大村、石陂和石塘读阳平；颂诵：大村、周田和石塘读同清去。

7. 清入字的例外

踏：除石塘清入和浊入合流外，其余各点读同浊入；塌：桂头读阴去；胁：大村读阳入；瞎：大村、向阳和桂头读同浊入；撇：大村、向阳读阳入；挖：周田读阴平；毕：石塘字音为去声；乙：向阳读阳入；不：石塘读去声；戌：向阳读阳去；爵卓琢：大村读阳入；着~衣：石陂读阳入；扩：各点都读同清去；戳：向阳读阴平；息重孙：大村读阳入；只一~：大村、石陂读上声；滴：除周田和石塘仍读入声外，其余各点读同清去；酷：除周田仍读入声外，大村、石陂和桂头读同清去，向阳、石塘读同浊去；缩：大村读阳入。

8. 浊入字的例外

闸：周田读阴入；聂：除石塘清入和浊入合流、桂头读变音外，其余各点读阴入；捷涉：大村、向阳、周田和桂头读同清入；胁：除大村和向阳外，其余各点读同清入；协：向阳、周田和桂头读同清入；粒：除石塘清入和浊入合流、桂头读变音外，其余各点读阴入；捺撇~：石陂、石塘读去声，桂头读阴平；拔：石陂、周田读阴入；抹：除石塘清入和浊入合流外，其余各点读同清入；铡：大村、周田和桂头读同清入；裂：除石塘清入和浊入合流外，其余各点读同清入；杰：向阳和桂头读同清入；孽：石陂读阴入；捏：大村、向阳、石陂和周田读阴入；截：桂头随清入演变为阳上；夺：除石塘清入和浊入合流、向阳读浊入外，其余各点读同清入；掘：大村、石陂、石塘和桂头读同清入；活术译役：大村读阴入；逸：石陂和周田读阴入；勃：除大村、石陂、周田和桂头读同清入；莫约~：大村、向阳、石陂和桂头读同清入；落角~头：桂头随清入演变为阳上；着~水片：石陂读阴入；昨：大村、向阳和周田读阴入，桂头读阳平；跃：大村、石陂和桂头读同清入；额脉：石陂读阴入；辟：除石塘清入和浊入合流外，其余各点读同清入；籍~贯：周田、桂头读同清入；夕：大村、石陂读阴入；易交~：大村读阴入；获：大村读阴入，石陂在“收获”中也读阴入；瀑~布：向阳读阴入，石塘、石陂读去声；复~原：除石塘清入和浊入合流外，其余各点读同清入；育辱：周田读阴入；欲：大村读阳去；浴：大村读阳去，周田读阴入。

注释：

①庄初升．粤北土话、湘南土话和桂北平话中古全浊唇音、舌音今读的特殊表现．东方语言学(第二辑)．上海：上海教育出版社，2007．185～197

②庄初升．从知三读如端组看粤北土话、湘南土话、桂北平话与早期赣语的历史关系．中山人文学术论丛（第八辑）．台北：台湾文津出版社，2007．25～43

③张双庆，万波．客赣方言“辫”读如“边鞭”的性质．方言，2002（1）

④温昌衍．客家方言的特征词．见：李如龙．汉语方言特征词研究．厦门：厦门大学出版社，2002．235

⑤庄初升．粤北土话及其他汉语方言表“孵化”义的词源．中国语文研究，2005（2）

第四章　韶关土话的语言特点

第一节　韶关土话的语音特点

一、声母特点

（1）古全浊声母今逢塞音、塞擦音时，除桂头外，其余五个点不论平仄一般都读送气音。桂头古全浊声母今逢塞音、塞擦音时送气与否同时以声纽和声调为条件，舒声古並、定、澄母（今读塞音）口语中常用上声字读送气音，其他的多读不送气音，澄母（今读塞擦音）和其余全浊声母则一般读送气音；促声一般读送气音。如：

表 4-1 古全浊声母今逢塞音、塞擦音时的读音

例字 / 读音 / 方言点	大$_{\text{定}}$	爬$_{\text{並}}$	锄$_{\text{崇}}$	苎$_{\text{澄}}$	舅$_{\text{群}}$	断$_{\text{定}}$	地$_{\text{定}}$	杂$_{\text{从}}$	及$_{\text{群}}$	白$_{\text{並}}$
大村	tʻo^{22}	pʻo^{21}	tsʻɔ^{21}	tsʻʉ^{44}	kʻiu^{44}	tʻəŋ^{44}	tʻəe^{22}	tsʻo^{3}	kʻi^{3}	pʻʌ^{3}
向阳	tʻuə^{22}	pʻa^{21}	tsʻɔu^{21}	tsʻʮ^{44}	kʻiu^{44}	tʻoŋ^{44}	tʻai^{22}	tsʻuə^{3}	kʻi^{3}	pʻɛ^{3}
石陂	tʻai^{11}	pʻa^{42}	tsʻɔu^{42}	tʃʻi^{55}	kʻiau^{55}	tʻun^{55}	tʻɐi^{11}	tsʻa^{3}	kʻi^{3}	pʻɛi^{3}
周田	tʻa^{31}	pʻɔ^{11}	tsʻɛu^{11}	tsʻu^{53}	kʻiu^{53}	tʻoŋ^{53}	tʻai^{31}	tsʻɔ^{3}	kʻi^{3}	pʻɔ^{3}
石塘	tʻou^{44}	pʻou^{22}	tsʻo^{22}	tsʻy^{45}	kʻiu^{45}	tʻuaŋ^{45}	tʻɐi^{44}	tsʻou^{5}	kʻi^{5}	pʻou^{5}
桂头	tu^{22}	pɔu^{45}	tsʻøy^{45}	tʻau^{4}	kʻiu^{21}	tʻœn^{21}	tai^{22}	tsʻie^{44}	kʻai^{4}	pʻi^{44}

（2）非组普遍存在读如重唇的现象，不过主要集中在微母字中，而且一般限于少数几个常用字。如：

表 4-2　非组今读重唇音的情况

例字 / 读音 / 方言点	扶$_{\text{奉}}$	斧$_{\text{非}}$	妇$_{\text{奉}}$	雾$_{\text{微}}$	尾$_{\text{微}}$	袜$_{\text{微}}$	蚊$_{\text{微}}$	问$_{\text{微}}$	网$_{\text{微}}$
大村	pʻʉ^{21}	pʉ^{24}	pʉ^{2}ʔʉ^{23}	mʉ^{22}	mo^{2}ʔe^{23}	mo^{2}ʔo^{23}	mun^{13}	mun^{22}	mɔ^{2}ʔŋ^{23}
向阳	pʻu^{21}	fu^{24}	pu^{3}ʔu^{35}	bu^{22}	ba^{3}ʔi^{35}	buə^{3}	ban^{12}	ban^{22}	bɔŋ^{24}
石陂	pʻu^{42}	pu^{24}	pʻu^{33}	mu^{55}	mɔi^{33}	ma^{3}	mɔn^{33}	mɔn^{55}	mɔŋ^{24}
周田	pʻu^{11}	pu^{214}	pu^{12}	mu^{31}	mai^{12}	mɔ^{3}	man^{12}	man^{31}	mɔŋ^{12}
石塘	pʻu^{22}	fu^{22}	pu^{3}	mu^{44}	mai^{3}	mou^{5}	mɛŋ^{314}	mɛŋ^{44}	moŋ^{3}
桂头	pau^{45}	pau^{324}	pʻau^{21}	bau^{22}	bei^{4}	bu^{44}	baŋ^{4}	baŋ^{22}	boŋ^{324}

（3）泥、来母不论逢洪细一般合流，只有石陂和周田逢洪细都有别。如：

表 4-3 泥、来母今读的分混

例字 / 读音 / 方言点	奴$_{\text{泥}}$—炉$_{\text{来}}$		脑$_{\text{泥}}$—老$_{\text{来}}$		纽$_{\text{泥}}$—柳$_{\text{来}}$		年$_{\text{泥}}$—莲$_{\text{来}}$		嫩$_{\text{泥}}$—论$_{\text{来}}$	
大村	lʉ^{21}	lʉ^{4}ʔʉ^{45}	lʌ^{2}ʔu^{23}	lʌu^{44}	liu^{24}	liu^{24}	lie^{21}		lun^{22}	
向阳	lu^{21}	lu^{3}ʔu^{35}	la^{3}ʔu^{35}	lau^{44}	liu^{24}	li^{3}ʔu^{35}	lɛn^{21}		lɔn^{33}	
石塘	lu^{22}	lu^{22}	lau^{3}	lau^{45}	liu^{314}	liu^{3}	liŋ^{22}		lɛŋ^{44}	
桂头	lau^{45}	lau^{4}	lo^{21}		liu^{324}	liu^{4}	lɛn^{45}		laŋ^{22}	
石陂	nu^{42}	lu^{42}	nau^{33}	lau^{55}	Nɛu^{24}	lɛu^{33}	ȵin^{42}	lin^{42}	nɔn^{11}	lɔn^{11}
周田	nu^{11}	lu^{11}	nau^{53}	lau^{53}	ȵiu^{214}	liu^{12}	ȵiŋ^{11}	liŋ^{11}	nan^{31}	lan^{31}

（4）除石陂外，精、庄、知、章四组声母一般合流为 ts、ts‘、s。如：

表 4-4 精、庄、知、章今读的分合（一）

例字 / 读音 / 方言点	苏$_{\text{心}}$—梳$_{\text{生}}$—书$_{\text{书}}$			酱$_{\text{精}}$—壮$_{\text{庄}}$—账$_{\text{知}}$—障$_{\text{章}}$				秋$_{\text{清}}$—愁$_{\text{崇}}$—绸$_{\text{澄}}$—寿$_{\text{禅}}$			
大村	sʉ^{13}	sɔ^{13}	sʉ^{13}	tsin^{44}	tsɔŋ^{44}	tsin^{44}		ts‘iu^{13}	sʌi^{21}	ts‘iu^{21}	siu^{22}
向阳	su^{12}	sɔu^{12}	sɥ^{12}	tsɛŋ^{44}	tsɔŋ^{44}	tsɛ^{3}ʔŋ^{35}	tsɛŋ^{44}	ts‘iu^{12}	ts‘ɔ^{21}	ts‘iu^{21}	siu^{22}
周田	su^{33}	sɛu^{33}	su^{33}	tsiɔŋ^{53}	tsɔŋ^{53}	tsɔŋ^{53}		ts‘iu^{33}	ts‘iu^{11}	ts‘iu^{11}	siu^{31}
石塘	su^{44}	so^{44}	sy^{44}	tsioŋ^{45}	tsoŋ^{45}	tsoŋ^{45}		ts‘iu^{44}	ts‘ie^{22}	ts‘iu^{3}	siu^{44}
桂头	sau^{51}	søy^{51}	sy^{51}	tsœn^{44}	tsoŋ^{44}	tsœn^{44}		ts‘iu^{51}	siu^{45}	ts‘iu^{4}	siu^{22}

石陂除止开三外，精、庄、知二与知三、章有别，精、庄、知二读 ts、ts‘、s，知三、章读 ʧ、ʧ‘、ʃ。在止开三中，精、庄、知、章合流为 ts、ts‘、s。如：

表 4-5 精、庄、知、章今读的分合（二）

例字	紫$_{\text{精}}$—纸$_{\text{章}}$	瓷$_{\text{从}}$—迟$_{\text{知三}}$	师$_{\text{生}}$—尸$_{\text{书}}$	查$_{\text{崇}}$—茶$_{\text{澄二}}$	中$_{\text{知三}}$—钟$_{\text{章}}$	猪$_{\text{知三}}$—朱$_{\text{章}}$	差$_{\text{初}}$—车$_{\text{昌}}$	
读音	tsɿ^{24}	ts‘ɿ^{42}	sɿ^{11}	ts‘a^{42}	ʧɐŋ^{11}	ʧi^{11}	ts‘a^{11}	ʧ‘a^{11}
例字	锄$_{\text{崇}}$—除$_{\text{澄三}}$		愁$_{\text{崇}}$—绸$_{\text{知三}}$		村$_{\text{清}}$—春$_{\text{昌}}$		将$_{\text{精}}$—张$_{\text{知三}}$	
读音	ts‘ɔu^{42}	ʧ‘i^{42}	ts‘ø^{42}	ʧ‘au^{42}	ts‘ɔn^{11}	ʧ‘ɔn^{11}	tsiɔŋ^{11}	ʧɔŋ^{11}

（5）知三有部分常用字在口语中读如端组，不过各地字数多寡不一，如大村：知 tɘe^{13}、锤 t‘o^{4}ʔe^{45}、朝$_{\text{今}}$~tiʌu^{13}、昼$_{\text{上}}$~ti^{2}ʔu^{23}、胀 tin^{44}；向阳：猪 tɔe^{12}、知 tai^{12}、昼$_{\text{上}}$~ti^{3}ʔu^{35}；石陂：知 tɐi^{11}~$_{\text{得}}$；周田：知 tai^{33}、槌 t‘uoi^{3}；石塘：昼$_{\text{上}}$~tiu^{3}、着~$_{\text{衣}}$ tiu^{5}、着$_{\text{睡}}$~t‘iu^{5}、张 tioŋ^{44}、胀 tioŋ^{45}；桂头：猪 au^{51}、朝$_{\text{早}}$~ɛi^{4}、苎 t‘au^{4}、柱 t‘au^{21}、住 tau^{22}、昼$_{\text{上}}$~jiu^{4}、张$_{\text{装}}$ œn^{51}、胀 œn^{44}、着~$_{\text{衣}}$ œy^{21}、竹 a^{4}。

需要说明的是，桂头的端母字读零声母，如：多 ɔu^{51}、等 aŋ^{324}、冻 oŋ^{44}、答 ia^{21}。知组三等字如上文所列的“猪、胀、竹”等也读作零声母，尽管表现形式与其他点不同，但性质是一致的。

（6）有一些溪母的常用字读如晓母，或者读 h(ʃ)，或者读 f。一个溪母字若有文、白两读，则一定是白读读如晓母。如：

表 4-6　溪母今读擦音的情况

读音 例字 / 方言点	苦	口	开	起	窟	糠	坑	哭	空$_{\sim\text{气}}$	轻
大村	fʉ^{24}	hʌi^{24}	hʉ^{13}	hi^{24}	fʉ^{2}ʔʉ^{23}	hɔŋ^{13}	hʌŋ^{13}	hɐu^{5}	hɐn^{13}	hiʌŋ^{13}
向阳	fu^{24}	hɔ^{24}	hui^{12}	hi^{24}	fu^{3}ʔu^{35}	hɔŋ^{12}	hiɛ^{12}	hɔ^{5}	haŋ^{12}	hiɛ^{12}
石陂	kʻu^{24}	hø^{24}	kʻui^{11}	ʃi^{24}	fui^{3}	hɔŋ^{11}	haŋ^{11}	hø^{5}	kʻɐŋ^{11}	kʻiaŋ^{11}
周田	fu^{214}	hia^{214}	hoi^{33}	hi^{214}	fu^{12}	hɔŋ^{33}	hiaŋ^{33}	hɛi^{5}	kʻɛŋ^{33}	kʻiaŋ^{33}
石塘	fu^{314}	kʻie^{314}	kʻua^{44}	hai^{314}	fu^{3}	hoŋ^{44}	haŋ^{44}	hie^{5}	kʻiẽ^{44}	kʻiaŋ^{44}
桂头	fu^{324}	kʻei^{324}	kʻvu^{51}	hai^{324}	fu^{4}	hoŋ^{51}	hin^{51}	hou^{21}	hoŋ^{51}	kʻin^{51}

（7）大村、向阳、桂头见系一般没有腭化，石陂、周田和石塘晓、匣母三、四等部分字腭化为擦音。如：

表 4-7　晓、匣母三、四等今读的腭化情况

读音 例字 / 方言点	晓$_{\text{晓}}$	休$_{\text{晓}}$	嫌$_{\text{匣}}$	歇$_{\text{晓}}$	血$_{\text{晓}}$	穴$_{\text{匣}}$	香$_{\text{晓}}$	向$_{\text{晓}}$	形$_{\text{匣}}$
大村	hiʌu^{24}	hiu^{13}	hie^{21}	hi^{5}	hɵ^{5}	hɵ^{4}ʔɵ^{45}	hin^{13}	hin^{44}	hʌn^{21}
向阳	hiu^{24}	jiu^{12}	hɛn^{21}	hi^{5}	hi^{5}	jɿ^{3}	hɛŋ^{12}	hɛŋ^{44}	jian^{21}
桂头	hɛi^{324}	siu^{51}	hɛn^{45}	hɛi^{21}	høy^{21}	jøy^{4}	hœn^{51}	hœn^{44}	haŋ^{45}
石陂	ʃiu^{24}	sɛu^{11}	ʃin^{42}	ʃi^{5}	ʃui^{5}	ʃi^{3}	ʃɔŋ^{11}	ʃɔŋ^{55}	ʃɛn^{42}
周田	siau^{214}	siu^{33}	hiŋ^{11}	si^{5}	si^{5}	si^{3}	siɔŋ^{33}	siɔŋ^{53}	saŋ^{11}
石塘	siau^{314}	siu^{44}	siŋ^{22}	si^{5}	sye^{5}	yẽ^{3}	sioŋ^{44}	sioŋ^{45}	haŋ^{22}

由表 4-7 可以看出，存在腭化现象的三个方言点中，石陂表现最为突出，三、四等不论是在洪音还是细音前，都腭化为擦音；周田一般在细音前腭化，不过也有极少数字在洪音前腭化，如“形”；而石塘则只在细音前腭化。

（8）晓、匣母合口字有读 f 声母而混入非组的，匣母有部分字读 v 或零声母。如：

表 4-8　晓、匣母合口的今读

读音 例字 / 方言点	花$_{\text{晓}}$	挥$_{\text{晓}}$	荒$_{\text{晓}}$	灰$_{\text{晓}}$	坏$_{\text{匣}}$	惠$_{\text{匣}}$	换$_{\text{匣}}$	禾$_{\text{匣}}$	黄$_{\text{匣}}$	镬$_{\text{匣}}$
大村	fo^{13}	foe^{13}	fɔŋ^{13}	fʉ^{13}	fʌi^{22}	foe^{22}	hɵŋ^{22}	vʉ^{21}	vɔŋ^{21}	vɔ^{3}
向阳	fa^{12}	fai^{12}	fɔŋ^{12}	fui^{12}	fuə^{22}	vai^{22}	hoŋ^{22}	vɔu^{21}	vɔŋ^{21}	vɔu^{3}
石陂	fa^{11}	fɔi^{11}	fɔŋ^{11}	fui^{11}	fai^{11}	fɔi^{24}	hun^{11}	vɔu^{42}	vɔŋ^{42}	vɔu^{3}
周田	fɔ^{33}	fai^{33}	fɔŋ^{33}	foi^{33}	foi^{31}	fai^{31}	hoŋ^{31}	vu^{11}	vɔŋ^{11}	vɛu^{3}
石塘	fou^{44}	fai^{44}	foŋ^{44}	fua^{44}	fa^{44}	fai^{45}	foŋ^{44}	o^{22}	uoŋ^{22}	o^{5}
桂头	fɔu^{51}	fei^{51}	foŋ^{51}	fu^{51}	fie^{22}	vei^{22}	hœn^{33}	vu^{45}	voŋ^{45}	vou^{4}

（9）疑母在开口呼前一般读为舌根音 ŋ 或 g，影母在开口呼前一般读为零声母或半元音，只有周田影母在部分韵摄中读 ʔ。如：

表 4-9　疑母、影母的今读

读音 例字 / 方言点	牙$_{\text{疑}}$	蚁$_{\text{疑}}$	硬$_{\text{疑}}$	月$_{\text{疑}}$	爱$_{\text{影}}$	呕$_{\text{影}}$	恩$_{\text{影}}$	鸭$_{\text{影}}$	揞$_{\text{影}}$	一$_{\text{影}}$
大村	ŋo^{21}	ŋi^{24}	ŋᴀŋ^{22}	ŋɵ^{4}ʔɵ^{45}	ʉ^{44}	ᴀi^{24}	ᴀŋ^{13}	o^{2}ʔo^{23}	ᴀŋ^{13}	ji^{5}
向阳	ga^{21}	gi^{24}	giɛ^{22}	giɛ^{3}	ui^{44}	ɔ^{24}	jan^{12}	uə^{3}ʔə^{35}	an^{12}	ji^{5}
石陂	ŋa^{42}	ŋɛi^{55}	ŋaŋ^{11}	ŋiui^{3}	ui^{55}	ø^{24}	ɛn^{11}	ai^{33}	ɛn^{11}	i^{5}
石塘	ŋou^{22}	ŋi^{45}	ŋaŋ^{44}	ŋye^{3}	a^{45}	ie^{314}	ɛŋ^{44}	ou^{3}	oŋ^{45}	i^{5}
桂头	gɔu^{45}	gai^{21}	gin^{22}	gøy^{4}	u^{44}	ei^{324}	yẽ^{51}	ie^{4}	ɛn^{51}	ji^{21}
周田	ŋɔ^{11}	ŋi^{12}	ŋian^{31}	ŋia^{3}	oi^{53}	ʔia^{214}	ʔiaŋ^{33}	ɔ^{12}	aŋ^{33}	i^{5}

二、韵母特点

（1）效摄一、二等已经合流，蟹摄、咸摄、山摄一、二等大体上还保留区别的痕迹。如：

表 4-10　一、二等的分合

读音 例字 / 方言点	考$_{\text{效开一}}$—搞$_{\text{效开二}}$		改$_{\text{蟹开一}}$—解$_{\text{蟹开二}}$		三$_{\text{咸开一}}$—衫$_{\text{咸开二}}$		肝$_{\text{山开一}}$—间$_{\text{山开二}}$	
大村	kʻᴀu^{24}	kᴀu^{24}	kʉ^{24}	kᴀ^{24}	sɔ^{13}	sᴀŋ^{13}	kəŋ^{13}	kᴀŋ^{13}
向阳	kʻau^{24}	kau^{24}	kui^{24}	kuə^{24}	sa^{12}	suə^{12}	kun^{12}	kuə^{12}
石陂	kʻau^{24}	kau^{35}	kui^{24}	kai^{24}	san^{11}	san^{33}	kun^{11}	kan^{11}
周田	kʻau^{214}	kau^{214}	koi^{214}	kia^{214}	sɔŋ^{33}	siaŋ^{33}	kɔŋ^{33}	kiaŋ^{33}
石塘	kʻau^{314}	kau^{314}	kua^{314}	ka^{314}	sɔŋ^{44}	saŋ^{44}	kɔŋ^{44}	kaŋ^{44}
桂头	kʻo^{324}	ko^{324}	kvu^{324}	kie^{324}	siẽ^{51}		kvœn^{51}	kiẽ^{51}

（2）除石塘外，果摄一等与遇摄合口一等有合流的痕迹，其中桂头尤为突出。如：

表 4-11　果摄一等与遇摄一等的分合

读音 例字 / 方言点	个$_{\text{果}}$—故$_{\text{遇}}$		过$_{\text{果}}$—顾$_{\text{遇}}$		火$_{\text{果}}$—虎$_{\text{遇}}$		禾$_{\text{果}}$—胡$_{\text{遇}}$	
石塘	ka^{45}	ku^{45}	ka^{45}/ko^{45}	ku^{45}	ho^{314}	fu^{314}	o^{22}	fu^{22}
大村	ko^{44}	kʉ^{44}	kɔ^{44}	Kʉ^{44}	fʉ^{24}		vʉ^{21}	fʉ^{21}
向阳	kuə^{44}	ku^{44}	kɔu^{44}	ku^{44}	fu^{24}		vɔu^{21}	fu^{21}
石陂	kai^{55}	ku^{55}	kɔu^{55}	ku^{55}	fu^{35}		vɔu^{42}	fu^{42}
周田	ka^{53}	ku^{53}	ka^{53}/kɛu^{53}	ku^{53}	fu^{214}		vu^{11}	fu^{11}
桂头	kvu^{44}		kvu^{44}		fu^{324}		vu^{45}	fu^{45}

（3）大村、石塘和桂头止摄合口三等极少数常用字读ʉ或y，而向阳、石陂和周田则不存在这一现象。

表 4-12 止摄合口三等部分常用字的今读

方言点 \ 读音 \ 例字	嘴—吹		衰—水	
大村	tsoe^{24}	ts‘ʉ^{13}	soe^{13}	sʉ^{24}
石塘	tsuai^{314}	ts‘y^{44}	suai^{44}	sy^{314}
桂头	tsau^{324}	ts‘y^{51}	søy^{51}	sy^{324}
向阳	tsɔe^{24}	ts‘ɔe^{12}	sɔe^{12}	sɔe^{24}
石陂	tsɔi^{24}	ʧ‘ɔi^{11}	sɔi^{11}	ʃɔi^{24}
周田	tsuoi^{214}	ts‘uoi^{33}	suoi^{33}	suoi^{214}

（4）周田和桂头存在流摄同蟹摄合流的现象，而向阳和石陂则存在流摄同效摄合流的现象，大村和石塘则不存在上述两种现象。具体来说，周田流摄一等同蟹摄开口一、二等部分字主要元音相同读 a，桂头流摄一等同蟹摄开口三、四等合流读 ei；向阳流摄三等同效摄三、四等合流读 iu，石陂流摄三等知章组、见系同效摄一、二等合流或主要元音相同读 au。如：

表 4-13 流摄同蟹摄、效摄的分合

韵摄	流摄						蟹摄			
例字 \ 读音	一等			三等			一、二等			
方言点	敨	狗	沤~肥	酒	周	旧	菜	开	排	矮
周田	t‘ia^{214}	kia^{214}	ia^{53}	tsiu^{214}	tsiu^{33}	k‘iu^{31}	ts‘oi^{53}	hoi^{33}	p‘a^{11}	a^{214}
桂头	t‘ei^{324}	kei^{324}	ei^{44}	tsiu^{324}	tsiu^{51}	k‘iu^{22}	ts‘u^{44}	k‘vu^{51}	pie^{45}	ie^{324}
向阳	t‘ɔ^{24}	kɔ^{24}	ɔ^{44}	tsiu^{24}	tsiu^{12}	k‘iu^{22}	ts‘ui^{44}	hui^{12}	p‘uə^{21}	uə^{24}
石陂	t‘ø^{24}	kø^{24}	ø^{55}	tsɛu^{24}	ʧau^{11}	k‘iau^{11}	ts‘ui^{55}	k‘ui^{11}	p‘ai^{42}	ɛi^{35}
大村	t‘ᴀi^{24}	kᴀi^{24}	ᴀi^{44}	tsiu^{24}	tsiu^{13}	k‘iu^{22}	ts‘ʉ^{44}	hʉ^{13}	p‘ᴀ^{21}	ᴀ^{24}
石塘	t‘ie^{314}	kie^{314}	ie^{45}	tsiu^{314}	tsiu^{44}	k‘iu^{44}	ts‘ua^{45}	k‘ua^{44}	p‘a^{22}	a^{314}

韵摄	蟹摄				效摄					
例字 \ 读音	三、四等				一、二等			三、四等		
方言点	势	泥	细	鸡	老	高	孝	小	妖	尿
周田	siɛ^{53}	na^{11}	sa^{53}	kiɛ^{33}	lau^{53}	kau^{33}	hau^{53}	siau^{214}	iau^{53}	ŋiau^{31}
桂头	sei^{44}	lie^{45}	sei^{44}	kei^{51}	Lo^{21}	ko^{51}	ho^{44}	sɛi^{324}	jɛi^{44}	lɛi^{22}
向阳	sɛ^{44}	lɛ^{21}	sɛ^{44}	kɛi^{12}	lau^{44}	kau^{12}	hau^{44}	siu^{24}	jiu^{44}	liu^{22}
石陂	ʃɛi^{55}	nɛi^{42}	sɛi^{55}	kɛi^{11}	lau^{55}	kau^{11}	hau^{55}	siu^{35}	iu^{55}	ŋiu^{11}
大村	siᴀ^{22}	lᴀ^{21}	sᴀ^{44}	kie^{13}	lᴀu^{44}	kᴀu^{13}	hᴀu^{44}	siᴀu^{24}	jiᴀu^{44}	liᴀu^{22}
石塘	sei^{44}	la^{22}	sɛi^{55}	kei^{44}	lau^{45}	kau^{44}	siau^{45}	siau^{314}	iau^{45}	liau^{44}

（5）四等齐韵读音比较复杂，各个点都有几个不同的读音。

表 4-13 列举了蟹摄四等齐韵“泥、细、鸡”三个字的读音，下面再看齐韵部分字的读音。

表 4-14　齐韵的今读

读音＼例字 方言点	米	体	梯	弟	犁	礼	济	西	计
大村	mᴀ^{44}	t‘ᴀi^{24}	t‘ᴀ^{13}	t‘ᴀ^{2}ʔᴀ^{23}/t‘ᴀ^{4}ʔi^{45}	lᴀ^{21}	lәe^{44}	tsәe^{44}	sie^{2}ʔe^{23}/sᴀ^{13}	kei^{44}
向阳	bɛ^{44}	t‘ɛ^{24}	t‘ɛ^{12}	t‘ai^{22}	lɛ^{21}	lai^{44}	tsai^{44}	sɛ^{12}	kɛi^{44}
石陂	mɛi^{55}	t‘ɐi^{24}	t‘ɛi^{11}	t‘ɛi^{33}/t‘ɐi^{33}	lɛi^{42}	lɐi^{55}	tsɐi^{55}	sɛi^{11}	kɛi^{55}
周田	ma^{53}	t‘ai^{214}	t‘a^{33}	t‘a^{12}/t‘ai^{3}	la^{11}	lai^{53}	tsai^{53}	siɛ^{33}	kiɛ^{53}
石塘	mei^{45}	t‘ai^{314}	t‘a^{44}	t‘ai^{44}/t‘a^{3}	la^{22}	lai^{3}	tsai^{45}	sei^{44}	kei^{45}
桂头	bøy^{21}	t‘ai^{324}	t‘ie^{51}	t‘ie^{4}/tie^{4}	lie^{45}	lai^{21}	tsai^{44}	sei^{51}	kei^{44}

从上文列举的例字来看，韶关土话齐韵字最少的有两个读音，最多的有四个读音，如大村：ᴀ/ie/ei/әe；向阳：ɛ/ɛi/ai；石陂：ɛi/ɐi；周田：a/iɛ/ai；石塘：a/ei/ɐi；桂头：ie/ei/ai/øy。

（6）梗摄存在文白异读现象，但不突出。

梗摄具有成系统的文白异读现象是东南诸省汉语方言比较普遍的一个现象，但在韶关土话中，梗摄文白异读现象不是很突出。不过，从常用字和非常用字读音的区别，以及一些土话在个别字中表现出来的两读可以看出，韶关土话还是存在文白异读现象的。如：

表 4-15　梗摄的文白异读

读音＼例字 方言点	常用字							非常用字	
	生	客	争	命	情	轻	壁	幸	敌
大村	sᴀŋ^{13}	k‘ᴀ^{5}	tsᴀŋ^{13}	miᴀŋ^{22}/mᴀn^{22}	ts‘ᴀn^{21}	hiᴀŋ^{13}	piᴀ^{5}	hᴀn^{22}	t‘i^{3}
向阳	siɛ^{12}	k‘ɛ^{5}	tsiɛ^{12}	biɛ^{22}	ts‘iɛ^{21}/ts‘an^{21}	hiɛ^{12}	piɛ^{5}	han^{22}	t‘ɛi^{3}
石陂	saŋ^{11}	k‘ɛi^{5}	tsaŋ^{11}	miaŋ^{11}/mɛn^{24}	ts‘iaŋ^{42}/ts‘ɛn^{42}	k‘iaŋ^{11}	pia^{5}	haŋ^{24}	t‘ɐi^{3}
周田	siaŋ^{33}	k‘ɔ^{5}	tsiaŋ^{33}	miaŋ^{31}	ts‘iaŋ^{11}	k‘iaŋ^{33}	pia^{5}	hiaŋ^{31}	t‘i^{3}
石塘	saŋ^{44}	k‘ou^{5}	tsaŋ^{44}	miaŋ^{44}/maŋ^{44}	ts‘aŋ^{22}	k‘iaŋ^{44}	pia^{5}	haŋ^{44}	t‘a^{5}
桂头	sin^{51}	k‘i^{21}	tsin^{51}	bin^{22}/baŋ^{22}	ts‘aŋ^{45}	k‘in^{51}	pi^{21}	haŋ^{22}	t‘a^{44}

从表 4–15 来看，文白异读现象最明显的是向阳，常用字或白读读阴声韵，非常用字或文读读阳声韵。

（7）大村、向阳存在古阳声韵今读阴声韵的现象，其他几个点则没有类似的现象。具体来说，大村是咸山摄三四等今读阴声韵，向阳则是咸山摄开口一二等、咸山摄合口三等非组、山摄合口二等见系和梗摄常用字今读阴声韵。请看表 4–16（向阳梗摄读阴声韵的例字见表 4–15）：

表 4-16　阳声韵今读阴声韵的情况

读音＼例字 方言点	开一、二			开三、四		合一、二			合三、四		
	淡	减	烂	甜	浅	短	碗	关	饭	远	县
大村	t‘әŋ^{44}	kᴀŋ^{24}	lәŋ^{22}	t‘ie^{21}	ts‘ie^{24}	tәŋ^{24}	vәŋ^{24}	kᴀŋ^{13}	fәŋ^{22}	jә^{44}	jә^{22}
向阳	t‘uә^{44}	kuә^{24}	luә^{22}	t‘ɛn^{21}	ts‘ɛn^{24}	toŋ^{24}	voŋ^{24}	kuә^{12}	fuә^{22}	jiɔn^{44}	jiɔ^{3}ʔn^{35}
石陂	t‘an^{55}	kan^{24}	lan^{11}	t‘in^{42}	ts‘in^{24}	tun^{24}	vun^{24}	kan^{11}	fan^{11}	iun^{55}	iun^{11}
周田	t‘oŋ^{53}	kiaŋ^{214}	loŋ^{31}	t‘iŋ^{11}	ts‘iŋ^{214}	toŋ^{214}	voŋ^{214}	k‘oŋ^{33}	foŋ^{31}	iŋ^{53}	iŋ^{31}
石塘	t‘oŋ^{45}	kaŋ^{314}	loŋ^{44}	t‘iŋ^{22}	ts‘iŋ^{314}	tuaŋ^{314}	vaŋ^{314}	kuaŋ^{44}	foŋ^{44}	yẽ^{45}	yẽ^{44}
桂头	t‘iẽ^{21}	kiẽ^{324}	lœn^{22}	tiẽ^{45}	ts‘ɛn^{324}	œn^{324}	vœn^{324}	kviẽ^{51}	fœn^{22}	jyẽ^{21}	jyẽ^{22}

（8）入声韵尾简化得比较厉害，-p、-t、-k 尾都已消失。除桂头舒化外，其余各点入声仍读短调，并伴有不同程度的喉塞音。如：

表 4-17　入声韵的今读

读音＼例字 方言点	蜡	十	八	热	血	出	落	力	白	屋
向阳	luə^{3}	sɿ^{3}	puə^{5}	gi^{3}	Hi^{5}	tsʻu^{5}	lɔu^{3}	lɛi^{3}	pʻɛ^{3}	ɔ^{5}
大村	lo^{3}	sɿ^{3}	pᴀ^{5}	ŋie^{3}	hə^{5}	tsʻiu^{5}	lɔ^{3}	ləe^{3}	pʻᴀ^{3}	ɐu^{5}
石陂	la^{3}	sɿ^{3}	pa^{5}	ŋi^{3}	ʃui^{5}	ʧʻui^{5}	lɔu^{3}	lɐi^{3}	pʻɛi^{3}	ø^{5}
周田	lɔ^{3}	sɿ^{3}	pa^{5}	ŋi^{3}	Si^{5}	tsʻuoi^{5}	lɛu^{3}	li^{3}	pʻɔ^{3}	ɛi^{5}
石塘	lou^{5}	sɿ^{5}	pa^{5}	ŋi^{5}	sye^{5}	tsʻy^{5}	lo^{5}	la^{5}	pʻou^{5}	ie^{5}
桂头	lie^{44}	si^{44}	pie^{21}	gei^{44}	Høy^{21}	tsʻy^{21}	lou^{44}	la^{44}	pʻi^{44}	ou^{21}

此外，由于-m 尾的消失导致了咸、山二摄相混，深、臻二摄相混，这在六个点中非常一致，庄初升（2004）对此有比较详细的讨论。①

三、声调特点

（一）浊上的演变

浊上字包括次浊上和全浊上，庄初升（2004）把粤北土话中的浊上字分为 A 类字和 B 类字，A 类字都是口语常用字，B 类字大多为书面语用字，少数为口语常用字，它们在韶关土话中的演变方向是有所不同的。②

先看次浊上的演变。除桂头外，其余五个点 A 类字今读去声，B 类字今读上声；桂头 A 类字今读阳上，B 类字今读阴上。如：

表 4-18　次浊上今读的类型

读音＼例字 方言点	A 类字							B 类字		
	买	懒	暖	软	女	老	远	伟	敏	两$_{二\sim}$
大村	mᴀᵓ	ləŋᵓ	ləŋᵓ	ŋəᵓ	loeᵓ	lᴀuᵓ	jəᵓ	ᶜvoe	ᶜmun	ᶜlin
向阳	buəᵓ	luəᵓ	loŋᵓ	giɔnᵓ	lɔeᵓ	lauᵓ	jiɔnᵓ	ᶜvai	ᶜban	ᶜlɛŋ
石陂	maiᵓ	lanᵓ	nunᵓ	ŋiunᵓ	ŋiᵓ	lauᵓ	iunᵓ	ᶜvɔi	ᶜmɛn	ᶜliɔŋ
周田	mᴀᵓ	loŋᵓ	noŋᵓ	ŋiŋᵓ	nuoiᵓ	lauᵓ	iŋᵓ	ᶜvai	ᶜman	ᶜliɔŋ
石塘	maᵓ	loŋᵓ	luaŋᵓ	ŋyẽᵓ	luaiᵓ	lauᵓ	yẽᵓ	ᶜvai	ᶜmɛŋ	ᶜlioŋ
桂头	ᶜ̲bie	ᶜ̲lœn	ᶜ̲lœn	ᶜ̲gyẽ	ᶜ̲lau	ᶜ̲lo	ᶜ̲jyẽ	ᶜvei	ᶜbaŋ	ᶜlœn

再来看全浊上的演变。全浊上的演变共有三个类型：第一类，A 类字今读阴去，B 类字今读阳去，如大村、向阳和周田。第二类，A 类字今读去声，B 类字今读阴平，如石陂、石塘。与石塘不同的是，石陂有相当部分全浊上的字读上声。第三类，A 类字今读阳上，B 类字今读阳去，如桂头。

表 4-19　全浊上今读的类型

读音＼例字 方言点	A 类字						B 类字			
	坐	被$_{\sim子}$	断	重$_{轻\sim}$	舅	厚	蟹	道	像	动
大村	tsʻɔᵓ	pʻoeᵓ	tʻəŋᵓ	tsʻɐnᵓ	kʻiuᵓ	hᴀiᵓ	ᶜhᴀ	tʻᴀuᵓ̲	tsʻinᵓ̲	tʻɐnᵓ̲
向阳	tsʻɔuᵓ	pʻaiᵓ	tʻoŋᵓ	tsʻaŋᵓ	kʻiuᵓ	hɔᵓ	ᶜhuə	tʻauᵓ̲	tsʻɛŋᵓ̲	tʻaŋᵓ̲
周田	tsʻɛuᵓ	pʻaiᵓ	tʻoŋᵓ	tsʻɛŋᵓ	kʻiuᵓ	hiaᵓ	ᶜkʻa	tʻauᵓ̲	tsʻiɔŋᵓ̲	tʻɛŋᵓ̲
石陂	tsʻɔuᵓ	pʻɐiᵓ	tʻunᵓ	ʧʻɐŋᵓ	kʻiauᵓ	høᵓ	ᶜkʻai	꜀tʻau	tsʻiɔŋᵓ	꜀tʻɐŋ
石塘	tsʻoᵓ	pʻaiᵓ	tʻuaŋᵓ	tsʻiẽᵓ	kʻiuᵓ	hieᵓ	ᶜha	꜀tʻau	꜀tsʻioŋ	꜀tʻiẽ
桂头	ᶜ̲tsʻɔu	ᶜ̲pʻai	ᶜ̲tʻœn	ᶜ̲tsʻoŋ	ᶜ̲kʻiu	ᶜ̲hei	ᶜ̲hie	toᵓ̲	tsʻœnᵓ̲	toŋᵓ̲

表 4-19 石陂全浊上读上声的只有一个“蟹”字，下面再举几例，如：跪ᶜkʻɔi、受ᶜʃau、范ᶜfan、肾ᶜʃɛn、幸ᶜhaŋ。

（二）去声的演变

清去和浊去的今读在六个点中都有别，不过演变的方向略有不同。大村、向阳、周田和桂头四个点清去字归阴去，浊去字归阳去；石陂和石塘清去字独立为去声调，浊去字石塘一般并入阴平调，石陂部分归阴平、部分归上声。如：

表 4-20 去声今读的类型

读音 例字 / 方言点	布清—步全浊—墓次浊			借清—谢全浊—夜次浊			救清—旧全浊—又次浊			账清—上（山～）全浊—让次浊		
大村	pʉ꜄	pʻʉ꜅	mʉ꜅	tsiA꜄	tsʻiA꜅	jo꜅	kiu꜄	kʻiu꜅	jiu꜅	tsin꜄	sɔŋ꜅	ŋin꜅
向阳	pu꜄	pʻu꜅	bu꜅	tsiɛ꜄	tsʻiɛ꜅	ja꜅	kiu꜄	kʻiu꜅	jiu꜅	tsɛŋ꜄	sɔŋ꜅	gɛŋ꜅
周田	pu꜄	pʻu꜅	mu꜅	tsia꜄	tsʻia꜅	iɔ꜅	kiu꜄	kʻiu꜅	iu꜅	tsɔŋ꜄	sɔŋ꜅	ŋiɔŋ꜅
桂头	pau꜄	pau꜅	bau꜅	tsi꜄	tsʻi꜅	je꜅	kiu꜄	kʻiu꜅	jiu꜅	tsœn꜄	sœn꜅	gœn꜅
石陂	pu꜄	꜀pʻu	mu꜄	tsia꜄	꜀tsʻia	꜀ia	kiau꜄	꜀kʻiau	꜀iau	ʧɔŋ꜄	꜀ʃɔŋ	꜀ŋiɔŋ
石塘	pu꜄	꜀pʻu	꜀mu	tsia꜄	꜀tsʻia	꜀iou	kiu꜄	꜀kʻiu	꜀iu	tsoŋ꜄	꜀sioŋ	꜀ŋioŋ

表 4-20 石陂浊去字没有读上声的，补充如下：务ᶜmu、类ᶜlɔi、胃ᶜvɔi、寿ᶜʃau、恨ᶜhɛn、艳ᶜin、洞ᶜtʻɐŋ、共ᶜkʻɐŋ。

（三）入声的演变

除石塘外，其余五个点清入和浊入今读有别；石塘清入和浊入合并为一个入声调。在清入和浊入今读有别的五个点中，桂头清入今读阳上，浊入今读阴去；其余四个点清入与浊入分别读阴入、阳入。如：

表 4-21 入声今读的类型

读音 例字 / 方言点	失书—实船—日日			湿书—十禅—入日			发非—罚奉		粥章—熟禅—六来—肉日			
大村	sɿ꜆	sɿ꜇	ŋi꜇	sɿ꜆	sɿ꜇	ŋi꜇	fo꜆	fo꜇	tsɐu꜆	sɐu꜇	lɐu꜇	lɐu꜇
向阳	sɿ꜆	sɿ꜇	gi꜇	sɿ꜆	sɿ꜇	gi꜇	fuə꜆	fuə꜇	tsɔ꜆	sɔ꜇	lɔ꜇	lɔ꜇
石陂	ʃi꜆	sɿ꜇	ŋi꜇	ʃi꜆	sɿ꜇	ŋi꜇	fa꜆	fa꜇	ʧø꜆	ʃø꜇	lø꜇	ŋø꜇
周田	sɿ꜆	sɿ꜇	ŋi꜇	sɿ꜆	sɿ꜇	ŋi꜇	fɔ꜆	fɔ꜇	tsɛi꜆	sɛi꜇	lɛi꜇	ŋɛi꜇
桂头	꜃si	si꜄	gai꜄	꜃si	si꜄	gai꜄	꜃fu	fu꜄	꜃tsou	sou꜄	lou꜄	lou꜄
石塘	sɿ꜆	sɿ꜆	ŋi꜆	sɿ꜆	sɿ꜆	ŋi꜆	fou꜆	fou꜆	tsie꜆	sie꜆	lie꜆	ŋie꜆

要指出的是，在清入和浊入今读有别的五个点中，有极少数次浊入的字同其他次浊入的字演变方向不同，这在韶关土话内部非常一致。如：

表 4-22 “聂、抹、粒、裂”的今读

读音 例字 / 方言点	额	袜	脉	木	篾	肋	麦	逆	聂	抹	粒	裂
大村	ŋA꜆	mo²ʔo²³	mA꜇	mɐu꜇	mi⁴ʔi⁴⁵	Lei꜇	mo⁴ʔo⁴⁵	ŋiA꜆	sɿ꜆	mʉ꜆	lei꜆	li꜆
向阳	giɛ³ʔɛ³⁵	buə꜇	bɛ³ʔɛ³⁵	bɔ꜇	bi³ʔi³⁵	lɛi꜇	bɛ꜇	giɛ꜇	li꜇	bui꜆	lɛ꜆	li꜆
石陂	ŋia꜆	ma꜇	mɛi꜆	mø³³	mi꜇	La꜇	mɛi꜇	ŋia꜇	ŋi꜆	mui꜆	lɐi꜆	li꜆
周田	ŋia꜇	mɔ꜇	mɔ꜆	mɛi꜇	mi꜇	li꜇	mɔ꜇	ŋia꜇	ŋi꜆	mɔ꜇	la꜆	li꜆
桂头	gi⁴	bu꜄	bi꜄	bou⁴	bie⁴	La꜄	bi⁴	jɛi⁴	lɛi⁴	꜃bu	la⁴	꜃lɛi
石塘	ŋia꜆	mou꜆	ma꜆	mie꜆	mi꜆	La꜆	ma꜆	ŋia꜆	ŋi꜆	mou꜆	lai꜆	li꜆

由表 4–22 可以看出，除石塘外，其余五个点“聂、抹、粒、裂”四个次浊入的字并没有像其他次浊字一样归入阳入，而是读同清入。如桂头次浊入一般归阴去，而“聂、抹、粒、裂”则归阳上，同清入字演变方向一致。

（四）几个特字的声调

庄初升（2004）分析了粤北土话中几个特字的声调，它们是“鼻、倒$_{\sim水}$、扫$_{\sim地}$、表$_{手\sim}$、喊、辫、卷$_{考\sim}$、忘、听、钉$_{\sim住}$”。③上述字在韶关土话中的具体声调分别是：“鼻”各点都读同浊去；“倒$_{\sim水}$”各点都读同清上；“扫$_{\sim地}$”各点都读同清去；“表$_{手\sim}$”各点都读阴平；“喊”各点都读同清去；“卷$_{考\sim}$”除周田和石塘读小称外，其余各点读同清上；“忘”各点都读阳平；“听”各点都读同清去；“钉$_{\sim住}$”各点都读阴平。

除上述字外，韶关土话中还有下面一些字的读音值得注意：“扇$_{\sim动}$、拼$_{\sim命}$、钻$_{\sim洞}$、撑$_{动词}$、供$_{\sim给}$”各点都读同清去；“掂$_{\sim起}$”各点都读阴平；“吵”除石塘外的其余五个点读阳平；“伞”各点都读同清去。此外，上文列举的浊入字“聂、抹、粒、裂”随清入演变。

四、小称变音

在韶关土话中，普遍存在一种超出语音层面的特殊的音变现象即小称变音。变音是相对于本音而言的，本音是一个方言在音韵层面上的字的读音，而变音是一种词汇层面和语法层面上的读音。④韶关土话小称变音的具体读音请看表 4–23：

表 4–23　小称变音的读音

读音＼例字 方言点	筛		盖		春		钱		塘	
	本音	变音	本音	变音	本音	变音	本音	变音	本音	变音
大村	sɵ^{13}	sɵ^{2}ʔɵ^{23}	kʉ^{44}	kʉ^{2}ʔʉ^{23}	tsʻun^{13}	tsʻu^{2}ʔn^{23}	tsʻie^{21}	tsʻie^{4}ʔe^{45}		tʻɔ^{4}ʔŋ^{45}
向阳	sɔe^{12}	sɔ^{4}ʔe^{45}	kui^{55}	ku^{3}ʔi^{35}	tsʻɔn^{12}	tsʻɔ^{3}ʔn^{35}	tsʻan^{21}	tsʻa^{3}ʔn^{35}		tʻɔ^{3}ʔŋ^{35}
石陂	sɛi^{11}	sɛi^{33}	kui^{55}	kui^{33}	ʧʻɔn^{11}	ʧʻɔn^{33}	tsʻin^{42}	tsʻin^{33}	tʻɔŋ^{42}	tʻɔŋ^{33}
周田	siɛ^{33}	siɛ^{12}	koi^{53}	koi^{12}	tsʻuɔn^{33}	tsʻuɔn^{12}		tsʻiŋ^{3}		tʻɔŋ^{3}
石塘	sye^{44}	sye^{3}	kua^{45}	kua^{3}	tsʻɛŋ^{44}	tsʻuɛŋ^{3}		tsʻiŋ^{3}		tʻoŋ^{3}
桂头	søy^{51}	søy^{4}	kvu^{44}	kvu^{4}	tsʻaŋ^{51}	tsʻaŋ^{4}	tsʻɛn^{45}	tsʻɛn^{4}	toŋ^{45}	toŋ^{4}

（一）小称变音的语音类型

根据语音形式，韶关土话的小称变音可以分为促化式、舒化式和混合式三种类型。本音不论是舒声还是促声，变音若带有紧喉的特征，称为“促化式”；变音若没有紧喉的特征，而是以舒声的形式出现，称为“舒化式”。促化式还可以进一步细分为中塞式和后塞式两种小类。作为变音的音节，所有韵母的中央都嵌有喉塞音ʔ，整个韵母好像被分成两半似的，音高也随着喉塞音ʔ的出现而上升，就是所谓的中塞式。作为变音的音节，所有韵母的末尾都带有轻微的喉塞音ʔ，导致读音比较短促，就是所谓的后塞式。⑤混合式指的是小称变音既有读促化式的，也有读舒化式的。

从语音形式来看，大村、向阳、石塘和桂头小称变音的音值分别为 2ʔ23/4ʔ45、3ʔ35、3 和 4，属于促化式，其中前两个属于促化式中的中塞式，后两个属于后塞式。周田的小称变音调值是 12 时，不带有紧喉特征，也不与任何单字调重合；调值为 3 时，带有紧喉特征，此时同阳入合流，属于混合式。从表 4–23 所列举的例字来看，石陂小称变音只有 1 个读音 33。事实上，石陂清入字与浊入字本来是分属于阴入和阳入两个不同的调类的，但口语中比较常用的一些清入字有读如阳入调的现象。如：戚 tsʻɐi^{3}(音同“贼”)、粟 sø^{3}、约$_{条\sim}$iɔu^{3}(音同“药”)、塔 tʻa^{3}(音同“达”)，也属于一种后塞式的变音。不过，石陂的这个后塞式的小称变音 3 是舒化式小称变音 33 的一种变异，因此，严格说来，石陂的小称变音属于舒化式，而不是混合式（参见下编第四章第二节“韶关土话语音的地域变异”）。

（二）小称变音的分化类型

根据分化条件，韶关土话的小称变音可以分为分变式、合变式和过渡式。“分变式”和“合变式”是曹志耘（2002）对浙南吴语变调型小称的分类。他说：“第一种类型可以叫做‘分变式’，特点是本音发生小称变调时因单字调的不同而不同，单字调是小称变调的条件，单字调跟小称调之间存在对应关系。当然，‘分变式’可能是一个单字调对应于一个小称调，也可能是几个具有某种共性的单字调（如阴调类、仄声）读作同一个小称调。第二种类型可以叫做‘合变式’，特点是不管本音（包括儿缀）的单字调是什么调类，小称时都合读成一个相同的小称调，单字调跟小称调之间不存在对应关系，这种小称调几乎成为本方言中一个特别的调类。”[⑥]过渡式指的是小称变音的分化条件还比较明显，但正走向合流，是介于分变式和合变式之间的一种中间状态。

从分化条件来看，向阳、石塘和桂头等属于合变式，不管本音的单字调是什么调类，读小称变音时都读成一个相同的小称变调；属于分变式的有大村。大村古清声母字、常用全浊上及次浊上的字（本音均为阴调类）今读带有中塞性质的中升变调，调值描写为2ʔ23；其他浊声母字（本音均为阳调类）今读带有中塞性质的高升变调，调值描写为4ʔ45，较少例外。周田清声母的字以及所有浊上字（本音均为阴调类）发生变调之后，调值为12；浊声母的字（浊上除外）发生变调之后，读促化式，调值为3，此时同阳入合流。但是，也有部分非浊上的字今读为阴调类的小称变音12，如：婆$_{白}$~pu^{12}、柚 iu^{12}、蚊 man^{12}、馅 hoŋ^{12}、院 iŋ^{12}、柄 piaŋ^{12}。因此，周田的小称变音处在由分变式走向合变式的中间状态，属于过渡式。石陂中古四声八类的字发生变调之后无论声母的清浊调值一般都是33。读小称变音3的只限于来自清声母的入声字；而且有些清入字是3和33的自由变读，如“竹”有时读 ʧø^{3}，有时读 ʧø^{33}；有些清声母字则读为33的变音，如“笔 pɐi^{33}”。总之，石陂小称变音3不是因为声母清浊的不同而产生的，而是因为声调的不同而导致的，它是小称变音33的一种变异。因此，石陂的小称变音属于合变式（参见下编第四章第二节“韶关土话语音的地域变异”）。

第二节 韶关土话的词汇特点

一、韶关土话词汇的一致性和差异性

（一）韶关土话词汇的一致性

据统计，在调查的1 950个词语当中，六个点完全一致而且与普通话不同的方言词约有310个，约占16%。下面按照义类举例说明，圆括号内或圆括号内加点的为普通话中相应的词语。

自然：热头（太阳）、天河（银河）、瘀螺风（旋风）、水（雨）、落（下雨、下冰雹、下雪）、打（结露水、下霜）、融（雪化了）、发大水（水涝）、好天（晴天）、岭（山）、崩岗（山崖）、沙坝（沙滩）、人村（村子）、路头（路）、攋梢（垃圾）、磁铁（磁石）、滚（水开）、潲水（泔水）、近紧（附近）。

时令：上昼（上午）、下昼（下午）、五月节（端午节）。

农事：田塍（田埂）、耕田（种田）、莳田（插秧）、打禾（脱粒）、柄（锄头把）、洋锄（镐）、锹巴（铁锹）、单竿（扁担）、簟笪（晒谷簟）、□tɛŋ^{314}$_{石塘音}$（打桩）、淋菜（浇菜）。

家务：刣鸡（杀鸡）、刣猪（杀猪）、洗米（淘米）、煮饭（做饭）、焗饭（焖饭）、焖（细火炆）、煲汤（熬汤）、潽（汤溢出）、煮（烧开水）、捡（收拾）、联（缝衣服）、萦（绕毛线）、爊$_{火烫}$/淥$_{水烫}$（烫伤）、斗（安装）、整（修理）、捡瓦背（捡漏）。

植物：谷□pʻaŋ^{45}$_{石塘音}$（秕谷）、狗尾粟（小米）、包粟（玉米）、菌（蘑菇）、番瓠（南瓜）、冻椑（柿子）、树柯（树枝）、树头（树桩）、树尾（树梢）、竻（树上的刺）、豆角（豇豆）、松光（松油）。

动物：头牲（牲畜）、生（猪牛下崽）、吠（狗叫）、生鸡（公鸡）、啼（公鸡叫）、鸡春（鸡蛋）、鸡卵（小母鸡）、鸡□kʻia^{3}ʔn^{35}$_{向阳音}$（鸡胗）、调（摇尾巴）、窦（鸟窝、蜂窝）、□la^{11}□kʻia^{11}$_{周田音}$（蜘蛛）、枯蜚

（臭虫）、鹩哥（八哥）、蠄蟝婆（癞蛤蟆）、□ʃun^{24}石陂音（蚯蚓）、□lɔ^{12}向阳音（苍蝇叮）、咬（蚊子叮）、虾公（虾）、春（鱼卵）。

房舍：屋（房子）、私厅（客厅）、结（砌墙）、骑楼（阳台）、烟通（烟窗）、灶头（灶）、打（砌灶）、鸡窦（鸡窝）、裂（缝儿）、猪栏（猪圈）。

器具：家私（家具）、毡（毯子）、□laŋ^{45}石塘音（毛线）、起火（生火）、埕（坛子）、樽（瓶子）、痰罐（痰盂）、番碱（肥皂）、牙擦（牙刷）、竹篙（竹竿）、笠帽（斗笠）、衣车（缝纫机）、铰剪（剪刀）、窒（瓶塞子）、豚（器物底）、裂（器物裂缝）、暴裂（家具开裂）。

服饰：剪布（买布）、裤脚（裤腿）、□liaŋ^{33}衫周田音（毛衣）、衫袖（袖子）、□pa^{5}扣向阳音（子母扣）、屐（木拖鞋）、手袜（手套）。

饮食：饥（肚饿）、食（吃饭、抽烟）、旧饭（剩饭名词）、饮（喝水、喝酒）、精肉（瘦肉）、摎饭（用汤泡饭）、减（拨饭菜）、□jʌn^{22}大村音（剩了饭）、猪脷（猪舌头）、猪红（猪血）、斋菜（素菜）、西粉（粉丝）、甜筒（冰激凌）、雪条（冰棍）、配料（作料）、黄糖（红糖）、脚（酱油残汁）、蜜糖（蜂蜜）、糖仔（糖果）。

人体：头毛（头发）、鼻头（鼻子）、编（辫子）、肩头（肩膀）、胸口（胸脯）、手臂（胳膊）、手踭（胳膊肘）、手□kau^{44}向阳音（手腕）、巴掌（手掌）、腡（斗指纹）、□lɛŋ^{3}石塘音（乳房）、屎窟（屁股）、膝头牯（膝盖）、脚腩肚（腿肚子）、脚踭（脚跟）、脚凹（脚心）。

人品：老姑婆（老姑娘）、暴眼（金鱼眼）、倒眼（对眼儿）、盲眼/盲眼佬（瞎子）、跛（瘸）、□lou^{44}舌石塘音（结巴）、肥佬（胖子）、高佬（高个儿）、癫佬（疯子）、驼背（驼子）、贼佬（小偷）、耕田佬（农民）、打铁佬（铁匠）、剃头佬（理发师）、泥水佬（泥瓦匠）、生意佬（商人）、孤寒（小气）、□kʻiaŋ^{44}石塘音（节俭）、后生（年轻）、造孽（可怜）、叻（聪明）、能够（能干）、怕丑（害羞）、齐整（整齐）。

亲属：白公（曾祖父）、姑爷（姑父）、子嫂（妯娌）、契爷（干爹）、夫娘（妻子）、崽（儿子）、晚崽（最小的儿子）、晚女（最小的女儿）、崽女（儿女）、新妇（媳妇）、息（重孙）、两崽爷（父子俩）、两公婆（夫妻俩）、辈数（辈分）、花名/野名（小名）。

婚丧：做媒人（说亲）、媒人婆（女媒人）、□lu^{45}尿桂头音（尿床）、□pin^{24}屎窟石陂音（擦屁股）、饮酒（赴宴）、外家（娘家）、吊颈（上吊）、做白事（办丧事）。

疾病：肚胀（不消化）、打摆子（疟疾）、屙肚（拉肚子）、发羊偶（癫痫）、发鸡盲（夜盲）、□pʻie^{3}石塘音（蚊虫叮的包）、□vu^{21}桂头音（扭伤）、捡药（买药）、单（处方）、见功（见效）。

起居：起头（起床）、折（叠被子）、洗面（洗脸）、晏（来晚了）、收工（下班）、去（上厕所）、屙屎（大便）、屙尿（小便）、打屁（放屁）、洗身（洗澡）、抹身（擦澡）、炙火（烤火）、瞓（睡）、闲谈（聊天）、发梦（做梦）。

文体：课室（教室）、上堂（上课）、下堂（下课）、簿（本子）、头名（第一名）、水笔（钢笔）、刺（削铅笔）、揿钉（图钉）、胶擦（橡皮擦）、墨盘（砚台）、信皮（信封）、柳笔字（草书）、偷走（逃学）、搞（玩儿）、沕水（潜水）、捉棋（下棋）、讲古仔（讲故事）、挨胡琴（拉二胡）、跳飞机（跳房子）。

交际：俵（散烟）、捡阄（抓阄）、生客（稀客）、酾（斟茶、斟酒）、咒（骂）、惹（挨打）、讲口（吵架）、打交（打架）、劝交（劝架）、争（护着他）、得（行）、得闲（有空儿）、唔得闲（没空儿）、行运（走运）。

商业：结数（盘点）、点（数钱）、追数/收数（要账）、寻（弄钱）、争（差一角钱）、开销（开支）、□kʻɔu^{51}向阳音（凑钱）、银纸（纸币）、铺头（商店）、厘戥（戥子）、蚀本（亏本）、□kʻiʌŋ^{22}大村音（省钱）、大纸（整的钞票）。

交通：马路（公路）、竹排（竹筏子）、鸡公车（独轮车）、单车（自行车）、火船（轮船）。

动作：鼓（瞪眼）、瞄（从门缝看）、睇（看）、噍（嚼）、舐（舔）、丫（张嘴）、咬（啃骨头）、饮（喝）、食（吃）、嗍（吸气）、□jʌ^{21}大村音（流口水）、箍（搂）、拥（推）、搜（掏口袋）、捡（拾取）、搓（揉面条）、扤（用虎口掐）、揿（按）、拗（折断）、搣（剥橘子、掰开）、窖（埋起来）、层（摞起来）、绑（捆柴火）、□ŋʌu^{21}大村音（摇桌子）、搂（揉伤处、搓绳子）、操（乱翻）、猋（跳）、□tɛŋ^{45}石塘音（竖起来、跺脚）、□kʻi^{22}桂头音

（叉开腿）、□ŋiaŋ^{53} 周田音（踮脚）、□tiɛ^{12} 向阳音（掷石头）、揞（捂住）、偋（藏物、躲藏）、撑（用木杠顶门）、包（裹严实）、刨（刮猪毛）、挨~菜刀（鐾治刀使利）、挑（刻图章）、□sia^{55} 石陂音（张开手）、摎（拌饭、混在一起）、扛（抬）、挑阴平（挑上声）、行（走）、□k'iA^{21} 大村音（跨）、凭（倚在墙上）、挨（蹭痒）、伏（趴）、背（单人扛箱子）、顶（经受不住）、□fa^{55} 石陂音（小孩踢被子）、□lɛi^{324} 桂头音（被绊倒）、跌（遗失）、射（溅了一身）、碾（被车轧了）、哽（饭呛了气管）、烟（烟熏了眼）。

感知：谂（想想）、火滚（恼火）、中意（喜欢）、疑糊（怀疑）、心痛（疼爱孙子、心疼东西）、欢喜（高兴）。

性状：矮（屋檐低）、烂（衣服破）、阔（路宽）、青（绿草）、滚（水热、水烫）、□ki^{5} 石塘音（柿子涩）、□k'øy^{44} 桂头音（粥稠）、肥（人胖）、生（鱼活）、徛（坡陡）、□lau^{21} 向阳音（酒厉害）、利（刀锋利）、钝（刀不锋利）、邋遢（肮脏）、易得（容易）、□ŋau^{22} 石塘音（桌子晃）、闹热（热闹）、痛（肚子觉得疼）、逼脚（鞋子觉得紧）、晟眼（光线刺眼）、厉耳（声音刺耳）、抛（坐车觉得颠）、焗（屋里觉得闷）。

数量：十零个（十来个）、个（一只鸡、一口井、一只碗）、条（一头猪、一道痕迹）、口（一支烟）、餐（一顿饭）、身（一套衣服）、对（一双鞋）、床（一条被子、一顶蚊帐）、□tsuoi^{5} 周田音（一丛草）、张（一把刀）、个（一口锅）、樽（一瓶酒）、皮（一片树叶）、□liA^{3} 大村音（一畦菜地）、窦（一窝狗）、剂（一服药）、毫子（一角钱）、□iɛn^{42} 石陂音（一庹长）、轮（看一遍）、身（打一顿）。

虚词：正在（正当）、好得（幸好）、净（光吃菜）、跟紧（跟着就走了）、正（吃了饭再说）、搏命（拼命）、横直（反正）、冒（没有）、唔（不）、但系（可是）、一系（或者）。

（二）韶关土话词汇的差异性

韶关土话词汇内部虽然存在较强的一致性，但差异性也不可忽视。如周田“吃午饭”说“吃茶”，同其他几个点迥然有别。不过，要找出六个点完全不同的说法相当难，每种说法一般都存在于两三个点中，而且地理上越接近的，词汇差异就越小。下面举例说明，请看表 4–24：

表 4–24　部分常用词汇的比较

说法 方言点 词目	大村	向阳	石陂	周田	石塘	桂头
刮风	起风	反风/起风	反风	起风	滚风	反风
闪电名词	萤火	闪龙	火蛇仔	□ŋi^{5}链 火蛇仔	掣□laŋ^{3}	掣火链
虹	拱桥	天弓	天弓	天虹	天狗	天拱
里面	内□p'ie^{22}	入□t'ɔ^{3}ʔe^{35}	□tɐi^{11}背	□tai^{33}底	□tɛŋ^{314}□tɛŋ^{3}	□lu^{22}□hau^{4}
外面	□lo^{22}头	外□t'ɔ^{3}ʔe^{35}	外背	外底	□lie^{44}口	□lu^{22}头
碾米	碾米	砻谷	碾米	碾米	做米	搅米
喂猪	□hi^{13}猪	□hi^{12}猪	供猪	□pan^{33}猪	□pɛŋ^{44}猪	□hai^{51}猪
鸡啄米	□tsəŋ^{13}	□toŋ^{12}	嘴	嘴	□tsye^{3}	□tsœn^{51}
萤火虫	萤火虫	萤火星	火□lin^{42}虫	火夜虫	夜火星	萤火星
窗户	□t'A^{4}ʔA^{45}门嘀	光窗 纱窗	光窗	垛子	皓窗	皓窗 窗门
锅巴	饭壳	焦底	饭瘌	饭瘌^{5}	焦痂	饭泥
衣服皱	□jʉ^{24}	□ts'au^{21}	□ŋø^{3}	皱	皱	□ts'o^{45}
簸箕指纹	箩箕	□ts'uə^{24}	□ts'ui^{5}	箩箕	箕	□ts'ie^{4}
岳母	丈人婆	丈人婆 外母	丈姆婇	丈年婆	丈公婆	□t'au^{21}人婆
婶母	细娘娘	娘仔	娒娒	婶婶	阿婶	阿婶

（续上表）

说法 方言点 词目	大村	向阳	石陂	周田	石塘	桂头
怀孕	大肚	驮肚	驮孩毛	驮肚	□pʻa^{45}肚	□pʻie^{21}肚 上身
偷汉子	寻野老公	摎契	寻野老公 摎契	摎人	搭人 寻野佬	寻野老公
传染	惹	惹	迸	迸	过	惹
上坟	□tsʌ^{44}纸	上坟	醮地	醮地	修地 修坟	挂纸
叫他来	喊	□vɐi^{24}	□ɛu^{42}	□ia^{11}	喊	喊
睁眼	□lɔ^{5}	□lɔu^{5}	擘/打	□niaŋ^{33}	□laŋ^{45}/打	□lou^{21}
蹲	□kʻʌi^{21}	□kʻɔ^{21}	□pø^{11}	□mia^{33}	□pie^{44}	□pei^{22}

二、韶关土话词语的构词理据

由于着眼点不同，韶关土话词汇的构词理据多种多样。

摹形是最常见的，如：星泻屎/□lo^{21}屎星大村音（流星）、瘀螺风（旋风）、溕纱（雾）、鱼眼雪/米仔雪（霰）、开心水/抛心滚水（开水）、狗尾粟（小米）、床窦（床）、扣耳（纽扣）、鸡公车（独轮车）。

有的摹其声，如：□pa^{5}□pa^{5}扣石塘音（子母扣）、□fi^{44}□fi^{44}嘀桂头音（哨子）。

有的着眼于事物的功用，如：驶牛棍（赶牛用的竹枝）、喊童年（收惊）、鸡（哨子）、扶手棍（拐杖）、顶指（顶针）、衣车（缝纫机）、颈围（围巾）、口水枷（围嘴儿）。

有的着眼于事物的特点，如：豹虎（豹子）、八脚蛇（蜈蚣）、檐蛇（壁虎）、夜火星（萤火虫）、铲匙（锅铲）、吊桶（打水桶）、粥水（米汤）、白癞（头皮）、黸（身上的污垢）、眼红（妒忌）、假面（面具）。

有的着眼于事物的构成材料，如：芒花扫（笤帚）、豉油（酱油）。

有的着眼于事物之间的关系，如：契家佬/婆（情夫/情妇）、契爷/契娘（干爹/干妈）。

有的则为避讳而换名，如：茶（中药）、猪脷（猪舌头）、猪红（猪血）。

有的根据其来源来命名，如：番碱（肥皂）、番鬼茄（西红柿）、西粉（粉丝）、红毛泥（水泥）、番钉/洋锄（镐）。

三、韶关土话的亲属称谓

（一）亲属称谓的声调

韶关土话双音节亲属称谓的声调比较一致。如果是非重叠式，除小称变音外，后一个音节声调一般为上声和去声；如果是重叠式，则连读变调规律相同，而后一个音节多读上声。下面分别介绍（非重叠式的双音节标音一般只标后一个音节）：

向阳和桂头非重叠式的双音节亲属称谓后一个音节部分读上声或阴上，部分读阴去。向阳后一个音节读上声的有：□tai^{21}□ᶜtai（外祖母）、阿爷ᶜja（伯父）、阿娘ᶜlɔŋ（伯母）、姨丈ᶜtsɛŋ（姨父）、舅爷ᶜja（舅父）、舅娘ᶜlɔŋ（舅母）；读阴去的有：阿妈 baᵓ、阿公 kaŋᵓ（祖父）、阿哥 kɔuᵓ、阿姊 tsɛiᵓ。桂头后一个音节读阴上的有：阿□ᶜpau（父亲）、阿叔ᶜsou、阿姑比父小ᶜkvu、阿哥ᶜkɔu；读阴去的有：阿公 koŋᵓ（祖父）、阿爷 jeᵓ（伯父）、阿娘 lœnᵓ（伯母）、阿姨比母小jiᵓ（姨母）。

石塘非重叠式的双音节亲属称谓后一个音节少数读上声，多数读去声。读上声的有：白婆ᵓpu（曾祖母）、妗婆ᶜpu（外祖父）；读去声的有：阿爸 paᵓ（父亲）、阿□vɐiᵓ/阿□lɛŋᵓ（母亲）、阿婆 puᵓ（祖母）、阿姐 tsiaᵓ、阿叔 sie꜄、阿婶 sɛŋ꜄、阿娘比父小 lioŋ꜄（姑母）、阿哥 ko꜄、阿姊 tsɐi꜄。重叠式的亲属称谓中，前一个音节读阳平，后一个音节读上声。如：伯伯꜁pou꜂pou（伯父）、姐姐꜁tsia꜂tsia、嫂嫂꜁sau꜂sau。

石陂非重叠式的双音节亲属称谓后一个音节读上声，如：阿爸꜂pa（父亲）、阿娒꜂mɛi（母亲）、阿娘比父小꜂ȵiɔŋ（姑母）。重叠式的亲属称谓中，前一个音节读小称变音，后一个音节读上声。如：哥哥 kɔu^{33}꜂kɔu、姊姊 tsɐi^{33}꜂tsɐi、伯伯 pɛi^{33}꜂pɛi，但“娒娒（婶母）”例外。

大村非重叠式的双音节亲属称谓后一个音节读上声，如：阿叔꜂sɐu（父亲）、阿娘꜂lin（母亲对称）、阿□꜂mᴀi（母亲指称）、阿奶lᴀ^{24}（祖母），但“阿公꜀kɐn（祖父）”例外。重叠式的亲属称谓前一个音节读阳平，后一个音节读上声。如：叔叔꜁sɐu꜂sɐu（父亲）、㛆㛆꜁to꜂to（外祖母）、娘娘꜁lin꜂lin（母亲）、哥哥꜁kɔ꜂kɔ、姑姑比父小꜁kʉ꜂kʉ、姊姊꜁tsəe꜂tsəe（姐姐），但“嫂嫂꜂sᴀu꜂sᴀu”例外。

周田亲属称谓少数使用读小称变音的单音节词，如：叔 siɛ^{12}（父亲）、妈 ma^{12}（母亲）、婆 pu^{12}（祖母）、公 kɛŋ^{12}（祖父）。重叠式的亲属称谓前一个音节读阳平，后一个音节读小称变音。如：叔叔꜁siɛ siɛ^{12}（父亲）、婆婆꜁pu pu^{12}（祖母）、婶婶꜁san san^{12}、哥哥꜁kɔu kɔu^{12}、姐姐꜁tsia tsia^{12}、嫂嫂꜁sau sau^{12}、姊姊꜁tsai tsai^{12}，但“伯伯 pɔ꜆pɔ꜆”例外。

（二）部分亲属称谓区分大小

“姑母”和“姨母”的面称在韶关土话中普遍要区分大小，具体情况请看表 4－25：

表 4-25 “姑母”和“姨母”的面称

说法＼方言点 词目	大村	向阳	石陂	周田	石塘	桂头
姑母	大姑娘比父大 姑姑比父小	大姑比父大 阿姑比父小	大姑比父大 阿娘比父小	大姑比父大 娘仔比父小	大姑比父大 阿娘比父小	大姑比父大 阿姑比父小
姨母	姨娘	大姨比母大 阿姨比母小	大姨比母大 阿姨比母小	大姨比母大 晚姨比母小	大姨比母大 小姨比母小	大姨比母大 阿姨比母小

此外，石陂和周田“舅父”也要区分大小，比母亲大的都叫“大舅”；比母亲小的，石陂叫“阿舅”，周田叫“舅爷”。

第三节 韶关土话的语法特点

语法特点包括词法特点和句法特点。由于语法调查目前做得还不够深入，因此，本节重点讨论词法特点，语法特点只作简单介绍。

一、词法特点

（一）指称动物性别的语素

指称雄性畜类动物的语素一般用“牯”，指称雄性禽类动物的语素一般用“公”；指称雌性动物的语素除石陂和周田外一般用“婆”，石陂和周田一般用“㜷”。如：

表 4-26 指称动物性别语素的用法（一）

说法 方言点 词目	大村	向阳	石塘	桂头	石陂	周田
公牛	牛牯	牛牯	牛牯	牛牯	牛牯	牛牯
母牛	牛婆	牛婆	牛婆	牛婆	牛嫲	牛嫲
公羊	羊公/羊牯	羊牯	羊牯	羊牯	羊牯	羊牯
母羊	羊婆	羊婆	羊婆	羊婆	羊嫲	羊嫲
公猪	猪公	猪牯/猪公	猪牯	猪牯	猪牯/猪公	猪牯
母猪	猪婆	猪婆	猪婆	猪婆	猪嫲	猪嫲
公狗	狗牯	狗牯	狗牯	狗牯	狗牯	狗牯
母狗	狗婆	狗婆	狗婆	狗婆	狗嫲	狗嫲
公鸡	生鸡头/鸡公	生鸡/鸡公	生鸡头	生鸡头/鸡公	生鸡/鸡公	生鸡/鸡公
母鸡	鸡婆	鸡婆	鸡婆	鸡婆	鸡嫲	鸡嫲

在一些不需区别雄雌的动物后，有的也用“牯”“公”“婆”，甚至用“哥”。如：

表 4-27 指称动物性别语素的用法（二）

说法 方言点 词目	大村	向阳	石陂	周田	石塘	桂头
猫头鹰	猫头牯		猫头牯			
黄颡鱼				黄阿牯		
蚂蚁	蚁公		蚁公	蚁公哩	□iŋ^{314}公仔	蚁公
蚯蚓					□syẽ^{3}公	
虾	虾公	虾公	虾公	虾公		虾公
老鹰	鹞婆	崖鹰	鹞婆	崖婆	崖婆	
虱子	虱婆	虱婆	虱嫲	虱婆	虱婆	虱婆
蝴蝶			别婆哩		飞婆	
青蛙	蛤婆		蛤嫲	蛤婆	蛤婆	蛤婆
癞蛤蟆	蟾蜍婆	蟾蜍婆	蟾蜍婆	蟾蜍婆	蟾蜍嫲	蟾蜍婆
蚂蟥	蜞婆					
鲫鱼	鲫婆					
鲤鱼				鲤嫲		
猴子				猴哥	猴哥仔	
八哥	鹩哥	鹩哥	鹩哥哩	鹩哥哩	鹩哥	鹩哥
螳螂			猴哥	猴哥□miaŋ^{12}	老虎哥哥	

此外，少数无所谓生命的事物有时也用“公”“牯”“婆”和“嫲”。如：

表 4-28 指称动物性别语素的用法（三）

说法 方言点 / 词目	大村	向阳	石陂	周田	石塘	桂头
雷	雷公	雷公	雷公	雷公	雷公	雷公
石头	石牯			石牯	石牯	石牯
钉锅儿	铁牛牯		铁牛牯	铁牛牯	铁牛牯	铁牛牯
拳头	拳头牯	拳头牯	拳头牯	拳头牯	拳头牯	拳牯
膝盖	膝头牯	膝头牯	膝头牯	膝头牯	膝头牯	膝头牯
左撇子	左手牯		左跛公	左手牯	左手牯	左跛公
车轮子						轮牯
大拇指	手指公	手指公	手指公	手指公		手指公
水舀子			勺嫲			勺婆
调羹			调婆仔			
菜刀			菜刀嫲			

（二）词缀

1. 相当于普通话“子”“儿”的后缀

相当于普通话“子”“儿”的后缀主要有“嘀”“哩”“仔”“子”，它们在各个点的读音见表 4-29：

表 4-29 “嘀、哩、仔、子”的读音

读音 方言点 / 词缀		大村	向阳	石陂	周田	石塘	桂头
嘀		tei^{44}					tie^{4}
哩			lɛ^{3}ʔɛ^{35}	lɛi^{33}	lɛ^{53}		
得							
仔		tsᴀ^{2}ʔᴀ^{23}	tsɛ^{3}ʔɛ^{35}	tsɛi^{33}	tsa^{12}	tsei^{3}	tsøy^{4}
子	子1	tsɿ^{2}ʔɿ^{23}	tsɿ^{3}ʔɿ^{35}	tsɿ^{33}	tsɿ^{12}	tsɿ^{3}	tsi^{4}
	子2	tsɿ^{24}	tsɿ^{24}	tsɿ^{24}	tsɿ^{214}	tsɿ^{314}	tsi^{324}

下面举例说明各个后缀的使用情况。

用“嘀”“哩”的如：

表 4-30 “嘀、哩”的使用情况

说法 方言点 / 词目	大村	向阳	石陂	周田	石塘	桂头
稻子	禾嘀			禾哩		
芝麻	麻嘀	麻哩	麻哩	麻哩		
橙子	橙嘀	橙哩	橙哩	橙哩		
鸟儿	鸟嘀	鸟哩	鸟哩	雀哩		
麻雀	禾雀嘀	禾雀哩				
蚊子	蚊嘀	蚊哩	蚊哩	蚊哩		
蜜蜂	蜜仔		蜜哩	蜜仔		蜜嘀

（续上表）

词目＼说法＼方言点	大村	向阳	石陂	周田	石塘	桂头
纽扣		扣哩				扣嘀
辫子	编嘀	编哩	编哩	编哩		
老太婆	老婆嘀	老婆哩				
姑娘	大妹嘀	□pʻai^{22}哩				妹嘀
儿子	崽嘀		崽哩	崽哩		
侄子	侄嘀	侄哩	侄哩	侄哩		

用“仔”的如：

表 4-31 “仔”的使用情况

词目＼说法＼方言点	大村	向阳	石陂	周田	石塘	桂头
毛毛雨		微水仔	飞水仔	微水仔		
镰刀			禾镰仔	禾镰仔	禾镰仔	
小竹子	竹仔	竹仔	竹仔	竹仔	竹仔	竹仔
小鸡儿	鸡仔	鸡仔	鸡仔	鸡仔	鸡仔	鸡仔
豹子				豹虎仔	豹虎仔	
灶蟋蟀	灶鸡仔		灶鸡仔	□tsuoi^{5}仔		
杯子			杯仔	杯仔		
香烟	烟仔	烟仔	烟仔	烟仔	烟仔	烟仔
年轻人	后生仔	后生仔	后生仔	后生仔	后生仔	
女孩儿		女仔	妹仔哩	妹仔哩	女仔	女仔
小偷	贼仔		贼仔	贼仔	贼仔	贼仔
本子	簿仔		簿仔	簿仔	簿仔	
小刀儿	刀仔					刀仔
硬币	银仔	银仔		锡饼仔		

用“子”的如：

表 4-32 “子”的使用情况

词目＼说法＼方言点	大村	向阳	石陂	周田	石塘	桂头
葡萄	葡萄子$_1$	葡萄子$_1$				葡萄子$_1$
骗子		骗子$_2$	骗子$_2$	骗子$_2$	骗子$_2$	
硬币			毫子$_1$		毫子$_1$	毫子$_1$
日子	日子$_2$	日子$_2$	日子$_2$	日子$_2$	日子$_2$	日子$_2$
秕谷				二公子$_1$	二行子$_1$	二行子$_1$
栗子	栗子$_2$	栗子$_1$				
筷子	筷子$_2$	筷子$_2$	筷子$_2$	筷子$_2$	筷子$_2$	筷子$_2$
包子	包子$_2$		包子$_2$	包子$_2$	包子$_2$	
胡子				胡子$_1$	胡子$_2$	
车轮子	轮子$_1$			轮子$_1$	轮子$_2$	

从上述词缀的使用情况来看，可以分为三组：“嘀、哩”为一组，“仔”为一组，“子”为一组。“嘀、哩”出现在一些常见的事物中，主要用来构词。“仔”普遍用于家养的幼小的动物，其他的事物中有时也可用。“子 $_1$”一般用于比较常见的较小的事物，而“子 $_2$”一般用于较晚出现的较小的事物。总的来说，“仔”和“子”的用法比较接近，它们不仅可以用作表小称的词缀，还可以只用来构词，而不表小称。

就调查的 1 950 个词语而言，上述各个词缀在各点中的使用频率见表 4–33：

表 4-33 “嘀、哩、仔、子”的使用频率

使用频率 词缀 / 方言点	嘀	哩	仔	子		合计
				子 $_1$	子 $_2$	
大村	40		27	3	8	78
向阳		26	20	4	7	57
石陂		25	31	1	12	69
周田		52	39	9	12	112
石塘			42	4	11	57
桂头	12		17	3	6	38

由表 4–33 可知，上述各个词缀的使用频率各点存在明显的差别，其中，周田使用频率最高，桂头使用频率较低。在具体的词缀的使用上各点也存在差别，大村、向阳、周田以使用“嘀”“哩”为常，而“仔”相对稍少；石陂“仔”的使用频率稍高于“哩”；石塘“仔”的使用频率是六个点中最高的，不使用“嘀”“哩”；桂头“嘀”的使用频率略低于“仔”。“子”在六个点中都相对较少。

2. 用于人的词缀

用于人的词缀主要有“阿”和“佬”。

（1）阿：用于亲属称谓前，带有亲昵的感情色彩。韶关土话各点都使用，但使用频率并不相同。使用频率较高的是向阳、石陂、石塘和桂头，大村出现很少，而周田则只出现了一次。如：

表 4-34 “阿”的使用情况

说法 方言点 / 词目	大村	周田	向阳	石陂	石塘	桂头
父亲对称	阿叔		阿叔/阿爸	阿爸	阿爸	阿□pau^{324}
母亲对称	阿娘		阿妈	阿姆	阿□uai^{45} 阿□leŋ^{45}	阿姆
祖父	阿公		阿公	阿公	阿公	阿公
祖母	阿奶		阿奶	阿奶	阿婆	阿奶
曾祖母			阿白			阿□p‘a^{45}
伯父			阿爷			阿爷
伯母			阿娘	阿姐	阿姐	阿娘
叔父			阿叔	阿叔	阿叔	阿叔
婶母					阿婶	阿婶
姑母			阿姑比父小	阿娘比父小	阿娘比父小	阿姑比父小
姨母			阿姨比母小	阿姨比母小		阿姨比母小

（续上表）

说法　方言点 词目	大村	周田	向阳	石陂	石塘	桂头
哥哥			阿哥		阿哥	阿哥
嫂子			阿嫂			
姐姐			阿姊		阿姊	阿姊
弟媳妇		阿婶			阿婶	
妹妹			阿妹			
小叔子				阿叔		
小舅子						阿舅

（2）佬：主要用于社会称谓后，一般用于成年男性，或者表具有某种生理特征的人，或者表从事某种行为的人，略带鄙视的感情色彩。韶关土话普遍使用词缀“佬”，不过，相比之下，石塘较少出现。如：

表 4-35　“佬”的使用情况

说法　方言点 词目	大村	向阳	石陂	周田	桂头	石塘
单身汉	单身佬	单身佬	单身佬	单只佬	单身佬	
瞎子	盲佬	盲佬	盲佬	盲眼佬	盲佬	
聋子	聋佬	聋佬	聋耳佬	聋佬	聋佬	
哑巴	哑佬	哑佬	哑佬	哑佬	哑佬	
结巴			□la^{11}舌佬	□lɔ^{33}舌佬		
歪脖子	□ŋʌu^{21}头佬	□gau^{21}头佬	□ŋau^{42}头佬	□ŋau^{11}头佬		
胖子	肥佬	肥佬	肥佬	肥佬	肥佬	肥佬
高个儿	高佬	高佬	高佬	高佬	高佬	高佬
麻子		豆皮佬 麻子佬	豆皮佬		麻佬	
驼子		驼背佬	驼背佬	驼背佬		
疯子	癫佬	癫佬	癫佬	癫佬	癫佬	
瘸子	跛佬	跛佬	跛佬	跛佬	跛佬	
傻瓜	□ŋɔ^{24}佬	傻佬	傻佬	傻佬	傻佬	
小偷	贼仔	贼佬	贼佬	贼佬	贼佬	
乞丐	教化佬 讨食佬	教化佬	教化佬 讨食仔	教化佬 讨食佬	讨食佬	讨食佬
铁匠	打铁佬	打铁佬	打铁佬	打铁佬	打铁佬	打铁佬
理发师	剃头佬	飞发佬 剃头佬	剃头佬	剃头佬	剃头佬	剃头佬
泥瓦匠		泥水佬	泥水佬	泥水佬	泥水佬	
商人	生意佬	生意佬	生意佬	生意佬	生意佬	

（三）用小称变音区分词的使用频度、语义和词类

前文指出，韶关土话上述六个点都存在小称变音，这些小称变音有什么作用呢？

小称变音与词的使用频度有关。一般来说，只有日常口语中的常用词才有读小称变音的现象，而那些非常用词和新词新语，则一般都读本音。一个语素如果有本音、小称变音两读，那么，往往是常用词中读小称变音，非常用词中读本音。[⑦]如：

表 4-36 小称变音的作用（一）

读音 方言点 单字	大村	向阳	石陂	周田	石塘	桂头
鹅	ŋɔ^{21} 天～ ŋɔ^{4}ʔɔ^{45}	gɔu^{21} 天～ gɔ^{3}ʔu^{35}	ŋɔu^{42} 天～ ŋɔu^{33}	ŋɛu^{11} 天～ ŋɛu^{3}	ŋo^{22} 天～ ŋo^{3}	gɔu^{45} 天～ gɔu^{4}
西	sA^{13} ～瓜 sie^{2}ʔe^{23} 东～	sɛ^{12} ～瓜 sɛ^{3}ʔɛ^{35} 东～	sɛi^{11} ～瓜 sɛi^{33} 东～	siɛ^{33} ～瓜 siɛ^{12} 东～	sei^{44} ～瓜 sei^{3} 东～	sei^{51} ～瓜 sei^{4} 东～
单	təŋ^{13} tə^{2}ʔŋ^{23} 药～	tuə^{12} tuə^{3}ʔə^{35} 药～	tan^{11} tan^{33} 药～	toŋ^{33} toŋ^{12} 药～	toŋ^{44}	œn^{51} œn^{4} 药～

从语义上来说，小称变音主要用来区别词义，即同一个词形，小称变音所指的意义与本音所指的意义是有所不同的。一般来说，小称变音用于较小的物品，而本音用于较大的物品；或者小称变音用于常用的事物，而本音用于非常用的事物。如：

表 4-37 小称变音的作用（二）

读音 方言点 单字	大村	向阳	石陂	周田	石塘	桂头
镰	lie^{21} 茅～ lie^{4}ʔe^{45} 禾～	lɛn^{21} ～刮 lɛ^{3}ʔn^{35} 禾～	lin^{42} 禾～ lin^{33} 茅～	liŋ^{11} ～刀 liŋ^{3} 禾～仔	liŋ^{22} 禾～仔 liŋ^{3} 茅～	lɛn^{45} ～□ɔu^{324} lɛn^{4} 禾～
螺	lɔ^{21} 田～ lɔ^{4}ʔɔ^{45} 石～	lɔu^{21} 田～ lɔ^{3}ʔu^{35} 石～	lɔu^{42} 田～ lɔu^{33} 石～	lɛu^{11} 田～ lɛu^{3} 石～	lo^{22} 田～ lo^{3} 石～	lɔu^{45} 田～ lu^{4} 石～
菜	ts‘ʉ^{44} 青～ ts‘ʉ^{2}ʔʉ^{23} 韭～	ts‘ui^{44} 青～ ts‘u^{3}ʔi^{35} 韭～	ts‘ui^{55} 青～ ts‘ui^{33} 韭～	ts‘oi^{53} 青～ ts‘oi^{12} 韭～	ts‘ua^{45}	ts‘u^{44} 青～ ts‘u^{4} 韭～
春	ts‘un^{13} ～季 ts‘u^{2}ʔn^{23} 鸡～	ts‘ɔn^{12} ～季 ts‘ɔ^{3}ʔn^{35} 鸡～	ʧ‘ɔn^{11} ～季 ʧ‘ɔn^{33} 鸡～	ts‘uɔn^{33} ～季 ts‘uɔn^{12} 鸡～	ts‘ɛŋ^{44} ～季 ts‘uɛŋ^{3} 鸡～	ts‘aŋ^{51} ～季 ts‘aŋ^{4} 鸡～

从语法功能上来说，小称变音常常作为名词的标记。如果一个字有本音、小称变音两读，那么，其本音一般作为动词或动词性语素，小称变音则作为名词或名词性语素。[⑧]如：

表 4-38 小称变音的作用（三）

读音 方言点 单字	大村	向阳	石陂	周田	石塘	桂头
梳	sɔ^{13} 动词 sɔ^{2}ʔɔ^{23} 名词	sɔu^{12} 动词 sɔ^{3}ʔu^{35} 名词	sɔu^{11} 动词 sɔu^{33} 名词	sɛu^{33} 动词 sɛu^{12} 名词	so^{44}	søy^{51}
锯	kʉ^{44} 动词 kʉ^{2}ʔʉ^{23} 名词	ki^{44} 动词 ki^{3}ʔi^{35} 名词	ki^{55} 动词 ki^{33} 名词	ki^{53} 动词 ki^{12} 名词	ky^{45} 动词 ky^{3} 名词	kau^{44} 动词 kau^{4} 名词
盖	kʉ^{44} 动词 kʉ^{2}ʔʉ^{23} 名词	kui^{44} 动词 ku^{3}ʔi^{35} 名词	kui^{55} 动词 kui^{33} 名词	koi^{53} 动词 koi^{12} 名词	kua^{45} 动词 kua^{3} 名词	kvu^{44} 动词 kvu^{4} 名词

（续上表）

读音 方言点 / 单字	大村	向阳	石陂	周田	石塘	桂头
筛	sɵ^{13} 动词 sɵ^{2}ʔɵ^{23} 名词	sɔe^{12} 动词 sɔ^{3}ʔe^{35} 名词	sɛi^{11} 动词 sɛi^{33} 名词	siɛ^{33} 动词 siɛ^{12} 名词	sye^{44} 动词 sye^{3} 名词	søy^{51} 动词 søy^{4} 名词
钩	kʌi^{13} 动词 kʌ^{2}ʔi^{23} 名词	gɔ^{12} 动词 gɔ^{3}ʔɔ^{35} 名词	kø^{11} 动词 kø^{33} 名词	kia^{33} 动词 kia^{12} 名词	kie^{44} 动词 kie^{3} 名词	kei^{51} 动词 kei^{4} 名词

（四）代词

韶关土话代词系统见表 4-39：

表 4-39 代词的使用情况

说法 方言点 / 词目	大村	向阳	石陂	周田	石塘	桂头
我	我ŋɔ^{44}	我gɔu^{44}	我ŋɔu^{55}	我ŋa^{33}	我ŋa^{45}	我gu^{21}
你	你lei^{44}	你lai^{44}	你ŋi^{55}	你nɛi^{33}	你lai^{45}	你lei^{21}
他	渠ŋi^{44}	渠ki^{44}	渠ki^{55}	渠ki^{33}	渠ki^{45}	渠ki^{21}
我们	我俚lie^{22}	我俚lɛ^{3}ʔɛ^{35}	我俚lɛi^{33}	我俚lɛ^{53}	我ŋa^{22}俚la^{314}	我□tou^{4}
这	□lie^{22}	□lai^{22}	□tɛi^{33}	個ka^{33}	個ka^{22}	個ka^{4}
那	個ko^{44} □hʌ^{4}ʔn^{45}	□hɔŋ^{22}	個kai^{55} 远指 □lu^{33} 更远指	□hɛŋ^{11}	□hiŋ^{22}	□hoŋ^{44}
这么甜	□lɵ^{4}ʔŋ^{45}	□kɛŋ^{22}	□kan^{24}	□loŋ^{12}	個ka^{3}	□la^{4}
那么甜	□lɵ^{4}ʔŋ^{45}	□kɛŋ^{22}	□kan^{24}	□loŋ^{12}	個ka^{3}	□la^{4}
谁	□sin^{44}人	□sɔŋ^{21}人	□nɛi^{33}人	□piŋ^{12}个佬	□lou^{22}个	□sin^{45}人
这样做	□hʌ^{44}□si^{2}ʔu^{23}	□kian^{5}子	□kan^{24}哩	□kan^{214}子	□kaŋ^{314}哩	個总
那样做	□hʌ^{4}ʔn^{45}□si^{2}ʔu^{23}	□kian^{5}子	□kan^{24}哩	□kan^{214}子	□hiŋ^{314}哩	□hoŋ^{44}总
怎样做	□kɔŋ^{24}□mu^{4}ʔn^{45}□si^{2}ʔu^{23}	□pɛn^{44}子 □kɔŋ^{24}□buə^{3}ʔə^{35}	□liɔŋ^{55}般	样板	□loŋ^{314}哩	□bei^{4}总
什么	□sin^{44}□ŋi^{44}	□sɿ^{44}啥	物箇	□siŋ^{214}箇	□sɿ^{45}□ma^{45}	□si^{44}□sei^{4}

韶关土话的人称代词非常一致，都用“我”“你”“渠”，而且这三个人称代词在各点中的声调都相同，只是各自所属的调类不同，其中，大村、向阳、石陂读阴去，周田读阴平，石塘读去声，桂头读阳上。各点复数形式的词缀也比较一致，除桂头用“□tou^{4}”以外，其余五个点读音比较接近，应该是同源的，本书统一写为“俚”。此外，石塘“我”“你”“渠”在“俚”前由去声变为阳平，其余五个点不存在类似的现象。

指示代词的基本形式除石陂三分以外，其余五个点二分。除向阳外，其余五个点都出现了南方方言常用的“个”系指示代词，不过，大村和石陂用来表远指，其余四个点用来表近指。为区别量词“个”，用作指示代词的“个”本书一律写为“個”。远指在韶关土话中用得更多的是“h-”系词，这些读音各异的“h-”系词，来源是否一致，还有待于深入的调查。指代性状的指示代词在韶关土话中都是一分，近指同远指无别。指代方式的指示代词在向阳、石陂和周田三个点中近指同远指相同，而大村、石塘和桂头则近指同远指有别。

从语音形式来看，疑问代词“谁、怎样、什么”韶关土话内部差异较大，其来源还有待于进一步的考察。

（五）否定词

韶关土话的否定词见表 4–40：

表 4-40 否定词的使用情况

说法／方言点／词目	大村	向阳	石陂	周田	石塘	桂头
不吭气	唔出声	唔出声	唔声唔气	唔出声	唔做声	唔响气
不够秤	唔够秤	唔够秤	唔足秤	唔够秤	不/唔够秤	唔足秤
不去	唔m^{21}	唔m^{21}	唔m^{42}	唔m^{11}	不pu^{45}/唔m^{22}	唔m^{44}
不是	唔系	唔系	唔系	唔系	不/唔系	唔系
不必去	唔用	唔用	唔使	唔使	不/唔争	唔□sɛi^{51}
别去	唔好	唔好	唔爱	唔爱	不要	莫
没去	冇mʌu^{44}	冇 bau^{44}	冇 mau^{55}	冇 mau^{53}	冇mau^{45}	冇bo^{21}
没有钱	冇	冇	冇	冇	冇	冇得
不能喝酒	饮酒唔得	饮酒唔得	饮酒唔得	饮酒唔得	饮酒不/唔得	饮酒唔得
不能久坐	坐久唔得	坐久唔得	坐久唔得	坐久唔得	坐久不/唔得	坐久唔得

普通话用“不”的，韶关土话都说“唔”，只有石塘还可用“不”。除桂头外，其余五个点的“唔”读阳平，桂头“唔”读阴去。普通话用“没、没有”的，韶关土话都说“冇”。除桂头外，其余五个点的“冇”读阴去，桂头“冇”读阳上。普通话用“别”的，韶关土话内部差异较大，大村、向阳说用“唔好”，石陂、周田说“唔爱”，石塘说“不要”，桂头说“莫”。普通话用“不能”的，韶关土话都说“唔得”，只有石塘还可说“不得”。

（六）结构助词

韶关土话连接定语和中心语的结构助词一般用“箇”，只有石塘用“哩”；连接中心语和程度补语的结构助词都用“得”；连接中心语和结果补语的结构助词石塘用“得”，桂头用“起”，其余四个点用“倒”；连接状语和中心语的结构助词石塘用“哩”，桂头用“箇”，其余四个点不用。如：

表 4-41 结构助词的使用情况

说法／方言点／例句	大村	向阳	石陂	周田	石塘	桂头
这是他的书。	□lie^{22}□lie^{22}系渠箇书。	□lai^{22}□tɔ^{35}系渠箇书。	□tɛi^{33}系渠箇书。	個个系渠箇书。	個个系渠哩书。	個□ti^{44}系渠箇书。
他画得很好看。	渠手巧，画倒几好睇。	渠手性好得，画得好好睇。	渠手巧，画得□hɛi^{11}好睇。	渠手巧，画得顶好睇。	渠手巧，画得好好望。	渠手好灵活，俵起好好睇。
他忙得连饭都忘了吃了。	渠忙倒饭□tʉ^{44}唔记得食了。	渠忙倒连饭□tu^{44}唔记得食了。	渠做倒连饭□tɛi^{55}唔记得食啊。	渠忙倒连饭都唔记得食了。	渠饭□lou^{44}唔记得食了。	渠忙起饭□tsie^{51}唔记得食了。
你说得很好。	你讲得几好。	你讲得好好。	你讲得□hɛi^{11}好。	你讲得□loŋ^{12}好。	你讲得好好。	你讲得好好。
吃了饭要慢慢地走。	食□hi^{5}饭要慢慢嘀行。	食了饭爱慢慢地行。	食了饭爱慢慢哩行。	食了饭爱慢慢哩行。	食了饭要慢慢地哩行。	食了饭爱慢慢□si^{4}箇行。
轻轻地放。	慢慢嘀放。	轻轻地放。	慢慢哩放。	轻轻哩放。	轻轻地哩放。	轻轻□si^{4}箇放。

二、句法特点

（一）动词的体貌

1. 完成体和已然体

韶关土话各点表示动作或事态变化完成的体标记都与表示已然的事实的体标记相同，它在六个点中的读音分别是：大村 lei^{13}、向阳 lɛ^{12}、石陂 a^{11}、周田 lɔ^{33}、石塘 la^{44}、桂头 la^{51}。除石陂外，其余各点明显是同源的，本书都记为“了”。石陂记为“啊”，可能是“了”弱化的结果。如：

表 4-42 完成体和已然体的标记

说法＼方言点 例句	大村	向阳	周田	石塘	桂头	石陂
找遍了。	寻□kʌu^{13}了。	寻□kau^{12}了。	寻□kia^{33}了。	寻□kau^{44}了。	寻□ko^{51}了。	寻□kau^{11}啊。
（手表）不见了。	唔到了。	唔□t‘ai^{21}了。	唔在了。	□la^{22}了了。	唔□ɔu^{44}了。	冇了啊。
（已经）说好了。	讲正/好了。	讲正/好了。	讲正/好了。	讲正/好了。	讲正/好了。	讲好啊。
（功课）做完了。	做正了。	做正了。	做正/了了。	做正了。	做正了。	做正/了啊。
（电视机）坏掉了。	坏□hi^{5}/了了。	坏□hi^{5}/了了。	坏了了。	坏了了。	坏□hɛi^{51}了。	坏了啊。
吃了饭了。	食□hi^{5}/了饭了。	食了饭了。	食了饭了。	食了饭了。	食了饭了。	食了饭啊。

从表 4-42 可以看出，除“(手表）不见了”以外，其余几个例句的完成体标记前都有一个表示结果的成分。与普通话“遍”相当的是“□kʌu^{13} $_{大村音}$”，各点都与“交”同音。与普通话“好”“完”相当的是“正”，不过，石陂、周田还可以用“了 liau^{53} $_{周田音}$”。与普通话“掉”相当的，大村、向阳和桂头是“□hi^{5} $_{大村音}$”，石陂、周田和石塘是“了”，不过，大村、向阳除用“□hi^{5} $_{大村音}$”以外，还可用“了”。这个表示结果的“了”与上文体标记“了”的读音不同，它在上述五个点中的读音分别是：大村 liʌu^{44}、向阳 liu^{44}、石陂 liu^{55}、周田 liau^{53}、石塘 liau^{45}。

2. 持续体和进行体

表示状态的持续，大村一般用“倒”；向阳、石陂和周田三个点有时用“倒”，有时用“紧”；石塘和桂头用“起”。存现句中表示以某种姿态存在，石塘和桂头用“起”，其余四个点用“紧”。进行体六个点都用“紧”。如：

表 4-43 持续体和进行体的标记

说法＼方言点 例句	大村	向阳	石陂	周田	石塘	桂头
桌上放着一碗水。	桌头放紧一碗水。	桌头放紧一碗水。	枱哩放紧一碗水。	枱哩放紧一碗水。	桌头放起一碗水。	桌头哩放起一碗水。
屋里坐着很多人。	屋箇坐倒好多人。	屋哩坐紧好多人。	屋哩坐紧□hei^{11}多人。	屋哩坐紧好多人。	屋哩坐起好多人。	屋哩坐起好多人。
坐着吃好，还是站着吃好？	坐倒来食较好，□po^{44}□t‘ɘe^{22}徛倒来食较好？	坐倒/紧来食好，还系徛倒/紧来食好？	坐倒/紧来食好，还系徛倒/紧来食好？	坐紧/倒来食好，还系徛紧/倒来食好？	坐起食来好，还系徛起来食好？	坐起来食好，还系徛起来食好？
站着，别动。	徛倒，唔好□ŋɐu^{5}。	徛倒，唔好动。	徛倒，唔爱动。	徛紧，唔爱动。	徛起，不要动。	徛起，莫动。
外面下着雨。	□lo^{22}头落紧水。	外头落紧水。	外背落紧水。	外底落紧水。	□lie^{44}口落紧水。	□lu^{22}头落紧水。

3. 反复貌、重行貌和短时貌

表示动作行为多次发生、反复进行，韶关土话一般用“动词＋紧＋动词＋紧”，不过，向阳还可用“动词＋住＋动词＋住”。表示动作重复进行，韶关土话都用“过”。表示动作或事态所经历时间的短暂，韶关土话都用“动词＋补语”的形式来表达。如：

表 4-44 反复貌、重行貌和短时貌的标记

说法 方言点 例句	大村	向阳	石陂	周田	石塘	桂头
说着说着就哭起来了。	讲紧讲紧就哭了。	讲紧/住讲紧/住紧就哭了。	讲紧讲紧就叫啊。	讲紧讲紧就叫了。	讲紧讲紧就哭了。	讲紧讲紧就哭了。
（字太潦草了）重写。	写过。	写过。	写过。	写过。	写过。	写过。
你去看看。	你去看嘀。	你去看下哩。	你去看一下。	你去看下哩。	你去望一下。	你去睇下。
让我试试。	□tʻɐn⁴⁴我试嘀。	□tʻan⁴⁴/拈我试下哩。	拿我试下哩。	拿我试下哩。	俵我试霎哩。	俵我试下。

（二）双宾语句

双宾语句，普通话一般是间接宾语在前，直接宾语在后；而韶关土话句则是直接宾语在前，间接宾语在后。此外，除周田外，其余五个点间接宾语前要用一个介词引入，这个介词五个点各不相同，大村用“□pʉ²²”，向阳用“□ku¹²”，石陂用“□pui¹¹”，石塘用“在”，桂头用“过”。如：

表 4-45 双宾语句的形式

说法 方言点 例句	大村	向阳	石陂	石塘	桂头	周田
给他一本书。	俵本书□pʉ²²渠。	拈本书□ku¹²渠。	拿本书□pui¹¹渠。	俵本书在渠。	俵本书过渠。	俵本书渠。
给我一元钱。	俵个钱□pʉ²²我。	拈一□bɛ²¹□ku¹²我。	拿文钱□pui¹¹我。	俵一文在我。	俵文□kei⁵¹过我。	俵个钱我。

（三）处置句和被动句

韶关土话处置句都不用介词引入处置对象，而是用一般动词句来表达。被动句则用介词引入被处置的对象，其中，大村、石陂和周田用“拿”，向阳用“拈”，石塘和桂头用“俵”。如：

表 4-46 处置句和被动句的形式

说法 方言点 例句	大村	向阳	石陂	周田	石塘	桂头
把盖子拧紧。	扭紧盖。	扭紧盖。	扭紧盖。	扭紧盖。	□tsiu⁵紧盖。	□tsiu²¹紧盖。
把门关上。	遮紧门来。	遮好门。	闩好门。	关好门。	遮起门。	掩好门。
把衣服穿上。	穿起衣裳。	穿好衣衫。	着紧衣裳。	穿紧衣裳。	着起衣裳。	着起衣裳。
钱被他花掉了。	钱拿渠用了了。	钱拈渠用了了。	钱拿渠用了啊。	钱拿渠用了了。	钱俵渠用了了。	钱俵渠用□hɛi⁵¹了。
给他猜着了。	拿渠估对了。	拈渠估中了。	拿渠估中啊。	拿渠估中了。	俵渠估中了。	俵渠猜中了。

（四）比较句

先看表 4－47 中的例句。

表 4-47 比较句的形式

说法＼方言点 例句	大村	向阳	石陂	周田	石塘	桂头
他跟他妹妹一样高。	渠凑渠妹仔一样□lɵ^{4}ʔŋ^{45}高。	渠凑/同渠阿妹□kɛŋ^{22}高。	渠凑渠老妹一样□kan^{24}高。	渠摎/凑渠老妹□loŋ^{12}高。	渠摎渠老妹一样個高。	渠摎渠妹平□la^{4}高。
这个比那个好。	□lie^{22}个比個只较好。	□lai^{22}个比□hɔŋ^{22}个较好。	□tɛi^{33}个比□lu^{33}个较好。	個个比□hɛŋ^{11}個个过好。	個个比□hiŋ^{22}个过好。	個个比□hoŋ^{44}个过好。
我比他大一岁。	我大渠一岁。 我比渠大一岁。	我大渠一岁。 我比渠大一岁。	我大渠一岁。 我比渠大一岁。	我大渠一岁。 我比渠大一岁。	我大渠一岁。 我比渠大一岁。	我大渠一岁。 我比渠大一岁。
那个没有这个好。	個只冇□lie^{22}只□lɵ^{4}ʔŋ^{45}好。	□hɔŋ^{22}个冇□lai^{22}个□kɛŋ^{22}好。	□lu^{33}个冇□tɛi^{33}个□kan^{24}好。	□hɛŋ^{11}個个冇個个□loŋ^{12}好。	□hiŋ^{22}个冇個个個好。	□hoŋ^{44}个冇個个□la^{4}好。

由表 4-47 可知，表示甲、乙两个事物相同时，韶关土话一般用“甲＋介词＋乙＋一样/平＋指示代词＋形容词”的形式。不过，各点所使用的介词不同，大村和石陂一般用“凑”，石塘和桂头一般用“摎”，向阳用“凑”和“同”，周田则用“摎”和“凑”。此外，除桂头外，指示代词前一般用“一样”，桂头用“平”。

表示肯定的差比句有两种形式，句中没有数量补语时，一般用“甲＋比＋乙＋较/过＋形容词”的形式；句中有数量补语时，一般用“甲＋形容词＋乙＋数量补语”的形式，也可用“甲＋比＋乙＋形容词＋数量补语”的形式。比较词大村、向阳和石陂用“较”，周田、石塘和桂头用“过”。表示否定的差比句一般用“甲＋冇＋乙＋指示代词＋形容词”的形式。

（五）疑问句

1. 是非问

对动作或事态变化是否完成进行发问时，除石陂和周田外，其余四个点一般用正反问的形式，即“动词＋（宾语）＋冇”；石陂和周田则分别用“□tsʻin^{42}＋动词＋（宾语）”和“□tʻɛŋ^{11}＋动词＋（宾语）”的形式。其他是非问都用“动词＋唔/不＋动词＋（宾语/补语）”的形式。如：

表 4-48 是非问的形式

说法＼方言点 例句	大村	向阳	石塘	桂头	石陂	周田
吃饭了吗？	食了饭冇？	食了饭冇？	食了饭冇？	食了饭冇？	□tsʻin^{42}食了饭？	□tʻɛŋ^{11}食饭？
他去了吗？	渠去了冇?	渠去了冇?	渠去了冇?	渠去了冇?	渠□tsʻin^{42}去了？	渠□tʻɛŋ^{11}去?
你会下棋吗？	你晓唔晓得捉棋?	你会唔会捉棋?	你晓不晓得动棋?	你晓唔晓得捉棋?	你知唔知得捉棋?	你晓唔晓得捉棋?
挖得出来吗？	挖唔挖得出来?	挖唔挖得出来?	挖唔挖得出来?	挖唔挖得出来?	挖唔挖得出来?	挖唔挖得出来?

2. 正反问

普通话“有没有”的正反问韶关土话有两种形式。动词为“有”时，一般用“有＋冇＋（宾语）”的形式，也可用“有＋（宾语）＋冇”的形式；动词为其他动作动词时，一般用“动词＋（宾语）＋冇”的形式，只有石陂和周田一般用“有＋冇＋动词＋（宾语）”的形式。普通话“能不能”的正反问一般用“动词＋唔/不＋动词＋（宾语/补语）”的形式。如：

表 4-49 正反问的形式

说法 方言点 例句	大村	向阳	石塘	桂头	石陂	周田
还有饭没有？	还有冇饭？ 还有饭冇？	还有冇饭？	还有冇饭？	还有冇饭？	还有冇饭？	还有冇饭？ 还有饭冇？
你到过北京没有？	你去过北京冇？	你去过北京冇？	你去过北京冇？	你去过北京冇？	你去过北京冇？	你去过北京冇？
去没去他家？	去了渠屋冇？	去过渠屋哩冇？	去过了渠屋哩冇？	去了渠屋哩冇？	有冇去过渠屋下？	有冇去渠屋哩？
你认识不认识？	你认唔认得？	你认唔认得？	你认唔认得？	你认唔认得？	你认唔认得？	你认唔认得？
能来不能来？	来唔来得倒？	来唔来得倒？	来不/唔来得倒？	来唔来得倒？	来唔来得倒？	来唔来得倒？
香得很，是不是？	好香，系唔系？	好香，系唔系？	好香，系唔系？	好香，系唔系？	□hɛi^{11}香，系唔系？	好香，系唔系？
说得说不得？	讲唔讲得？	讲唔讲得？	讲不讲得？	讲唔讲得？	讲唔讲得？	讲唔讲得？

（六）可能补语和受事宾语的顺序

韶关土话可能补语和受事宾语的顺序比较自由，可能补语既可以出现在受事宾语的前面，也可以出现在受事宾语的后面，不过，一般以出现在受事宾语后面为常。如：

表 4-50 可能补语和受事宾语的顺序

说法 方言点 例句	大村	向阳	石陂	周田	石塘	桂头
吃不下饭。	食饭唔下。 食唔下饭。	食饭唔下。 食唔下饭。	食饭唔下。 食唔下饭。	食饭唔下。 食唔下饭。	食饭不/唔下。 食不/唔下饭。	食饭唔下。 食唔下饭。
吃得下饭。	食得饭下。 食得下饭。	食得饭下。 食得下饭。	食得饭下。 食得下饭。	食得饭下。 食得下饭。	食得饭下。 食得下饭。	食得饭下。 食得下饭。
喘不过气。	敨气唔来。	敨气唔先。	敨气唔抻 敨气唔来。	敨气唔匀。	敨气不/唔来。	敨气唔来。
叫不动他。	喊渠唔□ŋɐu^{5}。 喊唔□ŋɐu^{5}渠。	□vɛi^{24}渠唔动。 □vɛi^{24}唔动渠。	使渠唔动。 使唔动渠。	□ia^{11}渠唔□ŋɛi^{5}。 □ia^{11}唔□ŋɛi^{5}渠。	喊渠不/唔动。 喊不/唔动渠。	喊渠唔动。 喊唔动渠。
骗不了我。	骗我唔倒。 骗唔倒我。	□laŋ^{24}我唔倒。 □laŋ^{24}唔倒我。	哄我唔倒。 哄唔倒我。	骗我唔倒。 骗唔倒我。	骗我不/唔倒。 骗不/唔倒我。	骗我唔倒。 骗唔倒我。

注释：

①庄初升．粤北土话音韵研究．北京：中国社会科学出版社，2004．204～206

②庄初升．粤北土话音韵研究．北京：中国社会科学出版社，2004．213～218

③庄初升．粤北土话音韵研究．北京：中国社会科学出版社，2004．234～238

④庄初升．粤北土话音韵研究．北京：中国社会科学出版社，2004．240

⑤庄初升．粤北土话音韵研究．北京：中国社会科学出版社，2004．241～245

⑥曹志耘．南部吴语语音研究．北京：商务印书馆，2002．140～141

⑦庄初升．粤北土话音韵研究．北京：中国社会科学出版社，2004．258～259

⑧庄初升．粤北土话音韵研究．北京：中国社会科学出版社，2004．261～264

第五章　韶关土话字音对照表

说　明

1. 本对照表共收单字 2 246 个，一概使用简化字。为免造成混淆，多音字和同音字都用组词的方式加以区别，前者如“量$_{丈\sim}$”和“量$_{重\sim}$”，后者如“面$_{脸\sim}$”和“面$_{\sim条}$”。少数在普通话中不常用但在土话中属于口语用字的字也收录在内，在字头的右下方注明其在普通话中的用法或含义，如“苎$_{\sim麻}$”、“徛$_{站立}$”、“菢$_{孵}$”。

2. 本对照表所收单字按照中古音的音韵地位的顺序排列。中古音的音韵地位依据中国社会科学院语言研究所编制的《方言调查字表》(修订本)。《方言调查字表》没有出现的字，依据《古今字音对照手册》。个别字在《广韵》、《集韵》中没有出现，属于后起字，其中古音的音韵地位阙如。

3. 所有单字读音不标调类，只标调值，用阿拉伯数字 1～5 表示，放在音标的右上角。

4. 字音后如注明出现环境，用“～”代替该字。

5. 音标之后加“▲”者，表示该读音在该土话中不符合古今语音演变的对应规律，属于例外现象。

6. 一字有两个或两个以上读音的，或者属于文白异读，或者属于本音和变音异读，或者属于别义异读，必要时在该读音的右下方用组词或释义的方式加以区别。白读音在右下角标注“话音”，文读音在右下角标注“字音”。一字有两个或两个以上读音时，其排列顺序为：文白异读的，白读音在上，文读音在下；本音和变音异读的，本音在上，变音在下；如果既属于文白异读，又属于本音和变音异读的，则根据本音和变音异读的顺序排列。

7. 空白表示该字在该土话中读不出来。

单字	中古音	大村	向阳	石陂	周田	石塘	桂头
多	果开一 平歌端	tɔ^{13}	tɔu^{12}	tɔu^{11}	tɛu^{33}	to^{44}	ɔu^{51}
拖	果开一 平歌透	tʻɔ^{13}	tʻɔu^{12}	tʻɔu^{11}	tʻɛu^{33}	tʻo^{44}	tʻɔu^{51}
驼	果开一 平歌定	tʻɔ^{21}	tʻɔu^{21}	tʻɔu^{42}	tʻɛu^{11}	tʻo^{22}	tɔu^{45}
舵	果开一 上哿定	tʻɔ^{2}ʔɔ^{23}	tʻɔu^{21}▲	tʻɔu^{11}	tʻɛu^{11}▲	tʻo^{22}▲	tɔu^{45}▲
大	果开一 去箇定	tʻo^{22}	tʻuə^{22}	tʻai^{11}	tʻa^{31}	tʻou^{44}▲	tu^{22}
罗	果开一 平歌来	lɔ^{21}	lɔu^{21}	lɔu^{42}	lɛu^{11}	lo^{22}	lɔu^{45}
锣	果开一 平歌来	lɔ^{21}～鼓 lɔ^{4}ʔɔ^{45} 打～	lɔu^{21}～鼓 lɔ^{3}ʔu^{35} 打～	lɔu^{42}～鼓 lɔu^{33} 打～	lɛu^{11}	lo^{3}	lɔu^{45}～鼓 lɔu^{4} 打～
箩	果开一 平歌来	lɔ^{21}	lɔu^{21}	lɔu^{42}	lɛu^{11}	lo^{22}	lɔu^{45} lɔu^{4} 肚～
左	果开一 上哿精	tsɔ^{24}	tsɔu^{24}	tsɔu^{24}	tsɛu^{214}	tso^{314}	tsɔu^{324}
搓	果开一 平歌清	tsʻɔ^{13}	tsʻuə^{12}	tsʻai^{11}	tsʻa^{33}	tsʻa^{44}	tsʻie^{51}▲
歌	果开一 平歌见	kɔ^{13}	kɔu^{12}	kɔu^{11}	kɛu^{33}	ko^{44}	kɔu^{51}
哥	果开一 平歌见	kɔ^{2}ʔɔ^{23}	kɔu^{44} 字音▲ kɔ^{3}ʔu^{35} 鹩～	kɔu^{33}	kɛu^{33} 猴～ kɛu^{12} 字音	ko^{44} 老虎～～ ko^{45} 字音▲ ko^{3} 鹩～	kɔu^{324} 字音▲ kɔu^{4} 鹩～
个	果开一 去箇见	ko^{44} ko^{2}ʔo^{23} 一～钱	kuə^{44}	kai^{55}	ka^{53}	ka^{45}	kvu^{44}
可	果开一 上哿溪	kʻɔ^{24}	kʻɔu^{24}	kʻɔu^{24}	kʻɛu^{214}	kʻo^{314}	kʻɔu^{324}
鹅	果开一 平歌疑	ŋɔ^{21} 天～ ŋɔ^{4}ʔɔ^{45}	gɔu^{21} 天～ gɔ^{3}ʔu^{35}	ŋɔu^{42} 天～ ŋɔu^{33}	ŋɛu^{11} 天～ ŋɛu^{3}	ŋo^{22} 天～ ŋo^{3}	gɔu^{45} 天～ gɔu^{4}
我	果开一 上哿疑	ŋɔ^{44}	gɔu^{44}	ŋɔu^{55}	ŋa^{33} 话音▲ ŋɛu^{53} 字音	ŋa^{45}	gu^{21}
饿	果开一 去箇疑	ŋɔ^{22}	gɔu^{22}	ŋɔu^{11}	ŋɛu^{31}	ŋo^{44}	gɔu^{22}
河	果开一 平歌匣	hɔ^{21}	hɔu^{21}	hɔu^{42}	hɛu^{11}	ho^{22}	hɔu^{45}
何	果开一 平歌匣	hɔ^{21}	hɔu^{21}	hɔu^{42}	hɛu^{11}	ho^{22}	hɔu^{45}
荷～花	果开一 平歌匣	hɔ^{21}	hɔu^{21}	hɔu^{42}	hɛu^{11}	ho^{22}	hɔu^{45}
贺	果开一 去箇匣	hɔ^{22}	hɔu^{22}	hɔu^{11}	hɛu^{31}	ho^{44}	hɔu^{22}
茄	果开三 平戈群	kʻɔ^{4}ʔɔ^{45}	kʻɔ^{3}ʔu^{35}	kʻiɔu^{33}	kʻiu^{3}	kʻo^{3}	kʻøy^{4}
波	果合一 平戈帮	pɔ^{13}	pɔu^{12}	pɔu^{11}	pɛu^{33}	po^{44}	pɔu^{51}

单字	中古音	大村	向阳	石陂	周田	石塘	桂头
菠	果合一平戈帮	pɔ^{13}	pɔu^{12}	pɔu^{11}	pɛu^{33}	po^{44}	pɔu^{51}
簸～箕	果合一去过帮	pɔ^{44}	pɔu^{44}	pui^{55}▲	pɛu^{53}	po^{45}	pɔu^{44}
坡	果合一平戈滂	pɔ^{13}▲	pɔu^{12}▲	pɔu^{11}▲	pɛu^{33}▲	po^{44}▲	pɔu^{51}▲
玻	果合一平戈滂	pɔ^{13}▲	pɔu^{12}▲	pɔu^{11}▲	pɛu^{33}▲	po^{44}▲	pɔu^{51}▲
破	果合一去过滂	p‘ɔ^{44}	p‘ɔu^{44}	p‘ɔu^{55}	p‘ɛu^{53}	p‘o^{45}	p‘ɔu^{44}
婆	果合一平戈並	p‘ɔ^{21} 老姑～ p‘ɔ^{4}ʔɔ^{45} 两公～	p‘ɔu^{21} 老姑～ p‘ɔ^{3}ʔu^{35} 两公～	p‘ɔu^{42} 姐～ p‘ɔu^{33} 两公～	p‘ɛu^{11} 姐～ pu^{12} 白～▲ p‘ɛu^{3} 两公～	pu^{314} 姼～▲ p‘o^{22} 老姑～ p‘o^{3} 两公～	pɔu^{45} 老姑～ pu^{4} 两公～ pɔu^{4} 媒人～
魔	果合一平戈明	mɔ^{13}▲	bɔu^{12}▲	mɔu^{42}	mɛu^{11}	mo^{22}	bɔu^{51}▲
磨～刀	果合一平戈明	mɔ^{21}	bɔu^{21}	mɔu^{42}	mɛu^{11}	mo^{22}	bɔu^{45}
磨～石	果合一去过明	mɔ^{22}～石 mɔ^{4}ʔɔ^{45}	bɔu^{22}	mɔu^{11}	mɛu^{31}	mo^{3}	bɔu^{4}
朵	果合一上果端	tɔ^{24}	tɔu^{24}	tɔu^{24}	tɛu^{214}	to^{314}	ɔu^{324}
妥	果合一上果透	t‘ɔ^{24}	t‘ɔu^{24}	t‘ɔu^{55}▲	t‘ɛu^{214}	t‘o^{314}	t‘ɔu^{324}
糯	果合一去过泥	lɔ^{22}	lɔu^{22}	nɔu^{11}	nɛu^{31}	lo^{44}	lɔu^{22}
脶指纹	果合一平戈来	lɔ^{21}	lɔu^{21}	lɔu^{42}	lɛu^{11}	lo^{22}	lɔu^{45}
螺	果合一平戈来	lɔ^{21} 田～ lɔ^{4}ʔɔ^{45} 石～	lɔu^{21} 田～ lɔ^{3}ʔu^{35} 石～	lɔu^{42} 田～ lɔu^{33} 石～	lɛu^{11} 田～ lɛu^{3} 石～	lo^{22} 田～ lo^{3} 石～	lɔu^{45} 田～ lu^{4} 石～
坐	果合一上果从	ts‘ɔ^{44}	ts‘ɔu^{44}	ts‘ɔu^{55}	ts‘ɛu^{53}	ts‘o^{45}	ts‘ɔu^{21}
座	果合一去过从	ts‘ɔ^{22}	ts‘ɔu^{22}	ts‘ɔu^{11}	ts‘ɛu^{31}	ts‘o^{44}	ts‘ɔu^{21}▲
蓑	果合一平戈心	sɔ^{13}	sɔu^{12}	sɔu^{11}	sɛu^{33}	so^{44}	sɔu^{51}
锁	果合一上果心	sɔ^{24}	sɔu^{24}	sɔu^{24}	sɛu^{214}	so^{314}	sɔu^{324}
果	果合一上果见	kɔ^{24}	kɔu^{24}	kɔu^{24}	kɛu^{214}	ko^{314}	kɔu^{324}
过	果合一去过见	kɔ^{44}	kɔu^{44}	kɔu^{55}	ka^{53} kɛu^{53}	ka^{45} ko^{45}	kvu^{44}
科	果合一平戈溪	k‘ɔ^{13}	k‘ɔu^{12}	k‘ɔu^{11}	k‘ɛu^{33}	k‘o^{44}	k‘ɔu^{51}
课	果合一去过溪	k‘ɔ^{44}	k‘ɔu^{44}	k‘ɔu^{55}	k‘ɛu^{53}	k‘o^{45}	k‘ɔu^{44}
卧	果合一去过疑	ŋɔ^{22}	gɔu^{22}	ŋɔu^{11}	ŋɛu^{31}	ŋo^{44}	gɔu^{22}

单字	中古音	大村	向阳	石陂	周田	石塘	桂头
火	果合一 上果晓	fʉ^{24}	fu^{24}	fu^{24}	fu^{214}	ho^{314}	fu^{324}
货	果合一 去过晓	kʻɔ^{44}	kʻɔu^{44}	kʻɔu^{55}	kʻɛu^{53}	kʻo^{45}	kʻɔu^{44}
和～气	果合一 平戈匣	hɔ^{21}	hɔu^{21}	hɔu^{42}	hɛu^{11}	ho^{22}	hɔu^{45}
禾	果合一 平戈匣	vʉ^{21}	vɔu^{21}	vɔu^{42}	vu^{11}	o^{22}	vu^{45}
祸	果合一 上果匣	vɔ^{13}▲	hɔu^{22}	vɔu^{11}	vɛu^{31}	ho^{44}	vɔu^{4}
窝	果合一 平戈影	vɔ^{13}	vɔu^{12}	vɔu^{11}	vɛu^{33}	o^{44}	vɔu^{51}
靴	果合三 平戈晓	hɵ^{13} 一般人穿 hɵ^{4}ʔɵ^{45}官人穿	hœ^{12}	ʃɔu^{11}	sɛu^{33}	sye^{44}	hœ^{51}
巴	假开二 平麻帮	po^{13}	pa^{12}	pa^{11}	pɔ^{33}	pou^{44}	pɔu^{51}
疤	假开二 平麻帮	po^{2}ʔo^{23}	pa^{3}ʔa^{35}	pa^{33}	pɔ^{33}	pou^{44}	pɔu^{4}
把～握	假开二 上马帮	po^{24}	pa^{24}	pa^{24}	pɔ^{214}	pou^{314}	pɔu^{324}
霸	假开二 去祃帮	po^{44}	pa^{44}	pa^{55}	pɔ^{53}	pou^{45}	pɔu^{44}
把柄	假开二 去祃帮	po^{24}▲ po^{2}ʔo^{23} 洗镬～	pa^{24}▲	pa^{24}▲		pou^{314}▲	pɔu^{324}▲
坝	假开二 去祃帮	po^{44}	pa^{44}	pa^{55}	pɔ^{53}	pou^{45}	pɔu^{44}
怕	假开二 去祃滂	pʻo^{44}	pʻa^{44}	pʻa^{55}	pʻɔ^{53}	pʻou^{45}	pʻɔu^{44}
帕	假开二 去祃滂	pʻo^{2}ʔo^{23}	pʻa^{3}ʔa^{35}	pʻa^{33}	pʻɔ^{12}	pʻou^{3}	pʻɔu^{4}
爬	假开二 平麻並	pʻo^{21}	pʻa^{21}	pʻa^{42}	pʻɔ^{11}	pʻou^{22}	pɔu^{45}
麻	假开二 平麻明	mo^{21}～□pʌŋ^{24} mo^{4}ʔo^{45}～嘀	ba^{21}	ma^{42}～哩 ma^{33}～油	mɔ^{11}～子 mɔ^{3}～哩	mou^{22}～子 mou^{3}～油	bɔu^{45}～佬 bɔu^{4}～油
马	假开二 上马明	mo^{44}	ba^{44}	ma^{55}	mɔ^{53}	mou^{45}	bɔu^{21}
骂	假开二 去祃明	mo^{44}▲	ba^{22}	ma^{55}▲	mɔ^{53}▲	mou^{45}▲	bɔu^{22}
拿	假开二 平麻泥	lo^{21}	la^{21}	na^{24}▲	nɔ^{11}	lou^{22}	lie^{324} 加～大▲
茶	假开二 平麻澄	tsʻo^{21}	tsʻa^{21}	tsʻa^{42}	tsʻɔ^{11}	tsʻou^{22}	tsʻɔu^{45}
搽	假开二 平麻澄	tsʻo^{21}	tsʻa^{21}	tsʻa^{42}	tsʻɔ^{11}	tsʻou^{22}	tsʻɔu^{45}
渣	假开二 平麻庄	tso^{13}	tsa^{12}	tsa^{33}	tsɔ^{33}	tsou^{44}	tsɔu^{51}

单字	中古音	大村	向阳	石陂	周田	石塘	桂头
榨	假开二 去祃庄	tso^{44}	tsa^{44}	tsa^{55}	tsɔ^{53}	tsou^{45}	tsɔu^{44}
叉	假开二 平麻初	ts‘o^{13} 丫～ ts‘o^{2}ʔo^{23} 打～	ts‘a^{12} 打～ ts‘a^{3}ʔa^{35} 丫～	ts‘a^{11} 打～ ts‘a^{33} 丫～	ts‘ɔ^{33} 打～ ts‘ɔ^{12} 丫～	ts‘ou^{44} 打～ ts‘ou^{3} 丫～	ts‘ɔu^{4}
差～别	假开二 平麻初	ts‘o^{13}	ts‘a^{12}	ts‘a^{11}	ts‘ɔ^{33}	ts‘ou^{44}	ts‘ɔu^{51}
查调～	假开二 平麻崇	ts‘o^{21}	ts‘a^{21}	ts‘a^{42}	ts‘ɔ^{11}	ts‘ou^{22}	ts‘ɔu^{45}
沙	假开二 平麻生	so^{2}ʔo^{23}	sa^{12} 嗓子嘶哑 sa^{3}ʔa^{35}	sa^{11} 嗓子嘶哑 sa^{33}	sɔ^{12}	sou^{3}	sɔu^{51} 字音 sɔu^{4} 话音
纱	假开二 平麻生	so^{13}	sa^{12}	sa^{11}	sɔ^{33}	sou^{44}	sɔu^{51}
家	假开二 平麻见	ko^{13} 亲～ ko^{2}ʔo^{23} 自～	ka^{12} 亲～ ka^{3}ʔa^{35} 自～	ka^{11} 亲～ ka^{33} 自～	kɔ^{33} 亲～ kɔ^{12} 自～	kou^{44}	kɔu^{51}
加	假开二 平麻见	ko^{13}	ka^{12}	ka^{11}	kɔ^{33}	kou^{44}	kɔu^{51}
假真～	假开二 上马见	ko^{24}	ka^{24}	ka^{24}	kɔ^{214}	kou^{314}	kɔu^{324}
架	假开二 去祃见	ko^{44} kᴀ^{2}ʔᴀ^{23}～子	ka^{44} ka^{3}ʔa^{35}～子	ka^{33}	kɔ^{53}	kou^{45}	kɔu^{44}
嫁	假开二 去祃见	ko^{44}	ka^{44}	ka^{55}	kɔ^{53}	kou^{45}	kɔu^{44}
价	假开二 去祃见	ko^{44}	ka^{44}	ka^{55}	kɔ^{53}	kou^{45}	kɔu^{44}
牙	假开二 平麻疑	ŋo^{21}	ga^{21}	ŋa^{42}	ŋɔ^{11}	ŋou^{22}	gɔu^{45}
芽	假开二 平麻疑	ŋo^{21} 字音 ŋo^{4}ʔo^{45} 话音	ga^{21} 字音 ga^{3}ʔa^{35} 话音	ŋa^{33}	ŋɔ^{3}	ŋou^{3}	gɔu^{4}
雅	假开二 上马疑	ŋo^{21}▲	ga^{44}	ŋa^{24}	ŋɔ^{214}	ŋou^{3}	gɔu^{45}▲
虾	假开二 平麻晓	ho^{13}	ha^{12}	ha^{42} ha^{33}～公	hɔ^{11}	hou^{3}	hɔu^{51}
霞	假开二 平麻匣	ho^{21}	ha^{21}	ha^{42}	hɔ^{11}	hou^{22}	hɔu^{22}▲
下底～	假开二 上马匣	ho^{22}～昼 ho^{2}ʔo^{23} 底～ ha^{4}ʔa^{45} 一～	ha^{22}～昼 ha^{3}ʔa^{35} 底～	ha^{11}～背 ha^{33} 底～ ka^{33} 屋～	hɔ^{31}～昼 ha^{12} 底～ hɔ^{3} 一～哩	hou^{44}～底 hou^{3} 底～	hɔu^{22}～昼 hɔu^{4} 底～
下～山	假开二 去祃匣	ho^{44}▲	ha^{44}▲	ha^{55}▲	hɔ^{53}▲	hou^{45}▲	hɔu^{21}▲
哑	假开二 上马影	o^{24}	a^{24}	a^{24}	ɔ^{214}	ou^{314}	ɔu^{324}
亚	假开二 去祃影	o^{44}	a^{44}	a^{11}▲	ɔ^{33}▲	ou^{44}▲	a^{44}
姐	假开三 上马精	tsiᴀ^{24} 契～ tsəe^{24}▲	tsɛi^{44}▲	tsɛi^{24}▲	tsia^{214} 契～ tsai^{214}▲	tsia^{314} 契～ tsᴀi^{314}▲	tsi^{324} 契～ tsei^{324}▲
借	假开三 去祃精	tsiᴀ^{44}	tsiɛ^{44}	tsia^{55}	tsia^{53}	tsia^{45}	tsi^{44}

单字	中古音	大村	向阳	石陂	周田	石塘	桂头
且	假开三上马清	tsʻiᴀ^{24}	tsʻie^{24}	tsʻia^{24}	tsʻiɛ^{214}	tsʻie^{314}	tsʻie^{324}
写	假开三上马心	siᴀ^{24}	siɛ^{24}	sia^{24}	sia^{214}	sia^{314}	si^{324}
泻	假开三去祃心	siᴀ^{44}	siɛ^{44}	sia^{55}	sia^{53}	sia^{45}	si^{44}
邪	假开三平麻邪	tsʻiᴀ^{21}	tsʻiɛ^{21}	tsʻia^{42}	tsʻia^{11}	tsʻia^{22}	tsʻi^{45}
斜	假开三平麻邪	tsʻiᴀ^{21}	tsʻiɛ^{21}	tsʻia^{42}	tsʻia^{11}	tsʻia^{22}	tsʻi^{45}
谢	假开三去祃邪	tsʻiᴀ^{22}	tsʻiɛ^{22}	tsʻia^{11}	tsʻia^{31}	tsʻia^{44}	tsʻi^{22}
遮	假开三平麻章	tsiᴀ^{13}	tsiɛ^{12}	tʃa^{11}	tsɔ^{33}	tsou^{44}	tsin^{51}▲
者	假开三上马章	tsiᴀ^{24}	tsiɛ^{24}	tʃa^{24}	tsiɛ^{214}	tsie^{314}▲	tsie^{324}
蔗	假开三去祃章	tsiᴀ^{2}ʔᴀ^{23}	tsiɛ^{3}ʔɛ^{35}	tʃa^{33}	tsɔ^{12}	tsou^{45}	tsi^{4}
车~马	假开三平麻昌	tsʻiᴀ^{13}	tsʻiɛ^{12}	tʃa^{11}	tsʻɔ^{33} 衣~ tsʻɔ^{12} 风~	tsʻou^{44}	tsʻi^{51}
扯	假开三上马昌	tsʻiᴀ^{24}	tsʻiɛ^{24} 话音 tsʻɿ^{24} 字音	tʃa^{24}	tsʻɔ^{214}	tsʻou^{314} 话音 tsɿ^{314} 字音▲	tsʻie^{324}
蛇	假开三平麻船	siᴀ^{21} siᴀ^{4}ʔᴀ^{45} 偷檐~	siɛ^{21}	ʃa^{42}	sɔ^{11}	sou^{22}	si^{45}
赊	假开三平麻书	siᴀ^{13}	siɛ^{12}	tʃa^{11}▲	sɔ^{33}	sou^{45}▲ sou^{44}	si^{51}
舍~得	假开三上马书	siᴀ^{24}	siɛ^{24}	ʃa^{24}	sɔ^{214}	sou^{314}	si^{324}
社	假开三上马禅	siᴀ^{44}	siɛ^{44}	ʃa^{55}	sɔ^{53}	sou^{45}	si^{21}
惹	假开三上马日	ȵiᴀ^{44}	ɡiɛ^{44}	ȵia^{55}	ȵia^{53}	ȵia^{44} ȵia^{314}▲	ɡi^{21}
爷	假开三平麻以	jo^{21} 姑~ jo^{4}ʔo^{45} 契~	ja^{21} 姑~ ja^{3}ʔa^{35} 两崽~	ia^{42} 姑~ ia^{33} 两崽~	iɔ^{11} 姑~ iɔ^{3} 契~	iou^{22} 姑~ iou^{3} 契~	je^{45} 姑~ je^{4} 契~
野	假开三上马以	jo^{44}	ja^{44}	ia^{55}	iɔ^{53}	iou^{45}	ja^{21}
夜	假开三去祃以	jo^{22}	ja^{22}	ia^{11} ~晡 ia^{33} 年三十晡~	iɔ^{31} ia^{3} 火~虫	iou^{44}	je^{22}
瓜	假合二平麻见	ko^{13} 冬~ ko^{2}ʔo^{23} 黄~	kua^{12} 冬~ kua^{3}ʔa^{35} 黄~	ka^{11} 冬~ ka^{33} 黄~	kua^{33} 冬~ ka^{12}□li^{3}~	kou^{44}	kvɔu^{51} 冬~ kvɔu^{4}□la^{44}~
寡	假合二上马见	ko^{24}	kua^{24}	ka^{24}	kɔ^{214}	kua^{314}	kvɔu^{324}
夸	假合二平麻溪	kʻᴀ^{13}	kʻua^{12}	kʻa^{11}	kʻua^{33}	kʻua^{44}	kʻva^{51}
垮	假合二上马溪	kʻᴀ^{13}▲	kʻua^{12}▲	kʻa^{11}▲	kʻua^{33}▲	kʻua^{44}▲	kʻva^{51}▲

单字	中古音	大村	向阳	石陂	周田	石塘	桂头
跨	假合二去祃溪	kʻA^{13}▲	kʻua^{12}▲	kʻa^{11}▲	kʻua^{33}▲	kʻua^{44}▲	kʻva^{51}▲
瓦	假合二上马疑	ŋo^{44}	ga^{44}	ŋa^{55}	ŋɔ^{53}	ŋou^{45}	gɔu^{21}
花	假合二平麻晓	fo^{13} fo^{2}ʔo^{23} 演眼～	fa^{12}	fa^{11}	fɔ^{33}	fou^{44}	fɔu^{51}
化	假合二去祃晓	fo^{44}	fa^{44}	fa^{55}	fɔ^{53}	fou^{45}	fɔu^{44}
华中～	假合二平麻匣	fo^{21}	va^{21}	fa^{42}	fɔ^{11}	fou^{22}	fɔu^{45}
划～船	假合二平麻匣	vA^{3} 字音▲	və^{3} 字音▲	va^{3} 字音▲	va^{3} 字音▲	ua^{5} 字音▲	vi^{22} 字音▲
蛙	假合二平麻影	vA^{13}	va^{12}	va^{11}	va^{33}	ua^{44}	vɔu^{51}
补	遇合一上姥帮	pʉ^{24}	pu^{24}	pu^{24}	pu^{214}	pu^{314}	pau^{324}
布	遇合一去暮帮	pʉ^{44}	pu^{44}	pu^{55}	pu^{53}	pu^{45}	pau^{44}
铺～设	遇合一平模滂	pʻʉ^{13}	pʻu^{12}	pʻu^{11}	pʻu^{33}	pʻu^{44}	pʻau^{51}
普	遇合一上姥滂	pʻʉ^{24}	pʻu^{24}	pʻu^{24}	pʻu^{214}	pʻu^{314}	pʻau^{324}
铺店～	遇合一去暮滂	pʻʉ^{2}ʔʉ^{23}	pʻu^{3}ʔu^{35}	pʻu^{33}	pʻu^{53}	pʻu^{45}	pʻau^{4}
菩～萨	遇合一平模並	pʻʉ^{21}	pʻu^{21}	pʻu^{42}	pʻu^{11}	pʻu^{22}	pɔu^{45}▲
部	遇合一上姥並	pʻʉ^{22}	pʻu^{22}	pʻu^{33}	pʻu^{12}	pʻu^{45}▲	pau^{22} 一～ pʻau^{4} 部～
簿	遇合一上姥並	pʻʉ^{22}	pʻu^{3}ʔu^{35}	pʻu^{33}	pʻu^{12}	pʻu^{3}	pʻau^{4}
步	遇合一去暮並	pʻʉ^{22}	pʻu^{22}	pʻu^{11}	pʻu^{31}	pʻu^{44}	pau^{22}
模～子	遇合一平模明	mʉ^{21}	bu^{21}	mu^{42}	mu^{11}	mu^{22}	bau^{4}
墓	遇合一去暮明	mʉ^{22}	bu^{22}	mu^{55}▲	mu^{31}	mu^{44}	bau^{22}
都首～	遇合一平模端	tʉ^{13}	tu^{12}	tu^{11}	tu^{33}	tu^{44}	au^{51}
赌	遇合一上姥端	tʉ^{24}	tu^{24}	tu^{24}	tu^{214}	tu^{314}	au^{324}
肚猪～	遇合一上姥端	tʻʉ^{2}ʔʉ^{23}	tʻu^{3}ʔu^{35}	tu^{24}	tu^{12}	tu^{3}	tʻau^{4}▲
土	遇合一上姥透	tʻʉ^{24}	tʻu^{24}	tʻu^{24}	tʻu^{214}	tʻu^{314}	tʻau^{324}
兔	遇合一去暮透	tʻʉ^{44}	tʻu^{3}ʔu^{35}	tʻu^{55}	tʻu^{53}	tʻu^{3}	tʻau^{4}

单字	中古音	大村	向阳	石陂	周田	石塘	桂头
徒	遇合一 平模定	tʻʉ^{21}	tʻu^{21}	tʻu^{42}	tʻu^{11}	tʻu^{22}	tau^{45}
涂	遇合一 平模定	tʻʉ^{21}	tʻu^{21}	tʻu^{42}	tʻu^{11}	tʻu^{22}	tau^{45}
图	遇合一 平模定	tʻʉ^{21}	tʻu^{21}	tʻu^{42}	tʻu^{11}	tʻu^{22}	tau^{45}
杜	遇合一 上姥定	tʉ^{44}▲	tʻu^{22}	tʻu^{55}	tʻu^{53}	tʻu^{45}	tau^{22}
肚腹～	遇合一 上姥定	tʉ^{44}▲～脐 tʉ^{24}▲～屎	tu^{24}▲	tu^{24}	tu^{214}▲	tu^{314}▲ tu^{3}▲	au^{324}▲
度	遇合一 去暮定	tʻʉ^{22}	tʻu^{22}	tʻu^{11}	tʻu^{31}	tʻu^{44}	tau^{22}
奴	遇合一 平模泥	lʉ^{21}	lu^{21}	nu^{42}	nu^{11}	lu^{22}	lau^{45}
努	遇合一 上姥泥	lʉ^{24}	lu^{44}	nu^{55}	nu^{53}	lu^{45}	lau^{45}▲
卢	遇合一 平模来	lʉ^{21}	lu^{21}	lu^{42}	lu^{11}	lu^{22}	lau^{45}
炉	遇合一 平模来	lʉ^{21} lʉ^{4}ʔʉ^{45}～嘀	lu^{3}ʔu^{35}	lu^{42}	lu^{11}	lu^{22}	lau^{4}
鲁	遇合一 上姥来	lʉ^{44}	lu^{44}	lu^{55}	lu^{214}	lu^{3}	lau^{4}
卤	遇合一 上姥来	lʉ^{44}	lu^{44}	lu^{55}	lu^{53}	lu^{45}	lau^{21}
路	遇合一 去暮来	lʉ^{22}器物的痕迹 lʉ^{4}ʔʉ^{45}	lu^{22}器物的痕迹 lu^{3}ʔu^{35}	lu^{11}器物的痕迹 lu^{33}	lu^{3}	lu^{44}	lau^{22}器物的痕迹 lau^{4}
露	遇合一 去暮来	lʉ^{22}	lu^{22}	lu^{55}▲	lu^{53}▲	lu^{45}▲	lau^{22}
租	遇合一 平模精	tsʉ^{13}	tsu^{12}	tsu^{11}	tsu^{33}	tsu^{44}	tsau^{51}
祖	遇合一 上姥精	tsʉ^{24}	tsu^{24}	tsu^{24}	tsu^{214}	tsu^{314}	tsau^{324}
做	遇合一 去暮精	tsɿ^{44}▲	tsu^{44}	tsɔu^{55}▲	tsɿ^{53}▲	tsɿ^{45}▲	tsau^{44}
粗	遇合一 平暮清	tsʻʉ^{13}	tsʻu^{12}	tsʻu^{11}	tsʻu^{33}	tsʻu^{44}	tsʻau^{51}
醋	遇合一 去暮清	tsʻʉ^{44}	tsʻu^{44}	tsʻu^{55}	tsʻu^{53}	tsʻu^{45}	tsʻau^{44}
错～误	遇合一 去暮清	tsʻɔ^{44}▲	tsʻɔu^{44}▲	tsʻɔu^{55}▲	tsʻɛu^{53}▲	tsʻo^{45}▲	tsʻɔu^{44}▲
苏	遇合一 平模心	sʉ^{13}	su^{12}	su^{11}	su^{33}	su^{44}	sau^{51}
素	遇合一 去暮心	sʉ^{44}	su^{44}	su^{55}	su^{53}	su^{45}	sau^{44}
姑	遇合一 平模见	kʉ^{13}～爷 kʉ^{2}ʔʉ^{23}细～	ku^{12}～爷 ku^{3}ʔu^{35}阿～	ku^{11}	ku^{33}大～ ku^{12}小～	ku^{44}大～姊 ku^{3}小～	kvu^{51}大～姊 kvu^{4}小～姊

单字	中古音	大村	向阳	石陂	周田	石塘	桂头
孤	遇合一 平模见	kʉ^{13}	ku^{12}	ku^{11}	ku^{33}	ku^{44}	kvu^{51}
箍	遇合一 平模见	kʉ^{13} 动词▲ kʻʉ^{2}ʔʉ^{23} 名词	ku^{12} 动词▲ kʻu^{12} 名词	ku^{11} 动词▲ kʻu^{11} 名词	ku^{33} 动词▲ kʻu^{33} 名词	ku^{44}▲	kvu^{51} 动词▲ kʻvu^{51} 名词▲
古	遇合一 上姥见	kʉ^{24}	ku^{24}	ku^{24}	ku^{214}	ku^{314}	kvu^{324}
鼓	遇合一 上姥见	kʉ^{24}	ku^{24}	ku^{24}	ku^{214}	ku^{314}	kvu^{324}
故	遇合一 去暮见	kʉ^{44}	ku^{44}	ku^{55}	ku^{53}	ku^{45}	kvu^{44}
顾	遇合一 去暮见	kʉ^{44}	ku^{44}	ku^{55}	ku^{53}	ku^{45}	kvu^{44}
枯	遇合一 平模溪	kʉ^{13}▲	ku^{12}▲	kʻu^{11}	kʻu^{33}	ku^{44}▲	kvu^{51}▲
苦	遇合一 上姥溪	fʉ^{24} 味～ kʻʉ^{24} 辛～	fu^{24} 味～ kʻu^{24} 受～	kʻu^{24}	fu^{214} 味～ kʻu^{214} 辛～	fu^{314} 味～ kʻu^{314} 辛～	fu^{324} 味～ kʻvu^{324} 受～
库	遇合一 去暮溪	kʻʉ^{44}	kʻu^{44}	kʻu^{55}	kʻu^{53}	kʻu^{45}	kʻvu^{44}
裤	遇合一 去暮溪	kʻʉ^{44}	kʻu^{44}	kʻu^{55}	kʻu^{53}	kʻu^{45}	kʻvu^{44}
吴	遇合一 平模疑	m^{21}	m^{21}	ŋu^{42}	m^{11}	ŋu^{22}	vu^{45}▲
五	遇合一 上姥疑	m^{44}	m^{44}	m^{55}	m^{53}	m^{45}	gau^{21}
误	遇合一 去暮疑	ŋʉ^{22}	m^{22}	ŋu^{11}	ŋu^{31}	ŋu^{44}	gau^{22}
呼	遇合一 平模晓	fʉ^{13}	fu^{12}	fu^{11}	fu^{33}	fu^{44}	fu^{51}
虎	遇合一 上姥晓	fʉ^{24}	fu^{24}	fu^{24}	fu^{214}	fu^{314}	fu^{324}
戽	遇合一 去暮晓	fʉ^{44}	fu^{44}	fu^{55}	fu^{53}	fu^{45}	fu^{44}
胡姓～	遇合一 平模匣	fʉ^{21}	vu^{21}	fu^{42}	fu^{21}	fu^{22}	fu^{45}
湖	遇合一 平模匣	fʉ^{21}	fu^{21}	fu^{42}	fu^{11}	fu^{22}	fu^{45}
胡～须	遇合一 平模匣	vʉ^{21}	fu^{21}	fu^{42}	vu^{11}	fu^{22}	vu^{45}
户	遇合一 上姥匣	fʉ^{22}	fu^{22}	fu^{24}	fu^{31}	fu^{44}	fu^{22}
互	遇合一 去暮匣	fʉ^{22}	fu^{22}	fu^{24}	fu^{31}	fu^{44}	fu^{22}
护	遇合一 去暮匣	fʉ^{22}	fu^{22}	fu^{24}	fu^{31}	fu^{44}	fu^{22}
乌	遇合一 平模影	vʉ^{13}	vu^{12}	vu^{11}	vu^{33}	u^{44} u^{3} 火□lau^{44}～	vu^{51}

单字	中古音	大村	向阳	石陂	周田	石塘	桂头
女	遇合三上语泥	loe^{44} 崽～ lo^{2}ʔe^{23} 孙～	lɔe^{44} 崽～ lɔ^{3}ʔe^{35} 孙～	ŋi^{55}	nuoi^{53} 崽～ nuoi^{12} 孙～	luai^{45} 崽～ luai^{3} 孙～	lau^{21} 崽～ lau^{4} 孙～
吕	遇合三上语来	loe^{44}	lɔe^{44}	lɐi^{55}	luoi^{53}	luai^{45}	løy^{4}
旅	遇合三上语来	lo^{2}ʔe^{23}	lɔ^{3}ʔe^{35}	lɐi^{55}	lai^{214}	luai^{3}	løy^{4}
徐	遇合三平鱼邪	tsʻʉ^{21}	tsʻʮ^{21}	tsʻɐi^{42}	tsʻai^{11}	suai^{22}	tsʻau^{45}
序	遇合三上语邪	sʉ^{22}	tsʻɔe^{22}	sɔi^{24}	tsʻuoi^{31}	tsʻuai^{44}	tsʻøy^{22}
猪	遇合三平鱼知	tsʉ^{13}	tɔe^{12}	tʃi^{11}	tsu^{33}	tsy^{44}	au^{51}
著	遇合三去御知	tsʉ^{44}	tsʮ^{44}	tʃi^{55}	tsu^{53}	tsy^{45}	tsy^{44}
除	遇合三平鱼澄	tsʻʉ^{21}	tsʻʮ^{21}	tʃi^{42}	tsʻu^{11}	tsʻy^{22}	tsʻy^{45}
苎～麻	遇合三上语澄	tsʻʉ^{44}	tsʻʮ^{44}	tʃi^{55}	tsʻu^{53}	tsʻy^{45}	tʻau^{4}
阻	遇合三上语庄	tsɔ^{24}	tsɔu^{24}	tsu^{24}	tsu^{214}	tso^{314}	tsɔu^{324}
初	遇合三平鱼初	tsʻɔ^{13}	tsʻɔu^{12}	tsʻɔu^{11}	tsʻɛu^{33}	tsʻo^{44}	tsʻɔu^{51}
楚	遇合三上语初	tsʻɔ^{24} 清～ tsʻᴀu^{24} ～国	tsʻɔu^{24}	tsʻu^{24}	tsʻu^{214}	tsʻo^{314}	tsʻɔu^{324}
锄	遇合三平鱼崇	tsʻɔ^{21}	tsʻɔu^{21}	tsʻɔu^{42}	tsʻɛu^{11}	tsʻo^{22}	tsʻøy^{45}
助	遇合三去御崇	tsʻɔ^{22}	tsʻɔu^{22}	tsʻu^{24}	tsʻu^{31}	tsʻo^{44}	tsʻɔu^{22}
梳	遇合三平鱼生	sɔ^{13} 动词 sɔ^{2}ʔɔ^{23} 名词	sɔu^{12} 动词 sɔ^{3}ʔu^{35} 名词	sɔu^{11} 动词 sɔu^{33} 名词	sɛu^{33} 动词 sɛu^{12} 名词	so^{44}	søy^{51}
蔬	遇合三平鱼生	sɔ^{13}	sɔu^{12}	sɔu^{11}	sɛu^{33}	so^{44}	sɔu^{51}
所	遇合三上语生	sɔ^{24}	sɔu^{24}	sɔu^{24}	sɛu^{214}	so^{314}	sɔu^{324}
诸	遇合三平鱼章	tsʉ^{13}	tsʮ^{12}	tʃi^{11}	tsu^{33}	tsy^{44}	tsy^{51}
煮	遇合三上鱼章	tsʉ^{24}	tsʮ^{24}	tʃi^{24}	tsu^{214}	tsy^{314}	tsy^{324}
处～所	遇合三去御昌	tsʻʉ^{44}	tsʻʮ^{44}	tʃi^{55}	tsʻu^{214}▲	tsʻy^{3}	tsʻy^{4}
书	遇合三平鱼书	sʉ^{13}	sʮ^{12}	ʃi^{11}	su^{33}	sy^{44}	sy^{51}
舒	遇合三平鱼书	sʉ^{13}	sʮ^{12}	ʃi^{11}	su^{33}	sy^{44}	sy^{51}
鼠	遇合三上语书	sʉ^{24}	sʮ^{24}	ʃi^{24}	su^{214}	sy^{314}	sy^{324} 老～ sy^{4} 飞～

单字	中古音	大村	向阳	石陂	周田	石塘	桂头
薯红～	遇合三 去御禅	sʉ^{21}▲	sʮ^{21}▲	ʃi^{42}▲	su^{31}	sy^{22}▲	sy^{45}▲
如	遇合三 平鱼日	jʉ^{21} jʅ^{21}～□ki^{2}ʔi^{23}▲	jʮ^{21}	i^{42}	i^{11}	y^{22}	jy^{45}
居	遇合三 平鱼见	kʉ^{13}	kʮ^{12}	ki^{11}	ki^{33}	ky^{44}	kau^{51}
车～马炮	遇合三 平鱼见	kʉ^{13}	ki^{12}	ki^{11}	ki^{33}	ky^{44}	kau^{51}
举	遇合三 上语见	kʉ^{24}	kʮ^{24}	ki^{24}	ki^{214}	ky^{314}	kau^{324}
锯	遇合三 去御见	kʉ^{44} 动词 kʉ^{2}ʔʉ^{23} 名词	ki^{44} 动词 ki^{3}ʔi^{35} 名词	ki^{55} 动词 ki^{33} 名词	ki^{53} 动词 ki^{12} 名词	ky^{45} 动词 ky^{3} 名词	kau^{44} 动词 kau^{4} 名词
去	遇合三 去御溪	hoe^{21}▲ hi^{44}	hɔe^{21}▲	hai^{42} 话音▲ kʻi^{55} 字音	siɛ^{11} 话音▲ kʻi^{53} 字音	hai^{22} 话音▲ kʻy^{45} 字音	hau^{45}▲
渠	遇合三 平鱼群	kʻʉ^{21}	kʻʮ^{21}	kʻi^{42}	kʻi^{11}	kʻy^{22}	kei^{4}▲
巨	遇合三 上语群	kʻʉ^{22}	kʻʮ^{22}	kʻi^{11}	kʻi^{31}	kʻy^{44}	kʻau^{22}
距	遇合三 上语群	kʻʉ^{44}	kʻʮ^{44}	kʻi^{11}	kʻi^{53}	kʻy^{45}	kʻau^{51}▲
鱼	遇合三 平鱼疑	ŋʉ^{21} 字音 ŋʉ^{4}ʔʉ^{45} 鲤～	gi^{21}～眼雪 gi^{3}ʔi^{35} 鲤～	ŋi^{42} 字音 ŋi^{33} 鲤～	m^{3}	ŋy^{22}	gau^{4}
语	遇合三 上语疑	ŋʉ^{44}	jʮ^{44}	ŋi^{11}▲	ŋi^{53}	ŋy^{3}	gau^{4}
虚	遇合三 平鱼晓	hʉ^{13}	hi^{12}	ʃi^{11}	hi^{33}	sy^{44}	hau^{51}
许	遇合三 上语晓	hʉ^{24}	hi^{24}	ʃi^{24}	hi^{214}	sy^{314}	hau^{324}
余	遇合三 平鱼以	jʉ^{21}	jʮ^{21}	i^{42}	i^{11}	y^{22}	jy^{45}
预	遇合三 去御以	jʉ^{22}	jʮ^{22}	i^{11}	i^{31}	y^{44}	jy^{22}
肤	遇合三 平虞非	fʉ^{13}	fu^{12}	fu^{11}	fu^{33}	fu^{44}	fu^{51}
府	遇合三 上麌非	fʉ^{24}	fu^{24}	fu^{24}	fu^{214}	fu^{314}	fu^{324}
斧	遇合三 上麌非	pʉ^{24}～头 fʉ^{24} 字音	fu^{24}	pu^{24}	pu^{214}	fu^{22}▲	pau^{324}～头 fu^{324} 字音
傅	遇合三 去遇非	fʉ^{13}▲	fu^{12}▲	fu^{11}▲	fu^{31}▲	fu^{44}▲	fu^{51}▲
符	遇合三 平虞奉	fʉ^{21}	fu^{21}	fu^{42}	fu^{11}	fu^{22}	fu^{45}
扶	遇合三 平虞奉	pʻʉ^{21} 话音 fʉ^{21} 字音	pʻu^{21} 话音 fu^{21} 字音	pʻu^{42} 话音 fu^{42} 字音	pʻu^{11} 话音 fu^{11} 字音	pʻu^{22} 话音 fu^{22} 字音	pau^{45} 话音 fu^{45} 字音
腐	遇合三 上麌奉	fʉ^{22}	fu^{22}	fu^{11}	fu^{31}	fu^{44} 豆～ fu^{314}～烂▲	fu^{22}

单字	中古音	大村	向阳	石陂	周田	石塘	桂头
辅	遇合三 上麌奉	fʉ^{22}	fu^{22}	pu^{24}▲	pʻu^{214}▲	pʻu^{314}▲	fu^{22}
附	遇合三 去遇奉	fʉ^{22}	fu^{22}	fu^{24}	fu^{31}	fu^{45}▲	fu^{44}▲
无	遇合三 平虞微	vʉ^{21}	bu^{21}	vu^{42}	vu^{11}	ŋu^{22}▲	vu^{45}
舞	遇合三 上麌微	mʉ^{44}	bu^{24}～龙 bu^{44}跳～	mɔu^{24}～龙 mu^{24}跳～	mu^{53}～龙 vu^{214}跳～	u^{314}	bau^{21}
武	遇合三 上麌微	mʉ^{44}	bu^{44}	vu^{55}	vu^{214}	u^{3}	bau^{21}
务	遇合三 去遇微	mʉ^{22}	bu^{22}	mu^{24}	mu^{31}	mu^{44}	bau^{22}
雾	遇合三 去遇微	mʉ^{22}	bu^{22}	mu^{55}▲	mu^{31}	mu^{44}	bau^{22}
屡	遇合三 去遇来	lo^{2}ʔe^{23}	lɔe^{44}▲	lɔi^{24}	luoi^{53}▲	luai^{45}▲	løy^{4}
取	遇合三 上麌清	tsʻoe^{24}	tsʻɔe^{24}	tsʻɐi^{24}	tsʻuoi^{214}	tsʻuai^{314}	tsʻau^{324}
娶	遇合三 上麌清	tsʻoe^{24}	tsʻɔe^{24}	tsʻɐi^{24}	tsʻuoi^{214}	tsʻuai^{44}	tsʻau^{324}
趣	遇合三 去遇清	tsʻoe^{44}	tsʻɔe^{44}	tsʻɐi^{55}	tsʻuoi^{53}	tsʻuai^{45}	tsʻøy^{44}
聚	遇合三 上麌从	tsʻoe^{22}	tsʻɔe^{22}	tsʻɐi^{55}	tsʻuoi^{31}	tsʻuai^{44}	tsʻøy^{22}
须胡～	遇合三 平虞心	soe^{13}	sɔe^{12}	sɔi^{11}	suoi^{33}	suai^{44}	sau^{51}
需	遇合三 平虞心	soe^{13}	sɔe^{12}	sɔi^{11}	suoi^{33}	suai^{44}	sau^{51}
株	遇合三 平虞知	tsʉ^{13}	tsɥ^{12}	tʃi^{11}	tsu^{33}	tsy^{44}	tsy^{51}
驻	遇合三 去遇知	tsʉ^{44}	tsɥ^{44}	tʃi^{55}	tsu^{53}	tsy^{45}	tsy^{44}
厨	遇合三 平虞澄	tsʻʉ^{21}	tsʻɥ^{21}	tʃʻi^{42}	tsʻu^{11}	tsʻy^{22}	tsʻy^{45}
柱	遇合三 上麌澄	tsʻʉ^{44}	tsʻɥ^{44}	ʧʻi^{55}	tsʻu^{12}	tsʻy^{3}	tʻau^{21}
住	遇合三 去遇澄	tsʻʉ^{22}	tsʻɥ^{22}	ʧʻi^{11}	tsʻu^{31}	tsʻy^{44}	tau^{22}
数名词	遇合三 去遇生	sʉ^{2}ʔʉ^{23}	su^{3}ʔu^{35}	su^{33}	su^{12}	sy^{3}	sau^{4}
朱	遇合三 平虞章	tsʉ^{13}	tsɥ^{12}	ʧi^{11}	tsu^{33}	tsy^{44}	tsy^{51}
珠	遇合三 平虞章	tsʉ^{13}	tsɥ^{12}	ʧi^{11}	tsu^{33}	tsy^{44}	tsy^{51}～算 tsy^{4}脚眼～
主	遇合三 上麌章	tsʉ^{24}	tsɥ^{24}	ʧi^{24}	tsu^{214}	tsy^{314}	tsy^{324}

单字	中古音	大村	向阳	石陂	周田	石塘	桂头
注	遇合三 去遇章	tsʉ^{44}	tsʮ^{44}	ʧi^{55}	tsu^{53}	tsy^{45}	tsy^{44}
输	遇合三 平虞书	sʉ^{13}	sʮ^{12}	ʃi^{11}	su^{33}	sy^{44}	sy^{51}
殊	遇合三 平虞禅	sʉ^{21}	sʮ^{21}	ʃi^{42}	su^{11}	sy^{22}	sy^{45}
竖	遇合三 上麌禅	sʉ^{22}	sʮ^{22}	su^{55}▲	su^{53}	sy^{45}	sau^{22}
树	遇合三 去遇禅	sʉ^{4}ʔʉ^{45}	sʮ^{3}ʔʮ^{35}	ʃi^{33}	su^{31}	sy^{44}	sau^{4}
儒	遇合三 平虞日	jʉ^{21}	jʮ^{21}	i^{42}	i^{11}	y^{22}	jy^{45}
拘	遇合三 平虞见	kʻʉ^{13}▲	kʻʮ^{12}▲	kʻi^{11}▲	kʻi^{33}▲	ky^{44}	kʻau^{51}▲
句	遇合三 去遇见	kʉ^{44}	kʮ^{44}	ki^{55}	ki^{53}	ky^{45}	kau^{44}
区	遇合三 平虞溪	kʻʉ^{13}	kʻʮ^{12}	kʻi^{11}	kʻi^{33}	kʻy^{44}	kʻau^{51}
具	遇合三 去遇群	kʻʉ^{22}	kʻʮ^{22}	kʻi^{11}	kʻi^{31}	kʻy^{44}	kʻau^{22}
愚	遇合三 平虞疑	jʉ^{21}	jʮ^{21}	ŋi^{42}	i^{11}	ŋi^{22}▲	jy^{45}
娱	遇合三 平虞疑	jʉ^{21}	jʮ^{21}	ŋu^{42}▲	i^{11}	y^{22}	jy^{45}
遇	遇合三 去遇疑	jʉ^{22}	jʮ^{22}	ŋi^{11}	i^{31}	ŋy^{44}	gau^{22}
雨	遇合三 上麌云	jʉ^{24}	jʮ^{44}	i^{55}	i^{53}	y^{314}	jy^{324}
羽	遇合三 上麌云	jʉ^{22}▲	jʮ^{44}	i^{24}	i^{53}	y^{314}	jy^{4}
芋	遇合三 去遇云	vʉ^{22}	jʮ^{22}	i^{11}	i^{31}	y^{44}	vu^{51}▲
愉	遇合三 平虞以	jʉ^{22}▲	jʮ^{22}▲	i^{11}	i^{11}	y^{44}▲	jy^{22}▲
裕	遇合三 去遇以	jʉ^{22}	jʮ^{22}	i^{24}	i^{31}	y^{44}	jy^{22}
戴	蟹开一 去代端	to^{44}▲	tuə^{44}	tai^{55}	tɔ^{53}	ta^{45}	u^{44}
胎	蟹开一 平咍透	tʻʉ^{13}	tʻui^{12}	tʻui^{11}	tʻoi^{33}	tʻua^{44}	tʻu^{51}
态	蟹开一 去代透	tʻo^{44}▲	tʻuə^{44}	tʻai^{55}	tʻa^{53}	tʻa^{45}	tʻu^{44}
贷	蟹开一 去代透	tʻʉ^{22}▲	tʻuə^{44}	tʻui^{11}▲	tʻa^{53}	tʻua^{44}▲	tu^{22}▲
台	蟹开一 平咍定	tʻʉ^{21}	tʻui^{21}	tʻui^{42}	tʻoi^{11}	tʻua^{22}	tu^{45}

单字	中古音	大村	向阳	石陂	周田	石塘	桂头
待	蟹开一 上海定	tʻʉ^{22}	tʻui^{22}	tʻui^{11}	tʻoi^{31}	tʻua^{44}	tu^{22}
代	蟹开一 去代定	tʻʉ^{22}	tʻui^{22}	tʻui^{11}	tʻoi^{31}	tʻua^{44}	tu^{22}
袋	蟹开一 去代定	tʻʉ^{22}	tʻui^{22}	tʻui^{11}	tʻoi^{31}	tʻua^{44}	tu^{4}
耐	蟹开一 去代泥	loe^{22}	lui^{22}	nai^{11}	nɔ^{31}	la^{44}	lu^{22}
来	蟹开一 平咍来	lᴀ^{21}	lɛ^{21}▲	lɛi^{42}▲	lai^{11}	lei^{22} 话音▲ la^{22} 字音	lei^{45} 话音▲ lu^{45} ～往
灾	蟹开一 平咍精	tsᴀ^{13}	tsui^{12}	tsai^{11}	tsa^{33}	tsua^{44}	tsu^{51}
栽	蟹开一 平咍精	tsoe^{13}	tsui^{12}	tsui^{11}	tsoi^{33}	tsua^{44}	tsu^{51}
宰	蟹开一 上海精	tsoe^{24}	tsui^{24}	tsui^{24}	tsai^{214}	tsua^{314}	tsu^{324}
再	蟹开一 去代精	tsoe^{44}	tsui^{44}	tsui^{55}	tsoi^{53}	tsua^{45}	tsu^{44}
彩	蟹开一 上海清	tsʻoe^{24}	tsʻui^{24}	tsʻui^{24}	tsʻoi^{214}	tsʻua^{314}	tsʻu^{324}
菜	蟹开一 去代清	tsʻʉ^{44} 青～ tsʻʉ^{2}ʔʉ^{23} 韭～	tsʻui^{44} 青～ tsʻu^{3}ʔi^{35} 韭～	tsʻui^{55} 青～ tsʻui^{33} 韭～	tsʻoi^{53} 青～ tsʻoi^{12} 韭～	tsʻua^{45}	tsʻu^{44} 青～ tsʻu^{4} 韭～
财	蟹开一 平咍从	tsʻʉ^{21}	tsʻui^{21}	tsʻui^{42}	tsʻoi^{11}	tsʻua^{22}	tsʻu^{45}
裁	蟹开一 平咍从	tsʻʉ^{21}	tsʻui^{21}	tsʻui^{42}	tsʻoi^{11}	tsʻua^{22}	tsʻu^{45}
在	蟹开一 上海从	tsʻʉ^{22}	tsʻui^{22}	tsʻɛi^{55} ～今日止▲ tsʻui^{11} ～先	tsʻoi^{33} tsʻoi^{31}	tsʻua^{44}	tsʻu^{22}
鳃	蟹开一 平咍心	soe^{13}	sɔe^{12}▲	sui^{11}	suoi^{33}▲	suai^{44}▲	si^{51}▲
赛	蟹开一 去代心	tsʻoe^{44}▲	tsʻɔe^{44}▲	sai^{55}	sa^{53}	sa^{45}	tsʻu^{44}▲
该	蟹开一 平咍见	kʉ^{13}	kui^{12}	kui^{11}	koi^{33}	kua^{44}	kvu^{51}
改	蟹开一 上海见	kʉ^{24}	kui^{24}	kui^{24}	koi^{214}	kua^{314}	kvu^{324}
概	蟹开一 去代见	kʻoe^{44}▲	kʻui^{44}▲	kʻai^{55}▲	kʻai^{214}▲	kʻa^{45}▲	kʻvu^{44}▲
开	蟹开一 平咍溪	hʉ^{13}	hui^{12}	kʻui^{11}	hoi^{33}	kʻua^{44}	kʻvu^{51}
碍	蟹开一 去代疑	ŋʉ^{22}	gui^{22}	ŋui^{11}	ŋoi^{31}	ŋa^{44}	gu^{22}
海	蟹开一 上海晓	hʉ^{24}	hui^{24}	hui^{24}	hoi^{214}	ha^{314}	hu^{324}
亥	蟹开一 上海匣	hʉ^{24}▲	hui^{22}	hui^{11}	hoi^{31}	fua^{44}	hu^{22}

单字	中古音	大村	向阳	石陂	周田	石塘	桂头
哀	蟹开一平咍影	oe^{13}	ui^{12}	ui^{11}	oi^{33}	a^{44}	u^{51}
爱	蟹开一去代影	ʉ^{44}	ui^{44}	ui^{55}	oi^{53}	a^{45}	u^{44}
贝	蟹开一去泰帮	poe^{44}	pui^{44}	pɔi^{55}	poi^{53}	pua^{45}	pu^{44}
带	蟹开一去泰端	to^{44} 动词 to^{2}ʔo^{23} 名词	tuə^{44} 动词 tuə^{3}ʔə^{35} 名词	tai^{55} 动词 tai^{33} 名词	tɔ^{53} 动词 tɔ^{12} 名词	ta^{45} 动词 ta^{3} 名词	u^{44} 动词 u^{4} 名词
太	蟹开一去泰透	tʻo^{44}	tʻuə^{44}	tʻai^{55}	tʻa^{53}	tʻa^{45}	tʻu^{44}
泰	蟹开一去泰透	tʻo^{44}	tʻuə^{44}	tʻai^{55}	tʻa^{53}	tʻa^{45}	tʻu^{44}
大～夫	蟹开一去泰定	tʻo^{22}	tʻuə^{22}	tʻai^{11}	tʻa^{31}	tʻou^{44}▲	tu^{22}
赖	蟹开一去泰来	lo^{22}	luə^{22}	lai^{11}	lɔ^{31}	la^{44}	lu^{22}
蔡	蟹开一去泰清	tsʻoe^{44}	tsʻui^{44}	tsʻai^{55}	tsʻa^{53}	tsʻa^{45}	tsʻu^{44}
盖	蟹开一去泰见	kʉ^{44} 动词 kʉ^{2}ʔʉ^{23} 名词	kui^{44} 动词 ku^{3}ʔi^{35} 名词	kui^{55} 动词 kui^{33} 名词	koi^{53} 动词 koi^{12} 名词	kua^{45} 动词 kua^{3} 名词	kvu^{44} 动词 kvu^{4} 名词
艾	蟹开一去泰疑	ŋʉ^{22}	gui^{22}▲	ŋɛi^{55}▲	ŋiɛ^{53}▲	ŋa^{44}	gu^{22}
害	蟹开一去泰匣	hʉ^{22}	hui^{22}	hui^{11}	hoi^{31}	ha^{44}	hu^{22}
拜	蟹开二去怪帮	pᴀ^{44}	puə^{44}	pai^{55}	pa^{53}	pa^{45}	pie^{44}
排	蟹开二平皆並	pʻᴀ^{21} pʻᴀ^{4}ʔᴀ^{45} 竹～	pʻuə^{21}	pʻai^{42} pʻai^{33} 竹～	pʻa^{11} pʻa^{3} 竹～	pʻa^{22} pʻa^{3} 竹～	pie^{45}
埋	蟹开二平皆明	mᴀ^{21}	buə^{21}	mai^{42}	ma^{11}	ma^{22}	bie^{45}
斋	蟹开二平皆庄	tsᴀ^{13}	tsuə^{12}	tsai^{11}	tsa^{33}	tsa^{44}	tsie^{51}
豺	蟹开二平皆崇	tsʻᴀ^{21}	tsʻuə^{21}	sai^{42}▲	tsʻa^{11}	tsʻua^{22}	tsʻie^{45}
阶	蟹开二平皆见	kᴀ^{13}	kuə^{12}	kai^{11}	kia^{33}	ka^{44}	kie^{51}
介	蟹开二去怪见	kᴀ^{44}	kuə^{44}	kai^{55}	kia^{53}	ka^{45}	kie^{44}
界	蟹开二去怪见	kᴀ^{44}	kuə^{44}	kai^{55}	kia^{53}	ka^{45}	kie^{44}
戒	蟹开二去怪见	kᴀ^{44}	kuə^{44}	kai^{55}	kia^{53}	ka^{45}	kie^{44}
楷	蟹开二上骇溪	kᴀ^{13}▲	kuə^{24}▲	kʻai^{24}	kʻai^{214}	ka^{44}▲	kie^{51}▲
械	蟹开二去怪匣	hᴀi^{22}	huə^{22}	hai^{24}	hai^{31}	ha^{44}	hie^{22}

单字	中古音	大村	向阳	石陂	周田	石塘	桂头
挨~着	蟹开二 平皆影	ᴀ^{13}	ɛ^{12}	ai^{11}	a^{33}	a^{44}~胡琴 ei^{44}~近▲	ai^{51}
摆	蟹开二 上蟹帮	pᴀ^{24}	puə^{24}	pai^{24}	pa^{214}	pa^{314}	pie^{324}
派	蟹开二 去卦滂	p‘ᴀ^{44}	p‘uə^{44}	p‘ai^{55}	p‘a^{53}	p‘a^{314}▲	p‘ie^{44}
牌	蟹开二 平佳並	p‘ᴀ^{4}ʔᴀ^{45}	p‘uə^{3}ʔə^{35}	p‘ai^{33}	p‘a^{3}	p‘a^{3}	pie^{4}
稗	蟹开二 去卦並	p‘ᴀ^{22}	p‘ɛ^{22}	pɐi^{11}▲	p‘a^{31}	p‘a^{44}	pie^{22}
买	蟹开二 上蟹明	mᴀ^{44}	buə^{44}	mai^{55}	ma^{53}	ma^{45}	bie^{21}
卖	蟹开二 去卦明	mᴀ^{22}	buə^{22}	mai^{11}	ma^{31}	ma^{44}	bie^{22}
奶	蟹开二 上蟹泥	lᴀ^{4}ʔŋ^{45}▲	liɛ^{3}ʔɛ^{35}▲	nɛn^{33}▲	niaŋ^{3}▲	lɛŋ^{3}▲	liẽ^{4}▲
债	蟹开二 去卦庄	tsᴀ^{44}	tsuə^{44}	tsai^{55}	tsa^{53}	tsa^{45}	tsie^{44}
差出~	蟹开二 平佳初	ts‘ᴀ^{13}	ts‘uə^{12}	ts‘ai^{11}	ts‘a^{33}	ts‘a^{44}	ts‘ie^{51}
柴	蟹开二 平佳崇	ts‘ᴀ^{21}	ts‘uə^{21}	ts‘ai^{42}	ts‘a^{11}	ts‘a^{22}	ts‘ie^{45}
筛	蟹开二 平佳生	sɵ^{13} 动词▲ sɵ^{2}ʔɵ^{23} 名词▲	sɔe^{12} 动词▲ sɔ^{3}ʔe^{35} 名词▲	sɛi^{11} 动词 sɛi^{33} 名词	siɛ^{33} 动词▲ siɛ^{12} 名词▲	sye^{44} 动词▲ sye^{3} 名词▲	søy^{51} 动词▲ søy^{4} 名词▲
洒	蟹开二 上蟹生	sᴀ^{24} sᴀ^{4}ʔᴀ^{45} 微微~~	sa^{24}	sa^{24}	sa^{214}	sa^{314}	sie^{324}
晒	蟹开二 去卦生	sᴀ^{44}	suə^{44}	sai^{55}	sa^{53}	sa^{45}	sie^{44}
佳	蟹开二 平佳见	kᴀ^{13}	kuə^{12}	kai^{11}	kia^{33}	ka^{44}	kie^{51}
街	蟹开二 平佳见	kᴀ^{13}	kuə^{12}	kai^{11}	kia^{33}	ka^{44}	kie^{51}
解	蟹开二 上蟹见	kᴀ^{24}	kuə^{24}	kai^{24}	kia^{214}	ka^{314}	kie^{324}
鞋	蟹开二 平佳匣	hᴀ^{4}ʔᴀ^{45}	huə^{21}~垫 huə^{3}ʔə^{35}	hai^{33}	ha^{11}	ha^{3}	hie^{4}
蟹	蟹开二 上蟹匣	hᴀ^{24}▲	huə^{24}▲	k‘ai^{24}▲	k‘a^{214}▲	ha^{314}▲	hie^{324}▲
矮	蟹开二 上蟹影	ᴀ^{24}	uə^{24}	ɛi^{24}	a^{214}	a^{314}	ie^{324}
败	蟹开二 去夬並	p‘o^{22}	p‘uə^{22}	p‘ai^{11}	p‘a^{31}	p‘a^{44}	pie^{22}
寨	蟹开二 去夬崇	ts‘ᴀ^{22}	ts‘uə^{22}	ts‘ai^{55}▲	ts‘a^{31}	ts‘a^{44}	ts‘ie^{22}
币	蟹开三 去祭並	p‘oe^{22}	p‘ai^{22}	pɐi^{55}▲	p‘ai^{31}	pai^{45}▲	pai^{44}▲

单字	中古音	大村	向阳	石陂	周田	石塘	桂头
髲	蟹开三 去祭並	poe^{44}▲	pai^{22}▲	pɐi^{55}▲	pa^{53}▲	pai^{45}▲	pai^{22}
例	蟹开三 去祭来	ləe^{22} lᴀ^{4}ʔᴀ^{45}	lai^{22}	lɛi^{11}	lai^{31}	lai^{44}	lei^{4}
际	蟹开三 去祭精	tsəe^{44}	tsai^{44}	tsɐi^{55}	tsai^{53}	tsai^{45}	tsei^{44}
祭	蟹开三 去祭精	tsəe^{44}	tsai^{44}	tsɐi^{55}	tsai^{53}	tsai^{45}	tsai^{44}
制	蟹开三 去祭章	tsei^{44}	tsai^{44}	tsɿ^{55}	tsai^{53}	tsɿ^{5}▲	tsei^{44}
世	蟹开三 去祭书	sɿ^{44}	sɿ^{44}	sɿ^{55}	sɿ^{53}	sɿ^{45}	si^{44}
势	蟹开三 去祭书	siᴀ^{22}▲	sɛ^{44}	ʃɛi^{55}▲	siɛ^{53}	sei^{44}▲	sei^{44}
誓	蟹开三 去祭禅	siᴀ^{22}	sɿ^{22}	sɿ^{11}	sɿ^{31}	sei^{44}	sei^{22}
艺	蟹开三 去祭疑	ŋei^{22}	gɛi^{22}	ŋɛi^{24}	ŋai^{31}	ŋi^{44}	gei^{22}
闭	蟹开四 去霁帮	poe^{44}	pai^{44}	pɐi^{55}	pai^{53}	pai^{45}	pai^{44}
批	蟹开四 平齐滂	p‘ᴀ^{13}	p‘ɛ^{12}	p‘ɛi^{11}	p‘a^{33}	p‘a^{44}	p‘ie^{51}
迷	蟹开四 平齐明	moe^{21}	bai^{21}	mɐi^{42}	mai^{11}	mai^{22}	bai^{45}
米	蟹开四 上荠明	mᴀ^{44}	bɛ^{44}	mɛi^{55}	ma^{53}	mei^{45}	bøy^{21}
低	蟹开四 平齐端	tᴀ^{13}	tɛ^{12}	tɛi^{11}	ta^{33}	ta^{44}	ie^{51}
堤	蟹开四 平齐端	t‘ᴀ^{21}▲	t‘ɛ^{21}▲	t‘ɐi^{42}▲	t‘ai^{11}▲	t‘ai^{22}▲	tie^{45}▲
底	蟹开四 上荠端	tᴀ^{24}～下 tᴀ^{2}ʔᴀ^{23} 背～	tɛ^{24}～下 tɛ^{3}ʔɛ^{35} 背～	tɛi^{24}	ta^{214}～下 ta^{12} 上～	ta^{314}～下 ta^{3} 上～	ie^{324}～下 ie^{4} 背～
帝	蟹开四 去霁端	təe^{44}	tai^{44}	tɐi^{55}	tai^{53}	tai^{45}	ai^{44}
梯	蟹开四 平齐透	t‘ᴀ^{13}	t‘ɛ^{12}	t‘ui^{11} 楼～ t‘ɛi^{11} 字音	t‘a^{33}	t‘a^{44}	t‘ie^{51}
体	蟹开四 上荠透	t‘ᴀi^{24}	t‘ɛ^{24}	t‘ɐi^{24}	t‘ai^{214}	t‘ai^{314}	t‘ai^{324}
替	蟹开四 去霁透	t‘ᴀ^{44}	t‘ɛ^{44}	t‘ɛi^{55}	t‘a^{53}	t‘ai^{45}	t‘ei^{44}
剃	蟹开四 去霁透	t‘ᴀ^{44}	t‘ɛ^{44}	t‘ɛi^{55}	t‘a^{53}	t‘a^{45}	t‘ie^{44}
题	蟹开四 平齐定	t‘ᴀ^{21}	t‘ɛ^{21}	t‘ɐi^{42}	t‘ai^{11}	t‘ai^{3}	tie^{45}
提	蟹开四 平齐定	t‘iᴀ^{21} 话音▲ t‘ᴀ^{21} 字音	t‘ɛ^{21}	t‘ia^{42} 话音▲ t‘ɐi^{42} 字音	t‘ia^{11} 话音▲ t‘ai^{11} 字音	t‘ia^{22} 话音▲ t‘ai^{22} 字音	tie^{45}

单字	中古音	大村	向阳	石陂	周田	石塘	桂头
弟	蟹开四 上荠定	tʻᴀ^{2}ʔᴀ^{23} tʻᴀ^{4}ʔi^{45} 徒～	tʻai^{22} 兄～ tʻa^{3}ʔi^{35} 徒～	tʻɛi^{33} 老～ tʻɐi^{33} 徒～	tʻa^{12} 老～ tʻai^{3} 徒～	tʻai^{44} 老～ tʻa^{3} 徒～	tʻie^{4} tie^{4} 徒～▲
第	蟹开四 去霁定	tʻəe^{22}	tʻai^{22}	tʻɐi^{11}	tʻai^{31}	tʻai^{44}	tai^{22}
泥	蟹开四 平齐泥	lᴀ^{21}	lɛ^{21}	nɛi^{42}	na^{11}	la^{22}	lie^{45} lie^{4} 饭～
犁	蟹开四 平齐来	lᴀ^{21}	lɛ^{21}	lɛi^{42}	la^{11}	la^{22}	lie^{45}
礼	蟹开四 上荠来	ləe^{44}	lai^{44}	lɐi^{55}	lai^{53}	lai^{3}	lai^{21}
丽	蟹开四 去霁来	ləe^{22}	lai^{22}	lɐi^{24}	lai^{31}	lai^{44}	lai^{22}
挤	蟹开四 上荠精	tsəe^{13}▲	tsai^{12}▲	tsɐi^{11}▲	tsai^{33}▲	tsai^{44}▲	tsai^{51}▲
济	蟹开四 去霁精	tsəe^{44}	tsai^{44}	tsɐi^{55}	tsai^{53}	tsai^{45}	tsai^{44}
妻	蟹开四 平齐清	tsʻəe^{13}	tsʻai^{12}	tsʻɐi^{11}	tsʻai^{33}	tsʻai^{44}	tsʻei^{51}
齐	蟹开四 平齐从	tsʻᴀ^{21}	tsʻɛ^{21}	tsʻɛi^{42}	tsʻiɛ^{11}	tsʻai^{22}	tsʻei^{45}
脐	蟹开四 平齐从	tsʻə^{4}ʔe^{45}	tsʻa^{3}ʔi^{35}	tsʻɛi^{33}	tsʻai^{3}	tsʻai^{3}	tsʻai^{4}
西	蟹开四 平齐心	sᴀ^{13}～瓜 sie^{2}ʔe^{23} 东～	sɛ^{12}～瓜 sɛ^{3}ʔɛ^{35} 东～	sɛi^{11}～瓜 sɛi^{33} 东～	siɛ^{33}～瓜 siɛ^{12} 东～	sei^{44}～瓜 sei^{3} 东～	sei^{51}～瓜 sei^{4} 东～
洗	蟹开四 上荠心	sᴀ^{24}	sɛ^{24}	sɛi^{24}	sa^{214}	sei^{314}	sei^{324}
细	蟹开四 去霁心	sᴀ^{44}	sɛ^{44}	sɛi^{55}	sa^{53}	sei^{45}	sei^{44}
鸡	蟹开四 平齐见	kie^{13}	kɛi^{12} kɛ^{3}ʔi^{35} 灶～	kɛi^{11}	kiɛ^{33}	kei^{44}	kei^{51} kei^{4} 灶～
计	蟹开四 去霁见	kei^{44}	kei^{44}	kɛi^{55}	kiɛ^{53}	kei^{45}	kei^{44}
继	蟹开四 去霁见	ki^{44}	kei^{44}	ki^{55}	kiɛ^{53}	ki^{45}	kei^{44}
启	蟹开四 上荠溪	kʻi^{24}	kʻɛi^{24}	ʃi^{24}	kʻiɛ^{214}	kʻi^{314}	kʻai^{324}
系～统	蟹开四 去霁匣	hᴀi^{22}	hɛ^{22}	hɛi^{55}▲	hai^{31}	si^{45}▲	hei^{22}
杯	蟹合一 平灰帮	poe^{13}	pui^{12}	pɔi^{11}	pai^{33}	pai^{44}	pu^{51}
背	蟹合一 去队帮	pʉ^{44}～脊 pʉ^{2}ʔʉ^{23}～底	pai^{44}～底 pui^{44} 岭～ pu^{3}ʔi^{35} 瓦～	pui^{55} 瓦～ pui^{33} 外～	poi^{53} 瓦～ poi^{12} 驼～佬	pua^{45} 瓦～ pua^{3} 后～	pu^{44}～脊 pu^{4}～底
配	蟹合一 去队滂	pʻoe^{44}	pʻui^{44}	pʻɔi^{55}	pʻai^{53}	pʻai^{5}▲	pʻei^{44}
陪	蟹合一 平灰並	pʻʉ^{21}	pʻui^{21}	pʻui^{42}	pʻoi^{11}	pʻua^{22}	pu^{45}

单字	中古音	大村	向阳	石陂	周田	石塘	桂头
赔	蟹合一 平灰並	pʻʉ^{21}	pʻui^{21}	pʻui^{42}	pʻoi^{11}	pʻua^{22}	pu^{45}
倍	蟹合一 上贿並	pʻo^{4}ʔe^{45}	pʻu^{3}ʔi^{35}	pʻɔi^{55}	pʻoi^{53}	pʻua^{44}	pʻu^{4}
背~诵	蟹合一 去队並	pʻʉ^{22}	pʻui^{22}	pʻui^{11}	pʻoi^{31}	pʻua^{44}	pu^{22}
佩	蟹合一 去队並	pʻoe^{44}▲	pʻui^{44}▲	pʻɔi^{55}▲	pʻoi^{53}▲	pʻai^{5}▲	pʻei^{44}▲
梅	蟹合一 平灰明	mʉ^{21}	bui^{21}	mui^{42}	moi^{11}~花 moi^{3}~哩	mua^{22}~花 mua^{3}	bu^{45}~花 bu^{4} 杨~
煤	蟹合一 平灰明	mʉ^{21}	bui^{21}	mui^{42}	moi^{11}	mua^{22}	bu^{45}
妹	蟹合一 去队明	mʉ^{22}~夫 mʉ^{4}ʔʉ^{45} 姊~ mʉ^{24} 大~嘀▲	bui^{22}~夫 bu^{3}ʔi^{35}~妹	mui^{33}	moi^{31} 妹仔哩 moi^{3} 姊~	mua^{44}~夫 mua^{3} 姊~	bu^{4}
堆	蟹合一 平灰端	toe^{13}	tɔe^{12}	tɔi^{11}	tuoi^{33}	tuai^{44}	øy^{51}
对	蟹合一 去队端	toe^{44} 形容词 to^{2}ʔe^{23} 名词	tɔe^{44} 形容词 tɔ^{3}ʔe^{35} 名词	tɔi^{55} 形容词 tɔi^{33} 名词	tuoi^{53} 形容词 tuoi^{12} 名词	tuai^{45} 形容词 tuai^{3} 名词	øy^{44} 形容词 øy^{4} 名词
推	蟹合一 平灰透	tʻoe^{13}	tʻɔe^{12}	tʻɔi^{11}	tʻuoi^{33}	tʻuai^{44}	tʻøy^{51}
腿	蟹合一 上贿透	tʻoe^{24}	tʻɔe^{24}	tʻɔi^{24}	tʻuoi^{214}	tʻuai^{314}	tʻøy^{324}
退	蟹合一 去队透	tʻoe^{44}	tʻɔe^{44}	tʻɔi^{55}	tʻuoi^{53}	tʻuai^{45}	tʻøy^{44}
队	蟹合一 去队定	to^{2}ʔe^{23}	tɔ^{3}ʔe^{35}	tɔi^{33}	tuoi^{12}	tuai^{44}	øy^{4}▲
内	蟹合一 去队泥	loe^{22}	lɔe^{22}	nɔi^{11}	nuoi^{31}	luai^{44}	løy^{22}
雷	蟹合一 平灰来	loe^{21}	lɔe^{21}	lɔi^{42}	luoi^{11}	luai^{22}	løy^{45}
累劳~	蟹合一 去队来	loe^{22}	lɔe^{22}	lɔi^{24}	luoi^{31}	luai^{44}	løy^{22}
催	蟹合一 平灰清	tsʻoe^{13}	tsʻɔe^{12}	tsʻɔi^{11}	tsʻuoi^{33}	tsʻuai^{44}	tsʻøy^{51}
罪	蟹合一 上贿从	tsʻoe^{22}	tsʻɔe^{22}	tsʻɔi^{11}	tsʻuoi^{31}	tsʻuai^{44}	tsʻøy^{22}
碎	蟹合一 去队心	soe^{44} so^{2}ʔe^{23}□$_{SA}$^{5}~	sɔe^{44} sɔ^{3}ʔe^{35} 饼~	sɔi^{55}	suoi^{53}	suai^{45}	søy^{44}
恢	蟹合一 平灰溪	fʉ^{13}	fui^{12}	fui^{11}	foi^{33}	fua^{44}	fu^{51}
灰	蟹合一 平灰晓	fʉ^{13}	fui^{12}	fui^{11}	foi^{33}	fua^{44}	fu^{51}
悔	蟹合一 上贿晓	foe^{44}▲	fai^{44}▲	fɔi^{55}▲	fai^{53}▲	fai^{45}▲	fei^{22}▲
回	蟹合一 平灰匣	foe^{21}	fai^{21}	fɔi^{42}	fai^{11}	huai^{22}	fu^{45}

单字	中古音	大村	向阳	石陂	周田	石塘	桂头
汇	蟹合一上贿匣	foe²²	fai²²	fɔi²⁴	fai³¹	fai⁴⁴	fei²²
兑	蟹合一去泰定	t‘oe²²	tɔe⁴⁴▲	t‘ɔi²⁴	t‘oi³¹	tuai³²⁴▲ tuai⁴⁵▲	øy⁴⁴▲
最	蟹合一去泰精	tsoe⁴⁴	tsui⁴⁴	tsui⁵⁵	tsoi⁵³	tsɛŋ⁴⁵▲	tsøy⁴⁴
会~计	蟹合一去泰见	foe²²▲	fai²²▲	fɔi²⁴▲	fai³¹▲	fai⁴⁴▲	fei²²▲
外	蟹合一去泰疑	ŋʉ²²	gui²²	ŋui¹¹	ŋoi³¹	ŋa⁴⁴	gu²²
会~议	蟹合一去泰匣	foe²²	fai²²	fɔi²⁴	fai³¹	fai⁴⁴	fei²²
会不~	蟹合一去泰匣	foe²²	vui²²	vui¹¹ 话音 fɔi²⁴ 字音	voi³¹	ua⁴⁴	vu²²
乖	蟹合二平皆见	kᴀ¹³	kuə¹²	kai¹¹	koi³³	kua⁴⁴	kvie⁵¹
怪	蟹合二去怪见	kᴀ⁴⁴	kuə⁴⁴	kai⁵⁵	koi⁵³	kua⁴⁵	kvie⁴⁴
块	蟹合二去怪溪	k‘ᴀ²⁴▲	k‘uə²⁴▲	k‘ai⁵⁵	k‘oi²¹⁴▲	k‘ua³¹⁴▲	k‘vie³²⁴▲
怀	蟹合二平皆匣	fᴀi²¹	və²¹	fai⁴²	fai¹¹	fa²²	fie⁴⁵
坏	蟹合二去怪匣	fᴀi²²	fuə²²	fai¹¹	foi³¹	fa⁴⁴	fie²²
拐	蟹合二上蟹见	kᴀ²⁴	kuə²⁴	kai²⁴	kuai²¹⁴	kua³¹⁴	kvie³²⁴
挂	蟹合二去卦见	ko⁴⁴	kua⁴⁴	ka⁵⁵	kua⁵³	kua⁴⁵	kvɔu⁴⁴
歪	蟹合二平佳晓	vᴀi¹³	və¹²	va¹¹	vai³³	uai⁴⁴	vie⁵¹
画	蟹合二去卦匣	fo²²	və²¹ 动词▲ va³ʔa³⁵ 名词	fa¹¹ 动词 fa³³ 名词	fɔ³¹	fou⁴⁴	fɔu⁴⁴▲
快	蟹合二去夬溪	k‘ᴀ⁴⁴	k‘uə⁴⁴	k‘ai⁵⁵	k‘oi⁵³	k‘ua⁴⁵	k‘vie⁴⁴
筷	蟹合二去夬溪	k‘ᴀ⁴⁴	k‘uə⁴⁴	k‘ai⁵⁵	k‘oi⁵³	k‘ua⁴⁵	k‘vie⁴⁴
话	蟹合二去夬匣	vo²² 动词 vo⁴ʔo⁴⁵ 名词	va²² 动词 va³ʔa³⁵ 名词	va¹¹ 动词 va³³ 名词	vɔ³¹	uou⁴⁴	vɔu²² 动词 vɔu⁴ 名词
脆	蟹合三去祭清	ts‘oe⁴⁴	ts‘ɔe⁴⁴	ts‘ɔi⁵⁵	ts‘uoi⁵³	ts‘uai⁴⁵	ts‘øy⁴⁴
岁	蟹合三去祭心	soe⁴⁴	sɔe⁴⁴ sɔ³ʔe³⁵	sɔi⁵⁵	suoi⁵³	suai⁴⁵	søy⁴⁴
税	蟹合三去祭书	soe⁴⁴	sɔe⁴⁴	ʃɔi⁵⁵	suoi⁵³	sy⁴⁵▲	søy⁴⁴
卫	蟹合三去祭云	voe²²	vai²²	vɔi⁵⁵▲	vai³¹	ŋuai⁴⁴▲	vei²²

单字	中古音	大村	向阳	石陂	周田	石塘	桂头
废	蟹合三 去废非	foe^{44}	fai^{44}	fɔi^{55}	fai^{53}	fai^{45}	fei^{44}
肺	蟹合三 去废敷	foe^{44}	fai^{44}	fɔi^{55}	fai^{53}	fai^{45}	fei^{44}
桂	蟹合四 去霁见	koe^{44}	kuai^{44}	kɔi^{55}	kuoi^{53}	kuai^{45}	kvei^{44}
惠	蟹合四 去霁匣	foe^{22}	vai^{22}	fɔi^{24}	fai^{31}	fai^{45}▲	vei^{22}
慧	蟹合四 去霁匣	foe^{22}	vai^{22}	fɔi^{24}	fai^{31}	fai^{45}▲	vei^{22}
碑	止开三 平支帮	poe^{13}	pai^{12}	pɐi^{11}	pai^{33}	pai^{44}	pai^{51}
彼	止开三 上纸帮	pʻoe^{24}▲	pai^{24}		pʻai^{214}▲	pʻai^{314}▲	pʻai^{324}▲
披	止开三 平支滂	pʻoe^{13}	pʻai^{12}	pʻɐi^{11}	pʻai^{33}	pʻai^{44}	pʻai^{51}
皮	止开三 平支並	pʻoe^{21} pʻo^{4}ʔe^{45} 信～	pʻai^{21} pʻa^{3}ʔi^{35} 谷～	pʻɐi^{42} pʻɐi^{33} 果～	pʻai^{11} pʻai^{3} 信～	pʻai^{22} pʻai^{3} 信～	pai^{45} pai^{4} 信～
脾	止开三 平支並	pʻoe^{21}	pʻai^{21}	pʻɐi^{42}	pʻai^{11}	pʻai^{22}	pai^{45}
被～子	止开三 上纸並	pʻoe^{44}	pʻai^{44}	pʻɐi^{55}	pʻai^{53}	pʻai^{45}	pʻai^{21}
避	止开三 去寘並	pʻoe^{5}▲	pʻai^{22}	pʻɛi^{5}▲	pʻai^{31}	pʻai^{44}	pai^{22}
弥～补	止开三 平支明	ŋi^{21}	bai^{21}	mɐi^{42}	mai^{11}	lai^{22}▲	bai^{45}
离	止开三 平支来	ləe^{21}	lai^{21}	lɐi^{42}	lai^{11}	lai^{22}	lai^{45}
篱	止开三 平支来	ləe^{21} lo^{4}ʔe^{45} 笊～▲	lai^{21} la^{3}ʔi^{35} 笊～	lɛi^{42}	lai^{11}	lai^{3} luai^{3} 笊～▲	lai^{45}
荔	止开三 去寘来	ləe^{22}	lai^{22}	lɛi^{11}	lai^{31}	lai^{44}	lai^{22}
紫	止开三 上纸精	tsɿ^{24}	tsɿ^{24}	tsɿ^{24}	tsɿ^{214}	tsɿ^{314}	tsi^{324}
此	止开三 上纸清	tsʻɿ^{24}	tsʻɿ^{24}	tsʻɿ^{24}	tsʻɿ^{214}	tsʻɿ^{314}	tsʻi^{324}
刺	止开三 去寘清	tsʻɿ^{44}	tsʻɿ^{44}	tsʻɿ^{55}	tsʻɿ^{53}	tsʻɿ^{45}	tsʻi^{44}
斯	止开三 平支心	sɿ^{13}	sɿ^{12}	sɿ^{11}	sɿ^{33}	sɿ^{44}	si^{51}
赐	止开三 去寘心	tsʻɿ^{44}▲	tsʻɿ^{44}▲	tsʻɿ^{55}▲	sɿ^{53}	tsʻɿ^{45}▲	tsʻi^{44}▲
知	止开三 平支知	təe^{13}	tai^{12}	tɐi^{11}	tai^{33}	tsɿ^{44}	tsi^{51}
智	止开三 去寘知	tsɿ^{44}	tsɿ^{44}	tsɿ^{55}	tsɿ^{53}	tsɿ^{45}	tsi^{44}

单字	中古音	大村	向阳	石陂	周田	石塘	桂头
池	止开三 平支澄	tsʻɿ^{21}	tsʻɿ^{21}	tsʻɿ^{42}	tsʻɿ^{11}	tsʻɿ^{22}	tsʻi^{45}
支	止开三 平支章	tsɿ^{13}	tsɿ^{12}	tsɿ^{11}	tsɿ^{33}	tsɿ^{44}	tsi^{51}
枝	止开三 平支章	tsɿ^{13}	tsɿ^{12}	tsɿ^{11}	tsɿ^{33}	tsɿ^{44}	tsi^{51}
纸	止开三 上纸章	tsɿ^{24}	tsɿ^{24}	tsɿ^{24}	tsɿ^{214}	tsɿ^{314}	tsi^{324}
只~有	止开三 上纸章	tsɿ^{24}	tsɿ^{24}	tsɿ^{24}	tsɿ^{214}	tsɿ^{3}	tsi^{324}
舐舔	止开三 上纸船	sA^{44}	sɛ^{44}	ʃɛi^{11}▲	siɛ^{53}	sei^{45}	sei^{21}
施	止开三 平支书	sɿ^{13}	sɿ^{12}	sɿ^{11}	sɿ^{33}	sɿ^{44}	si^{51}
是	止开三 上纸禅	sɿ^{22}	sɿ^{22}	sɿ^{11}	sɿ^{31}	sɿ^{44}	si^{22}
氏	止开三 上纸禅	sɿ^{22}	sɿ^{22}	sɿ^{11}	sɿ^{31}	sɿ^{44}	si^{22}
儿	止开三 平支日	jʉ^{21}	jɿ^{21}	i^{42}	i^{11}	y^{22}	jy^{45}
寄	止开三 去寘见	ki^{44}	ki^{44}	ki^{55}	ki^{53}	ki^{45}	kai^{44}
企~业	止开三 上纸溪	kʻi^{44}▲	kʻi^{44}▲	kʻi^{55}▲	kʻi^{53}▲	kʻi^{45}▲	kʻai^{21}▲
奇	止开三 平支群	kʻi^{21}	kʻi^{21}	kʻi^{42}	kʻi^{11}	kʻi^{22}	kʻai^{45}
骑	止开三 平支群	kʻi^{21}	kʻi^{21}	kʻi^{42}	kʻi^{11}	kʻi^{22}	kʻai^{45}
技	止开三 上纸群	kʻi^{44}	kʻi^{22}	kʻi^{11}	kʻi^{31}	kʻi^{45}	kʻai^{51}▲
徛站立	止开三 上纸群	kʻi^{44}	kʻi^{44}	kʻi^{55}	kʻi^{53}	kʻi^{45}	kʻai^{21}
宜	止开三 平支疑	ŋi^{21}	gi^{21}	ŋi^{42}	ŋi^{11} i^{11}	ŋi^{22}	gai^{45}
蚁	止开三 上纸疑	ŋi^{24}	gi^{24}	ŋɛi^{55}	ŋi^{12}	ŋi^{45} iŋ^{314}～公仔▲	gai^{21}
义	止开三 去寘疑	ŋi^{22}	gi^{22}	ŋi^{55}▲	ŋi^{31}	ŋi^{44}	gai^{22}
议	止开三 去寘疑	ŋi^{44}▲	gi^{44}▲	ŋi^{55}▲	ŋi^{53}▲	ŋi^{45}▲	gai^{21}▲
牺	止开三 平支晓	hi^{13}	hi^{12}	ʃi^{11}	hi^{33}	si^{44}	hai^{51}
戏	止开三 去寘晓	hi^{44}	hi^{44}	ʃi^{55}	hi^{53}	kʻi^{45} si^{45}	hai^{44}
椅	止开三 上纸影	jɿ^{24}	jɿ^{24}	i^{24}	i^{12}	i^{3}	ji^{324}

单字	中古音	大村	向阳	石陂	周田	石塘	桂头
移	止开三平支以	jɿ^{21}	jɿ^{21}	i^{42}	i^{11}	i^{22}	ji^{45}
易难～	止开三去寘以	jɿ^{22}	jɿ^{22}	i^{11}	i^{31}	i^{44}	ji^{22}
悲	止开三平脂帮	poe^{13}	pai^{12}	pɔi^{11}	pai^{33}	pai^{44}	pai^{51}
比	止开三上旨帮	poe^{24}	pai^{24}	pɐi^{24}	pai^{214}	pai^{314}	pai^{324}
秘～书	止开三去至帮	poe^{44}	pai^{44}	pɐi^{55}	pai^{53}	pai^{45}	pai^{44}
屁	止开三去至滂	pʻoe^{44}	pʻai^{44}	pʻɐi^{55}	pʻai^{53}	pʻai^{45}	pʻai^{44}
备	止开三去至並	pʻoe^{22}	pʻai^{22}	pʻɐi^{11}	pʻai^{31}	pʻai^{44}	pai^{22}
鼻	止开三去至並	pʻoe^{22}	pʻai^{22}	pʻɐi^{11} 名词 pʻɐi^{24} 动词	pʻai^{31}	pʻai^{44}	pai^{22}
眉	止开三平脂明	moe^{21}	bai^{21}	mɐi^{42}	mai^{11}	mai^{22} mai^{3}～毛	bai^{45}
美	止开三上旨明	moe^{44}	bai^{44}	mɔi^{55}～丽 mɔi^{24}～国	mai^{53}	mai^{3}	bai^{21}
地	止开三去至定	tʻəe^{22}	tʻai^{22}	tʻɐi^{11}	tʻai^{31}	tʻai^{44}	tai^{22}
尼	止开三平旨泥	lᴀ^{21}▲	lɛ^{21}▲	nɛi^{42}	na^{11}▲	la^{22}▲	lie^{45}▲
梨	止开三平旨来	ləe^{24} 字音▲ lə^{2}ʔe^{23} 话音	lai^{21} 字音 la^{3}ʔi^{35} 话音	lɐi^{42}	lai^{11} 字音 lai^{3} 话音	lai^{3}	lai^{4}
利	止开三去至来	ləe^{22}	lai^{22}	lɐi^{11}	lai^{31}	lai^{44}	lai^{22}
资	止开三平脂精	tsɿ^{13}	tsɿ^{12}	tsɿ^{11}	tsɿ^{33}	tsɿ^{44}	tsi^{51}
次	止开三去至清	tsʻɿ^{44}	tsʻɿ^{44}	tsʻɿ^{55}	tsʻɿ^{53}	tsʻɿ^{45}	tsʻi^{44}
瓷	止开三平脂从	tsʻɿ^{21}	tsʻɿ^{21}	tsʻɿ^{42}	tsʻɿ^{11}	tsʻɿ^{22}	tsʻi^{45}
餈～巴	止开三平脂从	tsʻəe^{21} 粽～ tsʻə^{4}ʔe^{45}	tsʻa^{3}ʔi^{35}	tsʻɛi^{42} 字音 tsʻɛi^{33} 粽哩～	tsʻai^{11} 粽～ tsʻai^{3} 水～	tsʻai^{22} 粽～ tsʻai^{3} 水～	tsʻai^{45} 粽～ tsʻai^{4}□hai^{324}～
自	止开三去至从	sɿ^{22}▲	sɿ^{22}▲	sɿ^{11}▲	sɿ^{31}▲	sɿ^{44}▲	si^{51}▲
私	止开三平脂心	sɿ^{13}	sɿ^{12}	sɿ^{11}	sɿ^{33}	sɿ^{44}	si^{51}
死	止开三上旨心	səe^{24}	sai^{24}	sɐi^{24}	sai^{214}	sai^{314} 话音 sɿ^{314} 字音	sai^{324}
四	止开三去至心	sɿ^{44}	sɿ^{44}	sɿ^{55}	sɿ^{53}	sɿ^{45}	sai^{44}
致	止开三去至知	tsɿ^{44}	tsɿ^{44}	tsɿ^{55}	tsɿ^{53}	tsɿ^{45}	tsi^{44}

单字	中古音	大村	向阳	石陂	周田	石塘	桂头
迟	止开三 平脂澄	tsʻɿ^{21}	tsʻɿ^{21}	tsʻɿ^{42}	tsʻɿ^{11}	tsʻɿ^{22}	tsʻi^{45}
师	止开三 平脂生	sɿ^{13}	sɿ^{12}	sɿ^{11}	sɿ^{33}	sɿ^{44}	si^{51}
脂	止开三 平脂章	tsɿ^{13}	tsɿ^{12}	tsɿ^{11}	tsɿ^{33}	tsɿ^{44}	tsi^{51}
指	止开三 上旨章	tsɿ^{24} tsɿ^{2}ʔɿ^{23} 手～头	tsɿ^{24} tsɿ^{3}ʔɿ^{35} 手～	tsɿ^{24} tsɿ^{33}□pa^{11}～	tsɿ^{214} tsɿ^{12} 手～	tsɿ^{314} tsɿ^{3} 手～	tsi^{324} tsi^{4} 手～
至	止开三 去至章	tsɿ^{44}	tsɿ^{44}	tsɿ^{55}	tsɿ^{53}	tsɿ^{45}	tsi^{44}
示	止开三 去至船	sɿ^{44}▲	sɿ^{22}	sɿ^{55}▲	sɿ^{53}▲	sɿ^{44}	si^{22}
尸	止开三 平脂书	sɿ^{13}	sɿ^{12}	sɿ^{11}	sɿ^{33}	sɿ^{44}	si^{51}
屎	止开三 上旨书	sɿ^{24}	sɿ^{24}	sɿ^{24}	sɿ^{214}	sɿ^{314}	si^{324}
视	止开三 去至禅	sɿ^{22}	sɿ^{22}	sɿ^{55}▲	sɿ^{53}▲	sɿ^{45}▲	si^{44}▲
二	止开三 去至日	ŋi^{22}	ɡi^{22}	ŋi^{11}	ŋi^{31}	ŋi^{44}	ɡai^{22}
饥	止开三 平脂见	ki^{13}	ki^{12}	ki^{11}	ki^{33}	ki^{44}	kai^{51}
器	止开三 去至溪	hi^{44}	hi^{44}	ʃi^{55}	hi^{53}	kʻi^{45}	hai^{44}
夷	止开三 平脂以	jɿ^{21}	jɿ^{21}	i^{42}	i^{11}	i^{22}	ji^{45}
姨	止开三 平脂以	jɿ^{21}	jɿ^{21}～丈 jɿ^{3}ʔɿ^{35} 大～	i^{42}～丈 i^{33} 大～	i^{11}	i^{45}～爷 i^{3} 大～	ji^{45}
你	止开三 上止泥	lei^{44}	lai^{44}	ŋi^{55}	nɛi^{33}	lai^{45}	lei^{21}
李	止开三 上止来	ləe^{44} 姓氏 ləe^{24} 水果	lai^{44} 姓氏 lai^{24} 水果	lɐi^{24}	lai^{53} 姓氏 lai^{12} 水果	lai^{45} 姓氏 lai^{3} 水果	lai^{21} 姓氏 lai^{4} 水果
里	止开三 上止来	ləe^{44} lə^{2}ʔe^{23}～子	lai^{44} la^{3}ʔi^{35}～子	lɐi^{55} lɐi^{33}～子	lai^{53} lai^{12}～子	lai^{3}	lai^{21} lai^{4}～子
理	止开三 上止来	ləe^{44}	lai^{44}	lɐi^{55}	lai^{53}	lai^{45}～睬 lai^{3} 道～	lai^{21}
子	止开三 上止精	tsɿ^{24} tsɿ^{2}ʔɿ^{23} 葡萄～	tsɿ^{24} tsɿ^{3}ʔɿ^{35} 葡萄～	tsɿ^{24}	tsɿ^{214} tsɿ^{12} 顶～	tsɿ^{314} tsɿ^{3} 二行～	tsi^{324} tsi^{4} 二行～
慈	止开三 平之从	tsʻɿ^{21}	tsʻɿ^{21}	tsʻɿ^{42}	tsʻɿ^{11}	tsʻɿ^{22}	tsʻi^{45}
字	止开三 去志从	sɿ^{4}ʔɿ^{45}▲	sɿ^{3}ʔɿ^{35}▲	sɿ^{33}▲	sɿ^{3}▲	sɿ^{3}▲	si^{4}▲
司	止开三 平之心	sɿ^{13}	sɿ^{12}	sɿ^{11}	sɿ^{33}	sɿ^{44}	si^{51}
思	止开三 平之心	sɿ^{13}	sɿ^{12}	sɿ^{11}	sɿ^{33}	sɿ^{44}	si^{51}

单字	中古音	大村	向阳	石陂	周田	石塘	桂头
辞	止开三平之邪	tsʻɿ^{21}	tsʻɿ^{21}	tsʻɿ^{42}	tsʻɿ^{11}	tsʻɿ^{22}	tsʻi^{45}
祠	止开三平之邪	tsʻɿ^{21}	tsʻɿ^{21}	tsʻɿ^{42}	tsʻɿ^{11}	tsʻɿ^{22}	si^{45}
寺	止开三去志邪	sɿ^{22}	sɿ^{22}	sɿ^{42}▲	sɿ^{12}	sɿ^{44}	si^{4}
饲	止开三去志邪	tsʻɿ^{21}▲	tsʻɿ^{21}▲	tsʻɿ^{42}▲	tsʻɿ^{11}▲	tsʻɿ^{22}▲	tsʻi^{45}▲
置	止开三去志知	tsɿ^{44}	tsɿ^{44}	tsɿ^{55}	tsɿ^{53}	tsɿ^{45}	tsi^{44}
耻	止开三上止彻	tsʻɿ^{24}	tsʻɿ^{24}	tsʻɿ^{24}	tsʻɿ^{214}	tsʻɿ^{314}	tsʻi^{324}
持	止开三平之澄	tsʻɿ^{21}	tsʻɿ^{21}	tsʻɿ^{42}	tsʻɿ^{11}	tsʻɿ^{22}	tsʻi^{45}
痔	止开三上止澄	sɿ^{24}▲	tsɿ^{44}▲	tsʻɿ^{42}▲	tsɿ^{53}▲	sɿ^{44}▲	tsi^{44}▲
治	止开三去志澄	tsʻɿ^{22}	tsʻɿ^{22}	tsʻɿ^{24}	tsʻɿ^{31}	tsʻɿ^{44}	tsʻi^{22}
士	止开三上止崇	sɿ^{22}	sɿ^{22}	sɿ^{24}	sɿ^{31}	sɿ^{44}	si^{22}
柿	止开三上止崇	sɿ^{44}	sɿ^{22}	sɿ^{55}	sɿ^{12}	sɿ^{45}	si^{22}
事	止开三去志崇	sɿ^{22}	sɿ^{22}	sɿ^{11}	sɿ^{31}	sɿ^{44}	si^{22}
使	止开三上止生	sɿ^{24}	sɿ^{24}	sɿ^{24}	sɿ^{214}	sɿ^{314}	si^{324}
史	止开三上止生	sɿ^{24}	sɿ^{24}	sɿ^{24}	sɿ^{214}	sɿ^{314}	si^{324}
之	止开三平之章	tsɿ^{13}	tsɿ^{12}	tsɿ^{11}	tsɿ^{33}	tsɿ^{44}	tsi^{51}
止	止开三上止章	tsɿ^{24}	tsɿ^{24}	tsɿ^{24}	tsɿ^{214}	tsɿ^{314}	tsi^{324}
志	止开三去志章	tsɿ^{44}	tsɿ^{44}	tsɿ^{55}	tsɿ^{53}	tsɿ^{45}	tsi^{44}
痣	止开三去志章	tsɿ^{44}	tsɿ^{44}	tsɿ^{55}	tsɿ^{53}	tsɿ^{45}	tsi^{44}
齿	止开三上止昌	tsʻɿ^{24}	tsʻɿ^{24}	tsʻɿ^{24}	tsɿ^{214} 话音▲ tsʻɿ^{214} 字音	tsɿ^{314} 牙～▲ tsʻɿ^{314} ～轮	tsʻi^{324}
诗	止开三平之书	sɿ^{13}	sɿ^{12}	sɿ^{11}	sɿ^{33}	sɿ^{44}	si^{51}
始	止开三上止书	tsʻɿ^{24}▲	tsʻɿ^{24}▲	tsʻɿ^{24}▲	tsʻɿ^{214}▲	tsʻɿ^{314}▲	tsʻi^{324}▲
试	止开三去志书	sɿ^{44}	sɿ^{44}	sɿ^{55}	sɿ^{53}	sɿ^{45}	si^{44}
时	止开三平之禅	sɿ^{21}	sɿ^{21}	sɿ^{42}	sɿ^{11}	sɿ^{22}	si^{45}

单字	中古音	大村	向阳	石陂	周田	石塘	桂头
市	止开三 上止禅	sɿ^{44}	sɿ^{22}	sɿ^{55}	sɿ^{53}	sɿ^{45}	si^{4}
耳	止开三 上止日	ŋi^{44}	gi^{44}	ŋi^{55}	ŋi^{53} ŋi^{12} 扣～	ŋi^{45}	gai^{21}
基	止开三 平之见	ki^{13}	ki^{12}	ki^{11}	ki^{33}	ki^{44}	kai^{51}
己	止开三 上止见	ki^{24} ki^{2}ʔi^{23} 自～	ki^{24}	ki^{24}	ki^{214}	ki^{3}	kai^{324}
记	止开三 去志见	ki^{44}	ki^{44}	ki^{55}	ki^{53}	ki^{45}	kai^{44}
欺	止开三 平之溪	hi^{13}	hi^{12}	ʃi^{11} 话音 kʿi^{11} 字音	kʿi^{33}	kʿi^{44}	kʿai^{51}
起	止开三 上止溪	hi^{24}	hi^{24}	ʃi^{24}	hi^{214}	hai^{314} 话音 kʿi^{314} 字音	hai^{324}
其	止开三 平之群	kʿi^{21}	kʿi^{21}	kʿi^{42}	kʿi^{11}	kʿi^{22}	kʿai^{45}
棋	止开三 平之群	kʿi^{21} 字音 kʿi^{4}ʔi^{45}	kʿi^{3}ʔi^{35}	kʿi^{42} 字音 kʿi^{33}	kʿi^{3}	kʿi^{3}	kʿai^{4}
旗	止开三 平之群	kʿi^{21}	kʿi^{21}	kʿi^{42}	kʿi^{11}	kʿi^{22}	kʿai^{45}
疑	止开三 平之疑	ŋi^{21}	jɿ^{21}	ŋi^{42}	ŋi^{11}	ŋi^{22}	gai^{45}
喜	止开三 上止晓	hi^{24}	hi^{24}	ʃi^{24}	hi^{214}	hai^{314} 话音 kʿi^{314} 字音	hai^{324}
医	止开三 平之影	jɿ^{13}	jɿ^{12}	i^{11}	i^{33}	i^{44}	ji^{51}
意	止开三 去之影	jɿ^{44}	jɿ^{44}	i^{55}	i^{53}	i^{45}	ji^{44}
以	止开三 上止以	ji^{24}	jɿ^{24}	i^{24}	i^{214}	i^{314}	ji^{324}
异	止开三 去志以	ji^{44}▲	jɿ^{22}	i^{11}	i^{31}	i^{44}	ji^{22}
机	止开三 平微见	ki^{13}	ki^{12}	ki^{11}	ki^{33}	ki^{44}	kai^{51}
几～个	止开三 上尾见	ki^{24}	ki^{24}	ki^{24}	ki^{214}	ki^{314}	kai^{324}
气	止开三 去未溪	hi^{44}	hi^{44}	ʃi^{55}	hi^{53}	kʿi^{45}	hai^{44}
汽	止开三 去未溪	hi^{44}	hi^{44}	ʃi^{55}	hi^{53}	kʿi^{45}	hai^{44}
毅	止开三 去未疑	ŋei^{22} 陈～ ŋʌi^{22} ～力	gɛi^{22}▲	ŋɛi^{24}	ŋai^{31}	ŋai^{44} 陈～ ŋi^{44} ～力	gei^{22}
希	止开三 平微晓	hi^{13}	hi^{12}	ʃi^{11}	hi^{33}	si^{44}	hai^{51}
衣	止开三 平微影	jɿ^{13}	jɿ^{12}	i^{11}	i^{33} i^{12} 胞～	i^{44}	ji^{51}

单字	中古音	大村	向阳	石陂	周田	石塘	桂头
依	止开三 平微影	jɿ^{13}	jɿ^{12}	i^{11}	i^{33}	i^{44}	ji^{51}
累积～	止合三 上纸来	loe^{22}▲	lɔe^{22}▲	lɔi^{24}	luoi^{11}▲	luai^{314}	løy^{22}▲
嘴	止合三 上纸精	tsoe^{24}	tsɔe^{24}	tsɔi^{24}	tsuoi^{214}	tsuai^{314} tsuai^{3} 搭～	tsau^{324}
随	止合三 平支邪	tsʻoe^{21}	tsʻɔe^{21}	tsʻɔi^{42}	suoi^{11}	suai^{22}	tsʻau^{45}
吹	止合三 平支昌	tsʻʉ^{13}	tsʻɔe^{12}	tʃʻɔi^{11}	tsʻuoi^{33}	tsʻy^{44}	tsʻy^{51}
炊	止合三 平支昌	tsʻoe^{13}	tsʻɔe^{12}	tsʻɔi^{11}▲	tsʻuoi^{33}	tsʻy^{44}	tsʻøy^{51}
垂	止合三 平支禅	soe^{21}	sɔe^{21}	ʃɔi^{42}	suoi^{11}	suai^{22}	søy^{45}
瑞祥～	止合三 去寘禅	sʉ^{22} 人名 soe^{22} 祥～	sɔe^{22}	ʃɔi^{55}▲	suoi^{31}	sy^{45}▲	søy^{22}
规	止合三 平支见	kʻoe^{13}▲	kʻuai^{12}▲	kʻɔi^{11}▲	kʻuoi^{33}▲	kʻuai^{44} 犯～▲ kuai^{44} ～矩	kʻvei^{51}▲
亏	止合三 平支溪	kʻoe^{13}	kʻuai^{12}	kʻɔi^{11}	kʻuoi^{33}	kʻuai^{44}	kʻvei^{51}
跪	止合三 上纸群	kʻoe^{22}	kʻuai^{22}	kʻɔi^{24}	kʻuoi^{31}	kʻuai^{44}	kʻvei^{22}
危	止合三 平支疑	ŋoe^{21}	guai^{21}	ŋɔi^{42}	ŋuoi^{11}	ŋuai^{22}	vei^{45}
毁	止合三 上纸晓	voe^{24}	vai^{24}	fɔi^{55}	fai^{214}	kʻuai^{314}	kʻvei^{324}
委	止合三 上纸影	voe^{24}	vai^{24}	vɔi^{11}	vai^{214}	uai^{314}	vei^{324}
为作～	止合三 平支云	voe^{21}	vai^{21}	vɔi^{42}	vai^{11}	uai^{22}	vei^{45}
为～了	止合三 去寘云	voe^{21}▲	vai^{22}	vɔi^{42}▲	vai^{31}	uai^{22}▲	vei^{45}▲
类	止合三 去至来	loe^{22} lo^{4}ʔe^{45} 肉～	lɔe^{22}	lɔi^{24}	luoi^{31}	luai^{44}	løy^{22}
泪	止合三 去至来	lo^{4}ʔe^{45}	lɔ^{3}ʔe^{35}	lɔi^{33}	luoi^{31} lai^{3} 眼～	luai^{3}	lau^{4}
醉	止合三 去至精	tsoe^{44}	tsɔe^{44}	tsɔi^{55}	tsuoi^{53}	tsuai^{45}	tsøy^{44}
虽	止合三 平脂心	soe^{13}	sɔe^{12}	sɔi^{11}	suoi^{33}	suai^{44}	sau^{51}
隧	止合三 去至邪	soe^{21}▲	sɔe^{22}	sɔi^{11}	suoi^{31}	tsʻuai^{44}	søy^{22}
追	止合三 平脂知	tsoe^{13}	tsɔe^{12}	tʃɔi^{11}	tsuoi^{33}	tsy^{44}	tsøy^{51}
锤	止合三 平脂澄	tʻoe^{21} 动词 tʻo^{4}ʔe^{45} 名词	tsʻɔe^{21} 动词 tsʻɔ^{3}ʔe^{35} 名词	tʃʻɔi^{42} 动词 tʃɔi^{33} 名词	tsʻuoi^{11} 动词 tsʻuoi^{3} 名词	tʻuai^{22} 动词 tʻuai^{3} 名词	tau^{4} 名词

单字	中古音	大村	向阳	石陂	周田	石塘	桂头
衰	止合三 平脂生	soe^{13}	sɔe^{12}	sɔi^{11}	suoi^{33}	suai^{44}	søy^{51}
帅	止合三 去至生	soe^{44}	sɔe^{44}	sai^{55}	sa^{53}	sa^{45}	sie^{44}▲
水	止合三 上旨书	sʉ^{24} sʉ^{44} 下～▲	sɔe^{24} sɔe^{44} 下～▲	ʃɔi^{24}	suoi^{214}	sy^{314}	sy^{324}
龟	止合三 平脂见	koe^{13}	kuai^{12}	kɔi^{11}	kuoi^{33}	kuai^{44}	kvei^{51}
轨	止合三 上旨见	koe^{24}	kuai^{24}	kɔi^{24}	kuoi^{214}	kuai^{314}	kvei^{324}
季	止合三 去至见	koe^{44}	kuai^{44}	ki^{55}	kuoi^{53}	ki^{45}	kvei^{44}
葵	止合三 平脂群	kʻoe^{21}	kʻuai^{21}	kʻɔi^{42}	kʻuoi^{11}	kʻuai^{22}	kʻvei^{45}
柜	止合三 去至群	kʻoe^{22} 抽～ kʻo^{4}ʔe^{45}	kʻuai^{22}	kʻɔi^{33}	kʻuoi^{3}	kʻuai^{44}	kʻvei^{4}
位	止合三 去至云	vo^{4}ʔe^{45}	va^{3}ʔi^{35}	vɔi^{33}	vai^{3}	uai^{44} 字音 uai^{3}	vei^{22} 字音 vei^{4}
唯	止合三 平脂以	voe^{21}▲	vai^{21}▲	vɔi^{42}▲	vai^{11}▲	uai^{22}	vei^{45}▲
遗	止合三 平脂以	voe^{21}▲	vai^{21}▲	vɔi^{42}▲	vai^{11}▲	i^{22}	vei^{45}▲
非	止合三 平微非	foe^{13}	fai^{12}	fɔi^{11}	fai^{33}	fai^{44}	fei^{51}
飞	止合三 平微非	foe^{13}	fai^{12}	fɔi^{11}	fai^{33}	fai^{44}	fei^{51}
匪	止合三 上尾非	foe^{24}	fai^{24}	fɔi^{24}	fai^{214}	fai^{314}	fei^{324}
费	止合三 去未敷	foe^{44}	fai^{44}	fɔi^{55}	fai^{53}	fai^{45}	fei^{44}
肥	止合三 平微奉	foe^{21}	fai^{21}	fɔi^{42}	fai^{11}	fai^{22}	fei^{45}
微	止合三 平微微	moe^{21}	bai^{21}	mɐi^{42}	mai^{11}	mai^{22}	bai^{45}
尾	止合三 上尾微	mo^{2}ʔe^{23}	bai^{21} 狗～粟 ba^{3}ʔi^{35}	mɔi^{33}	mai^{12}	mai^{3}	bei^{21} 狗～粟 bei^{4}
未	止合三 去未微	moe^{22}	bai^{22}	mɔi^{11}	mai^{31}	mai^{44}	bai^{22}
味	止合三 去未微	moe^{22}	bai^{22}	mɔi^{11}	mai^{31}	mai^{44}	bai^{22}
归	止合三 平微见	koe^{13}	kuai^{12}	kɔi^{11}	kuoi^{33}	kuai^{44}	kvei^{51}
鬼	止合三 上尾见	koe^{24}	kuai^{24}	kɔi^{24}	kuoi^{214}	kuai^{314}	kvei^{324}
贵	止合三 去未见	koe^{44}	kuai^{44}	kɔi^{55}	kuoi^{53}	kuai^{45}	kvei^{44}

单字	中古音	大村	向阳	石陂	周田	石塘	桂头
魏	止合三 去未疑	ŋoe^{22}	gɛi^{22}▲	ŋɔi^{24}	ŋuoi^{31}	ŋuai^{44}	gei^{22}
挥	止合三 平微晓	foe^{13}	fai^{12}	fɔi^{11}	fai^{33}	fai^{44}	fei^{51}
威	止合三 平微影	voe^{13}	vai^{12}	vɔi^{11}	vai^{33}	uai^{44}	vei^{51}
慰	止合三 去未影	voe^{24}▲	vai^{24}▲	vɔi^{24}	vai^{31}	uai^{314}▲	vei^{22}
违	止合三 平微云	voe^{21}	vai^{21}	vɔi^{42}	vai^{11}	uai^{22}	vei^{45}
围	止合三 平微云	voe^{21}	vai^{21}	vɔi^{42}	vai^{11}	uai^{22}	vei^{45}
伟	止合三 上尾云	voe^{24}	vai^{24}	vɔi^{24}	vai^{214}	uai^{314}	vei^{324}
胃	止合三 去未云	voe^{22}	vai^{22}	vɔi^{24}	vai^{31}	uai^{45}▲	vei^{22}
谓	止合三 去未云	voe^{22}	vai^{22}	vɔi^{24}	vai^{31}	uai^{44}	vei^{22}
保	止合三 上皓帮	pᴀu^{24}	pau^{24}	pau^{24}	pau^{214}	pau^{314}	po^{324}
宝	效开一 上皓帮	pᴀu^{24}	pau^{24}	pau^{24}	pau^{214}	pau^{314}	po^{324}
报	效开一 去号帮	pᴀu^{44}	pau^{44}	pau^{55}	pau^{53}	pau^{45}	po^{44}
袍	效开一 平豪並	p‘ᴀu^{21}	p‘au^{21}	p‘au^{42}	p‘au^{11}	p‘au^{22}	po^{45}
抱	效开一 上皓並	p‘ᴀu^{44}	p‘au^{44}	p‘au^{11}	p‘au^{214}▲	p‘au^{314}▲	p‘o^{21}
暴	效开一 去号並	pᴀu^{44}▲	p‘au^{44}▲	pau^{55}▲	p‘au^{53}▲	p‘au^{45}▲	po^{44}▲
菢孵	效开一 去号並	p‘ᴀu^{22}	p‘au^{22}	pø^{11}▲	p‘au^{31} 赖～鸡婆 pu^{33}～鸡仔▲	p‘au^{44}	pei^{22}▲
毛	效开一 平豪明	mᴀu^{21} mᴀ^{4}ʔu^{45} 松～	bau^{21} ba^{3}ʔu^{35} 松～	mau^{42}～蛇仔 mau^{11} 姓氏▲ mau^{33} 松～	mau^{11} 姓氏 mau^{33} 松～▲ mau^{12} 孩～仔	mau^{22} mau^{3} 松～	bo^{45} bo^{4} 松～
冒	效开一 去号明	mᴀu^{22}	bau^{22}	mau^{24}	mau^{31}	mau^{44}	bo^{22}
帽	效开一 去号明	mᴀ^{4}ʔu^{45}	ba^{3}ʔu^{35}	mau^{33}	mau^{3}	mau^{3}	bo^{4}
刀	效开一 平豪端	tᴀ^{2}ʔu^{23}	ta^{3}ʔu^{35}	tau^{33}	tau^{33}	tau^{44}	o^{4}
岛	效开一 上皓端	tᴀu^{24}	tau^{24}	tau^{24}	tau^{214}	tau^{314}	o^{324}
到	效开一 去号端	tᴀu^{44}	tau^{44}	tau^{55}	tau^{53}	tau^{45}	o^{44}
倒～水	效开一 去号端	tᴀu^{24}▲	tau^{24}▲	tau^{24}▲	tau^{214}▲	tau^{314}▲	o^{324}▲

单字	中古音	大村	向阳	石陂	周田	石塘	桂头
讨	效开一 上皓透	tʻᴀu^{24}	tʻau^{24}	tʻau^{24}	tʻau^{214}	tʻau^{314}	tʻo^{324}
套	效开一 去号透	tʻᴀu^{44}	tʻau^{44}	tʻau^{55}	tʻau^{53}	tʻau^{45}	tʻo^{44}
桃	效开一 平豪定	tʻᴀ^{4}ʔu^{45}	tʻau^{21}～花 tʻa^{3}ʔu^{35}	tʻau^{33}	tʻau^{11}～花 tʻau^{3}	tʻau^{3}	to^{4}
逃	效开一 平豪定	tʻᴀu^{21}	tʻu^{21}▲	tʻau^{42}	tʻau^{11}	tʻau^{22}	to^{45}
陶	效开一 平豪定	tʻᴀu^{21}	tʻau^{21}	tʻau^{42}	tʻau^{11}	tʻau^{22}	to^{45}
道	效开一 上皓定	tʻᴀu^{22}	tʻau^{22}	tʻau^{11}	tʻau^{31}	tʻau^{44}	to^{22}
稻	效开一 上皓定	tʻᴀu^{13}▲	tʻau^{22}	tʻau^{11}	tʻau^{31}	tʻau^{44}	tʻo^{51}▲
导	效开一 去号定	tʻᴀu^{22}	tʻau^{22}	tʻau^{55}▲	tʻau^{31}	tʻau^{45}▲	tʻo^{44}▲
脑	效开一 上皓泥	lᴀu^{44}～囟 lᴀ^{2}ʔu^{23}	lau^{44}～门 la^{3}ʔu^{35}	nau^{33}	nau^{53}	lau^{45}～门 lau^{3}	lo^{21} lo^{4} 头～壳
劳	效开一 平豪来	lᴀu^{21}	lau^{21}	lau^{42}	lau^{11}	lau^{22}	lo^{45}
牢	效开一 平豪来	lᴀu^{21}	lu^{21}▲	lau^{42}	lau^{11}	lau^{22}	lo^{45}
老	效开一 上皓来	lᴀu^{44} lᴀu^{24}	lau^{44} lau^{24}	lau^{55}	lau^{53} lau^{214}	lau^{45} lau^{314}	lo^{21} lo^{324}
捞	效开一 平豪来	lᴀu^{21}	lau^{21}	lau^{42}	lau^{11}	lau^{22}	lo^{45}
糟	效开一 平豪精	tsᴀu^{13}	tsau^{12}	tsau^{11}	tsau^{33}	tsau^{44}	tso^{51}
早	效开一 上皓精	tsᴀu^{24}	tsau^{24}	tsau^{24}	tsau^{214}	tsau^{314}	tso^{324}
枣	效开一 上皓精	tsᴀ^{2}ʔu^{23}	tsa^{3}ʔu^{35}	tsau^{24}	tsau^{12}	tsau^{3}	tso^{4}
灶	效开一 去号精	tsᴀu^{44}	tsau^{44}	tsau^{55}	tsau^{53}	tsau^{45}	tso^{44}
操体～	效开一 平豪清	tsʻᴀu^{13}	tsʻau^{12}	tsʻau^{11}	tsʻau^{33}	tsʻau^{44}	tsʻo^{51}
草	效开一 上皓清	tsʻᴀu^{24}	tsʻau^{24}	tsʻau^{24}	tsʻau^{214}	tsʻau^{314}	tsʻo^{324}
曹	效开一 平豪从	tsʻᴀu^{21}	tsʻau^{21}	tsʻau^{42}	tsʻau^{11}	tsʻau^{22}	tsʻo^{45}
皂	效开一 上皓从	tsʻᴀu^{44}	tsʻau^{44}	tsʻau^{55}	tsau^{53}▲	tsʻau^{55}	tsʻo^{22}
造	效开一 上皓从	tsʻᴀu^{22}	tsʻau^{22}	tsʻau^{55}	tsʻau^{31}	tsʻau^{44}	tsʻo^{21}
臊～气	效开一 平豪心	sᴀu^{13}	sau^{12}	sau^{11}	sau^{33}	sau^{44}	so^{51}

单字	中古音	大村	向阳	石陂	周田	石塘	桂头
扫~地	效开一上皓心	sᴀu^{44}▲	sau^{44}▲	sau^{55}▲	sau^{53}▲	sau^{45}▲	so^{44}▲
嫂	效开一上皓心	sᴀu^{24}	sau^{24}	sau^{24}	sau^{214} 姊~ sau^{12}	sau^{314} sau^{3} 子~	so^{324} so^{4} 大~
扫~帚	效开一去号心	sᴀu^{44} sᴀ^{2}ʔu^{23} 芒花~	sau^{44} sa^{3}ʔu^{35} 芒秆~	sau^{55}	sau^{53}	sau^{45} sau^{3} 芒~	so^{44}
高	效开一平豪见	kᴀu^{13}	kau^{12} ka^{3}ʔu^{35} 面~	kau^{11}	kau^{33}	kau^{44}	ko^{51}
糕	效开一平豪见	kᴀu^{13}	kau^{12}	kau^{11}	kau^{33}	kau^{44}	ko^{51}
稿	效开一上皓见	kᴀu^{24}	kau^{24}	kau^{24}	kau^{214}	kau^{3}	ko^{324}
告	效开一去号见	kᴀu^{44}	kau^{44}	kau^{55}	kau^{53}	kau^{45}	ko^{44}
考	效开一上皓溪	kʻᴀu^{24}	kʻau^{24}	kʻau^{24}	kʻau^{214}	kʻau^{314}	kʻo^{324}
靠	效开一去号溪	kʻᴀu^{44}	kʻau^{44}	kʻau^{55}	kʻau^{53}	kʻau^{45}	kʻo^{44}
熬	效开一平豪疑	ŋᴀu^{21}	gau^{21}	ŋau^{42}	ŋau^{11}	ŋau^{22}	go^{45}
蒿	效开一平豪晓	kʻᴀu^{13}	hau^{12}	kʻɔu^{11}▲	kʻau^{33}	kʻau^{44}	
好~坏	效开一上皓晓	hᴀu^{24}	hau^{24}	hau^{24}	hau^{214}	hau^{314}	ho^{324}
好喜~	效开一去号晓	hᴀu^{44}	hau^{44}	hau^{55}	hau^{53}	hau^{45}	ho^{44}
毫	效开一平豪匣	hᴀu^{21}	hau^{21}	hau^{42}	hau^{11}	hau^{22}	ho^{45}
号~码	效开一去号匣	hᴀu^{22}	hau^{22}	hau^{11}	hau^{31}	hau^{44}	ho^{22}
袄	效开一上皓影	ᴀu^{24}	au^{24}	au^{24}	au^{214}	au^{314}	o^{324}
奥	效开一去号影	ᴀu^{44}	au^{44}	au^{55}	au^{53}	au^{45}	o^{44}
包	效开二平肴帮	pᴀu^{13}	pau^{12}	pau^{11}	pau^{33}	pau^{44}	po^{51} po^{4} 一~烟
饱	效开二上巧帮	pᴀu^{24}	pau^{24}	pau^{24}	pau^{214}	pau^{314}	po^{324}
豹	效开二去效帮	pᴀu^{44}	pʻau^{44}▲	pau^{55}	pau^{53}	pa^{3} 话音 pʻau^{45} 字音▲	po^{44}
爆	效开二去效帮	pᴀu^{44}	pau^{44}	pau^{55}	pʻau^{53}	pau^{45}	po^{44}
泡	效开二平肴滂	pʻᴀ^{2}ʔu^{23}	pʻa^{3}ʔu^{35}	pʻau^{33}	pʻau^{12}	pʻau^{45} 脚~▲ pʻau^{3} 水~	pʻo^{44}▲ pʻo^{4} 水~
炮	效开二去效滂	pʻᴀu^{44}	pʻau^{44}	pʻau^{55}	pʻau^{53}	pʻau^{45}	pʻo^{44}

单字	中古音	大村	向阳	石陂	周田	石塘	桂头
跑	效开二 平肴並	pʻᴀu^{24}▲	pʻau^{24}▲	pʻau^{11}▲	pʻau^{214}▲	pʻau^{314}▲	pʻo^{324}▲
猫	效开二 平肴明	miᴀ^{4}ʔu^{45}▲	bau^{21} ba^{3}ʔu^{35}～头鹰	miu^{33}▲	miau^{3}▲	miau^{22}～□mai^{3} miau^{3}▲	bo^{45} bo^{4}～牯□tso^{324}
貌	效开二 去效明	mᴀu^{22}	bau^{22}	mau^{24}	mau^{31}	mau^{44}	bo^{22}
闹	效开二 去效泥	lᴀu^{22}	lau^{22}	nau^{11}	nau^{31}	lau^{44}	lo^{22}
罩	效开二 去效知	tsᴀu^{44} 动词 tsᴀ^{2}ʔu^{23} 名词	tsau^{44} 动词 tsa^{3}u^{35} 名词	tsau^{55}	tsau^{53}	tsau^{3}	tso^{44}
爪～子	效开二 上巧庄	tsᴀu^{24}	tsau^{24}	tsau^{24}	tsau^{214}	tsau^{314}	tso^{324}
抄	效开二 平肴初	tsʻᴀu^{13}	tsʻau^{12}	tsʻau^{11}	tsʻau^{33}	tsʻau^{44}	tsʻo^{51}
炒	效开二 上巧初	tsʻᴀu^{24}	tsʻau^{24}	tsʻau^{24}	tsʻau^{214}	tsʻau^{314}	tsʻo^{324}
吵	效开二 上巧初	tsʻᴀu^{21}▲	tsʻau^{21}▲	tsʻau^{42}▲	tsʻau^{11}▲	tsʻau^{314}	tsʻo^{45}▲
巢	效开二 平肴崇	tsʻᴀu^{21}	tsʻau^{21}	tsʻau^{42}	tsʻau^{11}	tsʻau^{22}	tsʻo^{45}
稍	效开二 去效生	sᴀu^{13}▲	sau^{12}▲	sau^{55}▲	siau^{33}▲	siau^{44}▲	sau^{324}▲
交	效开二 平肴见	kᴀu^{13}	kau^{12}	kau^{11}	kau^{33}	kau^{44}	ko^{51}
胶～布	效开二 平肴见	kᴀu^{13}	kau^{12}	kau^{11}	kau^{33}	kau^{44}	ko^{51}
搅	效开二 上巧见	kᴀu^{24}	kau^{24}	kau^{24}	kau^{214}	kau^{314}	ko^{324}
搞	效开二 上巧见	kᴀu^{24}	kau^{24}	kau^{24}	kau^{214}	kau^{314}	ko^{324}
教～育	效开二 去效见	kᴀu^{44}	kau^{44}	kau^{55}	kau^{53}	kau^{45} 话音 kiau^{45} 字音	ko^{44}
觉睡～	效开二 去效见	kᴀu^{44}	kau^{44}	kau^{55}	kia^{53}	kau^{45}	ko^{44}
巧	效开二 上巧溪	kʻᴀu^{24}	kʻau^{24}	kʻau^{24}	kʻiau^{214}	kʻiau^{314}	kʻo^{324}
咬	效开二 上巧疑	ŋᴀu^{44}	gau^{44}	ŋau^{55}	ŋia^{53}	ŋau^{45}	go^{21}
孝	效开二 去效晓	hᴀu^{44}	hau^{44}	hau^{55}	hau^{53}	hau^{45} 话音 siau^{45} 字音	ho^{44}
效	效开二 去效匣	hᴀu^{22}	hau^{22}	hau^{11}	hau^{31}	hau^{44}	ho^{44}
校学～	效开二 去效匣	kᴀ^{2}ʔu^{23}▲	hau^{22}	kau^{24}▲	kau^{12}▲	hau^{44}	ko^{324}▲
标	效开三 平宵帮	piᴀu^{13}	piu^{12}	piu^{11}	piau^{33}	piau^{44}	pɛi^{51}

单字	中古音	大村	向阳	石陂	周田	石塘	桂头
表手～	效开三上小帮	piᴀu^{13}▲	piu^{12}▲	piu^{11}▲	piau^{33}▲	piau^{44}▲	pɛi^{51}▲
表～格	效开三上小帮	piᴀu^{24}	piu^{24}	piu^{24}	piau^{214}	piau^{314}	pɛi^{324}
飘	效开三平宵滂	pʻiᴀu^{13}	pʻiu^{12}	pʻiu^{11}	pʻiau^{33}	pʻiau^{44}	pʻɛi^{51}
票车～	效开三去笑滂	pʻiᴀ^{2}ʔu^{23}	pʻi^{3}ʔu^{35}	pʻiu^{33}	pʻiau^{12}	pʻiau^{3}	pʻɛi^{4}
薸浮萍	效开三平宵並	pʻiᴀ^{4}ʔu^{45}	pʻi^{3}ʔu^{35}	pʻiu^{33}	pʻiau^{3}	pʻiau^{3}	pɛi^{4}
苗	效开三平宵明	miᴀu^{21}	biu^{21}	miu^{42}	miau^{11}	miau^{22}	bɛi^{45}
秒	效开三上小明	miᴀu^{24}	biu^{24}	miu^{24}	miau^{214}	miau^{314}	bɛi^{324}
庙	效开三去笑明	miᴀ^{4}ʔu^{45}	bi^{3}ʔu^{35}	miu^{11}	miau^{31}	miau^{44}	bɛi^{22}
妙	效开三去笑明	miᴀu^{22}	biu^{22}	miu^{24}	miau^{31}	miau^{314}▲	bɛi^{22}
疗	效开三去笑来	liᴀu^{21}▲	liu^{21}▲	liu^{42}▲	liau^{11}▲	liau^{22}▲	lɛi^{45}▲
焦	效开三平宵精	tsiᴀu^{13}	tsiu^{12}	tsiu^{11}	tsiau^{33}	tsiau^{44}	tsɛi^{51}
椒	效开三平宵精	tsiᴀ^{2}ʔu^{23}	tsi^{3}ʔu^{35}	tsiu^{11}	tsiau^{33}	tsiau^{44}	tsɛi^{4}
嘸嚼	效开三去笑从	tsʻiᴀu^{22}	tsʻiu^{22}	tsʻiu^{11}	tsʻiau^{31}	tsʻiau^{44}	tsʻɛi^{22}
消	效开三平宵心	siᴀu^{13}	siu^{12}	siu^{11}	siau^{33}	siau^{44}	sɛi^{51}
小	效开三上小心	siᴀu^{24}	siu^{24}	siu^{24}	siau^{214}	siau^{314}	sɛi^{324}
笑	效开三去笑心	siᴀu^{44}	siu^{44}	siu^{55}	siau^{53}	siau^{45}	sɛi^{44}
朝今～	效开三平宵知	tiᴀu^{13}	tsiu^{12}	ʧiu^{11}	tsau^{33}	tsiau^{44}	ɛi^{51}～□lei^{4} ɛi^{4}早～
超	效开三平宵彻	tsʻiᴀu^{13}	tsʻiu^{12}	ʧiu^{11}	tsʻau^{33}	tsʻiau^{44}	tsʻɛi^{51}
朝～代	效开三平宵澄	tsʻiᴀu^{21}	tsʻiu^{21}	ʧiu^{42}	tsʻau^{11}	tsʻiau^{22}	tsʻɛi^{45}
潮	效开三平宵澄	tsʻiᴀu^{21}	tsʻiu^{21}	ʧiu^{42}	tsʻau^{11}	tsʻiau^{22}	tsʻɛi^{45}
赵	效开三上小澄	tsʻiᴀu^{22}	tsʻiu^{22}	ʧiu^{24}	tsʻau^{31}	tsʻiau^{44}	tsʻɛi^{22}
召	效开三去笑澄	tsʻiᴀu^{22}	tsʻiu^{22}	ʧiu^{24}	tsau^{33}▲	tsiau^{44}▲	tsɛi^{324}▲
昭	效开三平宵章	tsiᴀu^{13}	tsiu^{12}	ʧiu^{11}	tsau^{33}	tsiau^{44}	tsɛi^{51}

单字	中古音	大村	向阳	石陂	周田	石塘	桂头
招	效开三平宵章	tsiᴀu^{13}	tsiu^{12}	ʧiu^{11}	tsau^{33}	tsiau^{44}	tsɛi^{51}
照	效开三去笑章	tsiᴀu^{44}	tsiu^{44}	ʧiu^{55}	tsau^{53}	tsiau^{45}	tsɛi^{44}
烧	效开三平宵书	siᴀu^{13}	siu^{12}	ʃiu^{11}	sau^{33}	siau^{44}	sɛi^{51}
少多～	效开三上小书	siᴀu^{24}	siu^{24}	ʃiu^{24}	sau^{214}	siau^{314}	sɛi^{324}
少～年	效开三去笑书	siᴀu^{44}	siu^{44}	ʃiu^{55}	sau^{53}	siau^{45}	sɛi^{44}
绍	效开三上小禅	tsʻiᴀu^{22}▲	siu^{22}	ʧʻiu^{24}▲	sau^{53}	siau^{45}	tsɛi^{324}▲
饶	效开三平宵日	ȵiᴀu^{21}	jiu^{21}	ȵiu^{42}	ȵiau^{11}	ȵiau^{22}	jɛi^{45}
骄	效开三平宵见	kiᴀu^{13}	kiu^{12}	kiu^{11}	kiau^{33}	kiau^{44}	kɛi^{51}
桥	效开三平宵群	kʻiᴀu^{21}	kʻiu^{21}	kʻiu^{42}	kʻiau^{11}	kʻiau^{22}	kʻɛi^{45}
轿	效开三去笑群	kʻiᴀu^{22} 八～佬 kʻiᴀ^{4}ʔu^{45}	kʻi^{3}ʔu^{35}	kʻiu^{33}	kʻiau^{3}	kʻiau^{3}	kʻɛi^{4}
嚣	效开三平宵晓	hiᴀu^{13}	hiu^{12}	ʃiu^{11}	siau^{33}	siau^{44}	hɛi^{51}
妖	效开三平宵影	jiᴀu^{13}	jiu^{12}	iu^{11}	iau^{33}	iau^{44}	jɛi^{51}
要～求	效开三平宵影	jiᴀu^{13}	jiu^{12}	iu^{11}	iau^{33}	iau^{44}	jɛi^{51}
要重～	效开三去笑影	jiᴀu^{44}	jiu^{44}	iu^{55}	iau^{53}	iau^{45}	jɛi^{44}
摇	效开三平宵以	jiᴀu^{21}	jiu^{21}	iu^{42}	iau^{11}	iau^{22}	jɛi^{45}
窑	效开三平宵以	jiᴀu^{21}	jiu^{21}	iu^{42}	iau^{11}	iau^{22}	jɛi^{45}
舀	效开三上小以	jiᴀu^{24}	jiu^{24}	iu^{24}	iau^{214}	iau^{314}	jœy^{324}▲
耀	效开三去笑以	jiᴀu^{22}	jiu^{22}	iu^{24}	iau^{31}	iau^{45}▲	jɛi^{44}▲
鹞	效开三去笑以	jiᴀ^{2}ʔu^{23}	ji^{3}ʔu^{35}	iu^{24}	iau^{3}	iau^{3}	jɛi^{4}
刁	效开四平萧端	tiᴀu^{13}	tiu^{12}	tiu^{11}	tiau^{33}	tiau^{44}	ɛi^{51}
鸟	效开四上篠端	tiᴀu^{24}	tɔ^{24} 交合▲ ti^{3}ʔu^{35} 动物	tiu^{24} 交合 tiu^{33} 动物	tiau^{214} 交合 tiau^{12} 动物	tiau^{314} 交合 liau^{314} 动物	ɛi^{324}
钓	效开四去啸端	tiᴀu^{44}	tiu^{44}	tiu^{55}	tiau^{53}	tiau^{45}	ɛi^{44}
挑	效开四平萧透	tʻiᴀu^{13}	tʻiu^{12}	tʻiu^{11}	tʻiau^{33}	tʻiau^{44}	tʻɛi^{51}

单字	中古音	大村	向阳	石陂	周田	石塘	桂头
跳	效开四 去啸透	tʻiᴀu^{44}	tʻiu^{44}	tʻiu^{55}	tʻiau^{53}	tʻiau^{45}	tʻɛi^{44}
粜卖出	效开四 去啸透	tʻiᴀu^{44}	tʻiu^{44}	tʻiu^{55}	tʻiau^{53}	tʻiau^{45}	tʻɛi^{44}
条	效开四 平萧定	tʻiᴀu^{21} tʻiᴀ^{4}ʔu^{45} 雪～	tʻiu^{21} tʻiu^{24} 雪～▲	tʻiu^{42} tʻiu^{33} 雪～	tʻiau^{11} tʻiau^{3} 雪～	tʻiau^{22} tʻiau^{3} 雪～	tɛi^{45} tɛi^{4} 雪～
调～动	效开四 去啸定	tʻiᴀu^{22}	tʻiu^{22}	tʻiu^{24}	tʻiau^{31}	tiau^{45}▲	tɛi^{22}
尿	效开四 去啸泥	liᴀu^{22}	liu^{22}	ȵiu^{11}	ȵiau^{31}	liau^{44}	lɛi^{22}
聊	效开四 平萧来	liᴀu^{21}	liu^{21}	liu^{42}	liau^{11}	liau^{22}	lɛi^{45}
了～解	效开四 上筱来	liᴀu^{24}	liu^{44}	liu^{55}	liau^{53}	liau^{45}	lɛi^{324}▲
料	效开四 去啸来	liᴀu^{22}	liu^{22} li^{3}ʔu^{35} 肥～	liu^{11}	liau^{31}	liau^{44}	lɛi^{22}
萧	效开四 平萧心	siᴀu^{13}	siu^{12}	siu^{11}	siau^{33}	siau^{44}	sɛi^{51}
缴	效开四 上筱见	kiᴀu^{24}	kiu^{24}	kiu^{24}	kiau^{214}	kiau^{314}	kɛi^{324}
叫	效开四 去啸见	kiᴀu^{44}	kiu^{44}	kiu^{55}	kiau^{53}	kiau^{45}	kɛi^{44}
尧	效开四 平萧疑	ȵiᴀu^{21}	jiu^{21}	ȵiu^{42}	iau^{11}	ȵiau^{22}	jɛi^{45}
晓	效开四 上筱晓	hiᴀu^{24}	hiu^{24}	ʃiu^{24}	siau^{214}	siau^{314}	hɛi^{324}
某	流开一 上厚明	mᴀ^{2}ʔi^{23}	bɔ^{44}	mø^{24}	mia^{214}	mie^{314}	bei^{21}
亩	流开一 上厚明	mᴀi^{44}	bɔ^{44}	mø^{55}	mia^{214}	mie^{45}	bei^{21}
牡	流开一 上厚明	mᴀi^{22}▲	bɔ^{44}	mø^{24}	mia^{31}▲	mie^{45}	bei^{22}▲
母	流开一 上厚明	mᴀi^{24} mʉ^{44} 老～	bu^{44}	mu^{55}	mu^{53}	mu^{45}	bau^{21}
贸	流开一 去候明	mᴀi^{22}	bɔ^{22}	mø^{11}	mia^{31}	mie^{44}	bei^{22}
兜	流开一 平侯端	tᴀi^{13}	tɔ^{12}	tø^{11}	tia^{33}	tie^{44}	ei^{51}
斗	流开一 上厚端	tᴀi^{24}	tɔ^{24} tɔ^{3}ʔɔ^{35} 跟～	tø^{24} tø^{33} 跟～	tia^{214} tia^{12} 跟～	tie^{314}	ei^{324} øy^{4} 跟～▲
陡	流开一 上厚端	tᴀi^{24}	tɔ^{24}	tø^{24}	tia^{214}	tie^{314} tie^{3}～梯	ei^{324}
斗～争	流开一 去候端	tᴀi^{44}	tɔ^{44}	tø^{55}	tia^{53}	tie^{45}	ei^{44}
偷	流开一 平侯透	tʻᴀi^{13}	tʻɔ^{12}	tʻø^{11}	tʻia^{33}	tʻie^{44}	tʻei^{51}

单字	中古音	大村	向阳	石陂	周田	石塘	桂头
敨	流开一 上厚透	tʻᴀi^{24}	tʻɔ^{24}	tʻø^{24}	tʻia^{214}	tʻie^{314}	tʻei^{324}
透	流开一 去候透	tʻᴀi^{44}	tʻɔ^{44}	tʻø^{55}	tʻia^{53}	tʻie^{45}	tʻei^{44}
头	流开一 平侯定	tʻᴀi^{21} tʻᴀ^{4}ʔi^{45} 热～	tʻɔ^{21} tʻɔ^{3}ʔɔ^{35} 热～	tʻø^{42} tʻø^{33} 热～	tʻia^{11} tʻia^{3} 热～	tʻie^{22} tʻie^{3} 热～	tei^{45} tei^{4} 热～
豆	流开一 去候定	tʻᴀi^{22}～角 tʻᴀ^{4}ʔi^{45} 黄～	tʻɔ^{22}～角 tʻɔ^{3}ʔɔ^{35} 黄～	tʻø^{11}～角 tʻø^{33} 黄～	tʻia^{31}～角 tʻia^{3} 黄～	tʻie^{44}～角 tʻie^{3} 黄～	tei^{22}～角 tei^{4} 黄～
逗	流开一 去候定	tʻᴀi^{22}	tʻɔ^{22}	tʻø^{33}	tʻia^{3}	tie^{45}▲	tei^{4}
楼	流开一 平侯来	lᴀi^{21}	lɔ^{21}	lø^{42}	lia^{11}	lie^{22}	lei^{45}
漏	流开一 去候来	lᴀi^{22}	lɔ^{22}	lø^{11}	lia^{31}	lie^{44}	lei^{22}
走	流开一 上厚精	tsᴀi^{24}	tsɔ^{24}	tsø^{24}	tsia^{214}	tsie^{314}	tsei^{324}
奏	流开一 去候精	tsᴀi^{44}	tsɔ^{44}	tsø^{55}	tsia^{53}	tsie^{45}	tsei^{44}
凑	流开一 去候清	tsʻᴀi^{44}	tsʻɔ^{44}	tsʻø^{55} tsʻø^{33} 相～	tsʻia^{53}	tsʻie^{45}	tsʻei^{44}
勾	流开一 平侯见	kᴀi^{13}	kɔ^{12}	kø^{11}	kia^{33}	kie^{44}	kei^{51}
钩	流开一 平侯见	kᴀi^{13} 动词 kᴀ^{2}ʔi^{23} 名词	gɔ^{12} 动词▲ gɔ^{3}ʔɔ^{35} 名词▲	kø^{11} 动词 kø^{33} 名词	kia^{33} 动词 kia^{12} 名词	kie^{44} 动词 kie^{3} 名词	kei^{51} 动词 kei^{4} 名词
沟	流开一 平侯见	kᴀi^{13}	kɔ^{12}	kø^{11}	kia^{33}	kie^{44}	kei^{4}
狗	流开一 上厚见	kᴀi^{24}	kɔ^{24}	kø^{24}	kia^{214}	kie^{314}	kei^{324}
够	流开一 去候见	kᴀi^{44}	kɔ^{44}	kø^{55}	kia^{53}	kie^{45}	kei^{44}
构	流开一 去候见	kᴀi^{44}	kʻɔ^{44}▲	kø^{55}	kia^{53}	kie^{45}	kei^{44}
口	流开一 上厚溪	hᴀi^{24}	hɔ^{24}	hø^{24}	hia^{214}	kʻie^{314} kʻie^{3}□lie^{44}～	kʻei^{324}
扣	流开一 去候溪	kʻᴀi^{44}	kʻɔ^{44}	kʻø^{55}	kʻia^{53}	kʻie^{45}	kʻei^{44}
藕	流开一 上厚疑	ŋᴀi^{44}	gɔ^{44}	ŋø^{24}	ŋia^{214}	ŋie^{45}	gyẽ^{21}▲
偶配～	流开一 上厚疑	ŋᴀi^{22}	gɔ^{44}	ŋø^{24}	ŋia^{214}	ŋie^{314}	gei^{324}
侯	流开一 平侯匣	hᴀi^{21}	hɔ^{21}	hø^{42}	hia^{11}	hie^{22}	hei^{45}
喉	流开一 平侯匣	hᴀi^{21}	hɔ^{21}	hø^{42}	hia^{11}	hie^{22}	høy^{45}▲
猴	流开一 平侯匣	hᴀ^{4}ʔi^{45}	hɔ^{3}ʔɔ^{35}	hø^{33}	hia^{11}～哥 hia^{3}～仔	hie^{3}	hei^{4}

单字	中古音	大村	向阳	石陂	周田	石塘	桂头
后	流开一 上厚匣	hᴀi^{44}～年 hᴀi^{22}～世	hɔ^{44}～年 hɔ^{22}～世	hø^{55}～年 hø^{11}～世 hø^{24}～□sɿ^{24}背	hia^{53}～年 hia^{31}～世	hie^{45}～年 hie^{44}～背	hei^{21}～年 hei^{22}岭～
厚	流开一 上厚匣	hᴀi^{44}	hɔ^{44}	hø^{55}	hia^{53}	hie^{45}	hei^{21}
候	流开一 去候匣	hᴀi^{22} hᴀ^{4}ʔi^{45}时～	hɔ^{3}ʔɔ^{35}	hø^{33}	hia^{31}	hie^{44} hie^{3}时～	hei^{4}
欧	流开一 平侯影	ᴀi^{13}	gɔ^{12}▲	ø^{11}	ʔia^{33}	ie^{44}	ei^{51}
呕	流开一 上厚影	ᴀi^{24}	ɔ^{24}	ø^{24}	ʔia^{214}	ie^{314}	ei^{324}
沤～肥	流开一 去候影	ᴀi^{44}	ɔ^{44}	ø^{55}	ʔia^{53}	ie^{45}	ei^{44}
否	流开三 上有非	fᴀi^{24}	fɔ^{24}	fø^{24}	fia^{214}	fie^{314}	fei^{324}
富	流开三 去宥非	fʉ^{44}	fu^{44}	fu^{55}	fu^{53}	fu^{45}	fu^{44}
副	流开三 去宥敷	fʉ^{44}	fu^{44}	fu^{55}	fu^{53}	fu^{45}	fu^{44}
浮	流开三 平尤奉	fᴀi^{21}	fɔ^{21}	fø^{42}	fia^{11}	fie^{22}	fei^{45}
妇	流开三 上有奉	fʉ^{44}～女 pʉ^{2}ʔʉ^{23}新～▲	fu^{22}～女 pu^{3}ʔu^{35}新～▲	fu^{11}～女 p‘u^{33}新～	fu^{31}～女 pu^{12}新～▲	fu^{45}～女 pu^{45}新～娘▲ pu^{3}新～▲	p‘au^{21}新～：儿媳▲ fu^{22}～女 p‘ei^{4}新～：新娘
负	流开三 上有奉	fʉ^{22}	fu^{22}	fu^{11}	fu^{31}	fu^{44}	fu^{22}
谋	流开三 平尤明	mᴀi^{21}	bɔ^{21}	mø^{42}	mia^{11}	mie^{22}	bei^{45}
矛	流开三 平尤明	mᴀu^{21}	bau^{21}	mau^{42}	mau^{11}	mau^{22}	bo^{45}
纽	流开三 上有泥	liu^{24}	liu^{24}	nø^{24}扣～ nɛu^{24}字音	ŋiu^{214}	liu^{314}	liu^{324}
流	流开三 平尤来	liu^{21}	liu^{21}	lɛu^{42}	liu^{11}	liu^{22}	liu^{45}
刘	流开三 平尤来	liu^{21}	liu^{21}	lɛu^{42}	liu^{11}	liu^{22}	liu^{45}
留	流开三 平尤来	liu^{21}	liu^{21}	lɛu^{42}	liu^{11}	liu^{22}	liu^{45}
柳	流开三 上有来	liu^{24}	li^{3}ʔu^{35}	lɛu^{33}	ŋiu^{214}～笔▲ liu^{12}	liu^{3}	liu^{4}
酒	流开三 上有精	tsiu^{24}	tsiu^{24}	tsɛu^{24}	tsiu^{214}	tsiu^{314}	tsiu^{324}
秋	流开三 平尤清	ts‘iu^{13}	ts‘iu^{12}	ts‘ɛu^{11}	ts‘iu^{33}	ts‘iu^{44}	ts‘iu^{51}
就	流开三 去宥从	ts‘iu^{22}	ts‘iu^{22}	ts‘ɛu^{11}	ts‘iu^{31}	ts‘iu^{44}	ts‘iu^{22}
修	流开三 平尤心	siu^{13}	siu^{12}	sɛu^{11}	siu^{33}	siu^{44}	siu^{51}

单字	中古音	大村	向阳	石陂	周田	石塘	桂头
秀	流开三 去宥心	siu^{44}	siu^{44}	sɛu^{55}	siu^{53}	siu^{45}	siu^{44}
绣	流开三 去宥心	siu^{44}	siu^{44}	sɛu^{55}	siu^{53}	siu^{45}	siu^{44}
袖	流开三 去宥邪	tsʻiu^{22}	tsʻiu^{22}	tsʻɛu^{11}	tsʻiu^{31}	tsʻiu^{44}	tsʻiu^{22}
昼	流开三 去宥知	tsiu^{44}～夜 ti^{2}ʔu^{23} 上～	tsɔ^{44}～夜 ti^{3}ʔu^{35} 上～	ʧau^{33}	tsiu^{53} 上～ tsau^{53}～夜	tsiu^{45}～夜 tiu^{3} 上～	jiu^{4}
抽	流开三 平尤彻	tsʻiu^{13}	tsʻiu^{12}	ʧʻau^{11}	tsʻiu^{33}	tsʻiu^{44}	tsʻiu^{51}
丑	流开三 上有彻	tsʻiu^{24}	tsʻiu^{24}	ʧʻau^{24}	tsʻiu^{214}	tsʻiu^{314}	tsʻiu^{324}
绸	流开三 平尤澄	tsʻiu^{21}	tsʻiu^{21}	ʧʻau^{42}	tsʻiu^{11}	tsʻiu^{3}	tsʻiu^{4}
宙	流开三 去宥澄	tsʻiu^{22}	tsʻiu^{22}	ʧau^{33}▲	tsʻiu^{31}	tsʻiu^{45}	tsʻiu^{22}
邹	流开三 平尤庄	tsʌi^{13}	tsɔ^{12}	tsø^{11}	tsia^{33}	tsie^{44}	tsei^{51}
皱	流开三 去宥庄	tsiu^{44}	tsɔ^{44}	tsø^{55}	tsiu^{53}	tsie^{45}	tsei^{44}
愁	流开三 平尤崇	sʌi^{21}▲	tsʻɔ^{21}	tsʻø^{42}	tsʻiu^{11}	tsʻie^{22}	tsʻo^{51}▲ siu^{45}▲
搜	流开三 平尤生	sʌi^{13}	sɔ^{12}	sø^{11}	sia^{33}	sie^{44}	sei^{51}
馊	流开三 平尤生	sʌi^{13}	sɔ^{12}	sø^{11}	sia^{33}	sie^{44}	sei^{51}
瘦	流开三 去宥生	sʌi^{44}	sɔ^{44}	sø^{55}	sia^{53}	sie^{45}	sei^{44}
周	流开三 平尤章	tsiu^{13}	tsiu^{12}	ʧau^{11}	tsiu^{33}	tsiu^{44}	tsiu^{51}
州	流开三 平尤章	tsiu^{13}	tsiu^{12}	ʧau^{11}	tsiu^{33}	tsiu^{44}	tsiu^{51}
咒	流开三 去宥章	tsiu^{44}	tsiu^{44}	ʧau^{55}	tsiu^{53}	tsiu^{45}	tsiu^{44}
臭	流开三 去宥昌	tsʻiu^{44}	tsʻiu^{44}	ʧʻau^{55}	tsʻiu^{53}	tsʻiu^{45}	tsʻiu^{44}
收	流开三 平尤书	siu^{13}	siu^{12}	ʃau^{11}	siu^{33}	siu^{44}	siu^{51}
手	流开三 上有书	siu^{24}	siu^{24}	ʃau^{24}	siu^{214}	siu^{314}	siu^{324}
守	流开三 上有书	siu^{24}	siu^{24}	ʃau^{24}	siu^{214}	tsiu^{314} 话音▲ siu^{314} 字音	siu^{324}
兽	流开三 去宥书	tsʻiu^{44}▲	tsʻiu^{44}▲	ʧʻau^{55}▲	tsʻiu^{53}▲	tsʻiu^{45}▲	tsʻiu^{44}▲
仇报～	流开三 平尤禅	siu^{21}	siu^{21}	ʃau^{42}	siu^{11}	siu^{22}	siu^{45}

单字	中古音	大村	向阳	石陂	周田	石塘	桂头
受	流开三上有禅	siu^{22}	siu^{22}	ʃau^{24}	siu^{31}	siu^{44}	siu^{22}
寿	流开三去宥禅	siu^{22}	siu^{22}	ʃau^{24}	siu^{31}	siu^{44}	siu^{22}
售	流开三去宥禅	tsʻiu^{21}▲	tsʻiu^{21}▲	ʧʻau^{42}▲	tsʻiu^{11}▲	tsʻiu^{22}▲	tsʻiu^{45}▲
柔	流开三平尤日	jiu^{21}	jiu^{21}	iau^{42}	iu^{11}	iu^{22}	jiu^{45}
阄拈～	流开三平尤见	ki^{2}ʔu^{23}	ki^{3}ʔu^{35}	kiau^{33}	kia^{12}	kie^{3}	kiu^{4}
九	流开三上有见	kiu^{24}	kiu^{24}	kiau^{24}	kiu^{214}	kiu^{314}	kiu^{324}
久	流开三上有见	kiu^{24}	kiu^{24}	kiau^{24}	kiu^{214}	kiu^{314}	kiu^{324}
救	流开三去宥见	kiu^{44}	kiu^{44}	kiau^{55}	kiu^{53}	kiu^{45}	kiu^{44}
丘	流开三平尤溪	kʻiu^{13}	kʻiu^{12}	kʻiau^{11}	kʻiu^{33}	kʻiu^{44}	kʻiu^{51}
求	流开三平尤群	kʻiu^{21}	kʻiu^{21}	kʻiau^{42}	kʻiu^{11}	kʻiu^{22}	kʻiu^{45}
球	流开三平尤群	kʻiu^{21}	kʻiu^{21}	kʻiau^{42}	kʻiu^{11}	kʻiu^{22}	kʻiu^{45}
舅	流开三上有群	kʻiu^{44}～娘 kʻi^{2}ʔu^{23} 细～仔	kʻiu^{44}～娘 kʻi^{3}ʔu^{35}～仔	kʻiau^{55}～姆 kʻiau^{33} 小～	kʻiu^{53}～娘 kʻiu^{12}～哩	kʻiu^{45}～娘 kʻiu^{3} 细～	kʻiu^{21}～娘 kʻiu^{4} 阿～
旧	流开三去宥群	kʻiu^{22}	kʻiu^{22}	kʻiau^{11}	kʻiu^{31}	kʻiu^{44}	kʻau^{22}▲ kʻiu^{22}
牛	流开三平尤疑	ŋiu^{21}	giu^{21}	ŋɛu^{42}	ŋiu^{11}	ŋiu^{22}	giu^{45}
休	流开三平尤晓	hiu^{13}	jiu^{12}▲	sɛu^{11}	siu^{33}	siu^{44}	siu^{51}▲
优	流开三平尤影	jiu^{13}	jiu^{12}	iau^{11}	iu^{33}	iu^{44}	jiu^{51}
尤	流开三平尤云	jiu^{21}	jiu^{21}	iau^{42}	iu^{11}	iu^{22}	jiu^{45}
邮	流开三平尤云	jiu^{21}	jiu^{21}	iau^{42}	iu^{11}	iu^{22}	jiu^{45}
有	流开三上有云	jiu^{44}	jiu^{44}	iau^{55}	iu^{53}	iu^{45}	jiu^{21}
友	流开三上有云	ji^{2}ʔu^{23}	ji^{3}ʔu^{35}	iau^{33}	iu^{214}	iu^{3}	jiu^{4}
又	流开三去宥云	jiu^{22}	jiu^{22}	iau^{11}	iu^{31}	iu^{44}	jiu^{22}
右	流开三去宥云	jiu^{22}	jiu^{22}	iau^{11}	iu^{31}	iu^{44}	jiu^{22}
由	流开三平尤以	jiu^{21}	jiu^{21}	iau^{42}	iu^{11}	iu^{22}	jiu^{45}

单字	中古音	大村	向阳	石陂	周田	石塘	桂头
油	流开三平尤以	jiu^{21}	jiu^{21}	iau^{42}	iu^{11}	iu^{22}	jiu^{45}
酉	流开三上有以	ji^{2}ʔu^{23}	jiu^{44}	iau^{33}	iu^{53}	iu^{3}	jiu^{4}
柚	流开三去宥以	ji^{4}ʔu^{45}	ji^{3}ʔu^{35}	iau^{33}	iu^{12}	iu^{3}	jiu^{4}
彪	流开三平幽帮	piʌu^{13}	piu^{12}	piu^{11}	piau^{33}	piau^{44}	pei^{51}
谬	流开三去幼明	miʌu^{22}	biu^{22}	miu^{24}	miau^{31}	miau^{44}	bei^{22}
幼	流开三去幼影	jiu^{44}	jiu^{44}	iau^{55}	iu^{53}	iu^{44}	jiu^{44}
耽	咸开一平覃端	tɵŋ^{13}	tuə^{12}	tan^{11}	toŋ^{33}	toŋ^{44}	iẽ^{51}
答	咸开一入合端	to^{5}	tuə^{5}	ta^{5}	tɔ^{5}	tou^{5}	ie^{21}
搭	咸开一入合端	to^{5}	tuə^{5}	ta^{5}	tɔ^{5}	tou^{5}	ie^{21}
贪	咸开一平覃透	tʻɵŋ^{13}	tʻuə^{12}	tʻan^{11}	tʻoŋ^{33}	tʻoŋ^{44}	tʻiẽ^{51}
探~亲	咸开一去勘透	tʻɵŋ^{44}	tʻuə^{44}	tʻan^{55}	tʻoŋ^{53}	tʻoŋ^{45}	tʻiẽ^{44}
踏	咸开一入合透	tʻo^{3}▲	tʻuə^{3}▲	tʻa^{3}▲	tʻɔ^{3}▲	tʻou^{5}	tʻie^{44}▲
潭	咸开一平覃定	tʻɵŋ^{21}	tʻuə^{21}	tʻan^{42}	tʻoŋ^{11}	tʻoŋ^{22}	tiẽ^{45}
南	咸开一平覃泥	lɵŋ^{21}	luə^{21}	nan^{42}	noŋ^{11}	loŋ^{22}	liẽ^{45}
男	咸开一平覃泥	lɵŋ^{21}	luə^{21}	nan^{42}	noŋ^{11}	loŋ^{22}	liẽ^{45}
纳	咸开一入合泥	lo^{3}	luə^{3}	na^{3}	nɔ^{3}	lou^{5}	lie^{44}
参~加	咸开一平覃清	tsʻɵŋ^{13}	tsʻuə^{12}	tsʻan^{11}	tsʻoŋ^{33}	tsʻoŋ^{44}	tsʻiẽ^{51}
惨	咸开一上感清	tsʻɵŋ^{24}	tsʻuə^{24}	tsʻan^{24}	tsʻoŋ^{214}	tsʻaŋ^{314}	tsʻiẽ^{324}
蚕	咸开一平覃从	tsʻɵŋ^{21}	tsʻuə^{21}	tsʻan^{42}	tsʻoŋ^{11}	tsʻoŋ^{22} tsʻoŋ^{3}~包	tsʻiẽ^{4}
杂	咸开一入合从	tsʻo^{3}	tsʻuə^{3}	tsʻa^{3}	tsʻɔ^{3}	tsʻou^{5}	tsʻie^{44}
感	咸开一上感见	kʌŋ^{24}	kuə^{24}	kan^{24}	kiaŋ^{214}	koŋ^{314} kaŋ^{314}~冒	kiẽ^{324}
鸽	咸开一入合见	kʌ^{2}ʔʌ^{23}	kɔ^{3}ʔu^{35}	ka^{3}	kia^{5}字音 kau^{12}白~哩	ka^{3}	kɔu^{4}
含	咸开一平覃匣	hɵŋ^{21}	hoŋ^{21}	han^{42}	hiaŋ^{11}	haŋ^{22}	hiẽ^{45}

单字	中古音	大村	向阳	石陂	周田	石塘	桂头
合	咸开一入合匣	hʉ^{3}	hu^{3}ʔi^{35}	hui^{3}	hoi^{3}	hou^{5}	hu^{44}
庵佛寺	咸开一平覃影	ʌŋ^{13}	an^{12}	un^{11}	oŋ^{12}	oŋ^{44}	
暗	咸开一去勘影	m^{44}天～▲ ɵŋ^{44}黑～	uə^{44}	an^{55}	oŋ^{53} ʔiaŋ^{53}年三十～晡	oŋ^{45}	iẽ^{44}
担～任	咸开一平谈端	tɵŋ^{13}	tuə^{12}	tan^{11}	toŋ^{33}	toŋ^{44}	iẽ^{51}
胆	咸开一上敢端	tɵŋ^{24}	tuə^{24}	tan^{24}	toŋ^{214}	toŋ^{314}	iẽ^{324}
担	咸开一去阚端	tɵ^{2}ʔŋ^{23}	tuə^{3}ʔə^{35}	tan^{33}	toŋ^{53}	toŋ^{45}～竿 toŋ^{3}挑～	iẽ^{44}～竿 iẽ^{4}扁～
毯	咸开一上敢透	tʻɵŋ^{24}	tʻuə^{24}	tʻan^{24}	tʻoŋ^{214}	tʻoŋ^{314}	tʻiẽ^{324}
塔	咸开一入盍透	tʻo^{2}ʔo^{23}	tʻuə^{5}	tʻa^{3}	tʻɔ^{12}	tʻou^{3}	tʻie^{4}
塌	咸开一入盍透	tʻo^{5}	tʻuə^{5}	tʻa^{5}	tʻɔ^{5}	tʻou^{5}	tʻie^{44}▲
谈	咸开一平谈定	tʻɵŋ^{21}	tʻuə^{21}	tʻan^{42}	tʻoŋ^{11}	tʻoŋ^{22}	tiẽ^{45}
痰	咸开一平谈定	tʻɵŋ^{21}	tʻuə^{21}	tʻan^{42}	tʻoŋ^{11}	tʻoŋ^{22}	tiẽ^{45}
淡	咸开一上敢定	tʻɵŋ^{44}	tʻuə^{44}	tʻan^{55}	tʻoŋ^{53}	tʻoŋ^{45}	tʻiẽ^{21}
蓝	咸开一平谈来	lɵŋ^{21}	luə^{21}	lan^{42}	loŋ^{11}	loŋ^{22}	liẽ^{45}
篮	咸开一平谈来	lɵŋ^{21}～球 lɵ^{4}ʔŋ^{45}竹～	luə^{21}～球 luə^{3}ʔə^{35}竹～	lan^{42}～球 lan^{33}竹～	loŋ^{11}～球 loŋ^{3}竹～	loŋ^{22}～球 loŋ^{3}竹～	liẽ^{45}～球 liẽ^{4}竹～
览	咸开一上敢来	lɵŋ^{24}	luə^{24}	lan^{24}	loŋ^{214}	loŋ^{314}	liẽ^{324}
腊	咸开一入盍来	lo^{3}	luə^{3}	la^{3}	lɔ^{3}	lou^{5}	lie^{44}
蜡	咸开一入盍来	lo^{3}	luə^{3}	la^{3}	lɔ^{3}	lou^{5}	lie^{44}
暂	咸开一去阚从	tsʻɵŋ^{22}	tsʻuə^{22}	tsʻan^{24}	tsʻoŋ^{31}	tsʻoŋ^{44}	tsʻiẽ^{22}
三	咸开一平谈心	sɔ^{13}▲	sa^{12}▲	san^{11}	soŋ^{33}	soŋ^{44}	siẽ^{51}
甘	咸开一平谈见	kʌŋ^{13}	kun^{12}	kun^{11}～蔗▲ kan^{11}	koŋ^{33}	koŋ^{44}	kiẽ^{51}
柑	咸开一平谈见	kɵ^{2}ʔŋ^{23}	ku^{3}ʔn^{35}	kan^{33}	koŋ^{12}	koŋ^{3}	kiẽ^{4}
敢	咸开一上敢见	kɵŋ^{24}	kuə^{24}	kan^{24}	koŋ^{214}	koŋ^{314}	kiẽ^{324}
喊	咸开一上敢晓	hʌŋ^{44}▲	huə^{44}▲	han^{55}▲	hiaŋ^{53}▲	kʻaŋ^{45}▲	kʻiẽ^{44}▲

单字	中古音	大村	向阳	石陂	周田	石塘	桂头
站车～	咸开二去陷澄	tsʻᴀŋ^{22}	tsʻuə^{22}	tsʻan^{24}	tsʻoŋ^{31}	tsʻoŋ^{45}▲	tsʻiẽ^{22}
赚	咸开二去陷澄	tsʻəŋ^{22}	tsʻoŋ^{22}▲	tsʻun^{11}▲	tsʻoŋ^{31}	tsʻyẽ^{44}▲	tsʻœn^{22}▲
斩	咸开二上豏庄	tsᴀŋ^{24}	tsuə^{24}	tsan^{24}	tsiaŋ^{214}	tsaŋ^{314}	tsiẽ^{324}
插	咸开二入洽初	tsʻᴀ^{5}	tsʻuə^{5}	tsʻa^{5}	tsʻa^{5}	tsʻa^{5}	tsʻie^{21}
闸	咸开二入洽崇	tsʻᴀ^{3}	tsʻuə^{3}	tsʻa^{3}	tsʻa^{5}▲	tsa^{3}▲	tsʻie^{44}
杉	咸开二平咸生	so^{13}▲	sa^{12}▲	sa^{11}▲	sɔ^{33}▲	sou^{44}▲	sɔu^{51}▲
减	咸开二上豏见	kᴀŋ^{24}	kuə^{24}	kan^{24}	kiaŋ^{214}	kaŋ^{314}	kiẽ^{324}
夹	咸开二入洽见	kᴀ^{5}	kuə^{5}	ka^{3}	kia^{3}	ka^{5}	kie^{21}
恰	咸开二入洽溪	kʻᴀ^{5}	hui^{5}	ha^{3}	hia^{5}	ha^{5}	kʻie^{21}
咸	咸开二平咸匣	hᴀŋ^{21}	huə^{21}	han^{42}	hiaŋ^{11}	haŋ^{22}	hiẽ^{45}
陷	咸开二去陷匣	hᴀŋ^{22}	huə^{22}	han^{11}	hiaŋ^{31}	haŋ^{44}	hiẽ^{22}
馅	咸开二去陷匣	hᴀ^{4}ʔŋ^{45}	huə^{3}ʔə^{35}	han^{24}	hoŋ^{12}	haŋ^{3}	hiẽ^{4}
狭	咸开二入洽匣	hᴀ^{3}	hui^{3}	ha^{3}	ha^{3}	ha^{5}	hie^{44}
峡	咸开二入洽匣	hᴀ^{3}	hui^{3}	ha^{3}	ha^{3}	si^{5}▲	hie^{4}
衫	咸开二平衔生	sᴀŋ^{13}～袖 sᴀ^{2}ʔŋ^{23} 恤～	suə^{12}～袖 suə^{3}ʔə^{35} 恤～	san^{33}	siaŋ^{33}	saŋ^{44}～袖 saŋ^{3} 汗～	siẽ^{51}
监～狱	咸开二平衔见	kᴀŋ^{44}▲	kuə^{12}	kan^{55}▲	kiaŋ^{53}▲	kaŋ^{45}▲	kiẽ^{51}
甲	咸开二入狎见	kᴀ^{2}ʔᴀ^{23}	kuə^{5}	ka^{3} ka^{33}	kia^{5}	ka^{3}	kie^{4}
岩	咸开二平衔疑	ŋəŋ^{21}	guə^{21}	ŋan^{42}	ŋoŋ^{11}	ŋoŋ^{22}	giẽ^{45}
癌		ŋəŋ^{21}	guə^{21}	ŋan^{42}	ŋoŋ^{11}	ŋoŋ^{22}	giẽ^{45}
衔	咸开二平衔匣	həŋ^{21}	huə^{21}	han^{42}	hiaŋ^{11}	haŋ^{22}	hiẽ^{45}
舰	咸开二上槛匣	ləŋ^{22}▲	luə^{44}▲	kin^{55}▲	loŋ^{31}▲	loŋ^{22}▲	liẽ^{324}▲
鸭	咸开二入狎影	o^{2}ʔo^{23}	uə^{3}ʔə^{35}	ai^{33}▲	ɔ^{12}	ou^{3}	ie^{4}
压	咸开二入狎影	o^{5}	uə^{5}	a^{5}	ɔ^{5}	ou^{5}	ie^{21}

单字	中古音	大村	向阳	石陂	周田	石塘	桂头
贬	咸开三 上琰帮	pie^{24}	pɛn^{24}	pin^{24}	piŋ^{214}	piŋ^{314}	piẽ^{324}
聂	咸开三 入叶泥	sɿ^{5}▲	li^{5}▲	ŋi^{5}▲	ŋi^{5}▲	ŋi^{5}	lɛi^{4}
廉	咸开三 平盐来	lie^{21}	lɛn^{21}	lin^{42}	liŋ^{11}	liŋ^{22}	lɛn^{45}
镰	咸开三 平盐来	lie^{21} 茅～ lie^{4}ʔe^{45} 禾～	lɛn^{21}～刮 lɛ^{3}ʔn^{35} 禾～	lin^{42} 禾～ lin^{33} 茅～	liŋ^{11}～刀 liŋ^{3} 禾～仔	liŋ^{22} 禾～仔 liŋ^{3} 茅～	lɛn^{45}～□ɔu^{324} lɛn^{4} 禾～
猎	咸开三 入叶来	liᴀ^{4}ʔᴀ^{45}▲	li^{3}	li^{3}	lia^{3}	li^{5}	lɛi^{44} lɛi^{4}～人
尖	咸开三 平盐精	tsie^{13}	tsɛn^{12}	tsin^{11}	tsiŋ^{33}	tsiŋ^{44}	tsɛn^{51}
接	咸开三 入叶精	tsɿ^{5}	tsɿ^{5}	tsi^{5}	tsi^{5}	tsi^{5}	tsɛi^{21}
签	咸开三 平盐清	tsʻie^{13}	tsʻɛn^{12}	tsʻin^{11}	tsʻiŋ^{33}	tsʻiŋ^{44}	tsʻɛn^{51}
妾	咸开三 入叶清		tsʻɿ^{5}	tsʻi^{5}	tsʻi^{5}	tsi^{3}▲	tsʻɛi^{21}
潜	咸开三 平盐从	tsʻie^{21}	tsʻɛn^{21}	tsʻin^{42}	tsʻoŋ^{11}▲	tsʻiŋ^{22}	tsʻɛn^{45}
渐	咸开三 上琰从	tsʻie^{22}	tsʻɛn^{22}	tsʻin^{24}	tsʻiŋ^{31}	tsʻiŋ^{45}	tsʻɛn^{22}
捷	咸开三 入叶从	tsɿ^{5}▲	tsɿ^{5}▲	tsʻi^{3}	tsi^{5}▲	tsʻi^{5}	tsɛi^{21}▲
沾	咸开三 平盐知	tsie^{13}	tsɛn^{12}	ʧin^{11}	tsiŋ^{33}	tsiŋ^{44}	tsɛn^{51}
占～领	咸开三 去艳章	tsie^{44}	tsɛn^{44}	ʧin^{55}	tsiŋ^{53}	tsiŋ^{45}	tsɛn^{44}
折～叠	咸开三 入叶章	tsɿ^{5}	tsɿ^{5}	ʧi^{5}	tsi^{5}	tsi^{5}	tsɛi^{21}
陕	咸开三 上琰书	sie^{24}	sɛn^{24}	ʃin^{24}	siŋ^{214}	siŋ^{314}	sɛn^{324}
闪	咸开三 上琰书	hie^{24}	sɛn^{24}	ʃin^{24}	siŋ^{214}	siŋ^{314}	sɛn^{324}
摄	咸开三 入叶书	sɿ^{5}	sɿ^{5}	ŋi^{5}▲	si^{5}	si^{5}	sɛi^{21}
涉	咸开三 入叶禅	sɿ^{5}▲	sɿ^{5}▲	ʃi^{3}	si^{5}▲	si^{5}	sɛi^{21}▲
染	咸开三 上琰日	ŋie^{44}	gɛn^{44}	ŋin^{24}	ŋiŋ^{53}	liŋ^{44}▲	gɛn^{21}
检	咸开三 上琰见	kie^{24}	kɛn^{24}	kin^{24}	kiŋ^{214}	kiŋ^{314}	kaŋ^{324}▲
钳	咸开三 平盐群	kʻie^{21}	kʻɛn^{21}	kʻin^{42}	kʻiŋ^{11}	kʻiŋ^{22}	kʻɛn^{45}
验	咸开三 去艳疑	ŋie^{22}	jɛn^{22}	ŋin^{24}	ŋiŋ^{31}	liŋ^{44}▲	lɛn^{22}▲

单字	中古音	大村	向阳	石陂	周田	石塘	桂头
险	咸开三上琰晓	hie^{24}	hɛn^{24}	ʃin^{24}	siŋ^{214}	siŋ^{314}	hɛn^{324}
厌	咸开三去艳影	jie^{44}	jɛn^{44}	in^{55}	iŋ^{53}	iŋ^{45}	jɛn^{44}
盐	咸开三平盐以	jie^{21}	jɛn^{21}	in^{42}	iŋ^{11}	iŋ^{22}	jɛn^{45}
阎	咸开三平盐云	ŋɵ^{21}▲	jɛn^{21}	iɛi^{42}▲	iŋ^{11}	iŋ^{22}	jɛn^{45}
檐	咸开三平盐云	jie^{21} jie^{4}ʔe^{45} 瓦～	jɛn^{21}	in^{33}	iŋ^{11}	iŋ^{22}	jɛn^{4}
艳	咸开三去盐以	jie^{44}▲	jɛn^{22}	in^{24}	iŋ^{31}	i^{45}▲	jɛn^{4}
叶	咸开三入叶以	jie^{4}ʔe^{45}	jɿ^{3}ʔɿ^{35}	i^{3}	i^{3}	i^{3}	jɛi^{4}
页	咸开三入叶以	jie^{3}	jɿ^{3}	i^{3}	i^{3}	i^{5}	jɛi^{4}
剑	咸开三去酽见	kie^{44}	kɛn^{44}	kin^{55}	kiŋ^{53}	kiŋ^{45}	kɛn^{44}
劫	咸开三入业见	ki^{5}	ki^{5}	ki^{5}	ki^{5}	ki^{5}	kɛi^{21}
欠	咸开三去酽溪	kʻie^{44}	kʻiɔn^{44}▲	kʻiun^{55}▲	kʻiŋ^{53}	kʻiŋ^{45}	kʻɛn^{44}
严	咸开三平严疑	ŋie^{21}	jɛn^{21}	ŋin^{42}	ŋiŋ^{11}	ŋɛŋ^{22}▲	gɛn^{45}
业	咸开三入业疑	ŋi^{4}ʔi^{45}	jɿ^{3} jɿ^{3}ʔɿ^{35} 开～	ŋi^{3}	i^{3}	ŋi^{5}	gɛi^{4}
胁	咸开三入业晓	hi^{3}▲	hi^{5}	ʃi^{3}	si^{5}	si^{5}	hɛi^{21}
点	咸开四上忝端	tie^{24}	tɛn^{24} tɛn^{44} 动词▲	tin^{24} tin^{55} 动词▲	tiŋ^{214}	tiŋ^{314} tiŋ^{3} 一～：一滴	ɛn^{324}
店	咸开四去掭端	tie^{24} 饭～▲ tie^{2}ʔe^{23}	tɛ^{3}ʔn^{35}	tin^{55} tin^{33} 饭～	tiŋ^{53}	tiŋ^{45}	ɛn^{4}
添	咸开四平添透	tʻie^{13}	tʻɛn^{12}	tʻin^{11}	tʻiŋ^{33}	tʻiŋ^{44}	tʻɛn^{51}
帖	咸开四入帖透	tʻi^{2}ʔi^{23}	tʻi^{5}	tʻi^{3}	tʻiɛ^{12}	tʻi^{3}	tʻɛi^{4}
贴	咸开四入帖透	tʻi^{5}	tʻi^{5}	tʻi^{5}	tʻi^{5}	tʻi^{5}	tʻɛi^{21}
甜	咸开四平添定	tʻie^{21}	tʻɛn^{21}	tʻin^{42}	tʻiŋ^{11}	tʻiŋ^{22}	tiẽ^{45}
叠	咸开四入帖定	tʻi^{3}	tʻi^{3}	tʻi^{3}	tʻi^{3}	tʻi^{5}	tʻɛi^{4}
碟	咸开四入帖定	tʻi^{4}ʔi^{45}	tʻi^{3}ʔi^{35}	tʻi^{3}	tʻi^{3}	tʻi^{3}	tʻɛi^{4}
谍	咸开四入帖定	tʻi^{3}	tʻi^{3}ʔi^{35}	tʻi^{3}	tʻi^{3}	tʻi^{3}	tʻɛi^{4}

单字	中古音	大村	向阳	石陂	周田	石塘	桂头
拈～起	咸开四平添泥	lie^{13}▲	lɛn^{12}▲	ŋin^{11}▲	ŋiŋ^{33}▲	liŋ^{44}▲	lɛn^{51}▲
念	咸开四去掭泥	lie^{22}	lɛn^{22}	ŋin^{24}	ŋiŋ^{31}	liŋ^{44}	lɛn^{22}
兼	咸开四平添见	kie^{13}	kɛn^{12}	kin^{11}	kiŋ^{33}	kiŋ^{44}	kɛn^{51}
谦	咸开四平添溪	hie^{13}	hɛn^{12}	hin^{11}	k‘iŋ^{33}	k‘iŋ^{44}	hɛn^{51}
歉	咸开四去掭溪	k‘ie^{44}	hɛn^{44}	k‘in^{55}	k‘iŋ^{53}	k‘iŋ^{44}	k‘ɛn^{44}
嫌	咸开四平添匣	hie^{21}	hɛn^{21}	ʃin^{42}	hiŋ^{11}	siŋ^{22}	hɛn^{45}
协	咸开四入帖匣	hi^{3}	hi^{5}▲	ʃi^{3}	si^{5}▲	si^{5}	hɛi^{21}▲
法	咸合三入法非	fo^{2}ʔo^{23}	fuə^{5} fuə^{3}ʔə^{35}犯～	fa^{3}	fɔ^{12}	fou^{3}	fie^{4}
泛	咸合三去梵敷	fəŋ^{44}	fuə^{44}	fan^{55}	foŋ^{53}	foŋ^{45}	fiẽ^{22}▲
凡	咸合三平凡奉	fəŋ^{21}	fuə^{21}	fan^{42}	foŋ^{11}	foŋ^{22}	fiẽ^{45}
范	咸合三上范奉	fəŋ^{22}	fuə^{22}	fan^{24}	foŋ^{31}	foŋ^{44}	fiẽ^{21}
犯	咸合三上范奉	fəŋ^{22}	fuə^{22}	fan^{24}	foŋ^{31}	foŋ^{44}	fiẽ^{22}
禀	深开三上寝帮	pun^{24}	pɛn^{24}	pɛn^{24}	pan^{214}	lɛŋ^{314}话音▲ pɛŋ^{314}字音	paŋ^{324}
品	深开三上寝滂	p‘u^{2}ʔn^{23}	p‘ɛn^{24}	p‘ɛn^{24}	p‘an^{214}	p‘ɛŋ^{314}	p‘aŋ^{324}
林	深开三平侵来	lin^{21}	lan^{21}	lɛn^{42}	lan^{11}	lɛŋ^{22}	laŋ^{45}
临	深开三平侵来	lin^{21}	lan^{21}	lɛn^{42}	lan^{1}	lɛŋ^{22}	laŋ^{45}
立	深开三入缉来	ləe^{3}	lai^{3}	lɐi^{3}	lai^{3}	lai^{5}	lai^{44}
笠	深开三入缉来	ləe^{3}	lai^{3}	lɐi^{3}	lai^{3}	lai^{5}	lai^{44}
粒	深开三入缉来	lei^{5}▲	lɛ^{5}▲	lɐi^{5}▲	la^{5}▲	lai^{5}	la^{4}
浸	深开三去沁精	tsin^{44}	tsan^{44}	tsɛn^{55}	tsan^{53}	tsɛŋ^{45}	tsaŋ^{44}
侵	深开三平侵清	ts‘in^{13}	ts‘an^{12}	ts‘ɛn^{11}	ts‘an^{33}	ts‘ɛŋ^{44}	ts‘aŋ^{51}
寝	深开三上寝清	ts‘in^{24}	ts‘an^{24}	ts‘ɛn^{24}	ts‘an^{214}	ts‘ɛŋ^{314}	ts‘aŋ^{324}
集	深开三入缉从	ts‘əe^{3}	ts‘uə^{3}	ts‘ɐi^{3}	ts‘ai^{3}	ts‘ai^{5}	ts‘ai^{44}

单字	中古音	大村	向阳	石陂	周田	石塘	桂头
心	深开三 平侵心	sin^{13}	san^{12}	sɛn^{11}	san^{33}	sɛŋ^{44}	saŋ^{51}
寻	深开三 平侵邪	tsʻin^{21}	tsʻan^{21}	tsʻɛn^{42}	tsʻan^{11}	tsʻɛŋ^{22}	tsʻaŋ^{45}
习	深开三 入缉邪	tsʻəe^{3}	tsʻuə^{3}	sɐi^{3}	sai^{3}	sai^{5}	tsʻai^{44}
沉	深开三 平侵澄	tsʻin^{21}	tsʻan^{21}	tʃʻɛn^{42}	tsʻan^{11}	tsʻɛŋ^{22}	tsʻaŋ^{45}
森	深开三 平侵生	sin^{13}	san^{12}	sɛn^{42}▲	san^{33}	sɛŋ^{44}	saŋ^{51}
参人～	深开三 平侵生	tsʻəŋ^{13}▲	san^{12}	tsʻan^{11}▲	siaŋ^{33}	sei^{44}▲	saŋ^{51}
针	深开三 平侵章	tsin^{13}	tsan^{12}	tʃɛn^{11}	tsan^{33}	tsɛŋ^{44} tsɛŋ^{3} 顶～	tsaŋ^{51}
枕～头	深开三 上寝章	tsin^{24}	tsan^{24}	tʃɛn^{24}	tsan^{214}	tsɛŋ^{3}	tsaŋ^{324}
执	深开三 入缉章	tsɿ^{5}	tsɿ^{5}	tʃi^{5}	tsɿ^{5}	tsɿ^{5}	tsi^{4}
汁	深开三 入缉章	tsɿ^{5}	tsɿ^{5}	tʃi^{5}	tsai^{5}	tsɿ^{5}	tsi^{21}
深	深开三 平侵书	sin^{13}	san^{12}	tʃʻɛn^{11}▲	tsʻan^{33}▲	sɛŋ^{44}	saŋ^{51}
沈	深开三 上寝书	sin^{24}	san^{24}	ʃɛn^{24}	san^{214}	sɛŋ^{314}	saŋ^{324}
审	深开三 上寝书	sin^{24}	san^{24}	ʃɛn^{24}	san^{214}	sɛŋ^{314}	saŋ^{324}
湿	深开三 入缉书	sɿ^{5}	sɿ^{5}	ʃi^{5}	sɿ^{5}	sɿ^{5}	si^{21}
十	深开三 入缉禅	sɿ^{3}	sɿ^{3}	sɿ^{3}▲	sɿ^{3}	sɿ^{5}	si^{44}
壬	深开三 平侵日	ȵin^{21}	gɛn^{21}	iɛn^{42}	ȵiaŋ^{11}	ȵɛŋ^{22}	gaŋ^{45}
任姓氏	深开三 平侵日	ȵin^{22}▲	gian^{22}▲	ȵiɛn^{11}▲	ȵiaŋ^{11}	ȵɛŋ^{22}	gaŋ^{22}▲
入	深开三 入缉日	ȵi^{3}	gi^{3}	ȵi^{3}	ȵi^{3}	ȵi^{5}	gai^{44}
今	深开三 平侵见	kin^{13}	kian^{12} kia^{3}ʔn^{35} 如～	kiɛn^{11} kiɛn^{33} 如～	kiaŋ^{33} kiaŋ^{12} 如～	kɛŋ^{44}	kaŋ^{51} kaŋ^{4}□hin^{51}～
金	深开三 平侵见	kin^{13}	kian^{12}	kiɛn^{11}	kiaŋ^{33}	kɛŋ^{44}	kaŋ^{51}
锦	深开三 上寝见	kin^{24}	kian^{24}	kiɛn^{24}	kiaŋ^{214}	kɛŋ^{314}	kaŋ^{324}
禁～止	深开三 去沁见	kin^{44}	kian^{44}	kiɛn^{55}	kiaŋ^{53}	kɛŋ^{45}	kaŋ^{44}
急	深开三 入缉见	ki^{5}	ki^{5}	ki^{5}	ki^{5}	ki^{5}	kai^{21}

单字	中古音	大村	向阳	石陂	周田	石塘	桂头
级	深开三 入缉见	k‘i^{2}ʔi^{23}▲	k‘i^{3}ʔi^{35}▲	k‘i^{3}▲	k‘i^{5}▲	k‘i^{3}▲	k‘ai^{4}▲
琴	深开三 平侵群	k‘in^{21}	k‘ian^{21}	k‘iɛn^{42}	k‘iaŋ^{11}	k‘ɛŋ^{22}	k‘aŋ^{45}
及	深开三 入缉群	k‘i^{3}	k‘i^{3}	k‘i^{3}	k‘i^{3}	k‘i^{5}	k‘ai^{4}
吸	深开三 入缉晓	k‘i^{5}	k‘i^{5}	k‘i^{5}	k‘i^{5}	k‘i^{5}	k‘ai^{4}
音	深开三 平侵影	jin^{13}	jian^{12}	iɛn^{11}	iaŋ^{33}	iɛŋ^{44}	jaŋ^{51}
阴	深开三 平侵影	jin^{13}	jian^{12}	iɛn^{11}	iaŋ^{33}	iɛŋ^{44}	jaŋ^{51}
饮~酒	深开三 上寝影	jin^{24}	jian^{24}	iɛn^{24}	ŋiaŋ^{214}▲	ŋɛŋ^{314}▲	jaŋ^{324}
丹	山开一 平寒端	təŋ^{13}	tuə^{12}	tan^{11}	toŋ^{33}	toŋ^{44}	œn^{51}
单	山开一 平寒端	təŋ^{13} tə^{2}ʔŋ^{23} 药~	tuə^{12} tuə^{3}ʔə^{35} 药~	tan^{11} tan^{33} 药~	toŋ^{33} toŋ^{12} 药~	toŋ^{44}	œn^{51} œn^{4} 药~
旦	山开一 去翰端	tə^{2}ʔŋ^{23}	tuə^{44}	tan^{55}	toŋ^{53}	toŋ^{45}	iẽ^{324}▲
摊	山开一 平寒透	t‘əŋ^{13}	t‘uə^{12}	t‘an^{11}	t‘oŋ^{33}	t‘oŋ^{44}	t‘œn^{51}
滩	山开一 平寒透	t‘əŋ^{13}	t‘uə^{12}	t‘an^{11}	t‘oŋ^{33}	t‘oŋ^{44}	t‘œn^{51}
坦	山开一 上旱透	t‘əŋ^{24}	t‘uə^{24}	t‘an^{24}	t‘oŋ^{214}	t‘oŋ^{314}	t‘iẽ^{21}▲
炭	山开一 去翰透	t‘ə^{2}ʔŋ^{23}	t‘uə^{44}	t‘an^{33}	t‘oŋ^{12}	t‘oŋ^{3}	t‘œn^{4}
弹~琴	山开一 平寒定	t‘əŋ^{21}	t‘uə^{21}	t‘an^{42}	t‘oŋ^{11}	t‘oŋ^{22}	tœn^{45}
但	山开一 去翰定	t‘əŋ^{22}	t‘uə^{22}	t‘an^{11} t‘an^{24}	t‘oŋ^{31}	toŋ^{44}▲	tœn^{22} t‘œn^{22}
弹子~	山开一 去翰定	t‘ə^{4}ʔŋ^{45}	t‘uə^{22}	t‘an^{24}	t‘oŋ^{31}	toŋ^{314}▲	tœn^{4}
达	山开一 入曷定	t‘o^{3}	t‘uə^{3}	t‘a^{3}	t‘ɔ^{3}	t‘ou^{5}	t‘ie^{44}
难~易	山开一 平寒泥	ləŋ^{21}	luə^{21}	nan^{42}	noŋ^{11}	loŋ^{22}	lœn^{45}
难患~	山开一 去翰泥	ləŋ^{22}	luə^{22}	nan^{11}	noŋ^{31}	loŋ^{44}	lœn^{22}
捺撇~	山开一 入曷泥	lo^{3}	luə^{3}	nai^{55}▲	nɔ^{3}	la^{45}▲	lu^{51}▲
兰	山开一 平寒来	ləŋ^{21}	luə^{21}	lan^{42}	loŋ^{11}	loŋ^{22}	liẽ^{45}
栏	山开一 平寒来	ləŋ^{21}~杆 lə^{4}ʔŋ^{45} 牛~	luə^{21}	lan^{42}	loŋ^{11} 猪~ loŋ^{3} 牛~	loŋ^{22}	lœn^{45}

单字	中古音	大村	向阳	石陂	周田	石塘	桂头
懒	山开一 上旱来	lɵŋ^{44}	luə^{44}	lan^{55}	loŋ^{53}	loŋ^{45}	lœn^{21}
烂	山开一 去翰来	lɵŋ^{22}	luə^{22}	lan^{11}	loŋ^{31}	loŋ^{44}	lœn^{22}
辣	山开一 入曷来	lo^{3}	luə^{3}	la^{3}	lɔ^{3}	lou^{5}	lu^{44}～椒
赞	山开一 去翰精	tsɵŋ^{44}	tsuə^{44}	tsan^{55}	tsoŋ^{53}	tsoŋ^{45}	tsœn^{44}
餐	山开一 平寒清	tsʻɵŋ^{13}	tsʻuə^{12}	tsʻan^{11}	tsʻoŋ^{33}	tsʻoŋ^{44}	tsʻœn^{51}
灿	山开一 去翰清	tsʻɵŋ^{44}	tsʻuə^{44}	tsʻan^{55}	tsʻoŋ^{53}	tsʻoŋ^{45}	tsʻiẽ^{44}
擦	山开一 入曷清	tsʻo^{5} tsʻo^{2}ʔo^{23} 黑板～	tsʻuə^{5}	tsʻa^{5}	tsʻɔ^{5}	tsʻou^{5}	tsʻu^{21}
残	山开一 平寒从	tsʻɵŋ^{21}	tsʻuə^{21}	tsʻan^{42}	tsʻoŋ^{11}	tsʻoŋ^{22}	tsʻiẽ^{45}
散～开	山开一 上旱心	sɵŋ^{24}	suə^{24}	san^{24}	soŋ^{214}	soŋ^{314}	sœn^{324}
伞	山开一 上旱心	sɵŋ^{44}	suə^{44}	san^{55}	soŋ^{53}	soŋ^{45}	sœn^{44}
散分～	山开一 去翰心	sɵŋ^{44}	suə^{44}	san^{55}	soŋ^{53}	soŋ^{45}	sœn^{44}
干～湿	山开一 平寒见	kɵŋ^{13}	kun^{12}	kun^{11}	koŋ^{33}	koŋ^{44}	kœn^{51}
肝	山开一 平寒见	kɵŋ^{13}	kun^{12}	kun^{11}	koŋ^{33}	koŋ^{44}	kvœn^{51}
秆	山开一 上旱见	kɵŋ^{24}	kun^{24}	kun^{24}	koŋ^{214}	koŋ^{314}	
干～活	山开一 去翰见	kɵŋ^{44}	kun^{44}	kun^{55}	koŋ^{53}	kaŋ^{45} ▲	kvœn^{44}
割	山开一 入曷见	kʉ^{5}	kui^{5}	kui^{5}	kɔ^{5}	kou^{5}	kvu^{21}
刊	山开一 平寒溪	kʻɵŋ^{13}	hoŋ^{12}	kʻan^{11} ▲	kʻoŋ^{53} ▲	kʻoŋ^{44}	kʻœn^{324} ▲
岸	山开一 去翰疑	ŋɵ^{4}ʔŋ^{45}	goŋ^{22}	ŋan^{33}	ŋoŋ^{31}	ŋoŋ^{3}	gœn^{22}
汉	山开一 去翰晓	hɵŋ^{44}	hoŋ^{44}	hun^{55}	hoŋ^{53}	hoŋ^{45}	hœn^{44}
鼾	山开一 平寒晓	hɵŋ^{22}	hoŋ^{21}		hoŋ^{11}		
寒	山开一 平寒匣	hɵŋ^{21}	hoŋ^{21}	hun^{42}	hoŋ^{11}	hoŋ^{22}	hœn^{45}
韩	山开一 平寒匣	hɵŋ^{21}	hoŋ^{21}	hun^{42}	hoŋ^{11}	hoŋ^{22}	hœn^{45}
旱	山开一 上旱匣	hɵŋ^{44}	hoŋ^{44}	hun^{55}	hoŋ^{53}	hoŋ^{45}	hœn^{21}

单字	中古音	大村	向阳	石陂	周田	石塘	桂头
汗	山开一 去翰匣	həŋ^{22}	hoŋ^{22}	hun^{11}	hoŋ^{31}	hoŋ^{44}	hœn^{22}
安	山开一 平寒影	m^{13}▲	un^{12}	un^{11}	oŋ^{33}	oŋ^{44}	œn^{51}
案	山开一 去翰影	əŋ^{44}	oŋ^{44}	un^{55}	oŋ^{53}	oŋ^{45}	œn^{44}
扮	山开二 去裥帮	pəŋ^{44}	pʻuə^{44}▲	pʻun^{55}▲	poŋ^{53}	poŋ^{45}	pœn^{44}
八	山开二 入黠帮	pᴀ^{5}	puə^{5}	pa^{5}	pa^{5}	pa^{5}	pie^{21}
盼	山开二 去裥滂	pʻəŋ^{44}	pʻan^{44}	pʻun^{55}	pʻoŋ^{53}	pʻaŋ^{45}	pʻœn^{44}
办	山开二 去裥並	pʻəŋ^{22}	pʻuə^{22}	pʻun^{24}	pʻoŋ^{31}	pʻaŋ^{44}	piẽ^{22}
拔	山开二 入黠並	pʻo^{3}	pʻai^{3}▲	pʻui^{5}▲	pʻɔ^{5}▲	pʻa^{5}	
抹~布	山开二 入黠明	mʉ^{5}▲	bui^{5}▲	mui^{5}▲	mɔ^{5}▲	mou^{5}	bu^{21}▲
盏	山开二 上产庄	tsᴀŋ^{24}	tsuə^{24}	tsan^{24}	tsiaŋ^{214}	tsaŋ^{314}	tsiẽ^{324}
铲	山开二 上产初	tsʻᴀŋ^{24}	tsʻuə^{24}	tsʻan^{24}	tsʻiaŋ^{214}	tsʻaŋ^{314} tsʻaŋ^{3} 门~	tsʻiẽ^{324}
察	山开二 入黠初	tsʻo^{5} tsʻᴀ^{5}	tsʻuə^{5}	tsʻa^{5}	tsʻɔ^{5}	tsʻa^{5}	tsʻie^{21}
山	山开二 平山生	sᴀŋ^{13}	suə^{12}	san^{11}	siaŋ^{33}	saŋ^{44}	siẽ^{51}
产	山开二 上产生	tsʻᴀŋ^{24}▲	tsʻuə^{24}▲	tsʻan^{24}▲	tsʻiaŋ^{214}▲	tsʻaŋ^{314}▲	tsʻiẽ^{324}▲
杀	山开二 入黠生	sᴀ^{5}	suə^{5}	sa^{5}	sa^{5}	sa^{5}	sie^{21}
艰	山开二 平山见	kᴀŋ^{13}	kuə^{12}	kan^{11}	kiaŋ^{33}	kaŋ^{44}	kiẽ^{51}
间	山开二 平山见	kᴀŋ^{13} 量词 kᴀ^{2}ʔŋ^{23} 中~	kuə^{12} 量词 kuə^{3}ʔə^{35} 中~	kan^{11} 量词 kan^{33} 中~	kiaŋ^{33} 量词 kiaŋ^{12} 中~	kaŋ^{44}	kiẽ^{51} 量词 kiẽ^{4} 中~
简	山开二 上产见	kᴀŋ^{24}	kuə^{24}	kan^{24}	kiaŋ^{214}	kaŋ^{314}	kiẽ^{324}
拣	山开二 上产见	kᴀŋ^{24}	kuə^{24}	kan^{24}	kiaŋ^{214}	kaŋ^{314}	kiẽ^{324}
眼	山开二 上产疑	ŋᴀŋ^{44} ŋᴀ^{2}ʔŋ^{23} 龙~	guə^{44} guə^{3}ʔə^{35} 龙~	ŋan^{55} ŋan^{33} 龙~	ŋoŋ^{53} ŋiaŋ^{53} 打~话 ŋoŋ^{12} 龙~	ŋɛŋ^{45}▲ ŋoŋ^{22} 窟窿▲ ŋɛŋ^{3} 脚~珠	giẽ^{21} giẽ^{4} 龙~
闲	山开二 平山匣	hᴀŋ^{21}	huə^{21}	han^{42}	hiaŋ^{11}	haŋ^{22}	hiẽ^{45}
限	山开二 上产匣	hᴀŋ^{22}	huə^{22}	han^{11}	hiaŋ^{31}	haŋ^{44}	hiẽ^{22}
苋	山开二 去裥匣	hᴀŋ^{22}	huə^{22}	han^{11}	hiaŋ^{31}	haŋ^{44}	hiẽ^{22}

单字	中古音	大村	向阳	石陂	周田	石塘	桂头
班	山开二 平删帮	pɵŋ^{13}	puə^{12}	pan^{11}	piaŋ^{33}	paŋ^{44}	piẽ^{51}
扳	山开二 平删帮	pɵŋ^{13}	puə^{12}	pan^{24}▲	poŋ^{33} 动词 poŋ^{214} 名词▲	poŋ^{314}▲	pœn^{51} 动词 pœn^{324} 名词▲
板	山开二 上潸帮	pɵŋ^{24}	puə^{24}	pan^{24}	poŋ^{214}	poŋ^{314}	pœn^{324}
攀	山开二 平删滂	p‘ɵŋ^{13}	puə^{12}▲	pan^{11}▲	p‘oŋ^{33}	p‘oŋ^{44}	p‘œn^{51}
蛮	山开二 平删明	mɵŋ^{21}	buə^{21}	man^{42}	moŋ^{11}	moŋ^{22}	biẽ^{45}
慢	山开二 去谏明	mɵŋ^{22}	buə^{22}	man^{11}	moŋ^{31}	moŋ^{44}	bœn^{22}
铡~刀	山开二 入辖崇	tsᴀ^{5}▲	ts‘uə^{3}		ts‘a^{5}▲	tsa^{5} 动词 tsa^{3} 名词	ts‘ie^{21}▲
删	山开二 平删生	sɵŋ^{13}	suə^{12}	san^{11}	siaŋ^{33}	saŋ^{45}▲	siẽ^{51}
奸	山开二 平删见	kɵŋ^{13}	kuə^{12}	kan^{11}	koŋ^{33}	kaŋ^{44}	kiẽ^{51}
谏	山开二 去谏见	kʌŋ^{24}▲	kuə^{24}▲	kan^{24}▲		kaŋ^{45}▲	kiẽ^{324}▲
颜	山开二 平删疑	ŋɵŋ^{21}	guə^{21}	ŋan^{42}	ŋoŋ^{11}	ŋoŋ^{22}	giẽ^{45}
雁	山开二 去谏疑	ŋɵŋ^{22}	guə^{22}	ŋan^{24}	ŋa^{31}▲	ŋoŋ^{44}	giẽ^{22}
瞎	山开二 入辖晓	hʉ^{3}▲	hui^{3}▲	ha^{5}	ha^{5}	ha^{5}	hie^{21}
辖	山开二 入辖匣	hʉ^{3}	hui^{3}	ha^{3}	ha^{3}	ha^{5}	hie^{21}▲
晏晚	山开二 去谏影	m^{44}▲ ɵŋ^{44}	uə^{44}	an^{55}	oŋ^{53}	oŋ^{45}	œn^{44}
鞭	山开三 平仙帮	pie^{13}	pɛn^{12}	pin^{11}	piŋ^{33}	piŋ^{44}	pɛn^{51}
编	山开三 平仙帮	p‘ie^{13}▲	p‘ɛn^{12}▲	p‘in^{11}▲	p‘iŋ^{33}▲	p‘iŋ^{44}▲	p‘ɛn^{51}▲
变	山开三 去线帮	pie^{44}	pɛn^{44}	pin^{55}	piŋ^{53}	piŋ^{45}	pɛn^{44}
篇	山开三 平仙滂	p‘ie^{13}	p‘ɛn^{12}	p‘in^{11}	p‘iŋ^{33}	p‘iŋ^{44}	p‘ɛn^{51}
偏	山开三 平仙滂	p‘ie^{13}	p‘ɛn^{12}	p‘in^{11}	p‘iŋ^{33}	p‘iŋ^{44}	p‘ɛn^{51}
骗	山开三 去线滂	p‘ie^{44}	p‘ɛn^{44}	p‘in^{55}	p‘iŋ^{53}	p‘iŋ^{45}	p‘ɛn^{44}
便~宜	山开三 平仙並	p‘ie^{21}	p‘ɛn^{21}	p‘in^{42}	p‘iŋ^{33}	p‘iŋ^{22}	pɛn^{45}
辩	山开三 上狝並	p‘ie^{22}	p‘ɛn^{22}	p‘in^{24}	p‘iŋ^{31}	p‘iŋ^{44}	pɛn^{22}

单字	中古音	大村	向阳	石陂	周田	石塘	桂头
便方～	山开三 去线並	p‘ie^{22}	p‘ɛn^{22}	p‘in^{11}	p‘iŋ^{31}	p‘iŋ^{44}	pɛn^{22}
别离～	山开三 入薛並	p‘i^{3}	p‘i^{3}	p‘i^{3}	p‘i^{3}	p‘i^{5}	p‘ɛi^{44}
棉	山开三 平仙明	mie^{21}	bɛn^{21}	min^{42}	miŋ^{11}	miŋ^{22}	bɛn^{45}
免	山开三 上狝明	mie^{44}	bɛn^{44}	min^{11}▲	miŋ^{53}	miŋ^{314}	bɛn^{21}
面脸～	山开三 去线明	mie^{22} mie^{4}ʔe^{45} 对～	bɛn^{22} bɛ^{3}ʔn^{35} 对～	min^{33}	miŋ^{31}	miŋ^{44} miŋ^{3} 对～	bɛn^{22} bɛn^{4} 对～
灭	山开三 入薛明	mi^{3}	bi^{3}	mi^{3}	mi^{3}	mi^{5}	bɛi^{44}
碾	山开三 上狝泥	tsie^{24}▲	tsɛn^{24}▲	ʧin^{24}▲	tsiŋ^{214}▲	ŋɛŋ^{314} 话音 tsiŋ^{314} 字音▲	gɛn^{324} 话音 tsɛn^{324} 字音▲
连	山开三 平仙来	lie^{21}	lɛn^{21}	lin^{42}	liŋ^{11}	liŋ^{22}	lɛn^{45}
联	山开三 平仙来	lɵ^{21}～衣 lie^{21}	lɔn^{21}～衣▲ lɛn^{21}	lin^{42}	liŋ^{11}	lyẽ^{22}～衣 liŋ^{22}	lyẽ^{45}～衣 lɛn^{45}
列	山开三 入薛来	li^{3}	li^{3}	li^{3}	li^{3}	li^{5}	lɛi^{4}
烈	山开三 入孽来	li^{3}	li^{3}	li^{3}	li^{3}	li^{5}	lɛi^{4}
裂	山开三 入薛来	li^{5}▲	li^{5}▲	li^{5}▲	li^{5}▲	li^{5}	lɛi^{21}暴～▲ lɛi^{4}分～
煎	山开三 平仙精	tsie^{13}	tsɛn^{12}	tsin^{11}	tsiŋ^{33}	tsiŋ^{44}	tsɛn^{51}
剪	山开三 上狝精	tsie^{24}	tsɛn^{24}	tsin^{24}	tsiŋ^{214}	tsiŋ^{314} tsiŋ^{3} 铰～	tsɛn^{324}
箭	山开三 去线精	tsie^{44}	tsɛn^{44}	tsin^{55}	tsiŋ^{53}	tsiŋ^{45}	tsɛn^{44}
迁	山开三 平仙清	ts‘ie^{13}	ts‘ɛn^{12}	ts‘in^{11}	ts‘iŋ^{33}	ts‘iŋ^{44}	ts‘ɛn^{51}
浅	山开三 上狝清	ts‘ie^{24}	ts‘ɛn^{24}	ts‘in^{24}	ts‘iŋ^{214}	ts‘iŋ^{314}	ts‘ɛn^{324}
钱	山开三 平仙从	ts‘ie^{21}□k‘i^{13}～ ts‘ie^{4}ʔe^{45}	ts‘ɛn^{21}□k‘ɛi^{12}～ ts‘ɛ^{3}ʔn^{35}	ts‘in^{42}□k‘ɛi^{11}～ ts‘in^{33}	ts‘iŋ^{3}	ts‘iŋ^{22} 带路～ ts‘iŋ^{3}	ts‘ɛn^{45}□k‘ei^{51}～ ts‘ɛn^{4}
践	山开三 上狝从	ts‘ie^{24}▲	ts‘ɛn^{24}▲	ts‘in^{24}	ts‘iŋ^{31}	ts‘iŋ^{45}	ts‘ɛn^{324}▲
贱	山开三 去线从	ts‘ie^{22}	ts‘ɛn^{22}	ts‘in^{11}	ts‘iŋ^{31}	ts‘iŋ^{44}	ts‘ɛn^{22}
仙	山开三 平仙心	sie^{13}	sɛn^{12}	sin^{11}	siŋ^{33}	siŋ^{44}	sɛn^{51}
鲜新～	山开三 平仙心	sie^{13}	sɛn^{12}	sin^{11}	siŋ^{33}	siŋ^{44}	sɛn^{51}
癣	山开三 上狝心	sɵ^{24}	sɛn^{24}	sin^{24}	siŋ^{214}	syẽ^{314}	sɛn^{324}

单字	中古音	大村	向阳	石陂	周田	石塘	桂头
线	山开三 去线心	sie^{44} sie^{2}ʔe^{23} 谷～	sɛn^{44}	sin^{55}	siŋ^{53}	siŋ^{45} siŋ^{3} 禾～	sɛn^{44} sɛn^{4} 禾～
薛	山开三 入薛心	sɵ^{5}	sui^{5}▲	si^{5}	si^{5}	si^{5}	sɛi^{4}
展	山开三 上狝知	tsie^{24}	tsɛn^{24}	ʧin^{24}	tsiŋ^{214}	tsiŋ^{314}	tsɛn^{324}
哲	山开三 入薛知	tsɿ^{5}	tsɿ^{5}	ʧi^{5}	tsi^{5}	tsi^{5}	tsɛi^{21}
撤	山开三 入薛彻	ts‘ɿ^{5}	ts‘ɿ^{5}	ʧ‘i^{5}	ts‘i^{5}	ts‘i^{5}	ts‘ɛi^{21}
彻	山开三 入薛彻	ts‘ɿ^{5}	ts‘ɿ^{5}	ʧ‘i^{5}	ts‘i^{5}	ts‘i^{5}	ts‘ɛi^{21}
缠	山开三 平仙澄	ts‘ie^{21}	ts‘ɛn^{21}	ʧ‘in^{42}	ts‘iŋ^{11}	ts‘iŋ^{22}	ts‘ɛn^{45}
战	山开三 去线章	tsie^{44}	tsɛn^{44}	ʧin^{55}	tsiŋ^{53}	tsiŋ^{45}	tsɛn^{44}
折～断	山开三 入薛章	tsɿ^{5}	tsɿ^{5}	ʧi^{5}	tsi^{5}	tsi^{5}	tsɛi^{21}
舌	山开三 入薛船	siᴀ^{3}～头▲ sɿ^{3} 字音 sɿ^{4}ʔɿ^{45}□lo^{13}～	sɿ^{3}	ʃi^{3}	si^{3}	si^{5} si^{3}□lou^{44}～	sɛi^{44} sɛi^{4}□lɔu^{51}～
扇～动	山开三 平仙书	sie^{44}▲	sɛn^{44}▲	ʃin^{55}▲	siŋ^{53}▲	siŋ^{45}▲	sɛn^{44}▲
扇～子	山开三 去线书	sie^{2}ʔe^{23}	sɛ^{3}ʔn^{35}	ʃin^{33}	siŋ^{12}	siŋ^{3}	sɛn^{4}
设	山开三 入薛书	sɿ^{5}	ts‘ɿ^{5}▲	ʃi^{5}	ts‘i^{5}▲	si^{5}	sɛi^{21}
蝉	山开三 平仙禅	sie^{21}	sɛn^{21}	ʃin^{42}	siŋ^{11}	siŋ^{22}	syẽ^{4}
善	山开三 上狝禅	sie^{22}	sɛn^{22}	ʃin^{11}	siŋ^{31}	siŋ^{45}	sɛn^{22}
折～本	山开三 入薛禅	sɿ^{3}	sɿ^{3}	ʃi^{3}	si^{3}	si^{5}	sɛi^{44}
然	山开三 平仙日	jie^{21}	jɛn^{21}	in^{42}	iŋ^{11}	iŋ^{22}	jɛn^{45}
燃	山开三 平仙日	jie^{21}	jɛn^{21}	in^{42}	iŋ^{11}	iŋ^{22}	jɛn^{45}
热	山开三 入薛日	ȵie^{3}	gi^{3}	ȵi^{3}	ȵi^{3}	ȵi^{5}	gɛi^{44} gɛi^{4} 眼～
乾～坤	山开三 平仙群	k‘ie^{21}	k‘ɛn^{21}	k‘iun^{42}	k‘iŋ^{11}	k‘iŋ^{22}	k‘ɛn^{45}
件	山开三 上狝群	k‘ie^{22} 一～事 k‘ie^{24} 一～衣▲	k‘ɛn^{22} 一～事 k‘ɛn^{24} 一～衣▲	k‘in^{11} 一～事 k‘in^{24} 一～衣	k‘iŋ^{31} 一～事 k‘iŋ^{214} 一～衣▲	k‘iŋ^{44} 一～事 k‘iŋ^{45} 一～衣▲	k‘ɛn^{22} 一～事 k‘ɛn^{324} 一～衣▲
杰	山开三 入薛群	k‘i^{3}	ki^{3}▲	k‘i^{3}	k‘i^{3}	k‘i^{3}	kɛi^{21}▲
孽	山开三 入薛疑	ȵie^{3}	gi^{3}	ȵi^{5}▲	ȵi^{3}	ȵi^{5}	gɛi^{44}

单字	中古音	大村	向阳	石陂	周田	石塘	桂头
延	山开三 平仙以	jie^{21}	jɛn^{21}	in^{42}	iŋ^{11}	iŋ^{22}	gɛn^{45}▲
演	山开三 上狝以	jie^{24}	jɛn^{24}	in^{24}	iŋ^{214}	iŋ^{314}	jɛn^{324}
建	山开三 去愿见	kɵ^{44}	kɛn^{44}	kin^{55}	kiŋ^{53}	kyẽ^{45}	kyẽ^{44}
揭	山开三 入月见	kʻɵ^{5}▲	kʻi^{5}▲	kʻi^{5}▲	kʻi^{5}▲	kʻi^{5}▲	kʻøy^{21}▲
健	山开三 去愿群	kʻɵ^{22}	kʻɛn^{22}	kʻin^{24}	kʻiŋ^{31}	kyẽ^{45}▲	kyẽ^{44}▲
言	山开三 平元疑	ŋɵ^{21}	jɛn^{21}	ŋin^{42}	ŋiŋ^{11}	ŋɛŋ^{22}	gɛn^{45}
掀	山开三 平元晓	hie^{13}	hɛn^{12}	kʻiɛn^{11}▲	kʻiŋ^{33}	kʻiŋ^{44}	hɛn^{51}
宪	山开三 去愿晓	hie^{44}	hɛn^{44}	ʃin^{55}	siŋ^{53}	siŋ^{45}	hɛn^{44}
献	山开三 去愿晓	hie^{44}	hɛn^{44}	ʃin^{55}	siŋ^{53}	siŋ^{45}	hɛn^{44}
歇	山开三 入月晓	hi^{5}	hi^{5}	ʃi^{5}	si^{5}	si^{5}	hɛi^{21}
边	山开四 平先帮	pie^{13} pie^{2}ʔe^{23} 侧～	pɛn^{12} pɛ^{3}ʔn^{35} 侧～	pin^{11} pin^{33} 侧～	piŋ^{33} piŋ^{12} 侧～	piŋ^{44} piŋ^{3} 侧～	pɛn^{51} piẽ^{4} 侧～
扁	山开四 上铣帮	pie^{24}	pɛn^{24}	pin^{24}	piŋ^{214}	piŋ^{314}	piẽ^{324}
遍	山开四 去霰帮	pʻie^{44}▲	pʻɛn^{44}▲	pʻin^{55}▲	pʻiŋ^{53}▲	pʻiŋ^{45}▲	pʻɛn^{44}▲
片	山开四 去霰滂	pʻie^{44} pʻie^{24} 尿～▲ pʻie^{2}ʔe^{23} 水～	pʻɛn^{44} pʻɛn^{24} 尿～▲	pʻin^{55} pʻin^{24} 尿～▲	pʻiŋ^{53} pʻiŋ^{214} 尿～▲	pʻiŋ^{45}	pʻɛn^{44}
撇～捺	山开四 入屑滂	pʻi^{3}▲	pʻi^{3}▲	pʻi^{5}	pʻi^{5}	pʻi^{3}	pʻɛi^{21}
辫	山开四 上铣並	pun^{21}▲	pɛ^{3}ʔn^{35}▲	pin^{33}▲	piŋ^{33}▲	piŋ^{44}▲	pɛn^{4}▲
眠	山开四 平先明	mie^{21}	bɛn^{21}	mɛn^{42}▲	miŋ^{11}	miŋ^{22}	bɛn^{45}
面～条	山开四 去霰明	mie^{22}	bɛn^{22}	min^{11}	miŋ^{31}	miŋ^{44}	bɛn^{22}
篾	山开四 入屑明	mi^{4}ʔi^{45}	bi^{3}ʔi^{35}	mi^{3}	mi^{3}	mi^{5}	bie^{4}
颠	山开四 平先端	tie^{13}	tɛn^{12}	tin^{11}	tiŋ^{33}	tiŋ^{44}	ɛn^{51}
典	山开四 上铣端	tie^{24}	tɛn^{24}	tin^{24}	tiŋ^{214}	tiŋ^{314}	ɛn^{324}
天	山开四 平先透	tʻie^{13}	tʻɛn^{12}	tʻin^{11}	tʻiŋ^{33}	tʻiŋ^{44}	tʻɛn^{51}
铁	山开四 入屑透	tʻi^{5}	tʻi^{5}	tʻi^{5}	tʻi^{5}	tʻi^{5}	tʻɛi^{21}

单字	中古音	大村	向阳	石陂	周田	石塘	桂头
田	山开四 平先定	tʻie^{21}	tʻɛn^{21}	tʻin^{42}	tʻiŋ^{11}	tʻiŋ^{22}	tɛn^{45}
填	山开四 平先定	tʻie^{21}	tʻɛn^{21}	tʻin^{42}	tʻiŋ^{11}	tʻiŋ^{22}	tɛn^{45}
电	山开四 去霰定	tʻie^{22}	tʻɛn^{22}	tʻin^{24}	tʻiŋ^{31}	tiŋ^{45}▲	tɛn^{22}
垫	山开四 去霰定	tʻie^{44}▲	tʻɛn^{44}▲	tʻin^{55}▲	tʻiŋ^{53}▲	tʻiŋ^{45}▲	tʻiẽ^{21}▲
年	山开四 平先泥	lie^{21}	lɛn^{21}	ȵin^{42} ȵin^{33}～三十晡夜	ȵiŋ^{11}	liŋ^{22} liŋ^{3} 前～	lɛn^{45}
捏	山开四 入屑泥	ȵi^{5}▲	li^{5}▲	ȵi^{5}▲	ȵi^{5}▲	li^{5}	lɛi^{44}
怜	山开四 平先来	lie^{21}	lɛn^{21}	lin^{42}	liŋ^{11}	liŋ^{22}	lɛn^{45}
莲	山开四 平先来	lie^{21}	lɛn^{21}	lin^{42}	liŋ^{11}	liŋ^{22}	lɛn^{45}
练	山开四 去霰来	lɵ^{22}	lɛn^{22}	lin^{11}	liŋ^{31}	liŋ^{44}	lɛn^{22}
荐	山开四 去霰精	tsie^{44}	tsɛn^{44}	tsin^{55}	tsiŋ^{53}	tsiŋ^{45}	tsɛn^{44}
节	山开四 入屑精	tsɿ^{5} tsɿ^{2}ʔɿ^{23} 五月～	tsɿ^{5} tsɿ^{3}ʔɿ^{35} 五月～	tsi^{5} tsi^{3} 过～	tsi^{5} tsi^{12} 五月～	tsi^{5} tsi^{3} 五月～	tsɛi^{21} tsɛi^{4} 五月～
千	山开四 平先清	tsʻie^{13}	tsʻɛn^{12}	tsʻin^{11}	tsʻiŋ^{33}	tsʻiŋ^{44}	tsʻɛn^{51}
切	山开四 入屑清	tsʻɿ^{5}	tsʻɿ^{5}	tsʻi^{5}	tsʻi^{5}	tsʻi^{5}	tsʻɛi^{21}
前	山开四 平先从	tsʻie^{21} tsʻie^{4}ʔe^{45} 面～	tsʻɛn^{21} tsʻɛ^{3}ʔn^{35} 面～	tsʻin^{42} tsʻin^{24}～晡日▲	tsʻiŋ^{11}	tsʻiŋ^{22}	tsʻɛn^{45}
截	山开四 入屑从	tsʻɿ^{3}	tsɿ^{3}▲	tsʻi^{3}	tsʻi^{3}	tsʻi^{5}	tsʻɛi^{21}▲
先	山开四 平先心	sie^{13}	sɛn^{12}	sin^{11}	siŋ^{33}	siŋ^{44}	sɛn^{51}
屑木～	山开四 入屑心	sᴀ^{5}～碎	sɿ^{5}	si^{5}	si^{5}	si^{3}	sɛi^{21} sɛi^{4} 碎～
肩	山开四 平先见	kᴀŋ^{13}～头 kie^{13}	kuə^{12}～头 kɛn^{12}	kiun^{11}	kiaŋ^{33}～头 kiŋ^{33}	kaŋ^{44}	kiẽ^{51}
坚	山开四 平先见	kie^{13}	kɛn^{12}	kin^{11}	kiŋ^{33}	kiŋ^{44}	kɛn^{51}
见	山开四 去霰见	kie^{44}	kɛn^{44}	kin^{55}	kiŋ^{53}	kiŋ^{45}	kɛn^{44}
结	山开四 入屑见	ki^{5} ki^{2}ʔi^{23} 死～	ki^{5} ki^{3}ʔi^{35} 死～	ki^{5} kɛi^{33} 死～▲	ki^{5} kiɛ^{12} 死～	kɛi^{5} ki^{3} 死～	kɛi^{21} kɛi^{4} 死～
洁	山开四 入屑见	ki^{5}	ki^{5}	ki^{5}	ki^{5}	ki^{5}	kɛi^{21}
牵	山开四 平先溪	hie^{13}	hɛn^{12}	kʻin^{11}	kʻiŋ^{33}	kʻiŋ^{44}	hɛn^{51}

单字	中古音	大村	向阳	石陂	周田	石塘	桂头
研	山开四平先疑	ŋie^{22}▲	jɛn^{21}	ŋin^{11}▲	ŋiŋ^{214}▲	ŋɛŋ^{314}▲	gɛn^{45}
显	山开四上铣晓	hie^{24}	hɛn^{24}	ʃin^{24}	siŋ^{214}	siŋ^{314}	hɛn^{324}
贤	山开四平先匣	hie^{21}	sɛn^{21}▲	ʃin^{42}	siŋ^{11}	siŋ^{22}	hɛn^{45}
现	山开四去霰匣	hie^{22}	hɛn^{22}	ʃin^{11}	siŋ^{31}	siŋ^{44}	hɛn^{22}
烟	山开四平先影	jie^{13}	jɛn^{12}	in^{11}	iŋ^{33}	iŋ^{44}	jɛn^{51}
燕~子	山开四去霰影	jie^{44}	jɛ^{3}ʔn^{35}	in^{55}	iŋ^{53} iŋ^{3} 禾~仔	iŋ^{45}	jɛn^{4}
宴	山开四去霰影	jie^{44}	jɛn^{44}	in^{55}	iŋ^{53}	iŋ^{45}	jɛn^{44}
般	山合一平桓帮	pɵŋ^{13}	poŋ^{12}	pan^{11}	poŋ^{33}	poŋ^{44}	pœn^{51}
搬	山合一平桓帮	pɵŋ^{13}	poŋ^{12}	pun^{11}	poŋ^{33}	poŋ^{44}	pœn^{51}
半	山合一去换帮	pɵŋ^{44}	poŋ^{44}	pun^{55}	poŋ^{53}	poŋ^{45}	pœn^{44}
钵	山合一入末帮	pʉ^{2}ʔʉ^{23}	pu^{3}ʔi^{35}	pui^{5}	pɔ^{12}	pou^{5}	pu^{4}
拨	山合一入末帮	pʉ^{5}	pui^{5}	pui^{5}	pɔ^{5}	pou^{5}	p‘u^{21}▲
潘	山合一平桓滂	p‘ɵŋ^{13}	p‘oŋ^{12}	p‘un^{11}	p‘oŋ^{33}	p‘oŋ^{44}	p‘œn^{51}
拼~命	山合一平桓滂	p‘un^{44}▲	p‘an^{44}▲	p‘ɛn^{55}▲	p‘an^{53}▲	p‘ɛŋ^{45}▲	p‘aŋ^{44}▲
判	山合一去换滂	p‘ɵŋ^{44}	p‘oŋ^{44}	p‘un^{55}	p‘oŋ^{53}	p‘oŋ^{45}	p‘œn^{44}
泼	山合一入末滂	p‘ʉ^{5}	p‘ui^{5}	p‘ui^{5}	p‘ɔ^{5}	p‘ou^{5}	p‘u^{21}
盘	山合一平桓並	p‘ɵŋ^{21}~钱 p‘ɵ^{4}ʔŋ^{45}	p‘oŋ^{21}~钱 p‘o^{3}ʔŋ^{35}	p‘un^{42}~钱 p‘un^{33}	p‘oŋ^{11}~点 p‘oŋ^{3}	p‘oŋ^{22}~点 p‘oŋ^{3}	pœn^{45}~钱 pœn^{4}
伴	山合一上缓並	pɵŋ^{44}▲	p‘oŋ^{22}	p‘un^{24}	p‘oŋ^{53}▲	p‘oŋ^{45}▲	pœn^{44}▲
叛	山合一去换並	p‘ɵŋ^{44}▲	p‘oŋ^{44}▲	p‘un^{55}▲	p‘oŋ^{53}▲	p‘oŋ^{45}▲	p‘œn^{44}▲
馒	山合一平桓明	mɵŋ^{21}	buə^{22}▲	mun^{42}	moŋ^{11}	moŋ^{44}▲	bœn^{22}▲
满	山合一上缓明	mɵŋ^{44}	boŋ^{44}	mun^{55}	moŋ^{53}	moŋ^{45}	bœn^{21}
漫	山合一去换明	mɵŋ^{22}	buə^{22}	man^{11}	moŋ^{31}	moŋ^{44}	bœn^{22}
末	山合一入末明	mʉ^{3}	bui^{3} buə^{3}ʔə^{35} 年三十~	mui^{3}	mɔ^{3}	mu^{5}▲	bu^{4}

单字	中古音	大村	向阳	石陂	周田	石塘	桂头
端	山合一 平桓端	tɵŋ^{13}	toŋ^{12}	tun^{11}	toŋ^{33}	tuaŋ^{44}	œn^{51}
短	山合一 上缓端	tɵŋ^{24}	toŋ^{24}	tun^{24}	toŋ^{214}	tuaŋ^{314}	œn^{324}
锻~炼	山合一 去换端	tʻɵŋ^{22}▲	tʻoŋ^{22}▲	tʻun^{11}▲	tʻoŋ^{31}▲	tʻuaŋ^{44}▲	tœn^{22}▲
脱	山合一 入末透	tʻʉ^{5}	tʻui^{5}	tʻui^{5}	tʻoi^{5}	tʻua^{5}	tʻu^{21}
团	山合一 平桓定	tʻɵŋ^{21}	tʻoŋ^{21}	tʻun^{42}	tʻoŋ^{11}	tʻuaŋ^{22}	tœn^{45}
断~绝	山合一 上缓定	tʻɵŋ^{44}	tʻoŋ^{44}	tʻun^{55}	tʻoŋ^{53}	tʻuaŋ^{45}	tʻœn^{21}
段	山合一 去换定	tʻɵŋ^{22}	tʻoŋ^{22}	tʻun^{11}	tʻoŋ^{31}	tʻuaŋ^{44}	tœn^{22}
缎	山合一 去换定	tʻɵ^{4}ʔŋ^{45}	tʻoŋ^{22}	tʻun^{11}	tʻoŋ^{31}	tʻuaŋ^{3}	tœn^{22}
夺	山合一 入末定	tʻʉ^{5}▲	tʻui^{3}	tʻui^{5}▲	tʻoi^{5}▲	tʻua^{5}	tʻu^{21}▲
暖	山合一 上缓泥	lɵŋ^{44}	loŋ^{44}	nun^{55}	noŋ^{53}	luaŋ^{45}	lœn^{21}
卵	山合一 上缓来	lɵŋ^{24} 鹅~石 lɵ^{4}ʔŋ^{45} 鸡~ lɵ^{2}ʔŋ^{23} 男阴	lan^{44} 马~石 luə^{44} 鸡~ lo^{3}ʔŋ^{35} 男阴	lun^{33}	loŋ^{12} 男阴 loŋ^{3} 鸡~	luaŋ^{314} 男阴 luaŋ^{3} 鸡~	lœn^{4}
乱	山合一 去换来	lɵŋ^{22}	loŋ^{22}	lun^{11}	loŋ^{31}	luaŋ^{44}	lœn^{22}
钻~洞	山合一 平桓精	tsɵŋ^{44}▲	tsoŋ^{44}▲	tsun^{55}▲	tsoŋ^{53}▲	tsuaŋ^{45}▲	tsœn^{44}▲
钻~子	山合一 去换精	tsɵ^{2}ʔŋ^{23}	tso^{3}ʔŋ^{35}	tsun^{33}	tsoŋ^{12}	tsuaŋ^{3}	tsœn^{4}
窜	山合一 去换清	tsʻɵŋ^{44}	tsʻuə^{44}	tsʻun^{55}	tsʻoŋ^{53}	tsʻyẽ^{314}▲	tsʻiẽ^{44}
酸	山合一 平桓心	sɵŋ^{13}	soŋ^{12}	sun^{11}	soŋ^{33}	suaŋ^{44}	sœn^{51}
算	山合一 去换心	sɵŋ^{44}	soŋ^{44}	sun^{55}	soŋ^{53}	suaŋ^{45}	sœn^{44}
蒜	山合一 去换心	sɵŋ^{44}	soŋ^{44}	sun^{55}	soŋ^{53}	suaŋ^{45}	sœn^{44}
官	山合一 平桓见	kɵŋ^{13}	kun^{12}	kun^{11}	koŋ^{33}	kuaŋ^{44}	kvœn^{51}
观参~	山合一 平桓见	kɵŋ^{13}	kun^{12}	kun^{11}	koŋ^{33}	kuaŋ^{44}	kvœn^{51}
管	山合一 上缓见	kɵŋ^{24}	kun^{24}	kun^{24}	koŋ^{214}	kuaŋ^{314}	kvœn^{324}
馆	山合一 上缓见	kɵŋ^{24}	kun^{24}	kun^{24}	koŋ^{214}	kuaŋ^{314}	kvœn^{324}
灌	山合一 去换见	kɵŋ^{44}	kun^{44}	kun^{55}	koŋ^{53}	kuaŋ^{45}	kvœn^{44}

单字	中古音	大村	向阳	石陂	周田	石塘	桂头
冠~军	山合一去换见	kəŋ^{44}	kun^{44}	kun^{55}	koŋ^{53}	kuaŋ^{45}	kvœn^{44}
罐	山合一去换见	kəŋ^{44}	kun^{44}	kun^{55}	koŋ^{53}	kuaŋ^{45}	kvœn^{44}
括包~	山合一入末见	k‘ʉ^{5}▲	k‘u^{5}▲	k‘ui^{5}▲	k‘ɔ^{5}▲	k‘ua^{5}▲	k‘vu^{21}▲
宽	山合一平桓溪	k‘əŋ^{13}	fun^{12}	k‘un^{11}	k‘oŋ^{33}	k‘uaŋ^{44}	k‘vœn^{51}
款	山合一上缓溪	k‘əŋ^{24}	fun^{24}	k‘an^{24}	k‘oŋ^{214}	k‘oŋ^{314}	k‘yẽ^{324}
阔	山合一入末溪	k‘ʉ^{5}	hui^{5}	k‘ui^{5}	k‘ɔ^{5}	k‘ua^{5}	k‘vu^{21}
欢	山合一平桓晓	fəŋ^{13}	fun^{12}	fun^{11}	foŋ^{33}	foŋ^{44} 话音 k‘uaŋ^{44} 字音	k‘vœn^{51}
唤	山合一去换晓	vəŋ^{22}▲	hoŋ^{22}▲	han^{55}	hoŋ^{31}▲	foŋ^{44}▲	hœn^{22}▲
完	山合一平桓匣	vəŋ^{21}	jiɔn^{21}	van^{42}	voŋ^{11}	yẽ^{22}	jyẽ^{45}
丸	山合一平桓匣	jə^{4}ʔə^{45}	jiɔ^{3}ʔn^{35}	van^{33}	voŋ^{3}	yẽ^{3}	jyẽ^{4}
缓	山合一上缓匣	vəŋ^{22}	hoŋ^{22}	hun^{24}	hoŋ^{31}	foŋ^{45}	hœn^{22}
换	山合一去换匣	həŋ^{22}	hoŋ^{22}	hun^{11}	hoŋ^{31}	foŋ^{44}	hœn^{22}
活	山合一入末匣	fo^{5}	hui^{3}	fa^{3}	fɔ^{3}	fa^{5}	fu^{44}
碗	山合一上缓影	vəŋ^{24}	voŋ^{24}	vun^{24}	voŋ^{214}	uaŋ^{314}	vœn^{324}
顽	山合二平山疑	ŋəŋ^{21}	və^{21}▲	ŋan^{42}	ŋoŋ^{11}	ŋoŋ^{22}	giẽ^{45}
幻	山合二去裥匣	vəŋ^{22}	və^{44}▲	van^{24}	voŋ^{31}	foŋ^{45}▲	viẽ^{22}
滑	山合二入黠匣	vᴀ^{3}	və^{3}	va^{3}	va^{3}	ua^{5}	vie^{44}
猾	山合二入黠匣	vᴀ^{3}	və^{3}	va^{3}	va^{3}	ua^{5}	vie^{44}
挖	山合二入黠影	vᴀ^{5}	və^{5}	va^{5}	va^{33}	uei^{5} 话音▲ ua^{5} 字音	vie^{21}
篡	山合二去谏初	ts‘ə^{44}	ts‘ɔn^{44}	ʧ‘un^{55}▲	ts‘oŋ^{53}	ts‘yẽ^{45}	ts‘yẽ^{44}
闩	山合二平删生	səŋ^{13} 动词 sə^{2}ʔŋ^{23} 名词	soŋ^{12} 动词 so^{3}ʔŋ^{35} 名词	sun^{11}	siŋ^{33} 动词 siŋ^{12} 名词	suaŋ^{44}	sœn^{51} 动词 sœn^{4} 名词
刷	山合二入辖生	ts‘o^{5}▲	ts‘u^{3}ʔi^{35}▲	sui^{5}	soi^{5}	sua^{3}~牙 ts‘ye^{3} 牙~▲	ts‘u^{21}~牙▲
关	山合二平删见	kᴀŋ^{13} 话音 kuᴀŋ^{13} 字音	kuə^{12}	kan^{11}	k‘oŋ^{33}▲	kuaŋ^{44}	kviẽ^{51}

单字	中古音	大村	向阳	石陂	周田	石塘	桂头
惯	山合二 去谏见	kuᴀŋ^{44}	kuə^{44}	kun^{55}	koŋ^{53}	kuaŋ^{45}	kviẽ^{44}
刮	山合二 入辖见	kuᴀ^{5} kᴀ^{2}ʔᴀ^{23} 镰～	kuə^{5}	ka^{5} ka^{3} 镰～	kua^{5} ka^{12} 镰～	kua^{5} kua^{3} 镰～	kvie^{21} kvie^{4} 镰～
还~原~	山合二 平删匣	vᴀŋ^{21} 话音 vɵŋ^{21} 字音	və^{21}	van^{42}	viaŋ^{11}	uoŋ^{22} 话音 foŋ^{22} 字音	viẽ^{45}
环	山合二 平删匣	vɵŋ^{21}	və^{21}	van^{42}	voŋ^{11}	foŋ^{22}	viẽ^{45}
患	山合二 去谏匣	fɵŋ^{22}	və^{22}	fan^{24}	foŋ^{31}	foŋ^{44}	viẽ^{22}
弯	山合二 平删影	vᴀŋ^{13}	və^{12}	van^{11}	viaŋ^{33}	uaŋ^{44}	viẽ^{51}
恋	山合三 去线来	lie^{21}▲	lɛn^{22}	lin^{42}▲	liŋ^{31}	liŋ^{44}	liẽ^{45}▲
劣	山合三 入薛来	liɔ^{3}▲	li^{3}	lui^{3}	li^{3}	li^{5}▲	løy^{4}
全	山合三 平先从	tsʻɵ^{21}	tsʻɔn^{21}	tsʻun^{42}	tsʻiŋ^{11}	tsʻyẽ^{22}	tsʻyẽ^{45}
泉	山合三 平先从	tsʻɵŋ^{21}▲	tsʻɔn^{21}	tsʻan^{42}▲	tsʻoŋ^{11}▲	tsʻyẽ^{22}	tsʻyẽ^{45}
绝	山合三 入薛从	tsʻɵ^{3}	tsʻi^{3}	tsʻi^{3}	tsʻi^{3}	tsʻye^{5}	tsʻøy^{44}
宣	山合三 平仙心	sɵ^{13}	sɔn^{12}	sin^{11}	siŋ^{33}	syẽ^{44}	syẽ^{51}
选	山合三 上狝心	sɵ^{24}	sɔn^{24}	sin^{24}	siŋ^{214}	syẽ^{314}	syẽ^{324}
雪	山合三 入薛心	sɵ^{5}	sui^{5}	si^{5}	si^{5}	sye^{5}	søy^{21}
旋~头发～~	山合三 去线邪	tsʻɵ^{22}	tsʻɔn^{22}	tsʻun^{33}	tsʻiŋ^{31}	tsʻyẽ^{44}	tsʻyẽ^{22}
转~～圈~	山合三 去线知	tsɵ^{24}▲	tsɔn^{44}	tʃun^{24}▲	tsiŋ^{214}▲	tyẽ^{45}	tsyẽ^{324}▲
传~～达~	山合三 平仙澄	tsʻɵ^{21}	tsʻɔn^{21}	tʃʻun^{42}	tsʻiŋ^{11}	tsʻyẽ^{22}	tsʻyẽ^{45}
传~～记~	山合三 去线澄	tsʻɵ^{4}ʔɵ^{45}	tsɔn^{24}▲	tʃʻun^{24}	tsʻiŋ^{11}▲	tsʻyẽ^{45}▲	tsʻyẽ^{4}
专	山合三 平仙章	tsɵ^{13}	tsɔn^{12}	tʃun^{11}	tsiŋ^{33}	tsyẽ^{44}	tsyẽ^{51}
砖	山合三 平仙章	tsɵ^{13}	tsɔn^{12}	tʃun^{11}	tsiŋ^{33}	tsyẽ^{44}	tsyẽ^{51}
穿	山合三 平仙昌	tsʻɵ^{13}	tsʻɔn^{12}	tʃʻun^{11}	tsʻiŋ^{33}	tsʻyẽ^{44}	tsʻyẽ^{51}
串	山合三 去线昌	tsʻɵ^{44}	tsʻɔn^{44}	tʃʻun^{55}	tsʻiŋ^{53}	tsʻyẽ^{45}	tsʻyẽ^{44}
船	山合三 平仙船	sɵ^{21} 火～ sɵ^{4}ʔɵ^{45}	sɔn^{21} 火～ sɔ^{3}ʔn^{35}	ʃun^{42} 火～ ʃun^{33}	siŋ^{11} 火～ siŋ^{3}	syẽ^{3}	syẽ^{45} 火～ syẽ^{4}

单字	中古音	大村	向阳	石陂	周田	石塘	桂头
说	山合三 入薛书	sɵ^{5}	sui^{5}	ʃui^{5}	soi^{5}▲	sye^{5}	søy^{21}
软	山合三 上狝日	ŋɵ^{44}	giɔn^{44}	ŋiun^{55}	ŋiŋ^{53}	ŋyẽ^{45}	gyẽ^{21}
卷~起	山合三 上狝见	kɵ^{24}	kiɔn^{24}	kiun^{24}	kiŋ^{214}	kyẽ^{314}	kyẽ^{324}
卷考~	山合三 去线见	kɵ^{24}▲	kiɔn^{24}▲	kiun^{24}▲	kiŋ^{12}	kyẽ^{3}	kyẽ^{324}▲
圈	山合三 平仙溪	kʻɵ^{13} 走一~ kʻɵ^{2}ʔɵ^{23} 画~	kʻiɔn^{12} 走一~ kʻiɔ^{3}ʔn^{35} 画~	kʻiun^{11} 走一~ kʻiun^{33} 画~	kʻiŋ^{33} 走一~ kʻiŋ^{12} 画~	kʻyẽ^{44} 走一~ kʻyẽ^{3} 画~	kʻyẽ^{51} 走一~ kʻyẽ^{4} 画~
拳	山合三 平仙群	kʻɵ^{21}	kʻiɔn^{21}	kʻiun^{42}	kʻiŋ^{11}	kʻyẽ^{22}	kʻyẽ^{45}
权	山合三 平仙群	kʻɵ^{21}	kʻiɔn^{21}	kʻiun^{42}	kʻiŋ^{11}	kʻyẽ^{22}	kʻyẽ^{45}
倦	山合三 去线群	kʻɵ^{22}	kʻiɔn^{22}	kʻiun^{24}	kʻiŋ^{31}	kʻyẽ^{314}▲	kyẽ^{22}▲
圆	山合三 平仙云	jɵ^{21}	jiɔn^{21} jiɔ^{3}ʔn^{35} 汤~	iun^{42} iun^{33} 汤~	iŋ^{11}	yẽ^{22}	jyẽ^{45} jyẽ^{4} 汤~
员	山合三 平仙云	jɵ^{21}	jiɔn^{21}	iun^{42}	iŋ^{11}	yẽ^{22}	jyẽ^{45}
院	山合三 去线云	jɵ^{24}▲	jiɔn^{22}~长 jiɔ^{3}ʔn^{35}~子	iun^{55}▲	iŋ^{12}	yẽ^{45}▲	jyẽ^{324}~长▲ jyẽ^{4}~子
缘	山合三 平仙以	jɵ^{21}	jiɔn^{21}	in^{42}	iŋ^{11}	ŋyẽ^{22}▲	jyẽ^{45}
铅	山合三 平仙以	jɵ^{21} jɵ^{4}ʔɵ^{45}~笔	jiɔn^{21}	iun^{33}	iŋ^{11}	yẽ^{3}	jyẽ^{45}
沿	山合三 平仙以	jɵ^{21}	jiɔn^{21}	in^{42}	iŋ^{11}	ŋyẽ^{22}▲	jyẽ^{45}
阅	山合三 入薛以	jɵ^{3}	jiɛ^{3}	i^{3}	i^{3}	ye^{5}	jøy^{4}
反	山合三 上阮非	fɵŋ^{24}	fuə^{24}	fan^{24}	foŋ^{214}	foŋ^{314}	fœn^{324}
贩	山合三 去愿非	fɵŋ^{44} fɵ^{2}ʔŋ^{23}~仔	fuə^{44}	fan^{55}	foŋ^{53}	pʻoŋ^{45} 动词 foŋ^{45}~子佬	fœn^{4}
发	山合三 入月非	fo^{5}	fuə^{5}	fa^{5}	fɔ^{5}	fou^{5}	fu^{21}
翻	山合三 平元敷	fɵŋ^{13}	fuə^{12}	fan^{11}	foŋ^{33}	foŋ^{44}	fœn^{51}
烦	山合三 平元奉	fɵŋ^{21}	fuə^{21}	fan^{42}	foŋ^{11}	foŋ^{22}	fœn^{45}
饭	山合三 去愿奉	fɵŋ^{22} fɵ^{4}ʔŋ^{45} 早~	fuə^{22} fuə^{3}ʔə^{35} 早~	fan^{11}	foŋ^{31}	foŋ^{44}	fœn^{22}
罚	山合三 入月奉	fo^{3}	fuə^{3}	fa^{3}	fɔ^{3}	fou^{5}	fu^{44}
晚	山合三 上阮微	mɵŋ^{44}~崽 mɵ^{2}ʔŋ^{23} 夜~	boŋ^{44}~崽 buə^{44}	man^{11} 细~崽▲ van^{24}	moŋ^{214} moŋ^{12}~崽 moŋ^{33}~姨▲	moŋ^{314}~崽 uaŋ^{314} 字音▲	bœn^{21}~崽 bœn^{4} 三十~

单字	中古音	大村	向阳	石陂	周田	石塘	桂头
万	山合三去愿微	$meŋ^{22}$	$buə^{22}$	van^{11}	$voŋ^{31}$	$uoŋ^{44}$	$bœn^{22}$
袜	山合三入月微	$mo^{2}ʔo^{23}$	$buə^{3}$	ma^{3}	$mɔ^{3}$	mou^{5}	bu^{44}
劝	山合三去愿溪	$k‘ɵ^{44}$	$k‘iɔn^{44}$	$k‘iun^{55}$	$k‘iŋ^{53}$	$k‘yẽ^{45}$	$k‘yẽ^{44}$
元	山合三平元疑	$ŋɵ^{21}$	$jiɔn^{21}$	$ŋiun^{42}$	$iŋ^{11}$	$yẽ^{22}$	$jyẽ^{45}$
原	山合三平元疑	$ŋɵ^{21}$	$jiɔn^{21}$	$ŋiun^{42}$	$ŋiŋ^{11}$	$ŋyẽ^{22}$	$gyẽ^{45}$
愿	山合三去愿疑	$ŋɵ^{22}$	$giɔn^{22}$	$ŋiun^{11}$	$ŋiŋ^{31}$	$ŋyẽ^{44}$	$gyẽ^{22}$
月	山合三入月疑	$ŋɵ^{4}ʔɵ^{45}$	$giɛ^{3}$	$ŋiui^{3}$	$ŋia^{3}$▲	$ŋye^{3}$ $ŋie^{3}$ 向～葵▲	$gøy^{4}$
冤	山合三平元影	$jɵ^{13}$	$jiɔn^{12}$	in^{11}	$iŋ^{33}$	$yẽ^{44}$	$jyẽ^{51}$
袁	山合三平元云	$jɵ^{21}$	$jiɔn^{21}$	in^{42}	$iŋ^{11}$	$yẽ^{22}$	$jyẽ^{45}$
园	山合三平元云	$jɵ^{21}$ $jɵ^{4}ʔɵ^{45}$ 菜～	$jiɔn^{21}$ $jiɔ^{3}ʔn^{35}$ 菜～	iun^{42} iun^{33} 菜～	$iŋ^{11}$	$yẽ^{22}$	$jyẽ^{45}$ $vœn^{4}$ 菜～
远	山合三上阮云	$jɵ^{44}$	$jiɔn^{44}$	iun^{55}	$iŋ^{53}$	$yẽ^{45}$	$jyẽ^{21}$
越	山合三入月云	$jɵ^{3}$	$jiɛ^{3}$	i^{3}	i^{3}	ye^{5}	$jøy^{4}$
粤	山合三入月云	$jɵ^{3}$	$jiɛ^{3}$	i^{3}	i^{3}	ye^{5}	$jøy^{4}$
决	山合四入屑见	$k‘ɵ^{5}$▲	$k‘i^{5}$▲	$k‘i^{5}$▲	$k‘i^{5}$▲	$k‘ye^{5}$▲	$k‘øy^{21}$▲
诀	山合四入屑见	$kɵ^{2}ʔɵ^{23}$	$k‘i^{5}$▲	ki^{5}	ki^{5}	kye^{5}	$køy^{21}$
缺	山合四入屑溪	$k‘ɵ^{5}$	$k‘i^{5}$	$k‘i^{5}$	$k‘i^{5}$	$k‘ye^{5}$	$k‘øy^{21}$ $k‘øy^{4}$ 断～砖
血	山合四入屑晓	$hɵ^{5}$	hi^{5}	$ʃui^{5}$	si^{5}	sye^{5}	$høy^{21}$
悬	山合四平先匣	$sɵ^{21}$▲	$jɛn^{21}$▲	$ʃin^{42}$	$siŋ^{11}$	$syẽ^{22}$	$jyẽ^{45}$▲
玄	山合四平先匣	sie^{21}▲	$jɛn^{21}$▲	$ʃin^{42}$	$siŋ^{11}$	$syẽ^{22}$	$jyẽ^{45}$▲
县	山合四去霰匣	$jɵ^{22}$▲	$jiɔ^{3}ʔn^{35}$ 曲江～ $jiɔn^{24}$ ～长▲	iun^{11}▲	$iŋ^{31}$▲	$yẽ^{44}$	$jyẽ^{22}$▲
穴	山合四入屑匣	$hɵ^{4}ʔɵ^{45}$	$jɿ^{3}$▲	$ʃi^{3}$	si^{3}	$yẽ^{3}$	$jøy^{4}$▲
渊	山合四平先影	jie^{13}	$jiɔn^{12}$	iun^{11}	$iŋ^{33}$	$yẽ^{44}$	$jyẽ^{51}$
吞	臻开一平痕透	$t‘un^{13}$	$t‘ɔn^{12}$	$t‘ɔn^{11}$	$t‘an^{33}$	$t‘ɛŋ^{44}$	$t‘œn^{51}$

单字	中古音	大村	向阳	石陂	周田	石塘	桂头
根	臻开一平痕见	kʌŋ^{13}	kian^{12}	kɛn^{11}	kiaŋ^{33}	kɛŋ^{44}	kyẽ^{51}
跟	臻开一平痕见	kʌŋ^{13}	kian^{12}	kiɛn^{11}～斗 kɛn^{11}	kiaŋ^{33}	kuaŋ^{44}～头▲ kɛŋ^{44}	kvaŋ^{51}～斗 kaŋ^{51}
垦	臻开一上很溪	hʌŋ^{24}	han^{24}	kʻɛn^{24}	hiaŋ^{214}	kʻɛŋ^{314}	kʻaŋ^{324}
痕	臻开一平痕匣	hʌŋ^{21}	han^{21}	hɛn^{42}	hiaŋ^{11}	hɛŋ^{22}	hiẽ^{45}
很	臻开一上很匣	hʌŋ^{22}	han^{24}▲	hɛn^{24}	hiaŋ^{214}▲	hɛŋ^{45}	hiẽ^{324}▲
恨	臻开一去恨匣	hʌŋ^{22}	han^{22}	hɛn^{24}	hiaŋ^{31}	hɛŋ^{45}▲	hiẽ^{22}
恩	臻开一平痕影	ʌŋ^{13}	an^{12}	ɛn^{11}	ʔiaŋ^{33}	ɛŋ^{44}	yẽ^{51}
宾	臻开三平真帮	pʌn^{13}▲	pan^{12}	pɛn^{11}	pan^{33}	pɛŋ^{44}	paŋ^{51}
笔	臻开三入质帮	po^{2}ʔe^{23}	pa^{3}ʔi^{35}	pɐi^{33}	pai^{12}	pai^{3}	pai^{4}
毕	臻开三入质帮	poe^{5}	pai^{5}	pɐi^{5}	pai^{5}	pai^{45}▲	pai^{4}
必	臻开三入质帮	poe^{5}	pi^{5}	pɐi^{5}	pi^{5}	pai^{5}	pai^{21}
匹	臻开三入质滂	pʻoe^{5}	pʻai^{5}	pʻɐi^{5}	pʻai^{5}	pʻai^{5}	pʻai^{4}
贫	臻开三平真並	pʻun^{21}	pʻan^{21}	pʻɛn^{42}	pʻan^{11}	pʻɛŋ^{22}	paŋ^{45}
频	臻开三平真並	pʻʌn^{21}▲	pʻan^{21}	pʻɛn^{42}	pʻiaŋ^{11}	pʻɛŋ^{22}	paŋ^{45}
民	臻开三平真明	mun^{21}	ban^{21}	mɛn^{42}	man^{11}	mɛŋ^{22}	baŋ^{45}
敏	臻开三上轸明	mun^{44}	ban^{24}	mɛn^{24}	man^{214}	mɛŋ^{314}	baŋ^{324}
密	臻开三入质明	moe^{3}	bai^{3}	mɐi^{3}	mai^{3}	mai^{5}	bai^{44}
蜜	臻开三入质明	moe^{3}	bai^{3}	mɐi^{3}	mi^{3}	ma^{5}▲	bai^{44}
邻	臻开三平真来	lin^{21}	lun^{21}▲	lɛn^{42}	lan^{11}	lɛŋ^{22}	laŋ^{45}
鳞	臻开三平真来	lin^{13}▲	lan^{21}	lɛn^{11}▲	lan^{33}▲	lɛŋ^{22}	laŋ^{45}
栗	臻开三入质来	ləe^{3}	lai^{3}	lɐi^{3}	lai^{3}	lai^{5}	løy^{4}
津	臻开三平真精	tsun^{13}	tsɔn^{12}	tsɛn^{11}	tsuɔn^{33}	tsɛŋ^{44}	tsaŋ^{51}
进	臻开三去震精	tsin^{44}	tsɔn^{44}	tsɛn^{55}	tsan^{53}	tsɛŋ^{45}	tsaŋ^{44}

单字	中古音	大村	向阳	石陂	周田	石塘	桂头
亲~戚	臻开三 平真清	tsʻin^{13}	tsʻan^{12}	tsʻɛn^{11}	tsʻan^{33}	tsʻɛŋ^{44}	tsʻaŋ^{51}
七	臻开三 入质清	tsʻəe^{5}	tsʻai^{5}	tsʻɐi^{5}	tsʻai^{5}	tsʻai^{5}	tsʻai^{21}
漆	臻开三 入质清	tsʻəe^{5}	tsʻai^{5}	tsʻɐi^{5}	tsʻai^{5}	tsʻai^{5}	tsʻai^{21}
秦	臻开三 平真从	tsʻun^{21}	tsʻɔn^{21}	tʃʻɛn^{42}▲	tsʻuɔn^{11}	sɛŋ^{22}▲	tsʻaŋ^{45}
尽	臻开三 去震从	tsʻin^{22}	tsʻan^{22}	tsʻɛn^{11}	tsʻan^{31}	tsʻɛŋ^{44}	tsʻaŋ^{22}
疾	臻开三 入质从	tsʻəe^{3}	tsʻuə^{3}▲	tsʻɐi^{3}	tsʻai^{3}	tsʻai^{5}	tsʻai^{44}
辛	臻开三 平真心	sin^{13}	san^{12}	sɛn^{11}	san^{33}	sɛŋ^{44}	saŋ^{51}
新	臻开三 平真心	sin^{13}	san^{12}	sɛn^{11}	san^{33}	sɛŋ^{44}	saŋ^{51}
信	臻开三 去震心	sin^{44} 动词 si^{2}ʔn^{23} 名词	san^{44} 动词 sa^{3}ʔn^{35} 名词	sɛn^{55} 动词 sɛn^{33} 名词	san^{53} 动词 san^{12} 名词	sɛŋ^{45}	saŋ^{44} 动词 saŋ^{4} 名词
讯	臻开三 去震心	sin^{44}	san^{44}	sɛn^{55}	san^{53}	sɛŋ^{45}	saŋ^{44}
悉	臻开三 入质心	sei^{5}	sɛi^{5}▲	sɐi^{5}	si^{5}	sai^{5}	sa^{21}▲
膝	臻开三 入质心	sei^{5}	tsʻai^{5}▲	tsʻɐi^{5}▲	tsʻai^{5}▲	tsʻai^{5}▲	tsʻai^{21}▲
珍	臻开三 平真知	tsin^{13}	tsan^{12}	tʃɛn^{11}	tsan^{33}	tsɛŋ^{44}	tsaŋ^{51}
镇	臻开三 去震知	tsin^{44}	tsan^{44}	tʃɛn^{24}▲	tsan^{12}	tsɛŋ^{45}	tsaŋ^{44}
陈	臻开三 平真澄	tsʻin^{21}	tsʻan^{21}	tʃʻɛn^{42}	tsʻan^{11}	tsʻɛŋ^{22}	tsʻaŋ^{45}
尘	臻开三 平真澄	tsʻin^{21}	tsʻan^{21}	tʃʻɛn^{42}	tsʻan^{11}	tsʻɛŋ^{22}	tsʻaŋ^{45}
阵	臻开三 去震澄	tsʻin^{22}	tsʻan^{22}	tʃʻɛn^{11} tʃʻɛn^{24}	tsʻan^{31} tsʻan^{12} 打眼～	tsʻɛŋ^{314} 打眼～▲ tsʻɛŋ^{44}	tsʻaŋ^{22}
侄	臻开三 入质澄	tsʻʅ^{4}ʔʅ^{45}	tsʻʅ^{3}	tʃʻɐi^{3}	tsʻʅ^{3}	tsʻʅ^{3}	tsʻi^{4}
衬	臻开三 去震初	tsʻin^{44}	tsʻan^{44}	tsʻɛn^{55}	tsʻan^{53}	tsʻɛŋ^{45}	tsʻaŋ^{44}
虱	臻开三 入质生	sə^{5}▲	sʅ^{5}	sɐi^{5}	si^{5}	sye^{5}	søy^{21}
真	臻开三 平真章	tsin^{13}	tsan^{12}	tʃɛn^{11}	tsan^{33}	tsɛŋ^{44}	tsaŋ^{51}
诊	臻开三 上轸章	tsin^{44}▲	tsʻan^{24}～所▲ tsʻuə^{24} 门～▲	tʃɛn^{24}▲	tsan^{214}	tsɛŋ^{3}	tsaŋ^{324}
振	臻开三 去震章	tsin^{44}	tsan^{44}	tʃɛn^{24}▲	tsan^{12}	tsɛŋ^{45}	tsaŋ^{44}

单字	中古音	大村	向阳	石陂	周田	石塘	桂头
震	臻开三去震章	tsin^{44} tsi^{2}ʔn^{23} 打硬～	tsan^{44} tsa^{3}ʔn^{35} 打硬～	ʧɛn^{24}▲	tsan^{53} tsan^{12} 打硬～	tsɛŋ^{45} tsɛŋ^{3} 打冷～	tsaŋ^{44} tsaŋ^{4} 打硬～
质	臻开三入质章	tsɿ^{5}	tsɿ^{5}	ʧi^{5}	tsɿ^{5}	tsɿ^{5}	tsi^{4}
神	臻开三平真船	sin^{21}	san^{21}	ʃɛn^{42}	san^{11}	sɛŋ^{22}	saŋ^{45}
实	臻开三入质船	sɿ^{3}	sɿ^{3}	sɿ^{3}	sɿ^{3}	sɿ^{5}	si^{44}
身	臻开三平真书	sin^{13}	san^{12}	ʃɛn^{11}	san^{33}	sɛŋ^{44}	saŋ^{51}
申	臻开三平真书	sin^{13}	san^{12}	ʃɛn^{11}	san^{33}	sɛŋ^{44}	saŋ^{51}
伸	臻开三平真书	sin^{13}	san^{12}	ʃɛn^{11}	san^{33}	sɛŋ^{44}	saŋ^{51}
失	臻开三入质书	sɿ^{5}	sɿ^{5}	ʃi^{5}	sɿ^{5}	sɿ^{5}	si^{21}
室	臻开三入质书	sɿ^{2}ʔɿ^{23}	sɿ^{5}	ʃi^{5}	sai^{5}	sɿ^{5}	si^{4}
晨	臻开三平真禅	sin^{21}	san^{21}	ʃɛn^{42}	san^{11}	sɛŋ^{22}	saŋ^{45}
臣	臻开三平真禅	sin^{21}	san^{21}	ʃɛn^{42}	san^{11}	sɛŋ^{22}	saŋ^{45}
肾	臻开三上轸禅	si^{2}ʔn^{23}	san^{22}	ʃɛn^{24}	san^{31}	sɛŋ^{45}	saŋ^{22}
慎	臻开三去震禅	sin^{22}	san^{22}	ʃɛn^{24}	san^{31}	sɛŋ^{45}	saŋ^{22}
人	臻开三平真日	ɲin^{21}	gɛn^{21}▲ gia^{3}ʔn^{35} 老大～	ɲiɛn^{42} ɲiɛn^{33} 别～	ɲiaŋ^{11} ɲiaŋ^{3}老□t'oŋ^{3}～	ɲɛŋ^{22} ɲɛŋ^{3} 别～	gaŋ^{45} gaŋ^{4} 老大～
仁	臻开三平真日	ɲin^{21} ɲi^{4}ʔn^{45} 眼～	gɛn^{21}▲ gia^{3}ʔn^{35} 眼睛～	iɛn^{42} iɛn^{33} 眼珠～	iaŋ^{11} iaŋ^{3} 眼珠～	ɲɛŋ^{22}	gaŋ^{45} gaŋ^{4} 眼～
忍	臻开三上轸日	ɲin^{44}	gian^{44}	ɲiɛn^{11}▲	ɲiaŋ^{53}	ɲɛŋ^{45}	gaŋ^{21}
认	臻开三去震日	ɲin^{22}	gian^{22}	ɲiɛn^{11}	ɲiaŋ^{31}	ɲɛŋ^{44}	gaŋ^{22}
日	臻开三入质日	ɲi^{3}～子 ɲi^{4}ʔi^{45} 今～	gi^{3}～子 gi^{3}ʔi^{35} 今～	ɲi^{3}	ɲi^{3}	ɲi^{5}～子 ɲi^{3} 今～	gai^{44}～子 gai^{4} 第二～
巾	臻开三平真见	kin^{13}	kian^{12}	kiɛn^{11}	kiaŋ^{33}	kɛŋ^{44}	kaŋ^{51}
紧	臻开三上轸见	kin^{24}	kian^{24}	kiɛn^{24}	kiaŋ^{214}	kɛŋ^{314}	kaŋ^{324}
吉	臻开三入质见	ki^{5}	ki^{5}	ki^{5}	ki^{5}	ki^{5}	kai^{21}
仅	臻开三去震群	kin^{24}▲	kian^{24}▲	kiɛn^{24}▲	kiaŋ^{214}▲	kɛŋ^{314}▲	kaŋ^{324}▲
银	臻开三平真疑	ŋu^{4}ʔn^{45}	guan^{21} 金～纸 gua^{3}ʔn^{35}	ɲiɔn^{33}▲	ɲiɔn^{3}▲	ɲɛŋ^{3}	gaŋ^{4}

单字	中古音	大村	向阳	石陂	周田	石塘	桂头
因	臻开三 平真影	jin^{13}	jian^{12}	iɛn^{11}	iaŋ^{33}	iɛŋ^{44}	jaŋ^{51}
印	臻开三 去震影	jin^{44}	jian^{44}	iɛn^{55}	iaŋ^{53}	iɛŋ^{45}	jaŋ^{44} jaŋ^{4}
乙	臻开三 入质影	jɵ^{2}ʔɵ^{23}	giɛ^{3}▲	iui^{3}▲	i^{3}	ye^{3}	jøy^{4}
一	臻开三 入质影	ji^{5}	ji^{5}	i^{5}	i^{5}	i^{5}	ji^{21}
引	臻开三 上轸以	jin^{24} ji^{2}ʔn^{23}～火线	jian^{44}～诱 jia^{3}ʔn^{35}～火线	iɛn^{24} iɛn^{33}～线	iaŋ^{214} iaŋ^{12}～火线	iɛŋ^{314} lɛŋ^{3} 纸～▲	jaŋ^{324} jaŋ^{4}～火线
逸	臻开三 入质以		jiɛ^{3}	i^{5}▲	i^{5}▲	i^{5}	ji^{44}
斤	臻开三 平殷见	kin^{13}	kian^{12}	kiɛn^{11}	kiaŋ^{33}	kɛŋ^{44}	kaŋ^{51}
筋	臻开三 平殷见	kin^{13}	kian^{12}	kiɛn^{11}	kiaŋ^{33}	kɛŋ^{44}	kaŋ^{51}
谨	臻开三 上隐见	kin^{24}	kian^{24}	kiɛn^{24}	kiaŋ^{214}	kɛŋ^{314}	kaŋ^{324}
劲	臻开三 去焮见	kin^{44}	kian^{44}	kiɛn^{55}	kiaŋ^{53}	kɛŋ^{45}	kaŋ^{44}
勤	臻开三 平殷群	k‘un^{21}	k‘uan^{21}	k‘iɛn^{42}	k‘iaŋ^{11}	k‘ɛŋ^{22}	k‘aŋ^{45}
芹	臻开三 平殷群	k‘un^{21}	k‘uan^{21}	k‘iɛn^{42}	k‘iaŋ^{11}	k‘ɛŋ^{22}	k‘aŋ^{45}
近	臻开三 上隐群	k‘in^{44} 远～ k‘in^{22} 最～	k‘ian^{44} 远～ k‘ian^{22} 最～	k‘iɔn^{55} 远～▲ k‘iɛn^{24} 最～	k‘iɔn^{53} 远～▲ k‘iɔn^{31} 最～▲	k‘ɛŋ^{45}	k‘yẽ^{22}～紧▲ k‘aŋ^{22} 最～
欣	臻开三 平殷晓	k‘in^{13}	jian^{12}▲	k‘iɛn^{11}	iaŋ^{33}▲	k‘ɛŋ^{44}	saŋ^{51}▲
殷	臻开三 平殷影	jin^{13}	jian^{12}	iɛn^{11}	iaŋ^{33}	iɛŋ^{44}	jaŋ^{51}
隐	臻开三 上隐影	jin^{24}	jian^{24}	iɛn^{24}	iaŋ^{214}	iɛŋ^{314}	jaŋ^{324}
奔	臻合一 平魂帮	pʌn^{13}▲	pan^{12}	pɛn^{11}▲	piaŋ^{33}▲	pɛŋ^{44}	paŋ^{51}
本	臻合一 上混帮	pun^{24}	pan^{24}	pɔn^{24}	pan^{214}	pɛŋ^{314}	paŋ^{324}
不	臻合一 入没帮	pʉ^{5}	pu^{5}	pui^{5}	pu^{5}	pu^{45}▲	pu^{21}
盆	臻合一 平魂並	p‘u^{4}ʔn^{45}	p‘a^{3}ʔn^{35}	p‘ɔn^{33}	p‘an^{3}	p‘ɛŋ^{3}	paŋ^{4}
笨	臻合一 上混並	pun^{44}▲	pan^{44}▲	pɔn^{55}▲	pan^{53}▲	pɛŋ^{45}▲	paŋ^{44}▲
勃	臻合一 入没並	pʉ^{5}▲	p‘ui^{3}	p‘ø^{5}▲	pɛu^{5}▲	p‘u^{5}	pu^{21}▲
门	臻合一 平魂明	mun^{21}～铲 mu^{4}ʔn^{45}	ban^{21}～铲 ba^{3}ʔn^{35}	mɔn^{33}	man^{3}	mɛŋ^{3}	bœn^{4}

单字	中古音	大村	向阳	石陂	周田	石塘	桂头
闷	臻合一去慁明	mun^{22}	ban^{22}	mɔn^{24}	man^{31}	mɛŋ^{314}	baŋ^{45}
没沉~	臻合一入没明	mʉ^{3}	bu^{3}	mui^{3}	mai^{3}	mu^{5}	bau^{44}
墩	臻合一平魂端	tun^{13}	tɔn^{12}	tɔn^{11}	tan^{33}	tɛŋ^{44}	aŋ^{51}
顿	臻合一去慁端	tun^{13}▲	tɔn^{44}	tɔn^{24}▲	tan^{33}▲	tɛŋ^{45}	aŋ^{44}
盾	臻合一上混定	tʻun^{24}▲	tʻɔn^{44}	tʻɔn^{24}	tʻan^{214}▲	tʻɛŋ^{45}	tʻaŋ^{324}▲
钝	臻合一去慁定	tʻun^{44}▲	tʻɔn^{22}	tʻɔn^{24}	tʻan^{214}▲	tʻɛŋ^{45}▲	tʻaŋ^{21}▲
突	臻合一入没定	tʻʉ^{3}	tʻɛi^{3}▲	tʻui^{3}	tʻuoi^{3}	tʻu^{5}	tʻa^{44}▲
嫩	臻合一去慁泥	lun^{22}	lɔn^{22}	nɔn^{11}	nan^{31}	lɛŋ^{44}	laŋ^{22}
论议~	臻合一去慁来	lun^{22}	lɔn^{22}	lɔn^{11}	lan^{31}	lɛŋ^{44}	laŋ^{22}
尊	臻合一平魂精	tsun^{13}	tsɔn^{12}	tsɔn^{11}	tsuɔn^{33}	tsɛŋ^{44}	tsyẽ^{51}▲
卒	臻合一入没精	tsʉ^{2}ʔʉ^{23}	tsu^{3}ʔi^{35}	tsui^{5}	tsuoi^{5}	tsu^{3}	tsau^{4}
村	臻合一平魂清	tsʻun^{13}	tsʻɔn^{12}	tsʻɔn^{11}	tsʻuɔn^{33}	tsʻɛŋ^{44}	tsʻaŋ^{51}
寸	臻合一去慁清	tsʻun^{44}	tsʻɔn^{44}	tsʻɔn^{55}	tsʻuɔn^{53}	tsʻɛŋ^{45}	tsʻaŋ^{44}
存	臻合一平魂从	tsʻun^{21}	tsʻɔn^{21}	tsʻɔn^{42}	tsʻuɔn^{11}	tsʻɛŋ^{22}	tsʻaŋ^{45}
孙	臻合一平魂心	sun^{13}	sɔn^{12}	sɔn^{11}	suɔn^{33}	sɛŋ^{44}	saŋ^{51}
损	臻合一上混心	sun^{24}	sɔn^{24}	sɔn^{24}	suɔn^{214}	sɛŋ^{314}	saŋ^{324}
昆	臻合一平魂见	kʻun^{13}▲	kʻuan^{12}▲	kʻɔn^{11}▲	kʻuɔn^{33}▲	kʻuɛŋ^{44}▲	kʻvaŋ^{51}▲
滚	臻合一上混见	kun^{24}	kuan^{24}	kɔn^{24}	kuɔn^{214}	kuɛŋ^{314}	kvaŋ^{324}
棍	臻合一去慁见	ku^{2}ʔn^{23}	kua^{3}ʔn^{35}	kɔn^{33}	kuɔn^{12}	kuɛŋ^{3}	kvaŋ^{4}
骨	臻合一入没见	kʉ^{5}	ku^{5}	kui^{5}	kuoi^{5}	ku^{5}	kvu^{21}
坤	臻合一平魂溪	kʻun^{13}	kʻuan^{12}	kʻɔn^{11}	kʻuɔn^{33}	kʻuɛŋ^{44}	kʻvaŋ^{51}
捆	臻合一上混溪	kʻun^{24}	kʻuan^{24}	kʻɔn^{24}	kʻuɔn^{214}	kʻuɛŋ^{314}	kʻvaŋ^{324}
困	臻合一去慁溪	kʻun^{44}	kʻuan^{44}	kʻɔn^{55}	kʻuɔn^{53}	kʻuɛŋ^{45}	kʻvaŋ^{44}

单字	中古音	大村	向阳	石陂	周田	石塘	桂头
窟	臻合一 入没溪	fʉ^{2}ʔʉ^{23}	fu^{3}ʔu^{35}	kʻui^{5}～窿 fui^{3}屎～	fu^{12}	fu^{3}	fu^{4}
昏	臻合一 平魂晓	fun^{13}	fan^{12}	fɔn^{11}	fan^{33}	kʻuɛŋ^{44}	faŋ^{51}
婚	臻合一 平魂晓	fun^{13}	fan^{12}	fɔn^{11}	fan^{33}	kʻuɛŋ^{44}	faŋ^{51}
忽	臻合一 入没晓	fʉ^{5}	fu^{5}	fui^{3}	fai^{5}	kʻu^{5}	
魂	臻合一 平魂匣	fun^{21}	van^{21}	fɔn^{42}	fan^{11}	fɛŋ^{22}	faŋ^{45}
浑	臻合一 平魂匣	vun^{21}	van^{21}	fɔn^{42}	fan^{11}	fɛŋ^{22}	faŋ^{45}
混相～	臻合一 上混匣	fun^{22}	van^{22}	fɔn^{24}	van^{31}	kʻuɛŋ^{44}▲	vaŋ^{22}
温	臻合一 平魂影	vun^{13}	van^{12}	vɔn^{11}	van^{33}	uɛŋ^{44}	vaŋ^{51}
瘟	臻合一 平魂影	vun^{13}	van^{12}	vɔn^{11}	van^{33}	uɛŋ^{44}	vaŋ^{51}
稳	臻合一 上混影	vun^{24}	van^{24}	vɔn^{24}	van^{214}	uɛŋ^{314}	vaŋ^{324}
伦	臻合三 平谆来	lun^{21}	lɔn^{21}	lɔn^{42}	lan^{11}	lɛŋ^{22}	laŋ^{45}
轮	臻合三 平谆来	lun^{21}	lɔn^{21}看一～ lɔ^{3}ʔn^{35}车～	lɔn^{42}	lan^{11}	lɛŋ^{22}	laŋ^{4}看一～ laŋ^{45}车～
律	臻合三 入术来	lo^{4}ʔe^{45}	lui^{3}	lui^{3}	luoi^{3}	luai^{3}	løy^{4}
遵	臻合三 平谆精	tsun^{13}	tsɔn^{12}	tsɔn^{11}	tsuɔn^{33}	tsɛŋ^{44}	tsyẽ^{51}▲
俊	臻合三 去稕精	tsun^{44}	tsɔn^{44}	tsɔn^{55}	tsuɔn^{53}	tsɛŋ^{45}	tsaŋ^{44}
笋	臻合三 上准心	sun^{24}	sɔn^{24}	sɔn^{24}	suɔn^{214}	sɛŋ^{314}	saŋ^{324}
迅	臻合三 去稕心	sun^{44}	sɔn^{44}	sɛn^{55}▲	suɔn^{53}	sɛŋ^{45}	saŋ^{22}▲
戌	臻合三 入术心	sʉ^{5}	sɿ^{22}	sui^{5}	si^{5}	sye^{3}	sy^{44}
恤	臻合三 入术心	sø^{5}	sui^{5}	si^{5}	si^{5}	sye^{5}	søy^{21}
旬	臻合三 平谆邪	sun^{21}	sɔn^{21}	sɔn^{42}	suɔn^{11}	sɛŋ^{22}	saŋ^{45}
巡	臻合三 平谆邪	tsʻun^{21}	sɔn^{21}	sɔn^{42}	suɔn^{11}	sɛŋ^{22}	tsʻaŋ^{45}
殉	臻合三 去稕邪	sun^{21}▲	sɔn^{21}▲	sɔn^{42}▲	suɔn^{11}▲	sɛŋ^{22}▲	saŋ^{45}▲
准	臻合三 上准章	tsun^{24}	tsɔn^{24}	tʃɔn^{24}	tsuɔn^{214}	tsɛŋ^{314}	tsaŋ^{324}

单字	中古音	大村	向阳	石陂	周田	石塘	桂头
春	臻合三 平谆昌	tsʻun^{13}～季 tsʻu^{2}ʔn^{23} 鸡～	tsʻɔn^{12}～季 tsʻɔ^{3}ʔn^{35} 鸡～	ʧʻɔn^{11}～季 ʧʻɔn^{33} 鸡～	tsʻuɔn^{33}～季 tsʻuɔn^{12} 鸡～	tsʻɛŋ^{44}～季 tsʻuɛŋ^{3} 鸡～	tsʻaŋ^{51}～季 tsʻaŋ^{4} 鸡～
蠢	臻合三 上准昌	tsʻun^{24}	tsʻɔn^{24}	ʧʻɔn^{24}	tsʻuɔn^{214}	tsʻɛŋ^{314}	tsʻaŋ^{324}
出	臻合三 入术昌	tsʻiu^{5}▲	tsʻu^{5}	ʧʻui^{5}	tsʻuoi^{5}	tsʻy^{5}	tsʻy^{21}
唇	臻合三 平谆船	sun^{21}	sɔn^{21}	ʃɔn^{42}	suɔn^{11}	sɛŋ^{22}	saŋ^{45}
顺	臻合三 去稕船	sun^{22}	sɔn^{22}	ʃɔn^{11}	suɔn^{31}	sɛŋ^{44}	saŋ^{22}
术	臻合三 入术船	soe^{5}▲ sʉ^{2}ʔʉ^{23}	sui^{3}	ʃui^{3}	suoi^{3}	sy^{3}	søy^{4}
述	臻合三 入术船	sʉ^{3}	sui^{3}	ʃui^{3}	suoi^{3}	sy^{5}	søy^{4}
舜	臻合三 去稕书	sun^{44}	sɔn^{44}	ʃɔn^{55}	suɔn^{53}	sɛŋ^{44}▲	saŋ^{44}
纯	臻合三 平谆禅	sun^{21}	sɔn^{21}	ʃɔn^{42}	suɔn^{11}	sɛŋ^{22}	saŋ^{45}
闰	臻合三 去稕日	jun^{22}	jiɔn^{22}	iɔn^{11}	iɔn^{31}	iɛŋ^{44}	jaŋ^{22}
均	臻合三 平谆见	kun^{13}	kuan^{12}	kiɔn^{11}	kuɔn^{33}	kɛŋ^{44}	kvaŋ^{51}
橘	臻合三 入术见	ki^{5}▲	ki^{5}▲	ki^{5}▲	ki^{5}	ki^{5}▲	kiẽ^{4}▲
菌	臻合三 上准群	kʻun^{44} 细～ kʻu^{2}ʔn^{23} 蘑菇	kʻua^{3}ʔn^{35}	kʻɔn^{55} 细～ kʻiɔn^{33} 蘑菇	kʻiɔn^{12} 蘑菇 kʻuɔn^{12} 细～	kʻuɛŋ^{3}	kʻvaŋ^{324} 细～ kʻvaŋ^{4} 蘑菇
匀	臻合三 平谆以	jun^{21}	jiɔn^{21}	iɔn^{42}	iɔn^{11}	iɛŋ^{22}	jaŋ^{45}
允	臻合三 上准以	jun^{24}	jiɔn^{24}	iɔn^{24}	iɔn^{214}	iɛŋ^{314}	jaŋ^{324}
分	臻合三 平文非	fun^{13}	fan^{12}	fɔn^{11}	fan^{33}	fɛŋ^{44}	faŋ^{51}
粉	臻合三 上吻非	fun^{24}	fan^{24}	fɔn^{24}	fan^{214}	fɛŋ^{314}	faŋ^{324}
奋	臻合三 去问非	fun^{22}▲	fan^{44}	fɔn^{55}	fan^{53}	fɛŋ^{45}	faŋ^{44}
粪	臻合三 去问非	fun^{44}	fan^{44}	fɔn^{55}	fan^{53}	fɛŋ^{45}	faŋ^{44}
纷	臻合三 平文敷	fun^{13}	fan^{12}	fɔn^{11}	fan^{33}	fɛŋ^{44}	faŋ^{51}
坟	臻合三 平文奉	fun^{21}	fan^{21}	fɔn^{42}	fan^{11}	fɛŋ^{22}	faŋ^{45}
愤	臻合三 上吻奉	fun^{44}	fan^{44}	fɔn^{24}	fan^{53}	fɛŋ^{45}	faŋ^{22}
份	臻合三 去问奉	fun^{22}	fan^{22}	fɔn^{11}	fan^{31}	fɛŋ^{44} 一～ fɛŋ^{3} 月～	faŋ^{22}

单字	中古音	大村	向阳	石陂	周田	石塘	桂头
佛	臻合三 入物奉	fʉ^{3}	fu^{3}	fui^{3}	foi^{3}	fu^{3}	fu^{4}
文	臻合三 平文微	mun^{21}	ban^{21}	vɔn^{42}	man^{11}	mɛŋ^{22}	baŋ^{45}
闻	臻合三 平文微	mun^{21}	ban^{21}	vɔn^{42}	man^{11}	mɛŋ^{22}	baŋ^{45}
蚊	臻合三 平文微	mun^{13}▲	ban^{12}▲	mɔn^{33}	man^{33}▲ man^{12}～帐	mɛŋ^{314}▲	baŋ^{45}～帐 baŋ^{4}
问	臻合三 去问微	mun^{22}	ban^{22}	mɔn^{55}▲	man^{31}	mɛŋ^{44}	baŋ^{22}
物	臻合三 入物微	mʉ^{4}ʔʉ^{45}	bu^{3}	vui^{3}	mu^{3}	mu^{5}	bau^{4}
君	臻合三 平文见	kun^{13}	kuan^{12}	kiɔ́n^{11}	kuɔn^{33}	kɛŋ^{44}	kvaŋ^{51}
军	臻合三 平文见	kun^{13}	kuan^{12}	kiɔn^{11}	kuɔn^{33}	kɛŋ^{44}	kvaŋ^{51}
屈	臻合三 入物溪	vʉ^{5}▲	vu^{5}▲	kʻui^{5}	vai^{5}▲	ky^{5}▲	vu^{21}▲
群	臻合三 平文群	kʻun^{21}	kʻuan^{21}	kʻɔn^{42}	kʻuɔn^{11}	kʻɛŋ^{22}	kʻvaŋ^{45}
裙	臻合三 平文群	kʻu^{4}ʔn^{45}	kʻua^{3}ʔn^{35}	kʻiɔn^{33}	kʻuɔn^{11} kʻuɔn^{3}挡身～	kʻuɛŋ^{22}	kʻvaŋ^{45}围～ kʻvaŋ^{4}
掘	臻合三 入物群	kʉ^{5}▲	kʻu^{3}	kʻui^{5}▲		ki^{5}▲	kye^{21}▲
熏	臻合三 平文晓	fun^{13}	fan^{12}	ʃɔn^{11}	suɔn^{33}	fɛŋ^{44}	faŋ^{51}
勋	臻合三 平文晓	sun^{13}▲	fan^{12}	ʃɔn^{11}	suɔn^{33}	fɛŋ^{44}	faŋ^{51}
训	臻合三 去问晓	sun^{44}▲	fan^{44}	ʃɔn^{55}	suɔn^{53}	fɛŋ^{45}	faŋ^{44}
云	臻合三 平文云	jun^{21}	jiɔn^{21}	iɔn^{42}	iɔn^{11}	iɛŋ^{22}	jaŋ^{45}
运	臻合三 去问云	jun^{22}	jiɔn^{22}	iɔn^{11}	iɔn^{31}	iɛŋ^{44}	jaŋ^{22}
晕	臻合三 去问云	fun^{21}▲	van^{21}	iɔn^{42}	fan^{11}▲	iɛŋ^{44}▲	jaŋ^{45}
帮	宕开一 平唐帮	pɔŋ^{13}	pɔŋ^{12}	pɔŋ^{11}	pɔŋ^{33}	poŋ^{44}	poŋ^{51}
榜	宕开一 上荡帮	pɔŋ^{24}	pɔŋ^{24}	pɔŋ^{24}	pɔŋ^{214}	poŋ^{314} poŋ^{3}公～	poŋ^{324}
博	宕开一 入铎帮	po^{5}	pou^{5}	pou^{5}	pɛu^{5}	po^{5}	pou^{21}
旁	宕开一 平唐並	pʻɔŋ^{21}	pʻɔŋ^{21}	pʻɔŋ^{42}	pʻɔŋ^{11}	pʻoŋ^{22}	poŋ^{45}
傍	宕开一 去宕並	pʻɔŋ^{21}▲	pʻɔŋ^{21}▲	pʻɔŋ^{42}▲	pʻɔŋ^{11}▲	pʻoŋ^{22}▲	poŋ^{44}▲

单字	中古音	大村	向阳	石陂	周田	石塘	桂头
薄	宕开一入铎並	pʻɔ^{3}	pʻɔu^{3}	pʻɔu^{3}	pʻɛu^{3}	pʻo^{5}	pʻou^{44}
忙	宕开一平唐明	mɔŋ^{21}	bɔŋ^{21}	mɔŋ^{42}	mɔŋ^{11}	moŋ^{22}	boŋ^{45}
蟒	宕开一上荡明	mʌŋ^{24}▲	bɔŋ^{24}	mɔŋ^{24}	mɔŋ^{214}	moŋ^{314}	boŋ^{45}▲
莫	宕开一入铎明	mɔ^{3} mɔ^{5} 约～▲	bɔu^{3} bɔu^{5} 约～▲	mɔu^{3} mɔu^{5} 约～▲	mɛu^{3}	mo^{5}	bou^{44} bou^{21} 约～▲
膜	宕开一入铎明	mɔ^{4}ʔɔ^{45}	bɔu^{3}	mɔu^{3}	mɛu^{3}	mo^{5}	bou^{4}
幕	宕开一入铎明	mɔ^{4}ʔɔ^{45}	bɔu^{3}	mɔu^{3}	mɛu^{3}	mo^{5}	bou^{44} bou^{4}
当	宕开一平唐端	tɔŋ^{13}	tɔŋ^{12}	tɔŋ^{11} tɔŋ^{33} 别～	tɔŋ^{33} tɔŋ^{12} 别箇～	toŋ^{44}	oŋ^{51}
党	宕开一上荡端	tɔŋ^{24}	tɔŋ^{24}	tɔŋ^{24}	tɔŋ^{214}	toŋ^{314}	oŋ^{324}
汤	宕开一平唐透	tʻɔŋ^{13}	tʻɔŋ^{12}	tʻɔŋ^{11}	tʻɔŋ^{33}	tʻoŋ^{44}	tʻoŋ^{51}
烫	宕开一去宕透	tʻɔŋ^{44}	tʻɔŋ^{44}	tʻɔŋ^{55}	tʻɔŋ^{53}	tʻoŋ^{45}	tʻoŋ^{44}
托委～	宕开一入铎透	tʻɔ^{5}	tʻɔu^{5}	tʻɔu^{5}	tʻɛu^{5}	tʻo^{5}	tʻou^{21}
托～运	宕开一入铎透	tʻɔ^{5}	tʻɔu^{5}	tʻɔu^{5}	tʻɛu^{5}	tʻo^{5}	tʻou^{21}
堂	宕开一平唐定	tʻɔŋ^{21}	tʻɔŋ^{21}	tʻɔŋ^{42}	tʻɔŋ^{11}	tʻoŋ^{22}	toŋ^{45}
唐	宕开一平唐定	tʻɔŋ^{21}	tʻɔŋ^{21}	tʻɔŋ^{42}	tʻɔŋ^{11}	tʻoŋ^{22}	toŋ^{45}
糖	宕开一平唐定	tʻɔŋ^{21} tʻɔ^{4}ʔŋ^{45}～仔	tʻɔŋ^{21}	tʻɔŋ^{42}	tʻɔŋ^{11}	tʻoŋ^{22}	toŋ^{45}
塘	宕开一平唐定	tʻɔ^{4}ʔŋ^{45}	tʻɔ^{3}ʔŋ^{35}	tʻɔŋ^{42}大～：地名 tʻɔŋ^{33}	tʻɔŋ^{3}	tʻoŋ^{3}	toŋ^{4}
荡	宕开一上荡定	tʻɔŋ^{22}	tʻɔŋ^{44}	tʻɔŋ^{24}	tʻɔŋ^{31}	tʻoŋ^{45}	toŋ^{22}
诺	宕开一入铎泥	jɔ^{3}▲	lɔu^{3}	nɔu^{3}	nɛu^{3}	lo^{5}	lou^{44}
郎	宕开一平唐来	lɔŋ^{21}	lɔŋ^{21} lɔ^{3}ʔŋ^{35} 新～公	lɔŋ^{42}	lɔŋ^{11}	loŋ^{22}	loŋ^{45} loŋ^{4} 新～
狼	宕开一平唐来	lɔŋ^{21}	lɔŋ^{21}	lɔŋ^{42}	lɔŋ^{11}	loŋ^{22}	loŋ^{45}
廊	宕开一平唐来	lɔŋ^{21}	lɔŋ^{21}	lɔŋ^{42}	lɔŋ^{11}	loŋ^{22}	loŋ^{45}
朗	宕开一上荡来	lɔŋ^{22}▲	lɔŋ^{24}	lɔŋ^{24}	lɔŋ^{31}▲	loŋ^{314}	loŋ^{324}
浪	宕开一去宕来	lɔŋ^{22}	lɔŋ^{22}	lɔŋ^{24}	lɔŋ^{31}	loŋ^{44}	loŋ^{22}

单字	中古音	大村	向阳	石陂	周田	石塘	桂头
落	宕开一 入铎来	lɔ^{3}	lɔu^{3}	lɔu^{3}	lɛu^{3}	lo^{5}	lou^{44} lou^{21} 角～头▲
洛	宕开一 入铎来	lɔ^{3}	lɔu^{3}	lɔu^{3}	lɛu^{3}	lo^{5}	lou^{44}
乐快～	宕开一 入铎来	lɔ^{3}	lɔu^{3}	lɔu^{3}	lɛu^{3}	lo^{5}	lou^{44}
络	宕开一 入铎来	lɔ^{3}	lɔu^{3}	lɔu^{3}	lɛu^{3}	lo^{5}	lou^{44}
脏肮～	宕开一 平唐精	tsɔŋ^{13}	tsɔŋ^{12}	tsɔŋ^{11}	tsɔŋ^{33}	tsoŋ^{44}	tsoŋ^{51}
葬	宕开一 去宕精	tsɔŋ^{44}	tsɔŋ^{44}	tsɔŋ^{55}	tsɔŋ^{53}	tsoŋ^{45}	tsoŋ^{44}
作	宕开一 入铎精	tsɔ^{5}	tsɔu^{5}	tsɔu^{5}	tsɛu^{5}	tso^{5}	tsou^{21}
仓	宕开一 平唐清	tsʻɔŋ^{13}	tsʻɔŋ^{12}	tsʻɔŋ^{11}	tsʻɔŋ^{33}	tsʻoŋ^{44}	tsʻoŋ^{51}
藏躲	宕开一 平唐从	tsʻɔŋ^{21}	tsʻɔŋ^{21}	tsʻɔŋ^{42}	tsʻɔŋ^{11}	tsʻoŋ^{22}	tsʻoŋ^{45}
藏西～	宕开一 去宕从	tsʻɔŋ^{21}▲	tsʻɔŋ^{22}	tsʻɔŋ^{24}	tsʻɔŋ^{31}	tsʻoŋ^{22}▲	tsʻoŋ^{22}
脏内～	宕开一 去宕从	tsʻɔŋ^{22}	tsʻɔŋ^{22}	tsʻɔŋ^{24}	tsʻɔŋ^{31}	tsʻoŋ^{45}▲	tsʻoŋ^{22}
凿	宕开一 入铎从	tsʻɔ^{3} 动词 tsʻɔ^{4}ʔɔ^{45} 名词	tsʻɔu^{3} 动词 tsʻɔ^{3}ʔu^{35} 名词	tsʻɔu^{3}	tsʻɛu^{3}	tsʻo^{5} 动词 tsʻo^{3} 名词	tsʻou^{44} 动词 tsʻou^{4} 名词
昨	宕开一 入铎从	tsɔ^{5}▲	tsɔu^{5}▲	tsʻa^{3}▲	tsɛu^{5}▲	tso^{5}▲	tsʻoŋ^{45}▲
桑	宕开一 平唐心	sɔ^{2}ʔŋ^{23}	sɔ^{3}ʔŋ^{35}	sɔŋ^{11}	sɔŋ^{33}	sioŋ^{44}▲	soŋ^{51}
嗓	宕开一 上荡心	sɔŋ^{24}	sɔŋ^{24}	sɔŋ^{24}	sɔŋ^{214}	soŋ^{314}	soŋ^{324}
丧～失	宕开一 去宕心	sɔŋ^{44}	sɔŋ^{44}	sɔŋ^{55}	sɔŋ^{53}	soŋ^{314}▲	soŋ^{44}
索	宕开一 入铎心	sɔ^{5}	sɔu^{5}	sɔu^{5}	sɛu^{5}	so^{5}	sou^{21}
刚	宕开一 平唐见	kɔŋ^{13}	kɔŋ^{12}	kɔŋ^{11}	kɔŋ^{33}	koŋ^{44}	koŋ^{51}
缸	宕开一 平唐见	kɔŋ^{13}	kɔŋ^{12}	kɔŋ^{11}	kɔŋ^{33}	koŋ^{44} koŋ^{3} 罐子	koŋ^{51}
纲	宕开一 平唐见	kɔŋ^{13}	kɔŋ^{12}	kɔŋ^{11}	kɔŋ^{33}	koŋ^{44}	koŋ^{51}
钢	宕开一 平唐见	kɔ^{2}ʔŋ^{23}	kɔŋ^{44}▲	kɔŋ^{33}	kɔŋ^{12}	koŋ^{3}	koŋ^{4}
各	宕开一 入铎见	kɔ^{5}	kɔu^{5}	kɔu^{5}	kɛu^{5}	ko^{5}	kou^{21}
阁	宕开一 入铎见	kɔ^{5}	kɔu^{5}	kɔu^{5}	kɛu^{5}	ko^{5}	kou^{21}

单字	中古音	大村	向阳	石陂	周田	石塘	桂头
康	宕开一平唐溪	k‘ɔŋ^{13}	hɔŋ^{12}	k‘ɔŋ^{11}	k‘ɔŋ^{33}	k‘oŋ^{44}	k‘oŋ^{51}
糠	宕开一平唐溪	hɔŋ^{13}	hɔŋ^{12}	hɔŋ^{11}	hɔŋ^{33}	hoŋ^{44}	hoŋ^{51}
抗	宕开一去宕溪	k‘ɔŋ^{44}	k‘ɔŋ^{44}	k‘ɔŋ^{55}	k‘ɔŋ^{53}	k‘oŋ^{45}	k‘oŋ^{44}
昂	宕开一平唐疑	ŋɔŋ^{24}▲	gɔŋ^{24}▲	ŋɔŋ^{24}▲	ŋɔŋ^{11}	ŋoŋ^{314}▲	goŋ^{324}▲
行	宕开一平唐匣	hɔŋ^{21}	hɔŋ^{21}	hɔŋ^{42} hɔŋ^{33} 一～字	hɔŋ^{11}	hoŋ^{22}	hoŋ^{45} hoŋ^{4} 一～字
航	宕开一平唐匣	hɔŋ^{21}	hɔŋ^{21}	hɔŋ^{42}	hɔŋ^{11}	hoŋ^{22}	hoŋ^{45}
鹤	宕开一入铎匣	hɔ^{4}ʔɔ^{45}	hɔu^{3} hɔ^{3}ʔu^{35} 白～	hɔu^{3}	hɛu^{3}	ho^{3}	hou^{44} hou^{4} 白～
恶凶～	宕开一入铎影	ɔ^{5}	ɔu^{5}	ɔu^{5}	ɛu^{5}	o^{5}	ou^{21}
娘	宕开三平阳泥	lin^{21} 舅～ li^{4}ʔn^{45} 酒～	lɛ^{3}ʔŋ^{35}	ȵiɔŋ^{33}	ȵiɔŋ^{11} 舅～ ȵiɔŋ^{12} ～仔 ȵiɔŋ^{3} 酒～	lioŋ^{22} 舅～ lioŋ^{3} 酒～	lœn^{45} 舅～ lœn^{4} 酒～
凉	宕开三平阳来	lin^{21}	lɛŋ^{21}	liɔŋ^{42}	liɔŋ^{11}	lioŋ^{22}	lœn^{45}
良	宕开三平阳来	lin^{21}	lɛŋ^{21}	liɔŋ^{42}	liɔŋ^{11}	lioŋ^{22}	lœn^{45}
量丈～	宕开三平阳来	lin^{21}	lɛŋ^{21}	liɔŋ^{42}	liɔŋ^{11}	lioŋ^{22}	lœn^{45}
粮	宕开三平阳来	lin^{21}	lɛŋ^{21}	liɔŋ^{42}	liɔŋ^{11}	lioŋ^{22}	lœn^{45}
两～尺	宕开三上养来	lin^{44}	lɛŋ^{44}	liɔŋ^{55}	liɔŋ^{53}	lioŋ^{45}	lɛn^{21}▲
两二～	宕开三上养来	lin^{24}	lɛŋ^{24}	liɔŋ^{24}	liɔŋ^{214}	lioŋ^{314}	lœn^{324}▲
亮	宕开三去漾来	lin^{22}	lɛŋ^{22}	liɔŋ^{11}	liɔŋ^{31}	lioŋ^{44}	lœn^{22}
量重～	宕开三去漾来	lin^{22}	lɛŋ^{22}	liɔŋ^{11}	liɔŋ^{31}	lioŋ^{44}	lœn^{22}
略	宕开三入药来	liau^{3}	liu^{3}	liɔu^{3}	liu^{3}	liau^{5}	lœy^{4}
将～来	宕开三平阳精	tsin^{13}	tsɛŋ^{12}	tsiɔŋ^{11}	tsiɔŋ^{33}	tsioŋ^{44}	tsœn^{51}
浆	宕开三平阳精	tsin^{13}	tsɛŋ^{12}	tsiɔŋ^{11}	tsiɔŋ^{33}	tsioŋ^{44}	tsœn^{51}
蒋	宕开三上养精	tsin^{24}	tsɛŋ^{24}	tsiɔŋ^{24}	tsiɔŋ^{214}	tsioŋ^{314}	tsœn^{324}
奖	宕开三上养精	tsin^{24}	tsɛŋ^{24}	tsiɔŋ^{24}	tsiɔŋ^{214}	tsioŋ^{314}	tsœn^{324}
酱	宕开三去漾精	tsin^{44}	tsɛŋ^{44}	tsiɔŋ^{55}	tsiɔŋ^{53}	tsioŋ^{45}	tsœn^{44}

单字	中古音	大村	向阳	石陂	周田	石塘	桂头
将大～	宕开三去漾精	tsin^{44}	tsɛŋ^{44}	tsiɔŋ^{55}	tsiɔŋ^{53}	tsioŋ^{45}	tsœn^{44}
爵	宕开三入药精	tsiau^{3}▲	tsiu^{5}	tsiɔu^{5}	tsiu^{5}	tsiau^{3}	tsœy^{4}
雀	宕开三入药精	tsia^{2}ʔu^{23}	tsi^{3}ʔu^{35}	tsiɔu^{3}	tsiau^{12}▲	tsiau^{3}	tsœy^{4}
枪	宕开三平阳清	tsʻin^{13}	tsʻɛŋ^{12}	tsʻiɔŋ^{11}	tsʻiɔŋ^{33}	tsʻioŋ^{44}	tsʻœn^{51}
抢	宕开三上养清	tsʻin^{24}	tsʻɛŋ^{24}	tsʻiɔŋ^{24}	tsʻiɔŋ^{214}	tsʻioŋ^{314}	tsʻœn^{324}
墙	宕开三平阳从	tsʻin^{21}	tsʻɛŋ^{21}	tsʻiɔŋ^{42}	tsʻiɔŋ^{11}	tsʻioŋ^{22}	tsʻœn^{45}
匠	宕开三去漾从	tsʻin^{22}	tsʻɛŋ^{22}	siɔŋ^{24}▲	tsʻiɔŋ^{31}	tsʻioŋ^{44}	tsʻœn^{22}
相互～	宕开三平阳心	sin^{13}	sɛŋ^{12}	siɔŋ^{11}	siɔŋ^{33}	sioŋ^{44}	sœn^{51}
箱	宕开三平阳心	sin^{13}	sɛŋ^{12}	siɔŋ^{33}	siɔŋ^{33} 推～ siɔŋ^{12} 木～	sioŋ^{44} 木～ sioŋ^{3} 柜～	sœn^{51}
想	宕开三上养心	sin^{24}	sɛŋ^{24}	siɔŋ^{24}	siɔŋ^{214}	sioŋ^{314}	sœn^{324}
相～片	宕开三去漾心	sin^{44}	sɛŋ^{44}	siɔŋ^{55}	siɔŋ^{53}	sioŋ^{45}	sœn^{44}
削	宕开三入药心	siu^{5}	siu^{5}	siɔu^{5}	siu^{5}	siau^{5}	sœy^{21}
详	宕开三平阳邪	tsʻin^{21}	tsʻɛŋ^{21}	tsʻiɔŋ^{42}	tsʻiɔŋ^{11}	tsʻioŋ^{22}	tsʻœn^{45}
祥	宕开三平阳邪	tsʻin^{21}	tsʻɛŋ^{21}	tsʻiɔŋ^{42}	tsʻiɔŋ^{11}	tsʻioŋ^{22}	tsʻœn^{45}
象	宕开三上养邪	tsʻin^{22}	tsʻɛŋ^{22}	siɔŋ^{24}	tsʻiɔŋ^{31}	tsʻioŋ^{44}	tsʻœn^{22}
像	宕开三上养邪	tsʻin^{22}	tsʻɛŋ^{22}	tsʻiɔŋ^{55}	tsʻiɔŋ^{31}	tsʻioŋ^{44}	tsʻœn^{22}
张	宕开三平阳知	tsin^{13}	tsɛŋ^{12}	tʃɔŋ^{11}	tsɔŋ^{33}	tioŋ^{44} 装 tsoŋ^{44}	œn^{51} 装 tsœn^{51}
长成～	宕开三上养知	tsin^{24}	tsɛŋ^{24}	tʃɔŋ^{24}	tsɔŋ^{214}	tsoŋ^{314}	tsœn^{324}
涨	宕开三去漾知	tsin^{44}	tsɛŋ^{44}	tʃɔŋ^{55}	tsɔŋ^{53}	tioŋ^{45} 话音 tsoŋ^{45} 字音	œn^{44} 凸 tsœn^{44}
帐	宕开三去漾知	tsi^{2}ʔn^{23}	tsɛ^{3}ʔŋ^{35}	tʃɔŋ^{33}	tsɔŋ^{12}	tsoŋ^{45}	tsœn^{4}
账	宕开三去漾知	tsin^{44}	tsɛ^{3}ʔŋ^{35}	tʃɔŋ^{55}	tsɔŋ^{53}	tsoŋ^{45}	tsœn^{44}
胀	宕开三去漾知	tin^{44}	tsɛŋ^{44}	tʃɔŋ^{55}	tsɔŋ^{53}	tioŋ^{45}	œn^{44}
着～衣	宕开三入药知			tʃɔu^{3}▲		tiu^{5}	œy^{21}

单字	中古音	大村	向阳	石陂	周田	石塘	桂头
畅	宕开三 去漾彻	tsʻɔŋ^{44}▲	tsʻɔŋ^{44}▲	ʧʻɔŋ^{55}	tsʻɔŋ^{53}	tsʻoŋ^{45}	tsʻœn^{44}
长~短	宕开三 平阳澄	tsʻin^{21}	tsʻɛŋ^{21}	ʧʻɔŋ^{42}	tsʻɔŋ^{11}	tsʻoŋ^{22}	tœn^{45}
肠	宕开三 平阳澄	tsʻɔŋ^{22}▲	tsʻɔŋ^{22}▲	ʧʻɔŋ^{42}	tsʻɔŋ^{11}	tsʻoŋ^{22}	tsʻoŋ^{22}▲
场	宕开三 平阳澄	tsʻin^{21}	tsʻɛŋ^{21}	ʧʻɔŋ^{42}	tsʻɔŋ^{11}	tsʻoŋ^{22}	tsʻœn^{45}
丈	宕开三 上养澄	tsʻin^{44}~人公 tsʻin^{22} 一~ tsʻin^{13} 姨~▲	tsʻɛŋ^{44}~人公 tsʻɛŋ^{22} 一~ tsɛŋ^{24} 姨~▲	ʧʻɔŋ^{55}~人佬 ʧʻɔŋ^{33} 姨~	tsʻɔŋ^{53}~年佬 tsʻɔŋ^{31} 一~	tsʻoŋ^{45}~公佬 tsʻoŋ^{44} 一~	tsʻœn^{22}
仗	宕开三 上养澄	tsʻin^{22}	tsʻɛŋ^{22}	ʧʻɔŋ^{24}	tsʻɔŋ^{31}	tsoŋ^{45}▲	tsʻœn^{22}
杖	宕开三 上养澄	tsʻin^{22}	tsɛŋ^{24}▲	ʧʻɔŋ^{24}	tsʻɔŋ^{31}	tsʻoŋ^{44}	tsʻœn^{22}
着睡~	宕开三 入药澄	tsʻiu^{3}	tsʻiu^{3}	ʧʻou^{3} ʧʻou^{5}~水片▲	tsʻɛu^{3}	tʻiu^{5}	tsʻœy^{44}
庄	宕开三 平阳庄	tsɔŋ^{13}	tsɔŋ^{12}	tsɔŋ^{11}	tsɔŋ^{33}	tsoŋ^{44}	tsoŋ^{51}
装	宕开三 平阳庄	tsɔŋ^{13}	tsɔŋ^{12}	tsɔŋ^{11}	tsɔŋ^{33}	tsoŋ^{44}	tsoŋ^{51}
壮	宕开三 去漾庄	tsɔŋ^{44}	tsɔŋ^{44}	tsɔŋ^{55}	tsɔŋ^{53}	tsoŋ^{45}	tsoŋ^{44}
疮	宕开三 平阳初	tsʻɔŋ^{13}	tsʻɔŋ^{12}	tsʻɔŋ^{11}	tsʻɔŋ^{33}	tsʻoŋ^{44}	tsʻoŋ^{51}
闯	宕开三 上养初	tsʻɔŋ^{24}	tsʻɔŋ^{24}	tsʻɔŋ^{24}	tsʻɔŋ^{214}	tsʻoŋ^{314}	tsʻoŋ^{324}
创	宕开三 去漾初	tsʻɔŋ^{44}	tsʻɔŋ^{44}	tsʻɔŋ^{24}▲	tsʻɔŋ^{53}	tsʻoŋ^{45}	tsʻoŋ^{44}
床	宕开三 平阳崇	tsʻɔŋ^{21}	tsʻɔŋ^{21}	tsʻɔŋ^{42}	tsʻɔŋ^{11}	tsʻoŋ^{22}	tsʻoŋ^{45}
状	宕开三 去漾崇	tsʻɔ^{4}ʔŋ^{45}	tsʻɔŋ^{22}	tsʻɔŋ^{24} 奖~ tsʻɔŋ^{33} 告~	tsʻɔŋ^{31}	tsʻoŋ^{3}	tsʻoŋ^{22}
霜	宕开三 平阳生	sɔŋ^{13}	sɔŋ^{12}	sɔŋ^{11}	sɔŋ^{33}	sioŋ^{44}▲	soŋ^{51}
爽	宕开三 上养生	sɔŋ^{24}	sɔŋ^{24}	sɔŋ^{24}	sɔŋ^{214}	soŋ^{314}	soŋ^{324}
章	宕开三 平阳章	tsin^{13}	tsɛŋ^{12}	ʧɔŋ^{11}	tsɔŋ^{33}	tsoŋ^{44}	tsœn^{51}
樟	宕开三 平阳章	tsin^{13}	tsɛŋ^{12}	ʧɔŋ^{11}	tsɔŋ^{33}	tsoŋ^{44}	tsœn^{51}
掌	宕开三 上养章	tsin^{24}	tsɛŋ^{24}	ʧɔŋ^{24}	tsɔŋ^{214}	tsoŋ^{314}	tsœn^{324}
障	宕开三 去漾章	tsin^{44}	tsɛŋ^{44}	ʧɔŋ^{55}	tsɔŋ^{53}	tsoŋ^{45}	tsœn^{44}
昌	宕开三 平阳昌	tsʻin^{13}	tsʻɛŋ^{12}	ʧʻɔŋ^{11}	tsʻɔŋ^{33}	tsʻoŋ^{44}	tsʻœn^{51}

单字	中古音	大村	向阳	石陂	周田	石塘	桂头
厂	宕开三 上养昌	tsʻin^{24}	tsʻɛŋ^{24}	ʧʻɔŋ^{24}	tsʻɔŋ^{214}	tsʻoŋ^{314}	tsʻœn^{324}
唱	宕开三 去漾昌	tsʻɔŋ^{44}	tsʻɔŋ^{44}	ʧʻɔŋ^{55}	tsʻɔŋ^{53}	tsʻoŋ^{45}	tsʻœn^{44}
倡	宕开三 去漾昌	tsʻɔŋ^{44}	tsʻɛŋ^{12}▲	ʧʻɔŋ^{11}▲	tsʻɔŋ^{53}	tsʻoŋ^{45}	tsʻœn^{51}▲
商	宕开三 平阳书	sɔŋ^{13}	sɔŋ^{12}	ʃɔŋ^{11}	sɔŋ^{33}	sioŋ^{44}	sœn^{51}
伤	宕开三 平阳书	sɔŋ^{13}	sɔŋ^{12}	ʃɔŋ^{11}	sɔŋ^{33}	sioŋ^{44}	sœn^{51}
赏	宕开三 上养书	sɔŋ^{24}	sɔŋ^{24}	ʃɔŋ^{24}	sɔŋ^{214}	sioŋ^{314}	sœn^{324}
常	宕开三 平阳禅	sɔŋ^{21}	sɔŋ^{21}	ʃɔŋ^{42}	sɔŋ^{11}	sioŋ^{22}	sœn^{45}
尝	宕开三 平阳禅	sin^{21} 话音 sɔŋ^{21} 字音	sɔŋ^{21}	ʃɔŋ^{42}	sɔŋ^{11}	soŋ^{22}	sœn^{45}
上～山	宕开三 上养禅	sɔŋ^{44}	sɔŋ^{44}	ʃɔŋ^{55}	sɔŋ^{53}	soŋ^{45}	sœn^{21}
尚	宕开三 去漾禅	sɔŋ^{22} 高～ sɔ^{4}ʔŋ^{45} 和～	sɔŋ^{22} 高～ sɔ^{3}ʔŋ^{35} 和～	ʃɔŋ^{24} 高～ ʃɔŋ^{33} 和～	sɔŋ^{31} 高～ sɔŋ^{3} 和～	sioŋ^{44}	sœn^{22} 高～ sœn^{4} 和～
上山～	宕开三 去漾禅	sɔŋ^{22}	sɔŋ^{22}	ʃɔŋ^{11} ʃɔŋ^{24}	sɔŋ^{31}	sioŋ^{44}	sœn^{22}
壤	宕开三 上养日	ȵin^{22}	gɛŋ^{22}	ȵiɔŋ^{11}▲	ȵiɔŋ^{31}	ȵioŋ^{44}	jœn^{22}
让	宕开三 去漾日	ȵin^{22}	gɛŋ^{22}	ȵiɔŋ^{11}	ȵiɔŋ^{31}	ȵioŋ^{44}	gœn^{22}
若	宕开三 入药日	jiau^{3}	jiu^{3}	iɔu^{3}	iu^{3}	io^{5}	jœy^{4}
弱	宕开三 入药日	ȵiu^{3}	giu^{3}	ȵiɔu^{3}	ȵiu^{3}	ȵiau^{5}	gœy^{44}
疆	宕开三 平阳见	kin^{13}	kɛŋ^{12}	kiɔŋ^{11}	kiɔŋ^{33}	kioŋ^{44}	kœn^{51}
姜生～	宕开三 平阳见	kin^{13}	kɛŋ^{12}	kiɔŋ^{11}	kiɔŋ^{33}	kioŋ^{44}	kœn^{51}
姜姓～	宕开三 平阳见	kin^{13}	kɛŋ^{12}	kiɔŋ^{11}	kiɔŋ^{33}	kioŋ^{44}	kœn^{51}
脚	宕开三 入药见	kiu^{5} ki^{2}ʔu^{23} 残汁	kiu^{5} ki^{3}ʔu^{35} 残汁	kiɔu^{5} kiɔu^{33} 残汁	kiu^{5} kɛu^{12} 残汁	kiu^{5} kiu^{3} 残汁	kœy^{21} kœy^{4} 残汁
却	宕开三 入药溪	kʻiau^{5}	kʻiu^{5}	kʻiɔu^{5}	kʻiu^{5}	kʻiau^{5}	kʻœy^{21}
强～大	宕开三 平阳群	kʻin^{21}	kʻɛŋ^{21}	kʻiɔŋ^{42}	kʻiɔŋ^{11}	kʻioŋ^{22}	kʻœn^{45}
强勉～	宕开三 上养群	kʻin^{24}	kʻɛŋ^{24}	kʻiɔŋ^{24}	kʻiɔŋ^{214}	kʻioŋ^{314}	kʻœn^{324}
仰	宕开三 上养疑	ŋɔŋ^{44}▲	gɔŋ^{24}	ŋɔŋ^{24}	ŋɔŋ^{214}	ŋoŋ^{314}	gɔŋ^{324}▲

单字	中古音	大村	向阳	石陂	周田	石塘	桂头
虐	宕开三 入药疑	ŋiau^{3}	giu^{3}	ŋiɔu^{3}	ŋiu^{3}	ŋiau^{5}	lœy^{4}▲
香	宕开三 平阳晓	hin^{13}	hɛŋ^{12}	ʃɔŋ^{11}	siɔŋ^{33}	sioŋ^{44}	hœn^{51}
乡	宕开三 平阳晓	hin^{13}	hɛŋ^{12}	ʃɔŋ^{11}	siɔŋ^{33}	sioŋ^{44}	hœn^{51}
响	宕开三 上养晓	hin^{24}	hɛŋ^{24}	ʃɔŋ^{24}	siɔŋ^{214}	sioŋ^{314}	hœn^{324}
享	宕开三 上养晓	hin^{24}	hɛŋ^{24}	ʃɔŋ^{24}	siɔŋ^{214}	sioŋ^{314}	hœn^{324}
向	宕开三 去漾晓	hin^{44}	hɛŋ^{44}	ʃɔŋ^{55}	siɔŋ^{53}	sioŋ^{45}	hœn^{44}
央	宕开三 平阳影	jɔŋ^{13}	jɔŋ^{12}	iɔŋ^{11}	iɔŋ^{33}	ioŋ^{44}	jœn^{51}
秧	宕开三 平阳影	jɔŋ^{13} 脱～ jɔ^{2}ʔŋ^{23} 菜～	jɔŋ^{12}	iɔŋ^{11} 脱～ iɔŋ^{33} 菜～	iɔŋ^{33} 脱～ iɔŋ^{12} 菜～	ioŋ^{44} 扯～ ioŋ^{3} 菜～	jœn^{51}□bai^{324}～ jœn^{4} 菜～
约	宕开三 入药影	jɔ^{5}	jiu^{5}	iɔu^{5}～定 iɔu^{3} 条～	iu^{5}～定 iu^{3} 条～	io^{5}～定 io^{3} 条～	jœy^{21}～定 jœy^{4} 条～
羊	宕开三 平阳以	jɔŋ^{21} 发～倜 jɔ^{4}ʔŋ^{45}	jɔŋ^{21}	iɔŋ^{42} 发～倜 iɔŋ^{33}	iɔŋ^{11} 发～倜 iɔŋ^{3}	ioŋ^{22} 发～倜 ioŋ^{3}	jœn^{45} 发～倜 jœn^{4}
洋	宕开三 平阳以	jɔŋ^{21}	jɔŋ^{21}	iɔŋ^{42}	iɔŋ^{11}	ioŋ^{22}	jœn^{45}
杨	宕开三 平阳以	jɔŋ^{21}	jɔŋ^{21}	iɔŋ^{42}	iɔŋ^{11}	ioŋ^{22}	jœn^{45}
阳	宕开三 平阳以	jɔŋ^{21}	jɔŋ^{21}	iɔŋ^{42}	iɔŋ^{11}	ioŋ^{22}	jœn^{45}
养	宕开三 上养以	jɔŋ^{44}	jɔŋ^{44}	iɔŋ^{55}	iɔŋ^{53}	ioŋ^{45}	jœn^{21}
痒	宕开三 上养以	jɔŋ^{44}	jɔŋ^{44}	iɔŋ^{55}	iɔŋ^{53}	ioŋ^{45}	jœn^{21}
样	宕开三 去漾以	jɔŋ^{22} 一～ jɔ^{4}ʔŋ^{45} 模～	jɔŋ^{22} 一～ jɔ^{3}ʔŋ^{35} 丑～	iɔŋ^{24} 模～ iɔŋ^{33} 一～	iɔŋ^{31}	ioŋ^{44} 一～ ioŋ^{3} 榜～	jœn^{22} 一～ jœn^{4} 模～
药	宕开三 入药以	jɔ^{3}	jiu^{3}	iɔu^{3}	iu^{3}	io^{5}	jœy^{44}
跃	宕开三 入药以	jɔ^{5}▲	jiu^{3}	iɔu^{5}▲	iau^{3}▲	io^{5}	jœy^{21}▲
光	宕合一 平唐见	kɔŋ^{13}	kɔŋ^{12}	kɔŋ^{11}	kɔŋ^{33}	koŋ^{45} 月～～ kuaŋ^{44} 松～	koŋ^{51}
广	宕合一 上荡见	kɔŋ^{24}	kɔŋ^{24}	kɔŋ^{24}	kɔŋ^{214}	kuaŋ^{314}	koŋ^{324}
郭	宕合一 入铎见	kɔ^{5}	kɔu^{5}	kɔu^{5}	kɛu^{5}	ko^{5}	kou^{21}
旷	宕合一 去宕溪	k‘ɔŋ^{44}	k‘ɔŋ^{44}	k‘ɔŋ^{55}	k‘ɔŋ^{53}	k‘oŋ^{45}	k‘oŋ^{44}
扩	宕合一 入铎溪	k‘ɔŋ^{44}▲	k‘ɔŋ^{44}▲	k‘ɔŋ^{55}▲	k‘ɔŋ^{53}▲	k‘oŋ^{45}▲	k‘oŋ^{44}▲

单字	中古音	大村	向阳	石陂	周田	石塘	桂头
荒	宕合一 平唐晓	fɔŋ^{13}	fɔŋ^{12}	fɔŋ^{11}	fɔŋ^{33}	foŋ^{44}	foŋ^{51}
慌	宕合一 平唐晓	fɔŋ^{13}	fɔŋ^{12}	fɔŋ^{11}	fɔŋ^{33}	foŋ^{44}	foŋ^{51}
谎	宕合一 上荡晓	fɔŋ^{13}	fɔŋ^{12}	fɔŋ^{11}	fɔŋ^{33}	foŋ^{44}	foŋ^{51}
霍	宕合一 入铎晓	k‘ɔ^{5}	k‘ɔu^{5}	k‘ɔu^{5}	k‘ɛu^{5}	k‘o^{5}	k‘ou^{21}
黄	宕合一 平唐匣	vɔŋ^{21} vɔ^{4}ʔŋ^{45} 牙～	vɔŋ^{21} vɔ^{3}ʔŋ^{35} 牙～	vɔŋ^{42} vɔŋ^{33} 牙～	vɔŋ^{11} vɔŋ^{3} 牙～	uoŋ^{22}	voŋ^{45}
皇	宕合一 平唐匣	vɔŋ^{21}	vɔŋ^{21}	vɔŋ^{42}	vɔŋ^{11}	uoŋ^{22}	voŋ^{45}
晃	宕合一 上荡匣	fɔŋ^{24}▲	fɔŋ^{24}▲	fɔŋ^{24}	fɔŋ^{214}▲	foŋ^{314}▲	foŋ^{324}▲
镬锅	宕合一 入铎匣	vɔ^{3}	vɔu^{3}	vɔu^{3}	vɛu^{3}	o^{5}	vou^{4}
汪姓氏	宕合一 平唐影	vɔŋ^{44}▲	vɔŋ^{12}	vɔŋ^{11}	vɔŋ^{33}	uoŋ^{44}	voŋ^{51}
方	宕合三 平阳非	fɔŋ^{13}	fɔŋ^{12}	fɔŋ^{11}	fɔŋ^{33}	foŋ^{44}	foŋ^{51}
放	宕合三 去漾非	fɔŋ^{44}	fɔŋ^{44}	fɔŋ^{55}	fɔŋ^{53}	foŋ^{45}	foŋ^{44}
芳	宕合三 平阳敷	fɔŋ^{13}	fɔŋ^{12}	fɔŋ^{11}	fɔŋ^{33}	foŋ^{44}	foŋ^{51}
妨	宕合三 平阳敷	fɔŋ^{24}▲	fɔŋ^{21}	fɔŋ^{24}▲	fɔŋ^{214}▲	foŋ^{314}▲	foŋ^{324}▲
纺	宕合三 上养敷	fɔŋ^{24}	fɔŋ^{24}	fɔŋ^{24}	fɔŋ^{214}	foŋ^{314}	foŋ^{324}
仿	宕合三 上养敷	fɔŋ^{24}	fɔŋ^{24}	fɔŋ^{24}	fɔŋ^{214}	foŋ^{314}	foŋ^{324}
访	宕合三 上养敷	fɔŋ^{24}	fɔŋ^{24}	fɔŋ^{24}	fɔŋ^{214}	foŋ^{314}	foŋ^{324}
房	宕合三 平阳奉	fɔ^{4}ʔŋ^{45}	fɔŋ^{21}～间 fɔ^{3}ʔŋ^{35} 书～	fɔŋ^{42}～间 fɔŋ^{33}	fɔŋ^{11} 讨填～ fɔŋ^{3}	foŋ^{22}	foŋ^{4}
防	宕合三 平阳奉	fɔŋ^{21}	fɔŋ^{21}	fɔŋ^{42}	fɔŋ^{11}	foŋ^{22}	foŋ^{45}
亡	宕合三 平阳微	mɔŋ^{21}	bɔŋ^{21}	mɔŋ^{42}	mɔŋ^{11}	moŋ^{22}	boŋ^{45}
网	宕合三 上养微	mɔ^{2}ʔŋ^{23}	bɔŋ^{24}	mɔŋ^{24}	mɔŋ^{12}	moŋ^{314} 动词 moŋ^{3} 名词	boŋ^{324}▲
忘	宕合三 去漾微	mɔŋ^{21}▲	bɔŋ^{21}▲	mɔŋ^{42}▲	mɔŋ^{11}▲	moŋ^{22}▲	boŋ^{45}▲
望	宕合三 去漾微	mɔŋ^{22}	bɔŋ^{22}	mɔŋ^{11}	mɔŋ^{31}	moŋ^{44}	boŋ^{22}
匡	宕合三 平阳溪	k‘ɔŋ^{13}	k‘ɔŋ^{12}	k‘ɔŋ^{11}	k‘uaŋ^{33}	k‘ioŋ^{44}▲	k‘oŋ^{51}

单字	中古音	大村	向阳	石陂	周田	石塘	桂头
筐	宕合三平阳溪	kʻɔŋ^{13}	kʻɔŋ^{12}	kʻɔŋ^{11}	kʻuaŋ^{33}	kʻioŋ^{44}▲	kʻoŋ^{51}
狂	宕合三平阳群	kʻɔŋ^{21}	kʻɔŋ^{21}	kʻɔŋ^{42}	kʻɔŋ^{11}	kʻoŋ^{22}	kʻoŋ^{45}
况	宕合三去漾晓	kʻɔŋ^{44}	kʻɔŋ^{44}	kʻɔŋ^{55}	kʻɔŋ^{53}	kʻoŋ^{45}	kʻoŋ^{44}
枉	宕合三上养影	vɔŋ^{24}	vɔŋ^{24}	vɔŋ^{24}	vɔŋ^{214}	uoŋ^{314}	voŋ^{324}
王	宕合三平阳云	vɔŋ^{21}	vɔŋ^{21}	vɔŋ^{42}	vɔŋ^{11}	uoŋ^{22}	voŋ^{45}
往	宕合三上养云	vɔŋ^{44}	vɔŋ^{44}	vɔŋ^{55}	vɔŋ^{214}	uoŋ^{314}	voŋ^{324}▲
旺	宕合三去漾云	vɔŋ^{22}	vɔŋ^{22}	vɔŋ^{11}	vɔŋ^{31}	uoŋ^{44}	voŋ^{22}
邦	江开二平江帮	pɔŋ^{13}	pɔŋ^{12}	pɔŋ^{11}	pɔŋ^{33}	poŋ^{44}	poŋ^{51}
绑	江开二上讲帮	pɔŋ^{24}	pɔŋ^{24}	pɔŋ^{24}	pɔŋ^{214}	poŋ^{314}	poŋ^{324}
剥	江开二入觉帮	pɔ^{5}	pɔu^{5}	pɔu^{5}	pɛu^{5}	po^{5}	pou^{21}
驳	江开二入觉帮	pɔ^{5}	pɔu^{5}	pɔu^{5}	pɛu^{5}	po^{5}	pou^{21}
胖	江开二去绛滂	pʻᴀn^{44}▲	pʻoŋ^{22}▲	pʻɔŋ^{55}	pʻɔŋ^{53}	pʻoŋ^{45}	pʻoŋ^{44}
朴	江开二入觉滂	pʻɔ^{5}	pʻɔu^{5}	pʻø^{5}▲	pʻɛu^{5}	pʻie^{3}	pʻou^{21}
庞	江开二平江並	pʻɔŋ^{21}	pʻɔŋ^{21}	pʻɔŋ^{42}	pʻɔŋ^{11}	pʻoŋ^{22}	poŋ^{45}
棒	江开二上讲並	pʻᴀ^{2}ʔŋ^{23}▲	pʻaŋ^{44}▲	pʻɐŋ^{24}▲	pɔŋ^{53}▲	pʻiẽ^{314}▲	pʻoŋ^{324}
蚌	江开二上讲並	pʻɔŋ^{22}	pʻɔŋ^{24}	pʻɔŋ^{24}	pʻɔŋ^{12}	pʻoŋ^{45}	
雹	江开二入觉並	pʻɔ^{4}ʔɔ^{45}	pʻɔu^{3}	pʻɔu^{3}	pʻɛu^{3}	pʻo^{5}	pʻo^{4}▲
桩	江开二平江知	tsɔŋ^{13}	tsɔŋ^{12}	tsɔŋ^{11}	tsɔŋ^{33}	tsoŋ^{44}	tsoŋ^{51}
桌	江开二入觉知	tsɔ^{2}ʔɔ^{23}	tsɔ^{3}ʔu^{35}	tsɔu^{33}	tsɛu^{12}	tso^{3}	tsou^{4}
卓	江开二入觉知	tsiau^{3}▲	tsʻiu^{5}▲	tʃɔu^{5}	tsɛu^{5}	tso^{3}	tsʻœy^{21}▲
琢	江开二入觉知	tsiau^{3}▲	tsʻiu^{5}▲	tʃɔu^{5}	tsɛu^{5}	tso^{5}	tsœy^{21}▲
戳	江开二入觉彻	tsʻɔ^{2}ʔɔ^{23} 邮～	tsʻɔu^{12} 邮～▲	tʃʻɔu^{5}	tsʻɛu^{5}	tsʻo^{5}	tsʻœy^{21}
撞	江开二去绛澄	tsʻɔŋ^{22}	tsʻɔŋ^{22}	tsʻɔŋ^{11}	tsʻɔŋ^{31}	tsʻoŋ^{44}	tsʻoŋ^{22}

单字	中古音	大村	向阳	石陂	周田	石塘	桂头
浊	江开二 入觉澄	tsʻɐu^{3}▲	tsʻɔu^{3}	tsʻø^{3}▲	tsʻɛi^{3}▲	tsʻo^{5}	tsʻou^{44}
捉	江开二 入觉庄	tsɔ^{5}	tsɔu^{5}	tsɔu^{3}	tsɐu^{5}	tso^{5}	tsou^{21}
窗	江开二 平江初	tsʻɔŋ^{13}	tsʻɔŋ^{12}～帘 tsʻɔ^{3}ʔŋ^{35} 光～	tsʻɔŋ^{11}	tsʻɔŋ^{33}	tsʻoŋ^{44}～帘 tsʻyẽ^{3} 皓～▲	tsʻyẽ^{4}▲
镯	江开二 入觉崇	tsʻɔ^{2}ʔɔ^{23}	tsʻɔ^{3}ʔu^{35}	tsʻɔu^{3}	tsʻɐu^{3}	tsʻo^{3}	tsʻou^{4}
双	江开二 平江生	sɔŋ^{13}	sɔŋ^{12}	sɐŋ^{11}▲	sɔŋ^{33}	sioŋ^{44}▲	soŋ^{51}
朔	江开二 入觉生	sɔ^{5}	sɔu^{5}	sɔu^{5}	sɐu^{5}	so^{5}	sou^{21}
江	江开二 平江见	kɔŋ^{13}	kɔŋ^{12}	kɔŋ^{11}	kɔŋ^{33}	koŋ^{44}	koŋ^{51}
讲	江开二 上讲见	kɔŋ^{24}	kɔŋ^{24}	kɔŋ^{24}	kɔŋ^{214}	koŋ^{314}	koŋ^{324}
港	江开二 上讲见	kɔŋ^{24}	kɔŋ^{24}	kɔŋ^{24}	kɔŋ^{214}	koŋ^{314}	koŋ^{324}
降下～	江开二 去绛见	kɔŋ^{44}	kɔŋ^{44}	kɔŋ^{55}	kɔŋ^{53}	koŋ^{45}	koŋ^{44}
觉感～	江开二 入觉见	kɔ^{5}	kɔu^{5}	kɔu^{5}	kɐu^{5}	ko^{5}	kou^{21}
角	江开二 入觉见	kɔ^{5} kɔ^{2}ʔɔ^{23} 黄阿～	kɔu^{5} kɔ^{3}ʔu^{35} 黄阿～	kɔu^{5}	kɐu^{5}	ko^{5}	kou^{21} kou^{4} 豆～
腔	江开二 平江溪	kʻɔŋ^{13}	hɔŋ^{12}	kʻɐŋ^{24}▲	kʻɔŋ^{33}	hiẽ^{44}▲	kʻoŋ^{51}
确	江开二 入觉溪	kʻɔ^{5}	kʻɔu^{5}	kʻɔu^{5}	kʻɐu^{5}	kʻo^{5}	kʻou^{21}
壳	江开二 入觉溪	kʻɔ^{5} 禾头～ kʻɔ^{2}ʔɔ^{23}□kʻᴀu^{44}～	kʻɔu^{5} kʻɔ^{3}ʔu^{35} 面～	kʻɔu^{3}	kʻɐu^{12}	kʻo^{5}	kʻou^{21} 旱～ kʻou^{4} 头脑～
岳	江开二 入觉疑	ŋɔ^{3}	ɔu^{5}▲	ŋɔu^{3}	ŋɐu^{3}	ŋo^{5}	gou^{4}
乐音～	江开二 入觉疑	ŋɔ^{4}ʔɔ^{45}	gɔ^{3}ʔu^{35}	lɔu^{3}▲	ŋɐu^{3}	lo^{5}	gou^{4}
降投～	江开二 平江匣	kɔŋ^{44}▲	hɔŋ^{21}	kɔŋ^{55}▲	kɔŋ^{53}▲	hoŋ^{22}	koŋ^{44}▲
项	江开二 上讲匣	hɔŋ^{22}	hɔŋ^{22}	hɔŋ^{11}	hɔŋ^{31}	hoŋ^{44}	hoŋ^{22}
巷	江开二 去绛匣	hɔ^{4}ʔŋ^{45}	hɔ^{3}ʔŋ^{35}	hɔŋ^{33}	hɔŋ^{31}	hoŋ^{44} 字音 hoŋ^{3} 话音	hoŋ^{22}
学	江开二 入觉匣	hɔ^{3} hɔ^{4}ʔɔ^{45}～校	hɔu^{3} hɔ^{3}ʔu^{35} 入～	hɔu^{3}	hɐu^{3}	ho^{5}～堂 ho^{3} 放～	hou^{44}～堂 hou^{4} 放～
握	江开二 入觉影	ŋᴀ^{5}▲	vɔu^{5}	vɔu^{5}	vɐu^{5}	ei^{5} 话音▲ o^{5} 字音	gie^{21}▲
崩	曾开一 平登帮	pᴀn^{13}	pan^{12}	pɛn^{11}	piaŋ^{33}	paŋ^{44}	paŋ^{51}

单字	中古音	大村	向阳	石陂	周田	石塘	桂头
北	曾开一入德帮	poe^{5}	pɐi^{5}	pɐi^{5}	pi^{5}	pa^{5}	pa^{21}
朋	曾开一平登並	pʻɐn^{21}▲	pʻaŋ^{21}▲	pʻɐŋ^{42}▲	pʻɛŋ^{11}▲	pʻiẽ^{22}▲	poŋ^{45}▲
墨	曾开一入德明	mo^{4}ʔe^{45}	bɛi^{3}	mɐi^{33}	mi^{3}	mei^{3}▲	bai^{4}
默	曾开一入德明	moe^{3}	bɛi^{3}	mɐi^{3}	mi^{3}	ma^{5}	bai^{44}
登	曾开一平登端	tᴀn^{13}	tan^{12}	tɛn^{11}	tiaŋ^{33}	taŋ^{44}	aŋ^{51}
灯	曾开一平登端	tᴀn^{13}	tan^{12}	tɛn^{11}	tiaŋ^{33}	taŋ^{44}	aŋ^{51}
等	曾开一上等端	tᴀn^{24}	tan^{24}	tɛn^{24}	tiaŋ^{214}	taŋ^{314}	aŋ^{324}
凳	曾开一去嶝端	tᴀ^{2}ʔn^{23}	ta^{3}ʔn^{35}	tɛn^{33}	tiaŋ^{12}	taŋ^{3}	aŋ^{4}
得	曾开一入德端	tei^{5}	tɛi^{5}	tɐi^{5}	ti^{5}	tai^{5} 话音 ta^{5} 字音	ai^{21}
德	曾开一入德端	tei^{5} 品～ tie^{2}ʔe^{23} 人名	tɛi^{5}	tɐi^{5}	tiɛ^{12}	ta^{5}	a^{4}
腾	曾开一平登定	tʻᴀn^{21}	tʻan^{21}	tʻɛn^{42}	tʻiaŋ^{11}	tʻaŋ^{22}	taŋ^{45}
藤	曾开一平登定	tʻᴀ^{4}ʔn^{45}	tʻan^{21}	tʻɛn^{42}	tʻiaŋ^{11}	tʻaŋ^{22}	taŋ^{45}
邓	曾开一去嶝定	tʻᴀn^{22}	tʻan^{22}	tʻɛn^{11}	tʻiaŋ^{31}	tʻaŋ^{44}	taŋ^{22}
特	曾开一入德定	tʻei^{3}	tʻɛi^{3}	tʻɐi^{3}	tʻi^{3}	tʻa^{5}	tʻa^{44}
能	曾开一平登泥	lᴀn^{21}	lan^{21}	nɛn^{42}	niaŋ^{11}▲	laŋ^{22}	laŋ^{45}
肋	曾开一入德来	lei^{3}	lɛi^{3}	la^{3}▲	li^{3}	la^{5}	la^{44}
勒～紧	曾开一入德来	lei^{3}	lɛi^{3}	lɐi^{3}	li^{3}	la^{5}	lie^{44}▲
曾姓～	曾开一平登精	tsᴀn^{13}	tsan^{12}	tsɛn^{11}	tsiaŋ^{33}	tsaŋ^{44}	tsaŋ^{51}
增	曾开一平登精	tsᴀn^{13}	tsan^{12}	tsɛn^{11}	tsiaŋ^{33}	tsaŋ^{45}▲	tsaŋ^{51}
则	曾开一入德精	tsei^{5}	tsɛi^{5}	tsɐi^{5}	tsi^{5}	tsa^{3}	tsa^{21}
曾～经	曾开一平登从	tsʻᴀn^{21}	tsʻan^{21}	tsʻɛn^{42}	tsʻiaŋ^{11}	tsʻaŋ^{22}	tsʻaŋ^{45}
层	曾开一平登从	tsʻᴀn^{21}	tsʻan^{21}	tsʻɛn^{42}	tsʻiaŋ^{11}	tsʻaŋ^{22}	tsʻaŋ^{45}
赠	曾开一去嶝从	tsᴀn^{13}▲	tsan^{44}▲	tsɛn^{11}▲	tsiaŋ^{53}▲	tsaŋ^{45}▲	tsaŋ^{44}▲

单字	中古音	大村	向阳	石陂	周田	石塘	桂头
贼	曾开一入德从	tsʻei^{3}	tsʻɛi^{3}	tsʻɐi^{3}	tsʻi^{3}	tsʻa^{5}	tsʻa^{44}
僧	曾开一平登心	tsʌn^{13}▲	tsan^{12}▲	tsɛn^{11}▲	tsiaŋ^{33}▲	tsaŋ^{44}▲	tsaŋ^{51}▲
塞～住	曾开一入德心	sei^{5}	sɛi^{5}	sɐi^{5}	si^{5}	sai^{5}	sa^{21}
肯	曾开一上等溪	hʌn^{24}	han^{24}	hɛn^{24} kʻɛn^{24}	hiaŋ^{214}	haŋ^{314} 话音 kʻaŋ^{314} 字音	kʻaŋ^{324}
刻	曾开一入德溪	kʻei^{5}	kʻɛi^{5} kʻɛ^{3}ʔi^{35}□lai^{22}～	kʻɐi^{5}	kʻi^{5}	kʻa^{5}	kʻa^{21}
克	曾开一入德溪	kʻei^{5}	kʻɛi^{5}	kʻɐi^{5}	kʻi^{5}	kʻa^{5}	kʻa^{21}
黑	曾开一入德晓	hei^{5}	hɛi^{5}	hɐi^{5}	hi^{5}	hai^{5}	ha^{21}
恒	曾开一平登匣	hʌn^{21}	hɛn^{21}▲	hɛn^{42}	hiaŋ^{11}	haŋ^{22}	hiẽ^{45}▲
冰	曾开三平蒸帮	pʌn^{13}	pan^{12}	pɛn^{11}	piaŋ^{33}	paŋ^{44}	paŋ^{51}
逼	曾开三入职帮	poe^{5}	pɛi^{5}	pɐi^{5}	pi^{5}	pai^{5}	pa^{21}
凭	曾开三平蒸並	pʻʌn^{21}	pʻan^{21}	pʻɛn^{42}	pʻiaŋ^{11}	pʻaŋ^{22}	paŋ^{45}
凌	曾开三平蒸来	lin^{21}	lan^{21}	lɛn^{42}	liaŋ^{11}	laŋ^{22}	laŋ^{45}
菱	曾开三平蒸来	lin^{21}	lan^{21}	lɛn^{42}	liaŋ^{11}	laŋ^{22}	laŋ^{45}
陵	曾开三平蒸来	lin^{21}	lan^{21}	lɛn^{42}	liaŋ^{11}	laŋ^{22}	laŋ^{45}
力	曾开三入职来	lɘe^{3}	lɛi^{3}	lɐi^{3}	li^{3}	la^{5}	la^{44}
即	曾开三入职精	tsɘe^{5}	tsɛi^{5}	tsɐi^{5}	tsi^{5}	tsa^{5}	tsai^{21}
鲫	曾开三入职精	tsɘe^{5}	tsɛi^{5}	tsɐi^{5}	tsi^{5}	tsa^{5}	tsai^{21}
息	曾开三入职心	sei^{5} sei^{3} 重孙▲	sɛi^{5} sɛ^{3}ʔi^{35} 重孙	sɐi^{5}	si^{5} 重孙 sai^{5}	sai^{5} sa^{3} 重孙	sa^{21} sa^{4} 重孙
熄	曾开三入职心	sei^{5}	sɛi^{5}	sɐi^{5}	si^{5}	sai^{5}	sa^{21}
征～求	曾开三平蒸知	tsʌn^{13}	tsan^{12}	tʃɛn^{11}	tsiaŋ^{33}	tsaŋ^{44}	tsaŋ^{51}
澄	曾开三平蒸澄	tsʻʌn^{21}	tsʻan^{21}	tʃʻɛn^{42}	tsʻiaŋ^{11}	tsʻaŋ^{22}	tsʻaŋ^{45}
惩	曾开三平蒸澄	tsʻʌn^{21}	tsʻan^{21}	tʃʻɛn^{42}	tsʻiaŋ^{11}	tsʻaŋ^{22}	tsʻaŋ^{45}
直	曾开三入职澄	tsʻei^{3}	tsʻɛi^{3}	tʃʻɐi^{3}	tsʻi^{3}	tsʻa^{5}	tsʻa^{44}

单字	中古音	大村	向阳	石陂	周田	石塘	桂头
值	曾开三入职澄	tsʻei^{3}	tsʻɛi^{3}	ʧʻɐi^{3}	tsʻi^{3}	tsʻa^{5}	tsʻa^{44} 价～ tsʻai^{44}～日
侧	曾开三入职庄	tsei^{5}	tsɛi^{5}	tsɐi^{5}	tsi^{5}	tsa^{5}	tsa^{21}
测	曾开三入职初	tsʻei^{5}	tsʻɛi^{5}	tsʻɐi^{5}	tsʻi^{5}	tsʻai^{5}～验 tsʻa^{5}～量	tsʻai^{21}
色	曾开三入职生	sei^{5}	sɛi^{5} sɛ^{3}ʔi^{35} 颜～	sɐi^{3}	siɛ^{12}	sa^{3}	sa^{4}
蒸	曾开三平蒸章	tsᴀn^{13}	tsan^{12}	ʧɛn^{11}	tsiaŋ^{33}	tsaŋ^{44}	tsaŋ^{51}
证	曾开三去证章	tsᴀn^{44}	tsan^{44}	ʧɛn^{55}	tsiaŋ^{53}	tsaŋ^{45}	tsaŋ^{44}
症	曾开三去证章	tsᴀn^{44}	tsan^{44}	ʧɛn^{33}	tsiaŋ^{53}	tsaŋ^{44}	tsaŋ^{44}
织	曾开三入职章	tsei^{5}	tsɛi^{5}	ʧi^{5}	tsi^{5}	tsa^{5}	tsa^{21}
职	曾开三入职章	tsei^{5}	tsɛi^{5}	ʧi^{5}	tsi^{5}	tsa^{5}	tsa^{4}
称～呼	曾开三平蒸昌	tsʻᴀn^{13}	tsʻan^{12}	ʧʻɛn^{11}	tsʻiaŋ^{33}	tsʻaŋ^{44}	tsʻaŋ^{51}
秤	曾开三去证昌	tsʻᴀ^{2}ʔn^{23}	tsʻa^{3}ʔn^{35}	ʧʻɛn^{33}	tsʻiaŋ^{12}	tsʻaŋ^{3}	tsʻaŋ^{4}
乘	曾开三平蒸船	sᴀn^{21}	san^{21}	ʃɛn^{42}	siaŋ^{11}	saŋ^{22}	saŋ^{45}
绳	曾开三平蒸船	sᴀ^{4}ʔn^{45}	sa^{3}ʔn^{35}	ʃɛn^{42} 跳～ ʃɛn^{33}	siaŋ^{11}	saŋ^{22}	saŋ^{4}
剩	曾开三去证船	sᴀn^{22}	san^{22}	ʃɛn^{24}	siaŋ^{31}	saŋ^{44}	saŋ^{22}
食	曾开三入职船	sei^{3}	sɛi^{3}	ʃɐi^{3}	sai^{3}	sei^{5}	sai^{44}
蚀	曾开三入职船	sei^{3}	sɿ^{3}	sɿ^{3}▲	sai^{3}	sei^{5}	sai^{44}
升	曾开三平蒸书	sᴀn^{13}	san^{12}	ʃɛn^{11}	siaŋ^{33}	saŋ^{44}	saŋ^{51}
胜～败	曾开三去证书	sᴀn^{44}	san^{44}	ʃɛn^{55}	siaŋ^{53}	saŋ^{45}	saŋ^{44}
识	曾开三入职书	sei^{5}	sɛi^{5}	ʃi^{5}	si^{5}	sa^{5}	sa^{21}
式	曾开三入职书	sei^{5}	sɛi^{5}	ʃi^{5}	si^{5}	sa^{3}	sa^{4}
饰	曾开三入职书	sei^{5}	sɛi^{5}	sɐi^{5}	si^{5}	sa^{5}	sa^{4}
承	曾开三平蒸禅	sᴀn^{21}	san^{21}	ʃɛn^{42}	siaŋ^{11}	saŋ^{22}	saŋ^{45}
丞	曾开三平蒸禅	sᴀn^{21}	san^{21}	ʃɛn^{42}	siaŋ^{11}	saŋ^{22}	saŋ^{45}

单字	中古音	大村	向阳	石陂	周田	石塘	桂头
殖	曾开三 入职禅	ts‘ei^{3}▲	ts‘ɛi^{3}▲	tʃ‘ɐi^{3}▲	ts‘i^{3}▲	ts‘a^{5}▲	ts‘ai^{44}▲
植	曾开三 入职禅	ts‘ei^{3}▲	ts‘ɛi^{3}▲	tʃ‘ɐi^{3}▲	ts‘i^{3}▲	ts‘a^{5}▲	ts‘ai^{44}▲
扔	曾开三 平蒸日	jʌn^{22}▲	jian^{12}▲		iaŋ^{33}▲	iaŋ^{44}▲	in^{51}▲
极	曾开三 入职群	k‘i^{3}	k‘ɛi^{3}	k‘i^{3}	k‘i^{3}	k‘a^{5}	k‘ai^{4}
兴~旺	曾开三 平蒸晓	hʌn^{13}	han^{12}	ʃɛn^{11}	hiaŋ^{33}	haŋ^{44}	haŋ^{51}
兴高~	曾开三 去证晓	hʌn^{44}	han^{44}	ʃɛn^{55}	hiaŋ^{53}	haŋ^{45}	haŋ^{44}
应~该	曾开三 平蒸影	jʌn^{13}	jian^{12}	iɛn^{55}▲	iaŋ^{33}	iaŋ^{45}▲	jaŋ^{51}
鹰	曾开三 平蒸影	jʌn^{13}	jian^{12}	iɛn^{11}	iaŋ^{33}	iaŋ^{44}	jaŋ^{51}
应答~	曾开三 去证影	jʌn^{44}	jian^{44}	iɛn^{55}	iaŋ^{53}	iaŋ^{45}	jaŋ^{44}
忆	曾开三 入职影	jei^{5}	jɛi^{5}	ɐi^{5} i^{5}	i^{5}	a^{5} ia^{5}	ji^{4}
亿	曾开三 入职影	jei^{5}	jɛi^{5}	i^{5}	i^{5}	a^{5} ia^{5}	ji^{4}
蝇	曾开三 平蒸以	jʌ^{4}ʔn^{45}	jian^{21} 苍~ jia^{3}ʔn^{35} 乌~	iɛn^{33}	iaŋ^{3}	iaŋ^{3}	jaŋ^{4}
孕	曾开三 去证以	jin^{24}▲	jian^{44}▲	iɛn^{24}	iaŋ^{31}	iɛŋ^{45}▲	jaŋ^{324}▲
翼	曾开三 入职以	jie^{4}ʔe^{45}▲	jɛi^{3} jɛ^{3}ʔi^{35} 鸡~	i^{3}	i^{3}	ia^{5}	jei^{4}▲
国	曾合一 入德见	ko^{2}ʔe^{23}	ku^{3}ʔi^{35}	kɔi^{33}	koi^{12}	kua^{5}	kva^{4}
弘	曾合一 平登匣	fɐn^{21}	haŋ^{21}	hɐŋ^{42}	hɐŋ^{11}	hiẽ^{22}	hoŋ^{45}
或	曾合一 入德匣	fei^{3}	fɛi^{3}	fɛi^{3}	va^{3}	fa^{5}	fa^{44}
域	曾合三 入职云	vei^{3}	vɛi^{3}	vɛi^{3}	viɛ^{3}▲	ua^{5}	jøy^{4}▲
百	梗开二 入陌帮	pʌ^{5}	pɛ^{5}	pɛi^{5}	pɔ^{5}	pou^{5}	pi^{21}
柏	梗开二 入陌帮	pʌ^{2}ʔʌ^{23}	pɛ^{5}	pɛi^{5}	pɔ^{12}	pa^{3}	pi^{4}
伯	梗开二 入陌帮	pʌ^{5}	pɛ^{5}	pɛi^{5}	pɔ^{5} ~~ pɔ^{12} 叔~兄弟	pa^{3} pou^{3}	pi^{4}
迫	梗开二 入陌帮	poe^{5}▲	pɛi^{5}▲	pɐi^{5}▲	pi^{5}▲	pai^{5}▲	pa^{21}▲
拍	梗开二 入陌滂	p‘o^{5} p‘ʌ^{5}	p‘ɛ^{5}	p‘ɔu^{5}▲	p‘ɛu^{5} 话音 p‘ɔ^{5} 字音	p‘a^{5}	p‘u^{21}

单字	中古音	大村	向阳	石陂	周田	石塘	桂头
魄	梗开二入陌滂	pʻA^{5}	pʻɛ^{5}	pʻɛi^{5}	pʻɔ^{5}	pʻou^{5}	pʻi^{4}
彭	梗开二平庚並	pʻAŋ^{21}	pʻiɛ^{21}	pʻaŋ^{42}	pʻiaŋ^{11}	pʻaŋ^{22}	pin^{45}
白	梗开二入陌並	pʻA^{3}	pʻɛ^{3}	pʻɛi^{3}	pʻɔ^{3}	pʻou^{5}	pʻi^{44}
盲	梗开二平庚明	mAŋ^{21}	biɛ^{21}	maŋ^{42}	miaŋ^{11}	maŋ^{22} maŋ^{3} 发鸡～	bin^{45}
猛	梗开二上梗明	mAŋ^{44}	biɛ^{44}	maŋ^{24}	miaŋ^{214}	maŋ^{314}	bin^{21}
孟	梗开二去映明	mAŋ^{44}▲	baŋ^{22}▲	mɛn^{24}▲	miaŋ^{214}▲	maŋ^{44}	baŋ^{324}▲
打	梗开二上梗端	tA^{4}ʔA^{45}▲	ta^{24}▲	ta^{24}▲	ta^{3}▲	tou^{3}▲	ɔu^{324}▲
冷	梗开二上梗来	lAŋ^{44}	liɛ^{44}	laŋ^{55}	liaŋ^{53}	laŋ^{45}	lin^{21}
撑	梗开二平庚彻	tsʻAŋ^{44}▲	tsʻiɛ^{44}▲	tsʻaŋ^{55}▲	tsʻiaŋ^{53}▲	tsʻaŋ^{45}▲	tsʻin^{44}▲
撑～儿	梗开二去映彻	tsʻA^{2}ʔŋ^{23}					
拆～开	梗开二入陌彻	tsʻo^{5}	tsʻɛ^{5}	tsʻɛi^{5}	tsʻɔ^{5}	tsʻou^{5}	tsʻi^{21}
泽	梗开二入陌澄	tsʻA^{4}ʔA^{45}	tsʻɛ^{3}ʔɛ^{35}	tsʻɛi^{3}	tsʻɔ^{3}	tsʻa^{5}	tsʻi^{44}
择	梗开二入陌澄	tsʻo^{3}	tsʻuə^{3}	tsʻɛi^{3}	tsʻɔ^{3}	tsʻa^{5}	tsʻi^{44}
窄	梗开二入陌庄	tsA^{5}	tsɛ^{5}	tsa^{5}	tsa^{5}	tsa^{5}	tsie^{21}
生	梗开二平庚生	sAŋ^{13} 先～ sA^{2}ʔŋ^{23} 学～	siɛ^{12} 先～ siɛ^{3}ʔɛ^{35} 学～	saŋ^{11} 先～ saŋ^{33} 学～	siaŋ^{33} 先～ siaŋ^{12} 学～	saŋ^{44} 先～ saŋ^{3} 后～仔	sin^{51} 学～ sin^{4} 后～
牲	梗开二平庚生	sAŋ^{13}	siɛ^{12}	saŋ^{11}	siaŋ^{33}	saŋ^{44}	sin^{51}
甥	梗开二平庚生	sAŋ^{13}	siɛ^{12}	saŋ^{11}	siaŋ^{12}	saŋ^{3}	sin^{51}
省～长	梗开二上梗生	sAŋ^{24}	san^{24}	sɛn^{24}	siaŋ^{214}	saŋ^{314}	saŋ^{324}
省节～	梗开二上梗生	sAŋ^{24}	san^{24}	saŋ^{24}	siaŋ^{214}	saŋ^{314}	saŋ^{324}
更五～	梗开二平庚见	kAŋ^{13}	kiɛ^{12}	kaŋ^{11}	kiaŋ^{33}	kaŋ^{44}	kin^{51}
粳	梗开二平庚见	kAŋ^{13}	kiɛ^{12}	kaŋ^{11}	kiaŋ^{214}▲	kaŋ^{44}	kin^{51}
庚	梗开二平庚见	kAŋ^{13}	kiɛ^{12}	kaŋ^{11}	kiaŋ^{33}	kaŋ^{44}	kin^{51}
哽	梗开二上梗见	kAn^{24}	kian^{24}	kaŋ^{24}	kiaŋ^{214}	kaŋ^{44}▲	kaŋ^{324}

单字	中古音	大村	向阳	石陂	周田	石塘	桂头
梗	梗开二 上梗见	kᴀŋ^{24}	kua^{24}▲	kaŋ^{24}	kiaŋ^{214}	kuaŋ^{314}▲	kvin^{324}
更～加	梗开二 去映见	kᴀŋ^{44}	kiɛ^{44}	kɛn^{55}	kiaŋ^{53}	kaŋ^{45}	kin^{44}
格	梗开二 入陌见	kᴀ^{5}～外 kᴀ^{2}ʔᴀ^{23}及～	kɛ^{5}一～ kɛ^{3}ʔɛ^{35}及～	kɛi^{5}～子 kɛi^{3}性～	kɔ^{5}	ka^{5}及～ kou^{3}～子	ki^{21}～外 ki^{4}及～
坑	梗开二 平庚溪	hᴀŋ^{13}	hiɛ^{12}	haŋ^{11}	hiaŋ^{33}	haŋ^{44}	hin^{51}
客	梗开二 入陌溪	kʻᴀ^{5}	kʻɛ^{5}	kʻɛi^{5}	kʻɔ^{5}	kʻou^{5}	kʻi^{21}
硬	梗开二 去映疑	ŋᴀŋ^{22}	giɛ^{22} gian^{22}打～震	ŋaŋ^{11} ŋiɛn^{11}打～□tsʻɛn^{11}	ŋiaŋ^{31}	ŋaŋ^{44}	gin^{22}
额	梗开二 入陌疑	ŋiᴀ^{3}	giɛ^{3}ʔɛ^{35}	ŋia^{5}▲	ŋia^{3}	ŋia^{5}	gi^{4}
吓恐～	梗开二 入陌晓	ho^{5}	hɛ^{5}	hɛi^{5}	hɔ^{5}	hou^{5}	hi^{21}
行～为	梗开二 平庚匣	hᴀŋ^{21}	hiɛ^{21}	haŋ^{42}	hiaŋ^{11}	haŋ^{22}	haŋ^{45}
衡	梗开二 平庚匣	hᴀŋ^{21}	hiɛ^{21}	hɛn^{42}～阳 haŋ^{42}均～	hiaŋ^{11}	haŋ^{22}	haŋ^{45}
杏	梗开二 上梗匣	hᴀŋ^{22}	han^{22}	hɛn^{24}	hiaŋ^{31}	haŋ^{45}	
掰	梗开二 入麦帮	mi^{5}	bɛ^{5} bi^{5}	mɛi^{5}	mɔ^{5} mi^{5}	ma^{5} mi^{5}	bɛi^{21}
棚	梗开二 平耕並	pʻᴀŋ^{21}	pʻaŋ^{21}▲	pʻaŋ^{42}	pʻiaŋ^{11}	pʻaŋ^{22} pʻiẽ^{22}▲	poŋ^{45}▲
萌	梗开二 平耕明	mᴀn^{21}	ban^{21}	mɛn^{42}	miaŋ^{11}	maŋ^{22}	baŋ^{45}
麦	梗开二 入麦明	mo^{4}ʔo^{45}	bɛ^{3}	mɛi^{3}	mɔ^{3}	ma^{5}	bi^{4}
脉	梗开二 入麦明	mᴀ^{3}	bɛ^{3}ʔɛ^{35}	mɛi^{5}▲	mɔ^{3}	ma^{5}	bi^{44}
摘	梗开二 入麦知	tso^{5}	tsɛ^{5}	tsɛi^{5}	tsɔ^{5}	tsa^{5}	tsi^{21}
橙～子	梗开二 平耕澄	tsʻᴀ^{4}ʔŋ^{45}	tsʻiɛ^{3}ʔɛ^{35}	ʧʻaŋ^{33}	tsʻiaŋ^{3}	tsʻaŋ^{3}	tsʻin^{4}
争	梗开二 平耕庄	tsᴀŋ^{13}	tsiɛ^{12}	tsaŋ^{11}	tsiaŋ^{33}	tsaŋ^{44}	tsin^{51}
睁	梗开二 平耕庄	tsᴀŋ^{13}	tsiɛ^{12}	tsɛn^{11}	tsiaŋ^{33}	tsaŋ^{44}	tsin^{51}
责	梗开二 入麦庄	tsᴀ^{2}ʔᴀ^{23}	tsɛ^{3}ʔɛ^{35}	tsɛi^{5}	tsa^{5}	tsa^{5}	tsi^{4}
策	梗开二 入麦初	tsʻᴀ^{5}	tsʻɛ^{3}ʔɛ^{35}	tsʻɛi^{3}	tsʻɔ^{12}	tsʻa^{3}	tsʻi^{4}
册	梗开二 入麦初	tsʻᴀ^{2}ʔᴀ^{23}	tsʻɛ^{3}ʔɛ^{35}	tsʻɛi^{3}	tsʻɔ^{12}	tsʻou^{3}	tsʻi^{4}

单字	中古音	大村	向阳	石陂	周田	石塘	桂头
耕	梗开二平耕见	kᴀŋ^{13}	kiɛ^{12}	kaŋ^{11}	kiaŋ^{33}	kaŋ^{44}	kin^{51}
耿	梗开二上耿见	kin^{24}▲	kuə^{24}▲	kɛn^{24}	kiaŋ^{214}	kɛŋ^{314}▲	kaŋ^{324}
革	梗开二入麦见	kᴀ^{5}	kɛ^{5}	kɛi^{5}	kia^{5}	ka^{5}	ki^{21}
隔	梗开二入麦见	kᴀ^{5}	kɛ^{5}	kɛi^{5}	kɔ^{5}	kou^{5}～壁 ka^{5}～开	ki^{21}
幸	梗开二上耿匣	hᴀn^{22}	han^{22}	haŋ^{24}	hiaŋ^{31}	haŋ^{44}	haŋ^{22}
核果～	梗开二入麦匣	vʉ^{4}ʔʉ^{45}▲	vu^{3}ʔu^{35}▲	vui^{3}▲	vai^{3}▲	u^{3}▲	vu^{4}▲
鹦	梗开二平耕影	jᴀn^{13}	jian^{12}	iɛn^{11}	iaŋ^{33}	iaŋ^{44}	jaŋ^{51}
轭牛～	梗开二入麦影	o^{5}	ɛ^{5}	ɛi^{5}	ɔ^{5}	ou^{5}	ji^{21}
兵	梗开三平庚帮	pᴀn^{13}	pan^{12}	pɛn^{11}	piaŋ^{33}	paŋ^{44}	paŋ^{51}
丙	梗开三上梗帮	piᴀŋ^{24}	piɛ^{24}	piaŋ^{24}	piaŋ^{214}	paŋ^{314}	paŋ^{324}
柄	梗开三去映帮	piᴀ^{2}ʔŋ^{23}	piɛ^{3}ʔɛ^{35}	piaŋ^{33}	piaŋ^{12}	piaŋ^{3}	pin^{4}
碧	梗开三入陌帮	poe^{5}	pɛi^{5}	pɐi^{5}	pi^{5}	pai^{5}	pi^{21}
平	梗开三平庚並	pʻiᴀŋ^{21}～地 pʻᴀn^{21} 和～	pʻiɛ^{21}～地 pʻan^{21} 和～	pʻiaŋ^{42}～地 pʻɛn^{42} 和～	pʻiaŋ^{11}	pʻiaŋ^{22}～地 pʻaŋ^{22} 和～	pin^{45}～地 paŋ^{45} 和～
坪	梗开三平庚並	pʻiᴀŋ^{21} 草～ pʻiᴀ^{4}ʔŋ^{45} 禾～	pʻiɛ^{21} 草～ pʻiɛ^{3}ʔɛ^{35} 禾～	pʻiaŋ^{42} 平地 pʻiaŋ^{33} 禾～	pʻiaŋ^{11}	pʻiaŋ^{22} 晒～ pʻiaŋ^{3} 平地	pin^{4}
评	梗开三平庚並	pʻᴀn^{21}	pʻan^{21}	pʻɛn^{42}	pʻiaŋ^{11}	pʻaŋ^{22}	paŋ^{45}
病	梗开三去映並	pʻiᴀŋ^{22}	pʻiɛ^{22}	pʻiaŋ^{11}	pʻiaŋ^{31}	pʻiaŋ^{44}	pin^{22}
鸣	梗开三平庚明	mᴀn^{21}	ban^{21}	mɛn^{42}	miaŋ^{11}	maŋ^{22}	baŋ^{45}
明	梗开三平庚明	miᴀŋ^{21}～年 mᴀn^{21}～白	biɛ^{21}～日 ban^{21}～白	miaŋ^{42}～年 mɛn^{42}～白	miaŋ^{11}	miaŋ^{22}～年 maŋ^{22}～白	bin^{45}～年 baŋ^{45}～白
盟	梗开三平庚明	mᴀn^{21}	biɛ^{21}	mɛŋ^{42}	miaŋ^{11}	maŋ^{22}	baŋ^{45}
命	梗开三去映明	miᴀŋ^{22} mᴀn^{22}～令	biɛ^{22}	miaŋ^{11} 搏～ mɛn^{24}～运	miaŋ^{31}	miaŋ^{44} 搏～ maŋ^{44}～运	bin^{22} 搏～ baŋ^{22}～运
京	梗开三平庚见	kᴀn^{13}	kian^{12}	kiɛn^{11}	kiaŋ^{33}	kaŋ^{44}	kaŋ^{51}
惊	梗开三平庚见	kiᴀŋ^{13}	kiɛ^{12} 话音 kian^{12} 字音	kiaŋ^{11} kiɛn^{11} 吓～	kiaŋ^{33}	kiaŋ^{44}	kin^{51}
景	梗开三上梗见	kᴀn^{24}	kiɛ^{24}	kiɛn^{24}	kiaŋ^{214}	kaŋ^{314}	kaŋ^{324}

单字	中古音	大村	向阳	石陂	周田	石塘	桂头
警	梗开三 上梗见	kin^{24}	kiɛ^{24}	kiɛn^{24}	kiaŋ^{214}	kaŋ^{314}	kaŋ^{324}
境	梗开三 上梗见	kᴀn^{24}	kiɛ^{24}	kiɛn^{24}	kiaŋ^{53}▲	kaŋ^{314}	kaŋ^{324}
敬	梗开三 去映见	kᴀn^{44}	kian^{44}	kiɛn^{55}	kiaŋ^{53}	kaŋ^{45}	kaŋ^{44}
竟	梗开三 去映见	kin^{44}	kian^{44}	kiɛn^{24}▲	kiaŋ^{53}	kaŋ^{45}	kaŋ^{324}▲
镜	梗开三 去映见	kiᴀŋ^{44}	kiɛ^{44}	kiaŋ^{55}	kiaŋ^{53}	kiaŋ^{45}	kin^{44}
卿	梗开三 平庚溪	kʻin^{13}	han^{12}	kʻiɛn^{11}	kʻiaŋ^{33}	kʻaŋ^{44}	haŋ^{51}
庆	梗开三 去映溪	kʻᴀn^{44}	kʻian^{44}	kʻiɛn^{55}	kʻiaŋ^{53}	kʻaŋ^{45}	kʻaŋ^{44}
擎	梗开三 平庚群	kʻiᴀŋ^{21}	kʻian^{21}	kʻiaŋ^{42}	kʻiaŋ^{11}		kʻin^{45}
鲸	梗开三 平庚群	kʻin^{21}	kʻian^{21}	kʻiɛn^{42}	kʻiaŋ^{11}	kʻɛŋ^{22}▲	kʻaŋ^{45}
竞	梗开三 去映群	kin^{44}▲	kian^{44}▲	kiɛn^{55}▲	kiaŋ^{53}▲	kaŋ^{45}▲	kaŋ^{44}▲
屐木~	梗开三 入陌群	kʻiᴀ^{4}ʔᴀ^{45}	kʻiɛ^{3}ʔɛ^{35}	kʻia^{3}	kʻia^{3}	kʻia^{3}	kʻi^{4}
迎	梗开三 平庚疑	ŋiᴀŋ^{21}	jiɛ^{21}	ŋiaŋ^{42}	iaŋ^{11}	ŋaŋ^{22}	jaŋ^{45}
逆	梗开三 入陌疑	ŋiᴀ^{3}	giɛ^{3}	ŋia^{3}	ŋia^{3}	ŋia^{5}	jɛi^{4}
英	梗开三 平庚影	jᴀn^{13}	jian^{12}	iɛn^{11}	iaŋ^{33}	iaŋ^{44}	jaŋ^{51}
影	梗开三 上梗影	jiᴀŋ^{24}	jiɛ^{24}	iaŋ^{24}	iaŋ^{214}	iaŋ^{314}	jin^{324}
映	梗开三 去映影	jiᴀŋ^{24}▲	jiɛ^{24}▲	iaŋ^{24}▲	iaŋ^{214}▲	iaŋ^{314}▲	jin^{324}▲
饼	梗开三 上静帮	piᴀŋ^{24}	piɛ^{24}	piaŋ^{24}	piaŋ^{214}	piaŋ^{314}	pin^{324}
聘	梗开三 去劲滂	pʻun^{44}▲	pʻan^{44}	pʻɛn^{55}	pʻiaŋ^{53}	pʻaŋ^{45}	pʻaŋ^{44}
僻	梗开三 入昔滂	pʻoe^{5}	pʻɛi^{5}	pʻɐi^{5}	pʻi^{5}	pʻai^{5}	pʻɛi^{21}
辟	梗开三 入昔並	pʻoe^{5}▲	pʻɛi^{5}▲	pʻɐi^{5}▲	pʻi^{5}▲	pʻai^{5}	pʻɛi^{21}▲
名	梗开三 平清明	miᴀ^{4}ʔŋ^{45}	biɛ^{3}ʔɛ^{35}	miaŋ^{33}	miaŋ^{3}	miaŋ^{3}	bin^{45} bin^{4}
领	梗开三 上静来	liᴀŋ^{44} 领～ liᴀ^{2}ʔŋ^{23} 衫～	liɛ^{44} 领～ liɛ^{3}ʔɛ^{35} 衫～	liaŋ^{55} 领～ liaŋ^{33} 衫～	liaŋ^{53} 领～ liaŋ^{12} 衣裳～	liaŋ^{45} 领～ liaŋ^{3} 衫～	lin^{21} 领～ lin^{4} 衫～
岭	梗开三 上静来	liᴀŋ^{44}	liɛ^{44}	liaŋ^{55}	liaŋ^{53}	liaŋ^{45}	lin^{21}

单字	中古音	大村	向阳	石陂	周田	石塘	桂头
令	梗开三 去劲来	lᴀn^{22}	lan^{22}	lɛn^{24}	liaŋ^{31}	laŋ^{44}	laŋ^{22}
精	梗开三 平清精	tsiᴀŋ^{13}～肉 tsᴀn^{13}～神	tsan^{12}	tsiaŋ^{11}～肉 tsɛn^{11}～神	tsiaŋ^{33}	tsiaŋ^{44}～肉 tsaŋ^{44}～神	tsin^{51}～肉 tsaŋ^{51}～神
睛	梗开三 平清精	tsiᴀ^{2}ʔŋ^{23}	tsiɛ^{3}ʔɛ^{35}	tsiaŋ^{33}	tsiaŋ^{12}	tsiaŋ^{3}	tsin^{4}
晶	梗开三 平清精	tsᴀn^{13}	tsan^{12}	tsɛn^{11}	tsiaŋ^{33}	tsaŋ^{44}	tsaŋ^{51}
井	梗开三 上静精	tsiᴀŋ^{24}	tsiɛ^{24}	tsiaŋ^{24}	tsiaŋ^{214}	tsiaŋ^{314}	tsin^{324}
积	梗开三 入昔精	tsei^{5}	tsɛi^{5}	tsɐi^{5}	tsi^{5}	tsa^{5}	tsa^{21}
迹	梗开三 入昔精	tsiᴀ^{5} 事～ tsiᴀ^{2}ʔᴀ^{23} 脚～	tsɛi^{5} 事～ tsiɛ^{3}ʔɛ^{35} 脚～	tsɐi^{5} 事～ tsia^{33} 脚～	tsia^{5} 脚～ tsi^{5} 事～	tsia^{5} 脚～ tsa^{5} 事～	tsa^{4}
脊	梗开三 入昔精	tsiᴀ^{5}	tsiɛ^{5}	tsia^{5}	tsia^{5}	tsia^{5}	tsi^{21}
清	梗开三 平清清	tsʻᴀn^{13}	tsʻan^{12}	tsʻɛn^{11}	tsʻiaŋ^{33}	tsʻaŋ^{44}	tsʻaŋ^{51}
请	梗开三 上静清	tsʻiᴀŋ^{24}	tsʻiɛ^{24}	tsʻiaŋ^{24}	tsʻiaŋ^{214}	tsʻiaŋ^{314}	tsʻin^{324}
情	梗开三 平清从	tsʻᴀn^{21}	tsʻiɛ^{21} 人～ tsʻan^{21}～愿	tsʻiaŋ^{42} 人～ tsʻɛn^{42} 感～	tsʻiaŋ^{11}	tsʻaŋ^{22}	tsʻaŋ^{45}
晴	梗开三 平清从	tsʻiᴀŋ^{21}	tsʻiɛ^{21}	tsʻiaŋ^{42}	tsʻiaŋ^{11}	tsʻiaŋ^{22}	tsʻin^{45}
静	梗开三 上静从	tsʻᴀn^{22}	tsʻan^{22}	tsʻɛn^{24}	tsʻiaŋ^{31}	tsʻaŋ^{44}	tsʻaŋ^{22}
净	梗开三 去劲从	tsʻiᴀŋ^{22}	tsʻiɛ^{22}	tsʻiaŋ^{11}	tsʻiaŋ^{31}	tsʻiaŋ^{44}	tsʻin^{22}
籍～贯	梗开三 入昔从	tsʻəe^{3}	tsʻɛi^{3}	tsʻɐi^{3}	tsi^{5}▲	tsʻa^{3}	tsa^{21}▲
姓	梗开三 去劲心	siᴀŋ^{44}	siɛ^{44}	siaŋ^{55}	siaŋ^{53}	siaŋ^{45}	sin^{44}
性	梗开三 去劲心	siᴀŋ^{44} sᴀn^{44}	siɛ^{44}	sɛn^{55}	siaŋ^{53}	saŋ^{45}	sin^{44} saŋ^{44}
惜	梗开三 入昔心	sei^{5}	sei^{5}	sɐi^{5}	si^{5}	sai^{5}	sa^{21}
昔	梗开三 入昔心	sei^{5}	sei^{5}	sɐi^{5}	si^{5}	sai^{5}	sa^{21}
席主～	梗开三 入昔邪	tsʻə^{4}ʔe^{45}	tsʻɛi^{3}	sɐi^{3}	si^{3}	sa^{3}	tsʻai^{4}▲
夕	梗开三 入昔邪	si^{5}	tsʻɛi^{3}	sɐi^{5}▲	si^{3}	sai^{5}	tsʻai^{4}▲
贞	梗开三 平清知	tsin^{13}▲	tsan^{12}	tʃɛn^{11}	tsan^{33}▲	tsɛŋ^{44}▲	tsaŋ^{51}
侦	梗开三 平清彻	tsin^{13}▲	tsan^{12}▲	tʃɛn^{11}▲	tsan^{33}▲	tsɛŋ^{44}▲	tsaŋ^{51}▲

单字	中古音	大村	向阳	石陂	周田	石塘	桂头
呈	梗开三 平清澄	tsʻAn^{21}	tsʻan^{21}	tʃʻɛn^{42}	tsʻiaŋ^{11}	tsʻaŋ^{22}	tsʻaŋ^{45}
程	梗开三 平清澄	tsʻAn^{21}	tsʻan^{21}	tʃʻɛn^{42}	tsʻiaŋ^{11}	tsʻaŋ^{22}	tsʻaŋ^{45}
郑	梗开三 去劲澄	tsʻAn^{22}	tsʻiɛ^{22}	tʃʻaŋ^{24}	tsʻiaŋ^{31}	tsʻaŋ^{44}	tsʻin^{22}
正～月	梗开三 平清章	tsAn^{13}	tsan^{12}	tʃaŋ^{11}	tsiaŋ^{33}	tsaŋ^{44}	tsin^{51}
征～兵	梗开三 平清章	tsAn^{13}	tsan^{12}	tʃɛn^{11}	tsiaŋ^{33}	tsaŋ^{44}	tsaŋ^{51}
整	梗开三 上静章	tsAn^{24}	tsan^{24}	tʃɛn^{24}	tsiaŋ^{214}	tsaŋ^{314}	tsaŋ^{324}
正	梗开三 去劲章	tsiAŋ^{44} 做～了 tsAn^{44} ～当	tsɛ^{44}□ha^{21}～▲ tsiɛ^{44} 做～了 tsan^{44} ～当	tʃa^{55} 再▲ tʃaŋ^{55} 做～了 tʃɛn^{55} ～当	tsiaŋ^{53}	tsaŋ^{45}	tsin^{44} 做～了 tsaŋ^{44} ～当
政	梗开三 去劲章	tsAn^{44}	tsan^{44}	tʃɛn^{55}	tsiaŋ^{53}	tsaŋ^{45}	tsaŋ^{44}
只一～	梗开三 入昔章	tsie^{24}▲		tsɿ^{24}▲		tsa^{5}	tsi^{21}
炙	梗开三 入昔章	tsiA^{5}	tsɛ^{5}	tʃa^{5}	tsɔ^{5}	tsou^{5}	tsi^{21}
赤	梗开三 入昔昌	tsʻiA^{5}	tsʻiɛ^{5}	tʃʻa^{5}	tsʻɔ^{5}	tsʻou^{5}	tsʻi^{21}
尺	梗开三 入昔昌	tsʻiA^{5} 量词 tsʻiA^{2}ʔA^{23} 名词	tsʻɛ^{5} 量词 tsʻɛ^{3}ʔɛ^{35} 名词	tʃʻa^{5}	tsʻɔ^{5} 量词 tsʻɔ^{12} 名词	tsʻou^{5} 量词 tsʻou^{3} 名词	tsʻi^{21}
声	梗开三 平清书	siAŋ^{13}	siɛ^{12}	ʃaŋ^{11}	siaŋ^{33}	saŋ^{44}	sin^{51}
圣	梗开三 去劲书	sAn^{44}	san^{44}	ʃɛn^{55}	siaŋ^{53}	saŋ^{45}	saŋ^{44}
释	梗开三 入昔书	sei^{5}	sei^{5}	sɐi^{5}▲	si^{5}	sa^{5}	sa^{21}
适	梗开三 入昔书	sei^{5}	sei^{5}	ʃi^{5}	si^{5}	sa^{5}	sa^{21}
成	梗开三 平清禅	siAŋ^{21}	siɛ^{21}	ʃaŋ^{42}	siaŋ^{11}	saŋ^{22}	sin^{45}
城	梗开三 平清禅	siAŋ^{21}	siɛ^{21}	ʃaŋ^{42}	siaŋ^{11}	saŋ^{22}	sin^{45}
诚	梗开三 平清禅	siAŋ^{21}	siɛ^{21}	ʃaŋ^{42}	siaŋ^{11}	saŋ^{22}	sin^{45}
盛丰～	梗开三 去劲禅	sAn^{22}	san^{22}	ʃɛn^{55}▲	siaŋ^{53}▲	saŋ^{45}▲	saŋ^{22}
石	梗开三 入昔禅	siA^{3}～灰 siA^{4}ʔA^{45} 鹅卵～	siɛ^{3}	ʃa^{3}	sɔ^{3}	sou^{5}	si^{44}～灰 si^{4} 牛卵～
颈	梗开三 上静见	kiAŋ^{24}	kiɛ^{24}	kiaŋ^{24}	kiaŋ^{214}	kiaŋ^{314}	kin^{324}
轻	梗开三 平清溪	hiAŋ^{13}	hiɛ^{12}	kʻiaŋ^{11}	kʻiaŋ^{33}	kʻiaŋ^{44}	kʻin^{51}

单字	中古音	大村	向阳	石陂	周田	石塘	桂头
婴	梗开三平清影	jᴀn^{13}	jian^{12}	iɛn^{11}	iaŋ^{33}	iaŋ^{44}	jaŋ^{51}
益	梗开三入昔影	jei^{5}	jɛi^{5}	i^{5}	i^{5}	ia^{5}	ja^{21}
盈	梗开三平清以	jin^{21}▲	jian^{21}	iɛn^{42}	iaŋ^{11}	iaŋ^{22}	jaŋ^{45}
赢	梗开三平清以	jiᴀŋ^{21}	jiɛ^{21}	iaŋ^{42}	iaŋ^{11}	iaŋ^{22}	jin^{45}
译	梗开三入昔以	jei^{5}▲	jɛi^{3}	i^{3}	i^{3}	ia^{5}	jɛi^{4}
易交～	梗开三入昔以	jei^{5}▲	jɛi^{3}	i^{3}	i^{3}	ia^{5}	ja^{4}
壁	梗开四入锡帮	piᴀ^{5} piᴀ^{2}ᴀ^{23} 隔～	piɛ^{5}	pia^{5} 结～ pia^{33} 隔～	pia^{5} 结～ pia^{12} 隔～	pia^{5}～虎 pia^{3} 隔～	pi^{21} pi^{4} 隔～
劈	梗开四入锡滂	pʻiᴀ^{5}	pʻiɛ^{5}	pʻia^{5}	pʻia^{5}	pʻia^{5}	pʻɛi^{21}
瓶	梗开四平青並	pʻᴀn^{21}	pʻan^{21}	pʻɛn^{42}	pʻiaŋ^{11}	pʻɛŋ^{3}▲	paŋ^{45}
屏	梗开四平青並	pʻᴀn^{21}	pʻan^{21}	pʻɛn^{42}	pʻiaŋ^{11}	pʻaŋ^{22}	paŋ^{45}
萍	梗开四平青並	pʻᴀn^{21}	pʻan^{21}	pʻɛn^{42}	pʻiaŋ^{11}	pʻaŋ^{22}	paŋ^{45}
並	梗开四上迥並	pᴀn^{44}▲	pʻan^{44}	pɛn^{55}▲	pʻiaŋ^{31}	pɛŋ^{45}▲ paŋ^{45}▲	paŋ^{22}
铭	梗开四平青明	miᴀ^{4}ʔŋ^{45}	biɛ^{21}	mɛn^{24}▲	miaŋ^{3}	miaŋ^{3}	bin^{4}
丁	梗开四平青端	tᴀn^{13}	tan^{12}	tɛn^{11}	tiaŋ^{33}	taŋ^{44}	aŋ^{51}
钉铁～	梗开四平青端	tiᴀ^{2}ʔŋ^{23}	tiɛ^{3}ʔɛ^{35}	tiaŋ^{33}	tiaŋ^{12}	tiaŋ^{3}	in^{4}
顶	梗开四上迥端	tiᴀŋ^{24} 岭～ tin^{24}～颈	tiɛ^{24} 岭～ tan^{24}～颈	tiaŋ^{24} 岭～ tɛn^{24}～颈	tiaŋ^{214} 岭～ tan^{214}～颈	tiaŋ^{314} 岭～ tɛŋ^{314}～颈	in^{324} 岭～ aŋ^{324}～嘴
钉～住	梗开四去径端	tiᴀŋ^{13}▲	tiɛ^{12}▲	tiaŋ^{11}▲	tiaŋ^{33}▲	tiaŋ^{44}▲	in^{51}▲
订	梗开四去径端	tiᴀŋ^{44}	tiɛ^{44}	tiaŋ^{11}▲	tiaŋ^{33}▲	tiaŋ^{45}	in^{44}
的目～	梗开四入锡端	tie^{2}ʔe^{23}▲	tɛi^{5}	tɐi^{5}	tai^{5}▲	tai^{5}	ti^{4}▲
滴	梗开四入锡端	tᴀ^{44}▲	tɛ^{44}▲	tɛi^{55}▲	ti^{5}	ta^{5}	ie^{44}▲
嫡～亲	梗开四入锡端	ti^{5}	tɛi^{5}		tai^{5}▲	ta^{5}	ti^{4}▲
听～见	梗开四平青透	tʻiᴀŋ^{44}▲	tʻiɛ^{44}▲	tʻiaŋ^{55}▲	tʻiaŋ^{53}▲	tʻiaŋ^{45}▲	tʻin^{44}▲
厅	梗开四平青透	tʻiᴀŋ^{13} tʻiᴀ^{2}ʔŋ^{23} 私～	tʻiɛ^{12} tʻiɛ^{3}ʔɛ^{35} 私～	tʻiaŋ^{11} tʻiaŋ^{33} 私～	tʻiaŋ^{33}	tʻiaŋ^{44}	tʻin^{51} tʻin^{4} 私～

单字	中古音	大村	向阳	石陂	周田	石塘	桂头
踢	梗开四 入锡透	t‘iA^{5}	t‘iɛ^{5}	t‘ia^{5}	t‘ia^{5}	t‘ia^{5}	t‘i^{21}
剔	梗开四 入锡透	t‘iA^{5}	t‘iɛ^{5}	t‘ia^{5}	t‘ia^{5}	t‘ia^{5}	t‘i^{21}
亭	梗开四 平青定	t‘An^{21}	t‘an^{21}	t‘ɛn^{33}	t‘iaŋ^{11}	t‘aŋ^{3}	taŋ^{45}
停	梗开四 平青定	t‘An^{21}	t‘an^{21}	t‘ɛn^{42}	t‘iaŋ^{11}	t‘aŋ^{22}	taŋ^{45}
庭	梗开四 平青定	t‘An^{21}	t‘an^{21}	t‘ɛn^{42}	t‘iaŋ^{11}	t‘aŋ^{22}	taŋ^{45}
艇	梗开四 上迥定	t‘iA^{2}ʔŋ^{23}	t‘iɛ^{3}ʔɛ^{35}	t‘iaŋ^{33}	t‘iaŋ^{12}	t‘iaŋ^{3}	t‘in^{4}
挺	梗开四 上迥定	t‘An^{24}▲	t‘an^{24}▲	t‘ɛn^{24}	t‘iaŋ^{214}▲	t‘aŋ^{314}▲	t‘aŋ^{324}▲
定	梗开四 去径定	t‘An^{22}	t‘iɛ^{22}～婚 t‘an^{22} 一～	t‘ɛn^{11}	t‘iaŋ^{31}	t‘aŋ^{44}	taŋ^{22}
敌	梗开四 入锡定	t‘i^{3}	t‘ɐi^{3}	t‘ɐi^{3}	t‘i^{3}	t‘a^{5}	t‘a^{44}
笛	梗开四 入锡定	t‘iA^{4}ʔA^{45}	t‘iɛ^{3}	t‘ia^{3}	t‘ia^{3}	t‘iau^{3}▲ t‘ia^{5}	t‘i^{4}
籴	梗开四 入锡定	t‘iA^{3}		t‘ia^{3}	t‘ia^{3}	t‘ia^{5}	t‘i^{44}
宁安～	梗开四 平青泥	lAn^{21}	lan^{21}	nɛn^{42}	niaŋ^{11}▲	laŋ^{22}	laŋ^{45}
灵	梗开四 平青来	lAn^{21}	liɛ^{21}	lɛn^{42}	liaŋ^{11}	liaŋ^{22} 算命～ laŋ^{22} ～单	laŋ^{45}
零	梗开四 平青来	liAŋ^{21} liA^{4}ʔŋ^{45} 十～个	liɛ^{21} liɛ^{3}ʔɛ^{35} 十～个	liaŋ^{42} liaŋ^{33} 十～个	liaŋ^{11} liaŋ^{3} 十～个	laŋ^{22} liaŋ^{3} 十～个	lin^{45} lin^{4} 十～个
铃	梗开四 平青来	lAn^{21}	liɛ^{21}	laŋ^{24} 马～薯 laŋ^{33}	liaŋ^{11}	liaŋ^{22} liaŋ^{3} 马～薯	laŋ^{45}
另	梗开四 去径来	liAŋ^{22}	lan^{22}	liaŋ^{11}	liaŋ^{31}	liaŋ^{44}	laŋ^{22}
历经～	梗开四 入锡来	liA^{3}	lɛi^{3}	lia^{3}	lia^{3}	la^{5}	lɛi^{4}
绩	梗开四 入锡精	tsəe^{5}	tsɛi^{5}	tsɐi^{5}	tsa^{5}	tsa^{5}	tsa^{21}
青	梗开四 平青清	ts‘iAŋ^{13}	ts‘iɛ^{12}	ts‘iaŋ^{11}	ts‘iaŋ^{33}	ts‘iaŋ^{44}	ts‘in^{51}
戚	梗开四 入锡清	ts‘ə^{4}ʔe^{45}	ts‘ɛ^{3}ʔi^{35}	ts‘ɐi^{3}	ts‘ai^{5}▲	ts‘ai^{5}	ts‘ai^{4}
星	梗开四 平青心	siAŋ^{13} ～期一 siA^{2}ʔŋ^{23} 天～	san^{12} ～期一 siɛ^{3}ʔɛ^{35} 天～	sɛn^{11} ～期一 siaŋ^{33} 天～	siaŋ^{33} ～期一 siaŋ^{12} 天～	saŋ^{44} ～期一 siaŋ^{3} 天～	saŋ^{51} ～期一 sin^{4} 天～
腥	梗开四 平青心	siAŋ^{13}	siɛ^{12}	siaŋ^{11}	siaŋ^{33}	siaŋ^{44}	sin^{51}
醒	梗开四 上迥心	siAŋ^{24}	siɛ^{24}	siaŋ^{24}	siaŋ^{214}	siaŋ^{314}	sin^{324}

单字	中古音	大村	向阳	石陂	周田	石塘	桂头
析	梗开四 入锡心	sei^{5}	sɛi^{5}	sɐi^{5}	si^{5}	sa^{5}	sa^{21}
锡	梗开四 入锡心	siᴀ^{5}	siɛ^{5}	sia^{5}	sia^{5}	sia^{5}	si^{21}
经	梗开四 平青见	kᴀn^{13}	kian^{12}	kaŋ^{11}～布 kiɛn^{11} 已～	kiaŋ^{33}～常 kiaŋ^{12} 已～	kaŋ^{44}	kaŋ^{51}
激	梗开四 入锡见	ki^{5}	kɛi^{5}	ki^{5}	ki^{5}	ki^{5}	kai^{21}
击	梗开四 入锡见	ki^{5}	kɛi^{5}	ki^{5}	ki^{5}	ki^{5}	kai^{21}
形	梗开四 平青匣	hᴀn^{21}	jian^{21}▲	ʃɛn^{42}	saŋ^{11}	haŋ^{22}	haŋ^{45}
型	梗开四 平青匣	hᴀn^{21}	jian^{21}▲	ʃɛn^{42}	iaŋ^{11}▲	haŋ^{22}	haŋ^{45}
刑	梗开四 平青匣	hᴀn^{21}	jian^{21}▲	ʃɛn^{42}	saŋ^{11}	haŋ^{22}	haŋ^{45}
矿	梗合二 上梗见	kʻɔŋ^{44}▲	kʻɔŋ^{44}▲	kʻɔŋ^{55}▲	kʻɔŋ^{53}▲	kʻoŋ^{45}▲	kʻoŋ^{44}▲
轰～炸	梗合二 平耕晓	kuᴀn^{13}▲	kuan^{12}▲	kaŋ^{55}▲	kuaŋ^{33}▲	kuaŋ^{44}▲	kvaŋ^{51}▲
横～直	梗合二 平庚匣	vᴀŋ^{21}	viɛ^{21}	vaŋ^{42}	viaŋ^{11}	uaŋ^{22}	vin^{45}
宏	梗合二 平耕匣	fɐn^{21}▲	haŋ^{21}▲	fɐn^{42}	hɛŋ^{11}▲	hiẽ^{22}▲	hoŋ^{45}▲
获	梗合二 入麦匣	vɔ^{5}▲	vɔu^{3}▲	fɐi^{3}～得 vɔu^{5} 收～▲	vɐu^{3}	uo^{5}	vou^{4}
划计～	梗合二 入麦匣	vᴀ^{3}	vɘ^{3}	vɐi^{3}	va^{3}	ua^{3}	vi^{4}
倾	梗合三 平清溪	kʻin^{13}	kʻian^{12}	kʻiɐn^{11}	kʻiŋ^{33}	kʻɛŋ^{44}	kʻaŋ^{51}
琼	梗合三 平清群	kʻin^{21}	kʻian^{21}	kʻiɐn^{42}	kʻiaŋ^{11}	kʻɛŋ^{22}	kʻaŋ^{45}
兄	梗合三 平庚晓	hɐn^{13}▲	haŋ^{12}▲	ʃɐŋ^{11}▲	hɐŋ^{33}▲	hiẽ^{44}▲	hoŋ^{51}▲
荣	梗合三 平庚云	jɐn^{21}▲	jaŋ^{21}▲	iɐŋ^{42}▲	iɛŋ^{11}▲	iẽ^{22}▲	joŋ^{45}▲
永	梗合三 上梗云	jun^{24}	jiɔn^{24}	iɔn^{24}	iɔn^{214}	iɛŋ^{314}	jaŋ^{324}▲
泳	梗合三 去映云	jun^{24}▲	jiɔn^{24}▲	iɔn^{24}	iɔn^{214}▲	iɛŋ^{314}▲	jaŋ^{324}▲
营	梗合三 平清以	jiᴀŋ^{21}	jian^{21}	iaŋ^{42}	iaŋ^{11}	iaŋ^{22}	jaŋ^{45}
颖	梗合三 上静以	jin^{24}	jiɔn^{24}	iɔn^{24}	iaŋ^{214}	iɛŋ^{45}	jaŋ^{324}
役	梗合三 入昔以	jei^{5}▲	jɛi^{3}	iui^{3}	i^{3}	iau^{3}	jøy^{4}

单字	中古音	大村	向阳	石陂	周田	石塘	桂头
疫	梗合三入昔以	jʉ^{3}	jɛi^{3}	iui^{3}	i^{3}	iau^{3}	ji^{4}
萤	梗合四平青匣	jiʌŋ^{21}▲ jiʌ^{4}ʔŋ^{45}～火▲	jian^{21}▲	iaŋ^{42}▲	iaŋ^{11}▲	iaŋ^{22}▲	jaŋ^{45}▲
扑	通合一入屋滂	pʻɔ^{5}▲	pʻɔu^{5}▲	pʻø^{5}	pʻɛu^{5}▲	pʻie^{5}	pʻou^{21}
蓬	通合一平东並	pʻɐn^{21}	pʻaŋ^{21}	pʻɐŋ^{42}	pʻɛŋ^{11}	pʻiẽ^{22}	poŋ^{45}
篷	通合一平东並	pʻɐn^{21}	pʻaŋ^{21}	pʻɐŋ^{42}	pʻɛŋ^{11}	pʻiẽ^{22}	poŋ^{45}
瀑～布	通合一入屋並	pʻɐu^{3}	pʻɔu^{5}▲	pʻau^{55}▲	pʻɛu^{3}▲	pʻau^{45}▲	pʻou^{44}
蒙	通合一平东明	mɐn^{21}	baŋ^{21}	mɐŋ^{42}	mɛŋ^{11}	miẽ^{22}	boŋ^{45}
木	通合一入屋明	mɐu^{3}～匠 mɐ^{4}ʔu^{45}～箱	bɔ^{3}	mø^{33}	mɛi^{3}	mie^{5}	bou^{4}
东	通合一平东端	tɐn^{13}	taŋ^{12}	tɐŋ^{11}	tɛŋ^{33}	tiẽ^{44}	oŋ^{51}
董	通合一上董端	tɐn^{24}	taŋ^{24}	tɐŋ^{24}	tɛŋ^{214}	tiẽ^{314}	oŋ^{324}
懂	通合一上董端	tɐn^{24}	taŋ^{24}	tɐŋ^{24}	tɛŋ^{214}	tiẽ^{314}	oŋ^{324}
冻	通合一去送端	tɐn^{44}	taŋ^{44}	tɐŋ^{55}	tɛŋ^{53}	tiẽ^{45}	oŋ^{44}
通	通合一平东透	tʻɐn^{13}	tʻaŋ^{12}	tʻɐŋ^{11}	tʻɛŋ^{33}	tʻiẽ^{44}	tʻoŋ^{51}
桶	通合一上董透	tʻɐn^{24}～桯 tʻɐ^{2}ʔn^{23} 井～	tʻaŋ^{24} tʻa^{3}ʔŋ^{35} 火～	tʻɐŋ^{24}	tʻɛŋ^{214}～桯 tʻɛŋ^{12} 井～	tʻiẽ^{314}～桯 tʻiẽ^{3} 井～	tʻoŋ^{324}
痛	通合一去送透	tʻɐn^{44}	tʻaŋ^{44}	tʻɐŋ^{55}	tʻɛŋ^{53}	tʻiẽ^{45}	tʻoŋ^{44}
秃	通合一入屋透	tʻʉ^{5}▲	tʻu^{5}▲	tʻui^{3}▲	tʻuoi^{5}▲	tʻo^{5}▲	tʻu^{21}▲
同	通合一平东定	tʻɐn^{21}	tʻaŋ^{21}	tʻɐŋ^{42}	tʻɛŋ^{11}	tʻiẽ^{22}	toŋ^{45}
铜	通合一平东定	tʻɐn^{21}	tʻaŋ^{21}	tʻɐŋ^{42}	tʻɛŋ^{11}	tʻiẽ^{22}	toŋ^{45}
童	通合一平东定	tʻɐn^{21}	tʻaŋ^{21}	tʻɐŋ^{42}	tʻɛŋ^{11}	tʻiẽ^{22}	toŋ^{45}
筒	通合一平东定	tʻɐ^{4}ʔn^{45}	tʻaŋ^{21} 动词 tʻa^{3}ʔŋ^{35} 名词	tʻɐŋ^{42} 动词 tʻɐŋ^{33} 名词	tʻɛŋ^{11} 动词 tʻɛŋ^{3} 名词	tʻiẽ^{22} 量词 tʻiẽ^{3} 名词	toŋ^{45} 动词 toŋ^{4} 名词
动	通合一上董定	tʻɐn^{22}	tʻaŋ^{22}	tʻɐŋ^{11}	tʻɛŋ^{31}	tʻiẽ^{44}	toŋ^{22}
洞	通合一去送定	tʻɐn^{22}	tʻaŋ^{22}	tʻɐŋ^{24}	tʻɛŋ^{31}	tʻiẽ^{44}	toŋ^{22}
独	通合一入屋定	tʻɐu^{3}	tʻɔ^{3}	tʻø^{3}	tʻɛi^{3}	tʻie^{5}	tʻou^{44}

单字	中古音	大村	向阳	石陂	周田	石塘	桂头
读	通合一入屋定	t‘ɐu^{3}	t‘ɔ^{3}	t‘ø^{3}	t‘ɛi^{3}	t‘ie^{5}	t‘ou^{44}
笼	通合一平东来	lɐn^{21} 蒸～ lɐ^{4}ʔn^{45} 鸡～	laŋ^{21} 鸡～ la^{3}ʔŋ^{35} 鱼～	lɐŋ^{33}	lɛŋ^{11} 蒸～ lɛŋ^{3} 竹～	liẽ^{3}	loŋ^{4}
聋	通合一平东来	lɐn^{21}	laŋ^{21}	lɐŋ^{11}▲	lɛŋ^{33}▲	liẽ^{22}	loŋ^{45}
拢	通合一上董来	lɐn^{24}	laŋ^{24}	lɐŋ^{11}▲	lɛŋ^{214}	liẽ^{314}	loŋ^{324}▲
弄	通合一去送来	lɐn^{22}	laŋ^{22}	lɐŋ^{24}	lɛŋ^{31}	liẽ^{44}	loŋ^{22}
鹿	通合一入屋来	lɐ^{4}ʔu^{45}	lɔ^{3}ʔɔ^{35}	lø^{33}	lɛi^{3}	lie^{3}	lou^{4}
棕	通合一平东精	tsɐn^{13}	tsaŋ^{12}	tsɐŋ^{11}	tsɛŋ^{12}	tsiẽ^{44}	tsoŋ^{51}
总	通合一上董精	tsɐn^{24}	tsaŋ^{24}	tsɐŋ^{24}	tsɛŋ^{214}	tsiẽ^{314}	tsoŋ^{324}
粽	通合一去送精	tsɐ^{2}ʔn^{23}	tsa^{3}ʔŋ^{35}	tsɐŋ^{33}	tsɛŋ^{12}	tsiẽ^{3}	tsoŋ^{4}
聪	通合一平东清	ts‘ɐn^{13}	ts‘aŋ^{12}	ts‘ɐŋ^{11}	ts‘ɛŋ^{33}	ts‘iẽ^{44}	ts‘oŋ^{51}
匆	通合一平东清	ts‘ɐn^{13}	ts‘aŋ^{12}	ts‘ɐŋ^{11}	ts‘ɛŋ^{33}	ts‘iẽ^{44}	ts‘oŋ^{51}
葱	通合一平东清	ts‘ɐ^{2}ʔn^{23}	ts‘a^{3}ʔŋ^{35}	ts‘ɐŋ^{33}	ts‘ɛŋ^{33}	ts‘iẽ^{3}	ts‘oŋ^{4}
从	通合一平东从	ts‘ɐn^{21}	ts‘aŋ^{21}	ts‘ɐŋ^{42}	ts‘ɛŋ^{11}	ts‘iẽ^{22}	ts‘oŋ^{45}
族	通合一入屋从	ts‘ɐ^{4}ʔu^{45}	ts‘ɔ^{3}	ts‘ø^{3}	ts‘ɛi^{3}	ts‘ie^{5}	ts‘ou^{4}
送	通合一去送心	sɐn^{44}	saŋ^{44}	sɐŋ^{55}	sɛŋ^{53}	siẽ^{45}	soŋ^{44}
速	通合一入屋心	ts‘ɐu^{5}▲	ts‘ɔ^{5}▲	ts‘ø^{5}▲	ts‘ɛi^{5}▲	ts‘ie^{5}▲	ts‘ou^{21}▲
公	通合一平东见	kɐn^{13} 老～ kɐ^{2}ʔn^{23} 大人～	kaŋ^{12} 老～ ka^{3}ʔŋ^{35} 大人～	kɐŋ^{11} 老～ kɐŋ^{33} 大娘～	kɛŋ^{33} 老～ kɛŋ^{12} 大年～	kiẽ^{44} 丈～婆 kiẽ^{3} 大年～	koŋ^{51} 老～ koŋ^{4} 大人～
工	通合一平东见	kɐn^{13}	kaŋ^{12}	kɐŋ^{11}	kɛŋ^{33}	kiẽ^{44}	koŋ^{51}
功	通合一平东见	kɐn^{13}	kaŋ^{12}	kɐŋ^{11}	kɛŋ^{33}	kiẽ^{44}	koŋ^{51}
攻	通合一平东见	kɐn^{13}	kaŋ^{12}	kɐŋ^{11}	kɛŋ^{33}	kiẽ^{44}	koŋ^{51}
贡	通合一去送见	kɐn^{44}	kaŋ^{44}	kɐŋ^{55}	kɛŋ^{53}	kiẽ^{45}	koŋ^{44}
谷稻～	通合一入屋见	kɐ^{2}ʔu^{23}	kɔ^{5} 姓氏 kɔ^{3}ʔɔ^{35}	kø^{33}	kiɛ^{12}	kie^{3}	kou^{21}～□p‘ie^{21} kou^{4}
空～气	通合一平东溪	hɐn^{13}	haŋ^{12}	k‘ɐŋ^{11}	k‘ɛŋ^{33}	k‘iẽ^{44}	hoŋ^{51}

单字	中古音	大村	向阳	石陂	周田	石塘	桂头
孔	通合一 上董溪	kʻɐn^{24}	kʻaŋ^{24}	kʻɐŋ^{24}	kʻɛŋ^{214}	kʻiẽ^{314}	kʻoŋ^{324}
控	通合一 去送溪	kʻɐn^{44}	haŋ^{44}	kʻɐŋ^{55}	kʻɛŋ^{53}	kʻiẽ^{45}	kʻoŋ^{44}
空~缺	通合一 去送溪	kʻɐn^{44}	haŋ^{12}▲	kʻɐŋ^{11}▲	kʻɛŋ^{53}	kʻiẽ^{44}	hoŋ^{51}▲
哭	通合一 入屋溪	hɐu^{5}	hɔ^{5}	hø^{5}	hɛi^{5}	hie^{5}	hou^{21}
烘	通合一 平东晓	hɐn^{44}▲	haŋ^{44}▲		hɛŋ^{53}▲	hiẽ^{45}▲	kʻoŋ^{44}▲
红	通合一 平东匣	hɐn^{21}	haŋ^{21}	hɐŋ^{42}	hɛŋ^{11}	hiẽ^{22}	hoŋ^{45}
洪	通合一 平东匣	hɐn^{21}	haŋ^{21}	hɐŋ^{42}	hɛŋ^{11}	hiẽ^{22}	hoŋ^{45}
汞	通合一 上董匣	kɐn^{44}▲	kaŋ^{44}▲	kɐŋ^{55}▲	kɛŋ^{214}▲	kiẽ^{45}▲	koŋ^{44}▲
翁	通合一 平东影	ɐn^{13}	aŋ^{12}	ɐŋ^{11}	iɛŋ^{33}	iẽ^{44}	voŋ^{51} joŋ^{51}
屋	通合一 入屋影	ɐu^{5}	ɔ^{5}	ø^{5}	ɛi^{5}	ie^{5}	ou^{21}
冬	通合一 平东端	tɐn^{13}	taŋ^{12}	tɐŋ^{11}	tɛŋ^{33}	tiẽ^{44}	oŋ^{51}
督	通合一 入沃端	tɐu^{5}	tɔ^{5}	tø^{5}	tɛi^{5}	tie^{5}	tou^{4}▲
统	通合一 去宋透	tʻɐn^{24}▲	tʻaŋ^{24}▲	tʻɐŋ^{24}▲	tʻɛŋ^{214}▲	tʻiẽ^{314}▲	tʻoŋ^{324}▲
毒	通合一 入沃定	tʻɐu^{3}	tʻɔ^{3}	tʻø^{3}	tʻɛi^{3}	tʻie^{5}	tʻou^{44}
农	通合一 平冬泥	lɐn^{21}	laŋ^{21}	nɐŋ^{42}	nɛŋ^{11}	liẽ^{22}	loŋ^{45}
脓	通合一 平冬泥	lɐn^{21}	laŋ^{21}	nɐŋ^{42}	nɛŋ^{11}	liẽ^{22}	loŋ^{45}
宗	通合一 平冬精	tsɐn^{13}	tsaŋ^{12}	tsɐŋ^{11}	tsɛŋ^{33}	tsiẽ^{44}	tsoŋ^{51}
综	通合一 去宋精	tsɐn^{13}▲	tsaŋ^{12}▲	tsɐŋ^{11}▲	tsɛŋ^{33}▲	tsiẽ^{44}▲	tsoŋ^{51}▲
松轻~	通合一 平冬心	sɐn^{13}	saŋ^{12}	sɐŋ^{11}	sɛŋ^{33}	siẽ^{44}	soŋ^{51}
宋	通合一 去宋心	sɐn^{44}	saŋ^{44}	sɐŋ^{55}	sɛŋ^{53}	siẽ^{45}	soŋ^{44}
酷	通合一 入沃溪	hʌu^{44}▲	hau^{22}▲	hau^{55}▲	kʻɛi^{5}	hau^{44}▲	ho^{44}▲
风	通合三 平东非	fɐn^{13}	faŋ^{12}	fɐŋ^{11}	fɛŋ^{33}	fiẽ^{44}	foŋ^{51}
枫	通合三 平东非	fɐn^{13}	faŋ^{12}	fɐŋ^{11}	fɛŋ^{33}	fiẽ^{44}	foŋ^{51}

单字	中古音	大村	向阳	石陂	周田	石塘	桂头
讽	通合三 去送非	fɐn^{22}▲	faŋ^{44}	fɐŋ^{24}▲	fɛŋ^{31}▲	fiẽ^{314}▲	foŋ^{22}▲
福	通合三 入屋非	fɐu^{5}	fɔ^{5}	fø^{5}	fɛi^{5}	fie^{5}	fou^{21}
复~杂	通合三 入屋非	fɐu^{5}	fɔ^{5}	fø^{5}	fɛi^{5}	fie^{5}	fou^{21}
幅	通合三 入屋非	fɐu^{5}	fɔ^{5}	pø^{5} 一~布 fø^{5} 一~画	fɛi^{5}	fie^{5}	fou^{21}
丰	通合三 平东敷	fɐn^{13}	faŋ^{12}	fɐŋ^{11}	fɛŋ^{33}	fiẽ^{44}	foŋ^{51}
覆	通合三 入屋敷	fɐu^{5}	fɔ^{5}	fø^{5}	fɛi^{5}	fie^{5}	fou^{21}
冯	通合三 平东奉	fɐn^{21}	faŋ^{21}	hɐŋ^{42}	fɛŋ^{11}	fiẽ^{22}	foŋ^{45}
凤	通合三 去送奉	fɐn^{22}	faŋ^{22}	fɐŋ^{24}	fɛŋ^{31}	fiẽ^{44}	foŋ^{22}
服	通合三 入屋奉	fɐu^{3}	fɔ^{3}	fø^{3}	fɛi^{3}	fie^{5}	fou^{4}
伏	通合三 入屋奉	p'ɐu^{3} 趴 fɐu^{3}	p'ɔ^{3} 趴 fɔ^{3}	p'ø^{3} 趴 fø^{3}	p'ɛi^{3} 趴 fɛi^{3}	p'ie^{5} 趴 fie^{5}	p'ou^{44} 趴 fou^{21}
复~原	通合三 入屋奉	fɐu^{5}▲	fɔ^{5}▲	fø^{5}▲	fɛi^{5}▲	fie^{5}	fou^{21}▲
梦	通合三 去送明	mɐn^{22}	baŋ^{22}	mɐŋ^{24}	mɛŋ^{31}	miẽ^{44}	boŋ^{22}
目	通合三 入屋明	mɐ^{4}ʔu^{45}	bɔ^{3}	mø^{3}	mɛi^{3}	mie^{5}	bou^{4}
牧	通合三 入屋明	mɐ^{4}ʔu^{45}	bɔ^{3}	mø^{3}	mɛi^{3}	mie^{5}	bou^{4}
隆	通合三 平东来	lɐn^{21}	laŋ^{21}	lɐŋ^{42}	lɛŋ^{11}	liẽ^{22}	loŋ^{45}
六	通合三 入屋来	lɐu^{3}	lɔ^{3}	lø^{3}	lɛi^{3}	lie^{5}	lou^{44}
陆	通合三 入屋来	lɐu^{3}	lɔ^{3}	lø^{3}	lɛi^{3}	lie^{5}	lou^{44}
肃	通合三 入屋心	sɐu^{5}	sɔ^{5}	sø^{5}	sɛi^{5}	sie^{5}	sou^{21}
宿住~	通合三 入屋心	sɐu^{5}	sɔ^{5}	sø^{5}	sɛi^{5}	sie^{5}	sou^{21}
中~间	通合三 平东知	tsɐn^{13}	tsaŋ^{12}	ʧɐŋ^{11}	tsɛŋ^{33}	tsiẽ^{44}	tsoŋ^{51}
忠	通合三 平东知	tsɐn^{13}	tsaŋ^{12}	ʧɐŋ^{11}	tsɛŋ^{33}	tsiẽ^{44}	tsoŋ^{51}
中打~	通合三 去送知	tsɐn^{44}	tsaŋ^{44}	ʧɐŋ^{55}	tsɛŋ^{53}	tsiẽ^{45}	tsoŋ^{44}
竹	通合三 入屋知	tsɐu^{5} tsɐ^{2}ʔu^{23}	tsɔ^{3}ʔɔ^{35}	ʧø^{3} ʧø^{33}	tsɛi^{5}	tie^{5} ~花碗 tsie^{5}	a^{4}▲

单字	中古音	大村	向阳	石陂	周田	石塘	桂头
筑	通合三 入屋知	tsɐu^{5}	tsɔ^{5}	ʧø^{5}	tsɛi^{5}	tsie^{5}	tsou^{21}
畜~生	通合三 入屋彻	tsʻɐu^{5}	tsʻɔ^{5}	ʧʻø^{3}	tsʻɛi^{5}	tsʻie^{5}	tsʻou^{21}
虫	通合三 平东澄	tsʻɐ^{4}ʔn^{45}	tsʻaŋ^{21}□gɐn^{21}公~ tsʻa^{3}ʔŋ^{35} 蚕屎~	ʧʻɐŋ^{33}	tsʻɛŋ^{11}	tsʻiẽ^{22}	tsʻoŋ^{45}钳□ŋau^{45}~ tsʻoŋ^{4}
轴	通合三 入屋澄	tsʻɐ^{4}ʔu^{45}	tsʻɔ^{3}	ʧʻø^{3}	tsʻɛi^{3}	tsʻie^{5}	tsou^{4}▲
逐	通合三 入屋澄	tsʻɐu^{3}	tsʻɔ^{3}	ʧʻø^{3}	tsʻɛi^{3}	tsʻie^{5}	tsʻou^{44}
崇	通合三 平东崇	sɐn^{21}▲	saŋ^{21}▲	ʃɐŋ^{42}▲	tsʻɛŋ^{11}	siẽ^{22}▲	tsʻoŋ^{45}
缩	通合三 入屋生	sɐu^{5}	sɔ^{5}	sø^{5}	sɛi^{5}	sie^{5}	sou^{21}
终	通合三 平东章	tsɐn^{13}	tsaŋ^{12}	ʧɐŋ^{11}	tsɛŋ^{33}	tsiẽ^{44}	tsoŋ^{51}
众	通合三 去送章	tsɐn^{44}	tsaŋ^{44}	ʧɐŋ^{55}	tsɛŋ^{53}	tsiẽ^{45}	tsoŋ^{44}
祝	通合三 入屋章	tsɐu^{5}	tsɔ^{5}	ʧø^{5}	tsɛi^{5}	tsie^{5}	tsou^{21}
粥	通合三 入屋章	tsɐu^{5}	tsɔ^{5}	ʧø^{5}	tsɛi^{5}	tsie^{5}	tsou^{21}
充	通合三 平东昌	tsʻɐn^{13}	tsʻaŋ^{12}	ʧʻɐŋ^{11}	tsʻɛŋ^{33}	tsʻiẽ^{44}	tsʻoŋ^{51}
铳	通合三 去送昌	tsʻɐn^{44}	tsʻaŋ^{44}	ʧʻɐŋ^{55}	tsʻɛŋ^{53}	tsʻiẽ^{45}	tsʻoŋ^{44} tsʻoŋ^{4} 饭~
叔	通合三 入屋书	sɐu^{5}~□m^{13} sɐ^{2}ʔu^{23}	sɔ^{5}~伯兄弟 sɔ^{3}ʔɔ^{35} 阿~	ʃø^{5}~婶 ʃø^{3} 阿~	siɛ^{12}	sie^{3}	sou^{4}
熟	通合三 入屋禅	sɐu^{3}	sɔ^{3}	ʃø^{3}	sɛi^{3}	sie^{5}	sou^{44}
绒	通合三 平东日	jɐn^{21}	jaŋ^{21}	iɐŋ^{42}	iɛŋ^{11}	iẽ^{22}	joŋ^{45}
肉	通合三 入屋日	lɐu^{3} 猪~▲ lɐ^{4}ʔu^{45} 精~▲	lɔ^{3} 猪~▲ lɔ^{3}ʔɔ^{35} 花生~▲	ŋø^{3}	ŋɛi^{3}	ŋie^{5} 猪~ ŋie^{3} 落生~	lou^{44}▲
弓	通合三 平东见	kɐn^{13}	kaŋ^{12}	kɐŋ^{11}	kɛŋ^{33}	kiẽ^{44}	koŋ^{51}
躬	通合三 平东见	kɐn^{13}	kaŋ^{12}	kɐŋ^{11}	kɛŋ^{33}	kiẽ^{44}	koŋ^{51}
宫	通合三 平东见	kɐn^{13}	kaŋ^{12}	kɐŋ^{11}	kɛŋ^{33}	kiẽ^{44}	koŋ^{51}
菊	通合三 入屋见	kʻɐ^{4}ʔu^{45}▲	kʻɔ^{5}▲ kʻɔ^{3}ʔɔ^{35}~花▲	kʻø^{3}▲	kʻɛi^{5}▲ kʻiɛ^{12}	kʻie^{3}▲	kʻou^{4}▲
穷	通合三 平东群	kʻɐn^{21}	kʻaŋ^{21}	kʻɐŋ^{42}	kʻɛŋ^{11}	kʻiẽ^{22}	kʻoŋ^{45}
畜~牧	通合三 入屋晓	tsʻɐu^{5}▲	tsʻɔ^{5}▲	ʃø^{3}	tsʻɛi^{5}▲	tsʻie^{5}▲	tsʻou^{21}▲

单字	中古音	大村	向阳	石陂	周田	石塘	桂头
蓄	通合三 入屋晓	tsʻɐu^{5}▲	tsʻɔ^{5}▲	ʃø^{5}	tsʻɛi^{5}▲	tsʻie^{5}▲	tsʻou^{21}▲
熊	通合三 平东云	hɐn^{21}▲	haŋ^{21}▲	ʃɐŋ^{42}▲	sɛŋ^{11}▲	hiẽ^{22}▲	hoŋ^{45}▲
雄	通合三 平东云	hɐn^{21}▲	haŋ^{21}▲	ʃɐŋ^{42}▲	hɛŋ^{11}▲	hiẽ^{22}▲	hoŋ^{45}▲
融	通合三 平东以	jɐn^{21}	jaŋ^{21}	iɐŋ^{42}	iɛŋ^{11}	iẽ^{22}	joŋ^{45}
育	通合三 入屋以	jɐ^{4}ʔu^{45}	jɔ^{3}	iø^{3}	iu^{5}▲	ie^{5}	jou^{4}
封	通合三 平钟非	fɐn^{13}	faŋ^{12}	fɐŋ^{11}	fɛŋ^{33}	fiẽ^{44}	foŋ^{51}
峰	通合三 平钟非	fɐn^{13}	faŋ^{12}	fɐŋ^{11}	fɛŋ^{33}	fiẽ^{44}	foŋ^{51}
蜂	通合三 平钟敷	fɐn^{13}	faŋ^{12}	fɐŋ^{11}	fɛŋ^{33}	fiẽ^{44}	foŋ^{51}
锋	通合三 平钟敷	fɐn^{13}	faŋ^{12}	fɐŋ^{11}	fɛŋ^{33}	fiẽ^{44}	foŋ^{51}
捧	通合三 上肿敷	pʻɐn^{24} 话音 pɐn^{24} 字音▲	pʻaŋ^{24} 话音 paŋ^{24} 字音▲	pɐŋ^{24}▲	pɛŋ^{214}▲	pʻiẽ^{314}	pʻoŋ^{324} 话音 poŋ^{324} 字音▲
逢	通合三 平钟奉	fɐn^{21}	faŋ^{21}	fɐŋ^{42}	fɛŋ^{11}	fiẽ^{22}	foŋ^{45}
缝~衣	通合三 平钟奉	fɐn^{21}	faŋ^{21}	fɐŋ^{42}	fɛŋ^{11}	fiẽ^{22}	foŋ^{45}
奉	通合三 上肿奉	fɐn^{22}	faŋ^{22}	fɐŋ^{24}	fɛŋ^{31}	fiẽ^{44}	foŋ^{22}
缝~隙	通合三 去用奉	fɐn^{21}▲	faŋ^{22}	fɐŋ^{42}▲	fɛŋ^{31}	fiẽ^{22}▲	foŋ^{22}
浓	通合三 平钟泥	lɐn^{21}	laŋ^{21}	nɐŋ^{42}	nɛŋ^{11}	liẽ^{22}	loŋ^{45}
龙	通合三 平钟来	lɐn^{21}	laŋ^{21} 火~ la^{3}ʔŋ^{35} 闪~	lɐŋ^{42}	lɛŋ^{11}	liẽ^{22}	loŋ^{45}
绿	通合三 入烛来	lɐu^{3}	lɔ^{3}	lø^{3}	lɛi^{3}	lie^{5}	lou^{44}
录	通合三 入烛来	lɐu^{3}	lɔ^{3}	lø^{3}	lɛi^{3}	lie^{3}	lou^{4}
纵~横	通合三 平钟精	tsɐn^{44}▲	tsaŋ^{12}	tsɐŋ^{55}▲	tsɛŋ^{53}▲	tsiẽ^{45}▲	tsoŋ^{44}▲
踪	通合三 平钟精	tsɐn^{13}	tsaŋ^{12}	tsɐŋ^{11}	tsɛŋ^{33}	tsiẽ^{44}	tsoŋ^{51}
足	通合三 入烛精	tsɐu^{5}	tsɔ^{5}	tsø^{5}	tsɛi^{5}	tsie^{5}	tsou^{21}
促	通合三 入烛清	tsʻɐu^{5}	tsʻɔ^{5}	tsʻø^{5}	tsʻɛi^{5}	tsʻie^{5}	tsʻou^{21}
从跟~	通合三 平钟从	tsʻɐn^{21}	tsʻaŋ^{21}	tsʻɐŋ^{42}	tsʻɛŋ^{11}	tsʻiẽ^{22}	tsʻoŋ^{45}

单字	中古音	大村	向阳	石陂	周田	石塘	桂头
粟	通合三 入烛心	sɐ^{2}ʔu^{23}	sɔ^{5} sɔ^{3}ʔɔ^{35} 狗尾～	sø^{3}	siɛ^{12}	sie^{3}	sou^{4}
松～树	通合三 平钟邪	tsʻɐn^{21}	tsʻaŋ^{21}	tsʻɐŋ^{42}	tsʻɛŋ^{11}	tsʻiẽ^{22}	tsʻoŋ^{45}
诵	通合三 去用邪	sɐn^{44}▲	tsʻaŋ^{22}	tsʻɐŋ^{24}	sɛŋ^{53}▲	siẽ^{45}▲	tsʻoŋ^{22}
颂	通合三 去用邪	tsɐn^{44}▲	tsʻaŋ^{22}	tsʻɐŋ^{24}	sɛŋ^{53}▲	siẽ^{45}▲	tsʻoŋ^{22}
俗	通合三 入烛邪	tsʻɐ^{4}ʔu^{45}	tsʻɔ^{3}	tsʻø^{3}	tsʻɛi^{3}	sie^{5}	tsʻou^{4}
续	通合三 入烛邪	tsʻɐu^{3}	tsʻɔ^{3}	tsʻø^{3}	tsʻɛi^{3}	tsʻie^{5}	tsʻou^{4}
宠	通合三 上肿彻	tsʻɐn^{24}	tsʻaŋ^{24}	tsʻɐŋ^{24}▲	tsʻɛŋ^{214}	tsʻiẽ^{314}	tsʻoŋ^{324}
重～复	通合三 平钟澄	tsʻɐn^{21}	tsʻaŋ^{21}	ʧʻɐŋ^{42}	tsʻɛŋ^{11}	tsʻiẽ^{22}	tsʻoŋ^{45}
重轻～	通合三 上肿澄	tsʻɐn^{44}	tsʻaŋ^{44}	ʧʻɐŋ^{55}	tsʻɛŋ^{31}	tsʻiẽ^{45}	tsʻoŋ^{21}
钟	通合三 平钟章	tsɐn^{13}	tsaŋ^{12}	ʧɐŋ^{11}	tsɛŋ^{33}	tsiẽ^{44}	tsoŋ^{51}
种～类	通合三 上肿章	tsɐn^{24}	tsaŋ^{24}	ʧɐŋ^{24}	tsɛŋ^{214}	tsiẽ^{314}	tsoŋ^{324}
种～树	通合三 去用章	tsɐn^{44}	tsaŋ^{44}	ʧɐŋ^{55}	tsɛŋ^{53}	tsiẽ^{45}	tsoŋ^{44}
烛	通合三 入烛章	tsɐu^{5}	tsɔ^{5}	ʧø^{5}	tsɛi^{5}	tsie^{5}	tsou^{21}
嘱	通合三 入烛章	tsɐu^{5}	tsɔ^{5}	ʧø^{5}	tsɛi^{5}	tsie^{5}	tsou^{21}
冲	通合三 平钟昌	tsʻɐn^{13}	tsʻaŋ^{12}	ʧʻɐŋ^{11}	tsʻɛŋ^{33}	tsʻiẽ^{44}	tsʻoŋ^{51}
触	通合三 入烛昌	tsʻɐu^{5}	tsʻɔ^{5}	ʧʻø^{5}	tsʻɛi^{5}	tsʻie^{5}	tsʻou^{21}
舂	通合三 平钟书	tsɐn^{13}		ʧɐŋ^{11}	tsɛŋ^{33}		tsoŋ^{51}
束	通合三 入烛书	tsʻɐu^{5}▲	tsʻɔ^{5}▲	ʧʻø^{5}▲	tsʻɛi^{5}▲	tsʻie^{5}▲	tsʻou^{21}▲
属	通合三 入烛禅	sɐu^{3}	sɔ^{3}	ʃø^{3}	sɛi^{3}	sie^{5}	sou^{44}
茸	通合三 平钟日	jɐn^{21}	jaŋ^{21}	iɐŋ^{42}	iɛŋ^{11}	iẽ^{22}	joŋ^{45}
辱	通合三 入烛日	jɐ^{4}ʔu^{45}	jɔ^{3}	iø^{3}	iu^{5}▲	ie^{5}	jou^{4}
恭	通合三 平钟见	kɐn^{13}	kaŋ^{12}	kɐŋ^{11}	kɛŋ^{33}	kiẽ^{44}	koŋ^{51}
供～给	通合三 平钟见	kɐn^{44}▲	kaŋ^{44}▲	kɐŋ^{55}▲	kɛŋ^{53}▲	kiẽ^{45}▲	koŋ^{44}▲

单字	中古音	大村	向阳	石陂	周田	石塘	桂头
恐	通合三 上肿溪	hɐn^{24}	k‘aŋ^{24}	k‘ɐŋ^{24}	k‘ɛŋ^{214}	k‘iẽ^{314}	haŋ^{324} 话音▲ hoŋ^{324} 字音
曲	通合三 入烛溪	k‘ɐu^{5}	k‘ɔ^{5}	k‘ø^{5}	k‘ɛi^{5}	k‘ie^{5}	k‘ou^{4}
共	通合三 去用群	k‘ɐn^{22}	k‘aŋ^{22}	k‘ɐŋ^{24}	k‘ɛŋ^{31}	k‘iẽ^{44}	k‘oŋ^{22}
局	通合三 入烛群	k‘ɐ^{4}ʔu^{45}	k‘ɔ^{3}	k‘ø^{3}	k‘ɛi^{3}	k‘ie^{3}	k‘ou^{4}
玉	通合三 入烛疑	lɐ^{4}ʔu^{45}▲	jɔ^{3}	ŋø^{3}	ŋɛi^{3}	ŋie^{5}	jou^{4}
狱	通合三 入烛疑	jɐ^{4}ʔu^{45}	jɔ^{3}	ŋɔu^{3}	ŋɛi^{3}	ŋie^{5}	jou^{4}
胸	通合三 平钟晓	hɐn^{13}	haŋ^{12}	ʃɐŋ^{11}	hɛŋ^{33}	hiẽ^{44}	hoŋ^{51}
凶	通合三 平钟晓	hɐn^{13}	haŋ^{12}	hɐŋ^{11} 话音 ʃɐŋ^{11} 字音	hɛŋ^{33}	hiẽ^{44}	hoŋ^{51}
雍	通合三 平钟影	jɐn^{24}	jaŋ^{12}	iɐŋ^{11}	iɛŋ^{33}	iẽ^{44}	joŋ^{51}
拥	通合三 上肿影	ɐn^{24} 推 jɐn^{24}	aŋ^{24} 推 jaŋ^{24}	ɐŋ^{24} 推 iɐŋ^{24}	ɛŋ^{214} 推 iɛŋ^{214}	ẽ^{314} 推 iẽ^{314}	oŋ^{324} 推 joŋ^{324}
容	通合三 平钟以	jɐn^{21}	jaŋ^{21}	iɐŋ^{42}	iɛŋ^{11}	iẽ^{22}	joŋ^{45}
勇	通合三 上肿以	jɐn^{24}	jaŋ^{24}	iɐŋ^{24}	iɛŋ^{214}	iẽ^{314}	joŋ^{324}▲
用	通合三 去用以	jɐn^{22}	jaŋ^{22}	iɐŋ^{11}	iɛŋ^{31}	iẽ^{44}	joŋ^{22}
欲	通合三 入烛以	jʉ^{22}▲	jɔ^{3}	iø^{3}	iɛi^{3}	ie^{5}	jou^{4}
浴	通合三 入烛以	jʉ^{22}▲	jɔ^{3}	iø^{3}	iu^{5}▲	ie^{5}	jou^{4}

第六章　韶关土话词汇对照表

凡　例

1.本对照表共收词语 1 950 条，尽可能按义类分别排列。

2.本词汇表尽可能使用本字，适当使用俗字，基本上不使用同音字、训读字。没有合适汉字可写的，用“□”表示。

3.轻声音节在音标之前加“·”表示，可说可不说的语素用“( )”加以表示，“/”表示“或者”。

4.连读变调按照变调后的实际调值描写。连读变调现象在向阳土话中比较普遍，其他几个点没有明显的连读变调现象。在向阳土话中，变调处在变调、阴去和阴入前时，一般变读为 3，并伴有喉塞音；处在其他音节前时，一般变读为短调 35，同时伴有喉塞音。

5.空白表示在该土话中暂时未调查到或无法表达。

分类词目表

（一）自然

0001　太阳
0002　月亮
0003　星星
0004　流星
0005　彗星
0006　银河
0007　日食
0008　月食
0009　风
0010　刮风
0011　旋风
0012　逆风
0013　云
0014　雨
0015　毛毛雨
0016　下雨
0017　（雨）停（了）
0018　淋雨
0019　雷
0020　打雷
0021　闪电（名词）
0022　露水
0023　结露水
0024　雾
0025　起雾
0026　霜
0027　下霜
0028　虹
0029　冰雹
0030　下冰雹
0031　霰
0032　雪
0033　下雪
0034　（雪）化（了）
0035　冰块
0036　冰锥儿
0037　结冰
0038　（菜）冻（住了）
0039　天气
0040　阴天
0041　晴天
0042　天旱
0043　水涝
0044　（天气）热
0045　（天气）闷热
0046　（天气）冷
0047　（天气）凉
0048　（天气）凉快
0049　（天气）暖和
0050　山
0051　山顶
0052　山腰
0053　山麓
0054　山崖
0055　山谷
0056　山前
0057　山后
0058　海
0059　江

0060　湖
0061　河
0062　河岸
0063　河堤（沿河筑）
0064　河坝（拦河筑）
0065　沙滩
0066　小溪
0067　水渠
0068　池塘
0069　水坑
0070　平地
0071　石头
0072　鹅卵石
0073　沙子
0074　土
0075　泥
0076　灰尘
0077　垃圾
0078　（铁）锈
0079　刨花儿
0080　锯末儿
0081　粉（粉状物）
0082　（墙上的）硝
0083　石灰
0084　水泥
0085　玻璃
0086　漆
0087　磁石
0088　金子
0089　银子
0090　铜
0091　铁
0092　锡
0093　铝
0094　冷水
0095　温水
0096　热水
0097　沸水
0098　（水）开（了）
0099　泔水
0100　城里
0101　乡下
0102　村子
0103　巷子
0104　路
0105　东西
0106　颜色
0107　声音
0108　气味
0109　味道
0110　光
0111　影子
0112　风景

（二）方位

0113　前面
0114　后面
0115　左边
0116　右边
0117　上面
0118　下面
0119　里面
0120　外面
0121　（屋）顶上
0122　（床）底下
0123　中间
0124　旁边
0125　对面
0126　附近
0127　隔壁
0128　邻居

（三）时令

0129　今年
0130　去年
0131　前年
0132　大前年
0133　明年
0134　后年
0135　大后年
0136　今天
0137　昨天
0138　前天
0139　大前天
0140　明天
0141　后天
0142　大后天
0143　来日
0144　每天
0145　日子
0146　（几个）小时
0147　（几）点
0148　早晨
0149　上午
0150　中午
0151　下午
0152　白天
0153　夜里
0154　晚上
0155　傍晚
0156　整天
0157　（天）亮（了）
0158　（天）黑（了）
0159　月初
0160　月底
0161　从前
0162　现在
0163　起初
0164　后来
0165　最后
0166　刚才
0167　大年初一
0168　端午节
0169　中秋节
0170　重阳节
0171　除夕
0172　历书
0173　一辈子
0174　前世
0175　后世
0176　一会儿
0177　瞬间
0178　（什么）时候

（四）农事

0179　水田
0180　旱地
0181　田埂
0182　土坎儿

0183 种田
0184 拔秧
0185 插秧
0186 耘田
0187 割稻
0188 脱粒
0189 稻草
0190 稻茬儿
0191 撒（草木灰）
0192 沤肥
0193 锄头
0194 刨锄
0195 （锄头）把
0196 镐
0197 铁锹
0198 镰刀
0199 犁
0200 风车
0201 打谷桶
0202 箩筐
0203 土箕（挑土等用）
0204 筛子
0205 碓（统称）
0206 磨儿
0207 晒谷场
0208 晒谷簟
0209 扁担
0210 绳子
0211 打桩
0212 楔子
0213 （赶牛的）竹枝
0214 种麦子
0215 （种子）出芽
0216 放牛
0217 打柴
0218 赶集
0219 （用拉网）捕鱼
0220 筑坝
0221 筑堤
0222 弄干水塘
0223 戽水
0224 碾米
0225 菜园
0226 种菜
0227 浇菜

（五）家务

0228 剖鱼
0229 杀鸡
0230 杀猪
0231 养鸡
0232 喂猪
0233 干活
0234 买米
0235 买肉
0236 淘米
0237 做饭
0238 焖饭
0239 做菜
0240 （细火）炆
0241 （清水）煮（蛋）
0242 熬汤（久煮）
0243 （汤）溢（出）
0244 （涮）碗
0245 擦（桌子）
0246 收拾
0247 赡养
0248 看家
0249 缝（衣服）
0250 漂洗（衣服）
0251 晾干
0252 缝（被子）
0253 钉（扣子）
0254 绕（毛线）
0255 烧（开水）
0256 灌（开水）
0257 烫（伤）
0258 着火（火灾）
0259 （火）灭（了）
0260 使劲（拉）
0261 安装（锄柄）
0262 修理
0263 捡漏
0264 值班
0265 拣（菜）
0266 攒（钱）
0267 烤（尿布）
0268 （太阳）晒（肉）
0269 （用盐）腌（肉）
0270 （把开水）摊凉

（六）植物

0271 稻子
0272 稻谷
0273 谷穗
0274 秕谷
0275 大米
0276 糯米
0277 麦子
0278 小米
0279 玉米
0280 高粱
0281 黄豆
0282 豌豆
0283 芝麻
0284 豇豆
0285 红薯
0286 土豆
0287 荸荠
0288 花生
0289 花生米
0290 蘑菇
0291 栗子
0292 甘蔗
0293 蔬菜
0294 菠菜
0295 洋白菜
0296 茄子
0297 丝瓜
0298 南瓜
0299 冬瓜
0300 黄瓜
0301 西红柿
0302 萝卜
0303 胡萝卜
0304 藕
0305 辣椒
0306 蕹菜

0307 韭菜
0308 葱
0309 蒜头
0310 姜
0311 （茶叶）梗
0312 菜梗
0313 菜根
0314 菜秧
0315 浮萍
0316 水果
0317 桃儿
0318 银杏
0319 李子
0320 柿子
0321 梨
0322 橘子
0323 橙子
0324 柚子
0325 杨梅
0326 葡萄
0327 樱桃
0328 橄榄
0329 枣儿
0330 核桃
0331 香蕉
0332 荔枝
0333 桂圆
0334 西瓜
0335 芽儿
0336 （果）核儿
0337 （果）皮儿
0338 花儿
0339 梅花
0340 桃花
0341 荷花
0342 桂花
0343 菊花
0344 向日葵
0345 棉花
0346 青苔
0347 芦苇
0348 艾
0349 树枝
0350 树梢
0351 树桩
0352 树叶
0353 粽叶
0354 （树上的）刺
0355 杉树
0356 柏树
0357 松树
0358 松球
0359 松针
0360 松明子
0361 橡胶
0362 木头
0363 （小）竹子
0364 蕨（燃料）

（七）动物

0365 牲畜
0366 牛
0367 公牛
0368 母牛
0369 牛犊
0370 牛角
0371 蹄子
0372 （牛用角）顶
0373 羊
0374 公羊
0375 母羊
0376 羊羔
0377 猪
0378 公猪
0379 母猪
0380 肉用猪
0381 猪崽
0382 （猪）下崽
0383 （猪、牛）发情
0384 （猪、牛）交配
0385 狗
0386 公狗
0387 母狗
0388 （狗）叫
0389 猫
0390 公猫
0391 母猫
0392 公鸡
0393 母鸡
0394 阉鸡（名词）
0395 小鸡儿
0396 抱窝母鸡
0397 鸡蛋
0398 鸡胗
0399 （鸡）下蛋
0400 孵（小鸡）
0401 （鸡）翻（食物）
0402 （公鸡）叫
0403 （鸡）啄（米）
0404 （鸡相）啄
0405 （鸡）交配
0406 鹅
0407 鸭子
0408 野兽
0409 老虎
0410 豹子
0411 狐狸
0412 猴子
0413 鹿
0414 兔子
0415 老鼠
0416 鸟儿
0417 鸟铳
0418 麻雀
0419 喜鹊
0420 乌鸦
0421 大雁
0422 老鹰
0423 猫头鹰
0424 燕子
0425 蝙蝠
0426 鸽子
0427 八哥
0428 （鸟）蛋
0429 （鸟）窠
0430 翅膀
0431 尾巴

0432 摇（尾巴）
0433 爪子
0434 蜘蛛
0435 蚂蚁
0436 蚯蚓
0437 蜈蚣
0438 壁虎
0439 苍蝇
0440 （苍蝇）叮
0441 蚊子
0442 （蚊子）叮
0443 臭虫
0444 跳蚤
0445 虱子
0446 蟑螂
0447 蜻蜓
0448 蝉
0449 蝴蝶
0450 螳螂
0451 萤火虫
0452 蜜蜂
0453 （蜂）窝
0454 （蜂）蜇
0455 灶蟋蟀
0456 蝌蚪
0457 青蛙
0458 癞蛤蟆
0459 蚕
0460 乌龟
0461 鳖
0462 虾
0463 泥鳅
0464 蛇
0465 蚂蝗
0466 蚌
0467 蜗牛
0468 螃蟹
0469 螺蛳
0470 鳝鱼
0471 鲤鱼
0472 鲫鱼
0473 黄颡鱼
0474 （鱼）鳞
0475 （鱼）卵

（八）房舍

0476 家里
0477 房子（整座）
0478 盖（房子）
0479 打房基
0480 砖
0481 断砖
0482 瓦
0483 梁
0484 上梁（名词）
0485 椽子
0486 屋顶
0487 屋檐
0488 柱子
0489 柱子石
0490 房间
0491 客厅
0492 墙
0493 砌墙
0494 窗户
0495 门
0496 侧门
0497 门槛儿
0498 钉铞儿
0499 阳台
0500 栏杆
0501 台阶
0502 楼梯
0503 天井
0504 井
0505 厨房
0506 烟囱
0507 灶
0508 砌灶
0509 厕所
0510 角落
0511 窟窿
0512 缝儿
0513 鸡窝
0514 猪圈
0515 牛棚

（九）器具

0516 家具
0517 桌子
0518 椅子（统称）
0519 凳子（统称）
0520 书桌
0521 柜子
0522 抽屉
0523 （木）箱子
0524 皮箱
0525 床
0526 竹席
0527 草席
0528 被子
0529 褥子
0530 毯子
0531 枕头
0532 毛线
0533 蚊帐
0534 窗帘
0535 脸盆
0536 毛巾
0537 肥皂
0538 镜子
0539 梳子
0540 牙刷
0541 牙膏
0542 水舀子
0543 洗衣槌
0544 甏（大缸）
0545 水缸
0546 坛子
0547 钵子
0548 罐子
0549 瓶子
0550 （瓶）塞子
0551 搪瓷碗
0552 茶缸
0553 杯子
0554 碗
0555 冲壶

0556 暖壶
0557 调羹
0558 （饭）勺儿
0559 筷子
0560 柴火
0561 煤
0562 木炭
0563 火笼
0564 炉子
0565 生火
0566 锅
0567 锅盖
0568 锅铲
0569 锅烟子
0570 砧板
0571 菜刀
0572 蒸笼
0573 甑
0574 筲箕
0575 笊篱
0576 炊帚
0577 抹布
0578 火柴
0579 旱烟袋
0580 手电筒
0581 电灯
0582 蜡烛
0583 汽油
0584 煤油
0585 马桶
0586 粪勺
0587 痰盂
0588 打水桶
0589 竹叉（晒衣用）
0590 钥匙
0591 锁
0592 蓑衣
0593 斗笠
0594 扇子（统称）
0595 雨伞
0596 筲帚
0597 扫帚
0598 簸箕
0599 竹竿
0600 撑子（撑衣用）
0601 梯子
0602 拐杖
0603 笱（一种渔具）
0604 鱼竿
0605 工具
0606 锤子
0607 锥子
0608 斧子
0609 钳子
0610 镊子
0611 凿子
0612 锯子
0613 锉刀
0614 钻儿
0615 刨子
0616 钩子
0617 钉子
0618 剪刀
0619 针
0620 顶针
0621 线
0622 缝纫机
0623 （器物）底
0624 （器物）边缘
0625 （器物）裂缝儿
0626 （器物）痕迹
0627 （家具）开裂

（十）服饰

0628 衣服
0629 买布
0630 黑布
0631 剪（布）
0632 试（衣服）
0633 上衣
0634 衬衫
0635 汗衫
0636 棉袄
0637 夹袄
0638 大衣
0639 毛衣
0640 面子
0641 里子
0642 背心
0643 裤子
0644 短裤
0645 裤腿
0646 裤裆
0647 开裆裤
0648 兜裆裤
0649 裙子
0650 袖子
0651 领子
0652 （衣服）皱（了）
0653 （衣服）破（了）
0654 （衣服）口袋
0655 子母扣
0656 纽扣
0657 别针
0658 帽子
0659 草帽
0660 鞋
0661 拖鞋
0662 木拖鞋
0663 雨鞋
0664 鞋垫
0665 靴子
0666 袜子
0667 手套
0668 手绢儿
0669 （死）结儿
0670 围巾
0671 围嘴儿
0672 围裙
0673 尿布
0674 熨斗

（十一）饮食

0675 饿（了）
0676 米饭
0677 面粉
0678 面条
0679 糠

0680 剩饭
0681 （饭）馊（了）
0682 剩（了饭）
0683 米汤
0684 粥
0685 锅巴
0686 吃饭
0687 口渴
0688 喝（开水）
0689 喝酒
0690 米酒
0691 白酒
0692 香烟
0693 抽烟
0694 烟灰
0695 早饭
0696 吃早饭
0697 午饭
0698 吃午饭
0699 晚饭
0700 吃晚饭
0701 盛饭
0702 猪肉
0703 瘦肉
0704 腊肉（晒制）
0705 菜
0706 荤菜
0707 素菜
0708 汤
0709 猪脚
0710 猪肝
0711 猪舌头
0712 猪血
0713 （鸡）下水
0714 夹菜
0715 （用汤）泡饭
0716 拨（饭菜）
0717 （饭）煳（了）
0718 豆腐
0719 豆腐乳
0720 粉丝
0721 （用菜）下酒
0722 酒娘
0723 酒糟
0724 茶
0725 （吃）饱（了）
0726 打饱嗝
0727 打嗝
0728 冰激凌
0729 冰棍儿
0730 馒头
0731 包子
0732 饺子
0733 汤圆
0734 馄饨
0735 （饺子）馅儿
0736 糕
0737 粽子
0738 零食
0739 （饼干）渣儿
0740 点心
0741 夜宵
0742 作料
0743 醋
0744 盐
0745 猪油
0746 芝麻油
0747 红糖
0748 白糖
0749 糖果
0750 酱油
0751 （酱油）残汁
0752 蜂蜜

（十二）人体

0753 头
0754 光头
0755 头发
0756 （头发）旋儿
0757 辫子
0758 头屑
0759 脸
0760 酒窝
0761 前额
0762 太阳穴
0763 囟门
0764 眼睛
0765 眼珠
0766 眼泪
0767 睫毛
0768 眉毛
0769 鼻子
0770 鼻涕
0771 擤（鼻涕）
0772 鼻屎
0773 耳朵
0774 耳屎
0775 嘴
0776 嘴唇
0777 舌头
0778 牙齿
0779 臼齿
0780 龅牙
0781 齿龈
0782 牙垢
0783 胡子
0784 下巴
0785 口水
0786 唾沫
0787 喉咙
0788 脖子
0789 肩膀
0790 胸脯
0791 背
0792 肋骨
0793 光膀
0794 胳膊
0795 胳膊肘
0796 手腕
0797 手
0798 左手
0799 右手
0800 手掌
0801 拳头
0802 手指
0803 大拇指
0804 小拇指

0805 指甲
0806 斗（指纹）
0807 簸箕（指纹）
0808 趼子
0809 腋下
0810 乳房
0811 乳头
0812 乳汁
0813 肚子
0814 肚脐
0815 屁股
0816 肛门
0817 光屁股
0818 跨下
0819 男阴
0820 赤子阴
0821 女阴
0822 交合
0823 腿
0824 膝盖
0825 腿肚子
0826 踝骨
0827 脚
0828 脚跟
0829 脚趾
0830 脚掌
0831 脚心
0832 脚印
0833 泥（身上的污垢）

（十三）人品

0834 男人
0835 女人
0836 老人
0837 老头儿
0838 老太婆
0839 年轻人
0840 姑娘
0841 小伙子
0842 小孩儿
0843 男孩儿
0844 女孩儿
0845 城里人
0846 乡下人
0847 单身汉
0848 老姑娘
0849 寡妇
0850 孤儿
0851 独眼儿
0852 眯缝儿
0853 金鱼眼
0854 对眼儿
0855 瞎子
0856 聋子
0857 哑巴
0858 结巴
0859 豁嘴儿
0860 豁牙
0861 歪脖子
0862 左撇子
0863 罗圈腿
0864 胖子
0865 高个儿
0866 獠牙
0867 麻子
0868 瘌痢头
0869 六指
0870 驼子
0871 爱哭者
0872 爱流涎者
0873 疯子
0874 瘸子
0875 傻瓜
0876 骗子
0877 小偷
0878 强盗
0879 乞丐
0880 妖精
0881 情夫
0882 情妇
0883 偷汉子
0884 妓女
0885 内行
0886 外行
0887 厨师
0888 农民
0889 木匠
0890 铁匠
0891 医生
0892 理发师
0893 泥瓦匠
0894 商人
0895 陌生人
0896 客人
0897 有脾气
0898 （脾气）坏
0899 小气
0900 大方
0901 能干
0902 勤快
0903 懒
0904 节俭
0905 聪明
0906 精
0907 爽快
0908 笨
0909 残忍
0910 蛮横
0911 刻薄
0912 奸诈
0913 阴险
0914 善良
0915 老实
0916 不吭气
0917 害羞
0918 可怜
0919 年轻
0920 漂亮
0921 难看
0922 整齐
0923 邋遢
0924 乖
0925 淘气
0926 固执
0927 （年纪）小
0928 偷懒
0929 磨蹭

0930 狡猾
0931 耍赖
0932 下流
0933 无耻
0934 说谎
0935 装傻
0936 显（故意让人看）

（十四）称谓

0937 父亲（对称）
0938 父亲（指称）
0939 母亲（对称）
0940 母亲（指称）
0941 父母
0942 祖父
0943 祖母
0944 曾祖父
0945 曾祖母
0946 外祖父
0947 外祖母
0948 伯父
0949 伯母
0950 叔父
0951 婶母
0952 姑父
0953 姑母
0954 姨父
0955 姨母
0956 舅父
0957 舅母
0958 哥哥
0959 嫂子
0960 姐姐
0961 姐夫
0962 弟弟
0963 弟媳
0964 妹妹
0965 妹夫
0966 大伯子
0967 小叔子
0968 大姑子
0969 小姑子
0970 大姨子
0971 小姨子
0972 大舅子
0973 小舅子
0974 连襟
0975 妯娌
0976 丈夫
0977 妻子
0978 岳父
0979 岳母
0980 公公
0981 婆婆
0982 亲家
0983 继父
0984 继母
0985 干爹
0986 干妈
0987 儿女
0988 儿子
0989 最小的儿子
0990 儿媳
0991 女儿
0992 最小的女儿
0993 女婿
0994 孙子
0995 孙女
0996 重孙
0997 外孙
0998 外孙女
0999 外甥
1000 外甥女
1001 侄子
1002 侄女
1003 父子俩
1004 夫妻俩
1005 兄弟
1006 姐妹
1007 兄弟俩
1008 姐妹俩
1009 兄妹俩
1010 姐弟俩
1011 堂兄弟
1012 表姐妹
1013 亲戚
1014 辈分
1015 绰号

（十五）婚丧

1016 说亲
1017 男媒人
1018 女媒人
1019 订婚
1020 娶妻
1021 嫁人
1022 娶儿媳
1023 招赘
1024 新郎
1025 新娘
1026 办酒席
1027 赴宴
1028 娘家
1029 再嫁
1030 续弦
1031 怀孕
1032 害喜
1033 流产
1034 孕妇
1035 临盆
1036 生孩子
1037 难产
1038 接生
1039 胎盘
1040 双胞胎
1041 婴儿
1042 坐月子
1043 喂奶
1044 喂饭
1045 奶嘴
1046 把尿
1047 尿床
1048 擦屁股
1049 夭折
1050 上吊
1051 投河
1052 病死
1053 去世

1054 办丧事
1055 棺材
1056 入殓
1057 出殡
1058 下葬
1059 纸钱
1060 抬棺人
1061 鞭炮
1062 坟
1063 墓碑
1064 上坟

（十六）疾病

1065 生病
1066 难受
1067 发烧
1068 发冷
1069 发呆
1070 打冷战
1071 感冒
1072 疟疾
1073 发抖
1074 哮喘
1075 咳嗽
1076 着凉
1077 （小儿）惊风
1078 收惊
1079 中暑
1080 上火
1081 恶心
1082 便秘
1083 拉肚子
1084 不消化
1085 头晕
1086 呕吐
1087 （肚子）疼
1088 抽筋
1089 出麻疹
1090 癫痫
1091 中风
1092 肺结核
1093 肝病
1094 疖子
1095 痱子
1096 粉刺
1097 化脓
1098 痂
1099 结痂
1100 疤
1101 痣
1102 狐臭
1103 疝气
1104 雀斑
1105 鸡皮疙瘩
1106 （蚊虫叮的）包
1107 夜盲
1108 麻风
1109 传染
1110 扭伤
1111 （皮肤）皲裂
1112 （嗓子）嘶哑
1113 治病
1114 号脉
1115 中药
1116 处方
1117 买药
1118 药丸
1119 药粉
1120 熬药
1121 汤药（中药）
1122 见效

（十七）起居

1123 睡醒（了）
1124 起床
1125 叠（被子）
1126 穿（衣服）
1127 脱（衣服）
1128 洗脸
1129 漱口
1130 刷牙
1131 梳头
1132 扎（辫子）
1133 刮（胡子）
1134 理发
1135 上班
1136 （来）晚（了）
1137 下班
1138 累（了）
1139 休息
1140 回家
1141 回来
1142 上（厕所）
1143 大便
1144 小便
1145 放屁
1146 洗澡
1147 擦澡
1148 乘凉
1149 晒（太阳）
1150 烤火
1151 聊天
1152 打瞌睡
1153 打个盹儿
1154 打哈欠
1155 打喷嚏
1156 铺床
1157 躺下
1158 睡觉
1159 熄灯
1160 睡着（了）
1161 做梦
1162 说梦话
1163 失眠
1164 打鼾
1165 仰面睡
1166 侧身睡
1167 趴着睡
1168 落枕

（十八）文体

1169 学校
1170 启蒙
1171 教室
1172 黑板
1173 板擦儿
1174 上学
1175 放学
1176 上课

1177 下课
1178 书
1179 本子
1180 老师
1181 学生
1182 第一名
1183 最后一名
1184 毛笔
1185 钢笔
1186 铅笔
1187 笔套儿
1188 纸
1189 图钉
1190 信封
1191 信纸
1192 糨糊
1193 小刀儿
1194 削（铅笔）
1195 尺
1196 橡皮擦
1197 橡皮筋
1198 砚台
1199 墨
1200 墨汁
1201 墨水
1202 掭（笔）
1203 洇（纸）
1204 草书
1205 涂抹
1206 逃学
1207 考试
1208 （考试）失误
1209 罚站
1210 图章
1211 徽章
1212 邮局
1213 邮票
1214 相片
1215 电影
1216 画儿
1217 对联
1218 玩儿
1219 球
1220 踢足球
1221 荡秋千
1222 放风筝
1223 讲故事
1224 唱歌
1225 哨子
1226 吹口哨
1227 箫
1228 笛子
1229 下棋
1230 抓牌
1231 游泳
1232 潜水
1233 打水漂
1234 摆弄（玩具）
1235 会武术
1236 变魔术
1237 翻跟斗
1238 扫堂腿
1239 捉迷藏
1240 挠痒痒
1241 跳房子（游戏）
1242 舞龙
1243 拉二胡
1244 放鞭炮
1245 骑脖子
1246 倒立
1247 面具

（十九）交际

1248 猜拳
1249 抓阄
1250 压岁钱
1251 请客
1252 送礼
1253 收礼
1254 感谢
1255 稀客
1256 请坐
1257 讲客气
1258 斟（茶）
1259 散（烟）
1260 开始（动词）
1261 入席
1262 上菜
1263 倒酒
1264 干杯
1265 慢走
1266 乱说话
1267 招待
1268 叩头
1269 作揖（对人）
1270 风光
1271 摆阔
1272 充好汉
1273 丢脸
1274 受累
1275 难为你
1276 （别）理（他）
1277 邀（伴儿）
1278 遇见（熟人）
1279 看望（病人）
1280 说话
1281 说普通话
1282 巴结
1283 数落
1284 挨（打骂）
1285 叮嘱
1286 搭腔
1287 插嘴
1288 呵斥
1289 哄骗
1290 完蛋
1291 吵架
1292 （用粗话）骂
1293 打架
1294 劝架
1295 护（着他）
1296 给（他）
1297 叫（他来）
1298 行（应答）
1299 不错
1300 不准（去）
1301 唆使

1302 顶撞
1303 撩拨
1304 合（不来）
1305 迁就
1306 走亲戚
1307 没空儿
1308 有空儿
1309 办妥（了）
1310 走运
1311 倒霉
1312 时兴

（二十）商业

1313 商店
1314 饭馆
1315 旅馆
1316 摆摊儿
1317 贩子
1318 （生意）旺
1319 开张
1320 盘点
1321 歇业
1322 柜台
1323 老板
1324 女老板
1325 店员
1326 师傅
1327 徒弟
1328 顾客
1329 还价
1330 砍价
1331 降价
1332 赊账
1333 欠账
1334 要账
1335 算盘
1336 秤
1337 戥子
1338 开支
1339 本钱
1340 合伙
1341 凑（钱）
1342 弄（钱）
1343 钱
1344 纸币
1345 硬币
1346 整的（钞票）
1347 零钱
1348 数（钱）
1349 找（钱）
1350 差（一角钱）
1351 利息
1352 挣（钱）
1353 亏本
1354 值得
1355 够秤
1356 不够秤
1357 省（钱）
1358 合算
1359 不合算
1360 贵
1361 便宜

（二十一）交通

1362 车站
1363 码头
1364 桥
1365 街
1366 人行道
1367 公路
1368 汽车
1369 小轿车
1370 客车
1371 自行车
1372 人力车
1373 三轮车
1374 独轮车
1375 车轮子
1376 轮船
1377 帆船
1378 小船
1379 汽艇
1380 竹筏子
1381 （船）渗水
1382 飞机
1383 乘客
1384 路费
1385 车票
1386 上车
1387 下车
1388 搭车
1389 误（车）
1390 晕车
1391 座位
1392 司机
1393 票务员
1394 开车

（二十二）动作

1395 抬（头）
1396 低（头）
1397 点（头）
1398 摇（头）
1399 偏（头）
1400 仰（头）
1401 回（头）
1402 睁（眼）
1403 闭（眼）
1404 瞪（眼）
1405 眨（眼）
1406 瞥（一眼）
1407 （从门缝）看
1408 看（书）
1409 看守（东西）
1410 听
1411 皱（眉头）
1412 闻
1413 尝
1414 张（嘴）
1415 噘（嘴）
1416 抿（嘴）
1417 亲嘴
1418 嚼
1419 咬
1420 吞
1421 吃
1422 喝
1423 吸（奶）
1424 吸（气）

1425 舔（盘子）
1426 啃（骨头）
1427 吐（痰）
1428 含（在嘴里）
1429 衔（在嘴上）
1430 喷（饭）
1431 吹
1432 哭
1433 笑
1434 拿
1435 拧（毛巾）
1436 拧（盖子）
1437 打（方向盘）
1438 拉（衣角）
1439 拉（车）
1440 （用力）拽
1441 （猛向下）扯
1442 举（手）
1443 举（物）
1444 拾取
1445 提（水）
1446 打捞
1447 划（火柴）
1448 放（下）
1449 按（图钉）
1450 推
1451 （用虎口）掐
1452 （用指甲）掐
1453 搂
1454 抱（小孩）
1455 拗（起来）
1456 爬（树）
1457 （在地上）爬
1458 撕
1459 捏
1460 握
1461 拔（鸡毛）
1462 拔（胡须）
1463 拔（草）
1464 摘
1465 折（断）
1466 弄（直）
1467 掏（口袋）
1468 剥（橘子）
1469 掰（开）
1470 摇（桌子）
1471 塞（塞子）
1472 摸
1473 挑选
1474 掖（进去）
1475 揉（伤处）
1476 揉（面）
1477 剁（肉）
1478 拍（桌子）
1479 摔（东西）
1480 丢掉
1481 挥弃
1482 掷（石头）
1483 张（开手）
1484 挠（痒）
1485 抱拢
1486 （用手）托（住）
1487 端（碗）
1488 捂（住）
1489 藏（物）
1490 埋（起来）
1491 敲（门）
1492 扣（上门）
1493 扇（耳光）
1494 系（鞋带）
1495 擦（汗）
1496 擦（去错字）
1497 （用肩膀）顶
1498 （用棍棒）砸
1499 （用鞭子）抽
1500 （用木杠）顶（门）
1501 裹（严实）
1502 （碗）摞（起来）
1503 套（被子）
1504 刮（猪毛）
1505 砍（树）
1506 鐾（治刀使利）
1507 掏（耳朵）
1508 刻（图章）
1509 （用针）扎
1510 劈削（树枝）
1511 捆（柴火）
1512 绑（口袋）
1513 抓（人）
1514 绑（起他来）
1515 滤（米汤）
1516 搅拌
1517 拌（饭）
1518 垫（高些）
1519 掸（灰）
1520 甩（干水）
1521 （用水）冲洗
1522 （往下）倾倒
1523 （乱）翻
1524 （用棍子）捅
1525 挑（上声）
1526 招（手）
1527 搓（绳子）
1528 （用双手）捧
1529 （用石头）压（着）
1530 竖（起来）
1531 盖（盖子）
1532 （用手指）抠
1533 捋（袖子）
1534 挽（袖子）
1535 撮（一小撮）
1536 舀（水）
1537 侧（一些）
1538 搬（东西）
1539 站立
1540 踮（脚）
1541 蹲
1542 踩
1543 踢
1544 走
1545 跑
1546 跨
1547 跳
1548 趴
1549 跺
1550 （小孩儿）踢（被子）

1551 （脚乱）踩
1552 叉（开腿）
1553 （被）绊（倒）
1554 跌跤
1555 上来
1556 下去
1557 追
1558 拦（住）
1559 背（小孩）
1560 （单人）扛（箱子）
1561 抬
1562 挑
1563 倚（在墙上）
1564 靠（右边走）
1565 寻找
1566 遗失
1567 （往下）滑
1568 掉（下来）
1569 溅（了一身）
1570 蹭（痒）
1571 挤（过去）
1572 浮（起来）
1573 坠（下来）
1574 翘（起来）
1575 淹（死了）
1576 （别）遮（住我）
1577 绕（道）
1578 转（圈）
1579 搬（来搬去）
1580 经受（不住）
1581 混（在一起）
1582 （被车）轧（了）
1583 （用药）毒（鱼）
1584 调换
1585 轮流
1586 躲藏
1587 假装（不懂）
1588 娇惯
1589 （烟）熏（了眼）
1590 （水）呛（了鼻子）
1591 （饭）呛（了气管）
1592 凹（下去）
1593 凸（出来）

（二十三）感知

1594 知道
1595 懂（了）
1596 认识
1597 以为
1598 觉得
1599 估计
1600 牵挂
1601 担心
1602 生气
1603 委屈
1604 害怕
1605 小心
1606 提防
1607 想想
1608 要（去）
1609 情愿（不去）
1610 喜欢
1611 讨厌
1612 妒忌
1613 疼爱（孙子）
1614 恼火
1615 （别）慌
1616 心烦
1617 得意
1618 忘（了）
1619 埋怨
1620 相信
1621 怀疑
1622 嫌弃
1623 安慰
1624 伤心
1625 高兴
1626 心疼（东西）

（二十四）性状

1627 长（绳）
1628 短（绳）
1629 高（个儿）
1630 矮（个儿）
1631 （屋檐）低
1632 （路）宽
1633 （路）窄
1634 （胳膊）粗
1635 （胳膊）细
1636 （衣服）新
1637 （衣服）破
1638 （水）热
1639 （水）冷
1640 （水）烫
1641 红（苹果）
1642 （脸）黄
1643 绿（草）
1644 （屁股打）青（了）
1645 （皮肤）白
1646 （皮肤）黑
1647 （菜）酸
1648 （瓜）甜
1649 （瓜）苦
1650 （菜）辣
1651 （汤）咸
1652 （柿子）涩
1653 （味道）淡
1654 （茶）浓
1655 （茶）淡
1656 （粥）稠
1657 （粥）稀
1658 （馒头）硬
1659 （馒头）软
1660 （眼睛）圆
1661 （鼻子）扁
1662 （书）厚
1663 （纸）薄
1664 （人）胖
1665 （人）瘦
1666 （猪）肥
1667 （桌面）光滑
1668 （水）浑
1669 （水）清
1670 （饭）香
1671 （脚）臭
1672 （灯）亮
1673 （房间）暗
1674 （路）滑

1675 （箱子）重
1676 （箱子）轻
1677 （路）直
1678 （水）满
1679 （手）大
1680 （手）小
1681 （速度）快
1682 （速度）慢
1683 粗（沙）
1684 细（沙）
1685 （晒）干
1686 （淋）湿
1687 （鱼）活
1688 （鱼）腥
1689 （菜）老
1690 （菜）嫩
1691 （饭）生
1692 （饭）熟
1693 （弄）乱（了）
1694 （放）稳
1695 （贴）歪（了）
1696 （栽）密（了）
1697 （栽）稀（了）
1698 （酒）厉害
1699 （花生）潮（了）
1700 （东西）差
1701 （饼干）脆
1702 （坡）陡
1703 （路）弯
1704 （刀）锋利
1705 （刀）钝
1706 （篮子）结实
1707 （人）强壮
1708 （车）歪（向一边）
1709 （桌子）晃
1710 （球）瘪（了）
1711 （天气）潮
1712 热闹
1713 冷清
1714 干净
1715 肮脏
1716 （事情很）麻烦
1717 容易
1718 清静
1719 阴凉
1720 轻松
1721 （光线）刺眼
1722 （气味）刺鼻
1723 （声音）刺耳
1724 （鞋子觉得）紧
1725 （衣服觉得）紧
1726 （肚子觉得）疼
1727 （开水觉得）烫
1728 （肥肉觉得）腻
1729 （身上觉得）痒
1730 （屋里觉得）闷
1731 （坐车觉得）颠
1732 （凳子觉得）冰
1733 （毛衣觉得）扎
1734 （沙子）硌脚
1735 杀（碘酒抹在伤口上时的刺痛感）

（二十五）数量

1736 一
1737 二
1738 三
1739 四
1740 五
1741 六
1742 七
1743 八
1744 九
1745 十
1746 十五
1747 二十二
1748 三十三
1749 一百一十
1750 一百一十一
1751 二百五十
1752 三四个（人）
1753 十来个
1754 整个（吃）
1755 二斤
1756 二两
1757 二斤二两
1758 二尺
1759 一斤半
1760 （一）个（人）
1761 （一）只（鸡）
1762 （一）头（猪）
1763 （一）朵（花）
1764 （一）条（鱼）
1765 （一）头（牛）
1766 （一）匹（马）
1767 （一）条（狗）
1768 （一）条（蛇）
1769 （一）棵（树）
1770 （一）丛（草）
1771 （一）顿（饭）
1772 （一）支（烟）
1773 （一）粒（豆子）
1774 （一）行（字）
1775 （一）张（桌子）
1776 （一）件（衣服）
1777 （一）套（衣服）
1778 （一）双（鞋）
1779 （一）条（被子）
1780 （一）顶（蚊帐）
1781 （一）把（刀）
1782 （一）幢（房子）
1783 （一）口（井）
1784 （一）个（箱子）
1785 （一）辆（车）
1786 （一）只（船）
1787 （一）件（事情）
1788 （一）伙（人）
1789 （一）叠（纸）
1790 （一）捧（花生）
1791 （一）串（葡萄）
1792 （一）根（绳子）
1793 （一）支（毛笔）
1794 （一）座（桥）
1795 （一）口（水）
1796 （一）瓶（酒）
1797 （一）片（树叶）
1798 （一）截（木头）

1799 （一）片（橘子）
1800 （一）滩（水）
1801 （一）道（痕迹）
1802 （一）畦（菜地）
1803 （一）丘（田）
1804 （一）家（人家）
1805 （一）滴（眼泪）
1806 （一）窝（狗）
1807 （一）块（砖）
1808 （一）阵（雨）
1809 （一）扇（门）
1810 （一）只（碗）
1811 （一）口（锅）
1812 （一）杆（秤）
1813 （一）把（大蒜）
1814 （一）泡（尿）
1815 （一）泡（屎）
1816 （一）团（泥）
1817 （一）株（草）
1818 （一）堆（沙）
1819 （一）服（药）
1820 （一）庹（长）
1821 （一）庹（长）
1822 （一）元（钱）
1823 （一）角（钱）
1824 （一）分（钱）
1825 （打一）顿
1826 （看一）遍
1827 （走一）趟
1828 （玩一）次

（二十六）代词

1829 我
1830 你
1831 他
1832 咱们
1833 我们
1834 你们
1835 他们
1836 谁
1837 别人
1838 大家
1839 自己
1840 我的
1841 你的
1842 他的
1843 咱们的
1844 我们的
1845 你们的
1846 他们的
1847 谁的
1848 这个
1849 那个
1850 哪个
1851 这些
1852 那些
1853 哪些
1854 一些儿
1855 这里
1856 那里
1857 哪里
1858 这边
1859 那边
1860 哪边
1861 这么（甜）
1862 那么（甜）
1863 这样（做）
1864 那样（做）
1865 怎样（做）
1866 怎么（办）
1867 这会儿
1868 那会儿
1869 哪会儿
1870 多久
1871 多少斤
1872 别处
1873 到处
1874 什么
1875 为什么

（二十七）虚词

1876 （十斤）上下
1877 分（几分之几）
1878 刚（到）
1879 刚好（合适）
1880 一向
1881 常常
1882 正在（吃饭）
1883 赶快（走）
1884 （别）总（说）
1885 马上（来）
1886 一下子（找不着）
1887 很（好）
1888 最
1889 太（小了）
1890 特别（咸）
1891 有点儿（淡）
1892 （大家）都（会）
1893 一共
1894 幸好（没去）
1895 反正
1896 光（吃菜）
1897 只（剩两块）
1898 偏（不去）
1899 恐怕（来不了）
1900 一块儿（去）
1901 故意
1902 一定（要来）
1903 白（干）
1904 不（去）
1905 不是
1906 没（去）
1907 没有（钱）
1908 不必（去）
1909 别（去）
1910 还（没来）
1911 突然（不见了）
1912 得（去）
1913 拼命（跑）
1914 更（起劲）
1915 大约（二十个）
1916 几乎（没命）
1917 索性（不去）
1918 快（到了）
1919 预先（讲好了）
1920 仍然（那样）
1921 好像（见过）
1922 跟着（就走了）

1923　偏偏（是他）
1924　已经（来了）
1925　多（漂亮）
1926　的确（不知道）
1927　（吃了饭）再（说）
1928　（太阳）和（月亮）
1929　（我）跟（他都去）
1930　或者（你去）
1931　只要
1932　只有
1933　可是
1934　（借）给（我）
1935　和（你不同）
1936　被（他吃了）
1937　（放）在（哪里）
1938　从（明天起）
1939　打（哪儿来）
1940　照（这样做）
1941　替（他看门）
1942　向（他借）
1943　向（前走）
1944　从小
1945　在（家里吃）
1946　除（他之外）
1947　让（他去）
1948　用（钢笔写）
1949　到（今天止）
1950　比（他高）

序号	词目	大村	向阳	石陂	周田	石塘	桂头
0001	太阳	热头ȵie^{3}tʻᴀ^{4}ʔi^{45}	热头gi^{3}tʻɔ^{3}ʔɔ^{35}	热头ȵi^{3}tʻø^{33}	热头ȵi^{3}tʻia^{3}	热头ȵi^{5}tʻie^{3}	热头gei^{44}tei^{4}
0002	月亮	月光ŋɵ^{4}ʔɵ^{45}kɔŋ^{13}	月光giɛ^{35}kɔŋ^{12}	月光ȵiui^{3}kɔŋ^{11}	月光ȵia^{3}kɔŋ^{33}	月光光 ŋye^{3}koŋ^{45}koŋ^{45}	月皓gøy^{4}ho^{22}
0003	星星	星siᴀ^{2}ʔŋ^{23}	星siɛ^{3}ʔɛ^{35}	星斗siaŋ^{33}tø^{24}	星siaŋ^{12}	星siaŋ^{3}	天星tʻan^{51}sin^{4}
0004	流星	□屎星 lo^{21}sɿ^{24}siᴀ^{2}ʔŋ^{23}	流星liu^{21}siɛ^{3}ʔɛ^{35}	星泻屎 siaŋ^{33}sia^{55}sɿ^{24}	□屎星 lɔ^{21}sɿ^{214}siaŋ^{12}	流星liu^{22}saŋ^{44}	流星liu^{45}saŋ^{51}
0005	彗星	扫把星 sᴀu^{44}po^{24}siᴀ^{2}ʔŋ^{23}	彗星vai^{22}siɛ^{3}ʔɛ^{35}	扫把星 sau^{55}pa^{24}siaŋ^{33}	彗星fai^{31}siaŋ^{12}	扫把星 sau^{45}pou^{314}saŋ^{44}	扫把星 so^{44}pɔu^{324}sin^{4}
0006	银河	天河tʻie^{13}hɔ^{21}	天河tʻɛn^{12}hɔu^{21}	天河tʻin^{11}hɔu^{42}	天河tʻiŋ^{33}hɐu^{11}	天河tʻiŋ^{44}ho^{22}	天河tʻɛn^{51}hɔu^{45}
0007	日食	天狗食日 tʻie^{13}kᴀi^{24}sei^{3}ȵi^{4}ʔi^{45}	天狗食日 tʻɛn^{12}kɔ^{24}sɛi^{3}gi^{3}	天狗食日 tʻin^{11}kø^{24}ʃei^{3}ȵi^{3}	天狗食日 tʻiŋ^{33}kia^{214}sai^{3}ȵi^{3}	日食ȵi^{5}sei^{5}	天狗食日 tʻɛn^{51}kei^{324}sai^{44}gai^{4}
0008	月食	天狗食月 tʻie^{13}kᴀi^{24}sei^{3}ŋɵ^{4}ʔɵ^{45}	天狗食月 tʻɛn^{12}kɔ^{24}sɛi^{3}giɛ^{3}ʔɛ^{35}	天狗食月 tʻin^{11}kø^{24}ʃei^{3}ȵiui^{3}	天狗食月 tʻiŋ^{33}kia^{214}sai^{3}ȵia^{3}	月食ŋye^{3}sei^{5}	天狗食月 tʻɛn^{51}kei^{324}sai^{44}gøy^{4}
0009	风	风 fɐn^{13}	风 faŋ^{12}	风 fɐŋ^{11}	风 fɐŋ^{33}	风 fiẽ^{44}	风 foŋ^{51}
0010	刮风	起风hi^{24}fɐn^{13}	反风fuə^{24}faŋ^{12} 起风hi^{24}faŋ^{12}	反风fan^{24}fɐŋ^{11}	起风hi^{214}fɐŋ^{33}	滚风kuɐŋ^{314}fiẽ^{44}	反风fœn^{324}foŋ^{51}
0011	旋风	瘷螺风 tsiu^{44}lɔ^{21}fɐn^{13}	瘷螺风 tsiu^{44}lɔu^{21}faŋ^{12}	瘷螺鬼 tsɐu^{55}lɔu^{42}kɔi^{24}	瘷螺□风 tsiu^{53}lɐu^{11}uɔn^{11}fɐŋ^{33}	瘷螺风 tsiu^{45}lɔ^{22}fiẽ^{44}	瘷螺风 tsiu^{44}lu^{45}foŋ^{51}
0012	逆风	逆风ȵiᴀ^{3}fɐn^{13}	撞风tsʻɔŋ^{22}faŋ^{12}	逆风ȵia^{3}fɐŋ^{11}	逆风ȵia^{3}fɐŋ^{33}	逆风ȵia^{5}fiẽ^{44}	撞风tsʻoŋ^{22}foŋ^{51}

序号	词目	大村	向阳	石陂	周田	石塘	桂头
0013	云	云 jun^{21}	云 jiɔn^{21}	云 iɔn^{42}	云 iɔn^{11}	云 iɛŋ^{22}	云 jaŋ^{45}
0014	雨	水 sʉ^{24}	水 sɔe^{24}	水 ʃɔi^{24}	水 suoi^{214}	水 sy^{314}	水 sy^{324}
0015	毛毛雨	微微洒洒 moe^{21}moe^{21}sA^{4}ʔA^{45}sA^{4}ʔA^{45}	微水仔 bai^{21}sɔe^{24}tsɛ^{3}ʔɛ^{35}	飞水仔 fɔi^{11}ʃɔi^{24}tsei^{33}	微水仔 mai^{11}suoi^{214}tsa^{12}	微微水 mai^{22}mai^{22}sy^{314}	微毛水 bai^{51}bo^{45}sy^{324}
0016	下雨	落水 lɔ^{3}sʉ^{24}	落水 lɔu^{3}sɔe^{24}	落水 lɔu^{3}ʃɔi^{24}	落水 leu^{3}suoi^{214}	落水 lo^{5}sy^{314}	落水 lou^{44}sy^{324}
0017	（雨）停（了）	停 tʻAn^{21}	停 tʻan^{21}	停 tʻen^{42}	停 tʻiaŋ^{11}	停 tʻaŋ^{22}	停 taŋ^{45}
0018	淋雨	洒水sA^{24}sʉ^{24}	洒水sa^{24}sɔe^{24}	刹水tø^{5}ʃɔi^{24}	刹水tɛi^{5}suoi^{214}	洒水sa^{314}sy^{314}	洒水sie^{324}sy^{324}
0019	雷	雷公 loe^{21}kɐn^{13}	雷公 lɔe^{21}kaŋ^{12}	雷公 lɔi^{42}kɐŋ^{11}	雷公 luoi^{11}kɐŋ^{33}	雷公 luai^{22}kiẽ^{44}	雷公 løy^{45}koŋ^{51}
0020	打雷	雷公响 loe^{21}kɐn^{13}hin^{24}	雷公响 lɔe^{21}kaŋ^{12}hɐŋ^{24}	雷公叫 lɔi^{42}kɐŋ^{11}kiu^{55}	雷公响 luoi^{11}kɐŋ^{33}siɔŋ^{214}	响雷公 siɔŋ^{314}luai^{22}kiẽ^{44}	响雷公 hœn^{324}løy^{45}koŋ^{51}
0021	闪电（名词）	萤火jiA^{4}ʔŋ^{45}fʉ^{24}	闪龙sen^{24}la^{3}ʔŋ^{35}	火蛇仔 fu^{24}ʃa^{42}tsei^{33}	□链ŋi^{5}liŋ^{53} 火蛇仔fu^{214}sɔ^{11}tsa^{12}	掣□tsʻi^{5}laŋ^{3}	掣火链 tsʻei^{21}fu^{324}lɛn^{4}
0022	露水	雾水 mʉ^{22}sʉ^{24}	雾水 bu^{22}sɔe^{24}	雾水 mu^{55}ʃɔi^{24}	露水 lu^{53}suoi^{214}	露水 lu^{45}sy^{314}	雾水 bau^{22}sy^{324}
0023	结露水	打冷雾 tA^{4}ʔA^{45}lAŋ^{44}mʉ^{22}	打雾水 ta^{24}bu^{22}sɔe^{3}	打大冷雾 ta^{24}tʻai^{11}laŋ^{55}mu^{55}	打露水 ta^{3}lu^{53}suoi^{214}	打露水 tou^{3}lu^{45}sy^{314}	打雾ɔu^{324}bau^{22}
0024	雾	濛纱 mɐn^{21}so^{13}	濛纱 baŋ^{21}sa^{12}	濛纱 mɐŋ^{42}sa^{11}	濛露 mɐŋ^{11}lu^{53}	濛雾 miẽ^{22}mu^{44}	濛纱 boŋ^{45}sɔu^{51}

序号	词目	大村	向阳	石陂	周田	石塘	桂头
0025	起雾	起濛纱 hi^{24}mɐn^{21}so^{13}	起濛纱 hi^{24}baŋ^{21}sa^{12}	起濛纱 ʃi^{24}mɐŋ^{42}sa^{11}	起濛露 hi^{214}mɛŋ^{11}lu^{53}	起濛雾 hai^{314}miẽ^{22}mu^{44}	打濛纱 ɔu^{324}boŋ^{45}sɔu^{51}
0026	霜	霜 sɔŋ^{13}	霜 sɔŋ^{12}	霜 sɔŋ^{11}	霜 sɔŋ^{33}	霜 sioŋ^{44}	霜 soŋ^{51}
0027	下霜	打霜tʌ^{4}ʔʌ^{45}sɔŋ^{13}	打霜ta^{24}sɔŋ^{12}	打霜ta^{24}sɔŋ^{11}	打霜ta^{3}sɔŋ^{33}	打霜tou^{3}sioŋ^{44}	打霜ɔu^{324}soŋ^{51}
0028	虹	拱桥kɐn^{24}kʻiʌu^{21}	天弓tʻen^{12}kaŋ^{12}	天弓tʻin^{11}kɐŋ^{11}	天虹tʻiŋ^{33}kɔŋ^{53}	天狗tʻiŋ^{44}kie^{314}	天拱tʻɛn^{51}koŋ^{324}
0029	冰雹	雹 pʻɔ^{4}ʔɔ^{45}	雹 pʻɔu^{3}	雹 pʻɔu^{3}	雹 pʻɛu^{3}	雹 pʻo^{5}	雹 pʻo^{4}
0030	下冰雹	落雹 lɔ^{3}pʻɔ^{4}ʔɔ^{45}	落雹 lɔu^{3}pʻɔu^{3}	落雹 lɔu^{3}pʻɔu^{3}	落雹 lɛu^{3}pʻɛu^{3}	落雹 lo^{5}pʻo^{5}	落雹 lou^{44}pʻo^{4}
0031	霰	鱼眼雪 ŋʉ^{4}ʔʉ^{45}ŋʌŋ^{44}sɵ^{5}	鱼眼雪 gi^{21}guə^{22}sui^{5}	鱼眼雪 ŋi^{33}ŋaŋ^{55}si^{5}	米仔雪 ma^{53}tsa^{12}si^{5}	米仔雪 mei^{45}tsei^{3}sye^{5}	鱼眼雪 gau^{4}giẽ^{21}søy^{21}
0032	雪	雪 sɵ^{5}	雪 sui^{5}	雪 si^{5}	雪 si^{5}	雪 sye^{5}	雪 søy^{21}
0033	下雪	落雪 lɔ^{3}sɵ^{5}	落雪 lɔu^{3}sui^{5}	落雪 lɔu^{3}si^{5}	落雪 lɛu^{3}si^{5}	落雪 lo^{5}sye^{5}	落雪 lou^{44}søy^{21}
0034	（雪）化（了）	融 jɐn^{21}	融 jaŋ^{21}	融 iɐŋ^{42}	融 iɛŋ^{11}	融 iɛŋ^{22}	融 joŋ^{45}
0035	冰块	硬窖ŋʌŋ^{22}kʌu^{44} 硬□ŋʌŋ^{22}kʻʌŋ^{24}	硬窖giɛ^{22}kau^{44}	硬构ŋaŋ^{11}kø^{55} 凌冰lɐn^{42}pen^{11}	硬窖ŋiaŋ^{31}kia^{53} 凌冰liaŋ^{11}piaŋ^{33}	冻□tiẽ^{45}kʻau^{45}	硬窖gin^{22}ko^{44}
0036	冰锥儿	雪条sɵ^{5}tʻiʌ^{4}ʔu^{45}			流离头 liu^{11}lai^{11}tʻia^{3}	雪条sye^{5}tʻiau^{3}	雪条søy^{21}tei^{4}

序号	词目	大村	向阳	石陂	周田	石塘	桂头
0037	结冰	结硬窖ki^{5}ŋʌŋ^{22}kʌu^{44} 结硬□ki^{5}ŋʌŋ^{22}k‘ʌŋ^{24}	打硬窖 ta^{24}giɛ^{22}kau^{44}	打硬构ta^{24}ŋaŋ^{11}kø^{55} 结凌冰ki^{5}len^{42}pen^{11}	打硬窖 ta^{3}ŋiaŋ^{31}kia^{53}	结冻□ ki^{5}tiẽ^{45}k‘au^{45}	打硬窖 ɔu^{324}gin^{22}ko^{44}
0038	（菜）冻（住了）	冷lʌŋ^{44}	冷liɛ^{44}	冷laŋ^{55} 冻teŋ^{55}	冷liaŋ^{53} 窖kia^{53}	打tou^{3} 扣k‘ie^{45}	冻oŋ^{44}
0039	天气	天气 t‘ie^{13}hi^{44}	天气 t‘en^{12}hi^{44}	天气 t‘in^{11}ʃi^{55}	天气 t‘iŋ^{33}hi^{53}	天气 t‘iŋ^{44}k‘i^{45}	天气 t‘en^{51}hai^{44}
0040	阴天	阴天 jin^{13}t‘ie^{13}	阴天 jian^{12}t‘en^{12}	阴天 ien^{11}t‘in^{11}	阴天 iaŋ^{33}t‘iŋ^{33}	阴暗天 iɛŋ^{44}oŋ^{45}t‘iŋ^{44}	阴天 jaŋ^{51}t‘en^{51}
0041	晴天	好天 hʌu^{24}t‘ie^{13}	好天 hau^{24}t‘en^{12}	好天 hau^{24}t‘in^{11}	好天 hau^{214}t‘iŋ^{33}	好天 hau^{314}t‘iŋ^{44}	好天 ho^{324}t‘en^{51}
0042	天旱	天旱 t‘ie^{13}heŋ^{44}	天旱 t‘en^{12}hoŋ^{44}	天旱 t‘in^{11}hun^{55}	天旱 t‘iŋ^{33}hoŋ^{53}	天旱 t‘iŋ^{44}hoŋ^{45}	天旱 t‘en^{51}hœn^{21}
0043	水涝	发大水 fo^{5}t‘o^{22}sʉ^{24}	发大水 fuə^{5}t‘uə^{22}sɔe^{24}	发大水 fa^{5}t‘ai^{11}ʃɔi^{24}	发大水 fɔ^{5}t‘a^{31}suoi^{214}	发大水 fou^{5}t‘ou^{44}sy^{314}	发大水 fu^{21}tu^{22}sy^{324}
0044	（天气）热	热 ŋie^{3}	热 gi^{3}	热 ŋi^{3}	热 ŋi^{3}	热 ŋi^{5}	热 gei^{44}
0045	（天气）闷热	焗kɐu^{5}	焗kɔ^{3}	逼pei^{5} 焗kø^{3}	焗kei^{3}	逼pai^{5}	焗kou^{21}
0046	（天气）冷	冷 lʌŋ^{44}	冷 liɛ^{44}	冷 laŋ^{55}	冷 liaŋ^{53}	冷 laŋ^{45}	冻 oŋ^{44}
0047	（天气）凉	凉 lin^{21}	凉 leŋ^{21}	凉 liɔŋ^{42}	凉 liɔŋ^{11}	凉 liɔŋ^{22}	凉 lœn^{45}
0048	（天气）凉快	凉爽 lin^{21}sɔŋ^{24}	凉爽 leŋ^{21}sɔŋ^{24}	凉爽 liɔŋ^{42}sɔŋ^{24}	凉爽 liɔŋ^{11}sɔŋ^{214}	凉爽 liɔŋ^{22}sɔŋ^{314}	凉爽 lœn^{45}sɔŋ^{324}

序号	词目	大村	向阳	石陂	周田	石塘	桂头
0049	（天气）暖和	□暖vʉ^{5}lɐŋ^{44}	暖 lɔŋ^{44}	暖nun^{55}	暖 noŋ^{53}	暖 luaŋ^{45}	暖 lœn^{21}
0050	山	岭头liʌŋ^{44}t'ʌi^{21}	岭头liɛ^{44}t'ɔ^{3}ʔɔ^{35}	岭liaŋ^{55}	岭liaŋ^{53}	岭liaŋ^{45}	岭头lin^{21}tei^{45}
0051	山顶	岭顶liʌŋ^{44}tiʌŋ^{24}	岭顶liɛ^{44}tiɛ^{24}	岭顶liaŋ^{55}tiaŋ^{24}	岭顶liaŋ^{53}tiaŋ^{214}	岭顶liaŋ^{45}tiaŋ^{314}	岭顶lin^{21}in^{324}
0052	山腰	半岭pɐŋ^{44}liʌŋ^{44}	半岭poŋ^{44}liɛ^{44}	半岭pun^{55}liaŋ^{55}	半岭poŋ^{53}liaŋ^{53}	半岭poŋ^{45}liaŋ^{45}	半岭pœn^{44}lin^{21}
0053	山麓	岭脚liʌŋ^{44}ki^{2}ʔu^{23}	岭脚liɛ^{44}ki^{3}ʔu^{35}	岭脚liaŋ^{55}kiu^{5}	岭脚liaŋ^{53}kiu^{5}	岭脚liaŋ^{45}kiu^{5}	岭脚lin^{21}kœy^{21}
0054	山崖	崩岗pʌn^{13}kɔŋ^{13}	崩岗pan^{12}kɔŋ^{12}	崩岗pɐŋ^{11}kɔŋ^{11}	崩岗piaŋ^{33}kɔŋ^{33}	崩岗paŋ^{44}koŋ^{44}	崩岗paŋ^{51}koŋ^{51}
0055	山谷	坑底hʌŋ^{13}tʌ^{24}	山冲suə^{12}ts'aŋ^{12}	岭窝liaŋ^{55}vɔu^{11}	岭窝liaŋ^{53}vɐu^{33}	岭窝liaŋ^{45}o^{44}	坑冲hin^{51}ts'oŋ^{51}
0056	山前	岭前liʌŋ^{44}ts'ie^{21}	岭前liɛ^{44}ts'ɛn^{21}	岭前liaŋ^{55}ts'in^{42}	岭前liaŋ^{53}ts'iŋ^{11}	岭前liaŋ^{45}ts'iŋ^{22}	岭前lin^{21}ts'ɛn^{45}
0057	山后	岭背liʌŋ^{44}pʉ^{2}ʔʉ^{23}	岭背liɛ^{44}pui^{44}	岭背liaŋ^{55}pui^{55}	岭背liaŋ^{53}poi^{53}	岭背liaŋ^{45}pua^{3}	岭背lin^{21}pu^{44}
0058	海	海 hʉ^{24}	海 hui^{24}	海 hui^{24}	海 hoi^{214}	海 ha^{314}	海 hu^{324}
0059	江	河 hɔ^{21}	河 hɔu^{21}	河 hɔu^{42}	河 hɐu^{11}	江 koŋ^{44}	河 hɔu^{45}
0060	湖	湖 fʉ^{21}	湖 fu^{21}	湖 fu^{42}	湖 fu^{11}	湖 fu^{22}	湖 fu^{45}

序号	词目	大村	向阳	石陂	周田	石塘	桂头
0061	河	河 hɔ^{21}	河 hɔu^{21}	河 hɔu^{42}	河 hɐu^{11}	河 ho^{22}	河 hɔu^{45}
0062	河岸	河边 hɔ^{21}pie^{2}ʔe^{23}	河边 hɔu^{21}pɛ^{3}ʔn^{35}	河边 hɔu^{42}pin^{11}	河边 hɐu^{11}piŋ^{33}	河边 ho^{22}piŋ^{44}	河边 hɔu^{45}pɛn^{51}
0063	河堤（沿河筑）	河边hɔ^{21}pie^{2}ʔe^{23}	河堤hɔu^{21}tʻɛ^{21}	河边hɔu^{42}pin^{11}	河堤hɐu^{11}tʻai^{11}	河堤ho^{22}tʻai^{22}	河边hɔu^{45}pɛn^{51}
0064	河坝（拦河筑）	拦河坝 lɐŋ^{21}hɔ^{21}po^{44}	陂头 pai^{12}tʻɔ^{21}	陂头pɐi^{11}tʻø^{33}	陂头pai^{33}tʻia^{11}	陂头pai^{44}tʻie^{22}	河陂hɔu^{45}pai^{51}
0065	沙滩	沙坝so^{2}ʔo^{23}po^{44}	沙坝sa^{12}pa^{44}	沙坝sa^{33}pa^{55}	沙坝sɔ^{12}pɔ^{53}	沙坝sou^{3}pou^{45}	沙坝sɔu^{4}pɔu^{44}
0066	小溪	溪kʻi^{13}	沟kɔ^{12}	河hɔu^{42}	溪kʻiɛ^{33}	沟仔kie^{44}tsei^{3}	沟kei^{4}
0067	水渠	圳tsun^{44}	圳tsɔ^{3}ʔn^{35}	圳tʃun^{33}	圳tsuɔn^{53}	水沟sy^{314}kie^{44}	水圳sy^{324}tsaŋ^{44}
0068	池塘	塘 tʻɔ^{4}ʔŋ^{45}	塘 tʻɔ^{3}ʔŋ^{35}	塘 tʻɔŋ^{33}	塘 tʻɔŋ^{3}	塘 tʻoŋ^{3}	塘 toŋ^{4}
0069	水坑	水湖sʉ^{24}fʉ^{21}	水□sɔe^{24}taŋ^{24}	湖fu^{42} □tɐŋ^{24}	湖fu^{11} □tɐŋ^{214}	湖fu^{22} □tiẽ^{314}	湖fu^{45} 水□sy^{324}oŋ^{324}
0070	平地	坪 pʻiᴀ^{4}ʔŋ^{45}	坪 pʻiɛ^{3}ʔɛ^{35}	坪 pʻiaŋ^{42}	坪 pʻiaŋ^{11}	坪 pʻiaŋ^{3}	坪 pin^{4}
0071	石头	石牯siᴀ^{3}kʉ^{24}	石头siɛ^{3}tʻɔ^{3}ʔɔ^{35}	石头ʃa^{3}tʻø^{42}	石牯sɔ^{3}ku^{214}	石牯sou^{5}ku^{314} 石头sou^{5}tʻie^{3}	石牯si^{4}kvu^{324}
0072	鹅卵石	鹅卵石 ŋɔ^{21}lɐŋ^{24}siᴀ^{4}ʔᴀ^{45}	马卵牯 ba^{44}lan^{44}ku^{24}	马卵石 ma^{55}lun^{33}ʃa^{3}	鹅卵石 ŋɐu^{11}loŋ^{12}sɔ^{3}	河石仔 ho^{22}sou^{5}tsei^{3}	牛卵石 giu^{45}lœn^{4}si^{4}

序号	词目	大村	向阳	石陂	周田	石塘	桂头
0073	沙子	沙 so^{2}ʔo^{23}	沙 sa^{3}ʔa^{35}	沙 sa^{33}	沙 sɔ^{12}	沙 sou^{3}	沙 sɔu^{4}
0074	土	泥 lᴀ^{21}	泥 lɛ^{21}	泥 nɛi^{42}	泥 na^{11}	泥 la^{22}	泥 lie^{45}
0075	泥	泥 lᴀ^{21}	泥 lɛ^{21}	泥 nɛi^{42}	泥 na^{11}	泥 la^{22}	泥 lie^{45}
0076	灰尘	尘ts'in^{21}	尘ts'an^{21}	尘ʧ'ɛn^{42}	尘ts'an^{11}	尘ts'ɛŋ^{22} 尘□ts'ɛŋ^{22}t'oŋ^{22}	尘ts'aŋ^{45}
0077	垃圾	攋梢lᴀ^{3}sᴀ^{2}ʔᴀ^{23}	攋梢luə^{3}suə^{3}ʔɛ^{35}	攋梢lɐi^{3}sɐi^{3}	攋梢la^{3}sa^{12}	攋梢lei^{5}sei^{5}	攋梢lie^{44}sɛi^{21}
0078	（铁）锈	黸lʉ^{44}	锈siu^{44}	黸lu^{11}	黸lu^{33}	锈siu^{45}	黸lau^{51}
0079	刨花儿	刨花 p'ᴀ^{4}ʔu^{45}fo^{13}	刨花 p'au^{21}fa^{12}	刨花 p'au^{42}fa^{11}	刨花 p'au^{11}fɔ^{33}	刨花 p'au^{22}fou^{44}	刨花 po^{4}fɔu^{51}
0080	锯末儿	木屎meu^{3}sɿ^{24} 锯屎kʉ^{2}ʔʉ^{23}sɿ^{24} 木糠meu^{3}hɔŋ^{13}	木糠bɔ^{3}hɔŋ^{12}	木屎mø^{33}sɿ^{24}	木屎mei^{3}sɿ^{214} 木糠mei^{3}hɔŋ^{33}	木屎mie^{5}sɿ^{314}	木屑bou^{4}sɛi^{4} 木糠bou^{4}hoŋ^{51}
0081	粉（粉状物）	粉 fun^{24}	粉 fan^{24}	粉 fɔn^{24}	粉 fan^{214}	粉 fɛŋ^{314}	粉 faŋ^{324}
0082	（墙上的）硝	硝 siᴀu^{13}	壁硝 piɛ^{5}siu^{12}	硝 siu^{11}	壁硝 pia^{5}siau^{33}	硝 siau^{44}	硝 sɛi^{51}
0083	石灰	石灰 siᴀ^{3}fʉ^{13}	石灰 siɛ^{3}fui^{12}	石灰 ʃa^{3}fui^{11}	石灰 sɔ^{3}foi^{33}	石灰 sou^{5}fua^{44}	石灰 si^{44}fu^{51}
0084	水泥	红黄泥hen^{21}vɔŋ^{21}lᴀ^{21} 水泥sʉ^{24}lᴀ^{21}	红毛泥haŋ^{21}bau^{21}lɛ^{21} 水泥sɔe^{24}lɛ^{21}	红毛泥hɐŋ^{42}mau^{11}nɛi^{42} 水泥ʃɔi^{24}nɛi^{42}	红黄泥hɐŋ^{11}vɔŋ^{11}na^{11} 水泥suoi^{214}na^{11}	红□泥hiẽ^{22}moŋ^{22}la^{22} 水泥sy^{314}la^{22}	红毛泥hoŋ^{45}bo^{45}lie^{45} 水泥sy^{324}lie^{45}

序号	词目	大村	向阳	石陂	周田	石塘	桂头
0085	玻璃	玻璃 pɔ^{13}lə e^{21}	玻璃 pɔu^{12}lai^{21}	玻璃 pɔu^{11}lɐi^{42}	玻璃 pɐu^{33}lai^{11}	镜 kiaŋ^{45} 玻璃 po^{44}lai^{22}	玻璃 pɔu^{51}lai^{45}
0086	漆	漆 tsʻəe^{5}	漆 tsʻai^{5}	漆 tsʻɐi^{5}	漆 tsʻai^{5}	漆 tsʻai^{5}	漆 tsʻai^{21}
0087	磁石	磁铁 tsʻɿ^{21}tʻi^{5}	磁铁 tsʻɿ^{21}tʻi^{5}	磁铁 tsʻɿ^{42}tʻi^{5}	磁铁 tsʻɿ^{11}tʻi^{5}	磁铁 tsʻɿ^{22}tʻi^{5}	磁铁 tsʻɿ^{45}tʻɛi^{21}
0088	金子	黄金 vɔŋ^{21}kin^{13}	金 kian^{12}	金 kien^{11}	金 kiaŋ^{33}	金 keŋ^{44}	金 kaŋ^{51}
0089	银子	白银 pʻᴀ^{3}ŋu^{4}ʔn^{45}	银 gua^{3}ʔn^{35}	银 ŋiɔn^{33}	银 ŋiɔn^{3}	银 ŋeŋ^{3}	银 gaŋ^{4}
0090	铜	铜 tʻen^{21}	铜 tʻaŋ^{21}	铜 tʻeŋ^{42}	铜 tʻeŋ^{11}	铜 tʻiẽ^{22}	铜 toŋ^{45}
0091	铁	铁 tʻi^{5}	铁 tʻi^{5}	铁 tʻi^{5}	铁 tʻi^{5}	铁 tʻi^{5}	铁 tʻɛi^{21}
0092	锡	锡 siᴀ^{5}	锡 siɛ^{5}	锡 sia^{5}	锡 sia^{5}	锡 sia^{5}	锡 si^{21}
0093	铝	铝 lo^{2}ʔe^{23}	铝 lɔ^{3}ʔe^{35}	铝 lɐi^{55}	铝 lai^{214}	铝 luai^{314}	铝 løy^{4}
0094	冷水	冻水 ten^{44}sʉ^{24}	冻水 taŋ^{44}sɔe^{24}	冷水 laŋ^{55}ʃɔi^{24}	冷水 liaŋ^{53}suoi^{214}	冻水 tiẽ^{45}sy^{314}	冻水 oŋ^{44}sy^{324}
0095	温水	温水 vun^{13}sʉ^{24}	滚水 kuan^{24}sɔe^{24}	温□水 vɔn^{11}tʻɔn^{42}ʃɔi^{24}	温热水 van^{33}ŋi^{3}suoi^{214}	温热水 ueŋ^{44}ŋi^{3}sy^{314}	热水 gɐi^{44}sy^{324}
0096	热水	滚水 kun^{24}sʉ^{24}	滚水 kuan^{24}sɔe^{24}	滚水 kɔn^{24}ʃɔi^{24}	滚水 kuɔn^{214}suoi^{214}	滚水 kueŋ^{314}sy^{314}	热水 gɐi^{44}sy^{324}

序号	词目	大村	向阳	石陂	周田	石塘	桂头
0097	沸水	抛心滚水 pʻʌu^{13}sin^{13}kun^{24}sʉ^{24}	开心水 hui^{12}san^{12}sɔe^{24}	开心水 kʻui^{11}sɛn^{11}ʃɔi^{24}	开心水 hoi^{33}san^{33}suoi^{214}	开心水 kʻua^{44}seŋ^{44}sy^{314}	开心滚水 kʻvu^{51}saŋ^{51}kvœn^{324}sy^{324}
0098	(水) 开 (了)	滚kun^{24}	滚kuan^{24}	滚kɔn^{24}	滚kuɔn^{214}	滚kueŋ^{314}	滚kvœn^{324}
0099	泔水	潲水sʌu^{44}sʉ^{24}	潲水sau^{44}sɔe^{24}	潲水sau^{55}ʃɔi^{24}	潲水sau^{53}suoi^{214}	潲水sau^{45}sy^{314}	潲水so^{44}sy^{324}
0100	城里	城箇 siʌŋ^{21}·ŋəe	城哩 siɛ^{21}la^{3}ʔi^{35}	城哩 ʃaŋ^{42}lɛi^{33}	城哩 siaŋ^{11}lɛ^{53}	城哩 saŋ^{22}lei^{3}	城哩 sin^{45}lei^{4}
0101	乡下	农村lɐn^{21}tsʻun^{13} 乡下hin^{13}ho^{2}ʔo^{23}	乡下hɛŋ^{12}ha^{3}ʔa^{35}	农村nɐŋ^{42}tsʻɔn^{11}	乡下siɔŋ^{33}ha^{12}	乡下siɔŋ^{33}hou^{3}	乡下hœn^{51}hɔu^{4}
0102	村子	人村 ŋin^{21}tsʻun^{13}	人村 gen^{21}tsʻɔn^{12}	人村 ŋiɛn^{42}tsʻɔn^{11}	人村 ŋiaŋ^{11}tsʻuɔn^{33}	人村 ŋeŋ^{22}tsʻeŋ^{44}	人村 gaŋ^{45}tsʻaŋ^{51}
0103	巷子	檐街jie^{21}kʌ^{13}	巷 hɔ^{3}ʔŋ^{35}	巷 hɔŋ^{33}	巷 hɔŋ^{31}	巷仔 hoŋ^{3}tsei^{3}	街巷 kie^{51}hoŋ^{22}
0104	路	路头 lʉ^{4}ʔʉ^{45}tʻʌi^{21}	路头 lu^{35}tʻɔ^{21} 路 lu^{3}ʔu^{35}	路头 lu^{33}tʻø^{42} 路 lu^{33}	路头 lu^{3}tʻia^{11} 路 lu^{3}	路头 lu^{44}tʻie^{22} 路 lu^{44}	路头 lau^{4}tei^{45}
0105	东西	东西 tɐn^{13}sie^{2}ʔe^{23}	东西 taŋ^{12}sɛ^{3}ʔɛ^{35}	东西 tɐŋ^{11}sei^{33}	东西 tɛŋ^{33}siɛ^{12}	东西 tiẽ^{44}sei^{3}	东西 oŋ^{51}sei^{4}
0106	颜色	颜色 ŋəŋ^{21}sei^{5}	颜色 guə^{21}sɛ^{3}ʔi^{35}	颜色 ŋan^{42}sɐi^{3}	颜色 ŋɔŋ^{11}siɛ^{12}	颜色 ŋɔŋ^{22}sa^{3}	颜色 gen^{45}sa^{4}
0107	声音	声siʌŋ^{13}	声siɛ^{12}	声音ʃaŋ^{11}iɛn^{11}	声音siaŋ^{33}iaŋ^{33}	声saŋ^{44}	声音sin^{51}jaŋ^{51}
0108	气味	气色hi^{44}sei^{5}	气味hi^{44}bai^{22}	气味ʃi^{55}mɔi^{11}	气味hi^{53}mai^{31}	气味hi^{45}mai^{44}	气味hai^{44}bai^{22}

序号	词目	大村	向阳	石陂	周田	石塘	桂头
0109	味道	口味hʌi^{24}moe^{22}	味道bai^{22}t‘au^{22}	味道mɔi^{11}t‘au^{11}	味道mai^{31}t‘au^{31}	味mai^{44}	味道bai^{22}to^{22}
0110	光	皓 hʌu^{22}	光 kɔŋ^{12}	光 kɔŋ^{11}	光 kɔŋ^{33}	皓 hau^{44}	皓 ho^{22}
0111	影子	影 jiʌŋ^{24}	影 jiɛ^{24}	阴影 ien^{11}iaŋ^{24}	影 iaŋ^{214}	影 iaŋ^{314}	影 jin^{324}
0112	风景	景色 kʌn^{24}sei^{5}	风景 faŋ^{12}kiɛ^{24}	风景 fɐŋ^{11}kiɛn^{24}	风景 fɐŋ^{33}kiaŋ^{214}	风景 fiẽ^{44}kaŋ^{314}	风景 foŋ^{51}kaŋ^{324}
0113	前面	面前mie^{22}ts‘ie^{4}ʔe^{45}	面前bɐn^{22}ts‘ɛ^{3}ʔn^{35}	面前min^{11}ts‘in^{42}	前头ts‘iŋ^{11}t‘ia^{11}	先行siŋ^{44}haŋ^{22}	面□bɐn^{22}ts‘ɐn^{51}
0114	后面	背底pʉ^{2}ʔʉ^{23}tʌ^{2}ʔʌ^{23}	背底pai^{44}tɛ^{3}ʔe^{35}	□尾la^{5}mɔi^{33} 后□背hø^{24}sɿ^{24}pui^{33}	后尾hia^{31}mai^{12}	后背hie^{44}pua^{3}	背底pu^{44}ie^{4}
0115	左边	左向tsɔ^{24}hin^{44}	左边tsɔu^{24}pɐn^{12}	左□tsɔu^{24}sei^{5}	左向tseu^{214}siɔŋ^{53}	左边tso^{314}piŋ^{44}	左□tsɔu^{324}pɐn^{22}
0116	右边	右向jiu^{22}hin^{44}	右边jiu^{22}pɐn^{12}	右□iau^{11}sei^{5}	右向iu^{31}siɔŋ^{53}	右边iu^{44}piŋ^{44}	右□jiu^{22}pɐn^{22}
0117	上面	上□sɔŋ^{22}p‘ie^{22}	面高bɐn^{22}ka^{3}ʔu^{35}	上背ʃɔŋ^{11}pui^{33}	上底sɔŋ^{31}ta^{12}	上底siɔŋ^{44}ta^{3}	上□sœn^{22}pɐn^{22}
0118	下面	下□ho^{22}p‘ie^{22}	底下tɛ^{24}ha^{3}ʔa^{35}	下背ha^{11}pui^{33}	下底hɔ^{31}ta^{12}	下底hou^{44}ta^{3}	下□hɔu^{22}pɐn^{22}
0119	里面	内□loe^{22}p‘ie^{22}	入□gi^{3}t‘ɔ^{3}ʔe^{35}	□背tei^{11}pui^{33}	□底tai^{33}ta^{12}	□□tɐŋ^{314}tɐŋ^{3}	□□lu^{22}hau^{4}
0120	外面	□头lo^{22}t‘ʌ^{4}ʔi^{45}	外□gui^{22}t‘ɔ^{3}ʔe^{35}	外背ŋui^{11}pui^{33}	外底ŋoi^{31}ta^{12}	□□lie^{44}k‘ie^{3}	□头lu^{22}tei^{4}

序号	词目	大村	向阳	石陂	周田	石塘	桂头
0121	（屋）顶上	顶tiʌŋ^{24}	顶tie^{24}	顶tiaŋ^{24}	顶tiaŋ^{214}	顶tiaŋ^{314}	顶in^{324}
0122	（床）底下	底下 tʌ^{24}ho^{2}ʔo^{23}	底下 tɛ^{24}ha^{3}ʔa^{35}	底下 tɐi^{24}ha^{33}	底下 ta^{214}ha^{12}	底下 ta^{314}hou^{3}	底下 ie^{324}hɔu^{4}
0123	中间	中间 tsɐn^{13}kʌ^{2}ʔŋ^{23}	中间 tsaŋ^{12}kuə^{3}ʔɛ^{35}	中间 ʧɐŋ^{11}kan^{33}	中间 tsɛŋ^{33}kiaŋ^{12}	中间 tsiŋ^{44}kaŋ^{44}	中间 tsoŋ^{51}kiẽ^{4}
0124	旁边	侧边tsei^{5}pie^{2}ʔe^{23}	侧边tsei^{5}pɛ^{3}ʔn^{35}	侧边tsɐi^{5}pin^{33}	侧边tsi^{5}piŋ^{12}	侧边tsa^{5}piŋ^{3}	侧边tsa^{21}piẽ^{4}
0125	对面	对面 toe^{44}mie^{4}ʔe^{45}	对面 tɔe^{44}bɛ^{3}ʔn^{35}	对面 tɔi^{55}min^{33}	对面 tuoi^{53}miŋ^{31}	对面 tuai^{45}miŋ^{3}	对面 øy^{44}bɛn^{4}
0126	附近	近紧kʻin^{44}kin^{24}	近紧kʻian^{44}kian^{24}	近紧kʻiɔn^{55}kiɛn^{24}	近紧kʻiɔn^{53}kiaŋ^{214}	近紧kʻɛŋ^{45}kɛŋ^{314}	近紧kʻyẽ^{22}kaŋ^{324}
0127	隔壁	隔壁 kʌ^{5}piʌ^{2}ʔʌ^{23} 隔篱 kʌ^{5}lɐe^{21}	隔篱 kɛ^{5}la^{3}ʔi^{35}	隔壁 kɐi^{5}pia^{33}	隔壁 kɔ^{5}pia^{12}	隔壁 kou^{5}pia^{3}	隔壁 ki^{21}pi^{4} 隔篱 ki^{21}lai^{4}
0128	邻居	隔壁 kʌ^{5}piʌ^{2}ʔʌ^{23} 隔壁邻舍 kʌ^{5}piʌ^{2}ʔʌ^{23}lin^{21}siʌ^{22}	隔篱 kɛ^{5}la^{3}ʔi^{35}	隔壁 kɐi^{5}pia^{33}	隔壁邻舍 kɔ^{5}pia^{12}lan^{11}sɔ^{53}	隔壁邻舍 kou^{5}pia^{3}lɛŋ^{22}sou^{45}	隔壁 ki^{21}pi^{4} 隔篱 ki^{21}lai^{4}
0129	今年	今年 kin^{13}lie^{21}	今年 kian^{12}lɛn^{21}	今年 kiɛn^{11}ŋin^{42}	今年 kiaŋ^{33}ŋiŋ^{11}	今年 kɛŋ^{44}liŋ^{22}	今年 kaŋ^{51}lɛn^{45}
0130	去年	旧年 kʻiu^{22}lie^{21}	旧年 kʻiu^{22}lɛn^{21}	旧年 kʻiau^{11}ŋin^{42}	旧年 kʻiu^{31}ŋiŋ^{11}	旧年 kʻiu^{44}liŋ^{3}	旧年 kʻau^{22}/kʻiu^{22}lɛn^{45}
0131	前年	前年 tsʻie^{21}lie^{21}	前年 tsʻɛn^{21}lɛn^{21}	前年 tsʻin^{42}ŋin^{42}	前年 tsʻiŋ^{11}ŋiŋ^{11}	前年 tsʻiŋ^{22}liŋ^{3}	前年 tsʻɛn^{45}lɛn^{45}
0132	大前年	大前年 tʻo^{22}tsʻie^{21}lie^{21}	大前年 tʻuə^{22}tsʻɛn^{21}lɛn^{21}	大前年 tʻai^{11}tsʻin^{42}ŋin^{42}	大前年 tʻa^{31}tsʻiŋ^{11}ŋiŋ^{11}	大前年 tʻou^{44}tsʻiŋ^{22}liŋ^{3}	大前年 tu^{22}tsʻɛn^{45}lɛn^{45}

序号	词目	大村	向阳	石陂	周田	石塘	桂头
0133	明年	明年 miʌŋ^{21}lie^{21}	明年biɛ^{21}lɛn^{21}	明年 miaŋ^{42}ŋin^{42}	明年 miaŋ^{11}ŋiŋ^{11}	明年 miaŋ^{22}liŋ^{22}	明年 bin^{45}lɛn^{45}
0134	后年	后年 hʌi^{44}lie^{21}	后年 hɔ^{44}lɛn^{21}	后年 hø^{55}ŋin^{42}	后年 hia^{53}ŋiŋ^{11}	后年 hie^{45}liŋ^{22}	后年 hei^{21}lɛn^{45}
0135	大后年	大后年 tʻo^{22}hʌi^{44}lie^{21}	大后年 tʻuə^{22}hɔ^{44}lɛn^{21}	大后年 tʻai^{11}hø^{55}ŋin^{42}	大后年 tʻa^{31}hia^{53}ŋiŋ^{11}	大后年 tʻou^{22}hie^{45}liŋ^{22}	大后年 tu^{22}hei^{21}lɛn^{45}
0136	今天	今日 kin^{13}ŋi^{4}ʔi^{45}	今日 kian^{12}gi^{3}ʔi^{35}	今日 kiɛn^{11}ŋi^{3} 今晡日 kiɛn^{11}pu^{33}ŋi^{3}	今日 kiaŋ^{33}ŋi^{3} 今晡日 kiaŋ^{33}pu^{33}ŋi^{3}	今日 kɛŋ^{44}ŋi^{3}	今日 kaŋ^{51}gai^{44}
0137	昨天	□日tsʻɔŋ^{22}ŋi^{4}ʔi^{45}	□日tsʻɔŋ^{22}gi^{3}ʔi^{35}	□日tsʻa^{42}ŋi^{3} □晡日tsʻa^{42}pu^{33}ŋi^{3}	□日tsʻɔ^{11}ŋi^{3} □晡日tsʻɔ^{11}pu^{33}ŋi^{3}	□日tsʻoŋ^{44}ŋi^{3}	□日tsʻoŋ^{22}gai^{22}
0138	前天	前日tsʻie^{21}ŋi^{4}ʔi^{45}	前日tsʻɛn^{21}gi^{3}ʔi^{35}	前晡日 tsʻin^{24}pu^{33}ŋi^{3}	前晡日 tsʻiŋ^{11}pu^{33}ŋi^{3}	前日tsʻiŋ^{22}ŋi^{3}	前日tsʻɛn^{45}gai^{44}
0139	大前天	大前日 tʻo^{22}tsʻie^{21}ŋi^{4}ʔi^{45}	大前日 tʻuə^{22}tsʻɛn^{21}gi^{3}ʔi^{35}	大前晡日 tʻai^{11}tsʻin^{24}pu^{33}ŋi^{3}	大□前晡日 tʻa^{31}ka^{53}tsʻiŋ^{11}pu^{33}ŋi^{3}	大前日 tʻou^{44}tsʻiŋ^{22}ŋi^{3}	大前日 tu^{22}tsʻɛn^{45}gai^{44}
0140	明天	明日miʌŋ^{21}ŋi^{4}ʔi^{45}	明日biɛ^{21}gi^{3}ʔi^{35}	明日miaŋ^{42}ŋi^{3} 明晡日miaŋ^{42}pu^{33}ŋi^{3}	明日miaŋ^{11}ŋi^{3} 明晡日miaŋ^{11}pu^{33}ŋi^{3}	明日miaŋ^{22}ŋi^{3}	明日bin^{45}gai^{44}
0141	后天	后日hʌi^{44}ŋi^{4}ʔi^{45}	后日hɔ^{44}gi^{3}ʔi^{35}	后晡日 hø^{55}pu^{33}ŋi^{3}	后日hia^{53}ŋi^{3} 后晡日 hia^{53}pu^{33}ŋi^{3}	后日hie^{45}ŋi^{3}	后日hei^{21}gai^{44}
0142	大后天	大后日 tʻo^{22}hʌi^{44}ŋi^{4}ʔi^{45}	大后日 tʻuə^{22}hɔ^{44}gi^{3}ʔi^{35}	大后晡日 tʻai^{11}hø^{55}pu^{33}ŋi^{3}	大□后晡日 tʻa^{31}ka^{53}hia^{53}pu^{33}ŋi^{3}	大后日 tʻou^{44}hie^{45}ŋi^{3}	大后日 tu^{22}hei^{21}gai^{44}
0143	来日	下日ho^{22}ŋi^{4}ʔi^{45}	下日ha^{22}gi^{3}ʔi^{35}	定晡日 tʻɛn^{11}pu^{33}ŋi^{3}	□晡日 tʻai^{31}pu^{33}ŋi^{3}	下二回 hou^{44}ŋi^{3}fua^{22}	下日hɔu^{22}gai^{4}

序号	词目	大村	向阳	石陂	周田	石塘	桂头
0144	每天	日日ŋi^{3}ŋi^{4}ʔi^{45}	日日gi^{3}gi^{3}ʔi^{35}	日日ŋi^{3}ŋi^{3}	日日ŋi^{3}ŋi^{3}	日日ŋi^{5}ŋi^{3}	日日gai^{44}gai^{4}
0145	日子	日子ŋi^{3}tsɿ^{24}	日子gi^{3}tsɿ^{24}	日子ŋi^{3}tsɿ^{24}	日子ŋi^{3}tsɿ^{214}	日子ŋi^{5}tsɿ^{314}	日子gai^{44}tsi^{324}
0146	（几个）小时	钟头 tsɐn^{13}tʻʌi^{21}	钟头 tsaŋ^{12}tʻɔ^{21}	钟头 ʧɐŋ^{11}tʻø^{42}	钟头 tsɐŋ^{33}tʻia^{11}	钟头 tsiẽ^{44}tʻie^{22}	钟头 tsoŋ^{51}tei^{45}
0147	（儿）点	点 tie^{24}	点 tɐn^{24}	点 tin^{24}	点 tiŋ^{214}	点 tiŋ^{314}	点 ɛn^{324}
0148	早晨	早饭头 tsʌu^{24}fə^{4}ʔŋ^{45}tʻʌi^{21}	清早tsʻan^{12}tsau^{24}	清早tsʻen^{11}tsau^{24} 朝边ʧiu^{11}pin^{11}	早晨头 tsau^{214}suɔn^{11}tʻia^{11}	早晨tsau^{314}sɐŋ^{22}	朝哩ɛi^{51}lei^{4}
0149	上午	上昼sɔŋ^{22}ti^{2}ʔu^{23}	上昼sɔŋ^{22}ti^{3}ʔu^{35}	上昼ʃɔŋ^{24}ʧau^{33}	上昼sɔŋ^{31}tsiu^{53}	上昼 sioŋ^{44}tiu^{3}	早朝tso^{324}ɛi^{4}
0150	中午	上昼□ sɔŋ^{22}ti^{2}ʔu^{23}tʌn^{44}	上昼sɔŋ^{22}ti^{3}ʔu^{35}	晏昼心 an^{55}ʧau^{33}sɐn^{11}	昼边tsiu^{53}piŋ^{33}	□昼taŋ^{45}tiu^{3}	上昼sœn^{22}jiu^{4}
0151	下午	下昼 ho^{22}ti^{2}ʔu^{23}	下昼 ha^{22}ti^{3}ʔu^{35}	下昼 ha^{11}ʧau^{33}	下昼 hɔ^{31}tsiu^{53}	下昼 hou^{44}tiu^{3}	下昼 hɔu^{22}jiu^{4}
0152	白天	日□ŋi^{3}tʌ^{2}ʔn^{23}	日□gi^{3}ta^{3}ʔn^{35}	日哩头ŋi^{3}lei^{33}tʻø^{42}	日□ŋi^{3}tiaŋ^{12}	日底ŋi^{5}ta^{3}	热□gɐi^{4}aŋ^{4}
0153	夜里	□饭头 vʉ^{22}fə^{4}ʔŋ^{45}tʻʌi^{21}	夜下ja^{22}ha^{3}ʔa^{35}	夜晡ia^{11}pu^{33}	夜晚iɔ^{31}moŋ^{12}	暗晡oŋ^{45}pu^{3}	夜下je^{22}hɔu^{4}
0154	晚上	□饭头 vʉ^{22}fə^{4}ʔŋ^{45}tʻʌi^{21}	夜下ja^{22}ha^{3}ʔa^{35}	夜晡ia^{11}pu^{33}	夜晚iɔ^{31}moŋ^{12}	暗晡oŋ^{45}pu^{3}	夜下je^{22}hɔu^{4}
0155	傍晚	连暗lie^{21}m^{44}	凌暗lan^{21}uə^{44}	断黑tʻun^{55}hɐi^{5}	断暗tʻoŋ^{53}oŋ^{53}	断暗边 tʻuaŋ^{45}oŋ^{45}piŋ^{3}	断黑tʻœn^{21}ha^{21}

序号	词目	大村	向阳	石陂	周田	石塘	桂头
0156	整天	□日kɛn^{24}ȵi^{3}	□日lɔn^{22}gi^{3}ʔi^{35} 成日siɛ^{21}gi^{3}ʔi^{35}	□日kɛn^{24}ȵi^{3}	□日哩 kiaŋ^{12}ȵi^{3}lɛ^{53}	□日lɛŋ^{44}ȵi^{5}	□日laŋ^{22}gai^{44}
0157	（天）亮（了）	皓 hʌu^{22} 光 kɔŋ^{13}	光 kɔŋ^{12}	光 kɔŋ^{11}	光 kɔŋ^{33}	皓 hau^{44}	皓 ho^{22}
0158	（天）黑（了）	暗m^{44}	暗uə^{44}	暗an^{55}	暗oŋ^{53}	暗oŋ^{45} 黑hai^{5}	黑ha^{21}
0159	月初	月头 ŋɵ^{4}ʔɵ^{45}tʻʌi^{21}	月头 giɛ^{3}tɔ^{21}	月头 ŋiui^{3}tʻø^{42}	月头 ŋia^{3}tʻia^{11}	月头 ŋye^{3}tʻie^{22}	月头 gøy^{4}tei^{4}
0160	月底	月尾 ŋɵ^{4}ʔɵ^{45}mo^{2}ʔe^{23}	月尾 giɛ^{3}ba^{3}ʔi^{35}	月尾 ŋiui^{3}mɔi^{33}	月尾 ŋia^{3}mai^{12}	月尾 ŋye^{3}mai^{3}	月尾 gøy^{4}bei^{4}
0161	从前	上首sɔŋ^{22}siu^{24} 以前ji^{24}tsʻie^{21}	以前ŋ^{24}tsʻɛn^{21}	在先tsʻui^{11}sin^{11}	先头回 siŋ^{33}tʻia^{11}fai^{11}	带头ta^{45}tʻie^{3}	先行sɛn^{51}hin^{45} 以前ji^{324}tsʻɛn^{45}
0162	现在	如□ɳ^{21}ki^{2}ʔi^{23}	如今ɟɥ^{21}kia^{3}ʔn^{35}	如今i^{42}kiɛn^{33}	如今i^{11}kiaŋ^{12}	□□iŋ^{22}kiŋ^{44}	□今hin^{51}kaŋ^{4}
0163	起初	起首hi^{24}siu^{24}	起首hi^{24}siu^{24} 初初tsʻɔu^{12}tsʻɔu^{12}	开始kʻui^{11}tsʅ^{24}	初初哩 tsʻɛu^{33}tsʻɛu^{33}lɛ^{53}	先行siŋ^{44}haŋ^{22}	开张kʻvu^{51}tsœn^{51}
0164	后来	落尾lɔ^{3}mo^{2}ʔe^{23}	落尾lɔu^{3}ba^{3}ʔi^{35}	□尾la^{5}mɔi^{33}	□尾lɔ^{3}mai^{12} 后尾hia^{53}mai^{12}	落尾lo^{5}mai^{3}	□尾lɔu^{51}bei^{4}
0165	最后	最尾tsoe^{44}mo^{2}ʔe^{23}	最落尾 tsui^{44}lɔu^{3}ba^{3}ʔi^{35}	最□尾 tsui^{55}la^{5}mɔi^{33}	最□尾 tsoi^{53}lɔ^{3}mai^{12}	第一后背tʻai^{44}i^{5}hie^{44}pua^{3} □后背tsɛŋ^{45}hie^{44}pua^{3}	最□尾 tsøy^{44}lɔu^{51}bei^{4}
0166	刚才	啱□ŋʌ^{2}ʔn^{23}sie^{44}	还正ha^{21}tsɛ^{44}	□□kʻiɔŋ^{11}sin^{55}	还正ha^{11}tsiaŋ^{53}	□时哩 kʻioŋ^{44}sʅ^{22}lei^{3}	□□kʻœn^{51}sɛn^{44}
0167	大年初一	年初一 lie^{21}tsʻɔ^{13}ji^{5}	年初一 lɛn^{21}tsʻɔu^{12}ji^{5}	年初一 ŋin^{42}tsʻɔu^{11}i^{5}	年初一 ŋiŋ^{11}tsʻɛu^{33}i^{5}	年初一 liŋ^{22}tsʻo^{44}i^{5}	年初一 lɛn^{45}tsʻɔu^{51}ji^{21}

序号	词目	大村	向阳	石陂	周田	石塘	桂头
0168	端午节	五月节 m^{44}ŋɵ^{3}tsɿ^{2}ʔɿ^{23}	五月节 m^{44}giɛ^{3}tsɿ^{3}ʔɿ^{35}	五月节 m^{55}ŋiui^{3}tsi^{3}	五月节 m^{53}ŋia^{3}tsi^{12}	五月节 m^{45}ŋye^{5}tsi^{3}	五月节 gau^{21}gøy^{44}tsei^{4}
0169	中秋节	八月十五 pᴀ^{5}ŋɵ^{3}sɿ^{3}m^{44}	八月十五 puə^{5}giɛ^{3}sɿ^{3}m^{44}	八月十五 pa^{5}ŋiui^{3}sɿ^{3}m^{55}	八月十五 pa^{5}ŋia^{3}sɿ^{3}m^{53}	八月中秋 pa^{5}ŋye^{5}tsie^{44}tsʻiu^{44}	八月十五 pie^{21}gøy^{44}si^{44}gau^{21}
0170	重阳节	重阳 tsʻen^{21}jɔŋ^{21}	重阳 tsʻaŋ^{21}jɔŋ^{21}	重阳 ʧʻɐŋ^{42}iɔŋ^{42}	重阳 tsʻɛŋ^{11}iɔŋ^{11}	重阳 tsʻiẽ^{22}ioŋ^{22}	重阳 tsʻoŋ^{45}jœn^{45}
0171	除夕	年三十 lie^{21}so^{13}sɿ^{3}	年三十末 lɛn^{21}sa^{12}sɿ^{3}buə^{3}ʔə^{35}	年三十晡夜 ŋin^{33}san^{11}sɿ^{3}pu^{33}ia^{33}	年三十暗晡 ŋiŋ^{11}soŋ^{33}sɿ^{3}ʔiaŋ^{53}pu^{12}	三十日暗晡 soŋ^{44}sɿ^{5}ŋi^{3}oŋ^{45}pu^{3}	三十晚 siẽ^{51}si^{44}bœn^{4}
0172	历书	通书 tʻen^{13}sʉ^{13}	通书 tʻaŋ^{12}sɥ^{12}	通书 tʻɐŋ^{11}ʃi^{11}	通书 tʻɛŋ^{33}su^{33}	通书 tʻiẽ^{44}sy^{44}	牛牯历 giu^{45}ku^{324}li^{4} 通书 tʻoŋ^{51}sy^{51}
0173	一辈子	一世人 ji^{5}sɿ^{44}ŋin^{21}	一世人 ji^{5}sɿ^{44}gian^{21}	一世人 i^{5}sɿ^{55}ŋiɛn^{42}	一世人 i^{5}sɿ^{53}ŋiaŋ^{11}	一世人 i^{5}sɿ^{45}ŋɐŋ^{22}	一世□ ji^{21}si^{44}lau^{4}
0174	前世	前世 tsʻie^{21}sɿ^{44}	前世 tsʻen^{21}sɿ^{44}	前世 tsʻin^{42}sɿ^{55}	前世 tsʻiŋ^{11}sɿ^{53}	前世tsʻiŋ^{22}sɿ^{45}	头世 tei^{45}si^{44}
0175	后世	后世 hʌi^{22}sɿ^{44}	后世 hɔ^{22}sɿ^{44}	后世 hø^{11}sɿ^{55}	后世 hia^{31}sɿ^{53}	第二世 tʻai^{44}ŋi^{44}sɿ^{45}	第二世 tai^{22}gai^{22}si^{44}
0176	一会儿	一阵间 ji^{5}tsʻin^{22}kᴀ^{2}ʔŋ^{23}	一阵哩 ji^{5}tsʻan^{22}lɛ^{3}ʔɛ^{35} 一刻哩 ji^{5}kʻɛ^{5}lɛ^{3}ʔɛ^{35}	一阵间 i^{5}ʧʻɐn^{11}kan^{33}	一阵哩 i^{5}tsʻan^{12}lɛ^{53}	一刻哩 i^{5}kʻa^{5}lei^{3}	一阵间 ji^{21}tsʻaŋ^{22}kiẽ^{51}
0177	瞬间	□星sᴀ^{5}siᴀ^{2}ʔŋ^{23}	一转眼 ji^{5}tsuə^{24}guə^{44}	一阵间 i^{5}ʧʻɐn^{11} kan^{33}	一阵哩 i^{5}tsʻan^{12}lɛ^{53}	一刻哩 i^{5}kʻa^{5}lei^{3}	一阵间 ji^{21}tsʻaŋ^{22}kiẽ^{51}
0178	（什么）时候	时候 sɿ^{21}hᴀ^{4}ʔi^{45}	时候 sɿ^{21}hɔ^{3}ʔɔ^{35}	时候 sɿ^{42}hø^{33}	时候 sɿ^{11}hia^{31}	时候sɿ^{22}hie^{3}	时候 si^{45}hei^{4}
0179	水田	田 tʻie^{21}	田 tʻɛn^{21}	田 tʻin^{42}	禾田 vu^{11}tʻiŋ^{11}	禾田o^{22}tʻiŋ^{22}	水田 sy^{324}tɛn^{45}

序号	词目	大村	向阳	石陂	周田	石塘	桂头
0180	旱地	旱地hoŋ^{22}tʻæ^{22}山边地 坝地po^{44}tʻæ^{22}河边地	坝地 pa^{44}tʻai^{22}	坝地 pa^{55}tʻei^{11}	坝地 pɔ^{53}tʻai^{31}	地tʻai^{44}	坝地 pɔu^{44}tai^{22}
0181	田埂	田塍 tʻie^{21}sᴀ^{4}ʔn^{45}	田塍 tʻɛn^{21}sa^{3}ʔn^{35}	田塍 tʻin^{42}ʃɔn^{33}	田塍 tʻiŋ^{11}siaŋ^{3}	田塍tʻiŋ^{22}saŋ^{3}	田塍 tɛn^{45}saŋ^{4}
0182	土坎儿	上磡 sɔŋ^{22}kʻᴀŋ^{44}	高墩kau^{12}tɔn^{12}	田磡tʻin^{42}kʻan^{55}	磡kʻoŋ^{53}	磡kʻoŋ^{45}	磡头kʻiɛ^{44}tei^{45}
0183	种田	耕田 kᴀŋ^{13}tʻie^{21}	耕田 kiɛ^{12}tʻɛn^{21}	耕田 kaŋ^{11}tʻin^{42}	耕田 kiaŋ^{33}tʻiŋ^{11}	耕田kaŋ^{44}tʻiŋ^{22}	耕田 kin^{51}tɛn^{45}
0184	拔秧	脱秧 tʻʉ^{5}jɔŋ^{13}	铲秧 tsʻuə^{24}jɔŋ^{12}用于早稻 脱秧 tʻui^{5}jɔŋ^{12}用于晚稻	脱秧 tʻui^{5}iɔŋ^{11}	脱秧 tʻoi^{5}iɔŋ^{33}	扯秧tsʻou^{314}ioŋ^{44}用于插的秧苗 □秧paŋ^{45}ioŋ^{44}用于抛的秧苗	□秧 bai^{324}jœn^{51}
0185	插秧	跌禾嘀ti^{5}vʉ^{21}tei^{44}用于早稻 莳田sʉ^{22}tʻie^{21}用于晚稻	莳田sɿ^{22}tʻɛn^{21}	跌禾ti^{5}vɔu^{42}用于早稻 莳田sɿ^{42}tʻin^{42}用于晚稻	莳田sɿ^{31}tʻiŋ^{11}	莳田sɿ^{44}tʻiŋ^{22}	莳田sy^{22}tɛn^{45}
0186	耘田	薅田hᴀu^{13}tʻie^{21}	薅田hau^{12}tʻɛn^{21} 耘田jiɔn^{21}tʻɛn^{21}	耘田iɔn^{42}tʻin^{42}	耘田iɔn^{11}tʻiŋ^{11}	薅田hau^{44}tʻiŋ^{22}	薅田ho^{51}tɛn^{45}
0187	割稻	割禾嘀 kʉ^{5}vʉ^{21}tei^{44}	割禾 kui^{5}vɔu^{21}	割禾 kui^{5}vɔu^{42}	割禾 kɔ^{5}vu^{11}	割禾kou^{5}o^{22}	割禾 kvu^{21}vu^{45}
0188	脱粒	打禾嘀 tᴀ^{4}ʔᴀ^{45}vʉ^{21}tei^{44}	打禾ta^{24}vɔu^{21}	打禾ta^{24}vɔu^{42}	打禾哩 ta^{3}vu^{11}lɛ^{53}	□禾pʻɛŋ^{45}o^{22} 打禾tou^{3}o^{22}	□禾tau^{45}vu^{45}
0189	稻草	禾稿vʉ^{21}kᴀu^{24}	禾秆vɔu^{21}kun^{24}	禾秆vɔu^{42}kun^{24}	禾秆vu^{11}koŋ^{214}	禾秆o^{22}koŋ^{314}	禾稿vu^{45}ko^{324}
0190	稻茬儿	禾头壳 vʉ^{21}tʻᴀi^{21}kʻɔ^{5}	禾头vɔu^{21}tʻɔ^{21}	禾头vɔu^{42}tʻø^{42}	禾秆头 vu^{11}koŋ^{214}tʻia^{11}	禾秆头 o^{22}koŋ^{314}tʻie^{22}	禾头vu^{45}tei^{45}
0191	撒（草木灰）	□jie^{24}	撒suə^{5}	打ta^{24}	□iɛ^{31}	□iei^{44}	□jɛi^{21}

序号	词目	大村	向阳	石陂	周田	石塘	桂头
0192	沤肥	沤肥ʌi^{44}foe^{21}	沤肥 ɔ^{44}fai^{21}	沤肥 ø^{55}fɔi^{42}	沤肥 ʔia^{53}fai^{11}	沤肥ie^{45}fai^{22}	沤肥 ei^{44}fei^{45}
0193	锄头	锄头 tsʻɔ^{21}tʻʌi^{21}	锄头 tsʻɔu^{21}tʻɔ^{21}	锄头 tsʻɔu^{42}tʻø^{42}	锄头 tsʻɛu^{11}tʻia^{11}	锄头tsʻo^{22}tʻie^{22}	锄头 tsʻøy^{45}tei^{45}
0194	刨锄	镰刮lie^{21}kᴀ^{2}ʔᴀ^{23}	镰刮lɛn^{21}kuə^{5}	镰刮lin^{42}ka^{3}	镰刮liŋ^{11}ka^{12}	镰刮liŋ^{22}kua^{3}	镰刮lɛn^{45}kvie^{4}
0195	（锄头）把	柄 piᴀ^{2}ʔŋ^{23}	柄 piɛ^{3}ʔɛ^{35}	柄 piaŋ^{33}	柄 piaŋ^{12}	柄piaŋ^{3}	柄 pin^{4}
0196	镐	洋锄jɔŋ^{21}tsʻɔ^{21}	番钉fuɛ^{12}tiɛ^{12}	番钉fan^{11}tiaŋ^{11} 洋锄iɔŋ^{42}tsʻɔu^{42}	番钉foŋ^{33}tiaŋ^{33} 洋锄iɔŋ^{11}tsʻɛu^{11}	洋锄ioŋ^{22}tsʻo^{22}	洋锄jœn^{45}tsʻøy^{45}
0197	铁锹	锹巴tsʻiu^{13}pᴀ^{13}	锹巴tsʻiu^{12}pa^{12}	锹巴tsʻiu^{11}pa^{11}	锹巴tsʻiau^{33}pɔ^{33}	锹巴tsʻiau^{44}pou^{3}	锹巴tsʻɛi^{51}pɔu^{51}
0198	镰刀	禾镰刀 vʉ^{21}lie^{4}ʔe^{45}tᴀ^{2}ʔu^{23}割稻用 茅镰mᴀu^{21}lie^{21}割草用	禾镰vɔu^{21}lɛ^{3}ʔn^{35}割稻用 茅镰bau^{21}lɛ^{3}ʔn^{35}割草用	禾镰仔 vɔu^{42}lin^{42}tsɛi^{33}割稻用 茅镰mau^{42}lin^{33}割草用	禾镰仔 vu^{11}liŋ^{3}tsa^{12}割稻用 茅镰mau^{11}lliŋ^{3}割草用	禾镰仔 o^{22}liŋ^{22}tsei^{3}割稻用 茅镰mau^{22}liŋ^{3}割草用	禾镰vu^{45}lɛn^{4}割稻用 茅镰bo^{45}lɛn^{4}割草用
0199	犁	犁 lᴀ^{21}	犁 lɛ^{21}	犁 lɛi^{42}	犁 la^{11}	犁la^{22}	犁 lie^{45}
0200	风车	风柜 fɐn^{13}kʻoe^{22}	风柜 faŋ^{12}kʻuai^{22}	风车 fɐŋ^{11}tʃʻa^{11}	风车 fɐŋ^{33}tsʻɔ^{12}	风车fie^{44}tsʻou^{44}	风车 foŋ^{51}tsʻi^{51}
0201	打谷桶	桶楻tʻɐn^{24}fɔŋ^{21}	桶楻tʻaŋ^{24}fɔŋ^{21}	桶楻tʻɐŋ^{24}fɔŋ^{42}	桶楻tʻɐŋ^{214}fɔŋ^{11}	桶楻tʻiẽ^{314}uoŋ^{22}	桶楻tʻoŋ^{324}foŋ^{4}
0202	箩筐	箩 lɔ^{21}	箩 lɔu^{21}	箩 lɔu^{42}	箩 lɛu^{11}	箩lo^{22}	箩 lɔu^{45}
0203	土箕（挑土等用）	粪箕 fun^{44}ki^{2}ʔi^{23}	粪箕 fan^{44}ki^{3}ʔi^{35}	粪箕 fɔn^{55}ki^{33}	粪箕 fan^{53}ki^{12}	粪箕fɐŋ^{45}ki^{3}	粪□faŋ^{44}kau^{4}

序号	词目	大村	向阳	石陂	周田	石塘	桂头
0204	筛子	筛sə^{2}ʔə^{23}	筛sɔ^{3}ʔe^{35}	筛sɛi^{33}	筛哩siɛ^{12}lɛ^{53}	筛sye^{3}	筛søy^{4}
0205	碓（统称）	碓to^{2}ʔe^{23}	碓tɔ^{3}ʔe^{35}	碓tɔi^{33}	碓tuoi^{12}	碓tuai^{3}	碓øy^{4}
0206	磨儿	磨mɔ^{4}ʔɔ^{45}	磨石bɔu^{21}siɛ^{3}ʔɛ^{35}	磨石mɔu^{42}ʃa^{3}	磨石mɛu^{11}sɔ^{3}	磨mo^{3}	磨bɔu^{4}
0207	晒谷场	禾坪vʉ^{21}pʻiʌ^{4}ʔŋ^{45}	禾坪vɔu^{21}pʻiɛ^{3}ʔɛ^{35}	禾坪vɔu^{42}pʻiaŋ^{33} 箩坪lɔu^{42}pʻiaŋ^{33}	禾坪vu^{11}pʻiaŋ^{11} 石坪sɔ^{3}pʻiaŋ^{11}	晒坪sa^{45}pʻiaŋ^{22}	禾坪vu^{45}pin^{4}
0208	晒谷簟	簟笪tʻie^{22}to^{5}	簟笪tʻɛn^{44}tuə^{5}	簟笪tʻin^{55}ta^{5}	簟笪tʻiŋ^{53}tɔ^{5}	簟笪tʻiŋ^{45}tou^{5}	簟笪tʻiẽ^{21}u^{21}
0209	扁担	担竿 təŋ^{44}kə^{2}ʔŋ^{23}	担竿 toŋ^{44}ku^{3}ʔn^{35}	担竿 tan^{33}kun^{33}	担竿 toŋ^{53}koŋ^{12}	担竿toŋ^{45}koŋ^{3}	担竿 iẽ^{44}kvœn^{4}
0210	绳子	绳sʌ^{4}ʔn^{45}	绳sa^{3}ʔn^{35}	索sɔu^{5}	索sɛu^{5}	绳saŋ^{22}	绳saŋ^{4}
0211	打桩	打□tʌ^{4}ʔʌ^{45}tun^{24}	打□ta^{24}tɔn^{24}	钉□tiaŋ^{11}tɔn^{24}	打□ta^{3}tan^{214}	钉□tiaŋ^{44}tɛŋ^{314}	□□tau^{45}aŋ^{324}
0212	楔子	檨tsie^{2}ʔe^{23}	檨tsɛ^{3}ʔn^{35}	檨tsin^{33}	檨哩tsiŋ^{12}lɛ^{53}	檨tsiŋ^{44}	□tsɛi^{4}
0213	（赶牛的）竹枝	驶牛棍 sɿ^{24}ŋiu^{21}ku^{2}ʔn^{23}	牛□竹 giu^{21}fɛ^{5}tsɔ^{3}ʔɔ^{35}	驶牛棍 sɿ^{24}ŋɛu^{42}kɔn^{33}	驶牛棍 sɿ^{214}ŋiu^{11}kuɔn^{12}	驶牛竹 sɿ^{314}ŋiu^{22}tsie^{5}	驶牛棍 si^{324}giu^{45}kvaŋ^{4}
0214	种麦子	种面麦 tsən^{44}mie^{22}mo^{4}ʔo^{45}	点麦哩tɛn^{44}bɛ^{3}lɛ^{3}ʔɛ^{35} 种麦哩tsaŋ^{44}bɛ^{3}lɛ^{3}ʔɛ^{35}	点麦哩 tin^{55}mɛi^{3}lɛi^{33}	种面麦 tsɛŋ^{53}miŋ^{31}mɔ^{3}	种麦tsiẽ^{45}ma^{5}	种麦tsoŋ^{44}bi^{4}
0215	（种子）出芽	发芽fo^{5}ŋo^{4}ʔo^{45}	暴芽pau^{44}ga^{3}ʔa^{35} 发芽fuə^{5}ga^{3}ʔa^{35}	暴芽pau^{55}ŋa^{33}	暴芽pau^{53}ŋɔ^{3}	发芽fou^{5}ŋou^{3}	暴芽po^{44}gɔu^{4}

序号	词目	大村	向阳	石陂	周田	石塘	桂头
0216	放牛	睇牛tʻᴀ^{24}ŋiu^{21}	睇牛tʻɛ^{24}giu^{21}	掌牛tʃɔŋ^{24}ŋeu^{42}	掌牛tsɔŋ^{214}ŋiu^{11}	睇牛tʻa^{314}ŋiu^{22}	睇牛tʻie^{324}giu^{45}
0217	打柴	斩柴tsᴀŋ^{24}tsʻᴀ^{21}	斫柴tɛ^{5}tsʻuə^{21}	倒柴tau^{24}tsʻai^{42}	斫柴tseu^{5}tsʻa^{11}	斫柴tso^{5}tsʻa^{22}	斩柴tsʻiẽ^{324}tsʻie^{45}
0218	赶集	趁街tsʻin^{44}kᴀ^{13}	趁墟tsʻan^{44}hi^{12}	赴墟fu^{55}hi^{11} 上街ʃɔŋ^{55}kai^{11}	赴街fu^{53}kia^{33}	下街hou^{45}ka^{44}	趁墟tsʻaŋ^{44}hau^{51}
0219	（用拉网）捕鱼	□鱼kʻʉ^{13}ŋʉ^{4}ʔʉ^{45}	□鱼kʻu^{12}gi^{3}ʔi^{35}	□鱼哩 ku^{11}ŋi^{33}lɛi^{33}	□鱼哩 kʻu^{33}m^{3}lɛ^{53}	扛鱼koŋ^{44}ŋy^{22}	网鱼boŋ^{324}gau^{4} 撒鱼su^{21}gau^{4}
0220	筑坝	堆坝toe^{13}po^{44}	堆陂头 tɔe^{12}pai^{12}tʻɔ^{21}	堆陂头 tɔi^{11}pɐi^{11}tʻø^{42}	作坝tseu^{5}pɔ^{53}	斗陂tie^{314}pai^{44} 结陂kei^{5}pai^{44}	结陂kɛi^{21}pai^{51}
0221	筑堤	堆堤toe^{13}tʻᴀ^{21}	堆堤tɔe^{12}tʻɛ^{21}	堆堤tɔi^{11}tʻɐi^{42}	作堤tseu^{5}tʻai^{11}	斗堤tie^{314}tʻai^{22} 结堤kei^{5}tʻai^{22}	结□kɛi^{21}kœn^{44}
0222	弄干水塘	干塘kəŋ^{13}tʻɔ^{4}ʔŋ^{45}	干塘kun^{12}tʻɔ^{3}ʔŋ^{35}	旱塘hun^{55}tʻɔŋ^{33}	干塘koŋ^{33}tʻɔŋ^{3}	戽塘fu^{45}tʻoŋ^{3} 放塘foŋ^{45}tʻoŋ^{3}	干塘kvœn^{51}toŋ^{4}
0223	戽水	戽水fʉ^{44}sʉ^{24}	戽水fu^{44}sɔe^{24}	戽水fu^{55}ʃɔi^{24}	戽水fu^{53}suoi^{214}	戽水fu^{45}sy^{314}	戽水fu^{44}sy^{324}
0224	碾米	碾米tsie^{24}mᴀ^{44}	砻谷laŋ^{21}kɔ^{3}ʔu^{35}	碾米tʃen^{24}mɛi^{55}	碾米tsiŋ^{214}ma^{53}	做米tsɿ^{45}mei^{45}	搅米ko^{324}bøy^{21}
0225	菜园	菜园tsʻʉ^{44}jɵ^{4}ʔɵ^{45}	菜园tsʻui^{44}jiɔ^{3}ʔn^{35}	菜园tsʻui^{55}iun^{33}	菜园tsʻoi^{53}iŋ^{11}	菜园tsʻua^{45}yẽ^{22}	菜园tsʻu^{44}vœn^{4}
0226	种菜	种菜tsɐn^{44}tsʻʉ^{44}	种菜tsaŋ^{44}tsʻui^{44}	种菜tʃeŋ^{55}tsʻui^{55}	种菜tseŋ^{53}tsʻoi^{53}	种菜tsiẽ^{45}tsʻua^{45}	种菜tsoŋ^{44}tsʻu^{44}
0227	浇菜	淋菜lin^{21}tsʻʉ^{44}	淋菜lan^{21}tsʻui^{44}	淋菜lɐn^{42}tsʻui^{55}	淋菜lan^{11}tsʻoi^{53}	淋菜leŋ^{22}tsʻua^{45}	淋菜laŋ^{45}tsʻu^{44}

序号	词目	大村	向阳	石陂	周田	石塘	桂头
0228	剖鱼	劏鱼tʻɔŋ^{13}ŋʉ^{4}ʔʉ^{45}	劏鱼tʻɔŋ^{12}gi^{3}ʔi^{35}	破鱼pʻɔu^{55}ŋi^{33}	劏鱼哩tʻɔŋ^{33}m^{3}lɛ^{53}	破鱼pʻo^{45}ŋy^{22}	劏鱼tʻoŋ^{51}gau^{4}
0229	杀鸡	劏鸡tʻɔŋ^{13}kie^{13}	劏鸡tʻɔŋ^{12}kɛi^{12}	劏鸡tʻɔŋ^{11}kɛi^{11}	劏劏鸡tʻɔŋ^{33}kiɛ^{33}	劏鸡tʻoŋ^{45}kei^{44}	劏鸡tʻoŋ^{51}kei^{51}
0230	宰猪	劏猪tʻɔŋ^{13}tsʉ^{13}	劏猪tʻɔŋ^{12}tɔe^{12}	劏猪tʻɔŋ^{11}ʧi^{11}	劏猪tʻɔŋ^{33}tsu^{33}	劏猪tʻoŋ^{45}tsy^{44}	劏猪tʻoŋ^{51}au^{51}
0231	养鸡	养鸡jɔŋ^{44}kie^{13}	养鸡jɔŋ^{44}kɛi^{12}	养鸡iɔŋ^{55}kɛi^{11}	养鸡iɔŋ^{53}kiɛ^{33}	养鸡ioŋ^{45}kei^{44}	养鸡jœn^{21}kei^{51}
0232	喂猪	□猪hi^{13}tsʉ^{13}	□猪hi^{12}tɔe^{12}	供猪kɐŋ^{55}ʧi^{11}	□猪pan^{33}tsu^{33}	□猪peŋ^{44}tsy^{44}	□猪hai^{51}au^{51}
0233	干活	做工夫 tsʅ^{44}kɐn^{13}fʉ^{13}	做工夫 tsu^{44}kaŋ^{12}fu^{12}	做工夫 tsɔu^{55}kɐŋ^{11}fu^{11}	做工夫 tsʅ^{53}kɐŋ^{33}fu^{33}	做工夫 tsʅ^{45}kiẽ^{44}fu^{44}	做工夫 tsau^{44}koŋ^{51}fu^{51}
0234	买米	籴米tʻiA^{3}mA^{44}	买米buə^{44}bɛ^{44}	籴米tʻiA^{3}mɛi^{55}	籴米tʻia^{3}ma^{53}	籴米tʻia^{5}mei^{45}	籴米tʻi^{44}bøy^{21}
0235	买肉	称猪肉 tsʻAn^{13}tsʉ^{13}lɐu^{3}	买猪肉 buə^{44}tɔe^{12}lɔ^{3}	买猪肉 mai^{55}ʧi^{11}ŋø^{3}	斫猪肉 tsɐu^{5}tsu^{33}ŋɛi^{3}	称猪肉 tsʻaŋ^{44}tsy^{44}ŋie^{5}	称猪肉 tsʻaŋ^{51}au^{51}lou^{44}
0236	淘米	洗米皮 sA^{24}mA^{44}pʻoe^{21}	洗米sɛ^{24}bɛ^{44}	洗米皮 sei^{24}mɛi^{55}pʻɛi^{42}	洗米皮 sa^{214}ma^{53}pʻai^{11}	洗米sei^{314}mei^{45}	洗米皮 sei^{324}bøy^{21}pai^{4}
0237	做饭	煮饭tsʉ^{24}fɐŋ^{22}	煮饭tsɥ^{24}fuə^{22}	煮饭ʧi^{24}fan^{11}	煮饭tsu^{214}foŋ^{31}	煮饭tsy^{314}foŋ^{44}	煮饭tsy^{324}fœn^{22}
0238	焖饭	焗饭kɐu^{5}fɐŋ^{22}	焗饭kɔ^{3}fuə^{22}	焗饭kø^{3}fan^{11}	焗饭kɛi^{3}foŋ^{31}	焗饭kie^{5}foŋ^{44}	焗饭kou^{21}fœn^{22}
0239	做菜	煮菜tsʉ^{24}tsʻʉ^{44}	煮菜tsɥ^{24}tsʻui^{44}	煮菜ʧi^{24}tsʻui^{55}	煮菜tsu^{214}tsʻoi^{53}	煮菜tsy^{314}tsʻua^{45}	煮菜tsy^{324}tsʻu^{44}

序号	词目	大村	向阳	石陂	周田	石塘	桂头
0240	（细火）炆	焖mun^{22}	焖ban^{22}	焖mɔn^{11}	焖man^{33}	焖mɛŋ^{45}	焖baŋ^{324}
0241	（清水）煮（蛋）	煮tsʉ^{24}	煮tsʮ^{24}	煮tʃi^{24}	煮tsu^{214}	煮tsy^{314}	煮tsy^{324}
0242	熬汤（久煮）	煲汤pɔ^{13}t'ɔŋ^{13}	炆汤van^{21}t'ɔŋ^{12} 煲汤pau^{22}t'ɔŋ^{12}	煲汤pau^{11}t'ɔŋ^{11}	煲汤pɐu^{33}t'ɔŋ^{33}	煲汤po^{44}t'oŋ^{44}	煲汤pɔu^{51}t'oŋ^{51}
0243	（汤）溢（出）	潽p'ʉ^{13}	潽p'u^{12}	潽p'u^{11}	潽p'u^{33}	潽p'u^{44}	潽p'au^{51}
0244	涮（碗）	洗sᴀ^{24}	洗sɛ^{24}	洗sei^{24}	洗sa^{214}	洗sei^{314}	洗sei^{324}
0245	擦（桌子）	抹mʉ^{5}	抹bui^{5}	抹mui^{5}	抹mɔ^{5}	抹mou^{5}	抹bu^{21}
0246	收拾	捡 kie^{24}	捡 kɛn^{24}	捡 kin^{24}	捡 kiŋ^{214}	捡kiŋ^{314}	捡 kaŋ^{324}
0247	赡养	养jɔŋ^{44}	养jɔŋ^{44}	养iɔŋ^{55}	养iɔŋ^{53}	养ioŋ^{45}	养jœn^{21}
0248	看家	守屋siu^{24}ɐu^{5} 睇屋t'ᴀ^{24}ɐu^{5}	睇屋t'ɛ^{24}ɔ^{5}	掌屋tʃɔŋ^{24}ø^{5}	掌屋tsɔŋ^{214}ɛi^{5}	守屋tsiu^{314}ie^{5}	睇屋t'ie^{324}ou^{21}
0249	缝（衣服）	联lɵ^{21}	联lɔn^{21}	联lin^{42}	联liŋ^{11}	联lyẽ^{22}	联lyẽ^{45}
0250	漂洗（衣服）	过水kɔ^{44}sʉ^{24}	过水kɔu^{44}sɔe^{24}	盪t'ɔŋ^{11}	盪t'ɔŋ^{33}	□kuaŋ^{44}	过水kvu^{44}sy^{324}
0251	晾干	□干sᴀu^{24}kəŋ^{13}	□干lɔŋ^{22}kun^{12}	□□lɔŋ^{11}tsau^{11}	□干lɔŋ^{53}koŋ^{33}	□干loŋ^{44}koŋ^{44}	□干so^{324}kœn^{51} □干loŋ^{22}kœn^{51}

序号	词目	大村	向阳	石陂	周田	石塘	桂头
0252	缝（被子）	联lɵ^{21}	联lɔn^{21} 钉tiɛ^{44}	联lin^{42}	联liŋ^{11}	联lyẽ^{22}	联lyẽ^{45}
0253	钉（扣子）	钉tiʌŋ^{44}	钉tiɛ^{44}	钉tiaŋ^{11}	钉tiaŋ^{33}	钉tiaŋ^{45}	钉in^{44}
0254	绕（毛线）	萦 jiʌŋ^{13}	萦 jiɛ^{12}	萦 iaŋ^{11}	萦 iaŋ^{33}	萦iaŋ^{44}	萦 jin^{51}
0255	烧（开水）	煮tsʉ^{24}	煮tsʮ^{24}	煮tʃi^{24}	煮tsu^{214}	煮tsy^{314}	煮tsy^{324}
0256	灌（开水）	上sɔŋ^{44}	上sɔŋ^{44}	装tsɔŋ^{11}	□pʻɛŋ^{33}	装tsɔŋ^{45}	上sœn^{21}
0257	烫（伤）	熝lo^{5}用于火烫 淥lɐu^{3}用于水烫	熝luɘ^{5}用于火烫 淥lɔ^{3}用于水烫	熝la^{5}用于火烫 淥lɵ^{3}用于水烫	熝lɔ^{5}用于火烫 淥lɐi^{3}用于水烫	熝lou^{5}用于火烫 淥lie^{5}用于水烫	熝lu^{21}用于火烫 淥lou^{44}用于水烫
0258	着火（火灾）	起火hi^{24}fʉ^{24}	着火tsʻiu^{3}fu^{24}	着火tʃʻɔu^{3}fu^{24}	着火tsʻɐu^{3}fu^{214}	着火tʻiu^{5}ho^{314}	着火tsʻœy^{44}fu^{324}
0259	（火）灭（了）	□tsʻoe^{22}	□tsʻɔe^{22}	乌vu^{11}	乌vu^{33}	乌u^{44}	□tsʻau^{22}
0260	使劲（拉）	用力jɐn^{22}lɘe^{3}	用力jaŋ^{22}lɐi^{3}	用力iɐŋ^{11}lɐi^{3}	用力iɐŋ^{31}li^{3}	用力iẽ^{44}la^{5}	用劲joŋ^{22}kaŋ^{44}
0261	安装（锄柄）	斗tʌi^{44}	斗tɔ^{44}	斗tø^{55}	斗tia^{53}	斗tie^{45}	斗ei^{44}
0262	修理	整tsʌn^{24}	整tsan^{24}	整tʃɛn^{24}	整tsiaŋ^{214}	整tsaŋ^{314}	整tsaŋ^{324}
0263	捡漏	捡瓦背 kie^{24}ŋo^{44}pʉ^{2}ʔʉ^{23}	捡瓦背 kɛn^{24}ga^{44}pu^{3}ʔi^{35}	捡瓦背 kin^{24}ŋa^{55}pui^{33}	捡瓦背 kiŋ^{214}ŋɔ^{53}poi^{53}	捡瓦背 kiŋ^{314}ŋou^{45}pua^{45}	捡瓦背 kɛn^{324}gɔu^{21}pu^{4}

序号	词目	大村	向阳	石陂	周田	石塘	桂头
0264	值班	值班tsʻei^{3}pəŋ^{13}	值班tsʻɛi^{3}puə^{12}	值班tʃʻei^{3}pan^{11}	值班tsʻi^{3}piaŋ^{33}	值班tsʻa^{5}paŋ^{44}	值班tsʻai^{44}piẽ^{51}
0265	拣（菜）	择tʻɔ^{3}	择tʻɔu^{3}	择tʻɔu^{3}	择tʻeu^{3}	择tʻo^{5}	择tsʻi^{44}
0266	攒（钱）	凑tsʻʌi^{44} 存tsʻun^{21}	凑tsʻɔ^{44}	凑tsʻø^{55} 存tsʻɔn^{42}	凑tsʻia^{53}	凑tsʻie^{45}	□tsʻei^{21}
0267	烤（尿布）	炕kʻɔŋ^{44}	炕kʻɔŋ^{44}	炙tʃa^{5}	□hɛu^{5} 炕kʻɔŋ^{53}	熏fɛŋ^{44}	熏faŋ^{51} 炕kʻoŋ^{44}
0268	（太阳）晒（肉）	晒 sʌ^{44}	晒 suə^{44}	晒 sai^{55}	晒 sa^{53}	晒 sa^{45}	晒 sie^{44}
0269	（用盐）腌（肉）	腌ŋ̍^{5}	腌ŋ̍^{5}	□tʻa^{5} 腌i^{5}	□tʻɔ^{5}	咬ŋau^{45}	腌jɛi^{21}
0270	（把开水）摊凉	□冻sʌu^{24}tɐn^{44}	歇冻hi^{5}taŋ^{44}	摊冷tʻan^{11}laŋ^{55}	摊冷tʻoŋ^{33}liaŋ^{53}	摊冻tʻoŋ^{44}tie^{45}	斗冻ei^{44}oŋ^{44}
0271	稻子	禾嘀vɐ^{21}tei^{44}	禾vɔu^{21}	禾vɔu^{42}	禾哩vu^{11}lɛ^{53}	禾o^{22}	禾vu^{45}
0272	稻谷	谷kɐ^{2}ʔu^{23}	谷kɔ^{3}ʔɔ^{35}	谷kø^{33}	谷kiɛ^{12}	谷kie^{3}	谷kou^{4}
0273	谷穗	谷串kɐ^{2}ʔu^{23}tsʻɵ^{44}	禾串vɔu^{21}tsʻɔn^{44} 谷串kɔ^{3}tsʻɔn^{44}	谷串kø^{33}tʃʻun^{55}	谷串kiɛ^{12}tsʻiŋ^{53}	禾线o^{22}siŋ^{3}	禾线vu^{45}sɛn^{4} 谷串kou^{4}tsʻyẽ^{44}
0274	秕谷	二行谷 ŋi^{22}hʌi^{21}kɐ^{2}ʔu^{23}不饱满 谷□kɐ^{2}ʔu^{23}pʻʌŋ^{44}全空	谷□kɔ^{3}pʻiɛ^{44}不饱满 谷壳kɔ^{3}kʻɔ^{3}ʔu^{35}全空	二公□ ŋi^{31}kɐŋ^{11}pʻaŋ^{55}不饱满 □谷pʻaŋ^{55}kø^{33}全空	二公子 ŋi^{31}kɐŋ^{33}tsɿ^{12}不饱满 谷□kiɛ^{12}pʻiaŋ^{53}全空	二行子 ŋi^{44}hoŋ^{314}tsɿ^{3}不饱满 谷□kie^{3}pʻaŋ^{45}全空	二行子 gai^{44}hin^{45}tsi^{4}不饱满 谷□kou^{21}pʻie^{21}全空

序号	词目	大村	向阳	石陂	周田	石塘	桂头
0275	大米	米mᴀ^{44}	米bɛ^{44}	米mɛi^{55}	米ma^{53}	米mei^{45}	米bøy^{21}
0276	糯米	糯米lɔ^{22}mᴀ^{44}	糯米lɔu^{22}bɛ^{44}	糯米nɔu^{11}mɛi^{55}	糯米nɐu^{31}ma^{53}	糯米lo^{44}mei^{45}	糯米lɔu^{22}bøy^{21}
0277	麦子	面麦mie^{22}mo^{4}ʔo^{45}	麦哩bɛ^{3}lɛ^{3}ʔɛ^{35}	禾麦vɔu^{42}mɛi^{3}	麦哩mɔ^{3}lɛ^{53}	麦ma^{5}	麦bi^{4}
0278	小米	狗尾粟 kᴀi^{24}mo^{2}ʔe^{23}sɐ^{2}ʔu^{23}	狗尾粟 kɔ^{24}bai^{44}sɔ^{3}ʔɔ^{35}	狗尾粟 kø^{24}mɔi^{33}sø^{33}	狗尾粟 kia^{214}mai^{12}siɛ^{12}	狗尾粟 kie^{314}mai^{3}sie^{3}	狗尾粟 kei^{324}bei^{21}sou^{4}
0279	玉米	包粟pᴀu^{13}sɐ^{2}ʔu^{23}	包粟pau^{12}sɔ^{3}ʔɔ^{35}	包粟pau^{11}sø^{33}	包粟pau^{33}siɛ^{12}	包粟pau^{44}sie^{3}	包粟po^{51}sou^{4}
0280	高粱	高□禾 kᴀu^{13}lᴀu^{21}vʉ^{21}	高粱粟 kau^{12}lɐŋ^{21}sɔ^{3}ʔɔ^{35}	高粱粟 kau^{11}liɔŋ^{42}sø^{3}	高粱粟 kau^{33}liɔŋ^{11}siɛ^{12}	高□kau^{44}lo^{22}	高□禾 ko^{51}lau^{45}vu^{45}
0281	黄豆	黄豆vɔŋ^{21}tʻᴀ^{4}ʔi^{45}	黄豆vɔŋ^{21}tʻɔ^{3}ʔɔ^{35}	黄豆vɔŋ^{42}tʻø^{33}	黄豆vɔŋ^{11}tʻia^{3}	黄豆uoŋ^{22}tʻie^{3}	黄豆voŋ^{45}tei^{4}
0282	豌豆	荷兰豆 hɔ^{21}lɐŋ^{21}tʻᴀ^{4}ʔi^{45}	荷兰豆 hɔu^{21}luə^{21}tʻɔ^{3}ʔɔ^{35}	荷兰豆 hɔu^{42}lan^{42}tʻø^{33}	荷包豆 hɐu^{11}pau^{33}tʻia^{3}	荷包豆 ho^{22}pau^{44}tʻie^{3}	荷包豆 hɔu^{45}po^{51}tei^{4}
0283	芝麻	麻嘀mo^{4}ʔo^{45}tei^{44}	麻哩ba^{21}lɛ^{3}ʔɛ^{35}	麻哩ma^{42}lɛi^{33}	麻哩mɔ^{3}lɛ^{53}	麻mou^{3}	麻bɔu^{4}
0284	豇豆	豆角tʻᴀi^{22}kɔ^{5}	豆角tʻɔ^{22}kɔu^{5}	豆角tʻø^{11}kɔu^{5}	豆角tʻia^{3}kɐu^{5}	豆角tʻie^{44}ko^{5}	豆角tei^{22}kou^{4}
0285	红薯	黄薯vɔŋ^{21}sʉ^{21}	薯哩sʮ^{21}lɛ^{3}ʔɛ^{35}	番薯fan^{11}ʃi^{42}	薯哩su^{31}lɛ^{53}	番薯foŋ^{44}sy^{22}	番薯fœn^{51}sy^{45}
0286	土豆	荷兰薯 hɔ^{21}lɐŋ^{21}sʉ^{21}	荷兰薯 hɔu^{21}luə^{21}sʮ^{21}	马铃薯 ma^{55}laŋ^{24}ʃi^{42}	马铃薯 mɔ^{53}liaŋ^{11}su^{31}	马铃薯 mou^{45}liaŋ^{3}sy^{22}	荷兰薯 hɔu^{45}liẽ^{45}sy^{45}

序号	词目	大村	向阳	石陂	周田	石塘	桂头
0287	荸荠	麻荠嘀 mo^{21}tsʻə^{4}ʔe^{45}tei^{44}	马蹄ba^{44}tʻɛ^{3}ʔɛ^{35}	马荠ma^{55}tsʻei^{33}	马荠仔 mɔ^{53}tsʻai^{3}tsa^{12}	麻荠mou^{3}tsʻai^{3}	麻荠bɔu^{45}tsʻai^{4}
0288	花生	花生fo^{13}sʌŋ^{13}	花生fa^{12}siɛ^{12}	花生fa^{11}saŋ^{11}	花生fɔ^{33}siaŋ^{33}	落生lo^{5}saŋ^{44}	花生fɔu^{51}sin^{51}
0289	花生米	花生仁 fo^{13}sʌŋ^{13}ŋi^{4}ʔn^{45}	花生肉 fa^{12}siɛ^{12}lɔ^{3}ʔɔ^{35}	花生仁 fa^{11}saŋ^{11}iɛn^{33}	花生肉 fɔ^{33}siaŋ^{33}ŋɛi^{3}	落生肉 lo^{5}saŋ^{44}ŋie^{3}	花生仁 fɔu^{51}sin^{51}gaŋ^{4}
0290	蘑菇	菌kʻu^{2}ʔn^{23}	菌kʻua^{3}ʔn^{35} 菇ku^{12}	菌哩kʻiɔn^{33}lɛi^{33}	菌哩kʻiɔn^{12}lɛ^{53}	菌kʻuɛŋ^{3}	菌kʻvaŋ^{4}
0291	栗子	栗子ləe^{3}tsɿ^{24}	栗子lai^{3}tsɿ^{3}ʔɿ^{35}	栗谷lɛi^{3}kø^{33}	栗lai^{3}	栗lai^{5}	风栗foŋ^{51}løy^{4}
0292	甘蔗	蔗tsiʌ^{2}ʔʌ^{23}	蔗tsiɛ^{3}ʔɛ^{35}	甘蔗kun^{11}tʃa^{33}	蔗tsɔ^{12}	甘蔗koŋ^{44}tsou^{45}	蔗tsi^{4}
0293	蔬菜	青菜tsʻiʌŋ^{13}tsʻʉ^{44}	青菜tsʻiɛ^{12}tsʻui^{44}	青菜tsʻiaŋ^{11}tsʻui^{55}	青菜tsʻiaŋ^{33}tsʻoi^{53}	青菜tsʻiaŋ^{44}tsʻua^{45}	青菜tsʻin^{51}tsʻu^{44}
0294	菠菜	角菜kɔ^{5}tsʻʉ^{2}ʔʉ^{23}	菠菜pɔu^{12}tsʻu^{3}ʔi^{35}	角菜kɔu^{5}tsʻui^{33}	角菜kɛu^{5}tsʻoi^{12}	角菜ko^{5}tsʻua^{45}	角菜kou^{21}tsʻu^{4}
0295	洋白菜	椰子菜 jiʌ^{21}tsɿ^{24}tsʻʉ^{44}	椰菜ja^{21}tsʻui^{44}	椰菜ia^{42}tsʻui^{55}	椰子菜 ia^{11}tsɿ^{214}tsʻoi^{53}	包菜pau^{44}tsʻua^{45}	椰子菜 je^{45}tsi^{214}tsʻu^{44}
0296	茄子	茄kʻɔ^{4}ʔɔ^{45}	茄kʻɔ^{3}ʔu^{35}	茄哩kʻiɔu^{33}lɛi^{33}	茄哩kʻiu^{3}lɛ^{53}	茄kʻo^{3}	茄kʻøy^{4}
0297	丝瓜	南瓜嘀 ləŋ^{21}ko^{13}tei^{44}	线瓜sɿ^{44}kua^{12}	线瓜sin^{55}ka^{33}	节瓜tsi^{5}ka^{33}	线瓜siŋ^{45}kou^{44}	线瓜sɛn^{44}kvɔu^{4}
0298	南瓜	番瓠fəŋ^{13}pʻʉ^{4}ʔʉ^{45}	番瓠fuə^{12}pʻu^{3}ʔu^{35}	番瓠fan^{11}pʻu^{33}	番瓠pʻɔŋ^{33}pʻu^{31}	番瓠foŋ^{44}pʻu^{3}	番瓠fœn^{51}piu^{4}

序号	词目	大村	向阳	石陂	周田	石塘	桂头
0299	冬瓜	冬瓜tɐn^{13}ko^{13}	冬瓜taŋ^{12}kua^{12}	冬瓜tɐŋ^{11}ka^{11}	冬瓜tɐŋ^{33}ka^{33}	冬瓜tiẽ^{44}kou^{44}	冬瓜oŋ^{51}kvɔu^{51}
0300	黄瓜	䓘瓜lei^{3}ko^{2}ʔo^{23} 黄瓜vɔŋ^{21}ko^{2}ʔo^{23}	䓘瓜lɐi^{3}kua^{3}ʔa^{35} 黄瓜vɔŋ^{21}kua^{3}ʔa^{35}	黄瓜vɔŋ^{42}ka^{33}	䓘瓜li^{3}ka^{12}	䓘瓜lai^{5}kou^{44}	䓘瓜la^{44}kvɔu^{4}
0301	西红柿	番鬼茄 fəŋ^{13}koe^{24}kʻɔ^{4}ʔɔ^{45}	番茄fuə^{12}kʻɔ^{3}ʔu^{35}	番茄fan^{11}kʻiɔu^{33}	番鬼茄 foŋ^{33}kuoi^{214}kʻiu^{3}	番茄foŋ^{44}kʻo^{3}	番鬼茄 fœn^{51}kvei^{324}kʻøy^{4}
0302	萝卜	萝卜lɔ^{21}pʻo^{4}ʔe^{45}	萝卜lɔu^{21}pʻɛ^{3}ʔi^{35}	萝卜lɔu^{42}pʻɛi^{3}	萝卜lou^{11}pʻi^{3}	萝卜lo^{22}pʻie^{3}	萝卜lɔu^{45}pʻa^{4}
0303	胡萝卜	红萝卜 hɐn^{21}lɔ^{21}pʻo^{4}ʔe^{45}	红萝卜 haŋ^{21}lɔu^{21}pʻɛ^{3}ʔi^{35}	红萝卜 hɐŋ^{42}lɔu^{42}pʻɛi^{3}	红萝卜 hɐŋ^{11}lou^{11}pʻi^{3}	红萝卜 hiẽ^{22}lo^{22}pʻie^{3}	红萝卜 hoŋ^{45}lɔu^{45}pʻa^{4}
0304	藕	莲藕lie^{21}ŋʌi^{44}	莲藕lɐn^{21}gɔ^{44}	莲藕lin^{42}ŋø^{24}	莲藕liŋ^{11}ŋia^{214}	莲藕liŋ^{22}ŋie^{45}	莲藕lɐn^{45}gyẽ^{21}
0305	辣椒	辣椒lo^{3}tsiʌ^{2}ʔu^{23}	辣椒luə^{3}tsi^{3}ʔu^{35}	辣椒la^{3}tsiu^{11}	辣仔lɔ^{3}tsa^{12}	辣仔lou^{5}tsei^{3}	辣椒lu^{44}tsɛi^{4}
0306	蕹菜	蕹菜ɔŋ^{44}tsʻʉ^{2}ʔʉ^{23}	蕹菜ɔŋ^{44}tsʻu^{3}ʔi^{35}	蕹菜ɐŋ^{55}tsʻui^{33}	蕹菜ɔŋ^{53}tsʻoi^{12}	蕹菜oŋ^{45}tsʻua^{45}	蕹菜oŋ^{44}tsʻu^{44}
0307	韭菜	韭菜kiu^{24}tsʻʉ^{2}ʔʉ^{23}	韭菜kiu^{24}tsʻu^{3}ʔi^{35}	韭菜kiau^{24}tsʻui^{33}	韭菜kiu^{214}tsʻoi^{12}	韭菜kiu^{314}tsʻua^{45}	韭菜kiu^{324}tsʻu^{4}
0308	葱	葱tsʻɐ^{2}ʔn^{23}	葱tsʻa^{3}ʔŋ^{35}	葱tsʻɐŋ^{33}	葱tsʻɐŋ^{33}	葱tsʻiẽ^{3}	葱tsʻoŋ^{4}
0309	蒜头	蒜头sɐŋ^{44}tʻʌi^{21}	蒜头sɔŋ^{44}tʻɔ^{21}	蒜头sun^{55}tʻø^{42}	蒜头sɔŋ^{53}tʻia^{11}	蒜头suaŋ^{45}tʻie^{22}	蒜头sœn^{44}tei^{45}

序号	词目	大村	向阳	石陂	周田	石塘	桂头
0310	姜	姜kin^{13}	姜keŋ^{12}	姜kiɔŋ^{11}	姜kiɔŋ^{33}	姜kioŋ^{44}	姜kœn^{51}
0311	（茶叶）梗	梗kʌŋ^{24}	梗kua^{24}	梗kaŋ^{24}	梗kiaŋ^{214}	梗kuaŋ^{314}	梗kvin^{324}
0312	菜梗	菜梗tsʻʉ^{44}kʌŋ^{24}	菜梗tsʻui^{44}kua^{24}	菜梗tsʻui^{55}kaŋ^{24}	菜梗tsʻoi^{53}kiaŋ^{214}	菜梗tsʻua^{45}kuaŋ^{314}	菜梗tsʻu^{44}kvin^{324}
0313	菜根	菜根tsʻʉ^{44}kʌŋ^{13}	菜根tsʻui^{44}kian^{12}	菜根tsʻui^{55}kien^{11}	菜根tsʻoi^{53}kiaŋ^{33}	菜根tsʻua^{45}keŋ^{44}	菜根tsʻu^{44}kyẽ^{51}
0314	菜秧	菜秧tsʻʉ^{44}jɔ^{2}ʔŋ^{23}	菜秧tsʻui^{44}jɔŋ^{12}	菜秧tsʻui^{55}iɔŋ^{33}	菜秧tsʻoi^{53}iɔŋ^{12}	菜秧tsʻua^{45}ioŋ^{3}	菜秧tsʻu^{44}jœn^{4}
0315	浮萍	薸 pʻiʌ^{4}ʔu^{45}	薸 pʻi^{3}ʔu^{35}	薸 pʻiu^{33}	薸哩 pʻiau^{3}lɛ^{53}	薸pʻiau^{3}	薸 pei^{4}
0316	水果	生果sʌŋ^{13}kɔ^{24}	生果siɛ^{12}kɔu^{24} 水果sɔe^{24}kɔu^{24}	生果saŋ^{11}kɔu^{24}	生果siaŋ^{33}keu^{214}	水果sy^{314}ko^{314}	生果sin^{51}kɔu^{324} 水果sy^{324}kɔu^{324}
0317	桃儿	桃嘀tʻʌ^{4}ʔu^{45}tei^{44}	桃tʻa^{3}ʔu^{35}	桃哩tʻau^{33}lɛi^{33}	桃哩tʻau^{3}lɛ^{53}	桃tʻau^{3}	桃to^{4}
0318	银杏		白果pʻɛ̃^{3}kɔu^{24}	白果pʻɛi^{3}kɔu^{24}	白果pʻɔ̃^{3}keu^{214}		
0319	李子	李嘀lɔe^{24}tei^{44}	李哩lai^{24}lɛ^{3}ʔɛ^{35}	李lɐi^{24}	李哩lai^{12}lɛ^{53}	李lai^{3}	李lai^{4}
0320	柿子	冻椑嘀 tɐn^{44}poe^{13}tei^{44}	冻椑taŋ^{44}pai^{12}	冻椑tɐŋ^{55}pɐi^{11}	冻椑仔 teŋ^{53}pai^{33}tsa^{12}	冻椑tiẽ^{45}pai^{44}	冻椑oŋ^{44}pai^{51}
0321	梨	梨lə^{2}ʔe^{23}	梨la^{3}ʔi^{35}	梨lɐi^{42}	梨lai^{3}	梨lai^{3}	梨lai^{4}

序号	词目	大村	向阳	石陂	周田	石塘	桂头
0322	橘子	柑嘀keŋ^{21}tei^{44}	柑哩kun^{3}lɛ^{3}ʔɛ^{35}	柑哩kan^{33}lɛi^{33}	柑哩koŋ^{12}lɛ^{53}	柑仔koŋ^{3}tsei^{3}	橘kie^{4}
0323	橙子	橙嘀 tsʻʌ^{4}ʔŋ^{45}tei^{44}	橙哩 tsʻiɛ^{3}lɛ^{3}ʔɛ^{35}	橙哩 ʧʻaŋ^{33}lei^{33}	橙哩 tsʻiaŋ^{3}lɛ^{53}	橙仔tsʻaŋ^{3}tsei^{3}	橙 tsʻin^{4}
0324	柚子	柚嘀ji^{4}ʔu^{45}tei^{44}	□柚lɔu^{12}ji^{3}ʔu^{35}	大肚柑 tʻai^{11}tu^{24}kan^{33}	大肚柑 tʻa^{31}tu^{214}koŋ^{12}	柚iu^{3}	柚jiu^{4}
0325	杨梅	酸梅嘀 seŋ^{13}mʉ^{21}tei^{44}	梅bui^{21}	梅mui^{42}	梅哩moi^{3}lɛ^{53}	梅mua^{3}	杨梅jœn^{45}bu^{4}
0326	葡萄	葡萄子 pʻʉ^{21}tʻʌu^{21}tsʅ^{2}ʔʅ^{23}	葡萄子 pʻu^{21}tʻau^{21}tsʅ^{3}ʔʅ^{35}	葡萄仔 pʻu^{42}tʻau^{42}tsɛi^{33}	葡萄仔 pʻu^{11}tʻau^{11}tsa^{12}	葡萄仔 pʻu^{22}tʻau^{22}tsei^{3}	葡萄子 po^{45}to^{45}tsi^{4}
0327	樱桃	□梨嘀 sʅ^{21}lɔ^{2}ʔe^{23}tei^{44}	樱桃 jian^{12}tʻau^{21}		樱桃 iaŋ^{33}tʻau^{11}		
0328	橄榄	榄嘀ləŋ^{24}tei^{44}	榄luə^{24}	橄榄kan^{24}lan^{24}	榄loŋ^{214}	榄loŋ^{314}	榄liẽ^{324}
0329	枣儿	枣tsʌ^{2}ʔu^{23}	枣tsa^{3}ʔu^{35}	枣tsau^{24}	枣tsau^{12}	枣tsau^{3}	枣tso^{4}
0330	核桃	核桃hei^{5}tʻʌu^{21}	核桃hui^{3}tʻau^{21}		核桃ha^{3}tʻau^{11}	核桃ha^{3}tʻau^{22}	
0331	香蕉	香蕉hin^{13}tsiʌu^{13}	香蕉heŋ^{12}tsiu^{12}	蕉仔tsiu^{11}tsei^{33}	香蕉siɔŋ^{33}tsiau^{33}	香蕉sioŋ^{44}tsiau^{44}	香蕉hœn^{51}tsei^{51}
0332	荔枝	荔枝ləe^{22}tsʅ^{13}	荔枝lai^{22}tsʅ^{12}	荔枝lɛi^{11}tsʅ^{11}	荔枝lai^{31}tsʅ^{33}	荔枝lai^{44}tsʅ^{44}	荔枝lai^{22}tsi^{51}

序号	词目	大村	向阳	石陂	周田	石塘	桂头
0333	桂圆	龙眼lɐn^{21}ŋʌ^{2}ʔŋ^{23}	龙眼laŋ^{21}gu^{3}ʔɛ^{35}	龙眼nɐŋ^{42}ŋan^{33}	龙眼nɐŋ^{11}ŋoŋ^{12}	龙耳仔 liẽ^{22}ŋi^{45}tsei^{3}	龙眼loŋ^{45}giẽ^{4}
0334	西瓜	西瓜sʌ^{13}ko^{13}	西瓜sɛ^{12}kua^{12}	西瓜sei^{11}ka^{11}	西瓜siɛ^{33}kua^{33}	西瓜sei^{44}kou^{44}	西瓜sei^{51}kvɔu^{51}
0335	芽儿	芽ŋo^{4}ʔo^{45}	芽ga^{3}ʔa^{35}	芽ŋa^{33}	芽ŋɔ^{3}	芽ŋou^{3}	芽gɔu^{4}
0336	（果）核儿	核vʉ^{4}ʔʉ^{45}	核vu^{3}ʔu^{35}	仁ɪen^{33}	核vai^{3}	核u^{3}	核vu^{4}
0337	（果）皮儿	皮pʻoe^{21}	皮pʻai^{21}	皮pʻɐi^{33}	皮pʻai^{11}	皮pʻai^{22}	皮pai^{45}
0338	花儿	花fo^{13}	花fa^{12}	花fa^{11}	花fɔ^{33}	花fou^{33}	花fɔu^{51}
0339	梅花	梅花mʉ^{21}fo^{13}	梅花bui^{21}fa^{12}	梅花mui^{42}fa^{11}	梅花moi^{11}fɔ^{33}	梅花mua^{22}fou^{44}	梅花bu^{45}fɔu^{51}
0340	桃花	桃花tʻʌ^{4}ʔu^{45}fo^{13}	桃花tʻau^{21}fa^{12}	桃花tʻau^{33}fa^{11}	桃花tʻau^{11}fɔ^{33}	桃花tʻau^{3}fou^{44}	桃花to^{4}fɔu^{51}
0341	荷花	莲藕花 lie^{21}ŋʌi^{44}fo^{13}	莲藕花 lɛn^{21}gɔ^{44}fa^{12}	莲花lin^{42}fa^{11}	莲藕花 liŋ^{11}ŋia^{214}fɔ^{33}	莲藕花 liŋ^{22}ŋie^{45}fou^{44}	莲藕花 lɛn^{45}gyẽ^{21}fɔu^{51}
0342	桂花	桂花koe^{44}fo^{13}	桂花kuai^{44}fa^{12}	桂花kɔi^{55}fa^{11}	桂花kuoi^{53}fɔ^{33}	桂花kuai^{45}fou^{44}	桂花kvei^{44}fɔu^{51}
0343	菊花	菊花kʻɐ^{4}ʔu^{45}fo^{13}	菊花kʻɔ^{3}ʔɔ^{35}fa^{12}	菊花kʻø^{3}fa^{11}	菊花kʻiɛ^{12}fɔ^{33}	菊花kʻie^{3}fou^{44}	菊花kʻou^{4}fɔu^{51}
0344	向日葵	向月花 hin^{44}ŋɵ^{4}ʔɵ^{45}fo^{13}	葵瓜子 kʻuai^{21}kua^{3}tsɿ^{3}ʔɿ^{35}	照日瓜 ʧiu^{55}ŋi^{3}ka^{33}	向月葵 siɔŋ^{53}ŋia^{3}kʻuoi^{11}	向月葵 siɔŋ^{45}ŋie^{3}kʻuai^{22}	热头花 gɐi^{44}tei^{4}fɔu^{51}

序号	词目	大村	向阳	石陂	周田	石塘	桂头
0345	棉花	棉花mie^{21}fo^{13}	棉花bɛn^{21}fa^{12}	棉花min^{42}fa^{11}	棉花miŋ^{11}fɔ^{33}	棉花miŋ^{22}fou^{44}	棉花bɛn^{45}fɔu^{51}
0346	青苔	溜苔liu^{13}tʻʉ^{4}ʔʉ^{45}	溜苔liu^{12}tʻu^{3}ʔi^{35}	溜□lɛu^{42}tʻun^{33}	溜□liu^{11}tʻoŋ^{3}	□□tsiu^{44}tsuaŋ^{3}	青黰tsʻin^{51}lau^{51}
0347	芦苇	芦笛竹 loe^{21}tʻiᴀ^{4}ʔᴀ^{45}tsɐ^{2}ʔu^{23}	芦苇lu^{21}vai^{21}	芦席竹 lɔu^{42}tsʻia^{3}tʃø^{33}	芦笛竹 lɛu^{11}tʻia^{3}tsei^{5}	芦条竹 lu^{22}tʻiau^{22}tsie^{5}	芦笛løy^{45}tʻi^{4}
0348	艾	艾ŋʉ^{22}	艾gui^{22}	艾ŋei^{55}	艾ŋiɛ^{53}	艾ŋa^{44}	艾gu^{22}
0349	树枝	树柯sʉ^{4}ʔʉ^{45}kʻo^{24}	树柯sɥ^{3}kʻua^{24}	树柯ʃi^{33}kʻia^{24}	树柯su^{31}kʻɔ^{214}	树柯sy^{44}kʻou^{314}	树柯sau^{4}kʻɔu^{324}
0350	树梢	树尾sʉ^{4}ʔʉ^{45}mo^{2}ʔe^{23}	树尾sɥ^{3}ba^{3}ʔi^{35}	树尾ʃi^{33}mɔi^{33}	树尾su^{31}mai^{12}	树尾sy^{44}mai^{3}	树尾sau^{4}bei^{21}
0351	树桩	树头sʉ^{4}ʔʉ^{45}tʻᴀi^{21}	树头sɥ^{35}tʻɔ^{21}	树头ʃi^{33}tʻø^{42}	树头su^{31}tʻia^{11}	树头sy^{44}tʻie^{22}	树头sau^{4}tei^{45}
0352	树叶	树叶sʉ^{4}ʔʉ$^{45:}$jie^{4}ʔe^{45}	树叶sɥ$^{3:}$ʃɿ^{3}ʔɿ^{35}	树叶ʃi$^{33:3}$i	树叶su$^{31:3}$i	树叶sy$^{44:3}$i	树叶sau$^{4:}$jɛi^{4}
0353	棕叶	棕叶tsɐn$^{13:}$jie^{4}ʔe^{45}	棕叶tsaŋ$^{12:}$ʃɿ^{3}ʔɿ^{35}	棕叶tsɐŋ$^{11:3}$i	棕叶tsɐŋ$^{12:3}$i	棕叶tsiẽ$^{44:3}$i	棕叶tsoŋ$^{51:}$jɛi^{4}
0354	（树上的）刺	竻lei^{3}	竻lɛi^{3}	竻lɐi^{3}	竻li^{3}	竻lai^{5}	竻la^{44}
0355	杉树	杉树so^{13}sʉ^{4}ʔʉ^{45}	杉树sa^{12}sɥ^{3}ʔɥ^{35}	杉树sa^{11}ʃi^{33}	杉树sɔ^{33}su^{31}	杉树sou^{44}sy^{44}	杉树sɔu^{51}sau^{4}
0356	柏树	柏树pᴀ^{2}ʔᴀ^{23}sʉ^{4}ʔʉ^{45}	柏树pɛ^{5}sɥ^{3}ʔɥ^{35}	柏树pei^{5}ʃi^{33}	柏树pɔ^{12}su^{31}	柏树pa^{3}sy^{44}	柏树pi^{4}sau^{4}

序号	词目	大村	向阳	石陂	周田	石塘	桂头
0357	松树	松树tsʻɐn^{21}sʉ^{4}ʔʉ^{45}	松树tsʻaŋ^{21}sʮ^{3}ʔʮ^{35}	松树tsʻɐŋ^{42}ʃi^{33}	松树tsʻɐŋ^{11}su^{31}	松树tsʻiẽ^{22}sy^{44}	松树tsʻoŋ^{45}sau^{4}
0358	松球	□□□ kɔ^{21}kɔ^{21}kᴀ^{24}	□□□ kɔu^{21}kɔu^{21}ka^{44}	□□仔 kɔu^{33}ka^{24}tsɛi^{33}	□□仔 kɔ^{11}ka^{53}tsa^{12}	□□□ ko^{22}ko^{22}ka^{45}	松鸡嘀 tsʻoŋ^{45}kei^{51}tie^{4}
0359	松针	松毛tsʻɐn^{21}mᴀ^{4}ʔu^{45}	松毛tsʻaŋ^{21}ba^{3}ʔu^{35}	松毛tsʻɐŋ^{42}mau^{33}	松毛tsʻɐŋ^{11}mau^{33}	松毛tsʻiẽ^{22}mau^{3}	松毛tsʻoŋ^{45}bo^{4}
0360	松明子	松光tsʻɐn^{21}kɔŋ^{13}	松光tsʻaŋ^{21}kɔŋ^{12}	松光tsʻɐŋ^{42}kɔŋ^{11}	松光tsʻɐŋ^{11}kɔŋ^{33}	松光tsʻiẽ^{22}kuaŋ^{44}	松光tsʻoŋ^{45}koŋ^{51}
0361	橡胶	橡胶tsʻin^{22}kᴀu^{13}	橡胶tsʻɐŋ^{22}kau^{12}	橡胶siɔŋ^{24}kau^{11}	橡胶tsʻiɔŋ^{31}kau^{33}	胶kau^{44}	橡胶tsʻœn^{44}ko^{51}
0362	木头	木mɐ^{4}ʔu^{45}	木头bɔ^{3}tʻɔ^{21}	木头mø^{33}tʻø^{42}	木头mɛi^{3}tʻia^{11}	木mie^{5}	木bou^{4}
0363	（小）竹子	竹仔tsɐ^{2}ʔu^{23}tsᴀ^{2}ʔᴀ^{23}	竹仔tsɔ^{3}tsɛ^{3}ʔɛ^{35}	竹仔ʧø^{33}tsɛi^{33}	竹仔tsɛi^{5}tsa^{12}	竹仔tsie^{5}tsei^{3}	竹仔a^{4}tsøy^{4}
0364	蕨（燃料）	□□毛 lɐn^{21}kʉ^{13}mᴀu^{21}	□箕laŋ^{21}ki^{12}	莨箕nɔŋ^{11}ki^{11}	莨箕nɔŋ^{33}ki^{33}	□箕lie^{44}ki^{44}	莨箕loŋ^{45}kai^{51}
0365	牲畜	头牲tʻᴀi^{21}sᴀŋ^{13}	头牲tʻɔ^{21}siɛ^{12}	头牲tʻø^{42}saŋ^{11}	头牲tʻia^{11}siaŋ^{33}	头牲tʻie^{22}saŋ^{44}	头牲tei^{45}sin^{51}
0366	牛	牛ŋiu^{21}	牛giu^{21}	牛ŋɛu^{42}	牛ŋiu^{11}	牛ŋiu^{22}	牛giu^{45}
0367	公牛	牛牯ŋiu^{21}kʉ^{24}	牛牯giu^{21}ku^{24}	牛牯ŋɛu^{42}ku^{24}	牛牯ŋiu^{11}ku^{214}	牛牯ŋiu^{22}ku^{314}	牛牯giu^{45}kvu^{324}
0368	母牛	牛婆ŋiu^{21}pʻɔ^{4}ʔɔ^{45}	牛婆giu^{21}pʻɔ^{3}ʔu^{35}	牛嫲ŋɛu^{42}ma^{42}	牛嫲ŋiu^{11}mɔ^{11}	牛婆ŋiu^{22}pʻo^{3}	牛婆giu^{45}pu^{4}

序号	词目	大村	向阳	石陂	周田	石塘	桂头
0369	牛犊	牛仔ŋiu^{21}tsᴀ^{2}ʔᴀ^{23}	牛仔giu^{21}tse^{3}ʔɛ^{35}	牛仔ŋɐu^{42}tsei^{33}	牛仔ŋiu^{11}tsa^{12}	牛仔ŋiu^{22}tsei^{3}	牛仔giu^{45}tsøy^{4}
0370	牛角	牛角ŋiu^{21}kɔ^{5}	牛角giu^{21}kɔu^{5}	牛角ŋɐu^{42}kɔu^{5}	牛角ŋiu^{11}kɐu^{5}	牛角ŋiu^{22}ko^{5}	牛角giu^{45}kou^{21}
0371	蹄子	蹄tʻᴀ^{4}ʔᴀ^{45} 蹄□tʻᴀ^{4}ʔᴀ^{45}lɔ^{21}	蹄tʻɛ^{21}	蹄□tʻɛi^{42}lɔu^{42}	蹄tʻai^{11}	爪tsau^{314}	蹄tie^{4}
0372	（牛用角）顶	□tᴀi^{13}	□tɔ^{12}	斗tø^{55}	□tia^{33}	□tie^{44}	□ei^{51}
0373	羊	羊jɔ^{4}ʔŋ^{45}	羊jɔŋ^{21}	羊iɔŋ^{33}	羊iɔŋ^{3}	羊ioŋ^{3}	羊jœn^{4}
0374	公羊	羊公jɔ^{4}ʔŋ^{45}kɐ^{2}ʔn^{23} 羊牯jɔ^{4}ʔŋ^{45}kʉ^{24}	羊牯jɔŋ^{21}ku^{24}	羊牯iɔŋ^{33}ku^{24}	羊牯iɔŋ^{3}ku^{214}	羊牯ioŋ^{3}ku^{314}	羊牯jœn^{4}kvu^{324}
0375	母羊	羊婆jɔ^{4}ʔŋ^{45}pʻɔ^{4}ʔɔ^{45}	羊婆jɔŋ^{21}pʻɔ^{3}ʔu^{35}	羊嫲iɔŋ^{33}ma^{42}	羊嫲iɔŋ^{3}mɔ^{11}	羊婆ioŋ^{3}pʻo^{3}	羊婆jœn^{4}pu^{4}
0376	羊羔	羊仔jɔ^{4}ʔŋ^{45}tsᴀ^{2}ʔᴀ^{23}	羊仔jɔŋ^{21}tse^{3}ʔɛ^{35}	羊仔iɔŋ^{33}tsei^{33}	羊仔iɔŋ^{3}tsa^{12}	羊仔ioŋ^{3}tsei^{3}	羊仔jœn^{4}tsøy^{4}
0377	猪	猪tsʉ^{13}	猪tɔe^{12}	猪tʃi^{11}	猪tsu^{33}	猪tsy^{44}	猪au^{51}
0378	公猪	猪公tsʉ^{13}kɐ^{2}ʔn^{23}	猪牯tɔe^{12}ku^{24} 猪公tɔe^{12}ka^{3}ʔŋ^{35}	猪牯tʃi^{11}ku^{24} 猪公tʃi^{11}kɐŋ^{11}	猪牯tsu^{33}ku^{214}	猪牯tsy^{44}ku^{314}	猪牯au^{51}kvu^{324}
0379	母猪	猪婆tsʉ^{13}pʻɔ^{4}ʔɔ^{45}已生育 猪牸tsʉ^{13}sɿ^{4}ʔɿ^{45}未生育	猪婆tɔe^{12}pʻɔ^{3}ʔu^{35}已生育 猪牸tɔe^{12}sɿ^{3}ʔɿ^{35}未生育	猪嫲tʃi^{11}ma^{42}已生育 猪牸tʃi^{11}sɿ^{33}未生育	猪嫲tsu^{33}mɔ^{11}已生育 猪牸哩tsu^{33}tsʻɿ^{3}lɛ^{53}未生育	猪婆tsy^{44}pʻo^{3}已生育 猪牸tsy^{44}sɿ^{3}未生育	猪婆au^{51}pu^{4}已生育 猪□au^{51}sin^{4}未生育
0380	肉用猪	肉猪lɐu^{3}tsʉ^{13}	肉猪lɔ^{3}tɔe^{12}	肉猪ŋø^{3}tʃi^{11}	肉猪ŋei^{3}tsu^{33}	肉猪ŋie^{5}tsy^{44}	肉猪lou^{44}au^{51}

序号	词目	大村	向阳	石陂	周田	石塘	桂头
0381	猪崽	猪仔tsʉ^{13}tsA^{2}ʔA^{23}	猪仔tɔe^{12}tsɛ^{3}ʔɛ^{35}	猪仔tʃi^{11}tsɛi^{33}	猪仔tsu^{33}tsa^{12}	猪仔tsy^{44}tsei^{3}	猪仔au^{51}tsøy^{4}
0382	（猪）下崽	生sAŋ^{13}	生siɛ^{12}	生saŋ^{11}	生siaŋ^{33}	生saŋ^{44}	下hɔu^{21}
0383	（猪、牛）发情	起生hi^{24}siA^{2}ʔŋ^{23} 走生tsAi^{24}siA^{2}ʔŋ^{23}	走水tsɔ^{24}sɔe^{24}	走生tsø^{24}saŋ^{33}	走生tsia^{214}siaŋ^{12}	走生tsie^{314}saŋ^{44}	起水hai^{324}sy^{324}
0384	（猪、牛）交配	打公tA^{4}ʔA^{45}kɐn^{13}	打种ta^{24}tsaŋ^{24}	打种ta^{24}tʃɐŋ^{24}	打公ta^{3}kɐŋ^{33}	上生soŋ^{45}saŋ^{44}	上生sœn^{21}sin^{51}
0385	狗	狗kAi^{24}	狗kɔ^{24}	狗kø^{24}	狗kia^{214}	狗kie^{314}	狗kei^{324}
0386	公狗	狗牯kAi^{24}kʉ^{24}	狗牯kɔ^{24}ku^{24}	狗牯kø^{24}ku^{24}	狗牯kia^{214}ku^{214}	狗牯kie^{314}ku^{314}	狗牯kei^{324}kvu^{324}
0387	母狗	狗婆kAi^{24}pʻɔ^{4}ʔɔ^{45}	狗婆kɔ^{24}pʻɔ^{3}ʔu^{35}	狗嫲kø^{24}ma^{42}	狗嫲kia^{214}mɔ^{11}	狗婆kie^{314}pʻo^{3}	狗婆kei^{324}pu^{4}
0388	（狗）叫	吠pʻʉ^{22}	吠pʻui^{22}	吠pʻui^{11}	吠pʻoi^{31}	吠pʻua^{44}	吠pu^{44}
0389	猫	咪咪moe^{21}mo^{4}ʔe^{45}	猫咪bau^{21}ba^{3}ʔi^{35}	猫miu^{33}	猫miau^{3}	猫咪miau^{22}mai^{3}	猫咪bo^{45}bai^{4}
0390	公猫	咪牯 moe^{21}mo^{4}ʔe^{45}kʉ^{24}	猫咪牯 bau^{21}bai^{35}ku^{24}	猫牯miu^{33}ku^{24}	猫牯miau^{3}ku^{214}	猫牯miau^{3}ku^{314}	猫咪牯 bo^{45}bai^{4}kvu^{324}
0391	母猫	咪咪婆 moe^{21}mo^{4}ʔe^{4}pʻɔ^{4}ʔɔ^{45}	猫咪婆 bau^{21}bai^{3}pʻɔ^{3}ʔu^{35}	猫嫲miu^{33}ma^{42}	猫嫲miau^{3}mɔ^{11}	猫婆miau^{31}pʻo^{3}	猫咪婆 bo^{45}bai^{4}pu^{4}
0392	公鸡	生鸡头 sAŋ^{13}kie^{13}tʻAi^{21} 鸡公kie^{13}kɐ^{2}ʔn^{23}	生鸡siɛ^{12}kɛi^{12} 鸡公kɛi^{12}ka^{3}ʔŋ^{35}	生鸡saŋ^{11}kɛi^{11} 鸡公kɛi^{11}kɐŋ^{11}	生鸡siaŋ^{33}kiɛ^{33} 鸡公头kiɛ^{33}kɐŋ^{12}tʻia^{11} 鸡公kiɛ^{33}kɐŋ^{12}	生鸡头 saŋ^{44}kei^{44}tʻie^{22}	生鸡头 sin^{51}kei^{51}tei^{45} 鸡公kei^{51}koŋ^{4}

序号	词目	大村	向阳	石陂	周田	石塘	桂头
0393	母鸡	鸡婆kie^{13}pʻɔ^{4}ʔɔ^{45}	鸡婆kɛi^{12}pʻɔ^{3}ʔu^{35}	鸡嫲kɛi^{11}ma^{42}	鸡嫲kiɛ^{33}mɔ^{11}	鸡婆kei^{44}pʻo^{3}	鸡婆kei^{51}pu^{4}
0394	阉鸡（名词）	线鸡sie^{44}kie^{13}	线鸡sɛn^{44}kɛi^{12}	阉鸡in^{11}kɛi^{11}	阉鸡iŋ^{33}kiɛ^{33}	线鸡siŋ^{45}kei^{44}	线鸡sɛn^{44}kei^{51}
0395	小鸡儿	鸡仔kie^{13}tsᴀ^{2}ʔᴀ^{23}	鸡仔kɛi^{12}tsɛ^{3}ʔɛ^{35}	鸡仔kɛi^{11}tsɛi^{33}	鸡仔kiɛ^{33}tsa^{12}	鸡仔kei^{44}tsei^{3}	鸡仔kei^{51}tsøy^{4}
0396	抱窝母鸡	赖菢鸡婆 lo^{22}pʻᴀu^{22}kie^{13}pʻɔ^{4}ʔɔ^{45}	赖菢鸡婆 luə^{22}pʻau^{22}kɛi^{12}pʻɔ^{3}ʔu^{35}	赖伏鸡嫲 lai^{11}pø^{11}kɛi^{11}ma^{42}	赖菢鸡嫲 lɔ^{31}pʻau^{31}kiɛ^{33}mɔ^{11}	赖菢鸡婆 la^{44}pʻau^{44}kei^{44}pʻo^{3}	赖伏鸡婆 lu^{22}pei^{22}kei^{51}pu^{4}
0397	鸡蛋	鸡春kie^{13}tsʻu^{2}ʔn^{23}	鸡春kɛi^{12}tsʻɔ^{3}ʔn^{35}	鸡春kɛi^{11}ʧʻɔn^{33}	鸡春kiɛ^{33}tsʻuɔn^{12}	鸡春kei^{44}tsʻuɛŋ^{3}	鸡春kei^{51}tsʻaŋ^{4}
0398	鸡胗	鸡□kie^{13}kʻi^{2}ʔn^{23}	鸡□kɛi^{12}kʻia^{3}ʔn^{35}	鸡□kɛi^{11}kʻiɛn^{33}	鸡□kiɛ^{33}kʻiaŋ^{12}	鸡□kei^{44}kʻɛŋ^{3}	鸡□kei^{51}kʻaŋ^{4}
0399	（鸡）下蛋	生春sᴀŋ^{13}tsʻu^{2}ʔn^{23}	生春siɛ^{12}tsʻɔ^{3}ʔn^{35}	生春saŋ^{11}ʧʻɔn^{33}	生春siaŋ^{33}tsʻuɔn^{12}	生春saŋ^{44}tsʻuɛŋ^{3}	生春sin^{51}tsʻaŋ^{4}
0400	孵（小鸡）	菢pʻᴀu^{22}	菢pʻau^{22}	伏pø^{11}	伏pu^{33}	菢pʻau^{44}	伏pei^{22}
0401	（鸡）翻（食物）	化fo^{44}	化fa^{44}	□kʻia^{3}	□kʻia^{53}	□kʻia^{45}	化fɔu^{44}
0402	（公鸡）叫	啼tʻᴀ^{21}	啼tʻɛ^{21}	啼tʻɛi^{42}	啼tʻa^{11}	啼tʻa^{22}	啼tie^{45}
0403	（鸡）啄（米）	□tsəŋ^{13}	□toŋ^{12}	嘴tsɔi^{24}	嘴tsuoi^{214}	□tsye^{3}	□tsœn^{51}
0404	（鸡相）啄	□tsəŋ^{13}	□toŋ^{12}	嘴tsɔi^{24}	嘴tsuoi^{214}	□tsye^{3}	□tsœn^{51}

序号	词目	大村	向阳	石陂	周田	石塘	桂头
0405	（鸡）交配	打公tʌ^{4}ʔʌ^{45}kɐn^{13}	□kʻiɛ^{21} 打种ta^{24}tsaŋ^{24}	□kʻia^{42}	□kʻia^{11}	打公tou^{3}kie^{44}	□kʻi^{45}
0406	鹅	鹅ŋɔ^{4}ʔɔ^{45}	鹅gɔ^{3}ʔu^{35}	鹅ŋɔu^{33}	鹅ŋɐu^{3}	鹅ŋo^{3}	鹅gɔu^{4}
0407	鸭子	鸭o^{2}ʔo^{23}	鸭uə^{3}ʔə^{35}	鸭ai^{33}	鸭ɔ^{12}	鸭ou^{3}	鸭ie^{4}
0408	野兽	野兽jo^{44}tsʻiu^{44}	野兽ja^{44}tsʻiu^{44}	野兽ia^{55}ʧʻau^{55}	野兽iɔ^{31}tsʻiu^{53}	野兽iou^{45}tsʻiu^{45}	野号ja^{21}ho^{22}
0409	老虎	老虎lʌu^{44}fʉ^{24}	老虎lau^{44}fu^{24}	老虎lau^{55}fu^{24}	老虎lau^{53}fu^{214}	老虎lau^{45}fu^{314}	老虎lo^{21}fu^{324}
0410	豹子	豹虎pʌu^{44}fʉ^{24}	豹虎pʻau^{44}fu^{24}	豹虎pau^{55}fu^{24}	豹虎仔 pau^{53}fu^{214}tsa^{12}	豹虎仔 pa^{3}fu^{314}tsei^{3}	豹虎po^{44}fu^{324}
0411	狐狸	狐狸fʉ^{21}lə^{4}ʔe^{45}	狐狸fu^{21}la^{3}ʔi^{35}	狐狸fu^{42}lɐi^{33}	狐狸仔 fu^{11}lai^{3}tsa^{12}	狐狸vu^{22}lai^{3}	狐□vu^{45}lau^{4}
0412	猴子	猴嘀hʌ^{4}ʔi^{45}tei^{44}	马老ba^{44}lau^{44} 猴哩hɔ^{3}lɛ^{3}ʔɛ^{35}	猴仔hø^{33}tsei^{33}	猴哥hia^{11}kɐu^{33}	猴哥仔 hie^{3}ko^{44}tsei^{3}	猴hei^{4}
0413	鹿	鹿lɐ^{4}ʔu^{45}	鹿lɔ^{3}ʔɔ^{35}	鹿lø^{33}	鹿哩lɐi^{3}lɛ^{53}	鹿lie^{3}	鹿lou^{4}
0414	兔子	兔嘀tʻʉ^{44}tei^{44}	兔哩tʻu^{3}lɛ^{3}ʔɛ^{35}	兔哩tʻu^{55}lɐi^{33}	兔哩tʻu^{53}lɛ^{53}	兔仔tʻu^{3}tsei^{3}	兔tʻau^{4}
0415	老鼠	老鼠lʌu^{44}sʉ^{24}	老鼠lau$^{44·}$sʮ^{24}	老鼠lau^{55}ʃi^{24}	老鼠lau^{53}su^{214}	老鼠lau^{45}sy^{314}	老鼠lo^{21}sy^{324}
0416	鸟儿	鸟嘀tiʌu^{24}tei^{44}	鸟哩tiu^{3}lɛ^{3}ʔɛ^{35}	鸟哩tiu^{33}lɐi^{33}	雀哩tsiau^{12}lɛ^{53}	鸟仔liau^{314}tsei^{3}	雀tsœy^{4}

序号	词目	大村	向阳	石陂	周田	石塘	桂头
0417	鸟铳	粉枪fun^{24}tsʻin^{13}	粉枪fan^{24}tsʻɛŋ^{12}	鸟枪tiu^{33}tsʻiɔŋ^{11}	粉枪fan^{214}tsʻiɔŋ^{33}	粉枪fɛŋ^{314}tsʻioŋ^{44}	雀枪tsœy^{4}tsʻœn^{51}
0418	麻雀	禾雀嘀 vʉ^{21}tsiɔ^{2}ʔɔ^{23}tei^{44}	禾雀哩 vɔu^{21}tsiu^{3}lɛ^{3}ʔɛ^{35}	禾□仔 vɔu^{42}pi^{5}tsɛi^{33}	禾□仔 vu^{11}pai^{5}tsa^{12}	禾雀仔 o^{22}tsiau^{3}tsei^{3}	禾雀vu^{45}tsœy^{4}
0419	喜鹊	喜鹊hi^{24}siA^{3} 鸦鹊A^{44}siA^{3}	喜鹊hi^{24}siɛ^{3}ʔɛ^{35}	鸦鹊a^{11}sia^{5}	鸦鹊ɔ^{33}sia^{5}	鸦鹊ou^{44}sia^{5}	鸦□ɔu^{51}tsʻin^{4}
0420	乌鸦	乌鸦vʉ^{13}o^{13}	乌鸦vu^{12}a^{12}	老鸦lau^{55}a^{33}	老鸦lau^{53}ɔ^{33}	老鸦lau^{45}ou^{44}	老鸦lo^{21}vɔu^{51}
0421	大雁	大雁tʻo^{22}ŋəŋ^{22}	雁ŋue^{22}	湖鸭fu^{42}ai^{33}	大雁tʻa^{31}ŋa^{31}	大雁tʻou^{44}ŋoŋ^{44}	雁giẽ^{22}
0422	老鹰	□鹰ŋAu^{21}jAn^{13} 鹞婆jiAu^{21}pʻɔ^{21}	崖鹰ga^{21}jian^{12}	鹞婆iu^{42}pʻɔu^{42}	崖婆ia^{11}pʻɛu^{11}	崖婆ŋa^{22}pʻo^{22}	□鹰lie^{45}jaŋ^{51}
0423	猫头鹰	猫头牯 miA^{4}ʔu^{45}tʻAi^{21}kʉ^{24}	猫头鹰 bau^{35}tʻɔ^{21}jian^{12}	猫头牯 miu^{33}tø^{42}ku^{24}	猫头雀 miau^{3}tʻia^{3}tsiau^{12}	猫咪头 miau^{22}mai^{3}tʻie^{22}	猫牯□ bo^{4}kvu^{324}tso^{324}
0424	燕子	燕燕嘀 jie^{21}jie^{21}tei^{44}	燕哩jen^{3}lɛ^{3}ʔɛ^{35}	禾燕仔 vɔu^{42}in^{55}tsɛi^{33}	禾燕仔 vu^{11}iŋ^{3}tsa^{12}	禾燕仔 o^{22}iŋ^{45}tsei^{3}	燕jɛn^{4}
0425	蝙蝠	飞鼠嘀 foe^{13}sʉ^{24}tei^{44}	飞鼠fai^{12}sɥ^{24}	蚊□哩 mɔn^{33}iu^{24}lɛi^{33}	蚊□哩 man^{33}kia^{5}lɛ^{53}	飞鼠fai^{44}sy^{314}	飞鼠fei^{51}sy^{4}
0426	鸽子	白鸽pʻA^{3}kA^{2}ʔA^{23}	白鸽pʻɛ^{3}kɔ^{3}ʔu^{35}	白鸽哩 pʻɛi^{3}ka^{33}lɛi^{33}	白鸽哩 pʻɔ^{3}kau^{12}lɛ^{53}	鸽ka^{3}	白鸽pʻi^{44}kɔu^{4}
0427	八哥	鹩哥liAu^{22}kɔ^{2}ʔɔ^{23}	鹩哥liu^{22}kɔ^{3}ʔu^{35}	鹩哥哩 liu^{33}kɔu^{33}lɛi^{33}	鹩哥哩 liau^{31}kɐu^{12}lɛ^{53}	鹩哥liau^{44}ko^{3}	鹩哥lei^{22}kɔu^{4}
0428	（鸟）蛋	春tsʻu^{2}ʔn^{23}	春tsʻɔ^{3}ʔn^{35}	春tʃʻɔn^{33}	春tsʻuɔn^{12}	春tsʻuɛŋ^{3}	春tsʻaŋ^{4}

序号	词目	大村	向阳	石陂	周田	石塘	桂头
0429	（鸟）窠	窦tʌi^{44}	窦tɔ^{3}ʔɔ^{35}	窦tø^{33}	窦tia^{12}	窦tie^{45}	窦ei^{44}
0430	翅膀	翼膀jie^{4}ʔe^{45}pɔŋ^{24}	翼jɛ^{3}ʔi^{35}	翼□i^{3}pʻɛi^{5}	翼□i^{3}fɔ^{5}	□膀ki^{45}pʻoŋ^{3}	□ka^{4}
0431	尾巴	尾巴mo^{2}ʔe^{23}po^{13}	尾ba^{3}ʔi^{35}	尾巴mɔi^{33}pa^{11}	尾巴mai^{12}pɔ^{33}	尾巴mai^{3}pou^{44}	尾巴bei^{21}pɔu^{51}
0432	摇（尾巴）	调tʻiʌu^{22}	调tʻiu^{22}	调tʻiu^{24}	调tʻiau^{31}	调tʻiau^{44} □fai^{5}	调tɛi^{22}
0433	爪子	爪tsʌu^{24}	爪tsau^{24}	爪子tsau^{24}tsɿ^{24}	爪子tsau^{214}tsɿ^{12}	爪子tsau^{314}tsɿ^{3}	爪tso^{324}
0434	蜘蛛	□□lʌ^{21}kʻʌ^{4}ʔʌ^{45}	□□la^{21}kʻa^{3}ʔa^{35}	□□la^{42}kʻia^{42}	□□la^{11}kʻia^{11}	□□lo^{22}kʻo^{3}	□□lo^{45}kʻo^{4}
0435	蚂蚁	蚁公ŋi^{24}ken^{13}	蚂蚁ba^{44}gi^{24}	蚁公ŋɛi^{55}kɐŋ^{11}	蚁公哩 ŋi^{12}kɐŋ^{33}lɛ^{53}	蚁公仔 iŋ^{314}kiẽ^{44}tsei^{3}	蚁公gai^{324}koŋ^{51}
0436	蚯蚓	□喃hoe^{24}tei^{44}	□哩huan^{24}lɛ^{3}ʔɛ^{35}	□哩ʃun^{24}lɛi^{33}	□哩siŋ^{214}lɛ^{53}	□公syẽ^{3}kiẽ^{44}	□□hyẽ^{324}kyẽ^{51}
0437	蜈蚣	钳公虫 kʻie^{21}kɐ^{2}ʔn^{23}tsʻɐn^{21}	□公虫 gɐn^{21}kaŋ^{12}tsʻaŋ^{21}	蜈蚣虫 ŋu^{42}kɐŋ^{11}tʃʻɐŋ^{33}	八脚蛇 pa^{5}kiu^{5}sɔ^{11}	雷公蛇 luai^{22}kiẽ^{44}sou^{22}	钳蜈虫 kʻɛn^{45}gau^{45}tsʻoŋ^{45}
0438	壁虎	偷檐蛇 tʻʌi^{13}jie^{21}siʌ^{4}ʔʌ^{45}	檐蛇jɛn^{21}siɛ^{21}	毛蛇仔 mau^{42}ʃa^{42}tsɛi^{33}	壁虎pia^{5}fu^{214}	壁虎pia^{5}fu^{314}	壁虎pi^{21}fu^{324}
0439	苍蝇	乌蝇vʉ^{13}jʌ^{4}ʔn^{45}	乌蝇vu^{12}jia^{3}ʔn^{35}	乌蝇vu^{11}iɛn^{33}	乌蝇vu^{33}iaŋ^{3}	毛蝇mau^{22}iaŋ^{3}	毛蝇bo^{45}jaŋ^{4}
0440	（苍蝇）叮	□lʌi^{13}	□lɔ^{12}	□lø^{11}	□lia^{33}	□lou^{44}	□løy^{51}

序号	词目	大村	向阳	石陂	周田	石塘	桂头
0441	蚊子	蚊嘀mun^{13}tei^{44}	蚊哩ban^{12}lɛ^{3}ʔɛ^{35}	蚊哩mɔn^{33}lɛi^{33}	蚊哩man^{33}lɛ^{53}	蚊mɛŋ^{314}	蚊baŋ^{4}
0442	（蚊子）叮	咬ŋʌu^{44}	□toŋ^{12} 咬gau^{44}	咬ŋau^{55}	咬ŋia^{53}	咬ŋau^{45}	咬go^{21}
0443	臭虫	枯蜚kʉ^{13}poe^{13}	枯蜚ku^{12}pai^{12}	枯蜚ku^{11}pɐi^{11}	枯蜚ku^{33}pai^{33}	枯蜚ku^{44}pai^{44}	枯蜚kvu^{51}pai^{51}
0444	跳蚤	狗虱kʌi^{24}sə^{5}	狗虱kɔ^{24}sɿ^{5}	狗虱kə^{24}sɐi^{3}	狗虱kia^{214}si^{5}	狗虱kie^{314}sye^{5}	狗虱kei^{324}søy^{21}
0445	虱子	虱婆sə^{5}p'ɔ^{4}ʔɔ^{45}	虱婆sɿ^{5}p'ɔ^{3}ʔu^{35}	虱嫲sɐi^{3}ma^{42}	虱婆si^{5}p'ɐu^{11}	虱婆sye^{5}p'o^{3}	虱婆søy^{21}pɔu^{4}
0446	蟑螂	□蚻k'o^{3}ts'o^{4}ʔo^{45}	□蚻k'u^{3}ts'uə^{3}ʔə^{35}	□蚻k'ui^{3}ts'a^{3}	□蚻k'uoi^{3}ts'ɔ^{3}	□蚻k'u^{5}ts'ou^{3}	□蚻k'vu^{45}ts'u^{4}
0447	蜻蜓	□□嘀 mi^{21}mi^{21}tei^{44}	□□lau^{21}la^{3}ʔi^{35}	□□哩 na^{42}mɔi^{42}lɛi^{33}	□□哩 noŋ^{11}mai^{53}lɛ^{53}	□□lou^{22}mai^{314}	□□loŋ^{45}lai^{4}
0448	蝉	蝉蝉□ sie^{21}sie^{21}k'ʌ^{5}	□□tsɿ^{21}ja^{24}	蝉ʃin^{42}	□□□ vu^{11}siu^{53}ia^{12}	□蝉a^{314}siŋ^{22}	旱蝉hœn^{21}syẽ^{4}
0449	蝴蝶	蝴蝶fʉ^{21}t'i^{4}ʔi^{45}	蝴蝶fu^{21}t'i^{3}ʔi^{35}	别婆哩 p'i^{3}p'ɔu^{42}lɛi^{33}	蝴蝶哩 fu^{11}t'i^{3}lɛ^{53}	飞婆fai^{44}p'ou^{3}	蝴蝶fu^{45}t'ei^{4}
0450	螳螂	老虎爪爪 lʌu^{44}fʉ^{24}ko^{13}ko^{13}	□□□ ba^{44}lɔŋ^{21}k'ɔŋ^{21}	猴哥hø^{33}kɔu^{11}	猴哥□ hia^{11}kɐu^{33}miaŋ^{12}	老虎哥哥 lau^{45}fu^{314}ko^{44}ko^{44}	刀刮□ o^{4}kvɔu^{51}bin^{324}
0451	萤火虫	萤火虫 jiʌ^{4}ʔŋ^{45}fʉ^{24}ts'ɐ^{4}ʔn^{45}	萤火星 jian^{21}fu^{24}sie^{3}ʔɛ^{35}	火□虫 fu^{24}lin^{42}tʃ'ɐŋ^{33}	火□虫 fu^{214}ia^{3}ts'ɛŋ^{11}	夜火星 iou^{44}ho^{314}siaŋ^{3}	萤火星 jœn^{45}fu^{324}sin^{4}
0452	蜜蜂	蜜仔moe^{3}tsʌ^{2}ʔʌ^{23}	蜜蜂bai^{3}faŋ^{12}	蜜哩mɐi^{3}lɛi^{33}	蜜仔mi^{3}tsa^{12}	蜜蜂ma^{5}fiẽ^{44}	蜜嘀bai^{22}tie^{4}

序号	词目	大村	向阳	石陂	周田	石塘	桂头
0453	（蜂）窝	窦tʌi^{44}	窦tɔ^{3}ʔɔ^{35}	窦tø^{33}	窦tia^{12}	窦tie^{45}	窦ei^{44}
0454	（蜂）蛰	针tsin^{13}	□toŋ^{12}	叼tiu^{11}	叼tiau^{33}	叼tiau^{44}	针tsaŋ^{51}
0455	灶蟋蟀	灶鸡仔 tsʌu^{44}kie^{13}tsʌ^{2}ʔʌ^{23}	灶鸡tsau^{44}kɛ^{3}ʔi^{35}	灶鸡仔 tsau^{55}kɛi^{11}tsei^{33}	□仔tsuoi^{5}tsa^{12}	□□kye^{45}kye^{45}	灶鸡tso^{44}kei^{4}
0456	蝌蚪	犁头蛤 lʌ^{21}tʻʌi^{21}kʌ^{24}	大头泥 tʻuə^{22}tʻɔ^{21}lɛ^{21}	虾嫲鱼m^{2} ha^{42}ma^{42}ŋi^{33}	虾毛鲢 hɔ^{11}mau^{12}liŋ^{12}	犁头蛤 la^{22}tʻie^{22}kua^{3}	□□□ loŋ^{45}toŋ^{45}kvie^{4}
0457	青蛙	蛤婆kʌ^{5}pʻɔ^{4}ʔɔ^{45}	蛤哩kua^{24}lɛ^{3}ʔɛ^{35}	蛤嫲kɛi^{5}ma^{42}	蛤婆kia^{5}pʻɛu^{3}	蛤婆kei^{5}pʻo^{3} 蛤仔kua^{3}tsei^{3}	蛤婆kei^{21}pu^{4} 蛤喃kvie^{324}tie^{4}
0458	癞蛤蟆	蟾蜍婆 kʌŋ^{13}sʉ^{21}pʻɔ^{21}	蟾蜍婆 kʻɛn^{21}sɿ^{21}pʻɔu^{21}	蟾蜍婆 kʻɛn^{42}ʃi^{11}pʻɔu^{42}	蟾蜍婆 kʻiaŋ^{11}su^{11}pʻɛu^{11}	蟾蜍嫲 kʻɛŋ^{22}sy^{22}mou^{22}	蟾蜍婆 kœn^{51}sy^{45}pu^{4}
0459	蚕	蚕tsʻəŋ^{21}	蚕屎虫 tsʻuə^{21}sɿ^{24}tsʻa^{3}ʔŋ^{35} 蚕 tsʻuə^{21}	蚕 tsʻan^{42}	蚕 tsʻoŋ^{11}	蚕tsʻoŋ^{22}	蚕tsʻie^{4}
0460	乌龟	乌龟 vʉ^{13}koe^{13}	乌龟 vu^{12}kuai^{12}	乌龟 vu^{11}kɔi^{11}	乌龟 vu^{33}kuoi^{33}	乌龟u^{44}kuai^{44}	乌龟 vu^{51}kvei^{51}
0461	鳖	脚鱼 kiu^{5}ŋʉ^{4}ʔʉ^{45}	脚鱼 kiu^{5}gi^{3}ʔi^{35}	团鱼 tʻun^{42}ŋi^{33}	脚鱼 kiu^{5}m^{3}	团鱼tʻuaŋ^{22}ŋy^{22}	脚鱼 kœy^{21}gau^{4}
0462	虾	虾公 ho^{13}kɐ^{2}ʔn^{23}	虾公 ha^{12}ka^{3}ʔŋ^{35}	虾公 ha^{33}kɐŋ^{33}	虾公 hɔ^{11}kɛŋ^{33}	虾仔hou^{3}tsei^{3}	虾公 hɔu^{51}koŋ^{51}
0463	泥鳅	泥鳅lʌ^{21}tsʻi^{2}ʔu^{23}	泥鳅lɛ^{21}tsʻi^{3}ʔu^{35}	泥鳅nɛi^{42}tsʻɛu^{33}	泥鳅na^{11}tsʻiu^{12}	泥鳅la^{22}tsʻiu^{3}	泥鳅lie^{45}tsʻiu^{4}
0464	蛇	蛇 siʌ^{21}	蛇 siɛ^{21}	蛇 ʃa^{42}	蛇 sɔ^{11}	蛇sou^{22}	蛇 si^{45}

序号	词目	大村	向阳	石陂	周田	石塘	桂头
0465	蚂蟥	蜞婆kʻi21pʻɔ4ʔɔ45	蝴蜞fu21kʻi21	蝴蜞fu42kʻi42	蝴蜞fu11kʻi11	蜞□kʻi22tʻau22	蜞□kʻai45to45
0466	蚌	□壳kʻʌu44kʻɔ2ʔɔ23	蚌□pʻɔŋ24kʻɔu21	蚌pʻɔŋ24	蚌pʻɔŋ12	□□sei44lai44	旱壳hœn21kʻou21
0467	蜗牛	□螺仔 jA21lɔ21tsA2ʔA23	□螺虫 jɛi21lɔu21tsʻaŋ21	□螺仔 iei42lɔu42tsɛi33	□田螺哩 mɔ11tʻiŋ11lɛu11lɛ53	□螺仔 iei22lo22tsei3	□螺jei45lɔu45
0468	螃蟹	公蟹kɐn13hA24	老蟹lau44huə24	老蟹lau55kʻai24	老蟹lau53kʻa214	公蟹kiẽ44haŋ314	老蟹lo21hie324
0469	螺蛳	石螺siA3lɔ4ʔɔ45 田螺tʻie21lɔ21	石螺siɛ3lɔ3ʔu35 田螺tʻɛn21lɔu21	石螺ʃa3lɔu33 田螺tʻin42lɔu42	石螺sɔ3lɛu3 田螺tʻiŋ11lɛu22	石螺so5lo3 田螺tʻiŋ22lo22	石螺si4lu4 田螺tɛn45lɔu45
0470	鳝鱼	黄鳝 vɔŋ21sie44	黄鳝 vɔŋ21sɛn44	黄鳝 vɔŋ42ʃin55	黄鳝 vɔŋ11siŋ12	黄鳝uoŋ22siŋ45	黄鳝 voŋ45sɛn44
0471	鲤鱼	鲤鱼ləe44ŋʉ4ʔʉ45	鲤鱼lai44gi3ʔi35	鲤鱼lɐi55ŋi33	鲤嫲lai53mɔ11较大 鲤仔lai53tsa12较小	鲤鱼lai45ŋy22	鲤鱼lai21gau4
0472	鲫鱼	鲫婆tsəe5pʻɔ4ʔɔ45	鲫鱼tsɛi5gi3ʔi35	鲫鱼tsɐi5ŋi33	鲫鱼哩tsi5m3lɛ53	鲫鱼tsa5ŋy22	鲫鱼tsai21gau4
0473	黄颡鱼	黄阿角 vɔŋ21o22kɔ2ʔɔ23	黄阿角 vɔŋ21a22kɔ3ʔu35	黄阿角 vɔŋ42a11kɔu5	黄阿牯 vɔŋ11ɔ33ku214	□鱼la22ŋy22	黄阿角 voŋ45ɔu51kou4
0474	（鱼）鳞	鳞lin13	鳞lan21	鳞lɛn11	鳞lan33	鳞lɛŋ22	鳞laŋ45
0475	（鱼）卵	春tsʻu2ʔn23	春tsʻɔ3ʔn35	春tʃʻɔn33	春tsʻuɔn12	春tsʻuɛŋ3	春tsʻaŋ4
0476	家里	屋箇ɐu5kəe	屋哩ɔ5la3ʔi35	屋下ø5kʻa33	屋哩ɛi5lɛ53	屋哩ie5lei45	屋哩ou21lei4

序号	词目	大村	向阳	石陂	周田	石塘	桂头
0477	房子（整座）	屋ɐu^{5}	屋ɔ^{5}	屋ø^{5}	屋ɛi^{5}	屋ie^{5}	屋ou^{21}
0478	盖（房子）	起hi^{24} 做tsɿ^{44}	起hi^{24}	做tsɔu^{55}	起hi^{214} 做tsɿ^{53}	起hai^{314}	起hai^{324}
0479	打房基	窖石脚 kʌu^{44}siʌ^{3}kiu^{5}	窖石脚kau^{44}siɛ^{3}ki^{3}ʔu^{35} 下石脚ha^{44}siɛ^{3}ki^{3}ʔu^{35}	打石脚 ta^{24}ʃa^{3}kiu^{33}	窖石脚 kia^{53}sɔ^{3}kɛu^{12}	打石脚 tou^{3}sou^{5}kiu^{5}	打大脚ɔu^{324}tu^{22}kœy^{4} 结大脚kɛi^{21}tu^{22}kœy^{4}
0480	砖	砖tsə^{13}	砖tsɔn^{12}	砖tʃun^{11}	砖tsiŋ^{33}	砖tsyẽ^{44}	砖tsyẽ^{51}
0481	断砖	断拱砖 tʻəŋ^{44}kɐn^{24}tsə^{13}	断拱砖 tʻɔŋ^{44}kaŋ^{24}tsɔn^{12}	砖节tʃun^{11}tsi^{5}	断拱砖 tʻɔŋ^{53}kɛŋ^{214}tsiŋ^{33}	断□砖 tʻuŋ^{45}piẽ^{3}tsyẽ^{44}	断缺砖 tʻœn^{21}kʻøy^{4}tsyẽ^{51}
0482	瓦	瓦ŋo^{44}	瓦ga^{44}	瓦ŋa^{55}	瓦ŋɔ^{53}	瓦ŋou^{45}	瓦gɔu^{21}
0483	梁	梁 lin^{21}	梁 lɛŋ^{21}	梁 liɔŋ^{42}	梁 liɔŋ^{11}	梁liɔŋ^{22}	梁 lœn^{45}
0484	上梁（名词）	上栋sɔŋ^{22}tɐn^{44}		升梁ʃɛn^{11}liɔŋ^{42}	横梁viaŋ^{11}liɔŋ^{11}	栋梁tiẽ^{45}liɔŋ^{22}	上栋梁 sœn^{22}oŋ^{44}lœn^{45}
0485	椽子	瓦桷ŋo^{44}kɔ^{2}ʔɔ^{23}	瓦桷ga^{44}kɔ^{3}ʔu^{35}	瓦桷ŋa^{55}kɔu^{3}	瓦桷ŋɔ^{53}kɛu^{12}	瓦□ŋou^{45}kʻau^{3}	瓦桷gɔu^{21}kou^{4}
0486	屋顶	屋栋ɐu^{5}tɐn^{44}	屋顶ɔ^{5}tiɛ^{24}	屋栋ø^{5}tɐŋ^{55}	瓦栋ŋɔ^{53}tɐŋ^{53}	屋顶ie^{5}tiaŋ^{314}	屋顶ou^{21}in^{324}
0487	屋檐	瓦檐ŋo^{44}jie^{4}ʔe^{45}	屋檐ɔ^{5}jɛn^{21}	瓦唇ŋa^{55}ʃɔn^{42}	瓦檐ŋɔ^{53}iŋ^{11}	屋檐ie^{5}iŋ^{22}	瓦檐gɔu^{21}jɛn^{4}
0488	柱子	柱头tsʻʉ^{44}tʻʌi^{21}	柱头tsʻʮ^{44}tʻɔ^{21}	柱头tʃʻi^{55}tʻø^{42}	柱头tsʻu^{12}tʻia^{11}	柱头tsʻy^{3}tʻie^{22} 柱□tsʻy^{3}tɐŋ^{314}	级柱kʻai^{21}tʻau^{21}

序号	词目	大村	向阳	石陂	周田	石塘	桂头
0489	柱子石	柱墩tsʻʉ^{44}tun^{13}	柱墩tsʻɥ^{44}tən^{12}	柱头石 ʧʻi^{55}tʻø^{42}ʃa^{3}	柱头石 tsʻu^{12}tʻia^{11}sɔ^{3}	柱□墩 tsʻy^{3}tɛŋ^{314}tɛŋ^{44}	石墩si^{4}aŋ^{51}
0490	房间	房fɔ^{4}ʔŋ^{45}	房fɔŋ^{21}	房fɔŋ^{42}	房fɔŋ^{3}	房foŋ^{22}	房foŋ^{4}
0491	客厅	私厅sɿ^{13}tʻiA^{2}ʔŋ^{23}	私厅sɿ^{12}tʻiɛ^{3}ʔɛ^{35} 大厅tʻuə^{22}tʻiɛ^{3}ʔɛ^{35}	私厅sɿ^{11}tʻiaŋ^{33} 厅tʻiaŋ^{11}	私厅sɿ^{33}tʻiaŋ^{33}	私厅sɿ^{44}tʻiaŋ^{44} 厅下tʻiaŋ^{44}hou^{3}	私厅si^{51}tʻin^{4}
0492	墙	壁piA^{5}	壁piɛ^{5}	壁pia^{5}	壁pia^{5}	墙tsʻioŋ^{22}	壁pi^{21}
0493	砌墙	结壁ki^{5}piA^{5}	结壁ki^{5}piɛ^{5} 砌墙tsʻai^{5}tsʻɛŋ^{21}	结壁ki^{5}pia^{5}	结壁ki^{5}pia^{5}	结墙kei^{5}tsʻioŋ^{22} 起墙hai^{314}tsʻioŋ^{22}	结壁kei^{21}pi^{21}
0494	窗户	□门嘀 tʻA^{4}ʔA^{45}mun^{21}tei^{44}	光窗kɔŋ^{12}tsʻɔ^{3}ʔŋ^{35} 纱窗sɔu^{12}tsʻɔ^{3}ʔŋ^{35}	光窗kɔŋ^{11}tsʻɔŋ^{11}	垛子tɛu^{214}tsɿ^{214}	皓窗hau^{44}tsʻyẽ^{3}	皓窗ho^{44}tsʻyẽ^{3} 窗门tsʻyẽ^{4}bœn^{4}
0495	门	门mu^{4}ʔn^{45}	门ba^{3}ʔn^{35}	门mən^{33}	门man^{3}	门mɛŋ^{3}	门bœn^{4}
0496	侧门	侧门tsei^{5}mu^{4}ʔn^{45}	侧门tsei^{5}ba^{3}ʔn^{35}	侧门tsei^{5}mən^{33}	侧门tsi^{5}man^{3}	侧门tsa^{5}mɛŋ^{3}	过隔门 kvu^{44}ki^{21}bœn^{4}
0497	门槛儿	门𫓧mun^{21}tsʻAŋ^{24}	门𫓧ban^{21}tsʻuə^{24}	门□mən^{33}kʻin^{11}	□槛fu^{11}kʻiŋ^{214}	门𫓧mɛŋ^{3}tsʻaŋ^{3}	门𫓧bœn^{4}tsʻiẽ^{324}
0498	钌铞儿	铁牛牯 tʻi^{5}ŋiu^{21}kʉ^{24}	门扣ban^{35}kʻɔ^{44}	铁牛牯 tʻi^{5}ŋɛu^{42}ku^{24}	铁牛牯 tʻi^{5}ŋiu^{11}ku^{214}	铁牛牯 tʻi^{5}ŋiu^{22}ku^{314}	铁牛牯 tʻɛi^{21}giu^{45}kvu^{324}
0499	阳台	□楼kʻiA^{21}lAi^{21}	□楼kʻiɛ^{21}lɔ^{21}	□楼kʻia^{42}lø^{42}	□楼kʻia^{11}lia^{11}	□楼kʻia^{22}lie^{22}	□楼kʻi^{45}lei^{45}
0500	栏杆	栏杆ləŋ^{21}kəŋ^{13}	栏杆luə^{21}kun^{12}	栏杆lan^{42}kun^{11}	栏杆loŋ^{11}koŋ^{33}	栏杆loŋ^{22}koŋ^{44}	栏杆lœn^{45}kvœn^{51}

序号	词目	大村	向阳	石陂	周田	石塘	桂头
0501	台阶	□头tsʻᴀŋ^{44}tʻᴀi^{21}	码头ba^{44}tʻɔ^{21}	码头□ ma^{55}tʻø^{42}tun^{55}	码头mɔ^{53}tʻia^{11}	磡kʻoŋ^{45}	码头bɔu^{21}tei^{45}
0502	楼梯	楼梯lᴀi^{21}tʻᴀ^{13}	楼梯lɔ^{21}tʻɛ^{12}	楼梯lø^{42}tʻui^{11}	楼梯lia^{11}tʻa^{33}	□梯tie^{3}tʻa^{44}	楼梯lei^{45}tʻie^{51}
0503	天井	天井tʻie^{13}tsiᴀŋ^{24}	天井tʻɛn^{12}tsiɛ^{24}	天井tʻin^{11}tsiaŋ^{24}	天井tʻiŋ^{33}tsiaŋ^{214}	天井tʻiŋ^{44}tsiaŋ^{314}	天井tʻɛn^{51}tsin^{324}
0504	井	井tsiᴀŋ^{24}	井tsiɛ^{24}	井tsiaŋ^{24}	井tsiaŋ^{214}	井tsiaŋ^{314}	井tsin^{324}
0505	厨房	灶前tsᴀu^{44}tsʻie^{4}ʔe^{45}	灶脚下 tsau^{44}kiu^{5}ha^{3}ʔa^{35}	灶下tsau^{55}ha^{33}	灶下tsau^{53}ha^{33}	灶下tsau^{45}hou^{3}	灶脚tso^{44}køy^{4}
0506	烟囱	烟通jie^{13}tʻen^{13}	烟通jɛn^{12}tʻaŋ^{12}	烟通in^{11}tʻeŋ^{11}	烟通iŋ^{33}tʻeŋ^{33}	烟通iŋ^{44}tʻie^{44}	烟通jɛn^{51}tʻoŋ^{51}
0507	灶	灶头tsᴀu^{44}tʻᴀ^{4}ʔi^{45}	灶头tsau^{44}tʻɔ^{3}ʔɔ^{35}	灶头tsau^{55}tʻø^{33}	灶头tsau^{53}tʻia^{3}	灶头tsau^{45}tʻie^{22}	灶头tso^{44}tei^{4}
0508	砌灶	打灶tᴀ^{4}ʔᴀ^{45}tsᴀu^{44}	打灶头 ta^{24}tsau^{44}tʻɔ^{3}ʔɔ^{35}	打灶ta^{24}tsau^{55}	打灶ta^{3}tsau^{53}	打灶头 tou^{3}tsau^{45}tʻie^{22}	打灶头 ɔu^{324}tso^{44}tei^{4}
0509	厕所	粪寮fun^{44}liᴀ^{4}ʔu^{45}	屎窟sɿ^{24}fu^{21}	屎缸sɿ^{24}koŋ^{11}	粪寮fan^{53}liau^{3}	粪寮feŋ^{45}liau^{3}	屎窟寮 si^{324}fu^{4}lɛi^{4}
0510	角落	角落头 kɔ^{5}lɔ^{3}tʻᴀ^{4}ʔi^{45}	角落头 kɔu^{5}lɔu^{3}tʻɔ^{3}ʔɔ^{35}	角落头 kɔu^{5}lɔu^{3}tʻø^{42}	角落头 keu^{5}leu^{3}tʻia^{3}	角落头 ko^{5}lo^{5}tʻie^{22}	角落头 kou^{21}lou^{21}tei^{4}
0511	窟窿	孔kʻen^{24}	孔kʻaŋ^{24} □laŋ^{24}	□lui^{55} 眼ŋan^{55}	□loi^{53} 眼ŋoŋ^{12} 窿leŋ^{11}	眼ŋoŋ^{22}	孔kʻoŋ^{324}
0512	缝儿	裂li^{5}	裂li^{5}	坼tsʻei^{5} 裂li^{5}	裂li^{5}	裂li^{5}	裂lɛi^{21}

序号	词目	大村	向阳	石陂	周田	石塘	桂头
0513	鸡窝	鸡窦kie^{13}tʌi^{44}	鸡窦kei^{12}tɔ^{3}ʔɔ^{35}	鸡窦kɛi^{11}tø^{33}	鸡窦kiɛ^{33}tia^{12}	鸡窦kei^{44}tie^{45}	鸡窦kei^{51}ei^{44}
0514	猪圈	猪栏tsʉ^{13}lɵ^{4}ʔŋ^{45}	猪栏tɔe^{12}luə^{21}	猪栏tʃi^{11}lan^{42}	猪栏tsu^{33}loŋ^{11}	猪栏tsy^{44}loŋ^{22}	猪栏au^{51}lœn^{45}
0515	牛棚	牛栏ŋiu^{21}lɵ^{4}ʔŋ^{45}	牛栏giu^{21}luə^{21}	牛栏ŋɐu^{42}lan^{42}	牛栏ŋiu^{11}loŋ^{3}	牛栏ŋiu^{22}loŋ^{22}	牛栏giu^{45}lœn^{45}
0516	家具	家私ko^{13}sɿ^{13}	家私ka^{12}sɿ^{12}	家私ka^{11}sɿ^{11}	家私kɔ^{33}sɿ^{33}	家私kou^{44}sɿ^{44}	家私kɔu^{51}si^{51}
0517	桌子	桌头tsɔ^{2}ʔɔ^{23}tʻʌi^{21}	桌头tsɔ^{3}ʔu^{35}tʻɔ^{21}	枱tʻui^{33}	枱头tʻoi^{3}tʻia^{11}	桌头tso^{3}tʻie^{22}	桌tsou^{4}
0518	椅子（统称）	凭腰椅 pʻʌn^{22}jiʌu^{13}ɲ^{24}	凭背椅 pʻan^{22}pui^{44}ɲ^{24}	椅i^{24}	靠椅kʻau^{53}i^{214}	凳taŋ^{3}	凭腰凳 paŋ^{22}jɛi^{51}aŋ^{4}
0519	凳子（统称）	凳tʌ^{2}ʔn^{23}	凳ta^{3}ʔn^{35}	凳ten^{33}	凳tiaŋ^{12}	凳taŋ^{3}	凳aŋ^{4}
0520	书桌	读书桌 tʻeu^{3}sʉ^{13}tsɔ^{2}ʔɔ^{23}	书桌sɥ^{12}tsɔ^{3}ʔu^{35}	书枱ʃi^{33}tʻui^{33}	书枱su^{33}tʻoi^{3}	书桌sy^{44}tso^{3}	书桌sy^{51}tsou^{4}
0521	柜子	柜kʻo^{4}ʔe^{45}	柜kʻuai^{22}	柜kʻɔi^{33}	柜kʻuoi^{3}	柜kʻuai^{44}	柜kʻvei^{4}
0522	抽屉	抽柜tsʻiu^{13}kʻoe^{22}	柜桶kʻuai^{22}tʻaŋ^{24}	柜桶kʻɔi^{33}tʻeŋ^{24}	推箱tʻuoi^{33}sioŋ^{33} 柜桶kʻuoi^{31}tʻeŋ^{214}	柜箱kʻuai^{44}sioŋ^{3}	抽柜tsʻiu^{51}kʻvei^{4}
0523	（木）箱子	木箱 mɐ^{4}ʔu^{45}sin^{13}	木箱 bɔ^{3}seŋ^{12}	木箱 mø^{33}sioŋ^{33}	木箱 mei^{3}sioŋ^{12}	木箱mie^{5}sioŋ^{44}	木箱 bou^{4}sœn^{51}
0524	皮箱	皮□pʻoe^{21}ki^{5}	皮□pʻai^{21}ki^{3}ʔi^{35} 皮箱 pʻai^{21}seŋ^{12}	皮□pʻɐi^{42}ki^{5}	皮□pʻai^{11}kʻi^{3}	皮箱pʻai^{22}sioŋ^{44}	皮箱 pai^{45}sœn^{51}

序号	词目	大村	向阳	石陂	周田	石塘	桂头
0525	床	床 tsʻɔŋ^{21}	床 tsʻɔŋ^{21}	床寀 tsʻɔŋ^{42}tø^{33}	床 tsʻɔŋ^{11}	床tsʻoŋ^{22}	床寀 tsʻoŋ^{45}ei^{4}
0526	竹席	竹席 tseʔ^{2}ʔu^{23}tsʻiᴀ^{3}	竹席 tsɔ^{35}tsʻiɛ^{3}	篾席 mi^{3}tsʻia^{3}	竹席 tseɪ^{5}tsʻia^{3}	竹席tsie^{5}tsʻia^{5}	竹席 a^{4}tsʻi^{44}
0527	草席	草席 tsʻᴀu^{24}tsʻiᴀ^{3}	草席 tsʻau^{24}tsʻiɛ^{3}	草席 tsʻau^{24}tsʻia^{3}	草席 tsʻau^{214}tsʻia^{3}	草席tsʻau^{314}tsʻia^{5}	草席 tsʻo^{324}tsʻi^{44}
0528	被子	被 pʻoe^{44}	被 pʻai^{22}	被 pʻɐi^{55}	被 pʻai^{53}	被pʻai^{45}	被 pʻai^{21}
0529	褥子	床垫 tsʻɔŋ^{21}tʻie^{44}	床垫 tsʻɔŋ^{21}tʻɛn^{44}	床垫 tsʻɔŋ^{42}tin^{55}	褥子 iu^{3}tsɿ^{214}	床垫tsʻoŋ^{22}tʻiŋ^{45}	垫嘀 tʻiẽ^{21}tie^{4}
0530	毯子	毡tsie^{13}	毡tsɛn^{12}	毡ʧin^{11}	毡tsiŋ^{33}	毡tsiŋ^{44}	毡tsen^{51}
0531	枕头	头枕tʻᴀi^{21}tsin^{24}	枕头 tsan^{24}tʻɔ^{21}	枕头 ʧɛn^{24}tʻø^{42}	枕头 tsan^{214}tʻia^{11}	枕头tseŋ^{3}tʻie^{22}	枕头 tsaŋ^{324}tei^{45}
0532	毛线	□lᴀŋ^{44}	□lan^{44}	□laŋ^{55}	□liaŋ^{33}	□laŋ^{45}	□laŋ^{44}
0533	蚊帐	蚊帐 mun^{13}tsi^{2}ʔn^{23}	蚊帐 ban^{12}tsɛ^{3}ʔŋ^{35}	蚊帐 mɔn^{33}ʧɔŋ^{33}	蚊帐 man^{12}tsɔŋ^{12}	蚊帐meŋ^{314}tsoŋ^{45}	蚊帐 baŋ^{45}tsœn^{4}
0534	窗帘	窗帘 tsʻɔŋ^{13}lie^{21}	窗帘 tsʻɔŋ^{12}lɛn^{21}	窗帘 tsʻɔŋ^{11}lin^{42}	窗帘 tsʻɔŋ^{33}liŋ^{11}	窗帘tsʻoŋ^{44}liŋ^{22}	窗帘 tsʻyẽ^{4}lɛn^{45}
0535	脸盆	面盆 mie^{22}pʻu^{4}ʔn^{45}	面盆 bɛn^{22}pʻa^{3}ʔn^{35}	面盆 min^{11}pʻɔn^{33}	面盆 miŋ^{31}pʻan^{3}	面盆miŋ^{44}pʻɛŋ^{3}	面盆 ben^{22}paŋ^{4}
0536	毛巾	洗面帕 sᴀ^{24}mie^{22}pʻo^{2}ʔo^{23}	洗面帕 sɛ^{24}bɛn^{22}pʻa^{3}ʔa^{35}	手帕ʃau^{24}pʻa^{33}	手帕siu^{214}pʻɔ^{12}	洗面帕 sei^{314}miŋ^{44}pʻou^{3}	面帕ben^{22}pʻɔu^{4}

序号	词目	大村	向阳	石陂	周田	石塘	桂头
0537	肥皂	番碱 fəŋ^{13}kʌŋ^{24}	番碱 fuə^{12}kuə^{24}	番碱 fan^{11}kan^{24}	番鬼碱 foŋ^{33}kuoi^{214}kiaŋ^{214}	番碱foŋ^{44}kaŋ^{314}	番碱 fœn^{51}kiẽ^{324}
0538	镜子	镜 kiʌŋ^{44}	镜 kiɛ^{44}	镜 kiaŋ^{55}	镜哩 kiaŋ^{53}lɛ^{53}	镜kiaŋ^{45}	镜 kin^{44}
0539	梳子	梳sɔ^{2}ʔɔ^{23}	梳 sɔ^{3}ʔu^{35}	梳 sɔu^{33}	梳sɐu^{12}	梳so^{44}	梳嘀søy^{51}tie^{4}
0540	牙刷	牙擦ŋo^{21}sʉ^{2}ʔʉ^{23}	牙擦ga^{21}tsʻu^{3}ʔi^{35}	牙擦ŋa^{42}tsʻa^{5}	牙擦ŋɔ^{11}tsʻɔ^{5}	牙擦ŋou^{22}tsʻye^{3}	牙擦gɔu^{45}tsʻu^{21}
0541	牙膏	牙膏 ŋo^{21}kʌu^{13}	牙膏 ga^{21}kau^{12}	牙膏 ŋa^{42}kau^{11}	牙膏 ŋɔ^{11}kau^{33}	牙膏ŋou^{22}kau^{44}	牙膏 gɔu^{45}ko^{51}
0542	水舀子	水勺sʉ^{24}sɔ^{3}	水勺sɔe^{24}siu^{3}	水勺ʃɔi^{24}ʃɔu^{3} 勺嫲ʃɔu^{3}ma^{42}	水勺suoi^{214}sɐu^{3}	水勺sy^{314}so^{5}	勺婆sœy^{44}pu^{4}
0543	洗衣槌	揸槌loe^{21}tʻo^{4}ʔe^{45}	衣裳槌 ȵ^{13}suə^{24}tsʻɔ^{3}ʔe^{35}	洗衫槌 sei^{24}san^{33}tʃʻɔi^{33}	衣裳槌 i^{33}sɔŋ^{11}tʻuoi^{3}	□槌moŋ^{22}tʻuai^{3}	洗衣槌 sei^{324}ji^{51}tau^{4}
0544	甏（大缸）	冲缸tsʻən^{44}kəŋ^{13}	冲缸tsʻaŋ^{44}kɔŋ^{12}	冲缸tʃʻəŋ^{55}kɔŋ^{11}	冲缸tsʻɛŋ^{53}kɔŋ^{33}	乌缸u^{44}koŋ^{44}	冲缸tsʻoŋ^{44}koŋ^{51}
0545	水缸	水甕sʉ^{24}ɐ^{2}ʔn^{23}	水缸sɔe^{24}kɔŋ^{12}	水缸ʃɔi^{24}kɔŋ^{11}	水缸suoi^{214}kɔŋ^{33}	乌缸u^{44}koŋ^{44}	水甕sy^{324}oŋ^{4}
0546	坛子	埕tsʻʌn^{21}	埕tsʻan^{21}体积较大 □tʻuə^{5}体积较小	埕tʃʻɛn^{42}	酒埕tsiu^{214}tsʻiaŋ^{3}	埕tʻaŋ^{3}	□嘀tsɔu^{324}tie^{4} 埕taŋ^{45}
0547	钵子	钵头 pʉ^{2}ʔʉ^{23}tʻʌi^{21}	钵头 pu^{3}ʔi^{35}tʻɔ^{21}	钵头 pui^{5}tʻø^{42}	钵头 pɔ^{12}tʻia^{11}	钵头pou^{5}tʻie^{22}	钵头 pu^{4}tei^{45}
0548	罐子	罐kəŋ^{44}	罐kun^{44}	罐kun^{55}	罐kɔŋ^{53}	缸koŋ^{3}	罐kvœn^{44}

序号	词目	大村	向阳	石陂	周田	石塘	桂头
0549	瓶子	樽tsun^{13}	樽 tsɔn^{12}	樽 tsɔn^{11}	樽哩 tsuɔn^{33}lɛ^{53}	樽tsɛŋ^{44}	樽 tsɛn^{51}
0550	（瓶）塞子	窒tsʉ^{2}ʔʉ^{23}	窒tsu^{3}ʔi^{35}	窒tsui^{5}	窒哩tsuoi^{5}lɛ^{53}	窒tsu^{3}	窒tsau^{4}
0551	搪瓷碗	瓷器碗 ts'ɿ^{21}hi^{44}vəŋ^{24}	□□p'aŋ^{22}t'i^{3}ʔi^{35}	瓷器碗 ts'ɿ^{42}ʃi^{55}vun^{24}	洋瓷碗 iɔŋ^{11}ts'ɿ^{11}voŋ^{214}	竹花碗tie^{5}fou^{44}uaŋ^{314} □碗la^{22}uaŋ^{314}	瓷器碗 ts'i^{45}hai^{44}vœn^{324}
0552	茶缸	茶□ts'o^{21}t'ᴀ^{4}ʔᴀ^{45}	茶缸ts'a^{21}kɔŋ^{12}	茶□ts'a^{42}t'iu^{24}	茶壶ts'ɔ^{11}fu^{11}	茶缸ts'ou^{22}kɔŋ^{3}	茶盅 ts'ɔu^{45}tsɔŋ^{4}
0553	杯子	盅tse^{2}ʔn^{23}	盅tsa^{3}ʔŋ^{35}	杯仔pɔi^{11}tsɛi^{33}	杯仔pai^{33}tsa^{12}	杯pai^{44}	盅tsɔŋ^{4}
0554	碗	碗 vəŋ^{24}	碗 voŋ^{24}	碗 vun^{24}	碗 voŋ^{214}	碗uaŋ^{314}	碗 vœn^{324}
0555	冲壶	焗壶k'eu^{3}fʉ^{21}	茶壶ts'a^{21}fu^{21}	茶壶ts'a^{42}fu^{42}	茶壶ts'eu^{11}fu^{11}	茶壶ts'ou^{22}fu^{22}	焗壶kou^{21}fu^{45}
0556	暖壶	暖壶 ləŋ^{44}fʉ^{21}	暖壶 loŋ^{44}fu^{21}	暖壶 nun^{55}fu^{42}	暖壶 noŋ^{53}fu^{11}	暖壶luaŋ^{45}fu^{22}	暖壶 lœn^{21}fu^{45}
0557	调羹	调和嘀 t'iᴀu^{21}hɔ^{21}tei^{44}	和哩hɔu^{21}lɛ^{3}ʔɛ^{35}	调婆仔t'iu^{42}p'ɔu^{42}tsɛi^{33} 调羹t'iu^{42}kaŋ^{11}	调羹t'iau^{11}kiaŋ^{33}	调和t'iau^{22}ho^{22}	调羹tɛi^{45}kin^{51}
0558	（饭）勺儿	勺仔sɔ^{3}tsᴀ^{2}ʔᴀ^{23} 饭勺foŋ^{22}sɔ^{2}ʔu^{23}	饭勺fuə^{22}siu^{3}	饭勺fan^{11}ʃɔu^{3}	饭勺foŋ^{31}seu^{3}	饭勺foŋ^{44}so^{3}	勺嘀sœy^{44}tie^{4}
0559	筷子	筷子 k'ᴀ^{44}tsɿ^{24}	筷子 k'uə^{44}tsɿ^{24}	筷子 k'ai^{55}tsɿ^{24}	筷子 k'oi^{53}tsɿ^{214}	筷子k'ua^{45}tsɿ^{314}	筷子 k'vie^{44}tsi^{324}
0560	柴火	柴 ts'ᴀ^{21}	柴 ts'uə^{21}	柴 ts'ai^{42}	柴 ts'a^{11}	柴ts'a^{22}	柴 ts'ie^{45}

序号	词目	大村	向阳	石陂	周田	石塘	桂头
0561	煤	煤 mʉ^{21}	煤 bui^{21}	煤 mui^{42}	煤 moi^{11}	炭tʻoŋ^{3}	煤 bu^{45}
0562	木炭	炭tʻɵ^{2}ʔŋ^{23}	炭tʻuə^{3}ʔə^{35}	炭tʻan^{33}	炭tʻoŋ^{12}	响炭sioŋ^{314}tʻoŋ^{3}	炭tʻœn^{4}
0563	火笼	火笼fʉ^{24}lɐ^{4}ʔn^{45}	火桶fu^{24}tʻa^{3}ʔŋ^{35}	火笼fu^{24}lɐŋ^{24}	火桶fu^{214}tʻɐŋ^{12}	火桶ho^{314}tʻiẽ^{3}	火笼fu^{324}loŋ^{4}
0564	炉子	炉喃lʉ^{4}ʔʉ^{45}tei^{44}	炉哩lu^{3}le^{3}ʔɛ^{35}	炉仔lu^{42}tsɛi^{33}	炉灶lu^{11}tsau^{53}	炉lu^{22}	炉lau^{4}
0565	生火	透火 tʻʌi^{44}fʉ^{24} 起火 hi^{24}fʉ^{24}	透火 tʻɔ^{44}fu^{24} 起火 hi^{24}fu^{24}	透火 tʻø^{55}fu^{24} 起火 ʃi^{24}fu^{24}	透火 tʻia^{53}fu^{214} 起火 hi^{214}fu^{214}	动火tʻiẽ^{44}ho^{314} 起火hai^{314}ho^{314}	起火 hai^{324}fu^{324}
0566	锅	镬头vɔ^{3}tʻʌi^{21}	镬头vɔu^{3}tʻɔ^{21}	镬头vɔu^{3}tʻø^{42}	镬vɐu^{3}	镬o^{5}	镬头vou^{4}tʻei^{45}
0567	锅盖	镬盖vɔ^{3}kʉ^{2}ʔʉ^{23}	镬盖vɔu^{3}kui^{44}	镬盖vɔu^{3}kui^{33}	镬盖vɐu^{3}koi^{12}	镬盖o^{5}kua^{3}	镬盖vou^{4}kvu^{4}
0568	锅铲	铲匙tsʻʌŋ^{24}sɿ^{4}ʔɿ^{45}	镬铲vɔu^{3}tsʻuə^{24}	镬铲vɔu^{3}tsʻan^{24}	镬铲vɐu^{3}tsʻiaŋ^{214}	铲匙tsʻaŋ^{314}sɿ^{3}	铲匙tsʻiẽ^{324}si^{4}
0569	锅烟子	镬黸vɔ^{3}lʉ^{44}	镬乌vɔu^{3}vu^{12}	火炭煤fu^{24}tʻan^{33}mui^{42} 镬黸vɔu^{3}lu^{11}	镬黸vɐu^{3}lu^{33}	火黸乌 ho^{314}lau^{44}u^{3}	镬黸vou^{4}lau^{51}
0570	砧板	砧板tʌ^{2}ʔn^{23}pɐŋ^{24}	砧板tɔn^{12}puə^{24}	砧莞tsen^{11}tø^{11}	砧莞tsiaŋ^{33}tia^{33}	砧板taŋ^{44}poŋ^{314}	砧板aŋ^{51}pœn^{324}
0571	菜刀	切菜刀 tsʻɿ^{5}tsʻʉ^{44}tʌ^{2}ʔu^{23}	菜刀tsʻui^{44}ta^{3}ʔu^{35}	菜刀嫲 tsʻui^{55}tau^{33}ma^{42}	菜刀tsʻoi^{53}tau^{33}	菜刀tsʻua^{45}tau^{44}	菜刀tsʻu^{44}o^{4}
0572	蒸笼	蒸笼 tsʌn^{13}lɐn^{21}	蒸笼 tsan^{12}laŋ^{21}	蒸笼 tʃen^{11}lɐŋ^{33}	蒸笼 tsiaŋ^{33}lɐŋ^{11}	蒸笼tsaŋ^{44}liẽ^{3}	蒸笼 tsaŋ^{51}loŋ^{4}

序号	词目	大村	向阳	石陂	周田	石塘	桂头
0573	甑	饭甑 fəŋ^{22}tsᴀn^{44}	饭甑 fuə^{22}tsa^{3}ʔn^{35}	甑 tsɛn^{33}	饭甑 foŋ^{31}tsiaŋ^{53}	饭甑foŋ^{44}tsaŋ^{45}	饭甑 fœn^{22}tsaŋ^{4}
0574	筲箕	筲箕sᴀu^{13}ki^{13}	圆箕jiɔn^{21}ki^{3}ʔi^{35}	圆箕iun^{42}ki^{33}	圆箕iŋ^{11}ki^{12}	箕箕ki^{3}ki^{3}	圆箕yẽ^{45}kai^{51}
0575	笊篱	笊篱tsᴀu^{13}lo^{4}ʔe^{45}	笊篱tsau^{44}la^{3}ʔi^{35}	笊篓tsau^{55}lø^{33}	笊篓tsau^{53}lia^{3}	笊篱tsau^{44}luai^{3}	笊篓tso^{51}lau^{4}
0576	炊帚	洗镬把 sᴀ^{24}vɔ^{3}po^{2}ʔo^{23}	洗镬把 sɛ^{24}vɔu^{3}pa^{24}	洗镬把 sɛi^{24}vɔu^{3}pa^{24}	洗镬□ sa^{214}vɐu^{3}tsɔ^{33}	竹刷tsie^{5}sye^{3}	镬擦vou^{4}tsʻu^{21}
0577	抹布	抹桌帕 mʉ^{5}tsɔ^{2}ʔɔ^{23}pʻo^{2}ʔo^{23}	抹桌布 bui^{5}tsɔu^{5}pu^{44}	枱帕tʻui^{33}pʻa^{33}	抹枱布 mɔ^{5}tʻoi^{3}pu^{53}	抹布mou^{5}pu^{45}	抹桌帕 bu^{21}tsɔu^{4}pʻɔu^{4}
0578	火柴	火柴 fʉ^{24}tsʻᴀ^{21}	火柴 fu^{24}tsʻuə^{21}	火柴 fu^{24}tsʻai^{42}	火柴 fu^{214}tsʻa^{11}	火柴ho^{314}tsʻa^{22}	洋火 jœn^{45}fu^{324}
0579	旱烟袋	烟筒jie^{13}tʻɐ^{4}ʔn^{45}	烟筒jɛn^{12}tʻa^{3}ʔŋ^{35}	烟筒in^{11}tʻɛŋ^{33}	烟斗iŋ^{33}tia^{214}	烟斗iŋ^{44}tie^{314}	烟包jɛn^{51}po^{51}
0580	手电筒	电筒 tʻie^{22}tʻɐ^{4}ʔn^{45}	电筒 tʻɛn^{22}tʻa^{3}ʔŋ^{35}	电筒 tʻin^{24}tʻɛŋ^{33}	电筒 tʻiŋ^{31}tʻɛŋ^{3}	电筒tiŋ^{45}tʻiẽ^{3}	电筒 tɛn^{22}toŋ^{4}
0581	电灯	电灯 tʻie^{22}tᴀn^{13}	电灯 tʻɛn^{22}tan^{12}	电灯 tʻin^{24}tɛn^{11}	电灯 tʻiŋ^{31}tiaŋ^{33}	电灯tiŋ^{45}taŋ^{44}	电灯 tɛn^{22}aŋ^{51}
0582	蜡烛	蜡烛 lo^{3}tsɐu^{5}	蜡烛 luə^{3}tsɔ^{5}	蜡烛 la^{3}tʃø^{3}	蜡烛 lɔ^{3}tsɛi^{5}	蜡烛lou^{5}tsie^{5}	蜡烛 lie^{44}tsou^{21}
0583	汽油	汽油 hi^{44}jiu^{21}	汽油 hi^{44}jiu^{21}	汽油 ʃi^{55}iau^{42}	汽油 hi^{53}iu^{11}	汽油hi^{45}iu^{22}	汽油 hai^{44}jiu^{45}
0584	煤油	水火油 sʉ^{24}fʉ^{24}jiu^{21}	水火油 sɔe^{24}fu^{24}jiu^{21}	火水油fu^{24}ʃɔi^{24}iau^{42} 水火油ʃɔi^{24}fu^{24}iau^{42}	水火油 suoi^{214}fu^{214}iu^{11}	水火油 sy^{314}ho^{314}iu^{22}	洋油jœn^{45}jiu^{45}

序号	词目	大村	向阳	石陂	周田	石塘	桂头
0585	马桶	尿桶 liʌu^{22}tʻen^{24}	尿桶 liu^{22}tʻaŋ^{24}	尿桶 ȵiu^{11}tʻeŋ^{24}	尿桶 ȵiau^{31}tʻeŋ^{214}	尿桶liau^{44}tʻiẽ^{314}	尿桶 lɐi^{22}tʻoŋ^{324}
0586	粪勺	粪勺ʃun^{44}sɔ^{4}ʔɔ^{45}	粪□fan^{44}pa^{3}ʔn^{35}	□斗iu^{24}tø^{24}	尿勺ȵiau^{31}seu^{3}	粪勺ʃeŋ^{45}so^{3}	粪勺ʃaŋ^{44}sœy^{4}
0587	痰盂	痰罐 tʻəŋ^{21}kəŋ^{44}	痰罐 tʻuə^{21}kun^{44}	痰罐 tʻan^{42}kun^{55}	痰罐 tʻoŋ^{11}koŋ^{53}	痰罐tʻoŋ^{22}kuaŋ^{45}	痰罐 tiẽ^{45}kvœn^{44}
0588	打水桶	井桶tsiʌŋ^{24}tʻe^{2}ʔn^{23}	吊桶tiu^{44}tʻaŋ^{24}	井桶tsiaŋ^{24}tʻeŋ^{24}	井桶tsiaŋ^{214}tʻeŋ^{12}	井桶tsʻiaŋ^{314}tʻiẽ^{3}	吊桶ɛi^{44}tʻoŋ^{324}
0589	竹叉（晒衣用）	丫杈□o^{13}tsʻo^{13}tun^{24}	丫杈□a^{12}tsʻa^{35}tɔn^{24}	□篙□lɔŋ^{11}kʻau^{11}tɔn^{24}	三将军 soŋ^{33}tsiɔŋ^{33}kuɔn^{33}	丫杈ou^{44}tsʻou^{3}	三角撑 siẽ^{51}kou^{21}tsʻin^{44}
0590	钥匙	锁匙 sɔ^{24}sɿ^{4}ʔɿ^{45}	锁匙 sɔu^{24}sɿ^{3}ʔɿ^{35}	锁匙 sɔu^{24}sɿ^{33}	锁匙 seu^{214}sɿ^{3}	锁匙so^{314}sɿ^{3}	锁匙 sɔu^{324}si^{4}
0591	锁	锁 sɔ^{24}	锁 sɔu^{24}	锁 sɔu^{24}	锁 seu^{214}	锁so^{314}	锁头 sɔu^{324}tei^{45}
0592	蓑衣	蓑衣 sɔ^{13}ʝɿ^{13}	蓑衣 sɔu^{12}ʝɿ^{12}	蓑衣 sɔu^{11}i^{11}	蓑衣 seu^{33}i^{33}	蓑衣so^{44}i^{44}	蓑衣 sɔu^{51}ji^{51}
0593	斗笠	笠帽læ^{3}mʌ^{4}ʔu^{45}	笠帽lai^{3}ba^{3}ʔu^{35}	笠帽lɐi^{3}mau^{33}	笠帽lai^{3}mau^{3}	笠帽lai^{5}mau^{3}	笠帽lai^{44}bo^{4}
0594	扇子（统称）	扇sie^{2}ʔe^{23}	扇 sɛ^{3}ʔn^{35}	扇 ʃin^{33}	扇 siŋ^{12}	扇siŋ^{3}	扇sɛn^{4}
0595	雨伞	伞səŋ^{44}	伞suə^{44}	遮ʧa^{11} 伞san^{55}	伞soŋ^{53}	伞soŋ^{45}	伞sœn^{44}
0596	笤帚	芒花扫 mɔŋ^{21}fo^{13}sʌ^{2}ʔu^{23}	芒秆扫 bɔŋ^{21}kun^{24}sa^{3}ʔu^{35}	芒花扫 mɔŋ^{42}fa^{11}sau^{55}	芒竿扫 mɔŋ^{11}koŋ^{33}sau^{53}	芒扫moŋ^{22}sau^{3}	芒扫boŋ^{45}so^{44}

序号	词目	大村	向阳	石陂	周田	石塘	桂头
0597	扫帚	扫竿sᴀu^{44}kəŋ^{13}	竹扫把 tsɔ^{5}sau^{44}pa^{24}	扫把sau^{55}pa^{24}	扫把sau^{53}pɔ^{214}	擦竿tsʻa^{5}koŋ^{314}	扫把so^{44}pɔu^{324}
0598	簸箕	簸箕pɔ^{44}ki^{13}	簸箕pɔu^{44}ki^{12}	簸箕pui^{55}ki^{11}	簸箕peu^{53}ki^{33}	簸箕po^{45}ki^{44}	簸箕pɔu^{44}kai^{51}
0599	竹竿	竹篙tsɐu^{5}kʻᴀ^{2}ʔu^{23}	竹篙tsɔ^{5}kʻa^{3}ʔu^{35}	竹篙tʃø^{33}kʻau^{33}	竹篙tsei^{5}kʻau^{12}	竹篙tsie^{5}kʻau^{3} 竹竿tsie^{5}koŋ^{3}	竹篙a^{4}kʻo^{4}
0600	撑子（撑衣用）	丫杈o^{13}tsʻo^{13}	丫杈a^{12}tsʻa^{3}ʔa^{35}	丫杈a^{11}tsʻa^{33}	丫杈ɔ^{33}tsʻɔ^{12}	丫杈ou^{44}tsʻou^{3}	衣裳杈 ji^{51}sœn^{4}tsʻɔu^{4}
0601	梯子	梯tʻᴀ^{13}	楼梯lɔ^{21}tʻɛ^{12}	梯tʻui^{11}	楼梯lia^{11}tʻa^{33}	梯tʻa^{44}	梯tʻie^{51}
0602	拐杖	拐棍kᴀ^{24}ku^{2}ʔn^{23}	拐杖kuə^{24}tsɛŋ^{24}	扶手棍 pʻu^{42}ʃau^{24}kɔn^{33}	□手棍 kʻu^{31}siu^{214}kuɔn^{12}	扶手棍 pʻu^{22}siu^{314}kuɛŋ^{3}	拐kvie^{324}
0603	笱（一种渔具）	鱼笱ŋʉ^{21}kᴀ^{2}ʔi^{23}	河笱hɔu^{21}kɔ^{3}ʔɔ^{35}	河笱hɔu^{42}kø^{24}	河笱hɐu^{11}kia^{12}	河笱ho^{22}kie^{3}	河笱hɔu^{45}kei^{324}
0604	鱼竿	钓鱼篙 tiᴀu^{44}ŋʉ^{4}ʔʉ^{45}kʻᴀ^{2}ʔu^{23}	钓鱼竹 tiu^{44}gi^{3}tsɔ^{3}ʔɔ^{35}	钓鱼篙 tiu^{55}ŋi^{33}kʻau^{33}	钓钩竹 tiau^{53}kia^{12}tsei^{5}	钓鱼竿 tiau^{45}ŋy^{22}koŋ^{3}	鱼篙gau^{4}kʻo^{4}
0605	工具	家私ko^{13}sʅ^{13}	工具kaŋ^{12}kʻɥ^{22}	家私ka^{11}sʅ^{11}	工具kɐŋ^{33}kʻi^{31}	工具kiẽ^{44}kʻy^{44}	家具kɔu^{51}kʻau^{22}
0606	锤子	锤tʻo^{4}ʔe^{45}	锤tsʻɔ^{3}ʔe^{35}	锤tʃʻɔi^{33}	锤仔tsʻuoi^{11}tsa^{12}	锤tʻuai^{3}	铁锤tʻei^{21}tau^{4}
0607	锥子	圆锉jə^{21}tsʻɔ^{4}ʔɔ^{45}	车钻tsʻie^{12}tso^{3}ʔŋ^{35}	车钻tʃʻa^{11}tsun^{33}	车钻tsʻɔ^{33}tsoŋ^{12}	钻tsuaŋ^{3}	车钻 tsʻi^{51}tsœn^{4}
0608	斧子	斧头pʉ^{24}tʻᴀ^{4}ʔi^{45}	斧头fu^{24}tʻɔ^{3}ʔɔ^{35}	斧头pu^{24}tʻø^{33}	斧头pu^{214}tʻia^{11}	斧头fu^{22}tʻie^{22}	斧头pau^{324}tei^{4}

序号	词目	大村	向阳	石陂	周田	石塘	桂头
0609	钳子	钳仔kʻie^{21}tsᴀ^{2}ʔᴀ^{23}	钳kʻɛn^{21}	铁钳tʻi^{5}kʻin^{42}	钳哩kʻiŋ^{11}lɛ^{53}	钳kʻiŋ^{22}	钳kʻɛn^{45}
0610	镊子	钳仔kʻie^{21}tsᴀ^{2}ʔᴀ^{23}	钳 kʻɛn^{21}	夹 ka^{3}	夹哩 kia^{3}lɛ^{53}	钳kʻiŋ^{22}	钳 kʻɛn^{45}
0611	凿子	凿tsʻɔ^{4}ʔɔ^{45}	凿 tsʻɔu^{3}	凿 tsʻɔu^{3}	凿哩 tsʻɛu^{3}lɛ^{53}	凿tsʻo^{3}	凿tsʻɔu^{4}
0612	锯子	锯kʉ^{2}ʔʉ^{23}	锯ki^{3}ʔi^{35}	锯ki^{33}	锯ki^{12}	锯ky^{3}	锯kau^{4}
0613	锉刀	锯锉kʉ^{2}ʔʉ^{23}tsʻɔ^{13}	锉tsʻɔu^{12}	锯鋾ki^{33}tʻau^{33}	锯锉ki^{12}tsʻɛu^{3}	锉tsʻo^{44}	锯锉kau^{4}tsʻɔu^{4} 锯刀kau^{4}to^{4}
0614	钻儿	锥钻tsʉ^{13}tsɵ^{2}ʔŋ^{23}	锥哩tsɔe^{3}lɛ^{3}ʔɛ^{35}	钻哩tsun^{33}lɛi^{33}	锥钻tsu^{33}tsoŋ^{12}	锥钻tsy^{44}tsuaŋ^{3}	书锥sy^{51}tsy^{4}
0615	刨子	刨pʻᴀ^{4}ʔu^{45}	刨pʻa^{3}ʔu^{35}	刨pʻau^{33}	刨哩pʻau^{3}lɛ^{53}	刨pʻau^{3}	刨po^{4}
0616	钩子	钩kᴀ^{2}ʔi^{23}	钩gɔ^{3}ʔɔ^{35}	钩kø^{33}	钩哩kia^{12}lɛ^{53}	钩kie^{3}	钩kei^{4}
0617	钉子	钉tiᴀ^{2}ʔŋ^{23}	钉tiɛ^{3}ʔɛ^{35}	钉tiaŋ^{33}	钉tiaŋ^{12}	钉tiaŋ^{3}	钉in^{4}
0618	剪刀	铰剪kᴀu^{13}tsie^{24}	铰剪kau^{12}tsɛn^{24}	铰剪kau^{55}tsin^{24}	铰剪kau^{53}tsiŋ^{214}t 剪刀tsiŋ^{214}tau^{33}	铰剪kau^{45}tsiŋ^{3}	铰剪ko^{51}tsɛn^{324}
0619	针	针 tsin^{13}	针 tsan^{12}	针 tʃɛn^{11}	针 tsan^{33}	眼针ŋeŋ^{45}tseŋ^{44}	针 tsaŋ^{51}
0620	顶针	顶针嘀 tin^{24}tsin^{13}tei^{44}	顶针 tan^{24}tsan^{12}	顶指 tɛn^{24}tsɿ^{24}	顶指 tan^{214}tsɿ^{12}	顶针tɛŋ^{314}tseŋ^{3}	顶锥aŋ^{324}tsy^{4}

序号	词目	大村	向阳	石陂	周田	石塘	桂头
0621	线	线 sie^{44}	线 sɛn^{44}	线 sin^{55}	线 siŋ^{53}	线siŋ^{45}	线 sɛn^{44}
0622	缝纫机	衣车ȵ^{13}tsʻiᴀ^{13}	衣车 ȵ^{12}tsʻiɛ^{12}	衣车 i^{11}tʃʻa^{11}	衣车 i^{33}tsʻɔ^{33}	衣车i^{44}tsʻou^{44}	衣车ji^{51}tsʻi^{51}
0623	（器物）底	□tɐu^{5}	□tɔ^{5} 底tɛ^{24}	□tø^{5}	□tɛi^{5}	□tie^{5}	□øy^{21}
0624	（器物）边缘	边边pie^{13}pie^{13} 边唇pie^{13}sun^{21}	边pɛn^{12}	舷ʃin^{42}	边舷piŋ^{33}siŋ^{11}	边舷piŋ^{44}siŋ^{22}	边□pɛn^{51}pou^{21}
0625	（器物）裂缝儿	裂li^{5}	裂li^{5}	坼tsʻɛi^{5} 裂li^{5}	裂li^{5}	裂li^{5}	裂lɛi^{21}
0626	（器物）痕迹	路lʉ^{22}	路lu^{22}	路lu^{11}	□lɔŋ^{31}	□laŋ^{22}	路lau^{22}
0627	（家具）开裂	爆裂pᴀu^{44}li^{5}	爆裂pau^{44}li^{5}	爆坼pau^{55}tsʻɛi^{5} 爆裂pau^{55}li^{5}	爆□pau^{53}la^{5} 爆裂pau^{53}li^{5}	爆裂pau^{45}li^{5}	爆裂po^{44}lɛi^{21}
0628	衣服	衣裳 ȵ^{13}sɔ^{4}ʔŋ^{45}	衣衫 ȵ^{12}suə^{3}ʔə^{35}	衣裳 i^{11}ʃɔŋ^{55}	衣裳 i^{33}sɔŋ^{11}	衣裳i^{44}soŋ^{22}	衣裳 ji^{51}sœn^{4}
0629	买布	剪布 tsie^{24}pʉ^{44}	剪布 tsen^{24}pu^{44}	剪布 tsin^{24}pu^{55}	剪布 tsiŋ^{214}pu^{53}	剪布tsiŋ^{314}pu^{45}	剪布 tsen^{324}pau^{44}
0630	黑布	黑布hei^{5}pʉ^{44}	黑布hei^{5}pu^{44}	乌布vu^{11}pu^{55}	乌布vu^{33}pu^{53}	乌布u^{44}pu^{45}	乌布vu^{51}pau^{44}
0631	剪（布）	剪 tsie^{24}	剪 tsen^{24}	剪 tsin^{24}	剪 tsiŋ^{214}	剪tsiŋ^{314}	剪 tsen^{324}
0632	试（衣服）	试 sɿ^{44}	试 sɿ^{44}	试 tsʻɿ^{55}	试 sɿ^{53}	试sɿ^{45}	试 si^{44}

序号	词目	大村	向阳	石陂	周田	石塘	桂头
0633	上衣	衣裳ȵ13sɔ4ʔŋ45	面衫bɛn22suə3ʔə35	面衫min33san33	面衣miŋ31i33	面衫miŋ3saŋ44	面衫bɛn22siẽ51
0634	衬衫	恤衫sø5sᴀ2ʔŋ23	恤衫sui5suə3ʔə35	恤衫si5san33	恤衣si5;33i	恤衫sye5saŋ44	恤衫søy21siẽ51
0635	汗衫	线衣sie44;ȵ13	线衫sɛn44suə3ʔə35	线衫sin55san33	底衣ta214;33i	汗衫hoŋ44saŋ3	线衣sɛn44;ji51
0636	棉袄	棉袄 mie21ᴀu24	棉袄 bɛn21au24	棉袄 min42au24	棉袄 miŋ11au214	棉袄miŋ22au314	棉袄 bɛn45o324
0637	夹袄	夹袄 kᴀ5ᴀu24	夹袄 kuə5au24	夹袄 ka3au24	夹袄 kia5au214	夹袄ka5au314	夹袄 kie21o324
0638	大衣	长衣裳ts‘in21;ȵ12sɔ4ʔŋ45 大褛t‘o22lᴀ2ʔi23	大衣t‘uə22;ȵ12 大褛t‘uə22lɔ12	大褛t‘ai11lø11	长衣裳ts‘ɔŋ11;33i sɔŋ11 大褛t‘a31lia33	长褛ts‘oŋ22lie44 大褛t‘ou44lie44	大衣tu22;ji51 大褛tu22løy51
0639	毛衣	□衫 lᴀŋ44sᴀ2ʔŋ23	□衫 lan44suə3ʔə35	□衫 laŋ55san33	□衣 liaŋ33;33i	□衫laŋ45saŋ44	□衫 laŋ44sɛn44
0640	面子	面mie4ʔe45	面bɛ̃3ʔn35	面min33	面子miŋ31tsɿ214	面miŋ3	面bɛn4
0641	里子	里lə2ʔe23	里la3ʔi35	里子ləi33tsɿ24	里子lai12tsɿ12	底ta314	里lai4
0642	背心	□蛤衣mᴀŋ44kᴀ24;ȵ13	背心pui44san12	□褡褂a11ta5ka55	线衣仔 siŋ53;33i33tsa12	蛤仔衣kua3tsei3;44i	蛤嘀皮kvie324tie4pai45
0643	裤子	裤 k‘ʉ44	裤 k‘u44	裤 k‘u55	裤 k‘u53	裤k‘u45	裤 k‘vu44
0644	短裤	牛头裤 ȵiu21t‘ᴀi21k‘ʉ44老式 短裤tøŋ24k‘ʉ44新式	牛头裤 giu21t‘ɔ21k‘u44老式 短裤toŋ24k‘u44新式	牛头裤 ŋeu42t‘ø42k‘u55老式 短裤tun24k‘u55新式	牛头裤 ȵiu11t‘ia11k‘u53老式 短裤toŋ214k‘u53新式	牛头裤 ȵiu22t‘ie22k‘u45老式 短裤 tuaŋ314k‘u45新式	半裤pœn44k‘vu44老式 短裤œn324k‘vu44新式

序号	词目	大村	向阳	石陂	周田	石塘	桂头
0645	裤腿	裤脚 kʻʉ^{44}kiu^{5}	裤脚 kʻu^{44}kiu^{5}	裤脚 kʻu^{55}kiu^{33}	裤脚 kʻu^{53}kiu^{5}	裤脚kʻu^{45}kiu^{5}	裤脚 kʻvu^{44}kœy^{21}
0646	裤裆	裤□kʻʉ^{44}lɔŋ^{22}	裤□kʻu^{44}lɔŋ^{22}	裤□kʻu^{55}nɔŋ^{33}	裤□kʻu^{53}nɔŋ^{53}	裤裆kʻu^{45}toŋ^{44}	裤裆kʻvu^{44}oŋ^{51}
0647	开裆裤	开□裤 hʉ^{13}lɔŋ^{22}kʻʉ^{44}	开□裤 hui^{12}lɔŋ^{22}kʻu^{44}	□屎裤 lai^{42}sɿ^{24}kʻu^{55}	开□裤 hoi^{33}nɔŋ^{53}kʻu^{53}	开裆裤 kʻua^{44}toŋ^{44}kʻu^{45}	漏裆裤 lei^{22}oŋ^{51}kʻvu^{44}
0648	兜裆裤	塞□裤 sei^{5}lɔŋ^{22}kʻʉ^{44}	密□裤 bai^{3}lɔŋ^{22}kʻu^{44}	密□裤 mɐi^{3}nɔŋ^{33}kʻu^{55}	□□裤 man^{53}nɔŋ^{53}kʻu^{53}	□裆裤 mɛŋ^{45}toŋ^{44}kʻu^{45}	□裆裤 bo^{45}oŋ^{51}kʻvu^{44}
0649	裙子	裙 kʻu^{4}ʔn^{45}	裙 kʻua^{3}ʔn^{35}	裙 kʻiɔn^{33}	裙 kʻuɔn^{11}	裙kʻuɛŋ^{22}	裙 kʻvaŋ^{4}
0650	袖子	衫袖 sʌŋ^{13}tsʻiu^{22}	衫袖 suə^{12}tsʻiu^{22}	衫袖 san^{33}tsʻɐu^{11}	衫袖 siaŋ^{33}tsʻiu^{31}	衫袖saŋ^{44}tsʻiu^{44}	衫袖 siẽ^{51}tsʻiu^{22}
0651	领子	衫领sʌŋ^{13}liʌ^{2}ʔŋ^{23}	衫领suə^{12}lie^{3}ʔɛ^{35}	衫领san^{33}liaŋ^{33}	衣领i^{33}liaŋ^{12}	衫领saŋ^{44}liaŋ^{3}	衫领siẽ^{51}lin^{4}
0652	（衣服）皱（了）	□jʉ^{24}	□tsʻau^{21}	□ŋø^{3}	皱tsiu^{53}	皱tsie^{45}	□tsʻo^{45}
0653	（衣服）破（了）	烂 ləŋ^{22}	烂 luə^{22}	烂 lan^{11}	烂 loŋ^{31}	烂loŋ^{44}	烂 lœn^{22}
0654	（衣服）口袋	荷包hɔ^{21}pʌu^{13}	袋tʻui^{22}	荷包hɔu^{42}pau^{11}	袋tʻoi^{31}	袋仔tʻua^{44}tsei^{3}	袋tu^{4}
0655	子母扣	□□扣 pʌ^{3}pʌ^{3}kʻʌi^{44}	□扣pa^{5}kʻɔ^{44}	□□扣 pa^{5}pa^{5}kʻø^{55}	□□扣 pi^{5}pɐu^{5}kʻia^{53}	□□扣 pa^{5}pa^{5}kʻie^{45}	□□扣 pa^{4}pa^{4}kʻei^{44}
0656	纽扣	扣仔kʻʌi^{44}tsʌ^{2}ʔʌ^{23}	扣哩kʻɔ^{44}lɛ^{3}ʔɛ^{35}	扣纽kʻø^{55}nø^{24}	扣耳kʻia^{53}ŋi^{12}	扣kʻie^{45}	扣嘀kʻei^{44}tie^{4}

序号	词目	大村	向阳	石陂	周田	石塘	桂头
0657	别针	飞针foe^{13}tsin^{13}	扣针kʻɔ^{44}tsan^{12}	扣针kʻø^{55}ʧen^{11}	扣针kʻia^{53}tsan^{33}	扣针kʻie^{45}tsɛŋ^{44}	扣针kʻei^{44}tsaŋ^{51}
0658	帽子	帽 mʌ^{4}ʔu^{45}	帽 ba^{3}ʔu^{35}	帽哩 mau^{33}lɛi^{33}	帽哩 mau^{3}lɛ^{53}	帽mau^{3}	帽 bo^{4}
0659	草帽	草帽 tsʻʌu^{24}mʌu^{22}	草帽 tsʻau^{24}ba^{3}ʔu^{35}	草帽 tsʻau^{24}mau^{33}	草帽 tsʻau^{214}mau^{3}	草帽tsʻau^{314}mau^{3}	草帽 tsʻo^{324}bo^{4}
0660	鞋	鞋 hʌ^{4}ʔʌ^{45}	鞋 huə^{3}ʔɛ^{35}	鞋 hai^{33}	鞋 ha^{11}	鞋ha^{3}	鞋 hie^{4}
0661	拖鞋	拖鞋 tʻɔ^{13}hʌ^{4}ʔʌ^{45}	拖鞋 tʻɔu^{12}huə^{3}ʔə^{35}	拖鞋 tʻɔu^{11}hai^{33}	拖鞋 tʻɛu^{33}ha^{11}	拖鞋tʻo^{44}ha^{3}	拖鞋 tʻɔu^{51}hie^{4}
0662	木拖鞋	屐kʻiʌ^{4}ʔʌ^{45}	屐kʻiɛ^{3}ʔɛ^{35}	屐kʻia^{3}	屐kʻia^{3}	屐kʻia^{3}	屐kʻi^{4}
0663	雨鞋	胶鞋kʌu^{13}hʌ^{4}ʔʌ^{45}	水鞋sɔe^{24}huə^{3}ʔə^{35}	水鞋ʃɔi^{24}hai^{33}	水鞋suoi^{214}ha^{11}	马鞍鞋 mou^{45}ɔŋ^{44}ha^{3}	水鞋sy^{324}hie^{4}
0664	鞋垫	鞋垫 hʌ^{4}ʔʌ^{45}tʻie^{44}	鞋垫 huə^{21}tʻɛn^{44}	鞋垫 hai^{33}tʻin^{55}	鞋垫 ha^{11}tʻiŋ^{53}	□底tʻɔŋ^{45}ta^{314} 鞋垫ha^{3}tʻiŋ^{45}	鞋垫 hie^{4}tʻiẽ^{21}
0665	靴子	靴hə^{13}一般人穿 靴hə^{4}ʔə^{45}官人穿	靴hœ^{12}	靴ʃɔu^{11}	长桶鞋 tsʻɔŋ^{11}tʻɛŋ^{214}ha^{11}	靴sye^{44}	靴hœ^{51}
0666	袜子	袜 mo^{2}ʔo^{23}	袜 buə^{3}	袜 ma^{3}	袜 mɔ^{3}	袜mou^{5}	袜 bu^{44}
0667	手套	手袜 siu^{24}mo^{2}ʔo^{23}	手袜 siu^{24}buə^{3}	手袜 ʃau^{24}ma^{3}	手袜 siu^{214}mɔ^{3}	手袜siu^{314}mou^{5}	手袜 siu^{324}bu^{44}
0668	手绢儿	手帕仔 siu^{24}pʻo^{2}ʔo^{23}tsʌ^{2}ʔʌ^{23}	手帕siu^{24}pʻa^{3}ʔa^{35}	手帕仔 ʃau^{24}pʻa^{33}tsei^{33}	手巾仔 siu^{214}kiaŋ^{33}tsa^{12}	手帕siu^{314}pʻou^{3}	汗帕hœn^{22}pʻɔu^{4}

序号	词目	大村	向阳	石陂	周田	石塘	桂头
0669	（死）结儿	结 ki^{2}ʔi^{23}	结 ki^{3}ʔi^{35}	结 kɐi^{33}	结 kiɛ^{12}	结ki^{3}	结 kɐi^{4}
0670	围巾	颈围 kiʌŋ^{24}voe^{21}	颈□kiɛ^{24}lɔ^{24}	颈围 kiaŋ^{24}vɔi^{42}	颈围 kiaŋ^{214}vai^{11}	颈围kiaŋ^{314}uai^{22}	颈围 kin^{324}vei^{45}
0671	围嘴儿	涎盘tsʻəŋ^{21}pʻə^{4}ʔŋ^{45}	口水枷 hɔ^{24}sɔe^{24}ka^{12}	口水枷 hø^{24}ʃɔi^{24}ka^{11}	口水枷 hia^{214}suoi^{214}kɔ^{33}	口水枷 kʻie^{314}sy^{314}kou^{44}	□涎枷 jɛi^{45}tsʻœn^{45}kɔu^{51}
0672	围裙	围身裙 voe^{21}sin^{13}kʻu^{4}ʔn^{45}	围身裙 vai^{21}san^{12}kʻua^{3}ʔn^{35}	围身裙 vɔi^{42}ʃɛn^{11}kʻiɔn^{33}	挡身裙tɔŋ^{53}san^{33}kʻuɔn^{3} 围裙vai^{11}kʻuɔn^{11}	加上裙 kou^{44}sioŋ^{44}kʻuɛŋ^{22}	围裙vei^{45}kʻvaŋ^{45}
0673	尿布	尿片 liʌu^{22}pʻie^{24}	尿片 liu^{22}pʻɛn^{24}	尿片 ȵiu^{11}pʻin^{24}	屎贴哩 sɿ^{214}tʻi^{5}lɛ^{53} 尿片 ȵiau^{31}pʻiŋ^{214}	尿片liau^{44}pʻiŋ^{45}	尿片 lɐi^{22}pʻɛn^{44}
0674	熨斗	烫斗 tʻɔŋ^{44}tʌi^{24}	烫斗 tʻɔŋ^{44}tɔ^{24}	烫斗 tʻɔŋ^{55}tø^{24}	烫斗 tʻɔŋ^{53}tia^{214}	烫斗tʻoŋ^{45}tie^{314}	烫斗 tʻoŋ^{44}ei^{324}
0675	饿（了）	肚饥 tʉ^{24}ki^{13}	肚饥 tu^{24}ki^{12}	肚饥 tu^{24}ki^{11}	肚饥 tu^{214}ki^{33}	肚饥tu^{314}ki^{44}	肚饥 au^{324}kai^{51}
0676	米饭	饭 fəŋ^{22}	饭 fuə^{22}	饭 fan^{11}	饭 foŋ^{31}	饭foŋ^{44}	饭 fœn^{22}
0677	面粉	面粉 mie^{22}fun^{24}	面粉bɛn^{22}fan^{24}	面粉 min^{11}fɔn^{24}	面粉 miŋ^{31}fan^{214}	面粉miŋ^{44}fɛŋ^{314}	面粉 bɛn^{22}faŋ^{324}
0678	面条	面 mie^{22}	面bɛn^{22}	面条 min^{11}tʻiu^{42}	面 miŋ^{31}	面miŋ^{44}	面 bɛn^{22}
0679	糠	糠 hɔŋ^{13}	糠 hɔŋ^{12}	糠 hɔŋ^{11}	糠 hɔŋ^{33}	糠hoŋ^{44}	糠 hoŋ^{51}
0680	剩饭	旧饭 kʻiu^{22}fəŋ^{22}	旧饭 kʻiu^{22}fuə^{22}	旧饭 kʻiau^{11}fan^{11}	旧饭 kʻiu^{31}foŋ^{31}	旧饭kʻiu^{44}foŋ^{44}	旧饭 kʻiu^{22}fœn^{22}

序号	词目	大村	向阳	石陂	周田	石塘	桂头
0681	（饭）馊（了）	馊 sᴀi^{13}	馊 sɔ^{12}	馊 sø^{11}	馊 sia^{33}	馊sie^{44}	馊 sei^{51}
0682	剩（了饭）	□jᴀn^{22}	□jian^{22}	□iɛn^{11}	□iaŋ^{31}	□iaŋ^{44}	□jaŋ^{22}
0683	米汤	粥水 tsɐu^{5}sʉ^{24}	粥水 tsɔ^{5}sɔe^{24}	粥水 ʧø^{5}ʃɔi^{24}	粥水 tsei^{5}suoi^{214}	粥水tsie^{5}sy^{314} 饭汤foŋ^{44}t‘oŋ^{44}	粥水 tsou^{21}sy^{324}
0684	粥	粥 tsɐu^{5}	粥 tsɔ^{5}	粥 ʧø^{5}	粥 tsei^{5}	粥tsie^{5}	粥 tsou^{21}
0685	锅巴	饭壳fəŋ^{22}k‘ɔ^{5}	焦底tsiu^{12}tɛ^{24}	饭瘌fan^{11}la^{5}	饭瘌foŋ^{31}lɔ^{5}	焦痂tsiau^{44}ko^{44}	饭泥fœn^{22}lie^{4}
0686	吃饭	食饭 sei^{3}fəŋ^{22}	食饭 sei^{3}fuə^{22}	食饭 ʃei^{3}fan^{11}	食饭 sai^{3}foŋ^{31}	食饭sei^{5}foŋ^{44}	食饭 sai^{44}fœn^{22}
0687	口渴	颈干kiᴀŋ^{24}kəŋ^{13}	颈干kie^{24}kun^{12}	颈渴kiaŋ^{24}hui^{5}	颈干kiaŋ^{214}koŋ^{33} 颈渴kiaŋ^{214}hoi^{5}	颈干kiaŋ^{314}koŋ^{44}	颈渴kin^{324}hu^{21}
0688	喝（开水）	饮 jin^{24}	饮 jian^{24}	饮 iɛn^{24}	饮 ŋiaŋ^{214}	饮ŋɛŋ^{314}	饮 jaŋ^{324}
0689	喝酒	饮酒 jin^{24}tsiu^{24}	饮酒 jian^{24}tsiu^{24}	饮酒 iɛn^{24}tsɐu^{24}	饮酒 ŋiaŋ^{214}tsiu^{214}	饮酒ŋɛŋ^{314}tsiu^{314}	饮酒 jaŋ^{324}tsiu^{324}
0690	米酒	米酒 mᴀ^{44}tsiu^{24}	米酒 bɛ^{44}tsiu^{24}	米酒 mei^{55}tsɐu^{24}	米酒 ma^{53}tsiu^{214}	米酒mei^{45}tsiu^{314}	米酒 bøy^{21}tsiu^{324}
0691	白酒	白酒 p‘ᴀ^{3}tsiu^{24}	白酒 p‘ɛ^{3}tsiu^{24}	白酒 p‘ei^{3}tsɐu^{24}	白酒 p‘ɔ^{3}tsiu^{214}	白酒p‘ou^{5}tsiu^{314}	白酒 p‘i^{44}tsiu^{324}
0692	香烟	烟仔jie^{13}tsᴀ^{2}ʔᴀ^{23}	烟仔jɛn^{12}tsɛ^{3}ʔɛ^{35}	烟仔in^{11}tsei^{33}	烟仔iŋ^{33}tsa^{12}	烟仔iŋ^{44}tsei^{3}	烟仔jɛn^{51}tsøy^{4}

序号	词目	大村	向阳	石陂	周田	石塘	桂头
0693	抽烟	食烟 sei^{3}jie^{13}	食烟 sɛi^{3}jɛn^{12}	食烟 ʃɐi^{3}in^{11}	食烟 sai^{3}iŋ^{33}	食烟sei^{5}iŋ^{44}	食烟 sai^{44}jɛn^{51}
0694	烟灰	烟灰 jie^{13}fʉ^{13}	烟灰 jɛn^{12}fui^{12}	烟灰 in^{11}fui^{11}	烟灰 iŋ^{33}foi^{33}	烟灰iŋ^{44}fua^{44}	烟灰 jɛn^{51}fu^{51}
0695	早饭	早饭tsʌu^{24}fө^{4}ʔŋ^{45}	早饭tsau^{24}fuə^{3}ʔə^{35}	朝边tʃiu^{11}pin^{11}	早晨tsau^{214}suɔn^{11}	早晨tsau^{314}sɛŋ^{22}	早朝tso^{324}ɛi^{4}
0696	吃早饭	食早饭 sei^{3}tsʌu^{24}fө^{4}ʔŋ^{45}	食早饭 sei^{3}tsau^{24}fuə^{3}ʔə^{35}	食朝ʃɐi^{3}tʃiu^{11}	食饭sai^{3}foŋ^{31}	食饭sei^{5}foŋ^{44}	食早朝 sai^{44}tso^{324}ɛi^{4}
0697	午饭	上昼sɔŋ^{22}ti^{2}ʔu^{23}	上昼sɔŋ^{22}ti^{3}ʔu^{35}	昼边tʃau^{33}pin^{11}	昼边 tsiu^{53}piŋ^{33}	上昼sioŋ^{44}tiu^{3}	上昼sœn^{22}jiu^{4}
0698	吃午饭	食上昼 sei^{3}sɔŋ^{22}ti^{2}ʔu^{23}	食上昼 sei^{3}sɔŋ^{22}ti^{3}ʔu^{35}	食昼 ʃɐi^{3}tʃau^{33}	食茶 sai^{3}ts'ɔ^{11}	食上昼 sei^{5}sioŋ^{44}tiu^{3}	食上昼 sai^{44}sœn^{22}jiu^{4}
0699	晚饭	夜饭jo^{22}fө^{4}ʔŋ^{45}	夜饭ja^{22}fuə^{3}ʔə^{35}	夜晡ia^{11}pu^{33}	夜饭iɔ^{31}foŋ^{31}	暗晡oŋ^{45}pu^{3}	夜下je^{22}hɔu^{4}
0700	吃晚饭	食夜饭 sei^{3}jo^{22}fө^{4}ʔŋ^{45}	食夜饭 sei^{3}ja^{22}fuə^{3}ʔə^{35}	食夜 ʃɐi^{3}ia^{11}	食夜sai^{3}iɔ^{31}	食暗晡 sei^{5}oŋ^{45}pu^{3}	食夜下 sai^{44}je^{22}hɔu^{4}
0701	盛饭	舀饭jiʌu^{24}fɐŋ^{22}	装饭tsɔŋ^{12}fuə^{22}	舀饭iu^{24}fan^{11}	舀饭iau^{214}foŋ^{31}	载饭tsua^{45}foŋ^{44}	舀饭jœy^{324}fœn^{22}
0702	猪肉	猪肉 tsʉ^{13}lɐu^{3}	猪肉 tɔe^{12}lɔ^{3}	猪肉 tʃi^{11}ŋø^{3}	猪肉 tsu^{33}ŋɛi^{3}	猪肉tsy^{44}ŋie^{5}	猪肉 au^{51}lou^{44}
0703	瘦肉	精肉 tsiʌŋ^{13}lɐ^{4}ʔu^{45}	瘦肉 sɔ^{44}lɔ^{3}	精肉 tsiaŋ^{11}ŋø^{3}	精猪肉 tsiaŋ^{33}tsu^{33}ŋɛi^{3}	精猪肉 tsiaŋ^{44}tsy^{44}ŋie^{5}	精肉 tsin^{51}lou^{44}
0704	腊肉（晒制）	腊肉lo^{3}lɐu^{3}	腊肉luə^{3}lɔ^{3}	腊肉la^{3}ŋø^{3}	腊肉lɔ^{3}ŋɛi^{3}	吊肉tiau^{45}ŋie^{5} 腊肉lou^{5}ŋie^{5}	腊肉lie^{44}lou^{44}

序号	词目	大村	向阳	石陂	周田	石塘	桂头
0705	菜	菜 tsʻʉ^{44}	菜 tsʻui^{44}	菜 tsʻui^{55}	菜 tsʻoi^{53}	菜tsʻua^{45}	菜 tsʻu^{44}
0706	荤菜	肉类lɐu^{3}lo^{4}ʔe^{45}	荤菜fan^{21}tsʻui^{44}	荤菜fun^{11}tsʻui^{55}	荤菜kʻuɔn^{33}tsʻoi^{53}	荤菜kʻuɐŋ^{44}tsʻua^{45}	肉饵lou^{44}gai^{324}
0707	素菜	斋菜 tsʌ^{13}tsʻʉ^{44}	斋菜 tsuə^{12}tsʻui^{44}	斋菜 tsai^{11}tsʻui^{55}	斋菜 tsa^{33}tsʻoi^{53}	斋菜tsa^{44}tsʻua^{45}	斋菜 tsie^{51}tsʻu^{44}
0708	汤	汤 tʻɔŋ^{13}	汤 tʻɔŋ^{12}	汤 tʻɔŋ^{11}	汤 tʻɔŋ^{33}	汤tʻoŋ^{44}	汤 tʻoŋ^{51}
0709	猪脚	猪脚 tsʉ^{13}kiu^{5}	猪脚 tɔe^{12}kiu^{5}	猪脚 tʃi^{11}kiu^{5}	猪脚 tsu^{33}kiu^{5}	猪脚tsy^{44}kiu^{5}	猪脚 au^{51}kœy^{21}
0710	猪肝	猪肝 tsʉ^{13}kəŋ^{13}	猪肝 tɔe^{12}kun^{12}	猪肝 tʃi^{11}kun^{11}	猪肝 tsu^{33}koŋ^{33}	猪肝tsy^{44}koŋ^{44}	猪肝 au^{51}kvœn^{51}
0711	猪舌头	猪脷tsʉ^{13}lɔe^{22}	猪脷tɔe^{12}lai^{22}	猪脷tʃi^{11}lɐi^{11}	猪脷tsu^{33}lai^{31}	猪脷tsy^{44}lai^{44}	猪脷au^{51}lai^{22}
0712	猪血	猪红tsʉ^{13}hɐn^{21} 猪血tsʉ^{13}hə^{5}	猪红tɔe^{12}haŋ^{21}	猪红tʃi^{11}hɐŋ^{42} 猪血tʃi^{11}ʃui^{5}	猪红tsu^{33}hɐŋ^{11}	猪红tsy^{44}hiẽ^{22} 猪血tsy^{44}sye^{5}	猪红au^{51}hoŋ^{45}
0713	（鸡）下水	下水ho^{22}sʉ^{44}	下水ha^{22}sɔe^{44}	下水ha^{11}ʃɔi^{24}	下水hɔ^{31}suoi^{214}	下水hou^{44}sy^{314}	下水hɔu^{22}sy^{324} 鸡杂kei^{51}tsʻie^{44}
0714	夹菜	夹菜kʌ^{5}tsʻʉ^{44}	夹菜kuə^{5}tsʻui^{44}	夹菜ki^{5}tsʻui^{55}	夹菜kia^{5}tsʻoi^{53}	夹菜ka^{5}tsʻua^{45}	揀菜kʻen^{45}tsʻu^{44}
0715	（用汤）泡饭	摎饭 lʌu^{13}fəŋ^{22}	摎饭 lau^{12}fuə^{22}	摎饭 lau^{11}fan^{11}	摎饭 lau^{33}foŋ^{31}	摎饭lau^{44}foŋ^{44} 淘饭tʻau^{22}foŋ^{44}	摎饭 lo^{51}fœn^{22}
0716	拨（饭菜）	减 kʌŋ^{24}	减 kuə^{24}	减 kan^{24}	减 kiaŋ^{214}	减kaŋ^{314}	减 kiẽ^{324}

序号	词目	大村	向阳	石陂	周田	石塘	桂头
0717	（饭）煳（了）	□lɐn^{13}	□laŋ^{12}	□nɐŋ^{11}	□nɛŋ^{33}	烧siau^{44}	□loŋ^{51}
0718	豆腐	豆腐 tʻAi^{22}fʉ^{22}	豆腐 tʻɔ^{22}fu^{22}	豆腐 tʻø^{11}fu^{11}	豆腐 tʻia^{31}fu^{31}	豆腐tʻie^{44}fu^{44}	豆腐 tei^{22}fu^{22}
0719	豆腐乳	豆腐乳 tʻAi^{22}fʉ^{22}jʉ^{24}	豆腐乳 tʻɔ^{22}fu^{22}jɥ^{44}	豆腐乳 tʻø^{11}fu^{11}i^{24}	豆腐乳 tʻia^{3}fu^{31}i^{53}	豆腐乳 tʻie^{44}fu^{44}y^{314}	豆腐乳 tei^{22}fu^{22}jy^{4}
0720	粉丝	西粉 sA^{13}fun^{24}	西粉 sɛ^{12}fan^{24}	西粉 sei^{11}fɔn^{24}	西粉 siɛ^{33}fan^{214}	西粉sei^{44}fɛŋ^{314}	西粉 sei^{51}faŋ^{324}
0721	（用菜）下酒	送酒 sɐn^{44}tsiu^{24}	送酒 saŋ^{44}tsiu^{24}	送酒 sɐŋ^{55}tsɐu^{24}	□酒 pɔŋ^{214}tsiu^{214}	□酒pɔŋ^{314}tsiu^{314}	送酒 soŋ^{44}tsiu^{324}
0722	酒娘	酒娘 tsiu^{24}li^{4}ʔn^{45}	酒娘 tsiu^{24}lɛ^{3}ʔŋ^{35}	酒娘 tsɐu^{24}ȵiɔŋ^{33}	酒娘 tsiu^{214}ȵiɔŋ^{3}	酒娘tsiu^{314}lioŋ^{3}	酒娘 tsiu^{324}lœn^{4}
0723	酒糟	酒糟 tsiu^{24}tsAu^{13}	酒糟 tsiu^{24}tsau^{12}	酒糟 tsɐu^{24}tsau^{11}	酒糟 tsiu^{214}tsau^{33}	酒糟tsiu^{314}tsau^{44}	酒糟 tsiu^{324}tso^{51}
0724	茶	茶 tsʻo^{21}	茶 tsʻa^{21}	茶 tsʻa^{42}	茶 tsʻɔ^{11}	茶tsʻou^{22}	茶 tsʻɔu^{45}
0725	（吃）饱（了）	饱 pAu^{24}	饱 pau^{24}	饱 pau^{24}	饱 pau^{214}	饱pau^{314}	饱 po^{324}
0726	打饱嗝	打饱唠 tA^{4}ʔA^{45}pAu^{24}ɵ^{3}	打饱唠 ta^{24}pau^{24}ɛ^{5}	打缩唠 ta^{24}sø^{5}ɛi^{5}	打饱唠 ta^{3}pau^{214}i^{5}	打饱唠 tou^{3}pau^{314}ei^{3}	打饱唠 ɔu^{324}po^{324}øy^{4}
0727	打嗝	吊蛤婆 tiAu^{44}kA^{5}pʻɔ^{4}ʔɔ^{45}	打□ta^{24}ɛ^{5} 吊田鸡 tiu^{44}tʻɛn^{21}kei^{12}	吊蛤蟆 tiu^{55}kei^{5}ma^{42}	打□ta^{3}i^{5}	吊蛤tiau^{45}kei^{5}	打□ɔu^{324}øy^{4}
0728	冰激凌	甜筒tʻie^{21}tʻɐ^{4}ʔn^{45}	甜筒tʻɛn^{21}tʻa^{3}ʔŋ^{35}	甜筒tʻin^{42}tʻɐŋ^{33}	甜筒tʻiŋ^{11}tʻɛŋ^{3} 雪糕si^{5}kau^{33}	甜筒tʻiŋ^{22}tʻiẽ^{3} 雪球sye^{5}kʻiu^{22}	甜筒tie^{45}toŋ^{4}

序号	词目	大村	向阳	石陂	周田	石塘	桂头
0729	冰棍儿	雪条 sə^{5}tʻiᴀ^{4}ʔu^{45}	雪条 sui^{5}tʻiu^{24}	雪条 si^{5}tʻiu^{33}	雪条 si^{5}tʻiau^{3}	雪条sye^{5}tʻiau^{3}	雪条 søy^{21}tɛi^{4}
0730	馒头	馒头 meŋ^{21}tʻᴀi^{21}	馒头 buə^{22}tʻɔ^{21}	馒头 mun^{42}tʻø^{42}	馒头 moŋ^{31}tʻia^{11}	馒头moŋ^{22}tʻie^{22}	馒头 bœn^{22}tei^{45}
0731	包子	包子pᴀu^{13}tsɿ^{24}	包 pau^{12}	包子 pau^{11}tsɿ^{24}	包子 pau^{33}tsɿ^{214}	包子pau^{44}tsɿ^{314}	包 po^{51}
0732	饺子	饺子 kiᴀu^{24}tsɿ^{24}	饺子 kau^{24}tsɿ^{24}	饺子 kiu^{24}tsɿ^{24}	饺子 kiau^{214}tsɿ^{214}	饺子kiau^{314}tsɿ^{314}	饺子 kei^{324}tsi^{324}
0733	汤圆	糖□餈 tʻɔŋ^{21}pʻᴀu^{13}tsʻə^{4}ʔe^{45}	汤圆 tʻɔŋ^{12}jiɔ^{3}ʔn^{35}	汤圆 tʻɔŋ^{11}iun^{33}	水餈仔 suoi^{214}tsʻai^{3}tsa^{12}	水餈sy^{314}tsʻai^{3}	汤圆 tʻoŋ^{51}jyẽ^{4}
0734	馄饨	馄饨mun^{21}tʻun^{13}	馄饨van^{21}tʻɔn^{12}	馄饨vɔn^{42}tʻɔn^{33}	馄饨van^{11}tʻan^{33}	馄饨uɛŋ^{22}tʻɛŋ^{44}	馄饨jaŋ^{45}tʻœn^{51}
0735	（饺子）馅儿	馅hᴀ^{4}ʔŋ^{45}	馅huə^{3}ʔə^{35}	□mui^{11}	馅hoŋ^{12}	馅haŋ^{3}	馅hiẽ^{4}
0736	糕	餈tsʻə^{4}ʔe^{45}	餈tsʻa^{3}ʔi^{35}	糕kau^{11}	糕kau^{33}	糕kau^{44}	□餈hai^{324}tsʻai^{4}
0737	粽子	粽餈tsɐ^{2}ʔn^{23}tsʻɐe^{21}	粽tsa^{3}ʔŋ^{35}	粽哩tsɐŋ^{55}lɛi^{33}	粽餈tsɐŋ^{12}tsʻai^{11}	粽餈tsiẽ^{3}tsʻai^{22}	粽餈tsoŋ^{4}tsʻai^{45}
0738	零食	小□siᴀu^{24}hᴀi^{24}	嘴头tsɔe^{24}tʻɔ^{21}	小□siu^{24}hø^{24}	小□siau^{214}hia^{214} 杂食tsʻɔ^{5}sai^{3}	小□siau^{314}kʻie^{314} 小食siau^{314}sei^{5}	小□sɛi^{324}kʻei^{324}
0739	（饼干）渣儿	屑碎sᴀ^{5}so^{2}ʔe^{23}	饼碎piɛ^{24}sɔ^{3}ʔe^{35}	饼碎piaŋ^{24}sɔi^{55}	饼碎piaŋ^{214}suoi^{53}	碎屑suai^{45}si^{3}	碎屑søy^{44}sɛi^{4}
0740	点心	点心 tie^{24}sin^{13}	点心 ten^{24}san^{12}	点心 tin^{24}sen^{11}	点心 tiŋ^{214}san^{33}	点心tiŋ^{314}sɛŋ^{44}	点心 ɛn^{324}saŋ^{51}

序号	词目	大村	向阳	石陂	周田	石塘	桂头
0741	夜宵	夜宵jo^{22}siʌu^{13}	夜宵ja^{22}siu^{12}	半夜餐pun^{55}ia^{11}tsʻan^{11} 夜宵ia^{11}siu^{11}	夜宵iɔ^{31}siau^{33}	夜宵iou^{44}siau^{44}	夜宵je^{22}sɛi^{51}
0742	作料	配料 pʻoe^{44}liʌu^{22}	配料 pʻui^{44}liu^{22}	配料 pʻɔi^{55}liu^{11}	配料 pʻai^{53}liau^{31}	配料pʻai^{45}liau^{44}	配料 pʻei^{44}lɛi^{22}
0743	醋	醋 tsʻʉ^{44}	醋 tsʻu^{44}	醋 tsʻu^{55}	醋 tsʻu^{53}	醋tsʻu^{45}	醋 tsʻau^{44}
0744	盐	盐 jie^{21}	盐 jɛn^{21}	盐 in^{42}	盐 iŋ^{11}	盐iŋ^{22}	盐 jɛn^{45}
0745	猪油	猪油tsʉ^{13}jiu^{21}	猪油 tɔe^{12}jiu^{21}	猪油 tʃi^{11}iau^{42}	猪油 tsu^{33}iu^{11}	猪油tsy^{44}iu^{22}	猪油 au^{51}jiu^{45}
0746	芝麻油	麻嘀油 mo^{4}ʔo^{45}tei^{44}jiu^{21}	麻油 ba^{21}jiu^{21}	麻油 ma^{33}iau^{42}	麻油 mɔ^{11}iu^{11}	麻油mou^{3}iu^{22}	麻油 bɔu^{4}jiu^{45}
0747	红糖	黄糖 vɔŋ^{21}tʻɔŋ^{21}	黄糖 vɔŋ^{21}tʻɔŋ^{21}	黄糖 vɔŋ^{42}tʻɔŋ^{42}	黄糖 vɔŋ^{11}tʻɔŋ^{11}	黄糖uoŋ^{22}tʻoŋ^{22}	黄糖 voŋ^{45}toŋ^{45}
0748	白糖	白糖 pʻʌ^{3}tʻɔŋ^{21}	白糖 pʻɛ^{3}tʻɔŋ^{21}	白糖 pʻɛi^{3}tʻɔŋ^{42}	白糖 pʻɔ^{3}tʻɔŋ^{11}	白糖pʻou^{5}tʻoŋ^{22}	白糖 pʻi^{44}toŋ^{45}
0749	糖果	糖仔tʻɔ^{4}ʔŋ^{45}tsʌ^{2}ʔʌ^{23}	糖仔tʻɔŋ^{21}tsɛ^{3}ʔɛ^{35}	糖仔tʻɔŋ^{42}tsei^{33}	糖□tʻɔŋ^{11}ka^{33} 糖仔tʻɔŋ^{11}tsa^{12}	糖仔tʻoŋ^{22}tsei^{3}	糖仔toŋ^{45}tsøy^{4}
0750	酱油	豉油 sɿ^{21}jiu^{21} 酱油 tsin^{44}jiu^{21}	豉油 sɿ^{22}jiu^{21} 酱油 tsɛŋ^{44}jiu^{21}	豉油 sɿ^{11}iau^{42} 酱油 tsiɔŋ^{55}iau^{42}	豉油 sɿ^{31}iu^{31} 酱油 tsiɔŋ^{53}iu^{11}	酱油tsioŋ^{45}iu^{22}	酱油 tsœn^{44}jiu^{45}
0751	（酱油）残汁	脚ki^{2}ʔu^{23}	脚ki^{3}ʔu^{35}	脚kiu^{33}	脚keu^{12}	脚kiu^{3}	脚kœy^{4}
0752	蜂蜜	蜜糖 moe^{3}tʻɔŋ^{21}	蜜糖 bai^{3}tʻɔŋ^{21}	蜜糖 mei^{3}tʻɔŋ^{42}	蜜糖 mi^{3}tʻɔŋ^{11}	蜜糖ma^{5}tʻoŋ^{22}	蜜糖 bai^{44}toŋ^{45}

序号	词目	大村	向阳	石陂	周田	石塘	桂头
0753	头	头tʻᴀi^{2}	头tʻɔ^{21}	头□tʻø^{42}na^{42}	头tʻia^{11}	头tʻie^{22}	头tei^{45}
0754	光头	光头kɔŋ^{13}tʻᴀi^{21}	光头kɔŋ^{12}tʻɔ^{21}	光头kɔŋ^{11}tʻø^{42}	光头kɔŋ^{33}tʻia^{11}	光头kuaŋ^{44}tʻie^{22}	光头kɔŋ^{51}tei^{45}
0755	头发	头毛tʻᴀi^{21}mᴀu^{21}	头毛tʻɔ^{21}bau^{21}	头毛tʻø^{42}mau^{11}	头毛tʻia^{11}mau^{11}	头毛tʻie^{22}mau^{22}	头毛tei^{45}bo^{45}
0756	（头发）旋儿	旋tsʻɵ^{22}	旋tsʻɔn^{22}	旋tsʻun^{33}	旋tsʻiŋ^{31}	旋tsʻyẽ^{44}	旋tsʻyẽ^{22}
0757	辫子	编嘀pun^{21}tei^{44}	编哩pɛn^{3}lɛ^{3}ʔɛ^{35}	编哩pin^{33}lei^{33}	编哩piŋ^{33}lɛ^{53}	编仔piŋ^{44}tsei^{3}	编pen^{4}
0758	头屑	白癞pʻᴀ^{3}lo^{3}	头皮tʻɔ^{21}pʻai^{21}	白癞pʻɛi^{3}la^{5}	白癞pʻɔ^{3}lɔ^{5} 头皮tʻia^{11}pʻai^{11}	白虱pʻou^{5}sai^{5}	白癞pʻi^{44}lie^{4}
0759	脸	面mie^{22}	面bɛn^{22}	面钵min^{33}pa^{5} 面min^{33}	面miŋ^{31}	面miŋ^{44}	面钵bɛn^{22}pu^{4}
0760	酒窝	酒窐tsiu^{24}tsʉ^{2}ʔʉ^{23}	酒靥tsiu^{24}ɲ̍^{5}	酒靥tseu^{24}ŋi^{5}	酒靥tsiu^{214}i^{5}	酒□tsiu^{314}uei^{5}	酒靥tsiu^{324}jei^{21}
0761	前额	额头ŋiᴀ^{3}tʻᴀi^{21}	额头giɛ^{35}tʻɔ^{21}	额头ŋia^{5}tʻø^{42}	额头ŋia^{3}tʻia^{11}	额头ŋia^{5}tʻie^{22} 额门ŋia^{5}meŋ^{3}	眉头bai^{45}tei^{45}
0762	太阳穴	风池fen^{13}tsʻɿ^{21}	□睛van^{21}tsiɛ^{3}ʔɛ^{35}	太阳穴 tʻai^{11}iɔŋ^{42}ʃi^{3}	额角ŋia^{3}keu^{5}	额角ŋia^{5}ko^{5}	□睛jaŋ^{45}tsin^{51}
0763	囟门	脑囟lᴀu^{44}sin^{44}	脑门 lau^{44}ba^{3}ʔn^{35}	脑囟 lau^{55}sen^{55}	脑囟 nau^{53}san^{53}	脑门lau^{45}meŋ^{3}	老鼠□ lo^{21}sy^{324}bi^{44}
0764	眼睛	眼睛 ŋᴀŋ^{44}tsiᴀ^{2}ʔn^{23}	眼睛 guə^{44}tsiɛ^{3}ʔɛ^{35}	眼睛 ŋan^{55}tsiaŋ^{33}	眼睛 ŋoŋ^{53}tsiaŋ^{12}	眼睛ŋeŋ^{45}tsiaŋ^{3}	眼睛 giẽ^{21}tsin^{4}

序号	词目	大村	向阳	石陂	周田	石塘	桂头
0765	眼珠	眼仁ŋᴀŋ^{44}ŋi^{4}ʔn^{45}	眼睛仁 guə^{44}tsiɛ^{3}gia^{3}ʔn^{35}	眼珠仁 ŋan^{55}ʧi^{11}iɛn^{33}	眼珠仁 ŋoŋ^{53}tsu^{33}iaŋ^{3}	眼睛核 ŋɛŋ^{45}tsiaŋ^{3}u^{3}	眼核giẽ^{21}vu^{4} 眼仁giẽ^{21}gaŋ^{4}
0766	眼泪	眼泪ŋᴀŋ^{44}lo^{4}ʔe^{45}	眼泪 guə^{44}lɔ^{3}ʔe^{35}	眼泪 ŋan^{55}lɔi^{33}	眼泪 ŋoŋ^{53}lai^{3}	眼泪ŋɛŋ^{45}luai^{3}	眼泪giẽ^{21}lau^{4}
0767	睫毛	眼毛 ŋᴀŋ^{44}mᴀu^{21}	眼眉毛 guə^{44}bai^{21}bau^{21}	眼沿毛 ŋan^{55}in^{42}mau^{11}	眼眉毛 ŋoŋ^{53}mai^{11}mau^{11}	眼毛ŋɛŋ^{45}mau^{22}	眼毛 giẽ^{21}bo^{45}
0768	眉毛	眉毛 moe^{21}mᴀu^{21}	眼眉毛 guə^{44}bai^{21}bau^{21}	眼眉毛 ŋan^{55}mɐi^{42}mau^{11}	眉毛 mai^{11}mau^{11}	眉毛mai^{3}mau^{22}	眉毛 bai^{45}bo^{45}
0769	鼻子	鼻头 p'oe^{22}t'ᴀi^{21}	鼻头 p'ai^{22}t'ɔ^{21}	鼻头 p'ɐi^{11}t'ø^{42}	鼻头 p'ai^{31}t'ia^{11}	鼻头p'ai^{44}t'ie^{22}	鼻头 pai^{22}tei^{45}
0770	鼻涕	鼻水 p'oe^{22}sʉ^{24}	鼻 p'ai^{22}	鼻 p'ɐi^{11}	鼻水 p'ai^{31}suoi^{214}	鼻水p'ai^{44}sy^{314}	鼻 pai^{22}
0771	擤（鼻涕）	擤sin^{44}	擤san^{44}	擤sen^{55}	擤siaŋ^{53}	擤sɛŋ^{45}	擤saŋ^{44}
0772	鼻屎	鼻屎 p'oe^{22}sɿ^{24}	鼻屎 p'ai^{22}sɿ^{24}	鼻屎 p'ɐi^{11}sɿ^{24}	鼻屎 p'ai^{31}sɿ^{214}	鼻屎痂 p'ai^{44}sɿ^{314}ko^{44}	鼻屎痂 pai^{22}si^{324}kɔu^{51}
0773	耳朵	耳朵 ŋi^{44}tɔ^{24}	耳朵 gi^{44}tɔu^{24}	耳朵 ŋi^{55}tɔu^{24}	耳朵 ŋi^{53}tɐu^{214}	耳朵ŋi^{45}to^{314}	耳朵 gai^{21}ɔu^{324}
0774	耳屎	耳屎 ŋi^{44}sɿ^{24}	耳屎 gi^{44}sɿ^{24}	耳屎 ŋi^{55}sɿ^{24}	耳屎 ŋi^{53}sɿ^{214}	耳屎ŋi^{45}sɿ^{314}	耳屎 gai^{21}si^{324}
0775	嘴	嘴巴tsoe^{24}po^{13}	嘴tsɔe^{24}	喙ʧui^{55}	嘴tsuoi^{214}	嘴tsuai^{314}	嘴管tsau^{324}kvœn^{324}
0776	嘴唇	嘴唇tsoe^{24}sun^{21}	嘴唇tsɔe^{24}sɔn^{21}	喙唇ʧui^{55}ʃɔn^{42}	嘴唇tsuoi^{214}suɔn^{11}	唇皮sɛŋ^{22}p'ai^{22}	唇皮saŋ^{45}pai^{45}

序号	词目	大村	向阳	石陂	周田	石塘	桂头
0777	舌头	舌头 siA^{3}t‘Ai^{21}	脷头lai^{22}t‘ɔ^{21}	舌头 ʃi^{3}t‘ø^{42}	舌头 si^{3}t‘ia^{11}	舌头si^{5}t‘ie^{22}	舌头 sei^{44}tei^{45}
0778	牙齿	牙齿 ŋo^{21}ts‘ɿ^{24}	牙齿 ga^{21}ts‘ɿ^{24}	牙齿 ŋa^{42}ts‘ɿ^{24}	牙齿 ŋɔ^{11}tsɿ^{214}	牙齿ŋou^{22}tsɿ^{314}	牙齿 gəu^{45}ts‘i^{324}
0779	臼齿	大牙 t‘o^{22}ŋo^{21}	大牙 t‘uə^{22}ga^{21}	大牙 t‘ai^{11}ŋa^{42}	大牙 t‘a^{31}ŋɔ^{11}	墩牙teŋ^{44}ŋou^{22}	大牙 tu^{22}gəu^{45}
0780	龅牙	□牙p‘iAu^{44}ŋo^{21}	□牙p‘iu^{44}ga^{21}	暴牙pau^{55}ŋa^{42}	暴牙p‘au^{53}ŋɔ^{11}	翘牙k‘iau^{45}ŋou^{22}	暴牙po^{44}gəu^{45}
0781	齿龈	牙肉ŋo^{21}lɐ^{4}ʔu^{45}	牙肉ga^{21}lɔ^{3}	牙肉ŋa^{42}ŋø^{3}	牙肉ŋɔ^{11}ŋei^{3}	牙肉ŋou^{22}ŋie^{3}	牙肉gəu^{45}lou^{44}
0782	牙垢	牙黄ŋo^{21}vɔ^{4}ʔŋ^{45}	牙黄ga^{21}vɔ^{3}ʔŋ^{35}	牙黄ŋa^{42}vɔŋ^{33}	牙黄ŋɔ^{11}vɔŋ^{3}	牙黄ŋou^{22}uoŋ^{22}	牙污gəu^{45}vou^{4}
0783	胡子	胡须vʉ^{21}soe^{13}	胡须fu^{21}sɔe^{12}	须sɔi^{11}	胡子vu^{11}tsɿ^{12}	胡子fu^{22}tsɿ^{314}	须□sau^{51}k‘ei^{324}
0784	下巴	下□ho^{22}p‘o^{21}	下□ha^{22}p‘a^{21}	下□ha^{11}p‘a^{11}	下□hɔ^{31}p‘ɔ^{11}	下钵hou^{44}pou^{5}	下□həu^{22}pie^{21}
0785	口水	口水hAi^{24}sʉ^{24}	口水 hɔ^{24}sɔe^{24}	口水 hø^{24}ʃɔi^{24}	口水 hia^{214}suoi^{214}	口水k‘ie^{314}sy^{314}	口水涎 k‘ei^{324}sy^{324}ts‘œn^{4}
0786	唾沫	口水hAi^{24}sʉ^{24}	口水泡 hɔ^{24}sɔe^{24}p‘a^{3}ʔu^{35}	口水泡 hø^{24}ʃɔi^{24}p‘au^{55}	口痰hia^{214}t‘oŋ^{11}	口水k‘ie^{314}sy^{314}	口水涎 k‘ei^{324}sy^{324}ts‘œn^{4}
0787	喉咙	喉咙 hAi^{21}lɐ^{4}ʔn^{45}	喉咙 hɔ^{21}la^{3}ʔŋ^{35}	喉咙 hø^{42}leŋ^{33}	喉咙 hia^{11}neŋ^{3}	喉咙hie^{22}liẽ^{3}	喉咙 høy^{45}loŋ^{4}
0788	脖子	颈 kiAŋ^{24}	颈 kiɛ^{24}	颈 kiaŋ^{24}	颈柄 kiaŋ^{214}piaŋ^{12}	颈筋kiaŋ^{314}keŋ^{44}	颈筋 kin^{324}kaŋ^{51}

序号	词目	大村	向阳	石陂	周田	石塘	桂头
0789	肩膀	肩头 kʌŋ^{13}tʻʌi^{21}	肩头 kuə^{12}tʻɔ^{21}	肩头 kiun^{11}tʻø^{42}	肩头 kiaŋ^{33}tʻia^{11}	肩头kaŋ^{44}tʻie^{22}	肩头 kiẽ^{51}tei^{45}
0790	胸脯	胸□hɐn^{13}hʌi^{24}	胸口 haŋ^{12}hɔ^{24}	胸口 ʃɐŋ^{11}hø^{24}	胸口 hɐŋ^{11}hia^{214}	胸□hiẽ^{44}kʻie^{314}	胸□hoŋ^{51}kʻei^{324}
0791	背	背脊 pʉ^{5}tsiʌ^{5}	背脢pui^{44}bui^{21} 背脊pui^{44}tsiɛ^{5}	背脢pui^{55}mui^{42}	背脊poi^{53}tsia^{5}	背pua^{45}	背脊 pu^{44}tsi^{21}
0792	肋骨	□□骨 jie^{24}pʌ^{13}kʉ^{5}	□□骨 siu^{44}jɛn^{24}ku^{5}	□胫in^{24}kaŋ^{11}	□□骨 siau^{53}iŋ^{214}kuoi^{5} 排骨pʻa^{11}kuoi^{5}	肋骨la^{5}ku^{5} 排骨pʻa^{22}ku^{5}	□胫骨 jɛn^{324}kin^{51}kvu^{21}
0793	光膀	脱赤□ tʻʉ^{5}tsʻiʌ^{5}liʌ^{5}	打赤□ ta^{24}tsʻiɛ^{5}liɛ^{5}	打赤□ ta^{24}ʧʻa^{5}ki^{5}	打赤□ ta^{3}tsʻɔ^{5}lia^{5}	打赤□ tou^{3}tsʻou^{5}lia^{5}	打出背脊 ɔu^{324}tsʻy^{21}pu^{44}tsi^{21}
0794	胳膊	手髀 siu^{24}poe^{24}	手髀 siu^{24}pai^{24}	手髀 ʃau^{24}pei^{24}	手髀 siu^{214}pai^{214}	手髀siu^{314}pai^{3}	手髀 siu^{324}pai^{324}
0795	胳膊肘	手肸siu^{24}tsʌŋ^{13}	手肸siu^{24}tsiɛ^{12}	手肸ʃau^{24}tsaŋ^{11}	手肸角 siu^{214}tsiaŋ^{33}keu^{5}	手肸角 siu^{314}tsaŋ^{44}ko^{5}	手肸siu^{324}tsin^{51}
0796	手腕	手□siu^{24}kʌu^{44}	手□siu^{24}kau^{44} 手凹siu^{24}au^{44}	手□ʃau^{24}kau^{55}	手□siu^{214}kau^{53} 手凹 siu^{214}au^{33}	手□siu^{314}kau^{45}	手□siu^{324}ko^{44}
0797	手	手 siu^{24}	手 siu^{24}	手 ʃau^{24}	手 siu^{214}	手siu^{314}	手 siu^{324}
0798	左手	左手 tsɔ^{24}siu^{24}	左手 tsɔu^{24}siu^{24}	左手 tsɔu^{24}ʃau^{24}	左手 tseu^{214}siu^{214}	左手tso^{314}siu^{314}	左手 tsɔu^{324}siu^{324}
0799	右手	右手 jiu^{22}siu^{24}	右手 jiu^{21}siu^{24}	右手 iau^{11}ʃau^{24}	右手 iu^{31}siu^{214}	右手iu^{44}siu^{314}	右手 jiu^{22}siu^{324}
0800	手掌	巴掌po^{13}tsin^{24}	巴掌 pa^{12}tsɛŋ^{24}	巴掌 pa^{11}ʧɔŋ^{24}	巴掌 pɔ^{33}tsɔŋ^{214}	巴掌pou^{44}tsoŋ^{314}	巴掌pɔu^{51}tsœn^{324}

序号	词目	大村	向阳	石陂	周田	石塘	桂头
0801	拳头	拳头牯 kʻɵ^{21}tʻᴀi^{21}kʉ^{24}	拳头牯 kʻiɔn^{21}tʻɔ^{21}ku^{24}	拳头牯 kʻiun^{42}tʻø^{42}ku^{24}	拳头牯 kʻiŋ^{11}tʻia^{11}ku^{214}	拳头牯 kʻyẽ^{22}tʻie^{22}ku^{314}	拳牯kʻyẽ^{45}kvu^{324}
0802	手指	手指头 siu^{24}tsɿ^{2}ʔɿ^{23}tʻᴀ^{4}ʔi^{45}	手指siu^{24}tsɿ^{3}ʔɿ^{35}	手指ʃau^{24}tsɿ^{24}	手指 siu^{214}tsɿ^{12}	手指siu^{314}tsɿ^{3}	手指siu^{324}tsi^{4}
0803	大拇指	手指公 siu^{24}tsɿ^{2}ʔɿ^{23}kɐn^{13}	手指公 siu^{24}tsɿ^{35}kaŋ^{12}	手指公 ʃau^{24}tsɿ^{24}kɐŋ^{11}	手指公 siu^{214}tsɿ^{12}kɐŋ^{33}	大手指 tʻou^{44}siu^{314}tsɿ^{3}	手指公 siu^{324}tsi^{4}koŋ^{51}
0804	小拇指	手指尾 siu^{24}tsɿ^{2}ʔɿ^{23}mo^{2}ʔe^{23}	手指尾 siu^{24}tsɿ^{3}ba^{3}ʔi^{35}	手指尾 ʃau^{24}tsɿ^{24}mɔi^{33}	手指尾 siu^{214}tsɿ^{12}mai^{12}	落尾手指 lo^{5}mai^{3}siu^{314}tsɿ^{3}	□尾指lɔu^{51}bei^{4}tsi^{4} 手指尾siu^{324}tsi^{4}bei^{4}
0805	指甲	手指甲 siu^{24}tsɿ^{2}ʔɿ^{23}kᴀ^{2}ʔᴀ^{23}	手指甲 siu^{24}tsɿ^{3}kuə^{5}	手指甲 ʃau^{24}tsɿ^{24}ka^{33}	手指甲 siu^{214}tsɿ^{12}kia^{5}	手指甲 siu^{314}tsɿ^{3}ka^{5}	指甲tsi^{324}kie^{4}
0806	斗（指纹）	腡 lɔ^{21}	腡 lɔu^{21}	腡 lɔu^{42}	腡 lɐu^{11}	腡lo^{22}	腡 lɔu^{45}
0807	簸箕（指纹）	筲箕sᴀu^{13}ki^{13}	□tsʻuə^{24}	□tsʻui^{5}	筲箕tsau^{33}ki^{33}	箕ki^{44}	□tsʻie^{4}
0808	趼子	趼kᴀŋ^{24}	胗tsan^{24}	胗tʃɛn^{24}	胗tan^{214}	胗tɐŋ^{3}	石□si^{4}yẽ^{324}
0809	腋下	夹□底 kᴀ^{5}lᴀ^{5}tᴀ^{24}	夹□底 kuə^{5}luə^{5}tɛ^{24}	手□下 ʃau^{24}kʻi^{3}ha^{33}	手夹下 siu^{214}kia^{5}ha^{12}	□□kou^{5}sou^{5}	夹底kie^{21}ie^{324}
0810	乳房	□lᴀ^{4}ʔŋ^{45}	□liɛ^{3}ʔɛ^{35}	□nɐn^{33}	□niaŋ^{3}	□lɐŋ^{3}	□liẽ^{4}
0811	乳头	□嘴lᴀ^{4}ʔŋ^{45}tsoe^{24}	□嘴liɛ^{3}tsɔe^{24}	□头nɐn^{33}tʻø^{42}	□嘴niaŋ^{3}tsuoi^{214}	□嘴lɐŋ^{3}tsuai^{314}	□头liẽ^{4}tei^{45}
0812	乳汁	□水lᴀ^{4}ʔŋ^{45}sʉ^{24}	□liɛ^{3}ʔɛ^{35}	□nɐn^{33}	□niaŋ^{3}	□lɐŋ^{3}	□汁liẽ^{4}tsi^{21}

序号	词目	大村	向阳	石陂	周田	石塘	桂头
0813	肚子	肚屎tʉ^{24}sɿ^{24}	肚tu^{24}	肚屎tu^{24}sɿ^{24}	肚tu^{214}	肚tu^{314}	肚箩au^{324}lɔu^{4}
0814	肚脐	肚脐tʉ^{44}ts'ə^{4}ʔe^{45}	肚□脐 tu^{24}ts'ɿ^{21}ts'a^{3}ʔi^{35}	肚脐tu^{24}ts'ei^{33}	肚脐tu^{214}ts'ai^{3}	肚脐tu^{314}ts'ai^{3}	肚脐au^{324}ts'ai^{4}
0815	屁股	屎窟sɿ^{24}fʉ^{2}ʔʉ^{23}	屎窟sɿ^{24}fu^{3}ʔu^{35}	屎窟sɿ^{24}fui^{3}	屎窟sɿ^{214}fu^{12}	屎窟sɿ^{314}fu^{3}	屎窟si^{324}fu^{4}
0816	肛门	屎龙宫 sɿ^{24}lɐn^{21}kɐn^{13}	屎窟门 sɿ^{24}fu^{35}ban^{21}	屎窟□ sɿ^{24}fui^{3}lui^{55}	屎窟□ sɿ^{214}fu^{12}loi^{53}	屎窟眼 sɿ^{314}fu^{3}ŋoŋ^{22}	屎窟孔 si^{324}fu^{4}k'oŋ^{324}
0817	光屁股	打出屎窟 tA^{4}ʔA^{45}ts'iu^{5}sɿ^{24}fʉ^{2}ʔʉ^{23}	打□□ ta^{24}taŋ^{12}la^{3}ʔŋ^{35}		光屎窟 kɔŋ^{33}sɿ^{214}fu^{12}	撩开屎窟 lau^{22}k'ua^{44}sɿ^{314}fu^{3}	打出屎窟来 ɔu^{324}ts'y^{21}si^{324}fu^{4}lei^{45}
0818	胯下	裤□底 k'ʉ^{44}lɔŋ^{22}tA^{24}	裤□底 k'u^{44}lɔŋ^{22}tɛ^{24}	裤□k'u^{55}lɔŋ^{33}	裤□k'u^{53}lɔŋ^{53}	裤底下 k'u^{45}ta^{314}hou^{3}	裤裆底 k'vu^{44}oŋ^{51}ie^{324}
0819	男阴	卵尻lə^{2}ʔŋ^{23}kA^{2}ʔi^{23}	卵袋lo^{3}ʔŋ^{35}t'ui^{22}	朘tsui^{11}	卵lɔŋ^{12}	卵luaŋ^{314}	卵尻lœn^{4}k'o^{4}
0820	赤子阴	尻尻仔 kA^{2}ʔi^{23}kA^{2}ʔi^{23}tsA^{2}ʔA^{23}	卵仔lɔŋ^{3}tsɛ^{3}ʔɛ^{35}	□哩ʃun^{24}lei^{33}	卵仔lɔŋ^{12}tsa^{12}	鸡鸡kei^{44}kei^{44}	
0821	女阴	柴屄tsɿ^{13}pi^{5}	柴屄tsɿ^{12}pi^{5} □hɛi^{12}	柴屄tsɿ^{11}pi^{5}	柴屄tsɿ^{33}pi^{5}	柴屄tsɿ^{44}pi^{5}	柴屄tsi^{51}pɛi^{51}
0822	交合	鸟 tiAu^{24}	鸟tɔ^{24}	鸟 tiu^{24}	鸟 tiau^{214}	鸟tiau^{314}	鸟 ɛi^{324}
0823	腿	脚kiu^{5}	脚kiu^{5}	脚髀kiu^{5}pɛi^{24}	脚髀kiu^{5}pai^{214}	脚kiu^{5}	脚髀kœy^{21}pai^{324}
0824	膝盖	膝头牯 sei^{5}t'Ai^{21}kʉ^{24}	膝头牯 ts'ai^{5}t'ɔ^{21}ku^{24}	膝头牯 ts'ei^{5}t'ø^{42}ku^{24}	膝头牯 ts'ai^{5}t'ia^{11}ku^{214}	膝头牯 sai^{5}t'ie^{22}ku^{3}	膝头牯 ts'ai^{21}tei^{45}kvu^{324}

序号	词目	大村	向阳	石陂	周田	石塘	桂头
0825	腿肚子	脚腩肚 kiu^{5}lʌŋ^{21}tʉ^{24}	脚腩肚 kiu^{5}laŋ^{21}tu^{24}	脚腩肚 kiu^{5}lan^{42}tu^{24}	脚腩肚 kiu^{5}niaŋ^{11}tu^{214}	脚腩肚 kiu^{5}laŋ^{22}tu^{3}	脚腩肚 kœy^{21}loŋ^{45}au^{324}
0826	踝骨	脚眼仁 kiu^{5}ŋʌŋ^{44}ȵi^{4}ʔn^{45}	脚眼珠 kiu^{5}guə^{44}tsɥ^{12}	脚眼珠 kiu^{5}ŋan^{55}ʧi^{11}	脚眼珠 kiu^{5}ŋoŋ^{12}tsu^{33}	脚眼珠 kiu^{5}ŋɛŋ^{3}tsy^{33}	脚眼珠 kœy^{21}giẽ^{21}tsy^{4}
0827	脚	脚 kiu^{5}	脚 kiu^{5}	脚 kiu^{5}	脚 kiu^{5}	脚kiu^{5}	脚 kœy^{21}
0828	脚跟	脚睁kiu^{5}tsʌŋ^{13}	脚睁kiu^{5}tsiɛ^{12}	脚睁kiu^{5}tsaŋ^{11}	脚睁kiu^{5}tsiaŋ^{33}	脚睁跟 kiu^{5}tsaŋ^{44}kɛŋ^{44}	脚睁kœy^{21}tsin^{51}
0829	脚趾	脚趾 kiu^{5}tsɿ^{2}ʔɿ^{23}	脚趾 kiu^{5}tsɿ^{3}ʔɿ^{35}	脚趾仔 kiu^{5}tsɿ^{24}tsei^{33}	脚趾 kiu^{5}tsɿ^{12}	脚趾kiu^{5}tsɿ^{3}	脚趾 kœy^{21}tsi^{4}
0830	脚掌	脚底 kiu^{5}tA^{24}	脚板 kiu^{5}puə^{24}	脚底 kiu^{5}ta^{214}	脚板 kiu^{5}poŋ^{214}	脚板kiu^{5}poŋ^{314}	脚窖 kœy^{21}ko^{44}
0831	脚心	脚凹 kiu^{5}A^{2}ʔu^{23}	脚凹 kiu^{5}a^{3}ʔu^{35}	脚凹 kiu^{5}au^{11}	脚凹 kiu^{5}au^{33}	脚凹kiu^{5}au^{44}	脚凹 kœy^{21}o^{4}
0832	脚印	脚迹 kiu^{5}tsiA^{2}ʔA^{23}	脚迹 kiu^{5}tsiɛ^{3}ʔɛ^{35} 脚印 kiu^{5}jian^{44}	脚迹 kiu^{5}tsia^{33}	脚迹 kiu^{5}tsia^{5}	脚迹kiu^{5}tsia^{5}	脚印 kœy^{21}jaŋ^{44}
0833	泥（身上的污垢）	黸lʉ^{44} 浼məŋ^{22}	黸□lu^{44}la^{3}ʔŋ^{35}	鳞lɛn^{11}	黸lu^{33} 浼moŋ^{31}	黑漆壳 hai^{5}ʦ′ai^{5}k′o^{5}	油泥黑漆 jiu^{45}liẽ^{45}ha^{21}ʦ′ai^{21}
0834	男人	男人 ləŋ^{21}ŋin^{21}	男人 luə^{21}gɛn^{21}	男子佬 nan^{42}tsɿ^{24}lau^{24}	男子佬 noŋ^{11}tsɿ^{214}lau^{214}	男子人 loŋ^{22}tsɿ^{314}ŋɛŋ^{22}	男人 liẽ^{45}gaŋ^{45}
0835	女人	女人loe^{44}ŋin^{21}	女人lɔe^{44}gɛn^{21}	夫娘嫲 fu^{11}ȵiɔŋ^{33}ma^{42}	夫娘哩 fu^{33}ȵiɔŋ^{3}lɛ^{53}	夫娘人 fu^{44}lioŋ^{3}ŋɛŋ^{22}	夫娘婆 fu^{51}lœn^{4}pu^{4}
0836	老人	老成佬 lʌu^{44}sʌn^{21}lʌu^{24}	老大人 lau^{44}t′uə^{22}gia^{3}ʔn^{35}	老大人 lau^{55}t′ai^{11}ŋiɛn^{42}	老□人 lau^{53}t′oŋ^{3}ŋiaŋ^{3}	老大□ lau^{45}t′ou^{44}ŋi^{3}	老大人 lo^{21}tu^{22}gaŋ^{45}

序号	词目	大村	向阳	石陂	周田	石塘	桂头
0837	老头儿	老公子 lᴀu^{44}kɐ^{2}ʔn^{23}tsɿ^{24}	老公哩 lau^{44}kaŋ^{3}lɛ^{3}ʔɛ^{35}	老大人 lau^{55}t‘ai^{11}ȵiɛn^{42}	老头公 lau^{53}t‘ia^{11}kɛŋ^{12}	老大□ lau^{45}t‘ou^{44}ȵi^{3}	老大人 lo^{21}tu^{22}gaŋ^{45}
0838	老太婆	老婆嘀 lᴀu^{44}p‘ɔ̤^{4}ʔɔ^{45}tei^{44}	老婆哩 lau^{44}p‘ɔu^{3}lɛ^{3}ʔɛ^{35}	老大人 lau^{55}t‘ai^{11}ȵiɛn^{42}	老姐□ lau^{53}tsia^{214}k‘ɛu^{5}	老大□ lau^{45}t‘ou^{44}ȵi^{3}	老大人 lo^{21}tu^{22}gaŋ^{45}
0839	年轻人	后生仔 hᴀi^{44}sᴀ^{2}ʔŋ^{23}tsᴀ^{2}ʔᴀ^{23}	后生仔 hɔ^{44}siɛ^{3}tsɛ^{3}ʔɛ^{35}	后生仔 hø^{55}saŋ^{33}tsei^{33}	后生仔 hia^{53}siaŋ^{12}tsa^{12}	后生仔 hie^{45}saŋ^{3}tsei^{3}	后生hei^{21}sin^{4}
0840	姑娘	大妹嘀 t‘o^{22}mʉ^{24}tei^{44}	女仔lɔe^{44}tsɛ^{3}ʔɛ^{35} □哩p‘ai^{22}lɛ^{3}ʔɛ^{35}	细女sei^{55}ȵi^{55}	后生妹 hia^{53}siaŋ^{12}moi^{31}	女仔luai^{45}tsei^{3}	妹嘀bu^{22}tie^{4}
0841	小伙子	大细仔 t‘o^{22}sᴀ^{44}tsᴀ^{2}ʔᴀ^{23}	男仔luə^{21}tsɛ^{3}ʔɛ^{35}	后生仔 hø^{55}saŋ^{33}tsei^{33}	后生仔 hia^{53}siaŋ^{12}tsa^{12}	后生仔 hie^{45}saŋ^{3}tsei^{3}	后生hei^{21}sin^{4}
0842	小孩儿	细仔嘀 sᴀ^{44}tsᴀ^{2}ʔᴀ^{23}tei^{44}	细哩sɛ^{44}lɛ^{3}ʔɛ^{35}	细晚仔 sei^{55}man^{11}tsei^{33}	细晚仔 sa^{53}moŋ^{12}tsa^{12}	细人仔 sei^{45}ȵɛŋ^{22}tsei^{3}	细仔sei^{44}tsøy^{4}
0843	男孩儿	男子仔 ləŋ^{21}tsɿ^{24}tsᴀ^{2}ʔᴀ^{23}	男仔luə^{21}tsɛ^{3}ʔɛ^{35}	㸰仔哩 lai^{33}tsei^{33}lei^{33}	㸰仔哩 lɔ^{33}tsa^{12}lɛ^{53}	男仔loŋ^{22}tsei^{3}	男仔liẽ^{45}tsøy^{4}
0844	女孩儿	妹嘀仔 mʉ^{24}tei^{44}tsᴀ^{2}ʔᴀ^{23}	女仔lɔe^{44}tsɛ^{3}ʔɛ^{35}	妹仔哩 mui^{33}tsei^{33}lei^{33}	妹仔哩 moi^{31}tsa^{12}lɛ^{53}	女仔luai^{45}tsei^{3}	女仔lau^{21}tsøy^{4}
0845	城里人	城里人 siᴀŋ^{21}lə^{2}ʔe^{23}ȵin^{21}	城里人 siɛ^{21}lai^{44}gen^{21}	城里人 ʃaŋ^{42}lei^{55}ȵiɛn^{42}	城哩人 siaŋ^{11}lɛ^{53}ȵiaŋ^{11}	城哩人 saŋ^{22}lei^{45}ȵɛŋ^{22}	城哩人 sin^{45}lei^{4}gaŋ^{45}
0846	乡下人	农村人 lən^{21}ts‘un^{13}ȵin^{21}	乡下人 hɛŋ^{12}ha^{35}gen^{21}	农村人 nɐŋ^{42}ts‘ɔn^{11}ȵiɛn^{42}	乡下人 siɔŋ^{33}ha^{12}ȵiaŋ^{11}	乡下人 sioŋ^{44}hou^{3}ȵɛŋ^{22}	乡下人 hœn^{45}hɔu^{4}gaŋ^{45}
0847	单身汉	单身佬 təŋ^{13}sin^{13}lᴀu^{24}	单身佬 tuə^{12}san^{12}lau^{24}	单身佬 tan^{11}ʃɛn^{11}lau^{24}	单只佬 toŋ^{33}tsɔ^{5}lau^{214}	单身汉 toŋ^{44}sɛŋ^{44}hoŋ^{45}	单身佬 œn^{51}saŋ^{51}lo^{324}
0848	老姑娘	老姑婆 lᴀu^{44}kʉ^{13}p‘ɔ^{21}	老姑婆 lau^{44}ku^{12}p‘ɔu^{21}	老姑婆 lau^{55}ku^{11}p‘ɔu^{42}	老姑婆 lau^{53}ku^{33}p‘ɛu^{11}	老姑婆 lau^{45}ku^{44}p‘o^{22}	老姑婆 lo^{21}kvu^{324}pɔu^{45}

序号	词目	大村	向阳	石陂	周田	石塘	桂头
0849	寡妇	寡婆ko^{24}pʻɔ^{4}ʔɔ^{45}	寡婆kua^{24}pʻɔ^{3}ʔu^{35}	寡婆嫲 ka^{24}pʻɔu^{33}ma^{42}	寡婆kɔ^{214}pʻɛu^{3}	寡婆kua^{314}pʻo^{3}	寡婆kvɔu^{324}pu^{4}
0850	孤儿	孤儿kʉ^{13}jʉ^{21}	孤儿ku^{12}jʮ^{21}	孤儿ku^{11}i^{42}	孤儿ku^{33}i^{11}	孤儿ku^{44}y^{22}	孤儿kvu^{51}jy^{45}
0851	独眼儿	单眼佬 təŋ^{13}ŋᴀŋ^{44}lᴀu^{24}	独眼龙tʻɔ^{3}guə^{44}laŋ^{21} 单眼佬tuə^{12}guə^{44}lau^{24}	单眼佬 tan^{11}ŋan^{55}lau^{24}	独眼龙tʻɛi^{5}ŋoŋ^{53}lɛŋ^{11} 单眼佬toŋ^{33}ŋoŋ^{53}lau^{214}	独眼龙 tʻie^{5}ŋɛŋ^{45}liẽ^{22}	独眼佬 tʻou^{44}giẽ^{21}lo^{324}
0852	眯缝儿	飞鼠眼 foe^{13}sʉ^{24}ŋᴀŋ^{44}	□子眼 baŋ^{12}tsɿ^{24}guə^{44}	□眼佬 sɿ^{42}ŋan^{55}lau^{24}	眯眼mai^{33}ŋoŋ^{53}	眯眼睛 mai^{44}ŋɛŋ^{45}tsiaŋ^{3}	歇眼□ hie^{21}giẽ^{21}oŋ^{4}
0853	金鱼眼	暴眼pᴀu^{44}ŋᴀŋ^{44}	暴眼pau^{44}guə^{44}	暴眼pau^{55}ŋan^{55}	暴眼pau^{53}ŋoŋ^{53}	暴眼pau^{45}ŋɛŋ^{45}	暴眼po^{44}giẽ^{21}
0854	对眼儿	倒眼tᴀu^{44}ŋᴀŋ^{44}	倒眼tau^{44}guə^{44}	倒眼tau^{55}ŋan^{55}	倒眼tau^{53}ŋoŋ^{53}	倒眼tau^{45}ŋɛŋ^{45}	倒阳眼 o^{44}jœn^{45}giẽ^{21}
0855	瞎子	盲佬/仔 mᴀŋ^{21}lᴀu^{24}/tsᴀ^{2}ʔᴀ^{23}	盲佬/仔 biɛ^{21}lau^{24}/tsɛ^{3}ʔɛ^{35}	盲佬/仔 maŋ^{42}lau^{24}/tsɛi^{33}	盲眼佬/仔 miaŋ^{11}ŋoŋ^{53}lau^{214}/tsa^{12}	盲眼maŋ^{22}ŋɛŋ^{45} 瞎眼睛ha^{5}ŋɛŋ^{45}tsiaŋ^{3}	盲佬bin^{45}lo^{324}
0856	聋子	聋佬/仔 lɐn^{21}lᴀu^{24}/tsᴀ^{2}ʔᴀ^{23}	聋佬/仔 laŋ^{21}lau^{24}/tsɛ^{3}ʔɛ^{35}	聋耳佬/仔 lɛŋ^{11}ŋi^{55}lau^{24}/tsɛi^{33}	聋佬/仔 lɛŋ^{33}lau^{214}/tsa^{12}	聋鬼liẽ^{22}kuai^{314}	聋佬/仔 loŋ^{45}lo^{324}/tsøy^{4}
0857	哑巴	哑佬/仔 o^{24}lᴀu^{24}/tsᴀ^{2}ʔᴀ^{23}	哑佬/仔 a^{24}lau^{24}/tsɛ^{3}ʔɛ^{35}	哑佬/仔 a^{24}lau^{24}/tsɛi^{33}	哑佬/仔 ɔ^{214}lau^{214}/tsa^{12}	哑□ou^{314}pei^{45}	哑佬 ɔu^{324}lo^{324}
0858	结巴	□舌lo^{13}sɿ^{4}ʔɿ^{45}	□舌la^{12}sɿ^{3}	□舌佬/仔 la^{11}ʃi^{3}lau^{24}/tsɛi^{33}	□舌佬 lɔ^{33}si^{3}lau^{214}	□舌lou^{44}si^{3}	□舌lɔu^{51}sɛi^{4}
0859	豁嘴儿	缺嘴佬/仔 kʻə^{5}tsoe^{24}lᴀu^{24}/tsᴀ^{2}ʔᴀ^{23}	□嘴pan^{12}tsɔe^{24}	缺喙佬/仔 kʻi^{5}ʧui^{55}lau^{24}/tsɛi^{33}	缺嘴佬/仔 kʻi^{5}tsuoi^{214}lau^{214}/tsa^{12}	□嘴poŋ^{314}tsuai^{314}	□嘴poŋ^{324}tsau^{324}
0860	豁牙	缺牙kʻə^{5}ŋo^{21}	□牙佬/仔 pan^{12}ga^{21}lau^{24}/tsɛ^{3}ʔɛ^{35}	缺牙佬/仔 kʻi^{5}ŋa^{42}/tsɛi^{33}	缺牙婆 kʻi^{5}ŋɔ^{11}pʻɛu^{11}	□牙poŋ^{314}ŋou^{22}	□牙poŋ^{324}gɔu^{45}

序号	词目	大村	向阳	石陂	周田	石塘	桂头
0861	歪脖子	□头佬/仔 ŋʌu^{21}tʻʌi^{21}lʌu^{24}/tsʌ^{2}ʔʌ^{23}	□/□头佬/仔 gau^{21}/biɛ^{24}tʻɔ^{21}lau^{24}/tsɛ^{3}ʔɛ^{35}	□头佬/仔 ŋau^{42}tʻø^{42}lau^{24}/tsɛi^{33}	□头佬/仔 ŋau^{11}tʻia^{11}lau^{214}/tsa^{12}	□颈ma^{314}kiaŋ^{314}	□头go^{45}tei^{45}
0862	左撇子	左手牯 tsɔ^{24}siu^{24}kʉ^{24}	左□tsɔu^{24}jiu^{12}	左跛公 tsɔu^{24}pɐi^{11}kɐŋ^{11}	左手牯 tsɐu^{214}siu^{214}ku^{214}	左手牯 tso^{314}siu^{314}ku^{314}	左跛公 tsɔu^{324}pie^{51}koŋ^{51}
0863	罗圈腿	八字脚 pʌ^{5}sɿ^{4}ʔɿ^{45}kiu^{5}	八字脚 puə^{5}sɿ^{3}kiu^{5}	八字脚 pa^{5}sɿ^{55}kiu^{5}	鸭嫲脚 ɔ^{12}mɔ^{11}kiu^{5}	鸭婆脚 ou^{3}pʻou^{3}kiu^{5}	鸭婆脚 ie^{4}pu^{4}kœy^{21}
0864	胖子	肥佬/仔 foe^{21}lʌu^{24}/tsʌ^{2}ʔʌ^{23}	肥佬/仔 fai^{21}lau^{24}/tsɛ^{3}ʔɛ^{35}	肥佬/仔 lau^{24}fɔi^{42}/tsɛi^{33}	肥佬/仔 fai^{11}lau^{53}/tsa^{12}	肥佬/仔 fai^{22}lau^{314}/tsei^{3}	肥佬/仔 fei^{45}lo^{324}/tsøy^{4}
0865	高个儿	高佬kʌu^{13}lʌu^{24}	高佬kau^{12}lau^{24}	高佬kau^{11}lau^{24}	高佬kau^{33}lau^{214}	高佬kau^{44}lau^{314}	高佬ko^{51}lo^{324}
0866	獠牙	□牙so^{44}ŋo^{21}	□牙sau^{44}ga^{21}	□牙sau^{55}ŋa^{42} □牙tsa^{55}ŋa^{42}	□牙sɔ^{53}ŋɔ^{11}	翘牙kʻiau^{45}ŋou^{22}	□牙sie^{44}gɔu^{45}
0867	麻子	麻□mo^{21}pʌŋ^{24}	豆皮佬tʻɔ^{22}pʻai^{11}lau^{24} 麻子佬ba^{21}tsɿ^{24}lau^{24}	豆皮佬/仔 tʻø^{33}pʻɐi^{42}lau^{24}/tsɛi^{33}	麻子mɔ^{11}tsɿ^{214}	麻子mou^{22}tsɿ^{314}	麻佬bɔu^{45}lo^{324}
0868	瘌痢头	瘌痢头 lo^{3}lə^{4}ʔe^{45}tʻʌi^{21}	瘌痢头 luə^{3}lai^{35}tʻɔ^{21}	瘌痢头 la^{3}lɐi^{33}tʻø^{42}	瘌痢头 lɔ^{3}lai^{3}tʻia^{11}	瘌痢头 lou^{5}lai^{3}tʻie^{22}	瘌痢头 lu^{22}lai^{22}tei^{45}
0869	六指	多手指 tɔ^{13}siu^{24}tsɿ^{2}ʔɿ^{23}	巴指pa^{12}tsɿ^{3}ʔɿ^{35}	巴指手 pa^{11}tsɿ^{33}ʃau^{24}	多指tɐu^{33}tsɿ^{12}	多指to^{44}tsɿ^{3}	巴指pɔu^{51}tsi^{4}
0870	驼子	驼背 tʻɔ^{21}pʉ^{2}ʔʉ^{23}	驼背佬/仔 tʻɔu^{21}pui^{35}lau^{24}/tsɛ^{3}ʔɛ^{35}	驼背佬/仔 tʻɔu^{42}pui^{33}lau^{24}/tsɛi^{33}	驼背佬/仔 tʻɛu^{11}poi^{12}lau^{214}/tsa^{12}	驼背tʻo^{22}pua^{3}	驼背 tɔu^{45}pu^{44}
0871	爱哭者	哭相鬼 hɐu^{5}sin^{44}koe^{24}	烂哭鬼 luə^{22}hɔ^{5}kuai^{24}	发性鬼 fa^{5}siaŋ^{55}kɔi^{24}	叫鬼kiau^{53}kuoi^{214}	哭得婆 hie^{5}tai^{5}pʻo^{3}	哭相佬/婆 hou^{21}sœn^{44}lo^{324}/pɔu^{4}
0872	爱流涎者	□□哥 jʌ^{21}tʌ^{22}kɔ^{13}	□口水 jɐi^{21}hɔ^{24}sɔe^{24}	□□仔 iɛi^{42}kui^{11}tsɛi^{33}	□□□ iɛ^{11}koi^{33}tsɿ^{33}	□口水 iei^{22}kie^{314}sy^{314}	□涎仔/婆 jei^{45}tsʻœn^{45}tsøy^{4}/pɔu^{4}

序号	词目	大村	向阳	石陂	周田	石塘	桂头
0873	疯子	癫佬/仔 tie^{13}lʌu^{24}/tsʌ^{2}ʔʌ^{23}	癫佬/仔 tɛn^{12}lau^{24}/tsɛ^{3}ʔɛ^{35}	癫佬/仔 tin^{11}lau^{24}/tsɛi^{33}	癫佬/仔 tiŋ^{33}lau^{214}/tsa^{12}	癫鬼/仔 tiŋ^{44}kuai^{314}/tsei^{3}	癫佬/仔 ɛn^{51}lo^{324}/tsøy^{4}
0874	瘸子	跛佬/仔 pʌ^{13}lʌu^{24}/tsʌ^{2}ʔʌ^{23}	跛佬/仔 pɛ^{12}lau^{24}/tsɛ^{3}ʔɛ^{35}	跛佬/仔 pɐi^{11}lau^{24}/tsɛi^{33}	跛佬/仔 pa^{33}lau^{214}/tsa^{12}	跛脚pa^{44}kiu^{5} 跳脚tʻiau^{45}kiu^{5}	跛佬/仔 pie^{51}lo^{324}/tsøy^{4}
0875	傻瓜	□佬/仔 ŋɔ^{24}lʌu^{24}/tsʌ^{2}ʔʌ^{23}	傻佬/仔 sɔu^{21}lau^{24}/tsɛ^{3}ʔɛ^{35}	傻佬/仔 sɔu^{42}lau^{55}/tsɛi^{33}	傻佬/仔 sɐu^{11}lau^{214}/tsa^{12}	傻鬼/仔 so^{22}kuai^{314}/tsei^{3}	傻佬/仔 sɔu^{45}lo^{324}/tsøy^{4}
0876	骗子	骗仔 pʻie^{44}tsʌ^{2}ʔʌ^{23}	骗子 pʻɛn^{44}tsɿ^{24}	骗子 pʻin^{55}tsɿ^{24}	骗子 pʻiŋ^{53}tsɿ^{214}	骗子pʻiŋ^{45}tsɿ^{314}	骗仔 pʻɛn^{44}tsøy^{4}
0877	小偷	贼仔tsʻei^{3}tsʌ^{2}ʔʌ^{23}	贼佬tsʻei^{3}lau^{24}	贼佬/仔 tsʻei^{3}lau^{24}/tsei^{33}	贼佬/仔 tsʻi^{3}lau^{214}/tsa^{12}	贼仔tsʻa^{5}tsei^{3}	贼佬/仔 tsʻa^{44}lo^{324}/tsøy^{4}
0878	强盗	贼佬tsʻei^{3}lʌu^{24}	贼佬tsʻei^{3}lau^{24}	贼佬/仔 tsʻei^{3}lau^{24}/tsei^{33}	贼佬/仔 tsʻi^{3}lau^{214}/tsa^{12}	贼佬tsʻa^{5}lau^{314}	强盗kʻœn^{45}to^{22}
0879	乞丐	教化佬 kʌu^{44}fo^{44}lʌu^{24} 讨食佬 tʻʌu^{24}sei^{3}lʌu^{24}	教化佬 kau^{44}fa^{44}lau^{24}	教化佬 kau^{55}fa^{55}lau^{24} 讨食仔 tʻau^{24}ʃei^{3}tsɛi^{33}	教化佬 kia^{53}fɔ^{31}lau^{214} 讨食佬 tʻau^{214}sai^{3}lau^{214}	教化女kau^{45}fu^{45}luai^{3} 讨食佬tʻau^{314}sei^{5}lau^{314}	教化头ko^{44}fɔu^{44}tei^{45} 讨食佬 tʻo^{324}sai^{44}lo^{324}
0880	妖精	妖怪 jiʌu^{13}kʌ^{44}	精怪 tsan^{12}kuə^{44} 妖怪 jiu^{12}kuə^{44}	妖怪 iu^{11}kai^{55}	妖精 iau^{33}tsiaŋ^{33}	妖精iau^{44}tsaŋ^{44}	妖怪 jɛi^{51}kvie^{44}
0881	情夫	野老公 jo^{44}lʌu^{24}kɐn^{13}	契家佬 kʻɐi^{44}ka^{12}lau^{24}	契家佬 kʻɐi^{55}ka^{11}lau^{24}	契哥kʻiɛ^{53}kɐu^{12}	契哥kʻei^{45}ko^{3} 野佬iou^{45}lau^{314}	野老公 ja^{21}lo^{324}koŋ^{4}
0882	情妇	野老婆 jo^{44}lʌu^{24}pʻɔ^{4}ʔɔ^{45}	契家婆 kʻɐi^{44}ka^{12}pʻɔu^{21}	契家婆 kʻɐi^{55}ka^{11}pʻɔu^{33}	契家婆 kʻiɛ^{53}kɔ^{33}pʻɐu^{3}	契家婆kʻei^{45}kou^{44}pʻo^{3} 野老婆iou^{45}lau^{314}pʻo^{3}	野老婆 ja^{21}lo^{324}pɔu^{4}
0883	偷汉子	寻野老公 tsʻin^{21}jo^{44}lʌu^{24}kɐn^{13}	擤契lau^{44}kʻɐi^{44}	寻野老公 tsʻɛn^{42}ia^{55}lau^{55}kɐŋ^{11} 擤契lau^{55}kʻɐi^{55}	擤人lau^{33}ȵiaŋ^{11}	搭人tou^{5}ŋɛŋ^{22} 寻野佬tsʻɛŋ^{22}iou^{45}lau^{314}	寻野老公 tsʻaŋ^{45}ja^{21}lo^{324}koŋ^{4}
0884	妓女	老举lʌu^{44}kʉ^{24}	老举lau^{44}ki^{24}	老举嫲 lau^{55}ki^{24}ma^{42}	老举lau^{53}ki^{214}	老举lau^{45}ky^{314}	老举lo^{21}kau^{324}

序号	词目	大村	向阳	石陂	周田	石塘	桂头
0885	内行	内行 loe^{22}hɔŋ^{21}	内行 lui^{22}hɔŋ^{21}	内行 nɔi^{11}hɔŋ^{42}	内行 nuoi^{31}hɔŋ^{11}	内行luai^{44}hoŋ^{22}	内行 løy^{22}hoŋ^{45}
0886	外行	外行 ŋʉ^{22}hɔŋ^{21}	外行 gui^{22}hɔŋ^{21}	外行 ŋui^{11}hɔŋ^{42}	外行 ŋoi^{31}hɔŋ^{11}	外行ŋa^{44}hoŋ^{22}	外行 gu^{22}hoŋ^{45}
0887	厨师	炒手ts‘Au^{24}siu^{24}	厨师ts‘ʮ^{21}sɿ^{12}	厨手tʃ‘i^{42}ʃau^{24}	厨手ts‘u^{11}siu^{214}	厨师ts‘y^{22}sɿ^{44}	厨佬ts‘y^{45}lo^{324} 厨师ts‘y^{45}siu^{324}
0888	农民	耕田佬 kAŋ^{13}t‘ie^{21}lAu^{24}	耕田佬 kiɛ^{12}t‘en^{21}lau^{24}	耕田佬 kaŋ^{11}t‘in^{42}lau^{24}	耕田佬 kiaŋ^{33}t‘iŋ^{11}lau^{214}	耕田佬 kaŋ^{44}t‘iŋ^{22}lau^{314}	耕田佬 kin^{51}ten^{45}lo^{324}
0889	木匠	木匠 mɐu^{3}ts‘in^{22}	木匠佬 bɔ^{3}ts‘ɛŋ^{22}lau^{24} 斗木佬 tɔ^{44}bɔ^{3}lau^{24}	木匠佬 mø^{33}siɔŋ^{24}lau^{24}	木匠佬 mɛi^{3}ts‘iɔŋ^{31}lau^{214}	木匠mie^{5}ts‘ioŋ^{44}	木匠佬 bou^{4}ts‘œn^{22}lo^{324}
0890	铁匠	打铁佬 tA^{4}ʔA^{45}t‘i^{5}lAu^{24}	打铁佬 ta^{24}t‘i^{5}lau^{24}	打铁佬 ta^{24}t‘i^{5}lau^{24}	打铁佬 ta^{3}t‘i^{5}lau^{214}	打铁佬 tou^{3}t‘i^{5}lau^{314}	打铁佬 ɔu^{324}t‘ei^{21}lo^{324}
0891	医生	先生sie^{13}sAŋ^{13} 医生ɲ̍^{13} sAŋ^{13}	医生 ɲ̍^{12}siɛ^{12}	医生 i^{11}saŋ^{11}	先生 siŋ^{33}siaŋ^{33} 医生 i^{11}siaŋ^{33}	先生siŋ^{44}saŋ^{44} 医生i^{44}saŋ^{44}	先生 sen^{51}sin^{51} 医生 ji^{51}sin^{51}
0892	理发师	剃头佬 t‘A^{44}t‘Ai^{21}lAu^{24}	飞发佬 fai^{12}fuə^{5}lau^{24} 剃头佬 t‘ɛ^{44}t‘ɔ^{21}lau^{24}	剃头佬 t‘ei^{11}t‘ø^{42}lau^{24}	剃头佬 t‘a^{53}t‘ia^{11}lau^{214}	剃头佬 t‘a^{45}t‘ie^{22}lau^{314}	剃头佬 t‘ie^{44}tei^{45}lo^{324}
0893	泥瓦匠	泥水工 lA^{21}sʉ^{24}kɐn^{13}	泥水佬 lɛ^{21}sɔe^{24}lau^{24}	泥水佬 nɛi^{42}ʃɔi^{24}lau^{24}	泥水佬 na^{11}suoi^{214}lau^{214}	泥水师傅 la^{22}sy^{314}sɿ^{44}fu^{44}	泥水佬 lie^{45}sy^{324}lo^{324}
0894	商人	生意佬 sAŋ^{13}ɲ̍^{44}lAu^{24}	生意佬 siɛ^{12}ɲ̍^{44}lau^{24}	生意佬 sɛn^{11}i^{55}lau^{24}	生意佬 siaŋ^{33}i^{53}lau^{214}	生意佬 saŋ^{44}i^{45}lau^{314}	生意佬 sin^{51}ji^{44}lo^{324}
0895	陌生人	生邻人 sAŋ^{13}lAn^{21}ŋin^{21}	生疏人 siɛ^{12}sɔu^{12}gen^{21}	生疏佬 saŋ^{11}sɔu^{11}lau^{24}	生疏人 siaŋ^{33}seu^{33}ŋiaŋ^{11}	生疏人 saŋ^{44}so^{44}ŋeŋ^{22}	生邻人 sin^{51}lin^{45}gaŋ^{45}
0896	客人	客k‘A^{5}	客k‘ɛ^{5}	客k‘ɛi^{5}	客k‘ɔ^{5}	客k‘ou^{5}	客k‘i^{21}

序号	词目	大村	向阳	石陂	周田	石塘	桂头
0897	有脾气	有脾气 jiu^{44}pʻoe^{21}hi^{44}	有脾气 jiu^{44}pʻai^{21}hi^{44}	有脾气 iau^{55}pʻei^{42}ʃi^{55}	有脾气 iu^{53}pʻai^{11}hi^{53}	有脾气 iu^{45}pʻai^{22}hi^{45}	有脾气 jiu^{21}pai^{45}hai^{44}
0898	（脾气）坏	鄙pei^{21}	鄙pei^{21} 躁tsʻau^{44}	鄙pɛi^{24} □ŋau^{24}	鄙pai^{11}	□sɿ^{22}	鄙pei^{324}
0899	小气	孤寒kʉ^{13}həŋ^{21} □□lA^{3}sA^{5}	孤寒ku^{12}hoŋ^{21}	孤寒ku^{11}hun^{42}	孤寒ku^{33}hoŋ^{11}	孤寒ku^{44}hoŋ^{22}	孤寒kvu^{51}hœn^{45} 小气sɛi^{324}hai^{44}
0900	大方	舍得 siA^{24}tei^{5}	舍得 siɛ^{24}tei^{5}	舍得 ʃa^{24}tei^{5}	舍得 sɔ^{214}ti^{5}	大方tʻou^{44}foŋ^{44}	大方 tu^{22}foŋ^{51}
0901	能干	能够 lAn^{21}kAI^{44}	能够 lan^{21}kɔ^{44}	能够 nen^{42}kø^{55}	能够 niaŋ^{11}kia^{53}	能够laŋ^{22}kie^{45}	能够 laŋ^{45}kei^{44}
0902	勤快	勤kʻun^{21}	乐力lɔu^{3}lei^{3} 勤力kʻuan^{21}lei^{3}	乐力lɔu^{3}lei^{3}	勤kʻiaŋ^{11}	恳心kʻɛŋ^{314}sɛŋ^{44}	勤力kʻaŋ^{45}la^{44}
0903	懒	懒 ləŋ^{44}	懒 luə^{44}	懒 lan^{55}	懒 loŋ^{53}	懒loŋ^{45}	懒 lœn^{21}
0904	节俭	□kʻiAŋ^{22}	□kʻiɛ^{22}	□kʻiaŋ^{11}	□kʻiaŋ^{31}	□kʻiaŋ^{44}	□kʻiẽ^{22}
0905	聪明	叻liA^{5}	叻liɛ^{5}	叻lia^{5}	叻lia^{5}	叻lia^{5}	叻li^{21} 灵醒laŋ^{45}sin^{324}
0906	精	精 tsAn^{13}	精 tsan^{12}	精 tsen^{11}	精 tsiaŋ^{33}	精tsaŋ^{44}	精 tsaŋ^{51}
0907	爽快	快脆kʻA^{44}tsʻoe^{44}	爽快sɔŋ^{24}kʻuə^{44}	爽快sɔŋ^{24}kʻai^{55}	爽快sɔŋ^{214}kʻoi^{53}	爽快soŋ^{314}kʻua^{45}	快脆kʻvie^{44}tsʻøy^{44}
0908	笨	蠢 tsʻun^{24} 笨 pun^{44}	蠢tsʻən^{24} 笨pan^{44}	□sɛŋ^{42} 蠢tʃʻun^{24}	□sɛŋ^{11} 蠢tsʻuən^{214}	薯头sy^{22}tʻie^{22}	笨 paŋ^{44}

序号	词目	大村	向阳	石陂	周田	石塘	桂头
0909	残忍	毒心tʻɐu^{3}sin^{13}	黑心hei^{5}san^{12}	黑心hɛi^{5}sɛn^{11}	毒辣tʻɛi^{3}lɔ^{3}	黑心hai^{5}sɛŋ^{44}	恶毒ou^{21}tʻou^{44}
0910	蛮横	蛮məŋ^{21}	蛮buə^{21}	蛮man^{42} 横□vaŋ^{42}pan^{55}	蛮moŋ^{11}	蛮moŋ^{22}	蛮biẽ^{45}
0911	刻薄	刁利tiʌu^{13}lɔe^{22}	刁利tiu^{12}lai^{22}	刁利tiu^{11}lɐi^{11}	刻薄kʻi^{5}pʻɐu^{3}	刻薄kʻa^{5}pʻo^{5}	刁利ɛi^{51}lai^{22}
0912	奸诈	奸术kəŋ^{13}soe^{5}	奸kuə^{12}	奸kan^{11}	奸koŋ^{33}	奸kaŋ^{44}	奸kiẽ^{51}
0913	阴险	阴险jin^{13}hie^{24}	阴毒jian^{12}tʻɔ^{3}	阴毒iɛn^{11}tʻø^{3}	阴湿iaŋ^{33}sɿ^{5}	阴险iŋ^{44}siŋ^{314}	阴险jaŋ^{51}hɛn^{324}
0914	善良	善 sie^{22}	善 sɛn^{22}	善 ʃin^{11}	善 siŋ^{31}	善siŋ^{45}	善 sɛn^{22}
0915	老实	老实 lʌu^{44}sɿ^{3}	老实 lau^{44}sɿ^{3}	老实 lau^{55}sɿ^{3}	老实 lau^{53}sɿ^{3}	老实lau^{45}sɿ^{5}	老实 lo^{21}si^{44}
0916	不吭气	唔出声 m^{21}tsʻiu^{5}siʌŋ^{13}	唔出声 m^{21}tsʻu^{5}siɛ^{12}	唔声唔气 m^{42}ʃiaŋ^{11}m^{11}hi^{55}	唔出声 m^{11}tsʻuoi^{5}siaŋ^{33}	唔做声 m^{22}tsɿ^{45}saŋ^{44}	唔响气 m^{44}hœn^{324}hai^{44}
0917	害羞	怕丑 pʻo^{44}tsʻiu^{24}	怕丑 pʻa^{44}tsʻiu^{24}	怕丑 pʻa^{55}tʃʻau^{24}	怕丑 pʻɔ^{53}tsʻiu^{214}	怕丑pʻou^{45}tsʻiu^{314}	怕丑 pʻɔu^{44}tsʻiu^{324}
0918	可怜	造孽 tsʻʌu^{22}ŋie^{3}	造孽 tsʻau^{22}gi^{3}	造孽 tsʻau^{11}ŋi^{3}	造孽 tsʻau^{31}ŋi^{3}	造罪tsʻau^{44}tsʻuai^{44} 造孽tsʻau^{44}ŋi^{5}	造孽 tsʻo^{22}gei^{44}
0919	年轻	后生 hʌi^{44}sʌ^{2}ʔŋ^{23}	后生 hɔ^{44}siɛ^{3}ʔɛ^{35}	后生 hø^{55}saŋ^{33}	后生 hia^{53}siaŋ^{12}	后生hie^{45}saŋ^{3}	后生 hei^{21}sin^{4}
0920	漂亮	靓liʌŋ^{13}	靓liɛ^{12}	靓liaŋ^{55}	靓liaŋ^{53}	标致piau^{44}tsɿ^{45} 靓liaŋ^{314}	靓lin^{44}

序号	词目	大村	向阳	石陂	周田	石塘	桂头
0921	难看	□sɐn^{21}	□sɐn^{21} 丑样ts'iu^{24}jɔ^{3}ʔŋ^{35}	□sɐn^{42}	□□sɿ^{11}ta^{3}	恶相o^{5}sioŋ^{45} □sɿ^{22}	□sen^{45}
0922	整齐	齐整 ts'ᴀ^{21}tsᴀn^{24}	齐整 ts'ɛ^{21}tsan^{24}	齐整 ts'ɛi^{42}tʃen^{24}	齐整 ts'iɛ^{11}tsiaŋ^{214}	齐整ts'ei^{22}tsaŋ^{314}	齐整 ts'ei^{45}tsaŋ^{324}
0923	邋遢	邋遢lo^{3}to^{5}	邋遢luə^{3}tuə^{5}	邋遢la^{3}ta^{5}	邋遢lɔ^{3}tɔ^{5}	邋遢lou^{5}tou^{5}	邋遢lie^{44}ie^{21}
0924	乖	乖kᴀ^{13}	听话 t'iɛ^{44}va^{22}	听话 t'iaŋ^{55}va^{33}	听话 t'iaŋ^{53}vɔ^{31}	听话t'iaŋ^{45}uou^{44}	乖 kvie^{51}
0925	淘气	调皮t'iᴀu^{22}p'oe^{21}	窜头ts'uə^{44}t'ɔ^{21} 调皮t'iu^{22}p'ai^{21}	调皮t'iu^{55}p'ɐi^{42}	窜头ts'oŋ^{53}t'ia^{11}	躁ts'au^{45} 调皮t'iau^{45}p'ai^{22}	窜头ts'iẽ^{44}tei^{45}
0926	固执	古板kʉ^{24}pəŋ^{24}	硬颈giɛ^{22}kiɛ^{24} 古板ku^{24}puə^{24}	古板ku^{24}pan^{24}	固执ku^{44}tsa^{5}	古板ku^{314}poŋ^{314}	死板sai^{324}pœn^{324} 古板kvu^{324}pœn^{324}
0927	（年纪）小	细 sᴀ^{44}	细 sɛ^{44}	细 sɐi^{55}	细 sa^{53}	细sei^{45}	小 sɐi^{324}
0928	偷懒	偷懒 t'ᴀi^{13}ləŋ^{44}	偷懒 t'ɔ^{12}luə^{44}	偷懒 t'ø^{11}lan^{55}	偷懒 t'ia^{33}loŋ^{53}	偷懒t'ie^{44}loŋ^{45}	偷鸡 t'ei^{51}kei^{51}
0929	磨蹭	摸得mɔ^{24}tei^{5} 卖术mᴀ^{22}soe^{5}	□□jɐi^{21}sɐi^{21} 摸bɔu^{24}	□□iɐi^{42}ʃɛi^{42} 摸□mɔu^{11}sɔu^{11}	□iɛ^{11} 摸mɛu^{33}	摸得mo^{314}tai^{5}	摸□bɔu^{51}si^{21}
0930	狡猾	狡猾 kᴀu^{24}vᴀ^{3}	狡猾 kau^{24}və^{3}	狡猾 kau^{24}va^{3}	狡猾 kiau^{214}va^{3}	狡猾kiau^{314}ua^{5}	狡猾 ko^{324}vie^{44}
0931	耍赖	打赖tᴀ^{4}ʔᴀ^{45}lo^{22}	赖皮luə^{21}p'ai^{21}	赖皮lai^{11}p'ɐi^{42}	打赖ta^{3}lɔ^{31}	□赖sou^{5}la^{44}	赖皮lu^{22}pai^{45}
0932	下流	下流 ho^{22}liu^{21}	下流 ha^{22}liu^{21} 咸湿 huə^{21}sɿ^{5}	下流 ha^{11}lɐu^{42}	下流 hɔ^{31}liu^{11}	□□sa^{22}tiau^{45}	下流 hɔu^{22}liu^{45}

序号	词目	大村	向阳	石陂	周田	石塘	桂头
0933	无耻	可耻 kʻɔ^{24}tsʻɿ^{24}	可耻 kʻɔu^{24}tsʻɿ^{24}	可耻 kʻɔu^{24}tsʻɿ^{24}	可耻 kʻɐu^{214}tsʻɿ^{214}	可耻kʻo^{314}tsʻɿ^{314}	可耻 kʻɔu^{324}tsʻi^{324}
0934	说谎	打白话 tʌ^{4}ʔʌ^{45}pʻʌ^{3}vo^{4}ʔo^{45}	车大炮 tsʻiɛ^{12}tʻuə^{22}pʻau^{44}	车大炮 tʃʻa^{11}tʻai^{11}pʻau^{55}	车大炮 tsʻɔ^{33}tʻa^{31}pʻau^{53}	车大炮 tsʻou^{44}tʻou^{44}pʻau^{45}	打大话 ɔu^{324}tu^{22}vɔu^{4}
0935	装傻	装癫扮傻 tsɔŋ^{13}tie^{13}pʻəŋ^{44}sɔ^{21} 装□tsɔŋ^{13}ŋɔ^{24}	诈傻 tsa^{44}sɔu^{21}	诈癫扮傻 tsa^{55}tin^{11}pʻun^{24}sɔu^{42}	作癫扮傻 tsɔ^{5}tiŋ^{33}pʻoŋ^{31}seu^{11}	装□tsoŋ^{44}siẽ^{22}	装癫扮傻 tsoŋ^{51}ɛn^{51}piẽ^{44}sɔu^{45}
0936	显（故意让人看）	□liʌŋ^{22}	□贡hen^{44}kaŋ^{44}	□新sa^{21}sen^{11}	□贡siŋ^{53}keŋ^{53}	□叻siŋ^{45}lia^{5}	□lɛn^{22}
0937	父亲（对称）	阿叔o^{22}seu^{24} 叔叔seu^{21}seu^{24}	阿叔a^{22}sɔ^{3}ʔɔ^{35} 阿爸a^{22}pa^{3}	阿爸a^{11}pa^{24}	叔siɛ^{12} 叔叔siɛ^{11}siɛ^{12} 爸pa^{12}	阿爸a^{44}pa^{45}	阿爸a^{44}pau^{324}
0938	父亲（指称）	老子lʌu^{44}tsɿ^{24}	老子lau^{44}tsɿ^{24}	阿爸a^{11}pa^{24}	爷佬iɔ^{11}lau^{214} 老子lau^{53}tsɿ^{214}	老子lau^{45}tsɿ^{314}	老子lo^{21}tsi^{324}
0939	母亲（对称）	阿娘o^{22}lin^{24} 娘娘lin^{21}lin^{24}	妈ba^{21} 阿妈a^{22}ba^{44}	阿姆a^{11}mɛi^{24}	妈ma^{12}	阿□ou^{44}uai^{45} 阿□a^{44}lɛŋ^{45}	阿姆a^{44}bei^{44}
0940	母亲（指称）	老母lʌu^{44}mʉ^{44} 阿□o^{22}mʌi^{24}	老母lau^{44}bu^{44}	阿姆a^{11}mɛi^{24}	妈ma^{12}	老母亲 lau^{45}mu^{45}tsʻɛŋ^{44}	老母lo^{21}bau^{21}
0941	父母	老子老母 lʌu^{44}tsɿ^{24}lʌu^{44}mʉ^{44}	老子老母 lau^{44}tsɿ^{24}lau^{44}bu^{44}	阿爸阿姆 a^{11}pa^{24}a^{11}mɛi^{24}	爷老母亲 iɔ^{11}lau^{214}mu^{53}tsʻan^{33}	爷姐iou^{22}tsia^{314}	老子老母 lo^{21}tsi^{324}lo^{21}bau^{21}
0942	祖父	阿公o^{22}kɐn^{13}	阿公a^{22}kaŋ^{44}	阿公a^{11}keŋ^{11}	公keŋ^{12}	阿公a^{44}kiẽ^{44}	阿公a^{44}koŋ^{44}
0943	祖母	阿奶o^{22}lʌ^{24} 奶奶lʌ^{21}lʌ^{24}	阿奶a^{22}lai^{24}	阿奶a^{11}nai^{24}	婆pu^{12} 婆婆pu^{11}pu^{12}	阿婆a^{44}pu^{45}	阿奶a^{44}lai^{324}
0944	曾祖父	白公pʻʌ^{4}ʔʌ^{45}kɐn^{13}	白公pʻɛ^{3}kaŋ^{44}	白公pʻei^{3}keŋ^{11}	白公pʻɔ^{3}keŋ^{12}	白公pʻou^{5}kiẽ^{3}	白公pʻa^{45}koŋ^{44}

序号	词目	大村	向阳	石陂	周田	石塘	桂头
0945	曾祖母	白白pʻᴀ^{22}pʻᴀ^{4}ʔᴀ^{45}	阿白a^{22}pʻɛ^{3}ʔɛ^{35}	白姐pʻɛi^{3}tsia^{24}	白婆pʻɔ^{3}pu^{12}	白婆pʻou^{5}pu^{314}	阿白a^{44}pʻa^{45}
0946	外祖父	姼公to^{13}kɐ^{2}ʔn^{23}	姼公tuə^{12}ka^{3}ʔŋ^{35}	姐公tsia^{24}kɐŋ^{11}	姐公tsia^{214}kɛŋ^{33}	姼公ta^{44}kiẽ^{3}	姼公ɔu^{51}koŋ^{4}
0947	外祖母	姼姼to^{13}to^{2}ʔo^{23}	□□tai^{21}tai^{24}	姐婆tsia^{24}pʻɔu^{42}	姐婆tsia^{214}pʻɛu^{11}	姼婆ta^{44}pu^{314}	姼婆ɔu^{51}pu^{4}
0948	伯父	大爷tʻo^{22}jo^{21}	阿爷a^{22}ja^{24}	伯伯pɛi^{33}pei^{24}	伯伯pɔ^{5}pɔ^{5}	伯伯pou^{22}pou^{314}	阿爷a^{44}je^{44}
0949	伯母	大娘tʻo^{22}lin^{21}	阿娘a^{22}lɔŋ^{24}	阿姐a^{11}tsia^{24} 伯姆pɛi^{5}mɛi^{11}	姐姐tsia^{11}tsia^{12}	阿姐a^{44}tsia^{45} 姐姐tsia^{22}tsia^{314}	阿娘a^{44}lœn^{44}
0950	叔父	细叔sᴀ^{44}sɐu^{24}	叔仔sɔ^{3}tsɛ^{3}ʔɛ^{35} 阿叔a^{22}sɔ^{3}ʔɔ^{35}	阿叔a^{11}ʃø^{3}	叔仔siɛ^{12}tsa^{12}	阿叔a^{44}sie^{45}	阿叔a^{44}sou^{324}
0951	婶母	细娘娘 sᴀ^{44}lin^{21}lin^{24}	娘仔lɔŋ^{24}tsɛ^{3}ʔɛ^{35}	娒娒mei^{11}mei^{11}	婶婶san^{11}san^{12}	阿婶a^{44}sɛŋ^{45}	阿婶a^{44}saŋ^{324}
0952	姑父	姑爷kʉ^{13}jo^{21}	姑爷 ku^{12}ja^{21}	姑爷 ku^{11}ia^{42}	姑爷 ku^{33}iɔ^{11}	姑爷ku^{44}iou^{22}	姑爷kvu^{51}je^{45}
0953	姑母	大姑娘 tʻo^{22}kʉ^{2}ʔʉ^{23}lin^{21}比父大 姑姑kʉ^{21}kʉ^{24}比父小	大姑 tʻuə^{22}ku^{3}ʔu^{35}比父大 阿姑a^{22}ku^{3}ʔu^{35}比父小	大姑tʻai^{11}ku^{11}比父大 阿娘a^{11}ŋiɔŋ^{24}比父小	大姑tʻa^{31}ku^{33}比父大 娘仔ŋiɔŋ^{12}tsa^{12}比父小	大姑tʻou^{44}ku^{44}比父大 阿娘a^{44}lioŋ^{45}比父小	大姑tu^{22}kvu^{51}比父大 阿姑a^{44}kvu^{324}比父小
0954	姨父	姨丈ɲ̍^{21}tsʻin^{13}	姨□ɲ̍^{21}tɛi^{12} 姨丈ɲ̍^{21}tsɛŋ^{24}	姨丈i^{42}ʧʻɔŋ^{33}	姨丈i^{11}tsʻɔŋ^{31}	姨爷i^{22}iou^{22}	姨爷ji^{45}je^{45}
0955	姨母	姨娘ɲ̍^{21}lin^{21}	大姨tʻuə^{22}ɲ̍^{3}ʔɲ̍^{35}比母大 阿姨a^{22}ɲ̍^{3}ʔɲ̍^{35}比母小	大姨tʻai^{11}i^{33}比母大 阿姨a^{11}i^{33}比母小	大姨tʻa^{31}i^{11}比母大 晚姨moŋ^{33}i^{11}比母小	大姨tʻou^{44}i^{3}比母大 小姨siau^{314}i^{3}比母小	大姨tu^{22}ji^{45}比母大 阿姨a^{44}ji^{44}比母小
0956	舅父	舅爷kʻiu^{44}jo^{21}	舅爷kʻiu^{22}ja^{24}	大舅tʻai^{11}kʻiau^{33}比母大 阿舅a^{11}kʻiau^{33}比母小	大舅tʻa^{31}kʻiu^{12}比母大 舅爷kʻiu^{53}iɔ^{11}比母小	舅爷kʻiu^{45}iou^{22}	舅爷kʻiu^{21}je^{4}

序号	词目	大村	向阳	石陂	周田	石塘	桂头
0957	舅母	舅娘kʻiu^{44}lin^{21}	舅娘kʻiu^{22}lɔŋ^{24}	舅姆kʻiau^{33}mɛi^{11}	舅娘kʻiu^{53}ŋiɔŋ^{11}	舅娘kʻiu^{45}lioŋ^{22}	舅娘kʻiu^{21}lœn^{45}
0958	哥哥	哥哥kɔ^{21}kɔ^{24}	阿哥a^{22}kɔu^{44}	哥哥kɔu^{33}kɔu^{24}	哥哥kɐu^{11}kɐu^{12}	阿哥a^{44}ko^{45}	阿哥a^{44}kɔu^{324}
0959	嫂子	嫂嫂sʌu^{24}sʌu^{24}	阿嫂a^{22}sau^{24}	大嫂ťai^{11}sau^{24}	嫂嫂sau^{11}sau^{12}	嫂仔sau^{314}tsei^{3} 嫂嫂sau^{22}sau^{314}	大嫂tu^{22}so^{4}
0960	姐姐	姊姊tsɘe^{21}tsɘe^{24}	阿姊a^{22}tsɛi^{44}	姊姊tsɛi^{33}tsɛi^{24}	姊姊tsai^{11}tsai^{12}	阿姊a^{44}tsai^{45}	阿姊a^{44}tsɛi^{324}
0961	姐夫	姊夫tsɘe^{24}fʉ^{13}	姊夫tsai^{24}fu^{12}	姊丈tsɛi^{24}ʧɔŋ^{33}	姊夫tsai^{12}fu^{33}	姊夫tsai^{314}fu^{44}	姊夫tsai^{324}fu^{51}
0962	弟弟	弟ťᴀ^{2}ʔᴀ^{23} 小佬siᴀu^{24}lᴀu^{24}	小佬siu^{24}lau^{24}	老弟lau^{55}ťɛi^{33}	老弟lau^{53}ťa^{12}	老弟lau^{45}ťa^{3}	弟ťie^{4}
0963	弟媳	叔□sɐu^{5}m^{13}	弟嫂ťɛ^{3}sau^{24}	叔婶ʃø^{5}mɛi^{11}	阿婶ɔ^{33}san^{12}	老弟嫂lau^{45}ťa^{3}sau^{314} 阿婶ou^{44}seŋ^{3}	小婶sɛi^{324}saŋ^{4}
0964	妹妹	妹仔mʉ^{24}tsᴀ^{2}ʔᴀ^{23}	阿妹a^{22}bui^{24}	老妹lau^{55}mui^{33}	老妹lau^{53}moi^{3}	老妹lau^{45}mua^{3}	妹bu^{4}
0965	妹夫	妹夫mʉ^{22}fʉ^{13}	妹夫bui^{22}fu^{12}	妹夫mui^{33}fu^{11}	妹夫moi^{3}fu^{33}	妹夫mua^{44}fu^{44}	妹夫bu^{4}fu^{51}
0966	大伯子	大爷ťo^{22}jo^{21}	大爷ťuə^{22}ja^{24}	大伯ťai^{11}pɛi^{5}	大郎ťa^{31}lɔŋ^{11}	大伯ťou^{44}pa^{3}	大伯tu^{22}pi^{4}
0967	小叔子	细叔sᴀ^{44}sɐu^{24}	小叔siu^{24}sɔ^{3}ʔɔ^{35}	阿叔a^{11}ʃø^{3}	小郎siau^{214}lɔŋ^{11}	小叔siau^{314}sie^{3}	小叔sei^{324}sou^{4}
0968	大姑子	大姑ťo^{22}kʉ^{2}ʔʉ^{23}	大姑姊 ťuə^{22}ku^{12}tsai^{24}	大姑ťai^{11}ku^{11}	大姑ťa^{31}ku^{33}	大姑姊 ťou^{44}ku^{44}tsai^{314}	大姑姊 tu^{22}kvu^{51}tsai^{324}

序号	词目	大村	向阳	石陂	周田	石塘	桂头
0969	小姑子	细姑sᴀ^{44}kʉ^{2}ʔʉ^{23}	小姑姊 siu^{24}ku^{12}tsai^{24}	小姑siu^{24}ku^{11}	小姑siau^{214}ku^{12}	小姑siau^{314}ku^{3}	小姑姊 sɛi^{324}kvu^{4}tsai^{324}
0970	大姨子	大姨娘 tʻo^{22}ʝʅ^{21}lin^{21}	大姨tʻuə^{22}ʝʅ^{3}ʔʅ^{35}	大姨tʻai^{11}i^{33}	大姨tʻa^{31}i^{11}	大姨tʻou^{44}i^{3}	大姨嘀 tu^{22}ji^{45}tie^{4}
0971	小姨子	细姨娘 sᴀ^{44}ʝʅ^{21}lin^{21}	细姨sɛ^{44}ʝʅ^{3}ʔʅ^{35}	小姨siu^{24}i^{33}	细姨sa^{53}i^{11}	小姨siau^{314}i^{3}	小姨嘀 sɛi^{324}ji^{45}tie^{4}
0972	大舅子	大舅佬 tʻo^{22}kʻi^{2}ʔu^{23}lᴀu^{24}	大舅佬 tʻuə^{22}kʻiu^{3}lau^{24}	大舅tʻai^{11}kʻiau^{33}	大哥佬 tʻa^{31}kɐu^{12}lau^{214}	大舅tʻou^{44}kʻiu^{3}	大舅tu^{22}kʻiu^{21}
0973	小舅子	细舅仔 sᴀ^{44}kʻi^{2}ʔu^{23}tsᴀ^{2}ʔᴀ^{23}	舅仔kʻiu^{3}tsɛ^{3}ʔɛ^{35}	小舅siu^{24}kʻiau^{33}	舅哩kʻiu^{12}lɛ^{53}	细舅sei^{45}kʻiu^{3}	阿舅a^{44}kʻiu^{4}
0974	连襟	老襟lᴀu^{44}kʻin^{13}	老襟lau^{44}kʻian^{12}	老姊妹 lau^{55}tsɛi^{24}mui^{33}	老襟lau^{53}kʻiaŋ^{33}	老襟lau^{45}kʻɛŋ^{45}	老襟lo^{21}kʻaŋ^{51}
0975	妯娌	姊嫂 tsʅ^{24}sᴀu^{24}	姊嫂 tsʅ^{24}sau^{24}	姊嫂 tsʅ^{24}sau^{24}	姊嫂 tsʅ^{214}sau^{214}	姊嫂tsʅ^{314}sau^{3}	姊嫂 tsi^{324}so^{324}
0976	丈夫	老公lᴀu^{24}ken^{13}	老公lau^{24}kaŋ^{12}	老公lau^{55}kɐŋ^{11}	老公lau^{214}kɐŋ^{33}	佬lau^{314}	老公lo^{324}koŋ^{51}
0977	妻子	夫娘fʉ^{13}li^{4}ʔn^{45}	夫娘fu^{12}lɛ^{3}ʔŋ^{35}	夫娘fu^{11}ɲiɔŋ^{33}	夫娘fu^{33}ɲiɔŋ^{3}	夫娘fu^{44}lioŋ^{3}	夫娘fu^{51}lœn^{4}
0978	岳父	丈人公 tsʻin^{44}ɲin^{21}kɐ^{2}ʔn^{23}	丈人佬tsʻɛŋ^{44}gen^{21}lau^{24} 外父gui^{22}fu^{24}	丈人佬 tʃʻɔŋ^{55}ɲiɛn^{42}lau^{24}	丈年佬 tsʻɔŋ^{53}ɲiŋ^{11}lau^{214}	丈公佬 tsʻoŋ^{45}kiẽ^{44}lau^{314}	□人佬 tʻau^{21}gaŋ^{45}lo^{324}
0979	岳母	丈人婆 tsʻin^{44}ɲin^{21}pʻɔ^{4}ʔɔ^{45}	丈人婆tsʻɛŋ^{44}gen^{21}pʻɔ^{3}ʔu^{35} 外母gui^{22}bu^{44}	丈姆娭 tʃʻɔŋ^{55}mɛi^{11}ui^{11}	丈年婆 tsʻɔŋ^{53}ɲiŋ^{11}pʻɐu^{3}	丈公婆 tsʻoŋ^{45}kiẽ^{44}pʻo^{3}	□人婆 tʻau^{21}gaŋ^{45}pu^{4}
0980	公公	大人公 tʻo^{22}ɲin^{21}kɐ^{2}ʔn^{23}	大人公 tʻuə^{22}gen^{21}ka^{3}ʔŋ^{35}	大娘公 tʻai^{11}ɲiɔŋ^{42}kɐŋ^{33}	大年公 tʻa^{31}ɲiŋ^{11}kɐŋ^{12}	大年公 tʻou^{44}liŋ^{22}kiẽ^{3}	大人公 tu^{22}gaŋ^{45}koŋ^{4}

序号	词目	大村	向阳	石陂	周田	石塘	桂头
0981	婆婆	堂前婆 tʻɔŋ^{21}tsʻie^{21}pʻɔ^{4}ʔɔ^{45}	堂前tʻɔŋ^{21}tsʻɛn^{21}	家娘ka^{11}ŋiɔŋ^{42}	家娘kɔ^{33}ŋiɔŋ^{11}	堂前婆 tʻoŋ^{22}tsʻiŋ^{22}pʻo^{3}	堂前 toŋ^{45}tsʻɛn^{45}
0982	亲家	亲家 tsʻin^{44}ko^{13}	亲家 tsʻan^{44}ka^{12}	亲家 tsʻɛn^{55}ka^{11}	亲家 tsʻan^{53}kɔ^{33}	亲家tsʻɛŋ^{45}kou^{44}	亲家 tsʻaŋ^{44}kɔu^{51}
0983	继父	养爷jɔŋ^{44}jo^{4}ʔo^{45}	养父jɔŋ^{44}fu^{22}	养爷iɔŋ^{55}ia^{42}	养爷iɔŋ^{53}iɔ^{11}	继父爷ki^{45}fu^{44}iou^{3}	养爷jœn^{21}je^{4}
0984	继母	养母jɔŋ^{44}mʉ^{44}	养母jɔŋ^{44}bu^{44}	养婑iɔŋ^{55}ui^{11}	养母iɔŋ^{53}mu^{53}	继母ki^{45}mu^{45}	养母jœn^{21}bau^{21}
0985	干爹	契爷kʻi^{44}jo^{4}ʔo^{45}	契爷kʻɛi^{44}ja^{24}	契爷kʻɛi^{55}ia^{42}	契爷kʻiɛ^{53}iɔ^{3}	契爷kʻɛi^{45}iou^{3}	契爷kʻɛi^{44}je^{4}
0986	干妈	契姐kʻi^{44}tsiA^{24}	契妈kʻɛi^{44}ba^{12}	契婑kʻɛi^{55}ui^{11}	契姐kʻiɛ^{53}tsia^{214}	契姐kʻɛi^{45}tsia^{314}	契姐kʻɛi^{44}tsi^{324}
0987	儿女	崽女 tsA^{24}loe^{44}	崽女 tsɛ^{24}lɔe^{44}	崽女 tsɛi^{24}ŋi^{55}	崽女 tsa^{214}nuoi^{53}	崽女tsɛi^{314}luai^{45}	崽女 tsøy^{324}lau^{21}
0988	儿子	崽嘀tsA^{24}tei^{44}	崽tsɛ^{24}	崽哩tsɛi^{24}lei^{33}	崽哩tsa^{214}lɛ^{53}	崽tsɛi^{314}	崽tsøy^{324}
0989	最小的儿子	晚崽mɐŋ^{44}tsA^{24}	晚崽boŋ^{44}tsɛ^{24}	晚崽mɐn^{11}tsɛi^{24}	晚崽moŋ^{12}tsa^{214} 尾崽mai^{12}tsa^{214}	晚崽moŋ^{314}tsɛi^{314}	晚崽bœn^{21}tsøy^{324}
0990	儿媳	新妇 sin^{13}pʉ^{2}ʔʉ^{23}	新妇 san^{12}pu^{3}ʔu^{35}	新妇 sen^{11}pʻu^{33}	新妇 san^{33}pu^{12}	新妇sɛŋ^{44}pu^{3}	新妇 saŋ^{51}pʻau^{21}
0991	女儿	女嘀loe^{44}tei^{44}	女lɔe^{44}	妹哩mui^{33}lɛi^{33}	妹哩moi^{3}lɛ^{53}	女luai^{45}	女lau^{21}
0992	最小的女儿	晚女mɐŋ^{44}lo^{2}ʔe^{23}	细女sɛ^{44}lɔe^{44}	细妹sɛi^{55}mui^{33}	尾女mai^{12}nuoi^{53}	晚女moŋ^{314}luai^{45}	晚女bœn^{21}lau^{21}

序号	词目	大村	向阳	石陂	周田	石塘	桂头
0993	女婿	婿郎sᴀ^{44}lɔŋ^{21}	女婿lɔe^{44}sɛ^{44}	婿郎sei^{55}lɔŋ^{42}	婿郎sa^{53}lɔŋ^{11}	郎lɔŋ^{22}	女婿lau^{21}sei^{44}
0994	孙子	孙嘀sun^{13}tei^{44}	孙仔sɔn^{12} tsɛ^{3}ʔɛ^{35}	孙sɔn^{11}	孙哩suɔn^{33}lɛ^{53}	孙seŋ^{44}	孙嘀sen^{51}tie^{4}
0995	孙女	孙女sun^{13}lo^{2}ʔe^{23}	孙女sɔn^{12}lɔ^{3}ʔe^{35}	孙女sɔn^{11}ŋi^{55}	孙女suɔn^{33}nuoi^{12}	孙女seŋ^{44}luai^{3}	孙女sen^{51}lau^{4}
0996	重孙	息嘀sei^{3}tei^{44}	息sɛ^{3}ʔi^{35}	息sɐi^{5}	息哩si^{5}lɛ^{53}	息sa^{3}	息sa^{4}
0997	外孙	外甥孙 ŋʉ^{22}sᴀŋ^{13}sun^{13}	外甥孙 gui^{22}siɛ^{12}sɔn^{12}	外甥 ŋui^{11}saŋ^{11}	外甥 ŋoi^{31}siaŋ^{12}	外甥 ŋa^{44}saŋ^{3}	外甥 gu^{22}sin^{51}
0998	外孙女	外甥女 ŋʉ^{22}sᴀŋ^{13}lo^{2}ʔe^{23}	外甥孙女 gui^{22}siɛ^{12}sɔn^{12}lɔ^{3}ʔe^{35}	外甥女 ŋui^{11}saŋ^{11}ŋi^{55}	外甥女 ŋoi^{31}siaŋ^{12}nuoi^{53}	外甥女 ŋa^{44}saŋ^{3}luai^{45}	外甥女 gu^{22}sin^{51}lau^{21}
0999	外甥	外甥 ŋʉ^{22}sᴀŋ^{13}	外甥 gui^{22}siɛ^{12}	外甥 ŋui^{11}saŋ^{11}	外甥 ŋoi^{31}siaŋ^{12}	外甥 ŋa^{44}saŋ^{3}	外甥 gu^{22}sin^{51}
1000	外甥女	外甥女 ŋʉ^{22}sᴀŋ^{13}lo^{2}ʔe^{23}	外甥女 gui^{22}siɛ^{12}lɔ^{3}ʔe^{35}	外甥女 ŋui^{11}saŋ^{11}ŋi^{55}	外甥女 ŋoi^{31}siaŋ^{12}nuoi^{53}	外甥女 ŋa^{44}saŋ^{3}luai^{45}	外甥女 gu^{22}sin^{51}lau^{21}
1001	侄子	侄嘀tsʅ^{4}ʔʅ^{45}tei^{44}	侄哩tsʅ^{3}lɛ^{3}ʔɛ^{35}	侄哩tʃɐi^{3}lei^{33}	侄哩tsʅ^{3}lɛ^{53}	侄tsʅ^{3}	侄tsɿ^{4}
1002	侄女	侄女 tsʅ^{4}ʔʅ^{45}lo^{2}ʔe^{23}	侄女 tsʅ^{3}lɔ^{3}ʔe^{35}	侄女 tʃɐi^{3}ŋi^{55}	侄女 tsʅ^{3}nuoi^{12}	侄女tsʅ^{3}luai^{45}	侄女 tsɿ^{4}lau^{4}
1003	父子俩	两崽爷 lin^{44}tsᴀ^{24}·jo^{4}ʔo^{45}	两崽爷 lɛŋ^{44}tse^{24}·ja^{3}ʔa^{35}	两崽爷 liɔŋ^{55}tsɐi^{24}·ia^{33}	两崽爷 liɔŋ^{53}tsa^{214}·iɔ^{3}	两崽爷 liɔŋ^{45}tsei^{314}·iou^{3}	两崽爷 lɛn^{21}tsøy^{324}·je^{4}
1004	夫妻俩	两公婆 lin^{44}ken^{13}p‘ɔ^{4}ʔɔ^{45}	两公婆 lɛŋ^{44}kaŋ^{12}p‘ɔ^{3}ʔu^{35}	两公婆 liɔŋ^{55}keŋ^{11}p‘ɔu^{33}	两公婆 liɔŋ^{53}keŋ^{33}p‘ɛu^{3}	两公婆 liɔŋ^{45}kie^{44}p‘o^{3}	两公婆 lɛn^{21}koŋ^{51}pu^{4}

序号	词目	大村	向阳	石陂	周田	石塘	桂头
1005	兄弟	兄弟 hɐn^{13}tʻəe^{22}	兄弟 haŋ^{12}tʻai^{22}	兄弟 ʃɐŋ^{11}tʻɐi^{33}	兄弟 hɐŋ^{33}tʻai^{31}	兄弟hiẽ^{44}tʻai^{44}	兄弟 hoŋ^{51}tai^{22}
1006	姐妹	姊妹 tsəe^{24}mʉ^{4}ʔʉ^{45}	姊妹 tsai^{24}bu^{3}ʔi^{35}	姊妹 tsɐi^{24}mui^{33}	姊妹 tsai^{214}moi^{3}	姊妹tsai^{314}mua^{3}	姊妹 tsai^{324}bu^{4}
1007	兄弟俩	两兄弟 lin^{44}hɐn^{13}tʻəe^{22}	两兄弟 lɛŋ^{44}haŋ^{12}tʻai^{22}	两兄弟 liɔŋ^{55}ʃɐŋ^{11}tʻɐi^{33}	两兄弟 liɔŋ^{53}hɐŋ^{33}tʻai^{31}	两兄弟 lioŋ^{45}hiẽ^{44}tʻai^{44}	两兄弟 lɛn^{21}hoŋ^{51}tai^{22}
1008	姐妹俩	两姊妹 lin^{44}tsəe^{24}mʉ^{4}ʔʉ^{45}	两姊妹 lɛŋ^{44}tsai^{24}bu^{3}ʔi^{35}	两姊妹 liɔŋ^{55}tsɐi^{24}mui^{33}	两姊妹 liɔŋ^{53}tsai^{214}moi^{3}	两姊妹 lioŋ^{45}tsai^{314}mua^{3}	两姊妹 lɛn^{21}tsai^{324}bu^{4}
1009	兄妹俩	两姊妹 lin^{44}tsəe^{24}mʉ^{4}ʔʉ^{45}	两姊妹 lɛŋ^{44}tsai^{24}bu^{3}ʔi^{35}	两姊妹 liɔŋ^{55}tsɐi^{24}mui^{33}	两兄妹 liɔŋ^{53}hɐŋ^{33}moi^{3}	两姊妹 lioŋ^{45}tsai^{314}mua^{3}	两姊妹 lɛn^{21}tsai^{324}bu^{4}
1010	姐弟俩	两姊妹 lin^{44}tsəe^{24}mʉ^{4}ʔʉ^{45}	两姊妹 lɛŋ^{44}tsai^{24}bu^{3}ʔi^{35}	两姊妹 liɔŋ^{55}tsɐi^{24}mui^{33}	两姊弟 liɔŋ^{53}tsai^{214}tʻai^{31}	两姊妹 lioŋ^{45}tsai^{314}mua^{3}	两姊妹 lɛn^{21}tsai^{324}bu^{4}
1011	堂兄弟	叔伯兄弟 sɐu^{5}pʌ^{5}hɐn^{13}tʻəe^{22}	叔伯兄弟 sɔ^{5}pɛ^{5}haŋ^{12}tʻai^{22}	叔伯兄弟 ʃø^{3}pɐi^{5}ʃɐŋ^{11}tʻɐi^{33}	叔伯兄弟 siɛ^{12}pɔ^{12}hɐŋ^{33}tʻai^{31}	叔伯兄弟 sie^{3}pou^{3}hiẽ^{44}tʻai^{44}	叔伯兄弟 sou^{4}pi^{4}hoŋ^{51}tai^{22}
1012	表姐妹	表姊妹 piʌu^{24}tsəe^{24}mʉ^{4}ʔʉ^{45}	表姊妹 piu^{24}tsai^{24}bu^{3}ʔi^{35}	表姊妹 piu^{24}tsɐi^{24}mui^{33}	表姊妹 piau^{214}tsai^{214}moi^{31}	表姊妹 piau^{314}tsai^{314}mua^{3}	表姊妹 pɛi^{324}tsai^{324}bu^{4}
1013	亲戚	亲戚 tsʻin^{13}tsʻə^{4}ʔe^{45}	亲戚 tsʻan^{12}tsʻɛ^{3}ʔi^{35}	亲戚 tsʻɐn^{11}tsʻɐi^{3}	亲戚 tsʻan^{33}tsʻai^{5}	亲戚tsʻɛŋ^{44}tsʻai^{5}	亲戚 tsʻaŋ^{51}tsʻai^{4}
1014	辈分	辈数 poe^{44}sʉ^{44}	辈数 pʻui^{44}su^{44}	辈数 pui^{55}su^{55}	辈数 pai^{53}su^{53}	辈数pua^{45}sy^{45}	辈数 pʻei^{44}sau^{44}
1015	绰号	花名 fo^{13}miʌ^{4}ʔŋ^{45} 野名 jo^{44}miʌ^{4}ʔŋ^{45}	花名 fa^{12}biɛ^{3}ʔɛ^{35} 野名 ja^{44}biɛ^{3}ʔɛ^{35}	花名 fa^{11}miaŋ^{33} 野名 ia^{55}miaŋ^{33}	花名 fɔ^{33}miaŋ^{3} 野名 iɔ^{31}miaŋ^{3}	花名fou^{44}miaŋ^{3} 野名iou^{45}miaŋ^{3}	花名 fɔu^{51}bin^{4} 野名 je^{21}bin^{4}
1016	说亲	做媒人 tsʅ^{44}mʉ^{21}ŋin^{21}	做媒人 tsu^{44}bui^{21}gen^{21}	做媒人 tsɔu^{55}mui^{42}ŋiɛn^{42}	做媒人 tsʅ^{53}moi^{11}ŋiaŋ^{11}	做媒人 tsʅ^{45}mua^{22}ŋɛŋ^{22}	做媒人 tsau^{44}bu^{45}gaŋ^{45}

序号	词目	大村	向阳	石陂	周田	石塘	桂头
1017	男媒人	媒人公 mʉ^{21}ŋin^{21}kɐ^{2}ʔn^{23}	媒人公 bui^{21}gen^{21}ka^{3}ʔŋ^{35}	媒人公 mui^{42}ŋien^{42}keŋ^{11}	媒人公 moi^{11}ŋiaŋ^{11}keŋ^{12}	媒人牯 mua^{22}ŋeŋ^{22}ku^{314}	媒人公 bu^{45}gaŋ^{45}koŋ^{4}
1018	女媒人	媒人婆 mʉ^{21}ŋin^{21}pʻɔ^{21}	媒人婆 bui^{21}gen^{21}pʻɔ^{3}ʔu^{35}	媒人婆 mui^{42}ŋien^{42}pʻɔu^{42}	媒人婆 moi^{11}ŋiaŋ^{12}pʻeu^{3}	媒人婆 mua^{22}ŋeŋ^{22}pʻo^{3}	媒人婆 bu^{45}gaŋ^{45}pɔu^{4}
1019	订婚	定婚 tʻʌn^{22}fun^{13}	定婚 tʻiɛ^{22}fan^{12}	定婚 tʻɛn^{11}fɔn^{11}	定婚 tʻiaŋ^{31}fan^{33}	订婚tiaŋ^{45}kʻueŋ^{44}	定婚 tin^{22}faŋ^{51}
1020	娶妻	讨夫娘 tʻʌu^{24}fʉ^{13}li^{4}ʔn^{45}	讨夫娘 tʻau^{24}fu^{12}lɛ^{3}ʔŋ^{35}	讨夫娘 tʻau^{24}fu^{11}ŋiɔŋ^{33}	讨夫娘 tʻau^{214}fu^{33}ŋiɔŋ^{3}	讨夫娘 tʻau^{314}fu^{44}lioŋ^{3}	讨亲tʻo^{324}tsʻaŋ^{51}
1021	嫁人	嫁老公 ko^{44}lʌu^{24}kɐn^{13}	嫁老公 ka^{44}lau^{24}kaŋ^{12}	嫁老公 ka^{55}lau^{55}keŋ^{11}	嫁老公 kɔ^{53}lau^{214}keŋ^{33}	嫁佬kou^{45}lau^{314}	嫁老公 kɔu^{44}lo^{324}koŋ^{51}
1022	娶儿媳	讨新妇 tʻʌu^{24}sin^{13}pʉ^{2}ʔʉ^{23}	讨新妇 tʻau^{24}san^{12}pu^{3}ʔu^{35}	讨新妇 tʻau^{24}sɛn^{11}pʻu^{33}	讨新妇 tʻau^{214}san^{33}pu^{12}	讨新妇 tʻau^{314}seŋ^{44}pu^{3}	讨新妇 tʻo^{324}saŋ^{51}pʻau^{21}
1023	招赘	招婿郎 tsiʌu^{13}sʌ^{44}lɔŋ^{21}	招郎入门 tsiu^{12}lɔŋ^{21}gi^{3}ba^{3}ʔn^{35}	进门tsen^{55}mɔn^{33} 招崽tʃiu^{11}tsei^{24}	进门tsan^{53}man^{11} 招婿郎 tsau^{33}sa^{53}lɔŋ^{11}	招郎tsiau^{44}loŋ^{22}	招入门 tsei^{51}gai^{44}bœn^{4}
1024	新郎	新郎公 sin^{13}lɔŋ^{21}kɐ^{2}ʔn^{23}	新郎公 san^{12}lɔŋ^{3}kaŋ^{12}	新娘公 sɛn^{11}ŋiɔŋ^{33}keŋ^{33}	新郎公 san^{33}lɔŋ^{11}keŋ^{12}	新郎seŋ^{44}loŋ^{22}	新郎公 saŋ^{51}loŋ^{4}koŋ^{51}
1025	新娘	新妇娘 sin^{13}pʉ^{2}ʔʉ^{23}lin^{21}	新妇娘 san^{12}pu^{35}leŋ^{21}	新娘sɛn^{11}ŋiɔŋ^{33}	新娘san^{33}ŋiɔŋ^{3}	新妇娘 seŋ^{44}pu^{45}lioŋ^{3}	新妇saŋ^{51}pʻei^{4}
1026	办酒席	整酒tsʌŋ^{24}tsiu^{24} 摆酒pʌ^{324}tsiu^{24} 请酒tsʻiʌŋ^{24}tsiu^{24}	整酒tsan^{24}tsiu^{24} 摆酒puə^{24}tsiu^{24}	整酒tʃen^{24}tseu^{24}	整酒tsiaŋ^{214}tsiu^{214} 摆酒pa^{214}tsiu^{214}	摆酒pa^{314}tsiu^{314} 做酒tsɿ^{45}tsiu^{314}	整酒tsaŋ^{324}tsiu^{324} 摆酒pie^{324}tsiu^{324}
1027	赴宴	饮酒 jin^{24}tsiu^{24}	饮酒 jian^{24}tsiu^{24}	饮酒 iɛn^{24}tseu^{24}	饮酒 ŋiaŋ^{214}tsiu^{214}	饮酒ŋeŋ^{314}tsiu^{314}	饮酒 jaŋ^{324}tsiu^{324}

序号	词目	大村	向阳	石陂	周田	石塘	桂头
1028	娘家	外家 ŋʉ^{22}ko^{13}	外家 gui^{22}ka^{12}	外家 ŋui^{11}ka^{11}	外家 ŋoi^{31}kɔ^{33}	外家ŋa^{44}kou^{44}	外家 gu^{22}kɔu^{51}
1029	再嫁	翻嫁 fəŋ^{13}ko^{44}	翻嫁 fuə^{12}ka^{44}	翻嫁 fan^{11}ka^{55}	改嫁 koi^{214}kɔ^{53}	再嫁tsua^{45}kou^{45}	翻嫁 fœn^{51}kɔu^{44}
1030	续弦	翻讨fəŋ^{13}t'ʌu^{24}	翻讨fuə^{12}t'au^{24}	讨小t'au^{24}tsiu^{24}	讨填房 t'au^{214}t'iŋ^{11}fɔŋ^{11}	续弦ts'ie^{5}syẽ^{22}	二婚gai^{22}faŋ^{51}
1031	怀孕	大肚t'o^{22}tʉ^{24}	驮肚t'ɔu^{21}tu^{24}	驮孩毛 t'ɔu^{42}ha^{33}mau^{11}	驮肚t'ɛu^{11}tu^{214}	□肚p'a^{45}tu^{314}	□肚p'ie^{21}au^{324} 上身sœn^{21}saŋ^{51}
1032	害喜	沤崽ʌi^{44}tsʌ^{24}	沤崽 ɔ^{44}tsɛ^{24}	沤崽 ø^{55}tsɛi^{24}	沤崽 ia^{53}tsa^{214}	沤□ie^{45}mei^{314}	沤崽 ei^{44}tsøy^{4}
1033	流产	损身sun^{24}sin^{13}	小产siu^{24}ts'uə^{24}	损身sun^{24}ʃen^{11} 小产siu^{24}ts'an^{24}	溜胎liu^{53}t'oi^{33} 小产siau^{214}ts'iaŋ^{214}	落了lo^{5}la^{44}	溜胎liu^{44}t'u^{51}
1034	孕妇	大肚婆 t'o^{22}tʉ^{24}p'ɔ^{4}ʔɔ^{45}	驮肚婆 t'ɔu^{21}tu^{24}p'ɔ^{3}ʔu^{35}	大肚婆 t'ai^{11}tu^{24}p'ɔu^{42}	驮肚婆 t'ɛu^{11}tu^{214}p'ɛu^{3}	□肚婆 p'a^{45}tu^{314}p'o^{3}	□肚婆 p'ie^{21}au^{324}pɔu^{4}
1035	临盆	临产lin^{21}ts'ʌŋ^{24}	□生了 kɔŋ^{24}siɛ^{12}lɛ^{12}		差唔多生了 ts'ɔ^{33}m^{11}tɛu^{33}siaŋ^{33}lɔ^{33}	快生了 k'ua^{45}saŋ^{44}la^{44}	
1036	生孩子	生细仔 sʌŋ^{13}sʌ^{44}tsʌ^{2}ʔʌ^{23}	生细哩 siɛ^{12}sɛ^{44}lɛ^{3}ʔɛ^{35}	生细晚崽 saŋ^{11}sɛi^{55}man^{11}tsɛi^{33}	生细晚崽 siaŋ^{33}sa^{53}mɔŋ^{12}tsa^{12}	生□仔 saŋ^{44}mei^{314}tsei^{3}	生崽sin^{51}tsøy^{324}
1037	难产	难产ləŋ^{21}ts'ʌŋ^{24}	难产luə^{21}ts'uə^{24}	难产nan^{42}ts'an^{24}	难产nɔŋ^{11}ts'iaŋ^{214}	难产loŋ^{22}ts'aŋ^{314}	难产lœn^{45}ts'iẽ^{324}
1038	接生	接生 tsɿ^{5}sʌŋ^{13}	接生 tsɿ^{5}siɛ^{12}	接生 tsi^{5}saŋ^{11}	接生 tsi^{5}siaŋ^{12}	接生tsi^{5}saŋ^{44}	接生 tsei^{21}sin^{51}
1039	胎盘	胞衣 pʌu^{13}ɲ̍^{13}	胞衣 pau^{12}ɲ̍^{12}	胞衣 pau^{11}i^{11}	胞衣 pau^{33}i^{12}	胞衣pau^{44}i^{44}	胞衣 po^{51}ji^{51}

序号	词目	大村	向阳	石陂	周田	石塘	桂头
1040	双胞胎	双胞胎 sɔŋ^{13}pᴀu^{13}tʻʉ^{13}	双孖胎 sɔŋ^{12}ba^{12}tʻui^{12}	生双sɛn^{11}saŋ^{11}	双生仔 sɔŋ^{33}siaŋ^{12}tsa^{12}	双□sioŋ^{44}sa^{3}	双生soŋ^{51}sin^{4}
1041	婴儿	孩毛仔 hɔ^{21}mᴀu^{21}tsᴀ^{2}ʔᴀ^{23}	□□仔 ga^{21}ga^{24}tsɛ^{3}ʔɛ^{35}	□□仔ŋa^{11}ŋa^{11}tsei^{33} 孩毛仔ha^{33}mau^{11}tsei^{33}	孩毛仔 hɔ^{11}mau^{12}tsa^{12}	□仔mei^{314}tsei^{3}	孩毛仔hie^{45}bo^{4}tsøy^{4} 嫩孩毛laŋ^{22}hie^{45}bo^{4}
1042	坐月子	做月 tsɿ^{44}ŋə^{4}ʔə^{45}	做月 tsu^{44}giɛ^{3}ʔɛ^{35}	坐月 tsʻɔu^{55}ŋiui^{3}	做日 tsɿ^{53}ŋi^{3}	做月tsɿ^{5}ŋye^{3}	做月 tsau^{44}gøy^{4}
1043	喂奶	□□hin^{13}lᴀ^{4}ʔŋ^{45}	拈□len^{12}lie^{3}ʔɛ^{35}	供□keŋ^{55}nɛn^{33}	供□keŋ^{53}niaŋ^{3}	□□peŋ^{44}leŋ^{3}	俵□pei^{44}lie^{4}
1044	喂饭	喂饭voe^{44}fəŋ^{22}	嘸饭tsʻiu^{22}fuə^{22} 喂饭vai^{44}fuə^{22}	□饭lɔi^{55}fan^{11} 拿饭na^{24}fan^{11}	□饭luoi^{53}foŋ^{31} 拨饭pɔ^{5}foŋ^{31}	嘸饭tsʻiu^{5}foŋ^{44} 俵饭piau^{45}foŋ^{44}	□饭vu^{51}fœn^{22} 兜饭ei^{51}fœn^{22}
1045	奶嘴	□嘴lᴀ^{4}ʔŋ^{45}tsoe^{24}	□嘴lie^{3}tsoe^{24}	□嘴nɛn^{33}tsɔi^{24}	□嘴niaŋ^{3}tsuoi^{214}	□嘴leŋ^{3}tsuai^{314}	□嘴lie^{4}tsau^{324}
1046	把尿	□尿tɔ^{5}liᴀu^{22}	□尿tɔu^{5}liu^{22}	兜尿tø^{11}ŋiu^{11}	兜尿tia^{33}ŋiau^{31}	□尿to^{5}liau^{44}	输尿sau^{51}lei^{22}
1047	尿床	□尿lo^{21}liᴀu^{22}	□尿luə^{21}liu^{22}	□尿lai^{42}ŋiu^{11}	□尿lɔ^{11}ŋiau^{31}	□尿la^{22}liau^{44}	□尿lu^{45}lei^{22}
1048	擦屁股	□屎窟 pie^{24}sɿ^{24}fʉ^{2}ʔʉ^{23}	□屎窟 pɛn^{24}sɿ^{24}fu^{3}ʔu^{35}	□屎窟 pin^{24}sɿ^{24}fui^{3}	□屎窟 piŋ^{214}sɿ^{214}fu^{12}	□屎窟 piŋ^{314}sɿ^{314}fu^{3}	□屎窟 pɛn^{324}si^{324}fu^{4}
1049	夭折	拗去ᴀu^{24}hi^{44}	短命toŋ^{24}biɛ^{22}	短命tun^{24}miaŋ^{11}	短命toŋ^{214}miaŋ^{31}	短命tuaŋ^{314}miaŋ^{44}	短命œn^{324}bin^{22}
1050	上吊	吊颈tiᴀu^{44}kiᴀŋ^{24}	吊颈tiu^{44}kie^{24}	吊颈tiu^{55}kiaŋ^{24}	吊颈tiau^{53}kiaŋ^{214}	吊颈tiau^{45}kiaŋ^{314}	吊颈ɛi^{44}kin^{324}
1051	投河	跳河tʻiᴀu^{44}hɔ^{21}	投河tʻɔ^{21}hɔu^{21}	投河tʻø^{42}hɔu^{42}	投河tʻia^{11}heu^{11}	投河tʻie^{22}ho^{22}	投河tei^{45}hɔu^{45}

序号	词目	大村	向阳	石陂	周田	石塘	桂头
1052	病死	病死pʻiʌŋ^{22}sɐe^{24}	病死pʻiɛ^{22}sai^{24}	病死pʻiaŋ^{11}sɐi^{24}	病死pʻiaŋ^{31}sai^{214}	病死pʻiaŋ^{44}sai^{314}	病死pin^{22}sai^{324}
1053	去世	过身kɔ^{44}sin^{13}	过身kɔu^{44}san^{12}	过老kɔu^{55}lau^{55}	过身kɐu^{53}san^{33}	过身ko^{45}sɛŋ^{44}	过身kvu^{44}saŋ^{51}
1054	办丧事	打斋tʌ^{4}ʔʌ^{45}tsʌ^{13} 做白事tsɿ^{44}pʻʌ^{3}sɿ^{22}	做白事 tsu^{44}pʻɛ^{3}sɿ^{22}	做白事 tsɔu^{55}pʻei^{3}sɿ^{11}	做斋tsɿ^{53}tsa^{33} 做白事tsɿ^{53}pʻɔ^{3}sɿ^{31}	做白事 tsɿ^{45}pʻou^{5}sɿ^{44}	做白事 tsau^{44}pʻi^{44}si^{22}
1055	棺材	木头mɐu^{3}tʻʌi^{21}	长生tsʻɛŋ^{21}siɛ^{12}	木头mø^{33}tʻø^{42}	寿具siu^{31}kʻi^{31}	寿器siu^{44}kʻi^{45}	老屋lo^{21}ou^{21} 寿房siu^{22}fog^{4}
1056	入殓	入殓ŋi^{3}lie^{22}	入殓gi^{3}lɛn^{44}	出大厅 tʃʻui^{5}tʻei^{11}tʻiaŋ^{11}	出厅tsʻuoi^{5}tʻiaŋ^{33}	入殓ŋi^{5}liŋ^{22}	入殓gai^{44}lɛn^{22}
1057	出殡	出殡tsʻiu^{5}pun^{44}	出丧tsʻu^{5}sɔŋ^{12}	上岭ʃɔŋ^{55}liaŋ^{55}	排山pʻa^{11}siaŋ^{33}	送葬siẽ^{45}tsoŋ^{45}	出丧tsʻy^{21}soŋ^{51}
1058	下葬	下葬ho^{44}tsɔŋ^{44} 落葬lɔ^{3}tsɔŋ^{44}	下葬ha^{44}tsɔŋ^{44}	下葬ha^{55}tsɔŋ^{55}	落葬lɐu^{3}tsɔŋ^{53}	下葬hou^{45}tsoŋ^{45} 落葬lo^{5}tsoŋ^{45}	落葬lou^{44}tsoŋ^{44}
1059	纸钱	□钱kʻi^{13}tsʻie^{21} 纸钱tsɿ^{214}tsʻie^{2}ʔe^{23}	□钱kʻɐi^{12}tsʻɛn^{21} 金银纸kien^{11}guan^{21}tsɿ^{24}	□钱kʻɐi^{11}tsʻin^{42}	纸钱tsɿ^{214}tsʻiŋ^{3}	带路钱ta^{45}lu^{44}tsʻiŋ^{22} 纸钱tsɿ^{314}tsʻiŋ^{3}	□钱kʻei^{51}tsʻɛn^{45} 纸钱tsi^{324}tsʻɛn^{4}
1060	抬棺人	八轿佬 pʌ^{5}kʻiʌu^{22}lʌu^{24}	土公佬 tʻu^{24}kaŋ^{12}lau^{24}	金刚佬 kien^{11}kɔŋ^{11}lau^{24}	八大佬 pa^{5}tʻa^{31}lau^{214}	抬脚tʻua^{22}kiu^{5} 扛丧koŋ^{44}sioŋ^{44}	土公佬 tʻau^{324}koŋ^{44}lo^{324}
1061	鞭炮	炮仗pʻʌu^{44}tsʻin^{22}	炮仗pʻau^{44}tsʻɛŋ^{22}	纸炮tsɿ^{24}pʻau^{55}	纸炮tsɿ^{214}pʻau^{53}	炮仗pau^{45}tsʻiẽ^{45}	纸炮tsi^{324}pʻo^{44}
1062	坟	坟头fun^{21}tʻʌ^{4}ʔi^{45}	坟头fan^{21}tʻɔ^{3}ʔɔ^{35}	坟头fɔn^{42}tʻø^{42}	坟地fan^{11}tʻai^{31}	地tʻai^{44} 坟fɛŋ^{22}	坟头faŋ^{45}tei^{45}
1063	墓碑	石碑siʌ^{3}poe^{13}	碑石pai^{12}siɛ^{3}	碑基pɐi^{11}ki^{11}	碑□pai^{33}ki^{53}	石碑sou^{5}pai^{44}	碑pai^{51}

序号	词目	大村	向阳	石陂	周田	石塘	桂头
1064	上坟	□纸tsA^{44}tsɿ^{24}	上坟sɔŋ^{44}fan^{21}	醮地tsiu^{55}t‘ei^{11}	醮地tsiau^{53}t‘ai^{31}	修地siu^{44}t‘ai^{44} 修坟siu^{44}fɛŋ^{22}	挂纸kvɔu^{44}tsi^{324}
1065	生病	有病jiu^{44}p‘iAŋ^{22}	有病jiu^{44}p‘iɛ^{22}	有病iau^{55}p‘iaŋ^{11}	有病iu^{53}p‘iaŋ^{31}	有病iu^{45}p‘iaŋ^{44}	有病jiu^{21}pin^{22}
1066	难受	难过ləŋ^{21}kɔ^{44}	难过luə^{21}kɔu^{44}	难过nan^{42}kɔu^{55}	难过nɔŋ^{11}kɐu^{53}	难过lɔŋ^{22}kou^{45}	难过lœn^{45}kvu^{44}
1067	发烧	发热烧 fo^{5}ɲie^{3}siAu^{13}	发烧fuə^{5}siu^{12}	发烧fa^{5}ʃiu^{11}	发热fɔ^{5}ɲi^{3}用于大人 身滚san^{33}kuɔn^{214}用于小孩	发烧fou^{5}siau^{44}	发热fu^{21}gɛi^{44} 发烧fu^{21}sɛi^{51}
1068	发冷	发冷fo^{5}lAŋ^{44}	发冷fuə^{5}liɛ^{44}	发冷fa^{5}laŋ^{55}	发冷fɔ^{5}liaŋ^{53}	发冷fou^{5}laŋ^{45}	发冻fu^{21}oŋ^{44}
1069	发呆	发呆fo^{5}ŋoe^{21}	发呆fuə^{5}gui^{21} □□gɔŋ^{22}kau^{44}	发呆fɔ^{5}ŋɔi^{42}	发呆fɔ^{5}ŋɔi^{11}	发呆fou^{5}ŋuai^{22}	发□fu^{21}goŋ^{22}
1070	打冷战	打硬震 tA^{4}ʔA^{45}ŋAŋ^{22}tsi^{2}ʔn^{23}	打硬震 ta^{24}gian^{22}tsa^{3}ʔn^{35}	打硬□ ta^{24}ŋiɛn^{11}ts‘ɛn^{11}	打硬震 ta^{3}ŋiaŋ^{31}tsan^{12}	打冷震 tou^{3}laŋ^{44}tsɛŋ^{3}	打硬震 ɔu^{324}gin^{22}tsɛn^{4}
1071	感冒	冷着心 lAŋ^{44}ts‘iu^{3}sin^{13}	感冒kuə^{24}bau^{22}	感冒kan^{24}mau^{24}	感冒kiaŋ^{214}mau^{31}	感冒kaŋ^{314}mau^{44}	冻着oŋ^{44}ts‘œy^{44}
1072	疟疾	冷摆子 lAŋ^{44}pA^{24}tsɿ^{24}	打摆子 ta^{24}puə^{24}tsɿ^{24}	打摆子 ta^{24}pai^{24}tsɿ^{24}	打摆子 ta^{3}pa^{214}tsɿ^{214}	打摆子 tou^{3}pa^{314}tsɿ^{314}	打摆子 ɔu^{324}piɛ^{324}tsi^{324}
1073	发抖	打震tA^{4}ʔA^{45}tsi^{2}ʔn^{23}	□□震 tsɿ^{21}tsɿ^{21}tsan^{44}	打颤ta^{24}ʧɔn^{11}	打震ta^{3}tsuɔn^{33}	打震tou^{3}tsɛŋ^{45}	□□震 p‘in^{51}p‘in^{51}tsɛn^{4}
1074	哮喘	扐哈pAŋ^{13}ho^{13}	扐哈p‘iɛ^{12}ha^{12}	扐哈paŋ^{11}ha^{11}	扐哈piaŋ^{33}hɔ^{33}	扐哈paŋ^{44}hou^{44}	□哈□ bai^{324}hɔu^{51}lai^{4}
1075	咳嗽	嗽sAi^{44}	咳k‘ɛ^{5}	□k‘ɛn^{24}	咳k‘i^{5}	咳k‘ei^{5}	咳hɔu^{51}

序号	词目	大村	向阳	石陂	周田	石塘	桂头
1076	着凉	冷着lʌŋ^{44}tsʻiu^{3}	冷着liɛ^{44}tsʻiu^{3} □着sau^{24}tsʻiu^{3}	失凉ʃi^{5}liɔŋ^{42}	摊凉tʻɔŋ^{33}liɔŋ^{11}	冷了laŋ^{45}la^{44}	冻着oŋ^{44}tsʻœy^{44}
1077	（小儿）惊风	吓惊ho^{5}kiʌŋ^{13}	打惊风 ta^{24}kiɛ^{12}faŋ^{12} 吓倒了hɛ^{5}tau^{24}lɛ^{21}	吓惊hɛi^{5}kiɛn^{11}	打惊风 ta^{3}kiaŋ^{33}fɛŋ^{33}	吓惊hou^{5}kiaŋ^{44}	吓着hi^{21}tsʻœy^{44}
1078	收惊	送客sɐn^{44}kʻʌ^{5}	□魂魄vei^{24}van^{21}pʻɛ^{5} 招魂tsiu^{12}van^{21}	招魂tʃiu^{11}fɔn^{42}	□魂lia^{5}fan^{11} □惊lɔ^{11}kiaŋ^{33}	喊童年公 kʻaŋ^{45}tʻiẽ^{22}liŋ^{22}kiẽ^{44}	喊童年 kʻiẽ^{44}toŋ^{45}lɛn^{45}
1079	中暑	发痧fo^{5}so^{13} 中暑tsɐn^{44}sʉ^{24}	中暑tsaŋ^{44}sɥ^{24}	发痧fa^{5}sa^{11} 发□麻fa^{5}tiu^{11}ma^{42}	发痧fɔ^{5}sɔ^{33}	发痧fou^{5}sou^{44}	发急痧 fu^{21}kai^{21}sɔu^{51}
1080	上火	上火sɔŋ^{44}fʉ^{24}	假火上头 ka^{24}fu^{24}sɔŋ^{44}tʻɔ^{21}	火冲顶 fu^{24}tʃʻɐŋ^{11}tiaŋ^{24}	上火sɔŋ^{53}fu^{214}	上火soŋ^{45}ho^{314}	虚火上头 hau^{51}fu^{324}sœn^{21}tei^{45}
1081	恶心	□心liʌ^{5}sin^{13}	作呕tsou^{5}ɔ^{24}	作呕tsɔu^{5}ø^{24} □心lia^{3}sen^{11}	作呕tsɐu^{5}ʔia^{214}	作呕tso^{5}ie^{314}	□心li^{44}saŋ^{51}
1082	便秘	屙硬屎 ɔ^{13}ŋʌŋ^{22}sɿ^{24}	结□ki^{5}kaŋ^{12}	屙屎唔出 ɔu^{11}sɿ^{24}m^{42}tʃʻui^{5}	屙屎唔出 ɛu^{33}sɿ^{214}m^{11}tsʻuoi^{5}	屙屎不出 o^{44}sɿ^{314}pu^{45}tsʻy^{5}	屙硬屎 ɔu^{51}gin^{22}si^{324}
1083	拉肚子	屙肚ɔ^{13}tʉ^{24}	屙肚ɔu^{12}tu^{24}	屙肚ɔu^{11}tu^{24}	屙肚ɛu^{33}tu^{214}	屙肚o^{44}tu^{3} □肚piau^{314}tu^{3}	屙肚ɔu^{51}au^{324}
1084	不消化	肚胀tʉ^{24}tin^{44}	肚胀tu^{24}tsɐŋ^{44}	肚胀tu^{24}tʃɔŋ^{55}	肚胀tu^{214}tsɔŋ^{53}	肚胀tu^{314}tioŋ^{45}	肚胀au^{324}œn^{44}
1085	头晕	头晕tʻʌi^{21}fun^{21}	头晕tʻɔ^{21}van^{21}	头晕tʻø^{42}iɔn^{42}	头晕tʻia^{11}fan^{11}	头晕tʻie^{22}iɛŋ^{44}	头晕tei^{45}jaŋ^{45}
1086	呕吐	呕ʌi^{24}	呕ɔ^{24}	呕ø^{24}	呕ia^{214}	呕ie^{314}	呕ei^{324}
1087	（肚子）疼	痛tʻɐn^{44}	痛tʻaŋ^{44}	痛tʻɐŋ^{55}	痛tʻɛŋ^{53}	痛tʻiẽ^{45}	痛tʻoŋ^{44}

序号	词目	大村	向阳	石陂	周田	石塘	桂头
1088	抽筋	抽筋tsʻiu^{13}kin^{13}	抽筋tsʻiu^{12}kian^{12}	抽筋tʃʻau^{11}kiɛn^{11}	抽筋tsʻiu^{33}kiaŋ^{33}	抽筋tsʻiu^{44}kɛŋ^{44}	抽筋tsʻiu^{51}kaŋ^{51}
1089	出麻疹	出麻嘀 tsʻiu^{5}mo^{4}ʔo^{45}tei^{44}	出麻哩 tsʻu^{5}ba^{21}lɛ^{3}ʔɛ^{35}	出麻哩 tʃʻui^{5}ma^{33}lei^{33}	出麻哩 tsʻuoi^{5}mɔ^{3}lɛ^{53}	出麻tsʻy^{5}mou^{3}	出麻tsʻy^{21}bɔu^{4}
1090	癫痫	发羊偶 fo^{5}jɔŋ^{21}tiʌu^{44}	发羊偶 fuə^{5}jɔŋ^{21}tiu^{44}	发羊偶 fa^{5}iɔŋ^{42}tiu^{55}	发羊偶 fɔ^{5}iɔŋ^{11}tiau^{53}	发羊偶 fou^{5}ioŋ^{22}tiau^{45}	发羊偶 fu^{21}jœn^{45}ɛi^{44}
1091	中风	中风tsɐn^{44}fɐn^{13}	中风tsaŋ^{44}faŋ^{12}	□风敌a^{24}fɐŋ^{11}tʻei^{3} 中风tʃɐŋ^{55}fɐŋ^{11}	中风tsɛŋ^{53}fɛŋ^{33}	中风tsiẽ^{45}fiẽ^{44}	中风tsoŋ^{44}foŋ^{51}
1092	肺结核	肺痨病 foe^{44}lʌu^{21}pʻiʌŋ^{22}	肺痨病 fai^{44}lau^{21}pʻiɛ^{22}	痨病lau^{42}pʻiaŋ^{11}	肺痨fai^{53}lau^{11} 痨症lau^{11}tsiaŋ^{53}	痨火病 au^{22}ho^{314}pʻiaŋ^{44}	痨病lo^{45}pin^{22}
1093	肝病	黄疸肝炎 vɔŋ^{21}tɐŋ^{24}koŋ^{13}jie^{21}	肝病kuan^{12}pʻiɛ^{22}	黄□大肚 vɔŋ^{42}tʃʻɛn^{42}tʻai^{11}tu^{24}	黄肿大肚 vɔŋ^{11}tsɛŋ^{214}tʻa^{31}tu^{214}	黄疸肝炎 uoŋ^{22}toŋ^{314}koŋ^{44}iŋ^{22}	肝病kvœn^{51}pin^{22}
1094	疖子			□tʃui^{3}	□哩tsi^{3}lɛ^{53}	□仔tsi^{3}tsei^{3}	□tsʻu^{4}
1095	痱子	热□ŋie^{3}kʻiʌ^{2}ʔu^{23}	热□gi^{3}kʻi^{3}ʔu^{35} 热□哩gi^{3}pai^{3}lɛ^{3}ʔɛ^{35}	热痱仔 ŋi^{3}mui^{55}tsei^{33}	热痱哩 ŋi^{3}mai^{53}lɛ^{53}	热□ŋi^{5}kʻiau^{3}	□kʻɛi^{4}
1096	粉刺	酒糟tsiu^{24}tsʌu^{13}	酒□tsiu^{24}tsu^{3}ʔi^{35}	□□tʃɔŋ^{24} tʃau^{42}	酒糟仔 tsiu^{214}tsau^{33}tsa^{12}	□钻sa^{22}tsuaŋ^{3}	酒雀tsiu^{324}tsœy^{4}
1097	化脓	灌脓kɐŋ^{44}lɐn^{21}	灌脓kun^{44}laŋ^{21}	贡脓kɐŋ^{55}nɐŋ^{42}	贡脓kɛŋ^{53}nɛŋ^{11}	灌脓kuɛŋ^{45}liẽ^{22}	现脓hɛn^{22}loŋ^{45}
1098	痂	痂ko^{13}	痂ka^{12}	疤pa^{33}	痂kɔ^{33}	壳kʻo^{5}	痂kɔu^{51}
1099	结痂	结痂ki^{5}ko^{13}	结痂ki^{5}ka^{12}	结疤ki^{5}pa^{33}	结痂ki^{5}kɔ^{33}	扣壳kʻie^{5}kʻo^{5} 结壳ki^{5}kʻo^{5}	结痂kɛi^{21}kɔu^{51}

序号	词目	大村	向阳	石陂	周田	石塘	桂头
1100	疤	疤po^{2}ʔo^{23}	疤pa^{3}ʔa^{35}	疤pa^{33}	疤pɔ^{33}	疤pou^{44}	疤pɔu^{4}
1101	痣	痣tsɿ^{44}	痣tsɿ^{44}	痔tsɿ^{55}	痣tsɿ^{53}	痣tsɿ^{45}	痣tsi^{44}
1102	狐臭	臭夹骚 tsʻiu^{44}kᴀ^{5}sᴀu^{13}	狐狸骚 fu^{21}lai^{35}sau^{12}	臭狐□ ʧʻau^{55}fu^{42}pɐi^{5}	狐□骚 fu^{11}pai^{5}sau^{33}	狐狸骚 u^{22}lai^{22}sau^{44}	狐狸骚 vu^{45}lau^{45}so^{51}
1103	疝气	小肠气 siᴀu^{24}tsʻɔŋ^{22}hi^{44}	小肠气 siu^{24}tsʻɛŋ^{21}hi^{44}	小肠气 siu^{24}ʧʻɔŋ^{42}hi^{55}	小肠气 siau^{214}tsʻɔŋ^{11}hi^{53}	大卵茄 tʻou^{44}luaŋ^{314}kʻo^{3}	
1104	雀斑	□□tsʻo^{21}jun^{21}	□□tsʻa^{21}jiɔn^{21}	□□tsʻa^{42}iɔn^{42}	□□tsʻɔ^{11}iɔn^{11}	毛蝇屎 mau^{22}iaŋ^{22}sɿ^{314}	□□tsʻɔu^{45}laŋ^{45}
1105	鸡皮疙瘩	毛针锥 mᴀu^{21}tsin^{13}tsʉ^{2}ʔʉ^{23}	鸡皮kɛi^{12}pʻai^{21} 毛牯震bau^{21}ku^{24}tsa^{3}ʔn^{35}	鸡嫲皮kɛi^{11}ma^{42}pʻɐi^{42} 寒毛□hun^{42}mau^{11}ku^{11}	蛤婆皮kia^{5}pʻɐu^{3}pʻai^{11} 寒毛牯hoŋ^{11}mau^{33}ku^{214}	鸡毛钻 kei^{44}mau^{22}tsuaŋ^{3}	毛牯□□ bo^{45}kvu^{4}sau^{44}sau^{44}
1106	（蚊虫叮的）包	□pʻɐu^{3}	□pʻɔ^{3}ʔɔ^{35}	□pʻø^{3}	□pʻɛi^{3}	□pʻie^{3}	□pʻou^{4}
1107	夜盲	发鸡盲 fo^{5}kie^{13}mᴀŋ^{21}	发鸡盲 fuə^{5}kɛi^{12}biɛ^{21}	发鸡盲青 fa^{5}kɛi^{11}maŋ^{42}tsʻiaŋ^{11}	发鸡盲 fɔ^{5}kiɛ^{33}miaŋ^{33}	发鸡盲 fou^{5}kei^{44}maŋ^{3}	发鸡盲 fu^{21}kei^{51}bin^{45}
1108	麻风	大风tʻo^{22}fɐn^{13}	麻风ba^{21}faŋ^{12}	麻风ma^{42}fɐŋ^{11}	麻风mɔ^{11}fɐŋ^{33}	麻风mou^{22}fiẽ^{44}	麻风bɔu^{45}foŋ^{51}
1109	传染	惹ŋiᴀ^{44}	惹giɛ^{44}	进ʧɐi^{5}	进tsʻiɛ^{53}	过ko^{45}	惹gi^{21}
1110	扭伤	□vʉ^{5} □tsoe^{5}	□vu^{5}	□vui^{5}	□vai^{5} □tsuoi^{5}	□u^{5}	□vu^{21}
1111	（皮肤）皲裂	开皲hʉ^{13}kɵ^{13}裂口较大 爆裂pᴀu^{44}li^{5}裂口较小	爆皲pau^{44}kiɔn^{12}裂口较大 爆坼pau^{44}tsʻuə^{5}裂口较小	爆皲pau^{55}kiun^{11}裂口较大 爆坼pau^{55}tsʻɛi^{5}裂口较小	爆皲pau^{53}kiŋ^{33}裂口较大 爆坼pau^{53}tsʻɔ^{5}裂口较小	开皲kʻua^{44}kyẽ^{44}裂口较大 爆裂pau^{45}li^{5}裂口较小	开皲kʻvu^{51}kyẽ^{51}裂口较大 爆裂po^{44}lɛi^{21}裂口较小

序号	词目	大村	向阳	石陂	周田	石塘	桂头
1112	（嗓子）嘶哑	哑o^{24}	沙sa^{12}	沙sa^{11}	哑ɔ^{214}	哑ou^{314}	□sie^{45}
1113	治病	医病ŋ̍^{13}pʻiʌŋ^{22} 睇病tʻʌ^{24}pʻiʌŋ^{22}	医病ŋ̍^{12}pʻiɛ^{22} 睇病tʻɛ^{24}pʻiɛ^{22}	医病i^{11}pʻiaŋ^{11}	睇病tʻa^{214}pʻiaŋ^{31}	望病moŋ^{44}pʻiaŋ^{44}	医病ji^{51}pin^{22}
1114	号脉	□脉lo^{21}mʌ^{3}	打脉ta^{24}bɛ^{3}ʔɛ^{35}	打脉ta^{24}mɛi^{5}	打脉ta^{3}mɔ^{3} □脉lɔ^{11}mɔ^{3}	打脉tou^{3}ma^{5}	打脉ɔu^{324}bi^{44}
1115	中药	中药tsɐn^{13}jɔ^{3}	中药tsaŋ^{12}jiu^{3}	唐药tʻɔŋ^{42}iɔu^{3} 中药tʃɐŋ^{11}iɔu^{3}	中药tsɐŋ^{33}iu^{3}	中药tsiẽ^{44}io^{5}	中药tsoŋ^{51}jœy^{44}
1116	处方	单tə^{2}ʔŋ^{23}	药单jiu^{3}tuə^{3}ʔə^{35}	药单iɔu^{3}tan^{33}	灵单liaŋ^{11}toŋ^{12} 药单iu^{3}toŋ^{12}	灵单laŋ^{22}toŋ^{44} 药单io^{5}toŋ^{44}	单œn^{4}
1117	买药	捡药kie^{24}jiɔ^{3}	捡药kɐn^{24}jiu^{3}	捡药kin^{24}iɔu^{3}	捡药kiŋ^{214}iu^{3}	捡灵单kiŋ^{314}laŋ^{22}toŋ^{44} 捡药kiŋ^{314}io^{5}	捡药kaŋ^{324}jœy^{44}
1118	药丸	药丸jɔ^{3}jɵ^{4}ʔɵ^{45}	药丸jiu^{3}jiɔ^{3}ʔn^{35}	丸哩iɔu^{3}lɛi^{33}	丸子voŋ^{3}tsɿ^{12}	丸子yẽ^{3}tsɿ^{3}	药丸jœy^{44}jyẽ^{4}
1119	药粉	药粉jɔ^{3}fun^{24}	药粉jiu^{3}fan^{24}	药散iɔu^{3}san^{24}	药粉iu^{3}fan^{214}	药粉io^{5}fɐŋ^{314}	药粉jœy^{44}faŋ^{324}
1120	熬药	煲药pɔu^{13}jɔ^{3}	炆药van^{21}jiu^{3}	煲药pɔu^{11}iɔu^{3}	煲药pɐu^{33}iu^{3}	煲药po^{44}io^{5}	煲药pɔu^{51}jœy^{44}
1121	汤药（中药）	茶tsʻo^{21}	茶tsʻa^{21} 药jiu^{3}	茶tsʻa^{42}	茶tsʻɔ^{11}	药io^{5}	茶tsʻɔu^{45}
1122	见效	见功kie^{44}kɐn^{13}	见功kɐn^{44}kaŋ^{12}	见功kin^{55}kɐŋ^{11}	见功kiŋ^{53}kɛŋ^{33}	见功kiŋ^{45}kiẽ^{44}	见功kɐn^{44}koŋ^{51}
1123	睡醒（了）	瞓醒fun^{44}siʌŋ^{24}	瞓醒fan^{44}siɛ^{24}	瞓醒fɔn^{55}siaŋ^{24}	瞓醒fan^{53}siaŋ^{214}	瞓醒fɐŋ^{45}siaŋ^{314}	瞓醒fœn^{44}sin^{324}

序号	词目	大村	向阳	石陂	周田	石塘	桂头
1124	起床	起头hi^{24}tʻᴀi^{21}	起头hi^{24}tʻɔ^{21}	起头ʃi^{24}tʻø^{42}	起头hi^{214}tʻia^{11}	起头hai^{314}tʻie^{22}	起头hai^{324}tei^{45}
1125	叠（被子）	折tsɿ^{5}	折tsɿ^{5}	折ʧi^{5}	折tsi^{5}	折tsi^{5}	折tsɛi^{21}
1126	穿（衣服）	穿tsʻɵ^{13}	穿tsʻɔn^{12}	着ʧɔu^{3}	穿tsʻiŋ^{33}	着tiu^{5}	着œy^{21}
1127	脱（衣服）	脱tʻʉ^{5}	脱tʻui^{5}	褪tʻɔi^{55}	褪tʻuoi^{53}	取tsʻuai^{314}	脱tʻu^{21}
1128	洗脸	洗面sᴀ^{24}mie^{22}	洗面sɛ^{24}bɛn^{22}	洗面sɛi^{24}min^{33}	洗面sa^{214}miŋ^{31}	洗面sei^{314}miŋ^{44}	洗面sei^{324}bɛn^{22}
1129	漱口	哴口lɔŋ^{44}hᴀi^{24}	哴口lɔŋ^{44}hɔ^{24}	滵喙tʻɔŋ^{11}ʧui^{55} 漱喙su^{55}ʧui^{55}	哴口nɔŋ^{53}hia^{214}	哴嘴loŋ^{45}tsuai^{314}	哴嘴loŋ^{21}tsau^{324} 漱嘴sau^{44}tsau^{324}
1130	刷牙	擦牙tsʻo^{5}ŋo^{21}	擦牙tsʻuə^{5}ga^{21}	擦牙tsʻa^{5}ŋa^{42}	擦牙tsʻɔ^{5}ŋɔ^{3}	刷牙sua^{3}ŋou^{22}	擦牙tsʻu^{21}gɔu^{45}
1131	梳头	梳头sɔ^{13}tʻᴀi^{21}	梳头sɔu^{12}tʻɔ^{21}	梳头sɔu^{11}tʻø^{42}	梳头sɛu^{33}tʻia^{11}	梳头so^{44}tʻie^{22}	梳头søy^{51}tei^{45}
1132	扎（辫子）	□pun^{44}	扎tsuə^{5}	□pɛn^{55}	□pan^{53}	压ou^{5}	□pɛn^{44}
1133	刮（胡子）	剃tʻᴀ^{44}	剃tʻɛ^{44} 刨pʻau^{21}	剃tʻɛi^{55}	剃tʻa^{53}	刨pʻau^{22}	刨po^{45}
1134	理发	剃头tʻᴀ^{44}tʻᴀi^{21}	剃头tʻɛ^{44}tʻɔ^{21} 飞发fai^{12}fuə^{5}	剃头tʻɛi^{55}tʻø^{42}	剃头tʻa^{53}tʻia^{11}	剃头tʻa^{45}tʻie^{22} 飞发fai^{44}fou^{5}	剃头tʻie^{44}tei^{45}
1135	上班	开工hʉ^{13}kɐn^{13} 做工夫 tsɿ^{44}kɐn^{13}fʉ^{13}	开工hui^{12}kaŋ^{12}	开工kʻui^{11}kɐŋ^{11}	开工hoi^{33}kɐŋ^{33} 做工夫 tsɿ^{53}kɐŋ^{33}fu^{33}	开工kʻua^{44}kiẽ^{44} 做工夫 tsɿ^{44}kiẽ^{44}fu^{44}	开工kʻvu^{51}koŋ^{51} 做工夫 tsau^{44}koŋ^{51}fu^{51}

序号	词目	大村	向阳	石陂	周田	石塘	桂头
1136	（来）晚（了）	晏m^{44}	晏uə^{44}	晏an^{55}	晏oŋ^{53}	晏oŋ^{45}	晏œn^{44}
1137	下班	收工siu^{13}kɐn^{13}	收工siu^{12}kaŋ^{12}	收工ʃau^{11}kɐŋ^{11}	收工siu^{33}kɐŋ^{33}	收工siu^{44}kiẽ^{44}	收工siu^{51}koŋ^{51}
1138	累（了）	□lo^{44}	□kʻei^{24}	□kʻei^{24}	□nɔ^{53}	□la^{45}	□lu^{44}
1139	休息	歇hi^{5}	敨tʻɔ^{24}	敨tʻø^{24}	敨tʻia^{214}	敨tʻie^{314}	歇hei^{21}
1140	回家	归屋koe^{13}ɐu^{5}	去归hɔe^{21}kuai^{12}	归屋下 kɔi^{11}ø^{5}kʻa^{33}	归屋kuoi^{33}ɛi^{5}	去归hai^{22}kuai^{44}	去归hau^{45}kvei^{51}
1141	回来	归来koe^{13}lʌ^{21}	来归lɛ^{21}kuai^{12}	归哩kɔi^{11}lɛi^{33}	归来kuoi^{33}lai^{11}	来归lei^{22}kuai^{44}	来归lei^{45}kvei^{51}
1142	上（厕所）	去hoe^{21}	去hɔe^{21}	去hai^{42}	去siɛ^{11}	去hai^{22}	去hau^{45}
1143	大便	屙屎ɔ^{13}sɿ^{24}	屙屎ɔu^{12}sɿ^{24}	屙屎ɔu^{11}sɿ^{24}	屙屎ɐu^{33}sɿ^{214}	屙屎o^{44}sɿ^{314}	屙屎ɔu^{51}si^{324}
1144	小便	屙尿ɔ^{13}liʌu^{22}	屙尿ɔu^{12}liu^{22}	屙尿ɔu^{11}ŋiu^{11}	屙尿ɐu^{33}ŋiau^{31}	屙尿o^{44}liau^{44}	屙尿ɔu^{51}lɛi^{22}
1145	放屁	打屁tʌ^{4}ʔʌ^{45}pʻoe^{44}	打屁ta^{24}pʻai^{44}	打屁ta^{24}pʻɐi^{55}	打屁ta^{3}pʻai^{53}	打屁tou^{3}pʻai^{45}	打屁ɔu^{324}pʻai^{44}
1146	洗澡	洗身sʌ^{24}sin^{13}	洗身se^{24}san^{12}	洗身sɐi^{24}ʃɐn^{11}	洗身sa^{214}san^{33}	洗身sei^{314}sɐŋ^{44}	洗身sei^{324}saŋ^{51}
1147	擦澡	抹身mʉ^{5}sin^{13}	抹身bui^{5}san^{12}	抹身mui^{5}ʃɐn^{11}	抹身mɔ^{5}san^{33}	抹身mou^{5}sɐŋ^{44}	抹身bu^{21}saŋ^{51}

序号	词目	大村	向阳	石陂	周田	石塘	桂头
1148	乘凉	□凉sᴀu^{13}lin^{21}	敨凉t'ɔ^{24}lɛŋ^{21}	敨凉t'ø^{24}liɔŋ^{42}	敨凉t'ia^{214}liɔŋ^{11}	敨凉t'ie^{314}lioŋ^{22}	歇凉hɛi^{21}lœn^{45}
1149	晒（太阳）	炙tsiᴀ^{5}	炙tsɛ^{5}	炙tʃa^{5}	炙tsɔ^{5}	炙tsou^{5}	晒sie^{44}
1150	烤火	炙火tsiᴀ^{5}fʉ^{24}	炙火tsɛ^{5}fu^{24}	炙火tʃa^{5}fu^{24}	炙火tsɔ^{5}fu^{214}	炙火tsou^{5}ho^{314}	炙火tsi^{21}fu^{324}
1151	聊天	闲谈hʌŋ^{21}t'əŋ^{21}	闲谈huə^{21}t'uə^{21}	闲谈han^{42}t'an^{42}	闲谈hiaŋ^{11}t'ɔŋ^{11}	闲谈haŋ^{22}t'oŋ^{22}	闲谈hiẽ^{45}tiẽ^{45}
1152	打瞌睡	□眼瞓 ts'əŋ^{13}ŋʌŋ^{44}fu^{2}ʔn^{23}	打眼瞓 ta^{24}guə^{44}fa^{3}ʔn^{35}	啄眼瞓 tø^{5}ŋan^{55}fɔn^{55}	打眼阵 ta^{3}ŋoŋ^{53}ts'an^{12}	打眼阵 tou^{3}ŋɛŋ^{45}ts'ɛŋ^{314}	□眼瞓 ts'aŋ^{51}giẽ^{21}fœn^{44}
1153	打个盹儿	□一阵间眼瞓 ts'əŋ^{13}ji^{5}ts'in^{22}kᴀ^{2}ʔŋ^{23}ŋ ʌŋ^{44}fu^{2}ʔn^{23}	歇刻哩 hi^{5}k'ɛi^{3}lɛ^{3}ʔɛ^{35}		打眼花 ta^{3}ŋoŋ^{53}fɔ^{33}	打冷觉 tou^{3}laŋ^{45}kau^{45}	□下眼瞓 ts'aŋ^{51}hɔu^{22}giẽ^{21}fœn^{44}
1154	打哈欠	打哈哈 tᴀ^{4}ʔᴀ^{45}hᴀ^{21}hᴀ^{44}	伸/□懒腰 san^{12}/hɛn^{12}luə^{44}jiu^{12} 打哈哈ta^{24}ha^{44}ha^{44}	打啊啊ta^{24}a^{11}a^{55}	抻懒筋 ts'uɔn^{33}loŋ^{53}kiaŋ^{33}	伸懒腰 sɛŋ^{44}loŋ^{45}iau^{44}	打啊啊ɔu^{324}a^{51}a^{51}
1155	打喷嚏	打□□ tᴀ^{4}ʔᴀ^{45}hᴀ^{5}ts'iu^{24}	打□□ta^{24}ha^{5}ts'iu^{5}	打□□ta^{24}ha^{3}ts'ɛu^{55}	打□□ ta^{3}ha^{5}ts'iu^{53}	打□□ tou^{3}ha^{5}ts'iu^{44}	打□□ɔu^{324}ha^{51}ts'iu^{324}
1156	铺床	摊床t'əŋ^{13}ts'ɔŋ^{21}	铺床p'u^{12}ts'ɔŋ^{21}	摊床窦 t'an^{11}ts'ɔŋ^{42}tø^{33}	摊床t'oŋ^{33}ts'ɔŋ^{11}	摊床t'oŋ^{44}ts'oŋ^{22}	铺床窦 p'au^{51}ts'oŋ^{45}ei^{4}
1157	躺下	瞓倒fun^{44}tᴀu^{24}	瞓倒fan^{44}tau^{24}	瞓倒fɔn^{55}tau^{24}	瞓下去 fan^{53}hɔ^{53}siɛ^{11}	瞓起fɛŋ^{45}hai^{314}	瞓下fœn^{44}hɔu^{21}
1158	睡觉	瞓觉fun^{44}kᴀu^{44}	瞓觉fan^{44}kau^{44}	瞓觉fɔn^{55}kau^{55}	瞓觉fan^{53}kia^{53}	瞓觉fɛŋ^{45}kau^{45}	瞓觉fœn^{44}ko^{44}
1159	熄灯	吹□火 ts'ʉ^{13}ts'oe^{22}fʉ^{24}	吹□火 ts'ɔe^{12}ts'ɔe^{22}fu^{24}	□乌火 p'ɔn^{42}vu^{11}fu^{24}	吹乌火 ts'uoi^{33}vu^{33}fu^{214}	吹乌火 ts'y^{44}u^{44}ho^{314}	吹□火 ts'y^{51}ts'au^{22}fu^{324}

序号	词目	大村	向阳	石陂	周田	石塘	桂头
1160	睡着（了）	睏着fun^{44}tsʻiu^{3}	睏着fan^{44}tsʻiu^{3}	睏着fɔn^{55}ʧʻɔu^{3}	睏着fan^{53}tsʻɐu^{3}	睏着fɐŋ^{45}tʻiu^{5}	睏着fœn^{44}tsʻœy^{44}
1161	做梦	发梦fo^{5}mɐn^{22}	发梦fuə^{5}baŋ^{22}	发梦fa^{5}mɐŋ^{11}	发梦fɔ^{5}mɐŋ^{31}	发梦fou^{5}miẽ^{44}	发梦fu^{21}boŋ^{22}
1162	说梦话	讲梦话 kɔŋ^{24}mɐn^{22}vo^{4}ʔo^{45}	发开口梦 fuə^{5}hui^{12}hɔ^{24}baŋ^{22}	打眼话 ta^{24}ŋan^{55}va^{33}	打眼话 ta^{3}ŋiaŋ^{53}vɔ^{31}	讲梦话 koŋ^{314}miẽ^{44}uou^{44}	打眼话 ɔu^{324}giẽ^{22}vɔu^{22}
1163	失眠	睏唔着 fun^{44}m^{21}tsʻiu^{3}	睏唔着 fan^{44}m^{21}tsʻiu^{3}	睏唔落觉 fɔn^{55}m^{42}lɔu^{3}kau^{55}	睏唔着 fan^{53}m^{11}tsʻɐu^{3}	睏不着 fɐŋ^{45}pu^{45}tʻiu^{5}	睏唔着 fœn^{44}m^{44}tsʻœy^{44}
1164	打鼾	打鼻鼾 tʌ^{4}ʔʌ^{45}pʻoe^{22}hɐŋ^{22}	扯鼻鼾 tsʻiɛ^{24}pʻai^{22}hoŋ^{21}	牵风箱 kʻin^{11}fɐŋ^{11}siɔŋ^{33}	扯□tsʻɔ^{214}liu^{33}	鼓鼻ku^{314}pʻai^{22} 拉炉la^{44}lu^{22}	□炉bai^{324}lau^{4}
1165	仰面睡	仰起睏 ŋɔŋ^{24}hi^{24}fun^{44}	仰起来睏 gɔŋ^{24}hi^{24}lɛ^{21}fan^{44}	仰仰哩睏 ŋɔŋ^{24}ŋɔŋ^{24}lei^{33}fɔn^{55}	仰起来睏 ŋɔŋ^{214}hi^{214}lai^{11}fan^{53}	仰起睏 ŋoŋ^{314}hai^{314}fɐŋ^{45}	仰起来睏 goŋ^{324}hai^{324}lei^{45}fœn^{44}
1166	侧身睡	打侧睏 tʌ^{4}ʔʌ^{45}tsei^{5}fun^{44}	打侧睏 ta^{24}tsei^{5}fan^{44}	侧侧哩睏 tsei^{5}tsei^{5}lɛi^{33}fɔn^{55}	侧侧哩睏 tsi^{5}tsi^{5}lɛ^{53}fan^{53}	侧起睏 tsa^{5}hai^{314}fɐŋ^{45}	打侧身睏 ɔu^{324}tsa^{21}saŋ^{51}fœn^{44}
1167	趴着睡	伏倒睏 pʻɐu^{3}tʌu^{24}fun^{44}	伏倒来睏 pʻɔ^{3}tau^{24}lɛ^{21}fan^{44}	□□伏睏 a^{24}ma^{42}pʻø^{3}fɔn^{55}	伏□□睏 pʻɛi^{3}pʻi^{3}pʻɔ^{3}fan^{53}	伏起睏 pʻie^{5}hai^{314}fɐŋ^{45}	伏起来睏 pʻou^{44}hai^{324}lei^{45}fœn^{44}
1168	落枕	失枕sɿ^{5}tsin^{24}	失枕sɿ^{5}tsan^{24}	失枕ʃi^{5}ʧen^{24}	失枕sɿ^{5}tsan^{214}	睏横了 fɐŋ^{45}uaŋ^{22}la^{44}	失枕si^{21}tsaŋ^{324}
1169	学校	学堂hɔ^{3}tʻɔŋ^{21}	学堂hɔu^{3}tʻɔŋ^{21}	学堂hɔu^{3}tʻɔŋ^{42}	学堂hɐu^{3}tʻɔŋ^{11}	学堂ho^{5}tʻoŋ^{22}	书房sy^{51}foŋ^{4} 学堂hou^{44}toŋ^{45}
1170	启蒙	破□pʻɔ^{44}mi^{4}ʔi^{45}		破门pʻɔu^{55}mɔn^{33}	破门pʻɐu^{53}man^{3}	破门pʻo^{45}mɐŋ^{3}	破学pʻɔu^{44}hou^{4}
1171	教室	课室kʻɔ^{44}sɿ^{2}ʔɿ^{23}	课室kʻɔu^{44}sɿ^{5}	课室kʻɔu^{55}ʃi^{5}	课室kʻɐu^{53}sai^{5}	课室kʻo^{45}sɿ^{5}	课室kʻɔu^{44}si^{4}

序号	词目	大村	向阳	石陂	周田	石塘	桂头
1172	黑板	黑板hei^{5}peŋ^{24}	黑板hɐi^{5}puə^{24}	黑板hɐi^{5}pan^{24}	黑板hi^{5}poŋ^{214}	黑板hai^{5}poŋ^{314}	黑板ha^{21}pœn^{324}
1173	板擦儿	黑板擦 hei^{5}peŋ^{24}tsʻo^{2}ʔo^{23}	黑板擦 hɐi^{5}puə^{24}tsʻuə^{5}	黑板擦 hɐi^{5}pan^{24}tsʻa^{5}	黑板擦 hi^{5}poŋ^{214}tsʻɔ^{5}	黑板擦 hai^{5}poŋ^{314}tsʻou^{3}	黑板擦 ha^{21}pœn^{324}tsʻu^{21}
1174	上学	去学堂 hoe^{21}hɔ^{3}tʻɔŋ^{21}	下学堂 ha^{44}hɔu^{3}tʻɔŋ^{21}	读书tʻø^{3}ʃi^{11}	去学堂 siɛ^{11}hɐu^{3}tʻɔŋ^{11}	读书tʻie^{5}sy^{44}	入书房 gai^{44}sy^{51}foŋ^{4}
1175	放学	放学fɔŋ^{44}hɔ^{3}	放学fɔŋ^{44}hɔ^{3}ʔu^{35}	放学fɔŋ^{55}hɔu^{3}	放学fɔŋ^{53}hɐu^{3}	放学foŋ^{45}ho^{3}	放学foŋ^{44}hou^{4}
1176	上课	上堂sɔŋ^{44}tʻɔŋ^{21}	上堂sɔŋ^{44}tʻɔŋ^{21}	上堂ʃɔŋ^{55}tʻɔŋ^{42}	上堂sɔŋ^{53}tʻɔŋ^{11}	上堂soŋ^{45}tʻoŋ^{22}	上堂sœn^{21}toŋ^{45}
1177	下课	下堂ho^{44}tʻɔŋ^{21}	下堂ha^{44}tʻɔŋ^{21}	下堂ha^{55}tʻɔŋ^{42}	下堂hɔ^{53}tʻɔŋ^{11}	下堂hou^{45}tʻoŋ^{22}	下堂hɔu^{21}toŋ^{45}
1178	书	书sʉ^{13}	书sʮ^{12}	书ʃi^{11}	书su^{33}	书sy^{44}	书sy^{51}
1179	本子	簿仔pʻʉ^{22}tsA^{2}ʔA^{23}	簿pʻu^{3}ʔu^{35}	簿仔pʻu^{33}tsei^{33}	簿仔pʻu^{12}tsa^{12}	簿仔pʻu^{3}tsei^{3}	簿pʻau^{4}
1180	老师	先生sie^{13}sAŋ^{13} 老师lAu^{44}sɿ^{13}	先生sen^{12}siɛ^{12} 老师lau^{44}sɿ^{12}	先生sen^{11}saŋ^{11}	先生siŋ^{33}siaŋ^{33} 老师lau^{53}sɿ^{33}	先生siŋ^{44}saŋ^{44} 老师lau^{45}sɿ^{44}	先生sen^{51}sin^{51} 老师lo^{21}si^{51}
1181	学生	学生hɔ^{3}sA^{2}ʔŋ^{23}	学生hɔu^{3}siɛ^{3}ʔɛ^{35}	学生hɔu^{3}saŋ^{33}	学生hɐu^{3}siaŋ^{12}	学生ho^{5}saŋ^{3}	学堂仔hou^{4}toŋ^{45}tsøy^{4} 学生hou^{4}sin^{51}
1182	第一名	头名tʻAi^{21}miA^{4}ʔŋ^{45}	头名tʻɔ^{21}biɛ^{3}ʔɛ^{35}	头名tʻø^{42}miaŋ^{33}	头名tʻia^{11}miaŋ^{3}	头名tʻie^{22}miaŋ^{3}	头名tei^{45}bin^{4}
1183	最后一名	尾名mo^{2}ʔe^{23}miA^{4}ʔŋ^{45}	第尾tʻai^{22}ba^{3}ʔi^{35}	最□尾 tsui^{55}la^{5}mɔi^{33}	尾名mai^{12}miaŋ^{3}	尾仔mai^{3}tsei^{3}	最□尾 tsøy^{44}lɔu^{51}bei^{4}

序号	词目	大村	向阳	石陂	周田	石塘	桂头
1184	毛笔	毛笔mʌu^{21}po^{2}ʔe^{23}	墨笔bɐi^{3}pa^{3}ʔi^{35} 毛笔bau^{21}pa^{3}ʔi^{35}	毛笔mau^{11}pɐi^{33}	毛笔mau^{11}pai^{12}	毛笔mau^{22}pai^{3}	毛笔bo^{45}pai^{4}
1185	钢笔	水笔sʉ^{24}po^{2}ʔe^{23}	水笔sɔe^{24}pa^{3}ʔi^{35}	水笔ʃɔi^{24}pɐi^{33}	水笔suoi^{214}pai^{12}	水笔sy^{314}pai^{3}	水笔sy^{324}pai^{4}
1186	铅笔	铅笔jɵ^{4}ʔɵ^{45}po^{2}ʔe^{23}	铅笔jiɔn^{21}pa^{3}ʔi^{35}	铅笔iun^{42}pɐi^{33}	铅笔iŋ^{11}pai^{12}	铅笔yẽ^{3}pai^{3}	铅笔jyẽ^{45}pai^{4}
1187	笔套儿	笔□po^{2}ʔe^{23}lʌ^{5}	笔塔筒 pai^{3}tʻuə^{5}tʻa^{3}ʔŋ^{35}	笔□筒 pɐi^{3}lɛi^{5}tʻɛŋ^{33}	笔□筒 pai^{12}lɔ^{5}tʻɛŋ^{3}	笔筒pai^{3}tʻiẽ^{3}	笔壳pai^{4}kʻou^{4}
1188	纸	纸tsɿ^{24}	纸tsɿ^{24}	纸tsɿ^{24}	纸tsɿ^{214}	纸tsɿ^{314}	纸tsi^{324}
1189	图钉	揿钉kʻin^{22}tiʌ^{2}ʔŋ^{23}	揿钉kʻian^{22}tiɛ^{3}ʔɛ^{35}	揿钉kʻiɛn^{24}tiaŋ^{33}	揿钉kʻiaŋ^{31}tiaŋ^{12}	揿钉kʻɛŋ^{44}tiaŋ^{3}	揿钉kʻɛn^{22}in^{4}
1190	信封	信皮sin^{44}pʻo^{4}ʔe^{45}	信皮san^{44}pʻai^{21} 信封san^{44}faŋ^{12}	信皮sen^{33}pʻei^{42}	信皮san^{12}pʻai^{3} 信套san^{12}tʻau^{53}	信皮sɛŋ^{45}pʻai^{3}	信皮saŋ^{4}pai^{4}
1191	信纸	信纸sin^{44}tsɿ^{24}	信纸san^{44}tsɿ^{24}	信纸sen^{33}tsɿ^{24}	信纸san^{12}tsɿ^{214}	信纸sɛŋ^{45}tsɿ^{314}	信纸saŋ^{4}tsi^{324}
1192	糨糊	浆糊tsin^{13}fʉ^{21}	浆糊tsɛŋ^{12}vu^{21}	浆糊tsiɔŋ^{11}fu^{42}	浆糊tsiɔŋ^{33}fu^{11}	浆糊tsiɔŋ^{44}u^{22}	浆糊tsœn^{51}vu^{45}
1193	小刀儿	刀仔tʌ^{2}ʔu^{23}tsʌ^{2}ʔʌ^{23}	刀仔tau^{3}tsɛ^{3}ʔɛ^{35}	刀仔tau^{33}tsei^{33}	刀仔tau^{33}tsa^{12}	刀仔tau^{44}tsei^{3}	刀仔o^{4}tsøy^{4}
1194	削（铅笔）	剌pʻʌ^{13}	剌pʻɛ^{12}	剌pʻɛi^{11}	剌pʻa^{33}	剌pʻa^{44}	剌pʻie^{51}
1195	尺	尺tsʻi^{2}ʔʌ^{23}	尺tsʻɛ^{3}ʔɛ^{35}	尺tʃʻa^{5}	尺tsʻɔ^{12}	尺tsʻou^{3}	尺tsʻi^{21}

序号	词目	大村	向阳	石陂	周田	石塘	桂头
1196	橡皮擦	胶擦kᴀu^{13}tsʻo^{5}	胶擦kau^{12}tsʻuə^{5}	胶擦kau^{11}tsʻa^{5}	胶擦kau^{33}tsʻɔ^{5}	胶擦kau^{44}tsʻou^{3}	胶擦ko^{51}tsʻu^{21}
1197	橡皮筋	跳绳tʻiᴀu^{44}sᴀ^{4}ʔn^{45}	跳绳tʻiu^{44}sa^{3}ʔn^{35}	跳绳tʻiu^{55}ʃen^{42}	跳索tʻiau^{53}seu^{5}	跳绳tʻiau^{45}saŋ^{22}	跳绳tʻei^{44}saŋ^{4}
1198	砚台	墨盘mo^{4}ʔe^{45}pʻe^{4}ʔŋ^{45}	墨盘bɐi^{3}pʻo^{3}ʔŋ^{35}	墨盘mɐi^{3}pʻun^{33}	墨盘mi^{3}pʻoŋ^{3}	墨盘mei^{3}pʻoŋ^{3}	墨盘bai^{4}pœn^{4}
1199	墨	墨mo^{4}ʔe^{45}	墨bɐi^{3}	墨mɐi^{3}	墨mi^{3}	墨mei^{3}	墨bai^{4}
1200	墨汁	墨汁mo^{4}ʔe^{45}tsɿ^{5}	墨汁bɐi^{3}tsɿ^{5}	墨汁mɐi^{3}ʧi^{5}	墨汁mi^{3}tsai^{5}	墨汁mei^{3}tsɿ^{5}	墨汁bai^{4}tsi^{21}
1201	墨水	墨水mo^{4}ʔe^{45}sʉ^{24}	墨水bɐi^{3}sɔe^{24}	墨水mɐi^{3}ʃɔi^{24}	墨水mi^{3}suoi^{214}	墨水mei^{3}sy^{314}	墨水bai^{4}sy^{324}
1202	掭（笔）	□pɔŋ^{44}	□liɛ^{24}	□pɔŋ^{11}	□pɔŋ^{33}	□koŋ^{45}	□pɛn^{324}
1203	洇（纸）	□水mɐn^{21}sʉ^{24} 洇jin^{44}	洇jian^{44} 过□kɔu^{44}laŋ^{21}	过水kɔu^{55}ʃɔi^{24}	过风kɐu^{53}fɐŋ^{33}	过水ko^{45}sy^{314}	过水kvu^{44}sy^{324}
1204	草书	柳字liu^{24}sɿ^{4}ʔɿ^{45}	柳笔字 liu^{24}pai^{3}sɿ^{3}ʔɿ^{35}	柳笔lɐu^{24}pɐi^{33}	柳笔ŋiu^{214}pai^{12}	柳字liu^{314}sɿ^{3}	柳笔liu^{324}pai^{4}
1205	涂抹	涂改tʻʉ^{21}kʉ^{24}	涂改tʻu^{21}kui^{24}	涂改tʻu^{42}kɔi^{24}	涂tʻu^{11}	涂tʻu^{22}	涂改tau^{45}kvu^{324}
1206	逃学	偷走tʻᴀi^{13}tsᴀi^{24}	偷走tʻɔ^{12}tsɔ^{24}	偷走tʻø^{11}tsø^{24}	偷走tʻia^{33}tsia^{214}	偷走tʻie^{44}tsie^{314}	偷走tʻei^{51}tsei^{324}
1207	考试	考试kʻᴀu^{24}sɿ^{44}	考试kʻau^{24}sɿ^{44}	考试kʻau^{24}sɿ^{55}	考试kʻau^{214}sɿ^{53}	考试kʻau^{314}sɿ^{45}	考试kʻo^{324}si^{44}

序号	词目	大村	向阳	石陂	周田	石塘	桂头
1208	（考试）失误	冒考对 mʌu^{44}kʻʌu^{24}toe^{44}	冒考好 bau^{44}kʻau^{24}hau^{24}	考错kʻau^{24}tsʻɔu^{55}	冒考好 mau^{53}kʻau^{214}hau^{214}	冒考好 mau^{45}kʻau^{314}hau^{314}	考剾kʻau^{324}pei^{324}
1209	罚站	罚徛fo^{3}kʻi^{44}	罚徛fuə^{3}kʻi^{44}	罚徛fa^{3}kʻi^{55}	罚徛fɔ^{3}kʻi^{53}	罚徛fou^{5}kʻi^{45}	罚徛fu^{44}kʻai^{21}
1210	图章	印jin^{44}	章tsɛŋ^{12}	印iɛn^{55}	印iaŋ^{53}	印iɛŋ^{45}	印jaŋ^{4}
1211	徽章	证章tsʌn^{44}tsin^{13}		证章tʃen^{55}tʃɔŋ^{11}	证章tsiaŋ^{53}tsɔŋ^{33}	证章tsaŋ^{45}tsoŋ^{44}	证章tsaŋ^{44}tsœn^{51}
1212	邮局	邮电局 jiu^{21}tʻie^{22}kʻɐʔu^{45}	邮电局 jiu^{21}tʻɛn^{22}kʻɔ^{3}	邮电局 iau^{42}tʻin^{24}kʻø^{3}	邮政局 iu^{11}tsiaŋ^{53}kʻɛi^{3}	邮电局 iu^{22}tʻiŋ^{45}kʻie^{3}	邮电局 jiu^{45}tɛn^{22}kʻou^{4}
1213	邮票	邮票jiu^{21}pʻiʌ^{2}ʔu^{23}	邮票jiu^{21}pʻi^{3}ʔu^{35}	邮票iau^{42}pʻiu^{33}	邮票iu^{11}pʻiau^{12}	邮票iu^{22}pʻiau^{3}	邮票jiu^{45}pʻɛi^{4}
1214	相片	相片sin^{44}pʻie^{24}	相sɛŋ^{44}	相片siɔŋ^{55}pʻin^{24}	相片siɔŋ^{53}pʻiŋ^{53}	相片sioŋ^{45}pʻiŋ^{45}	相片sœn^{44}pʻɛn^{44}
1215	电影	电影tʻie^{22}jiʌŋ^{24}	电影tʻɛn^{22}jiɛ^{24}	电影tʻin^{24}iaŋ^{24}	电影tʻiŋ^{31}iaŋ^{214}	电影tʻiŋ^{45}iaŋ^{314}	电影tɛn^{22}jin^{324}
1216	画儿	画fo^{22}	画va^{3}ʔa^{35}	画fa^{33}	画fɔ^{31}	画fou^{3}	画fɔu^{44}
1217	对联	对to^{2}ʔe^{23}	对tɔ^{3}ʔe^{35}	对子tɔi^{33}tsɿ^{24}	对tuoi^{12}	对tuai^{3}	对øy^{4}
1218	玩儿	搞kʌu^{24}	搞kau^{24}	搞kau^{24}	搞kau^{214}	搞kau^{314}	搞ko^{324}
1219	球	波po^{13}	波pɔu^{12} 球kʻiu^{21}	波pɔu^{11}	波pɐu^{33}	球kʻiu^{22}	波pɔu^{51} 球kʻiu^{45}

序号	词目	大村	向阳	石陂	周田	石塘	桂头
1220	踢足球	踢足球 tʻiA^{5}tsɐu^{5}kʻiu^{21}	踢足球 tʻiɛ^{5}tsɔ^{5}kʻiu^{21}	踢足球 tʻia^{5}tsø^{5}kʻiau^{42}	打足球 ta^{3}tsei^{5}kʻiu^{11}	踢足球 tʻia^{5}tsie^{5}kʻiu^{22}	踢足球 tʻi^{21}tsou^{21}kʻiu^{45}
1221	荡秋千	打秋千 tA^{4}ʔA^{45}tsʻiu^{13}tsʻie^{13}	打秋千 ta^{24}tsʻiu^{12}tsʻɛn^{12}	吊□□ tiu^{55}tʃʻin^{42}tʃʻɐŋ^{24}	打千秋 ta^{3}tsʻiŋ^{33}tsʻiu^{33}	吊秋秋仔 tiau^{45}tsʻiu^{44}tsʻiu^{44}tsei^{3}	吊秋千 ɛi^{44}tsʻiu^{51}tsʻɛn^{51}
1222	放风筝	放纸鹞 fɔŋ^{44}tsɿ^{24}jiA^{2}ʔu^{23}	放纸鹞 fɔŋ^{44}tsɿ^{24}ji^{3}ʔu^{35}	放纸鹞 fɔŋ^{55}tsɿ^{24}iu^{33}	放纸鹞 fɔŋ^{53}tsɿ^{214}iau^{3}	放纸崖婆 foŋ^{45}tsɿ^{314}ŋa^{22}pʻo^{22}	放纸鹞 foŋ^{44}tsi^{324}jɛi^{4}
1223	讲故事	讲古仔 kɔŋ^{24}kʉ^{24}tsA^{2}ʔA^{23}	讲古仔 kɔŋ^{24}ku^{24}tsɛ^{3}ʔɛ^{35}	讲古仔 kɔŋ^{24}ku^{24}tsei^{33}	讲古仔 kɔŋ^{214}ku^{214}tsa^{12}	讲古仔 koŋ^{314}ku^{314}tsei^{3}	讲古仔 koŋ^{324}kvu^{324}tsøy^{4}
1224	唱歌	唱歌tsʻɔŋ^{44}kɔ^{13}	唱歌tsʻɔŋ^{44}kɔu^{12}	唱歌tʃʻɔŋ^{55}kɔu^{11}	唱歌tsʻɔŋ^{53}keu^{33}	唱歌tsʻoŋ^{45}ko^{44}	唱歌tsʻœn^{44}kɔu^{51}
1225	哨子	□□嘀 fi^{44}fi^{44}tei^{44}	鸡kɛi^{12}	□□仔 fi^{55}fi^{55}tsei^{33}	鸡哩kie^{33}lɛ^{53}	□□仔 pi^{45}pi^{45}tsei^{3}	□□嘀 fi^{44}fi^{44}tie^{4}
1226	吹口哨	打胡秀 tA^{4}ʔA^{45}fʉ^{21}siu^{44}	吹□□ tsʻɔe^{12}fi^{44}fi^{44}	打胡秀 ta^{24}fu^{42}sɛu^{55}	吹□□仔 tsʻuoi^{33}fi^{11}fi^{53}tsa^{12}	吹□□仔 tsʻy^{44}pi^{45}pi^{45}tsei^{3}	吹□□仔 tsʻy^{51}fi^{44}fi^{44}tsøy^{4}
1227	箫	箫 siAu^{13}	箫 siu^{12}	箫 siu^{11}	箫 siau^{33}	箫siau^{44}	箫 sɛi^{51}
1228	笛子	笛tʻiA^{4}ʔA^{45}	笛tʻiɛ^{3}ʔɛ^{35}	笛tʻia^{3}	笛tʻia^{3}	笛tʻiau^{3}	笛tʻi^{4}
1229	下棋	捉棋tsɔ^{5}kʻi^{4}ʔi^{45}	捉棋tsɔu^{5}kʻi^{3}ʔi^{35}	捉棋tsɔu^{5}kʻi^{33}	捉棋tseu^{5}kʻi^{3}	动棋tʻiẽ^{44}kʻi^{3} 捉棋tso^{5}kʻi^{3}	捉棋tsou^{21}kʻai^{4}
1230	抓牌	摸牌mɔ^{24}pʻA^{4}ʔA^{45}	牵牌hɛn^{12}pʻuə^{3}ʔə^{35} 摸牌bɔu^{24}pʻuə^{3}ʔə^{35}	抹牌 mui^{5}pʻai^{33}	摸牌meu^{214}pʻa^{11}	补牌pu^{314}pʻa^{3} 摸牌mo^{314}pʻa^{3}	摸牌bɔu^{324}pie^{4}
1231	游泳	洗冷水身 sA^{24}lAŋ^{44}sʉ^{24}sin^{13}	洗冷水身 sɛ^{24}liɛ^{44}sɔe^{24}san^{12} 游水jiu^{21}sɔe^{24}	搞水kau^{24}ʃɔi^{24}	搞水kau^{214}suoi^{214}	洗冻水身 sei^{314}tiẽ^{45}sy^{314}sɛŋ^{44} 洗冻冻sei^{314}tiẽ^{45}tiẽ^{45}	洗冻水身 sei^{324}oŋ^{44}sy^{324}saŋ^{51}

序号	词目	大村	向阳	石陂	周田	石塘	桂头
1232	潜水	沕沕moe^{22}mo^{4}ʔe^{45}	沕水bai^{3}sɔe^{24}	沕水mui^{11}ʃɔi^{24}	沕水mai^{3}suoi^{214}	沕沕mai^{44}mai^{3}	沕水bai^{44}sy^{324}
1233	打水漂	劈水□ pʻi^{5}sʉ^{24}pʻi^{3}	打水片 ta^{24}sɔe^{24}pʻɛn^{24}	着水片 ʧɔu^{5}ʃɔi^{24}pʻin^{24}	劈水片 pʻi^{5}suoi^{214}pʻiŋ^{53}	打水片 tou^{3}sy^{314}pʻiŋ^{45}	打水片 ɔu^{324}sy^{324}pʻɛn^{44}
1234	摆弄（玩具）	搞 kʌu^{24}	搞 kau^{24}	搞 kau^{24}	搞 kau^{214}		搞 ko^{324}
1235	会武术	有功夫 jiu^{44}kɐn^{13}fʉ^{13}	有功夫 jiu^{44}kaŋ^{12}fu^{12}	有功夫 iau^{55}kɐŋ^{11}fu^{11}	有功夫 iu^{53}kɐŋ^{33}fu^{33}	有功夫 iu^{45}kiẽ^{44}fu^{44}	有功夫 jiu^{21}koŋ^{51}fu^{51}
1236	变魔术	变把嘀戏 pie^{44}po^{24}tei^{44}hi^{44} 演眼花jie^{24}ŋʌŋ^{44}fo^{2}ʔo^{23}	弄把戏 laŋ^{22}pa^{24}hi^{44}	变把戏 pin^{55}pa^{24}ʃi^{55}	弄把戏 lɐŋ^{31}pa^{214}hi^{53}	变把戏 piŋ^{45}pa^{314}kʻi^{45}	弄宝戏 loŋ^{22}po^{324}hai^{44}
1237	翻跟斗	翻□凳 fəŋ^{13}kʻin^{44}tʌ^{2}ʔn^{23}	打翻跟斗 ta^{24}fuə^{12}kian^{12}tɔ^{3}ʔɔ^{35}	打翻跟斗 ta^{24}fan^{11}kiɛn^{11}tø^{33}	打翻跟斗 ta^{3}foŋ^{33}kiaŋ^{33}tia^{12}	打跟头 tou^{3}kuaŋ^{44}tʻie^{3}	打跟斗 ɔu^{324}kvaŋ^{51}øy^{4}
1238	扫堂腿	扫脚sʌu^{44}kiu^{5}	扫脚sau^{44}kiu^{5}	扫脚sau^{55}kiu^{5}	扫风脚 sau^{53}fɐŋ^{33}kiu^{5}	扫脚sau^{45}kiu^{5}	扫脚so^{44}kœy^{21}
1239	捉迷藏	捉人搞 tsɔ^{5}ŋin^{21}kʌu^{24}	偋/伏人仔 piɛ^{44}/pʻɔ^{3}gɐn^{21}tsɛ^{3}ʔɛ^{35}	偋人搞搞 piaŋ^{55}ŋiɛn^{42}kau^{24}kau^{24}	偋□□哩 piaŋ$^{53;11}$i^{3}ia^{3}lɛ^{53}	捉□□ tso^{5}mɐŋ^{22}tsʻou^{3}	捉人搞 tsou^{21}gaŋ^{45}ko^{324}
1240	挠痒痒	□□□ lin^{13}ko^{21}ti^{24}	□□ka^{21}tsɿ^{44} □□ku^{21}tsɿ^{44}	□nɐn^{11}	□tsi^{11}	鼓ku^{314}	□laŋ^{51}
1241	跳房子（游戏）	跳飞机 tʻiʌu^{44}foe^{13}ki^{13}	跳飞机 tʻiu^{44}fai^{12}ki^{12}	跳飞机 tʻiu^{55}fɔi^{11}ki^{11}	跳飞机 tʻiau^{53}fai^{33}ki^{33}	跳飞机 tʻiau^{45}fai^{44}ki^{44}	跳飞机 tʻɛi^{44}fei^{51}kai^{51}
1242	舞龙	舞龙mʉ^{44}lɐn^{21}	舞龙bu^{24}laŋ^{21}	舞龙mɔu^{24}nɐŋ^{42}	舞龙mu^{53}nɐŋ^{11}	□龙tʻiau^{22}liẽ^{22}	舞龙bau^{21}loŋ^{45}
1243	拉二胡	挨胡琴 ʌ^{13}fʉ^{21}kʻin^{21}	挨胡琴 guə^{21}fu^{21}kʻian^{21}	挨胡琴 ai^{11}fu^{42}kʻiɛn^{42}	挨胡琴 a^{33}fu^{11}kʻiaŋ^{11}	挨/锯胡琴 a^{44}/ky^{45}fu^{22}kʻɐŋ^{22}	挨胡琴 ai^{51}fu^{45}kʻaŋ^{45}

序号	词目	大村	向阳	石陂	周田	石塘	桂头
1244	放鞭炮	打炮仗 tA^{4}ʔA^{45}pʻAu^{44}tsʻin^{22}	打炮仗 ta^{24}pʻau^{44}tsʻɛŋ^{22}	打纸炮 ta^{24}tsɿ^{24}pʻau^{55}	打纸炮 ta^{3}tsɿ^{214}pʻau^{53}	打炮仗 tou^{3}pau^{45}tsʻie^{45}	打纸炮 ɔu^{324}tsi^{324}pʻo^{44}
1245	骑脖子	骑马□kʻi^{21}mo^{44}lɔŋ^{44} 骑嘟□kʻi^{21}to^{44}tAŋ^{24}	骑马□□ kʻi^{21}ba^{44}lɔŋ^{44}lɔŋ^{44}	□tɐŋ^{11}	□颈□ tɐŋ^{33}kiaŋ^{214}ki^{33}	骑马嘟嘟kʻi^{22}ma^{45}tu^{44}tu^{44} 骑肩头kʻi^{22}kaŋ^{44}tʻie^{22}	骑□□ kʻai^{45}ba^{22}toŋ^{44}
1246	倒立	竖礁sʉ^{22}tsiAu^{13}	倒□tau^{44}tsan^{22}	起千□ ʃi^{24}tsʻin^{11}ʧi^{11}	竖礁su^{53}tsiau^{12}	□天礁tɐŋ^{45}tʻiŋ^{44}tsiau^{44} □徛tɐŋ^{45}kʻi^{45}	倒徛o^{44}kʻai^{21}
1247	面具	面壳mie^{22}kʻɔ^{5} 假面 ko^{24}mie^{22}	面壳bɐn^{22}kʻɔ^{3}ʔu^{35} 假面壳ka^{24}bɐn^{22}kʻɔ^{3}ʔu^{35}	假面ka^{24}min^{33}	假面kɔ^{214}miŋ^{31}	鬼罗壳kuai^{314}lo^{22}kʻo^{5} 假面kou^{314}miŋ^{44}	面具bɐn^{22}kʻau^{22} 假面 kɔu^{324}bɐn^{22}
1248	猜拳	猜拳tsʻA^{13}kʻɵ^{21}	猜拳tsʻuə^{12}kʻiɔn^{21}	猜□tsʻai^{11}ma^{42} 猜拳tsʻai^{11}kʻiun^{42}	猜拳tsʻa^{33}kʻiŋ^{11}	猜拳tsʻa^{44}kʻyẽ^{22}	猜拳tsʻie^{51}kʻyẽ^{45}
1249	抓阄	捡阄kie^{24}ki^{2}ʔu^{23}	捡勾ken^{24}kɔ^{12} 捡阄ken^{24}ki^{3}ʔu^{35}	捡阄kin^{24}kiau^{33}	捡阄kiŋ^{214}kia^{12}	拈阄liŋ^{44}kie^{3}	捡阄kaŋ^{324}kiu^{4}
1250	压岁钱	砙岁钱 tso^{5}soe^{44}tsʻie^{4}ʔe^{45}	砙岁钱tsɛ^{5}sɔe^{44}tsʻɛ^{3}ʔn^{35} 利是lai^{22}sɿ^{22}	包封pau^{11}fɐŋ^{11} 利是lɐi^{11}sɿ^{11}	砙岁钱 tsɔ^{5}suoi^{53}tsʻiŋ^{3}	砙岁钱 tsou^{5}suai^{45}tsʻiŋ^{3}	砙岁钱 tsi^{21}søy^{44}tsʻɛn^{45}
1251	请客	请客tsʻiAŋ^{24}kʻA^{5}	请客tsʻiɛ^{24}kʻɛ^{5}	请客tsʻiaŋ^{24}kʻei^{5}	请客tsʻiaŋ^{214}kʻɔ^{5}	请客tsʻiaŋ^{314}kʻou^{5}	请客tsʻin^{324}kʻi^{21}
1252	送礼	做人情 tsɿ^{44}ŋin^{21}tsʻiAŋ^{21}	做人情 tsu^{44}gen^{21}tsʻiɛ^{21}	送人情 sɐŋ^{55}ŋien^{42}tsʻiaŋ^{42}	送礼sɐŋ^{53}lai^{53}	送礼sie^{45}lai^{3}	做人情 tsau^{44}gaŋ^{45}tsʻin^{45}
1253	收礼	收人情 siu^{13}ŋin^{21}tsʻiAŋ^{21}	收人情 siu^{12}gen^{21}tsʻiɛ^{21}	收人情 ʃau^{11}ŋien^{42}tsʻiaŋ^{42}	收礼siu^{33}lai^{53}	收礼siu^{44}lai^{3}	收人情 siu^{51}gaŋ^{45}tsʻin^{45}
1254	感谢	多谢tɔ^{13}tsʻiA^{22}	多谢tɔu^{12}tsʻiɛ^{22}	多谢tɔu^{11}tsʻia^{11}	多谢tɐu^{33}tsʻia^{31}	多谢to^{44}tsʻia^{44}	多谢ɔu^{51}tsʻi^{22}
1255	稀客	少来箇siAu^{24}lA^{21}·kɐe	贵客kuai^{44}kʻɛ^{5}	贵客kɔi^{55}kʻei^{5}	生疏客siaŋ^{33}sɐu^{33}kʻɔ^{5}	稀客si^{44}kʻou^{5}	生客sin^{51}kʻi^{21}

序号	词目	大村	向阳	石陂	周田	石塘	桂头
1256	请坐	请坐ts‘iʌŋ^{24}ts‘ɔ^{44}	请坐ts‘iɛ^{24}ts‘ɔu^{44}	请坐ts‘iaŋ^{24}ts‘ɔu^{55}	请坐ts‘iaŋ^{214}ts‘ɐu^{53}	请坐ts‘iaŋ^{314}ts‘o^{45}	请坐ts‘in^{324}ts‘ɔu^{21}
1257	讲客气	讲客气 kɔŋ^{24}k‘ʌ^{5}hi^{44}	讲客气 kɔŋ^{24}k‘ɛ^{5}hi^{44}	讲客气 kɔŋ^{24}k‘ei^{5}ʃi^{55}	讲客气 kɔŋ^{214}k‘ɔ^{5}hi^{53}	□客气 ka^{3}k‘ou^{5}k‘i^{45}	讲客气 koŋ^{324}k‘i^{21}hai^{44}
1258	斟茶	酾茶sʌ^{13}ts‘o^{21}	酾茶suə^{12}ts‘a^{21}	酾茶sai^{11}ts‘a^{42}	酾茶sa^{33}ts‘ɔ^{11}	酾茶sa^{44}ts‘ou^{22}	酾茶sie^{51}ts‘ɔu^{45}
1259	散（烟）	俵piʌu^{44}	俵piu^{44} 派p‘uə^{44}	俵piu^{55}	俵piau^{53}	俵piau^{45}	俵pei^{44}
1260	开始（动词）	开始hʉ^{13}ts‘ɿ^{24}	开始hui^{12}ts‘ɿ^{24}	开始k‘ui^{11}ts‘ɿ^{24}	开始hoi^{33}ts‘ɿ^{214}	动手t‘ie^{44}siu^{314}	开始k‘vu^{51} ts‘ɿ^{324}
1261	入席	坐桌ts‘ɔ^{44}tsɔ^{2}ʔɔ^{23}	坐桌ts‘ɔu^{44}tsɔ^{3}ʔu^{35}	坐台ts‘ɔu^{55}t‘ui^{33}	坐台ts‘ɐu^{53}t‘oi^{3}	坐桌ts‘o^{45}tso^{3}	坐桌ts‘ɔu^{21}tsou^{4}
1262	上菜	出菜ts‘iu^{5}ts‘ʉ^{44}	捧菜p‘aŋ^{24}ts‘ui^{44}	出菜ʧ‘ui^{5}ts‘ui^{55}	出菜ts‘uoi^{5}ts‘oi^{53}	□菜to^{5}ts‘ua^{45} 出菜ts‘y^{5}ts‘ua^{45}	出菜ts‘y^{21}ts‘u^{44}
1263	倒酒	酾酒sʌ^{13}tsiu^{24}	酾酒suə^{12}tsiu^{24}	酾酒sai^{11}tsɐu^{24}	酾酒sa^{33}tsiu^{214}	酾酒sa^{44}tsiu^{314}	酾酒sie^{51}tsiu^{324}
1264	干杯	干杯kəŋ^{13}poe^{13}	干杯kun^{12}pui^{12}	干杯kun^{11}pɔi^{11}	碰杯p‘ɛŋ^{53}pai^{33}	碰杯p‘iẽ^{44}pai^{44}	干盅kvœn^{51}tsoŋ^{4}
1265	慢走	慢慢行 məŋ^{22}məŋ^{22}hʌŋ^{21}	慢慢行 buə^{22}buə^{22}hiɛ^{21}	慢慢行 man^{11}man^{11}haŋ^{42}	慢慢行 moŋ^{31}moŋ^{31}hiaŋ^{11}	慢慢行 moŋ^{44}moŋ^{44}haŋ^{22}	慢慢行 bœn^{22}bœn^{22}hin^{45}
1266	乱说话	乱讲ləŋ^{22}kɔŋ^{24}	乱讲loŋ^{22}kɔŋ^{24}	乱讲lun^{11}kɔŋ^{24}	乱讲loŋ^{31}kɔŋ^{214}	乱讲luaŋ^{44}koŋ^{314}	乱讲lœn^{22}koŋ^{324}
1267	招待	接待tsɿ^{5}t‘ʉ^{22}	招呼tsiu^{12}fu^{12}	招呼ʧiu^{11}fu^{11}	招呼tsau^{33}fu^{33}	招待tsiau^{44}t‘uai^{44}	接待tsei^{21}tu^{22}

序号	词目	大村	向阳	石陂	周田	石塘	桂头
1268	叩头	磕头kʻɔ^{5}tʻʌi^{21}	磕头kʻɔu^{5}tʻɔ^{21}	磕头kʻø^{5}tʻø^{42}	磕头kʻɐu^{5}tʻia^{3}	□头kei^{5}tʻie^{3}	磕头kʻɔu^{21}tei^{45}
1269	作揖（对人）	恭喜kɐn13hi24	唱喏tsʻɔŋ^{44}ja^{44}	恭喜kɐŋ^{11}ʃi^{24}	唱喏tsʻɔŋ^{53}iɔ^{53}	唱喏tsʻoŋ^{45}iou^{45}	唱喏tsʻœn^{44}ji^{21}
1270	风光	风光fɐn^{13}kɔŋ^{13}	风光faŋ^{12}kɔŋ^{12}	风光fɐŋ^{11}kɔŋ^{11}	风光fɐŋ^{33}kɔŋ^{33}	风光fiẽ^{44}kuaŋ^{44}	风流foŋ^{51}liu^{45}
1271	摆阔	摆架子 pʌ^{24}kʌ^{2}ʔʌ^{23}tsɿ^{24}	摆阔佬 puə^{24}hui^{5}lau^{24}	摆架子 pai^{24}ka^{33}tsɿ^{24}	摆架子 pa^{214}ka^{53}tsɿ^{214}	摆架子 pa^{314}kou^{45}tsɿ^{314}	晒宝sie^{44}po^{324}
1272	充好汉	充叻tsʻɐn^{13}liʌ^{5}	充大头鬼 tsʻaŋ^{12}tʻuə^{22}tʻɔ^{21}kuai^{24}	充叻tʃʻɐŋ^{11}lia^{3}	充叻tsʻɐŋ^{33}lia^{5}	□叻tsʻa^{44}lia^{5}	充大头鬼 tsʻoŋ^{51}tu^{22}tei^{45}kvei^{324}
1273	丢脸	失面子sɿ^{5}mie^{4}ʔe^{45}tsɿ^{24} 丢假tiu^{13}ko^{24}	丢架tiu^{12}ka^{3}ʔa^{35}	丢架tɐu^{11}ka^{33}	丢架tiu^{33}kɔ^{53}	丢假tiu^{44}kou^{314}	丢假iu^{51}kɔu^{324}
1274	受累	□lo^{44}	受苦siu^{44}kʻu^{24}	受苦ʃau^{11}kʻu^{24}	辛苦san^{33}kʻu^{214}	□la^{45}	受苦siu^{22}kʻvu^{324}
1275	难为你	难为你 lɐŋ^{21}voe^{21}lei^{44}	难为你 luə^{21}vai^{21}lai^{44}	难为你 nan^{42} vɔi^{42}ŋi^{55}	难为你 noŋ^{11}vai^{11}nɛi^{33}	难为你 loŋ^{22}uai^{22}lai^{45}	难为你 lœn^{45}vei^{45}lei^{21}
1276	（别）理（他）	理ləe^{44}	理lai^{44}	理lɐi^{55} 管kun^{24}	使sɿ^{214}	理lai^{45}	理lai^{21}
1277	邀（伴儿）	邀jiʌu^{13}	□vei^{24}	约iɔu^{3}	约iu^{5}	□tsʻiau^{22}	邀jei^{51}
1278	遇见（熟人）	撞倒tsʻɔŋ^{22}tʌu^{24}	撞倒tsʻɔŋ^{22}tau^{24}	撞倒tsʻɔŋ^{11}tau^{24}	撞倒tsʻɔŋ^{31}tau^{214}	撞起tsʻoŋ^{44}hai^{314}	撞起tsʻoŋ^{22}hai^{324}
1279	看望（病人）	睇tʻʌ^{24}	睇tʻɛ^{24}	睇tʻɐi^{24}	睇tʻa^{214}	望moŋ^{44}	睇tʻie^{324}

序号	词目	大村	向阳	石陂	周田	石塘	桂头
1280	说话	讲事kɔŋ^{24}sɿ^{22}	讲话kɔŋ^{24}va^{3}ʔa^{35}	讲话kɔŋ^{24}va^{33}	讲事kɔŋ^{214}sɿ^{31}	讲事kɔŋ^{314}sɿ^{44}	讲话kɔŋ^{324}vɔu^{4}
1281	说普通话	讲普通话 kɔŋ^{24}pʻʉ^{24}tʻen^{13}vo^{4}ʔo^{45}	讲普通话 kɔŋ^{24}pʻu^{24}tʻaŋ^{12}va^{3}ʔa^{35}	讲普通话 kɔŋ^{24}pʻu^{24}tʻɐŋ^{11}va^{33}	讲普通话 kɔŋ^{214}pʻu^{214}tʻɐŋ^{33}vɔ^{31}	讲普通话 kɔŋ^{314}pʻu^{314}tʻiẽ^{44}uou^{44}	讲官话 kɔŋ^{324}kvœn^{51}vɔu^{4}
1282	巴结	捧大脚 pʻen^{24}tʻo^{22}kiu^{5}	捧大脚 pʻaŋ^{24}tʻuə^{22}kiu^{5}	背大脚 pɐi^{55}tʻai^{11}kiu^{5}	背大脚 pai^{53}tʻa^{31}kiu^{5}	捧大脚 pʻiẽ^{314}tʻou^{44}kiu^{5}	托大脚 tʻou^{21}tu^{22}kœy^{21}
1283	数落	□人soe^{13}ŋin^{21}	□人sɔŋ^{24}gen^{21}	多喙tɔu^{11}ʧui^{55}	数人 su^{53}ŋiaŋ^{11}	数人 sy^{314}ŋɛŋ^{22}	烧嫶sɛi^{53}lu^{21}
1284	挨（打骂）	惹ŋiʌ^{44}	惹giɛ^{44}	惹ŋia^{55}	惹ŋia^{53}	惹ŋia^{314}	惹gi^{21}
1285	叮嘱	吩咐 fun^{13}fʉ^{44}	吩咐 fan^{12}fu^{44}	吩咐 fɔn^{11}fu^{55}	吩咐 fan^{33}fu^{53}	嘱咐tsie^{5}fu^{44}	吩咐 faŋ^{51}fu^{44}
1286	搭腔	搭嘴to^{5}tsoe^{24}	多嘴tɔu^{12}tsɔe^{24}	多喙tɔu^{11}ʧui^{55}	搭嘴tɔ^{5}tsuoi^{214}	搭嘴tou^{5}tsuai^{3}	搭嘴ie^{21}tsau^{324}
1287	插嘴	插嘴tsʻʌ^{5}tsoe^{24}	插嘴tsʻuə^{5}tsɔe^{24}	多喙tɔu^{11}ʧui^{55}	插嘴tsʻa^{5}tsuoi^{214}	插嘴tsʻa^{5}tsuai^{314}	插嘴tsʻie^{21}tsau^{324}
1288	呵斥	凶hen^{13}	□hui^{5}	凶hɐŋ^{11}	□hoi^{5}	恶o^{5}	□hoŋ^{45}
1289	哄骗	□len^{24} 傻sɔ^{21}	□laŋ^{24}	哄hɐŋ^{24}	傻seu^{11}	□sye^{5}	□su^{21}
1290	完蛋	冒了mʌu^{44}lei^{13}	冒了bau^{44}lɛ^{12}	冒啊哩 mau^{55}a^{11}lɛi^{33}	冒了mau^{53}lɔ^{33}	□毕pou^{44}pai^{45}	冒得了 bo^{21}ai^{21}la^{51}
1291	吵架	讲口kɔŋ^{24}hʌi^{24}	讲口kɔŋ^{24}hɔ^{24}	讲口kɔŋ^{24}hø^{24}	讲口kɔŋ^{214}hia^{214}	讲口kɔŋ^{314}kʻie^{314}	讲口kɔŋ^{324}kʻei^{324}

序号	词目	大村	向阳	石陂	周田	石塘	桂头
1292	（用粗话）骂	咒tsiu^{44}	咒tsiu^{44}	咒tʃau^{55}	咒tsiu^{53}	咒tsiu^{45}	咒tsiu^{44}
1293	打架	打交tᴀ^{4}ʔᴀ^{45}kᴀu^{13}	打交ta^{24}kau^{12}	打交ta^{24}kau^{11}	打交ta^{3}kia^{33}	打交tou^{3}kau^{44}	□交tau^{45}ko^{51}
1294	劝架	劝交k'ɵ^{44}kᴀu^{13}	争交tsiɛ^{12}kau^{12} 劝交k'iɔn^{44}kau^{12}	劝交k'iun^{55}kau^{11}	劝交k'iŋ^{53}kia^{33}	劝交k'yẽ^{45}kau^{44}	劝交k'yẽ^{44}ko^{51}
1295	护（着他）	争tsᴀŋ^{13}	争tsiɛ^{12}	争tsaŋ^{11}	争tsiaŋ^{33}	争tsaŋ^{44}	争tsin^{51}
1296	给（他）	俵piᴀu^{44}	拈lɛn^{12} 俵piu^{44}	拿na^{24}	俵piau^{53}	俵piau^{45}	俵pei^{44}
1297	叫（他来）	喊hᴀŋ^{44}	□vɛi^{24}	□ɛu^{42}	□ia^{11}	喊k'aŋ^{45}	喊k'iẽ^{44}
1298	行（应答）	得tei^{5}	得tei^{5}	得tɐi^{5}	得ti^{5}	得tai^{5}	得ai^{21}
1299	不错	唔错m^{21}ts'ɔ^{44}	唔错m^{21}ts'ɔu^{44}	唔错m^{42}ts'ɔu^{55}	唔错m^{11}ts'ɛu^{53}	不/唔错 pu^{45}/m^{22}ts'o^{45}	唔错m^{44}ts'ɔu^{44}
1300	不准（去）	唔准m^{21}tsun^{24}	唔准m^{21}tsɔn^{24}	唔准m^{42}tʃɔn^{24}	唔准m^{11}tsuɔn^{214}	不/唔准 pu^{45}/m^{22}tsɛŋ^{314}	唔准m^{44}tsaŋ^{324}
1301	唆使	傻sɔ^{21}	□laŋ^{24}	傻sɔu^{42}	□ȵiɛ^{33} 傻sɛu^{11}	□p'aŋ^{314} 傻so^{22}	唆søy^{44}
1302	顶撞	顶颈tin^{24}kiᴀŋ^{24}	顶颈tan^{24}kiɛ^{24} 顶嘴tan^{24}tsɔe^{24}	顶颈tɛn^{24}kiaŋ^{24}	顶颈tan^{214}kiaŋ^{214}	顶颈tɛŋ^{314}kiaŋ^{314}	顶嘴aŋ^{324}tsau^{324}
1303	撩拨	撩火liᴀu^{21}fʉ^{24} 挑是弄非 t'iᴀu^{13}sɿ^{22}lɐn^{22}foe^{13}	拨火屎 p'ui^{5}fu^{24}sɿ^{24}	撩火棍 liu^{24}fu^{24}kɔn^{33}	撩火liau^{214}fu^{214}	撩火liau^{314}ho^{314}	撩火lei^{45}fu^{324}

序号	词目	大村	向阳	石陂	周田	石塘	桂头
1304	合（不来）	佮kʌ^{5}	佮kuə^{5} 合hui^{3}	佮ka^{5}	佮kɔ^{5}	佮ka^{5} □kou^{5}	摎lo^{51}
1305	迁就	忍ŋin^{44}	凑ts'ɔ^{44}	相凑siɔŋ^{11}ts'ø^{33}	相就siɔŋ^{33}ts'iu^{31}	容纵iẽ^{22}tsiẽ^{45}	相凑sœn^{51}ts'ei^{44} 顺紧saŋ^{44}kaŋ^{324}
1306	走亲戚	上村sɔŋ^{44}ts'un^{13}	探亲t'uə^{44}ts'an^{12}	探亲t'an^{55}ts'en^{11}	探亲t'oŋ^{53}ts'an^{33}	上村soŋ^{45}ts'eŋ^{44}	上村sœn^{21}ts'aŋ^{51}
1307	没空儿	唔得闲 m^{21}tei^{5}hʌŋ^{21}	唔得闲 m^{21}tei^{5}huə^{21}	唔得闲 m^{42}tɐi^{5}han^{42}	唔得闲 m^{11}ti^{5}hiaŋ^{11}	唔得闲 m^{22}tai^{5}haŋ^{22}	唔得闲 m^{44}ai^{21}hiẽ^{45}
1308	有空儿	得闲tei^{5}hʌŋ^{21}	得闲tɐi^{5}huə^{21}	得闲tɐi^{5}han^{42}	得闲ti^{5}hiaŋ^{11}	得闲tai^{5}haŋ^{22}	得闲ai^{21}hiẽ^{45}
1309	办妥（了）	做好tsɿ^{44}hau^{24}	搞定kau^{24}t'en^{22}	搞掂kau^{24}t'in^{24}	搞好kau^{214}hau^{214}	搞好kau^{314}hau^{314}	搞好ko^{324}ho^{324}
1310	走运	行运hʌŋ^{21}jun^{22}	行运hiɛ^{21}jiɔn^{22}	行运haŋ^{42}iɔn^{11}	行运hiaŋ^{11}iɔn^{31}	行运haŋ^{22}iɛŋ^{44}	行运hin^{45}jaŋ^{22}
1311	倒霉	行衰运 hʌŋ^{21}soe^{13}jun^{22}	行衰运 hiɛ^{21}sɔe^{12}jiɔn^{22}	行衰运sui^{11}haŋ^{42}iɔn^{11} 该衰kui^{11}sui^{11}	行衰运 hiaŋ^{11}suoi^{33}iɔn^{31}	行衰运 haŋ^{22}suai^{44}iɛŋ^{44}	行衰运 hin^{45}søy^{51}jaŋ^{22}
1312	时兴	兴 hʌn^{13}	兴 han^{12}	兴 ʃen^{11}	兴 hiaŋ^{33}	兴haŋ^{44}	兴 haŋ^{51}
1313	商店	铺头pʉ^{2}ʔʉ^{23}t'ʌ^{4}ʔi^{45}	铺头p'u^{35}t'ɔ^{21}	铺头p'u^{33}t'ø^{42}	铺头p'u^{53}t'ia^{11} 店哩tiŋ^{53}lɛ^{53}	铺头p'u^{45}t'iẽ^{22}	铺头p'au^{4}tei^{45}
1314	饭馆	茶楼ts'o^{21}lʌi^{21} 饭店fɐŋ^{22}tie^{24}	茶楼ts'a^{21}lɔ^{21} 饭店fuə^{22}tɛ^{3}ʔn^{35}	饭店fan^{11}tin^{33}	茶楼ts'ɔ^{11}lia^{11} 饭店foŋ^{31}tiŋ^{53}	茶楼ts'ou^{22}liẽ^{22} 饭店foŋ^{44}tiŋ^{45}	茶楼ts'ɔu^{45}lei^{45} 饭店fœn^{22}ɛn^{4}
1315	旅馆	客栈k'ʌ^{5}ts'ʌŋ^{22} 旅店lo^{2}ʔe^{23}tie^{24}	客栈k'ɛ^{5}ts'uə^{22} 旅店lɔe^{3}tɛ^{3}ʔn^{35}	客栈k'ei^{5}ts'an^{24} 旅店lɐi^{55}tin^{33}	歇店hi^{5}tiŋ^{3} 旅店lai^{214}tiŋ^{3}	旅店luai^{3}tiŋ^{45}	旅店løy^{4}ɛn^{4}

序号	词目	大村	向阳	石陂	周田	石塘	桂头
1316	摆摊儿	摆摊嘀 pA^{24}tʻəŋ^{13}tie^{44}	摆街puə^{24}kuə^{12} 摆档puə^{24}tɔŋ^{44}	摆摊子 pai^{24}tʻan^{11}tsɿ^{24}	摆街pa^{214}kia^{33}	摆摊pa^{314}tʻoŋ^{44}	摆摊pie^{324}tʻœn^{51}
1317	贩子	贩仔fə^{2}ʔŋ^{23}tsA^{2}ʔA^{23}	贩子佬 fuə^{44}tsɿ^{24}lau^{24}	贩子fan^{55}tsɿ^{24}	贩子foŋ^{53}tsɿ^{214}	贩子佬 foŋ^{45}tsɿ^{314}lau^{314}	贩子佬 fœn^{4}tsi^{324}lo^{324}
1318	（生意）旺	好hAu^{24}	好hau^{24}	好hau^{24}	好hau^{214}	好hau^{314}	好ho^{324}
1319	开张	开张hʉ^{13}tsin^{13}	开张hui^{12}tseŋ^{12}	开张kʻui^{11}tʃɔŋ^{11}	开张hoi^{33}tsɔŋ^{33}	开张kʻua^{44}tsoŋ^{44}	开张kʻvu^{51}tsœn^{51}
1320	盘点	结数ki^{5}sʉ^{2}ʔʉ^{23}	结数ki^{5}su^{3}ʔu^{35}	结数ki^{5}su^{33}	结数kie^{5}su^{12}	结数ki^{5}sy^{3} 盘点pʻoŋ^{22}tiŋ^{314}	结数kei^{21}sau^{4}
1321	歇业	关门kAŋ^{13}mu^{4}ʔn^{45}	停业tʻan^{21}ɲ^{3}	停业tʻen^{11}ŋi^{3}	停业tʻiaŋ^{11}ŋi^{3}	停业tʻaŋ^{22}ŋi^{5}	关门kviẽ^{51}bœn^{4}
1322	柜台	拦柜ləŋ^{21}kʻoe^{22}	柜围kʻuai^{35}vai^{21} 柜台kʻuai^{22}tʻui^{21}	拦身柜 lan^{42}ʃen^{11}kʻɔi^{33}	柜围kʻuoi^{3}vai^{11}	柜桌kʻuai^{44}tso^{3}	柜围kʻvei^{4}vei^{45}
1323	老板	老板lAu^{44}pəŋ^{24}	老板lau^{44}puə^{24}	老板lau^{55}pan^{24}	老板lau^{53}poŋ^{214}	老板lau^{45}poŋ^{314}	老板lo^{21}pœn^{324}
1324	女老板	老板娘 lAu^{44}pəŋ^{24}lin^{21}	老板娘 lau^{44}puə^{24}leŋ^{21}	老板娘 lau^{55}pan^{24}ŋiɔŋ^{42}	老板娘 lau^{53}poŋ^{214}ŋiɔŋ^{11}	老板娘 lau^{45}poŋ^{314}lioŋ^{22}	老板娘 lo^{21}pœn^{324}lœn^{45}
1325	店员	伙计fʉ^{24}ki^{5}	伙计fu^{24}ki^{44}	伙计fu^{24}ki^{55}	伙计fu^{214}ki^{53}	伙契ho^{314}kʻei^{45}	伙计fu^{324}kai^{44}
1326	师傅	师傅sɿ^{13}fʉ^{13}	师傅sɿ^{12}fu^{12}	师傅sɿ^{11}fu^{11}	师傅sɿ^{33}fu^{31}	师傅sɿ^{44}fu^{44}	师傅si^{51}fu^{51}
1327	徒弟	徒弟tʻʉ^{21}tʻA^{4}ʔi^{45}	学徒həu^{3}tʻu^{21} 徒弟tʻu^{21}tʻa^{3}ʔi^{35}	徒弟tʻu^{42}tʻei^{33}	徒弟tʻu^{11}tʻai^{3}	徒弟tʻu^{22}tʻai^{44}	徒弟tau^{45}tie^{4}

序号	词目	大村	向阳	石陂	周田	石塘	桂头
1328	顾客	客kʻᴀ^{5}	客人kʻɛ^{5}gen^{21}	客kʻɛi^{5}	客kʻɔ^{5}	客kʻou^{5}	客kʻi^{21}
1329	还价	讲价kɔŋ^{24}ko^{44}	讲价kɔŋ^{24}ka^{44}	讲价kɔŋ^{24}ka^{55}	讲价kɔŋ^{214}kɔ^{53}	讲价koŋ^{314}kou^{45}	讨价tʻo^{324}kɔu^{44}
1330	砍价	压价o^{5}ko^{44}	压价uə^{5}ka^{44}	压价a^{5}ka^{55}	压价ɔ^{5}kɔ^{53}	压价ou^{5}kou^{45}	斩价tsiẽ^{324}kɔu^{44}
1331	降价	减价kᴀŋ^{24}ko^{44}	减价kuə^{24}ka^{44}	减价kan^{24}ka^{55}	减价kiaŋ^{214}kɔ^{53}	减价kaŋ^{314}kou^{45}	减价kiẽ^{324}kɔu^{44}
1332	赊账	赊数siᴀ^{13}sʉ^{2}ʔʉ^{23}	赊数siɛ^{12}su^{3}ʔu^{35}	赊数tʃa^{11}su^{33}	赊数sɔ^{33}su^{12}	赊数sou^{44}sy^{3}	赊数si^{51}sau^{4}
1333	欠账	欠数kʻie^{44}sʉ^{2}ʔʉ^{23}	欠数kʻiɔn^{44}su^{3}ʔu^{35}	欠数kʻin^{55}su^{33}	欠数kʻiŋ^{53}su^{12}	欠数kʻiŋ^{45}sy^{3}	欠数kʻɛn^{44}sau^{4}
1334	要账	追数tsoe^{13}sʉ^{2}ʔʉ^{23} 收数siu^{13}sʉ^{2}ʔʉ^{23}	追数tsɔe^{12}su^{3}ʔu^{35} 收数siu^{12}su^{3}ʔu^{35}	追数tʃɔi^{11}su^{33} 收数ʃau^{11}su^{33}	收数siu^{33}su^{12}	收数siu^{44}sy^{3}	追数tsøy^{51}sau^{4} 收数siu^{51}sau^{4}
1335	算盘	算盘sɵŋ^{44}pʻɵ^{4}ʔŋ^{45}	算盘soŋ^{44}pʻo^{3}ʔŋ^{35}	算盘sun^{55}pʻun^{33}	算盘soŋ^{53}pʻoŋ^{3}	算盘suaŋ^{45}pʻoŋ^{3}	算盘sœn^{44}pœn^{4}
1336	秤	秤tsʻᴀ^{2}ʔn^{23}	秤tsʻa^{3}ʔn^{35}	秤tʃɛn^{33}	秤tsʻiaŋ^{12}	秤tsʻaŋ^{3}	秤tsʻaŋ^{4}
1337	戥子	厘戥秤 ləe^{21}tᴀn^{24}tsʻᴀ^{2}ʔn^{23}	厘戥lai^{21}tan^{24}	厘戥lɐi^{42}tɐn^{24}	厘戥lai^{11}tiaŋ^{12}	厘戥秤 lai^{22}taŋ^{314}tsʻaŋ^{3}	厘戥lai^{45}aŋ^{324}
1338	开支	开销hʉi^{13}siᴀu^{13}	开销hui^{12}siu^{12} 开支hui^{12}tsɿ^{12}	开销kʻui^{11}siu^{11}	开销hoi^{33}siau^{33}	开销kʻua^{44}siau^{44} 开支kʻua^{44}tsɿ^{44}	开销kʻvu^{51}sɛi^{51}
1339	本钱	本钱pun^{24}tsʻie^{4}ʔe^{45}	本钱pan^{24}tsʻɛ^{3}ʔn^{35}	本钱pɔn^{24}tsʻin^{33}	本钱pan^{214}tsʻiŋ^{3}	本钱pɛŋ^{314}tsʻiŋ^{3}	本钱paŋ^{324}tsʻɛn^{4}

序号	词目	大村	向阳	石陂	周田	石塘	桂头
1340	合伙	佮伙kʌ^{5}fʉ^{24} 打伙计 tʌ^{4}ʔʌ^{45}fʉ^{24}ki^{5}	佮伙kuə^{5}fu^{24} 打大佬 ta^{24}t‘uə^{22}lau^{24}	佮伙计 ka^{5}fu^{24}ki^{55}	佮伙kɔ^{5}fu^{214}	打伙契 tou^{3}ho^{314}k‘ei^{45}	登伙计 aŋ^{51}fu^{324}kai^{44}
1341	凑（钱）	□k‘ɔ^{13}	□k‘ɔu^{12}	□k‘ɔu^{11}	□k‘ɛu^{33}	□k‘o^{44}	□k‘ɔu^{51}
1342	弄（钱）	寻ts‘in^{21}	寻ts‘an^{21}	寻ts‘ɛn^{42}	寻ts‘an^{11}	寻ts‘ɛŋ^{22}	寻ts‘aŋ^{45}
1343	钱	钱ts‘ie^{4}ʔe^{45}	钱ts‘ɛ^{3}ʔn^{35}	钱ts‘in^{33}	钱ts‘iŋ^{3}	钱ts‘iŋ^{3}	钱ts‘ɛn^{4}
1344	纸币	银纸ŋu^{4}ʔn^{45}tsɿ^{24}	银纸guan^{3}tsɿ^{24}	银纸ŋiɔn^{33}tsɿ^{24}	银纸ŋiɔn^{3}tsɿ^{214}	银纸ŋɛŋ^{3}tsɿ^{314}	银纸gaŋ^{4}tsi^{324}
1345	硬币	银仔ŋu^{4}ʔn^{45}tsʌ^{2}ʔʌ^{23}	□圆siɛ^{21}jiɔn^{21} 光洋kɔŋ^{12}jɔŋ^{21} 银仔guan^{3}tsɛ^{3}ʔɛ^{35}	毫子hau^{42}tsɿ^{33} 锡饼sia^{5}piaŋ^{24}	锡饼仔 sia^{5}piaŋ^{214}tsa^{12}	□子luai^{44}tsɿ^{3} 毫子hau^{22}tsɿ^{3} □子li^{5}tsɿ^{3}	□løy^{51} 毫子ho^{45}tsi^{4}
1346	整的（钞票）	大纸t‘o^{22}tsɿ^{24}	大纸t‘uə^{22}tsɿ^{24}	大纸t‘ai^{11}tsɿ^{24}	大纸t‘a^{31}tsɿ^{214}	大纸t‘ou^{44}tsɿ^{314}	大纸tu^{22}tsi^{324}
1347	零钱	碎钱soe^{44}ts‘ie^{4}ʔe^{45}	散纸suə^{44}tsɿ^{24} 碎纸sui^{44}tsɿ^{24}	碎钱sɔi^{55}ts‘in^{33} 碎纸sɔi^{55}tsɿ^{24}	碎纸suoi^{53}tsɿ^{214}	碎纸suai^{45}tsɿ^{314}	散纸sœn^{324}tsi^{324}
1348	数（钱）	点tie^{24}	数su^{24} 点tɛn^{24}	点tin^{24} 算sun^{55}	点tiŋ^{214}	点tiŋ^{314}	数sau^{324}
1349	找（钱）	找 tsʌu^{24}	找tsau^{24}	找 tsau^{24}	找 tsau^{214}	找tsau^{314}	找 tso^{324}
1350	差（一角钱）	争tsʌŋ^{13}	争tsiɛ^{12}	争tsaŋ^{11}	争tsiaŋ^{33}	争tsaŋ^{44}	争tsin^{51}
1351	利息	红利hɐn^{21}læ^{22}	红利haŋ^{21}lai^{22} 利息lai^{22}sei^{5}	红利hɐŋ^{42}lɐi^{11}	红利hɐŋ^{11}lai^{31}	利息lai^{44}sai^{5}	红利hoŋ^{45}lai^{22}

序号	词目	大村	向阳	石陂	周田	石塘	桂头
1352	挣（钱）	赚tsʻəŋ^{22}	寻tsʻan^{21}	寻tsʻɛn^{42}	揾van^{214}	赚tsʻyẽ^{44}	寻tsʻaŋ^{45}
1353	亏本	蚀本sɿ^{3}pun^{24}	蚀本sɿ^{3}pan^{24}	蚀本ʃi^{3}pɔn^{24}	蚀本sɿ^{3}pan^{214}	蚀本si^{5}pɛŋ^{314}	蚀本sei^{44}paŋ^{324}
1354	值得	值得tsʻei^{3}tei^{5}	值得tsʻei^{3}tɐi^{5}	值得tʃʻɐi^{3}tɐi^{5}	抵得ta^{214}ti^{5}	抵得ta^{314}tai^{5}	值得tsʻai^{44}ai^{21}
1355	够秤	够秤kʌi^{44}tsʻʌ^{2}ʔn^{23}	够秤kɔ^{44}tsʻa^{3}ʔn^{35}	足秤tsø^{5}tʃʻɛn^{33}	够秤kia^{53}tsʻiaŋ^{12}	够秤kie^{45}tsʻaŋ^{3}	足秤tsou^{21}tsʻaŋ^{4}
1356	不够秤	唔够秤 m^{21}kʌi^{44}tsʻʌ^{2}ʔn^{23}	唔够秤 m^{21}kɔ^{44}tsʻa^{3}ʔn^{35}	唔足秤 m^{42}tsø^{5}tʃʻɛn^{33}	唔够秤 m^{11}kia^{53}tsʻiaŋ^{12}	不/唔够秤 pu^{45}/m^{22}kie^{45}tsʻaŋ^{3}	唔足秤 m^{44}tsou^{21}tsʻaŋ^{4}
1357	省（钱）	□kʻiʌŋ^{22}	□kʻiɛ^{22}	□kʻiaŋ^{11}	□kʻiaŋ^{31}	□kʻiaŋ^{44}	□kʻie^{22}
1358	合算	抵tʌ^{24}	抵tɛ^{24} 划得来fa^{21}tɐi^{5}lɛ^{21}	划得来 fa^{42}tɐi^{5}lei^{42}	划得来 fɔ^{3}ti^{5}lai^{11}	划得来 fou^{22}tai^{5}lei^{22}	划得来/过 fɔu^{45}ai^{21}lei^{45}/kvu^{44}
1359	不合算	唔抵m^{21}tʌ^{24}	唔抵m^{21}tɛ^{24} 划唔来fa^{21}m^{21}lɛ^{21}	划唔来 fa^{42}m^{42}lei^{42}	划唔来 fɔ^{3}m^{11}lai^{11}	划不/唔来 fou^{22}pu^{45}/m^{22}lei^{22}	划唔来/过 fɔu^{45}m^{44}lei^{45}/kvu^{44}
1360	贵	贵koe^{44}	贵kuai^{44}	贵kɔi^{55}	贵kuoi^{53}	贵kuai^{45}	贵kvei^{44}
1361	便宜	便宜pʻie^{21}ŋi^{21} 平pʻiʌŋ^{21}	便宜pʻɛn^{21}gi^{21}	便宜pʻin^{11}ŋi^{11} 平pʻiaŋ^{42}	平pʻiaŋ^{11}	平pʻiaŋ^{22}	便宜pɛn^{45}gai^{45}
1362	车站	车站tsʻiʌ^{13}tsʻʌŋ^{22}	车站tsʻiɛ^{12}tsʻuə^{22}	车站tʃʻa^{11}tsʻan^{24}	车站tsʻɔ^{33}tsʻoŋ^{31}	车站tsʻou^{44}tsʻoŋ^{45}	车站tsʻi^{51}tsʻiẽ^{22}
1363	码头	码头mo^{44}tʻʌi^{21}	码头ba^{44}tʻɔ^{21}	码头ma^{55}tʻø^{42}	码头mɔ^{53}tʻia^{11}	码头mou^{45}tʻie^{22}	码头bɔu^{21}tei^{45}

序号	词目	大村	向阳	石陂	周田	石塘	桂头
1364	桥	桥kʻiᴀu^{21}	桥kʻiu^{21}	桥kʻiu^{42}	桥kʻiau^{11}	桥kʻiau^{22}	桥kʻɛi^{45}
1365	街	街kᴀ^{13}	街kuə^{12}	街kai^{11}	街kia^{33}	街ka^{44}	街kie^{51}
1366	人行道	人行道 ŋin^{21}hᴀŋ^{21}tʻᴀu^{22}	人行道 gen^{21}hiɛ^{21}tʻau^{22}	人行道 ŋiɛn^{42}haŋ^{42}tʻau^{11}	人行道 ŋiaŋ^{11}hiaŋ^{11}tʻau^{31}	人行道 ŋeŋ^{22}haŋ^{22}tʻau^{44}	人行路 gaŋ^{45}hin^{45}lau^{4}
1367	公路	马路mo^{44}lʉ^{4}ʔʉ^{45}	马路ba^{44}lu^{3}ʔu^{35}	马路ma^{55}lu^{33}	马路mɔ^{53}lu^{3}	马路mou^{45}lu^{44}	马路bou^{21}lau^{4}
1368	汽车	汽车hi^{44}tsʻiᴀ^{13}	汽车hi^{44}tsʻiɛ^{12}	汽车ʃi^{55}tʃʻa^{11}	汽车hi^{53}tsʻɔ^{33}	汽车kʻi^{45}tsʻou^{44}	汽车hai^{44}tsʻi^{51}
1369	小轿车	细车sᴀ^{44}tsʻiᴀ^{13}	乌龟车vu^{12}kuai^{12}tsʻiɛ^{12} 小车siu^{24}tsʻiɛ^{12}	乌龟车 vu^{11}kɔi^{11}tʃʻa^{11}	小车siau^{214}tsʻɔ^{33}	蛤婆车kei^{5}pʻo^{3}tsʻou^{44} 小车siau^{314}tsʻou^{44}	乌龟车 vu^{51}kvei^{51}tsʻi^{51}
1370	客车	客车kʻᴀ^{5}tsʻiᴀ^{13}	客车kʻɛ^{5}tsʻiɛ^{12}	客车kʻei^{5}tʃʻa^{11}	客车kʻɔ^{5}tsʻɔ^{33}	客车kʻou^{5}tsʻou^{44}	客车kʻi^{21}tsʻi^{51}
1371	自行车	单车təŋ^{13}tsʻiᴀ^{13}	单车tuə^{12}tsʻiɛ^{12}	单车tan^{11}tʃʻa^{11}	单车toŋ^{33}tsʻɔ^{33}	单车toŋ^{44}tsʻou^{44}	单车œn^{51}tsʻi^{51}
1372	人力车	黄包车vəŋ^{21}pᴀu^{13}tsʻiᴀ^{13} 人拉车ŋin^{21}lo^{13}tsʻiᴀ^{13}	黄包车 vəŋ^{21}pau^{12}tsʻiɛ^{12}	黄包车 vəŋ^{42}pau^{11}tʃʻa^{11}	人拉车 ŋiaŋ^{11}lɐu^{33}tsʻɔ^{33}	黄包车 uoŋ^{22}pau^{44}tsʻou^{44}	黄包车 voŋ^{45}po^{51}tsʻi^{51}
1373	三轮车	三轮车 sɔ^{13}lun^{21}tsʻiᴀ^{13}	三轮车 sa^{12}lɔn^{35}tsʻiɛ^{12}	三轮车 san^{11}lɔn^{42}tʃʻa^{11}	三轮车 soŋ^{33}lan^{11}tsʻɔ^{33}	三轮车 soŋ^{44}leŋ^{22}tsʻou^{44}	三轮车 siẽ^{51}laŋ^{45}tsʻi^{51}
1374	独轮车	鸡公车 kie^{13}kɐ^{2}ʔn^{23}tsʻiᴀ^{13}	鸡公车 kɛi^{12}kaŋ^{35}tsʻiɛ^{12}	鸡公车 kei^{11}keŋ^{11}tʃʻa^{11}	鸡公车 kiɛ^{33}keŋ^{12}tsʻɔ^{33}	鸡公车 kei^{44}kiẽ^{3}tsʻou^{44}	鸡公车 kei^{51}koŋ^{4}tsʻi^{51}
1375	车轮子	轮子lun^{21}tsɿ^{2}ʔɿ^{23}	辘lɔ^{5}	辘lø^{5} 轮lɔn^{42}	轮子lan^{11}tsɿ^{12}	轮子leŋ^{22}tsɿ^{314}	轮牯laŋ^{45}kvu^{324}

序号	词目	大村	向阳	石陂	周田	石塘	桂头
1376	轮船	火船 fʉ^{24}sə^{21}	火船 fu^{24}sɔn^{21}	火船 fu^{24}ʃun^{42}	火船 fu^{214}siŋ^{11}	火船ho^{314}syẽ^{3}	火船 fu^{324}syẽ^{45}
1377	帆船	帆船 fəŋ^{21}sə^{21}	帆船 fuə^{21}sɔn^{21}	帆船 fan^{11}ʃun^{42}	帆船 foŋ^{11}siŋ^{11}	帆船foŋ^{22}syẽ^{3}	帆船 fiẽ^{45}syẽ^{4}
1378	小船	细船sʌ^{44}sə^{4}ʔə^{45}	艇 tʻiɛ^{3}ʔɛ^{35}	艇 tʻiaŋ^{33}	小船 siau^{214}siŋ^{3}	细船sei^{45}syẽ^{3}	艇仔tʻin^{4}tsøy^{4}
1379	汽艇	汽艇hi^{44}tʻiʌ^{2}ʔŋ^{23}	汽艇hi^{44}tʻiɛ^{3}ʔɛ^{35}	汽艇ʃi^{55}tʻiaŋ^{33}	汽艇hi^{53}tʻiaŋ^{12}	汽艇kʻi^{45}tʻiaŋ^{3}	汽艇hai^{44}tʻin^{4}
1380	竹筏子	竹排 tsɐ^{2}ʔu^{23}pʻʌ^{4}ʔʌ^{45}	竹排 tsɔ^{3}ʔɔ^{35}pʻuə^{21}	竹排 tʃø^{33}pʻai^{33}	竹排 tsei^{5}pʻa^{3}	竹排tsie^{5}pʻa^{3}	竹排 a^{4}pie^{45}
1381	（船）渗水	漏水 lʌi^{22}sʉ^{24}	漏水 lɔ^{22}sɔe^{24} 入水 gi^{3}sɔe^{24}	漏水 lø^{11}ʃɔi^{24}	漏水 lia^{31}suoi^{214}	渗水saŋ^{45}sy^{314} 漏水lie^{44}sy^{314}	漏水 lei^{22}sy^{324}
1382	飞机	飞机 foe^{13}ki^{13}	飞机 fai^{12}ki^{12}	飞机 fɔi^{11}ki^{11}	飞机 fai^{33}ki^{33}	飞机fai^{44}ki^{44}	飞机 fei^{51}kai^{51}
1383	乘客	搭客to^{5}kʻʌ^{5}		乘客ʃen^{42}kʻei^{5}	搭客tɔ^{5}kʻɔ^{5}	客kʻou^{5}	客kʻi^{21}
1384	路费	路费 lʉ^{4}ʔʉ^{45}foe^{44}	路费 lu^{22}fai^{44}	盘钱 pʻun^{42}tsʻin^{42} 路费 lu^{33}fɔi^{55}	盘钱 pʻoŋ^{3}tsʻiŋ^{3} 路费 lu^{3}fai^{53}	盘钱pʻoŋ^{3}tsʻiŋ^{3}	盘钱 pœn^{45}tsʻen^{4} 路费 lau^{4}fei^{44}
1385	车票	车票 tsʻiʌ^{13}pʻiʌ^{2}ʔu^{23}	车票 tsʻiɛ^{12}pʻi^{3}ʔu^{35}	车票 tʃʻa^{11}pʻiu^{33}	车票 tsʻɔ^{33}pʻiau^{12}	车票tsʻou^{44}pʻiau^{3}	车票 tsʻi^{51}pʻei^{4}
1386	上车	上车 sɔŋ^{44}tsʻiʌ^{13}	上车 sɔŋ^{44}tsʻiɛ^{12}	上车 ʃɔŋ^{55}tʃʻa^{11}	上车 sɔŋ^{53}tsʻɔ^{33}	上车sɔŋ^{45}tsʻou^{44}	上车 sœn^{21}tsʻi^{51}
1387	下车	下车 ho^{44}tsʻiʌ^{13}	下车 ha^{44}tsʻiɛ^{12}	下车 ha^{55}tʃʻa^{11}	下车 hɔ^{53}tsʻɔ^{33}	下车hou^{45}tsʻou^{44}	下车 hɔu^{21}tsʻi^{51}

序号	词目	大村	向阳	石陂	周田	石塘	桂头
1388	搭车	搭车 to^{5}tsʻiᴀ^{13}	搭车 tuə^{5}tsʻiɛ^{12}	搭车 ta^{5}tʃʻa^{11}	搭车 tɔ^{5}tsʻɔ^{33}	坐车tsʻo^{45}tsʻou^{44}	搭车 ie^{21}tsʻï^{51}
1389	误（车）	冒搭倒 mᴀu^{44}to^{5} tᴀu^{24}	冒搭倒 bau^{44}tuə^{5}tau^{24}	冒搭倒 mau^{55}ta^{5}tau^{24}		冒搭倒 mau^{45}tia^{45}tau^{314}	误gau^{22}
1390	晕车	晕车 fun^{21}tsʻiᴀ^{13}	晕车 van^{21}tsʻiɛ^{12}	晕车 fɔn^{42}tʃʻa^{11}	晕车 fan^{11}tsʻɔ^{33}	晕车iɛŋ^{44}tsʻou^{44}	晕车 jaŋ^{45}tsʻï^{51}
1391	座位	位 vo^{4}ʔe^{45}	位 va^{3}ʔi^{35}	位 vɔi^{33}	位 vai^{3}	位uai^{3}	位 vei^{4}
1392	司机	司机 sɿ^{13}ki^{13}	司机 sɿ^{12}ki^{12}	司机 sɿ^{11}ki^{11}	司机 sɿ^{33}ki^{33}	司机sɿ^{44}ki^{44}	司机 si^{51}kai^{51}
1393	票务员	卖票箇 mᴀ^{22}pʻiᴀ^{2}ʔu^{23}·kəe	卖票箇 buə^{22}pʻiu^{3}kɛ^{3}ʔɛ^{35}	卖票佬 mai^{11}pʻiu^{33}lau^{24}	卖飞箇ma^{31}fai^{33}kiɛ^{53} 卖票箇ma^{31}pʻiau^{12}kiɛ^{53}	卖票哩 ma^{44}pʻiau^{3}lei^{45}	卖票箇 bie^{22}pʻɛi^{4}ka^{44}
1394	开车	开车 hʉ^{13}tsʻiᴀ^{13}	开车 hui^{12}tsʻiɛ^{12}	开车 kʻui^{11}tʃʻa^{11}	开车 hoi^{33}tsʻɔ^{33}	开车kʻua^{44}tsʻou^{44}	开车 kʻvu^{51}tsʻï^{51}
1395	抬（头）	□tɔ^{5}	□gəu^{5}	□ŋɔu^{5}	抬tʻoi^{11}	抬tʻua^{22}	仰goŋ^{324}
1396	低（头）	低 tᴀ^{13}	低 tɛ^{12}	□tsʻɛn^{11}	低 ta^{33}	低ta^{44}	低 ie^{51}
1397	点（头）	点tie^{24}	□gian^{44}	□ŋɛn^{24}	□ŋiaŋ^{53}	□ŋɛŋ^{45}	□gaŋ^{21}
1398	摇（头）	调tʻiᴀu^{22}	□lan^{22}	调tʻiu^{24}	调tʻiau^{31}	调tʻiau^{44}	调tei^{22}
1399	偏（头）	□ŋᴀu^{21}	□gau^{21}	□ŋau^{42}	□ŋau^{11}	侧tsa^{5}	□go^{45}

序号	词目	大村	向阳	石陂	周田	石塘	桂头
1400	仰（头）	□ŋɔ^{5} 仰ŋɔŋ^{24}	仰gɔŋ^{24}	仰ŋɔŋ^{24}	□ŋɛu^{5}	仰ŋoŋ^{314}	仰goŋ^{324}
1401	回（头）	调转tʻiʌu^{22}tsø^{24}	□转lan^{22}tsɔn^{24}	翻转fan^{11}ʧun^{24}	翻转foŋ^{33}tsiŋ^{214}	调转tʻiau^{44}tsyẽ^{314}	翻转fœn^{51}tsyẽ^{324}
1402	睁（眼）	□lɔ^{5}	□lɔu^{5}	擘mɛi^{5} 打ta^{24}	□niaŋ^{33}	□laŋ^{45} 打tou^{3}	□lou^{21}
1403	闭（眼）	歇hi^{5}	歇□hi^{5}bai^{3}	□□ʃi^{5}mui^{3}	歇hi^{5}	歇si^{5}	歇hɛi^{21}
1404	瞪（眼）	鼓kʉ^{24}	鼓ku^{24}	鼓ku^{24} 暴pau^{55}	鼓ku^{214}	鼓ku^{314}	鼓kvu^{324}
1405	眍（眼）	歇hi^{5}	歇hi^{5}	歇ʃi^{5}	□kʻa^{5}	夹ka^{5}	□hɛi^{44}
1406	瞥（一眼）	□tiʌu^{44}	□tiu^{44} □lai^{5}	□la^{3}	□la^{53}	□la^{45}	□ɛi^{44} 影jin^{324}
1407	（从门缝）看	瞄miʌu^{21}	瞄biu^{21}	瞄miu^{42}	瞄miau^{11}	瞄miau^{22}	瞄bɛi^{45}
1408	看（书）	睇tʻʌ^{24}	睇tʻɛ^{24}	睇tʻɛi^{24}	睇tʻa^{214}	望moŋ^{44} 睇tʻa^{314}	睇tʻie^{324}
1409	看守（东西）	守紧siu^{24}kin^{24}	望紧bɔŋ^{22}kian^{24} 守紧siu^{24}kian^{24}	看紧kʻun^{55}kiɛn^{24}	望紧mɔŋ^{31}kiaŋ^{214}	守紧tsiu^{314}kɛŋ^{314}	睇紧tʻie^{324}kaŋ^{324}
1410	听	听 tʻiʌŋ^{44}	听 tʻiɛ^{44}	听 tʻiaŋ^{55}	听 tʻiaŋ^{53}	听tʻiaŋ^{45}	听 tʻin^{44}
1411	皱（眉头）	皱 tsiu^{44}	皱 tsɔ^{44}	皱 tsø^{55}	皱 tsiu^{53}	皱tsie^{45}	皱 tsei^{44}

序号	词目	大村	向阳	石陂	周田	石塘	桂头
1412	闻	闻 mun^{21}	闻 ban^{21}	鼻 p'ei^{24}	闻 man^{11}	闻meŋ^{22}	闻 baŋ^{45}
1413	尝	尝 sin^{21}	尝 sɔŋ^{21}	尝 ʃɔŋ^{42}	尝 sɔŋ^{11}	尝sioŋ^{22}	尝 sœn^{45}
1414	张（嘴）	丫 ŋo^{13}	擘bɛ^{5} 丫 ga^{12} 打ta^{24}	丫 ŋa^{11}	丫 ŋɔ^{33}	丫 ŋou^{44} 打tou^{3}	丫 gəu^{51}
1415	噘（嘴）	嘟tʉ^{44}	嘟tu^{44}	嘟tu^{55}	嘟tu^{53}	嘟tu^{45}	翘k'ɛi^{44}
1416	抿（嘴）	抿mun^{44}	抿ban^{44}	抿mɛn^{11}	抿man^{53}	抿meŋ^{45}	抿baŋ^{21}
1417	亲嘴	□嘴tsʉ^{5}tsoe^{24}	□嘴tsui^{5}tsɔ^{24}	斟喙tsɛn^{11}ʧui^{55}	斟嘴tsan^{33}tsuoi^{214}	打□tou^{3}poŋ^{45} □嘴tsua^{5}tsuai^{314}	斟嘴tsaŋ^{51}tsau^{324}
1418	嚼	嚍ts'iʌu^{22}	嚍ts'iu^{22}	嚍ts'iu^{11}	嚍ts'iau^{31}	嚍tsiau^{5}	嚍ts'ɛi^{22}
1419	咬	咬ŋʌu^{44}	咬gau^{44}	咬ŋau^{55}	咬ŋia^{53}	咬ŋau^{45}	咬go^{21}
1420	吞	吞 t'un^{13}	吞 t'ɔn^{12}	吞 t'ɔn^{11}	吞 t'an^{33}	吞t'eŋ^{44}	吞 t'œn^{51}
1421	吃	食 sei^{3}	食 sɛi^{3}	食 ʃɐi^{3}	食 sai^{3}	食sei^{5}	食 sai^{44}
1422	喝	食 sei^{3} 饮 jin^{24}	饮 jian^{24}	食 ʃɐi^{3} 饮 iɛn^{24}	饮 ŋiaŋ^{214}	饮ŋeŋ^{314}	饮 jaŋ^{324}
1423	吸（奶）	□tsʉ^{5}	□tsui^{5} 食sɛi^{3}	□tsui^{5} 食ʃɐi^{3}	□tsoi^{5}	□tsua^{5} 饮ŋeŋ^{314}	□tsu^{21} 饮jaŋ^{324}

序号	词目	大村	向阳	石陂	周田	石塘	桂头
1424	吸（气）	嘲sɔ^{5}	嘲sɔu^{5}	嘲sɔu^{5}	嘲soi^{5}	嘲sie^{5}	嘲sou^{21}
1425	舔（盘子）	舐sʌ^{44}	舐sɛ^{44}	舐ʃei^{11}	舐sie^{53}	舐sei^{45}	舐sei^{21}
1426	啃（骨头）	咬 ŋʌu^{44}	咬gau^{44}	咬ŋau^{55}	咬ŋia^{53}	咬ŋau^{45}	咬 go^{21}
1427	吐（痰）	吐tʻʉ^{44}	吐tʻu^{44}	退tʻɔi^{55}	退tʻuoi^{53}	吐tʻu^{45}	退tʻøy^{44}
1428	含（在嘴里）	含 həŋ^{21}	含 hoŋ^{21}	含 hɐn^{42}	含 hiaŋ^{11}	含həŋ^{22}	含 hiẽ^{45}
1429	衔（在嘴里）	咬 ŋʌu^{44}	担tuə^{12}	咬ŋau^{55}	担toŋ^{33}	咬ŋau^{45}	咬 go^{21}
1430	喷（饭）	打饭铳 tʌ^{4}ʔʌ^{45}fəŋ^{22}tsʻɐn^{44}	喷饭 pʻan^{44}fuə^{22}	打饭□ ta^{24}fan^{11}tən^{33}	打饭铳 ta^{3}foŋ^{31}tsʻɛŋ^{53}	打饭铳 tou^{3}foŋ^{44}tsʻiẽ^{45}	打饭铳 ɔu^{324}fœn^{22}tsʻoŋ^{4}
1431	吹	吹 tsʻʉ^{13}	吹 tsʻɔe^{12}	吹 tʃʻɔi^{11}	吹 tsʻuoi^{33}	吹tsʻy^{44}	吹 tsʻy^{51}
1432	哭	哭 hɐu^{5}	哭 hɔ^{5}	叫 kiu^{55}	叫 kiau^{53}	哭hie^{5}	哭 hou^{21}
1433	笑	笑 siʌu^{44}	笑 siu^{44}	笑 siu^{55}	笑 siau^{53}	笑siau^{45}	笑 sei^{44}
1434	拿	捡kie^{24}	捡 ken^{24}	捡 kin^{24} 拿 na^{24}	拿nɔ^{214}	齐tsʻei^{22}	捡kaŋ^{324}
1435	拧（毛巾）	□tsoe^{5} □tsiu^{24}	扭liu^{24}	扭ŋiau^{24} □tseu^{24}	扭ŋiu^{214}	□tsiu^{5}	□tsiu^{21}

序号	词目	大村	向阳	石陂	周田	石塘	桂头
1436	拧（盖子）	扭liu^{24} □tsiu^{24}	扭liu^{24}	扭ŋiau^{24} □tsɛu^{24}	□tsiu^{214}	□tsiu^{5}	□tsiu^{21}
1437	打（方向盘）	□læ^{5}	扳puə^{24}	□lɛi^{5}	□lai^{5}	转tyẽ^{45}	转tsyẽ^{324}
1438	拉（衣角）	□moe^{24}	牵 hɛn^{12}	牵 k'in^{11}	牵 k'iŋ^{33}	□paŋ^{45}	□bai^{324} 牵hɛn^{51}
1439	拉（车）	拉lo^{13}	拉lɔu^{12}	拉lai^{11}	拉lɐu^{33}	拉la^{44}	□bai^{324} 拉lu^{51}
1440	（用力）拽	□moe^{24} 搕mʌn^{24}	搕ban^{24}	搕mɛn^{24}	扐piaŋ^{33}	□paŋ^{45}	□bai^{324}
1441	（猛向下）扯	□moe^{24} 搕mʌn^{24}	搕ban^{24}	搕mɛn^{24}	扐piaŋ^{33}	□paŋ^{45}	□ts'ɛi^{21}
1442	举（手）	举 kʉ^{24}	举 kɥ^{24}	举 ki^{24}	举 ki^{214}	举ky^{314}	举 kau^{324}
1443	举（物）	□tɔ^{5} 撑ts'ʌŋ^{13}	□ts'ɔn^{21}	撑ts'aŋ^{55}	撑ts'iaŋ^{53}	撑ts'aŋ^{45}	托t'ou^{21}
1444	拾取	捡 kie^{24}	捡 kɛn^{24}	捡 kin^{24}	捡 kiŋ^{214}	捡kiŋ^{314}	捡 kaŋ^{324}
1445	提（水）	提t'iʌ^{21}	挖t'ɔu^{21} 提t'ɛ^{21}	提t'ia^{42} □k'ɛn^{55}	提t'ia^{11}	挖t'o^{22} 提t'ia^{22}	挖tɔu^{45}
1446	打捞	捞 lʌu^{21}	捞lau^{21}	□lø^{42}	□lia^{11}	捞lau^{22}	捞 lo^{45}
1447	划（火柴）	挨ʌ^{13}	□k'uə^{3}	□ka^{5}	□k'a^{5}	□k'ei^{3}	□ts'œy^{21}

序号	词目	大村	向阳	石陂	周田	石塘	桂头
1448	放（下）	放 fɔŋ^{44}	放 fɔŋ^{44}	放 fɔŋ^{55}	放 fɔŋ^{53}	放foŋ^{45}	放 foŋ^{44}
1449	按（图钉）	揿k'in^{22}	揿k'ian^{22}	揿k'iɛn^{24}	揿k'iaŋ^{31}	揿k'ɛŋ^{44}	揿k'ɛn^{22}
1450	推	拥ɐn^{24}	拥aŋ^{24}	拥ɐŋ^{24}	拥ɐŋ^{214}	拥ẽ^{314}	拥oŋ^{324}
1451	（用虎口）掐	扣k'ʌ^{13}	扣k'a^{12}	扣k'a^{11}	扣k'ia^{33}	扣k'ou^{44}	扣k'ie^{51}
1452	（用指甲）掐	□k'ie^{21}	捻gɛn^{24}	□nɐi^{5}	□ni^{5}	□k'a^{5}	□hie^{21}
1453	搂	箍kʉ^{13}	箍ku^{12}	箍ku^{11}	箍ku^{33}	箍ku^{44}	箍kvu^{51}
1454	抱（小孩）	抱p'ʌu^{44}	抱p'au^{44}	勒lɐi^{3}	勒li^{3}	□ts'aŋ^{314}	抱p'o^{21}
1455	搊（起来）	□tɔ^{5} 搊ts'ʌi^{13}	搊ts'ɔ^{12}	兜tø^{11}	搊ts'ia^{33}	搊ts'ie^{44}	抱p'o^{21}
1456	爬（树）	游jiu^{21} 上sɔŋ^{44}	巴pa^{12}	巴pa^{11}	上sɔŋ^{53}	□tsei^{44}	游jiu^{45}
1457	（在地上）爬	爬 p'o^{21}	爬 p'a^{21}	爬 p'a^{42}	爬 p'ɔ^{11}	爬p'ou^{22}	爬 pɔu^{45}
1458	撕	搣mi^{5}	搣bi^{5}	搣mɛi^{5}	擘mɔ^{5}	擘ma^{5}	搣bɛi^{21}
1459	捏	捻ŋie^{24}	捻gɛn^{24}	捻nɔn^{24}	捏ŋi^{5}	捻lɛŋ^{314}	捻gɛn^{324}

序号	词目	大村	向阳	石陂	周田	石塘	桂头
1460	握	抓tsᴀ^{13}	抓tsa^{12}	捉tsɔu^{3}	捉tseu^{5}	抓tsou^{45}	捉tsou^{21}
1461	拔（鸡毛）	掹mᴀn^{24} □moe^{24}	挦tsʻen^{21} 掹ban^{24}	□tsʻɿ^{42} 抜paŋ^{11} 掹mɛn^{24}	□tsʻɿ^{11}	□paŋ^{45}	挦tsʻen^{45}
1462	拔（胡须）	掹mᴀn^{24} □moe^{24}	掹ban^{24}	抜paŋ^{11} 掹mɛn^{24}	抜piaŋ^{33}	□paŋ^{45}	挦tsʻen^{45} □bai^{324}
1463	拔（草）	掹mᴀn^{24} □moe^{24}	掹ban^{24}	抜paŋ^{11} 掹mɛn^{24}	抜piaŋ^{33}	□paŋ^{45}	□bai^{324}
1464	摘	摘 tso^{5}	摘 tsɛ^{5}	摘 tsei^{5}	摘 tsɔ^{5}	□sie^{314}	摘 tsi^{21}
1465	折（断）	拗ᴀu^{24}	拗 au^{24}	拗 au^{24}	拗 au^{214}	拗au^{314}	拗 o^{324}
1466	弄（直）	□moe^{24}	掹ban^{24}	掹mɛn^{24}	抜piaŋ^{33}	□paŋ^{45}	□bai^{324}
1467	掏（口袋）	搜 sᴀi^{13}	搜 sɔ^{12}	搜 sø^{11}	搜 sia^{33}	搜sie^{44}	搜 sei^{51}
1468	剥（橘子）	搣mi^{5}	搣bi^{5}	搣mɛi^{5}	搣mi^{5}	搣mi^{5}	搣bɛi^{21}
1469	掰（开）	搣mi^{5}	搣bi^{5}	搣mɛi^{5}	搣mi^{5}	搣mi^{5}	搣bɛi^{21}
1470	摇（桌子）	□ŋᴀu^{21}	□gau^{21}	□ŋau^{42}	□ŋau^{11}	□ŋau^{22}	□go^{45}

序号	词目	大村	向阳	石陂	周田	石塘	桂头
1471	塞（塞子）	窒tsʉ^{5}	窒tsui^{5}	窒tsui^{5}	朘si^{5}	塞sai^{5}	塞sa^{21}
1472	摸	摸mɔ^{24}	摸bɔu^{24}	摸mɔu^{24}	摸mɛu^{214}	摸mo^{314}	摸bɔu^{324}
1473	挑选	择tʻɔ^{3} 拣kʌŋ^{24}	择tʻɔu^{3}	择tʻɔu^{3}	择tʻɛu^{3}	择tʻo^{5}	拣kiẽ^{324}
1474	掖（进去）	朘sɿ^{5}	□li^{5} 塞sɛi^{5}	朘si^{5}	朘si^{5}	朘si^{5}	朘sie^{21}
1475	揉（伤处）	捼lɔ^{21}	捼lɔu^{21}	捼nɔu^{42}	捼nɛu^{11}	捼lo^{22}	捼lɔu^{45}
1476	揉（面）	搓tsʻʌ^{13}	搓tsʻuə^{12}	搓tsʻai^{11}	搓tsʻa^{33}	搓tsʻa^{44}	搓tsʻie^{51}
1477	剁（肉）	剁tɔ^{44}	剁tɔu^{44}	斲tɔu^{3}	斲tɛu^{3}	剁to^{45}	剁ɔu^{44}
1478	拍（桌子）	拍pʻʌ^{5}	拍 pʻɛ^{5}	拍 pʻɔu^{5}	拍 pʻɛu^{5}	□pʻaŋ^{45}	□pʻaŋ^{21}
1479	摔（东西）	□pʻun^{44}	□pʻan^{44}	□pʻan^{11}	□pʻɔŋ^{33}	□sou^{5}	□pʻaŋ^{21} □u^{21}
1480	丢掉	丢tiu^{13}	丢tiu^{12}	丢tɛu^{11}	丢tiu^{33}	丢tiu^{44}	丢iu^{51}
1481	挥弃	□fœ^{5} □fi^{5}		□fei^{5}	□fai^{5}	□fai^{5}	□fai^{21} □fin^{44}
1482	掷（石头）	□tiʌŋ^{13}	□tie^{12}	□tiaŋ^{11}	□tiaŋ^{33}	□tiaŋ^{44}	□in^{51}

序号	词目	大村	向阳	石陂	周田	石塘	桂头
1483	张（开手）	□so^{44}	□sa^{44}	□sia^{55}	□sia^{33}	□sia^{44}	□si^{44}
1484	挠（痒）	□tso^{13}	□tsa^{12}	爪tsau^{24}	掠iɔ^{214}	掠ua^{314}	追tsøy^{51}
1485	抱拢	箍紧kʉ^{13}kin^{24}	箍紧ku^{12}kian^{24}	箍紧ku^{11}kiɛn^{24}	箍紧ku^{33}kiaŋ^{214}	箍紧ku^{44}kɐŋ^{314}	抱□pʻo^{21}bu^{45}
1486	（用手）托（住）	托 tʻɔ^{5}	托 tʻɔu^{5}	捧 pɐŋ^{24}	托 tʻɐu^{5}	托tʻo^{5}	托 tʻou^{21}
1487	端（碗）	扛 kɔŋ^{13}	捧 pʻaŋ^{24}	扛 kɔŋ^{11}	捧 pɐŋ^{214}	□to^{5}	扛 koŋ^{51}
1488	捂（住）	揞ʌŋ^{13}	揞an^{12}	揞ɛn^{11}	揞aŋ^{33}	揞oŋ^{45}	揞ɛn^{51}
1489	藏（物）	偋piʌŋ^{44}	偋piɛ^{44}	偋piaŋ^{55}	偋piaŋ^{53}	偋piaŋ^{45}	偋pin^{44}
1490	埋（起来）	窖 kʌu^{44}	窖 kau^{44}	窖 kau^{55}	窖 kau^{53}	窖kau^{45}	窖 ko^{44}
1491	敲（门）	搉 kʻɔ^{3} 敲 kʻʌu^{13}	搉 kʻɔu^{3} 敲 kʻau^{12}	搉 kʻɔu^{3}	□kɐu^{3}	搉kʻo^{5} 敲kʻau^{44}	敲 kʻo^{51}
1492	扣（上门）	遮tsiʌ^{13}	遮tsiɛ^{12}	扣kʻø^{55}	扣 kʻia^{53}	遮tsou^{44}	掩jen^{324}
1493	扇（耳光）	□so^{5} 劈pʻiʌ^{5}	劈pʻiɛ^{5}	劈pʻia^{5}	劈pʻia^{5}	劈pʻia^{5}	□pʻaŋ^{21} □u^{21}
1494	系（鞋带）	□tʻei^{5}	绑 pɔŋ^{24}	绑 pɔŋ^{24}	绑 pɔŋ^{214}	绑poŋ^{314}	绹to^{45}

序号	词目	大村	向阳	石陂	周田	石塘	桂头
1495	擦（汗）	抹 mɯ^{5}	抹 bui^{5}	□ts‘ui^{3}	抹 mɔ^{5}	抹mou^{5} 擦ts‘ou^{5}	抹 bu^{21}
1496	擦（去错字）	擦 ts‘o^{5}	擦 ts‘uə^{5}	擦 ts‘a^{5}	擦 ts‘ɔ^{5}	擦ts‘ou^{5}	擦 ts‘u^{21}
1497	（用肩膀）顶	顶 tin^{24}	托t‘ɔu^{5} 顶tan^{24}	顶 tɛn^{24}	顶 tan^{214}	顶tɛŋ^{314}	顶 aŋ^{324}
1498	（用棍棒）砸	打tᴀ^{4}ʔᴀ^{45}	打ta^{24}	打ta^{24}	打 ta^{3}	打tou^{3}	□p‘aŋ^{21}
1499	（用鞭子）抽	抽 ts‘iu^{13}	抽 ts‘iu^{12}	抽 ʧ‘au^{11}	抽 ts‘iu^{33}	抽ts‘iu^{44} 打tou^{3}	抽 ts‘iu^{51}
1500	（用木杠）顶（门）	撑ts‘ᴀŋ^{44}	撑ts‘iɛ^{44} 顶tan^{24}	撑ts‘aŋ^{55}	撑ts‘iaŋ^{53}	撑ts‘aŋ^{45} 顶tɛŋ^{314}	撑ts‘in^{44}
1501	裹（严实）	包 pᴀu^{13}	包 pau^{12}	包 pau^{11}	包 pau^{33}	包pau^{44}	包 po^{51}
1502	（碗）摞（起来）	层 ts‘ᴀn^{21}	层 ts‘an^{21}	层 ts‘ɛn^{42}	层 ts‘iaŋ^{11}	层ts‘aŋ^{22}	层 ts‘aŋ^{45}
1503	套（被子）	入ȵi^{3}	入gi^{3} 筒t‘aŋ^{12}	筒 t‘ɛŋ^{42}	筒 t‘ɛŋ^{11}	入ȵi^{5}	筒 toŋ^{45}
1504	刮（猪毛）	刨p‘ᴀu^{21}	刨p‘au^{21}	刨p‘au^{42}	刨p‘au^{11}	刨p‘au^{22}	刨po^{45}
1505	砍（树）	倒 tᴀu^{24} 斩 tsᴀŋ^{24}	斫tɛ^{5}	倒 tau^{24}	倒 tau^{214}	倒tau^{314} 斩tsaŋ^{314}	斩 tsiẽ^{324}
1506	鐾（治刀使利）	□pɔŋ^{12}用于剃头刀 挨ᴀ^{13}用于菜刀	□pɔŋ^{12}用于剃头刀 挨ɛ^{12}用于菜刀	□pɔŋ^{11}用于剃头刀 挨ai^{11}用于菜刀	□pɔŋ^{33}用于剃头刀 挨a^{33}用于菜刀	□koŋ^{45}用于剃头刀 挨a^{44}用于菜刀	□poŋ^{51}用于剃头刀 挨ai^{51}用于菜刀

序号	词目	大村	向阳	石陂	周田	石塘	桂头
1507	掏（耳朵）	搅 kiʌu^{24} 挖 vʌ^{5}	钩gɔ^{12} □liu^{24}	钩kø^{11} 搅kiu^{24}	搅kiau^{214}	挖uei^{5}	挖 vie^{51}
1508	刻（图章）	挑 tʻiʌu^{13}	挑tʻiu^{12}	挑tʻiu^{11}	挑tʻiau^{33}	挑tʻiau^{44}	挑 tʻɛi^{51}
1509	（用针）扎	刴tɐu^{5}	刴tɔ^{5}	刴tø^{5}	刴tei^{5}	刴tei^{5}	□tsʻiẽ^{45}
1510	劈削（树枝）	□loe^{44}	削 siu^{5}	削 siɔu^{5}	削 siu^{3}	削siu^{5}	削 søy^{21}
1511	捆（柴火）	绑 pɔŋ^{24}	绑 pɔŋ^{24}	绑 pɔŋ^{24}	绑 pɔŋ^{214}	绑poŋ^{314}	绑 poŋ^{324}
1512	绑（口袋）	扎tsʌ^{5}	扎tsuə^{5}	扎tsa^{5}	扎tsa^{5}	扎tsa^{5}	绹to^{45}
1513	抓（人）	捉 tsɔ^{5}	捉 tsɔu^{5}	捉 tsɔu^{3}	捉 tsɛu^{5}	捉tso^{5}	捉 tsou^{21}
1514	绑（起他来）	绹 tʻʌu^{21}	绑 pɔŋ^{24}	绑 pɔŋ^{24}	绑 pɔŋ^{214}	绑poŋ^{314} 捆kʻuɛŋ^{314}	绹 to^{45} 绑 poŋ^{324}
1515	滤（米汤）	□pʻoe^{21}	滗pai^{44}	滗pɐi^{11}直接倒 □lø^{42}借助工具	滗pai^{53}直接倒 隔kɔ^{5}借助工具	滗pai^{45}直接倒 滤luai^{44}借助工具	滗pai^{44}直接倒 隔ki^{21}借助工具
1516	搅拌	摎□lʌu^{13}kʌ^{5}	搅匀 lau^{12}jiɔn^{21} □匀 lɔ^{5}jiɔn^{21}	摎□lau^{11}ka^{5} 摎匀lau^{11}iɔn^{42}	摎□lau^{33}kɔ^{5}	摎lau^{44}	摎匀lo^{51}jaŋ^{45}
1517	拌（饭）	摎 lʌu^{13}	摎lau^{12}	摎lau^{11}	摎 lau^{33}	摎lau^{44}	摎 lo^{51}
1518	垫（高些）	㾓sɿ^{5} 垫tʻie^{44}	塞 sei^{5} 垫 tʻɛn^{44}	㾓si^{5} 垫 tʻin^{55}	㾓si^{5} 垫 tʻiŋ^{53}	㾓si^{5} 垫tʻiŋ^{45}	㾓sie^{21} 垫tʻiẽ^{21}

序号	词目	大村	向阳	石陂	周田	石塘	桂头
1519	拌（灰）	拍pʻɔ^{5} □pʻᴀŋ^{44}	拍pʻɛ^{5}	拍pʻɔu^{5}	拍 pʻɛu^{5}	□pʻaŋ^{45}	拍pʻu^{21}用力较小 □pʻaŋ^{21}用力较大
1520	甩（干水）	□pʻun^{44}	□fan^{44}	□fen^{55}	□pʻan^{53}	□fai^{5}	□fin^{44}
1521	（用水）冲洗	冲 tsʻen^{13}	冲 tsʻaŋ^{12}	冲 tʃʻeŋ^{11}	冲 tsʻeŋ^{33}	冲 tsʻiẽ^{44}	冲 tsʻoŋ^{51}
1522	（往下）倾倒	倒tᴀu^{24}	倒 tau^{24}	倒 tau^{24}	倒tau^{214}	倒tau^{314}	倒lo^{324}
1523	（乱）翻	操 tsʻᴀu^{44}	操tsʻau^{44}	操 tsʻau^{55}	操 tsʻau^{53}	翻foŋ^{44} 操tsʻau^{45}	操 tsʻo^{44}
1524	（用棍子）捅	刹 teu^{5}	刹tɔ^{5}	刹tø^{5}	刹tei^{5}	刹tei^{5}	□aŋ^{44}
1525	挑（上声）	挑 tʻiᴀu^{13}	挑 tʻiu^{12}	挑 tʻiu^{11}	挑 tʻiau^{33}	挑 tʻiau^{44}	挑 tʻei^{51}
1526	招（手）	□jiᴀ^{3}	□jɛ^{3}	□iu^{11}	□ia^{3}	□ia^{5}	摇jei^{45}
1527	搓（绳子）	揉lɔ^{21}	揉lɔu^{21}	揉nɔu^{42}	揉nɛu^{11}	揉lo^{22}	揉lɔu^{45}
1528	（用双手）捧	捧 pʻen^{24}	捧 pʻaŋ^{24}	捧 peŋ^{24}	捧 peŋ^{214}	捧pʻiẽ^{314}	捧 pʻoŋ^{324}
1529	（用石头）压（着）	砘tso^{5}	砘tsɛ^{5}	砘tsei^{5}	砘tsɔ^{5}	砘tsou^{5}	□tʻei^{44}
1530	竖（起来）	□tun^{44}	□tan^{22}	□tɔn^{55}	□tan^{53}	□teŋ^{45}	□aŋ^{44}

序号	词目	大村	向阳	石陂	周田	石塘	桂头
1531	盖（盖子）	□kʻᴀ^{5}	□kʻiɛ^{24}	□kʻɛi^{5}	扣 kʻia^{53}	盖kua^{45}	□kʻøy^{21}
1532	（用手指）抠	钩kᴀi^{13}	钩gɔ^{12} □liu^{24}	钩kø^{11}	抠kʻia^{33}	抠kʻie^{44}	抠kʻei^{51}
1533	捋（袖子）	捋lʉ^{3} □lᴀu^{21}	捋lui^{3}	捋lui^{3}	捋loi^{3}	捋lua^{5}	捋lu^{44} □lau^{45}
1534	挽（袖子）	□li^{5}	□li^{5}	□ŋi^{5}	□ŋi^{5}	□li^{5}	□gie^{21}
1535	撮（一小撮）	□vʉ^{5}	拨pui^{5}	□tsʻui^{5}	拨pɔ^{5}	拨pou^{5}	□vu^{21}
1536	舀（水）	舀 jiᴀu^{24}	舀 jiu^{24}	舀 iu^{24}	舀 iau^{214}	舀iau^{314}	舀 jœy^{324}
1537	侧（一些）	侧 tsei^{5}	侧 tsei^{5}	侧 tsɛi^{5}	侧 tsi^{5}	侧tsa^{5}	侧 tsa^{21}
1538	搬（东西）	搬 pəŋ^{13}	搬 poŋ^{12}	搬 pun^{11}	搬 poŋ^{33}	搬poŋ^{44}	搬 pœn^{51}
1539	站立	徛kʻi^{44}	徛kʻi^{44}	徛kʻi^{55}	徛kʻi^{53}	徛kʻi^{45}	徛kʻai^{21}
1540	踮（脚）	□lᴀŋ^{44} 竖sʉ^{22}	□lan^{44}	□nɛn^{55}	□ŋiaŋ^{53}	□laŋ^{45}	□laŋ^{44}
1541	蹲	□kʻᴀi^{21}	□kʻɔ^{21}	□pø^{11}	□mia^{33}	□pie^{44}	□pei^{22}
1542	踩	踩 tsʻᴀ^{24}	踩 tsʻuə^{24}	踩 tsʻai^{24}	踩 tsʻa^{214}	踩tsʻa^{314}	踩 tsʻie^{324}

序号	词目	大村	向阳	石陂	周田	石塘	桂头
1543	踢	踢 tʻiᴀ^{5}	踢 tʻiɛ^{5}	踢 tʻia^{5}	踢 tʻia^{5}	踢tʻia^{5}	踢 tʻi^{21}
1544	走	行 hᴀŋ^{21}	行 hiɛ^{21}	行 haŋ^{42}	行 hiaŋ^{11}	行haŋ^{22}	行 hin^{45}
1545	跑	走tsᴀi^{24}	跑pʻau^{24}	跑pʻau^{11}	走tsia^{214}	走tsie^{314}	走tsei^{324}
1546	跨	擘mo^{5} □kʻiᴀ^{21}	擘bɛ^{5} □kʻiɛ^{21}	□kʻia^{42}	□kʻia^{11}	□kʻia^{44}	□kʻi^{45}
1547	跳	猋piᴀu^{13}	猋piu^{12} 跳tʻiu^{44}	猋 piu^{11} 跳 tʻiu^{55}	猋 piau^{33} 跳 tʻiau^{53}	猋piau^{44} 跳tʻiau^{45}	猋pɛi^{51} 跳tʻɛi^{44}
1548	趴	伏pʻɐu^{3}	伏pʻɔ^{3}	伏pʻø^{3}	伏pʻɛi^{5}	伏pʻie^{5}	伏pʻou^{44}
1549	跺	□tun^{44}	□tɔn^{44}	□tɔn^{55}	□tan^{53}	□tɛŋ^{45}	□tiẽ^{44}
1550	（小孩）踢（被子）	□fo^{44}	□fa^{44}	□fa^{55}	□fu^{53}	□fu^{45}	□fu^{44}
1551	（脚乱）踩	踩 tsʻᴀ^{24}	踩 tsʻuə^{24}	踩 tsʻai^{24}	踩 tsʻa^{214}	踩tsʻa^{314}	踩 tsʻie^{324}
1552	叉（开腿）	□kʻiᴀ^{22}	□kʻia^{22} 擘bɛ^{5}	□kʻia^{11}	□kʻia^{31}	□kʻia^{22}	□kʻi^{22}
1553	（被）绊（倒）	□liᴀu^{24}	□lɔ^{24} 梗kʻuan^{44}	□liu^{24}	□liau^{214}	□liau^{314}	□lɛi^{324}
1554	跌跤	跌跤 ti^{5}kᴀu^{13}	跌跤 ti^{5}kau^{12}	跌跤 ti^{5}kau^{11}	跌跤 ti^{5}kia^{33}	跌跤ti^{5}kau^{44}	跌跤 ɛi^{21}ko^{51}

序号	词目	大村	向阳	石陂	周田	石塘	桂头
1555	上来	上来 sɔŋ^{44}lʌ^{21}	上来 sɔŋ^{44}lɛ^{21}	上来 ʃɔŋ^{55}lɐi^{42}	上来 sɔŋ^{53}lai^{11}	上来sɔŋ^{45}lei^{22}	上来 sœn^{21}lei^{45}
1556	下去	下去ho^{44}hoe^{21}	下去 ha^{44}hɔe^{21}	下去 ha^{55}hai^{42}	下去 hɔ^{53}siɛ^{11}	下去hou^{45}hai^{22}	下去hɔu^{21}hau^{45}
1557	追	追tsoe^{13}	追tsɔe^{12}	□kø^{3}	追tsuoi^{33}	追tsy^{44}	□i^{21}
1558	拦（住）	拦 ləŋ^{21}	拦 luə^{21}	拦 lan^{42}	拦 loŋ^{11}	拦loŋ^{22}	拦 lœn^{45}
1559	背（小孩）	背poe^{13}	背 pai^{12}	背 pɐi^{55}	巴 pɔ^{33}	巴pou^{44}	背pai^{51}
1560	（单人）扛（箱子）	背poe^{44}	背 pai^{44}	背 pɐi^{55}	背 pai^{53}	背pai^{44}	背pai^{51}
1561	抬	扛 kɔŋ^{13}	扛 kɔŋ^{12}	扛 kɔŋ^{11}	扛 kɔŋ^{33}	扛koŋ^{44}	扛 koŋ^{51}
1562	挑	担 təŋ^{13}	担tuə^{12}	荷k'ai^{11}	担toŋ^{33}	担toŋ^{44}	担 iẽ^{51}
1563	倚（在墙上）	凭 p'ʌn^{22}	凭 p'an^{22}	凭 p'ɛn^{11}	凭 p'iaŋ^{31}	凭p'aŋ^{44}	凭 paŋ^{22}
1564	靠（右边走）	靠 k'ʌu^{44}	靠 k'au^{44}	靠 k'au^{55}	□tsɔ^{53}	□mai^{45}	凭 paŋ^{22}
1565	寻找	寻 ts'in^{21}	寻 ts'an^{21}	寻 ts'ɛn^{42}	寻 ts'an^{11}	寻ts'ɛŋ^{22}	寻 ts'aŋ^{45}
1566	遗失	跌ti^{5}	跌ti^{5}	跌ti^{5}	跌ti^{5}	跌ti^{5}	跌ɛi^{21}

序号	词目	大村	向阳	石陂	周田	石塘	桂头
1567	（往下）滑	溜liu^{44}	滑və^{3}	溜lɛu^{55}	溜 liu^{33}	溜liu^{44}	□ts'ɔu^{22} 溜 liu^{22}
1568	掉（下来）	跌ti^{5}	跌ti^{5}	跌ti^{5}	跌ti^{5}	跌ti^{5}	跌ɛi^{21}
1569	溅（了一身）	射 siᴀ^{22}	射sie^{22}	射ʃa^{11}	射sɔ^{31}	射sou^{44}	射 si^{22}
1570	蹭（痒）	挨ᴀ^{13}	□pəŋ^{12} 挨e^{12}	挨ai^{11}	挨a^{33}	挨a^{44}	挨 ai^{51}
1571	挤（过去）	□tsie^{3}	□pei^{5}	□tsi^{3} 橶 tsin^{11}	□tsi^{3}	橶tsiŋ^{44}	挤 tsai^{51}
1572	浮（起来）	浮 fʌi^{21}	浮 fɔ^{21}	浮 fø^{42}	浮 fia^{11}	浮fie^{22}	浮 fei^{45}
1573	坠（下来）	坠ts'oe^{22}	坠ts'ɔe^{22}	坠ʧ'ɔi^{24}	坠ts'uoi^{31}	坠ts'uai^{44}	□tɔu^{22}
1574	翘（起来）	翘 k'iᴀu^{44}	翘 k'iu^{44}	翘 k'iu^{55}	翘 k'iau^{53}	翘k'iau^{45}	翘 k'ɛi^{44}
1575	淹（死了）	□k'in^{22}	浸 tsan^{44}	□ts'ø^{3} 浸 tsen^{55}	浸 tsan^{53}	浸tsɛŋ^{45}	浸 tsaŋ^{44}
1576	（别）遮（住我）	□ŋʉ^{22} 挡tɔŋ^{24}	挡tɔŋ^{24}	障ʧɔŋ^{55}	躲tɛu^{214} 挡tɔŋ^{214}	躲to^{314} 挡toŋ^{314}	□jœn^{44}
1577	绕（道）	弯vᴀŋ^{13}	兜tɔ^{12}	弯 van^{11}	弯 viaŋ^{33}	弯uaŋ^{44}	□aŋ^{51}
1578	转（圈）	□tin^{13}	转 tsɔn^{44}	打 ta^{24}	□lan^{33} 打 ta^{3}	转tyẽ^{45}	□aŋ^{51}

序号	词目	大村	向阳	石陂	周田	石塘	桂头
1579	搬（来搬去）	搬 pəŋ^{13}	搬 poŋ^{12}	搬 pun^{11}	搬 poŋ^{33}	搬poŋ^{44}	搬 pœn^{51}
1580	经受（不住）	顶tin^{24}	顶tan^{24}	顶tɛn^{24}	顶tan^{214}	顶tɛŋ^{314}	顶aŋ^{324}
1581	混（在一起）	摎lʌu^{13}	摎lau^{12}	摎lau^{11}	摎lau^{33}	摎lau^{44}	摎lo^{51}
1582	（被车）轧（了）	碾ŋəŋ^{24}	□guə^{21}	碾ʧin^{24}	□ŋoŋ^{11}	碾ŋɛŋ^{314}	碾gɛn^{324}
1583	（用药）毒（鱼）	□tʻʌu^{22}	□tʻau^{22}	□tʻø^{11}	□tʻia^{31}	□tʻau^{44}	□tei^{22}
1584	调换	较kʌu^{44}	较kau^{44} 换hoŋ^{22}	较kau^{55}	较kia^{53}	较kau^{45} 调tʻiau^{314}	较ko^{44}
1585	轮流	照轮 tsiu^{44}lun^{21}	轮流lɔn^{21}liu^{21}	挨ai^{11}	轮流lan^{11}liu^{11}	轮流lɛŋ^{22}liu^{22}	轮流 laŋ^{45}liu^{45}
1586	躲藏	偋piʌŋ^{44}	偋piɛ^{44}	偋piaŋ^{55}	偋piaŋ^{53}	偋piaŋ^{45}	偋pin^{44}
1587	假装（不懂）	装倒tsɔŋ^{13}tʌu^{24}	装诈tsɔŋ^{12}tsa^{44}	装诈tsɔŋ^{11}tsa^{55}	装诈tsɔŋ^{33}tsɔ^{53}	装tsoŋ^{44}	诈tsɔu^{44}
1588	娇惯	容惯jɛn^{21}kʌŋ^{44}	纵惯tsaŋ^{44}kuə^{44}	容惯iɛŋ^{42}kan^{55}	弄惯lɛŋ^{31}koŋ^{53}	弄惯liẽ^{44}kuaŋ^{45}	纵惯tsoŋ^{44}kviẽ^{44}
1589	（烟）薰（了眼）	烟jie^{13}	烟jɛn^{12}	烟in^{11}	烟iŋ^{33}	烟iŋ^{44}	烟jɛn^{51}
1590	（水）呛（了鼻子）	□tsʻɐu^{3}	□tsʻɔ^{3}	□tsʻø^{3}	□tsʻɛi^{3}	□tsʻie^{5}	□tsʻou^{21}

序号	词目	大村	向阳	石陂	周田	石塘	桂头
1591	(饭)呛(了气管)	哽 kʌn^{24}	哽 kian^{24}	哽 kaŋ^{24}	哽 kiaŋ^{214}	哽kaŋ^{44}	哽 kaŋ^{324}
1592	凹(下去)	□p'o^{5}	□li^{5}	□ŋi^{5}	□i^{5}	□uei^{5}	□jɛi^{21}
1593	凸(出来)	突t'ʉ^{3}	突t'ɛi^{3}	突t'ui^{3}	突t'uoi^{3}	突t'u^{5}	涨kœn^{44} 突t'a^{44}
1594	知道	知得tæ^{13}tei^{5}	知得tai^{12}tɛi^{5}	知得tɐi^{11}tɐi^{5}	知得tai^{33}ti^{5}	晓得siau^{314}tai^{5}	晓得hɛi^{324}ai^{21}
1595	懂(了)	晓得hiʌu^{24}tei^{5} 知得tæ^{13}tei^{5}	晓得hiu^{24}tɛi^{5}	晓得ʃiu^{24}tɐi^{5}	晓得siau^{214}ti^{5}	晓得siau^{314}tai^{5}	晓得hɛi^{324}ai^{21}
1596	认识	认得 ŋin^{22}tei^{5}	认得 gian^{22}tɛi^{5}	认得 ŋien^{11}tɐi^{5}	认得 ŋiaŋ^{31}ti^{5}	认得ŋɐŋ^{44}tai^{5}	认得 gaŋ^{22}ai^{21}
1597	以为	以为 ji^{24}voe^{21}	以为 ɉŋ^{24}vai^{21}	以为 i^{24}vɔi^{42}	以为 i^{214}vai^{11}	认为ŋɐŋ^{44}uai^{22}	以为 ji^{324}vei^{45}
1598	觉得	觉得 kɔ^{5}tei^{5}	觉得 kɔu^{5}tɛi^{5}	觉得 kɔu^{5}tɐi^{5}	觉得 kɐu^{5}ti^{5}	觉得ko^{5}tai^{5}	觉得 kou^{21}ai^{21}
1599	估计	估计 kʉ^{13}kei^{44}	估计 ku^{24}kɛi^{44}	估计 ku^{11}kei^{55}	估计 ku^{33}kie^{53}	估计ku^{44}kei^{45}	估计 kvu^{324}kei^{44}
1600	牵挂	记紧ki^{44}kin^{24}	挂紧kua^{44}kian^{24}	记紧ki^{55}kien^{24}	记紧ki^{53}kiaŋ^{214}	记紧ki^{45}kɐŋ^{314}	挂吊kvɔu^{44}ɛi^{44}
1601	担心	担心 tɐŋ^{13}sin^{13}	操心 ts'au^{12}san^{12}	担心 tan^{11}sɐn^{11}	担心 toŋ^{33}san^{33}	担心toŋ^{44}sɐŋ^{44}	担心 iẽ^{51}saŋ^{51}
1602	生气	发性 fo^{5}siʌŋ^{44}	□lau^{44}	嬲 nø^{11} 发火 fa^{5}fu^{24}	嬲 nia^{33}	发气fou^{5}k'i^{45}	发性 fu^{21}sin^{44}

序号	词目	大村	向阳	石陂	周田	石塘	桂头
1603	委屈	冤枉 jə^{13}vɔŋ^{24}	屈气vu^{5}hi^{44}	冤枉 in^{11}vɔŋ^{24}	冤枉 iŋ^{33}vɔŋ^{214}	冤枉yẽ^{44}uoŋ^{314}	冤枉 jyẽ^{51}voŋ^{324}
1604	害怕	惊kiʌŋ^{13}	惊 kiɛ^{12}	惊 kiaŋ^{11}	惊 kiaŋ^{33}	惊kiaŋ^{44}	恐 haŋ^{324}
1605	小心	小心 siʌu^{24}sin^{13}	小心 siu^{24}san^{12}	小心 siu^{24}sɛn^{11}	小心 siau^{214}san^{33}	小心siau^{314}sɛŋ^{44}	小心 sɛi^{324}saŋ^{51}
1606	提防	防备fɔŋ^{21}p'oe^{22}	提防 t'ɛ^{21}fɔŋ^{21}	提防 t'ɐi^{11}fɔŋ^{42}	提防 t'ai^{11}fɔŋ^{11}	提防t'ai^{22}foŋ^{22}	防备foŋ^{45}pai^{22}
1607	想想	諗lʌŋ^{24}	諗lɔn^{24}	諗nɛn^{24}	諗nan^{214}	諗lɛŋ^{314}	諗laŋ^{324}
1608	要（去）	爱ʉ^{44}	爱ui^{44}	爱ui^{55}	爱oi^{53}	要iau^{45}	爱u^{44}
1609	情愿（不去）	宁愿lʌn^{21}ŋə^{22}	情愿ts'an^{21}jiɔn^{22}	宁愿nɛn^{42}ŋiun^{11}	宁愿niaŋ^{11}ŋiŋ^{31}	宁愿laŋ^{22}yẽ^{44}	宁愿laŋ^{45}giẽ^{22}
1610	喜欢	中意 tsɐn^{44}ʒ̩^{44}	中意 tsaŋ^{44}ʒ̩^{44}	中意 ʧɐŋ^{11}i^{55}	中意 tsɛŋ^{53}i^{53}	中意tsiẽ^{45}i^{45}	中意 tsoŋ^{51}ji^{44}
1611	讨厌	□lʌu^{44}	□lau^{44} 滚kuan^{24}	嬲nø^{11} 滚kɔn^{24}	□nau^{53} 嬲nia^{33}	□ts'i^{5} 滚kuɛŋ^{314}	□ts'ɛi^{21}
1612	妒忌	眼红ŋʌŋ^{44}hɐn^{21}	眼红 guə^{44}haŋ^{21}	眼红 ŋan^{55}hɐŋ^{42}	眼红 ŋoŋ^{53}hɐŋ^{11}	眼前ŋɛŋ^{45}ts'iŋ^{22}	眼热 giẽ^{21}gɛi^{4}
1613	疼爱（孙子）	心痛 sin^{13}t'ɐn^{44}	心痛 san^{12}t'aŋ^{44}	心痛 sɐn^{11}t'ɐŋ^{55}	心痛 san^{33}t'ɐŋ^{53}	心痛sɛŋ^{44}t'iẽ^{45}	心痛 saŋ^{51}t'oŋ^{44}
1614	恼火	火滚 fʉ^{24}kun^{24}	火滚fu^{24}kuan^{24}	火滚 fu^{24}kɔn^{24}	火滚 fu^{214}kuɔn^{214}	火滚ho^{314}kuɛŋ^{314}	火滚 fu^{324}kvœn^{324}

序号	词目	大村	向阳	石陂	周田	石塘	桂头
1615	（别）慌	惊kiʌŋ^{13}	惊 kiɛ^{12}	惊 kiaŋ^{11}	惊 kiaŋ^{33}	惊kiaŋ^{44}	恐haŋ^{324}
1616	心烦	烦fəŋ^{21}	烦fuə^{21}	烦fan^{42}	烦foŋ^{11}	烦foŋ^{22}	烦fœn^{45}
1617	得意	得意tɐi^{5}ʃʅ^{44}	得意tɐi^{5}ʃʅ^{44}	得意tɐi^{5}i^{55}	得意ti^{5}i^{53}	味道mai^{44}t'au^{45}	胜景saŋ^{44}kaŋ^{324}
1618	忘（了）	忘记mɔŋ^{21}ki^{44}	忘记bɔŋ^{21}ki^{44}	忘mɔŋ^{11}	忘mɔŋ^{11}	忘记moŋ^{22}ki^{45}	忘记boŋ^{45}kai^{44}
1619	埋怨	怪kʌ^{44}	最衰tsui^{44}sɔe^{12} 怨jiɔn^{44}	怪kai^{55}	怨iŋ^{53}	怨yẽ^{45}	怨jyẽ^{444} 怪kvie^{44}
1620	相信	信sin^{44}	信san^{44}	信sɛn^{55}	信san^{53}	信sɛŋ^{45}	信saŋ^{44}
1621	怀疑	疑糊ŋi^{21}fʉ^{21}	疑糊gi^{21}fu^{21}	疑糊ŋi^{42}fu^{42}	疑糊ŋi^{11}fu^{11}	疑糊ŋi^{22}fu^{22}	疑糊gai^{45}fu^{45}
1622	嫌弃	嫌 hie^{21}	嫌 hɛn^{21}	嫌 ʃin^{42}	嫌 hiŋ^{11}	嫌siŋ^{22}	嫌 hɛn^{45}
1623	安慰	劝k'ə^{44}	劝k'iɔn^{44}	劝k'iun^{55}	劝k'iŋ^{53}	劝k'yẽ^{45}	安耐œn^{51}lu^{22}
1624	伤心	伤心sɔŋ^{13}sin^{13}	伤心sɔŋ^{12}san^{12}	伤心ʃɔn^{11}sen^{11}	伤心sɔŋ^{33}san^{33}	苦k'u^{314}	伤心sœn^{51}saŋ^{51}
1625	高兴	欢喜fəŋ^{13}hi^{24}	欢喜 fun^{12}hi^{24}	欢喜 fun^{11}ʃi^{24}	欢喜 foŋ^{33}hi^{214}	欢喜foŋ^{44}hai^{314}	欢喜k'vœn^{51}hai^{324}
1626	心疼（东西）	心痛sin^{13}t'en^{44}	心痛san^{12}t'aŋ^{44}	心痛sɛn^{11}t'ɛŋ^{55}	心痛san^{33}t'ɛŋ^{53}	心痛sɛŋ^{44}t'iẽ^{45}	心痛saŋ^{51}t'oŋ^{44}

序号	词目	大村	向阳	石陂	周田	石塘	桂头
1627	长（绳）	长 tsʻin^{21}	长 tsʻɛŋ^{21}	长 tʃʻɔŋ^{42}	长 tsʻɔŋ^{11}	长tsʻoŋ^{22}	长 tœn^{45}
1628	短（绳）	短 təŋ^{24}	短 toŋ^{24}	短 tun^{24}	短 toŋ^{214}	短tuaŋ^{314}	短 œn^{324}
1629	高（个儿）	高 kʌu^{13}	高 kau^{12}	高 kau^{11}	高 kau^{33}	高kau^{44}	高 ko^{51}
1630	矮（个儿）	矮ʌ^{24}	矮 uə^{24}	矮 ɛi^{24}	矮 a^{214}	矮a^{314}	矮 ie^{324}
1631	（屋檐）低	矮ʌ^{24}	矮 uə^{24}	矮 ɛi^{24}	矮 a^{214}	矮a^{314}	矮 ie^{324}
1632	（路）宽	阔 kʻʉ^{5}	阔 hui^{5}	阔 kʻui^{5}	阔 kʻɔ^{5}	阔kʻua^{5}	阔 kʻvu^{21}
1633	（路）窄	窄tsʌ^{5}	窄tsɛ^{5}	□kʻi^{3}	狭ha^{3}	窄tsa^{5}	狭hie^{44}
1634	（胳膊）粗	大 tʻo^{22}	大tʻuə^{22}	大 tʻai^{11}	大 tʻa^{31}	大tʻou^{44}	粗 tsʻau^{51}
1635	（胳膊）细	细 sʌ^{44}	细 sɛ^{44}	细 sɛi^{55}	细 sa^{53}	细sei^{45}	小 sɛi^{324}
1636	（衣服）新	新 sin^{13}	新 san^{12}	新 sɛn^{11}	新 san^{33}	新sɛŋ^{44}	新 saŋ^{51}
1637	（衣服）破	烂 ləŋ^{22}	烂 luə^{22}	烂 lan^{11}	烂 loŋ^{31}	烂loŋ^{44}	烂 lœn^{22}
1638	（水）热	滚 kun^{24}	滚 kuan^{24}	滚 kɔn^{24}	滚 kuɔn^{214}	滚kuɛŋ^{314}	滚 kvœn^{324}

序号	词目	大村	向阳	石陂	周田	石塘	桂头
1639	（水）冷	冷 lʌŋ^{44}	冷 liɛ^{44}	冷 laŋ^{55}	冷 liaŋ^{53}	冻tiẽ^{45}	冻 oŋ^{44}
1640	（水）烫	滚kun^{24}	滚 kuan^{24}	滚 kɔn^{24}	滚 kuɔn^{214}	滚kueŋ^{314}	滚kvœn^{324}
1641	红（苹果）	红 hɐn^{21}	红 haŋ^{21}	红 hɐŋ^{42}	红 heŋ^{11}	红hiẽ^{22}	红 hoŋ^{45}
1642	（脸）黄	黄 vɔŋ^{21}	黄 vɔŋ^{21}	黄 vɔŋ^{42}	黄 vɔŋ^{11}	黄uoŋ^{22}	黄 voŋ^{45}
1643	绿（草）	青tsʻiʌŋ^{13}	青 tsʻiɛ^{12}	青 tsʻiaŋ^{11}	青 tsʻiaŋ^{33}	青tsʻiaŋ^{44}	青tsʻin^{51}
1644	（屁股打）青（了）	黑hei^{5}	黑hɛi^{5}	乌vu^{11}	乌vu^{33}	黑hai^{5}	乌vu^{51}
1645	（皮肤）白	白 pʻʌ^{3}	白 pʻɛ^{3}	白 pʻei^{3}	白 pʻɔ^{3}	白pʻou^{5}	白 pʻi^{44}
1646	（皮肤）黑	黑 hei^{5}	黑 hɛi^{5}	黑 hɐi^{5}	黑 hi^{5}	黑hai^{5}	黑 ha^{21}
1647	（菜）酸	酸 səŋ^{13}	酸 soŋ^{12}	酸 sun^{11}	酸 soŋ^{33}	酸suaŋ^{44}	酸 sœn^{51}
1648	（瓜）甜	甜 tʻie^{21}	甜 tʻɛn^{21}	甜 tʻin^{42}	甜 tʻiŋ^{11}	甜tʻiŋ^{22}	甜 tiẽ^{45}
1649	（瓜）苦	苦 fʉ^{24}	苦 fu^{24}	苦 kʻu^{24}	苦 fu^{214}	苦fu^{314}	苦 fu^{324}
1650	（菜）辣	辣 lo^{3}	辣 luə^{3}	辣 la^{3}	辣 lɔ^{3}	辣lou^{5}	辣 lu^{44}

序号	词目	大村	向阳	石陂	周田	石塘	桂头
1651	（汤）咸	咸 hʌŋ^{21}	咸 huə^{21}	咸 han^{42}	咸 hiaŋ^{11}	咸haŋ^{22}	咸 hiẽ^{45}
1652	（柿子）涩	□ki^{5}	□ki^{5}	□ki^{5}	□ki^{5}	□ki^{5}	□kɛi^{21}
1653	（味道）淡	淡 tʻəŋ^{44}	淡 tʻuə^{44}	淡 tʻan^{55}	淡 tʻoŋ^{53}	淡tʻoŋ^{45}	淡 tʻiẽ^{21}
1654	（茶）浓	□lʌu^{21}	□lau^{21}	□nau^{42}	浓ŋɛŋ^{11}	□lau^{22}	□lo^{45}
1655	（茶）淡	淡 tʻəŋ^{44}	淡 tʻuə^{44}	淡 tʻan^{55}	淡 tʻoŋ^{53}	淡tʻoŋ^{45}	淡 tʻiẽ^{21}
1656	（粥）稠	□kʻɵ^{3}	□kʻi^{3}	□kʻiui^{3}	□kʻi^{3}	□kʻye^{5}	□kʻøy^{44}
1657	（粥）稀	清 tsʻiʌŋ^{13}	清tsʻie^{12}	鲜sin^{11}	鲜siŋ^{33}	清tsʻiaŋ^{44}	清 tsʻin^{51}
1658	（馒头）硬	硬 ŋʌŋ^{22}	硬 gie^{22}	硬 ŋaŋ^{11}	硬 ŋiaŋ^{31}	硬ŋaŋ^{44}	硬 gin^{22}
1659	（馒头）软	软 ŋɵ^{44}	软 giɔn^{44}	软 ŋiun^{55}	软 ŋiŋ^{53}	软ŋyẽ^{45}	软 gyẽ^{21}
1660	（眼睛）圆	圆 jɵ^{21}	圆 jiɔn^{21}	圆 iun^{42}	圆 iŋ^{11}	圆yẽ^{22}	圆 jyẽ^{45}
1661	（鼻子）扁	扁 pie^{24}	扁 pɛn^{24}	扁 pin^{24}	扁 piŋ^{214}	扁piŋ^{314}	□pʻie^{21}
1662	（书）厚	厚 hʌi^{44}	厚 hɔ^{44}	厚 hø^{55}	厚 hia^{53}	厚hie^{45}	厚 hei^{21}

序号	词目	大村	向阳	石陂	周田	石塘	桂头
1663	（纸）薄	薄 pʻɔ^{3}	薄 pʻɔu^{3}	薄 pʻɔu^{3}	薄 pʻɛu^{3}	薄pʻo^{5}	薄 pʻou^{44}
1664	（人）胖	肥 foe^{21}	肥 fai^{21}	肥 fɔi^{42}	肥 fai^{11}	肥fai^{22}	肥 fei^{45}
1665	（人）瘦	瘦 sᴀi^{44}	瘦 sɔ^{44}	瘦 sø^{55}	瘦 sia^{53}	瘦sie^{45}	瘦 sei^{44}
1666	（猪）肥	肥 foe^{21}	肥 fai^{21}	肥 fɔi^{42}	肥 fai^{11}	肥fai^{22}	肥 fei^{45}
1667	（桌面）光滑	滑vᴀ^{3}	滑və^{3}	滑va^{3}	滑va^{3}	滑ua^{5}	滑vie^{44}
1668	（水）浑	浑vun^{21}	浊tsʻɔ^{3}	浑 vɔn^{42}	浑 van^{11}	浊tsʻo^{5}	□vu^{45}
1669	（水）清	清 tsʻʌn^{13}	清tsʻan^{12}	鲜sin^{11}	清 tsʻiaŋ^{33}	清tsʻaŋ^{44}	清 tsʻin^{51}
1670	（饭）香	香 hin^{13}	香 heŋ^{12}	香 ʃɔŋ^{11}	香 sioŋ^{33}	香sioŋ^{44}	香 hœn^{51}
1671	（脚）臭	臭 tsʻiu^{44}	臭 tsʻiu^{44}	臭 ʧʻau^{55}	臭 tsʻiu^{53}	臭tsʻiu^{45}	臭 tsʻiu^{44}
1672	（灯）亮	皓hʌu^{22}	光 kɔŋ^{12}	光 kɔŋ^{11}	光 kɔŋ^{33}	皓hau^{44}	皓ho^{22}
1673	（房间）暗	黑 hei^{5}	黑hei^{5}	黑hei^{5}	暗oŋ^{53}	暗oŋ^{45}	黑 ha^{21}
1674	（路）滑	滑 vᴀ^{3}	滑 və^{3}	滑 va^{3}	滑 va^{3}	滑ua^{5}	滑 vie^{44}

序号	词目	大村	向阳	石陂	周田	石塘	桂头
1675	（箱子）重	重 tsʻen^{44}	重 tsʻaŋ^{44}	重 ʧʻeŋ^{55}	重 tsʻeŋ^{53}	重tsʻie^{45}	重 tsʻoŋ^{21}
1676	（箱子）轻	轻 hiʌŋ^{13}	轻 hiɛ^{12}	轻 kʻiaŋ^{11}	轻 kʻiaŋ^{33}	轻kʻiaŋ^{44}	轻 kʻin^{51}
1677	（路）直	直 tsʻei^{3}	直 tsʻei^{3}	直 ʧʻei^{3}	直 tsʻi^{3}	直tsʻa^{5}	直 tsʻa^{44}
1678	（水）满	□moe^{21}	□bai^{21}	□mɔi^{42}	满 moŋ^{53}	溢pʻɛŋ^{22} □mai^{22}	□bai^{45}
1679	（手）大	大 tʻo^{22}	大 tʻuə^{22}	大 tʻai^{11}	大 tʻa^{31}	大tʻou^{44}	大 tu^{22}
1680	（手）小	细 sʌ^{44}	细 sɛ^{44}	细 sɛi^{55}	细 sa^{53}	细sei^{45}	小 sɛi^{324}
1681	（速度）快	快 kʻʌ^{44}	快 kʻuə^{44}	快 kʻai^{55}	快 kʻoi^{53}	快kʻua^{45}	快 kʻvie^{44}
1682	（速度）慢	慢 meŋ^{22}	摸 bɔu^{12}	慢 man^{11}	慢 moŋ^{31}	慢moŋ^{44}	慢 bœn^{22}
1683	粗（沙）	粗 tsʻʉ^{13}	粗 tsʻu^{12}	粗 tsʻu^{11}	粗 tsʻu^{33}	粗tsʻu^{44}	粗 tsʻau^{51}
1684	细（沙）	幼 iu^{44}	嫩lɔn^{22} 幼jiu^{44}	嫩nɔn^{11} 幼jiau^{55}	幼iu^{53}	幼iu^{44}	嫩 laŋ^{22}
1685	（晒）干	干 keŋ^{13}	干kun^{12}	□tsau^{11}	□tsau^{33}	干koŋ^{44}	干 kœn^{51}
1686	（淋）湿	湿 sɿ^{5}	湿 sɿ^{5}	湿 ʃi^{5}	湿 sɿ^{5}	湿sɿ^{5}	湿 si^{21}

序号	词目	大村	向阳	石陂	周田	石塘	桂头
1687	（鱼）活	生 sʌŋ^{13}	生 sie^{12}	生 saŋ^{11}	生 siaŋ^{33}	生saŋ^{44}	生 sin^{51}
1688	（鱼）腥	腥 siʌŋ^{13}	腥 sie^{12}	腥 siaŋ^{11}	腥 siaŋ^{33}	腥siaŋ^{44}	腥 sin^{51}
1689	（菜）老	老 lʌu^{44}	老 lau^{44}	老 lau^{55}	老 lau^{53}	老lau^{45}	老 lo^{21}
1690	（菜）嫩	嫩 lun^{22}	嫩 lɔn^{22}	嫩 nɔn^{11}	嫩 nan^{31}	嫩lɛŋ^{44}	嫩 laŋ^{22}
1691	（饭）生	生 sʌŋ^{13}	生 sie^{12}	生 saŋ^{11}	生 siaŋ^{33}	生saŋ^{44}	生 sin^{51}
1692	（饭）熟	熟 sɐu^{3}	熟 sɔ^{3}	熟 ʃø^{3}	熟 sei^{3}	熟sie^{5}	熟 sou^{44}
1693	（弄）乱（了）	乱 lɐŋ^{22}	乱 loŋ^{22}	乱 lun^{11}	乱 loŋ^{31}	乱luaŋ^{44}	乱 lœn^{22}
1694	（放）稳	稳 vun^{24}	稳 van^{24}	稳 vɔn^{24}	稳 van^{214}	稳uɛŋ^{314}	稳 vaŋ^{324}
1695	（贴）歪（了）	笡 tsʻiʌ^{44}	□bie^{24} 笡 tsʻie^{44}	笡 tsʻia^{55}	笡 tsʻia^{53}	□ma^{314}	斜 tsʻi^{45}
1696	（栽）密（了）	密 moe^{3}	密 bai^{3}	密 mɐi^{3}	密 mai^{3}	密mai^{5}	密 bai^{44}
1697	（栽）稀（了）	疏sɔ^{13}	疏sɔu^{12}	□lɔu^{55}	□lɐu^{53}	疏so^{44}	疏søy^{51}
1698	（酒）厉害	□lʌu^{21}	□lau^{21}	□nau^{42}	□nau^{11}	□lau^{22}	□lo^{45}

序号	词目	大村	向阳	石陂	周田	石塘	桂头
1699	（花生）潮（了）	转润 tsə^{24}jun^{22}	□gian^{24}	□ŋien^{24}	转润tsiŋ^{214}iɔn^{31}	还润foŋ^{22}iɛŋ^{44}	转润 tsyẽ^{324}jaŋ^{22}
1700	（东西）差	□jei^{21}	□jɛi^{21}	□sɛn^{42}	□iɛ^{11}	□sɿ^{22} □iei^{22}	□jei^{45} □sɛn^{45}
1701	（饼干）脆	脆tsʻoe^{44}	脆tsʻɔe^{44}	松sɐŋ^{11}	脆 tsʻuoi^{53}	脆tsʻuai^{45}	脆 tsʻøy^{44}
1702	（坡）陡	徛kʻi^{44}	徛kʻi^{44}	徛kʻi^{55}	徛kʻi^{53}	徛kʻi^{45}	徛kʻai^{21}
1703	（路）弯	曲kʻɐu^{5}	曲kʻɔ^{5}	曲kʻø^{5}	弯viaŋ^{33}	弯uaŋ^{44}	弯viẽ^{51}
1704	（刀）锋利	利 ləe^{22}	利lai^{22}	利 lɐi^{11}	利 lai^{31}	利lai^{44}	利 lai^{22}
1705	（刀）钝	钝tʻun^{44}	□kɔu^{12} 钝tʻɔn^{22}	钝tʻɔn^{24}	钝tʻan^{214}	钝tʻɛŋ^{45}	钝tʻaŋ^{21}
1706	（篮子）结实	紧□kin^{24}kɐu^{5}	扎实tsuə^{5}sɿ^{3} 硬□giɛ^{22}kʻɛn^{22}	硬□ŋaŋ^{11}kø^{5}	硬□ŋiaŋ^{31}lɔŋ^{31}	硬撑ŋaŋ^{44}tsʻaŋ^{44}	硬撑gin^{22}tsʻin^{44}
1707	（人）强壮	健壮kʻə^{22}tsɔŋ^{44}	壮tsɔŋ^{44}	强壮kʻiɔŋ^{42}tsɔŋ^{55}	强壮kʻiɔŋ^{11}tsɔŋ^{53}	结实ki^{5}sɿ^{5} 强壮kʻioŋ^{22}tsoŋ^{45}	壮旺tsoŋ^{44}voŋ^{22}
1708	（车）歪（向一边）	侧tsei^{5} □ŋʌu^{21}	侧tsɛi^{5} □gau^{21}	笪tsʻia^{55} □ŋau^{42}	笪tsʻia^{53} □ŋau^{11}	侧tsa^{5} □ŋau^{22}	侧tsa^{21} □go^{45}
1709	（桌子）晃	□ŋʌu^{21}	□gau^{21}	□ŋau^{42}	□ŋau^{11}	□ŋau^{22}	□go^{45}
1710	（球）瘪（了）	□pʻo^{5}	□ɲ̍^{5} □liʔ^{5}	□ŋi^{5}	□i^{5}	□pʻei^{5}	□jei^{21}

序号	词目	大村	向阳	石陂	周田	石塘	桂头
1711	（天气）潮	潮湿 tsʻiʌu^{21}sɿ^{5}	潮湿 tsʻiu^{21}sɿ^{5}	潮湿 tʃʻiu^{42}ʃi^{5}	湿 sɿ^{5}	湿sɿ^{5}	潮湿 tsʻɛi^{45}si^{21}
1712	热闹	闹热 lʌu^{22}ȵie^{3}	闹热 lau^{22}gi^{3}	闹热 nau^{11}ŋi^{3}	闹热 nau^{31}ŋi^{3}	闹热lau^{44}ŋi^{5}	闹热 lo^{22}gɛi^{44}
1713	冷清	冷清lʌŋ^{44}tsʻʌn^{13}	冷清liɛ^{44}tsʻan^{12}	冷清laŋ^{55}tsʻɛn^{11}	冷清liaŋ^{53}tsʻiaŋ^{33}	冷清laŋ^{45}tsʻiaŋ^{45}	冷静lin^{21}tsʻin^{21}
1714	干净	伶俐liʌŋ^{21}lə^{4}ʔe^{45}	干净kun^{12}tsʻiɛ^{44}	伶俐lɛn^{42}lɐi^{11}	伶俐liaŋ^{11}lai^{31}	伶俐liaŋ^{22}lai^{44}	伶俐lin^{45}la^{4}
1715	肮脏	邋遢lo^{3}to^{5}	邋遢luə^{3}tuə^{5}	邋遢la^{3}ta^{5}	邋遢lɔ^{3}tɔ^{5}	邋遢lou^{5}tou^{5}	邋遢lie^{44}ie^{21}
1716	（事情很）麻烦	麻烦mo^{21}fəŋ^{21}	麻烦 ba^{21}fuə^{21}	麻烦 ma^{42}fan^{42}	麻烦 mɔ^{11}foŋ^{11}	麻烦mou^{22}foŋ^{22}	□□pɔu^{51}pai^{22}
1717	容易	易得 ɟɿ^{5}tei^{5}	易得 ɟɿ^{22}tɐi^{5}	易得 i^{3}tɐi^{5}	易得 i^{3}ti^{5}	易得i^{44}tai^{5}	易得 ji^{22}ai^{21}
1718	清静	静 tsʻʌn^{22}	静 tsʻan^{22}	静 tsʻɛn^{24}	静 tsʻiaŋ^{31}	静tsʻaŋ^{44}	静 tsʻaŋ^{22}
1719	阴凉	阴凉 jin^{13}lin^{21}	阴凉 jian^{12}lɛŋ^{21}	阴凉 iɛn^{11}liɔŋ^{42}	阴凉 iaŋ^{33}liɔŋ^{11}	阴凉iɛŋ^{44}lioŋ^{22}	阴凉 jaŋ^{51}lœn^{45}
1720	轻松	清闲tsʻʌn^{13}hʌŋ^{21}	轻松hiɛ^{12}saŋ^{12}	清闲tsʻɛn^{11}han^{42}	清闲tsʻiaŋ^{33}hiaŋ^{11}	轻松kʻiaŋ^{44}siẽ^{44}	轻松kʻin^{51}soŋ^{51}
1721	（光线）刺眼	晟眼tsʻʌŋ^{21}ŋʌŋ^{44}	晟眼tsʻiɛ^{21}guə^{44}	□眼tsɛn^{11}ŋan^{55}用于阳光 晟眼tʃʻaŋ^{42}ŋan^{55}用于灯光	晟眼tsʻiaŋ^{11}ŋoŋ^{53}	晟眼tsʻaŋ^{45}ŋɛŋ^{45}	晟眼tsʻin^{45}giẽ^{21}
1722	（气味）刺鼻	促鼻tsʻɐu^{5}pʻoe^{22} □鼻kʻɐu^{3}poe^{22}	攻鼻kaŋ^{12}pʻai^{22}	攻鼻kɛŋ^{11}pʻɐi^{11}	焗鼻kɐi^{3}pʻai^{31} 促鼻tsʻɐi^{5}pʻai^{31}	促鼻tsʻie^{5}pʻai^{44}	促鼻tsʻou^{21}pai^{22} 焗鼻kou^{21}pai^{22}

序号	词目	大村	向阳	石陂	周田	石塘	桂头
1723	（声音）刺耳	厉耳liᴀ^{5}ŋi^{44}		厉耳lia^{5}ŋi^{55}	厉耳lia^{5}ŋi^{53}	厉耳朵 lia^{5}ŋi^{45}to^{314}	厉耳li^{44}gai^{21}
1724	（鞋子觉得）紧	逼脚poe^{5}kiu^{5}	逼脚pɐi^{5}kiu^{5}	逼脚pɐi^{5}kiu^{5}	逼脚pai^{5}kiu^{5}	逼脚pai^{5}kiu^{5}	逼脚pa^{21}kœy^{21}
1725	（衣服觉得）紧	窄tsᴀ^{5}	窄tsɛ^{5} 箍身ku^{12}san^{12}	狭kʻi^{3}	狭ha^{3}	窄tsa^{5}	箍kvu^{51}
1726	（肚子觉得）疼	痛 tʻen^{44}	痛 tʻaŋ^{44}	痛 tʻeŋ^{55}	痛 tʻeŋ^{53}	痛tʻie^{45}	痛 tʻoŋ^{44}
1727	（开水觉得）烫	滚 kun^{24}	滚 kuan^{24}	滚 kɔn^{24}	滚 kuɔn^{214}	滚kueŋ^{314}	滚 kvœn^{324}
1728	（肥肉觉得）腻	□ŋiᴀ^{21}	腻lai^{22}	腻ŋia^{55}	腻nie^{31}	腻ŋia^{44}	□gi^{51}
1729	（身上觉得）痒	痒 jɔŋ^{44}	痒 jɔŋ^{44}	痒 iɔŋ^{55}	痒 iɔŋ^{53}	痒ioŋ^{45}	痒 jœn^{21}
1730	（屋里觉得）闷	焗kɐu^{5}	焗kɔ^{3}	焗kø^{3}	焗kɛi^{3}	焗kie^{5}	焗kou^{21}
1731	（坐车觉得）颠	抛pʻᴀu^{13}	抛pʻau^{12}	抛pʻau^{11}	抛pʻau^{33}	抛pʻau^{44}	抛pʻo^{51}
1732	（凳子觉得）冰	□tsʻiᴀ^{5}	□tsʻiɛ^{5}	□ken^{55}	□kiaŋ^{53}	冻tie^{45}	冻oŋ^{44}
1733	（毛衣觉得）扎	剢tɐu^{5}	剢tɔ^{5}	剢tø^{5}	剢tei^{5}	剢tei^{5}	□tsʻie^{45}
1734	（沙子）硌脚	□ᴀŋ^{24}	□ʔiɛ^{24}	□aŋ^{24}	□ʔiaŋ^{214}	□aŋ^{314}	□yẽ^{324}

序号	词目	大村	向阳	石陂	周田	石塘	桂头
1735	杀（碘酒抹在伤口上时的刺痛感）	腌ɲ^{5}	腌ɲ^{5}	腌i^{5} 燶la^{5}	腌i^{5}	燶lou^{5}	燶lu^{21}
1736	一	一 ji^{5}	一 ji^{5}	一 i^{5}	一 i^{5}	一i^{5}	一 ji^{21}
1737	二	二 ŋi^{22}	二 gi^{22}	二 ŋi^{11}	二 ŋi^{31}	二ŋi^{44}	二 gai^{22}
1738	三	三 sɔ^{13}	三 sa^{12}	三 san^{11}	三 soŋ^{33}	三soŋ^{44}	三 siẽ^{51}
1739	四	四 sɿ^{44}	四 sɿ^{44}	四 sɿ^{55}	四 sɿ^{53}	四sɿ^{45}	四 sai^{44}
1740	五	五 m^{44}	五 m^{44}	五 m^{55}	五 m^{53}	五m^{45}	五 gau^{21}
1741	六	六 lɐu^{3}	六 lɔ^{3}	六 lø^{3}	六 lɛi^{3}	六lie^{5}	六 lou^{44}
1742	七	七 ts'əe^{5}	七 ts'ai^{5}	七 ts'ɐi^{5}	七 ts'ai^{5}	七ts'ai^{5}	七 ts'ai^{21}
1743	八	八 pᴀ^{5}	八 puə^{5}	八 pa^{5}	八 pa^{5}	八pa^{5}	八 pie^{21}
1744	九	九 kiu^{24}	九 kiu^{24}	九 kiau^{24}	九 kiu^{214}	九kiu^{314}	九 kiu^{324}
1745	十	十 sɿ^{3}	十 sɿ^{3}	十 sɿ^{3}	十 sɿ^{3}	十sɿ^{5}	十 si^{44}
1746	十五	十五 sɿ^{3}m^{44}	十五 sɿ^{3}m^{44}	十五 sɿ^{3}m^{55}	十五 sɿ^{3}m^{53}	十五sɿ^{5}m^{45}	十五 si^{44}gau^{21}

序号	词目	大村	向阳	石陂	周田	石塘	桂头
1747	二十二	二十二 ŋi^{22}sɿ^{3}ŋi^{22}	二十二 gi^{22}sɿ^{3}gi^{22}	二十二 ŋi^{11}sɿ^{3}ŋi^{11}	二十二 ŋi^{31}sɿ^{3}ŋi^{31}	二十二 ŋi^{44}sɿ^{5}ŋi^{44}	二十二 gai^{22}si^{44}gai^{22}
1748	三十三	三十三 sɔ^{13}sɿ^{3}sɔ^{13}	三十三 sa^{12}sɿ^{3}sa^{12}	三十三 san^{11}sɿ^{3}san^{11}	三十三 soŋ^{33}sɿ^{3}soŋ^{33}	三十三 soŋ^{44}sɿ^{5}soŋ^{44}	三十三 siẽ^{51}si^{44}siẽ^{51}
1749	一百一十	一百一 ji^{5}pA^{5}ji^{5}	一百一 ji^{5}pɛ^{5}ji^{5}	一百一 i^{5}pei$^{5;5}$i	一百一 i^{5}pɔ$^{5;5}$i	一百一 i^{5}pou$^{5;5}$i	一百一 ji^{21}pi^{21}ji^{21}
1750	一百一十一	一百一十一 ji^{5}pA^{5}ji^{5}sɿ^{3}ji^{5}	一百一十一 ji^{5}pɛ^{5}ji^{5}sɿ^{3}ji^{5}	一百一十一 i^{5}pei$^{5;5}$i^{5}sɿ$^{3;5}$i	一百一十一 i^{5}pɔ$^{5;5}$i^{5}sɿ$^{3;5}$i	一百一十一 i^{5}pou$^{5;5}$i^{5}sɿ$^{5;5}$i	一百一十一 ji^{21}pi^{21}ji^{21}si^{44}ji^{21}
1751	二百五十	两百五 lin^{44}pA^{5}m^{44}	两百五 lɛŋ^{44}pɛ^{5}m^{44}	两百五 liɔŋ^{55}pei^{5}m^{55}	两百五 liɔŋ^{53}pɔ^{5}m^{53}	两百五 lioŋ^{45}pou^{5}m^{45}	两百五 lɛn^{21}pi^{21}gau^{21}
1752	三四个（人）	三四个 sɔ^{13}sɿ^{44}ko^{44}	三四个 sa^{12}sɿ^{44}kuə^{44}	三四个 san^{11}sɿ^{55}kai^{55}	三四个 soŋ^{33}sɿ^{53}ka^{53}	三四个 soŋ^{44}sɿ^{45}ka^{45}	三四个 siẽ^{51}sai^{44}kvu^{44}
1753	十来个	十零个 sɿ^{3}liA^{4}ŋ̍^{45}ko^{44}	十零个 sɿ^{3}liɛ^{35}kuə^{44}	十零个 sɿ^{3}liaŋ^{33}kai^{55}	十零个 sɿ^{3}liaŋ^{3}ka^{53}	十零个 sɿ^{5}liaŋ^{3}ka^{45}	十零个 si^{44}lin^{4}kvu^{44}
1754	整个（吃）	□个 kɛn^{24}ko^{44}	□个lɔn^{22}kuə^{44} 成个siɛ^{21}kuə^{44}	□个kɛn^{24}kai^{55}	□个kiaŋ^{214}ka^{53}	成个saŋ^{22}ka^{45}	成个sin^{45}kvu^{44}
1755	二斤	两斤 lin^{44}kin^{13}	两斤 lɛŋ^{44}kian^{12}	两斤 liɔŋ^{55}kiɛn^{11}	两斤 liɔŋ^{53}kiaŋ^{33}	两斤lioŋ^{45}kɛŋ^{44}	两斤 lɛn^{21}kaŋ^{51}
1756	二两	二两 ŋi^{22}lin^{24}	二两 gi^{22}lɛŋ^{24}	二两 ŋi^{11}liɔŋ^{24}	二两 ŋi^{31}liɔŋ^{214}	二两ŋi^{44}lioŋ^{314}	二两 gai^{22}lœn^{324}
1757	二斤二两	两斤二两 lin^{44}kin^{13}ŋi^{22}lin^{24}	两斤二两 lɛŋ^{44}kian^{12}gi^{22}lɛŋ^{24}	两斤二两 liɔŋ^{55}kiɛn^{11}ŋi^{11}liɔŋ^{24}	两斤二两 liɔŋ^{53}kiaŋ^{33}ŋi^{31}liɔŋ^{214}	两斤二两 lioŋ^{45}kɛŋ^{44}ŋi^{44}lioŋ^{314}	两斤二两 lɛn^{21}kaŋ^{51}gai^{22}lœn^{324}
1758	二尺	两尺 lin^{44}ts‘iA^{5}	两尺 lɛŋ^{44}ts‘ɛ^{5}	两尺 liɔŋ^{55}ʧ‘a^{5}	两尺 liɔŋ^{53}ts‘ɔ^{5}	两尺lioŋ^{45}ts‘ou^{5}	两尺 lɛn^{21}ts‘i^{21}

序号	词目	大村	向阳	石陂	周田	石塘	桂头
1759	一斤半	斤半 kin^{13}pəŋ^{44}	斤半 kian^{12}poŋ^{44}	斤半 kiɛn^{11}pun^{55}	斤半 kiaŋ^{33}poŋ^{53}	斤半kɛŋ^{44}poŋ^{45}	斤半 kaŋ^{51}pœn^{44}
1760	（一）个（人）	个 ko^{44}	个 kuə^{44}	个 kai^{55}	个 ka^{53}	个ka^{45}	个 kvu^{44}
1761	（一）只（鸡）	只 tsie^{24}	个 kuə^{44}	个 kai^{55}	个 ka^{53}	个ka^{45}	个 kvu^{44}
1762	（一）头（猪）	头tʻʌi^{21}	条tʻiu^{21}	条tʻiu^{42}	头tʻia^{11}	条tʻiau^{22}	条 tɛi^{45}
1763	（一）朵（花）	□tsɔ^{24} 朵tɔ^{24}	□tsɔu^{24}	朵 tɔu^{24}	朵 tɛu^{214}	朵to^{314}	□tsɔu^{324}
1764	（一）条（鱼）	条 tʻiʌu^{21}	条 tʻiu^{21}	条 tʻiu^{42}	条 tʻiau^{11}	条tʻiau^{22}	条 tɛi^{45}
1765	（一）头（牛）	头tʻʌi^{21}	条tʻiu^{21}	头tʻø^{42}	条tʻiau^{11}	条tʻiau^{22}	条 tɛi^{45}
1766	（一）匹（马）	头 tʻʌi^{21}	条tʻiu^{21}	头 tʻø^{42}	条 tʻiau^{11}	条tʻiau^{22}	条 tɛi^{45}
1767	（一）条（狗）	头tʻʌi^{21}	条tʻiu^{21}	条tʻiu^{42}	条tʻiau^{11}	条tʻiau^{22}	条 tɛi^{45}
1768	（一）条（蛇）	条 tʻiʌu^{21}	条 tʻiu^{21}	条 tʻiu^{42}	条 tʻiau^{11}	条tʻiau^{22}	条 tɛi^{45}
1769	（一）棵（树）	蔸tʌi^{13} 鬲pʻɔ^{13}	鬲pʻɔu^{12}	鬲pʻɔu^{11}	蔸tia^{33} 鬲pʻɛu^{33}	蔸tie^{44} 鬲pʻo^{44}	蔸ei^{51}
1770	（一）丛（草）	□tsʉ^{5}	□tsui^{5}	□tsui^{5}	□tsuoi^{5}	□tsia^{5}	□tsu^{21}

序号	词目	大村	向阳	石陂	周田	石塘	桂头
1771	(一)顿(饭)	餐 tsʻəŋ^{13}	餐 tsʻuə^{12}	餐 tsʻen^{11}	餐 tsʻoŋ^{33}	餐tsʻoŋ^{44}	餐 tsʻœn^{51}
1772	(一)支(烟)	口 hʌi^{24}	口 hɔ^{24}	口 hø^{24}	口 hia^{214}	斗tie^{314} 口kʻie^{314}	口 kʻei^{324}
1773	(一)粒(豆子)	核vʉ^{3}	粒lɛ^{3}	个kai^{55}	粒lai^{5}	个ka^{45}	个kvu^{44}
1774	(一)行(字)	行hɔŋ^{21}	行hɔŋ^{21}	行hɔŋ^{33}	行hɔŋ^{11}	行hoŋ^{22}	行hoŋ^{4}
1775	(一)张(桌子)	张 tsin^{13}	张tseŋ^{12}	张tʃɔŋ^{11}	张tsɔŋ^{33}	张tsoŋ^{44}	张 tsœn^{51}
1776	(一)件(衣服)	件 kʻie^{24}	件 kʻen^{24}	件 kʻin^{24}	件 kʻiŋ^{214}	件kʻiŋ^{45}	件 kʻɛn^{324}
1777	(一)套(衣服)	身 sin^{13}	身 san^{12}	身 ʃin^{11}	身 san^{33}	身seŋ^{44}	身 saŋ^{51}
1778	(一)双(鞋)	对 toe^{44}	对 tɔe^{44}	对 tɔi^{55}	对 tuoi^{53}	对tuai^{45}	对 øy^{44}
1779	(一)条(被子)	床 tsʻɔŋ^{21}	床 tsʻɔŋ^{21}	床 tsʻɔŋ^{42}	床 tsʻɔŋ^{11}	床tsʻoŋ^{22}	床 tsʻoŋ^{45}
1780	(一)顶(蚊帐)	床 tsʻɔŋ^{21}	床 tsʻɔŋ^{21}	张 tʃɔŋ^{11}	床 tsʻɔŋ^{11}	床tsʻoŋ^{22} 个ka^{45}	床 tsʻoŋ^{45}
1781	(一)把(刀)	张 tsin^{13}	把pa^{24}	张tʃɔŋ^{11}	张tsɔŋ^{33}	把pou^{314}	张 tsœn^{51}
1782	(一)幢(房子)	栋 ten^{44}	□tʻaŋ^{22}	栋 teŋ^{55}	□kɔŋ^{53}	座tsʻo^{44}	栋 oŋ^{44}

序号	词目	大村	向阳	石陂	周田	石塘	桂头
1783	(一) 口 (井)	个ko^{44}	个 kuə^{44}	个 kai^{55}	个ka^{53}	个ka^{45}	个 kvu^{44}
1784	(一) 个 (箱子)	个 ko^{44}	个 kuə^{44}	个 kai^{55}	个 ka^{53}	个ka^{45}	个 kvu^{44}
1785	(一) 辆 (车)	辆lin^{21}	架ka^{44} 部pʻu^{22}、	辆liɔŋ^{42}	辆liɔŋ^{11}	部pʻu^{45}	部 pau^{22}
1786	(一) 只 (船)	条 tʻiʌu^{21}	条tʻiu^{21}	条tʻiu^{42}	条tʻiau^{11}	条tʻiau^{22} 个ka^{45}	条 tɛi^{45}
1787	(一) 件 (事情)	件 kʻie^{22}	件 kʻɛn^{22}	件 kʻin^{11}	件 kʻiŋ^{31}	件kʻiŋ^{44}	件 kʻɛn^{22}
1788	(一) 伙 (人)	窦tʌi^{44}	帮pɔŋ^{12}	帮pɔŋ^{11}	班piaŋ^{33}	帮paŋ^{44}	□kʻai^{45}
1789	(一) 叠 (纸)	叠tʻi^{3}	沓 tʻuə^{3}	叠 tʻi^{3}	叠 tʻi^{3}	叠tʻi^{5}	叠tʻɛi^{4}
1790	(一) 捧 (花生)	捧pʻɐn^{24}	捧pʻaŋ^{24}	□ɛn^{11}	□aŋ^{33}	捧pʻiẽ^{314}	捧pʻoŋ^{324}
1791	(一) 串 (葡萄)	串 tsʻɵ^{44}	串 tsʻɔn^{44}	串 ʧʻun^{55}	串 tsʻiŋ^{53}	串tsʻyẽ^{45}	串 tsʻyẽ^{44}
1792	(一) 根 (绳子)	条 tʻiʌu^{21}	条 tʻiu^{21}	条 tʻiu^{42}	条 tʻiau^{11}	条tʻiau^{22}	条 tɛi^{45}
1793	(一) 支 (毛笔)	管 kɵŋ^{24}	支tsɿ^{12}	管 kun^{24}	管 koŋ^{214}	支tsɿ^{314}	管 kvœn^{324}
1794	(一) 座 (桥)	座tsʻɔ^{22} 条tʻiʌu^{21}	条tʻiu^{21}	座tsʻɔu^{55}用于较大的桥梁 梁liɔŋ^{42}用于较小的桥梁	条tʻiau^{11}	条tʻiau^{22}	条tɛi^{45}

序号	词目	大村	向阳	石陂	周田	石塘	桂头
1795	(一) 口(水)	口 hᴀi^{24}	口 hɔ^{24}	口 hø^{24}	口 hia^{214}	口kʻie^{314}	口 kʻei^{324}
1796	(一) 瓶(酒)	樽tsun^{13}	樽 tsɔn^{12}	樽 tsɔn^{11}	樽 tsuɔn^{33}	樽tsɛŋ^{44}	樽 tsɛn^{51}
1797	(一)片(树叶)	皮pʻoe^{21}	皮pʻai^{21}	皮 pʻɐi^{42}	皮 pʻai^{11}	皮pʻai^{22} 块kʻua^{314}	皮 pai^{45}
1798	(一)截(木头)	□kɐn^{24}	□lɔ^{5} □kaŋ^{24}	□lø^{5} □kɐŋ^{24}	□lɐi^{5} □kɐŋ^{214}	筒tʻiẽ^{22} □piẽ^{3}	□kʻøy^{4}
1799	(一)片(橘子)	□so^{24}	□sa^{24}	□mɔi^{24}	□mai^{214}	股ku^{314}	□bai^{44}
1800	(一) 滩(水)	湖fʉ^{21}	□taŋ^{24}	□tɐŋ^{24}	湖fu^{11} □tɐŋ^{214}	湖fu^{22} □tiẽ^{314}	□oŋ^{324}
1801	(一)道(痕迹)	条 tʻiᴀu^{21}	条 tʻiu^{21}	条 tʻiu^{42}	条 tʻiau^{11}	条tʻiau^{22}	条 tɛi^{45}
1802	(一)畦(菜地)	□liᴀ^{3}	□liɛ^{3}	□lia^{3}	□lia^{3}	□lia^{5}	□li^{44} 路 lau^{22}
1803	(一) 丘(田)	□fʉ^{13}	□fu^{12}	丘kʻiau^{11}	□fu^{33}	□fu^{44}	□fu^{4}
1804	(一)家(人家)	家ko^{13}	家 ka^{12}	家 ka^{11}	家 kɔ^{33}	家kou^{44}	家kɔu^{51}
1805	(一)滴(眼泪)	滴tᴀ^{44}	滴tɛ^{44}	滴tɛi^{55}	点tiŋ^{214}	点tiŋ^{3}	滴ie^{44}
1806	(一) 窝(狗)	窦tᴀi^{44}	窦tɔ^{44}	窦tø^{55}	窦tia^{53}	窦tie^{45}	窦ei^{44}

序号	词目	大村	向阳	石陂	周田	石塘	桂头
1807	(一)块(砖)	只tsie^{24}	□kau^{21}	个 kai^{55}	皮 pʻai^{11}	个ka^{45}	皮 pai^{45}
1808	(一)阵(雨)	阵 tsʻin^{22}	阵 tsʻan^{22}	阵 tʃʻɛn^{11}	阵 tsʻan^{31}	□tsʻau^{44}	阵 tsʻaŋ^{22}
1809	(一)扇(门)	扇sie^{44}	扇sɛn^{44}	□tʃʻɐŋ^{42}	□tsʻɛŋ^{11}	扇syẽ^{45}	□tsʻoŋ^{45}
1810	(一)只(碗)	只tsie^{24}	个 kuə^{44}	个 kai^{55}	个 ka^{53}	个ka^{45}	个 kvu^{44}
1811	(一)口(锅)	个ko^{44}	个 kuə^{44}	个 kai^{55}	个 ka^{53}	个ka^{45}	个kvu^{44}
1812	(一)杆(秤)	把 po^{24}	把 pa^{24}	把 pa^{24}	把 pɔ^{214}	把pou^{314}	把 pɔu^{324}
1813	(一)把(大蒜)	扎tsᴀ^{5}	把pa^{24}	扎tsa^{5} □tsa^{11}	□tsɔ^{33}	□tsou^{44}	□tsɔu^{51}
1814	(一)泡(尿)	堆 toe^{13}	堆 tɔe^{12}	堆 tɔi^{11}	堆 tuoi^{33}	堆tuai^{44}	堆 øy^{51}
1815	(一)泡(屎)	堆 toe^{13}	堆 tɔe^{12}	堆 tɔi^{11}	堆 tuoi^{33}	堆tuai^{44}	堆 øy^{51}
1816	(一)团(泥)	□pʻɐu^{3}	□kau^{21} 团tʻoŋ^{21}	团 tʻun^{42}	团 tʻoŋ^{11}	角ko^{5} 团tʻuaŋ^{22}	□tsu^{21}
1817	(一)株(草)	蔸tʌi^{13} 篇pʻɔ̃^{13}	篇pʻɔu^{12}	篇pʻɔu^{11}	蔸tia^{33} 篇pʻɛu^{33}	蔸tie^{44} 篇pʻo^{44}	蔸ei^{51}
1818	(一)堆(沙)	堆 toe^{13}	堆 tɔe^{12}	堆 tɔi^{11}	堆 tuoi^{33}	堆tuai^{44}	堆 øy^{51}

序号	词目	大村	向阳	石陂	周田	石塘	桂头
1819	（一）服（药）	剂tsəe^{44}	剂tsai^{44}	剂tsɐi^{55}	剂tsai^{53}	剂tsai^{45}	剂tsai^{44}
1820	（一）茬（长）	□lʌŋ^{44}	□luə^{44}	□nan^{24}	□noŋ^{214}	□laŋ^{314}	□laŋ^{21}
1821	（一）庹（长）	□jin^{21}	□jian^{21}	□iɛn^{42}	□iaŋ^{11}	□iɛŋ^{22}	□jaŋ^{45}
1822	（一）元（钱）	个ko^{2}ʔo^{23}	个kuə^{44} □bɛ^{21}	文 mun^{42}	个ka^{53} 块 kʻoi^{214}	文mɐŋ^{45}	文baŋ^{45}
1823	（一）角（钱）	毫子hʌu^{21}tsɿ^{2}ʔɿ^{23} 角kɔ^{5}	毫子hau^{21}tsɿ^{3}ʔɿ^{35}	毫子hau^{42}tsɿ^{33} 角kɔu^{5}	毫子hau^{11}tsɿ^{12} 角kɐu^{5}	毫子hau^{22}tsɿ^{3} 角ko^{5}	毫子ho^{45}tsi^{4} 角kou^{21}
1824	（一）分（钱）	分 fun^{13}	分 fan^{12}	分 fɔn^{11}	分 fan^{33}	分fɐŋ^{44}	分 faŋ^{51}
1825	（打一）顿	身 sin^{13}	身 san^{12} 餐 tsʻuə^{12}	身 ʃɛn^{11}	身 san^{33}	身sɐŋ^{44}	身 saŋ^{51}
1826	（看一）遍	轮lun^{21}	轮lɔn^{21}	轮lun^{42}	轮lan^{11}	轮lɐŋ^{22}	轮laŋ^{4}
1827	（走一）趟	趟tʻɔŋ^{44}	趟tʻɔŋ^{44}	趟tʻɔŋ^{55}	圈kʻiŋ^{33}	圈kʻyẽ^{44}	圈kʻyẽ^{51}
1828	（玩一）次	回foe^{21}	次tsʻɿ^{44}	次tsʻɿ^{53}	回fai^{11}	回fai^{22}	轮laŋ^{4}
1829	我	我ŋɔ^{44}	我gɔu^{44}	我ŋɔu^{55}	我ŋa^{33}	我ŋa^{45}	我gu^{21}
1830	你	你lei^{44}	你lai^{44}	你ŋi^{55}	你nei^{33}	你lai^{45}	你lei^{21}

序号	词目	大村	向阳	石陂	周田	石塘	桂头
1831	他	渠ȵi^{44}	渠ki^{44}	渠ki^{55}	渠ki^{33}	渠ki^{45}	渠ki^{21}
1832	咱们	我俚ŋɔ^{44}lie^{22}	我俚 gɔu^{44}lɛ^{3}ʔɛ^{35}/la^{3}ʔi^{35}	我俚ŋɔu^{55}lei^{33}	我俚ŋa^{33}lɛ^{53}	我俚ŋa^{22}la^{314}	我□gu^{21}tou^{4} □□a^{44}tou^{4}
1833	我们	我俚ŋɔ^{44}lie^{22}	我俚 gɔu^{44}lɛ^{3}ʔɛ^{35}/la^{3}ʔi^{35}	我俚ŋɔu^{55}lei^{33}	我俚ŋa^{33}lɛ^{53}	我俚ŋa^{22}la^{314}	我□gu^{21}tou^{4} □□a^{44}tou^{4}
1834	你们	你俚lei^{44}lie^{22}	你俚lai^{44}lɛ^{3}ʔɛ^{35}/la^{3}ʔi^{35}	你俚ȵi^{55}lei^{33}	你俚nei^{33}lɛ^{53}	你俚lai^{22}lai^{314}	你□lei^{21}tou^{4}
1835	他们	渠俚ȵi^{44}lie^{22}	渠俚ki^{44}lɛ^{3}ʔɛ^{35}/la^{3}ʔi^{35}	渠俚ki^{55}lei^{33}	渠俚ki^{33}lɛ^{53}	渠俚ki^{22}la^{314}	渠□ki^{21}tou^{4}
1836	谁	□人sin^{44}ȵin^{21}	□人sɔŋ^{21}gen^{21}	□人nei^{33}ȵien^{42}	□个佬 piŋ^{12}ka^{53}lau^{214}	□个lou^{22}ka^{45}	□人sin^{45}gaŋ^{45}
1837	别人	别人pʻi^{3}ȵin^{21}	别人 pʻi^{3}gen^{21}	别人 pʻi^{3}ȵien^{33}	别个佬 pʻi^{3}ka^{53}lau^{214}	别人pʻi^{5}ŋeŋ^{3}	别个人 pʻɛi^{44}kvu^{44}gaŋ^{45}
1838	大家	大齐家 tʻo^{22}tsʻʌ^{21}ko^{2}ʔo^{23}	大齐家tʻuə^{22}tsʻɛ^{21}ka^{3}ʔa^{35} 大家tʻuə^{22}ka^{3}ʔa^{35}	大齐家tʻai^{11}tsʻɛi^{42}ka^{33} 大家tʻai^{11}ka^{33}	大势家 tʻa^{31}sɿ^{31}kɔ^{12}	个个ka^{45}ka^{45}	大齐□家 tu^{22}tsʻei^{45}gai^{22}kɔu^{51}
1839	自己	自家sɿ^{22}ko^{2}ʔo^{23}	自家sɿ^{22}ka^{3}ʔa^{35}	自家sɿ^{11}ka^{33}	自家sɿ^{31}kɔ^{12}	自己sɿ^{44}ki^{3}	自己sɿ^{51}kai^{324}
1840	我的	我箇ŋɔ^{44}·kəe	我箇gɔu^{44}kɛ^{3}ʔɛ^{35}	我箇ŋɔu^{55}kɛi^{33}	我箇ŋa^{33}kiɛ^{53}	我哩ŋa^{45}lei^{45}	我箇gu^{21}ka^{44}
1841	你的	你箇lei^{44}·kəe	你箇lai^{44}kɛ^{3}ʔɛ^{35}	你箇ȵi^{55}kɛi^{33}	你箇nei^{33}kiɛ^{53}	你哩lai^{45}lei^{45}	你箇lei^{21}ka^{44}
1842	他的	渠箇ȵi^{44}·kəe	渠箇ki^{44}kɛ^{3}ʔɛ^{35}	渠箇ki^{55}kɛi^{33}	渠箇ki^{33}kiɛ^{53}	渠哩ki^{45}lei^{45}	渠箇ki^{21}ka^{44}

序号	词目	大村	向阳	石陂	周田	石塘	桂头
1843	咱们的	我俚箇 ŋɔ^{44}lie^{22}·kəe	我俚箇 gɔu^{44}lɛ^{3}/lai^{3}kɛ^{3}ʔɛ^{35}	我俚箇 ŋɔu^{55}lɛi^{33}kɛi^{33}	我俚箇 ŋa^{33}lɛ^{53}kiɛ^{53}	我俚哩 ŋa^{22}la^{314}lei^{45}	我□箇 gu^{21}tou^{4}ka^{44}
1844	我们的	我俚箇 ŋɔ^{44}lie^{22}·kəe	我俚箇 gɔu^{44}lɛ^{3}/lai^{3}kɛ^{3}ʔɛ^{35}	我俚箇 ŋɔu^{55}lɛi^{33}kɛi^{33}	我俚箇 ŋa^{33}lɛ^{53}kiɛ^{53}	我俚哩 ŋa^{22}la^{314}lei^{45}	我□箇 gu^{21}tou^{4}ka^{44}
1845	你们的	你俚箇 lei^{44}lie^{22}·kəe	你俚箇 lai^{44}lɛ^{3}/lai^{3}kɛ^{3}ʔɛ^{35}	你俚箇 ŋi^{55}lei^{33} kei^{33}	你俚箇 nɛi^{33}lɛ^{53}kiɛ^{53}	你俚哩 lai^{22}lai^{314}lei^{45}	你□箇 lei^{21}tou^{4}ka^{44}
1846	他们的	渠俚箇 ŋi^{44}lie^{22}·kəe	渠俚箇 ki^{44}lɛ^{3}/lai^{3}kɛ^{3}ʔɛ^{35}	渠俚箇 ki^{55}lɛi^{33}kɛi^{33}	渠俚箇 ki^{33}lɛ^{53}kiɛ^{53}	渠俚哩 ki^{22}la^{314}lei^{45}	渠□箇 ki^{21}tou^{4}ka^{44}
1847	谁的	□人箇 sin^{44}ŋin^{21}·kəe	□人箇 sɔŋ^{21}gen^{21}kɛ^{3}ʔɛ^{35}	□人箇 nɛi^{33}ŋiɛn^{42}kɛi^{33}	□个佬箇 piŋ^{12}ka^{53}lau^{214}kiɛ^{53}	□个俚 lou^{22}ka^{45}lei^{45}	□人箇 sin^{45}gaŋ^{45}ka^{44}
1848	这个	□个lie^{22}ko^{44}	□个lai^{22}kuə^{44}	□个tɛi^{33}kai^{55}	個个ka^{33}ka^{53}	個个ka^{22}ka^{45}	個个ka^{4}kvu^{44}
1849	那个	個只ko^{44}tsie^{24} □只hʌ^{4}ʔn^{45}tsie^{24}	□个hɔŋ^{22}kuə^{44}	個个kai^{55}kai^{55}远指 □个lu^{33}kai^{55}更远指	□個个 heŋ^{11}ka^{33}ka^{53}	□个hiŋ^{22}ka^{45}	□个hoŋ^{44}kvu^{44}
1850	哪个	□个pie^{22}ko^{44}	□个pɛn^{22}kuə^{44}	□个nɛi^{33}kai^{55}	□个piŋ^{12}ka^{53}	□个lou^{22}ka^{45}	□个bei^{4}kvu^{44}
1851	这些	□□lie^{22}lie^{22}	□兜lai^{22}tɔ^{3}ʔɔ^{35}	□兜tɛi^{33}tø^{11}	個□ka^{33}la^{214} 個嘀ka^{33}ti^{3}	個个ka^{22}ka^{45}	個□ka^{4}ti^{44}
1852	那些	個□ko^{44}lie^{22} □□hʌ^{4}ʔn^{45}lie^{22}	□兜hɔŋ^{22}tɔ^{3}ʔɔ^{35}	個兜kai^{55}tø^{11}远指 □兜lu^{33}tø^{11}更远指	□個□heŋ^{11}ka^{33}la^{214} □個嘀heŋ^{11}ka^{33}ti^{3}	□个hiŋ^{22}ka^{45}	□□hoŋ^{44}ti^{44}
1853	哪些	□□pie^{22}lie^{22}	□兜pɛn^{22}tɔ^{3}ʔɔ^{35}	□兜nɛi^{33}tø^{11}	□嘀piŋ^{12}la^{214} □嘀piŋ^{12}ti^{3}	□个lou^{22}ka^{45}	□□bei^{4}ti^{44}
1854	一些儿	一□嘀 ji^{5}tsə^{2}ʔe^{23}tei^{44}	一嘀哩 ji^{5}ti^{3}lɛ^{3}ʔɛ^{35}	一嘀哩 i^{5}ti^{5}lei^{33}	一嘀哩 i^{5}ti^{3}lɛ^{53}	一□i^{5}tsai^{3}	一□ji^{21}tsei^{4}

序号	词目	大村	向阳	石陂	周田	石塘	桂头
1855	这里	□□lie^{22}tsə^{2}ʔe^{23}	□角lai^{22}kɔ^{3}ʔu^{35}	□当tɛi^{33}tɔŋ^{33}	□哩hi^{3}lɛ^{53} 個个当 ka^{33}ka^{53}tɔŋ^{12}	□哩k'a^{3}lei^{45}	個□ka^{4}lau^{324}
1856	那里	個□ko^{44}tsə^{2}ʔe^{23} □只hʌ^{4}ʔn^{45}tsə^{2}ʔe^{23}	□角hɔŋ^{22}kɔ^{3}ʔu^{35}	個当kai^{55}tɔŋ^{33}远指 □当lu^{33}tɔŋ^{33}更远指	□哩hɛŋ^{11}lɛ^{53} □個个当 hɛŋ^{11}ka^{33}ka^{53}tɔŋ^{12}	□哩hiŋ^{22}lei^{45}	□□hoŋ^{44}lau^{324}
1857	哪里	□□pie^{22}tsə^{2}ʔe^{23}	□角pɛn^{22}kɔ^{3}ʔu^{35}	□当nɛi^{33}tɔŋ^{33}	□哩piŋ^{12}lɛ^{53} □个当 piŋ^{12}ka^{53}tɔŋ^{12}	□哩lou^{22}lei^{45}	□□bei^{4}lau^{324}
1858	这边	□边lie^{22}pie^{13}	□边lai^{22}pɛn^{12}	□边tɛi^{33}pin^{11}	個边ka^{33}piŋ^{33}	個边ka^{22}piŋ^{44}	個□ka^{4}sie^{324}
1859	那边	個边ko^{44}pie^{13}	□边hɔŋ^{22}pɛn^{12}	個边kai^{55}pin^{11}远指 □边lu^{33}pin^{11}更远指	□個边 hɛŋ^{11}ka^{33}piŋ^{33}	□边hiŋ^{22}piŋ^{44}	□□hoŋ^{44}sie^{324}
1860	哪边	□边pie^{22}pie^{13}	□边pɛn^{22}pɛn^{12}	□边nɛi^{33}pin^{11}	□边piŋ^{12}piŋ^{33}	□边lou^{22}piŋ^{44}	□□bei^{4}sie^{324}
1861	这么（甜）	□lə^{4}ʔŋ^{45}	□kɛŋ^{22}	□kan^{24}	□loŋ^{12}	個ka^{3}	□la^{4}
1862	那么（甜）	□lə^{4}ʔŋ^{45}	□kɛŋ^{22}	□kan^{24}	□loŋ^{12}	個ka^{3}	□la^{4}
1863	这样（做）	□□hʌ^{44}si^{2}ʔu^{23}	□子kian^{5}tsɿ^{24}	□哩kan^{24}lɛi^{33}	□子kan^{214}tsɿ^{214}	□哩kaŋ^{314}lei^{45}	個总ka^{4}tsoŋ^{324}
1864	那样（做）	□□hʌ^{4}ʔn^{45}si^{2}ʔu^{23}	□子kian^{5}tsɿ^{24}	□哩kan^{24}lɛi^{33}	□子kan^{214}tsɿ^{214}	□哩hiŋ^{314}lei^{45}	□总hoŋ^{44}tsoŋ^{324}
1865	怎样（做）	□□□ kɔŋ^{24}mu^{4}ʔn^{45}si^{2}ʔu^{23}	□子pɛn^{44}tsɿ^{24} □□kɔŋ^{24}buə^{3}ʔə^{35}	□般liɔŋ^{55}pan^{33}	样板iɔŋ^{31}poŋ^{214}	□哩loŋ^{314}lei^{45}	□总bei^{4}tsoŋ^{324}

序号	词目	大村	向阳	石陂	周田	石塘	桂头
1866	怎么（办）	□□□ kɔŋ^{24}mu^{4}ʔn^{45}si^{2}ʔu^{23}	□子pɛn^{44}tsɿ^{24} □□kɔŋ^{24}buə^{3}ʔə^{35}	□般liɔŋ^{55}pan^{33}	样板iɔŋ^{31}poŋ^{214}	□哩loŋ^{314}lei^{45}	□总bei^{4}tsoŋ^{324}
1867	这会儿	□阵间 lie^{22}ts'in^{22}kʌ^{2}ʔŋ^{23}	□刻lai^{22}k'ɛ^{3}ʔi^{35} □刻哩lai^{22}k'ɐi^{3}lɛ^{3}ʔɛ^{35}	□直间 tɐi^{33}tʃ'ɐi^{3}kan^{33}	個阵哩 ka^{33}ts'an^{12}lɛ^{53}	個刻哩 ka^{22}k'a^{5}lei^{45}	個阵间 ka^{4}ts'aŋ^{22}kiẽ^{51}
1868	那会儿	個阵间 ko^{44}ts'in^{22}kʌ^{2}ʔŋ^{23}	□刻hɔŋ^{22}k'ɛ^{3}ʔi^{35} □刻哩hɔŋ^{22}k'ɐi^{3}lɛ^{3}ʔɛ^{35}	個直间kai^{55}tʃ'ɐi^{3}kan^{33} □直间lu^{33}tʃ'ɐi^{3}kan^{33}	□個阵哩 heŋ^{11}ka^{33}ts'an^{12}lɛ^{53}	□刻哩 hiŋ^{22}k'a^{5}lei^{45}	□阵间 hoŋ^{44}ts'aŋ^{22}kiẽ^{51}
1869	哪会儿	□阵间 pie^{22}ts'in^{22}kʌ^{2}ʔŋ^{23}	□刻pɛn^{22}k'ɛ^{3}ʔi^{35} □刻哩pɛn^{22}k'ɐi^{3}lɛ^{3}ʔɛ^{35}	□直间 nei^{33}tʃ'ɐi^{3}kan^{33}	□个时间 piŋ^{12}ka^{53}sɿ^{11}kiaŋ^{12}	□刻哩 lou^{22}k'a^{5}lei^{45}	□阵间 bei^{4}ts'aŋ^{22}kiẽ^{51}
1870	多久	几久 ki^{24}kiu^{24}	几久 ki^{24}kiu^{24}	几久 ki^{24}kiau^{24}	几久 ki^{214}kiu^{214}	几久ki^{314}kiu^{314}	几久 kai^{324}kiu^{324}
1871	多少斤	几重 ki^{24}ts'ɐn^{44}	几重 ki^{24}ts'aŋ^{44}	几重 ki^{24}tʃ'ɐŋ^{55}	几重 ki^{214}ts'ɛŋ^{53}	几重ki^{314}ts'iẽ^{45}	几重 kai^{324}ts'oŋ^{21}
1872	别处	别□pi^{3}t'iʌ^{4}ʔŋ^{45}	其他地方 ki^{21}t'a^{12}t'ai^{22}fɔŋ^{12}	别当pi^{3}tɔŋ^{33}	别个当 pi^{3}ka^{53}tɔŋ^{12}	别□pi^{5}t'iaŋ^{3}	别□p'ei^{44}tœn^{4}
1873	到处	□□pie^{22}tsə^{2}ʔe^{23}	到处tau^{44}ts'ɥ^{3}ʔɥ^{35}	□当nei^{33}tɔŋ^{33}	四围sɿ^{53}vai^{11}	到□tau^{45}t'iaŋ^{3}	到□o^{44}tœn^{4}
1874	什么	□□sin^{44}ŋi^{44}	□啥sɿ^{44}sa^{3}ʔa^{35}	物箇ma^{24}kɐi^{33}	□箇siŋ^{214}kiɛ^{53}	□□sɿ^{45}ma^{45}	□□si^{44}sei^{4}
1875	为什么	做□□ tsɿ^{44}sin^{44}ŋi^{44}	做□啥 tsu^{44}sɿ^{44}sa^{3}ʔa^{35}	做物箇 tsɔu^{55}ma^{24}kɐi^{33}	做□箇 tsɿ^{53}siŋ^{214}kiɛ^{53}	做□□ tsɿ^{45}sɿ^{45}ma^{45}	做□□ tsau^{44}si^{44}sei^{4}
1876	（十斤）上下	左右tsɔ^{24}jiu^{22}	左右tsɔu^{24}jiu^{22}	上下ʃɔŋ^{11}ha^{11}	左右tsɐu^{214}iu^{31}	左右tso^{314}iu^{44}	上下sœn^{22}hɔu^{22}
1877	分（几分之几）	分fun^{13}	分fan^{12}	分fɔn^{11}	分fan^{33}	分fɛŋ^{44}	分faŋ^{51}

序号	词目	大村	向阳	石陂	周田	石塘	桂头
1878	刚（到）	啱□ŋʌ^{2}ʔm^{23}sie^{44}	□□kʻɐŋ^{12}sɛn^{44}	□□kʻiɔŋ^{11}sin^{55}	啱啱ŋoŋ^{33}ŋoŋ^{12}	□□kʻioŋ^{44}kʻioŋ^{44}	□□kʻœn^{51}sɛn^{44}
1879	刚好（合适）	啱□ŋʌ^{2}ʔm^{23}sie^{44}	啱□guə^{12}sɛn^{44}	啱啱ŋan^{11}ŋan^{33}	啱啱ŋoŋ^{33}ŋoŋ^{12}	啱□ŋaŋ^{45}siŋ^{45}	啱□giẽ^{51}sɛn^{44}
1880	一向	一直ji^{5}tsʻei^{3}	一路ji^{5}lu^{22} 一直ji^{5}tsʻei^{3}	一路i^{5}lu^{11} 一直i^{5}ʧʻei^{3}	一路i^{5}lu^{3}	一路i^{5}lu^{44} 一直i^{5}tsʻa^{5}	一路ji^{21}lau^{4}
1881	常常	经常kʌn^{13}sɔŋ^{21}	成日siɛ^{21}gi^{3}ʔi^{35} 经常kian^{12}sɔŋ^{21}	成日ʃaŋ^{42}ŋi^{3}	经常kiaŋ^{33}sɔŋ^{11}	经常kaŋ^{44}sioŋ^{22}	经常kaŋ^{51}sœn^{45}
1882	正在（吃饭）	正当tsʌn^{44}tɔŋ^{13}	正当tsan^{44}tɔŋ^{12}	正当ʧɛn^{55}tɔŋ^{11}	正当tsiaŋ^{53}tɔŋ^{33}	正当tsaŋ^{45}toŋ^{44}	正当tsaŋ^{44}oŋ^{51}
1883	赶快（走）	快嘀kʻʌ^{44}tei^{44}	快嘀kʻuə^{44}ti^{3}ʔi^{35}	快嘀kʻai^{55}ti^{5}	快嘀哩 kʻoi^{53}ti^{3}lɛ^{53}	快哩kʻua^{45}lei^{45}	快□kʻvie^{44}ti^{4}
1884	（别）总（说）	成日sʌn^{21}ŋi^{3}	成日siɛ^{21}gi^{3}ʔi^{35}	成日ʃaŋ^{42}ŋi^{3}	□日kiaŋ^{12}ŋi^{3}	□日tsʻɛŋ^{314}ŋi^{5}	□日laŋ^{22}gai^{44}
1885	马上（来）	即刻tsœ^{5}kʻei^{5}	即刻tsɐi^{5}kʻɐi^{5} 就tsʻiu^{22}	即刻tsɐi^{5}kʻɐi^{5} 就tsʻɐu^{11}	即刻tsi^{5}kʻi^{5}	即时tsa^{5}sɿ^{22} 就tsʻiu^{44}	即刻tsa^{21}kʻa^{21}
1886	一下子（找不着）	一时ji^{5}sɿ^{21}	一下ji^{5}ha^{22}	一下i^{5}ha^{11}	一下哩 i^{5}hɔ^{3}lɛ^{53}	一下i^{5}hou^{44}	一阵间 ji^{21}tsʻaŋ^{22}kiẽ^{51}
1887	很（好）	好hʌu^{24}	好hau^{24}	□hɐi^{11}	□loŋ^{12}	好hau^{314}	好ho^{324}
1888	最	最tsoe^{44}	最tsui^{44}	最tsui^{55}	最tsoi^{53}	最tsɐŋ^{45}	最tsøy^{44}
1889	太（小了）	太tʻo^{44}	太tʻuə^{22}	太tʻai^{55}	太tʻa^{31}	太tʻa^{45}	太tʻu^{44}

序号	词目	大村	向阳	石陂	周田	石塘	桂头
1890	特别（咸）	太t‘o^{44}	好hau^{24}	□hɛi^{11}	□loŋ^{12}	十分sɿ^{5}fɛŋ^{44}	特t‘ai^{44}
1891	有点儿（淡）	有仔jiu^{44}tsə^{2}ʔe^{23}	有嘀jiu^{44}ti^{3}ʔi^{35}	有嘀iau^{55}ti^{5}	有嘀iu^{53}ti^{3}	有仔iu^{45}tsai^{3}	有仔jiu^{21}tsei^{4}
1892	（大家）都（会）	□tʉ^{44}	□tu^{44}	□tɛi^{55}	都tu^{33}	□lou^{44}	□tsie^{51}
1893	一共	共紧k‘en^{22}kin^{24}	一共ji^{5}k‘aŋ^{22}	摎□lau^{11}ts‘ɛu^{11}	一摎□ i^{5}lau^{33}p‘iaŋ^{33}	合起来hou^{5}hai^{314}lei^{22} 一共i^{5}k‘iẽ^{44}	摎□lo^{51}ts‘iu^{51}
1894	幸好（没去）	好得hʌu^{24}tei^{5}	好得hau^{24}tɛi^{5}	好得hau^{24}tɐi^{5}	好得hau^{214}ti^{5}	好得hau^{314}tai^{5}	好得ho^{324}ai^{21}
1895	反正	横直vʌŋ^{21}ts‘ei^{3} 反正fəŋ^{24}tsʌn^{44}	横直vie^{21}ts‘ɛi^{3} 反正fuə^{24}tsan^{44}	横直vaŋ^{42}tʃ‘ei^{3}	横直vian^{11}ts‘i^{3}	横直uaŋ^{22}ts‘a^{5} 反正foŋ^{314}tsaŋ^{45}	横直vin^{45}ts‘a^{44} 反正fœn^{324}tsaŋ^{44}
1896	光（吃菜）	净ts‘iʌŋ^{22}	净 ts‘iɛ^{22}	净 ts‘iaŋ^{11}	净 ts‘iaŋ^{31}	净ts‘iaŋ^{44}	净ts‘in^{22}
1897	只（剩两块）	还得hoe^{21}tei^{5}	就 ts‘iu^{22}	只 tsɿ^{24}	只 tsɿ^{214}	还正hou^{22}tsaŋ^{45}	只 tsi^{21}
1898	偏（不去）	硬ŋʌŋ^{22}	硬giɛ^{22}	硬ŋaŋ^{11}	就ts‘iu^{31}	就ts‘iu^{44}	专面tsyẽ^{51}bɛn^{4}
1899	恐怕（来不了）	惊怕kiʌŋ^{13}p‘o^{44}	怕 p‘a^{44}	怕 p‘a^{55}	怕 p‘ɔ^{53}	怕p‘ou^{45}	恐haŋ^{324}
1900	一块儿（去）	一齐 ji^{5}ts‘ʌ^{21}	一齐 ji^{5}ts‘ɛ^{21}	一齐 i^{5}ts‘ɛi^{42}	一齐 i^{5}ts‘ie^{11}	一下i^{5}hou^{44}	一齐 ji^{21}ts‘ei^{45}
1901	故意	特心t‘ei^{3}sin^{13}	□心kian^{44}san^{12}	特心t‘ɐi^{3}sɛn^{11}	有心iu^{53}san^{33}	□□ts‘aŋ^{22}ts‘aŋ^{22}	特心t‘ai^{44}saŋ^{51}

序号	词目	大村	向阳	石陂	周田	石塘	桂头
1902	一定（要来）	一定ji^{5}tʻAn^{22}	一定ji^{5}tʻan^{22}	一定i^{5}tʻen^{11}	一定i^{5}tʻiaŋ^{31}	一定i^{5}tʻaŋ^{44}	一定ji^{21}taŋ^{22}
1903	白（干）	白pʻA^{3}	白pʻɛ^{3}	白pʻei^{3}	白pʻɔ^{3}	白pʻou^{5}	白pʻi^{44}
1904	不（去）	唔m^{21}	唔m^{21}	唔m^{42}	唔m^{11}	不pu^{45} 唔m^{22}	唔m^{44}
1905	不是	唔系m^{21}hA^{22}	唔系m^{21}hɛ^{22}	唔系m^{42}hei^{11}	唔系m^{11}hai^{3}	不/唔系 pu^{45}/m^{22}hei^{44}	唔系m^{44}hei^{22}
1906	没（去）	冇mAu^{44}	冇bau^{44}	冇mau^{55}	冇mau^{53}	冇mau^{45}	冇bo^{21}
1907	没有（钱）	冇mAu^{44}	冇bau^{44}	冇mau^{55}	冇mau^{53}	冇mau^{45}	冇得bo^{21}ai^{21}
1908	不必（去）	唔用m^{21}jen^{22}	唔用m^{21}jaŋ^{22}	唔使m^{42}sɿ^{11}	唔使m^{11}sɿ^{214}	不/唔争 pu^{45}/m^{22}tsaŋ^{44}	唔□m^{44}sɛi^{51}
1909	别（去）	唔好m^{21}hAu^{24}	唔好m^{21}hau^{24}	唔爱m^{42}mui^{55}	唔爱m^{11}moi^{53}	不要pu^{45}iau^{45}	莫bo^{44}
1910	还（没来）	还hoe^{21}	还ha^{21}	还ha^{42}	还ha^{11}	还hou^{22}	还hei^{45}
1911	突然（不见了）	霎声sA^{5}siAŋ^{13}	一刻哩 ji^{5}kʻei^{3}lɛ^{3}ʔɛ^{35}	霎□声 sa^{33}la^{3}ʃaŋ^{33}	一阵仔 i^{5}tsʻan^{12}tsa^{12}	立时lai^{5}sɿ^{22}	一阵间 ji^{21}tsʻaŋ^{22}kiẽ^{51}
1912	得（去）	要jiAu^{44}	爱ui^{44}	爱ui^{55}	爱oi^{53}	要iau^{45}	爱u^{44}
1913	拼命（跑）	夹死kA^{5}sæ^{24} 搏命pɔ^{5}miAŋ^{22}	搏命pɔu^{5}biɛ^{22}	搏命pɔu^{5}miaŋ^{11}	搏命pɐu^{5}miaŋ^{31}	搏命po^{5}miaŋ^{44}	搏命pɔu^{44}bin^{22}

序号	词目	大村	向阳	石陂	周田	石塘	桂头
1914	更（起劲）	更kʌŋ^{44}	还较ha^{21}kau^{44}	更kɛn^{55}	更kiaŋ^{53}	还过hou^{22}ka^{45}	更kaŋ^{44}
1915	大约（二十个）	约莫jɔ^{5}mɔ^{5}	约莫jiu^{5}bɔu^{5}	约莫iɔu^{5}mɔu^{5}	约莫iu^{3}mɛu^{3}	大约tʻou^{44}io^{5}	约莫jœy^{21}bɔu^{21}
1916	几乎（没命）	差□tsʻʌ^{13}tsə^{2}ʔe^{23}	争嘀tsiɛ^{12}ti^{3}ʔi^{35}	差嘀tsʻa^{11}ti^{5}	差嘀tsʻɔ^{33}ti^{3}	差□tsʻou^{44}tsai^{3}	争□tsin^{51}tsei^{4}
1917	索性（不去）	干脆 kəŋ^{13}tsʻoe^{44}	干脆 kun^{12}tsʻɔe^{44}	干脆 kun^{11}tsʻɔi^{55}	干脆 koŋ^{33}tsʻuoi^{53}	干脆kuaŋ^{44}tsʻuai^{45}	干脆 kœn^{51}tsʻøy^{44}
1918	快（到了）	快kʻʌ^{44}	快 kʻuə^{44}	快 kʻai^{55}	快 kʻoi^{53}	快kʻua^{45}	差□tsʻɔu^{51}bɔu^{4}
1919	预先（讲好了）	隔前 kʌ^{5}tsʻie^{21}	先行sen^{12}hiɛ^{21}	隔前kɛi^{5}tsʻin^{42}	隔前kɔ^{5}tsʻiŋ^{11}	先行siŋ^{44}haŋ^{22}	先sɛn^{51}
1920	仍然（那样）	还系hoe^{21}hʌi^{22}	还系ha^{21}hɛ^{22}	□□tsiɔŋ^{11}mai^{42}	□然tiaŋ^{33}iŋ^{11}	还系hou^{22}hei^{44}	还系hei^{45}hei^{22}
1921	好像（见过）	好像 hʌu^{24}tsʻin^{22}	好像 hau^{24}tsʻɛŋ^{22}	好像 hau^{24}tsʻiɔŋ^{55}	好□hau^{214}tsʻai^{53}	好像hau^{314}tsʻioŋ^{44}	好像 ho^{324}tsʻœn^{22}
1922	跟着（就走了）	跟紧 kʌŋ^{13}kin^{24}	跟紧 kian^{12}kian^{24}	跟紧 kɛn^{11}kiɛn^{24}	跟紧 kiaŋ^{33}kiaŋ^{214}	跟紧keŋ^{44}keŋ^{314}	跟紧 kaŋ^{51}kaŋ^{324}
1923	偏偏（是他）	偏偏 pʻie^{13}pʻie^{13}	偏偏 pʻɛn^{12}pʻɛn^{12}	偏偏 pʻin^{11}pʻin^{11}	偏偏 pʻiŋ^{33}pʻiŋ^{33}	偏偏pʻiŋ^{44}pʻiŋ^{44}	偏偏 pʻɛn^{51}pʻɛn^{51}
1924	已经（来了）	如□ɲ^{21}ki^{2}ʔi^{23}	如□jʮ^{21}ki^{3}ʔi^{35} 如今jʮ^{21}kian^{12}	如今i^{42}kiɛn^{33}	如今i^{11}kiaŋ^{12}	已经i^{314}kaŋ^{44}	□今hin^{51}kaŋ^{4}
1925	多（漂亮）	几ki^{24}	好hau^{24}	□hɛi^{11}	□loŋ^{12}	好hau^{314}	好 ho^{324}

序号	词目	大村	向阳	石陂	周田	石塘	桂头
1926	的确（不知道）	确实k‘ɔ^{5}sɿ^{3}	确实k‘ɔu^{5}sɿ^{3}	真箇ʧɛn^{11}kei^{33}	真箇tsan^{33}kiɛ^{53}	的确tai^{5}k‘o^{5}	确实k‘ou^{44}si^{44}
1927	（吃了饭）再（说）	正tsiʌŋ^{44}	正tsɛ^{44}	正ʧa^{55}	正tsiaŋ^{53}	正tsaŋ^{45}	正tsaŋ^{44}
1928	（太阳）和（月亮）	凑 ts‘ʌi^{44}	凑 ts‘ɔ^{44} 同 t‘aŋ^{21}	凑 ts‘ø^{55}	摎 lau^{33} 凑 ts‘ia^{53}	摎lau^{44}	摎lo^{51}
1929	（我）跟（他都去）	凑 ts‘ʌi^{44}	凑 ts‘ɔ^{44} 同 t‘aŋ^{21}	凑 ts‘ø^{55}	摎 lau^{33} 凑 ts‘ia^{53}	摎lau^{44}	摎 lo^{51}
1930	或者（你去）	一系ji^{5}hʌi^{22}	一系ji^{5}hɛ^{22}	一系i^{5}hɛi^{11}	一系i^{5}hai^{3}	一系i^{5}hei^{44}	一系ji^{21}hei^{22}
1931	只要	只要 tsɿ^{24}jiʌu^{44}	只要 tsɿ^{24}jiu^{44}	只要 tsɿ^{24}iu^{55}	只要 tsɿ^{214}iau^{53}	只要tsɿ^{3}iau^{45}	只要 tsi^{324}jei^{44}
1932	只有	只有 tsɿ^{24}jiu^{44}	只有 tsɿ^{24}jiu^{44}	只有 tsɿ^{24}iau^{55}	只有 tsɿ^{214}iu^{53}	只有tsɿ^{3}iu^{45}	只有 tsi^{324}jiu^{21}
1933	可是	但系 t‘ɐŋ^{22}hʌ^{22}	但系 t‘uə^{22}hɛ^{22}	但系 t‘an^{11}hɛi^{11}	但系 t‘ɔŋ^{31}hai^{3}	但系toŋ^{44}hei^{44}	但系 t‘œn^{22}hei^{22}
1934	（借）给（我）	□pʉ^{22}	过ku^{12}	□pui^{11}	过kɛu^{53}	俵piau^{45}	俵pɛi^{44}
1935	和（你不同）	凑ts‘ʌi^{44}	凑 ts‘ɔ^{44} 同 t‘aŋ^{21}	凑 ts‘ø^{55}	摎 lau^{33} 凑 ts‘ia^{53}	摎lau^{44}	摎lo^{51}
1936	被（他吃了）	拿lʌ^{24}	拈 lɛn^{12}	拿 na^{24}	拿nɔ^{214}	俵piau^{45}	俵pɛi^{44}
1937	（放）在（哪里）	到tʌu^{44}	□t‘ai^{21}	□ui^{11}	在ts‘oi^{31}	在ts‘ua^{44}	起hai^{324}

序号	词目	大村	向阳	石陂	周田	石塘	桂头
1938	从（明天起）	从 tsʻen^{21}	由 jiu^{21}	从 tsʻeŋ^{42}	从 tsʻeŋ^{11}	从tsʻiẽ^{22}	从 tsʻoŋ^{45}
1939	打（哪儿来）	从 tsʻen^{21}	□tʻai^{21}	到 tau^{55}	在 tsʻoi^{31}	在tsʻua^{44}	从 tsʻoŋ^{45}
1940	照（这样做）	照 tsiʌu^{44}	照 tsiu^{44}	照 tʃiu^{55}	照 tsau^{53}	照tsiau^{45}	照 tsɛi^{44}
1941	替（他看门）	帮pɔŋ^{13}	帮 pɔŋ^{12}	帮 pɔŋ^{11}	同 tʻeŋ^{11}	帮poŋ^{44}	摎lo^{51}
1942	向（他借）	同tʻen^{21}	同 tʻaŋ^{21}	同 tʻeŋ^{42}	同 tʻeŋ^{11}	同tʻiẽ^{22}	摎lo^{51}
1943	向（前走）	往vɔŋ^{44}	向 heŋ^{44}	向 ʃɔŋ^{55}	往 vɔŋ^{214}	向sioŋ^{45}	往 voŋ^{324}
1944	从小	从细 tsʻen^{21}sʌ^{44}	从细 tsʻaŋ^{21}sɛ^{44}	从细 tsʻeŋ^{42}sei^{55}	从细 tsʻeŋ^{11}sa^{53}	从细tsʻiẽ^{22}sei^{45}	从小 tsʻoŋ^{45}sɛi^{324}
1945	在（家里吃）	到tʌu^{44}	□tʻai^{21}	到tau^{55}	在tsʻoi^{31}	在tsʻua^{44}	到ɔu^{44}
1946	除（他之外）	除 tsʻʉ^{21}	除 tsʻʮ^{21}	除 tʃʻi^{42}	除 tsʻu^{11}	除tsʻy^{22}	除 tsʻy^{45}
1947	让（他去）	□tʻen^{44}	□tʻan^{44}	等 ten^{24}	等 tiaŋ^{214}	等taŋ^{314}	俵pei^{44}
1948	用（钢笔写）	用jɐn^{44}	用jaŋ^{22}	拿na^{24}	用ieŋ^{31}	用iẽ^{44}	用joŋ^{22}
1949	到（今天止）	至tsɿ^{44}	到 tau^{44}	到 tau^{55}	到 tau^{53}	到tau^{45}	齐 tsʻei^{45} 到 o^{44}
1950	比（他高）	比 poe^{24}	比 pai^{24}	比 pei^{24}	比 pai^{214}	比pai^{314}	比 pai^{324}

第七章　韶关土话语法例句对照表

凡　例

1. 本对照表共收语法例句130个，尽可能按语法类型分别排列。

2. 本语法例句表尽可能使用本字，适当使用俗字，基本上不使用同音字、训读字。没有合适汉字可写的，用“□”表示。

3. 轻声在音标之前加“·”表示，可说可不说的语素用“（ ）”加以表示，“/”表示或者。

4. 连读变调按照变调后的实际调值描写。

语法例句表

001. 头不痛。
002. （他病了，）不能喝酒。
003. （他腰不好，）不能久坐。
004. 看不见。
005. 出不来。
006. 装不下。
007. 别走了，住到我家里吧。
008. 不要跑！没关系。
009. 这是他的书。
010. 屋里坐着很多人，看书的看书，
看报的看报，写字的写字。
011. 这个公司，谁的主任？
012. 要说他的好话，不要说他的坏话。
013. ——上次是谁请的客？——是我请的。
014. ——你是哪年来的？——我是前年到的北京。
015. ——他在哪儿吃的饭？——他在我家里吃的饭。
016. ——真的吗？——真的，他是在我家里吃的饭。
017. ——你说的是谁？——我不是说的你。
018. 他那天是见的老张，不是见的老王。
019. 只要他肯来，我就没的说了。
020. 从前有的做，没的吃。现在有的做，也有的吃。
021. 三个的五个是八个。
022. ——这些果子吃得吃不得？——这是熟的，吃得。
023. ——你们来得了来不了？——我没事，来得了。
024. 这个东西很重，拿得动拿不动？
025. 他手巧，画得很好看。
026. 他忙得很，忙得连饭都忘了吃了。
027. 你说得很好，你还会说点儿什么呢？
028. 吃了饭要慢慢地走。
029. （电脑要）轻轻地放。
030. 找遍了。
031. （手表）不见了。
032. （已经）说好了。
033. （功课）做完了。
034. （电视机）坏掉了。
035. 丢在街上了。
036. 吃了饭了。
037. （他们）去看电影了。
038. 睡着了。
039. 桌上放着一碗水。
040. 坐着吃好，还是站着吃好？
041. 说着说着就哭起来了。
042. 外面下着雨。
043. 门开着。
044. 站着，别动。
045. 这个东西重着呢。
046. （这件事我）告诉过他。
047. （字太潦草了，）重写。
048. （衣服没洗干净，）重洗。
049. 你去看看。

050. 让我试试。
051. 给他一本书。
052. 给我一元钱。
053. 医生叫你多睡一睡。
054. （这孩子很）讨人喜欢。
055. （这孩子很）讨人嫌。
056. （他要赶车，）让他先吃。
057. 把饭吃了！
058. （你）别把我的碗打破了。
059. 把盖子拧紧。
060. 把门关上。
061. 把衣服穿上。
062. 钱被他花掉了。
063. 给他猜着了。
064. 这个大，那个小，这两个东西哪一个好一点儿呢？
065. 他跟他妹妹一样高。
066. 这两个房间一样大。
067. 这个比那个好。
068. 今天比昨天好多了。
069. 明天比今天还要好。
070. 我比他年纪大。
071. 他比他哥哥高。
072. 我比他大一岁。
073. 那个没有这个好。
074. 这个有那个大没有？
075. 这个人比那个人高，可是没有那个人胖。
076. 我没有他那么大。
077. 一样长的绳子。
078. 短短的绳子。
079. 吃饭了吗？
080. 他去了吗？
081. 你会下棋吗？
082. 挖得出来吗？
083. 还有饭没有？
084. 你到过北京没有？
085. ——（你）去没去他家？——去了。
086. 我应该来是不应该来？
087. （这事情）他知道不知道？
088. （这个字）你认识不认识？
089. （这场球，你）赢得了赢不了？
090. （这么大的雨，他）能来不能来？
091. 说得说不得？（问可否）
092. 他说得快不快？（问情况）
093. 他说得快说不快？（问能力）
094. 闻闻这朵花儿香不香？香得很，是不是？
095. 你是抽烟呢，还是喝茶？
096. 烟也好，茶也好，我都不喜欢。
097. 抽烟或者喝茶都不行。
098. 你吃李子还是吃桃儿？
099. 这句话用某某话怎么说？
100. （有人敲门）——谁呀？——我是老王。
101. ——老张呢？——他在家里呢。
102. ——他在干什么呢？——他在吃着饭呢！
103. ——他还没有吃完吗？——还没有呢！大约再有一会儿就吃完了。
104. 他说就走，怎么这半天了还没有走呢？
105. 他正在那儿跟一个朋友说着话呢。
106. ——你上哪儿去？——我上街去。
107. ——你干什么去？——我去买菜去。
108. ——你告诉他不在那儿，也不在这儿。——到底是在哪儿呢？
109. ——怎么办呢？——不是那么办，是要这么办的。
110. 要多少才够呢？
111. ——他今年多大岁数？——也不过三十来岁吧。
112. ——这个东西有多重呢？——怕有五十多斤重吧。
113. 你姓王，我也姓王，咱们两个人都姓王。
114. 饭好了，快来吃吧。
115. ——不早了，快去吧！
——这会儿还早着呢，等一会儿再去。
116. ——吃了饭再去好不好？
——吃了饭再去就来不及了。
117. 不管你去不去，反正我是要去的。
118. 咱们一边儿走一边儿说。
119. 说了一遍又一遍。
120. 越走越快，越说越多。
121. 这东西好是好，可是太贵。
122. 不管风啊雨的，一个劲儿干。
123. （心情不好）吃不下饭。
124. 吃得下饭。
125. 喘不过气。
126. 叫不动他。
127. 骗不了我。
128. （菜）太辣了。
129. 你先走（，我马上来）。
130. （别客气，）再吃一碗。

序号	例句	大村	向阳	石陂	周田	石塘	桂头
001	头不痛。	头唔痛。 tʻʌi^{21}m^{21}tʻen^{44}.	头唔痛。 tʻɔ^{21}m^{21}tʻaŋ^{44}.	头唔痛。 tʻø^{42}m^{42}tʻɐŋ^{55}.	头唔痛。 tʻia^{11}m^{11}tʻɛŋ^{53}.	头不/唔痛。 tʻie^{22}pu^{45}/m^{22}tʻie^{45}.	头唔痛。 tei^{45}m^{44}tʻoŋ^{44}.
002	（他病了，）不能喝酒。	饮酒唔得。 jin^{24}tsiu^{24}m^{21}tei^{5}. 饮唔得酒。 jin^{24}m^{21}tei^{5}tsiu^{24}.	饮酒唔得。 jian^{24}tsiu^{24}m^{21}tɛi^{5}. 饮唔得酒。 jian^{24}m^{21}tɛi^{5}tsiu^{24}.	饮酒唔得。 ɪen^{24}tseu^{24}m^{42}tɐi^{5}. 饮唔得酒。 ɪen^{24}m^{42}tɐi^{5}tseu^{24}.	饮酒唔得。 ŋiaŋ^{214}tsiu^{214}m^{11}ti^{5}. 饮唔得酒。 ŋiaŋ^{214}m^{11}ti^{5}tsiu^{214}.	饮酒不/唔得。 ŋɛŋ^{314}tsiu^{314}pu^{45}/m^{22}tai^{5}. 饮不/唔得酒。 ŋɛŋ^{314}pu^{45}/m^{22}tai^{5}tsiu^{314}.	饮酒唔得。 jaŋ^{324}tsiu^{324}m^{44}ai^{21}. 饮唔得酒。 jaŋ^{324}m^{44}ai^{21}tsiu^{324}.
003	（他腰不好，）不能久坐。	坐久唔得。 tsʻɔ^{44}kiu^{24}m^{21}tei^{5}.	坐久唔得。 tsʻɔu^{44}kiu^{24}m^{21}tɛi^{5}. 坐唔久。 tsʻɔu^{44}m^{21}kiu^{24}.	坐久唔得。 tsʻɔu^{55}kiau^{24}m^{42}tɐi^{5}. 坐唔久。 tsʻɔu^{55}m^{42}kiau^{24}.	坐久唔得。 tsʻɐu^{53}kiu^{214}m^{11}ti^{5}. 坐唔久。 tsʻɐu^{53}m^{11}kiu^{214}.	坐久不/唔得。 tsʻo^{45}kiu^{314}pu^{45}/m^{22}tai^{5}. 坐不/唔久。 tsʻo^{45}pu^{45}/m^{22}kiu^{314}.	坐久唔得。 tsʻɔu^{21}kiu^{324}m^{44}ai^{21}. 坐唔久。 tsʻɔu^{21}m^{44}kiu^{324}.
004	看不见。	睇唔倒。 tʻʌ^{24}m^{21}tʌu^{24}.	睇唔倒。 tʻɛ^{24}m^{21}tau^{24}.	睇唔倒。 tʻɐi^{24}m^{42}tau^{24}.	睇唔倒。 tʻa^{214}m^{11}tau^{214}.	望不/唔倒。 moŋ^{44}pu^{45}/m^{22}tau^{314}.	睇唔倒。 tʻie^{324}m^{44}o^{324}.
005	出不来。	出唔得。 tsʻiu^{5}m^{21}tei^{5}.	出唔得。 tsʻu^{5}m^{21}tɛi^{5}.	出唔得。 ʧʻui^{5}m^{42}tɐi^{5}.	出唔得。 tsʻuoi^{5}m^{11}ti^{5}.	出不/唔得。 tsʻy^{5}pu^{45}/m^{22}tai^{5}.	出唔得。 tsʻy^{21}m^{44}ai^{21}.
006	装不下。	装唔倒/下。 tsɔŋ^{13}m^{21}tʌu^{24}/ho^{44}.	装唔倒/下。 tsɔŋ^{12}m^{21}tau^{24}/ha^{44}.	装唔倒/下。 tsɔŋ^{11}m^{42}tau^{24}/ha^{55}.	装唔倒/下。 tsɔŋ^{33}m^{11}tau^{214}/hɔ^{53}.	张不倒/下。 tioŋ^{44}pu^{45}tau^{314}/hou^{45}.	张唔倒/下。 œn^{51}m^{44}o^{324}/hɔu^{21}.
007	别走了，住到我家里吧。	唔好走了，到我屋住。 m^{21}hʌu^{24}tsʌi^{24}lei^{13},tʌu^{44} ŋɔ^{44}ɐu^{5}tsʻʉ^{22}.	唔好走了，到我屋哩住。 m^{21}hau^{24}tsɔ^{24}lɛ^{12},tau^{44} gɔu^{44}ɔ^{5}lai^{35}tsʻɥ^{22}.	唔爱走啊，到我屋下住。 m^{42}mui^{55}tsø^{24}a^{11},tau^{55} ŋɔu^{55}ø^{5}kʻa^{33}ʧi^{11}.	唔爱走了，在我屋哩住了。 m^{21}moi^{53}tsia^{214}lɔ^{33}, tsʻoi^{33}ŋa^{33}ei^{5}lɛ^{53}tsʻu^{31} lɔ^{33}.	唔爱走了，在我屋哩住了。 ma^{44}tsie^{314}la^{44},tsʻua^{44}ŋa^{45} ie^{5}lei^{45}tsʻy^{44}la^{44}.	莫走了，到我屋哩住。 bo^{44}tsei^{324}la^{51},o^{44}gu^{21} ou^{21}lei^{4}tau^{22}.

序号	例句	大村	向阳	石陂	周田	石塘	桂头
008	不要跑！没关系。	唔好跑！冇事。 m^{21}hʌu^{24}pʻʌu^{24}.mʌu^{44}sɿ^{22}.	唔好跑！冇事。 m^{21}hau^{24}pʻau^{24}.bau^{44}sɿ^{22}.	唔爱跑！冇事。 m^{42}mui^{55}pʻau^{11}.mau^{55}sɿ^{11}.	唔爱跑！冇□箇。 m^{11}moi^{53}pʻau^{11}.mau^{53}siŋ^{214}kiɛ^{53}.	不要走□得！冇事。 pu^{45}iau^{45}tsie^{314}tsʻua^{314}tai^{5}.mau^{45}sɿ^{44}.	莫走□快！冇事。 bo^{44}tsei^{324}la^{4}kʻvie^{44}.bo^{21}si^{22}.
009	这是他的书。	□□系渠箇书。 lie^{22}lie^{22}hʌ^{22}ŋi^{44}·kəe sʉ^{13}.	□□系渠箇书。 lai^{22}tɔ^{35}hɛ^{22}ki^{44}kɛ^{35}sɥ^{12}.	□系渠箇书。 tei^{33}hɛi^{11}ki^{55}kɛi^{33}ʃi^{11}.	個个系渠箇书。 ka^{33}ka^{53}hai^{3}ki^{33}kiɛ^{53}su^{33}.	個个系渠哩书。 ka^{22}ka^{45}hei^{44}ki^{45}lei^{45}sy^{44}.	個□系（□）渠箇书。 ka^{4}ti^{44}hei^{45}（hei^{22}）ki^{21}ka^{44}sy^{51}.
010	屋里坐着很多人，看书的看书，看报的看报，写字的写字。	屋箇坐倒好多人，睇书箇睇书，睇报箇睇报，写字箇写字。 ɐu^{5}·kəetsʻɔ^{44}tʌu^{24}hʌu^{24}tɔ^{13}ŋin^{21},ʻʌ^{24}sʉ^{13}·kəetʻʌ^{24}sʉ^{13},tʻʌ^{24}pʌu^{44}·kəetʻʌ^{24}pʌu^{44},siʌ^{24}sɿ^{4}ʔ^{45}·kəesiʌ^{24}sɿ^{4}ʔ^{45}.	屋哩坐紧/倒好多人，睇书箇睇书，睇报纸箇睇报纸，写字箇写字。 ɔ^{5}lai^{35}tsʻɔu^{44}kian^{24}/tau^{24}hau^{24}tɔu^{12}gen^{21},tʻɛ^{24}sɥ^{12}kɛ^{35}tʻɛ^{24}sɥ^{12},tʻɛ^{24}pau^{44}tsɿ^{24}kɛ^{35}tʻɛ^{24}pau^{44}tsɿ^{24},siɛ^{24}sɿ^{3}kɛ^{35}siɛ^{24}sɿ^{3}ʔ^{35}.	屋哩坐紧/倒□多人，睇书箇睇书，睇报箇睇报，写字箇写字。 ø^{5}lɛi^{33}tsʻɔu^{55}kiɛn^{24}/tau^{24}hɛi^{11}tɔu^{11}ŋiɛn^{42},tʻɛi^{24}ʃi^{11}kɛi^{33}tʻɛi^{24}ʃi^{11},tʻɛi^{24}pau^{55}kɛi^{33}tʻɛi^{24}pau^{55},sia^{24}sɿ^{33}kɛi^{33}sia^{24}sɿ^{33}.	屋哩坐紧/倒好多人，睇书箇睇书，睇报箇睇报，写字箇写字。 ɛi^{5}lɛ^{53}tsʻɛu^{53}kiaŋ^{214}/tau^{214}hau^{214}tɛu^{33}ŋiaŋ^{11},tʻa^{214}su^{33}kiɛ^{53}tʻa^{214}su^{33},tʻa^{214}pau^{53}kiɛ^{53}tʻa^{214}pau^{53},sia^{214}sɿ^{3}kiɛ^{53}sia^{214}sɿ^{3}.	屋哩坐起好多人，望书哩望书，望报纸哩望报纸，写字哩写字。 ie^{5}lei^{45}tsʻo^{45}hai^{314}hau^{314}to^{44}ŋɛŋ^{22},moŋ^{44}sy^{44}lei^{45}moŋ^{45}sy^{44},moŋ^{44}pau^{45}tsɿ^{314}lei^{45}moŋ^{44}pau^{45}tsɿ^{314},sia^{314}sɿ^{3}lei^{45}sia^{314}sɿ^{3}.	屋哩坐起好多人，睇书箇睇书，睇报纸箇睇报纸，写字箇写字。 ou^{21}lei^{4}tsʻɔu^{21}hai^{324}ho^{324}ɔu^{51}gaŋ^{45},tʻie^{324}sy^{51}ka^{44}tʻie^{324}sy^{51},tʻie^{324}po^{44}tsi^{324}ka^{44}tʻie^{324}po^{44}tsi^{324},si^{324}si^{4}ka^{44}si^{324}si^{4}.
011	这个公司，谁的主任？	□个公司，□人箇主任？ lie^{22}ko^{44}kɐn^{13}sɿ^{13},sin^{44}ŋin^{21}·kəetsʉ^{24}ŋin^{22}?	□个公司，□人箇主任？ lai^{22}kuə^{44}kaŋ^{12}sɿ^{12},sɔŋ^{21}gen^{21}kɛ^{35}tsɥ^{24}gen^{22}?	□个公司，□个人箇主任？ tei^{33}kai^{55}kɐŋ^{11}sɿ^{11},nɛi^{33}kai^{55}ŋiɛn^{42}kɛi^{33}tʃi^{24}ŋiɛn^{11}?	個个公司，□个佬箇主任？ ka^{33}ka^{53}kɐŋ^{33}sɿ^{33},piŋ^{12}ka^{53}lau^{214}kiɛ^{53}tsu^{214}ŋiaŋ^{31}?	個个公司，□个哩主任？ ka^{22}ka^{45}kiẽ^{44}sɿ^{44},lou^{22}ka^{45}lei^{45}tsy^{314}ŋɛŋ^{44}?	個个公司，□个箇主任？ ka^{4}kvu^{44}koŋ^{51}si^{51},bei^{4}kvu^{44}ka^{44}tsy^{324}gaŋ^{22}?
012	要说他的好话，不要说他的坏话。	要讲渠箇好话，唔好讲渠箇坏话。 jiʌu^{44}kɔŋ^{24}ŋi^{44}·kəehʌu^{24}vo^{4}ʔo^{45},m^{21}hʌu^{24}kɔŋ^{24}ŋi^{44}·kəefʌi^{22}vo^{4}ʔo^{45}.	爱讲渠箇好话，唔好讲渠箇坏话。 ui^{44}kɔŋ^{24}ki^{44}kɛ^{35}hau^{24}va^{3}ʔa^{35},m^{21}hau^{24}kɔŋ^{24}ki^{44}kɛ^{35}fuə^{22}va^{3}ʔa^{35}.	爱讲渠箇好话，唔爱讲渠箇坏话。 ui^{55}kɔŋ^{24}ki^{55}kɛi^{33}hau^{24}va^{33},m^{42}mui^{55}kɔŋ^{24}ki^{55}kɛi^{33}fai^{11}va^{33}.	要讲渠箇好话，唔爱讲渠箇坏话。 iau^{53}kɔŋ^{214}ki^{33}kiɛ^{53}hau^{214}vɛu^{31},m^{11}moi^{53}kɔŋ^{214}ki^{33}kiɛ^{53}foi^{31}vɔ^{31}.	要讲渠哩好话，不要讲渠哩坏话。 iau^{45}koŋ^{314}ki^{45}lei^{45}hau^{314}uou^{44},pu^{45}iau^{45}koŋ^{314}ki^{45}lei^{45}fa^{44}uou^{44}.	爱讲渠箇好话，莫讲渠箇鄙话。 u^{44}koŋ^{324}ki^{21}ka^{44}ho^{324}vɔu^{4},bo^{44}koŋ^{324}ki^{21}ka^{44}pei^{324}vɔu^{4}.

序号	例句	大村	向阳	石陂	周田	石塘	桂头
013	上次是谁请的客？是我请的。	上次系□人请箇客？系我请箇。 sɔŋ^{22}tsʻʅ^{44}hᴀ^{22}sin^{44}ŋin^{21} tsʻiᴀŋ^{24}·kəe kʻᴀ^{5}ʔhᴀ^{22}ŋɔ^{44} tsʻiᴀŋ^{24}·kəe.	上趟系□人请箇客？系我请箇。 sɔŋ^{22}tʻɔŋ^{44}hɛ^{22}sɔŋ^{21}gɛn^{21} tsʻiɛ^{24}kɛ^{3}kʻɛ^{5}ʔhɛ^{22}gɔu^{44}tsʻiɛ^{24} kɛ$^{\underline{35}}$.	头趟系□个人请箇客？系我请箇。 tʻø^{42}tʻɔŋ^{55}hɛi^{11}nɛi^{33}kai^{55} ŋiɛn^{42}tsʻiaŋ^{24}kɛi^{33}kʻɛi^{5}? hɛi^{11}ŋɔu^{55}tsʻiaŋ^{24}kɛi^{33}.	上次系□个佬请箇客？系我请箇。 sɔŋ^{31}tsʻʅ^{53}hai^{3}piŋ^{12} ka^{53}lau^{214}tsʻiaŋ^{214}kiɛ^{53} kʻɔ^{5}ʔhai^{3}ŋa^{33}tsʻiaŋ^{214} kiɛ^{53}.	上次系□个请哩客？系我请哩。 soŋ^{44}tsʻʅ^{45}hei^{44}lou^{22}ka^{45} tsʻiaŋ^{314}lei^{45}kʻou^{5}ʔhei^{44}ŋa^{45} tsʻiaŋ^{314}lei^{45}.	上次系□人请箇客？系我请箇。 sœn^{22}tsʻʅ^{44}hei^{45}sin^{45} gaŋ^{45}tsʻin^{324}ka^{44}kʻi^{21}ʔhei^{22} gu^{21}tsʻin^{324}ka^{44}.
014	你是哪年来的？我是前年到的北京。	你系□年来箇？我系前年到北京箇。 lei^{44}hᴀ^{22}pie^{22}lie^{21}lᴀ^{21} ·kəeʔŋɔ^{44}hᴀ^{22}tsʻie^{21}lie^{21} tᴀu^{44}poe^{5}kᴀn^{13}·kəe.	你系□年来箇？我系前年到箇北京。 lai^{44}hɛ^{22}pɛn^{22}lɛn^{21}lɛ^{21} kɛ^{35}ʔgɔu^{44}hɛ^{22}tsʻɛn^{21}lɛn^{21} tau^{44}kɛ^{3}pɛi^{5}kian^{12}.	你系□年来箇？我系前年到北京箇。 ŋi^{55}hɛi^{11}nɛi^{33}ŋin^{42}lɛi^{42} kɛi^{33}ʔŋɔu^{55}hɛi^{11}tsʻin^{42}ŋin^{42} tau^{55}pɛi^{5}kiɛn^{11}kɛi^{33}.	你系□年来箇？我系前年到箇北京。 nɛi^{33}hai^{3}piŋ^{12}ŋiŋ^{11} lai^{11}kiɛ^{53}ʔŋa^{33}hai^{3} tsʻiŋ^{11}ŋiŋ^{11}tau^{53}kiɛ^{53} pi^{5}kiaŋ^{33}.	你系□年来哩？我系前年到北京哩。 lai^{45}hei^{44}lou^{22}liŋ^{22}lei^{22} lei^{45}ʔŋa^{45}hei^{44}tsʻiŋ^{22}liŋ^{3}tau^{45} pa^{5}kaŋ^{44}lei^{45}.	你系□年来箇？我系前年到北京箇。 lei^{21}hei^{45}bei^{4}lɛn^{45}lei^{45} ka^{44}ʔgu^{21}hei^{45}tsʻɛn^{45}lɛn^{45} o^{44}pa^{21}kaŋ^{51}ka^{44}.
015	他在哪儿吃的饭？他在我家里吃的饭。	渠到□□食箇饭？渠到我屋食箇饭。 ŋi^{44}tᴀu^{44}pie^{22}tse^{2}ʔe^{23}sei^{3} ·kəe fəŋ^{22}ʔŋi^{44}tᴀu^{44}ŋɔ^{44} ɐu^{5}sei^{3}·kəe fəŋ^{22}.	渠□□角食箇饭？渠□我屋哩食箇饭。 ki^{44}tʻai^{21}pɛn^{22}kɔu$^{\underline{35}}$sɛi^{3} kɛ$^{\underline{35}}$fuə^{22}ʔki^{44}tʻai^{21}gɔu^{44}ɔ^{5} lai$^{\underline{35}}$sɛi^{3}kɛ$^{\underline{35}}$fuə^{22}.	渠在□当食箇饭？渠在我屋下食箇饭。 ki^{55}tsʻɛi^{55}nɛi^{33}tɔŋ^{33}ʃɐi^{3} kɛi^{33}fan^{11}ʔki^{55}tsʻɛi^{55}ŋɔu^{55} ø^{5}kʻa^{33}ʃɐi^{3}kɛi^{33}fan^{11}.	渠在□哩食箇饭？渠在我屋哩食箇饭。 ki^{33}tsʻoi^{33}piŋ^{12}lɛ^{53} sai^{3}kiɛ^{53}foŋ^{31}ʔki^{33} tsʻoi^{33}ŋa^{33}ɛi^{5}lɛ^{53}sai^{3} kiɛ^{53}foŋ^{31}.	渠在□哩食哩饭？渠在我屋哩食哩饭。 ki^{45}tsʻua^{44}lou^{22}lei^{45}sei^{5} lei^{45}foŋ^{44}ʔki^{45}tsʻua^{44}ŋa^{45}ie^{5} lei^{45}sei^{5}lei^{45}foŋ^{44}.	渠到□□食箇饭？渠到我屋哩食箇饭。 ki^{21}o^{44}bei^{4}lau^{324}sai^{44} ka^{44}fœn^{22}ʔki^{21}o^{44}gu^{21} ou^{21}lei^{4}sai^{44}ka^{44}fœn^{22}.
016	真的吗？真的，他是在我家里吃的饭。	系唔系真箇？真箇，渠系到我屋食箇饭。 hᴀ^{22}m^{21}hᴀ^{22}tsin^{13}·kəe? tsin^{13}·kəe,ŋi^{44}hᴀ^{22}tᴀu^{44}ŋɔ^{44} ɐu^{5}sei^{3}·kəe fəŋ^{22}.	系唔系真箇？真箇，渠系□我屋哩食箇饭。 hɛ^{22}bɛ^{44}tsan^{12}kɛ$^{\underline{35}}$ʔtsan^{12} kɛ$^{\underline{35}}$,ki^{44}hɛ^{22}tʻai^{21}gɔu^{44}ɔ^{5} lai$^{\underline{35}}$sɛi^{3}kɛ$^{\underline{35}}$fuə^{22}.	真箇吗？真箇，渠系在我屋下食箇饭。 tʃɛn^{11}kɛi^{33}ma^{55}ʔtʃɛn^{11} kɛi^{33},ki^{55}hɛi^{11}tsʻɛi^{55}ŋɔu^{55} ø^{5}kʻa^{33}ʃɐi^{3}kɛi^{33}fan^{11}.	真箇□？真箇，渠系在我屋哩食箇饭。 tsan^{33}kiɛ^{53}miɛ^{53}? tsan^{33}kiɛ^{53},ki^{33}hai^{3} tsʻoi^{33}ŋa^{33}ɛi^{5}lɛ^{53}sai^{3} kiɛ^{53}foŋ^{31}.	系唔系真哩？真哩，渠系在我屋哩食哩饭。 hei^{44}mei^{44}tsɛŋ^{44}lei^{45}? tsɛŋ^{44}lei^{45},ki^{45}hei^{44}tsʻua^{44} ŋa^{45}ie^{5}lei^{45}sei^{5}lei^{45}foŋ^{44}.	真箇吗？真箇，渠系到我屋哩食箇饭。 tsaŋ^{51}ka^{44}ba^{45}ʔtsaŋ^{51} ka^{44},ki^{21}hei^{22}o^{44}gu^{21}ou^{21} lei^{4}sai^{44}ka^{44}fœn^{22}.

序号	例句	大村	向阳	石陂	周田	石塘	桂头
017	你说的是谁？我不是说的你。	你讲箇系□人？我唔系讲你。 lei^{44}kɔŋ^{24}·kəe hᴀ^{22}sin^{44} ŋin^{21}ʔŋɔ^{44}m^{21}hᴀ^{22}kɔŋ^{24} lei^{44}.	你讲箇系□人？我唔系讲你。 lai^{44}kɔŋ^{24}kɛ^{35}hɛ^{22}sɔŋ^{21} gen^{21}ʔgɔu^{44}m^{21}hɛ^{22}kɔŋ^{24} lai^{44}.	你讲箇系□人？我唔系讲你。 ŋi^{55}kɔŋ^{24}kɛi^{33}hɛi^{11}nɛi^{33} ŋien^{42}ʔŋɔu^{55}m^{42}hei^{11}kɔŋ^{24} ŋi^{55}.	你讲箇系□个佬？我唔系讲你。 nɛi^{33}kɔŋ^{214}kiɛ^{53}hai^{3} piŋ^{12}ka^{53}lau^{214}ʔŋa^{33} m^{11}hai^{3}kɔŋ^{214}nɛi^{33}.	你讲哩系□个？我不系讲你。 lai^{45}kɔŋ^{314}lei^{45}hei^{44}lou^{22} ka^{45}ʔŋa^{45}pu^{45}hei^{44}kɔŋ^{314} lai^{45}.	你讲箇系□人？我唔系讲你。 lei^{21}kɔŋ^{324}ka^{44}hei^{45} sin^{45}gaŋ^{45}ʔgu^{21}m^{44}hei^{22} kɔŋ^{324}lei^{21}.
018	他那天是见的老张，不是见的老王。	渠個日见箇系老张，唔系老王。 ŋi^{44}ko^{44}ŋi^{4}ʔi^{45}kie^{44}·kəe hᴀ^{22}lʌu^{44}tsin^{13},m^{21}hᴀ^{22} lʌu^{24}vɔŋ^{21}.	渠□日见箇系老张，唔系老王。 ki^{44}hɔŋ^{22}gi^{35}kɛn^{44}kɛ^{35}hɛ^{22} lau^{44}tsɛŋ^{12},m^{21}hɛ^{44}lau^{44} vɔŋ^{21}.	渠個晡日见箇系老张，唔系见箇老王。 ki^{55}kai^{55}pu^{33}ŋi^{3}kin^{55} kɛi^{33}hɛi^{11}lau^{55}ʧɔŋ^{11},m^{42} hei^{11}kin^{55}kɛi^{33}lau^{55}vɔŋ^{42}.	渠□個晡日哩见箇系老张，唔系见箇老王。 ki^{33}hɛŋ^{11}ka^{33}pu^{33}ŋi^{3} lɛ^{53}kiŋ^{53}kiɛ^{53}hai^{3}lau^{53} tsɔŋ^{33},m^{11}hai^{3}kiŋ^{53}kiɛ^{53} lau^{53}vɔŋ^{11}.	渠□日见哩系老张，不系见哩老王。 ki^{45}hiŋ^{22}ŋi^{3}kiŋ^{45}lei^{45}hei^{44} lau^{45}tsoŋ^{44},pu^{45}hei^{44}kiŋ^{45} lei^{45}lau^{45}uoŋ^{22}.	渠□日哩见箇系老张，唔系老王。 ki^{21}hoŋ^{44}gai^{4}lei^{4}ken^{44} ka^{44}hei^{45}lo^{21}tsœn^{51},m^{44} hei^{22}lo^{21}voŋ^{45}.
019	只要他肯来，我就没的说了。	只要渠肯来，我就冒得讲了。 tsɿ^{24}jiʌu^{44}ŋi^{44}hʌn^{24}lᴀ^{21}, ŋɔ^{44}tsʻiu^{22}mʌu^{44}tei^{5}kɔŋ^{24} lei^{13}.	只爱渠肯来，我就冒得讲了。 tsɿ^{24}ui^{44}ki^{44}han^{24}lɛ^{21}, gɔu^{44}tsʻiu^{22}bau^{44}tɛi^{5}kɔŋ^{24} lɛ^{12}.	只爱渠肯来，我就冒得讲啊。 tsɿ^{24}ui^{55}ki^{55}hɛn^{24}lɛi^{42}, ŋɔu^{55}tsʻɛu^{11}mau^{55}tɐi^{5}kɔŋ^{24} a^{11}.	只爱渠肯来，我就冒得讲了。 tsɿ^{214}oi^{53}ki^{33}hiaŋ^{214} lai^{11},ŋa^{33}tsʻiu^{31}mau^{53} ti^{5}kɔŋ^{214}lɔ^{33}.	只要渠肯来，我就冒得讲了。 tsɿ^{3}iau^{45}ki^{45}haŋ^{314}lei^{22}, ŋa^{45}tsʻiu^{44}mau^{45}tai^{5}kɔŋ^{314} la^{44}.	只要渠肯来，我就冒得讲了。 tsi^{324}jei^{44}ki^{21}kʻaŋ^{324} lei^{45},gu^{21}tsʻiu^{22}bo^{21}ai^{21} koŋ^{51}la^{51}.
020	从前有的做，没的吃。现在有的做，也有的吃。	以前有得做，冒得食。如□有得做，也有得食。 ji^{24}tsʻie^{21}jiu^{44}tei^{5}tsɿ^{44}, mʌu^{44}tei^{5}sei^{3}.ɲ^{21}ki^{2}ʔi^{23} jiu^{44}tei^{5}tsɿ^{44},jiᴀ^{44}jiu^{44}tei^{5} sei^{3}.	以前有得做，冒得食。如今有得做，又有得食。 ɲ^{24}tsʻɛn^{21}jiu^{44}tɛi^{5}tsu^{44}, bau^{44}tɛi^{5}sɛi^{3}.ɲʮ^{21}kian^{35}jiu^{44} tɛi^{5}tsu^{44},jiu^{22}jiu^{44}tɛi^{5}sɛi^{3}.	在先有得做，冒得食。如今有得做，也有得食。 tsʻui^{11}sin^{11}iau^{55}tɐi^{5}tsɔu^{55}, mau^{55}tɐi^{5}ʃɐi^{3}.i^{42}kiɛn^{33}iau^{55} tɐi^{5}tsɔu^{55},ia^{11}iau^{55}tɐi^{5}ʃɐi^{3}.	先行有得做，冒得食。如今有得做，也有得食。 siŋ^{33}hiaŋ^{11}iu^{53}ti^{5}tsɿ^{53}, mau^{53}ti^{5}sai^{3}.i^{11}kiaŋ^{12} iu^{53}ti^{5}tsɿ^{53},ia^{31}iu^{53}ti^{5} sai^{3}.	带头有得做，冒得食。□□有得做，又有得食。 ta^{45}tʻie^{3}iu^{45}tai^{5}tsɿ^{45},mau^{45} tai^{5}sei^{5}.iŋ^{22}kiŋ^{44}iu^{45}tai^{5}tsɿ^{45}, iu^{44}iu^{45}tai^{5}sei^{5}.	以前有得做，冒得食。□今有得做，也有得食。 ji^{324}tsʻɛn^{45}jiu^{21}ai^{21}tsau^{44}, bo^{21}ai^{21}sai^{44}.hiŋ^{51}kaŋ^{4} jiu^{21}ai^{21}tsau^{44}, ja^{44}jiu^{21} ai^{21}sai^{44}.

序号	例句	大村	向阳	石陂	周田	石塘	桂头
021	三个的五个是八个。	三个加五个系八个。 sɔ^{13}ko^{44}ko^{13}m^{44}ko^{44} hʌ^{22}pʌ^{5}ko^{44}.	三个加五个系八个。 sa^{12}kuə^{44}ka^{12}m^{44}kuə^{44} hɛ^{22}puə^{5}kuə^{44}.	三个加五个系八个。 san^{11}kai^{55}ka^{11}m^{55}kai^{55} hɛi^{11}pa^{5}kai^{55}.	三个加五个系八个。 soŋ^{33}ka^{53}kɔ^{33}m^{53} ka^{53}hai^{3}pa^{5}ka^{53}.	三个加五个系八个。 soŋ^{44}ka^{45}kou^{44}m^{45}ka^{45} hei^{44}pa^{5}ka^{45}.	三个加五个系八个。 siẽ^{51}kvu^{44}kɔu^{51}gau^{21} kvu^{44}hei^{22}pie^{21}kvu^{44}.
022	这些果子吃得吃不得？这是熟的，吃得。	□□果仔食唔食得？□□熟箇，食得。 lie^{22}lie^{22}kɔ^{24}tsʌ^{2}ʔʌ^{23}sei^{3} m^{21}sei^{3}tei^{5}ʔlie^{22}lie^{22}sɐu^{3} kɐe,sei^{3}tei^{5}.	□□果哩食唔食得？□□熟箇，食得。 lai^{22}tɔ^{35}kɔu^{24}lɛi^{35}sei^{3}m^{21} sɛi^{3}tei^{5}ʔlai^{22}tɔ^{35}sɔ^{3}kɛ^{35},sei^{3} tei^{5}.	□兜果哩食唔食得箇？□系熟箇，食得。 tɛi^{33}tø^{33}kɔu^{24}lɛi^{33}ʃɛi^{3} m^{42}ʃei^{3}tɛi^{5}kei^{33}ʔtei^{33}hɛi^{11} ʃø^{3}kei^{33},ʃei^{3}tɛi^{5}.	個□果仔食唔食得？個□熟箇，食得。 ka^{33}la^{214}kɐu^{214}tsa^{12} sai^{3}m^{11}sai^{3}ti^{5}ʔka^{33}la^{214} sɛi^{3}kiɛ^{53},sai^{3}ti^{5}.	個个果仔食唔食得？個个熟哩，食得。 ka^{22}ka^{45}ko^{314}tsei^{3}sei^{5}m^{22} sei^{5}tai^{5}ʔka^{22}ka^{45}sie^{5}lei^{45}, sei^{5}tai^{5}.	個□果嘀食唔食得？個□熟了箇，食得箇。 ka^{4}ti^{44}kɔu^{324}tie^{4}sai^{44} m^{44}sai^{44}ai^{21}ʔka^{4}ti^{44}sou^{44} la^{51}ka^{44},sai^{44}ai^{21}ka^{44}.
023	你们来得了来不了？我没事，来得了。	你俚来唔来得？我冒事，来得。 lei^{44}lie^{22}lʌ^{21}m^{21}lʌ^{21}tei^{5}? ŋɔ^{44}mʌu^{44}sɿ^{22},lʌ^{21}tei^{5}.	你俚来唔来得？我冒事，来得。 lai^{44}lai^{35}lɛ^{21}m^{21}lɛ^{21}tɛi^{5}? gɔu^{44}bau^{44}sɿ^{22},lɛ^{21}tei^{5}.	你俚来唔来得？我冒事，来得。 ŋi^{55}lei^{33}lei^{42}m^{42}lei^{42}tɛi^{5}? ŋɔu^{55}mau^{55}sɿ^{11},lɛi^{42}tɛi^{5}.	你俚来唔来得？我冒事，来得。 nɛi^{33}lɛ^{53}lai^{11}m^{11}lai^{11} ti^{5}ʔŋa^{33}mau^{53}sɿ^{31},lai^{11} ti^{5}.	你俚来不来得？我冒事，来得。 lai^{22}lai^{314}lei^{22}pu^{45}lei^{22} tai^{5}ʔŋa^{45}mau^{45}sɿ^{44},lei^{22}tai^{5}.	你□来唔来得？我冒事，来得。 lei^{21}tou^{4}lei^{45}m^{44}lei^{45} ai^{21}ʔgu^{21}bo^{21}si^{22},lei^{45}ai^{21}.
024	这个东西很重，拿得动拿不动？	□个东西好重，拿唔拿得起？ lie^{22}ko^{44}tɐn^{13}sie^{2}ʔe^{23} hʌu^{24}tsʻɐn^{44},lʌ^{24}m^{21}lʌ^{24} tei^{5}hi^{24}?	□个东西好重，捡唔捡得起？ lai^{22}kuə^{44}taŋ^{12}sɛ^{35}hau^{24} tsʻaŋ^{44},ken^{24}m^{21}ken^{24}tei^{5} hi^{24}?	□个东西□重，拿唔拿得起？ tɛi^{33}kai^{55}tɐŋ^{11}sei^{33}hɛi^{11} ʧɐŋ^{55},na^{24}m^{42}na^{24}tɛi^{5}ʃi^{24}?	個个东西□重，拿唔拿得起？ ka^{33}ka^{53}tɐŋ^{33}siɛ^{12} loŋ^{12}tsʻɛŋ^{53},nɔ^{214}m^{11} nɔ^{214}m^{11}nɔ^{214}ti^{5}hi^{214}?	個个东西好重，齐不齐得动？ ka^{22}ka^{45}tiẽ^{44}sei^{3}hau^{314} tsʻiẽ^{45},tsʻei^{22}pu^{45}tsʻei^{22}tai^{5} tʻiẽ^{44}?	個个东西好重，捡唔捡得起？ ka^{4}kvu^{44}oŋ^{51}sei^{4}ho^{324} tsʻoŋ^{21},kaŋ^{324}m^{44}kaŋ^{324} ai^{21}hai^{324}?
025	他手巧，画得很好看。	渠手巧，画倒几好睇。 ŋi^{44}siu^{24}kʻʌu^{24},fo^{22}tʌu^{24} ki^{24}hʌu^{24}tʻʌ^{24}.	渠手性好得，画得好好睇。 ki^{44}siu^{24}siɛ^{44}hau^{24}tɛi^{5}, və^{21}tɛi^{5}hau^{24}hau^{24}tʻɛ^{24}.	渠手巧，画得□好睇。 ki^{55}ʃau^{24}kʻau^{24},fa^{11}tɛi^{5} hei^{11}hau^{24}tʻɛi^{24}.	渠手巧，画得顶好睇。 ki^{33}siu^{214}kʻiau^{214},fɔ^{31} ti^{5}tan^{214}hau^{214}tʻa^{214}.	渠手巧，画得好好望。 ki^{45}siu^{314}kʻiau^{314},fou^{44} tai^{5}hau^{314}hau^{314}moŋ^{44}.	渠手好灵活，裱起好好睇。 ki^{21}siu^{324}ho^{324}laŋ^{45} fu^{44},pei^{324}hai^{324}ho^{324} ho^{324}tʻie^{324}.

序号	例句	大村	向阳	石陂	周田	石塘	桂头
026	他忙得很，忙得连饭都忘了吃了。	渠好唔得闲，忙倒饭□唔记得食了。 ŋi^{44}hʌu^{24}m^{21}tei^{5}hʌn^{21}, məŋ^{21}tʌu^{24}fəŋ^{22}tʉ^{44}m^{21}ki^{44}tei^{5}sei^{3}lei^{13}.	渠好唔得闲，忙倒连饭□唔记得食了。 ki^{44}hau^{24}m^{21}tɐi^{5}huə^{21}, bɔŋ^{21}tau^{24}lɛn^{21}fuə^{22}tu^{44}m^{21}ki^{44}tei^{5}ʂei^{3}lɛ^{12}.	渠□唔得闲，做倒连饭□唔记得食啊。 ki^{55}hɛi^{11}m^{42}tɐi^{5}haŋ^{42}, tsɔu^{55}tau^{24}lin^{42}fan^{11}tɛi^{55}m^{42}ki^{55}tɐi^{5}ʃei^{3}a^{11}.	渠好唔得闲，忙倒连饭都唔记得食了。 ki^{33}hau^{214}m^{11}ti^{5}hiaŋ^{11}, mɔŋ^{11}tau^{214}fɔŋ^{31}tu^{33}m^{11}ki^{53}ti^{5}sai^{3}lɔ^{33}.	渠好不得闲，饭□唔记得食了。 ki^{45}hau^{314}pu^{45}tai^{5}haŋ^{22}, fɔŋ^{44}lou^{44}m^{22}ki^{45}tai^{5}sei^{5}la^{44}.	渠好唔得闲，忙起饭□唔记得食了。 ki^{21}ho^{324}m^{44}ai^{21}hiɛ̃^{45}, bɔŋ^{45}hai^{324}fœn^{22}tsie^{51}m^{44}kai^{44}ai^{21}sai^{44}la^{51}.
027	你说得很好，你还会说点儿什么呢？	你讲得几好，你还晓得讲仔□□？ lei^{44}kɔŋ^{24}tei^{5}ki^{24}hʌu^{24}, lei^{44}hoe^{21}hiʌu^{24}tei^{5}kɔŋ^{24}tsə^{2}ʔe^{23}sin^{44}ŋi^{44}?	你讲得好好，你还会讲嘀□□？ lai^{44}kɔŋ^{24}tɐi^{5}hau^{24}hau^{24}, lai^{44}ha^{21}vui^{22}kɔŋ^{24}ti^{35}sɿ^{44}sa^{3}ʔa^{35}?	你讲得□好，你还会讲嘀物箇？ ŋi^{55}kɔŋ^{24}tɐi^{5}hɛi^{11}hau^{24}, ŋi^{55}ha^{42}vui^{11}kɔŋ^{24}ti^{5}ma^{24}kɛi^{33}?	你讲得□好，你还会讲嘀哩□箇？ nɛi^{33}kɔŋ^{214}ti^{5}lɔŋ^{12}hau^{214}, nɛi^{33}ha^{11}voi^{31}kɔŋ^{214}ti^{3}lɛ^{53}siŋ^{214}kiɛ^{53}?	你讲得好好，你还会讲仔□□哩？ lai^{45}kɔŋ^{314}tai^{5}hau^{314}hau^{314}, lai^{45}hou^{22}ua^{44}kɔŋ^{314}tsai^{3}sɿ^{45}ma^{45}lei^{45}?	你讲得好好，你还晓得讲□□冒？ lei^{21}kɔŋ^{324}ai^{21}ho^{324}ho^{324}, lei^{21}hei^{45}hɛi^{324}ai^{21}kɔŋ^{324}si^{44}sei^{4}bo^{21}?
028	吃了饭要慢慢儿地走。	食□饭要慢慢嘀行。 sei^{3}hi^{5}fəŋ^{22}jiʌu^{44}məŋ^{22}məŋ^{22}tei^{44}hʌŋ^{21}.	食了饭爱慢慢地行。 sɐi^{3}lɛ^{12}fuə^{22}ui^{44}buə^{22}buə^{22}tʻai^{35}hiɛ^{21}.	食了饭爱慢慢哩行。 ʃei^{3}liu^{55}fan^{11}ui^{55}man^{11}man^{11}lɛi^{33}haŋ^{42}.	食了饭爱慢慢哩行。 sai^{3}lɔ^{33}fɔŋ^{31}oi^{53}mɔŋ^{31}mɔŋ^{31}lɛ^{53}hiaŋ^{11}.	食了饭要慢慢地哩行。 sei^{5}la^{44}fɔŋ^{44}iau^{45}mɔŋ^{44}mɔŋ^{44}tʻai^{3}lei^{45}haŋ^{22}.	食了饭爱慢慢□箇行。 sai^{44}la^{51}fœn^{22}u^{44}bœn^{22}bœn^{22}si^{4}ka^{44}hin^{45}.
029	（电脑要）轻轻地放。	慢慢嘀放。 məŋ^{22}məŋ^{22}tei^{44}fəŋ^{44}.	轻轻地放。 hiɛ^{12}hiɛ^{12}tʻai^{35}fɔŋ^{44}.	慢慢哩放。 man^{11}man^{11}lɛi^{33}fɔŋ^{55}.	轻轻哩放。 kʻiaŋ^{33}kʻiaŋ^{33}lɛ^{53}fɔŋ^{53}.	轻轻地哩放。 kʻiaŋ^{44}kʻiaŋ^{44}tʻai^{3}lei^{45}fɔŋ^{45}.	轻轻□箇放。 kʻin^{51}kʻin^{51}si^{4}ka^{44}fɔŋ^{44}.
030	找遍了。	寻□了。 tsʻin^{21}kʌu^{13}lei^{13}.	寻□了。 tsʻan^{21}kau^{12}lɛ^{12}.	寻□啊。 tsʻɛn^{42}kau^{11}a^{11}.	寻□了。 tsʻan^{11}kia^{33}lɔ^{33}.	寻□了。 tsʻɛŋ^{22}kau^{44}la^{44}.	寻□了。 tsʻaŋ^{45}ko^{51}la^{51}.
031	(手表)不见了。	唔到了。 m^{21}tʌu^{44}lei^{13}.	唔□了。 m^{21}tʻai^{21}lɛ^{12}.	冒了啊。 mau^{55}liu^{55}a^{11}.	唔在了。 m^{11}tsʻoi^{33}lɔ^{33}.	□了了。 la^{22}liau^{45}la^{44}.	唔□了。 m^{44}ɔu^{44}la^{51}.

序号	例句	大村	向阳	石陂	周田	石塘	桂头
032	(已经)说好了。	讲正/好了。 kɔŋ^{24}tsiaŋ^{44}/hʌu^{24}lei^{13}.	讲正/好了。 kɔŋ^{24}tsiɛ^{44}/hau^{24}lɛ^{12}.	讲正/好啊。 kɔŋ^{24}tʃaŋ^{55}/hau^{24}a^{11}.	讲正/好了。 kɔŋ^{214}tsiaŋ^{53}/hau^{214}lɔ^{33}.	讲正/好了。 koŋ^{314}tsaŋ^{45}/hau^{314}la^{44}.	讲正/好了。 koŋ^{324}tsin^{44}/ho^{324}la^{51}.
033	(功课)做完了。	做正了。 tsɿ^{44}tsiʌŋ^{44}lei^{13}.	做正了。 tsu^{44}tsiɛ^{44}lɛ^{12}.	做正/了啊。 tsɔu^{55}tʃaŋ^{55}/liu^{55}a^{11}.	做正/了了。 tsɿ^{53}tsiaŋ^{53}/liau^{53}lɔ^{33}.	做正了。 tsɿ^{45}tsaŋ^{45}la^{44}.	做正了。 tsau^{44}tsin^{44}la^{51}.
034	(电视机)坏掉了。	坏□了。 fʌi^{22}hi^{5}lei^{13}.	坏□/了了。 fuə^{22}hi^{5}/liu^{44}lɛ^{12}.	坏了啊。 fai^{11}liu^{55}a^{11}.	坏了了。 foi^{31}liau^{53}lɔ^{33}.	坏了了。 fa^{44}liau^{45}la^{44}.	坏□了。 fie^{22}hɛi^{51}la^{51}.
035	丢在街上了。	到街箇跌□了。 tʌu^{44}kʌ^{13}kə^{2}ʔe^{23}ti^{5}hi^{5}lei^{13}.	□街哩跌了。 tʻai^{21}kuə^{12}lai^{35}ti^{5}lɛ^{12}.	跌□街哩。 ti^{5}ui^{11}kai^{11}lɛi^{33}.	跌在街哩了。 ti^{5}tsʻoi^{33}kia^{33}lɛ^{53}lɔ^{33}.	跌在街哩了。 ti^{5}tsʻua^{44}ka^{44}lei^{45}la^{44}.	到墟哩跌□了。 o^{44}hau^{51}lei^{4}ɛi^{21}hɛi^{51}la^{51}.
036	吃了饭了。	食□饭了。 sei^{3}hi^{5}fəŋ^{22}lei^{13}.	食了饭了。 sei^{3}lɛ^{12}fuə^{22}lɛ^{12}.	食了饭啊。 ʃei^{3}liu^{55}fan^{11}a^{11}.	食了饭了。 sai^{3}liau^{53}foŋ^{31}lɔ^{33}.	食了饭了。 sei^{5}la^{44}foŋ^{44}la^{44}.	食了饭了。 sai^{44}la^{51}fœn^{22}la^{51}.
037	(他们)去看电影了。	去睇电影了。 hoe^{21}tʻʌ^{24}tʻie^{22}jiʌŋ^{24}lei^{13}.	去睇电影了。 hɔe^{21}tʻɛ^{24}tʻɛn^{22}jiɛ^{24}lɛ^{12}.	去看电影啊。 hai^{42}kʻun^{55}tʻin^{24}iaŋ^{24}a^{11}.	去睇电影了。 siɛ^{11}tʻa^{214}tʻiŋ^{31}iaŋ^{214}lɔ^{33}.	去睇电影了。 hai^{22}tʻa^{314}tiŋ^{45}iaŋ^{314}la^{44}.	去睇电影了。 hau^{45}tʻie^{324}tɛn^{22}jin^{324}la^{51}.
038	睡着了。	睏着了。 fun^{44}tsʻiu^{3}lei^{13}.	睏着了。 fan^{44}tsʻiu^{3}lɛ^{12}.	睏落啊觉。 fɔn^{55}lɔu^{3}a^{11}kau^{55}.	睏着了。 fan^{53}tsʻɛu^{3}lɔ^{33}.	睏着了。 fɛŋ^{45}tʻiu^{5}la^{44}.	睏着了。 fœn^{44}tsʻœy^{21}la^{51}.
039	桌上放着一碗水。	桌头放紧一碗水。 tsɔ^{2}ʔɔ^{23}tʻʌi^{21}fɔŋ^{44}kin^{24}ji^{5}vəŋ^{24}sʉ^{24}.	桌头放紧一碗水。 tsɔ^{35}tʻɔ^{21}fɔŋ^{44}kian^{24}ji^{5}vɔŋ^{24}sɔe^{24}.	枱哩放紧一碗水。 tʻui^{33}lei^{33}fɔŋ^{55}kiɛn^{24}i^{5}vun^{24}ʃɔi^{24}.	枱哩放紧一碗水。 tʻoi^{3}lɛ^{53}fɔŋ^{53}kiaŋ^{214}i^{5}vɔŋ^{214}suoi^{214}.	桌头放起一碗水。 tso^{3}tʻie^{22}foŋ^{45}hai^{314}i^{5}uaŋ^{314}sy^{314}.	桌头哩放起一碗水。 tsou^{4}tei^{45}lei^{4}foŋ^{44}hai^{324}ji^{21}vœn^{324}sy^{324}.

序号	例句	大村	向阳	石陂	周田	石塘	桂头
040	坐着吃好，还是站着吃好？	坐倒来食较好，□□徛倒来食较好？ tsʻɔ^{44}tʌu^{24}lʌ^{21}sei^{3}kʌu^{44}hʌu^{24},po^{44}tʻəe^{22}kʻi^{44}tʌu^{24}lʌ^{21}sei^{3}kʌu^{44}hʌu^{24}?	坐倒/紧来食好，还系徛倒/紧来食好？ tsʻɔu^{44}tau^{24}/kian^{24}lɛ^{21}sei^{3}hau^{24},ha^{21}hɛ^{22}kʻi^{44}tau^{24}/kian^{24}lɛ^{21}sei^{3}hau^{24}?	坐倒/紧来食好，还系徛倒/紧来食好？ tsʻɔu^{55}tau^{24}/kiɛn^{24}lɛi^{42}ʃɛi^{3}hau^{24},ha^{42}hɛi^{11}kʻi^{55}tau^{24}/kiɛn^{24}lɛi^{42}ʃɛi^{3}hau^{24}?	坐紧/倒来食好，还系徛紧/倒来食过好？ tsʻɛu^{53}kiaŋ^{214}/tau^{214}lai^{11}sai^{3}hau^{214},ha^{11}hai^{3}kʻi^{53}kiaŋ^{214}/tau^{214}lai^{11}sai^{3}ka^{53}hau^{214}?	坐起来食好，还系徛起来食好？ tsʻo^{45}hai^{314}lei^{22}sei^{5}hau^{314},hou^{22}hei^{44}kʻi^{45}hai^{314}lei^{22}sei^{5}hau^{314}?	坐起来食好，还系徛起来食好？ tsʻɔu^{21}hai^{324}lei^{45}sai^{44}ho^{324},hei^{45}hei^{22}kʻai^{21}hai^{324}lei^{45}sai^{44}ho^{324}?
041	说着说着就哭起来了。	讲紧讲紧就哭了。 kɔŋ^{24}kin^{24}kɔŋ^{24}kin^{24}tsʻiu^{22}hɐu^{5}lei^{13}.	讲紧/住讲紧/住就哭了。 kɔŋ^{24}kian^{24}/tsʻɥ^{22}kɔŋ^{24}kian^{24}/tsʻɥ^{22}tsʻiu^{22}hɔ^{5}lɛ^{12}.	讲紧讲紧就叫啊。 kɔŋ^{24}kiɛn^{24}kɔŋ^{24}kiɛn^{24}tsʻɛu^{11}kiu^{55}a^{11}.	讲紧讲紧就叫了。 kɔŋ^{214}kiaŋ^{214}kɔŋ^{214}kiaŋ^{214}tsʻiu^{31}kiau^{53}lɔ^{33}.	讲紧讲紧就哭了。 kɔŋ^{314}kɛŋ^{314}kɔŋ^{314}kɛŋ^{314}tsʻiu^{44}hie^{5}la^{44}.	讲紧讲紧就哭了。 kɔŋ^{324}kaŋ^{324}kɔŋ^{324}kaŋ^{324}tsʻiu^{22}hou^{21}la^{51}.
042	外面下着雨。	□头落紧水。 lo^{22}tʻʌ^{4}ʔi^{45}lɔ^{3}kin^{24}sʉ^{24}.	外头落紧水。 gui^{22}tʻɔ^{35}lɔu^{3}kian^{24}sɔe^{24}.	外背落紧水。 ŋui^{11}pui^{33}lɔu^{3}kiɛn^{24}ʃɔi^{24}.	外底落紧水。 ŋoi^{31}ta^{12}lɛu^{3}kiaŋ^{214}suoi^{214}.	□□落紧水。 lie^{44}kʻie^{3}lo^{5}kɛŋ^{314}sy^{314}.	□头落紧水。 lu^{22}tei^{4}lou^{44}kaŋ^{324}sy^{324}.
043	门开着。	门开了。 mu^{4}ʔn^{45}hʉ^{13}lei^{13}.	门开了。 ban^{35}hui^{12}lɛ^{12}.	打开啊门。 ta^{24}kʻui^{11}a^{11}mɔn^{33}.	门开了。 man^{3}hoi^{33}lɔ^{33}.	门开了。 mɛŋ^{3}kʻua^{44}la^{44}.	门开了。 bœn^{4}kʻvu^{51}la^{51}.
044	站着，别动。	徛倒，唔好□。 kʻi^{44}tʌu^{24},m^{21}hʌu^{24}ŋɐu^{5}.	徛倒，唔好动。 kʻi^{44}tau^{24},m^{21}hau^{24}tʻaŋ^{22}.	徛倒，唔爱动。 kʻi^{55}tau^{24},m^{42}mui^{55}tʻɛŋ^{11}.	徛紧/倒，唔爱动。 kʻi^{53}kiaŋ^{214}/tau^{214},m^{11}moi^{53}tʻɛŋ^{31}.	徛起，不要动。 kʻi^{45}hai^{314},pu^{45}iau^{45}tʻiɛ^{44}.	徛起，莫动。 kʻai^{21}hai^{324},bo^{44}toŋ^{22}.
045	这个东西重着呢。	□个东西好重。 lie^{22}ko^{44}tɐn^{13}sie^{2}ʔe^{23}hʌu^{24}tsʻɐn^{44}.	□个东西好重。 lai^{22}kuə^{44}taŋ^{12}sɛ^{35}hau^{24}tsʻaŋ^{44}.	□个东西好重。 tei^{33}kai^{55}tɛŋ^{11}sɛi^{33}hau^{24}tʃʻɛŋ^{55}.	個个东西好重。 ka^{33}ka^{53}tɛŋ^{33}siɛ^{12}hau^{214}tsʻɛŋ^{53}.	個个东西好重。 ka^{22}ka^{45}tiɛ^{44}sei^{3}hau^{314}tsʻiɛ^{45}.	個个东西好重喔。 ka^{4}kvu^{44}oŋ^{51}sei^{4}ho^{324}tsʻoŋ^{22}vɔu^{44}.
046	(这件事我)告诉过他。	讲过渠听。 kɔŋ^{24}kɔ^{44}ŋi^{44}tʻiʌŋ^{44}.	话过渠知。 va^{22}kɔu^{44}ki^{44}tai^{12}.	讲过渠知/听。 kɔŋ^{24}kɔu^{55}ki^{55}tɛi^{11}/tʻiaŋ^{55}.	话过渠知。 vɔ^{31}kɛu^{53}ki^{33}tai^{33}.	话过声渠知。 uou^{44}ko^{45}saŋ^{44}ki^{45}tai^{44}.	话得过渠。 vɔu^{22}ai^{21}kvu^{44}ki^{21}.

序号	例句	大村	向阳	石陂	周田	石塘	桂头
047	（字太潦草了，）重写。	写过。 siA^{24}kɔ^{44}.	写过。 siɛ^{24}kɔu^{44}.	写过。 sia^{24}kɔu^{55}.	写过。 sia^{214}kɛu^{53}.	写过。 sia^{314}ko^{45}.	写过。 si^{324}kvu^{44}.
048	（衣服没洗干净，）重洗。	洗过。 sA^{24}kɔ^{44}.	洗过。 sɛ^{24}kɔu^{44}.	洗过。 sɛi^{24}kɔu^{55}.	洗过。 sa^{214}kɛu^{53}.	洗过。 sei^{314}ko^{45}.	洗过。 sei^{324}kvu^{44}.
049	你去看看。	你去睇嘀。 lei^{44}hoe^{21}tʻA^{24}tei^{44}.	你去睇下哩。 lai^{44}hɔe^{21}tʻɛ^{24}ha^{3}lɛ^{3}ʔɛ^{35}.	你去睇一下。 ŋi^{55}hai^{42}tʻɛi$^{24:5}$i ha^{33}.	你去睇下哩。 nɛi^{33}siɛ^{11}tʻa^{214}hɔ^{3}lɛ^{53}.	你去望一下。 lai^{45}hai^{22}moŋ$^{44:5}$i hou^{44}.	你去睇下。 lei^{21}hau^{45}tʻie^{324}hɔu^{22}.
050	让我试试。	□我试嘀。 tʻen^{44}ŋɔ^{44}sʅ^{44}tei^{44}.	□/拈我试下哩。 tʻan^{44}/lɛn^{12}gɔu^{44}sʅ^{44}ha^{3}lɛ^{3}ʔɛ^{35}.	拿我试下哩。 na^{24}ŋɔu^{55}sʅ^{55}ha^{33}lɛi^{33}.	拿我试下哩。 n^{214}ŋa^{33}sʅ^{53}hɔ^{3}lɛ^{53}.	俵我试□哩。 piau^{45}ŋa^{45}sʅ^{45}sa^{45}lei^{45}.	俵我试下。 pɛi^{44}gu^{21}si^{44}hɔu^{22}.
051	给他一本书。	俵本书□渠。 piAu^{44}pun^{24}sʉ^{13}pʉ^{22}ŋi^{44}.	拈本书□渠。 lɛn^{12}pan^{24}sʯ^{12}ku^{12}ki^{44}.	拿本书□渠。 na^{24}pɔn^{24}ʃi^{11}pui^{11}ki^{55}.	俵本书渠。 piau^{53}pan^{214}su^{33}ki^{33}.	俵本书在渠。 piau^{45}pɛŋ^{314}sy^{44}tsʻua^{44}ki^{45}.	俵本书过渠。 pɛi^{44}paŋ^{324}sy^{51}kvu^{44}ki^{21}.
052	给我一元钱。	俵个钱□我。 piAu^{44}ko^{44}tsʻie^{4}ʔe^{45}pʉ^{22}ŋɔ^{44}.	拈一□□我。 lɛn^{12}ji^{5}bɛ^{21}ku^{12}gɔu^{44}.	拿文钱□我。 na^{24}mun^{42}tsʻin^{33}pui^{11}ŋɔu^{55}.	俵个钱我。 piau^{53}ka^{53}tsʻiŋ^{3}ŋa^{33}.	俵一文在我。 piau$^{45:5}$i mɛŋ^{22}tsʻua^{44}ŋa^{45}.	俵文□过我。 pɛi^{44}baŋ^{45}kei^{51}kvu^{44}gu^{21}.
053	医生叫你多睡一睡。	医生喊你多睏□嘀。 ɲ̍^{13}sAŋ^{13}hAŋ^{44}lei^{44}tɔ^{13}fun^{44}tʻAu^{44}tei^{44}.	医生□你睏多嘀。 ɲ̍^{12}siɛ^{12}vei^{24}lai^{44}fan^{44}tɔu^{12}ti^{3}ʔi^{35}.	医生□你多睏一阵。 i^{11}saŋ^{11}ɛu^{24}ŋi^{55}tɔu^{11}fɔn$^{55:5}$i tʃʻɛn^{11}.	医生□你多睏一阵。 i^{33}siaŋ^{33}ia^{11}nɛi^{33}tɛu^{33}fan$^{53:5}$i tsʻan^{12}.	医生喊你多睏一刻。 i^{44}saŋ^{44}kʻaŋ^{45}lai^{45}to^{44}fɛŋ$^{45:5}$i kʻa^{5}.	医生喊你多睏下。 ji^{51}sin^{51}kʻiẽ^{44}lei^{21}ɔu^{51}fœn^{44}hɔu^{22}.

序号	例句	大村	向阳	石陂	周田	石塘	桂头
054	(这孩子很)讨人喜欢。	得人中意。 tei^{5}ŋin^{21}tsen$^{44:}$ɲ̍^{44}.	得人中意。 tei^{5}gen^{21}tsaŋ$^{44:}$ɲ̍^{44}.	得人中意。 tɐi^{5}ŋiɛn^{42}ʧɛŋ$^{55:}$i^{55}.	得人中意。 ti^{5}ŋiaŋ^{11}tsɛŋ$^{53:}$i^{53}.	得人中意。 tai^{5}ŋɛŋ^{22}tsie$^{45:}$i^{45}.	惹人中意。 gi^{21}gaŋ^{45}tsoŋ$^{44:}$ji^{44}.
055	(这孩子很)讨人嫌。	得人□。 tei^{5}ŋin^{21}lʌu^{44}.	得人□/滚。 tei^{5}gen^{21}lau^{44}/kuan^{24}.	得人嬲/滚。 tɐi^{5}ŋiɛn^{42}nø^{11}/kɔn^{24}.	得人嬲。 ti^{5}ŋiaŋ^{11}nia^{33}.	得人□。 tai^{5}ŋɛŋ^{22}tsʻi^{5}.	惹人□。 gi^{21}gaŋ^{45}tsʻɛi^{21}.
056	(他要赶车,)让他先吃。	□渠先食。 tʻen^{44}ŋi^{44}sie^{13}sei^{3}.	□/拈渠先食。 tʻan^{44}/lɛn^{12}ki^{44}sɛn^{12}sei^{3}.	等渠先食。 ten^{24}ki^{55}sin^{11}ʃɐi^{3}.	等渠先食。 tiaŋ^{214}ki^{33}siŋ^{33}sai^{3}.	等渠先食。 taŋ^{314}ki^{45}siŋ^{44}sei^{5}.	俵渠先食。 pɛi^{44}ki^{21}sɛn^{51}sai^{44}.
057	把饭吃了!	食□個□饭渠去。 sei^{3}hi^{5}ko^{44}lie^{22}fəŋ^{22}ŋi^{44} hoe^{21}.	食了□□饭渠去。 sɛi^{3}liu^{44}lai^{22}tɔ^{35}fuə^{22}ki^{44} hɔe^{21}.	食了□碗饭去。 ʃɐi^{3}liu^{55}tei^{33}vun^{24}fan^{11} hai^{42}.	食了個□饭去。 sai^{3}liau^{53}ka^{33}la^{214} foŋ^{31}siɛ^{11}.	食了個个饭渠。 sei^{5}liau^{45}ka^{22}ka^{45}foŋ^{44} ki^{45}.	食□個碗饭渠。 sai^{44}hei^{51}ka^{4}vœn^{324} fœn^{22}ki^{21}.
058	(你)别把我的碗打破了。	唔好打烂我箇碗。 m^{21}hʌu^{24}tʌ^{4}ʔʌ^{45}ləŋ^{22} ŋɔ^{44}·kəevəŋ^{24}.	唔好打烂我箇碗。 m^{21}hau^{24}ta^{24}luə^{22}gɔu^{44} kɛ^{35}voŋ^{24}.	唔爱打烂我箇碗。 m^{42}mui^{55}ta^{24}lan^{11}ŋɔu^{55} kei^{33}vun^{24}.	唔爱打烂我箇碗。 m^{11}moi^{53}ta^{3}loŋ^{31} ŋa^{33}kiɛ^{53}voŋ^{214}.	不要打烂我哩碗。 pu^{45}iau^{45}tou^{3}loŋ^{44}ŋa^{45} lei^{45}uaŋ^{314}.	莫□烂我箇碗 bo^{44}tau^{45}lœn^{22}gu^{21} ka^{44}vœn^{324}.
059	把盖子拧紧。	扭紧盖。 liu^{24}kin^{24}kʉ^{2}ʔʉ^{23}.	扭紧盖。 liu^{24}kian^{24}ku^{3}ʔi^{35}.	扭紧盖。 ŋiau^{24}kiɛn^{24}kui^{33}.	扭紧盖。 ŋiu^{214}kiaŋ^{214}koi^{12}.	□紧盖。 tsiu^{5}kɛŋ^{314}kua^{3}.	□紧盖。 tsiu^{21}kaŋ^{324}kvu^{4}.
060	把门关上。	遮紧门来。 tsiʌ^{13}kin^{24}mu^{4}ʔn^{45}lʌ^{21}.	遮好门。 tsiɛ^{12}hau^{24}ba^{3}ʔn^{35}.	闩好门。 sun^{11}hau^{24}mɔn^{33}.	关好门。 kʻoŋ^{33}hau^{214}man^{3}.	遮起门。 tsou^{44}hai^{314}mɛŋ^{3}.	掩好门。 jɛn^{324}ho^{324}bœn^{4}.
061	把衣服穿上。	穿起衣裳。 tsʻə^{13}hi$^{24:}$ɲ̍^{13}sɔ^{4}ʔŋ^{45}.	穿好衣衫。 tsʻɔn^{12}hau$^{24:}$ɲ̍^{12}suə^{3}ʔə^{35}.	着紧衣裳。 ʧɔu^{3}kiɛn$^{24:11}$i ʃɔŋ^{55}.	穿紧衣裳。 tsʻiŋ^{33}kiaŋ$^{214:33}$i soŋ^{11}.	着起衣裳。 tiu^{5}hai$^{314:44}$i soŋ^{22}.	着起衣裳。 œy^{21}hai$^{324:51}$ji sœn^{4}.

序号	例句	大村	向阳	石陂	周田	石塘	桂头
062	钱被他花掉了。	钱拿渠用了了。 tsʻie^{4}ʔe^{45}lʌ^{24}ŋi^{44}jɐn^{22} liʌu^{44}lei^{13}.	钱拈渠用了了。 tsʻɛn^{35}lɛn^{12}ki^{44}jaŋ^{22}liu^{44} lɛ^{12}.	钱拿渠用了啊。 tsʻin^{33}na^{24}ki$^{:55}$iɐŋ^{11}liu^{55} a^{11}.	钱拿渠用了了。 tsʻiŋ^{3}nɔ^{214}ki$^{:33}$iɛŋ^{31} liau^{53}lɔ^{33}.	钱俵渠用了了。 tsʻiŋ^{3}piau^{45}ki^{45}iẽ^{44}liau^{45} la^{44}.	钱俵渠用□了。 tsʻiŋ^{3}pɐi^{44}ki$^{:21}$joŋ^{22}hɛi^{51} la^{51}.
063	给他猜着了。	拿渠估对了。 lʌ^{24}ŋi^{44}kʉ^{24}toe^{44}lei^{13}.	拈渠估中了。 lɛn^{12}ki^{44}ku^{24}tsaŋ^{44}lɛ^{12}.	拿渠估中啊。 na^{24}ki$^{:55}$ku^{24}tʃɐŋ^{55}a^{11}.	拿渠估中了。 nɔ^{214}ki$^{:33}$ku^{214}tsɐŋ^{53} lɔ^{33}.	俵渠估中了。 piau^{45}ki^{45}ku^{314}tsiẽ^{45}la^{44}.	俵渠猜中了。 pɐi^{44}ki$^{:21}$tsʻie^{51}tsoŋ^{44} la^{51}.
064	这个大，那个小，这两个东西哪一个好一点儿呢？	□个大，個只细，□两个东西□个较好仔？ lie^{22}ko^{44}tʻo^{22},ko^{44}tsie^{24} sʌ^{44},lie^{22}lin^{44}ko^{44}tɐn^{13}sie^{2} ʔe^{23}pie^{22}ko^{44}kʌu^{44}hʌu^{24} tsə^{2}ʔe^{23}?	□个大，□个细，□两样东西□样较好嘀？ lai^{22}kuə^{44}tʻuə^{22},hɔŋ^{22} kuə^{44}sɛ^{44},lai^{22}lɛŋ^{44}jɔŋ^{22} taŋ^{22}sɛ^{35}pɛn^{22}jɔŋ^{22}kau^{44} hau^{24}ti$^{:3}$ʔi$^{:35}$?	□个大，個个细，□两个东西□较个好嘀？ tɛi^{33}kai^{55}tʻai$^{:11}$,kai^{55}kai$^{:55}$ sei$^{:55}$,tɛi$^{:33}$liɔŋ^{55}kai^{55}tɐŋ^{11} sei$^{:33}$nɛi$^{:33}$kai$^{:55}$kau^{55}hau^{24} ti$^{:5}$?	個个大，□個个细，個两个东西□个过好嘀？ ka^{33}ka^{53}tʻai$^{:31}$,hɛŋ^{11} ka^{33}ka^{53}sa^{53},ka^{33}liɔŋ^{53} ka^{53}tɛŋ^{33}siɛ^{12}piŋ^{12}ka^{53} ka^{53}hau^{214}ti$^{:3}$?	個个大，□个细，個两个东西□个过好一仔？ ka^{22}ka^{45}tʻou^{44},hiŋ^{22}ka^{45} sei^{45},ka^{22}lioŋ^{45}ka^{45}tiẽ^{44}sei$^{:3}$ lou^{22}ka^{45}ko^{45}hau$^{314:5}$i$^{:}$tsai$^{:3}$?	個个大，□个小，個两个东西□个过好仔？ ka^{4}kvu^{44}tu^{22},hoŋ^{44} kvu^{44}sɛi$^{:324}$,ka^{4}lɛn^{21}kvu^{44} oŋ^{51}sei^{4}bei^{4}kvu^{44}kvu^{44} ho^{324}tsei^{4}?
065	他跟他妹妹一样高。	渠凑渠妹仔一样□高。 ŋi^{44}tsʻʌi^{44}ŋi^{44}mʉ^{24}tsʌ^{2} ʔʌ^{23}ji$^{:5}$jɔŋ^{22}lɵ^{4}ʔŋ^{45}kʌu^{13}.	渠同渠阿妹□高。 ki^{44}tʻaŋ^{21}ki^{44}a^{22}bui^{24}kɛŋ^{22} kau^{12}.	渠凑渠老妹一样□高。 ki^{55}tsʻø^{55}ki^{55}lau^{55}mui^{33} i$^{:5}$iɔŋ^{33}kan^{24}kau^{11}.	渠摎渠老妹□高。 ki^{33}lau^{33}ki^{33}lau^{53} moi^{3}loŋ^{12}kau^{33}.	渠摎渠老妹一样個高。 ki^{45}lau^{44}ki^{45}lau^{45}mua$^{3:5}$i ioŋ^{44}ka^{3}kau^{44}.	渠摎渠妹平□高。 ki^{21}lo^{51}ki^{21}bu^{4}pin^{45}la^{4} ko^{51}.
066	这两个房间一样大。	□两间房总□□大。 lie^{22}lin^{44}kʌŋ^{13}fɔ^{4}ʔŋ^{45} tsɐn^{24}tʉ^{44}lɵ^{4}ʔŋ^{45}tʻo^{22}.	□两间房一样□大。 lai^{22}lɛŋ^{44}kuə^{12}fɔŋ^{21}ji$^{:5}$ jɔŋ^{22}kɛŋ^{22} tʻuə^{22}.	□两间房一样□大。 tɛi$^{:33}$liɔŋ^{55}kan^{11}fɔŋ$^{42:5}$i iɔŋ^{33}kan^{24}tʻai$^{:11}$.	□两间房都□大。 ka^{33}liɔŋ^{53}kiaŋ^{33}fɔŋ^{3} tu^{33}loŋ^{12}tʻa$^{:31}$.	□两间房一样□大。 ka^{22}lioŋ^{45}kaŋ^{44}foŋ$^{22:5}$i ioŋ^{44}ka^{3}tʻou^{44}.	□两间房平□大。 ka^{4}lɛn^{21}kiẽ^{51}foŋ^{4}pin^{45} la^{4}tu^{22}.

序号	例句	大村	向阳	石陂	周田	石塘	桂头
067	这个比那个好。	□个比個只较好。 lie^{22}ko^{44}poe^{24}ko^{44}tsie^{24} kʌu^{44}hʌu^{24}.	□个比□个较好。 lai^{22}kuə^{44}pai^{24}hɔŋ^{22}kuə^{44} kau^{44}hau^{24}.	□个比□个较好。 tɐi^{33}kai^{55}pɐi^{24}lu^{33}kai^{55} kau^{55}hau^{24}.	個个比□個个过好。 ka^{33}ka^{53}pai^{214}hɛŋ^{11} ka^{33}ka^{53}ka^{53}hau^{214}.	個个比□个过好。 ka^{22}ka^{45}pai^{314}hiŋ^{22}ka^{45} ko^{45}hau^{314}.	個个比□个过好。 ka^{4}kvu^{44}pai^{324}hoŋ^{44} kvu^{44}kvu^{44}ho^{324}
068	今天比昨天好多了。	今日比□日好好多。 kin^{13}ŋi^{4}ʔi^{45}poe^{24}ts'ɔŋ^{22} ŋi^{4}ʔi^{45}hʌu^{24}hʌu^{24}tɔ^{13}.	今日比□日好得多。 kian^{12}gi^{35}pai^{24}ts'ɔŋ^{22}gi^{35}ha u^{24}tei^{5}tɔu^{12}.	今日比□晡日好得多。 kiɛn^{11}ŋi^{3}pɐi^{24}ts'a^{42}pu^{33} ŋi^{3}hau^{24}tei^{5}tɔu^{11}.	今日比□晡日好得多。 kiaŋ^{11}ŋi^{3}pai^{214}ts'ɔ^{11} pu^{33}ŋi^{3}hau^{214}ti^{5}tɐu^{33}.	今日比□日好得多。 kɛŋ^{44}ŋi^{3}pai^{314}ts'oŋ^{44}ŋi^{3} hau^{314}tai^{5}to^{44}.	今日比□日好得多。 kaŋ^{51}gai^{4}pai^{324}ts'oŋ^{22} gai^{4}ho^{324}ai^{21}ɔu^{51}.
069	明天比今天还要好。	明日比今日还更好。 miʌŋ^{21}ŋi^{4}ʔi^{45}poe^{24}kin^{13} ŋi^{4}ʔi^{45}hoe^{21}kʌŋ^{44}hʌu^{24}.	明日比今日还较好。 biɛ^{21}gi^{35}pai^{24}kian^{12}gi^{35} ha^{21}kau^{44}hau^{24}.	明晡日比今日还较好。 miaŋ^{42}pu^{33}ŋi^{3}pɐi^{24} kiɛn^{11}ŋi^{3}ha^{42}kau^{55}hau^{24}.	明日比今日还过好。 miaŋ^{11}ŋi^{3}pai^{214}kiaŋ^{33} ŋi^{3}ha^{11}ka^{53}hau^{214}.	明日比今日还过好。 miaŋ^{22}ŋi^{3}pai^{314}kɛŋ^{44}ŋi^{3} hou^{22}ka^{45}hau^{314}.	明日比今日还过好。 bin^{45}gai^{4}pai^{324}kaŋ^{51} gai^{4}hei^{45}kvu^{444}ho^{324}.
070	我比他年纪大。	我比渠较大。 ŋɔ^{44}poe^{24}ŋi^{44}kʌu^{44}t'o^{22}.	我比渠较大。 gɔu^{44}pai^{24}ki^{44}kau^{44}t'uə^{22}.	我比渠较大。 ŋɔu^{55}pɐi^{24}ki^{55}kau^{55} t'ai^{11}.	我比渠过大。 ŋa^{33}pai^{214}ki^{33}ka^{53} t'a^{31}.	我比渠过大。 ŋa^{45}pai^{314}ki^{45}ka^{45}t'ou^{44}.	我比渠过大。 gu^{21}pai^{324}ki^{21}kvu^{44} tu^{22}.
071	他比他哥哥高。	渠比渠哥哥较高。 ŋi^{44}poe^{24}ŋi^{44}kɔ^{21}kɔ^{24} kʌu^{44}kʌu^{13}.	渠比渠阿哥较高。 ki^{44}pai^{24}ki^{44}a^{22}kɔu^{44} kau^{44}kau^{12}.	渠比渠哥哥较高。 ki^{55}pɐi^{24}ki^{55}kɔu^{33}kɔu^{24} kau^{55}kau^{11}.	渠比渠哥哥过高。 ki^{33}pai^{214}ki^{33}kɐu^{11} kɐu^{12}ka^{45}kau^{33}.	渠比渠阿哥过高。 ki^{45}pai^{45}ki^{45}a^{44}ko^{45}ko^{45} kau^{44}.	渠比渠阿哥过高。 ki^{21}pai^{324}ki^{21}a^{44}kɔu^{324} kvu^{44}ko^{51}.
072	我比他大一岁。	我大渠一岁。 ŋɔ^{44}t'o^{22}ŋi^{44}ji^{5}soe^{44}. 我比渠大一岁。 ŋɔ^{44}poe^{24}ŋi^{44}t'o^{22}ji^{5}soe^{44}.	我大渠一岁。 gɔu^{44}t'uə^{22}ki^{44}ji^{5}sɔe^{44}. 我比渠大一岁。 gɔu^{44}pai^{24}ki^{44}t'uə^{22}ji^{5} sɔe^{44}.	我大渠一岁。 ŋɔu^{55}t'ai^{11}ki^{55}i^{5}sɔi^{55}. 我比渠大一岁。 ŋɔu^{55}pɐi^{24}ki^{55}t'ai^{11}i^{5} sɔi^{55}.	我大渠一岁。 ŋa^{33}t'a^{31}ki^{33}i^{5}suoi^{53}. 我比渠大一岁。 ŋa^{33}pai^{214}ki^{33}t'a^{31}i^{5} suoi^{53}.	我大渠一岁。 ŋa^{45}t'ou^{44}ki^{45}i^{5}suai^{45}. 我比渠大一岁。 ŋa^{45}pai^{314}ki^{45}t'ou^{44}i^{5} suai^{45}.	我大渠一岁。 gu^{21}tu^{22}ki^{21}ji^{21}søy^{44}. 我比渠大一岁。 gu^{21}pai^{324}ki^{21}tu^{22}ji^{21} søy^{44}.

序号	例句	大村	向阳	石陂	周田	石塘	桂头
073	那个没有这个好。	個只冒□只□好。 ko^{44}tsie^{24}mʌu^{44}lie^{22} tsie^{24}lɵ^{4}ʔŋ^{45}hʌu^{24}.	□个冒□个□好。 hɔŋ^{22}kuə^{44}bau^{44}lai^{22} kuə^{44}kɛŋ^{22}hau^{24}.	□个冒□个□好。 lu^{33}kai^{55}mau^{55}tɛi^{33}kai^{55} kan^{24}hau^{24}.	□個个冒個个□好。 hɛŋ^{11}ka^{33}ka^{53}mau^{53} ka^{33}ka^{53}loŋ^{12}hau^{214}.	□个冒個个個好。 hiŋ^{22}ka^{45}mau^{45}ka^{22}ka^{45} ka^{3}hau^{314}.	□个冒個个□好。 hoŋ^{44}kvu^{44}bo^{21}ka^{4} kvu^{44}la^{4}ho^{324}.
074	这个有那个大没有？	□个有冒個只□大？ lie^{22}ko^{44}jiu^{44}mʌu^{44}ko^{44} tsie^{24}lɵ^{4}ʔŋ^{45}t'o^{22}?	□个有冒□个□大？ lai^{22}kuə^{44}jiu^{44}bau^{44}hɔŋ^{22} kuə^{44}kɛŋ^{22}t'uə^{22}?	□个有冒□个□大？ tɛi^{33}kai^{55}iau^{55}mau^{55}lu^{33} kai^{55}kan^{24}t'ai^{11}?	個个有冒□個个□大？ ka^{33}ka^{53}iu^{53}mau^{53} hɛŋ^{11}ka^{33}ka^{53}loŋ^{12}t'a^{31}?	個个有冒□个個大？ ka^{22}ka^{45}iu^{45}mau^{45}hiŋ^{22} ka^{45}ka^{3}t'ou^{44}?	個个有冒□个□大？ ka^{4}kvu^{44}jiu^{21}bo^{21}hoŋ^{44} kvu^{44}la^{4}tu^{22}?
075	这个人比那个人高，可是没有那个人胖。	□个人比個只人高，但系冒個个人□肥。 lie^{22}ko^{44}ŋin^{21}poe^{24}ko^{44} tsie^{24}ŋin^{21}kʌu^{13},t'ɵŋ^{22}hʌ^{22} mʌu^{44}ko^{44}tsie^{24}ŋin^{21}lɵ^{4} ʔŋ^{45}foe^{21}.	□个人比□个人高，但系冒□个人□肥。 lai^{22}kuə^{44}gen^{21}pai^{24}hɔŋ^{22} kuə^{44}gen^{21}kau^{12},t'uə^{22}hɛ^{22} bau^{44}hɔŋ^{22}kuə^{44}gen^{21}kɛŋ^{22} fai^{21}.	□个人比□个人高，但系冒□个人□肥。 tɛi^{33}kai^{55}ŋiɛn^{42}pɛi^{24}lu^{33} kai^{55}ŋiɛn^{42}kau^{11},t'an^{11}hei^{11} mau^{55}lu^{33}kai^{55}ŋiɛn^{42}kan^{24} fai^{42}.	個个人比□個个人过高，但系冒□個个人□肥。 ka^{33}ka^{53}ŋiaŋ^{11}pai^{214} hɛŋ^{11}ka^{33}ka^{53}ŋiaŋ^{11} ka^{53}kau^{33},t'oŋ^{31}hai^{3} mau^{53}hɛŋ^{11}ka^{33}ka^{53} ŋiaŋ^{11}loŋ^{12}fai^{11}.	個个人比□个人高，但系冒□个人個肥。 ka^{22}ka^{45}ŋɛŋ^{22}pai^{314}hiŋ^{22} ka^{45}ŋɛŋ^{22}kau^{44},toŋ^{44}hei^{44} mau^{45}hiŋ^{22}ka^{45}ŋɛŋ^{22}ka^{3} fai^{22}.	個个人比□个人高，但系冒□个人□肥。 ka^{4}kvu^{44}gaŋ^{45}pai^{324} hoŋ^{44}kvu^{44}gaŋ^{45}ko^{51}, t'œn^{22}hei^{22}bo^{21}hoŋ^{44} kvu^{44}gaŋ^{45}la^{4}fei^{45}.
076	我没有他那么大。	我冒渠□大。 ŋɔ^{44}mʌu^{44}ŋi^{44}lɵ^{4}ʔŋ^{45} t'o^{22}.	我冒渠□大。 gɔu^{44}bau^{44}ki^{44}kɛŋ^{22} t'uə^{22}.	我冒渠□大。 ŋɔu^{55}mau^{55}ki^{55}kan^{24} t'ai^{11}.	我冒渠□大。 ŋa^{33}mau^{53}ki^{33}loŋ^{12} t'a^{31}.	我冒渠個大。 ŋa^{45}mau^{45}ki^{45}ka^{3}t'ou^{44}.	我冒渠□大。 gu^{21}bo^{21}ki^{21}la^{4}tu^{22}.
077	一样长的绳子。	平紧□长箇绳。 p'iʌŋ^{21}kin^{24}lɵ^{4}ʔŋ^{45}ts'in^{21} kəe sʌ^{4}ʔn^{45}.	一样长箇绳。 ji^{5}jɔŋ^{22}ts'ɛŋ^{21}kɛ^{3}sa^{3}ʔn^{35}.	平紧□长箇索。 p'iaŋ^{42}kiɛn^{24}kan^{24}tʃ'ɔŋ^{42} kɛi^{33}sɔu^{5}.	同紧□长箇索。 t'ɛŋ^{11}kiaŋ^{214}loŋ^{12} ts'ɔŋ^{11}kiɛ^{53}sɛu^{5}.	一样個长哩绳。 i^{5}ioŋ^{44}ka^{3}ts'oŋ^{22}lei^{45} saŋ^{22}.	平紧□长箇绳。 pin^{45}kaŋ^{324}la^{4}tœn^{45} ka^{44}saŋ^{4}.

序号	例句	大村	向阳	石陂	周田	石塘	桂头
078	短短的绳子。	一□□绳。 ji^{5}kən^{24}tsə^{2}ʔe^{23}sᴀ^{4}ʔn^{45}.	□短箇绳。 kɛŋ^{22}toŋ^{24}kɛ^{3}sa^{3}ʔn^{35}.	□短箇索。 kan^{24}tun^{24}kɛi^{33}sɔu^{5}. 一滴哩索。 i^{5}ti^{5}lɛi^{33}sɔu^{5}.	□短箇索。 loŋ^{12}toŋ^{214}kiɛ^{53}sɐu^{5}.	個短哩绳。 ka^{3}tuaŋ^{314}lei^{45}saŋ^{22}.	一□绳。 ji^{21}k'øy^{4}saŋ^{4}. □短箇绳。 la^{4}œn^{324}ka^{44}saŋ^{4}.
079	吃饭了吗？	食了饭冒？ sei^{3}lei^{13}fəŋ^{22}mᴀu^{44}?	食了饭冒？ sei^{3}lɛ^{12}fuə^{22}bau^{44}?	□食了饭？ ts'in^{42}ʃei^{3}liu^{55}fan^{11}?	□食饭？ t'ɛŋ^{11}sai^{3}foŋ^{31}?	食了饭冒？ sei^{5}la^{44}foŋ^{44}mau^{45}?	食了饭冒？ sai^{44}la^{51}fœn^{22}bo^{21}?
080	他去了吗？	渠去了冒? ŋi^{44}hoe^{21}lei^{13}mᴀu^{44}?	渠去了冒? ki^{44}hɔe^{21}lɛ^{12}bau^{44}?	渠□去了? ki^{55}ts'in^{42}hai^{42}liu^{55}?	渠□去? ki^{33}t'ɛŋ^{11}siɛ^{11}?	渠去了冒? ki^{45}hai^{22}la^{44}mau^{45}?	渠去了冒? ki^{21}hau^{45}la^{51}bo^{21}?
081	你会下棋吗？	你晓唔晓得捉棋? lei^{44}hiᴀu^{24}m^{21}hiᴀu^{24} tei^{5}tsɔ^{5}k'i^{4}ʔi^{45}?	你会唔会捉棋? lai^{44}vui^{22}m^{21}vui^{22}tsɔu^{5} k'i^{3}ʔi^{35}?	你知唔知得捉棋? ŋi^{55}tɐi^{11}m^{42}tɐi^{11}tɐi^{5} tsɔu^{5}k'i^{33}?	你知唔知得捉棋? nɛi^{33}tai^{33}m^{11}tai^{33}ti^{5} tsɐu^{5}k'i^{3}?	你晓不晓得动棋? lai^{45}siau^{314}pu^{45}siau^{314} tai^{5}t'ie^{44}k'i^{3}?	你晓唔晓得捉棋? lei^{21}hɛi^{324}m^{44}hɛi^{324}ai^{21} tsou^{21}k'ai^{4}?
082	挖得出来吗？	挖唔挖得出来? vᴀ^{5}m^{21}vᴀ^{5}tei^{5}ts'iu^{5}lᴀ^{21}?	挖唔挖得出来? vɔ^{5}m^{21}vɔ^{5}tei^{5}ts'u^{5}lɛ^{21}?	挖唔挖得出来? va^{5}m^{42}va^{5}tɐi^{5}tʃ'ui^{5}lɐi^{42}?	挖唔挖得出来? va^{33}m^{11}va^{33}ti^{5}ts'uoi^{5} lai^{11}?	挖唔挖得出来? ua^{5}m^{22}ua^{5}tai^{5}ts'y^{5}lei^{22}?	挖唔挖得出来? vie^{21}m^{44}vie^{21}ai^{21}ts'y^{21} lei^{45}?
083	还有饭没有？	还有饭冒？ hoe^{21}jiu^{44}fəŋ^{22}mᴀu^{44}? 还有冒饭？ hoe^{21}jiu^{44}mᴀu^{44}fəŋ^{22}?	还有冒饭？ ha^{21}jiu^{44}bau^{44}fuə^{22}?	还有冒饭？ ha^{42}iau^{55}mau^{55}fan^{11}?	还有冒饭？ ha^{11}iu^{53}mau^{53}foŋ^{31}? 还有饭冒？ ha^{11}iu^{53}foŋ^{31}mau^{53}?	还有冒饭？ hou^{22}iu^{45}mau^{45}foŋ^{44}?	还有冒饭？ hei^{45}jiu^{21}bo^{21}fœn^{22}?
084	你到过北京没有？	你去过北京冒？ lei^{44}hoe^{21}kɔ^{44}poe^{5}kᴀn^{13} mᴀu^{44}?	你去过北京冒？ lai^{44}hɔe^{21}kɔu^{44}pɛi^{5}kian^{12} bau^{44}?	你去过北京冒？ ŋi^{55}hai^{42}kɔu^{55}pɐi^{5}kiɛn^{11} mau^{55}?	你去过北京冒？ nɛi^{33}siɛ^{11}kɐu^{53}pi^{5} kiaŋ^{33}mau^{53}?	你去过北京冒？ lai^{45}hai^{22}ko^{45}pa^{5}kaŋ^{44} mau^{45}?	你去过北京冒？ lei^{21}hau^{45}kvu^{44}pa^{21} kaŋ^{51}bo^{21}?

序号	例句	大村	向阳	石陂	周田	石塘	桂头
085	（你）去没去他家？去了。	去了渠屋冒？去了。 hoe^{21}lei^{13}ŋi^{44}ɐu^{5}mʌu^{44}? hoe^{21}lei^{13}.	去过渠屋哩冒？去了。 hɔe^{21}kɔu^{44}ki^{44}ɔ^{5}lai^{35} bau^{44}?hɔe^{21}lɛ^{12}.	有冒去过渠屋下？去啊。 iau^{55}mau^{55}hai^{42}kɔu^{55} ki^{55}ø^{5}k'a^{33}?hai^{42}a^{11}.	有冒去渠屋哩？去了。 iu^{53}mau^{53}siɛ^{11}ki^{33} ɛi^{5}lɛ^{53}?siɛ^{11}lɔ^{33}.	去过了渠屋哩冒？去了。 hai^{22}ko^{45}la^{44}ki^{45}ie^{5}lei^{45} mau^{45}?hai^{22}la^{44}.	去了渠屋哩冒？去了。 hau^{45}la^{51}ki^{21}ou^{21}lei^{4} bo^{21}?hau^{45}la^{51}.
086	我应该来是不应该来？	我该唔该来？ ŋɔ^{44}kʉ^{13}m^{21}kʉ^{13}lʌ^{21}?	我该唔该来？ gɔu^{44}kui^{12}m^{21}kui^{12}lɛ^{21}?	我该唔该来？ ŋɔu^{55}kui^{11}m^{42}kui^{11}lɛ^{42}?	我该唔该来？ ŋai^{33}koi^{33}m^{11}koi^{33} lai^{11}?	我该不该来？ ŋa^{45}kua^{44}pu^{45}kua^{44}lei^{22}?	我该唔该来？ gu^{21}kvu^{51}m^{44}kvu^{51} lei^{45}?
087	（这事情）他知道不知道？	渠知唔知得？ ŋi^{44}tɕe^{13}m^{21}tɕe^{13}tei^{5}?	渠知唔知得？ ki^{44}tai^{12}m^{21}tai^{12}tɛi^{5}?	渠知唔知得？ ki^{55}tei^{11}m^{42}tei^{11}tei^{5}?	渠知唔知得？ ki^{33}tai^{33}m^{11}tai^{33}ti^{5}?	渠晓唔晓得？ ki^{45}siau^{314}m^{22}siau^{314}tai^{5}?	渠晓唔晓得？ ki^{21}hɛi^{324}m^{44}hɛi^{324} ai^{21}?
088	（这个字）你认识不认识？	你认唔认得？ lei^{44}ŋin^{22}m^{21}ŋin^{22}tei^{5}?	你认唔认得？ lai^{44}gian^{22}m^{21}gian^{22}tɛi^{5}?	你认唔认得？ ŋi^{55}ŋien^{11}m^{42}ŋien^{11}tei^{5}?	你认唔认得？ nɛi^{33}ŋiaŋ^{31}m^{11}ŋiaŋ^{31} ti^{5}?	你认唔认得？ lai^{45}ŋɛŋ^{44}m^{22}ŋɛŋ^{44}tai^{5}?	你认唔认得？ lei^{21}gaŋ^{22}m^{44}gaŋ^{22}ai^{21}?
089	（这场球，你）赢得了赢不了？	赢唔赢得倒？ jiʌŋ^{21}m^{21}jiʌŋ^{21}tei^{5}tʌu^{24}?	赢唔赢得倒？ jiɛ^{21}m^{21}jiɛ^{21}tei^{5}tau^{24}?	赢唔赢得倒？ iaŋ^{42}m^{42}iaŋ^{42}tei^{5}tau^{24}?	赢唔赢得倒？ iaŋ^{11}m^{11}iaŋ^{11}ti^{5} tau^{214}?	赢不/唔赢得倒？ iaŋ^{22}pu^{45}/m^{22}iaŋ^{22}tai^{5} tau^{314}?	赢唔赢得倒？ jin^{45}m^{44}jin^{45}ai^{21}o^{324}?
090	（这么大的雨，他）能来不能来？	来唔来得倒？ lʌ^{21}m^{21}lʌ^{21}tei^{5}tʌu^{24}?	来唔来得倒？ lɛ^{21}m^{21}lɛ^{21}tei^{5}tau^{24}?	来唔来得倒？ lɛi^{42}m^{42}lɛi^{42}tei^{5}tau^{24}?	来唔来得倒？ lai^{11}m^{11}lai^{11}ti^{5}tau^{214}?	来不/唔来得倒？ lei^{22}pu^{45}/m^{22}lei^{22}tai^{5} tau^{314}?	来唔来得倒？ lei^{45}m^{44}lei^{45}ai^{21}o^{324}?
091	说得说不得？（问可否）	讲唔讲得？ kɔŋ^{24}m^{21}kɔŋ^{24}tei^{5}?	讲唔讲得？ kɔŋ^{24}m^{21}kɔŋ^{24}tɛi^{5}?	讲唔讲得？ kɔŋ^{24}m^{42}kɔŋ^{24}tei^{5}?	讲唔讲得？ kɔŋ^{214}m^{11}kɔŋ^{214}ti^{5}?	讲不讲得？ koŋ^{314}pu^{45}koŋ^{314}tai^{5}?	讲唔讲得？ koŋ^{324}m^{44}koŋ^{324}ai^{21}?

序号	例句	大村	向阳	石陂	周田	石塘	桂头
092	他说得快不快？（问情况）	渠讲倒快唔快？ ŋi^{44}kɔŋ^{24}tʌu^{24}k'ʌ^{44}m^{21}k'ʌ^{44}?	渠讲得快唔快？ ki^{44}kɔŋ^{24}tɐi^{5}k'uə^{44}m^{21}k'uə^{44}?	渠讲得快唔快？ ki^{55}kɔŋ^{24}tɐi^{5}k'ai^{55}m^{42}k'ai^{55}?	渠讲得快唔快？ ki^{33}kɔŋ^{214}ti^{5}k'oi^{53}m^{11}k'oi^{53}?	渠讲起快唔快？ ki^{45}koŋ^{314}hai^{314}k'ua^{45}m^{22}k'ua^{45}?	渠讲起快唔快？ ki^{21}koŋ^{324}hai^{324}k'vie^{44}m^{44}k'vie^{44}?
093	他说得快说不快？（问能力）	渠讲唔讲得快？ ŋi^{44}kɔŋ^{24}m^{21}kɔŋ^{24}tei^{5}k'ʌ^{44}?	渠讲唔讲得快？ ki^{44}kɔŋ^{24}m^{21}kɔŋ^{24}tɐi^{5}k'uə^{44}?	渠讲唔讲得快？ ki^{55}kɔŋ^{24}m^{42}kɔŋ^{24}tɐi^{5}k'ai^{55}?	渠讲唔讲得快？ ki^{33}kɔŋ^{214}m^{11}kɔŋ^{214}ti^{5}k'oi^{53}?	渠讲不讲得快？ ki^{45}koŋ^{314}pu^{45}koŋ^{314}tai^{5}k'ua^{45}?	渠讲唔讲得快？ ki^{21}koŋ^{324}m^{44}koŋ^{324}ai^{21}k'vie^{44}?
094	闻闻这朵花儿香不香？香得很，是不是？	闻下嘀□朵花香唔香？好香，系唔系？ mun^{21}hʌ^{4}ʔn^{45}tei^{44}lie^{22}tɔ^{24}fɔ^{13}hin^{13}m^{21}hin^{13}? hʌu^{24}hin^{14},hʌ^{22}m^{21}hʌ^{22}?	闻下哩□朵花香唔香？好香，系唔系？ ban^{21}ha^{22}lɛ^{35}lai^{22}tɔu^{24}fa^{12}heŋ^{12}m^{21}heŋ^{12}?hau^{24}heŋ^{12},hɛ^{22}m^{21}hɛ^{22}?	鼻呀□朵花香唔香？□香，系唔系？ p'ɐi^{24}ia^{55}tɐi^{33}tɔu^{24}fa^{11}ʃɔŋ^{11}m^{42}ʃɔŋ^{11}?hɐi^{11}ʃɔŋ^{11}, hɐi^{11}m^{42}hɐi^{11}?	闻下哩個朵花香唔香？好香，系唔系？ man^{11}hɔ^{3}lɛ^{53}ka^{33}tɐu^{214}fɔ^{33}siɔŋ^{33}m^{11}siɔŋ^{33}?hau^{214}siɔŋ^{33}, hai^{3}m^{11}hai^{3}?	闻一下個朵花香不香？好香，系唔系？ mɛŋ^{22}i^{5}hou^{44}ka^{22}to^{314}fou^{44}sioŋ^{44}pu^{45}sioŋ^{44}?hau^{314}sioŋ^{44},hei^{44}m^{22}hei^{44}?	闻下個□花香唔香？好香，系唔系？ baŋ^{45}hɔu^{22}ka^{4}tsɔu^{324}fɔu^{51}hœn^{51}m^{44}hœn^{51}?ho^{324}hœn^{51},hei^{22}m^{44}hei^{22}?
095	你是抽烟呢，还是喝茶？	你系食烟□□饮茶？ lei^{44}hʌ^{22}sei^{3}jie^{13}po^{44}t'əe^{22}jin^{24}ts'o^{21}?	你食烟啦还系饮茶？ lai^{44}sɐi^{3}jɛn^{12}la^{44}ha^{21}hɛ^{22}jian^{24}ts'a^{21}?	你系食烟啦还系饮茶？ ŋi^{55}hɐi^{11}ʃɐi^{3}in^{11}la^{11}ha^{42}hɐi^{11}iɛn^{24}ts'a^{42}?	你食烟还系饮茶？ nɐi^{33}sai^{3}iŋ^{33}ha^{11}hai^{3}ŋiaŋ^{214}ts'ɔ^{11}?	你食烟呀还系饮茶？ lai^{45}sei^{45}iŋ^{44}ia^{45}hou^{22}hei^{44}ŋɛŋ^{314}ts'ou^{22}?	你系食烟呀还系饮茶？ lei^{21}hei^{22}sai^{44}jɛn^{51}ja^{44}hei^{45}hei^{22}jaŋ^{324}ts'ɔu^{45}?
096	烟也好，茶也好，我都不喜欢。	烟茶我□唔中意。 jie^{13}ts'o^{21}ŋɔ^{44}tʉ^{44}m^{21}tsɐn^{44}ʝɪ^{44}.	烟茶我□唔中意。 jɛn^{12}ts'a^{21}gɔu^{44}tu^{44}m^{21}tsaŋ^{44}ʝɪ^{44}.	烟啦好，茶啊好，我都唔中意。 in^{11}la^{11}hau^{24},ts'a^{42}a^{11}hau^{24},ŋɔu^{55}tu^{55}m^{42}tʃeŋ^{55}i^{55}.	烟茶我都唔中意。 iŋ^{33}ts'ɔ^{11}ŋa^{33}tu^{33}m^{11}tsɛŋ^{53}i^{53}.	烟茶我□不中意。 iŋ^{44}ts'ou^{22}ŋa^{45}lou^{44}pu^{45}tsiẽ^{51}i^{45}.	烟也好，茶也好，我□唔中意。 jɛn^{51}ja^{21}ho^{324},ts'ɔu^{45}ja^{21}ho^{324},gu^{21}tsie^{51}m^{44}tsoŋ^{44}ji^{44}.
097	抽烟或者喝茶都不行。	食烟一系饮茶□唔得。 sei^{3}jie^{13}ji^{5}hʌ^{22}jin^{24}ts'o^{21}tʉ^{44}m^{21}tei^{5}.	食烟好，饮茶好，□唔得。 sɐi^{3}jɛn^{12}hau^{24},jian^{24}ts'a^{21}hau^{24},tu^{44}m^{21}tɐi^{5}.	食烟饮茶都唔得。 ʃɐi^{3}in^{11}iɛn^{24}ts'a^{42}tu^{55}m^{42}tɐi^{5}.	食烟一系饮茶都唔得。 sai^{3}iŋ^{33}i^{5}hai^{3}ŋiaŋ^{214}ts'ɔ^{11}tu^{33}m^{11}ti^{5}.	食烟饮茶□不得。 sei^{5}iŋ^{44}ŋɛŋ^{314}ts'ou^{22}lou^{44}pu^{45}tai^{5}.	食烟饮茶□唔得。 sai^{44}jɛn^{51}jaŋ^{324}ts'ɔu^{45}tsie^{51}m^{44}ai^{21}.

序号	例句	大村	向阳	石陂	周田	石塘	桂头
098	你吃李子还是吃桃儿?	你系食李嘀□□食桃嘀？ lei^{44}hʌ^{22}sei^{3}lɔe^{24}tei^{44}po^{44} t‘ɔe^{22}sei^{3}t‘ʌ^{4}ʔu^{45}tei^{44}？	你食李哩啊还系食桃？ lai^{44}sei^{3}lai^{24}lɛ^{35}a^{44}ha^{21} hɛ^{22}sei^{3}t‘a^{3}ʔu^{35}？	你系食李还系食桃哩？ ŋi^{55}hei^{11}ʃei^{3}lei^{24}ha^{42} hei^{11}ʃei^{3}t‘au^{33}lei^{33}？	你食李哩还系食桃哩？ nei^{33}sai^{3}lai^{12}lɛ^{53}ha^{11} hai^{3}sai^{3}t‘au^{3}lɛ^{53}？	你食李还系食桃？ lai^{45}sei^{5}lai^{3}hou^{22}hei^{44} sei^{5}t‘au^{3}？	你食李还系食桃？ lei^{21}sai^{44}lai^{4}hei^{45}hei^{22} sai^{44}to^{4}？
099	这句话用某某话怎么说?	□句话用大村声□□讲？ lie^{22}kʉ^{44}vo^{4}ʔo^{45}jɐn^{22}t‘o^{22} ts‘un^{13}siaŋ^{13}kɔŋ^{24}mu^{4}ʔu^{45} kɔŋ^{24}？	□句话用河西话□子讲？ lai^{22}ki^{44}va^{35}jaŋ^{22}hɔu^{21} sei^{3}va^{35}pen^{22}tsɿ^{24}kɔŋ^{24}？	□句话用虱嫲话□般讲？ tei^{33}ki^{55}va^{33}iɐŋ^{11}sɐi^{3} ma^{42}va^{33}liɔŋ^{55}pan^{33}kɔŋ^{24}？	個句话用拿周田话样般讲？ ka^{33}ki^{53}vɔ^{31}nɔ^{214} tsiu^{33}t‘iŋ^{11}vɔ^{31}iɔŋ^{31} pɔŋ^{214}kɔŋ^{214}？	個句话用石塘声□哩讲？ ka^{22}ki^{45}uou^{44}ie^{44}sou^{5} t‘oŋ^{22}saŋ^{44}loŋ^{314}lei^{45}koŋ^{314}？	個句话用桂头话□总讲？ ka^{4}kau^{44}vɔu^{4}joŋ^{44} kvei^{44}tei^{45}vɔu^{4}bei^{4}tsoŋ^{324} koŋ^{324}？
100	（有人敲门）谁呀？我是老王。	□人？我系老王。 sin^{44}ŋin^{21}ʔŋɔ^{44}hʌ^{22}lʌu^{44} vɔŋ^{21}.	□人？我系老王。 sɔŋ^{21}gen^{21}ʔgɔu^{44}hɛ^{22} lau^{44}vɔŋ^{21}.	□人？我系老王。 nei^{33}ŋien^{42}ʔŋɔu^{55}hei^{11} lau^{55}vɔŋ^{42}.	□个佬？我系老王。 piŋ^{12}ka^{53}lau^{214}ʔŋa^{33} hai^{3}lau^{53}vɔŋ^{11}.	□个？我系老王。 lou^{22}ka^{45}ʔŋa^{45}hei^{44}lau^{45} uoŋ^{22}.	□人？我还系老王。 sin^{45}gaŋ^{45}ʔgu^{21}hei^{45} hei^{22}lo^{21}voŋ^{45}.
101	老张呢？他在家里呢。	老张呢？渠还到屋箇。 lʌu^{44}tsin^{13}lie^{44}ʔŋi^{44}hoe^{21} tʌu^{44}ɐu^{5}·kɔe.	老张呢？渠还□屋哩。 lau^{44}tsɐŋ^{12}lɛ^{44}ʔki^{44}ha^{21} t‘ai^{21}ɔ^{5}la^{3}ʔi^{35}.	老张呢？渠还在屋下。 lau^{55}tʃɔŋ^{11}lei^{55}ʔki^{55}ha^{42} ts‘ɐi^{55}ø^{5}k‘a^{33}.	老张哩？渠还在屋哩。 lau^{53}tsɔŋ^{33}lɛ^{53}ʔki^{33} ha^{11}ts‘oi^{31}ɛi^{5}lɛ^{53}.	老张呢？渠还在屋哩。 lau^{45}tsoŋ^{44}lie^{45}ʔki^{45}hou^{22} ts‘ua^{44}ie^{5}lei^{45}.	老张呢？渠还到屋哩。 lo^{21}tsœn^{51}lie^{45}ʔki^{21} hei^{45}o^{44}ou^{21}lei^{4}.
102	他在干什么呢？他在吃着饭呢!	渠到□□做□□？渠食紧饭。 ŋi^{44}tʌu^{44}hʌ^{4}ʔn^{45}tsə^{2}ʔe^{23} tsɿ^{44}sin^{44}ŋi^{44}ʔŋi^{44}sei^{3}kin^{24} fəŋ^{22}.	渠□□角做啥？渠还食紧饭。 ki^{44}t‘ai^{21}hɔŋ^{22}kɔu^{35}tsu^{44} sa^{3}ʔa^{35}ʔki^{44}ha^{21}sei^{3}kian^{24} fuə^{22}.	渠在做物箇？渠在食紧饭。 ki^{55}ts‘ei^{55}tsɔu^{55}ma^{24} kɐi^{33}ʔki^{55}ts‘ui^{11}ʃɐi^{3}kiɐn^{24} fan^{11}.	渠做□箇？渠食紧饭。 ki^{33}tsɿ^{53}siŋ^{214}kiɛ^{53}？ ki^{53}sai^{3}kiaŋ^{214}fɔŋ^{31}.	渠在做□□呢？渠在食紧得饭。 ki^{45}ts‘ua^{44}tsɿ^{45}sɿ^{45}ma^{45} lie^{45}ʔki^{45}ts‘ua^{44}sei^{5}keŋ^{314} tai^{5}foŋ^{44}.	渠做□□？渠食紧饭。 ki^{21}tsau^{44}si^{44}sei^{4}ʔki^{21} sai^{44}kaŋ^{324}fœn^{22}.

序号	例句	大村	向阳	石陂	周田	石塘	桂头
103	他还没有吃完吗？还没有呢！大约再有一会儿就吃完了。	渠还冒食饱？还冒，□阵间就食饱了。 ŋi^{44}hoe^{21}mʌu^{44}sei^{3} pʌu^{24}ʔhoe^{21}mʌu^{44}, ȶen^{44} tsʻin^{44}kʌ^{2}ʔŋ^{23}tsʻiu^{22}sei^{3} pʌu^{24}lei^{13}.	渠还冒食了吗？还冒，约莫过刻哩就食了了。 ki^{44}ha^{21}bau^{44}sɛi^{3}liu^{44} bɛ^{44}ʔha^{21}bau^{44}, jɔ^{5}bɔu^{5} kɔu^{44}kʻɛ^{3}lɛ^{35}tsʻiu^{22}sɛi^{3}liu^{44} lɛ^{12}.	渠还冒食了饭？还冒，等一下哩就是食了啊。 ki^{55}ha^{42}mau^{55}ʃei^{3}liu^{55} fan^{11}ʔha^{42}mau^{55}, tɛn$^{24:5}$i ha^{33}lɛi^{33}tsʻɛu^{11}ʃei^{3}liu^{55}a^{11}.	渠□还冒食饱？还冒，还要一阵哩就食饱了。 ki^{33}ȶʻɛŋ^{11}ha^{11}mau^{53} sai^{3}pau^{214}ʔha^{11}mau^{53}, ha^{11}iau$^{53:5}$i tsʻan^{12}lɛ^{53} tsʻiu^{31}sai^{3}pau^{214}lɔ^{33}.	渠还冒食饱□？还冒，还要一刻哩就食食饱了。 ki^{45}hou^{22}mau^{45}sei^{5}pau^{314} miẽ^{45}ʔhou^{22}mau^{45}, hou^{22} iau$^{45:5}$i kʻa^{5}lei^{45}tsʻiu^{44}sei^{5} pau^{314}la^{44}.	渠还冒食饱？还冒，约莫还爱取一阵间就食饱了。 ki^{21}hei^{45}bo^{21}sai^{44}po^{324}? hei^{45}bo^{21}, jœy^{21}bɔu^{21} hei^{45}u^{44}tsʻau$^{324:21}$ji tsʻaŋ^{22} kiẽ^{51}tsʻiu^{22}sai^{44}po^{324}la^{51}.
104	他说就走，怎么这半天了还没有走呢？	渠话就走，□□半日了还冒走？ ŋi^{44}vo^{22}tsʻiu^{22}tsʌi^{24}, kɔŋ^{24} mu^{4}ʔu^{45}pəŋ^{44}ŋi^{4}ʔi^{45}lei^{13} hoe^{21}mʌu^{44}tsʌi^{24}?	渠讲就走，□□半事日还冒走？ ki^{44}kɔŋ^{24}tsʻiu^{22}tsɔ^{24}, kɔŋ^{24} buə^{35}pɔŋ^{22}sɿ^{22}gi^{3}ha^{21}bau^{44} tsɔ^{24}?	渠讲就走，□般半天还冒走？ ki^{55}kɔŋ^{24}tsʻɛu^{11}tsø^{24}, liɔŋ^{55}pan^{33}pun^{55}tʻin^{11}ha^{42} mau^{55}tsø^{24}?	渠话就走，做□□箇□久还冒□走？ ki^{33}vɔ^{31}tsʻiu^{31}tsia^{214}, tsɿ^{53}siŋ^{214}kiɛ^{53}lɔŋ^{12} kiu^{214}ha^{11}mau^{53}ȶʻɛŋ^{11} tsia^{214}?	渠话就走，□哩個久了□还冒走？ ki^{45}uou^{44}tsʻiu^{44}tsie^{314}, lɔŋ^{314}lei^{45}ka^{3}kiu^{314}la^{44}lou^{44} hou^{22}mau^{45}tsie^{314}?	渠话就走，□总半日还冒走？ ki^{21}vɔu^{22}tsʻiu^{22}tsei^{324}, bei^{4}tsoŋ^{324}pœn^{44}gai^{44} hei^{45}bo^{21}tsei^{324}?
105	他正在那儿跟一个朋友说着话呢。	渠如□凑一个朋友讲紧事。 ŋi^{44}ɲ^{21}ki^{2}ʔi^{23}tsʻʌi$^{44:5}$ji ko^{44}pʻɐn^{21}jiu^{44}kɔŋ^{24}kin^{24} sɿ^{22}.	渠正当同一个朋友讲紧话。 ki^{44}tsan^{44}tɔŋ^{12}tʻaŋ$^{21:5}$ji kuə^{44}pʻaŋ^{21}jiu^{24}kɔŋ^{24}kian^{24} va^{3}ʔa^{35}.	渠正当同一个朋友讲紧话。 ki^{55}ʧen^{55}tɔŋ^{11}tʻɛŋ$^{42:5}$i kai^{55}pʻɛŋ^{42}iau^{33}kɔŋ^{24} kiɛn^{24}va^{33}.	渠正当同一个朋友讲紧事。 ki^{33}tsiaŋ^{53}tɔŋ^{33}tʻɛŋ^{11} i^{5}ka^{53}pʻɛŋ^{11}iu^{214}kɔŋ^{214} kiaŋ^{214}sɿ^{31}.	渠正当同一个朋友讲紧得事。 ki^{45}tsaŋ^{45}tɔŋ^{44}tʻiẽ$^{22:5}$i ka^{45} pʻiẽ^{22}iu^{3}kɔŋ^{314}kɛŋ^{314}tai^{5}sɿ^{44}.	渠正当到□□撂一个朋友讲紧话。 ki^{21}tsaŋ^{44}oŋ^{51}o^{44}hoŋ^{44} lau^{324}lo^{51}ji^{21}kvu^{44}poŋ^{45} jiu^{4}koŋ^{324}kaŋ^{324}vɔu^{4}.
106	你上哪儿去？我上街去。	你去□嘀？我去上街。 lei^{44}hoe^{21}pie^{22}tei^{44}ʔŋɔ^{44} hoe^{21}sɔŋ^{44}kʌ^{13}.	你去□角？我去行街。 lai^{44}hɔe^{21}pɛn^{22}kɔ^{3}ʔu^{35}? gɔu^{44}hɔe^{21}hiɛ^{21}kuə^{12}.	你去□当？我去上街。 ŋi^{33}hai^{42}nei^{33}tɔŋ^{33}? ŋɔu^{55}hai^{42}ʃɔŋ^{55}kai^{11}.	你到□哩？我上街。 nei^{33}tau^{53}piŋ^{12}lɛ^{53}? ŋa^{33}sɔŋ^{53}kia^{33}.	你去过□哩？我去上街。 lai^{45}hai^{22}ko^{45}lou^{22}lei^{45}? ŋa^{45}hai^{22}soŋ^{45}ka^{44}.	你去□□？我去趁墟。 lei^{21}hau^{45}bei^{4}lau^{324}? gu^{21}hau^{45}tsʻaŋ^{44}hau^{51}.

序号	例句	大村	向阳	石陂	周田	石塘	桂头
107	你干什么去？我去买菜去。	你去做□□？我去买菜。 lei^{44}hoe^{21}tsɿ^{44}sin^{44}ŋi^{44}? ŋɔ^{44}hoe^{21}mA^{44}tsʻʉ^{44}.	你去做□啥？我去买菜。 lai^{44}hɔe^{21}tsu^{44}sɿ^{44}sa^{3}ʔa^{35}? gɔu^{44}hɔe^{21}buə^{22}tsʻui^{44}.	你去做物箇？我去买菜。 ŋi^{55}hai^{42}tsɔu^{55}ma^{24}kei^{53}? ŋɔu^{55}hai^{42}mai^{11}tsʻui^{55}.	你去做□箇？我去买菜。 nei^{33}siɛ^{11}tsɿ^{53}siŋ^{214} kiɛ^{53}ʔŋa^{33}siɛ^{11}ma^{53} tsʻoi^{53}.	你去做□□哩？我去买菜。 lai^{45}hai^{22}tsɿ^{45}sɿ^{45}ma^{45}lei^{45}? ŋa^{45}hai^{22}ma^{45}tsʻua^{45}.	你去做□□？我去买菜。 lei^{21}hau^{45}tsau^{44}si^{44}sei^{4}? gu^{21}hau^{45}bie^{21}tsʻu^{44}.
108	你告诉他不再那儿，也不在这儿。到底是在哪儿呢？	你话渠知，唔到個□，也唔到□□。到底到□嘀？ lei^{44}vo^{22}ŋi^{44}tœ^{13},m^{21} tAu^{44}ko^{44}tsə^{2}ʔe^{23},jiA^{44}m^{21} tAu^{44}lie^{22}tsə^{2}ʔe^{23}.tAu^{44}tA^{24} tAu^{44}pie^{22}tei^{44}?	你话渠知，唔□□角，又唔□□角。到底□□角？ lai^{44}va^{22}ki^{44}tai^{12},m^{21}tʻai^{21} hɔŋ^{22}kɔ^{3}ʔu^{35},jiu^{22}m^{21}tʻai^{21} lai^{22}kɔ^{3}ʔu^{35}.tau^{44}tɛ^{24}tʻai^{21} pɛn^{22}kɔ^{3}ʔu^{35}?	你话渠知，唔在個当，也唔在□当。到底在□当？ ŋi^{55}va^{11}ki^{55}tei^{11},m^{42} tsʻɛi^{55}kai^{55}tɔŋ^{33},ia^{11}m^{42} tsʻɛi^{55}tei^{33}tɔŋ^{33}.tau^{55}tei^{24} tsʻɛi^{55}nei^{33}tɔŋ^{33}?	你话过渠知，唔在□個个当，也唔在□哩。到底在□个当？ nɛi^{33}vɔ^{31}kɛu^{53}ki^{33} tai^{33},m^{11}tsʻoi^{33}hɛŋ^{11}ka^{22} ka^{53}tɔŋ^{12},ia^{31}m^{11}tsʻoi^{33} hi^{3}lɛ^{53}.tau^{53}ta^{214}tsʻoi^{33} piŋ^{12}ka^{53}tɔŋ^{12}?	你话声渠知，不在□哩，又不在□哩。到底在□哩？ lai^{45}uou^{44}saŋ^{44}ki^{45}tai^{44}, pu^{45}tsʻua^{44}hiŋ^{22}lei^{45},iu^{44}pu^{45} tsʻua^{44}kʻa^{3}lei^{45}.tau^{45}ta^{314} tsʻua^{44}lou^{22}lei^{45}?	你话得渠，唔到□□，也唔到個□。究竟到□□？ lei^{21}vɔu^{22}ai^{21}ki^{21},m^{44} o^{44}hoŋ^{44}lau^{324},ja^{44}m^{44}o^{44} ka^{4}lau^{324}.kiu^{44}kaŋ^{324}o^{44} bei^{4}lau^{324}?
109	怎么办呢？不是那么办，是要这么办的。	□□做？唔系□□做，系□□做。 kɔŋ^{24}mu^{4}ʔn^{45}si^{2}ʔu^{23}? m^{21}hA^{22}hA^{44}si^{2}ʔu^{23}tsɿ^{44}, hA^{22}hA^{4}ʔn^{45}si^{2}ʔu^{23}tsɿ^{44}.	□子办呢？唔系□子办，系□子办。 pɛn^{22}tsɿ^{24}pʻuə^{44}lɛ^{44}ʔm^{21} hɛ^{22}kian^{5}tsɿ^{24}pʻuə^{22},hɛ^{22} kian^{5}tsɿ^{24}pʻuə^{22}.	□般做？唔系□哩做，系爱□哩做。 liɔŋ^{55}pan^{33}tsɔu^{55}ʔm^{42} hei^{11}kan^{24}lei^{33}tsɔu^{55},hei^{11} ui^{55}kan^{24}lei^{33}tsɔu^{55}.	样板办？唔系□子办，系爱□子办。 iɔŋ^{31}poŋ^{214}pʻoŋ^{31}? m^{11}hai^{3}kan^{214}tsɿ^{214} pʻoŋ^{31},hai^{3}oi^{53}kan^{214} tsɿ^{214}pʻoŋ^{31}.	□哩好呢？不系□哩做，系□哩做。 loŋ^{314}lei^{45}hau^{314}lie^{45}? pu^{45}hei^{44}hiŋ^{314}lei^{45}tsɿ^{45}, hei^{44}kaŋ^{314}lei^{45}tsɿ^{45}.	□总做？唔系□总做，系系個总做。 bei^{4}tsoŋ^{324}tsau^{44}ʔm^{44} hei^{22}hoŋ^{44}tsoŋ^{324}tsau^{44}, hei^{45}hei^{22}ka^{4}tsoŋ^{324}tsau^{44}.
110	要多少才够呢？	要几多正够嘀？ jiAu^{44}ki^{24}tɔ^{13}tsiAŋ^{44}kAi^{44} tei^{44}?	爱几多正够呢？ ui^{44}ki^{24}tɔu^{12}tsiɛ^{44}kɔ^{44} lɛ^{44}?	爱几多正够？ ui^{55}ki^{24}tɔu^{11}tʃa^{55}kø^{55}?	爱几多过够得？ oi^{53}ki^{214}tɛu^{33}ka^{53} kia^{53}ti^{5}?	要几多正够呢？ iau^{45}ki^{314}to^{44}tsaŋ^{45}kie^{45} lie^{45}?	爱取几多正够？ u^{44}tsʻau^{324}kai^{324}ɔu^{51} tsaŋ^{44}kei^{44}?
111	他今年多大岁数？也不过三十来岁吧。	渠今年几多岁？差唔多三十岁。 ŋi^{44}kin^{13}lie^{21}ki^{24}tɔ^{13} soe^{44}ʔtsʻA^{13}m^{21}tɔ^{13}sɔ^{13}sɿ^{3} soe^{44}.	渠今年几多岁？最多系三十零岁。 ki^{44}kian^{12}lɛn^{21}ki^{24}tɔu^{12} sɔe^{44}ʔtsui^{44}tɔu^{12}hɛ^{22}sa^{12}sɿ^{3} liɛ^{35}sɔe^{44}.	渠今年几多岁？约莫三十零岁。 ki^{55}kiɛn^{11}ŋin^{421}ki^{24}tɔu^{11} sɔi^{55}ʔiɔ^{5}mɔu^{5}san^{11}sɿ^{3}liaŋ^{33} sɔi^{55}.	渠今年几多岁？怕有三十零岁。 ki^{33}kiaŋ^{33}ŋiŋ^{11}ki^{214} tɛu^{33}suoi^{53}ʔpʻɔ^{53}iu^{53} sɔŋ^{33}sɿ^{3}liaŋ^{3}suoi^{53}.	渠今年几多岁了？三十零岁了吧。 ki^{45}kɛŋ^{44}liŋ^{22}ki^{314}to^{44} suai^{45}la^{44}ʔsoŋ^{44}sɿ^{5}liaŋ^{3} suai^{45}la^{44}pa^{44}.	渠今年有几大？最多三十零岁。 ki^{21}kaŋ^{51}lɛn^{45}jiu^{21}kai^{324} tu^{22}ʔtsøy^{44}ɔu^{51}siɛ^{51}si^{44} lin^{4}søy^{44}.

序号	例句	大村	向阳	石陂	周田	石塘	桂头
112	这个东西有多重呢？怕有五十多斤重吧。	□个东西有几重呢？怕有五十零斤。 lie^{22}ko^{44}tɐn^{12}sie^{2}ʔe^{23}jiu^{44}ki^{24}ts'ɐn^{44}lie^{44}ʔp'o^{44}jiu^{44}m^{44}sɿ^{3}liʌ^{4}ʔŋ^{45}kin^{13}.	□个东西有几重？怕有五十零斤。 lai^{22}kuə^{44}taŋ^{12}sɛ^{35}jiu^{44}ki^{24}ts'aŋ^{44}ʔp'a^{44}jiu^{44}m^{44}sɿ^{3}lie^{35}kian^{12}.	□个东西有几重？约莫五十零斤。 tɛi^{33}kai^{55}tɐŋ^{11}sɛi^{33}iau^{55}ki^{24}ʧ'ɐŋ^{55}ʔiɔ^{5}mɔu^{5}m^{55}sɿ^{3}liaŋ^{33}kiɛn^{11}.	個个东西有几重？怕有五十零斤。 ka^{33}ka^{53}tɛŋ^{33}siɛ^{12}iu^{53}ki^{214}ts'ɛŋ^{53}ʔp'ɔ^{53}iu^{53}m^{53}sɿ^{3}liaŋ^{3}kiaŋ^{33}.	個个东西有几重呢？五十零斤重吧。 ka^{22}ka^{45}tiẽ^{4}sei^{3}iu^{45}ki^{314}ts'iẽ^{45}lie^{45}ʔm^{45}sɿ^{5}liaŋ^{3}kɛŋ^{44}ts'iẽ^{45}pa^{44}.	個个东西有几重？怕有五十零斤。 ka^{4}kvu^{44}oŋ^{51}sei^{4}jiu^{21}kai^{324}ts'oŋ^{21}ʔp'ɔu^{44}jiu^{21}gau^{21}si^{44}lin^{4}kaŋ^{51}.
113	你姓王，我也姓王，咱们两个人都姓王。	你姓王，我也姓王，我俚两个人□姓王。 lei^{44}siʌŋ^{44}vɔŋ^{21},ŋɔ^{44}jiʌ^{44}siʌŋ^{44}vɔŋ^{21},ŋɔ^{44}lie^{22}lin^{44}ko^{44}ŋin^{21}tʉ^{44}siʌŋ^{44}vɔŋ^{21}.	你姓王，我又姓王，我俚两个人□姓王。 lai^{44}siɛ^{44}vɔŋ^{21},gɔu^{44}jiu^{22}siɛ^{44}vɔŋ^{21},gɔu^{44}lai^{35}lɛŋ^{44}kuə^{44}gen^{21}tu^{44}siɛ^{44}vɔŋ^{21}.	你姓王，我也姓王，我俚两个人□姓王。 ŋi^{55}siaŋ^{55}vɔŋ^{42},ŋɔu^{55}ia^{11}siaŋ^{55}vɔŋ^{42},ŋɔu^{55}lɛi^{33}liɔŋ^{55}kai^{55}ŋiɛn^{42}tɛi^{55}siaŋ^{55}vɔŋ^{42}.	你姓王，我也姓王，我俚两个佬都姓王。 nɛi^{33}siaŋ^{53}vɔŋ^{11},ŋa^{33}ia^{31}siaŋ^{53}vɔŋ^{11},ŋa^{33}lɛ^{53}liɔŋ^{53}ka^{53}lau^{214}tu^{33}siaŋ^{53}vɔŋ^{11}.	你姓王，我又姓王，我俚两个人□姓王。 lai^{45}siaŋ^{45}uoŋ^{22},ŋa^{45}iu^{44}siaŋ^{45}uoŋ^{22},ŋa^{22}la^{314}liɔŋ^{45}ka^{45}ŋɛŋ^{22}lou^{44}siaŋ^{45}uoŋ^{22}.	你姓王，我也姓王，□□两个人□姓王。 lei^{21}sin^{44}voŋ^{45},gu^{21}ia^{44}sin^{44}voŋ^{45},a^{44}tou^{4}lɛn^{21}kvu^{44}gaŋ^{45}tsie^{51}sin^{44}voŋ^{45}.
114	饭好了，快来吃吧。	煮好饭了，快嘀来食。 tsʉ^{24}hʌu^{24}fɐŋ^{22}lei^{13},k'ʌ^{44}tei^{44}lʌ^{21}sei^{3}.	煮好饭了，快嘀来食。 tsʅ^{24}hau^{24}fuə^{22}lɛ^{12},k'uə^{44}ti^{35}lɛ^{21}sei^{3}.	饭好啊，快来食。 fan^{11}hau^{24}a^{11},k'ai^{55}lei^{42}ʃei^{3}.	饭熟了，快来食。 fɔŋ^{31}sei^{3}lɔ^{33},k'oi^{53}lai^{11}sai^{3}.	饭熟了，快来食。 foŋ^{44}sie^{5}la^{44},k'ua^{45}lei^{22}sei^{5}.	饭好了，快箇来食。 fœn^{22}ho^{324}la^{51},k'vie^{44}ka^{44}lei^{45}sai^{44}.
115	不早了，快去吧！这会儿还早着呢，等一会儿再去。	唔早了，快嘀去。如□还早天，□阵间正去。 m^{21}tsʌu^{24}lei^{13},k'ʌ^{44}tei^{44}hoe^{21}.ɲ^{21}ki^{2}ʔi^{23}hoe^{21}tsʌu^{24}t'ie^{13},t'ʌn^{44}ts'in^{22}kʌ^{2}ʔŋ^{23}tsiʌŋ^{44}hoe^{21}.	唔早了，快嘀去。如今还早天，□刻正去。 m^{21}tsau^{24}lɛ^{12},k'uə^{44}ti^{3}hɔe^{21}.jʅ^{21}kian^{35}ha^{21}tsau^{24}t'en^{12},t'an^{44}k'ei^{35}tsɛ^{44}hɔe^{21}.	唔早啊，快嘀去。□直间还早，等一下正去。 m^{42}tsau^{24}a^{11},k'ai^{55}ti^{5}hai^{42}.tei^{33}ʧ'ei^{3}kan^{33}ha^{42}tsau^{24},ten^{24}i^{5}ha^{33}ʧa^{55}hai^{42}.	唔早了，快嘀去。如今还早哩，等阵哩过去。 m^{11}tsau^{214}lɔ^{33},k'oi^{53}ti^{3}siɛ^{11}.i^{11}kiaŋ^{12}ha^{11}tsau^{214}lɛ^{53},tiaŋ^{214}ts'an^{12}lɛ^{53}ka^{53}siɛ^{11}.	唔早呢，快去啊。□□还早，等刻哩正去。 m^{22}tsau^{314}lie^{45},k'ua^{45}hai^{22}a^{45}.iŋ^{22}kiŋ^{44}hou^{22}tsau^{314},taŋ^{314}k'a^{5}lei^{45}tsaŋ^{45}hai^{22}.	唔早了，快箇去。□今还早，等阵间正去。 m^{44}tso^{324}la^{51},k'vie^{44}ka^{44}hau^{45}.hin^{51}kaŋ^{4}hei^{45}tso^{324},ɛn^{324}ts'aŋ^{22}kiẽ^{51}tsaŋ^{44}hau^{45}.

序号	例句	大村	向阳	石陂	周田	石塘	桂头
116	吃了饭再去好不好？吃了饭再去就来不及了。	食□饭正去得冒？食□饭正去就迟□了。 sei^{3}hi^{5}fəŋ^{22}tsiʌŋ^{44}hoe^{21} tei^{5}mʌu^{44}?sei^{3}hi^{5}fəŋ^{22} tsiʌŋ^{44}hoe^{21}ts'iu^{22}ts'ɿ^{21}hi^{5} lei^{13}.	食了饭正去好唔好？食了饭正去就迟了啰。 sei^{3}lɛ^{12}fuə^{22}tsɛ^{44}hɔe^{21} hau^{24}m^{21}hau^{24}?sei^{3}lɛ^{12}fuə^{22} tsɛ^{44}hɔe^{21}ts'iu^{22}ts'ɿ^{21}lɛ^{12}lɔ^{44}.	食了饭正去得唔得？食了饭正去就晏了啊。 ʃei^{3}liu^{55}fan^{11}tʃa^{55}hai^{42} tei^{5}m^{42}tei^{5}?ʃei^{3}liu^{55}fan^{11} tʃa^{55}hai^{42}ts'eu^{11}an^{55}liu^{55} a^{11}.	食了饭过去好唔好？食了饭过去就迟了。 sai^{3}liau^{53}foŋ^{31}ka^{53} siɛ^{11}hau^{214}m^{11}hau^{214}? sai^{3}liau^{53}foŋ^{31}ka^{53}siɛ^{11} ts'iu^{31}ts'ɿ^{11}lɔ^{33}.	食了饭正去得唔得？食了饭正去就迟了。 sei^{5}la^{44}foŋ^{44}tsaŋ^{45}hai^{22} tai^{5}m^{22}tai^{5}?sei^{5}la^{44}foŋ^{44} tsaŋ^{45}hai^{22}ts'iu^{44}ts'ɿ^{22}la^{44}.	食了饭正去好唔好？食了饭正去来唔□了。 sai^{44}la^{51}fœn^{22}tsaŋ^{44} hau^{45}ho^{324}m^{44}ho^{324}?sai^{44} la^{51}fœn^{22}tsaŋ^{44}hau^{45}lei^{45} m^{44}ts'ei^{21}la^{51}.
117	不管你去不去，反正我是要去的。	唔理你去唔去，横直我就爱去。 m^{21}lɘe^{44}lei^{44}hoe^{21}m^{21} hoe^{21},vʌŋ^{21}ts'ei^{3}ŋɔ^{44}ts'iu^{22} ʉ^{44}hoe^{21}.	唔理你去唔去，□子我□爱去。 m^{21}lai^{44}lai^{44}hɔe^{21}m^{21} hɔe^{21},pɛn^{44}tsɿ^{24}gɔu^{44}tu^{44} ui^{44}hɔe^{21}.	唔理你去唔去，横直我系爱去。 m^{42}lei^{55}ŋi^{55}hai^{42}m^{42} hai^{42},vaŋ^{42}tʃ'ei^{3}ŋɔu^{55}hɛi^{11} ui^{55}hai^{42}.	唔理你去唔去，我都爱去。 m^{11}lai^{53}nei^{33}siɛ^{11}m^{11} siɛ^{11},ŋa^{33}tu^{33}oi^{53}siɛ^{11}.	不理你去不去，反正我就要去。 pu^{45}lai^{45}lai^{45}hai^{22}pu^{45} hai^{22},foŋ^{314}tsaŋ^{45}ŋa^{45}ts'iu^{44} iau^{45}hai^{22}.	唔理你去唔去，横直我□爱去。 m^{44}lai^{21}lei^{21}hau^{45}m^{44} hau^{45},vin^{45}ts'a^{44}gu^{21}tsie^{51} u^{44}hau^{45}.
118	咱们一边儿走一边儿说。	我俚边行边讲。 ŋɔ^{44}lie^{22}pie^{13}hʌŋ^{21}pie^{13} kɔŋ^{24}.	我俚一面行一面讲。 gɔu^{44}lai^{35}ji^{5}bɛn^{22}hiɛ^{21}ji^{5} bɛn^{22}kɔŋ^{24}.	我俚边行边讲。 ŋɔu^{55}lei^{33}pin^{11}haŋ^{42} pin^{11}kɔŋ^{24}.	我俚边行边讲。 ŋa^{33}lɛ^{53}piŋ^{33}hiaŋ^{11} piŋ^{33}kɔŋ^{214}.	我俚边行边讲。 ŋa^{22}la^{314}piŋ^{44}haŋ^{22}piŋ^{44} koŋ^{314}.	□□边行边讲。 a^{44}tou^{4}pen^{51}hin^{45}pen^{51} koŋ^{324}.
119	说了一遍又一遍。	讲了一回又一回。 kɔŋ^{24}lei^{13}ji^{5}foe^{21}jiu^{22}ji^{5} foe^{21}.	讲了一趟又一趟。 kɔŋ^{24}lɛ^{12}ji^{5}t'ɔŋ^{44}jiu^{22}ji^{5} t'ɔŋ^{44}.	讲了一趟又一趟。 kɔŋ^{24}liu^{55}i^{5}t'ɔŋ^{55}iau^{11}i^{5} t'ɔŋ^{55}.	讲了一次又一次。 kɔŋ^{214}lɔ^{33}i^{5}ts'ɿ^{53}iu^{31} i^{5}ts'ɿ^{53}.	讲了一次又一次。 koŋ^{314}la^{44}i^{5}ts'ɿ^{45}iu^{44}i^{5} ts'ɿ^{45}.	讲了一轮又一轮。 koŋ^{324}la^{51}ji^{21}laŋ^{4}jiu^{22} ji^{21}laŋ^{4}.
120	越走越快，越说越多。	紧走紧快，紧讲紧多。 kin^{24}tsʌi^{24}kin^{24}k'ʌ^{44}, kin^{24}kɔŋ^{24}kin^{24}tɔ^{13}.	越行越快，越讲越多。 ɲ^{3}hiɛ^{21}ɲ^{3}k'uə^{44},ɲ^{3}kɔŋ^{24} ɲ^{3}tɔu^{12}.	紧行紧快，紧讲紧多。 kien^{24}haŋ^{42}kien^{24}k'ai^{55}, kien^{24}kɔŋ^{24}kien^{24}tɔu^{11}.	越走越快，越讲越多。 i^{3}tsia^{214}i^{4}k'oi^{53},i^{3} kɔŋ^{214}i^{3}tɛu^{33}.	紧走紧快，紧讲紧多。 keŋ^{314}tsie^{314}keŋ^{314}k'ua^{45}, keŋ^{314}koŋ^{314}keŋ^{314}to^{44}.	紧行紧快，紧讲紧多。 kaŋ^{324}hin^{45}kaŋ^{324}k'vie^{44}, kaŋ^{324}koŋ^{324}kaŋ^{324}ɔu^{51}.

序号	例句	大村	向阳	石陂	周田	石塘	桂头
121	这东西好是好，可是太贵。	□□东西好就好，就系太贵。 lie^{22}lie^{22}tɐn^{13}sie^{2}ʔe^{23} hʌu^{24}tsʻiu^{22}hʌu^{24},tsʻiu^{22} hʌ^{22}tʻo^{44}koe^{44}.	□样东西好就好，就系太贵。 lai^{22}jɔŋ^{22}taŋ^{12}sɛ^{35}hau^{24} tsʻiu^{22}hau^{24},tsʻiu^{22}hɛ^{22}tʻai^{44} kɔe^{44}.	□个家伙好就好，就系贵过头。 tɐi^{33}ka^{55}ka^{11}fɔu^{24}hau^{24} tsʻɐu^{11}hau^{24},tsʻɐu^{11}hei^{11} kɔi^{55}kɔu^{55}tʻø^{42}.	個个东西好就好，就系太贵了。 ka^{33}ka^{53}tɐŋ^{33}siɛ^{12} hau^{214}tsʻiu^{31}hau^{214}, tsʻiu^{31}hai^{3}tʻa^{53}koi^{53}lɔ^{33}.	個个东西好就好，可惜太贵了。 ka^{22}ka^{45}tiẽ^{44}sei^{3}hau^{314} tsʻiu^{44}hau^{314},kʻo^{314}sa^{5}tʻa^{45} kuai^{45}la^{44}.	個个东西好就好，唔该太贵。 ka^{4}kvu^{44}oŋ^{51}sei^{4}ho^{324} tsʻiu^{22}ho^{324},m^{44}kvu^{51}tʻai^{22} kvei^{44}.
122	不管风啊雨的，一个劲儿干。	唔理风吹雨打，就系一味做。 m^{21}lɔe^{44}fɐn^{13}tsʻʉ^{13}jʉ^{24} tʌ^{4}ʔʌ^{45},tsʻiu^{22}hʌ^{22}ji^{5}moe^{22} tsɿ^{44}.	唔理风好水好，一味子做。 m^{21}lai^{44}faŋ^{12}hau^{24}sɔe^{24} hau^{24},ji^{5}bai^{3}tsɿ^{24}tsu^{44}.	唔理风啊好水啊好，一门子做。 m^{42}lɐi^{55}fɐŋ^{11}a^{11}hau^{24} ʃɔi^{24}a^{11}hau^{24},i^{5}mun^{33}tsɿ^{24} tsɔu^{55}.	唔理刮风还是落水，一气鼓做。 m^{11}lai^{55}kua^{5}fɐŋ^{33} ha^{11}sɿ^{31}lɐu^{3}suoi^{214},i^{5} hi^{53}ku^{214}tsɿ^{53}.	不管风呀水呀，就照做。 pu^{45}kuaŋ^{314}fiẽ^{44}ia^{44}sy^{314} ia^{44},tsʻiu^{44}tsau^{45}tsɿ^{45}.	唔理渠系风系水，一味子做。 m^{44}lai^{21}ki^{21}hei^{22}fœn^{51} hei^{22}sy^{324},ji^{21}bai^{22}tsi^{324} tsau^{44}.
123	(心情不好)吃不下饭。	食饭唔下。 sei^{3}fɐŋ^{22}m^{21}ho^{44}. 食唔下饭。 sei^{3}m^{21}ho^{44}fɐŋ^{22}.	食饭唔下。 sei^{3}fuə^{22}m^{21}ha^{44}. 食唔下饭。 sei^{3}m^{21}ha^{44}fuə^{22}.	食饭唔下。 ʃɐi^{3}fan^{11}m^{42}ha^{55}. 食唔下饭。 ʃɐi^{3}m^{42} ha^{55}fan^{11}.	食饭唔下。 sai^{3}foŋ^{31}m^{11}hɔ^{53}. 食唔下饭。 sai^{3}m^{11}hɔ^{53}foŋ^{31}.	食饭不/唔下。 sei^{5}foŋ^{44}pu^{45}/m^{22}hou^{45}. 食不/唔下饭。 sei^{54}pu^{45}/m^{22}hou^{45}foŋ^{44}.	食饭唔下。 sai^{44}fœn^{22}m^{44}hɔu^{21}. 食唔下饭。 sai^{44}m^{44}hɔu^{21}fœn^{22}.
124	吃得下饭。	食得饭下。 sei^{3}tei^{5}fɐŋ^{22}ho^{44}. 食得下饭。 sei^{3}tei^{5}ho^{44}fɐŋ^{22}.	食得饭下。 sei^{3}tɛi^{5}fuə^{22}ha^{44}. 食得下饭。 sei^{3}tɛi^{5}ha^{44}fuə^{22}.	食得饭下。 ʃɐi^{3}tɐi^{5}fan^{11}ha^{55}. 食得下饭。 ʃɐi^{3}tɐi^{5}ha^{55}fan^{11}.	食得饭下。 sai^{3}ti^{5}foŋ^{31}hɔ^{53}. 食得下饭。 sai^{3}ti^{5}hɔ^{53}foŋ^{31}.	食得饭下。 sei^{5}tai^{5}foŋ^{44}hou^{45}. 食得下饭。 sei^{5}tai^{5}hou^{45}foŋ^{44}.	食得饭下。 sai^{44}ai^{21}fœn^{22}hɔu^{21}. 食得下饭。 sai^{44}ai^{21}hɔu^{21}fœn^{22}.
125	喘不过气。	敨气唔来。 tʻʌi^{24}hi^{44}m^{21}lʌ^{21}.	敨气唔先。 tʻɔ^{24}hi^{44}m^{21}sɛn^{12}.	敨气唔抻/来。 tʻø^{24}ʃi^{55}m^{42}tʃʻɔn^{11}/lɛi^{42}.	敨气唔匀。 tʻia^{214}hi^{53}m^{11}iɔn^{11}.	敨气不/唔来。 tʻie^{314}kʻi^{45}pu^{45}/m^{22}lei^{22}.	敨气唔来。 tʻei^{324}hai^{44}m^{44}lei^{45}.

序号	例句	大村	向阳	石陂	周田	石塘	桂头
126	叫不动他。	喊渠唔□。 hʌŋ^{44}ŋi^{44}m^{21}ŋeu^{5}. 喊唔□渠。 hʌŋ^{44}m^{21}ŋeu^{5}ŋi^{44}.	□渠唔动。 vɛi^{24}ki^{44}m^{21}tʻaŋ^{22}. □唔动渠。 vɛi^{24}m^{21}tʻaŋ^{22}ki^{44}.	使渠唔动。 sɿ^{24}ki^{55}m^{42}tʻɐŋ^{11}. 使唔动渠。 sɿ^{24}m^{42}tʻɐŋ^{11}ki^{55}.	□渠唔□。 ia^{11}ki^{33}m^{11}ŋɛi^{5}. □唔□渠。 ia^{11}m^{11}ŋɛi^{5}ki^{33}.	喊渠不/唔动。 kʻaŋ^{45}ki^{45}pu^{45}/m^{22}tʻiẽ^{44}. 喊不/唔动渠。 kʻaŋ^{45}pu^{45}/m^{22}tʻiẽ^{44}ki^{45}.	喊渠唔动。 kʻiẽ^{44}ki^{21}m^{44}toŋ^{22}. 喊唔动渠。 kʻiẽ^{44}m^{44}toŋ^{22}ki^{21}.
127	骗不了我。	骗我唔倒。 pʻie^{44}ŋɔ^{44}m^{21}tʌu^{24}. 骗唔倒我。 pʻie^{44}m^{21}tʌu^{24}ŋɔ^{44}.	□我唔倒。 laŋ^{24}gɔu^{44}m^{21}tau^{24}. □唔倒我。 laŋ^{24}m^{21}tau^{24}gɔu^{44}.	哄我唔倒。 hɐŋ^{24}ŋɔu^{55}m^{42}tau^{24}. 哄唔倒我。 hɐŋ^{24}m^{42}tau^{24}ŋɔu^{55}.	骗我唔倒。 pʻiŋ^{53}ŋa^{33}m^{11}tau^{214}. 骗唔倒我。 pʻiŋ^{53}m^{11}tau^{214}ŋa^{33}.	骗我不/唔倒。 pʻiŋ^{45}ŋa^{45}pu^{45}/m^{22}tau^{314}. 骗不/唔倒我。 pʻiŋ^{45}pu^{45}/m^{22}tau^{314}ŋa^{45}.	骗/□我唔倒。 pʻen^{44}/tsʻu^{21}gu^{21}b^{44}o^{324}. 骗/□唔倒我。 pʻen^{44}/tsʻu^{21}m^{44}o^{324}gu^{21}.
128	（菜）太辣了。	辣过头。 lo^{3}kɔ^{44}tʻʌi^{21}.	辣过头。 luə^{3}kɔu^{44}tʻɔ^{21}.	辣过头。 la^{3}kɔu^{55}tʻø^{42}.	辣过头。 lɔ^{3}kɐu^{53}tʻia^{11}.	太辣了。 tʻa^{44}lou^{5}la^{44}.	辣过头。 lu^{44}kvu^{44}tei^{45}.
129	你先走（，我马上来）。	你先行。 lei^{44}sie^{13}hʌŋ^{21}.	你先行。 lai^{44}sɛn^{12}hiɛ^{21}.	你先行。 ŋi^{55}sin^{11}haŋ^{42}.	你先行。 nɛi^{33}siŋ^{33}hiaŋ^{11}.	你先行。 lai^{45}siŋ^{44}haŋ^{22}.	你先行。 lei^{21}sɛn^{51}hin^{45}.
130	（别客气，）再吃一碗。	食碗添。 sei^{3}veŋ^{24}tʻie^{13}.	食多碗。 sɛi^{3}tɔu^{12}voŋ^{24}. 食碗添。 sɛi^{3}voŋ^{24}tʻɛn^{12}.	食碗添。 ʃei^{3}vun^{24}tʻin^{11}.	食碗添。 sai^{3}voŋ^{214}tʻiŋ^{33}.	食碗添。 sei^{5}uaŋ^{314}tʻiŋ^{44}.	食碗兼。 sai^{44}vœn^{324}hɛn^{51}.

下　编

韶关土话濒危现象的社会语言学研究

第一章　引　言

第一节　本课题的研究现状及研究意义

上编“韶关土话调查报告”指出，粤北土话包含三片——雄州片、韶州片和连州片，其中，雄州片应该划归客家话，因此，属于归属未明的土话的实际上只有后两片，其中“韶州片土话”我们改称为“韶关土话”。在韶关土话和连州片土话中，我们暂时只选取韶关土话作为研究对象，原因如下：第一，从语言本体来看，韶关土话比连州片土话更具特色。“从语言本体来看，韶州片和连州片的方言关系比较密切，但总体而言，韶州片的土话最富特色，有许多语言特点还值得进一步调查研究。”[①]第二，从语言生活来看，韶关土话区比连州片土话区更为复杂多样。韶关土话区内，有的兼用粤语，有的兼用客家话，有的甚至兼用多种方言，语言生活丰富多彩。而连州片土话区除了靠近湖南的山庄对外使用西南官话以外，其他地方对外主要使用粤语，使用客家话的现象较少。第三，从语言现状来看，韶关土话濒危现象比连州片土话更为突出。韶关土话虽然在局部地区还比较稳定，但濒危现象非常明显，很多地方已经发生或正在发生方言转用现象。而连州片土话除连州市区转用粤语以外，其他地方暂时还未发现濒危的现象。

一、研究现状

粤北土话是学术界近年来关注的热点之一，有关粤北土话的研究成果比较丰富，并多集中在韶关土话。迄今为止，有关韶关土话研究的单篇论文有几十篇，专著也有好几本。单篇论文有：黄家教、崔荣昌《韶关方言新派老派的主要差异》（《中国语文》，1983 年第 2 期），郑张尚芳《广东省韶州土话简介》（全国汉语方言学会第四届年会论文，1987），林立芳、邝永辉、庄初升《韶关市近郊“虱婆声”的初步研究》（《韶关大学学报》，1995 年第 1 期），邵慧君《韶关本城话中的变音》（《暨南学报》，1995 年第 3 期），邝永辉、林立芳、庄初升《韶关市郊石陂村语言生活的调查》（《方言》，1998 年第 1 期），张双庆、万波《乐昌（长来）方言古全浊声母今读的分析》（《方言》，1998 年第 3 期），邝永辉、庄初升《曲江县白土墟言语交际中语码的选择与转换》（《语文研究》，1999 年第 4 期）、《粤北土话中类似赣语的特点》（《韶关大学学报》，1999 年第 5 期）和《粤北土话中知三读如端组的性质——兼论早期赣语中知二、知三的分化》（《开篇》，日本早稻田大学，2002 年第 21 期），庄初升、林立芳《粤北土话中古全浊声母字今读的类型》（《语文研究》，2000 年第 2 期）和《曲江县白沙镇大村土话的小称变音》（《方言》，2000 年第 3 期），王福堂《平话、湘南土话和粤北土话的归属》（《方言》，2001 年第 1 期）和《汉越语和湘南土话、粤北土话中並定母读音的关系》（《纪念王力先生百年诞辰学术论文集》，商务印书馆，2002），邝永辉《粤北虱婆声土话区的语言生活》（《语文研究》，2002 年第 3 期），牟廷烈《韶关西河土话音系及其特点》（《韶关学院学报》，2002 年第 5 期），伍巍《广东曲江县龙归土话的小称》（《方言》，2003 年第 1 期）。专著有：张双庆主编《乐昌土话研究》（厦门大学出版社，2000），牟廷烈《粤北土话和湘南土话音韵比较研究》（北京大学博士论文，2002），庄初升《粤北土话音韵研究》（中国社会科学出版社，2004）。其中，庄初升的《粤北土话音韵研究》是研究韶关土话最为重要的一部力作。

从研究内容来看，现有的成果主要集中在韶关土话的语言本体，包括以下几个方面：第一，介绍韶关土话的语言面貌，这方面的成果最多。如邵慧君《韶关本城话中的变音》，张双庆、万波《乐昌（长来）方言古全浊声母今读的分析》，张双庆主编《乐昌土话研究》。第二，讨论韶关土话同周边方言的关系。如王福堂《汉越语和湘南土话、粤北土话中並定母读音的关系》、牟廷烈的博士论文《粤北土话和湘南土话音韵比较研究》。第三，讨论韶关土话的变异。如黄家教、崔荣昌《韶关方言新派老派的主要差异》、庄初升《粤北土话中类似赣语的特点》和《粤北土话音韵研究》。第四，讨论韶关土话的归属及其形成。如王福堂《平话、湘南土话和粤北土话的归属》和庄初升《粤北土话音韵研究》。

从社会语言学的角度研究韶关土话的相对比较少，暂时只有三篇文章，即：邝永辉、林立芳、庄初升《韶关市郊石陂村语言生活的调查》，邝永辉、庄初升《曲江县白土墟言语交际中语码的选择与转换》和邝永辉《粤北虱婆声土话区的语言生活》。《韶关市郊石陂村语言生活的调查》一文指出，浈江区新韶镇石山村委会石陂村语言生活十分特殊，全村通行客方言，但本村土生土长的中年以上的居民还基本掌握和使用一种自称为“虱嫲声”的土话，半数以上的居民还会说粤方言。文章运用社会语言学的方法，分析了年龄、权势、行业和性别等四个因素如何制约石陂居民掌握和使用土话、客方言和粤方言这三种方言。《曲江县白土墟言语交际中语码的选择与转换》一文指出，曲江县（今曲江区）白土镇境内分布着四种差别较大的汉语方言。在每个月六次的农村集市贸易中，来自全镇各个村落及其周边乡镇一些村落的居民聚集在白土集市上从事各种买卖，语码选择与转换的现象十分普遍。文章认为，主要有四个方面的因素影响了白土墟市言语交际中语码的选择与转换，这四个因素分别是：掌握方言的能力、市场经济、约定与习惯、偏离规则。《粤北虱婆声土话区的语言生活》一文则介绍了韶关土话的分布以及土话聚落对外交际、对内交际中使用土话的情况，并分析了制约土话使用的四个主要因素，这四个因素分别是：经济的发展，交往的扩大；地理位置与人口；权势；年龄等。以上三篇文章为我们进一步调查研究韶关土话区的语言生活奠定了基础，但也存在明显的不足，表现在：第一，调查面比较狭窄。上述研究只选取了韶关土话区某个村落的部分家庭或某个乡镇的某个集市进行调查，缺乏对韶关土话区的全面介绍。第二，虽然做了一些问卷调查，但调查内容比较简单，问卷调查数也偏少。第三，虽然介绍了韶关土话的濒危现象，但只限于从交际功能的角度进行粗略的介绍，韶关土话语言本体变异的情况基本未涉及。

本编将在上述研究成果的基础上，全面介绍韶关土话区的语言生活及其使用者的语言态度、韶关土话区的方言兼用和方言转用，深入分析韶关土话语言本体的地域变异和社会分层变异情况，然后把韶关土话的交际功能及其语言本体变异情况结合起来，探讨韶关土话的濒危现象，并对韶关土话的发展趋势进行预测。

二、研究意义

前文指出，除了归属未明的粤北土话，韶关还分布着客家话、粤语、西南官话和闽南话等汉语方言。其中，客家话是韶关的区域性共同语，是韶关的强势方言；粤语是广东省的强势方言，也是韶关市区、乐昌市和仁化县县城的主要交际用语。处于弱势的韶关土话一般只限于土话区内使用，韶关土话居民对外一般使用客家话或粤语。近年来，韶关土话居民开始兼用普通话，普通话在他们的生活中发挥着越来越重要的作用。不同的村落，土话的使用情况不同，兼用的方言和兼用方言的熟练程度也不同。像韶关土话区这样具有丰富多样的语言生活的地区在全国并不多见，因此，对韶关土话区的语言生活进行全面而深入的调查研究，可以丰富多方言并存地区多种方言使用情况的研究，有助于认识影响人们语言生活的各种因素，为韶关土话区乃至全国的语言规范化、语文教学、语言研究和教育、文化、科技等的决策和建设提供事实依据。丰富多样的语言生活对韶关土话的语言本体产生了深刻的影响。在周边强势方言的渗透下，无论是语音、词汇还是语法，韶关土话都已经发生或正在发生着各种各样的变异。研究韶关土话的变异，可以丰富对汉语方言接触的认识，有助于探讨方言（或语言）接触的规律，从而深化对方言（或语言）接触的理论认识。

近年来，我国汉语方言的濒危情况，已经开始引起学术界的关注。曹志耘《关于濒危汉语方言问题》

（2001）从汉语方言中有无濒危方言、濒危汉语方言的几种类型、如何看待濒危方言、保护和抢救濒危汉语方言的对策和措施等四个方面论述了濒危汉语方言的问题，是该领域较早的一个代表性成果。他认为："可以肯定的是，现在已经到了对汉语方言中的濒危现象加以关注的时候了。"[②]2002 年 9 月，中国社会科学院 A 类重大课题"中国濒危语言方言调查研究与新编《中国语言地图集》"立项，该课题由中国社会科学院语言研究所张振兴研究员、熊正辉研究员和民族学与人类学研究所黄行研究员共同主持。到目前为止，课题组已经调查了军话、站话、正话、乡话、九姓话、畲话、疍家话等 7 种濒危汉语方言，已经出版的专著有：丘学强《军话研究》（中国社会科学出版社，2005）、陈立中《黑龙江站话研究》（中国社会科学出版社，2005）和陈云龙《旧时正话研究》（中国社会科学出版社，2006）等。在全国哲学社会科学基金项目中，属于濒危方言的有 2005 年度陈晖主持的"乡话——汉语濒危方言个案研究"，2006 年度笔者主持的"粤北土话濒危现象的社会语言学研究"以及陈云龙主持的"粤西濒危方言调查"。2007 年，教育部人文社会科学重点研究基地重大项目"岭南濒危方言"立项，该课题招标基地为中山大学中国非物质文化遗产研究中心，由李如龙教授主持。由此可见，濒危汉语方言的研究已经引起了学术界的高度重视。

但是，目前的研究主要是从纯方言学的角度对濒危方言作一些抢救性的记录和保护工作，从社会语言学的角度讨论汉语方言濒危状况的则很少。语言本身就是一种社会现象，如果只局限在语言内部的研究，对语言濒危的表现、过程及其原因就难以有比较深入的认识。因此，我们尝试把传统方言学和社会语言学结合起来，对韶关土话的濒危现象进行全面而系统的研究。此外，由于韶关土话本身归属未明，对它的濒危状况进行研究尤其具有特殊的意义。韶关土话虽然只是濒危汉语方言中的个案，但是，做好了濒危汉语方言的个案调查，有助于对濒危汉语方言进行理论上的概括，预测濒危汉语方言的发展前景，对制定语言规划和语言政策也有一定的借鉴作用。

三、研究思路和方法

（一）研究思路

语言（或方言，下同）是人类社会最重要的交际工具，这是语言的生命力所在。因此，当一种语言失去它的交际作用而逐渐退出人们的生活时，那肯定是有原因的，或者是使用人口较少，或者是缺乏经济、文化的优势，或者是同别的族群杂居，等等。语言濒危最明显的表现就是交际功能的衰退，从使用甲种语言转向使用乙种语言。但是，语言的转用不会突然出现，中间必定要经历一个语言兼用的过程。基于此，为了讨论韶关土话的濒危现象，本编首先介绍韶关土话的语言活力及其使用者的语言态度，然后介绍韶关土话区的方言兼用，最后介绍韶关土话区的方言转用。这样由远及近，对韶关土话交际功能衰退的原因和过程就会有一个比较深入的了解。

当某个族群长期兼用两种语言时，就会产生语言的接触，而这种接触必定会在语言本体上留下烙印，产生语言变异现象。在语言本体变异中，语音、词汇和语法三者的变异是否存在一定的规律？其规律又如何？在介绍了韶关土话区的方言兼用和方言转用之后，我们将把语言本体和语言接触结合起来，讨论韶关土话的地域变异现象，探讨其变异的规律。不过，这种地域变异是历史上已经完成了的，具体的变异过程现在已无法观察到。因此，为了了解韶关土话"正在进行中的变化"，我们将在地域变异的基础上，选取某些语言变项，深入讨论韶关土话的社会分层变异情况。

一种语言的濒危，不仅有语言交际功能的衰退，也有语言本体的变异，那么，语言交际功能是如何一步步走向衰退的呢？语言本体变异到什么程度就算是濒危？语言交际功能的衰退同语言本体的变异之间又存在着什么样的关系呢？本编最后将把韶关土话的交际功能同语言本体结合起来，对韶关土话的濒危现象进行比较深入的探讨，并预测其发展趋势。

（二）研究方法

不同的内容研究方法稍有不同。本编第二章"韶关土话的语言活力及其使用者的语言态度"和第三章"韶关土话区的方言兼用和方言转用"以多人次的抽样问卷调查法为主，以深入访谈法、跟踪记录观察法为辅来搜集材料，借助统计知识和Spss统计软件对材料进行分析整理。在此基础上，全面介绍韶关土话的语言活力及其使用者的语言态度，展示韶关土话区的语言生活面貌，探讨影响韶关土话区方言兼用和方言转用的原因。第四章“韶关土话的地域变异”运用历史比较法及语言接触理论，结合人文历史背景，介绍韶关土话语言本体的变异现象。第五章“韶关土话的社会分层变异”运用社会语言学的理念和方法，选取某些语言变项，讨论韶关土话社会分层变异现象，探讨影响其变异的原因。第六章“从交际功能和语言本体看韶关土话的濒危现象”在前文的基础上，运用传统的社会科学的研究方法即归纳法和演绎法，全面探讨韶关土话的濒危现象。当然，由于本研究主要还是属于社会科学的范围，因此，传统的社会科学的研究方法仍然是主要研究方法，而且贯穿于本编，只是不同的内容侧重点有所不同而已。

第二节　韶关土话的俗称

前文指出，《中国语言地图集》把分布在粤北地区这群归属未明的方言土语称之为“韶州土话”，现在学术界普遍称之为“粤北土话”，我们把其中的“韶州片土话”改称为“韶关土话”。实际上，土话的使用者及其周边客家人对这群土话有着另外的称呼，如：

表 1-1　韶关土话的俗称

县（市、区）	地点	土话居民自称	客家人他称	对外他称	县（市、区）	地点	土话居民自称	客家人他称	对外他称
曲江区	白土大村、樟市	虱婆声	嫲声	虱嫲话	乐昌市	北乡镇	北乡话	北乡话	北乡话
	白土上、中、下乡	白土话	嫲声	虱嫲话		长来镇	长来话	长来话	长来话
浈江区	韶关老城区	本城话	本城话	虱嫲话		廊田镇	楼下话	兼声	楼下话
	十里亭靖村	靖村话	靖村话	虱嫲话	仁化县	石塘镇	石塘话	石塘话	石塘话
	西联镇	本地话	本地话	虱嫲话		董塘镇江头	江头话	江头话	江头话
	犁市镇	虱婆声	虱嫲话	虱嫲话		仁化镇狮井、高宅	狮井话	狮井话	狮井话
武江区	西河镇向阳	河西话	河西话	虱嫲话		丹霞镇	夏富话	夏富话	夏富话
	西河镇什石圆	水上话	水上话	虱嫲话		周田镇大部分	周田话	周田话	虱嫲话
	西河镇其他村	本城话	本城话	虱嫲话		周田镇八村	八村话	八村话	虱嫲话
乳源县	桂头镇	桂头话	桂头话	虱嫲话					

此外，散居在韶关各县（市、区）的船民所使用的土话都叫“船话”或“水上话”，自称和他称相同。

从表 1-1 可知，除曲江白土镇大村、樟市镇、浈江区犁市镇自称用“虱婆声”以外，其他土话居民自称一般用“地名＋话”；周边客家人的他称也多用“地名＋话”，只有曲江区以及乐昌市廊田镇周边客家人分别用“嫲声”和“兼声”。对外他称曲江区、浈江区、武江区、乳源县以及仁化县周田镇一般用“虱嫲话”，只有乐昌市和仁化县（周田镇除外）用“地名＋话”。用“地名＋话”来给某种方言命名是很常见的现象，而像“虱嫲话（虱婆声、嫲声）”这样的称呼却很少见。为什么把这群土话叫做“虱嫲话（虱婆声、嫲声）”呢？下面是韶关土话使用者对上述名称的几种解释：

第一种解释，客家人认为，韶关土话难懂、难学，就像头上的虱子一样令人讨厌，而客家话称“虱子”为“虱嫲”，所以他们就把这群土话叫做“虱嫲话”。这种解释在韶关土话区及周边客家人中最常见。第二种解释，“虱婆声”即“船婆声”，“虱”是“船”的音转。据曲江区白土镇大村李寿养老师介绍，他们是改讲来自船上的媳妇所使用的方言，所以就叫做“船婆声”。由于“船”同“虱”音近，后来就慢慢演变为“虱婆声”。“虱嫲话”是客家人根据“虱婆声”对译过来的。第三种解释，“虱嫲话”即“塞蛮话”，“虱嫲”是“塞蛮”的音转。据桂头一位侯先生介绍，由于使用韶关土话的族群是现今韶关汉人中最早到达粤北的，而粤北过去属于南蛮之地，可以说是塞外了，因此，他们所使用的方言就叫“塞蛮话”了。

以上三种解释中，第一种解释显得有点牵强，第二种解释则看到了土话和船话之间的关系，第三种解释则考虑到了土话的来源。三种说法中，后两种说法都有一定的道理。支持第二种说法的事实有：第一，大村土话中，“船 $sɵ^{21}/sɵ^{4}ʔɵ^{45}$”与“虱 $sɵ^{5}$”的读音确实非常接近。第二，韶关土话居民称嫁入的媳妇使用的客家话为“新妇（注：媳妇）声”，因此，他们把来自船上的媳妇使用的方言叫做“船婆（注：撑船的女人）声”也是很可能的。支持第三种说法的事实主要是跟韶关土话关系比较密切的连州片土话在连州市内被称为“蛮声”。据民国三十八年（1949）修的《连县志》（连县，即今连州）记载：“本县语言复杂，匪特远来之人难以了解，即同居本县者，往往甲区人与乙区人周旋，亦时有不懂话言之感，然大别之，实不外客家话、乡土话、四会话、广府话、湖南话五种。……次为乡土话，中有捕属、东属、星属之分，捕属及东属之乡土话，又称蛮声……”[③]不仅粤北地区分布着蛮声，在浙江、福建境内，也有一些汉语方言被称为“蛮话”。当然，以上各种解释都只是推测性的，要真正弄清楚上述名称的由来，还有待于进一步的调查研究。

不过，要指出的是，韶关土话居民对外使用的“虱嫲话”这个称呼只是他们对这种方言的一种认同，正像韶关客家人对客家话的认同一样。在韶关，使用客家话的人大多不把自己的话叫做客家话，如曲江区、浈江区的客家人多把自己的话叫做“平声”，仁化县把当地元代以后迁移而来的客家人所使用的方言叫“董塘话”。“客家话”这个名称是通过文化传播慢慢被客家人所认同的，“虱嫲话”这个名称也应是随着文化传播逐渐被韶关土话居民所接受的。

第三节　韶关土话族群的来源

一、韶关土话族群的来源

上编指出，韶关土话主要分布在以韶关市为中心的低丘陵、宽谷盆地中，尤其是在北江及其支流沿岸，自然条件一般较好；客家话主要分布在韶关的山区和坝地，自然条件一般比较差。另外，如前所述，韶关很多地方用“地名＋话”来称呼韶关土话，而很少用这种方式来称呼周边的客家话。由此可以推测，韶关土话居民的先民比客家人的先民更早入住韶关。那么，韶关土话居民的先民是什么时候迁入韶关的呢？其来源地又如何？

关于韶关土话族群的来源，庄初升（2004）有比较详细的描述，现转述其中的有关论述。廖燕（1644—1705）是清代初年粤北的一位非常著名的布衣作家，其祖上来自江西樟树，他著书立说的二十七松堂就在今天的韶关市区。《家谱自序》云：“按谱，称吾始祖宣义公，于洪武元年，自江西樟树移居曲江家焉。……自宣义公传至燕（按，指廖燕本人），暨燕兄弟，计已历一十有三世。”曲江区白土镇上乡村刘姓族谱“白土初世至四世图”云：首仁公即名以仁，字子高，由江西广信府贵溪县于宋理宗宝祐二年（1254）十一月内丙子来至广东省韶州府曲江县，隶籍玉田都白土上乡安居。浈江区十里亭镇湾头村卢祖成先生家藏木刻版《卢氏族谱》记载：（卢克谦）始祖，讳晃，字宣熙，由江西吉安府吉水县迁居曲江县湾头村。[④]

此外，曲江区白土镇大村《李氏族谱》记载：一世（太始祖）宣仪公自宋端平年三年由江西吉安府吉水县樟树镇谷村迁居于粤东之韶州府曲江县白沙村，则吾祖乃白沙之开基祖也。……十世祖员叙生男四：尧臣、尧雍、尧相、尧治……尧臣、尧相迁居白土下乡，尧雍、尧治迁白沙横村。浈江区十里亭镇靖村《谭氏族谱》“谭氏历代源流总目录”记载：第一世虔字弘帙居河南，大宋诰赠资政大夫，升刑部尚书，由湖湘迁居江右虔州。自宋高宗建炎三年始来粤东。第三世伯衍、伯显、伯仓。伯仓……卜居仁化平山里……墓碑犹存。第十三世道荣……生于元致和戊辰年（1328）……此公曲江靖村开基始祖。仁化县周田镇周田村李屋《李氏族谱》（同治六年岁次丁卯）记载：始祖公讳火德，其先世居陇西郡，因祖宦游至汀，遂家于宁化属地李家坊……八世祖公可行，祖妣赵氏，原江右临江府青江县樟树镇大码头。自元朝太定元年迁移居韶州府周田村立居住。……八世祖公可留，祖妣熊氏，移居仁化夏富村立居住；八世祖公可求，祖妣彭氏，移居仁化石塘立居住；八世祖公可达，祖妣来氏，移居始兴石下立居住。

乐昌市长来镇安口村背坑的张屋据说是乐昌市现存最早的村庄之一，该村村民全部姓张。《乐昌贝兴张世族谱》记载：第一代（即宝生公）自梁天监四年任始兴刺史贻（贝也），赠中宪大夫，由江西临江府樟树镇，舟经武水至安平，见河左山幽地静有徙居之意，稽诸郡志始悉此地属东衡州始兴郡梁化县。生于大明四年，妣吴氏杨氏，俱封恭人卒于（天）任所，葬韶阳芙蓉山。第二代（即文志公）携眷筑室而奠居焉，并命名为安平村。第三代（即思公）生于梁普通元年，兄弟三人，以智勇过人。侯景之乱与郡人侯安都投郡守陈霸先，各帅义勇奋战石头城，荡寇擒逆贼，遂解武帝台城之危，以功授江州刺史，谥忠烈。妣莫氏，封淑夫人。二弟偕公任户科给谏，妣封恭人。三弟任公封护国将军，妣封恭人。（注：第三十二代改村名为长寿坊，第四十二代改长寿坊为背坑村。）从第一代宝生公至今有五十二代。张屋现在还保留有张氏三公祠（即仁公、偕公、思公），祠堂门口的横联写着“亘古忠烈”。

据乐昌市廊田镇《廊田镇志》所收录的楼下村的《邓氏族谱》记载：隋朝初年，邓亨甫（邓平直之子）为乐昌县宰，居官后，从湖南省桂阳（汝城）平塘村迁徙乐昌县楼下村，为楼下村邓氏始祖，妣宋氏，生子二，至今传 46 世，为廊田邓氏最多人口的宗支，其后裔散居圩坪、鹿江、白山黎家、东庄柑子窝、大石脚等地，还有徙居外省外县者。[5]据当地人介绍，邓氏是现存最早入居楼下的姓氏。

由于众所周知的原因，现在所能看到的族谱已经寥寥无几了，多数的只能靠韶关土话居民世世代代流传下来的口述了。据调查，韶关土话居民多说自己的祖先来自“江西大码头”。如浈江区新韶镇水口村委会的欧姓，据说是五百多年前从“江西大码头”迁来；而乳源县桂头镇莫家村莫姓相传从“江西大码头”迁到桂头后已有 22 代。当然，也有部分居民说他们的祖先来自湖南，如上文所引乐昌市廊田镇楼下的邓氏。另外，浈江区新韶镇石山村委会石陂村蒋屋居民说他们的祖先来自湖南郴州湖陂洞山下村。据著名的历史地理学家谭其骧及其弟子曹树基的研究，湖南的移民多来自江西。[6]这样的话，上述由湖南迁移而来的韶关土话居民的祖先也是来自江西。

不过，也有部分韶关土话居民说他们的祖先来自福建。如浈江区十里亭镇腊石村委会的钟姓和黄姓、新韶镇新村村委会高头的李姓都说他们的祖先来自福建。乐昌市乐城街道办事处下西村委会的骆家说其祖先来自福建上杭。仁化县黄坑镇冯屋《冯氏族谱》记载：其祖先为福建上杭瓦子街人。武江区龙归镇后坪村委会原名厚坪村，姓氏主要为曹姓，曹姓有两支不同的来源，其中一支据说是明朝嘉靖时（1522）从福建上杭迁入该村的。

当然，也有部分韶关土话居民说他们的祖先是从广东境内非土话区迁移而来的。如曲江区白土镇河边村委会下三都的骆姓据说来自肇庆，至今 24 代。白土居委会渔业队的温姓据说来自该镇横村定洞温屋，至今 13 代。武江区西河镇糖寮村委会麦屋麦姓说他们的祖先来自广东南海，黄塱村委会的广明龙范姓说他们的祖先来自广东佛冈。浈江区乐园镇沙梨园村委会头村的邓姓居民说其祖先是康熙初年从曲江区大塘镇迁入该村的。

尽管韶关土话大多数分布在河流两岸自然条件比较好的地区，但也有些分布在自然条件比较差的山区；另外，散居在不同村落同一姓氏的韶关土话居民往往属于同一个宗族，这多是由于他们的祖先不断向周边扩张或迁移的结果。谭姓是韶关土话区内最常见的一个姓氏，其居民多说他们的祖先来自仁化县平山里。除了上文所介绍的靖村以外，还有仁化县石塘镇安岗村委会、乳源县桂头镇均村村委会、乐昌市廊田镇平富村委会和长来镇上坪村委会的谭姓。而浈江区犁市镇石下村委会的谭姓是从十里亭镇靖村村委会的谭屋迁过去的，仁化县石塘镇京群村委会厚里的谭姓来自附近的安岗大村。类似谭姓这样不断扩张的还有很多。如武江区重阳镇黄岸村委会南岸的莫姓来自浈江区犁市镇沙园村委会，浈江区犁市镇黄沙村委会侯屋的侯姓来自该镇犁市村委会狮塘的侯屋，黄沙村委会刘屋和十里亭镇良村村委会沙头的刘姓来自十里亭镇腊石村委会，浈江区犁市镇黄竹村委会高夫和十里亭镇良村村委会良村的卢姓来自十里亭镇湾头村委会，浈江区新韶镇甘棠村委会的欧姓来自武江区龙归镇龙归村委会车角岭，仁化县周田镇较坑村委会新屋和黄土寨的李姓来自该镇周田村委会李屋，周田镇平甫村委会冯屋的冯姓来自黄坑镇高塘村委会冯屋，插莒扶的张姓来自周田村委会张屋，乐昌市廊田镇楼下村委会的沈姓来自浈江区犁市镇梅塘村委会。

相传有共同先民的后裔，尽管今天分布在韶关土话区的各个村落，有的甚至相隔很远，但彼此之间仍然存在着一些联系。如清明时节，他们经常聚在一起，共同祭祀祖先。

当然，今天韶关土话区居民的祖先也有迁移到今天非土话区的，因为与本课题关系不是很密切，这里就不一一介绍了。

二、韶关土话族群来源的分析

上文指出，今天韶关土话的居民绝大多数说自己的祖先是两宋以来从“江西大码头”迁入韶关的。不可否认，韶关土话的形成同两宋时期的江西移民一定存在着某种渊源关系。唐玄宗开元四年（716），张九龄奉诏开凿大庾岭路。这条大庾岭路沟通了珠江水系与长江水系，成为古代五岭南北最重要的交通要道。这正如明末广东番禺人屈大均（1985）所云，“梅岭自张文献开凿，山川之气乃疏通，与中州清淑相接，荡然坦途，北上者皆由之矣。”⑦北宋曲江人余靖（1946）《韶州新修望京楼记》记载：“广之旁郡一十五，韶最大。在楚为边邑，在越为交衢。治城在武水东浈水西，压骑田、大庾二岭，故地最善而名著均之。……汉唐之西都也，由湘衡而得骑田，故武水最要。今天子都大梁，浮江淮而得大庾，故浈水最便。”⑧船只的行驶自然离不开河流两岸的码头，这正好与韶关土话区居民所传说的祖先的迁徙地“大码头”一致。但是，我们认为，有些说自己的祖先是两宋以来由“江西大码头”迁移而来的可能不是事实，有部分居民的祖先应该是两宋之前或从其他地方迁入韶关的。

秦始皇灭楚国之后，派屠睢带领大军南征岭南，任嚣、赵佗将楼船之士南攻百越，其中一路由今江西省大余县越过大庾岭，顺浈江而下北江。秦汉之际，赵佗凭借五岭的天然阻隔割据称王，建立了南越国。东汉建武二年（26），桂阳太守卫飒在曲江（今韶关）、含洭（今英德市西）和浈阳（今英德市东及翁源县）一带招募民众，“凿山通道五百余里，列亭传，置邮驿”。⑨可见，两宋以前，韶关一带就有汉人居住。《韶关市志》（2001）“人物传”也记载了两宋以前韶关的几个名人，如侯安都和麦铁杖。

侯安都（519—563），字成师，曲江县（今乳源瑶族自治县）桂头镇人。少涉猎书传，工隶书。能鼓琴。作五言诗，清新华美。兼善骑射，为邑里英雄。梁武帝后期，辟为郡主簿。安都功勋昭著。如南朝梁太清二年（548），侯景乱起。侯安都与西江督护陈霸先一起克平侯景。承圣元年（552），安都因力战有功，被元帝授为猛烈将军。至今乳源桂头镇还有侯安都墓。⑩麦铁杖（？—612 年），陈隋间勇士。其原籍一说是始兴，一说是翁源，一说是南雄（今南雄百顺有麦家村）。铁杖出身贫苦，少骁勇有力，性率直粗疏，守信重义气。隋开皇十六年（596），征至京师，授车骑将军。大业八年（612），因攻打辽东壮烈牺牲。铁杖原本姓“何”，“麦”是文帝的赐姓。今南雄县城曾有铁杖楼，后改名保定楼。韶关市区也有风烈楼、风烈路，俱为纪念铁杖（后亦用以纪念侯安都）而命名。⑪我们走访了 1923 年出生的侯崇言先生，他是韶关本城人。据他介绍，老韶关本城人主要有蔡姓、麦姓和侯姓。当地人一问你姓什么，就知道你是不是老韶关人，而且蔡姓、麦姓和侯姓这三姓聚居在一起。

基于以上原因，我们认为，虽然今天韶关土话居民多说自己的祖先是两宋以来从“江西大码头”迁移而来的，但其中有些很可能是后人的附会。我们在调查时发现，侯姓多说自己是侯安都的后代，谭姓则多说自己是谭瑱（据浈江区十里亭镇靖村《谭氏族谱》记载：谭瑱是南朝始兴城越村人。侯景之乱期间，集乡勇自立，众推为首领。其后裔谭海为唐时循州司马，择张九龄为婿。始兴谭氏世为郡之著姓。之后贤杰人士，层出不穷。）的后代，张姓则多说自己是张九龄的后代，几乎没发现上述姓氏的人说自己是普通人的后代的现象，其他的姓氏也有类似的情况。这就令人生疑了，韶关土话居民都是名门望族的后裔？很明显，其中肯定存在攀龙附会的现象。由此联想到韶关土话居民多说祖先来自“江西大码头”这一事实。为什么韶关土话居民多说自己的祖先是两宋以来从“江西大码头”迁移而来的呢？陈乐素（1982）在谈到广府人为何都说自己祖先来自珠玑巷时指出：“在封建社会里，因战乱流徙他乡，总忘不了故乡。故无论祥符是否有巷名珠玑（而且南徙诸姓人多，不可能原都是珠玑巷人），把珠玑一名，作为中原和江南的象征，代表南迁人的故乡，因而众族谱都说他们的祖先来自珠玑，它的意义就不限于纪念南雄的珠玑巷，其原因也在于此。”⑫无独有偶，韶关客家人多说自己的祖先来自福建“上杭瓦子街”。无论是韶关土话居民的“江西大码头”，还是客家人的“上杭瓦子街”，他们都如同广府人的“珠玑巷”一样，只是一个象征，代表南迁人的故乡，其实际迁出地并不一定都是如此。吴松弟（1995）在研究闽、粤、赣客家的源流时指出：“客家的大部分氏族是南方人，他们或在宋之前迁入汀赣而成为客家先民的一部分，或在广东依附于客家人采用客家文化从而加入到客家人。”⑬

陈乐素在谈到广府人的家谱时还指出：“家谱、族谱的记载，多自远祖始，以明渊源有自，其实多属于传闻，甚至虚构以显扬家声，而无碍于产权的确定。”⑫正是因为如此，《珠玑巷民族南迁记》中“关于南迁的传说，大抵来源相同而有互异之处”。⑫在搜集韶关土话居民族谱的时候，我们也发现了类似的现象。如上文所引仁化县石塘镇石塘村委会、周田镇周田村委会与仁化县丹霞镇夏富村委会的李姓都说自己的祖居地是福建汀州宁化属地李家坊。但是，重修族谱时发现，夏富李姓祖先在福建的记载与石塘、周田李姓祖先的记载并不相同，时间出入很大。最有意思的是，夏富李姓起先认为自己与石塘李姓并不同宗，但是，石塘和周田的李姓都说夏富李姓同他们是同宗的，最后，夏富李姓也就认为自己与他们同宗了。

当然，还有一种可能是，由于两宋以来来自江西的移民非常多，居住地又比较集中，他们反客为主，原来的土著居民因为人数少反而不为人所知了。如前面所谈的老韶关三姓“蔡、麦、侯”中的蔡姓是大姓，当时叫做“蔡半城”，意思是姓蔡的占韶关本城人的一半。说法虽然也许有点夸张，但足见蔡姓之多了。现在，除了侯姓仍然是韶关土话区比较大的一个姓氏以外，韶关本城人中的蔡姓和麦姓几乎消失了。还有如武江区龙归镇后坪村委会的后坪村讲土话的今天全部姓曹。在曹姓到后坪之前，后坪已有张姓和邓姓人居住。清代初期，张姓、邓姓相继搬离，后坪村就只剩下后来的曹姓了。乳源县的瑶族也有类似的情况。一般认为，瑶族、苗族源于秦汉时期生活在洞庭湖一带的“武陵蛮”（又称“五溪蛮”）。隋唐以来，瑶族的先民就已经南迁到湘南和粤北地区。但据《韶关市志》（2001）记载：乳源现在的各姓瑶民，多说祖先是在明洪武二十七年（1394）大规模对瑶军事镇压之后从湖南、福建等地迁来的。⑭他们的传说与历史记载并不一致。如果隋唐时期的瑶民因为天灾人祸或者其他原因全部迁徙他方了，那为什么这些地区的瑶民今天又讲瑶语呢？可能的解释应该是因为明代迁入的人数多、时间比较集中而成为当地瑶族主要的来源，土著的瑶族反而很少为人所知了。

事实上，虽然大多数韶关土话居民说自己的祖先是两宋以来从“江西大码头”迁移而来的，但仍有极少数韶关土话居民说自己的祖先是在两宋以前迁移而来的。如上文所引乐昌市长来镇安口的张氏虽然也是来自江西，但时间是梁，而不是两宋。此外，也有部分土话居民说其祖先并不是来自“江西大码头”，如前文所介绍的浈江区十里亭镇腊石村委会的钟姓和黄姓、新韶镇新村村委会高头的李姓、乐昌市乐城街道办事处下西村委会的骆姓、仁化县黄坑镇冯屋冯姓等祖先都是来自福建。

综上所述，韶关土话居民的祖先应该是不同时期从不同地方迁入土话区而成为土话的使用者的。两宋以前的土著居民是韶关土话区最早的本土居民，两宋以来从赣北、赣中迁来的移民因为人数众多而成为主流，此后又有少量来自省内外其他方言区的人迁移到土话区来。

第四节　资料来源及使用符号

一、资料来源

第二章“韶关土话的语言活力及其使用者的语言态度”和第三章“韶关土话区的方言兼用和方言转用”的材料来自于笔者实地问卷调查。在正式调查之前，我们在梅塘做了预调查。在预调查的基础上，对正式调查问卷又做了一些修改和补充。因为此次问卷调查问题比较多，受访者相对来说文化程度不是很高，平时又很少有读书看报的习惯，所以，部分问卷是以调查人询问、受访者回答的形式完成的。抽样方式采用的是偶遇抽样法。虽然是偶遇抽样，但由于每个村落我们都去了好几次，每个偶遇对象又几乎都进行了调查，所以，可以说是穷尽性的调查。尽管如此，在职业变项中，比例仍然明显失调，农民和学生特别多，教师和干部人数则太少。这是因为在我们调查的村落里，教师和干部本来就很少，而且他们又多在外定居，很少回老家。

第四章“韶关土话的地域变异”以七个方言点为代表介绍韶关土话的地域变异。除长来外，其余六个点的材料来自上编“韶关土话调查报告”。长来材料多数来自张双庆主编的《乐昌土话研究》（厦门大学出版社，2000），不过我们一一去实地进行了核实，并根据内容需要做了一些补充调查。韶关粤语材料部分由暨南大学吴芳同学提供，部分由笔者调查所得。韶关土话周边四个客家话的材料来自笔者的实地调查。

第五章“韶关土话的社会分层变异”材料全部来自我们在曲江区白土镇大村村委会进行的实地调查，抽样方式仍然是偶遇抽样法。

在考察韶关土话的地域变异时，我们利用了很多周边土话的材料，这些材料多来自时贤的专著，主要有：张双庆主编《乐昌土话研究》（厦门大学出版社，2000）和《连州土话研究》（厦门大学出版社，2004），湖南教育出版社出版的“湖南方言研究丛书”（东安：鲍厚星；宁远：张晓勤；宜章：沈若云；沅陵：杨蔚），黄雪贞《江永方言研究》（社会科学文献出版社，1993），李永明《临武方言——土话与官话的比较研究》（湖南人民出版社，1988）、李蓝《湖南城步青衣苗人话》（中国社会科学出版社，2004），罗昕如《湘南土话词汇研究》（中国社会科学出版社，2004），卢小群《嘉禾土话研究》（中南大学出版社，2002）和《湘南土话代词研究》（中国社会科学出版社，2004）等。周边客赣方言的材料主要来自：李如龙、张双庆主编《客赣方言调查报告》（厦门大学出版社，1992），林立芳、庄初升《南雄珠玑方言志》（暨南大学出版社，1995），刘纶鑫主编《客赣方言比较研究》（中国社会科学出版社，1999）和《江西客家方言概况》（江西人民出版社，2001），温昌衍《客家方言的特征词》和曹廷玉《赣方言特征词研究》（这两篇文章载于李如龙主编《汉语方言特征词研究》，厦门大学出版社，2002），谢留文《客家方言语音研究》（中国社会科学出版社，2003），曾毅平《石城（龙岗）客话常见名词词缀》（《方言》，2003 年第 4 期），孙宜志《江西赣语语音研究》（语文出版社，2007）等。粤语的材料主要来自：汤志祥《粤语的常见后缀》（《方言》，2000 年第 4 期），詹伯慧主编《广东粤方言概要》（暨南大学出版社，2002），张双庆《粤语的特征词》（载于李如龙主编《汉语方言特征词研究》，厦门大学出版社，2002）等。湘语和部分赣语的材料来自湖南教育出版社出版的“湖南方言研究丛书”（新化：罗昕如；涟源：陈晖；常宁：吴启主；邵阳：储泽祥；溆浦：贺凯林；浏阳：夏剑钦等）。为行文方便，文中引用的材料一般不随文标注，敬请见谅！

本编的问卷调查得到了韶关学院中文系学生的鼎力相助，其中 04 级钟祥桃、曾穗娟，05 级周卫平三位同学出力尤多，谨此致以衷心的谢忱！

二、使用符号

本编采用国际音标标音，声调一般用数字标调法，只有“声调”部分采用发圈法。

本编采用的其他符号还有：“/”表示或者的意思；字下加“－”者表示白读音，加“＝”者表示文读音；有音无字或暂时考不出本字的用“□”代替；注释中用“～”代替所注的字。

注释：

①庄初升. 粤北土话音韵研究. 北京：中国社会科学出版社, 2004. 1

②曹志耘. 关于濒危汉语方言问题. 语言教学与研究, 2001（1）

③参见：庄初升. 粤北土话音韵研究. 北京：中国社会科学出版社, 2004. 27

④参见：庄初升. 粤北土话音韵研究. 北京：中国社会科学出版社, 2004. 321～322

⑤中共乐昌市廊田镇委员会, 乐昌市廊田镇人民政府. 廊田镇志. 香港：香港华夏出版社, 2005. 518

⑥谭其骧. 湖南人由来考(1931). 见:长水集. 北京:人民出版社, 1987; 曹树基. 湖南人由来新考. 见:历史地理(第九辑). 上海:上海人民出版社, 1990

⑦屈大均. 山语. 见:广东新语(卷三). 上海:中华书局, 1985. 六七页

⑧参见: 庄初升. 粤北土话音韵研究. 北京:中国社会科学出版社, 2004. 3

⑨范晔撰, 李贤等注. 后汉书卷七十六“循吏列传第六十六”. 上海:中华书局, 1997. 六三九页

⑩胡灵光, 游益森. 韶关市志. 上海:中华书局, 2001. 2340~2341

⑪胡灵光, 游益森. 韶关市志. 上海:中华书局, 2001. 2341~2342

⑫陈乐素. 珠玑巷史事. 学术研究, 1982(6)

⑬吴松弟. 客家南宋源流说. 复旦学报(社会科学版), 1995(5)

⑭胡灵光, 游益森. 韶关市志. 上海:中华书局, 2001. 2223~2225

第二章　韶关土话的语言活力及其使用者的语言态度

第一节　韶关土话的语言活力

上编第一章介绍了韶关土话的分布和使用人口，从分布来看，韶关土话有的成片分布，有的则以方言岛的形式存在；从使用人口来看，韶关土话区人口仅占韶关市常住总人口的4.53%。在韶关，使用人口最多的方言是客家话。据初步估计，客家话的使用人口约占韶关市常住总人口的75%。近年来，韶关市区以及一些县（市、区）的县城如乐昌、仁化，甚至一些乡镇如乐昌市长来镇、马坝区白土镇等开始通行粤语。因此，韶关土话处在客家话和粤语的双重包围之中。在客家话和粤语的渗透之下，韶关土话的语言活力正在逐步衰退。

联合国教科文组织濒危语言特别专家组《语言活力与语言濒危》（2003）指出，语言活力评估的主要指标有六项，分别是：①代际语言传承；②语言使用者的绝对人数；③语言使用者占总人口的比例；④现存语言使用域的走向；⑤对新语域和媒体的反映；⑥语言教育材料与读写材料。[①]黄宣范（1995）认为，衡量语言的活力至少有四个指标：①比较就学之前学会的语言与长大之后学会的语言；②比较上一代与下一代之间父亲或母亲传承给下一代的程度；③比较不同的语族相互学习对方的语言的程度；④比较各个不同语言使用的“情境”如何不同。[②]根据韶关土话区的实际情况，我们采用以下五个指标来考察韶关土话的语言活力：①代际语言传承（即上一代与下一代之间父亲或母亲传承给下一代的程度）；②语言使用者占总人口的比例；③现存语言使用域的走向（即各个不同语言使用的“情境”如何不同）；④就学之前学会的语言与长大之后学会的语言；⑤不同的语族相互学习对方的语言的程度。也就是说，在《语言活力与语言濒危》的六项指标中，我们只选取了前四项，为什么后两项不加以采用呢？因为本编所谈的是全民语言的地域变体——方言，在“对新语域和媒体的反映”和“语言教育材料与读写材料”两项中，大多数方言区内的情况基本相同，用这两项指标来评估全国汉语方言的话，得出的结论可能大同小异，因而暂不进行研究。

一、土话的代际传承

评估语言活力最常用的指标是该语言是否仍然代代相传。联合国教科文组织濒危语言特别专家组《语言活力与语言濒危》指出，关于“代际语言传承”，可将濒危程度分为六个级次：安全，5级；不安全，4级；确有危险，3级；很危险，2级；极度危险，1级；灭绝，0级。从使用人口来说，5级，下起自儿童至所有年龄段的人都使用该语言；4级，仅有部分儿童在所有场合使用该语言，所有儿童仅在有限场合使用该语言；3级，该语言大多由父辈及更上代人使用；2级，该语言大多由祖父辈及更上辈人使用；1级，该语言多半由极少几位曾祖辈人使用；0级，该语言已无人使用。

在韶关土话区内，不同的村落土话的代际传承稍有不同。绝大多数村落土话的代际传承基本上是安全的，属于5－级，安全但受威胁。但也有部分村落土话的代际传承已经不安全了，有的甚至极度危险。在土话不安全的村落里，使用土话的只限于部分人，有的限于70岁以上的老年人，有的限于50岁以上的人，有的限于30岁以上的人，有的则限于12岁以上的人等等。根据《语言活力与语言濒危》关于“代际语言传承”的评估指标来看，一般限于70岁以上的人使用的村落土话属于1级，极度危险；一般限于50岁以上的人使用的村落土话属于2级，很危险；一般限于30岁以上的人使用的村落土话属于3级，确有危险；一般限于12岁以上的人使用的村落土话属于4级，不安全。此外，还有一些村落历史上曾经使用过土话，但现在已改用别的方言，在这些村落里，土话属于0级，灭绝，现已无人使用。

二、土话使用人口占总人口的比例

联合国教科文组织濒危语言特别专家组《语言活力与语言濒危》在谈到指标 2“语言使用者的绝对人数”时指出：“虽然不可能就绝对使用人口数给出一个有效的解释，但是小语言族群往往存在危险。与人口多的大族群相比，小族群更容易遭受大批死亡威胁。小语言群体也很容易为毗邻的语言群体所吞并，从而丧失自己的语言与文化。”[①]该报告还根据语言使用人口占总人口的比例把语言的濒危程度分为六级：5 级，安全，所有人都使用该语言；4 级，不安全，将近所有人都使用该语言；3 级，确有危险，大多数人都使用该语言；2 级，很危险，少数人使用该语言；1 级，极度危险，极少人使用该语言；0 级，灭绝，该语言已无人使用。

前文指出，韶关土话区人口占韶关市常住总人口的 4. 53%，下面分县（市、区）及乡镇介绍韶关土话区人口占该乡镇和县（市、区）总人口的比例。要说明的是，以下人口数是 2005 年年末人口数。除了韶关土话区人口数是由我们调查所得以外，其余的部分来源于各县（市、区）人民政府公众信息网，部分来源于《2006 韶关统计年鉴》。

（一）曲江区

樟市镇：土话区人口 4 253 人，全镇总人口 28 747 人，土话区人口占全镇总人口的 14. 8%。

白土镇：土话区人口 9 521 人，全镇总人口 23 600 人，土话区人口占全镇总人口的 40. 3%。

乌石镇：土话区人口 750 人，全镇总人口 21 000 人，土话区人口占全镇总人口的 3. 6%。

散居县城的船民约 3 000 人。

曲江区土话区人口 17 524 人，全区总人口 29. 69 万人，土话区人口占全区总人口的 5. 9%。

（二）武江区

重阳镇：土话区人口 6 625 人，全镇总人口 17 223 人，土话区人口占全镇总人口的 38. 5%。

龙归镇：土话区人口 1 750 人，全镇总人口 35 143 人，土话区人口占全镇总人口的 5%。

西河镇：土话区人口 4 803 人，全镇总人口 15 406 人，土话区人口占全镇总人口的 31. 2%。

江湾镇：土话区人口 454 人，全镇总人口 6 782 人，土话区人口占全镇总人口的 6. 7%。

西联镇：土话区人口 7 225 人，全镇总人口 16 497 人，土话区人口占全镇总人口的 43. 8%。

武江区土话区人口 20 857 人，全区总人口 23. 24 万人，土话区人口占全区总人口的 9%。

（三）浈江区

犁市镇：土话区人口 19 263 人，全镇总人口 46 550 人，土话区人口占全镇总人口的 41. 4%。

十里亭镇：土话区人口 5 032 人，全镇总人口 54 891 人，土话区人口占全镇总人口的 9. 2%。

乐园镇：土话区人口 3 303 人，全镇总人口 38 631 人，土话区人口占全镇总人口的 8. 6%。

新韶镇：土话区人口 1 445 人，全镇总人口 23 000 人，土话区人口占全镇总人口的 6. 3%。

散居的船民和韶关土话本城人共约 500 人。

浈江区土话区人口 29 553 人，全区总人口 35. 81 万人，土话区人口占全区总人口的 8. 3%。

（四）仁化县

周田镇：土话区人口 3 765 人，全镇总人口 25 400 人，土话区人口占全镇总人口的 14. 8%。

黄坑镇：土话区人口 475 人，全镇总人口 13 200 人，土话区人口占全镇总人口的 3. 6%。

丹霞街道办事处：土话区人口 3 493 人，全街道办事处辖区总人口 50 800 万人，土话区人口占全街道办事处总人口的 6. 9%。

董塘镇：土话区人口 1 380 人，全镇总人口 32 800 人，土话区人口占全镇总人口的 4.2%。

石塘镇：土话区人口 5 610 人，全镇总人口 12 000 人，土话区人口占全镇总人口的 46.8%。

仁化县土话区人口 14 723 人，全县总人口 21.72 万人，土话区人口占全县总人口的 6.8%。

（五）乐昌市

廊田镇：土话区人口 6 527 人，全镇总人口 36 240 人，土话区人口占全镇总人口的 18%。

北乡镇：土话区人口 10 618 人，全镇总人口 14 437 人，土话区人口占全镇总人口的 73.5%。

乐城街道办事处：土话区人口 4 620 人，全街道办事处总人口 150 000 人，土话区人口占全街道办事处总人口的 3%。

长来镇：土话区人口 15 462 人，全镇总人口 21 000 人，土话区人口占全镇总人口的 73.6%。

乐昌市土话区人口 37 227 人，全市总人口 47.04 万，土话区人口占全市总人口的 7.9%。

（六）乳源县

桂头镇：土话区人口 12 214 人，全镇总人口 32 500 人，土话区人口占全镇总人口的 37.6%。

一六镇：土话区人口 300 人，全镇总人口 17 000 人，土话区人口占全镇总人口的 1.8%。

乳源县土话区人口 12 514 人，全县总人口 19.02 万人，土话区人口占全县总人口的 6.6%。

由上可知，上述各县（市、区）中土话区人口占该县（市、区）总人口的比例没有一个达到 10%的。土话区人口占该镇总人口 70%以上的乡镇有 2 个，即乐昌市的长来镇和北乡镇。土话区人口占该镇总人口 30%以上的乡镇有 7 个，它们是：仁化县石塘镇（46.8%）、武江区西联镇（43.8%）、浈江区犁市镇（41.4%）、曲江区白土镇（40.3%）、武江区重阳镇（38.5%）、乳源县桂头镇（37.6%）和武江区西河镇（31.2%）。土话区人口占该镇总人口 10%以上的乡镇有乐昌市廊田镇（18%）、曲江区樟市镇（14.8%）和仁化县周田镇（14.8%）。

联合国教科文组织濒危语言特别专家组《语言活力与语言濒危》虽然根据语言使用人口占总人口的比例把语言的濒危程度分为六级，但它所谈的“大多数人”“少数人”“极少人”只是一个笼统的说法，并没有给出一个具体的比例。黄宣范（1995）认为：“母语群人口比例是相对的，但是，母语群的绝对人口对语言的命运也同样重要。例如一个母语群只占一个地区或国家的 1%，就很难独立维持沟通的作用，它的某些‘功能’一定会逐渐萎缩而改用其他语言，从而加速语言的转移。……当然我们目前无法知道，维持一个母语在各方面的功能所需的基本人口数目（临界人口）究竟是多少，也不知道维持一个母语的意识形态所需的人口究竟是多少，因此无法真正预测语言的命运。但是，75%是一般公认的临界人口。即一个语言要能在一个国家持续生存下去，至少住在该国家或地区的人口要有 75%能使用这个语言。低于这个语言比例，则这个语言将逐渐趋于衰亡。”[③]如果按照公认的临界人口 75%来看的话，那么，韶关土话区内只有乐昌市长来镇和北乡镇的土话语言活力属于 5 级，是安全的，其余各乡镇的土话有的属于 4 级，不安全；有的属于 3 级，确有危险；有的甚至属于 2 级或 1 级，很危险或极度危险，具体情况将在第六章详细介绍。

三、土话使用域的走向

联合国教科文组织濒危语言特别专家组《语言活力与语言濒危》根据语言使用域的走向把语言的濒危程度分为六个级次：通用，5 级；多语交替，4 级；正在收缩的语域，3 级；有限或正式语域，2 级；非常有限的语域，1 级；灭绝，0 级。从语域与功能来看，5 级，该种语言用于所有领域、所有功能；4 级，在大多数社会域和大多数功能使用两种或多种语言；3 级，该语言用于家庭以及用于诸多功能，但是强势语言已开始渗入家庭；2 级，该语言的社会使用域有限，功能亦有限；1 级，该语言只用于极其有限的语域，功能甚少；0 级，该语言不用于任何域，没有任何功能。

为了考察韶关土话的使用域，我们设计了 27 个问题，这 27 个问题可以分为五个域——家庭域、交往域、个人域、教育域和工作域。属于家庭域的问题有以下几个：①您在家对父亲最常说哪种话？②您在家对母亲最常说哪种话？③您在家对妻子/丈夫最常说哪种话？④您在家对孩子最常说哪种话？交往域又可以分为两个方面：一是村内居民之间的交往，二是与村外居民的交往。有关村内居民之间的交往的问题有：①您同本村成年男人最常说哪种话？②您在村子里同外来媳妇最常说哪种话？③您去村委会办事最常说哪种话？有关与村外居民交往的问题有：①您去本地乡镇府办事最常说哪种话？②您去本地乡镇购物最常说哪种话？③您在本地公共汽车上最常说哪种话？④您同本地客家人说话最常说哪种话？教育域的问题有：①您在课堂上最常说哪种话？②您在读书看报时最常用哪种话？③您在学校课外最常说哪种话？个人域的问题1个：您在自言自语或沉思默想的时候最常用哪种话？工作域的问题1个：您在单位工作时最常说哪种话？

虽然韶关土话区有的村落土话的代际传承已经出现了危险，其使用域正在明显收缩，但绝大多数村落土话的代际传承基本上是安全的，属于5级。下面以土话的代际传承属于5级的五个村落为例来看韶关土话使用域的走向。这五个村落分别是浈江区犁市镇梅塘村委会、乐昌市长来镇长来村委会、浈江区十里亭镇靖村村委会、曲江区白土镇大村村委会和仁化县周田镇周田村委会等村委会的村落。下面分别介绍上述五个村落的详细情况。

梅塘是韶关土话区内交通最为闭塞的村落之一，距桂头镇9千米、犁市镇12千米。目前只有一条简易马路通往该村，公交车线路尚未开通，村民出外主要靠摩托车和三轮车。现有人口2 108人，全村除一个自然村讲客家话以外，其余都讲土话。周边有部分村落讲客家话，但人数较少。长来位于长来镇街旁，现有人口2 950人，全村都讲土话。近年来，长来街上开始通行粤语。长来镇土话区人口占该镇总人口的75%。靖村位于韶关市近郊，交通便利，现有人口2 172人。村内除极少数人说客家话以外，其余都说土话。周边农村通行客家话，而韶关市区通行粤语。大村毗邻白沙街，交通比较便利，现有人口2 236人，全村都讲土话，周边村落多使用客家话。周田交通比较便利，全村现有人口2 700人，土话使用人口为1 920人，周边村落多使用客家话。20世纪80年代前，周田一直是周田镇的政治、经济和文化中心。20世纪80年代后，周田镇政府迁至月岭，月岭取代周田成为周田镇的政治、经济和文化中心。

从土话稳定状况来看，上述五个村落中，梅塘和长来是土话非常稳定的村落，靖村、大村和周田则属于土话比较稳定的村落。从语言环境来看，长来同粤语接壤，梅塘、大村和周田则与客家话毗邻，靖村则处在粤语和客家话的双重包围之中。因此，上述五个村落的语言生活大体能够反映韶关土话区非常稳定或比较稳定的村落的语言生活的总体面貌，它们的具体位置如图2-1（用“▲”表示）：

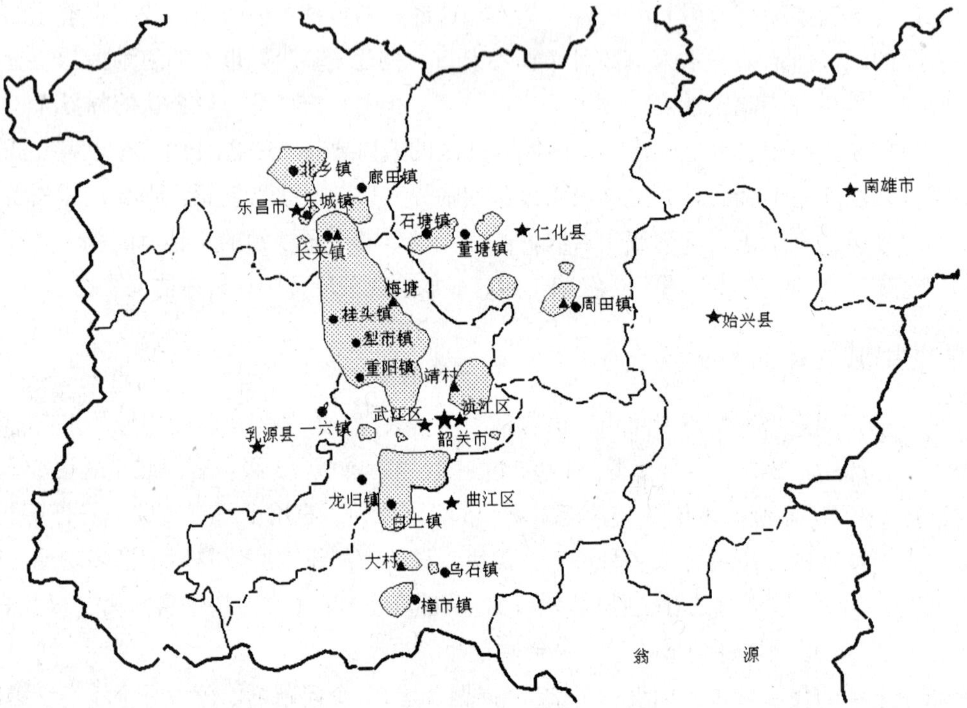

图2-1　韶关土话五个村落的地理位置

为便于考察韶关土话的使用情况，我们根据使用者的现居地分两个方面加以介绍：现在土话区生活或工作的土话居民土话使用域的走向、现在非土话区生活或工作的土话居民土话使用域的走向。

（一）现在土话区生活或工作的土话居民土话使用域的走向

1. 样本总体情况

总人数：371 人。

性别：男，235 人，占 63.3%；女，136 人，占 36.7%。

年龄：12 岁以下，22 人，占 5.9%；12～30 岁，71 人，占 19.1%；31～50 岁，160 人，占 43.1%；51～70 岁，81 人，占 21.8%；70 岁以上，37 人，占 10%。

文化程度：没读过书，52 人，占 14.0%；小学，140 人，占 37.7%；初中，140 人，占 37.7%；高中（含中师、中技，下同），36 人，占 9.7%；大专及以上，3 人，占 0.8%。

职业：农民，277 人，占 74.9%；工人，10 人，占 2.7%；商人，6 人，占 1.6%；干部：6 人，占 1.6%；教师，6 人，占 1.6%；学生，59 人，占 15.9%；其他，6 人，占 1.6%。

上述有些项目有缺失现象，下文在具体计算时，已经剔除缺失值。

2. 土话使用域的总体情况

（1）家庭域土话的使用情况。

表 2-1 家庭域土话的使用情况

场合	对长辈		对平辈		对晚辈
	对父亲	对母亲	对妻子/丈夫	对兄弟姐妹	对孩子
计数	357	322	251	356	279
百分比	96.7	87.3	86.6	97.0	96.5

家庭域中，使用土话的占绝对优势，其中，对父亲、对孩子、对兄弟姊妹使用比例达到了 96%以上。土话使用比例较低的是对母亲和对妻子/丈夫，约为 87%，这主要是因为很多母亲或妻子/丈夫来自非土话区。

（2）交往域土话的使用情况。

表 2-2 交往域土话的使用情况

场合	村内居民之间的交往			与村外居民的交往			
	对本村成年男人	去村委办事	对外来媳妇	去乡镇办事	去乡镇购物	乘坐公共汽车	对客家人
计数	357	291	156	65	128	73	158
百分比	96.2	83.4	43.0	19.5	34.7	19.7	43.1

在村内居民之间的交往中，对本村成年男人土话的使用比例为 96.2%，去村委办事为 83.4%，对外来媳妇则只有 43%。在与村外居民的交往中，土话的使用比例则大为下降，不管是哪个场合，都没有达到 50%，其中较高的是对客家人，为 43.1%。

（3）个人域、工作域和教育域土话的使用情况。

表 2-3 个人域、工作域和教育域土话的使用情况

场合	个人域	工作域	教育域		
	自言自语	单位工作	学校课堂	学校课外	读书看报
计数	325	165	18	172	96
百分比	89.0	48.4	5.7	53.8	29.9

个人域中，使用土话的仍然占绝对优势，其使用比例达 89%。工作域中，土话的使用比例则还不到 50%。教育域中，学校课堂，土话几乎无用武之地，使用比例还不到 6%；学校课外，使用比例为 53.8%；读书

看报，使用比例则只有29.9%。

从上可知，在家庭域和个人域以及土话居民之间的交往中，使用土话的占绝对优势，使用比例都超过80%。不过，家庭域中，对母亲和对妻子/丈夫土话的使用比例稍低。对外来媳妇，土话的使用比例相对也较低。同村外居民交往时，土话的使用比例则大大降低，只有40%左右。工作域中，土话的使用比例也还不到50%。教育域中，土话的使用比例则更低，只有学校课外超过了50%。学校课外土话的使用比例较高是因为很多受访者只有小学文化程度，而小学一般都在村内，交往的同学基本上也都是本村人。总之，土话主要限于家庭域和个人域以及土话居民之间的交往中，其他使用域或场合，土话相对较少甚至几乎不被使用。

3. 土话使用域的社会分层变异

（1）土话使用域的性别变异。

第一，家庭域土话使用情况的性别变异。

表2-4 家庭域土话使用情况的性别变异

场合 百分比 性别	对长辈		对平辈		对晚辈
	对父亲	对母亲	对妻子/丈夫	对兄弟姐妹	对孩子
男性	96.6	89.3	82.6	98.3	96.8
女性	97.1	83.8	94.0	94.8	96.0
合计	96.7	87.3	86.6	97.0	96.5

对母亲，男性土话的使用比例比女性高6%；对兄弟姐妹，男性也比女性高3%；而对妻子/丈夫，女性比男性高约8%；其他两个场合男女差异不大。

第二，交往域土话使用情况的性别变异。

表2-5 交往域土话使用情况的性别变异

场合 百分比 性别	村内居民之间的交往			与村外居民的交往			
	对本村成年男人	去村委办事	对外来媳妇	去乡镇办事	去乡镇购物	乘坐公共汽车	对客家人
男性	95.7	85.7	42.4	16.2	31.3	19.1	39.4
女性	97.1	79.2	44.0	25.9	40.4	20.6	49.3
合计	96.2	83.4	43.0	19.5	34.7	19.7	43.1

去村委办事，男性土话的使用比例比女性高约7%；而其他几个场合都是女性比男性高，如去乡镇办事、购物以及对客家人，女性比男性高10%左右。

第三，个人域、工作域和教育域土话使用情况的性别变异。

表2-6 个人域、工作域和教育域土话使用情况的性别变异

场合 百分比 性别	个人域	工作域	教育域		
	自言自语	单位工作	学校课堂	学校课外	读书看报
男性	90.5	49.1	6.5	56.3	34.7
女性	86.5	47.1	3.9	48.6	20.0
合计	89.0	48.4	5.7	53.8	29.9

由表2-6可知，在以上三个使用域中，男性土话的使用比例都比女性高，其中，读书看报和学校课外，男性比女性分别高约15%和8%。

总的来看，家庭域（对妻子/丈夫除外）、个人域、工作域和教育域中，男性比女性更愿意使用土话；而在交往域中，女性则比男性更倾向于使用土话；对妻子/丈夫，女性土话的使用比例高于男性。这说明，

女性比男性更愿意迁就对方，而男性更倾向于通过使用土话来彰显自己的强势地位。总之，土话的使用情况虽然存在一定的性别差异，但差异并不很大。

（2）土话使用域的年龄变异。

第一，家庭域土话使用情况的年龄变异。

表2-7 家庭域土话使用情况的年龄变异

场合 / 百分比 / 年龄	对长辈		对平辈		对晚辈
	对父亲	对母亲	对妻子/丈夫	对兄弟姐妹	对孩子
12岁以下	100.0	81.8		95.5	
12～30岁	94.4	82.9	57.9	93.0	94.7
31～50岁	98.1	86.3	86.4	98.1	96.1
51～70岁	95.0	93.8	92.5	98.7	98.7
70岁以上	97.2	88.9	88.9	97.3	94.6
合计	96.7	87.3	86.6	97.0	96.5

家庭域中，年龄变异最突出的是对丈夫/妻子，其中，12～30岁的人群土话的使用比例比其他年龄段的人群低30%以上，其他几个场合年龄变异不是很明显。

第二，交往域土话使用情况的年龄变异。

表2-8 交往域土话使用情况的年龄变异

场合 / 百分比 / 年龄	村内居民之间的交往			与村外居民的交往			
	对本村成年男人	去村委办事	对外来媳妇	去乡镇办事	去乡镇购物	乘坐公共汽车	对客家人
12岁以下	100.0	66.7	45.5	28.6	45.5	18.2	76.2
12～30岁	91.5	71.2	26.5	13.8	31.4	12.7	34.3
31～50岁	96.3	84.3	47.1	15.5	32.1	14.4	40.6
51～70岁	97.5	87.5	44.3	19.7	29.6	25.9	40.0
70岁以上	100.0	97.2	51.4	45.2	56.8	43.2	58.3
合计	96.2	83.4	43.0	19.5	34.7	19.7	43.1

交往域中，村内居民之间的交往，除了12岁以下的孩子，基本上是年龄越小，土话的使用比例越低；年龄越大，土话的使用比例越高。其中，对外来媳妇，12～30岁的人群比其他年龄段的人群低20%以上，其他几个年龄段的人群相差相对较小。与村外居民的交往，除了12岁以下的孩子，土话的使用比例基本上也是同年龄成正比。其中，70岁以上的人群比51～70岁的人群高20%左右，其他几个年龄段的人群相差较小。12岁以下的孩子无论是村内居民之间的交往还是与村外居民的交往，土话的使用比例都比较高，多数场合仅次于70岁以上的人群。

总之，在交往域中，12岁以下的孩子同70岁以上的老人比较接近，土话的使用比例较高；12～30岁的人群土话的使用比例最低；31～50岁的人群与51～70岁的比较接近，土话的使用比例介于上述两者之间。

第三，个人域、工作域和教育域土话使用情况的年龄变异。

表2-9 个人域、工作域和教育域土话使用情况的年龄变异

百分比 场合 / 年龄	个人域	工作域	教育域		
	自言自语	单位工作	学校课堂	学校课外	读书看报
12岁以下	85.7			50.0	
12～30岁	71.4	12.3	1.4	34.8	8.6
31～50岁	91.1	49.4	4.2	53.8	30.6
51～70岁	97.5	65.0	7.7	70.1	55.9
70岁以上	97.3	74.3	35.3	70.6	47.1
合计	89.0	48.4	5.7	53.8	29.9

个人域中，12～30岁的人群土话的使用比例最低，比30岁以上的人群低20%以上，比12岁以下的人群低14%。工作域中，除了12岁以下的孩子因在校读书不予考察以外，土话的使用比例同年龄成正比。其中，12～30岁的人群为12.3%，比上个年龄段的人群锐减了37%；其他几个年龄段的人群相差相对较小。教育域中，学校课堂，70岁以上的老人土话的使用比例为35.3%；其他几个年龄段的人群中，土话几乎无用武之地，而12岁以下的孩子暂时还没有发现使用土话的。学校课外，除了12～30岁的人群土话的使用比例低于50%以外，其他几个年龄段的人群都高于50%，其中50岁以上的人群高达70%。读书看报，50岁以上的人群土话的使用比例约为50%；31～50岁的人群为30.6%；30岁以下的人群已基本不使用土话。总之，上述三个使用域中，50岁以上的人群土话的使用比例比较接近，其他几个年龄段的人群则相差较大。

综上所述，在以上各个使用域中，土话的使用比例随着年龄的变化而变化。其中，12～30岁的人群无论哪个使用域土话的使用比例都是最低的；除教育域外，12岁以下的孩子同70岁以上的老人比较接近，土话的使用比例较高；31～50岁的人群同51～70岁的比较接近，土话的使用比例介于上述两者之间。

（3）土话使用域的文化程度变异。

第一，家庭域土话使用情况的文化程度变异。

表2-10 家庭域土话使用情况的文化程度变异

百分比 场合 / 文化程度	对长辈		对平辈		对晚辈
	对父亲	对母亲	对妻子/丈夫	对兄弟姐妹	对孩子
没上过学	96.1	94.2	98.0	98.1	100.0
小学	97.1	87.9	89.6	94.9	97.1
初中	96.4	85.5	82.4	98.6	97.1
高中	97.1	86.1	75.0	97.1	92.9
大专及以上	100.0	33.3	33.3	100.0	33.3
合计	96.7	87.3	86.6	97.0	96.5

总的来看，家庭域中，土话的使用比例同文化程度基本上成反比，文化程度越低，土话的使用比例越高；文化程度越高，土话的使用比例越低。但是，除大专及以上的人群以外，其余几个文化程度的人群土话的使用比例相差不是很大。如对母亲和对孩子，大专及以上的人群只有33.3%，而其他几个文化程度的人群则介于75%和100%之间。

第二，交往域土话使用情况的文化程度变异。

表2-11　交往域土话使用情况的文化程度变异

场合 / 百分比 / 文化程度	村内居民之间的交往			与村外居民的交往			
	对本村成年男人	去村委办事	对外来媳妇	去乡镇办事	去乡镇购物	乘坐公共汽车	对客家人
没上过学	100.0	94.0	73.1	41.5	40.4	38.5	54.9
小学	95.7	87.6	44.2	19.4	40.7	22.9	53.2
初中	96.4	78.0	31.9	16.8	31.7	12.9	34.8
高中	91.7	74.3	40.0	5.7	14.3	8.3	22.2
大专及以上	100.0	66.7			33.3		
合计	96.2	83.4	43.0	19.5	34.7	19.7	43.1

交往域的各个场合，土话的使用比例基本上也同文化程度成反比，其中，小学、初中和高中文化程度的比较接近，而没上过学和大专及以上的同相邻的文化程度的相差较大。如对外来媳妇，没上过学的为73.1%，小学、初中和高中的分别为44.2%、31.9%和40%，大专及以上的则暂时未发现使用土话的。

第三，个人域、工作域和教育域土话使用情况的文化程度变异。

此处及下文“土话使用域的职业变异”考察教育域时，只考察其中的读书看报这个场合，这是因为学校课堂和学校课外属于学校教育阶段，其方言的使用情况主要与年龄有关，与文化程度和职业关系不大。

表2-12　个人域、工作域和教育域土话使用情况的文化程度变异

场合 / 百分比 / 文化程度	个人域	工作域	教育域
	自言自语	单位工作	读书看报
没上过学(1)	96.2	73.5	75.0
小学	94.2	54.8	37.0
初中	83.9	35.7	21.6
高中	80.0	41.2	25.0
大专及以上	66.7		33.3
合计	89.0	48.4	29.9

说明：(1)没上过学的人群读书看报时之所以有不使用土话的，是因为有些受访者虽然没有接受过正规的学校教育，但读过一点私塾。

以上三个使用域中，土话的使用比例基本上也同文化程度成反比，其中，小学、初中和高中文化程度的比较接近，而没上过学和大专及以上的同相邻文化程度的差异较大。如单位工作，没上过学的为73.5%，小学、初中和高中的分别为54.8%、35.7%和41.2%，大专及以上的则暂时未发现使用土话的。

总之，在以上各个使用域中，土话的使用情况同文化程度存在一定的关系，其使用比例基本上同文化程度成反比，其中，小学、初中和高中文化程度的比较接近，而没上过学和大专及以上的同相邻文化程度的相差较大。

（4）土话使用域的职业变异。

第一，家庭域土话使用情况的职业变异。

表2-13 家庭域土话使用情况的职业变异

场合 / 百分比 / 职业	对长辈		对平辈		对晚辈
	对父亲	对母亲	对妻子/丈夫	对兄弟姐妹	对孩子
农民	97.1	89.9	89.5	97.8	98.8
工人	90.0	100.0	80.0	100.0	100.0
商人	83.3	83.3	66.7	100.0	83.3
干部	100.0	100.0	50.0	100.0	60.0
教师	100.0	33.3	33.3	100.0	50.0
学生	96.6	78.0	100.0	93.2	100.0
其他	100.0	80.0	60.0	83.3	80.0
合计	96.7	87.2	86.5	97.0	96.5

家庭域中，土话的使用比例没有表现出明显的职业差异，有的职业在这个场合较高，在那个场合却较低。如教师对母亲和对妻子/丈夫土话的使用比例都是最低的，为33.3%；而对父亲则是最高的，为100%。从整体上来看，教师土话使用比例较低，其次是干部、商人和其他，较高的是学生、工人和农民。

第二，交往域土话使用情况的职业变异。

表2-14 交往域土话使用情况的职业变异

场合 / 百分比 / 职业	村内居民之间的交往			与村外居民的交往			
	对本村成年男人	去村委办事	对外来媳妇	去乡镇办事	去乡镇购物	乘坐公共汽车	对客家人
农民	97.8	88.3	47.8	20.7	33.8	22.0	43.8
工人	100.0	70.0	50.0		40.0	30.0	10.0
商人	100.0	83.3	33.3	16.7	16.7		33.3
干部	83.3	33.3	16.7		16.7		16.7
教师	66.7	66.7			16.7		
学生	93.2	63.4	29.3	23.1	44.1	13.6	53.4
其他	83.3	83.3	16.7	16.7	33.3	16.7	33.3
合计	96.2	83.3	42.8	19.5	34.8	19.7	42.9

交往域中，土话的使用比例较高的是农民、学生和其他，其次是商人和工人，再其次是干部，最低的是教师。如在上述七个场合中，不使用土话的教师有4个，干部有2个，商人和工人各有1个，农民、学生和其他则没有。

第三，个人域、工作域和教育域土话使用情况的职业变异。

表2-15 个人域、工作域和教育域土话使用情况的职业变异

场合 / 百分比 / 职业	个人域	工作域	教育域
	自言自语	单位工作	读书看报
农民	94.9	56.4	38.4
工人	80.0	20.0	
商人	66.7	66.7	16.7
干部	66.7	16.7	50.0

（续上表）

职业　百分比　场合	个人域	工作域	教育域
	自言自语	单位工作	读书看报
教师	66.7		16.7
学生	72.4	12.5	3.4
其他	66.7	33.3	16.7
合计	89.0	48.2	29.9

个人域中，农民土话的使用比例最高，为94.9%；其次是工人，为80%；再次是学生，为72.4%；商人、干部、教师和其他最低，都为66.7%。工作域中，商人土话的使用比例最高，为66.7%；其次是农民，为56.4%；再其次是其他，为33.3%；工人、干部和学生只有20%或以下；教师则不使用土话。教育域中，干部土话的使用比例最高，为50%；其次是农民，为38.4%；商人、教师和其他相同，为16.7%；学生很低，只有3.4%；而工人则没有发现使用土话的。

总之，在以上各个使用域中，农民土话的使用比例最高，教师最低，其他几个职业的人群则随着使用域或场合的变化而变化。

上文分别从性别、年龄、文化程度和职业四个方面考察了土话使用域的社会分层变异情况，其中，年龄变异最为突出，其次是文化程度变异，性别和职业变异不显著。不过，这里表现出来的文化程度变异很大部分是由于年龄因素造成的，这是因为：除了12岁以下的孩子，文化程度越高，年龄一般越小；文化程度越低，年龄一般越大。

（3）土话使用域的地域变异。

要考察土话使用域的地域变异，必须控制那些变异比较突出的变量，如年龄、文化程度等；同时，选取样本数较多、土话使用比例较高的人群，这样才有可比性和说服力。基于此，我们选取男性、31～50岁、文化程度为小学和初中的农民群体来探讨韶关土话使用域的地域变异。之所以选取这个人群，是因为：第一，在样本年龄构成中，31～50岁的样本数最多。第二，从土话使用域的社会分层变异来看，这个人群土话使用比例较高。如从性别变异来看，男性比女性更倾向于使用土话；从职业变异来看，农民是各个职业中土话使用比例最高的；从文化程度变异来看，小学和初中的土话的使用比例仅次于没有读过书的。

第一，家庭域土话使用情况的地域变异。

表2-16　家庭域土话使用情况的地域变异

村落　百分比　场合	对长辈		对平辈		对晚辈
	对父亲	对母亲	对妻子/丈夫	对兄弟姐妹	对孩子
梅塘	100.0	93.3	92.9	100.0	100.0
长来	100.0	90.5	90.5	95.2	100.0
靖村	100.0	87.5	66.7	100.0	100.0
大村	95.0	75.0	75.0	100.0	100.0
周田	100.0	100.0	87.5	100.0	100.0
合计	98.6	87.8	84.1	98.6	100.0

家庭域中，对母亲，大村土话的使用比例最低，只有75%，其余几个点都在85%以上，周田还达到了100%。对妻子/丈夫，靖村土话的使用比例最低，为66.7%；其次是大村，为75%；周田、梅塘和长来较高，都超过了90%。

第二，交往域土话使用情况的地域变异。

表2-17 交往域土话使用情况的地域变异

场合 / 百分比 / 村落	村内居民之间的交往			与村外居民的交往			
	对本村成年男人	去村委办事	对外来媳妇	去乡镇办事	去乡镇购物	乘坐公共汽车	对客家人
梅塘	100.0	100.0	42.9	13.3	20.0	6.7	46.7
长来	95.2	70.0	55.0	25.0	55.0	23.8	47.6
靖村	100.0	100.0	50.0	37.5	50.0	12.5	37.5
大村	95.0	95.0	35.0	5.0	10.0	5.0	35.0
周田	100.0	90.0	20.0	10.0	30.0	10.0	40.0
合计	97.3	89.0	41.7	16.4	31.5	12.2	41.9

在村内居民之间的交往中，除对外来媳妇外，土话的使用比例都较高，一般在90%以上，只有长来去村委办事为70%。对外来媳妇，土话的使用比例比其他两个村内居民之间的交往场合低很多，其中，周田最低，为20%；长来最高，为55%。同村外居民交往中，土话的使用比例大大降低，其中，长来和靖村去乡镇购物、梅塘和长来对客家人较高，达45%以上；其余场合土话的使用比例较低，大村乘坐公共汽车最低，只有5%。总的来看，大村和周田土话的使用比例最低，其次是梅塘和靖村，长来最高。

第三，个人域、工作域和教育域土话使用情况的地域变异。

表2-18 个人域、工作域和教育域土话使用情况的地域变异

场合 / 百分比 / 村落	个人域	工作域	教育域		
	自言自语	单位工作	学校课堂	学校课外	读书看报
梅塘	100.0	46.7		71.4	60.0
长来	90.5	45.0	5.0	65.0	26.3
靖村	100.0	25.0	12.5	62.5	50.0
大村	94.7	57.9	5.0	55.0	25.0
周田	90.0	50.0		30.0	40.0
合计	94.5	47.2	4.2	58.3	37.5

个人域中，土话的使用比例各个村落相差不大。工作域中，土话的使用比例除靖村只有25%以外，其余四个村落都超过了45%。教育域中，学校课堂土话的使用比例都很低，其中，靖村为12.5%，长来和大村都为5%，而梅塘和周田则没有发现使用土话的。学校课外土话的使用比例比较高，其中，梅塘最高，为71.4%；周田最低，只有30%。读书看报土话的使用比例也较高，其中，梅塘最高，达60%；大村最低，为25%；长来也较低，为26.3%。

由上可知，上述五个村落土话的使用情况存在一定的差别，不过这种差别参差不齐，有的村落这个使用域土话的使用比例较高，那个使用域却较低。大致来说，长来土话的使用比例较高、使用域较广；其次是梅塘和靖村；大村和周田土话的使用比例较低、使用域较窄。

（二）现在非土话区生活或工作的土话居民土话使用域的走向

下面考察现在非土话区生活或工作的土话居民土话使用域的走向。由于现在非土话区的土话居民多是12～50岁的，其他年龄段的人寥寥无几，因此，此处我们只考察12～50岁的人群。在这个年龄段的受访者中，12～30岁的有214人，31～50岁的有47人。此外，由前文现在土话区的土话居民土话使用情况可知，在土话使用域的社会分层变异中，年龄变异最为突出，文化程度变异虽然明显，但同年龄变异基本一致，而职业变异和性别变异不是很显著，因此，此处考察土话使用域的社会分层变异时，只考察其中的年龄变异。为节省篇幅，我们把总体情况和年龄变异情况放在一起来介绍。

1. 家庭域土话的使用情况

表2-19 家庭域土话的使用情况

场合 百分比 年龄	对长辈		对平辈		对晚辈
	对父亲	对母亲	对妻子/丈夫	对兄弟姐妹	对孩子
12～30岁	95.3	85.0	40.9	94.3	76.3
31～50岁	91.3	95.7	62.2	95.7	72.1
合计	94.6	86.9	51.7	94.6	74.1

家庭域中，现在非土话区的土话居民以使用土话为主，土话的使用比例多比较高，一般超过70%。只有对妻子/丈夫，土话的使用比例为51.7%。从年龄变异来看，土话的使用比例相差最大的是对妻子/丈夫，12～30岁的人群比31～50岁的低21%，其余几个场合两者相差不大。

2. 交往域土话的使用情况

表2-20 交往域土话的使用情况

场合 百分比 年龄	村内居民之间的交往			与村外居民的交往			
	对本村成年男人	去村委办事	对外来媳妇	去乡镇办事	去乡镇购物	乘坐公共汽车	对客家人
12～30岁	94.8	70.0	26.6	14.4	25.8	7.0	34.1
31～50岁	89.4	89.4	45.7	10.9	36.2	8.5	21.3
合计	93.8	73.7	30.0	13.8	27.7	7.3	31.8

在村内居民之间的交往中，这些现在非土话区的土话居民仍然以使用土话为主，土话的使用比例多数超过70%。只有对外来媳妇土话的使用比例仅为30%。与村外居民交往中，土话的使用比例则大大降低，最高的是对客家人，但也只有31.8%。从年龄变异来看，去村委办事、对外来媳妇和去乡镇购物三个场合，12～30岁的人群土话的使用比例比31～50岁的低10%～20%；而对客家人，前者比后者高13%。

3. 个人域、工作域和教育域土话的使用情况

表2-21 个人域、工作域和教育域土话的使用情况

场合 百分比 年龄	个人域	工作域	教育域		
	自言自语	单位工作	学校课堂	学校课外	读书看报
12～30岁	60.6	2.7	1.4	22.1	4.7
31～50岁	73.9	10.6	2.1	48.9	14.9
合计	62.9	4.3	1.5	26.9	6.5

个人域中，现在非土话区的土话居民仍然以使用土话为主，土话的使用比例为62.9%。工作域中，土话则很少被使用，使用比例仅为4.3%。教育域中，只有学校课外有26.9%的人使用土话，其余两个场合使用土话的很少。从年龄变异来看，在上述使用域中，12～30岁的人群土话的使用比例都比31～50岁的人群低，其中，自言自语和学校课外，前者比后者低20%～30%。

总之，对这些现在非土话区生活或工作的土话居民而言，土话主要限于家庭域、个人域以及同村内居民（对外来媳妇除外）的交往中，其他的使用域或场合，土话的使用比例都很低。从年龄变异来看，部分使用域或场合，12～30岁的人群与31～50岁的土话的使用比例相差较大，一般是前者比后者低。与现在在土话区生活或工作的土话居民相比，这些现在非土话区生活或工作的土话居民土话的使用比例大大降低。如在31～50岁的人群中，对妻子/丈夫和对孩子，现在土话区的土话居民比现在非土话区的土话居民高24%；对客家人，前者比后者高约20%；单位工作，前者比后者高39%；自言自语和读书看报，前者比后者高17%。

上文从两个方面分别介绍了韶关土话使用域的走向，从中可以看出，韶关土话的使用域非常有限。一

般只局限在家庭域、个人域以及土话居民之间的交往中，工作域、教育域以及同非土话居民交往时，使用土话的较少。在社会分层变异中，年龄变异最为突出。除了12岁以下的孩子，土话的使用比例基本上同年龄成正比。而现在非土话区的土话居民土话的使用比例比现在土话区生活或工作的土话居民低很多。总之，从韶关土话使用域的走向来看，韶关土话目前属于3级：正在收缩的语域，主要用于家庭以及用于诸多功能，但是强势语言已开始渗入家庭。而且，随着时间的推移，土话的使用域将越来越小，土话的语言活力也将逐渐减弱。

四、就学之前学会的方言与长大之后学会的方言

一般认为，就学之前通常只能学到双亲使用的语言（或方言），或者是邻居的语言（或方言）；长大之后接触到的则是社会上较具活力的语言（或方言）。[④]对韶关土话稳定或比较稳定的村落的土话居民而言，情况基本上也是如此。在韶关土话区内，孩子最先学会的一般是土话，客家话或粤语一般要到入学或工作后，通过与同学、朋友、同事的交往才慢慢掌握。下面来看看土话区不同年龄段的人群学会的第二种话。

表2-22　不同年龄段的人群学会的第二种话

年龄	人数	方言 百分比 客家话	粤语	普通话	其他
12岁以下	22	18.2	13.6	68.2	
12～30岁	70	24.3	17.1	58.6	
31～50岁	158	45.6	14.6	39.2	0.6
51～70岁	81	56.8	23.5	19.8	
70岁以上	36	69.4	25.0	2.8	2.8
合计	367	44.7	18.0	36.8	0.5

由上表可知，在学会的第二种话中，70岁以上的人群，客家话占69.4%，粤语占25%，普通话则寥寥无几；51～70岁的人群，客家话占56.8%，粤语占23.5%，普通话则只有19.8%；31～50岁的人群，客家话占45.6%，普通话占39.2%，粤语则只有14.6%；30岁以下的人群，普通话占60%，客家话约为21%，粤语则还不到16%。由此看来，土话区居民学会的第二种话由过去的以客家话为主逐渐过渡到以普通话为主，粤语则从不占优势。这是就上述五个村落的总体情况而言，分别来看，这五个村落还是存在一定的差异。

表2-23　梅塘不同年龄段的人群学会的第二种话

年龄	人数	方言 百分比 客家话	粤语	普通话	其他
12岁以下	9		11.1	88.9	
12～30岁	12	8.3	8.3	83.3	
31～50岁	38	39.5	2.6	57.9	
51～70岁	25	64.0	16.0	20.0	
70岁以上	7	85.7	14.3		
合计	91	41.8	8.8	49.5	

在梅塘，学会的第二种话中，70岁以上的人群，客家话占绝对优势，占85.7%；其次是粤语，占14.3%；没有发现是普通话的。51～70岁的人群，客家话仍占绝对优势，占64%；其次是普通话，占20%；最少的粤语也占16%。50岁以下的人群则以普通话为主，而且随着年龄的减小比例逐渐增大。31～50岁的人群，学会的第二种话是普通话的只占57.9%，30岁以下的人群则超过了83%。

表2-24 长来不同年龄段的人群学会的第二种话

年龄	人数	方言 百分比 客家话	粤语	普通话	其他
12岁以下	2			100.0	
12～30岁	13	15.4	23.1	61.5	
31～50岁	34	14.7	41.2	41.2	2.9
51～70岁	9	11.1	33.3	55.6	
70岁以上	4	25.0	25.0	25.0	25.0
合计	62	14.5	33.9	48.4	3.2

在长来，学会的第二种话中，70岁以上的人群，客家话、粤语、普通话和其他各占四分之一。51～70岁的人群则以普通话为主，占55.6%；其次是粤语，占33.3%；客家话最少，只占11%。31～50岁的人群，普通话和粤语所占比例相同，都为41%；客家话则只占14.7%。12～30岁的人群以普通话占绝对优势，占61.5%；其次是粤语，占23.1%；客家话最少，只占15.4%。12岁以下的2个受访者，学会的第二种话都是普通话。

表2-25 靖村不同年龄段的人群学会的第二种话

年龄	人数	方言 百分比 客家话	粤语	普通话	其他
12岁以下	3		33.3	66.7	
12～30岁	17	11.8	29.4	58.8	
31～50岁	24	20.8	20.8	58.3	
51～70岁	18	33.3	50.0	16.7	
70岁以上	15	60.0	40.0		
合计	77	28.6	33.8	37.7	

在靖村，学会的第二种话中，70岁以上的人群以客家话为主，占60%；其次是粤语，占40%；没有发现是普通话的。51～70岁的人群以粤语为主，占50%；其次是客家话，占33.3%；普通话则只占16.7%。12～30岁的人群以普通话为主，占58.8%；客家话和粤语各占20.8%。12岁以下的3个受访者，学会的第二种话是普通话的2个，是粤语的1个。

表2-26 大村不同年龄段的人群学会的第二种话

年龄	人数	方言 百分比 客家话	粤语	普通话	其他
12岁以下	2	50.0		50.0	
12～30岁	20	35.0	15.0	50.0	
31～50岁	40	77.5		22.5	
51～70岁	16	81.3	12.5	6.3	
70岁以上	3	100.0			
合计	81	67.9	6.2	25.9	

在大村，学会的第二种话中，30岁以上的人群以客家话占绝对优势，所占比例超过了80%。12～30岁的人群以普通话为主，占50%；其次是客家话，占35%；粤语所占的比例最小，只有15%。12岁以下的2个

受访者，学会的第二种话是普通话和客家话的各1个。

表2-27　周田不同年龄段的人群学会的第二种话

年龄	人数	客家话	粤语	普通话	其他
12 岁以下	6	50. 0	16. 7	33. 3	
12～30 岁	8	62. 5		37. 5	
31～50 岁	22	72. 7	13. 6	13. 6	
51～70 岁	13	76. 9	7. 7	15. 4	
70 岁以上	7	85. 7	14. 3		
合计	56	71. 4	10. 7	17. 9	

（表头斜线栏：方言／人数／百分比）

在周田，各年龄段的受访者学会的第二种话都以客家话为主，不过，其所占比例随着年龄的减小而降低。其中，70岁以上的人群，客家话所占比例为85. 7%；12岁以下的孩子，所占比例降为50%。

总之，在上述五个村落中，除普通话以外，学会的第二种话中，长来以粤语为主，大村和周田以客家话为主，梅塘和靖村则从过去的以客家话为主逐渐过渡到以粤语为主。

五、不同的族群相互学习对方方言的程度

下面我们来看看韶关土话居民及其周边客家人相互学习对方方言的程度。我们把掌握某种方言的熟练程度分为五级：1级，不能听，也不能说；2级，能听，但不能说；3级，能听，也能说一点；4级，基本能交流；5级，熟练。

首先来看现在土话区生活或工作的土话居民客家话的熟练程度和土话区客家人土话的熟练程度。

表2-28　不同的族群相互学习对方方言的程度

受访对象	人数	1 级	2 级	3 级	4 级	5 级
土话居民	371	1. 9	6. 7	36. 7	33. 4	21. 3
客家人	87	2. 3	20. 7	28. 7	25. 3	23. 0

（表头斜线栏：掌握对方方言的程度／人数／百分比）

从总体上来看，土话居民客家话熟练程度达到4级的占33. 4%，达到5级的占21. 3%；客家人土话熟练程度达到4级的占25. 3%，达到5级的占23%。可见，土话居民客家话的熟练程度要高于客家人土话的熟练程度。下面选取31～50岁的女性再来看不同的族群相互学习对方方言的程度。

表2-29　31～50岁不同族群的女性相互学习对方方言的程度

受访对象	人数	1 级	2 级	3 级	4 级	5 级
土话居民	62		4. 8	41. 9	25. 8	27. 4
客家人	46		17. 4	37. 0	28. 3	17. 4

（表头斜线栏：掌握对方方言的程度／人数／百分比）

在31～50岁的这个女性群体中，土话居民客家话熟练程度达到5级的占27. 4%，而客家人熟练土话程度达到5级的只占17. 4%；土话居民客家话熟练程度为2级的只有4. 8%，而客家人土话熟练程度为2级的高达17. 4%。由此可以看出，在31～50岁的这个女性群体中，土话居民客家话的熟练程度远远高于客家人土话的熟练程度。特别有意思的是，土话区很多外来媳妇在未生育之前往往使用自己的母语，生了小孩之后，

才开始学习、使用土话。

也许有人认为，外来客家人之所以不会说土话，是因为他们小时候没有接触过土话，错过了学习土话的最好时机。事实上，在调查到的外来客家人中，很多从小就同土话有所接触，只是他们不愿意学而已，下面以乳源县桂头镇阳陂村为例加以说明。阳陂村都讲客家话，与土话村落松围村相接，村子里有相当一部分媳妇来自周边土话村落。我们采用偶遇抽样法调查了80个在阳陂村土生土长的客家人，表2-30是这80个受访者土话的熟练程度。

表2-30 阳陂村客家人土话的熟练程度（一）

年龄	人数 \ 土话熟练程度 百分比	1 级	2 级	3 级	4 级	5 级
12岁以下	8	62.5	12.5	25.0		
12～30岁	30	20.0	33.3	40.0	6.7	
31～50岁	20	30.0	45.0	20.0		5.0
51～70岁	13	15.4	46.2	30.8		7.7
70岁以上	9	66.7	22.2	11.1		
合计	80	31.3	35.0	28.8	2.5	2.5

在上述80个受访者中，不管哪个年龄段的人群，土话熟练程度达到4级以上（含4级，下同）的都非常少，最高的也还不到8%；土话熟练程度为2级以下的则都超过了一半，70岁以上的人群更是高达89%。在这80位受访者中，有16人的母亲母语为土话，这16人土话的熟练程度又如何呢？

表2-31 阳陂村客家话人土话的熟练程度（二）

年龄	人数 \ 土话熟练程度 百分比	1 级	2 级	3 级	4 级	5 级
12岁以下	2	100.0				
12～30岁	5	20.0	40.0	20.0	20.0	
31～50岁	5		20.0	60.0		20.0
51～70岁	3	33.3	33.3	33.3		
70岁以上	1	100.0				
合计	16	31.3	25.0	31.3	6.3	6.3

在这16人中，土话熟练程度达4级以上的只见于12～30岁和31～50岁的人群，而且所占比例都只有20%。

上文分别考察了土话居民客家话的熟练程度、土语区客家人和周边客家人土话的熟练程度，从中可以看出，土话居民客家话的熟练程度大大高于客家人土话的熟练程度。这主要是因为一般人通常比较愿意学习他心目中认为较具活力的语言（或方言），而他认为没有活力的语言（或方言）即使为自己的亲人所使用，他有时也不愿意学习。

本节从土话的代际传承、土话使用者占总人口的比例、土话使用域的走向、就学之前学会的方言与长大之后学会的方言以及不同的族群相互学习对方方言的程度等五个方面介绍了韶关土话的语言活力。总的来看，在韶关土话区内，韶关土话的语言活力还比较强，但一旦离开土话区，它的语言活力就迅速衰退。

游汝杰、邹嘉彦（2004）认为，语言（或方言，下同）的社会功能的层级性是分高低的，威望较高的语言属高层级，威望较低的语言属低层级。高层级的语言在同一个言语社团用于较正式、较庄重的场合，同时有可能成为不同言语社团的通用语言。与高层语言相对的是低层语言，一般用于家庭生活或非正式的场合，不用作地区共同语。⑤从韶关土话的使用域来看，它应该属于低层方言。

第二节 韶关土话使用者的语言态度

上节介绍了韶关土话的语言活力，可以看出，韶关土话的发展前途不容乐观，那么，这群土话的使用者对土话的感情又如何？联合国教科文组织濒危语言特别专家组《语言活力与语言濒危》评估语言态度和语言政策有两项指标：政府和机构的语言态度和语言政策（包括语言的官方地位和使用）、语言族群成员对母语的态度。由于前一项指标很难进行考察，因此，本节只考察后一项指标即语言族群成员对母语的态度。《语言活力与语言濒危》（2003）把语言族群成员对其语言的态度分为六级：5 级，所有成员都重视自己的语言并希望看到它不断发展；4 级，大多数成员都支持保持其语言；3 级，许多成员都支持保持其语言，其他人则漠不关心，或甚至支持弃用其语言；2 级，一些成员支持保持其语言，其他人则漠不关心，或甚至支持弃用其语言；1 级，仅少数成员支持保持其语言，其他人则漠不关心或支持弃用其语言；0 级，无人关心母语是否被弃用，所有人倾向于使用强势语言。

为了考察韶关土话使用者的语言态度，我们设计了以下六个问题：①您愿意学土话吗？②您希望您的孩子学土话吗？③您认为讲土话的土话居民一定要讲土话吗？④如果您和听话人都是讲土话的，对方却跟你讲其他方言，您感觉如何？⑤现在讲土话的人似乎越来越少，您感觉如何？⑥您希望土话如何发展？

一、韶关土话使用者对土话的态度

我们仍然根据土话使用者的现居地分两个方面来加以介绍：现在土话区生活或工作的土话居民对土话的态度、现在非土话区生活或工作的土话居民土话的态度。

（一）现在土话区生活或工作的土话居民对土话的态度

1. 对土话的态度的总体情况

样本构成情况见上节“土话使用域的走向”，受访者对上述六个问题的具体回答情况如下（缺失值已剔除）：

第一个问题：您愿意学土话吗？368 位受访者中，321 人表示愿意，占 87.2%；44 人表示无所谓，占 12.0%；3 人表示不愿意，占 0.8%。

第二个问题：您希望您的孩子学土话吗？366 位受访者中，216 人表示希望，占 59.0%；126 人表示顺其自然，占 34.4%；19 人表示无所谓，占 5.2%；5 人表示不希望，占 1.4%。

第三个问题：您认为讲土话的土话居民一定要讲土话吗？369 位受访者中，226 人表示要，占 61.2%；140 人表示随便，占 37.9%；3 人表示不要，占 0.8%。

第四个问题：如果您和听话人都是讲土话的，对方却跟你讲其他方言，您感觉如何？367 位受访者中，136 人表示很别扭，占 37.1%；83 人表示没感觉，占 22.6%；148 人表示很自然，占 40.3%。

第五个问题：现在讲土话的人似乎越来越少，您感觉如何？366 位受访者中，114 人表示很遗憾、很可惜，占 31.1%；51 人表示大势所趋，无可奈何，占 13.9%；175 人表示无所谓，占 47.8%；26 人表示值得高兴，占 7.1%。

第六个问题：您希望土话如何发展？367 位受访者中，240 人表示希望土话一代代传下去，占 65.4%；91 人表示顺其自然，占 24.8%；28 人表示无所谓，占 7.6%；8 人表示不要再说，让它消失算了，占 2.2%。

下面对上述每个问题的回答赋以分值，方法是每个问题处于中性态度的即无所谓或随便或没感觉的计0分，处在其积极态度一边的加1分，处在其消极态度一边的减1分，依次类推。全部回答为最积极态度者，满分为11分；全部回答为最消极态度者，满分为−6分。根据得分情况，我们把对土话的态度分为五级：−6～−4分为极力反对，−3～−1分为比较反对，0分为无所谓，1～5分为比较支持，6～11分为强烈支持。下面来看受访者对土话的态度的总体情况。

表2-32　对土话的态度的总体情况

态度	比较反对	无所谓	比较支持					强烈支持			
得分	-1	0	1	2	3	4	5	6	7	8	9
计数	4	7	13	23	43	34	68	54	47	36	33
百分比	1.1	1.9	50.1					46.9			

由表2-32可知，在所有受访者中，对土话持反对和无所谓的态度的共占3%，比较支持的占50.1%，强烈支持的占46.9%。

2. 对土话的态度的社会分层变异

（1）对土话的态度的性别变异。

表2-33　对土话的态度的性别变异

年龄	人数	态度 / 百分比：比较反对	无所谓	比较支持	强烈支持
男	230	0.9	1.3	51.7	46.1
女	132	1.5	3.0	47.0	48.5
合计	362	1.1	1.9	50.0	47.0

由表2-33来看，在对土话的态度上，男女差异不大。虽然男性强烈支持的比例比女性低2.4%，但比较支持的比例比女性高3.7%。

（2）对土话的态度的年龄变异。

表2-34　对土话的态度的年龄变异

年龄	人数	态度 / 百分比：比较反对	无所谓	比较支持	强烈支持
12岁以下	21	4.8	4.8	47.6	42.9
12～30岁	68	4.4	7.4	63.2	25.0
31～50岁	156			48.1	51.9
51～70岁	80		1.2	48.8	50.0
70岁以上	37			37.8	62.2
合计	362	1.1	1.9	50.0	47.0

除了12岁以下的孩子，年龄与对土话强烈支持的比例成正比，与比较支持的比例基本成反比，年龄越大，强烈支持的比例越高，比较支持的比例越小；年龄越小，强烈支持的比例越低，比较支持的比例越高。其中，对土话强烈支持的比例，70岁以上的老人高达62.2%；31～50岁的与51～70岁的比较接近，均在50%左右；而12～30岁的人群则只有25%，这个结果同我们实地调查时的感觉一致。在田野调查过程中，老年人听说我们是来调查他们的"祖公声"时，非常热情，非常支持。当问及是否希望他们的子孙讲土话时，他们的第一反应普遍是"祖公声怎么能丢呢？"而年轻人则对我们的工作比较冷淡，当问及是否希望他们的孩子讲土话时，第一反应普遍是"随他们吧！"

为什么不同年龄段的人群对土话的态度存在明显的不同？原因主要有两个：第一，思想观念不同。老年人由于受祖辈传统思想文化的影响，对土话有着一种特别的忠诚态度。而年轻人则不同，他们看重的是方言的实用性。由于经常外出工作和学习，他们深深体会到土话在对外交流时的局限性。"如果族群成员把母语看作改善经济状况和融入主流社会的一种障碍，就可能产生对母语的否定态度。"[①]第二，掌握的其他方言的程度不同。在各个年龄段的人群中，掌握其他方言的程度最差的是12岁以下的孩子和70岁以上的老人，最好的是12～30岁的人群。掌握其他方言的程度影响着他们对母语土话的态度，这一点我们将在下文展开论述。

（3）对土话的态度的文化程度变异。

表2-35　对土话的态度的文化程度变异

文化程度 ＼ 人数 ＼ 百分比 ＼ 态度		比较反对	无所谓	比较支持	强烈支持
没上过学	52		1.9	40.4	57.7
小学	135	0.7	2.2	46.7	50.4
初中	137	1.5	2.2	56.2	40.1
高中	35	2.9		51.4	45.7
大专及以上	3			66.7	33.3
合计	362	1.1	1.9	50.0	47.0

没上过学的人群对土话强烈支持的比例最高，为57.7%；大专及以上的人群比较支持的比例最高，为66.7%；反对和无所谓的只出现在小学、初中和高中的人群中，但所占比例都很低。总的来看，没上过学的和大专及以上的对土话的态度最积极，其他的人群对土话的态度虽然存在一定的差别，但差别不是很大。不过，这里表现出来的文化程度变异同年龄因素密切相关。如前所述，文化程度同年龄存在着密切的关系，除12岁以下的孩子以外，文化程度越高，年龄一般越小；文化程度越低，年龄一般越大。

（4）对土话的态度的职业变异。

表2-36　对土话的态度的职业变异

文化程度 ＼ 人数 ＼ 百分比 ＼ 态度		比较反对	无所谓	比较支持	强烈支持
农民	271		0.4	49.1	50.5
工人	10	10.0	20.0	40.0	30.0
商人	6			66.7	33.3
干部	6			33.3	66.7
教师	6			50.0	50.0
学生	56	5.4	5.4	58.9	30.3
其他	6		16.7	33.3	50.0
合计	361	1.1	1.9	50.1	46.8

不同职业的人群对土话的态度存在一定的区别。干部强烈支持的比例最高，为66.7%；农民和教师处在第二位，约为50%。反对或无所谓的只出现在工人、学生和其他三个职业的人群中。这里表现出来的职业变异与年龄也有关系。工人、学生和其他职业的一般比较年轻，而农民、商人和干部等职业的一般年龄较大。在农民、商人和干部三个职业的人群中，相比较而言，干部的思想素质一般比较高，对土话的认识比较深，因此，他们对土话的态度最为积极。学生反对土话主要是因为学校生活。经深入访谈得知，在学校里，说土话的孩子常常因为不会说其他方言而感到自卑，他们的土话也经常受到其他同学的嘲笑，因此，他们对自己的母语土话比较排斥。

3. 对土话的态度的地域变异

下面控制年龄、文化程度和职业等变量，选取31～50岁、文化程度为小学和初中的农民群体探讨土话居民对土话的态度的地域变异。之所以不控制性别，是因为性别与对土话的态度没有明显的关系。

表2-37　对土话的态度的地域变异

态度 / 百分比 / 文化程度	人数	比较反对	无所谓	比较支持	强烈支持
梅塘	24			41.7	58.3
长来	29			44.8	55.2
靖村	20			70.0	30.0
大村	31			51.6	48.4
周田	14			35.7	64.2
合计	118			49.2	50.8

在上述五个村落中，周田对土话强烈支持的比例最高，为64.2%；其次是梅塘，为58.3%；靖村最低，只有30%。比较支持的比例最高的是靖村，为70%；其次是大村，为51.6%；最低的是周田，为35.7%。由此可知，五个村落中，靖村对土话的态度最不积极，对土话强烈支持的比例比其他四个村落低20%～30%，这个结果与我们调查时的感觉相符合。在上述五个村落进行问卷调查时，靖村费了不少周折，其他四个村落调查都比较顺利。五个村落中，只有靖村处在韶关市郊，地理位置最为优越，经济条件也是最好的。或许是因为城市化程度较高的缘故，靖村人更关心的是自己的生活，对自己的土话反而不是很关心。

（二）现在非土话区生活或工作的土话居民对土话的态度

表2-38　对土话的态度的总体体情况

态度 / 百分比 / 文化程度	人数	比较反对	无所谓	比较支持	强烈支持
12～30岁	210	2.9	2.4	53.8	41.0
31～50岁	47	2.1		46.8	51.1

由表 2-38 可知，现在非土话区生活或工作的土话居民绝大多数对土话比较支持或强烈支持，只有极少数无所谓或比较反对。从表 2-38 和表 2-34 可知，在 31～50 岁的人群中，现在非土话区的土话居民与现在土话区的土话居民对土话的态度没有明显的区别；在 12～30 岁的人群中，两者相差较大，强烈支持的比例前者比后者高 16%，比较支持的比例前者比后者低 10%。前文指出，这些现在非土话区生活或工作的土话居民，土话的使用比例比现仍在土话区生活或工作的土话居民低很多，但为什么他们对土话的态度又比现在土话区的土话居民更为积极呢？原因在于，对那些离开了土话区的土话居民而言，土话已经不仅仅是交际的工具，更是他们对家乡情感的寄托。尤其是那些 12～30 岁的年轻人，多数还未成家立业，家和家乡对他们来说无疑是最温暖的港湾。

二、土话区外来人员对土话的态度

前文指出，因为在土话区生活久了，部分外来人员也掌握了土话并在日常生活中使用土话，那么，这些外来人员对土话又是一种什么样的态度呢？受访者样本构成情况如下：

总人数：110人。

性别：男，8人，占7.3%；女，102人，占92.7%。

年龄：12岁以下，2人，占1.8%；12～30岁，12人，占10.9%；31～50岁，54人，占49.1%；51～70岁，28人，占25.5%；70岁以上14人，占12.7%。

文化程度：没上过学，33人，占30.0%；小学，46人，占41.8%；初中，28人，占25.5%；高中（中技、中师），3人，占2.7%。

职业：农民，103人，占93.6%；商人，2人，占1.8%；学生，3人，占2.7%；其他，2人，占1.8%。

（一）对土话的态度的总体情况

表2-39　对土话的态度的总体情况

态度	比较反对		无所谓	比较支持					强烈支持				
得分	-2.00	-1.00	0.00	1.00	2.00	3.00	4.00	5.00	6.00	7.00	8.00	9.00	合计
计数	1	1	5	7	13	22	18	14	8	7	4	5	105
百分比	1.9		4.8	70.5					22.9				

由表2-39可知，外来人员对土话强烈支持的占22.9%，比较支持的占70.5%，无所谓和比较反对的只有极少数。

（二）对土话的态度的社会分层变异

由于样本男女比例相差太大，职业分布也不平衡，因此，下面只考察外来居民对土话的态度的年龄变异和文化程度变异。

1.对土话的态度的年龄变异

表2-40　对土话的态度的年龄变异

年龄	人数	态度/百分比：比较反对	无所谓	比较支持	强烈支持
12岁以下	2		50.0	50.0	
12～30岁	12	8.3		83.3	8.3
31～50岁	51	2.0	2.0	76.5	19.6
51～70岁	26		11.5	61.5	26.9
70岁以上	14			57.1	42.9
合计	105	1.9	4.8	70.5	22.9

表2-40数据显示，除了12岁以下的孩子，外来人员对土话的态度同年龄有着非常密切的关系，年龄越大，强烈支持的比例越高；年龄越小，强烈支持的比例越低；而比较反对的集中在12～30岁的人群中。这与土话居民对土话的态度的年龄变异情况基本一致。

2.对土话的态度的文化程度变异

表2-41　对土话的态度的文化程度变异

文化程度	人数	态度/百分比：比较反对	无所谓	比较支持	强烈支持
没上过学	32			68.8	31.3
小学	43	2.3	7.0	69.8	20.9
初中	27	3.7	7.4	70.4	14.8
高中	3			100.0	
合计	105	1.9	4.8	70.5	22.9

表2-41数据显示，文化程度越高，对土话强烈支持的比例越低；文化程度越低，对土话强烈支持的比例则越高；而对土话无所谓和比较反对的则集中在小学和初中的人群中。这里表现出来的文化程度变异同年龄因素有关，这是因为：现在土话区的外来人员多是女性，而过去由于重男轻女的思想比较严重，女性一般都很少接受教育；义务教育普及以后，女性的文化水平才有了一定程度的提高。因此，一般来说，文化程度越高，年龄越轻；文化程度越低，年龄越大。

与土话居民对土话的态度相比，外来人员对土话的态度明显要淡漠。从整体情况来看，外来人员对土话强烈支持的比例比土话居民低24%；而在31～50岁的人群中，外来人员对土话强烈支持的比例比土话居民低31%。

本节分析了梅塘、长来、靖村、大村和周田五个村落土话居民对土话的态度。从整体上来说，在上述五个村落中，土话居民对土话的态度处于 4 级，大多数成员都支持保持其语言。从整个韶关土话区来看，上述五个村落土话的使用者对土话的态度最为积极，原因在于，上述五个村落的土话在当地处于强势或比较强势的地位，因而还很稳定或比较稳定。在土话势力弱小或土话处于濒危的村落，土话的使用者对土话的态度比上述五个村落的土话居民要冷漠，相当多的人表现的是无可奈何或者是漠不关心。之所以无可奈何，主要是因为虽然他们深知自己的土话交际功能有限，但却又无能为力。之所以漠不关心，主要是因为对土话使用者的主体——农民而言，他们最为关心的是自己的生活，如温饱问题、子女教育问题和养老问题等，至于土话的发展前途如何他们则几乎不考虑。此外，除了 12 岁以下的孩子，对土话持积极态度的比例与年龄成正比，年龄越大，对土话持积极态度的比例越高；年龄越小，对土话持积极态度的比例越小。因此，可以预见，随着时间的推移，将有越来越多的人对土话持无所谓甚至反对的态度。另外，有部分来自外方言区的母亲对土话持一种冷漠甚至是鄙视的态度，这在一定程度上会影响他们的孩子对土话的态度。总之，虽然从总体上来看，土话居民对土话是持积极态度的，但是，这种积极态度将随着老一辈的逝去而慢慢变得淡漠。

本章选取五个有代表性的村落考察了韶关土话的语言活力及其使用者的语言态度。从语言活力来看，韶关土话只局限在某些使用域或场合中使用，相当部分使用域或场合使用的是其他方言。从语言态度来看，韶关土话使用者对土话的总体态度还是比较积极的，但也有部分人持反对或无所谓的态度。由于经常兼用其他方言，韶关土话居民相当部分具备了较强的方言兼用能力，那么，他们其他方言的熟练程度到底如何呢？他们对土话的态度是否会对土话的前途产生影响呢？下一章“韶关土语区的方言兼用和方言转用”将对上述问题展开讨论。

注释：

①联合国教科文组织濒危语言特别专家组. 语言活力与语言濒危. 范俊军，宫齐，胡鸿雁译. 民族语文，2006（3）

②黄宣范. 语言、社会与族群意识——台湾语言社会学的研究. 台湾：文鹤出版有限公司，1995. 157～161

③黄宣范. 语言、社会与族群意识——台湾语言社会学的研究. 台湾：文鹤出版有限公司，1995. 151

④黄宣范. 语言、社会与族群意识——台湾语言社会学的研究. 台湾：文鹤出版有限公司，1995. 157

⑤游汝杰，邹嘉彦. 社会语言学教程. 上海：复旦大学出版社，2004. 67

第三章　韶关土话区的方言兼用和方言转用

方言的兼用即一般所谓"双言现象"（diglot），指同一个社会里的居民在日常生活中，在不同的场合口头使用两种或多种不同的方言。广义的"双言现象"包括兼用方言和标准语，狭义的"双言现象"不包括标准语。[①]本章所谈的双言现象指狭义的。语言转用（shift）是指本来使用甲语言或方言的居民，放弃甲语言或方言，转而使用乙语言或方言。语言转用原因有：一是身份认同危机；二是政治因素促成；三是双语现象不能长久维持；四是在语言接触中弱势语言的语言特征逐渐萎缩。[②]随着社会交往的增多、交际范围的扩大，处于弱势地位的方言使用者兼用其他方言的现象越来越普遍，转用其他方言的现象也逐渐增多。像韶关土话这样使用人口少、又处在强势方言包围之中的方言，其使用者兼用和转用其他方言现象尤为突出。

第一节　韶关土话区的方言兼用

一、韶关土话区方言兼用的类型

袁焱（2001）从不同的角度对语言兼用的现象进行了分类：①从兼用范围上分，可分为全民型和局部型两类；②从兼用程度上分，可分为熟练型和半熟练型两类；③从兼用数量上分，可分为二语型和多语型两类；④从语言获得顺序上分，可分为并行型和先后型两类；⑤从语言获得途径上分，可分为自然习得型和学校获得型两类；⑥从兼用语的功能上分，可分为共同语兼用型、区域语兼用型、族内语兼用型、外语兼用型四类。[③]

本节借鉴袁焱对语言兼用现象的分类介绍韶关土话区的方言兼用现象。根据韶关土话区的实际情况，其方言兼用现象可分为以下几种类型：①从兼用范围上分，可分为全民型和局部型两类；②从兼用程度上分，可分为熟练型和半熟练型两类；③从兼用数量上分，可分为双方言型和多方言型两类；④从方言获得顺序上分，可分为并行型和先后型两类；⑤从兼用方言的类型上分，可分为客家话型和粤语型两类；⑥从兼用方言获得途径的数量上分，可分为单一途径型和多途径型两类。

（一）全民型和局部型

全民型指的是以土话为母语的人基本上都使用两种或两种以上的方言。局部型指的是以土话为母语的人只有部分人使用两种或两种以上的方言，部分人只使用一种方言即土话。

韶关土话区内，大多数村落属于局部型，只有极少数属于全民型。属于全民型的有：曲江区乌石镇潒浬村委会、白土镇河边村委会下三都骆姓和乌泥角欧姓，武江区重阳镇重阳村委会重阳村、九联村委会大沙洲、江湾镇朝阳村委会上瑶村，仁化县周田镇龙坑村委会猪头皮村李姓、丹霞街道办事处狮井村委会狮井村、董塘镇高宅村委会大村李姓，乐昌市乐城街道办事处下西村委会，乳源县桂头镇小江村委会茶园底以及散居各地的渔业队。

与周边强势方言近距离的接触是形成全民型的主要原因。有的是一个自然村里同时使用几种方言，处于弱势的土话居民不得不兼用当地的强势方言，这样，以土话为母语的人几乎个个都能说土话和当地强势方言，以至形成全民型。如仁化县周田镇龙坑村委会猪头皮村李姓、乐昌市乐城街道办事处下西村委会邝村和三驳桥部分。猪头皮村居民的来源很复杂，有的是世居本地的，有的是抗战前后从珠三角等地迁入的，也有的是 20 世纪 60 年代从其他地方迁入的。由于居民来源复杂，方言也就比较丰富，有土话、客家话、闽南话和粤语，最通行的是客家话。以土话为母语的居民一般在入学前就掌握了土话和客家话两种方言。下西村委会共有 2 600 多人，讲土话的有 830 人。在邝村和三驳桥两个自然村，除了土话，还有客家话、闽南话、梅田话和汝城话，最通行的是客家话。因此，以土话为母语的居民一般都会说客家话，家庭内使用土话，家庭外使用客家话，两者使用域互补。在乳源县桂头镇塘头围村委会塘头、小江村委会茶园底、仁化县董塘镇高宅村委会大村等自然村内，同样分布着土话和客家话两种方言，而客家话又是当地强势方言，因此，这些自然村里的土话居民从小就同客家话接触，因而成为双方言的使用者。

也有的是一个村委会里同时使用几种方言，而土话又处于弱势地位，土话居民不得不兼用周边强势方言来达到对外交际的目的，因而形成全民型，如武江区江湾镇朝阳村委会上瑶村。朝阳村委会位于韶关市郊区，有很多外来人员在此定居从事各种工作。受韶关市区通行的粤语的影响，朝阳村委会近年也开始通行粤语。上瑶是个纯土话自然村，但由于村委会内部通行粤语，而且粤语的使用人数大大超过土话，所以，上瑶村居民几乎人人都能使用两种方言即土话和粤语。曲江区乌石镇塚浬村委会土话村落、武江区重阳镇重阳村委会重阳、仁化县丹霞街道办事处狮井村委会狮井、乐昌市乐城街道办事处下西村委会骆家坎下等都是纯土话自然村，但它们所在的村委会都通行客家话，因此，这些村落的土话居民一般都能兼用客家话。

如前所述，土话区大部分的村落属于局部型，如第二章介绍的梅塘、长来、靖村、大村和周田等。下面以土话使用域较窄的大村为例来看现在土话区生活或工作的土话居民其他方言的熟练程度。这部分样本共有84人，年龄构成是：12岁以下，2人，占2.4%；12～30岁，21人，占25%；31～50岁，41人，占48.8%；51～70岁，16人，占19%；70岁以上，4人，占4.8%。

表3-1　大村土话居民其他方言的熟练程度

百分比 / 粤语熟练程度 / 客家话熟练程度	1 级	2级	3级	4级	5级
1 级					
2 级	1.2	1.2		1.2	
3 级		2.4	35.7	1.2	
4 级		3.6	17.9	21.4	
5 级			6.0	8.3	

由表 3-1 可知，在调查的 84 个大村人中，客家话和粤语的熟练程度都达到 4 级的占 21.4%，客家话熟练程度达到 5 级的占 8.3%，两种方言的熟练程度达到 4 级以上的(含 4 级，下同)共占 29.7%(表中 部分)。客家话熟练程度达到 4 级、粤语熟练程度为 2 级、3 级的分别占 3.6%、17.9%，客家话熟练程度达到 5 级、粤语熟练程度为 2 级的占 6.0%，只有客家话熟练程度达到 4 级以上的共占 27.5%（表中 部分）。粤语熟练程度达到 4 级、客家话熟练程度为 2 级、3 级的都为 1.2%，只有粤语熟练程度达到 4 级的共占 2.4%（表中 部分）。客家话和粤语的熟练程度都是 3 级的占 35.7%；两种方言的熟练程度都在 2 级以下（含 2 级，下同）的共占 2.4%。大村是土话使用域较窄的村落，尚且还有部分人不能兼用其他方言，那么，其他村落只具备一种方言能力的人应该还更多。

（二）熟练型和半熟练型

熟练型指的是方言兼用能力很强，第二种方言同母语一样熟练，能用两种方言进行自由表达。半熟练型指的是方言兼用能力不太强，能够熟练使用母语，但另一种方言听和说都有一定的困难。全民型的村落里，土话居民由于从小就学会了两种方言即土话和客家话或粤语，因此，这些村落土话居民的客家话或粤语同母语土话几乎一样熟练，所以，这些村落一般属于熟练型，如曲江区乌石镇溕浬村委会土话村落、乳源县桂头镇小江村委会茶园底。乌石镇共有 4 个村委会，在这 4 个村委会中，只有溕浬村委会有讲土话的，其他村落使用客家话。溕浬村委会共有 10 个自然村，其中 7 个自然村讲土话，3 个自然村讲客家话。在土话村落里，嫁入的媳妇绝大多数来自客家话区。这些来自客家话区的媳妇在家庭内也都使用客家话，所以，小孩在入学前就已基本学会了客家话，成为对父亲讲土话、对母亲讲客家话的双方言人。乳源县桂头镇小江村委会茶园底，大部分人讲客家话，只有小部分讲土话。使用土话的居民小孩仍以土话为母语，但土话只限在家庭内使用，对外都使用客家话。因此，土话居民几乎都能熟练使用客家话，属于熟练型。

在局部型的村落里，部分居民属于熟练型，部分居民属于半熟练型。下面来看看梅塘、长来、靖村、大村和周田五个村落现在土话区生活或工作的土话居民客家话和粤语的熟练程度。

表3-2　土话区内土话居民其他方言的熟练程度

百分比 / 粤语熟练程度 / 客家话熟练程度	1 级	2级	3级	4级	5级
1 级	0.5	0.3	0.5	0.5	
2 级	0.5	0.8	2.2	3.0	0.3
3 级	0.5	1.9	21.3	11.1	1.9
4 级	0.8	0.8	8.6	20.8	2.4
5 级	0.5	1.3	4.0	11.3	4.0

从表3-2可以看出，上述五个村落里，客家话和粤语的熟练程度都达到4级和5级的分别占20. 8%、4. 0%，客家话熟练程度达到4级、粤语熟练程度达到5级的占2. 4%，客家话程熟练度达到5级、粤语熟练程度达到4级的占11. 3%，客家话和粤语的熟练程度都达到4级以上的共占38. 5%（表中　部分）。客家话熟练程度达到4级、粤语熟练程度为1级、2级和3级的分别占0. 8%、0. 8%、8. 6%，客家话熟练程度达到5级、粤语熟练程度为1级、2级、3级的分别占0. 5%、1. 3%、4. 0%，只有客家话熟练程度达到4级以上的共占16%（表中　部分）。粤语熟练程度达到4级、客家话熟练程度为1级、2级、3级的分别占0. 5%、3. 0%、11. 1%，粤语熟练程度达到5级、客家话熟练程度为2级、3级的分别占0. 3%、1. 9%，只有粤语熟练程度达到4级以上的共占16. 8%（表中　部分）。两种方言的熟练程度都没达到4级的共占28. 7%。总之，在上述五个村落里，能够熟练运用客家话或粤语进行交流的只有极少数，约有三分之一的人基本能够运用客家话或粤语进行基本交流，三分之一的人不能兼用客家话或粤语。

（三）双方言型和多方言型

双方言型指的是除母语外，还可以比较熟练地使用另一种方言。多方言型指的是除母语外，还可以比较熟练地使用两种或两种以上的方言。兼用数量的类型是双方言型还是多方言型，与土话村落是全民型还是局部型没有很大的关系，主要取决于个人。不过，全民型至少同时也是双方言型，而局部型则不一定是双方言型。由表 3-2 可知，在上述五个村落里，两种方言的熟练程度都达到 4 级以上的共占 38. 5%，属于多方言型；只有客家话的熟练程度达到 4 级以上的占 16%，只有粤语的熟练程度达到 4 级以上的占 16. 8%，只有一种方言的熟练程度达到 4 级以上的共占 32. 8%，属于双方言型；还有 29. 5%的人两种方言的的熟练程度都没有达到 4 级，属于单方言型。

要指出的是，由于调查者是非土话区人，不能用土话进行交流，因此，受访者一般限于那些能够听懂普通话或客家话或粤语的人，只能使用土话的人没有调查到，而这部分人主要是入学前的小孩和 70 岁以上的老年人尤其是女性。此外，上文介绍的是现在土话区生活或工作的土话居民，那些现在非土话区生活或工作的土话居民兼用方言的熟练程度又如何呢？

表3-3　非土话区内土话居民其他方言的熟练程度

百分比　粤语熟练程度 客家话熟练程度	1级	2级	3级	4级	5级
1级		0.4	1.1	0.4	0.4
2级		0.7	3.3	3.7	3.3
3级		0.7	15.8	9.9	9.5
4级		0.4	5.5	16.1	12.5
5级			1.8	5.1	9.5

由表3-3可知，现在非土话区生活或工作的土话居民客家话和粤语的熟练程度都达到4级以上的占43.2%（表中　部分）；只有客家话熟练程度达到4级以上的占7.7%（表中　部分）；只有粤语熟练程度达到4级以上的占27.2%（表中　部分）；剩下的21.9%，两种方言熟练程度都未达到4级；没有发现听不懂客家话或粤语的。比较现在非土话区生活或工作的土话居民和现在土话区生活或工作的土话居民其他方言的熟练程度，发现，前者其他方言的熟练程度比后者高，多方言型的比例前者比后者高4.7%，单方言型的比例前者比后者低6.8%，前者没有发现听不懂客家话或者粤语的，而后者则还存在。总之，这些现在非土话区生活或工作的土话居民其他方言的熟练程度较高，而我们没有调查到的现在土话区的12岁以下的孩子和70岁以上的老人其他方言的熟练程度较低，两者基本可以相抵。也就是说，上述五个村落受访者其他方言的熟练程度基本上可以反映这五个村落的总体情况。

总之，从以上五个村落来看，土话居民中，约三分之一的人是多方言的使用者，三分之一的人是双方言的使用者，三分之一的人是单方言的使用者。

（四）并行型和先后型

并行型指的是母语和兼用方言都在入学前自然习得，两者没有明显的先后顺序。先后型指的是母语和兼用方言的习得有明显的先后顺序，兼用方言一般是入学后或成年后在社会交往中慢慢掌握的。

土话区绝大多数村落属于先后型，只有部分村落属于并行型。前文介绍的全民型村落一般就是并行型。上文已经介绍了部分全民型村落的详细情况，这里再看部分村落。曲江区白土镇河边村委会讲土话的两个自然村下三都和乌泥角分别分布在河流的两岸，两村土话居民往来甚少。另外，该村方言非常复杂，除了土话，还有客家话和粤语，村内通行粤语。因此，在该村，土话居民无论年龄大小，一般都会说粤语。仁化县董塘镇高宅村委会共有三个自然村，土话只分布在其中一个自然村即大村。大村里讲土话的又只占有一半，还有一半是讲客家话的。据当地人介绍，孩子如果是由讲客家话的母亲或奶奶抚养的话，那他就先学会客家话；如果是由讲土话的母亲或奶奶抚养的话，那他就先学会土话。但是，不管是谁抚养，在入学前他们一般都学会了两种方言即土话和客家话。武江区重阳镇九联村委会大沙洲多姓李，其祖先同枧头村的李姓一样，都是从该村委会的陀村迁过去的。现在，枧头村已转用客家话，陀村正在转用客家话，大沙洲的小孩虽然仍以土话为母语，但由于周边客家话的影响，小孩在入学前一般也就基本学会了客家话。

虽然是纯土话村落，但由于受周边强势方言的渗透形成并行型的有桂头社区的渔业队等。20世纪60年代前，桂头社区的渔业队船民还生活在水上。60年代，当地政府在桂头镇街边的河岸为他们修建了房屋，他们开始上岸定居，但从事的主要还是水上作业。改革开放以后，部分人到当地造纸厂工作，现仍从事水上作业的大概还有一半。由于经常同岸上人进行交易，因此，船民多数会说粤语，极少数会说客家话。上岸定居以后，船民与岸上人通婚现象迅速增多，不再像过去那样限于船民之间。现在40岁以下的船民所娶的妻子相当部分是客家人或土话居民。由于夫妻之间一般都不会说对方的话，因此，便采用第三方的方言即粤语进行交流，形成了丈夫对小孩说船话、母亲对小孩以及夫妻之间说粤语的双方言格局，这样，小孩在入学前一般就学会了船话和粤语。

土话区的大多数村落属于先后型，如梅塘、长来、靖村、大村、梅塘和周田等。在这些村落里，尽管有的母亲在家庭里使用客家话或粤语，但小孩真正学会客家话或粤语则往往是在去客家话区或粤语区上学或工作后。下面来看看我们调查到的上述五个村落 27 个 12 岁以下的孩子其他方言的熟练程度。

表3-4　12岁以下的孩子其他方言的熟练程度

方言 \ 百分比 \ 熟练程度	1 级	2 级	3 级	4 级	5 级
客家话	14.8	11.1	55.6	14.8	3.7
粤语	7.4	3.7	48.1	37.0	3.7

在这 27 个 12 岁以下的孩子中，客家话和粤语的熟练程度达到 5 级的都只占 3.7%；客家话熟练程度达到 4 级的占 14.8%，粤语熟练程度达到 4 级的占 37%；客家话和粤语的熟练程度都是 3 级的各有几乎一半；客家话和粤语熟练程度都在 2 级以下的也有部分人。这说明，大部分孩子还没有完全掌握其他方言。

（五）客家话型和粤语型

客家话型指的是兼用的方言以客家话为主，粤语型指的是兼用的方言以粤语为主。第二章指出，在上述五个村落里，土话的使用域非常有限，主要局限在家庭域、个人域以及村内居民的交往中。那么，其他使用域或场合，土话居民使用哪种方言呢？使用情况又如何？下面选取男性、31～50 岁、文化程度为小学和初中的农民群体，探讨上述五个村落兼用方言的类型。要说明的是，此处只讨论土话使用比例较小的使用域或场合，因为在这些使用域或场合中方言兼用现象比较突出。

表3-5　家庭域、教育域和工作域方言兼用的情况

村落	方言 \ 百分比 \ 场合	家庭域		教育域	工作域
		对母亲	对妻子/丈夫	学校课外	单位工作
梅塘	客家话	6.7	7.1	7.1	26.7
	粤语				6.7
长来	客家话	9.5	4.8		5.0
	粤语			15.0	45.0
靖村	客家话	12.5	33.3	12.5	12.5
	粤语			12.5	50.0
大村	客家话	20.0	25.0	10.0	21.1
	粤语			5.0	10.5
周田	客家话		12.5	30.0	20.0
	粤语				20.0

表3-6　交往域方言兼用的情况

村落	方言	交往域：对外来媳妇	去乡镇办事	去乡镇购物	乘坐公共汽车
梅塘	客家话	14.3	66.7	53.3	33.3
	粤语			13.3	40.0
长来	客家话	5.0			
	粤语	15.0	65.0	40.0	61.9
靖村	客家话	37.5			
	粤语	12.5	50.0	37.5	75.0
大村	客家话	50.0	75.0	65.0	55.0
	粤语		5.0	15.0	30.0
周田	客家话	50.0	60.0	60.0	30.0
	粤语	30.0	30.0		50.0

由表3-5可知，家庭域中，上述五个村落都没有发现使用粤语的，但都有使用客家话的。教育域中，梅塘和周田只兼用客家话，长来只兼用粤语，靖村客家话和粤语的使用比例相同，大村客家话的使用比例是粤语的两倍。工作域中，梅塘、大村客家话的使用比例是粤语的两倍多，长来和靖村粤语的使用比例是客家话的四倍多，周田客家话和粤语的使用比例相同。

由表3-6可知，交往域中，长来和靖村除对外来媳妇外，其余场合只兼用粤语；对外来媳妇，长来粤语的使用比例是客家话的三倍，靖村客家话的使用比例是粤语的三倍多。梅塘、大村和周田去乡镇办事或购物，以兼用客家话占绝对优势；乘坐公共汽车，大村仍以兼用客家话为主，梅塘和周田粤语的使用比例超过客家话。

总的来看，在上述五个村落中，梅塘、大村和周田以兼用客家话为主，但粤语也占一定的比例，周田粤语所占的比例尤其高。长来以兼用粤语为主。靖村粤语和客家话的使用比例都较高，但两者使用范围有明显的区别，村内一般兼用客家话，村外则一般兼用粤语。

下面再看看以上五个村落受访者学会的第二种话。

表3-7　土话居民学会的第二种话

村落	人数	客家话	粤语	普通话	其他
梅塘	91	41.8	8.8	49.5	
长来	62	14.5	33.9	48.4	3.2
靖村	77	28.6	33.8	37.7	
大村	81	67.9	6.2	25.9	
周田	56	71.4	10.7	17.9	
合计	367	44.7	18.0	36.8	0.5

学会的第二种话中，除普通话以外，梅塘、大村和周田以客家话为主，所占比例分别为41.8%、67.9%和71.4%；长来和靖村则以粤语为主，所占比例都约为34%。

综上所述，从兼用方言的类型来看，梅塘、大村和周田属于客家话型，不过，周田有些场合粤语的使用比例也较高；长来和靖村属于粤语型，不过，靖村有些场合客家话的使用比例也较高。

从上述五个村落来看，一个村落兼用方言的类型是客家话型还是粤语型，关键看它周边的语言环境。

如果它周边村落或乡镇以客家话为主，那它一般就是客家话型，如梅塘、大村。如果它毗邻通行粤语的市镇，那它一般就是粤语型，如长来。如果它同时与粤语区和客家话区相接，那么，客家话和粤语的使用比例都比较高，如靖村。此外，由于粤语在韶关的强势地位，有些村落虽然紧挨着客家话区，但也有相当部分人能兼用粤语，如周田。

韶关土话区内，属于粤语型的村落主要分布在韶关市和乐昌市的市区及其市郊，如浈江区江湾镇朝阳村委会上瑶村，乐昌市乐城街道办事处榴村村委会、练塘村委会。另外，有些村委会内部分布着一些粤方言岛，在这些村落里，土话居民对外一般也使用粤语，如曲江区白土镇河边村委会、乳源县桂头镇七星墩村委会等。此外，近年来一些乡镇也开始通行粤语，那么，靠近乡镇的土话村落有些也开始兼用粤语，如乳源县桂头镇莫家村村委会。韶关土话区的大多数村落基本上属于客家话型，不过，很多客家话型的村落正逐步向粤语型演变，这一点将在下文“韶关土话区方言兼用的特点”中详细讨论。

（六）单一途径型和多途径型

从兼用方言获得途径的数量来看，如果兼用方言获得的途径以某一个途径占绝对优势，那它就属于单一途径型；如果兼用方言获得的途径有多个，而且每个途径都占三分之一以上的比例，那它就属于多途径型。下面来看看上述五个村落土话居民学会客家话和粤语的途径。

表3-8　获得客家话和粤语的途径

村落	方言 \ 途径 百分比	家庭影响	同事、朋友、学校等社会交往	看电视听广播	无法回答
梅塘	客家话	15.8	81.6		2.6
	粤语	12.5	75.0	12.5	
长来	客家话	66.7	33.3		
	粤语	9.5	76.2	9.5	4.8
靖村	客家话	59.1	36.4		4.5
	粤语	38.5	53.8	3.8	3.8
大村	客家话	40.7	51.9		7.4
	粤语	60.0	20.0	10.0	10.0
周田	客家话	52.5	32.5		15.0
	粤语	50.0	33.3		16.7

从表3-8可以看出，梅塘获得客家话和粤语的途径以社会交往占绝对优势，分别占81.6%和75%。长来获得客家话的途径主要是家庭影响，占66.7%，但社会交往也占33.3%；获得粤语的途径以社会交往占绝对优势，占76.2%。靖村获得客家话的途径以家庭影响为主，占59.1%，但社会交往也占36.4%；获得粤语的途径正好同获得客家话的途径情况相反。大村获得客家话的途径以社会交往为主，占51.9%，但家庭影响也占40.7%；获得粤语的途径则以家庭影响为主，占60%。周田获得客家话和粤语的途径都以家庭影响为主，所占比例都为一半；但社会交往也都约占三分之一的比例。从上述五个村落兼用方言的获得途径来看，电视广播所起的作用很有限。总之，从兼用方言获得途径的数量来看，梅塘属于单一途径型；长来虽然获得客家话的途径有两个，但实际上很少有人会说客家话，因此，也属于单一途径型；靖村、大村和周田则属于多途径型。

从上述五个村落来看，属于单一途径型的必须像梅塘或长来那样的村落。长来属于单一途径型的主要原因是它所在的长来镇土话区人口占该镇总人口的73.6%。在韶关土话区内，土话使用人口占该镇总人口70%以上的还有北乡镇。梅塘属于单一途径型的原因有两点：一是土话成片分布，在该村属于强势方言；二是地理位置非常闭塞。像梅塘这样交通闭塞、土话又处于强势的村落在韶关土话区内很少见。因此，韶关土话区内，兼用方言获得途径属于单一型的只有极少数，绝大多数村落属于多途径型。

二、韶关土话区方言兼用的社会分层变异

上文介绍了韶关土话区方言兼用的类型，下面根据上述五个村落的调查材料探讨韶关土话区方言兼用的社会分层变异。

（一）韶关土话区方言兼用的性别变异

表 3-9 和表 3-10 是韶关土话居民不同性别的人群客家话和粤语的熟练程度。

表3-9　客家话熟练程度的性别变异

性别 \ 人数 \ 百分比 \ 客家话熟练程度	人数	1 级	2 级	3 级	4 级	5 级
男性	235	1.7	6.4	34.0	36.6	21.3
女性	136	2.2	7.4	41.2	27.9	21.3
合计	371	1.9	6.7	36.7	33.4	21.3

表3-10　粤语熟练程度的性别变异

性别 \ 人数 \ 百分比 \ 粤语熟练程度	人数	1 级	2 级	3 级	4 级	5 级
男性	235	3.0	3.8	35.3	48.1	9.8
女性	136	2.9	7.4	39.0	44.1	6.6
合计	371	3.0	5.1	36.7	46.6	8.6

不管是客家话熟练程度还是粤语熟练程度，达到4级以上的比例男性都比女性高，其中，客家话熟练程度达到4级以上的男性比女性高9%，粤语熟练程度达到4级以上的男性比女性高7%。由此可见，男性方言兼用的能力比女性强。这是因为男性同外界接触比女性多，因此，他们接触其他方言的机会也就比女性多。从兼用的两种方言的熟练程度来看，无论男女都是客家话熟练程度比粤语熟练程度高。

（二）韶关土话区方言兼用的年龄变异

表3-11　客家话熟练程度的年龄变异

年龄 \ 人数 \ 百分比 \ 客家话熟练程度	人数	1 级	2 级	3 级	4 级	5 级
12 岁以下	22	13.6	9.1	63.6	13.6	
12～30 岁	71	1.4	11.3	42.3	36.6	8.5
31～50 岁	160	0.6	3.8	40.0	32.5	23.1
51～70 岁	81	1.2	6.2	22.2	39.5	30.9
70 岁以上	37	2.7	10.8	27.0	29.7	29.7
合计	371	1.9	6.7	36.7	33.4	21.3

表3-12 粤语熟练程度的年龄变异

年龄	人数	1级	2级	3级	4级	5级
12岁以下	22	4.5	4.5	54.5	36.4	
12～30岁	71		1.4	33.8	54.9	9.9
31～50岁	160	2.5	6.3	43.8	43.1	4.4
51～70岁	81	2.5	7.4	24.7	51.9	13.6
70岁以上	37	10.8	2.7	27.0	40.5	18.9
合计	371	3.0	5.1	36.7	46.6	8.6

（表头斜线：粤语熟练程度／百分比）

由表3-11可知，12岁以下的孩子客家话熟练程度最低，达到4级的只占13.6%，没有一个达到5级的；其次是12～30岁的人群，达到5级的只占9%，达到4级的占36.6%。51～70岁的人群客家话熟练程度最高，达到4级以上的约占70%；其次是70岁以上的人群，达到4级以上的约占59%；31～50岁的人群达到4级以上的占56%。

表3-12显示，12岁以下的孩子粤语熟练程度最低，达到4级的占36.4%，没有1个达到5级的。12～30岁的人群粤语熟练程度最高，达到4级以上的约占65%；其次是51～70岁的人群，达到4级以上的占66%；70岁以上和31～50岁的人群达到4级以上的比例分别约为59%和48%。

总之，从年龄变异来看，其他方言熟练程度最低的是12岁以下的孩子，这主要是因为他们读书交朋友都主要在本村，很少有机会同外方言区的人交往，其他方言的水平自然也就比较差。其他几个年龄段的人群，无论是客家话熟练程度还是粤语熟练程度，都跟年龄没有直线相关关系。从兼用的两种方言的熟练程度来看，30岁以下的人群，粤语熟练程度明显比客家话熟练程度高，达到4级以上的比例，12岁以下的孩子粤语比客家话高约23%，12～30岁的粤语比客家话高20%；30岁以上的人群，客家话熟练程度比粤语熟练程度略高。

（三）韶关土话区方言兼用的文化程度变异

表3-13 客家话熟练程度的文化程度变异

文化程度	人数	1级	2级	3级	4级	5级
没上过学	52	3.8	9.6	28.8	25.0	32.7
小学	140	2.9	7.9	37.9	31.4	20.0
初中	140	0.7	4.3	42.9	37.1	15.0
高中	36		8.3	19.4	41.7	30.6
大专及以上	3			33.3		66.7
合计	371	1.9	6.7	36.7	33.4	21.3

（表头斜线：客家话熟练程度／百分比）

表3-14 粤语熟练程度的文化程度变异

文化程度	人数	1级	2级	3级	4级	5级
没上过学	52	13.5	15.4	23.1	42.3	5.8
小学	140	2.9	4.3	35.0	48.6	9.3
初中	140		2.9	45.0	45.0	7.1
高中	36		2.8	27.8	52.8	16.7
大专及以上	3			66.7	33.3	
合计	371	3.0	5.1	36.7	46.6	8.6

(表头：粤语熟练程度 / 百分比)

由表3-13可以看出，大专及以上的人群客家话熟练程度达到5级的比例最高，为66.7%；其次是没上过学的，为32.7%；再其次是高中的，为30.6%；初中比例最低，为15%。各个文化程度的人群中，客家话熟练程度达到4级以上的比例分别是：没上过学的约为58%；小学的约为51%；初中的约为52%；高中的约为72%；大专及以上的约为67%。

表3-14显示，高中的人群粤语熟练程度达到5级的比例最高，为16.7%，其他几个文化程度的比例都在10%以下。各个文化程度的人群中，粤语熟练程度达到4级以上的比例分别是：没上过学的约为48%；小学的约为58%；初中的约为52%；高中的约为70%；大专及以上的约为33%。

总之，从文化程度变异来看，无论是客家话熟练程度还是粤语熟练程度，与文化程度都不存在直线相关关系。不过有一个比较明显的倾向，那就是，高中以上的其他方言的熟练程度比其他文化程度的相对要高。这是因为：文化程度越高的，离开本村去本乡镇、县城甚至更远的地方机会较多，接触其他方言的机会也较多，他们的客家话和粤语的熟练程度也就相对较好。从兼用的两种方言的熟练程度来看，无论是哪个文化程度的人群，客家话熟练程度都比粤语熟练程度稍高或者持平。

（四）韶关土话区方言兼用的职业变异

表3-15 客家话熟练程度的职业变异

职业	人数	1级	2级	3级	4级	5级
农民	277	1.1	7.6	34.7	33.9	22.7
工人	10			50.0	40.0	10.0
商人	6			16.7		83.3
干部	6				66.7	33.3
教师	6			16.7	33.3	50.0
学生	59	6.8	6.8	52.5	28.8	5.1
其他	6			33.3	50.0	16.7
合计	370	1.9	6.8	36.8	33.5	21.1

(表头：客家话熟练程度 / 百分比)

表3-16 粤语熟练程度的职业变异

职业	人数	1级	2级	3级	4级	5级
农民	277	3.6	6.1	35.4	46.6	8.3
工人	10				90.0	10.0
商人	6			16.7	33.3	50.0
干部	6			50.0	33.3	16.7
教师	6			33.3	66.7	
学生	59	1.7	3.4	49.2	39.0	6.8
其他	6			33.3	66.7	
合计	370	3.0	5.1	36.5	46.8	8.6

（表头斜线：粤语熟练程度／职业／人数／百分比）

由表3-15可以看出，商人客家话熟练程度达到5级的比例最高，为83.3%；其次是教师，为50%；学生最低，只有5%。各个职业的人群中，客家话熟练程度达到4级以上的比例分别是：农民约为57%；工人为50%；商人约为83%；干部为100%；教师约为83%；学生约为34%；其他职业的约为67%。

表3-16显示，商人粤语熟练程度达到5级的比例最高，为50%，比其他职业的高很多；而教师和学生没有一个达到5级的。各个职业的人群中，粤语熟练程度达到4级以上的比例分别是：农民约为55%；工人为100%；商人约为83%；干部为50%；教师约为67%；学生约为46%；其他职业的约为67%。

从整体来看，其他方言熟练程度最高的是商人，其次是干部和教师；最低的是学生，农民也较低。造成这个职业差别的原因是他们各自所接触的对象不同。学生接触的人除了本村人，主要是老师和同学。而在学校，一般要求讲普通话，因此，他们接触其他方言的机会比较少，其他方言熟练程度也就较低。农民主要生活在农村，接触最多的是本村人，同其他方言区的人接触相对较少，其他方言的熟练程度自然也就较低。其余几个职业的人由于经常同来自其他方言区的人接触，接触其他方言的机会较多；此外，由于工作的需要，他们学习其他方言也比较积极和主动，因此，其他方言的熟练程度也就较高。从兼用的两种方言的熟练程度来看，农民、干部、教师、商人和其他职业的客家话熟练程度比粤语熟练程度稍高，而工人和学生则是粤语熟练程度比客家话熟练程度高。

三、韶关土话区方言兼用的地域变异

下面选取上述五个村落的男性、31～50岁、文化程度为小学和初中的农民群体，探讨韶关土话区方言兼用的地域变异。

（一）单方言兼用现象的地域变异

表 3-17 和表 3-18 是上述五个村落客家话熟练程度和粤语熟练程度的地域变异。

表3-17 客家话熟练程度的地域变异

村落	人数	客家话熟练程度 百分比 1 级	2 级	3 级	4 级	5 级
梅塘	15	6. 7	6. 7	33. 3	33. 3	20. 0
长来	21		4. 8	61. 9	28. 6	4. 8
靖村	8		12. 5	50. 0	37. 5	
大村	20			45. 0	45. 0	10. 0
周田	10			10. 0	40. 0	50. 0
合计	74	1. 4	4. 1	43. 2	36. 5	14. 9

表3-18 粤语熟练程度的地域变异

村落	人数	客家话熟练程度 百分比 1 级	2 级	3 级	4 级	5 级
梅塘	15	6. 7		53. 3	40. 0	
长来	21			47. 6	42. 9	9. 5
靖村	8		12. 5	37. 5	50. 0	
大村	20			65. 0	35. 0	
周田	10			20. 0	80. 0	
合计	74	1. 4	1. 4	48. 6	45. 9	2. 7

由表3-17可以看出，周田客家话熟练程度达到5级的比例最高，为50%；其次是梅塘，为20%；靖村则没有发现一个达到5级的。大村达到4级的比例最高，为45%；其次是周田，为40%；长来最低，为28. 6%。相对于客家话的熟练程度来说，这些受访者的粤语熟练程度较低，只有长来有达到5级的，而且比例很低，仅为9. 5%。周田粤语熟练程度达到4级的比例最高，为80%；其次是靖村，为50%；大村最低，为35%。

总的来看，上述五个村落中，客家话熟练程度最高的是周田，其次是大村和梅塘，长来和靖村相对较低。粤语熟练程度最高的也是周田，长来和靖村次之，较低的是大村。

（二）多方言兼用现象的地域变异

由上文单方言兼用现象的地域变异情况大致可以看出多方言兼用现象的地域变异情况，下面还是用具体的数据加以说明。

表3-19 多方言熟练程度的地域变异

村落	粤语熟练程度 百分比 客家话熟练程度	1 级	2 级	3 级	4 级	5 级
梅塘	1 级	6. 7				
	2 级			6. 7		
	3 级			33. 3		
	4 级			6. 7	26. 7	
	5 级			6. 7	13. 3	

（续上表）

村落	客家话熟练程度 \ 百分比 \ 粤语熟练程度	1级	2级	3级	4级	5级
长来	2级			4.8		
	3级			23.8	28.6	9.5
	4级			19.0	9.5	
	5级				4.8	
靖村	2级		12.5			
	3级			25.0	25.0	
	4级			12.5	25.0	
大村	3级			45.0		
	4级			20.0	25.0	
	5级				10.0	
周田	3级			10.0	0.0	
	4级			10.0	30.0	
	5级				50.0	

表 3–19 显示，在上述五个村落中，没有发现受访者两种方言熟练程度同时达到 5 级的。周田两种方言熟练程度同时达到 4 级以上的比例最高，为 80%；其次是梅塘，为 40%；再其次是大村，为 35%；靖村和长来比例较低，分别为 25%和 14%。

总之，由上述五个村落方言兼用情况来看，韶关土话居民其他方言的熟练程度比较高。兼用的方言以客家话为主，但粤语使用得也较多。不同的村落，兼用的方言熟练程度不同。跟通行粤语的市镇相邻的村落，粤语熟练程度较高，客家话熟练程度较低，如长来。同时与客家话和粤语相接的村落，客家话和粤语熟练程度都比较高，但粤语熟练程度比客家话熟练程度稍高，如靖村。处在客家话包围中的村落，客家话熟练程度较高，但粤语熟练程度也不低，如梅塘、大村和周田。

四、韶关土话区方言兼用的特点

上文分别介绍了韶关土话区方言兼用的类型、社会分层变异和地域变异，从中可以看出，韶关土话区的方言兼用现象具有以下几个明显的特点：

1.大多数村落属于局部型和半熟练型，属于全民型和熟练型的只有极少数

如前所述，属于全民型和熟练型的村落主要是因为一个村委会或自然村里分布着几种方言，而土话又处于弱势地位。不过，这样的村落在韶关土话区内只有极少数。从上编第一章可以看到，韶关土话区有相当部分村落属于纯土话型村落，而且这些纯土话村落基本上连成一片。即使村落内有其他方言分布的，其他方言使用人口一般较少，而且相邻的村落又多是土话村落。所以，韶关土话区大多数的土话村落方言兼用现象属于局部型和半熟练型。

2.方言兼用现象将越来越普遍，并逐渐渗透到家庭内

如前所述，韶关土话的使用域主要限制在家庭域、个人域和土话居民之间的交往中。在这些使用域或场合，土话的使用比例超过了80%；在其他使用域或场合中，土话的使用比例一般不到50%。而且，随着年龄的变化，土话的使用比例也在发生变化。12～30岁的人群无论哪个使用域土话的使用比例都是最低的；除教育域外，12岁以下的孩子同70岁以上的老人比较接近，土话的使用比例较高；31～50岁的人群同51～70岁的比较接近，土话的使用比例介于上述两者之间。除了12岁以下的孩子，方言兼用现象程度基本上同

年龄成反比，年龄越大，方言兼用现象越少；年龄越小，方言兼用现象越多。

在家庭内，也有部分人兼用其他方言。下面来看看对来自非土话区的妻子不同年龄段的丈夫所使用的方言。

表3-20　不同年龄段的丈夫对外来媳妇所使用的方言

年龄	人数	方言／百分比 土话	客家话	粤语	普通话	其他
12～30岁	21	23.8	19.0	38.1	14.3	4.8
31～50岁	48	68.8	22.9	4.2	4.2	
51～70岁	26	80.8	11.5	3.8		3.8
70岁以上	5	60.0	40.0			
合计	100	62.0	20.0	11.0	5.0	2.0

表3-20显示，30岁以上的人群，对外来媳妇使用土话的占绝对优势，使用比例都达到60%以上。但12～30岁的人群，土话的使用比例则锐减到23.8%。由于来自外方言区的媳妇越来越多，迁就妻子使用妻子的方言的丈夫也越来越多，因此，家庭内的方言兼用现象也将逐渐增多。

总之，可以推测，随着时间的推移，韶关土话区的方言兼用现象将越来越普遍，而且逐渐从家庭外渗透到家庭内。

3. *兼用的方言地域变异非常突出，而兼用方言的熟练程度存在一定的社会分层变异*

如前所述，周边方言的类型决定了土话居民兼用的方言的类型。与客家话接壤的村落，一般兼用客家话，属于客家话型村落；与粤语毗邻的村落，一般兼用粤语，属于粤语型村落；与客家话和粤语都相接的地方，兼用客家话和粤语的现象都较显著，不过，一般以兼用粤语为主。此外，兼用方言的熟练程度存在一定的社会分层变异。从性别变异来看，男性其他方言的熟练程度比女性稍高。从年龄变异来看，12岁以下的孩子和70岁以上的老人其他方言的熟练程度较低，其他年龄段的人群其他方言的熟练程度同年龄关系不是很密切。文化程度同其他方言的熟练程度没有明显的关系，不过，高中以上学历的群体其他方言熟练程度一般比较高。从职业变异来看，学生和农民其他方言熟练程度相对较低，其余几个职业差别不大。

4. *兼用的方言将从以客家话为主逐渐转变为以粤语为主*

如前所述，尽管韶关土话区有部分村落兼用粤语，但总体上来看，还是以兼用客家话为主。但是，如果从发展的趋势来看的话，韶关土话区兼用的方言将从以客家话为主逐渐转变为以粤语为主。原因如下：

（1）从其他方言熟练程度来看，土话区30岁以下的和现在非土话区的土话居民粤语熟练程度比客家话熟练程度高。

从表3-20可以看出，在对来自外方言区妻子使用的其他方言中，30岁以上的丈夫以客家话为主，而30岁以下的丈夫则以粤语为主。上文在介绍韶关土话方言兼用的年龄变异时还指出，30岁以上的人群，客家话熟练程度比粤语熟练程度略高；而30岁以下的人群，粤语熟练程度明显比客家话熟练程度高。

此外，在很多领域或场合，特别是与村外居民的交往和工作域中，现在非土话区的土话居民土话的使用比例比在土话区的土话居民小很多，他们兼用其他方言的现象也比土话区内的土话居民普遍。也正是因为如此，他们客家话和粤语的熟练程度都比较高。

表3-21　12～30岁非土话区内土话居民客家话和粤语的熟练程度

方言（熟练程度/百分比）	人数	1级	2级	3级	4级	5级
客家话	214	2. 3	13. 1	35. 5	33. 6	15. 4
粤语			2. 8	29. 9	34. 6	32. 7

表3-22　31～50岁非土话区内土话居民客家话和粤语的熟练程度

方言（熟练程度/百分比）	人数	1级	2级	3级	4级	5级
客家话	47		4. 3	40. 4	36. 2	19. 1
粤语				21. 3	38. 3	40. 4

表3-21显示，12～30岁的现在非土话区的土话居民客家话熟练程度达到5级的占15. 4%，粤语熟练程度达到5级的占33. 6%。而从表3-11和表3-12可以看到，这个年龄段的在土话区的土话居民，客家话熟练程度达到5级的只占8. 5%，粤语熟练程度达到5级的仅占9. 9%。从兼用的两种方言的熟练程度来看，达到5级的比例，现在土话区的土话居民客家话同粤语相差不大，而现在非土话区的土话居民粤语比客家话高约17%。

表3-22显示，31～50岁的人群，现在非土话区的土话居民客家话熟练程度达到5级的占19. 1%，粤语熟练程度达到5级的占40. 4%。而表3-11和表3-12表明，这个年龄段的在土话区的土话居民客家话熟练程度达到5级的23. 1%，而粤语熟练程度达到5级的只占4. 4%。从兼用的两种方言的熟练程度来看，达到5级的比例，现在土话区的土话居民客家话比粤语高约19%，而现在非土话区的土话居民粤语比客家话高约20%。

（2）从语言态度上来说，与客家话相比，年龄较小的和文化程度较高的人群更倾向于喜欢粤语。

如前所述，年轻人粤语熟练程度比客家话熟练程度高，原因之一是与客家话相比，他们更喜欢粤语。在问卷调查中我们设计了这样一道题：您最喜欢的话是什么？表3-23是不同年龄段的人群对这个问题的回答。

表3-23　不同年龄段的人群最喜欢的话

年龄（方言/百分比）	人数	土话	客家话	粤语	普通话
12 岁以下	23	73. 9		8. 7	17. 4
12～30 岁	299	39. 8	2. 3	32. 4	25. 4
31～50 岁	200	71. 5	6. 0	15. 0	7. 5
51～70 岁	84	77. 4	3. 6	9. 5	9. 5
70 岁以上	34	91. 2	2. 9	5. 9	
合计	640	58. 6	3. 6	21. 7	16. 1

除了普通话，30岁以上的人群最喜欢土话的比例与年龄成正比，年龄越大，最喜欢土话的比例越大；而最喜欢粤语的比例同年龄成反比，年龄越大，最喜欢粤语的比例越小。总的来看，30岁以上的人群绝大多数最喜欢的话是土话，只有极少数人最喜欢的话是粤语。但是，到了12～30岁的人群，最喜欢土话的比例锐减到40%，而最喜欢粤语的比例剧增到32%。12岁以下的孩子最喜欢土话的比例为73. 9%。他们之所以最喜欢土话，主要是因为他一般只会说土话，不太会说客家话和粤语。可以推测，当这些孩子具备了多种方言能力以后，他们最喜欢的方言也会随之发生变化，从土话转变为粤语，就像今天12～30岁的年轻人一样。

其实，不但 12～30 岁的年轻人倾向于喜欢粤语，文化程度较高的人同样倾向于喜欢粤语。下面看不同文化程度的人对“您最喜欢的话是什么？”这个问题的回答。

表3-24　不同文化程度的人群最喜欢的话

文化程度	人数	土话	客家话	粤语	普通话
没上过学	48	91.7	2.1	4.2	2.1
小学	140	70.0	6.4	12.9	10.7
初中	241	53.9	2.5	24.1	19.5
高中	96	47.9	2.1	33.3	16.7
大专及以上	24	33.3	4.2	33.3	29.2
合计	549	59.4	3.5	21.5	15.7

（表头斜线：方言／百分比／人数／文化程度）

除普通话以外，最喜欢土话的比例同文化程度成反比，文化程度越高，最喜欢土话的比例越低；文化程度越低，最喜欢土话的比例越高。最喜欢粤语的比例则同文化程度成正比，文化程度越高，最喜欢粤语的比例越高；文化程度越低，最喜欢粤语的比例也越低。最喜欢客家话的比例则同文化程度没有明显的关系，且无论哪个年龄段的人群，最喜欢客家话的比例都不高。

（3）粤语急剧扩张，由土话边缘地带逐渐渗透到中心区域。

20世纪初期，韶关市区通行本城话。不过，由于韶关处在粤、赣和湘三省的交界处，南来北往的商人很多，广府人尤其多。这些北上的广府人以使用粤语为主。抗战时期，广州沦陷，大批广府人北上，广东省府也一度北迁至韶关。抗战胜利后，绝大部分广府人回迁广州，但还是有部分人留在了韶关，使用粤语的人数逐渐增多。改革开放后，由于珠三角地区在政治、经济、文化上的强大优势，粤语的势力不断向经济落后的粤北渗透。粤语通行区已经从韶关市区逐渐延伸到各县（市、区）的城区甚至乡镇中心地带。现在，通行粤语的除了韶关市区，还有乐昌市和仁化县的城区，此外，乐昌市的长来镇、曲江区的白土镇、浈江区的犁市镇、乳源县的桂头镇等近年也开始流行粤语。

总之，随着韶关土话居民语言态度的改变、粤语熟练程度的不断提高，以及粤语在韶关的迅速扩张，韶关土话区兼用的方言从以客家话为主转变为以粤语为主是必然趋势。

五、韶关土话区方言兼用的原因

上文选取韶关土话区的五个村落介绍了韶关土话区的方言兼用现象，为什么韶关土话区存在这么普遍的方言兼用现象？原因主要有以下几个方面：

（一）杂居

前文指出，从地理分布来看，韶关土话几乎处在客家话的包围之中。客家人是什么时候迁入韶关的呢？庄初升（1999）认为，宋末元初，由于严重的战乱兵燹，整个粤北地区人口流失极为惨重。到了明代初年，社会的动荡使得粤北人口更趋下降。恰逢彼时，闽西等地常常遭受自然灾害的侵袭，当地的客家饥民开始源源不断地向粤北地区迁移。成化年间是闽西等地客民向粤北入迁的高峰期，粤北的人口开始回升，粤北客家民系逐渐形成。④从明代成化年间算起，客家人在韶关已有五百多年。而韶关土话居民祖先多是两宋以来从赣北、赣中迁入韶关的。也就是说，韶关土话居民与周边客家人有了五百多年的接触。因此，由于同客家人的长期杂居，韶关土话居民兼用客家话现象非常普遍。

（二）通婚

由于土话同其他方言交错分布，韶关土话区居民同外方言区居民通婚现象较多。而且，随着时间的推移，通婚现象越来越普遍。下面以调查到的205个韶关土话区已婚女性的母语为例来看韶关土话区通婚情况的变化。

表3-25 不同年龄段的已婚女性的母语

年龄 \ 人数 \ 百分比 \ 方言	人数	土话	客家话	粤语	其他
12～30 岁	29	27.6	27.6	27.6	17.2
31～50 岁	104	52.9	37.5	4.8	4.8
51～70 岁	56	53.6	33.9	7.1	5.4
70 岁以上	15	66.7	13.3	13.3	6.7
合计	205	50.2	33.7	9.3	6.8

从上述 205 个已婚女性的母语中可以看出，土话区内部通婚的，70 岁以上的人群占 66.7%；51～70 岁的人群占 53.6%；31～50 岁的人群占 52.9%；12～30 岁的人群则锐减到 27.6%。由于同其他方言区居民通婚现象日渐增多，越来越多的年轻丈夫也愿意迁就妻子，使用妻子的方言，因此，韶关土话区的孩子接触其他方言的机会也就越来越多。如前所述，有超过半数的孩子客家话和粤语的熟练程度都达到了 3 级，他们获得客家话和粤语的主要途径无疑多来自家庭。前文在探讨韶关土话居民获得其他方言的途径时也指出，有相当部分人获得其他方言的途径是家庭影响。

（三）外出学习或工作

韶关土话区外出学习或工作的人员相当多。我们在上述五个村落进行的问卷调查基本上都是在逢年过节时完成的，因为只有这个时候才可以遇到不同性别、不同年龄、不同职业和不同文化程度的受访者，其他时候村落里几乎只有老人、孩子和中年女性。从调查到的情况来看，土话居民现居住在土话区的约占 57%，在非土话区的约占 43%。实际上，居住在非土话区的土话居民的比例高于 43%，只是因为他们没有回家我们未调查到。因此，由于长期在非土话区学习或工作，土话居民接触其他方言的机会较多，使用其他方言的机会也较多，方言兼用能力也就较强。

（四）语言态度的转变

据曲江区白土镇大村李寿养老师介绍，以前在该村有用土话交流的习惯。村组内，如果本村人不讲土话，就会被人看不起。老人也经常强调要他们讲土话，“宁卖祖宗田，勿卖祖宗言”。家庭中一般只能说土话，即使是对来自外方言区的母亲，也都要说土话。来自外方言区的妻子如果讲自己的母语，丈夫一般会要求小孩不要理睬她。清明扫墓时，如果不讲土话，就不能吃肉。不仅白土镇大村有这个传统，其他很多讲土话的村落以前也都有，如曲江区樟市镇、仁化县周田镇等。但是，随着老人的渐渐离去，这些传统也就慢慢消失了。如前所述，现在越来越多的丈夫在家庭里主动迁就妻子，使用妻子的方言。随着语言态度的转变，韶关土话区方言兼用现象也越来越多，以至出现方言转用，这一点将在下节详细介绍。

（五）土话处于弱势地位

韶关土话区方言兼用现象普遍还有一个重要原因，那就是土话处于弱势地位。上编第一章指出，韶关土话区人口只占韶关市常住总人口的 4.53%。在韶关，分布范围最广、使用人口最多的方言是客家话，它是韶关市的区域共同语，客家话的使用人口约占韶关市常住总人口的 75%。抗战以后，粤语逐渐成为韶关市市区的通用方言，此后，它一步步从韶关土话区的边缘地带渗透至中心区域。另外，随着义务教育的普及，韶关土话区越来越多的人掌握了全国通用的普通话，它在韶关土话居民日常生活中发挥着越来越重要的作用。与客家话、粤语和普通话相比，韶关土话无论在政治、经济、文化还是人口上，都没有任何优势。因此，处于弱势地位的韶关土话居民不得不兼用强势的方言以达到对外交际的目的，导致方言兼用现象非常普遍。

第二节　韶关土话区的方言转用

如前所述，在韶关，韶关土话属于弱势方言，处于强势的主要有客家话和粤语。在周边客家话和粤语长时间的强大渗透之下，处于弱势的韶关土话开始面临濒危。有些村落的土话居民已经或正在放弃土话，改用强势的客家话或粤语，从而由方言兼用转变为方言转用。

一、韶关土话区方言转用的村落

据初步调查，韶关土话区出现方言转用的村落有：曲江区白土镇横村村委会李屋（约 200 人），樟市镇流坑村委会松山背（88 人），北约村委会新欧、新肖、细肖、黄屋、老欧、老肖、涂肖（共 898 人），南约村委会上门、下门、新厅、刘屋（共 584 人）；武江区西河镇向阳村委会（韭菜地除外，约 1 100 人），红星村委会坝厂朱姓、胡姓（共约 100 人），龙归镇龙归村委会车角岭（270 人），凤田村委会南岸村刘屋，重阳镇重阳村委会樟树坝（约 200 人），青暖村委会暖水村欧屋、黄屋和侯屋（共约 1 000 人），黄岸村委会上南岸村（约 400 人）、下南岸村（约 300 人），九联村委会陀村（672 人）、枧头村（710 人）；浈江区南门街道办事处井巷社区张家大屋（约 80 人），乐园镇沙梨园村委会鹤冲村（620 人）、头村邓姓（100 人），长乐村委会华屋（250 人）、中村（280 人），新韶镇石山村委会石陂村（650 人），黄金村委会黄金村（272 人），十里亭镇良村村委会良村（约 200 人），犁市镇石下村委会谭屋、胡屋（共约 800 人），黄沙村委会侯屋（约 200 人）；仁化县周田镇较坑村委会新屋（约 120 人）、黄土寨（240 人），平甫村委会冯屋（约 120 人），八村村委会李屋、谭屋、龚屋（共约 600 人）；乳源县一六镇一六村欧屋（约 300 人）。

从分布上来看，上述出现方言转用的有的是某个村委会的一个自然村，有的是其中的几个自然村，有的则是整个村委会。因此，从人口数量来看，上述出现方言转用的村落有多有少，少的不到 100 人，多的则超过了 1 000 人。

二、韶关土话区方言转用的类型

袁焱（2001）指出，因为阿昌族语言转用在家庭不同辈分中表现出来的差异最明显，所以可以从家庭辈分的角度进行划分。从家庭辈分角度划分，阿昌族的语言转用可以分为祖辈型、父辈型、儿辈型和孙辈型。[⑤]韶关土话区的方言转用与阿昌族语言转用情况相似，也是在家庭不同辈分中表现出来的差异最明显，因此，可以借鉴袁焱对阿昌族语言转用的分类。不过，从韶关土话区方言转用的实际情况来看，还要在其祖辈型前添加一类，我们姑且称为“先祖型”。为避免同“祖辈型”发生混淆，我们把“祖辈型”改称为“爷辈型”。

下面根据使用者的年龄划分韶关土话区方言转用的各个类型。“先祖型”指的是今人能清晰地回忆起祖先曾经讲过的土话，但现在已完全消失；“爷辈型”指的是土话一般只限于 70 岁以上的老年人使用，70 岁以下的人不能使用；“父辈型”指的是土话一般只限于 50 岁以上的人使用，50 岁以下的人不能使用；“儿辈型”指的是一般只有 30 岁以上的人能使用土话，30 岁以下的人不能使用；“孙辈型”指的是一般只有 12 岁以上的人能使用土话，12 岁以下的人不能使用。

（一）先祖型

属于这一类型的有曲江区白土镇横村村委会李屋、樟市镇流坑村委会松山背，武江区龙归镇凤田村委会南岸村刘屋、重阳镇黄岸村委会下南岸村、九联村委会枧头村、青暖村委会暖水村欧屋、黄屋和侯屋、重阳村委会樟树坝，仁化县周田镇较坑村委会黄土寨等。

曲江区白土镇横村村委会李屋居民的祖先大约是240年前从邻近的大村村委会迁移过去的。李屋同大村相距只有1千米，中间有一条小溪相隔，该村同白沙街（原白沙镇政府所在地）相邻。李屋现在没有一个人会讲土话，全部使用客家话。

樟市镇流坑村委会松山背居民全部姓张，今天全部说客家话，没有人会说土话。据松山背一位1950年出生的张先生介绍，50年前，该村还有人会说土话。其祖先大约是100多年前从该村委会的赖屋附近迁到松山背的，他们同该村委会横坪头的张姓有着共同的祖先。他的这一说法得到了横坪头一位1930年出生的张先生的证实。张先生还进一步补充说，他们的祖先先从福建迁到新丰，然后再从新丰迁到曲江区罗坑镇的先洞，然后再从先洞迁到流坑村委会赖屋附近。在赖屋附近分为两支，一支迁到松山背，一支迁到横坪头。

武江区重阳镇黄岸村委会下南岸村居民都姓莫，同该村委会上南岸村莫姓居民是同一个宗族。清同治五年，下南岸村从上南岸村分离出去。在分离出去后的第3～5代，下南岸村居民慢慢改讲客家话。今天上南岸村绝大多数居民还说土话，而下南岸村居民则都以客家话为母语。

九联村委会枧头村有近一半人姓李，是从该村委会的陀村迁移过去的，至今6代。陀村现在大多数人还使用土话，而枧头村基本上无人会说，全村人都以客家话为母语。

重阳村委会樟树坝居民都姓黄，其祖先来自浈江区犁市镇黄塘村委会。据一位1948年出生的黄先生介绍，50年前他们还使用土话进行交流，但现在已无人会说土话，全部改讲客家话了。

据《曲江县志》(1999)，重阳镇青暖管理区（“管理区”现名“村委会”）暖水村以及凤田乡凤田管理区南岸刘屋，一百多年或数百年前还说虱婆声，今已无人会讲。[⑥]我们到暖水村委会欧屋、黄屋和侯屋进行了实地调查。据当地人介绍，欧姓是从武江区西联镇甘棠村委会迁移过去的，黄姓是从浈江区犁市镇黄塘村委会迁移过去的；而侯姓祖先则是最早迁移到暖水村的居民，距今约有600多年。一位1931年出生的欧女士回忆说，她记得她曾祖父、曾祖母是讲虱嫲话的，到她祖父那一辈，就开始转用客家话了。

周田镇较坑村委会黄土寨居民大部分姓李，少部分姓谭。李姓是从周田村委会迁移过去的，比相邻的新屋祖先来得早。现在没有人会说土话。

（二）爷辈型

属于这一类型的有武江区龙归镇龙归村委会车角岭，曲江区樟市镇北约村委会、南约村委会，浈江区井巷社区张家大屋，仁化县周田镇八村村委会李屋、谭屋、平甫村委会冯屋，乐昌市乐城街道办事处原张家巷和李家巷。

武江区龙归镇龙归村委会车角岭居民都姓欧，其祖先是从西联镇甘棠村委会辖区迁移过去的。据一位1930年出生的欧先生介绍，在车角岭，会讲土话的还不到10人。曲江区樟市镇北约村委会新欧、新肖、细肖、黄屋、老欧、老肖、涂肖几个自然村连成一片，在当地被俗称为“五大门”，因为有五个大门而得名。南约村委会上门、下门、新厅、刘屋也连成一片。不过，在这两个村委会，现在会讲土话的只有70岁以上的老年人，但他们也很少说，全村通行客家话。

浈江区井巷社区张家大屋居民都姓张。据一位1932年出生的张先生介绍，张家大屋现在基本上都使用粤语，一般只有70岁以上的人才会说本城话，50岁左右的人一般不会说，但能听懂一部分。张先生说，他们小时候家庭内都还是讲本城话的，长大后就慢慢不讲了。我们去井巷社区居委会了解情况的时候，一位在该居委会工作了十多年的工作人员说，他从来没有听张家大屋的人说过本城话。

仁化县周田镇八村村委会李屋、谭屋紧挨在一起。现在在这两个村子里，一般只有70岁以上的老年人之间才使用土话，村组内通行客家话。有几位70多岁的老年人说，他们在家一般都说客家话，只有骂人的时候才会使用八村话。

周田镇平甫村委会冯屋居民祖先是从黄坑镇冯屋迁移过去的。据一位1932年出生的冯先生介绍，其父亲是讲土话的，但是到他们这一辈，就全部改讲客家话了。现在在村子里，只有一位70多岁的老年人会讲土话。

据乐昌当地人介绍，乐昌市乐城街道办事处以前有两条巷子叫张家巷、李家巷，20世纪末被拆除。在被拆除之前，这两条巷子的老年人都说北乡话。现在，这两条巷子所在地居民都使用粤语，原居居民散居乐城各地。

（三）父辈型

属于父辈型的有浈江区犁市镇石下村委会谭屋、胡屋，黄沙村委会侯屋，十里亭镇良村村委会良村，武江区西河镇红星村委会坝厂，仁化县周田镇八村村委会龚屋、较坑村委会新屋，乳源县一六镇一六村欧屋等。

浈江区犁市镇石下村委会谭屋和胡屋相连。谭屋居民祖先是从十里亭镇靖村谭屋迁移过去的，至今将近两百年。胡屋居民祖先比谭屋居民祖先先迁入石下村。黄沙村委会侯屋居民祖先是从犁市镇狮塘村委会狮塘村迁移过去的。在这两个村委会的土话村落里，会讲土话的只有50岁以上的人，村落里通行客家话。

十里亭镇良村村委会良村讲土话的全部姓卢。据一位1929年出生的刘先生介绍，他是1952年迁入该村的。刚迁来时，卢姓内部都讲土话，对其他人员则使用粤语。现在，卢姓家庭里基本上都使用粤语，一般只有50岁以上的人之间才使用土话。

仁化县周田镇八村村委会龚屋，在20世纪90年代前，开会都还使用当地的八村话。现在，一般只有70岁左右的老年人之间才经常使用八村话。50岁以上的人多数都还会说，但很少使用，一般只限于同长辈交流时使用。较坑村委会新屋居民全部姓李，其祖先是从周田村委会李屋迁过去的，其土话的使用情况同龚屋基本相同。

为了了解父辈型的村落里不同年龄段的土话居民土话的熟练程度，我们选取浈江区十里亭镇良村村委会良村卢姓进行了偶遇抽样调查。需要说明的是，本节对方言熟练程度的划分只分为四级：①不能听、也不能说；②能听、但不能说；③能听、也能说一点；④完全能交流。这里之所以只划分为四级，是因为本部分调查是最先进行的，当时对具体情况还不是很了解，这不能不说是个遗憾。此外，为避免与前文划分的五级混淆，本部分表格中土话的熟练程度全用文字表述。

表3-26　良村卢姓居民土话的熟练程度

年龄	人数	土话熟练程度 / 百分比：不能听，也不能说	能听，但不能说	能听，也能说一点	完全能交流
12岁以下	3	66.7	33.3		
12～30岁	31	32.3	29.0	25.8	12.9
31～50岁	22		63.6	31.8	4.5
51～70岁	9				100.0
70岁以上	4				100.0
合计	69	17.4	34.8	21.7	26.1

在调查的69位卢姓居民中，50岁以上的都完全能用土话交流；而50岁以下的完全能用土话交流的则很少，只占4.5%；12～30岁的完全能用土话交流的为12.9%；12岁以下的则无人会说土话了。

（四）儿辈型

属于儿辈型的有浈江区韶关市水运公司船民社区、新韶镇石山村委会石陂村、乐园镇沙梨园村委会鹤冲村、头村、长乐村委会华屋、中村，武江区西河镇向阳村委会（韭菜地除外）、重阳镇九联村委会陀村等。

曲江区重阳镇九联村委会陀村居民主要姓氏为李姓。在陀村，70岁以上的人在村内一般使用土话，很少使用客家话。50岁以上的人一般对长辈使用土话；对同辈多数使用客家话，偶尔使用土话；对晚辈一般使用客家话。30岁以上的人一般都会说土话，但很少使用。30岁以下的会说土话的很少，一般都使用客家话。

为了考察这类村落不同年龄段的土话居民土话的熟练程度，我们选取石陂村和向阳村进行了偶遇抽样调查，调查结果分别见表3-27和表3-28。

表3-27 石陂蒋屋居民土话的熟练程度

年龄 \ 人数 \ 百分比 \ 土话熟练程度		不能听，也不能说	能听，但不能说	能听，也能说一点	完全能交流
12岁以下	20	30.0	30.0	25.0	15.0
12～30岁	50	8.0	30.0	46.0	16.0
31～50岁	33	3.0	3.0	18.2	75.8
51～70岁	12			8.3	91.7
70岁以上	7				100.0
合计	122	9.0	18.0	28.7	44.3

表3-28 向阳村居民土话的熟练程度

年龄 \ 人数 \ 百分比 \ 土话熟练程度		不能听，也不能说	能听，但不能说	能听，也能说一点	完全能交流
12岁以下	9	33.3	44.4	22.2	
12～30岁	36	19.4	30.6	25.0	25.0
31～50岁	55	1.8	3.6	5.5	89.1
51～70岁	40			5.0	95.0
70岁以上	15				100.0
合计	155	7.1	11.0	10.3	71.6

从表3-27和表3-28来看，在上述两个村落里，30岁以下的完全能用土话交流的很少，其中，石陂蒋屋占31%，向阳占25%。30岁以下的即使能说土话，但他们一般只有对父辈才使用土话，同辈之间以及同晚辈则一般使用其他方言。使用的其他方言石陂蒋屋为客家话，向阳为粤语。

下面以浈江区韶关市水运公司为例介绍船民转用其他方言的情况。韶关市水运公司船民是20世纪60年代上岸定居的，现基本上住在本单位的职工宿舍里。

表3-29 韶关市水运公司船民船话的熟练程度

年龄 \ 人数 \ 百分比 \ 船话熟练程度		不能听，也不能说	能听，但不能说	能听，也能说一点	完全能交流
12岁以下	13	38.5	38.5	23.1	
12～30岁	24	8.3	66.7	8.3	16.7
31～50岁	30			10.0	90.0
51～70岁	22				100.0
70岁以上	5				100.0
合计	94	7.4	22.3	8.5	61.7

表3-29显示，在韶关市水运公司，12～30岁的完全能用船话进行交流的很少了，只占16.7%。而12岁下的孩子暂时没有发现能完全能用船话进行交流的。

（五）孙辈型

属于这一类型的有浈江区新韶镇黄金村村委会黄金村，武江区龙归镇黄岸村委会上南岸村等。

前文指出，武江区龙归镇黄岸村委会下南岸村同上南岸村的居民是同宗的，下南岸村居民现已全部改讲客家话，相邻的上南岸村也开始出现了使用客家话的趋势。在上南岸村，30岁以上的人一般使用土话；12～30岁的人虽然能说，但很少使用；12岁以下的孩子绝大多数不会说，但能听懂。家庭内双方言现象非常普遍，一般是父母亲对长辈讲土话，对小孩有时说土话、有时说客家话；而小孩对长辈则一般使用客家话。

浈江区新韶镇黄金村村委会有两个自然村——黄金村和大源村。大源村讲客家话，黄金村讲土话。不过，村委会内通行粤语，因为这两个村的居民都说不好对方的话，只好采用第三方的方言即粤语进行交流。我们用偶遇抽样法一共调查了黄金村74人的土话熟练程度，调查结果见表3-30。

表3-30　黄金村居民土话的熟练程度

年龄 \ 人数 \ 百分比 \ 土话熟练程度		不能听，也不能说	能听，但不能说	能听，也能说一点	完全能交流
12岁以下	8	37.5	12.5	12.5	37.5
12～30岁	34	8.8	14.7	11.8	64.7
31～50岁	16				100.0
51～70岁	13				100.0
70岁以上	3				100.0
合计	74	8.1	8.1	6.8	77.0

在黄金村，12～30岁的人群有64.7%的人完全能用土话交流；而12岁以下的孩子则只有37.5%的人完全能用土话交流。在村组内，12岁以下的孩子一般只在家庭内使用土话，家庭外一般都使用粤语。而12～30岁的年轻人则无论是家庭内还是家庭外一般都使用土话。

总之，从方言转用类型来看，韶关土话区方言转用现象具有明显的年龄差异。不同的村落，出现方言转用的时间不同。但是，上述出现方言转用的村落都具有一个共同的特点，即会说土话的居民除70岁以上的人与同辈和晚辈交流都使用土话以外，其余各个年龄段的人群与同辈和晚辈交流一般转用其他方言，土话一般限于与长辈交流时使用。

三、韶关土话区方言转用的原因

第一节介绍了韶关土话区方言兼用现象，本节介绍了韶关土话区方言转用现象。为什么同样是讲土话的村落，有些村落只存在方言兼用现象而有些村落却出现了方言转用的现象呢？原因主要有以下几个方面：

（一）土话村落所处的地理位置

从上编第一章可以看出，上述出现方言转用的村落有的位于韶关市区，如武江区西河镇向阳村委会，红星村委会坝厂朱姓、胡姓；有的位于韶关市市郊，如浈江区十里亭镇良村村委会良村、新韶镇黄金村委会黄金村；有的则位于韶关土话与客家话相接的边缘地带，如武江区犁市镇石下村委会谭屋、胡屋，重阳镇青暖村委会暖水村欧屋、黄屋和侯屋，重阳村委会樟树坝，仁化县周田镇较坑村委会新屋；有的则处在客家话区的核心地带，如武江区龙归镇凤田村委会南岸村刘屋等。总之，与地理位置比较偏僻或者位于土话中心地带的土话村落相比，位于市区或市郊，或者处在不同方言交界的边缘地带，或者处在其他方言核心地带的土话村落比较容易出现方言转用现象。

（二）土话村落的人口数量及其所占比例

方言转用除了同该村落所处的地理位置有关以外，还同该村落人口数量有关。从上述出现方言转用村落的人口数量来看，绝大多数村落人口都比较少，一般在300人以下。如浈江区犁市镇黄沙村委会侯屋，共约200人。在侯屋，现在只有50岁以上的人会讲土话，50岁以下的一般改讲客家话。同侯屋相邻的刘屋现有人口362人，在村组内，本村居民无论年龄大小都使用土话。刘屋和侯屋都属于黄沙村委会，两村中间只有很小的一片农田相隔。但现在，侯屋的土话处于濒危状态，而刘屋的小孩仍以土话为母语。原因何在？我们在这两个村子里走访了一个上午，除了人口相差较大以外，两个村其他方面没有明显的差别。仁化县周田镇八村村委会李屋、谭屋、龚屋三个自然村紧挨在一起，三个村现都出现了方言转用，但所属类型不同。李屋、谭屋属于爷辈型，而龚屋属于父辈型。从人口数量上来说，李屋、谭屋共300多人，龚屋大约也有300人。根据上述事实可以推测，在同等情况下，300人大概是一种方言能够在一个村落里保存下来的最基本的人口数。

有时候，虽然土话村落人口比较多，但由于在当地不占优势，其土话也有可能面临危险，出现方言转用。如曲江区樟市镇北约村委会土话村落人口虽有898人，但只占该村委会总人口的43%；南约村委会土话村落人口共计584人，仅占该村委会总人口的20%。由于土话村落人口较少，这两个村委会的土话都属于方言转用中的爷辈型。相反，同属樟市镇且位于南约和北约之间的流坑村委会，土话村落人口有2 771人，占该村村委会总人口的73%，其小孩仍以土话为母语。

（三）大批外来人员的迁入

如前所述，韶关地处广东、湖南和江西三省交界地，由于其特殊的地理位置，外来人员较多，很多人来此从事各种贸易，其中广府人最多。据清宣统年间梁朝俊等撰修的《曲江乡土志》附录的陈展鹏分编的《历史门》记载："曲江（按，今韶关）人不善经商，市面皆为广州人所把持。居肆之家，多非土著。而营造制器，悉资外匠，故虽谓全邑皆农业家可也。"[⑧]抗战前后，又有大批广府人北上韶关。据《韶关市志》（2001）记载，城区人口1936年为15 000人，[⑧]1950年为71 313人。[⑨]14年的时间韶关城区人口猛增56 313人。这增加的人口除了广府人以外，还有来自省内其他地方甚至省外的。

外来人员迁入的时间不同，方言转用的类型也就不同。浈江区井巷社区位于韶关市区中心地带，抗战前后涌入的大量人口主要聚居在这里，因此，其方言转用是韶关市区所有土话村落中最早的，属于爷辈型。20世纪80年代前，浈江区乐园镇沙梨园村委会鹤冲村、头村，长乐村委会华屋、中村，武江区河西镇向阳村委会等都还是市郊。改革开放后，由于韶关市城市建设的需要，上述村落慢慢地由市郊变成了市区，大量外来人员迁入。因此，土话居民开始转讲粤语，其方言转用属于儿辈型。

不仅韶关市区接受了大量的外来人员，靠近韶关市区的郊区同样如此。浈江区十里亭镇良村村委会良村共有450人，其中使用土话的人口为200人，全部姓卢，是由该镇湾头村委会迁入的。抗战前后，来自英德、清远、兴宁等地的人员陆续迁入该村。由于他们相互之间多不会说对方的话，便采用第三方方言即韶关市区通行的粤语作为交际用语，这样，良村土话居民也就慢慢改讲粤语了。

除了韶关市区及市郊，一些地理位置比较偏僻的农村也吸收了很多外来人员，如武江区重阳镇九联村委会陀村。陀村居民的主要姓氏为侯姓和李姓，这两个姓氏以前讲土话。大约一百年前，张姓、赵姓、莫姓、雷姓、邱姓、邓姓和陈姓等居民的祖先先后从省内非土话区迁入陀村。尽管这些外来人员在该村所占比例不大，但是，由于这些外来人员不会讲土话，侯姓和李姓居民就只好使用周边的客家话同他们交流，后来，侯姓和李姓居民自己也就慢慢地改讲客家话了，其方言转用属于儿辈型。

（四）政治运动的影响

上文指出，韶关市区本城话的濒危同大量外来人员的迁入有着密切的关系。事实上，导致韶关市区本城话的濒危的原因除了大量外来人员迁入以外，还有一个重要的原因，那就是政治运动。

据1923年出生的本城人侯崇言先生介绍，他小时候（即20世纪20年代）韶关市区就开始有人使用广州话。抗战时期，外来人员虽然逐渐增多，但广州话还未普及，本城人内部基本上还是讲本城话，只有对外才使用广州话。据他介绍，本城话真正受影响是20世纪50年代反地方主义的政治运动。这场政治运动持续了好几年。在这场政治运动中，街委会干部要求本城人不要讲本城话。因此，本城人只能偷偷在家说本城话，有外人来或出门就讲广州话。政治运动结束以后，本城人也就慢慢地习惯了讲广州话。他的这一说法得到了另一位1928年出生的讲本城话的女士的证实。不过，这位女士说，当时是说过本城人不要讲本城话，主要原因是外地人听不懂，没有侯先生说得那么严重。

总之，不管当时地方政府对本城话所采取的政策如何，这场反地方主义的政治运动对本城话的濒危确实起到了一定的作用。

（五）语言态度的影响

据邝永辉等（1998），浈江区新韶镇石山村委会石陂村，老一辈家长对母语极力维护，主要表现在对妻子使用的方言上。“宁卖祖公三斗地，唔卖祖公一管声。”在只会说客家话的妻子面前，丈夫决不改口说客家话（当地人把客家话叫做“老婆声”）。这样，来自客家话区的妻子与丈夫交谈时，各说各的方言，谁都不迁就对方。对妻子以外的人说客家话可以，对妻子说客家话则有损自己的权威和尊严，万万行不得。但是现在，50 岁以下的人，思想观念发生了变化。他们不再通过使用“祖公声”来显示自己的权威。如果妻子来自客家话区，他们基本上迁就妻子，与之交谈时使用客家话。[⑨]随着语言态度的转变，石陂土话居民无论在家庭内还是家庭外都开始使用客家话，这样，其土话的交际功能逐渐衰退。现在，30 岁以下的人基本上转用客家话，其方言转用属于儿辈型。

前文指出，仁化县周田镇八村村委会李屋、谭屋、龚屋虽然都出现了方言转用，但由于村落人口数不同，方言转用类型不同，李屋、谭屋属于爷辈型，龚屋属于父辈型。在深入访谈中我们还得知，20 世纪 90 年代前，每逢清明和过年，龚屋一般是全族人聚在一起举行活动，但只有讲土话的人才有饭吃或优先吃饭，不会讲土话的人不准吃饭或者后吃；李屋、谭屋则没有这个传统。因此，我们认为，龚屋方言转用较迟出现可能同这个传统也有一定的关系。

（六）母亲方言的影响

前文指出，武江区重阳镇黄岸村委会下南岸村居民是在清同治五年从上南岸村分离出去后才改讲客家话的。据了解，下南岸村在从上南岸村分离出去后的第 3～5 代期间，该村男性居民长期在外作官，儿女由他们的妻子即说客家话的母亲抚养，儿辈的母语也就由土话转为客家话。这样，全村人也就慢慢改说客家话了。下南岸村的祠堂至今还在，从其祠堂的规模和悬挂的牌匾还可以看到他们家族当年显赫的社会地位。据邝永辉等（1998），在浈江区新韶镇石山村委会石陂村，如果祖父去世，不会说土话的祖母就成了该家庭的权威，那么，该家庭的语言生活便发生变化，即由土话、客家话并存的格局转变成单纯使用客家话的格局。在他们抽样调查的 20 个家庭中，有 5 个家庭属于上述情形。这些家庭都放弃使用土话而单纯使用客家话进行交流，没有一个例外。[⑩]

受母亲方言影响出现方言转用的现象不仅在土话村落里存在，在客家话村落里也有发现，如浈江区十里亭镇靖村村委会陈屋的下厅。陈屋分上厅和下厅，居民都姓陈，属于同一宗族。据《陈氏族谱》记载，他们的祖先先从江西迁徙到福建汀洲上杭县瓦子街，明代成化年间（1467）再迁至翁源县，明万历 21 年（1593）再从翁源篸官坑迁至靖村陈屋。他们本来都是讲客家话的，但是今天，上厅讲客家话，下厅讲靖村话。下厅之所以改说靖村话，据说是因为下厅的先人娶了靖村的女性为妻，其妻非常强势，要求全家人都跟着她说靖村话。自此以后，下厅就慢慢改讲靖村话了。

（七）行政区划的影响

前文指出，武江区龙归镇龙归村委会车角岭现有人口 270 人，属于爷辈型的方言转用村落。据介绍，车角岭居民全部姓欧，同甘棠欧姓居民是同一宗族。1953 年以前，车角岭属于西联镇的甘棠大队（“大队”现名“村委会”）。那时，全村都讲土话。在西联镇，土话区人口占全镇总人口的 43.8%，而且这些土话区基本上连成一片。1953 年车角岭划归龙归镇。之所以要把车角岭划归龙归镇，主要是因为车角岭同甘棠有山相隔，交通不便，且距离较远；而去龙归则地势平坦，距离较近。划归龙归镇以后，车角岭同甘棠村委会地区和西联镇的联系自然减少。而在龙归镇，土话区人口仅只占全镇总人口的 5%，使用土话的除了车角岭以外，还有一个就是位于山上的后坪村。因此，自划归龙归镇以后，车角岭就基本上不讲土话了。总之，车角岭的方言转用虽然同其自身的人口和地理位置有关，但其行政区划的变更无疑加速了这一进程。

（八）居住环境的影响

上编第一章指出，韶关市各县（市、区）都分布着使用船话的船民。我们走访了船民居住地比较集中的船民村落，如曲江区白土镇渔业队、韶关市水运公司、武江区龙归镇渔业队、乳源县桂头镇渔业队、仁化县船厂等，发现，住在各个乡镇附近河边的船民村落，尽管人口非常少，但船话仍然是船民对内的主要交际用语，小孩多以船话为母语，这与土话村落因人口较少而出现方言转用的情况明显不同。

白土镇讲船话的人口虽有420人，但分住在两个不同的地方，部分住在白土镇旁，部分住在白沙街旁。在这两个船民村落里，小孩仍以船话为母语，这与上文所讲的白沙街附近横村村委会李屋早就完成方言转用的情形形成鲜明对照。还有如龙归镇渔业队，虽然只有120人，但小孩仍以船话作为母语，这与跟它隔河相望的车角岭属于爷辈型的方言转用也迥然不同。此外，乳源县桂头镇讲船话的部分居民住在河边，部分居民住在造纸厂。住在河边的船民小孩仍以船话为母语，而住在造纸厂的船民小孩有的开始转用粤语。

为什么同样是使用人口少，船话能够保留下来而其他土话却正在走向濒危呢？原因在于他们聚居的类型不同，船民是聚居型的，而其他的土话居民基本上是散居型的。图3-1是白沙街附近船民村落：

图3-1　曲江区白沙街附近船民村落

上文介绍了韶关土话区方言转用的原因，主要有：土话村落所处的地理位置、土话村落的人口数量及其所占比例、外来人员的迁入、语言态度的转变、政治运动的影响、母亲方言的影响、居住环境的影响等。除了上述原因以外，导致韶关土话区方言转用还有两个重要原因：一是杂居，二是土话处于弱势地位，这两点在上节“韶关土话区的方言兼用”中已有论述，此处不再赘述。

四、对韶关土话区方言转用出现时间的推测

前文指出，韶关土话区很早就出现了方言转用现象。我们注意到，在先祖型的村落里，龙归镇的凤田村委会处在客家话的核心地带，远离其他土话村落，显得非常特别。另外，前文还指出，韶关土话一般分布在河流的两岸，但武江区龙归镇境内的河流两岸则很少使用土话，而其上游的曲江区白土镇土话分布很广。为什么？是不是今天有些讲客家话的村落本来是讲土话的，只是因为方言转用出现得太早而不为后人所知呢？

第一章指出，侯姓是韶关市本城人中最主要的姓氏。我们访问的侯崇言先生告知，韶关市本城人中的侯姓同武江区重阳镇、乳源县桂头镇的侯姓属于同一个宗族。小时候他听老人家说过“西水无侯不成村”（西水即韶关市武江流域，包括浈江区犁市镇、武江区重阳镇、乳源县桂头镇和一六镇等）。但是今天，属于西水的这些乡镇，有的虽然有侯姓，但如今已不说土话，如重阳镇。侯姓现在仍然是重阳镇的主要姓

氏之一，但居民全都讲客家话，而不讲土话，如万侯村委会。一六镇姓侯的也很少，而且整个一六镇讲土话的现在只有一六村委会的欧屋。侯姓多且仍然讲土话的现在只有桂头镇和犁市镇。我们认为，同韶关本城人侯姓有着共同祖先的重阳侯姓居民以前很可能是讲土话的，理由如下：第一，万侯客家话"妈妈"的说法与韶关土话相同，而与周边客家话不同。在重阳镇调查时，当地人告诉我们，万侯的客家话称"妈妈"为"阿娘"，而当地其他的客家话一般称"阿姆"，两者截然不同。从上编第六章"韶关土话词汇对照表"可以看出，韶关土话称"妈妈"一般为"阿娘"，万侯与此同。第二，万侯处在韶关土话的边缘地带，与客家话毗邻，而现在已知的出现方言转用的韶关土话村落也多处在土话的边缘地带。

总之，在今天非土话区的村落里，应该还有类似万侯这样很早就出现方言转用而不为后人所知的原土话村落。也就是说，韶关土话区方言转用的现象应该远在一两百年前就已经出现。先人们正是因为看到了周边客家话对他们"祖公声"的威胁，出于强烈的对母语的维护意识，便采用各种办法来保护自己的"祖公声"，例如前文介绍的清明过年时只有讲土话的才有饭吃或优先吃饭的传统。今天，在土话濒危的村落里，也有极少数老年人为保护土话作出了种种努力，如要求自己的晚辈讲土话等，但收效甚微。当晚辈在老人身边时，确实能说一点点土话或者说得比较好，但当他们离开老人身边后，他们原有的土话能力就会逐渐丧失。表 3-26 显示，浈江区十里亭镇良村 12～30 岁的人群土话熟练程度比 31～50 岁的人高，这是因为 12～30 岁的人群现在一般都生活在老人身边，受老人的影响较大；而 31～50 岁的人群现在一般都离开老人，独立生活。我们在土话濒危的村落里碰到过几位 20 多岁的年轻人，他们都说，尽管小时候完全能听懂土话，也会说一点点，但现在却几乎听不懂了。因此，可以预见，良村 12～30 岁的人群的土话能力会随着老年人的离去或者他们离开本村而渐渐丧失。总之，在周边客家话或粤语的强大渗透下，老一辈的这种努力如杯水车薪，无济于事。

本章介绍了韶关土话区的方言兼用和方言转用，从中可以看出，韶关土话区有相当部分的人具有较强的方言兼用能力，而这种方言兼用能力又表现出了明显的社会分层变异。从总的趋势来看，韶关土话区方言兼用现象将越来越普遍，土话居民方言兼用能力也将越来越强，而这又将加快韶关土话区方言转用的进程。长期的方言接触必定会带来方言本体的变异，韶关土话也不例外。那么，周边强势方言对韶关土话产生了一些什么样的影响呢？其规律又如何？下一章"韶关土话的地域变异"将对这些问题进行比较全面而深入的探讨。

注释：

①游汝杰. 汉语方言学导论. 上海：上海教育出版社, 2000. 174

②游汝杰, 邹嘉彦. 社会语言学教程. 上海：复旦大学出版社, 2004. 42

③袁　焱. 语言接触与语言演变. 北京：民族出版社, 2001. 101～105

④庄初升. 粤北客家方言的分布和形成. 韶关大学学报, 1999（1）

⑤袁　焱. 语言接触与语言演变. 北京：民族出版社, 2001. 134～140

⑥曲江县地方志编纂委员会. 曲江县志. 上海：中华书局, 1999. 1058

⑦参见：邝永辉. 粤北虱婆声土话区的语言生活. 语文研究, 2002（2）

⑧胡灵光, 游益森. 韶关市志. 上海：中华书局, 2001. 361

⑨胡灵光, 游益森. 韶关市志. 上海：中华书局, 2001 年. 363

⑩邝永辉, 林立芳, 庄初升. 韶关市郊石陂村语言生活的调查. 方言, 1998（1）

第四章　韶关土话的地域变异

前文指出，在韶关，韶关土话属于弱势方言，其使用范围比较有限，韶关土话居民对外一般使用周边的强势方言即客家话或粤语。由于长期同周边方言接触，韶关土话的语言本体已经发生了很多变化。徐通锵（1991）指出："语言发展中的时间是无形的，一发即逝，难以捕捉，而语言的空间差异则是有形的，是听得见，看得清（把实际的音值记下来）的，是时间留在语言中的痕迹，可以成为观察已经消失的时间的窗口。"[①]韶关土话所呈现出来的空间差异是我们探索其语言本体变异的窗口。

本章选取韶关土话七个方言点介绍韶关土话的地域变异，这七个点分别是：曲江区白土镇大村村委会、武江区西河镇向阳村委会、浈江区新韶镇石山村委会石陂、仁化县周田镇周田村委会、仁化县石塘镇石塘村委会、乐昌市长来镇长来村委会和乳源县桂头镇松围村委会。为了探讨韶关土话的地域变异，我们还调查了韶关土话周边四个点的客家话，它们分别是：曲江区马坝镇矮石村委会、仁化县周田镇台滩村委会、仁化县董塘镇高宅村委会、乳源县游溪镇中联村委会。这四个点的客家话分别是曲江区白土镇大村村委会、仁化县周田镇周田村委会、仁化县石塘镇石塘村委会和乳源县桂头镇松围村委会韶关土话居民对外使用的方言之一。此外，西河镇向阳村委会居民过去对外也使用客家话，他们使用的客家话同马坝镇矮石村委会的客家话比较接近。新韶镇石山村委会石陂居民现正转用客家话，他们使用的客家话同曲江区马坝镇矮石村委会和仁化县周田镇台滩村委会的客家话都比较接近。

第一节　确定韶关土话地域变异的原则

如前所述，韶关土话居民的祖先多是两宋以来从赣北、赣中迁移而来的。明代成化年间，客家人大量迁入韶关，并反客为主，成为韶关市人口最多的族群。20世纪中叶以来，粤语又逐渐渗透到韶关。客家话和粤语成为韶关土话居民日常生活中最主要的兼用方言。所以，方言之间的横向渗透应该是推动韶关土话地域变异的一个非常重要的因素。托马斯认为："没有任何证据可以表明某个语言是在完全孤立于其他语言的情形下发展起来的。"[②]法国著名语言学家J·房德里耶斯在论及语言的接触和混合的时候也曾说："使语言不受任何外来影响而不断发展的理想几乎从来也没有实现过。相反，相邻语言的影响在语言的发展中常常起至大的作用。"[③]那么，韶关土话在周边方言的影响下发生了哪些变异呢？

要探讨韶关土话在周边方言影响下产生的变异，首先就要区分韶关土话与周边方言之间的共有成分是同源性共有成分还是接触性共有成分。同源性共有成分指方言之间具有共同语源的方言共有成分，接触性共有成分指方言之间无共同语源、只是因方言接触而形成的方言共有成分。同源性共有成分反映方言之间的纵向联系，而接触性共有成分反映方言之间的横向联系。纵向联系主要体现在历时层面上，而横向联系主要体现在共时层面上。[④]只有因为接触而产生的共有成分才是方言之间互相渗透的结果。

一、依据韶关土话、粤北土话连州片（下文简称为"连州片土话"）和湘南土话的共性确定韶关土话与周边方言的同源性共有成分

由于现在要考察的是共时平面的横向的接触关系，因此，就要以历时的同源性共有成分作为基点。只有有了这个基点，才能观察到共时的语言接触现象。韶关土话、连州片土话和湘南土话表现出来的共同特点是韶关土话与周边方言的历时的同源性共有成分。理由如下：

（一）韶关土话区、连州片土话区和湘南土话区历史上联系密切

从春秋战国至西汉，粤北和湘南隶属于同一个行政区，或者属百越地，或者属楚地，或者属长沙郡，或者属桂阳郡。1977 年，湖南长沙马王堆汉墓发掘出极为珍贵的西汉时期的帛地图，“在图的左上角，有一个桂阳县（今广东连县），位于南岭以南、湟水（今北江支流）之源。这个县虽在南岭以南，但却不属于南越国，而属南岭以北的长沙国，可见南越与长沙之间又不是以南岭为界”。[⑤]

隋唐以来，瑶族的先民又开始南迁到湘南和粤北，并逐渐成为这两个地区最主要的土著民族。《隋书》卷三十一“地理志”云：“长沙郡又杂有夷蜒，名曰莫徭。自云其先祖有功，常免徭役，故以为名。……武陵、巴陵、零陵、桂阳、澧阳、衡山、熙平皆同焉。”[⑥]到了宋代，瑶族先民已经遍布湘南和粤北山区了。《宋史》卷四百九十三列传“西南溪峒诸蛮”云：“蛮猺者,居山谷间，其山自衡州常宁县，属于桂阳、郴、连、贺、韶四州，环纡千余里，蛮居其中，不事赋役，谓之猺人。”[⑦]

此外，两宋以来，湘南、粤北又接受了大量来自赣北、赣中的移民。著名的历史地理学家谭其骧先生早年对湖南人的由来进行了深入研究，得出五点结论，其中“一曰：湖南人来自天下，江、浙、皖、闽、赣东方之人居其什九；江西一省又居东方之什九；而庐陵一道，南昌一府，又居江西之什九。”“四曰：湖南人来自历古，五代、两宋、元、明居其什九；元、明又居此诸代之什九；而元末明初六七十年间，又居元、明之什九。”“五曰：五代以前，湖南人多来自北方；五代以后，湖南人多来自东方。南宋以前，移民之祖籍单纯，几尽是江西人……”[⑧]曹树基《湖南人由来新考》（1990）有专门的篇幅论述湘南地区的人口由来，文章指出：“1937 年的湘南人口中，50%左右是江西移民后裔；12%左右是广东移民后裔；10%左右是苏浙移民后裔；3%左右是福建移民后裔。与氏族比重比较，江西人口比重增加而广东人口比重降低。就迁入时间论，25%左右是宋以前移民后裔；53%左右是宋代移民后裔；18%是元及明初移民后裔；3%左右是明代中后期移民后裔；2%左右是清代移民后裔。”[⑨]“如果这一结论能够成立，可以认为江西移民在宋代已成为湘南人口的重要组成部分。”[⑩]此外，据鲍厚星（1999）[⑪]、唐湘晖（2000）[⑫]、罗昕如（2002）[⑬]、陈晖（2002）[⑭]，湘南土话区的东安、桂阳、蓝山、临武等地的居民也多说自己的祖先是两宋时期从赣北或赣中迁移而来的。

江西向粤北移民，应该是上述“江西填湖广”移民运动的余波。江西向韶关土话区的移民，第一章已经进行了详细的论述。江西向连州片土话区的移民，庄初升（2004）有详细的介绍，现转述其中的有关内容。在连州市星子镇，姓欧阳的居民自称祖上是北宋文学家、吉州庐陵（今江西吉安）人欧阳修。在连州市丰阳镇湟水的源头，有一座墓碑上刻着“宋公白祖六郎之墓”的古冢，相传是北宋“江西诗派”的鼻祖，洪州分宁（今江西修水）人黄庭坚之墓。据夏湟村《黄氏族谱》记载：“必达者，是吾族之始祖，乃仲式之季子也，黄冠公之孙，即庭坚公之曾孙也。今湟水之源梓撞涵之白祖六郎墓者，即庭坚公之墓也。不传太子大学士，而谓白祖六郎者，循其隐也。”[⑮]

（二）韶关土话、连州片土话和湘南土话在语言本体上表现出了非常明显的一致性

从已有的研究成果来看，韶关土话、连州片土话和湘南土话具有很多相同的特点，有些特点甚至是为这些土话所独有。语音上的共同点如：第一，古全浊声母清化后，三地土话都存在送气与否以声纽为条件的类型，连州片土话如连州星子、保安，韶关土话如桂头和长来，湘南土话如临武街头、宜章赤石、桂阳燕塘、嘉禾广发、蓝山太平。韶关土话和湘南土话还都存在不论平仄读送气音的类型，韶关土话如大村、周田、向阳，湘南土话如临武麦市、桂阳流丰、蓝山新圩。第二，非组部分常用字读重唇音。第三，知组三等部分口语常用字读如端组。第四，古溪母部分常用字读如晓母。上述第二至第四个特点在韶关土话、连州片土话和湘南土话中普遍存在，此处不再举例。第五，止摄合口三等白读读撮口呼，韶关土话如大村、石塘，连州片土话如连州星子、保安、乐昌黄圃，湘南土话如宜章、嘉禾、东安、新田。第六，四等齐韵部分常用字今读洪音。韶关土话如向阳、周田、长来，连州片土话如连州、三江，湘南土话如宜章、东安、宁远。第七，存在效摄同流摄合流的现象，韶关土话如向阳、石陂，连州片土话如连州星子、西岸、乐昌三溪，湘南土话如宜章、东安、江永、嘉禾、新田。第八，存在古阳声韵今读阴声韵的现象，李冬香（2005）

对此有非常详细的论述。[16]第九，存在古全浊上今读上声或阳上的现象，韶关土话如桂头，连州片土话如连州丰阳、三江，乐昌黄圃、皈塘，湘南土话如桂阳敖泉、宜章、新田、永州岚角山。

相对于语音上的共同点来说，三地土话词汇上的共同点目前发现得比较少，这是因为：第一，从现有的研究成果来看，各地词汇材料参差不齐，很难进行全面而深入的比较。第二，从语言系统的演变来看，在语音、词汇和语法三要素中，词汇是变化最快的。尽管如此，我们还是发现有些说法在三地土话中零星分布，极少数甚至还非常普遍。这些说法主要有：莳田（插秧）、薅田（耘田）、担竿（扁担）、生鸡（公鸡）、蝙蝠（飞鼠）、白公/白婆（曾祖父/曾祖母）、姼公/姼婆（外祖父/外祖母）、夫娘（妻子）、息（重孙）、鼻头（鼻子）、肩头/膊头（肩膀）、□k'ɛi^{4}桂头音（痱子）、笠头（斗笠）、食（吃）、洗身（洗澡）、打交（打架）、刺（削）、□lau^{44}向阳音（讨厌）、恐（怕）、闹热（热闹）。这些词语在连州片土话和湘南土话中的具体分布见表4-1（韶关土话的分布情况请参见上编“韶关土话调查报告”以及张双庆主编的《乐昌土话研究》），表中“+”号表示参加比较的方言点具备该项语言特征，空白表示不具备或无从比较。

表4-1 连州片土话和湘南土话相同说法的分布

方言点 / 是否具备该项语言特征 / 词目	连州片土话								湘南土话				
	星子	保安	连州	西岸	丰阳	黄圃	皈塘	三溪	宜章	嘉禾	江永	东安	临武
莳田插秧	+	+	+	+	+	+	+	+	+	+	+	+	
薅田耘田	+	+	+	+	+					+	+		
担竿扁担	+	+					+			+			+
生鸡公鸡	+		+	+	+	+	+	+	+(1)	+	+	+	
蝙蝠飞鼠	+	+	+	+	+					+	+		
白公太公		+		+						+	+		
白婆太婆		+	+				+	+		+	+		
姼公外公		+	+	+		+	+	+	+	+	+		+
姼婆外婆	+	+	+	+	+	+	+	+	+	+	+		+
夫娘妻子	+					+	+	+	+				+
息重孙	+	+	+	+	+	+	+	+		+	+(2)		+(3)
鼻头鼻子	+	+	+	+	+	+	+	+	+	+	+	+	+
肩头肩膀	+				+	+	+	+		+			+
·斩痱子	+	+		+		+			+(4)				
笠头笠帽	+				+	+	+	+		+	+	+	+
着穿	+	+	+	+	+	+	+	+	+	+	+	+	
食吃	+	+	+	+	+	+	+	+	+	+		+	
洗身洗澡	+	+	+	+	+	+			+	+			
打交打架	+		+		+	+	+	+		+			+
·批削	+		+			+	+	+			+		
恼讨厌		+	+	+							+		
恐怕	+	+	+	+	+	+	+	+	+	+	+(5)		+
闹热热闹	+	+	+	+			+	+		+	+	+	+

说明：(1)《宜章土话研究》注音为“□çie^{13}”，跟该土话中的“生”同音；(2)《江永方言研究》写为“色”；(3)《临武方言土话与官话的比较研究》写为“戌”；(4)《宜章土话研究》注音为“□tɕ'i^{31}”，跟“斩”同音；(5)《江永方言研究》注意为“□çie^{35}”，疑为“恐”的音变。

语法上三地土话可供比较的材料也较少，目前发现的共同点有：第一，指称动物雄雌的语素一般分别用“牯/公”和“婆”；第二，部分词语后面用词缀“头”，如“鼻头”“笠头”“肩头”等；第三，都有相当于普通话“子、儿”的后缀“哩”和“仔（崽）”以及表示时间的语素“晡”；第四，表示状态的持续都有用“倒”和“起”的现象。上述语法上的相同点将在第四节“韶关土话的语法变异”中详细介绍，此处阙如。

上文简要介绍了韶关土话、连州片土话和湘南土话之间的共同点。这些共同点虽然只是零零碎碎地分布于部分土话中，但它们充分说明了三地土话之间的密切关系。布龙菲尔德（1997）曾指出：“特别是，一个特征只出现在零散地方，被一片说着占上风的新形式的连绵区域所隔开，那么，这幅地图通常能够这样解释：这些分散地点曾经是一片完整领域的组成部分。”[17]正是基于三地土话在语言本体上表现出来的一致性，许多学者认为这三地土话关系密切。如张双庆、万波（1998）[18]和罗昕如（2003年）[19]认为湘南土话同粤北土话有密切的关系。王福堂（2001）则指出：“广西平话、湘南土话和粤北土话是同一种方言。平话主要的语音特点是古全浊声母清化后塞音、塞擦音不送气。一些土话在这方面的不同表现只是壮侗族语言和其他汉语方言影响的结果。”[20]庄初升（2004）认为，韶州片土话和连州片土话关系比较密切，而“连州片土话与湘南土话的关系最为密切，它们不论是在自然地理还是在方言地理上都是连成一体的”。[21]

综上所述，由于韶关土话区、连州片土话区和湘南土话区历史上联系密切，今天在语言本体上又表现出了非常明显的一致性，因此，当韶关土话中的某个语言现象同时与连州片土话、湘南土话相同时，我们一般认为该语言现象是三地土话的同源性共有成分。

二、依据韶关土话、连州片土话和湘南土话的差异以及韶关土话的内部差异确定韶关土话与周边方言的接触性共有成分

尽管三地土话在语言本体上表现出了上述一致性，但差异性仍然存在，这主要是由于三地土话后来走向了独立发展的道路，各自所处的语言环境又互不相同。表现在：第一，两宋以来，虽然韶关土话区、连州片土话区和湘南土话区都接受了大量来自江西赣北和赣中的移民，但由于各种原因，所接受的移民数量多少不一，因此，三地土话受赣语影响的程度深浅不一。第二，三地土话区现时的语言生活不同。湘南土话区对内使用湘南土话，对外主要使用西南官话。连州片土话靠近湖南的山村或乡镇对内使用土话，对外使用西南官话，如乐昌的黄圃等；其他地区有的兼用客家话，有的兼用粤语，不过以兼用粤语为主。韶关土话区语言生活总体上与连州片土话兼用客家话和粤语的地区比较接近，只是方言兼用现象比连州片土话区更为普遍，兼用的方言过去以客家话为主，现在，粤语正在取代客家话而成为主要的兼用方言。

基于以上事实，我们认为，当韶关土话某个语言现象不见于连州片土话和湘南土话，而与周边其他方言相一致时，我们就认为该语言现象是韶关土话与周边方言的接触性共有成分。此外，当韶关土话内部存在差异，而其中的某个语言现象却见于周边方言时，我们也认为该语言现象是韶关土话与周边方言的接触性共有成分，是韶关土话在周边方言影响下产生的变异。

具体来说，确定同源性共有成分的方法是：如果某个语言现象见于韶关、连州和湘南三地土话，但不见于周边客家话、粤语和赣语，则一般认为它是三地土话的同源性共有成分；或者虽然见于客家话和粤语，但由于湘南土话区不兼用客家话和粤语，因此也认为它是三地土话的同源性共有成分。如果该语言现象虽然见于三地土话，但韶关土话是后来在同周边方言的接触中形成的，则不能算是三地土话的同源性共有成分。确定接触性共有成分的方法分两种情况。第一种情况，韶关土话内部非常一致时，判断接触性共有成分的方法是：第一，如果某个语言现象见于韶关土话和周边客家话或粤语，而不见于湘南土话和连州片土话，那么，该语言现象就是韶关土话在周边客家话或者粤语影响下产生的接触性共有成分。第二，如果某个语言现象见于连州片土话，同时也见于周边的客家话或粤语，但不见于湘南土话，那么，该语言现象是韶关土话和连州片土话在客家话和粤语的影响下产生的变异，也是接触性共有成分。第三，如果某个语言现象虽然在三地土话中都存在，但同时还只普遍见于赣语或同赣语有密切联系的方言，那么，该语言现象

是三地土话在赣语影响下产生的变异，属于接触性共有成分。第二种情况，当韶关土话内部存在差异时，判断接触性共有成分的方法是：只要其中存在差异的某个语言现象与周边方言相同，就认为该语言现象是韶关土话在周边方言影响下产生的接触性共有成分，至于该接触性共有成分在连州片土话、湘南土话中是否存在则不予考虑。

另外，还要说明的是，当某个语言现象既见于客家话，又见于赣语；或者既见于客家话，又见于粤语；或者既见于客家话，又见于普通话，而又没有其他证据能够确定其来自周边哪种方言时，我们就优先考虑客家话，认为这是受客家话影响的结果。这是因为：赣语同韶关土话的接触发生在几百年之前，而在后来的几百年之间，韶关土话同客家话有了非常密切的接触；而粤语和普通话渗透到韶关土话区只是最近几十年的事情，我们调查的对象又多是中老年人，因而受它们的影响应该不会很大。

此外，由于南岭的阻隔，过去汉人进入岭南是非常困难的，生活在韶关的土著民族主要是古代的百越族。隋唐时期，苗瑶族开始进入岭南。唐宋以后，南北交通障碍逐渐消除，汉人大量南下，汉人带来的汉语必定会跟当地的土著民族的语言发生接触。在汉人反客为主后，少数民族语言成分就成为了汉语的底层成分。因此，当某个语言现象普遍见于三地土话或者见于韶关土话和连州片土话、湘南土话中的部分土话，同时还见于周边少数民族语言时，我们认为该语言现象是韶关土话在少数民族语言影响下产生的变异，是接触性共有成分。

第二节　韶关土话语音的地域变异

一、声母的地域变异

（一）古全浊声母今读的变异

除长来和桂头外，其余五个点古全浊声母今逢塞音、塞擦音时，不论平仄一般都读送气音。长来和桂头古全浊声母今逢塞音、塞擦音时送气与否同时以声纽和声调为条件。具体来说，舒声这两个点都是古並、定、澄母（今读塞音）口语中常用上声字读送气音，其他的多读不送气音，澄母（今读塞擦音）和其余全浊声母则一般都读送气音。促声长来古並、定、澄母（今读塞音）一般读不送气音，其他的一般读送气音；桂头古全浊声母今逢塞音、塞擦音时一般读送气音。

表4-2　长来和桂头古全浊声母今逢塞音、塞擦音时的读音

读音＼例字／方言点	大定	爬並	茶澄	锄崇	舅群	断定	地定	杂从	及群	白並
长来	tu^{33}	pou^{51}	$ts‘ou^{51}$	$ts‘ou^{51}$	$k‘i^{33}$	$t‘ɛŋ^{33}$	tai^{33}	$ts‘u^{12}$	$k‘ai^{12}$	pa^{12}
桂头	tu^{22}	$pɔu^{45}$	$ts‘ɔu^{45}$	$ts‘øy^{45}$	$k‘iɔu^{21}$	$t‘œn^{21}$	tai^{22}	$ts‘ie^{44}$	$k‘ai^{44}$	$p‘i^{44}$

古全浊声母今逢塞音、塞擦音时读送气音是赣语和客家话共同的特点。万波（1998）根据现代汉语方言、历史方言资料以及移民史指出：“赣语古全浊塞音、塞擦音声母今读的主流，即不论平仄都与相应的次清声母合流为送气清音的读法，与客家话、江苏通泰方言及山西河南部分方言具有同源关系。可能在中唐安史之乱时，这个特点随北方移民传入江西，由此而影响整个客赣方言。”[22]李如龙、辛世彪（1999）根据大量的语言事实推测：“现今南北方言中的‘全浊送气’的特点都应该说是有源流关系的，换言之，都是从古代的秦晋方言承传下来的。古全浊声母今读一律送气的方言，全浊音也最早清化。秦晋、江淮（通泰）、客赣方言中‘全浊送气’这一声母上的承传演变至少已经有 1 500 年以上的历史了。”[23]

韶关土话古全浊声母今读一般送气的现象同两宋以来江西移民带来的江西方言存在着明显的渊源关系。但是，联系到湘南土话还存在不论平仄今一律读不送气浊音（少数变读擦音）的类型，如东安花桥、石期等地的土话，可以认为，韶关土话古全浊声母今逢塞音、塞擦音时不论平仄一般读送气音的特点同周边客家话的影响也有一定的关系。表 4-3 是周边客家话古全浊声母今逢塞音、塞擦音时的读音。

表4-3　周边客家话古全浊声母今逢塞音、塞擦音时的读音

读音 例字 / 方言点	大定	茄群	坐从	茶澄	柱澄	被並	跪群	白並	毒定	虫澄
曲江马坝	t‘ai^{31}	k‘iɔu^{13}	ts‘ɔu^{44}	ts‘a^{13}	ts‘y^{44}	p‘i^{44}	k‘ui^{31}	p‘ak^{5}	t‘uk^{5}	tʃ‘uŋ^{13}
仁化周田	t‘ai^{31}	tɕ‘iɔ^{22}	ts‘ɔ^{34}	ts‘a^{22}	ts‘u^{34}	p‘i^{34}	k‘ui^{31}	p‘ak^{5}	t‘ouk^{5}	ts‘uŋ^{22}
仁化董塘	t‘ai^{53}	k‘iɔ^{12}	ts‘ɔ^{44}	ts‘a^{12}	ts‘u^{44}	p‘i^{44}	k‘ui^{53}	p‘aʔ^{5}	t‘uʔ^{5}	ts‘uŋ^{12}
乳源游溪	t‘ai^{31}	k‘iɔ^{13}	ts‘ɔ^{44}	ts‘a^{13}	ts‘y^{44}	p‘i^{44}	k‘ui^{31}	p‘ak^{5}	t‘uk^{5}	ts‘uŋ^{13}

桂头和长来古全浊声母今逢塞音、塞擦音时送气与否同时以声纽和声调为条件，这个类型是如何产生的呢？对于这个问题学术界还有不同的意见。

周振鹤、游汝杰（2006）认为，汉语方言中的ʔb和ʔd用《切韵》音系得不到解释，应该是是古越语的底层遗存，在东南亚的一些语言如越南语、老挝语、泰国语等和国内壮侗语言如壮语、布依语、毛难语等中有这两个缩气塞音ʔb和ʔd。[24]王福堂（2001）在谈到评话、湘南土话和粤北土话並定母的今读时指出，这种现象“可以设想某些土话曾经受到壮侗族语言的影响，浊声母[b d]（即並定母和音值为塞音的奉澄母）曾经变为[ʔb ʔd]。这样，在以后浊音清化的过程中，[ʔb ʔd]因为具有吸气的特性，就不再能参与方言中后来发生的送气化音变，只能变为不送气音，而其他全浊声母则变为送气音。……由此看来，某些土话中古全浊声母清化后塞音、塞擦音送气与否和声母发音部位发音方法有关的现象，实际上是这些土话中壮侗语底层或影响的反映。”[20]

庄初升（2004）对王福堂先生的观点提出了质疑，理由如下：第一，这种说法无法解释湘南土话、粤北土话中与“並、定母为不送气音，其他全浊声母为送气音”相关的其他类型；第二，有证据表明，湘南土话、粤北土话中並、定母读不送气音乃是比较晚起的音韵层次；第三，湘南地区和粤北地区的底层语言并非壮侗语，而只可能是苗瑶语。因此，他倾向于用语音系统发展的不平衡性原理来解释粤北土话（其实还应该包括性质相近的湘南土话）古全浊声母清化后送气与否的各种类型。[25]庄初升（2007）进一步指出：粤北土话、湘南土话和桂北平话中古全浊唇音、舌音今读的特殊表现与壮侗语的底层或影响无关，古全浊声母在清化的过程中具有不同的速度和次序，土话、平话区多方言的接触和互动是造成这群土话、平话的古全浊唇音、舌音今读具有特殊表现和多种类型的原因。[26]

李如龙（2005）认为东南方言中先喉塞音声母是壮侗语的底层现象，他提出了几点理由，其中最主要的是这些表现仅见于在古百越人（壮侗语诸民族）的原居地上形成的东南方言，而未见诸官话区。此外，他还从壮侗语的声母格局、东南方言的内部语音结构系统对此作了进一步的分析。[27]

我们认为，韶关土话古全浊声母清化后今逢塞音、塞擦音时送气与否同声母发音部位和发音方法有关的原因，除了有语音发展的不平衡性以外，应该还有其他语言即壮侗语言的影响。不然的话，这个现象所表现出来的明显的区域分布确实很难得到合理的解释。另外，如前所述，苗瑶族进入粤北地区是在隋唐时期。在此之前，在粤北居住的少数民族应该是壮侗族。徐松石（2005）列举很多事实证明苗瑶族乃非两粤的土著，瑶人到两广是在侗人之后。其中几个比较有力的证据是：两广有很多地名在侗语上有意义，而在瑶语上则无意义；广西龙胜瑶人称侗人为本地人，称说国语的汉人为客人。[28]今天韶关说“船话”的船民可能与壮侗族有一定的关系。船民过去被称为“蛋（蜑）家人”。《隋书·南蛮传》：“南蛮杂类，与华人错居，曰蜑曰獽曰俚曰僚曰㐌，俱无君长，随山峒而居，其先所谓百越也。”[29]传说韶关船民的祖先是被罚为奴在水上定居的。解放前，船民没有任何地位，不准同岸上人通婚，上岸也不许穿鞋。

（二）泥、来母的变异

韶关土话泥、来母不论逢洪细一般合流，如大村、向阳、石塘、长来和桂头；逢洪细都有别的只有石陂和周田。连州片土话中，泥、来母今读不论逢洪细皆有别。湘南土话有的泥、来母不论逢洪细都有别，如桂阳、宜章、江永；有的则是逢洪音合流，逢细音有别，如东安；有的则是逢洪细都混，如嘉禾。周边客家话泥、来母的分混情况见表 4-4。

表4-4　周边客家话泥、来母今读的分混

读音 例字 / 方言点	脑$_{泥}$—老$_{来}$		纽$_{泥}$—柳$_{来}$		南$_{泥}$—蓝$_{来}$		嫩$_{泥}$—论$_{来}$		娘$_{泥}$—粮$_{来}$	
曲江马坝	lɔu^{31}		lɛu^{31}	liu^{31}	lan^{13}		lun^{31}		ŋiɔŋ^{13}	liɔŋ^{13}
仁化周田	nau^{31}	lau^{31}	ŋiu^{31}	liu^{31}	nan^{22}	lan^{22}	nun^{31}	lun^{31}	ŋiɔŋ^{22}	liɔŋ^{22}
仁化董塘	lau^{31}		leu^{31}	liu^{31}	lan^{12}		lun^{53}		ŋiɔŋ^{12}	liɔŋ^{12}
乳源游溪	lɔ^{31}		ŋiu^{31}	liu^{31}	lan^{13}		lun^{31}		ŋiɔŋ^{13}	liɔŋ^{13}

由表 4-4 可知，周边客家话中，只有仁化周田泥、来母不论洪细都有别，其余三个点逢洪音合流，逢细音有别。比较韶关土话与周边客家话泥、来母的分混情况，发现，不论逢洪细都有别的仁化周田客家话正好同不论逢洪细都有别的周田土话相接。此外，石陂现在转用的客家话泥、来母也是不论逢洪细都有别。如：脑$_{泥}$ nɔu^{31}≠老$_{来}$ lɔu^{31}、南$_{泥}$ nan^{13}≠蓝$_{来}$ lan^{13}、纽$_{泥}$ ŋiu^{31}≠柳$_{来}$ liu^{31}、娘$_{泥}$ ŋiɔŋ^{13}≠粮$_{来}$ liɔŋ^{13}。因此，石陂和周田土话泥、来母今读有别的现象应该是受周边客家话影响的结果。

另外，向阳村 60 岁左右及以下的居民使用的土话，泥、来母不论逢洪细都合流，但在两位 80 多岁的先生口中，泥、来母在洪音前有别。从向阳转用粤语的情形来看，其泥、来母完全合流应该是受到粤语影响的结果。在韶关粤语中，泥、来母已完全合流。如：脓$_{泥}$＝龙$_{来}$loŋ^{21}、年$_{泥}$＝连$_{来}$lin^{21}。

（三）知三读如端组现象的萎缩

前文指出，韶关土话、连州片土话和湘南土话都存在知三读如端组的现象。知三读如端组的现象在赣语中也有零星发现。如江西莲花：猪 tiu^{44}/tɕy^{44}、长 tiɔ̃^{53}/tsɔ̃^{53}、涨 tiɔ̃^{53}/tsɔ̃^{53}、胀 tiɔ̃^{22}/tsɔ̃^{22}、帐 tiɔ̃^{22}/tsɔ̃^{22}、着 tio^{44}/tɕyo^{44}、竹 tio^{44}/tɕyo^{44}、筑 tio^{44}/tɕyo^{44}；福建邵武：猪 ty^{21}、厨 tʻy^{33}、苎 tʻɯ^{55}、柱 tʻəu^{55}/tɕy^{213}、住 tʻy^{35}、知 ti^{21}、池 tʻi^{33}、超 tʻiau^{21}、潮 tʻiau^{33}、抽 tʻəu^{21}、缠 tʻien^{33}、陈 tʻin^{33}、涨$_{\sim衣}$ tioŋ^{55}、长$_{\sim短}$ tʻoŋ^{33}、肠 tʻoŋ^{33}、直 tʻi^{35}/tʻə^{35}、中$_{\sim间}$ tiuŋ^{21}、竹 ty^{53}、虫 tʻuŋ^{33}；湖南安仁：砧 tien^{44}、长$_{\sim花}$ tioŋ^{51}、胀 tioŋ^{31}、涨 tioŋ^{51}、帐$_{\sim子}$ tioŋ^{31}、中$_{\sim间}$ teŋ^{44}、竹 tiɯ^{313}。此外，据刘纶鑫（1999），“竹”在江西修水、高安、奉新、万载、宜黄等地都读 t 声母。[30]关于粤北土话知三读如端组同江西赣语的关系，庄初升（2004）有比较详细的讨论，他指出：“我们推测起码在江西居民大规模向上述地区迁移的两宋之前，江西本土的赣语有过知二、知三有别，以及知三读如端组的特点，就像今天的莲花方言，而正是移民把这个特点带到了粤北、湘南和闽西北的邵武等地，而且一直保留到了今天……”[31]

尽管韶关土话都存在知三读如端组的现象，但各地字数多少不一。知三读如端组字数最多的是长来，其次是大村、石塘和桂头，向阳、石陂和周田则只有零星的反映。周边客家话知三读如端组的现象只见于个别字如“知”等。结合上述各点方言兼用或转用情形来看，方言兼用现象较少的，知三读如端组现象就保留得较多，如长来；方言兼用现象较多或转用其他方言的，知三读如端组的现象则保留得较少，如周田、石陂。此外，同属韶关土话的乐昌北乡话，知三读如端组现象字数很多。如：猪 tɔu^{212}、厨 tɔu^{42}、柱 tʻɔu^{33}、住 tɔu^{33}、锤 tɔu^{42}、昼 tiu^{33}、沉 t<u>ẽi</u>^{42}、转$_{\sim身}$ ty^{33}、尘 t<u>ẽi</u>^{42}、张 ty^{42}、涨 ty^{33}、胀 ty^{33}、着 tyɛ^{212}、长$_{\sim短}$ ty^{42}、丈 tʻy^{33}、杖 tʻy^{33}、直 t<u>aŋ</u>^{212}、中$_{当\sim}$ t<u>aŋ</u>^{212}、中$_{打\sim}$ tɔi^{33}、竹 ta^{12}、虫 t<u>aŋ</u>^{42}、重$_{轻\sim}$ tʻaŋ^{33}。[32]而在北乡，北乡话的使用人口占该镇总人口的 73. 5%，方言兼用现象较少。因此，向阳、石陂和周田知三读如端组现象萎缩明显是受周边方言特别是客家话影响所致。

（四）精、庄、知、章的分合

韶关土话古精、庄、知、章四组声母今读一般合流，如大村、向阳、周田、石塘和桂头等。石陂精、庄、知二读 ʦ、ʦʻ、s，知三、章除了止摄开口字外，读 ʧ、ʧʻ、ʃ，两者构成对立。长来精、庄、知二同知三、章有分有合，其分合没有明显的规律。精、庄、知二同知三、章有别时，精、庄、知二读 ʦ、ʦʻ、s，知三、章一般读 ʧ、ʧ‘、ʃ；精、庄、知二同知三、章合流时，一般读 ʦ、ʦ‘、s。如：茶澄＝查（调~）崇 ʦ‘ou^{51}、煎精 tsãi^{31}≠真章珍知贞知 ʧãi^{31}、线心 sãi^{33}≠扇（~动）书 ʃãi^{33}、习心 sai^{12}≠食船 ʃai^{12}，但，箭精＝震章振知 tsãi^{33}、接精＝哲知 tsæi^{12}、设书 sæi^{12}≠舌船 ʃæi^{12}。

连州片土话大多数精组与知、庄、章组有别，只有少数精、庄、知、章合流，如连州市连州。湘南土话有的精、庄、知、章合流，如宜章、东安和嘉禾；有的精、庄、知二与知三、章有别，如江永。周边客家话精、庄、知、章的今读情况见表 4-5。

表4-5 周边客家话精、庄、知、章今读的分合

方言点＼读音、例字	私心—师生—尸书	查崇—茶澄二	津精—珍知—真章	俗心—缩生—叔书		
曲江马坝	sɿ^{44}	ʦ‘a^{13}	tsin^{13}	ʦ‘uk^{5}	suk^{3}	ʃuk^{3}
仁化周田	sɿ^{34}	ʦ‘a^{22}	ʨin^{34}	souk^{5}	souk^{3}	
仁化董塘	sɿ^{44}	ʦ‘a^{12}	tsin^{12}	suʔ^{5}	suʔ^{3}	
乳源游溪	sɿ^{44}	ʦ‘a^{13}	tsin^{13}	suk^{5}	suk^{3}	ʃuk^{3}

方言点＼读音、例字	苏心—梳生—书书			酱精—壮庄—账知—障章			秋清—愁崇—绸澄—售禅			
曲江马坝	su^{44}	sɿ^{44}	ʃy^{44}	tsiɔŋ^{53}	tsɔŋ^{53}	ʧɔŋ^{53}	ʦ‘iu^{44}	sɛu^{13}	ʦ‘iu^{13}	ʦ‘iu^{13}
仁化周田	su^{34}	sɔ^{34}	su^{34}	ʨiɔŋ^{53}	tsɔŋ^{53}	tsɔŋ^{53}	ʨ‘iu^{34}	ʦ‘eu^{22}	ʨ‘iu^{22}	ʨ‘iu^{22}
仁化董塘	su^{44}	sɔ^{44}	su^{44}	tsiɔŋ^{53}	tsɔŋ^{53}	tsɔŋ^{53}	ʦ‘iu^{44}	seu^{12}	ʦ‘iu^{12}	ʦ‘iu^{12}
乳源游溪	su^{44}	sɿ^{44}	ʃy^{44}	tsiɔŋ^{53}	tsɔŋ^{53}		ʦ‘iu^{44}	ʦ‘ɛu^{13}	ʦ‘iu^{13}	ʦ‘iu^{13}

由表 4-5 可知，曲江马坝精、庄、知二同知三、章在洪音前有别，精、庄、知二读 ʦ、ʦ‘、s，知三、章读 ʧ、ʧ‘、ʃ。在细音前，如果细音为非擦音，那么，精、庄、知、章合流为 ʦ、ʦ‘；如果细音为擦音，则精、庄、知二读s，知三、章读 ʃ，两者有别。如：新心 sin^{13}≠身书 ʃin^{13}、悉心 sit^{3}≠湿书 ʃit^{3}。仁化周田精、庄、知、章分洪细合流，洪音前合流为 ʦ、ʦ‘、s，细音前合流为 ʨ、ʨ‘、ɕ。仁化董塘精、庄、知、章不论逢洪细都合流为 ʦ、ʦ‘、s。乳源游溪精、庄、知、章在非擦音前合流；在擦音前部分韵摄存在区别，精、庄、知二读 s，知三、章读 ʃ，如：新心 sin^{13}≠身书 ʃin^{13}。

我们注意到，无论是韶关土话还是周边的客家话，在精、庄、知、章的合流上擦音都是走在最后的。相比之下，韶关土话精、庄、知、章的合流走在周边客家话的前面。韶关土话精、庄、知二与知三、章有别的石陂正好同客家话精、庄、知二与知三、章有别的马坝相邻，因此，有理由认为，石陂精、庄、知二同知三、章有别的现象是受周边客家话影响的结果。

前文指出，长来精、庄、知二同知三、章有分有合，其分合没有明显的规律。我们调查了长来部分人精、庄、知二同知三、章的分合情况，发现，部分人精、庄、知二同知三、章有别，不过，分化情况各不相同；部分人则精、庄、知二同知三、章完全合流。张双庆（2000）也指出，长来土话老派知照组与精组声母分立，知照组读 ʧ、ʧ‘、ʃ，精组读 ʦ、ʦ‘、s，但在舌尖元音前，知照组与精组合流读 ʦ、ʦ‘、s。新派精、庄、知、章合流，洪音前一律读 ʦ、ʦ‘、s，细音前一律读 ʨ、ʨ‘、ɕ，但不构成音位对立。[33]如前所述，长来居民对外使用的最主要的交际用语是粤语，而他们所使用的粤语精、庄、知、章合流。如：柴知二 ʦ‘ai^{21}、将精＝张知章章 tsøŋ^{55}、新心＝身书 sɐn^{55}。因此，长来精、庄、知、章由分走向合可能是粤语渗透所致。

（五）见系晓、匣母三四等开始腭化

韶关土话见系字多数没有腭化，只有石陂、周田和石塘的晓、匣母三、四等腭化为擦音，尤以石陂最为突出。连州片土话见系字不论逢洪细今一般仍读舌根音。湘南土话见系字在三、四等前多已腭化。周边客家话晓、匣母三、四等几乎都腭化为擦音。

表4-6 周边客家话晓、匣母三、四等今读的腭化情况

读音＼例字 方言点	晓$_{晓}$	休$_{晓}$	嫌$_{匣}$	血$_{晓}$	穴$_{匣}$	香$_{晓}$	向$_{晓}$	形$_{匣}$	熊$_{匣}$	雄$_{匣}$
曲江马坝	ʃau^{31}	siu^{44}	ʃɛn^{13}	ʃeit^{3}	ʃeit^{5}	ʃɔŋ^{44}	ʃɔŋ^{53}	ʃin^{13}	ʃuŋ^{13}	ʃuŋ^{13}
仁化周田	ɕiau^{31}	ɕiu^{34}	ɕian^{22}	ɕiet^{3}	ɕiet^{5}	ɕiɔŋ^{34}	ɕiɔŋ^{53}	sin^{22}	ɕiuŋ^{22}	ɕiuŋ^{22}
仁化董塘	siau^{31}	siu^{44}	sian^{12}	sieʔ^{3}	sieʔ^{5}	siɔŋ^{44}	siɔŋ^{53}	sin^{12}	suŋ^{12}	suŋ^{12}
乳源游溪	ʃau^{31}	siu^{44}	ʃɛn^{13}	ʃɛt^{3}	ʃɛt^{5}	ʃɔŋ^{44}	ʃɔŋ^{53}	ʃin^{13}	ʃuŋ^{13}	ʃuŋ^{13}

联系第二章、第三章介绍的韶关土话区的语言生活，发现韶关土话中的腭化现象主要出现在周边客家话势力非常强大的方言点，如石陂、周田。其中，石陂是上述七个点中唯一一个转用客家话的村落，其土话腭化现象也最为突出。据此推测，石陂、周田和石塘见系晓、匣母三、四等的腭化同周边客家话的影响有着密切的关系。

（六）溪母读擦音

韶关土话、连州片土话和湘南土话以及周边的客家话、粤语普遍存在溪母读擦音的现象，这一现象在赣语、湘语中也都有所发现。万波（1998）认为，粤客赣里的方言里的 k‘→h 现象，完全有可能像海南闽语一样，是受百越族后裔壮族等的语言影响的结果。[34]李如龙（2005）也认为，东南方言中溪母读擦音的现象应该是和壮侗语的声母格局相关联的底层现象。[27]

二、韵母的地域变异

（一）齐韵的变异

韶关土话齐韵字的读音比较复杂，各点都有几个读音，如大村：ᴀ/ie/ei/əe；向阳：ɛ/ɛi/ai；石陂：ɛi/ɐi；周田：a/iɛ/ai；石塘：a/ei/ɐi；长来：i/ei/ai；桂头：ie/ei/ai/øy。在上述几个读音中，单元音洪音一般出现在“梯、弟、泥、犁”等最常用的字中，因此，应该属于白读。长来和桂头像“梯、弟、泥、犁”这类常用字读细音，也应属于白读。如长来“弟”指“弟弟”时单说，读 t‘i↘；在“徒弟”中读 tei^{33}。桂头的 ie 和周田的 iɛ 也都是白读，其-i-介音是在端系声母和见组声母条件下分别腭化的结果。[35]除了单元音洪音和长来、桂头的细音属于白读以外，其他的几个读音都是文读。表 4-7 是韶关土话齐韵今读的层次。

表4-7 韶关土话齐韵今读的层次

音值＼方言点 层次	大村	向阳	石陂	周田	石塘	长来	桂头
白读层	ᴀ/ie	ɛ	ɛi	a/iɛ	a	i	ie
文读 1	ei	ɛi	ɐi	ai	ei	ei	ei
文读 2	əe	Ai			ɐi	ai	ai

与韶关土话相比，连州片土话和湘南土话齐韵的读音相对比较简单，一般是两个读音，一个洪音，一个细音，洪音是白读，细音为文读。下面再看周边客家话齐韵的读音。

表4-8 周边客家话齐韵的今读

读音＼例字 方言点	米	体	梯	弟	泥	犁	礼	剂	西	洗	鸡	计
曲江马坝	mi^{31}	t‘i^{31}	t‘oe^{44}	t‘ei^{44}	lei^{13}	lei^{13}	li^{44}	tsi^{53}	si^{44}	sei^{31}	kei^{44}	kei^{53}
仁化周田	mi^{31}	t‘i^{31}	t‘ɔe^{34}	t‘ei^{34}	lei^{22}	lei^{22}	li^{34}	tɕi^{53}	ɕi^{34}	sei^{31}	kei^{34}	kei^{53}
仁化董塘	mi^{31}	t‘i^{31}	t‘ɔe^{44}	t‘ei^{44}	lei^{12}	lei^{12}	li^{44}	tsei^{53}	sei^{44}	sei^{31}	kei^{44}	kei^{53}
乳源游溪	mi^{31}	t‘i^{31}	t‘ɔe^{44}	t‘ei^{44}	lei^{13}	lei^{13}	li^{44}	tsi^{53}	si^{44}	sei^{31}	kei^{44}	kei^{53}

由表 4-8 可知，周边客家话齐韵除“梯”以外，一般都是两个读音，一个为 i，一个为 ei，其中 ei 为白读，i 为文读。韶关粤语齐韵有ai、ɐi两读，如：米mai^{24}、鸡 kai^{55}，泥lɐi^{21}、西sɐi^{55}。把韶关土话的文读同周边客家话以及粤语的读音进行比较，发现，有两个文读的，文读 1 同客家话白读很接近，文读 2 同粤语很接近。据此可以推测，韶关土话齐韵文读 1 来自客家话，文读 2 来自粤语。文读 1 经常出现在“计、势、西”等字中，甚至有些常用的字像“鸡、米、洗”等也读文读 1；文读 2 出现在“体、礼、剂”等非常用字中。从文读 1 和文读 2 的出现情形来看，文读 1 比文读 2 更早进入韶关土话，这正好同韶关土话所处的语言环境相符合。前文指出，韶关土话同周边客家话已经有了五百多年的接触，而粤语进入韶关土话区是在 20 世纪中叶以后。

从韶关土话内部差异来看，多数点齐韵有三个读音，只有石陂只有二个读音，其白读同客家话白读非常接近，而与其他点的白读迥然不同。据此推测，石陂的白读应该来自周边客家话。此外，石陂和周田的文读不像其他点那样有两个，而只有一个，其音值同粤语接近，应该来自粤语。

（二）止摄合口三等白读撮口呼现象的萎缩

虽然韶关土话与连州片土话、湘南土话一样，存在止摄合口三等白读撮口呼的现象，但同后两地土话相比，韶关土话止摄合口三等白读撮口呼的现象明显少得多，暂时只见于大村、石塘、长来和桂头四个方言点中，而且字数非常少，只限于“吹、炊、水”极少数常用字。止摄合口三等白读撮口呼的现象在周边客家话中暂时还未发现，而周边客家话势力最为强大的石陂和周田也不存在止摄合口三等读撮口呼的现象。因此，韶关土话止摄合口三等白读撮口呼现象的萎缩应该是由于周边客家话的影响而导致的。

（三）流摄同蟹摄、效摄合流

1.流摄同蟹摄合流

韶关土话中，周田流摄一等同蟹摄开口一、二等部分字主要元音相同读 a；长来流摄同蟹摄合流读 i 和 ʌu；桂头流摄一等同蟹摄开口三、四等合流读 ei。

流摄与蟹摄合流的现象在湘南土话中也有发现，如宜章：楼$_{流}$=来$_{蟹}$lai^{44}、头$_{流}$=苔$_{（舌～）蟹}$tai^{44}、沟$_{流}$=该$_{蟹}$kai^{13}、后$_{流}$=害$_{蟹}$hai^{21}；桂阳：楼$_{流}$=来$_{蟹}$lei^{12}、偷$_{流}$=推$_{蟹}$t‘ei^{33}、构$_{流}$=盖$_{蟹}$kei^{35}。连州片土话流摄与蟹摄合流的现象暂时只发现见于乐昌黄圃，如：兜tæi^{24}、豆tæi^{21}、楼læi^{55}、沟kæi^{24}、藕ŋæi^{42}、猴hæi^{55}、沤æi^{21}、愁tʃ‘æi^{55}、瘦ʃæi^{21}（流摄），来læi^{55}、彩ts‘æi^{42}、开k‘æi^{24}、爱ŋæi^{21}、太t‘æi^{21}（蟹摄）。江西赣语也存在流摄同蟹摄合流的现象，不过集中在赣中地带，如修水：楼$_{流}$=来$_{蟹}$ ꜀lei^{13}、头$_{流}$=抬$_{蟹}$ ꜀d‘ei^{13}、勾$_{流}$=该$_{蟹}$ kei^{24}、后$_{流}$=害$_{蟹}$hei^{53}；萍乡：楼$_{流}$=来$_{蟹}$lœ^{44}、头$_{流}$=抬$_{蟹}$t‘œ^{44}、狗$_{流}$=改$_{蟹}$kœ^{35}、后$_{流}$=害$_{蟹}$hœ^{11}；莲花：楼$_{流}$=来$_{蟹}$lœ^{13}、头$_{流}$=抬$_{蟹}$hœ^{13}、狗$_{流}$=改$_{蟹}$kœ^{53}、后$_{流}$=害$_{蟹}$hœ^{22}。从上述方言来看，流摄同蟹摄合流的规律是流摄一等、流摄三等庄组同蟹摄开口一、二等合流。

2.流摄同效摄合流

韶关土话、连州片土话和湘南土话都存在流摄同效摄合流的现象，不过，合流的规律在各地土话中并不一致。有的是流开三同效开三、四合流，如韶关土话中的向阳、连州片土话中的星子、湘南土话中的宜章；有的是流开一同效开一、二合流，流开三同效开三、四合流，如连州片土话中的丰阳；有的是流开一、开三庄组同效开一、二合流，如连州片土话中的三溪、湘南土话中的东安；有的是流开三同效开一、二合流，如韶关土话中的石陂、湘南土话中的江永；有的是流开一、开三庄组同效开三主要元音相同，如连州片土话中的连州、三江；有的是流摄一、三等与效摄合流，如湘南土话中的嘉禾、新田。流摄与效摄的合流的现象在江西赣语中普遍存在，主要有两种类型。第一种类型，流摄一等与效摄一等、二等、三等、四等重新组合，第二种是类型流摄一等与效摄二等见系文读、三等、四等重新组合，其中后一种类型分布最广。[36]

流摄同蟹摄、效摄合流的现象不仅在上述土话以及赣语中存在，在湘语中也多有发现。流摄同蟹摄合流的如新化：后厚ɣɤ^{45}、抠 k‘ɤ^{33}（流摄），妹mɤ^{45}、雷lɤ^{13}、崔ts‘ɤ^{33}（蟹摄），豆$_{流}$=袋$_{蟹}$t‘iə^{45}；溆浦：豆tɛ^{53}、后hɛ^{53}、偷t‘ei^{44}、走tsei^{23}、馊sei^{44}、楼lei^{13}（流摄），改kɛ^{23}、害hɛ^{53}、开 k‘ei^{44}、来lei^{13}（蟹摄）。流摄同效摄

合流的如新化：偷$_{\text{流}}$=挑$_{\text{效}}$tʻiə^{33}、走$_{\text{流}}$=狗$_{\text{流}}$=狡$_{\text{效}}$tɕiə^{21}、勾$_{\text{流}}$=交$_{\text{效}}$tɕiə^{33}、口$_{\text{流}}$=巧$_{\text{效}}$tɕʻiə^{21}、馊$_{\text{流}}$=肖$_{\text{效}}$ɕiə^{33}；涟源：口$_{\text{流}}$=巧$_{\text{效}}$ʈʻə^{42}、沟$_{\text{流}}$=交$_{\text{效}}$ʈə^{44}、头$_{\text{流}}$=条$_{\text{效}}$tʻiə^{13}、愁$_{\text{流}}$=瞧$_{\text{效}}$tɕʻiə^{13}、走$_{\text{流}}$=剿$_{\text{效}}$tɕiə^{42}。

鲁国尧（1992）曾系联、归纳宋元时期江西籍词人的 4 000 多首词的用韵，发现萧豪部字（豪肴宵萧）与尤侯部字（侯尤幽）通押的现象达 35 例之多，涉及的词人有 20 个。因为类似的现象在同时期其他地区作家的诗歌用韵中非常少见，所以，鲁国尧先生认为，“宋元江西人诗词中萧豪与尤侯的一定数量的通叶，透露了当时江西方言的痕迹。”[37]庄初升（2004）认为：“粤北土话效摄与流摄部分韵的今读出现了相混的迹象，可能正与宋元时期江西方言的上述特点直接相关。”[38]我们注意到，流摄同效摄合流的规律在江西赣语和三地土话中并不相同。另外，如果认为韶关土话流摄同效摄合流的现象是江西移民带来的方言影响的结果的话，那么，如何解释这一特点只见于向阳、石陂两个点而其他土话点却不存在？用周边客家话的影响来解释明显行不通，因为长期与客家话密切接触现又正在转用客家话的石陂具备流摄同效摄合流的特点，而与客家话很少接触的长来反而没有。

总之，从上述土话、赣语以及湘语中都存在流摄同蟹摄合流、流摄同效摄合流的现象来看，用方言之间的相互影响来解释显得比较勉强，其成因还值得进一步讨论。

（四）阳声韵的变异

韶关土话阳声韵今读阴声韵的现象见于大村和向阳。《切韵》音系中，阳声韵是有鼻音韵尾的，因此，今天韶关土话中阳声韵今读阴声韵的现象，是鼻音韵尾脱落的结果。张琨（1983）指出：“在鼻音韵尾消失的过程中，元音会发生种种变化。鼻化作用是第一步，失去鼻化作用是第二步。平常的假设是鼻化作用先发生，然后再丢掉鼻化作用，变成纯粹元音。当然，鼻音韵尾也可能直接消失掉了，不经过鼻化作用的阶段。鼻化作用发生在不同的时间，发生自不同的地方。根据汉语发展的历史，最早的鼻化作用发生在吴语区，最晚的鼻化作用发生在西南官话区。”[39]庄初升（2004）以韶关土话大村的“尖”字为例，描述了阳声韵演变成阴声韵的过程：iam → iɛm →iɛn → ien → iẽn → iẽ→ ie。[40]

阳声韵今读阴声韵的现象不仅广泛见于连州片土话以及湘南土话，在桂北平话以及与湘南土话相邻的湘语中也存在，李冬香（2005）有比较详细的考察。[16]为什么这一现象在粤北、桂北以及湘南的土话中普遍存在？原因目前还不清楚。此外，虽然韶关土话、连州片土话和湘南土话都存在阳声韵今读阴声韵的现象，但相比之下，韶关土话比较少见，这可能与周边方言长期的渗透有关。

三、声调的变异

因为韶关土话声调的变异主要表现在仄声字中，所以此处我们只讨论其仄声。为了讨论韶关土话仄声的变异，先来了解周边客家话仄声的今读，见表 4-9。

表4-9　周边客家话仄声的今读

读音＼例字 方言点	暖$_{\text{次浊上}}$	有$_{\text{次浊上}}$	近$_{\text{全浊上}}$	厚$_{\text{全浊上}}$	跪$_{\text{全浊上}}$	伟$_{\text{次浊上}}$	鬼$_{\text{清上}}$	盖$_{\text{清去}}$	害$_{\text{浊去}}$	汉$_{\text{清去}}$	汗$_{\text{浊去}}$
曲江马坝	꜀lon	꜀jiu	꜁kʻun	꜀hɛu	꜂kʻui	꜂vei	꜂kui	koe꜄	꜂hoe	hon꜄	꜂hon
仁化周田	꜀nuan	꜀jiu	꜁tɕʻiun	꜀heu	꜂kʻui	꜂vei	꜂kui	kɔe꜄	꜂hɔe	hɔn꜄	꜂hɔn
仁化董塘	꜀lɔn	꜀jiu	꜁kʻun	꜀heu	kʻui꜄	꜂vei	꜂kui	kɔe꜄	hɔe꜄	hɔn꜄	hɔn꜄
乳源游溪	꜀lɔn	꜀jiu	꜁kʻun	꜀hɛu	꜂kʻui	꜂vei	꜂kui	kɔe꜄	꜂hɔe	hɔn꜄	꜂hɔn

由表 4-9 可知，周边客家话普遍存在部分常用浊上字归阴平的现象，调查的四个点没有一个例外。全浊上除部分常用字归阴平以外，马坝、周田和游溪与次浊上和清上合流为一个上声，董塘一般归去声。清去和浊去除董塘合流为一个去声以外，其余三个点浊去一般归上声。在入声的演变上，四个点非常一致，都分阴阳，而且都是阴入低，阳入高，这一点从上文“古全浊声母今读的变异”以及“精、庄、知、章的分合”两节所举的例字中可以看出，此处不再举例。下面再来看韶关土话仄声的变异。

（一）上声的变异

韶关土话部分点极少数次浊上声字归阴平，如石陂：语꜀ŋi、免꜀min、晚细～崽꜀man、忍꜀ŋiɛn、壤꜀ŋiɔŋ、拢꜀ləŋ；周田：我꜀ŋɛu、你꜀nɛi、晚～姨꜀mɔŋ；石塘：染꜀liŋ。此外，大村和桂头全浊上声字“稻”也读阴平，大村读꜀t‘ʌu、桂头读꜀t‘o。虽然浊上归阴平的现象在这些土话中只有零星分布，但考虑到它们所处的语言环境以及周边客家话浊上字的读音，我们倾向于认为，这些土话中极少数浊上字归阴平的现象是受周边客家话的影响而产生的。

石陂、石塘全浊上 A 类字今读去声，B 类字今读阴平。与石塘不同的是，石陂有相当部分全浊上的字读上声。在调查到的全浊上声字中，石陂读阴平的有：腐、辅、待、在～先、亥、罪、舐、是、技、抱、稻、道、妇～女、负、限、善、项、动；读上声的有：蟹、汇、士、跪、赵、绍、受、渐、范、犯、辩、践、伴、缓、很、肾、盾、混、愤、荡、象、仗、杖、强勉～、晃、棒、蚌、杏、幸、静、挺、奉。从字数来看，全浊上归上声的大大超过归阴平的。不过，论层次，归阴平的要早于归上声的。理由如下：第一，从周边方言来看，与石陂接近的石塘全浊上非常用字归阴平，很少有归上声的现象。第二，从石陂土话内部来看，极少数全浊上的字有两读，读阴平或去声的往往是常用义，读上声的往往是次常用义或非常用义。如：件꜀k‘in 一～事/ᶜk‘in 一～衣、近꜀k‘iɔn 远～/ᶜk‘iɛn 最～。此外，石陂浊去部分归阴平、部分归上声，而归阴平的层次早于归上声的（详见下文）。总之，从石陂转用客家话以及周边客家话全浊上的今读来看，石陂全浊上归上声的现象无疑是受周边客家话影响的结果。

（二）去声的变异

韶关土话去声一般按清浊分化为阴去和阳去两个调类，不同的是长来、石陂和石塘。长来清去和浊去合流为一个去声；石陂和石塘清去字独立为去声调，浊去字石塘一般归阴平，石陂部分归阴平、部分归上声。在调查到的浊去字中，石陂读阴平的有：大～小、饿、贺、磨～石、糯、座、卧、谢、夜、步、度、路、误、预、住、具、遇、芋、代、袋、耐、碍、大～夫、赖、害、稗、卖、败、例、背～诵、内、外、会不～、坏、画动词、话动词、荔、易难～、备、地、利、自、二、事、异、隧、未、味、菢、号～码、闹、效、庙、噍嚼、尿、料、贸、豆～角、漏、就、袖、旧、又、右、赚、陷、难患～、烂、汗、苋、慢、便方～、贱、面～条、练、现、漫、段、缎、乱、换、饭、万、愿、尽、认、嫩、论议～、顺、闰、份、运、亮、量重～、让、望、旺、撞、邓、赠、硬、病、净、定、另、用；读上声的有：互、护、助、附、务、屡、裕、械、艺、丽、累劳～、兑、会～议、惠、慧、治、士、毅、类、魏、慰、谓、胃、冒感～、貌、校学～、妙、召、耀、鹞、调～动、寿、缪、暂、站车～、馅、验、艳、念、弹子～、办、雁、健、电、幻、患、传～记、倦、恨、慎、仅、闷、钝、浪、藏西～、脏内～、匠、状奖～、剩、样模～、尚高～、孕、孟、令、郑、泳、洞、弄、凤、梦、颂、诵、共。此外，少数浊去字有阴平和上声两读，如：鼻꜀p‘ɐi 名词/ᶜp‘ɐi 动词、会不～꜀vui/ᶜfɔi、命꜀miaŋ 搏～/ᶜmɛn～运、但꜀t‘an/ᶜt‘an、阵꜀ʧ‘ɛn/ᶜʧ‘ɛn、上山～ʃɔŋ/ᶜʃɔŋ。从上文罗列的浊上归阴平和归上声以及两读的字来看，归阴平的一般是口语常用字或白读，归上声的一般是次常用字或非常用字或文读。因此，石陂浊去归阴平的层次应早于归上声的。浊去归上的现象在周边客家话中普遍存在，而石陂现正在转用客家话，因此，其浊去归上的现象应该是受周边客家话影响的结果。

（三）入声的变异

韶关土话清入和浊入除石塘和长来合流以外，其余五个点今读仍然有别。在清入和浊入合流的土话中，石塘入声仍读短促调，长来入声完全舒化。在清入和浊入今读有别的土话中，桂头阴入和浊入分别舒化归并到其他调类中，其他几个点入声分阴阳，调值短促。

连州片土话和湘南土话绝大多数入声已完全舒化，多数入声调消失，归并到其他调类中。相比较而言，韶关土话的入声演变较慢，已完全舒化的只有长来和桂头。从周边客家话入声的今读来看，韶关土话入声仍读促声的现象可能跟周边客家话的强大渗透有关。

四、小称变音的变异

韶关土话普遍存在小称变音，除了本编重点介绍的七个点以外，还有如浈江区犁市镇的犁市、梅村，武江区江湾镇的上窑、腊石，乐昌市北乡镇的北乡等。此外，粤北土话雄州片也普遍存在小称变音。[41]连州片土话和湘南土话暂时没有发现小称变音。上编从不同的角度对韶关土话的小称变音进行了分类。根据语音形式，分为促化式、舒化式和混合式，促化式又可分为中塞式和后塞式。根据分化条件，分为分变式、合变式和过渡式。为了比较全面而深入地认识韶关土话小称变音的变异情况，我们把韶关土话和粤北土话雄州片（下文统称“粤北土话”）的小称变音作为一个整体来分析。表 4-10 和表 4-11 是搜集到的粤北土话小称变音的今读情况。

表4-10 粤北土话小称变音的语音类型

<table>
<tr><td rowspan="3">类型 / 方言点 / 变音调值</td><td colspan="4">促化式</td><td colspan="3" rowspan="2">舒化式</td><td rowspan="2">混合式</td></tr>
<tr><td colspan="2">中塞式</td><td colspan="2">后塞式</td></tr>
<tr><td>大村</td><td>犁市</td><td>桂头</td><td>石塘</td><td>乌迳</td><td>长来</td><td>长江</td><td>周田</td></tr>
<tr><td>变音 1</td><td>2ʔ23</td><td>2（2ʔ23）</td><td rowspan="2">4</td><td rowspan="2">3</td><td>21，同阳平合</td><td>12，同入声合</td><td rowspan="2">↗</td><td>12</td></tr>
<tr><td>变音 2</td><td>4ʔ45</td><td>4ʔ45（5）</td><td>43，同阴平合</td><td>↘</td><td>3，同阳入合</td></tr>
<tr><td></td><td>腊石</td><td>向阳</td><td>上窑</td><td>梅村</td><td>雄州</td><td>北乡</td><td>石陂</td><td rowspan="3"></td></tr>
<tr><td>变音 1</td><td>2ʔ23</td><td rowspan="2">4ʔ45</td><td rowspan="2">4ʔ45</td><td rowspan="2">3</td><td>11，同阳平合</td><td>31，同入声合</td><td>3</td></tr>
<tr><td>变音 2</td><td>4ʔ45</td><td>42，同阳去合</td><td>33，同去声合</td><td>33</td></tr>
</table>

表4-11 粤北土话小称变音的分化类型

<table>
<tr><td rowspan="3">类型 / 方言点 / 变音调值</td><td colspan="3" rowspan="2">分变式</td><td colspan="5">合变式</td><td rowspan="2">过渡式</td></tr>
<tr><td colspan="4">合变式 1</td><td>合变式 2</td></tr>
<tr><td>大村</td><td>犁市</td><td>腊石</td><td>上窑</td><td>向阳</td><td>桂头</td><td>石陂</td><td>长来</td><td>周田</td></tr>
<tr><td>变音 1</td><td>2ʔ23</td><td>2（2ʔ23）</td><td>2ʔ23</td><td rowspan="2">4ʔ45</td><td rowspan="2">4ʔ45</td><td rowspan="2">4</td><td>3</td><td>12，同入声合</td><td>12</td></tr>
<tr><td>变音 2</td><td>4ʔ45</td><td>4ʔ45（5）</td><td>4ʔ45</td><td>33</td><td>↘</td><td>3，同阳入合</td></tr>
<tr><td></td><td colspan="2">雄州</td><td>乌迳</td><td>梅村</td><td>石塘</td><td>长江</td><td></td><td>北乡</td><td></td></tr>
<tr><td>变音 1</td><td colspan="2">11，同阳平合</td><td>21，同阳平合</td><td rowspan="2">3</td><td rowspan="2">3</td><td rowspan="2">↗</td><td></td><td>31，同入声合</td><td></td></tr>
<tr><td>变音 2</td><td colspan="2">42，同阳去合</td><td>43，同阴平合</td><td></td><td>33，同去声合</td><td></td></tr>
</table>

需要交代的是，表 4-11 中的分变式基本上都是以本调（单字调）的阴、阳类作为分化的条件，变音 1 一般来自清声母和本音为阴调类的浊上字，而变音 2 一般来自浊声母的字。例外的是雄州方言，其清入字的变调规律与其他清声母字不一样，而与浊声母的字相同。

从表 4-10 和表 4-11 可以看出，粤北土话小称变音部分读促化式，部分读舒化式。在读促化式小称变音的方言中，有的入声今仍读促化式，有的则舒化。小称变音同入声之间是否存在一定的联系呢？我们先来看粤北土话的入声。

（一）粤北土话的入声

1.粤北土话入声的今读

表4-12　粤北土话入声的今读[1]

调值＼方言点 声母	大村	犁市	腊石	向阳	上窑	周田	石陂
清	5	5	5	5	5	5	5
浊	3	2	3	3	3	3	3

调值＼方言点 声母	桂头	梅村	雄州	北乡	乌迳[3]	长江[3]	石塘	长来
清	44，归阴去	44，归阴去	5	31[2]	43，阴平	13	5	12
浊	21，归阳上	21，归阳上	42，归阳去	212，归阴平	5，阳去	55，去声		

说明：(1)在表4-12读短调的入声中，其相应的韵母都带有不同程度的喉塞。(2)入声调值稍短，伴随着紧喉成分。(3)乌迳和长江方言入声的分化是以韵摄为条件的。

2.粤北土话入声的演变

由表4-12可以看出，粤北土话多数入声仍分阴阳，其中有些入声已经舒化并归并到其他调类中，只有石塘和长来清入和浊入合并为一个入声。在入声舒化的方言中，乌迳和长江入声以韵摄为条件分化，而其他的则以声母清浊为条件分化。在以声母清浊为条件分化的方言中，雄州和北乡清入仍读入声，且调值都较短促，而浊入已舒化并归并到其他调类。因此，可以肯定，雄州和北乡浊入先于清入舒化。浊入先于清入舒化的现象在南方方言中普遍存在。据孙宜志（2007），江西赣语星子全清声母入声字今读入声，次清声母入声字今读阴去，全浊声母入声字今读阳去；武宁清声母入声字今读入声，全浊声母入声字今读阳去。[42]据陈晖（2006），衡阳古入声清声母字仍读入声，浊声母字今读阳平；邵阳、涟源桥头河清入字多读入声，浊声母字多数并入其他调类。[43]我们注意到，包括粤北土话在内的浊入先于清入舒化的方言都有一个共同的特点，那就是阴入高、阳入低。也就是说，在这些方言中，调值较低的浊入先于调值较高的清入舒化。如在湖南岳阳荣家湾，阴入是一个短促的高调5，而阳入是一个舒缓的半低平调22，调长与其他调类相同。[44]辛世彪（2004）虽然没有论及粤北土话的入声，但他所指出的东南方言入声演变的总规律“阳入先变”和子规律“对于阴入高阳入低的方言，低调先变”在粤北土话中同样存在。[45]

（二）粤北土话小称变音的演变

1.粤北土话小称变音的层次

庄初升（2004）在谈到粤北土话中的小称变音时指出，促化式的两种变音类型中，中塞式可能早于后塞式，后塞式是由中塞式演变而来的。后塞式的变音类型进一步发展，紧喉特征消失，也就演变成舒化式的变音类型。[46]第五章第一节“小称变音的社会分层变异”将对大村小称变音今读类型的社会分层变异情况进行详细的介绍。从大村的调查结果来看，庄初升的这一推论是可以成立的。不过，后塞式并不是由中塞式向舒化式演变的必经阶段，只是可能阶段。

2.粤北土话小称变音演变的方向

厘清了粤北土话小称变音的层次以后，再来探讨粤北土话小称变音的演变。从上文介绍的粤北土话小称变音来看，粤北土话小称变音的演变应该有两个方向，一个是合流，一个是分头发展。

合流指的是两个中塞式的小称变音合为一个，属于这个类型的有合变式1。在合变式1中，小称变音有以下几种读音：一个中塞式，如向阳、上窑的4ʔ45；后塞式，如桂头的4、梅村和石塘的3；舒化式，如长江的↗。前文指出，后塞式是由中塞式演变而来的，而后塞式进一步演变就成为舒化式。因此，可以推测，合变式1小称变音的演变过程是：首先，两个中塞式的小称变音合流为一个中塞式，如上窑、向阳。然后，这个中塞式的小称变音再向后塞式演变，如桂头、梅村和石塘。最后，这个后塞式的小称变音舒化，如长江。

在这个演变过程中，中塞式的小称变音演变为舒化式的小称变音时经历了后塞的阶段，它们的演变引起了入声的连锁变化。由于推链的作用，演变为后塞式的小称变音，推动入声的演变。如石塘由于小称变音为后塞式，浊入则同清入合流为一个促化式的入声；桂头、梅村由于小称变音占据了后塞的位置，入声则依声母的清浊分别舒化；长江不但小称变音已舒化，两个入声也都分别舒化了。

当然，两个小称变音在合流的过程中，有的方言由于入声非常稳固，中塞式的小称变音只好在合流的同时直接舒化，如石陂。如果这个中塞式的小称变音舒化经历了后塞阶段的话，那么，它也应该像桂头、梅村和石塘一样推动入声的演变。而事实上，石陂的入声不仅分阴阳，且仍读后塞式。

分头发展又有两种情况：一种是两个中塞式小称变音都演变为后塞式，如犁市，不过，犁市的这种演变正处在变化的过程中；一种是两个中塞式的小称变音一个演变为舒化式，一个演变为促化式，如分变式中的雄州、乌迳，合变式 2 中的长来、北乡，过渡式中的周田。

两个小称变音分头演变为一舒一促时，哪个读舒化式，哪个读促化式呢？我们注意到，在以声母清浊为条件分化的小称变音中，来自清声母的小称变音音值都低于来自浊声母的小称变音的音值。由上文指出的阴入高、阳入低的方言调值较低的浊入先舒化的规律可以推测，在小称变音的演变中，来自清声母的调值较低的小称变音应该先于来自浊声母的调值较高的小称变音舒化，正在进行中的大村小称变音的年龄变异可以说明这一点。在大村，小称变音 2ʔ23 在 31～50 岁的人群中读促化式的仅有 2%，在 30 岁以下的人群中则暂时没有发现；而小称变音 4ʔ45 在 12 岁以下的孩子中还有 25%的人读促化式。详见第六章第一节“小称变音的社会分层变异”。

总之，我们推测，在两个小称变音分头演变为一舒一促时，来自清声母的小称变音直接演变为舒化式，来自浊声母的小称变音演变为促化式，这一点在周田得到了很好的说明。周田来自清声母的小称变音今读一般为 12；来自浊声母的小称变音今读一般为 3，同阳入合流。另外，雄州和乌迳的两个小称变音，来自清声母的调值较低的小称变音同阳平合流，来自浊声母的调值较高的小称变音虽然分别同阳去和阴平合流，但实际上，雄州的浊入也归入阳去，而乌迳的入声部分归入了阴平。这说明，雄州和乌迳的两个小称变音中，来自清声母的小称变音直接舒化，来自浊声母的小称变音演变为后塞式，因而同入声合流。长来、北乡的两个小称变音虽然今天属于合变式，且都已经完全舒化，但是其中一个都同入声合流，表明它们曾经也经历过后塞式的阶段。不过，雄州、乌迳、长来和北乡同入声合流的小称变音在后来的演变中又都舒化了。

前文指出，雄州清入字的小称变音演变规律同其他清声母字不一样，而与浊声母的字相同。清入字的小称变音同其他来自清声母的小称变音的字演变不同的现象在石陂也存在。石陂清入字的小称变音有 3 和 33 两个读法，而来自清声母舒声韵中的小称变音都读 33。此外，周田来自浊入的小称变音都读 3，暂时没有发现读小称变音 12 的；而来自浊声母舒声韵的小称变音有 3 和 12 两个小称变音。从雄州、石陂和周田小称变音的今读可以发现一条规律，那就是，来自舒声韵的小称变音同来自促声韵的小称变音演变不同步。更确切地说是，来自舒声韵的小称变音先于来自促声韵的小称变音舒化。辛世彪（2004）把东南方言声调演变较大范围的规律总结为 6 句话，其中一句是“先舒后促”[47]，粤北土话小称变音的演变看来也不例外。总之，雄州清入字的小称变音读同浊声母字的现象是由于它的演变同其他来自清声母的小称变音演变不同步造成的。在来自清声母舒声韵的中塞式变音直接舒化同阳平合流、来自浊声母的中塞式变音演变为后塞式同浊入合流以后，雄州存在三个促化式的读音：清入、浊入和清入的中塞式小称变音。由于来自清声母的小称变音调值较低，而浊入的调值也低于清入，这样，由于调值接近的缘故，来自清入的小称变音便同浊入合流，因而也就读同了浊声母字。石陂也是由于清入字的小称变音舒化较慢，受到本调促化式读音的影响由 33 变读为 3。

总之，我们认为，粤北土话的小称变音有两个演变方向，一个是合流，一个是分头发展。但是，分头发展的小称变音在后来的演变过程中又会出现合流的趋势。如周田小称变音的分化条件很明显，但现在正处于合流的过程中。长来和北乡尽管以前是分头发展，但现在则看不出分化的条件了，属于合变式 2 了。

但是，这个合变式不同于向阳等地的合变式 1。向阳等地的两个促化式的小称变音从一开始就合流，而长来、北乡的两个小称变音则是在经历了分头发展以后再逐渐合流的。

3.粤北土话小称变异变异的原因

前文指出，在小称变音合流的过程中，演变为后塞式的小称变音由于推链的作用推动清入和浊入合流或者分别舒化。在小称变音由中塞式演变为后塞式以后，原有的清入和浊入如果不合流或者分别舒化的话，其结果就是，该方言中至少会有三个后塞式的调类，即小称变音、阴入和阳入。事实上，除了部分粤语以外，在同一个方言中，同时存在三个后塞式调类的现象很少见；在粤北土话内部，暂时还未发现这种方言。因此，为了保持该方言系统内两个后塞式调类的声调格局，在后塞式小称变音的推动下，清入和浊入只能合流或者分别舒化。同样，为了保持这个声调格局，石陂中塞式的小称变音便只能直接舒化，而不经历后塞的阶段，因为该方言中的入声仍分阴阳，且都读后塞式。

在上述小称变音一个演变为舒化式、一个演变为促化式的方言中，周田入声不但分阴阳，且仍读促声，变音 2 同阳入合流。雄州和北乡清入仍读促化的入声，而浊入和变音 2 分别同阳去和阴平合流，这表明，浊入和变音 2 是在合流为后塞式之后再进一步舒化，并分别同阳去和阴平合流的。长来清入和浊入合为一个且已舒化，变音 1 同入声合流，这表明，变音 1 是在两个入声合流以后再同其合流的。犁市两个中塞式小称变音演变为后塞式后，分别同其阴入和阳入合流。从上述小称变音分头发展的方言中可以看出，小称变音分头发展后，其方言声调系统中仍然只有两个后塞式的调类。

总之，从粤北土话小称变音的变异来看，两个中塞式的小称变音合流后，由于经历了后塞式的阶段，清入和浊入便合流或分别舒化；如果入声系统非常稳固的话，这个中塞式的小称变音便直接舒化。两个中塞式的小称变音在分头发展时，要么分别同阴入和阳入合流；要么一个直接舒化，一个演变为后塞式，与其中的一个入声合流。导致上述变异的根本原因是为了保持该方言系统内两个后塞式调类的声调格局。

那么，引起粤北土话小称变音变异的动因是什么呢？雄州片的语言生活目前还不是很清楚，从韶关土话区的语言生活来看，韶关土话小称变音变异的动因应该是周边方言的影响。如前所述，韶关土话区有三分之一的人是多方言的使用者，有三分之一的人是双方言的使用者，还有三分之一的人是单方言的使用者。他们兼用的其他方言，不管是客家话、粤语还是普通话，都不存在中塞式的读音。这样，由于经常兼用其他方言，受周边方言的影响，其土话的小称变音也就慢慢由促化式演变为舒化式，如石陂。此外，我们在调查大村小称变音 2ʔ23 和 4ʔ45 的社会分层变异时发现，受访者客家话熟练程度越高，读促化式的比例越小；客家话熟练程度越低，读促化式的比例越大。关于周边方言对小称变音变异的影响，请参看第六章第一节“小称变音的社会分层变异”。

五、其他语音现象的变异

韶关土话还有些语音变异现象虽然只有零星分布，但却同周边客家话一致，而不见或少见于连州片土话和湘南土话，下面一一介绍。属于声母变异的有：赊，石陂读为“车”；蟹，石陂、周田读 kʻ；深，石陂和周田读塞擦音，前者为 ʧʻ，后者为 tsʻ；菊，七个点都读送气音。属于韵母变异的只有一条：双，石陂读同“松”。属于声调变异的有：墓雾，石陂读同清去；露，石陂、周田和石塘读同清去；毛，石陂表示“姓氏”、周田在“松毛”中读阴平；鳞，大村、石陂和周田读阴平；蚊，大村、向阳和周田读阴平；聋，石陂和周田读阴平；额脉，石陂读阴入；着穿，石陂读阳入。上述语音变异现象共有 13 条。周边客家话的具体情况见表 4-13。

表4-13　周边客家话部分语音现象的分布

项目	声母				韵母	声调	
例字 / 读音 / 方言点	赊一车	蟹	深	菊	双一松	墓	雾
曲江马坝	tʃʻa^{44}	kʻuai^{31}	tsʻin^{44}	kʻiuk^{3}	suŋ^{44}	mu꜄	mu꜄
仁化周田	sa^{34}—tsʻa^{34}	kʻai^{31}	tɕʻin^{34}	tɕʻiuk^{3}	suŋ^{44}	mu꜄	mu꜄
仁化董塘	sa^{44}—tsʻa^{44}	hai^{31}	tsʻin^{44}	kʻuʔ^{3}	suŋ^{44}	mu꜄	mu꜄
乳源游溪	tsʻa^{44}	hai^{31}	tsʻin^{44}	kʻiuk^{3}	suŋ^{44}	mu꜄	mu꜄

例字 / 读音 / 方言点	露	毛	鳞	蚊	着穿	聋	额	脉
曲江马坝	lu꜄	꜀mɔu	꜀lin	꜀mun	tsɔuk꜆	꜀luŋ	ŋak꜇	mak꜇
仁化周田	lu꜄	꜀mau	꜀lin	꜀mun	tsɔk꜆	꜀luŋ	ŋak꜇	mak꜇
仁化董塘	lu꜄	꜁mau	꜀lin	꜀mun	tsɔʔ꜆	꜀luŋ	ŋiaʔ꜇	maʔ꜇
乳源游溪	lu꜄	꜀mɔu	꜀lin	꜀mun	tʃɔk꜆	꜀luŋ	ŋiak꜇	mak꜇

由表 4-13 可知，韶关土话中零星分布的上述 13 条语音变异现象在与该土话相邻的客家话中都存在，因此，应该是受客家话影响的结果。在上述 13 条受客家话影响而产生的语音特征中，石陂有 12 条，周田有 8 条，大村有 3 条，向阳、石塘各有 2 条，长来和桂头各有 1 条。此外，向阳“钩”声母为 ŋ，与粤语相同，应该来自粤语。

上文分别从声母、韵母和声调三个方面讨论了韶关土话在同周边方言（或语言）的接触中产生的变异现象。从韶关土话语音的变异来看，声母和韵母比较容易发生变化，而声调相对比较稳定。在周边方言（或语言）的影响下，上述七个点的土话声母和韵母都发生了不同程度的变异，有的变异现象分布还非常广，但周边客家话浊上归阴平的现象只在部分土话的极少数字中存在，全浊上和浊去归上的特点只见于石陂，而阴入高、阳入低的格局则没有一个点具备。此外，从石陂全浊上和浊去部分归阴平、部分归上声的现象可以看出，语音的变化是突然的、离散的，而这种变化在词汇中的扩散却是渐变的、连续的，这个现象正好与词汇扩散理论一致。[48]

第三节　韶关土话词汇的地域变异

一般认为，在语音、词汇和语法三个要素中，词汇是变化最快的。从上节可以看出，在周边方言的影响下，韶关土话的语音已经发生了很大的变异，词汇方面的变异情况又如何呢？下面从五个方面讨论韶关土话词汇的地域变异。

一、韶关土话词汇的来源

由于湘南土话有些材料目前还欠缺，因此，此处讨论韶关土话词汇的来源主要利用连州市土话和周边其他方言的材料。因为韶关土话区同连州市土话区不但历史上联系密切，而且现时的语言生活基本相同，即对内使用土话、对外使用客家话和粤语，所以，当韶关土话某个语言现象同连州市土话不一致而与周边其他方言一致时，我们就认为该语言现象是韶关土话在其他方言的影响下产生的接触性共有成分。

（一）　绝大多数来自客家话

由于长期同周边客家话接触，韶关土话表现出了与周边客家话明显的趋同性。我们把上编调查的 1 950 条词语同连州市土话以及周边客家话进行了全面的比较，发现韶关土话七个点与周边客家话四个点一致，而连州市土话中暂时未发现的说法有 62 条，它们是：瘀螺风（旋风）、沙坝（沙滩）、人村（村子）、路头

（路）、近紧（附近）、焖（细火炆）、狗尾粟（小米）、冻棹（柿子）、树柯（树枝）、头牲（牲畜）、孤蜚（臭虫）、萦（绕毛线）、捡瓦背（捡漏）、私厅（客厅）、□kʻi^{45}楼桂头音（晒台）、旧饭（剩饭名词）、上昼（午饭）、肩头（肩膀）、膝头牯（膝盖）、胸口（胸脯）、手臂（胳膊）、脚凹（脚心）、柴屄（女阴）、能够（能干）、叻（聪明、厉害）、造孽（可怜）、肚胀（不消化）、见功（见效）、新妇（儿媳）、闲谈（聊天）、捉棋（下棋）、惹（挨打）、讲口（吵架）、争（护着他）、得闲（有空儿）、唔得闲（没空儿）、睇（看）、丫（张嘴）、咬（啃骨头）、舐（舔）、□sia^{55}石陂音（张开手）、窖（埋起来）、□ŋiaŋ^{53}周田音（踮脚）、□fa^{55}石陂音（小孩踢被子）、碾（被车轧了）、搜（掏口袋）、绑（捆柴火）、□tɛŋ^{45}石塘音（跺脚）、射（溅了一身）、疑糊（怀疑）、欢喜（高兴）、青（绿草）、晟眼（光线刺眼）、个（一只鸡、一口井、一只碗、一口锅）、□tsuoi^{5}周田音（一丛草）、□liᴀ^{3}大村音（一畦菜地）、皮（一片树叶）、毫子（一角钱）。

韶关土话六个点与周边客家话四个点一致，而在连州市土话中暂时未发现的说法有 30 条，它们是：窒（瓶塞子）、□jᴀn^{22}大村音（剩了饭）、颈围（围巾）、粥水（米汤）、西粉（粉丝）、头毛（头发）、手□kᴀu^{44}大村音（手腕）、脚眼珠（踝骨）、姊嫂（妯娌）、酾（斟茶）、怕丑（害羞）、整酒（做酒席）、发呆（发呆）、矺岁钱（压岁钱）、信皮（信封）、挨胡琴（拉二胡）、寻（弄钱、寻找）、□kʻɔu^{12}向阳音（凑钱）、□gau^{21}向阳音（偏头）、挨（蹭痒）、较（调换）、□kʻiᴀ^{21}大村音（跨）、□kʻia^{11}石陂音（叉开腿）、□tiaŋ^{11}石陂音（掷石头）、削（劈削树枝）、□tɛŋ^{45}石塘音（竖起来）、剢（毛衣觉得扎）、□lau^{21}向阳音（酒厉害）、□iɛn^{42}石陂音（一庹长）。一个点例外的说法中，长来有 22 条，大村、石塘和桂头各有 2 条，向阳和石陂各有 1 条。

需要说明的是，上述有些说法还普遍见于周边的粤语，如：新妇（儿媳）、□lau^{21}向阳音（酒厉害）；或者普遍见于周边的赣语，如：萦（绕毛线）、□tiaŋ^{11}石陂音（掷石头）、酾（斟茶）。根据前文确定的判断接触性共有成分时优先考虑客家话的原则，我们认为，它们来源于周边的客家话。

把韶关土话五个点一致的说法与连州市土话、周边客家话进行比较时发现，韶关土话与连州市土话的同源性共有成分开始出现，与周边客家话相同的说法则逐渐减少，而周边客家话也开始表现出了明显的差异。韶关土话五个点与周边客家话四个点一致，而不见于连州市土话的说法有 12 条，它们是：开心水（沸水）、结壁（砌墙）、眼（睛）仁（眼珠）、手指公（大拇指）、□ŋau^{11}头佬周田音（歪脖子）、炙（晒太阳）、闻（闻）、惊（害怕）、鄙（脾气坏）、頳（一棵树、一株草）、□kɐŋ^{24}石陂音（一截木头）。两个点例外的说法中，长来有 11 条，桂头有 6 条，石塘有 5 条，大村、石陂和周田各有 1 条。韶关土话五个点与周边客家话三个点一致，而不见于连州市土话的说法有 5 条，它们是：濛纱（雾）、桶楻（打谷桶）、葫瓜（黄瓜）、舅娘（舅母）、伙计（店员）。两个点例外的说法中，长来有 5 条，石陂和石塘各有 2 条，周田有 1 条。

下面来看韶关土话四个点和三个点分别与周边客家话三、四个点相同的说法。为便于比较，同时还列出韶关土话与周边客家话不同、与连州市土话相同或不同的说法。

表4-14　韶关土话四个点与周边客家话相同的说法

词目 \ 是否与客家话相同	与周边客家话相同		与周边客家话不同	
	说法	方言点	与连州市土话相同	与连州市土话不同
拔秧	脱秧	大村、向阳、石陂、周田	扯秧	□bai^{324}秧桂头音
烤尿布	炕	大村、向阳、周田、桂头	熏	炙
螃蟹	老蟹	向阳、石陂、周田、桂头	公蟹	公牯
锅烟子	镬黸	大村、石陂、周田、桂头	火炭煤	火黸乌/镬乌
苍蝇	乌蝇	大村、向阳、石陂、周田		毛蝇
坐月子	做月	大村、向阳、石塘、桂头	坐月	做日/作生务
花生米	花生仁	大村、石陂、长来、桂头		花生肉
头屑	白癞	大村、石陂、周田、桂头	头皮	白虱
难看	嫌	大村、向阳、石陂、桂头		□sɿ^{22}石塘音

（续上表）

是否与客家话相同 / 词目	与周边客家话相同		与周边客家话不同	
	说法	方言点	与连州市土话相同	与连州市土话不同
哮喘	□哈	大村、向阳、石陂、周田	扯哈	□k'i^{45}□pai^{5}
编辫子	□pɛn^{55}石陂音	大村、石陂、周田、桂头		压/打/扎
休息	敨	向阳、石陂、周田、石塘		歇
乘凉	敨凉	向阳、石陂、周田、石塘		歇凉/□sʌu^{13}凉大村音
瞥一眼	□la^{3}石陂音	向阳、石陂		□tiʌu^{44}大村音
	□la^{53}周田音	周田、石塘		
吐痰	退	石陂、周田、长来、桂头	吐	
拉衣角	牵	向阳、石陂、周田、桂头	□moe^{24}大村音	□paŋ^{45}石塘音
拔胡须	□	石陂、周田、石塘、长来	□moe^{24}大村音	
套被子	筒	石陂、向阳、周田、桂头	入	通
水呛了鼻子	□ts'ɐu^{3}大村音	大村、向阳、石陂、周田	□ts'ɛi^{3}周田音	
用药毒鱼	□tei^{22}桂头音	石陂、周田、长来、桂头		□t'au^{22}向阳音
知道	知得	大村、向阳、石陂、周田	晓得	
牵挂	记紧	大村、石陂、周田和石塘		挂吊
太阳和月亮	摎	周田、石塘、长来、桂头		凑

表4-15　韶关土话三个点与周边客家话相同的说法

是否与客家话相同 / 词目	与周边客家话相同		与周边客家话不同	
	说法	方言点	与连州市土话相同	与连州市土话不同
光儿	光	向阳、石陂、周田		月月/月皓
整天	□kɛn^{24}日石陂音	大村、石陂、周田	成日	□laŋ^{22}日桂头音
稻穗	谷串	大村、石陂、周田	禾线	
鸡翻食物	□k'ia^{53}周田音	石陂、周田、石塘		化
蜂蛰	叼	石陂、周田、石塘		针/□toŋ^{12}向阳音
蚂蟥	蝴蜞	向阳、石陂、周田		蜞□ta↘长来音
盖房子	做	大村、石陂、周田	起	
火灭了	乌	石陂、周田、石塘		□ts'au^{22}桂头音
笊篱	笊篓	石陂、周田、桂头	笊篱	
囟门	脑囟	大村、石陂、周田		脑门
女婿	婿郎	大村、石陂、周田	郎	
弟弟	老弟	石陂、周田、石塘		弟/小佬
妹妹	老妹	石陂、周田、石塘	阿妹	妹
豁牙	缺牙	大村、石陂、周田		□pɔŋ^{314}牙石塘音
笔套儿	笔□lɔ^{5}筒周田音	大村、石陂、周田	笔筒	
掭笔	□pɔŋ^{44}大村音	大村、石陂、周田		□pɛŋ^{24}长来音/□koŋ^{45}石塘音

（续上表）

是否与客家话相同 / 词目	与周边客家话相同		与周边客家话不同	
	说法	方言点	与连州市土话相同	与连州市土话不同
捉迷藏	偋	向阳、石陂、周田		摸/捉
爬树	上	大村、周田、长来	爬	游/巴/□tsei^{44}石塘音
塞塞子	窒	大村、向阳、石陂	塞/櫼	朘
挽袖子	□li^{5}石塘音	石陂、周田、桂头		折
端碗	扛	大村、石陂、桂头	捧	□to^{5}石塘音/□ts'i^{31}长来音
掏耳朵	搅	大村、石陂、周田	挖	钩
搅拌	摎□kA^{5}大村音	大村、石陂、周田	搅	摎匀
打青了	乌	石陂、周田、桂头	青	黑
水浑	浑	大村、石陂、周田	浊	□vu^{45}桂头音
一片桔子	□mɔi^{24}石陂音	石陂、周田、桂头		□sa^{24}向阳音/股

由上可知，韶关土话四个点与周边客家话相同的说法有 23 条，三个点与周边客家话相同的说法有 28 条，两者相加共有 51 条。在这 51 条中，石陂有 45 条，周田有 44 条，大村有 27 条，桂头有 18 条，向阳有 17 条，石塘有 11 条，长来有 6 条。

当周边客家话三、四个点一致的说法在韶关土话两个点出现时，这两个点多是石陂和周田。出现在石陂和周田两个点的客家话说法有42条，它们是：落水（淋雨）、□tɐi^{11}背石陂音（里面）、耘田（耘田）、猫（猫）、禾□pi^{5}仔石陂音（麻雀）、火□ia^{3}虫周田音（萤火虫）、阉鸡（阉鸡名词）、掌牛（放牛）、掌屋（看家）、盪（漂洗）、大肚柑（柚子）、溜□t'un^{33}石陂音（青苔）、装（灌开水）、啃（鸡啄米）、猴哥（螳螂）、门□k'in^{11}石陂音/□fu^{11}槛周田音（门槛）、砧莧（砧板）、笊篓（笊篱）、□lui^{55}石陂音（窟窿）、饭瘌（锅巴）、食夜（吃晚饭）、男子佬（男人）、姐公（外公）、姐婆（外婆）、兜尿（把尿）、醮地（上坟）、贡脓（化脓）、泄（传染）、新娘（新娘）、□nɛi^{5}石陂音（用指甲掐）、索（绳子）、书枱（书桌）、叫（哭）、□lia^{11}周田音（打捞）、斲（剁肉）、嬲（讨厌）、勒（抱）、□tsau^{11}石陂音（衣服晒干了）、□lɔu^{55}石陂音（栽稀了）、鲜（粥稀）、□aŋ^{33}周田音（一捧花生）、唔使（不必）。有几个说法要说明一下。石陂和周田的"猫、耘田"虽然与普通话相同，但前者在韶关土话中其余各点说"猫咪"，连州市土话多说"猫公"，而周边客家话都说"猫"；后者在韶关土话中其余各点和连州片土话、湘南土话普遍说"薅田"，而周边客家话都说"耘田"。联系到这两个点的语言生活，根据前文确定的判断接触性共有成分时优先考虑客家话的原则，我们认为，石陂和周田的"猫、耘田"来自客家话，而不是普通话。"索（绳子）、书枱（书桌）"这两个说法不但普遍见于周边客家话，还普遍见于连州片土话和湘南土话；而韶关土话中只有石陂、周田两个点有此说法。从这两个点的语言生活来看，石陂、周田的"索（绳子）、书枱（书桌）"应该是在周边客家话的影响下产生的接触性共有成分，而不是它们与连州片土话、湘南土话的同源性共有成分。还有一个说法"新娘"虽然与普通话相同，但同样也应该是来自客家话，理由详见下文。此外，石陂、周田两个点的"□ts'ɔ^{11}晡日周田音（昨天）"虽然在周边客家话中只见于马坝、周田，但在粤北的翁源、粤东、粤西客家话中普遍存在；从地理位置上来看，韶关土话中使用"□ts'ɔ^{11}晡日周田音（昨天）"的石陂、周田正好跟客家话中的马坝和周田相接，因此，石陂、周田的"□ts'ɔ^{11}晡日周田音（昨天）"也应该是来自周边客家话。

客家话说法见于韶关土话两个点的还有 8 条，它们是：点麦（种麦）、背脢（背）、□ŋoŋ^{11}周田音（被车轧了）、□k'ɛi^{24}向阳音（累）、摎□ts'ɛu^{11}石陂音（一共）、辘（车轮子）、□liA^{5}心大村音（恶心）、作陂（筑坝）。此外，韶关土话中有些说法不仅见于周边客家话，也见于周边其他方言。如"浼（身上的污垢）"虽不见于连州市土话，但在客家话中普遍存在，而且还出现在部分赣语中，如醴陵、宜丰、浏阳等，温昌衍（2002）认为该词是客方言特征词。[49]“坟地/地（坟）”温昌衍（2002）认为是客方言特征词，但同时他又指出，该说法还见于莲花、建宁、泰宁等赣语以及湘语湘乡方言等。[50]“露水”不见于连州市土话，而湘南土话和赣语、客家话多说。根据前文确定的判断接触性共有成分时优先考虑客家话的原则，我们倾向于认为，上述韶关土话与客家话、赣语、粤语或普通话一致的说法来自客家话。总之，以上来自客家话的说法共有11 条，其中，向阳、石陂和周田各有 5 条，大村和桂头各有 2 条，石塘有 2 条，长来只有 1 条。

当周边客家话三、四个点一致的说法只出现在韶关土话一个点时，这个点多是石陂。出现在石陂一个点的客家话说法有42条，它们是：雷公叫（打雷）、旱塘（抽干水塘）、左□sɛi^{5}（左边）、右□sɛi^{5}（右边）、上背（上面）、下背（下面）、外背（外面）、日哩头（白天）、夜晡（晚上）、供（喂鸡、喂猪）、斗（牛用角顶）、蹄□lɔu^{42}（蹄子）、屋下（家里）、食朝（吃早饭）、食昼（吃午饭）、遮（雨伞）、头□na^{42}（头）、喙（嘴）、喙唇（嘴唇）、朘（男阴）、夫娘嫲（女人）、缺喙佬（豁嘴儿）、□k‘ɛn^{24}（咳嗽）、鸡嫲皮（鸡皮疙瘩）、食朝（吃早饭）、枱（桌子）、锯鉋（锉刀）、坼（缝儿）、伏阴平（蹲）、着（穿）、□p‘ɔn^{42}乌火（熄灯）、啄眼睏（打瞌睡）、□ɛu^{42}（叫）、□ŋɛn^{24}（点头）、□k‘ɛn^{55}（提水）、兜（拗起来）、□ts‘ui^{3}（擦汗）、荷（挑）、迎（举物）、松（饼干脆）、鲜（水清）。“着（穿）”和“□ŋɛn^{24}（点头）”两个说法要说明一下。“着（穿）”虽在韶关土话中普遍存在，但其读音不同。除石陂外，其余各点的“着（穿）”保留了“古无舌上音”的特点，只有石陂读塞擦音，与周边客家话相同；除石陂外，其余各点读阴入，只有石陂读阳入，其调值与周边客家话相同。据此推测，石陂的“着（穿）”应来源于周边客家话，而其余六个点的“着”是土话自身所有的，是韶关土话与周边土话的同源性共有成分。表示“点头”的“点”义，向阳、周田、石塘和桂头四个点随浊上A类字演变，与周边客家话不同；而石陂随浊上B类字演变为上声，与周边客家话相同，因此，向阳等四个点的说法应该是土话自身所有的，而石陂的“□ŋɛn^{24}（点头）”来源于周边客家话。

出现在韶关土话一个点的客家话说法还有见于大村的 2 条：边唇（边缘）、风池（太阳穴）；见于向阳的 1 条：屎窟门（肛门）；见于周田的 2 条：赴街（赶集）、斫猪肉（买猪肉）；见于石塘的 2 条：扛鱼（捕鱼）、老弟嫂（弟媳妇）。也有个别说法虽然与普通话相同，但同时也与周边客家话相同，如见于向阳的“买米（买米）”、见于周田的“满（水满）”。因为“买米”和“水满”在韶关土话中其他各点多分别说“粜米”和“□moe^{21}大村音”，所以，向阳和周田上述同时与普通话和客家话相同的说法应该是来自客家话。

总之，以上来自客家话的说法共有 265 条。其中，石陂最多，有 240 条；其次是周田，有 202 条；大村、向阳、桂头和石塘分别有 138 条、132 条、121 条和 116 条；长来最少，只有 78 条。

（二）部分来自赣语

由于韶关土话居民祖先多是两宋以来从赣北、赣中迁移而来的，因此，当韶关土话有些说法与周边客家话不一致而与赣语相同时，一般认为它们来自赣语。当我们把视野扩大到与赣语、湘南土话相接的湘语时，发现韶关土话有些与赣语相同的说法还普遍见于湘语。由于韶关土话与湘语少有接触，而湘语和赣语在唐宋以前关系可能比较密切，[51]而唐宋以来湘语区又同样接受了大量来自赣北、赣中的移民，所以，虽然韶关土话的某些说法同时与赣语和湘语相同，我们倾向于认为它们来自赣语。

出现在韶关土话七个点赣方言说法的有“崽（儿子）、两崽爷（父子俩）”，六个点的有“卵（男阴）、担（挑）”，五个点的有“干塘（抽干水塘）、线鸡（阉鸡名词）、作呕（恶心）、清（粥稀）、干（衣服晒干了）”。这些说法不仅普遍见于韶关土话，还普遍见于连州片土话和湘南土话。此外，“屋哩（家里）、绳（绳子）”两个说法见于韶关土话五个点，而少见于连州片土话和湘南土话，但在赣语中普遍存在，应该也是来自赣语。以上来自赣方言的说法共有 11 条，例外的点中，一个点的都是石陂，两个点的都是石陂和周田。

出现在韶关土话四个点的赣方言说法有 7 条，它们是：上（灌开水）、起（盖房子）、挖（掏耳朵）、野老公（情夫）、野老婆（情妇）、惹（传染）、灌脓（化脓）。其中，长来有 7 条，大村和桂头各有 6 条，石塘有 5 条，向阳有 4 条。出现在韶关土话三个点的赣方言说法有 11 条，它们是：起风（刮风）、禾线（谷穗）、守屋（看家）、眼（窟窿）、花生肉（花生米）、歇（休息）、脑门（囟门）、挦（拔鸡毛）、舷（器物边缘）、浊（水浑）、晓得（知道）。其中，石塘有 8 条，长来有 7 条，向阳有 5 条，桂头有 4 条，周田有 4 条，大村有 3 条，石陂有 2 条。

出现在韶关土话二个点的赣方言说法有13条，它们是：起墙（砌墙）、歇凉（乘凉）、起火（着火）、炆药（熬药）、炆汤（熬汤）、郎（女婿）、调（调换）、蔸（一棵树、一株草）、翘（噘嘴）、烧（饭煳了）、笔筒（笔套）、家娘（婆婆）。其中，长来有12条，石塘有5条，桂头有4条，向阳有2条，大村、石陂和周田各有1条。

出现在韶关土话一个点的赣方言说法有 18 条，它们是：晒坪（禾坪）、扯秧（拔秧）、□lu^{12}田$_{\text{长来音}}$（耘田）、破鱼（剖鱼）、纱窗（窗户）、淘饭（用汤泡饭）、拈阄（抓阄）、斗（凑钱）、跍（蹲）、□tsʻœŋ^{24}$_{\text{长来音}}$（推）、櫼（塞子）、炙（烤尿布）、嗅（闻）、信套（信封）、坐月（坐月子）、眼前（眼红）、标致（漂亮）、溢（水满）、筒（一截木头）。其中，石塘有 7 条，长来有 6 条，石陂有 3 条，向阳和周田各有 1 条。

以上来自赣方言的说法共有 60 条。其中，长来最多，有 43 条；其次是石塘，有 37 条；桂头、向阳、大村分别有 25 条、22 条和 21 条；周田和石陂很少，分别只有 10 条和 8 条。

（三）少数来自粤语

韶关土话中还有一些说法在周边客赣语中不说或少说，而与粤语相同或相近，应该是来自粤语，它们是：马老（猴子）、笔塔筒（笔套儿）、睇屋（看家）、趁墟（赶集）、摆酒（办酒席）、□kʻɛi^{12}钱$_{\text{向阳音}}$（纸钱）、利是（压岁钱）、搣（拔鸡毛）、滚（讨厌）、成日（整天）、柜桶（抽屉）、门扣（钌铞儿）、头皮（头屑）、小佬（弟弟）、飞发（剃头）、□hɛi^{12}$_{\text{向阳音}}$（女阴）、脷头（舌头）、外父（岳父）、外母（岳母）、擘（张嘴、跨）、□pɛi^{5}（挤过去）、兜（绕过去）、□biɛ^{24}（贴歪了）、托大脚（巴结）、咸湿（下流）、好彩（幸好）、文（一元钱）。

也有些说法韶关土话、周边客家话和粤语三者非常一致，这些说法有 6 条，它们是：□laŋ^{45}$_{\text{石塘音}}$（毛线）、雪条（冰棍）、老举（妓女）、红毛（黄）泥（水泥）、生果（水果）、椰（子）菜（洋白菜）。由于上述说法代表的事物有的是从国外引进来的，如“椰（子）菜”，“□laŋ^{45}$_{\text{石塘音}}$（毛线）”；有的是近期才出现的，如“雪条（冰棍）”等，因此，它们应该是韶关土话和周边客家话同时从粤语中借过来的。在上述 6 条客粤相同的说法中，只有石塘不说“生果（水果）”和“椰子菜（洋白菜）”，其余六个点上述 6 条说法都存在。

总之，以上来自粤语的说法共有 34 条。其中，向阳最多，有 31 条；桂头有 12 条；石陂、大村各有 11 条，长来有 10 条，石塘有 8 条；周田最少，只有 2 条。

（四）少数民族语言底层

韶关土话还有部分说法与少数民族语言相同，可能是少数民族语言的底层，下面举例说明。

寮（小茅屋）：大村、周田、石塘和桂头厕所说“粪寮/屎窟寮”。游汝杰（2006）指出，“现代瑶语勉话称房子为 pjau^{3}，湘西苗语称房子为 plɯ^{3}，语音跟汉字‘寮’的上古音 *liaw（来母宵部）接近。也许古代南方汉人所住的‘寮’跟山瑶的‘打寮’有关。”[52]从韶关土话来看，这一推论是成立的。前文指出，隋唐时期，瑶人就已在韶关居住。至今韶关市下属的乳源县还有两万多瑶民生活在山区，他们仍然使用瑶语。

邓晓华（1999）列举了一批客家话跟苗瑶壮侗语同源的词，如偋（藏物）：mi^{3}黔东苗，piːŋ^{5}勉瑶，piŋ^{3}勉瑶；pje^{5}标敏，piaŋᵓ连城，piaŋᵓ梅县；蛤（青蛙）：kɑ^{1}，keu^{3}布努；kwa^{3}标敏，kou^{53}巴哼，kwan^{3}畲，kop 壮，傣，泰，tuə^{2}kwe^{3}布依，je^{1}kui^{3}侗，kouᵓ连城，kɔᵓ四堡，ᶜkuai 梅县；爊(被火烫伤)：lhu^{7}黔东苗，laɯ^{1}滇东北苗，lu^{7}勉瑶，lok^{8}傣，luːk^{8}壮，luk^{8}拉珈，kloːk^{10}壮（邕宁）；luk$_{2}$梅县，lɐɯᵓ连城，luᵓ长汀。[53]以上三个说法“偋（藏物）”“蛤（青蛙）”“爊(被火烫伤)”在韶关土话七个点中都存在。

据欧阳觉亚（1993）考证，“生鸡（公鸡）”是古越语底层词，如壮（北）：kai seːŋ、壮（南）：kai θeːŋ。[54]欧阳觉亚（1993）还认为“□kʻi^{3}$_{\text{向阳音}}$（粥稠）”也是古越语底层词，如壮（北）kɯt、kɯk，壮（南）kut、 kit，布依 kɯʔ，临高 kɔt，仡佬cat；[55]广西壮语如龙州 kut^{8}、邕宁 kut^{8}、武鸣 kɯt^{8}、柳江 kɯk^{8}。[56]以上两个说法“生鸡（公鸡）”“□k‘i^{3}向阳音（粥稠）”韶关土话七个点都说。

以上与少数民族语言相同的说法共有 6 条，其中，大村、周田、石塘和桂头各有 6 条，向阳、石陂和长来各有 5 条。

二、韶关土话词汇的层次

上文介绍了韶关土话词汇的来源，从中可以看出，韶关土话来自周边客家话的说法最多，其次是赣语，再其次是粤语，也有部分与少数民族语言相同。事实上，韶关土话还有一些说法在周边客家话、赣语和粤语中不见，却见于连州片土话或湘南土话，应该是韶关土话与周边土话的同源性共有成分。不过，这些同源性共有成分在韶关土话中有的分布较广，有的则只有零星分布。见于韶关土话七个点的有“夫娘（妻子）”；六个点的有：□ti^{31}长来音（牛用角顶）、笠帽（斗笠）、籴米（买米）、鸡窦（鸡窝）、簟笪（晒谷簟）；五个点的有：薅田（耘田）、禾雀（麻雀）、热□k‘iau^{3}石塘音（痱子）、码头（台阶）、堂前（婆）（婆婆）、姼公（外祖父）、姼婆（外祖母）、疏（栽稀了）；四个点的有：挓（提水）、笪（贴歪了）；两个点的有：恐（害怕）、雀（鸟儿）、饭汤（米汤）、翘（噘嘴）、□k‘øy^{4}桂头音（一截木头）、输尿（把尿）、担（衔在嘴里）；一个点的有：笠头（斗笠）、恐丑（害羞）、嬉搞（玩儿）、□tɛŋ^{51}长来音（寻找、弄钱）、□tɛŋ^{24}长来音（猪牛下仔）、斟（斟茶）、利（酒厉害）、落生（花生）、□ma^{314}颈石塘音（歪脖子）、望（看书）、托（搊起来）。此外，有个别说法虽然见于周边客家话，但周边客家话明显是受韶关土话影响的结果（详见下文），如七个点一致的“起头（起床）”、五个点一致的“□ts‘ɔŋ^{22}日大村音（昨天）”。以上周边方言不见或少见的说法共有 37 条，其中，长来有 29 条，桂头有 22 条，石塘有 19 条，向阳有 18 条，大村有 17 条，周田有 11 条，石陂有 8 条。

韶关土话还有些说法在周边方言中暂时还未发现，可能是韶关土话独有的说法，见于韶关土话五个点的有：洒水（淋雨）；四个点的有：皓（光）、日□tʌ^{2}ʔn^{23}大村音（白天）、化（鸡翻食物）、□tsɛŋ^{31}长来音（鸡啄米）、铲匙（锅铲）；三个点的有：掣（闪电）、□so^{324}桂头音（晾干）、□ts‘au^{22}桂头音（火灭了）、高□lau^{45}（禾）桂头音（高粱）、针（蜂蛰）、□ts‘a^{51}长来音（衣服皱）；二个点的有：床窦（床）、□poŋ^{314}酒石塘音（用菜下酒）；一个点的有：月皓（月光）、□p‘au^{31}心长来音（水开了）、早朝（上午）、松□fei↘长来音（松明子）、白□k‘a↘鸟长来音（八哥）、鸡蜍婆（癞蛤蟆）、□mɔ^{11}田螺哩周田音（蜗牛）、瓦□k‘au^{3}石塘音（椽子）、鸡寨（鸡窝）、洒袖（袖子）、颈□lɔ^{24}向阳音（围巾）、牙污（牙垢）、脚□pa↘肚长来音（腿肚子）、□tãi^{24}长来音（交合）、□tsau^{44}颈筋长来音（歪脖子）、哨皮/□siaŋ^{24}长来音（漂亮）、姊丈（姐夫）、老姊妹（连襟）、佬（丈夫）、□tɛŋ^{24}姨长来音（妯娌）、沤□mei^{314}石塘音（害喜）、过老（去世）、□mou^{12}长来音（蚊虫叮的包）、放纸崖婆（放风筝）、□œŋ^{24}长来音（骂）、摎（合不来）、拨火屎（撩拨）、□kaŋ^{33}长来音（掷石头）、□sɛŋ^{24}长来音（蹭痒）、□ɔ^{12}长来音（烟薰了眼）、□koŋ^{45}石塘音（鑿~剃刀）、□loe^{44}大村音（劈削树枝）、齐（拿）、□la^{12}长来音（跨）、□p‘a^{12}长来音（叉开腿）、□t‘ei^{44}桂头音（用石头压着）、□k‘in^{22}大村音（淹死）、跟起（跟着）、□la^{24}长来音（吃了饭再说）。上述说法共有 54 条，其中，长来有 29 条，桂头有 18 条，石塘有 13 条，大村有 12 条，向阳有 7 条，石陂有 4 条，周田有 3 条。

如前所述，韶关最早的本土居民应该是壮侗族；隋唐时期，瑶族先民迁入韶关定居；两宋以来，韶关又接受了大批来自赣北、赣中的移民；元末明初，客家人不断地迁入韶关，并反客为主；20 世纪中叶以来，大批外来人主要是广府人迁入韶关。因此，从现时的语言面貌来看，除了少数民族语言底层以外，韶关土话与周边方言都不相同的说法应该是韶关土话最早的层次即第一个层次；韶关土话与周边土话相同而与客赣粤不同的说法是韶关土话的第二个层次；来自赣语的说法是第三个层次；来自客家话的说法是第四个层次；而来自粤语的说法则是最晚近的即第五个层次。不同的土话点，由于语言生活不同，拥有各个层次说法的多寡不同。从上文介绍可知，第一、二、三个层次的说法主要出现在长来、石塘和桂头，长来尤其多，其余四个点较少；第四个层次的说法在各个点中都比较多，尤以石陂和周田最为丰富；第五个层次的说法在各个点中都较少，而以向阳稍多。

三、韶关土话词汇借用的方式

李如龙等（1995）在谈到福建双方言区词汇渗透的时候指出，福建双方言区借词的方式有四种：借贷、并用、混合和取代。[57]这四种借词方式除借贷在韶关土话中较少发现以外，其余三种在韶关土话中普遍存在，下面一一介绍。

（一）取代

取代指的是甲方言放弃自己原有的说法而改用乙方言的说法，这是韶关土话借词最主要的方式。在取代时，韶关土话一般是把周边方言的说法折合为本方言的读音。下面举例说明。

表4-16 韶关土话与周边客家话相同说法的读音

方言 词目	韶关土话		周边客家话	
	说法	方言点	说法	方言点
萤火虫	火□ia^{3}虫	周田	火□iat^{5}虫	周田
门槛	□fu^{11}槛	周田	□fu^{22}槛	周田
瞥一眼	□la^{3}	石陂	□lait^{5}	马坝
	□lai^{5}	向阳		
	□la^{53} 周田音	周田、石塘	□lai^{53} 周田音	周田、董塘
蹲	□mia^{33}	周田	□meu^{34}	周田
用盐腌肉	□tʻɔ^{5} 周田音	石陂、周田	□tʻait^{3}	周田

前文指出，韶关土话的入声如果分阴阳、且读促声时，都是阴入高、阳入低；而周边客家话则相反，都是阴入低、阳入高。从表 4-16 所列的读促声的音节来看，韶关土话与周边客家话调值多高低相对。还有如周田、石塘在借用周边客家话“□lai^{53} 周田音（瞥一眼）”时也把它折合为自身相应的调类。此外，周田客家话“蹲”韵母为流摄的 eu，周田土话借用过来时也读为本方言流摄的读音 ia。

虽然韶关土话在借用周边客家话的说法时一般是把它折合为自身相应的调类，但有时候也会用本土话中相近的调型对译周边客家话的调型，而不是折合为相应的调类。表 4-16 显示，向阳在借用马坝客家话“□lai^{5}(瞥一眼)”时几乎是原封不动地借入。再看表 4-17 韶关土话和周边客家话“跨”和“鄙(脾气坏)”的读音。

表4-17 韶关土话和周边客家话“跨”和“鄙”的读音

方言 方言点 词目 读音	韶关土话							周边客家话			
	大村	向阳	石陂	周田	长来	石塘	桂头	马坝	周田	董塘	游溪
跨	kʻiʌ^{21}	kʻiɛ^{21}	kʻia^{42}	kʻia^{11}		kʻia^{44}	kʻi^{45}	kʻia^{31}	tɕʻia^{31}	kʻia^{44}	kʻia^{13}
鄙脾气坏	pei^{21}	pei^{21}	pɛi^{24}	pai^{11}			pei^{324}	pei^{31}	pei^{31}	pei^{31}	pei^{31}

温昌衍（2002）认为“跨”读 ia 是客家话的语音特征词[58]，韶关土话的“跨”与周边客家话的韵母比较接近，但声调不同。韶关土话中，大村、向阳、石陂、周田和桂头读阳平，石塘读阴平；周边客家话中，马坝、周田读上声，董塘读阴平，游溪读阳平。比较韶关土话与周边客家话的“跨”，发现石塘土话与相邻的董塘客家话都读阴平，调值也相同；桂头土话与相邻的游溪客家话都读阳平，调型也相同；而大村、向阳、石陂和周田等土话与它们相邻的马坝、周田客家话则声调不同，但调型相同，都为降调（注：周田 11 实际音值为 211，参见上编第二章第四节“仁化县周田镇周田土话的声韵调”）。可以看出，大村、向阳、石陂和周田等土话在借用周边客家话“跨”的说法时，并没有折合为自身相应的调类，而是对译为调型相近的调类。

温昌衍（2002）认为“鄙（脾气坏）”是客家方言特征词[59]，韶关土话的“鄙”与周边客家话的韵母比较接近，但声调不同。韶关土话中，石陂读上声21；桂头读阴上324；大村、向阳、周田读阳平，调值分别为21、21和11（实际为211）。周边客家话都读上声31。比较韶关土话与周边客家话“鄙”的读音，可以看出，石陂和桂头土话在借用客家话“鄙”的说法时折合为自身相应的调类，大村、向阳和周田等土话则对译为同客家话调型相近的调类。

韶关土话在借用周边客家话的说法时，语义有时会发生转移。如“㜷”周边客家话表示“儿子”，而石陂、周田土话指“男孩儿”。

（二）并用

并用指的是各个来源或者各个层次的说法在一种方言中并存，这种现象在韶关土话中非常普遍，只是不同的点多寡不同而已。从上编第六章“韶关土语词汇对照表”可以看出，相当多的事物在韶关土话中存在两种说法，这两种说法往往属于并用现象。

表4-18 韶关土话不同说法的并用

词目	说法				方言点
	土话	客家话	赣语	粤语	
水坑		湖	□tɐŋ^{24}石陂音		石陂、周田、石塘、桂头
整天	□lɔn^{22}日			成日	向阳
脱粒	□p‘ɛŋ^{45}禾	打禾			石塘
看家	睇屋		守屋		大村
晾干	□so^{324}干	□干			桂头
鸡翻食物	化		□ts‘a^{33}		长来
米汤	饭汤	粥水			石塘
生火		透火	起火		大村、向阳、石陂、周田
用汤泡饭		摎饭	淘饭		石塘
窗户		光窗	纱窗		向阳
雨伞	伞	遮			石陂
窟窿		□lui^{55}石陂音	眼		石陂、周田
挑选		择	拣		大村
调换		较	调		石塘
下棋		捉棋	动棋		石塘
偷汉子		摎契	寻野老公		石陂
理发师			剃头佬	飞发佬	向阳
岳父			丈人佬	外父	向阳
办酒席		整酒		摆酒	大村、向阳、周田、桂头
背		背脢	背脊		向阳
漂亮	标致	靓			石塘
一棵树		蔸	蔸		大村、周田、石塘

表4-18显示，韶关土话同一事物之所以存在两种说法，主要是因为两种说法来源不同。有的是土话说法与客家话说法并用，有的是赣方言说法与客家话说法并用，有的是土话说法与粤语说法并用，还有的是客家话说法与粤语说法并用。很明显，与周边不同方言的接触是导致韶关土话词汇并用的主要原因。不过，也有些并用现象与方言之间的接触没有关系，而是由于社会的发展变化而导致的。如“短裤”过去一般是半长的，除桂头叫“半裤”以外，其余各点都叫“牛头裤”。现在，这种半长的短裤已经很少有人穿了，

多已改穿新式的，“短裤”的说法也就由“牛头裤/半裤”变为“短裤”。再如“煤油”，以前叫“洋油”，因为它是外来的，冠以“洋”以示来源。现在煤油都是由我国自行生产，“洋油”一词也就被“煤油”所代替。特别值得提出来的是“喂饭”的说法，除大村外其余六个点都有两说。

表4-19 韶关土话“喂饭”不同说法的并用

说法 方言点 层次	向阳	石陂	周田	石塘	长来	桂头
老派	噍饭	□lɔi^{55}饭	□luoi^{53}饭	噍饭	噍饭	□vu^{51}饭
新派	喂饭	拿饭	拨饭	俵饭	兜饭	兜饭

为什么“喂饭”广泛存在新老差异呢？经深入访谈得知，韶关土话居民过去喂小孩吃饭，不是用筷子，也不是用勺子，而是喂饭人把饭嚼烂后再吐出来用手拿着送进小孩的口中。后来，他们开始意识到这种喂饭方法不卫生，也就慢慢改用勺子喂了，“喂饭”的说法也就跟着变了。据说，现在还有个别年龄大的老奶奶还在用过去的方法喂小孩吃饭。

（三）混合

混合指的是甲方言在借用乙方言的说法时，不是全盘照搬，而是只借用其中的某个语素，再与自身所有的语素结合，构成一个兼有甲、乙两种方言成分的说法。韶关土话在借用周边方言的说法时，有时也会出现混合的情形。

表4-20 韶关土话与周边客家话语素的混合（一）

方言 词目	韶关土话		周边客家话
	说法	方言点	
屋檐	屋檐	向阳、石塘和长来	瓦檐唇
	瓦檐	大村、周田和桂头	
	瓦唇	石陂	
牵挂	挂吊	桂头、长来	记紧
	挂紧	向阳	
	记紧	大村、石陂、周田和石塘	
桌子	桌头	大村、向阳、石塘、长来	枱
	桌	桂头	
	枱	石陂	
	枱头	周田	
纽扣	扣	石塘	纽子[(1)]
	扣＋后缀	大村、向阳、长来和桂头	
	扣耳	周田	
	扣纽	石陂	

说明：(1)“纽子”一说只见于周边的马坝客家话。

上文讨论韶关土话词汇的层次时指出，长来、桂头和石塘保留土话自身所有的说法或者较早层次的说法比较多，因此，当其他点表现出与周边客家话一致而与它们不同时，有理由相信，长来、桂头和石塘的说法是韶关土话自身所有的或较早的说法，其他点表现出与周边客家话一致的说法是受客家话影响的结果。如“屋檐”向阳、石塘和长来说“屋檐”，这是韶关土话自身所有的说法，周边客家话说“瓦檐唇”。在借用客家话的“瓦檐唇”时，大村、周田和桂头借用了其中的“瓦”，说“瓦檐”；石陂借用了其中两个同自身不同的语素，说“瓦唇”。“牵挂”桂头、长来说“挂吊”，这是韶关土话自身所有的说法，周边客家话都说“记紧”。在借用客家话的“记紧”时，大村、石陂、周田和石塘四个点完全照搬，而向阳把客家话的“紧”同自身的“挂”混合成“挂紧”。“桌子”大村、向阳、石塘、长来说“桌头”，这是韶关土话自身所有的说法，周边客家话都说“枱”。在借用客家话的“枱”时，石陂完全照搬，周田把客家话的“枱”同自身的“头”混合成“枱头”。“纽扣”韶关土话多用“扣＋后缀”的附加式构词法，周田和石陂则用复合式构词法，不过，周田说“扣耳”，石陂说“扣纽”，可见，用“扣”做基本语素是韶关土话自身所有的说法。石陂借用马坝客家话的“纽”同自身的“扣”混合成“扣纽”。

当其他方言的说法包含了词缀或类似于词缀的语素时，韶关土话往往只借用其中的词根，词缀或类似于词缀的非词根一般很少借入。

表4-21　韶关土话与周边客家话语素的混合（二）

方言 / 词目	韶关土话		周边客家话	
	说法	方言点	说法	方言点
里面	□tai^{33}底	周田	□ti^{34}背$_{\text{周田音}}$	马坝、周田、董塘、游溪
白天	日哩头	石陂	日子头	马坝、周田、董塘、游溪
麻雀	禾□pi^{5}仔$_{\text{石陂音}}$	石陂、周田	禾□pit^{3}子	马坝
			禾□pit^{3}哩	周田
蝴蝶	别婆哩	石陂	别婆子	马坝、董塘、游溪
豁牙	缺牙	大村	缺牙耙	马坝、周田、董塘
	缺牙佬	石陂		
	缺牙婆	周田		
痱子	热痱仔	石陂	热痱子	马坝、石塘、董塘

表4-21显示，周田在借用客家话的“□ti^{34}背$_{\text{周田音}}$（里面）”时，只借用了其中的词根“□ti^{34}$_{\text{周田音}}$”，非词根“背”没有借入，仍用自身的“底”。石陂和周田在借用客家话“麻雀”的说法时，都只借入词根“禾□pit^{3}”，词缀“子、哩”没有借入，仍用自身的“仔”。石陂在借用客家话“蝴蝶”“痱子”的说法时，只分别借用了其中的词根“别婆”和“热痱”，词缀“子”没有借入，仍分别用自身的“哩”和“仔”；在借用客家话“日子头”时也没有借入其词缀“子”，而仍用自身的“哩”。在借用客家话“豁牙”的说法时，大村没有借入非词根“耙”，石陂和周田则分别用自身的“佬”和“婆”对译客家话的“耙”。

由以上混合情形可以看出，当甲方言借入乙方言的说法时，如果乙方言的说法是复合式合成词，那么，其中的任何一个语素都有可能被借用；如果乙方言的说法是附加式合成词，那么，借用的一般往往是其中的词根，非词根一般很少借用。上文谈到石陂、周田“新娘”的说法时认为，该说法来自周边客家话，而不是普通话。为什么？韶关土话中，大村、向阳和石塘“新娘”说“新妇娘”，长来、桂头说“新妇”；连州片土话多说“新妇娘”；周边客家话都说“新娘嫲”。可见，石陂、周田的“新娘”与周边其余土话的区别在于有无“妇”，与客家话的区别在于有无词缀“嫲”。前文指出，韶关土话在借用周边客家话的说法时，词缀一般很少借用，因此，石陂、周田的“新娘”完全可能是在借用客家话的“新娘嫲”时丢掉词缀“嫲”而形成的。如果说这个“新娘”是由“新妇娘”省略而来的话，那就是说它们丢掉了其中的语素“妇”。事实上，从韶关土话和连州片土话来看，“妇”在“新妇娘”这个说法中是个基本的词根语素，如长来、桂头说“新妇”，不用语素“娘”。对于方言自身的演变来说，丢掉基本的词根语素使用非基本的语素的可能性是很小的。此外，前文还指出，石陂、周田借用的客家话说法在七个点中是最突出的，而嫁进的新娘又绝大多数是客家人。基于上述事实，我们认为，石陂、周田的“新娘”应该是来源于客家话的“新娘嫲”，而不是来源于土话的“新妇娘”。

四、韶关土话词汇借用的过程

（一）从核心词来看，借用一般先从第二阶核心词开始，然后逐渐扩展到第一阶核心词

上文介绍了韶关土话词汇借用的主要方式——取代、并用和混合，那么，周边方言的说法是如何一步步进入到韶关土话中去的呢？我们利用陈保亚（1996）所修正的两阶核心词来进行探讨。[60]

在第一百核心词（第一阶）中，韶关土话明显借用客家话的说法有 8 个，它们是：男子佬（男人）、头□na$^{42}_{\text{石陂音}}$（头）、头毛（头发）、喙（嘴）、夜晡（晚上）、满（水满）、虱嫲（虱子）、干（衣服晒干了）；在第二百核心词（第二阶）中，韶关土话明显借用客家话的说法有 9 个，它们是：摎（和）、背脢（背）、鄙（脾气坏）、惊（怕）、濛纱（雾）、左□sɛi$^{5}_{\text{石陂音}}$（左边）、右□sɛi$^{5}_{\text{石陂音}}$（右边）、坼（缝儿）、退（吐痰）。

上述第一阶核心词中，出现在韶关土话六个点的有“头毛（头发）”；两个点的有“男子佬（男人）、干（衣服晒干了）”；剩下的 5 个都只出现在一个点中。上述第二阶核心词中，出现在韶关土话五个点的有“鄙（脾气坏）、惊（怕）、濛纱（雾）”；四个点的有“摎（和）、退（吐痰）”；两个点的有“背脢（背）”；一个点的有“左□sɛi$^{5}_{\text{石陂音}}$（左边）、右□sɛi$^{5}_{\text{石陂音}}$（右边）、坼（缝儿）”。

尽管韶关土话借用的上述客家话说法中，第一阶核心词与第二阶核心词数量相差不大，但它们在韶关土话中出现的频率并不相同。8个第一阶核心词有5个只在一个点中出现，而9个第二阶核心词则只有3个出现在一个点中；在韶关土话四个以上点出现的第一阶核心词只有1个，而第二阶核心词则有5个。这说明，在词汇的借用中，第二阶核心词比第一阶核心词更容易被借用。也就是说，韶关土话借用周边方言的核心词时，先从第二阶核心词开始，然后逐渐扩散到第一阶核心词。

（二）从同义语素来看，借用先从个别词汇开始，然后逐步扩散到其他词汇

表4-22 韶关土话“月亮、光、天亮了”的说法

说法 方言点 词目	大村	向阳	石陂	周田	石塘	长来	桂头
月亮	月光	月光	月光	月光	月光光	月月	月皓
光	皓	光	光	光	皓	皓	皓
天亮了	皓/光	光	光	光	皓	皓	皓

从表 4-22 可以看出，“月亮、光、天亮了”三个事物中，桂头全用“皓”；大村、石塘和长来“光、天亮了”用“皓”，“月亮”用“光”；其余的都用“光”。连州片土话、湘南土话和周边客家话上述事物普遍用“光”。从韶关土话与周边方言的差异来看，可以推测，“皓”是韶关土话自身所有的说法，而“光”是从周边方言借用过来的。不过，这个来自周边方言的“光”不是同时取代土话自身所有的“皓”的，而是分步进行的。从表 4-22 来看，来自周边方言的“光”先在“月亮”中使用，如石塘和长来；然后再扩散到“天亮了”，如大村；最后再扩散至“光”，如向阳、石陂和周田。虽然“月亮”属于第一阶核心词[60]，但它在韶关土话词汇的变异中却走在非核心词的前面。看来，语言的演变虽然有着普遍性的规律，但还是存在例外。

表4-23 韶关土话“拔鸡毛、拔胡须、拔草”的说法

说法 方言点 词目	大村	向阳	石陂	周田	石塘	长来	桂头
拔鸡毛	搣 □moe^{24}	挦 搣	□tsʻɿ^{42} 扐 搣	□tsʻɿ^{11}	□paŋ^{45}	挦 □pɪŋ^{33}	挦
拔胡须	搣□moe^{24}	搣	扐	扐	□paŋ^{45}	□pɪŋ^{33}	挦
拔草	搣 □moe^{24}	搣	扐 搣	扐	□paŋ^{45}	□pɪŋ^{33}	□bai^{324}

通过同周边方言的比较，发现，表4-23中表示“拔”义的“□moe^{24}大村音、□tsʻɿ^{42}石陂音、□paŋ^{45}石塘音”等说法属于韶关土话自身所有的说法，“挦”来自赣语，“扐”来自客家话，“搣”来自粤语。根据上文确定的韶关土话词汇的层次可知，上述不同的说法中，土话说法“□moe^{24}大村音、□tsʻɿ^{42}石陂音、□paŋ^{45}石塘音”属于第一个层次，赣语说法“挦”属于第三个层次，客家话说法“扐”属于第四个层次，而粤语说法“搣”则属于第五个层次。不过，上述不同来源、不同层次的说法在各点中的出现情况是不同的。如大村“拔鸡毛、拔胡须、拔草”三个场合都是土话说法和粤语说法并用；石陂“拔鸡毛”是土话说法、客家话说法和粤语说法并用，“拔草”是客家话说法和粤语说法并用，而“拔胡须”则只用客家话说法；桂头“拔草”用土话说法，其余两个用赣语说法；而石塘则一律用土话说法。总之，上述情况说明，来自周边方言表示“拔”义的说法是分步进入到韶关土话中的。

由于长期与周边客家话的接触，韶关土话在受到周边客家话强大的渗透的同时，也或多或少对它产生了一定的影响。

表4-24　韶关土话对周边客家话的词汇渗透

方言／词目	韶关土话	周边客家话		
		一般	例外	
			说法	方言点
昨天	□tsʻɔŋ^{22}日大村音	□tsʻa^{22}晡日周田音	□tsʻan^{13}晡日游溪音	董塘、游溪
攒钱	凑	存	凑	游溪
苍蝇叮	□lɔ^{12}向阳音	咬	□leu^{44}董塘音	董塘
起床	起头	□hɔŋ^{53}头董塘音	起头	马坝、游溪
金鱼眼	暴眼	鼓眼	暴眼	董塘
结巴	□lou^{44}舌（佬）石塘音	大舌	□la^{34}舌佬周田音	周田
睡	睏	睡	睏	游溪

由表 4-24 可知，周边客家话一方面表现出了与多数客家话相同的特点，另一方面也表现出了与韶关土话相同而与多数客家话不同的特点。如“昨天”说“□tsʻa^{22}晡日周田音” 与多数客家话相同，说“□tsʻan^{13}晡日游溪音” 与韶关土话相同；“起床”说“□hɔŋ^{53}头董塘音” 与多数客家话相同，说“起头” 与韶关土话相同。周边客家话上述与韶关土话相同的说法明显是受它影响的结果。当然，相对于客家话对韶关土话的影响来说，韶关土话对客家话的影响是很小的。

此外，有些说法韶关土话内部不一致，客家话内部也不一致，但韶关土话一般与相邻的客家话相同。

表4-25　韶关土话与相邻客家话相同的说法

方言／词目	韶关土话		周边客家话	
	说法	方言点	说法	方言点
闪电	□ŋi^{5}链	周田	□ŋie^{3}链	周田
彩虹	天弓	向阳、石陂	马坝	天弓
红薯	黄薯	大村	黄薯	马坝
翅膀	翼□fɔ^{5}	周田	翼□fa^{3}	周田
炊帚	泸镬 □tsɔ^{33}	周田	泸镬 □tsa^{34}	周田
窗户	垛子	周田	垛子	周田
兜裆裤	塞□lɔŋ^{22}裤	大村	塞□lɔŋ^{22}裤	马坝
最小的儿子	尾崽	周田	尾崽	周田
最小的女儿	尾女	周田	尾女	周田
抬棺人	八轿佬	大村	八轿佬	马坝

（续上表）

方言 / 词目	韶关土话		周边客家话	
	说法	方言点	说法	方言点
打瞌睡	□ts'aŋ^{51}眼瞓	桂头	□ts'in^{44}眼睡	游溪
挠痒	□iɔ^{214}	周田	□ia^{31}	周田
	□ua^{314}	石塘	□ia^{31}	董塘
亲嘴	□tsʉ^{5} 大村音	大村、向阳、石塘	□tsui^{55} 马坝音	马坝、周田、董塘
	□tsaŋ^{51}	桂头	□ʧin^{44}	游溪
放在哪里	□ui^{11}	石陂	□ɔe^{44}	马坝

在上述韶关土话与相邻客家话一致的说法中，周田土话与周田客家话相同的说法最多。上述相同的说法是韶关土话同客家话之间相互影响的结果还是有着共同的源头，目前还不清楚。

另外，有些相同的说法则只见于地理上并不相接的韶关土话和客家话。

表4-26 韶关土话与不相邻的客家话相同的说法

方言 / 词目	韶关土话		周边客家话	
	说法	方言点	说法	方言点
翅膀	翼□p'ɛi^{5}	石陂	翼□p'a^{3}	游溪
打赤膊	打赤□ki^{5}	石陂	打赤□ki^{3}	游溪
泥身上的污垢	鳞	石陂	鳞	游溪
曾祖母	白姐	石陂	白姐	游溪
亲嘴	□tsɐn^{33} 周田音	石陂、周田	□ʧin^{44}	游溪
窄	□k'i^{3}	石陂	□k'ie^{5}	游溪、董塘
养母	养□ui^{11}	石陂	后来□ɔe^{44}	游溪

我们注意到，上述地理上并不相接的韶关土话和客家话相同的说法主要分布在韶关土话中的石陂和客家话中的游溪。为什么这两个地理上并不相接的方言表现出了一致性，其成因还有待于进一步研究。

五、韶关土话亲属称谓的变异

我们在上编第四章第二节“韶关土话的词汇特点”中指出，韶关土话中，大多数点非重叠式的双音节亲属称谓后一个音节除了读小称变音以外，一般为上声或去声；而重叠式的亲属称谓一般有着相同的变调规律，而且后一个音节一般读上声。此外，周田有部分亲属称谓使用读小称变音的单音节词。下面补充交代长来亲属称谓的读音。长来亲属称谓少数使用读小称变音的单音节词，如：妹（妹妹）、弟（弟弟）；多数使用非重叠式的双音节词。在非重叠式的双音节亲属称谓中，后一个音节有的读上声，如：阿娘ᶜlɛŋ（姑母）、阿□ᶜmai（伯母）、伯□ᶜpa（伯母）；有的读去声，如：阿姊tsaiᵓ（姐姐）、阿□meiᵓ（母亲）、阿婶ʃãiᵓ（婶母）、大舅k'iᵓ（舅父）；有的读小称变调↘，如：阿爸pa↘（父亲）、老伯pa↘（伯父）、阿哥kou↘（哥哥）、阿叔sœy↘（叔叔）、姑爷jou↘（姑父）、姨丈t'ɛŋ↘（姨父）、细姨zɿ↘（姨母）；有的读小称变调12，如：白公kœŋ^{12}（曾祖父）、白婆pou^{12}（曾祖母）、大母mɔ^{12}（舅母）。重叠的亲属称谓很少，也没有明显的规律。

如前所述，上述七个点中，长来保留土话自身所有的或者层次较早的说法是最多的，而古汉语中的词汇又主要是以单音节词为主，因此，我们推测，亲属称谓中读小称变音的单音节词应该是韶关土话现今所有亲属称谓类型中最早的。在周边方言的影响下，单音节的亲属称谓慢慢走向双音节化，其方式有两个：一是借用周边方言的词缀“阿”（详见下节），二是重叠。由于来自周边方言的“阿”和重叠式双音节词本身带有亲密的感情色彩，因此，双音节化后，原来由小称变音负载的功能就由“阿”和重叠来承担了，这样，小称变音也就慢慢演变为上声或去声。不过，这种演变还在进行之中。如长来非重叠式的双音节亲属称谓中，后一个音节有的读上声，有的读去声，有的读小称变音。重叠的双音节亲属称谓中，后一个音节也往往读上声，只有周田后一个音节读小称变音。至于这个小称变音为什么向上声或去声演变，原因目前还不清楚。

第四节　韶关土话语法的地域变异

一、词法特点的变异

（一）指称动物性别语素的变异

韶关土话指称雄性畜类动物的语素一般用“牯”，指称雄性禽类动物的语素一般用“公”；指称雌性动物的语素多数用“婆”，只有石陂和周田则一般用“嫲”。“牯”“公”普遍见于南方方言。指称雌性动物的语素“婆”在连州片土话、湘南土话、赣语甚至湘语中都非常常见。联系到湖南、粤北历史上同江西的密切联系，我们推测，韶关土话中的“婆”可能是受两宋以来江西移民带来的方言影响而产生的。

“嫲”不见于连州片土话和湘南土话，但普遍见于周边客家话，是客家话区别于其他方言的一个重要的特征。联系石陂和周田这两个点的语言生活以及客家话在语音、词汇上对它们的强大渗透，可以肯定，“嫲”来自周边客家话。不过，这两个点“嫲”的出现频率有所不同。相比较而言，石陂出现得较多。如“青蛙”“虱子”石陂分别说“蛤嫲”“虱嫲”，周田则分别说“蛤婆”“虱婆”；有些无生命的事物后石陂也用“嫲”，如“勺嫲、菜刀嫲”，而周田则不用。

（二）词缀的变异

1.相当于普通话“子”“儿”的后缀

上编指出，韶关土话相当于普通话“子”“儿”的后缀主要有“嘀”“哩”“仔”和“子”。

（1）“嘀”“哩”的变异。

“嘀”出现在大村和桂头，而“哩”出现在向阳、石陂和周田，主要用于构词。下面来看“嘀”“哩”在周边方言中的分布。

由搜集到的客家话材料来看，使用“哩”的有仁化周田、南雄珠玑、福建长汀和江西大余。如周田：麻哩（芝麻）、筛哩、索哩、菌哩、茄哩、李哩、橙哩、桃哩、蚊哩、刨哩、妹哩、孙哩、息哩、古哩（故事）。有时候“哩”同“仔”一起使用，如：卵仔哩（赤子阴）、羊仔哩（羊羔）、猪仔哩（小猪）、鸡仔哩（小鸡）、妹仔哩（女孩儿）、蕯仔哩（男孩儿）。使用“嘚”的有江西龙南、石城龙岗。如石城龙岗：鸟嘚、兔嘚、鸡嘚（小鸡儿）、鸭嘚（小鸭）、猪嘚（小猪儿）、萤火嘚、桃嘚、李嘚、茄嘚、窗嘚、绸嘚、本嘚、辫嘚、女嘚、老妹嘚、老婆嘚、刨嘚、锯嘚、钻嘚、梳嘚。总之，客家话中使用“哩”，“嘚”的主要分布在赣南、闽北和粤北。此外，在以上方言中，“哩”“嘚”的主要作用是构词。

连州市土话相当于普通话“子”“儿”等名词标志的后缀基本上是“仔”和“子”两个，暂时没有发现使用“哩”和“嘚”的。湘南土话普遍存在“子”“仔”尾。有些词缀，罗昕如（2004）也把它们归入“子”尾的变体[61]，我们根据其读音，分别归入“哩”尾和“嘚”尾。

属于“哩”尾的有道县仙子脚（$lɛ^{0}$）、道县蚣坝（$lɤ^{44}/lɤ^{0}$）、宁远平话（$lə^{0}/tə^{0}$），它们都具有很强的构词能力。如道县仙子脚：星子、砖子、筛子、桃子、李子、鸟子、猴子、窗子、镜子、箱子、钉子、锤子、麻子、哑子、瞎子、帽子、鞋子、丸子。属于“嘚”尾的有道县仙子脚（$tɛ^{0}$）、道县蚣坝（$tɤ^{44}$）、宁远平话（te^{0}）、临武城关（te^{0}）、桂阳银河（$tɤ^{0}$）、江永城关（$tie^{35}/tɯə^{35}$）。如道县仙子脚：麦仔、粟仔、麻仔、铜仔、炉仔（代厨房）、茶仔、养女仔（丫环）、辫仔、鬼崽仔（瞳仁儿）。除了江永城关以外，其余各地土话的“嘚”构词能力都很弱。此外，湖南城步青衣苗人话最常用的名词后随成分是“哩（le^{32}）”，用法比较多。如：小妹哩、告化哩、左撇哩、牛崽哩、羊崽哩、猴哩、燕哩、土狗哩、钉哩、锤哩、茄哩、高梁哩。总之，湘南土话中零星分布着“哩”和“唧”，其主要作用是构词。相比较而言，“哩”具有很强的构词能力，而“唧”构词能力一般比较弱。

赣语词缀“唧”分布非常广，都昌、湖口、星子、德安、奉新、新建、分宜、新余、万载、安义、新余、吉水、永丰、万安、进贤等方言都使用“唧”。如星子：茄唧、松毛唧、李唧、梨唧、竹唧、鸟唧、虾唧、椅唧、钻唧、、哥唧、姐唧、孙唧、姨唧、叔唧、姑唧、棉暖唧（棉衣）。用“哩”的有永修、南昌、高安、东乡、乐平、东乡、南丰、安义、余干等方言。如安义：李哩、柿哩、桔哩、菇哩、牛牯哩、猪牯哩、雀哩、蝇哩、虾哩、鱼泡哩、椽哩、桌哩、钻哩、裤哩、袄哩。湖南赣语浏阳有“哩”词尾，使用范围很广，主要是用来构词。如：桃哩、李哩、瓶哩、饭蚊哩、麻雀哩、老鼠哩、牛婆哩、坪哩、田哩、土哩、妹崽哩。总之，江西境内的赣语“唧”的分布非常广，“哩”也很常见，其构词能力比较强，江西境外的湖南赣语“哩”较少见。

据汤志祥（2000）[62]、詹伯慧（2002）[63]，粤语中暂时没有发现“哩”尾和“唧”尾。

比较韶关土话与周边方言，不难发现，韶关土话中的“嘀”和“哩”与周边方言中的“唧”“哩”作用相同，都主要是构词。从分布上来说，“嘀”“哩”主要见于赣语，其他方言虽然或多或少有所分布，但是，这些使用“唧”“哩”的方言主要集中在赣南、湘南、粤北和闽北，而这些地区历史上都与江西赣北、赣中存在着密切的关系。因此，韶关土话中的“嘀”“哩”应该来源于两宋时期江西移民所带来的赣方言。蒋冀骋（2004）在谈到湖南沅陵乡话词缀“立 li”时认为，湖南沅陵乡话词缀“立 li”来自赣方言的“仂”。[64]曾毅平（2003）也指出，石城龙岗客家话名词词缀“唧”在周边客家话中少见而多见于周边赣语，而“石城东面、南面、西面均与客话区相邻，北面与赣语区相接，因此，我们认为‘唧’可能不是石城方言的原有成分，可能是由赣语渗入的。”[65]关于这个“哩”的来源，蒋冀骋（2004）认为来源于“儿”。[64]

那么，“嘀”和“哩”之间又是什么关系呢？我们认为，“嘀”和“哩”是同一个词缀的不同变体，确切地说，“嘀”是从“哩”演变而来的。理由如下：

从用法上来看，“嘀”和“哩”的用法基本相同，主要用于构词。

从语音上来看，“哩”的声母为 l，“嘀”的声母为 t，两者发音部位相同，只是发音方法不同。在赣语中，来母逢细音读舌尖塞音是个非常普遍的语音现象。孙宜志（2007）指出，江西赣方言中古来母逢细音今读舌尖塞音，是一个分布范围较广的语音现象。从具体音值来看，绝大多数方言点读 t，极少数方言点读 d，个别方言点读 tʻ。[66]上文所列举的安义方言来母读 t。据李冬香（2005），湖南赣语临湘、平江、浏阳等来母逢细音读如端组的塞音，不过，具体的音值不同，临湘读 d，平江多读 tʻ，浏阳读 t。[67]而韶关土话中的“嘀”其韵母正好为细音。

从语言事实来看，在宁远平话、安义、南昌、道县仙子脚等方言中，词缀“唧”和“哩”并存。道县仙子脚土话“哩”“唧”并存的现象前文已举例说明，下面来看宁远平话、安义、南昌等方言。据张晓勤（1998），宁远平话名词后缀“子”有三个读音：lə、tə、tsɿ（注：本文把最后一个读音归为“子”尾）。lə、tə 两个音是白读音，tsɿ 是文读音。就出现频率来说，lə 最高，tə 次之，tsɿ 是少数。词缀“子”分别与特定的其他语素构成名词。尽管“子”有不同读音，但表义功能却基本相同，然而相互不可替换，一般是习惯使然。[68]江西赣语安义表示名词的后缀一般用“哩”，但在用于动物时，有时用“哩”，有时用“唧”。用“唧”的如：牛崽唧（小牛）、猪崽唧（小猪）、鸡崽唧（小鸡）、豹老虎唧、猴唧、奸雀唧、夜火虫唧；用“哩”的如：蜂哩、虾哩、鱼泡哩、蝇哩、蛰鸡婆哩（蟑螂）、野物哩、蛤蟆嫩哩（蝌蚪）、猪牯哩（公猪）、牛牯哩（公牛）、雀哩。南昌表示名词的后缀有时用“仂”，有时用“唧”。用于人的称谓一般用“唧”，如：拐唧、结巴唧、瞎唧、外甥女唧、孙唧、侄唧、私伢唧、妹唧。用于其他的事物则没有明显的规律，用“仂”的如：刨皮仂、镰仂、堂屋仂、脚爪仂、蚊仂、虾仂、鹞仂、桃仂、柿仂、茄仂；用“唧”的如：钻唧、篱笆唧、土狗唧、扁老鼠唧（蝙蝠）、鸡崽唧、牛牯崽唧、猪崽唧、芋头崽唧。

（2）“仔”的变异。

“仔”在韶关土话中普遍存在，不过，各点的使用频率有所不同，其中，桂头最大，周田最小。其作用除了表小称以外，还可以只构词，而不表小称。下面来看韶关土话周边方言“仔”的分布。

“仔”在周边客家话中普遍存在，表示较小的动物，也可以用于部分词语和人的后面。如董塘：牛仔、猪仔、鸡仔、灶鸡仔、兔仔（小）、鹿仔（小）、鸟仔、禾必仔（麻雀）、蛤仔（青蛙）、□lɔŋ[12]尾仔（蜻蜓）、后生仔、糖仔、缺喙仔、古仔、刀仔。仁化周田“仔”单独使用只出现在部分词语中，如：后生仔、细满仔、傻仔、尾仔；更多的时候是同“哩”一起使用，如：卵仔哩（赤子阴）、羊仔哩（羊羔）、猪仔哩（小猪）、鸡仔哩（小鸡）、妹仔哩（女孩儿）、擓仔哩（男孩儿）。南雄珠玑表小指爱用“仔”，如：刀仔、鸭仔、猴仔、米仔。分布于赣南、闽西、粤东、粤北、粤西以及广西东部的宁化、宁都、三都、赣县、秀篆、武平、梅县、翁源、连南、河源、清溪、揭西、西河、陆川、香港等地客家方言表小称部分用“仔”，部分用“子”，但“仔”不表小称而只用来构词的则很少。总之，客家话的“仔”主要用来表小称，少数也可以只用来构词，不表小称，但其构词能力并不强。

连州市土话普遍存在“仔”尾，如星子：坑仔、茄仔、麻仔、李仔、雀仔、兔仔、后生仔、竹仔、手巾仔、刀仔、古仔、牛仔、鸡仔。从作用上来看，“仔”主要用来表小称，很少只用来构词。另外，从出现频率来看，除了星子和保安“仔”出现频率较多以外，其余的三个点连州、西岸和丰阳较少使用。

湘南土话也普遍存在“仔（崽）”尾，主要用来表小称，罗昕如（2004）把它归入“子”的变体，如道县仙子脚、道县蚣坝、江永城关、宁远平话、宁远张家、新田茂家、蓝山太平、嘉禾塘村、临武城关、桂阳银河。在构词能力上，有的较强，有的较弱。如嘉禾塘村：麦仔、竹仔、老鼠仔、鸟仔、羊仔、猪仔、钳仔、扣仔、锤仔、孙仔、后生仔、毛仔（婴儿）。湖南城步青衣苗人话“崽”尾少用，常见的有：棋崽、弹崽（抓子）、五崽棋。总之，湘南土话的“仔（崽）”主要用来表小称，其构词能力参差不齐。

赣语“仔（崽）”一般表示小称，很少用作纯粹的词缀，如湖南安仁：鱼崽、狗崽、鸡崽、猫崽、凳崽、箩崽；浏阳：鸡崽、鸭崽、树崽、篮崽、笔崽、妹崽、伢崽、妹崽唧。

汤志祥（2000）把粤语（包括广州和香港两个代表点）常见的后缀分为三类，其中第一类是开放性的派生构词。特点是：第一，这些词缀可与具有修饰意味的各种语素构成新的词语，表示各种人的特征、职业和藉贯等。第二，它们的构词能力相对比较强，可以不断产生新词语。“一仔”就是这类后缀中的一个，它可以用来表示家庭成员或各种社会关系中年轻的男性或女性，如：男仔、女仔、姨仔、侄仔、哥哥仔；表示具有各种特征的男女（一般指年轻人），如：靓仔、肥仔、矮仔、野仔（私生子）；表示从事各种社会职业男女（一般指年轻人）：保安仔、耕仔（农民）、赌仔、贼仔；表示不同籍贯或国籍的男性，如：乡下仔、台湾仔、日本仔；表示各种事物，如：银仔、公仔、古仔、烟仔、兔仔；在一般名词事物之后，表示小称，如：猫仔、鱼仔、凳仔、巷仔、鞋仔、帽仔。[62]

总之，“仔（崽）”在周边方言中普遍存在，而且都具有表小称的作用，只有在部分方言主要是粤语中，“仔”具有很强的构词能力。而韶关土话中的“仔”也主要是用来表小称，其构词能力不同的点有所不同。我们认为，韶关土话中的“仔”以前主要是用来表小称的，只用来构词是比较晚期的现象。理由如下：第一，韶关土话中，有的点“仔”后还可以用构词词缀“嘀”“哩”。如大村：细仔嘀（小孩）、妹仔嘀（女孩儿）；石陂：擓仔哩（男孩儿）、妹仔哩（女孩儿）；周田：擓仔哩（男孩儿）、妹仔哩（女孩儿）。第二，“仔”在这七个点中都读小称变调，而用来构词的“嘀”“哩”只有向阳“哩”读小称变调，其余的都不读小称变调。第三，在韶关土话居民祖先主要来源地——江西的赣语中，“仔”主要用来表小称，基本上不用来构词。

既然“仔”只用来构词是比较晚期的现象，那么，它为什么会从表小称演变为只用来构词的呢？这可能有两个方面的原因。一是粤语的影响。前文指出，粤语正在取代客家话而成为韶关土话居民最主要的兼用方言，而在粤语中，“仔”的构词能力很强。此外，韶关土话有些说法与粤语一致而与周边客家话有别，如：刀仔、古仔、孩毛仔、烟仔、糖仔。二是与土话自身的词缀系统有关。前文指出，“仔”出现频率最高的是石塘。而在石塘，不使用其他点常用的构词词缀“嘀”“哩”，因此，为了构词的需要，“仔”的功能便不断扩大。

（3）“子”的变异。

“子”是普通话以及很多汉语方言中常用的词缀之一。韶关土话周边的客家话、连州片土话、湘南土话、赣语和粤语中都普遍存在。不过，不同的方言，“子”的构词能力各不相同，其构词能力的强弱受到该方言词缀系统的制约。如果该方言中还有其他的具有很强构词能力的词缀，那么，“子”的构词能力就比较弱，如仁化周田、南雄珠玑客家话、广州话等；如果该方言中没有其他构词能力很强的词缀，那么，“子”的构词能力就很强，如曲江马坝客家话、湘南宜章土话、赣语湖南安仁方言等。

韶关土话七个点中，由于每个点都具有了比“子”构词能力更强的词缀，如“嘀”“哩”“仔”等，因此，“子”的出现频率都不高。其中，“子$_1$”一般用于比较常见的较小的事物，如“葡萄子（葡萄）”“轮子（车轮）”；而“子$_2$”一般用于比较晚期的较小的事物，如“包子”“饺子”。从读音上来看，“子$_1$”读小称变音，“子$_2$”读本调。据此推测，韶关土话中的“子$_2$”应来源于普通话。

2.用于人的词缀——“阿”和“佬”的变异

“阿”虽然在韶关土话七个点中都出现，但使用频率相差很大。周田暂时只发现出现在“阿婶”一词中，大村只出现了4次，长来使用频率也较低，而向阳、石陂、石塘和桂头使用频率较高。下面来看周边客家话“阿”的使用情况。

表4-27 周边客家话“阿”的使用情况

说法　方言点 词目	马坝	周田	董塘	游溪	珠玑
父亲	阿爸	阿叔	阿爸	阿爸	阿爸
母亲	阿姆		阿姆	阿姆	
祖父	阿公		阿公	阿公	
祖母	阿婆	阿姊/阿婆	阿婆	阿姐	
伯父					
伯母					
叔父	阿叔		阿叔	阿叔	
婶婶	姆姆		阿婶		
哥哥	阿哥		阿哥	阿哥	
嫂嫂			阿嫂	阿嫂	
姐姐	阿姊		阿姐	阿姊	
妹妹					

由表4-27可知，在韶关土话周边的客家话中，珠玑“阿”只出现在“阿爸”一词中，周田也很少使用，马坝、游溪和董塘“阿”的使用频率则很高。江西境内的客家话中，“阿”主要见于客家话，宁石话和本地话不用。在粤东和粤西的客家话中，“阿”普遍存在。连州片土话中的连州市土话普遍使用“阿”，但乐昌市北部的黄圃、皈塘和三溪则很少使用。据现有的材料来看，“阿”在赣语和湘语中都很少使用，但在粤语中却常用。

比较韶关土话与周边方言中的词缀“阿”，发现，韶关土话各点“阿”的使用情况基本上与周边的客家话或粤语一致。周边方言很少使用的，韶关土话也就很少使用，如周田；周边方言经常使用的，韶关土话也就经常使用，如向阳、石塘和桂头。特别值得一提的是“妹妹”一词。周边客家话都说“老妹”，韶关土话一般也不用“阿”，只有向阳说“阿妹”，与粤语相同。因此，我们认为，韶关土话中的“阿”应是受周边方言的影响而产生的。从这七个点的语言生活来看，我们倾向于认为，向阳和长来的“阿”来自粤方言，而其他几个点的“阿”来自客家话。长来由于近年来才开始兼用粤语，因此，“阿”的使用频率也就比较低。

除石塘以外，“佬”在韶关土话其他几个点中普遍存在；周边的客家话、粤语以及连州市土话都分布较广；湘南土话、乐昌市北部的土话则很少使用；赣语也较少出现。根据前文确定的判断接触性共有成分时优先考虑客家话的原则，韶关土话中的“佬”来自周边客家话。石塘由于周边的董塘客家话很少使用，则其土话也很少使用。

（三）表示时间的语素“晡”的变异

韶关土话部分方言中存在一个表示时间的语素“晡”，具体情况见表 4-28。

表4-28　韶关土话“晡”的使用情况

说法 方言点 / 词目	大村	向阳	石陂	周田	石塘	长来	桂头
今天			今日/今晡日	今日/今晡日			
昨天			□tsʻa^{42}日□tsʻa^{42}晡日	□tsʻɔ^{11}日 □tsʻɔ^{11}晡日			
前天			前晡日	前晡日			
大前天			大前晡日	大□ka^{53}前晡日			
明天			明日/明晡日	明日/明晡日			
后天			后晡日	后日/后晡日			
大后天			大后晡日	大□ka^{53}后晡日			
来日			定晡日	□tʻai^{31}晡日			
晚上			夜晡		暗晡	暗晡	
除夕			年三十晡夜	年三十暗晡	三十日暗晡	三十日暗晡	

韶关土话中的“晡”为什么呈现出上述分布状态？还是先来看韶关土话周边方言“晡”的使用情况。韶关土话周边的客家话、连州片土话和湘南土话表示时间的语素“晡”的使用情况分别见表 4-29、表 4-30 和表 4-31。

表4-29　周边客家话“晡”的使用情况

说法 方言点 / 词目	马坝	周田	董塘	游溪
今天	今晡日	今晡日	今兵日	今晡日
昨天	□tsʻa^{13}晡日	□tsʻa^{22}晡日	□tsʻan^{12}兵日	□tsʻan^{13}晡日
前天	前晡日	前晡日	前兵日	大□tsʻan^{13}晡日
大前天	大前晡日	大前晡日	大前兵日	
明天	明晡日	明晡日	明兵日	明晡日
后天	后晡日	后晡日	后兵日	后晡日
大后天	大后晡日	大后晡日	大后兵日	大后晡日
次日	下晡日	下晡日	下兵日	下晡日
晚上	夜晡头	夜晡头	暗夜	夜晡头
除夕	三十晡	年三十晡夜	年三十晡夜	年三十晡夜

表4-30 连州片土话“晡”的使用情况

说法 / 方言点 / 词目	星子	保安	连州	西岸	丰阳	黄圃	皈塘	三溪
明天							明晡日	
昨天							昨晡日	
后天					后晡日		后晡日	
大后天					大后晡日		大后晡日	
前天					前晡日		前晡日	
大前天					大前晡日		大前晡日	
白天							日晡前	
夜晚	夜晡头	夜晡头	夜晡昼	夜晡	夜晡前		夜晡前	
年三十晚	三十晡夜	三十晡夜	三十晡夜	三十晡夜	三十晡夜	三十晡夜	三十晡夜	三十晡夜

表4-31 湘南土话“晡”的使用情况

说法 / 方言点 / 词目	东安	道县	江永	新田	蓝山	嘉禾	桂阳	临武
今天	今晡日			今晡				
明天	明晡日			□꜀t‘oŋ 晡				
昨天	昨晡日			□tɕiaˀ晡		昨晡日		昨晡日
后天	后晡日	后晡工	后日晡	后日晡				
大后天		大后晡工	˙赎日晡					
前天	前晡日	前晡子工	□꜁tsie 日晡	前□keˀ晡	前晡日	前晡日		前晡日
大前天	向前晡日				大前晡日	大前晡日		大前晡日
白天							日晡前	
夜晚				夜晡	夜晡	夜晡	夜晡前	
年三十晚				三十夜晡	三十夜晡	三十夜晡	三十夜晡	

由表4-29、表4-30和表4-31可知，周边客家话、连州片土话和湘南土话都普遍存在“晡”，那么，韶关土话中的“晡”是来自周边客家话还是自身所有的呢？值得注意的是：第一，客家话、连州片土话和湘南土话表示“晚上”的另一个语素是“夜”，韶关土话中的石陂用“夜”，石塘和长来则用“暗”。此外，石塘周边的董塘客家话说“暗夜”，而石塘说“暗晡”。可见，韶关土话在表示“晚上”时，石陂与周边客家话一致，而石塘、长来不仅不同于周边客家话，也不同于周边其他土话。第二，在表示“昨天”时，石陂和周田说“□ts‘a^{42} 晡日石陂音”，与周边客家话相同；其余五个点说“□ts‘oŋ^{22} 日桂头音”，与周边其他土话和客家话都不同。第三，在表示“明天、昨天、后天”等时间时，湘南土话普遍用“晡”；连州片土话只有丰阳和皈塘用“晡”；韶关土话“晡”只见于周田和石陂；周边客家话普遍用“晡”。综上所述，尽管韶关土话中的石陂、周田、石塘和长来都用“晡”，但其来源是不同的，石陂、周田的“晡”来源于周边客家话，而石塘、长来的“晡”是土话自身所有的。

不过，虽然石陂和周田的土话已开始借用客家话的“晡”，但其使用情况与客家话还是存在一定的差异。在周边客家话中，表示时间的词语几乎一律使用“晡”。而石陂和周田表示“今天、明天、后天”时，一般以不用“晡”为常；表示“前天、大前天、后天、大后天、来日”等时间时则以用“晡”为常。这个现象再次说明，在同义语素中，借用先从个别词汇开始，然后再逐步扩散到其他词汇。

（四）代词的变异

韶关土话人称代词的基本形式比较一致，各点都用“我”“你”“渠”，复数形式的词缀也比较一致，除桂头、长来用“□tou$^{4}_{\text{桂头音}}$”以外，其余五个点用“俚”。而指示代词和疑问代词比较复杂，内部差异较大。下面来看周边客家话的代词。

表4-32 周边客家话代词的使用情况

说法 方言点 词目	马坝	周田	董塘	游溪
我们	我俚	我俚	我□tɘu^{44}	我俚
你们	你俚	你俚	你□tɘu^{44}	你俚
他们	渠俚	渠俚	渠□tɘu^{44}	渠俚
谁	□lei^{31}人	□nei^{31}个佬	□lai^{31}人	□lɛn^{31}
这	□ti^{31}	□ti^{31}	□kai^{31}	□ti^{31}
那	個 kai^{53}	個 kai$^{31}_{\text{远指}}$ □pun$^{53}_{\text{更远指}}$	個 kai^{53}	個 kai^{53}
哪	□lei^{31}	□nei^{31}	□lai^{31}	□lei^{31}
这么甜	□kan^{31}	□kan^{31}	□kan^{31}	□kan^{31}
那么甜	□kan^{31}	□kan^{31}	□kan^{31}	□kan^{31}
这样做	□kan^{31}样	□kan^{31}样	□kan^{31}样	□kan^{31}样
那样做	□kan^{31}样	□kan^{31}样	□kan^{31}样	□kan^{31}样
怎样做	□ŋiɔŋ^{31}□pian^{44}	□ŋiɔŋ^{31}般	□liɔŋ^{31}□pian^{44}	□iɔŋ^{31}般
什么	物箇	物箇	物箇	物箇

比较韶关土话与周边客家话的代词，发现人称代词的基本形式及其复数形式的词缀两者非常一致，多数土话和客家话说“我俚”，只有桂头和长来的土话以及董塘客家话说“我□tou$^{4}_{\text{桂头音}}$”。此外，石陂和周田指示代词和疑问代词明显受到了周边客家话的影响。为说明这一点，下面再次介绍这两个点指示代词和疑问代词的说法。

表4-33 石陂、周田土话的指示代词和疑问代词

说法 词目 方言点	谁	这	那	哪	这么	这样	怎样	什么
石陂	□nɛi^{33}人	□tei^{33}	個 kai$^{55}_{\text{远指}}$ □lu$^{33}_{\text{更远指}}$	□lɛi^{33}	□kan^{24}	□kan^{24}哩	□liɔŋ^{55}般	物箇
周田	□piŋ^{12}个佬	個 ka^{33}	□hɛŋ^{11}	□piŋ^{12}	□loŋ^{12}	□kan^{214}子	样般	□siŋ^{214}□kie^{33}

比较表 4-33 和表 4-32，发现，表 4-33 中的代词石陂土话与周边客家话非常接近，而周田土话的“这样”和“怎样”也与周边客家话一致。

（五）否定词的变异

韶关土话中，否定词“唔”桂头读阴去，长来读阴平，其余各点读阳平；“冒”桂头读阳上，长来修饰体词性词语时读去声、修饰谓词性词语时读阴平，其余各点读阴去。连州片土话中，“唔”连州市有阴平和阳去两读，乐昌市北部有阳平和上声两读；“冒”连州市有阴平、阳上和阳去三读，乐昌市北部都读上声。湘南土话江永只有一个否定词，读阳上；宜章有两个否定词，相当于韶关土话“冒”的读上声，“唔”的读入声；嘉禾只有一个否定词“没”，读入声；东安有两个否定词，相当于韶关土话“冒”的读上声，

"不"读入声；宁远只有一个否定词"勿"，读阳去。周边客家话"唔"和"冇"都读阳平。

表4-34 周边客家话否定词的使用情况

说法＼方言点 词目	马坝	周田	董塘	游溪
不去	唔m¹³	唔m²²	唔m¹²	唔m¹³
不是	唔系	唔系	唔系	唔系
不必去	唔使	唔使	唔使	唔使
别去	唔爱	唔爱	唔爱	唔爱
没去	冇mɔu¹³	冇 mɔ²²	冇 mɔu¹²	冇 mɔu¹³
没有钱	冇	冇	冇	冇

比较韶关土话、连州片土话、湘南土话和周边客家话的否定词，发现，韶关土话否定词"唔"多数点与周边客家话一致，读阳平，而"冇"则迥然有别。否定词"唔"在赣语、粤语中也多读阳平。不过，基于前文确定的判断接触性共有成分时优先考虑客家话的原则，我们认为，韶关土话"唔"读阳平来自客家话。此外，石陂、周田和长来表示"不必"时用"唔使"，石陂和周田表示"别"时用"唔爱"，"唔使"和"唔爱"在周边客家话中非常普遍，因而也应该是来自周边客家话。

二、句法特点的变异

（一）持续体的变异

韶关土话中，表示动作状态的持续，大村、向阳、石陂和周田四个点有时用"倒"，有时用"紧"；石塘、长来和桂头用"起"。连州片土话有的用"倒/到"，如西岸、丰阳；有的有时用"倒"，有时用"紧"，如保安、连州、星子。湘南土话多数有时用"倒/到"，有时用"起"，如宁远平话、宜章、东安、嘉禾。赣语经常用"倒"来表持续，如江西永修、湖南浏阳。周边客家话持续体的标记见表4-35。

表4-35 周边客家话持续体的标记

说法＼方言点 例句	马坝	周田	董塘	游溪
桌上放着一碗水。	枱子放紧一碗水。	枱□tɔ⁵³哩放紧一碗水。	枱上放倒一碗水。	枱子放紧一碗水。
屋里坐着很多人。	屋箇坐倒好多人。	屋哩坐紧好多人。	屋哩坐紧□hɛi¹¹多人。	屋哩坐紧好多人。
坐着吃好，还是站着吃好？	坐紧来食好，还系徛紧来食好？	坐倒食好，还系徛倒食好？	坐紧来食，还系徛紧来食好？	坐倒（紧）来食，还系徛倒（紧）来食好？
站着，别动。	徛紧，唔爱动。	徛倒（紧），唔爱动。	徛紧，唔爱动。	徛紧，唔爱动。
外面下着雨。	外背落紧水。	外背落紧水。	外背落紧水。	外背落紧水。

从上表4-35可知，周边客家话有的用"紧"，如马坝、周田；有的有时用"紧"，有时用"倒"，如董塘、游溪。从韶关土话和周边方言持续体的标记来看，石塘、长来和桂头的"起"应是韶关土话与周边土话同源性共有成分，"倒"和"紧"来自周边的方言，具体来说，"倒"来自赣方言，而"紧"来自周边客家话。

（二）正反问的变异

如前所述，普通话"有没有"的正反问，韶关土话有两种形式。动词为"有"时，除长来外，一般用"有＋冇＋（宾语）"的形式，也可用"有＋（宾语）＋冇"的形式；只有长来只用"有＋（宾语）＋冇"

的形式。动词为其他动作动词时，一般用“动词＋（宾语）＋冒”的形式，只有石陂和周田一般用“有＋冒＋动词＋（宾语）”的形式。如“还有没有饭？”，韶关土话多说“有冒饭？”，长来则只用“有饭冒？”；而“去没去他家？”则只有石陂、周田说“有冒去（过）渠屋下/哩？”，其余几个点说“去了/过渠屋（哩）冒？”。连州片土话“去没去他家？”用“动词＋冒＋宾语”的形式。周边客家话正反问的形式见表 4-36。

表4-36 周边客家话正反问的形式

说法 \ 方言点 / 词目	马坝	周田	董塘	游溪
还有饭没有？	还有冒饭？	还有冒饭？	还有冒饭？	还有冒饭？
你到过北京没有？	你有冒去过北京？	你有冒去过北京？	你有冒去过北京？	你有冒去过北京？
去没去他家？	有冒去渠屋下？	有冒去渠屋下？	有冒有去渠屋下？	有冒去渠屋下？

从表4-36可知，周边客家话的正反问一般都用“有＋冒＋（动词）＋（宾语）”的形式。比较韶关土话与周边客家话的正反问，可以看出，韶关土话“有＋冒＋（动词）＋（宾语）”的形式应该来源于周边客家话。这是因为：第一，周边客家话是非问一般也用“有＋冒＋（动词）＋（宾语）”的形式，而韶关土话基本不用。如“吃饭了吗？”，周边客家话一般说“有冒食饭？”；韶关土话一般说“食了饭冒？”，石陂和周田则分别用“□ts‘in^{42}食了饭？”和“□t‘ɛŋ^{11}食饭？”。第二，“有＋冒＋（动词）＋（宾语）”的形式石陂、周田使用频率最高，而长来则基本不用。从这三个点的语言生活来看，石陂现正转用客家话，周田长期兼用客家话，而长来则以兼用粤语为主，很少使用客家话。

此外，同普通话结果补语“掉”相当的成分，韶关土话中的石陂、周田和石塘用“了”；大村、向阳和桂头一般用“□hi^{5}$_{大村音}$”，不过，大村、向阳也可用“了”；长来用“□p‘æi^{12}”。湘南土话和连州片土话的乐昌北部一般用“嘎”，其本字是“过”。[51]周边客家话一般用“了”。因此，韶关土话中与普通话结果补语“掉”相当的“了”应是来自周边客家话。

第五节 韶关土话地域变异的特点

吴福祥（2007）指出，接触引发的演变的直接后果是受语系统发生不同程度或不同方式的改变，典型的情形有下面几种：①特征的增加，即受语系统通过接触引发的演变增加了新的特征。最简单的被增加的特征是借词（包括词汇词和语法词），这是接触引发的演变最常见的后果。②特征的消失，即某一语言由于接触而丧失固有的特征，但没有任何干扰特征可以作为所失特征的替代物。③特征的替代，即受语系统中固有的特征被新的外来特征所替代。④特征的保留，即一个语言由于跟其他语言接触而保留了原本有可能消失的特征。[69]上述几种典型的情形在韶关土话中是否存在呢？下面先从语音、词汇和语法三个方面小结韶关土话的地域变异情况，见表 4-37。表中“+”号表示参加比较的点具备某项语言特征，“-”号表示不具备该项语言特征。

表4-37　韶关土话的地域变异

来源	语言特征 \ 方言点	大村	向阳	石陂	周田	石塘	长来	桂头
与客家话接触的变异	古全浊声母今读一般或部分送气	＋	＋	＋	＋	＋	＋	＋
	泥、来母有别	−	−	＋	＋	−	−	−
	知三读如端组现象的萎缩	−	＋	＋	＋	−	−	−
	精、庄、知二与知三、章有别	−	−	＋	−	−	−	−
	见系晓、匣母三四等开始腭化	−	−	＋	＋	＋	−	−
	齐韵的白读	−	−	＋	−	−	−	−
	齐韵的文读1	＋	＋	−	−	＋	＋	＋
	止摄合口三等白读撮口呼现象萎缩	−	＋	＋	＋	−	−	−
	浊上部分字归阴平	−	−	＋	＋	＋	−	−
	全浊上、浊去归上声	−	−	＋	−	−	−	−
	入声今仍读促声	＋	＋	＋	＋	＋	−	＋
	小称变音舒化	−	−	＋	−	−	−	−
	与客家话相同的其他语音现象	3	2	12	8	2	1	1
	与客家话相同的词条	138	133	240	202	116	78	122
	指称雌性动物语素“嫲”	−	−	＋	＋	−	−	−
	词缀“阿”	＋	−	＋	＋	＋	−	＋
	词缀“佬”	＋	＋	＋	＋	＋	＋	＋
	表时间的语素“晡”	−	−	＋	＋	−	−	−
	与客家话相同的指示代词和疑问代词	0	0	8	2	0	0	0
	否定词“唔”读阳平	＋	＋	＋	＋	＋	−	−
	持续体标记“紧”	＋	＋	＋	＋	−	−	−
	正反问用“有＋冇＋(动词)＋(宾语)”的形式	＋	＋	＋	＋	＋	−	＋
与赣语接触的变异	与普通话结果补语“掉”相当的成分用“了”	＋	＋	＋	＋	＋	−	−
	古全浊声母今读一般或部分送气	＋	＋	＋	＋	＋	＋	＋
	与赣方言相同的词条	21	22	8	10	37	43	25
	指称雌性动物语素“婆”	＋	＋	−	−	＋	＋	＋
	词缀“嘀”“哩”	40	26	25	52	0	4	12
	持续体标记“倒”	＋	＋	＋	−	−	−	−
与粤语的接触变异	泥、来母合流	−	＋	−	−	−	−	−
	精、庄、知、章由分走向合	−	−	−	−	−	＋	−
	齐韵的文读2	＋	＋	＋	＋	＋	＋	＋
	“钩”声母为ŋ	−	−	＋	−	−	−	−
	与粤方言相同的词条	11	31	11	2	8	10	12
	词缀“阿”	−	＋	−	−	−	＋	−
少数民族语言的底层	古全浊声母送气与否的条件限制	−	−	−	−	−	＋	＋
	溪母读擦音	＋	＋	＋	＋	＋	＋	＋
	少数民族语言的底层词	7	7	7	7	7	7	8

从表 4-37 列出的韶关土话在周边方言或语言影响下的产生的变异现象来看，吴福祥（2007）所指出的上述四种典型情形在韶关土话中都存在。属于特征的增加的如全浊声母今读一般送气、溪母读擦音、齐韵的文读、借词、表时间的语素“晡”、词缀“阿”和“佬”等；属于特征的消失的如知三读如端组和止摄合口三等白读撮口呼等现象的萎缩、小称变音舒化；属于特征的替代的如持续体标记由“起”变为“倒”或“紧”；属于特征的保留的如泥来母有别、入声仍读促声等。

总的来看，韶关土话的地域变异具有如下三个特点：

1.从变异的来源来看，客家话对韶关土话的影响最为深刻，赣语次之，粤语和少数民族语言对韶关土话的影响最小

表 4-37 显示，语音上，无论是声母、韵母还是声调，客家话都对韶关土话产生了影响。声母的影响如古全浊声母今读一般或部分送气、泥来母有别，韵母的影响如齐韵的文读，声调的影响如浊上部分字归阴平等。词汇上，来自客家话的说法最多的点达 240 条，最少的也有 78 条。语法上也有多数点受到了客家话的影响，如词缀用“阿”和“佬”，否定词“唔”读阳平，持续体标记用“紧”，正反问用“有＋冒＋（动词）＋（宾语）”的形式，同普通话结果补语“掉”相当的成分用“了”等。来自赣语的影响表现在语音上有古全浊声母今读一般或部分送气，词汇上来自赣方言说法最多的有 43 条，语法上有指称雌性动物的语素用“婆”、词缀用“嘀”“哩”以及持续体标记用“倒”。粤语对韶关土话的影响很小，语音上如泥来母合流、齐韵的文读，词汇上来自粤语的说法有 34 条，语法上则只有向阳和长来的词缀“阿”可能来自粤语。少数民族语言的底层目前发现的只有语音和词汇上存在，语法上是否存在则还有待进一步的研究。

2.从变异的程度来看，不同的点受周边方言或语言影响的程度深浅不一

虽然韶关土话从整体上都不同程度地受到其他方言或语言的影响，但是，这种影响存在明显的地域差异。罗美珍（2000）把语言接触分为表层影响和深层影响，语音、词汇和语法三个方面都有表层影响和深层影响之分。语音的表层影响主要表现为个别音位的吸收或者原有的个别音位的减少，或者原有的音位的合并；深层影响主要表现为音韵结构和音变规律的趋同。词汇上，如果替换本族语中的基本词数量不多，则这种影响属于表层影响；如果基本词也受到渗透，这就是深层影响，表明这种语言在发生质变。语法上，个别语序或语法范畴受到影响则只是表层影响；语法的深层渗透是指语法的主要特征发生改变。[70]

从上述七个点的变异程度来看，石陂受客家话的影响属于深层影响。语音上主要表现在音韵结构和音变规律的趋同，如泥、来母不论逢洪细都有别，精、庄、知二同知三、章有别（止开三除外），见系晓、匣母三四等腭化，部分次浊上归阴平、部分全浊上和浊去归上声等。也有个别音位吸收的现象，如齐韵白读来自客家话。词汇上，来自客家话的说法多达 240 条。这些说法中有的是核心词，如：男子佬（男人）、头□na^{42}（头）、喙（嘴）、夜晡（晚上）、虱嫲（虱子）、左□sɛi^{5}（左边）等等。语法上，无论是词法还是句法都受到了客家话的渗透。词法上具有客家话区别于其他方言表示雌性动物的语素“嫲”和表时间的语素“晡”，封闭的词类如代词、介词和否定词也都有借用客家话的。句法上主要表现在“去没去他家？”这类正反问的形式借用客家话的。除了石陂外，周田受客家话的影响也比较深。语音上，客家话浊上归阴平的特点已开始产生；词汇上，它具备的来自客家话的说法多达 202 条，远远高于处在第三位的大村的 138 条，而且有的说法属于核心词；语法上，客家话表示雌性动物的语素“嫲”、表示时间的语素“晡”以及封闭类的代词在周田也已经出现。因此，周田受客家话的影响也可以归入深层影响。当地人普遍认为，虽然周田土话同当地客家话有区别，但区别不大。

与石陂和周田相比，长来、桂头和石塘相对来说受其他方言或语言的影响就小得多。语音上的影响主要表现在个别音位的吸收，如齐韵的文读；或者合并原有的音位，如精、庄、知、章的合流。音变规律的趋同主要表现在全浊声母的演变上，而声调方面的趋同则几乎没有。词汇上，来自客家话的说法长来只有 78 条，石塘和桂头也只有 120 条左右。此外，虽然长来是七个点中受赣语影响最为深刻的，但它所具有的赣方言说法也只有 43 条，远远低于石陂来自客家话的说法 240 条，也低于其自身的客家话说法 78 条。语

法上，来自赣语的词缀“哩”和持续体标记“倒”在长来、桂头和石塘也很少或不被使用。总的来说，长来、桂头和石塘受其他方言或语言的影响属于表层影响，尤以长来最小。大村和向阳受其他方言或语言影响程度的大小介于石陂、周田和长来、桂头、石塘之间，相对于石陂和周田，它们受其他方言或语言的影响也可以归入表层影响。

3.从变异的速度来看，不同的语言要素变异速度快慢不一

吴福祥（2007）指出，接触语言学家比较普遍认可的借用等级是：词汇成分（非基本词）＞句法成分/音系成分＞形态成分。这个等级可从四个方面进行诠释：时间先后、蕴涵关系、难易程度和概率大小。[69]下面以韶关土话为例进行说明。

第一，时间先后。一个语言先借用左边成分，后借用右边成分。通常情况下，词汇成分的借用总是先于句法成分或音系成分。如长来、桂头和石塘虽然在词汇上有相当多来自客家话的说法，但在语音上和语法上受客家话影响很小。第二，蕴涵关系。一个语言如果具备右边的借用成分，那么，它也会包含左边的借用成分。比如一个语言若具有句法和音系借用成分，那么，通常也具有词汇借用成分。从表 4-37 所列的韶关土话借用其他方言或语言的现象来看，暂时没有发现一个土话借用了句法和音系成分而没有借用词汇成分的，而是句法和音系成分借用得越多，借用的词汇也就越多。如石陂借用客家话的句法和音系成分最多，其借用的客家话说法也就最多；周田借用客家话的句法和音系成分较少，其借用的客家话说法也就较少。第三，难易程度。左边成分的借用要易于右边成分。比如词汇成分的借用要易于句法和音系成分，而后者又易于形态成分。第四，概率大小。左边成分借用的可能性要大于右边成分。比如词汇借用的可能性肯定大于句法/音系成分。[69]第三、第四两点从实质上来说同第一点“时间先后”和第二点“蕴涵关系”是一致的。

以上是从语言系统的整体上来说的，其实，在语音和词汇的内部，其变异的先后顺序也有不同。就语音内部而言，声母和韵母比较容易受其他方言或语言的影响而产生变异，而声调相对比较稳定。在客家话的影响下，韶关土话多数点声母和韵母发生了变异，如知三读如端组和止摄白读读撮口呼现象的萎缩，见系晓、匣母三、四等的腭化，齐韵产生文读等现象在很多点中存在，但客家话全浊上和浊去归上声的特点只见于石陂。在词汇内部，第二阶核心词的借用易于第一阶核心词，而词根的借用又易于词缀等。至于语法内部的变异是否存在先后顺序，还有待进一步的研究。从现有的材料来看，词法的借用似乎易于句法的借用。

本章从语音、词汇和语法三个方面分别介绍了周边方言或语言对韶关土话的影响。总的来说，客家话对韶关土话的渗透最为深刻，赣语的影响相对较小，少数民族语言的底层有所反映，粤语的影响开始显现。与周边方言或语言的接触是导致韶关土话地域变异的主要原因。但是，这种变化是历史上已经完成了的，我们今天已无法观察到。下一章将把视角转向韶关土话“正在进行中的变化”通过观察“正在进行中的变化”，进一步探讨周边方言对韶关土话的影响。

注释：

①徐通锵. 历史语言学. 北京：商务印书馆, 2001. 136

②见：吴福祥. 关于语言接触引发的演变. 民族语文, 2007（2）

③见：庄初升. 粤北土话音韵研究. 北京：中国社会科学出版社，2004. 336

④胡松柏. 赣东北汉语方言接触研究. 暨南大学博士学位论文，2003.23～24

⑤周振鹤. 中国历代行政区划的变迁. 北京：商务印书馆，1998.120

⑥（唐）魏征等. 隋书卷三十一“地理志”. 上海：中华书局，1982. 八九八页

⑦（元）脱脱等. 宋史卷四百九十三列传“西南溪峒诸蛮”. 上海：中华书局，1977. 一四一八三页

⑧谭其骧. 湖南人由来考（1931）. 载长水集（上）. 北京：人民出版社，1987. 349～350

⑨曹树基. 湖南人由来新考. 载历史地理（第九辑）. 上海:上海人民出版社，1990. 122

⑩葛剑雄，吴松弟，曹树基. 中国移民史（第四卷）. 福建:福建人民出版社，1997. 225

⑪鲍厚星. 东安土话研究. 长沙:湖南教育出版社，1998. 2

⑫唐湘晖. 湖南桂阳县燕塘土话语音特点. 方言，2000（1）

⑬罗昕如. 湖南蓝山土话的内部差异. 方言，2002（2）

⑭陈　晖. 湖南临武（麦市）土话语音分析. 方言，2002（2）

⑮庄初升. 粤北土话音韵研究. 北京:中国社会科学出版社，2004. 323

⑯李冬香. 平话、湘南土话和粤北土话鼻音韵尾脱落现象考察. 广西民族学院学报（哲学社会科学版），2005（2）

⑰布龙菲尔德. 语言论. 北京:商务印书馆，1997. 424

⑱张双庆，万波. 乐昌（长来）方言古全浊声母今读音的考察. 方言，1998（3）

⑲罗昕如. 湘南土话特色词例析. 湖南师范大学学报（社会科学版），2003（2）

⑳王福堂. 平话、湘南土话和粤北土话的归属. 方言，2001（2）

㉑庄初升. 粤北土话音韵研究. 北京:中国社会科学出版社，2004. 327

㉒万　波. 赣语声母的历史层次研究. 香港中文大学研究院中国语言及文学学部哲学博士论文，1998. 86

㉓李如龙，辛世彪. 晋南、关中的“全浊送气”与唐宋西北方音. 中国语文，1999（3）

㉔周振鹤，游汝杰. 方言与中国文化. 上海:上海人民出版社，2006. 193

㉕庄初升. 粤北土话音韵研究. 北京:中国社会科学出版社，2004. 125～127

㉖庄初升. 粤北土话、湘南土话和桂北平话中古全浊唇音、舌音今读的特殊表现. 东方语言学（第二辑）. 上海:上海教育出版社，2007. 185～197

㉗李如龙. 关于东南方言的“底层”研究. 民族语文，2005（5）

㉘徐松石. 徐松石民族学文集（上卷）. 桂林:广西师范大学出版社，2005. 67～72

㉙（唐）魏征等. 隋书·南蛮传. 上海:中华书局，1982. 一八三一页

㉚刘纶鑫. 客赣方言比较研究. 北京:中国社会科学出版社，1999. 224

㉛庄初升. 粤北土话音韵研究. 北京:中国社会科学出版社，2004. 146

㉜张双庆. 乐昌土话研究. 厦门:厦门大学出版社，2000. 2～127

㉝张双庆. 乐昌土话研究. 厦门:厦门大学出版社，2000. 15

㉞万　波. 赣语声母的历史层次研究. 香港中文大学研究院中国语言及文学学部哲学博士论文，1998. 137

㉟庄初升. 粤北土话音韵研究. 北京:中国社会科学出版社，2004 年. 189

㊱孙宜志. 江西赣方言语音研究. 北京:语文出版社，2007. 185

㊲鲁国尧. 宋元江西词人用韵的研究. 见:胡竹安，杨耐思，蒋绍愚编. 近代汉语研究. 北京:商务印书馆，1992. 191

㊳庄初升. 粤北土话音韵研究. 北京:中国社会科学出版社，2004. 186

㊴张　琨. 汉语方言中鼻音韵尾的消失. 史语所集刊第五十四本第一分册，1983. 4

㊵庄初升. 粤北土话音韵研究. 北京:中国社会科学出版社，2004. 208

㊶庄初升. 粤北土话音韵研究. 北京:中国社会科学出版社，2004. 244～253

㊷孙宜志. 江西赣方言语音研究. 北京:语文出版社，2007. 230

㊸陈　晖. 湘方言语音研究. 长沙:湖南师范大学出版社，2006. 106

㊹李星辉. 古入声字在湘语中的分化. 中南大学学报（社会科学版），2004（3）

㊺辛世彪. 东南方言声调比较研究. 上海:上海教育出版社，2004. 160～161

㊻庄初升. 粤北土话音韵研究. 北京:中国社会科学出版社，2004. 255～256

㊼辛世彪. 东南方言声调比较研究. 上海:上海教育出版社，2004. 160

㊽徐通锵. 历史语言学. 北京:商务印书馆，2001. 277

㊾温昌衍. 客家方言的特征词. 见：李如龙主编. 汉语方言特征词研究. 厦门:厦门大学出版社，2002. 227

㊿温昌衍. 客家方言的特征词. 见：李如龙主编. 汉语方言特征词研究. 厦门:厦门大学出版社，2002. 212

51李冬香. 从湖南、江西、粤北等方言中的“咖”看湘语、赣语的关系. 语文研究，2003（4）；从音韵现象看赣语、湘语的关系. 语言研究，2007（3）

52周振鹤, 游汝杰. 方言与中国文化. 上海:上海人民出版社，2006. 148

53邓晓华. 客家话跟苗瑶壮侗语的关系问题. 民族语文，1999（3）

54欧阳觉亚. 普通话广州话的比较与学习. 北京:中国社会科学出版社，1993. 33

55欧阳觉亚. 普通话广州话的比较与学习. 北京:中国社会科学出版社，1993. 31

56张均如, 梁敏. 广西平话. 广西民族研究，1996（4）

57李如龙等. 福建双方言研究. 香港:汉学出版社，1995. 66～71

58温昌衍. 客家方言的特征词. 见：李如龙主编. 汉语方言特征词研究. 厦门:厦门大学出版社，2002. 256

59温昌衍. 客家方言的特征词. 见：李如龙主编. 汉语方言特征词研究. 厦门:厦门大学出版社，2002. 231

60陈保亚. 论语言接触与语言联盟——汉语（侗台）语源关系的解释. 北京:语文出版社，1996. 295～297

61罗昕如. 湘南土话词汇研究. 北京:中国社会科学出版社，2004. 137～140

62汤志祥. 粤语的常见后缀. 方言，2000（4）

63詹伯慧. 广东粤方言概要. 广州:暨南大学出版社，2002. 112

64蒋冀骋. 湖南沅陵乡话词缀“立”[li]的来源. 湖南师范大学社会科学学报，2004（5）

65曾毅平. 石城(龙岗)客话常见名词词缀. 方言，2003（4）

66孙宜志. 江西赣方言语音研究. 北京:语文出版社，2007. 97

67李冬香. 湖南赣语语音研究. 暨南大学博士学位论文，2005. 65～66

68张晓勤. 宁远平话研究. 长沙:湖南教育出版社，1999. 17

69吴福祥. 关于语言接触引发的演变. 民族语文，2007（2）

70罗美珍. 论族群互动中的语言接触. 语言研究，2000（3）

第五章　韶关土话的社会分层变异

上一章借助空间差异讨论了韶关土话的地域变异。现实的语言事实不但是历时演变的结果，同时还处于进行中的变化状态。研究“正在进行中的变化”不仅有助于认识历史上已经完成了的变化，还可以预测发展变化的方向。本章以曲江区白土镇大村土话的小称变音和“父亲、母亲”的面称的变异为例考察韶关土话“正在进行中的变化”。

第一节　小称变音的社会分层变异

大村是曲江区白土镇下辖的一个村委会。如前所述，大村土话存在两个小称变音，一个是4ʔ45，一个是2ʔ23。这两个小称变音有区别意义的作用，如：墨 mo^{4}ʔe^{45}≠尾 mo^{2}ʔe^{23}、虫 tsʻɐ^{4}ʔn^{45}≠葱 tsʻɐ^{2}ʔn^{23}。前文把这类小称变音称为中塞式的变音。在调查中发现，这两个中塞式的小称变音在不同人的口中读音存在区别。我们采用社会语言学的多人次的调查方法，对以上两个小称变音进行了比较全面和深入的调查。

一、实验方案、调查方法和受访者情况

（一）实验方案

实验目的：分析大村土话小称变音今读的情况，考察其变音的声学特征，探讨其演变趋势。

实验仪器：荷兰阿姆斯特丹大学的Boersma教授和Weenink博士合作开发的Praat软件，由国内东方语言学网站提供。

实验过程：在正式录音之前要求受访者先熟悉发音材料，并每字读一遍，中间间隔2～3秒，反复多次，直到受访者的发音符合录音条件才开始正式录音。利用电脑并借助Praat软件录音，并将语音材料保存为.wave格式，然后再利用Praat软件在以下实验条件下依次输出声波图、窄带语图、基频图和能量图。

仪器参数：SoundRecorder 参数为系统默认值：22050；声波图参数为系统默认值；频谱图为窄带图，参数为 0.003，其余由系统默认；基频图参数为 15～500 赫兹，其余为系统默认；能量图为 30～100 分贝，其余由系统默认。

（二）调查方法和受访者情况

调查方法采用的是偶遇抽样调查法，调查对象一般是土生土长的大村人，共调查了67个人。这67个受访者的基本情况和方言能力情况见表5-1和表5-2。

表5-1　受访者的基本情况

性别	人数	年龄	人数	职业	人数	文化程度	人数
男	45	12岁以下	16	学生	27	小学	31
		12～30岁	18	外出务工	3	初中	24
女	22	31～50岁	17	干部	7	高中	11
		51～70岁	11	教师	8	大专及以上	1
		70岁以上	5	农民	22		

表5-2　受访者其他方言的熟练程度

人数 方言 / 熟练程度	客家话	粤语	普通话
不会说	10	11	
能说一点点	19	32	25
基本能交流	28	14	37
熟练	10	10	5

除了以上67个土生土长的大村人，我们还调查了4个成年以后从其他方言区嫁进大村的女性。其中两名女性基本能够用土话交流，两名土话说得很流利。这4名女性口中小称变音的读音情况将在文中交代。

二、小称变音 4ʔ45 的社会分层变异

（一）小称变音 4ʔ45 今读的类型

在小称变音4ʔ45中，我们一共调查了12个能独立成词的单字，这12个单字分别是：婆、鱼、树、鞋、话、字、桃、盒、钱、门、塘、名。

首先要说明的是，由于本次实验的目的是考察大村土话小称变音4ʔ45的变异情况，因此，对实验所得的数据没有进行标准化处理，这是由实验性质所决定的。此外，我们对小称变音4ʔ45今读的分类以基频图所示的基频线为主要依据，同时参考听感。另外，由于声调作用主要是由韵母表现的，尽管送气气流中会出现基频线，但是，这些基频线对于声调是没有意义的，因此，我们只观察出现在韵母部分的基频线。按照通常的做法，也不考虑基频线的弯头和降尾。从调查到的材料来看，大村土话小称变音4ʔ45的今读共有以下几种类型：

1.断裂型

这种类型的基频线在韵母中间出现断裂。根据断裂后的走向可以再分为断升型和断降型两个小类。

（1）断升型：基频线在中间断裂后再升上去，断裂再升后有的带喉塞尾，有的不带。如受访者之一"鱼"字的基频图。

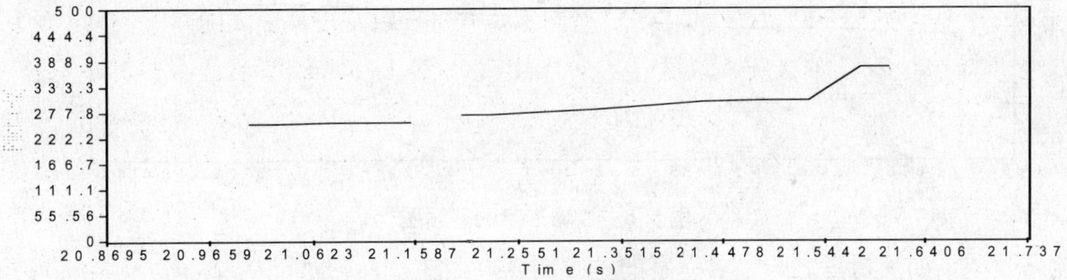

图5-1　"鱼"字的基频图

（2）断降型：基频线在中间断裂后再下降，下降后有的带喉塞尾，有的不带。如受访者之一"钱"字的基频图。

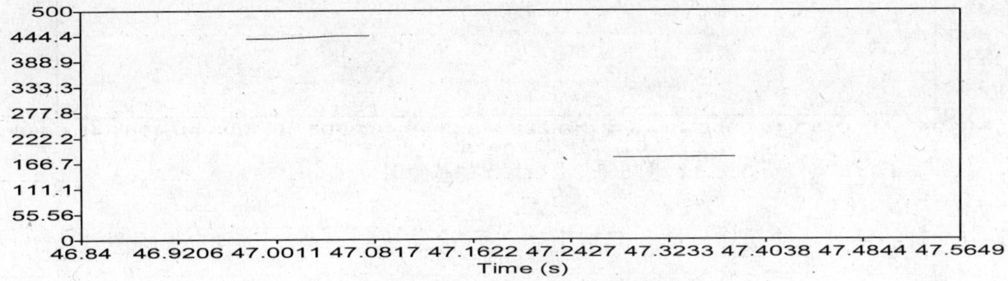

图5-2　"钱"字的基频图

2.凹型

这种类型的基频线中间有比较明显的凹陷。根据凹状是否突出，又可分为深凹型和微凹型两个小类。

（1）深凹型：基频线在中间大幅度的凹陷。如受访者之一“树”字的基频图。

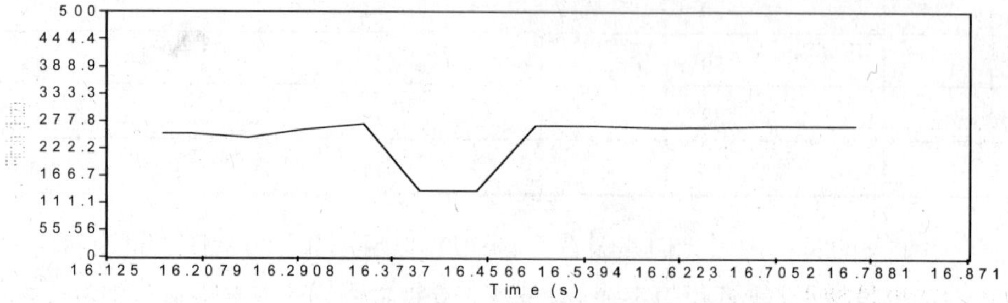

图 5-3 “树”字的基频图

（2）微凹型：基频线在中间虽有凹陷，但幅度较小。如受访者之一“字”字的基频图。

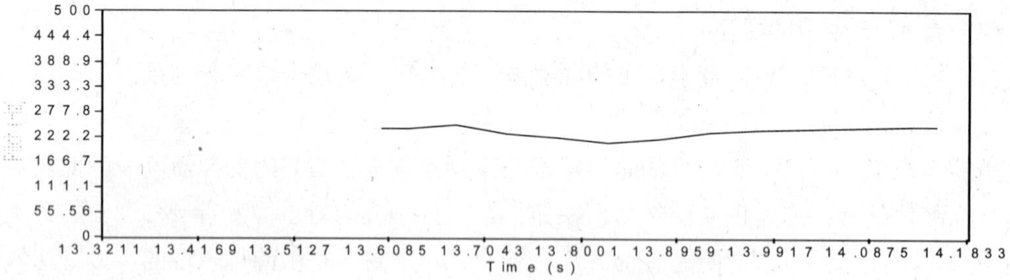

图 5-4 “字”字的基频图

3. 高升型

这种类型的基频线中间没有断裂，也没有凹陷，而是一直上升，可再分为高升喉型和纯高升型两个小类。

（1）高升喉型：高升调再加喉塞尾。如受访者之一“塘”字的基频图。

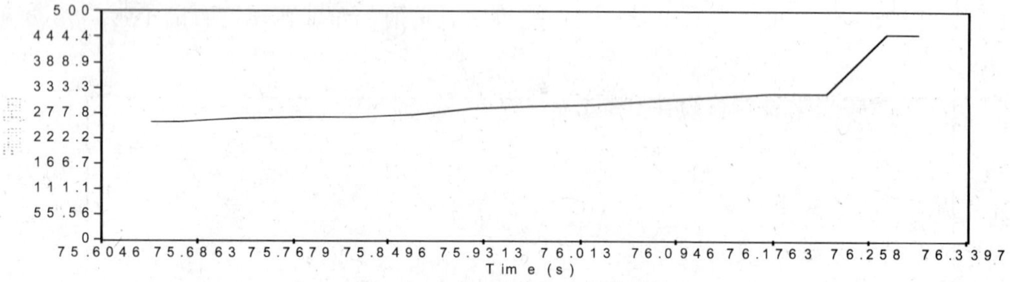

图 5-5 “塘”字的基频图

（2）纯高升型。如受访者之一“名”字的基频图。

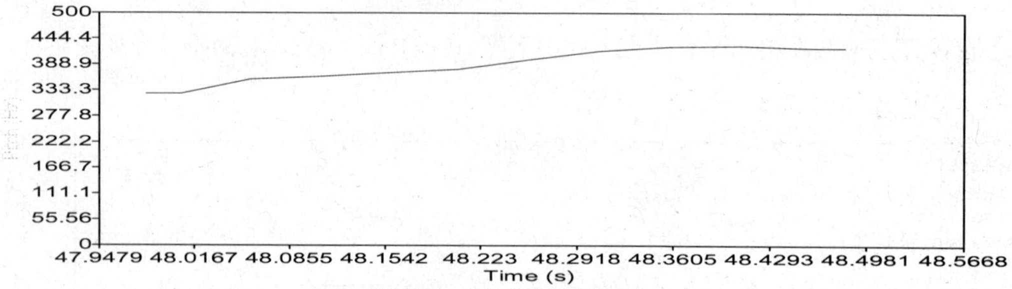

图 5-6 “名”字的基频图

在高升型中，有的基频线像楼梯一样，突然上声。如受访者之一“盒”字的基频图。

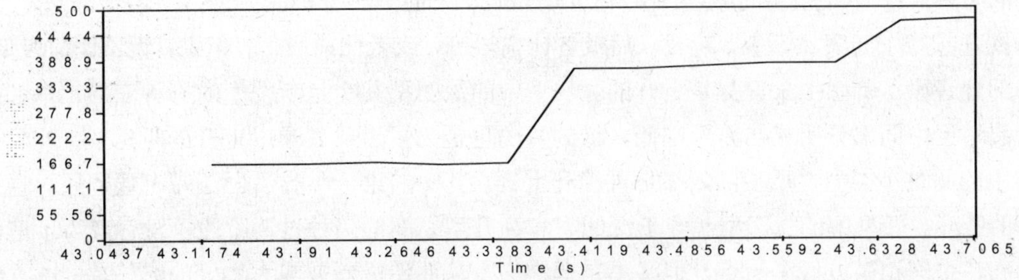

图 5-7　“盒”字的基频图

4. 下降型

这种类型的基频线也呈梯形，不过不是上升，而是下降。如受访者之一“树”字的基频图。

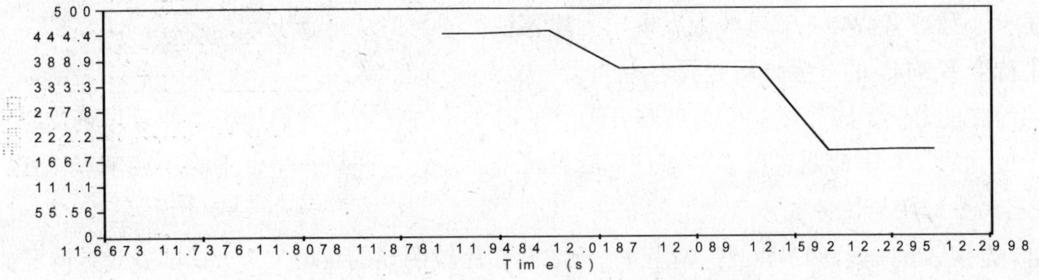

图 5-8　“树”字的基频图

这种下降型有时表现为“凸”字型，我们也把它归为下降型，原因详见下节。如受访者之一“门”字的基频图。

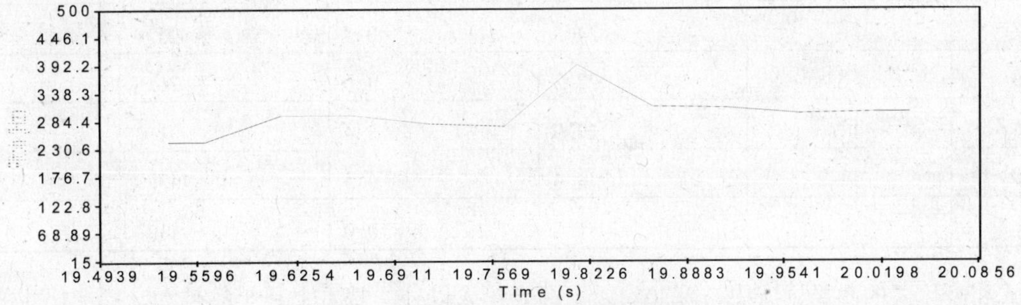

图 5-9　“门”字的基频图

在前文所介绍的实验条件下，有些受访者的某些字基频线观察不到。如果改变实验条件，则又可以观察到，表现出来的类型也不外乎上述几种。另外，有些受访者会把其中一些阳平字读成其本调即降调，如：塘、名、婆、鱼、鞋、桃、盒、钱、门，非阳平的字没有发现读降调的。也有极少数人把这些阳平字读成平调，不过出现频率极低，在这12个单字中，67个人一共只出现了9次，而且各个声调的字都有，如：钱、婆、盒、树、字。因为读本调和平调已经不属于小称变音的读法，而且它们出现频率又比较低，所以，我们暂时不予考察。

（二）小称变音 4ʔ45 今读的性质

上文介绍了大村土话小称变音4ʔ45的今读类型，从基频线上看各个类型差别较大，那为什么它们又都能表达同样的意义呢？

朱晓农、寸照（2003）指出，韶关土话的小称形式至少包括如下四种语音形式：第一，纯用高升调，高调在音节末尾自然延伸，没有被阻断；第二，高升调加喉塞尾；第三，降升调型，中间声调降低时伴随嘎裂声，音节末尾声调提高时可能还会出现喉塞尾；第四，变调加韵母变化，不过不是增加喉塞音，而是将入声字的塞音韵尾变成鼻音韵尾，或是主要元音鼻化。[①]本文根据大村土话小称变音表现出来的基频线分为上述四类，同朱晓农、寸熙的分类稍有不同。朱晓农、寸熙（2003）还指出：“韶关土话小称同时采用这么多种语音形式，看似很复杂。但实际上无论是嘎裂声，还是喉塞尾，或整体紧张都是为了造成后半段声调上升的听感。”[②]大村土话小称变音4ʔ45也是如此，下面一一分析。

断裂型的基频线中间突然断裂，断裂以后或者比前段高，或者比前段低，但是，无论比前段低还是高，断裂以后那部分音段从听感上来说都是上升的。凹型中的深凹型其实是断裂型的一种变异，基频线虽然没有在中间断裂，但中间部分明显比前后都低，低的目的也是为了造成后半段上升的听感。

高升型中的两种小类型性质相同，都是直接升上去。其中的第一小类后面还带有喉塞尾，喉塞尾更加强了它高升的听感。凹型中的微凹型是介于深凹型和高升型之间的一种过渡阶段，发音者为了造成后半截的高升，音高在中间稍微放低了一点，但又不是非常低，从而造成断裂或大幅度的凹陷。

下降型虽然从基频线上看是下降的，但从听感上，仍然是上升的，是负载整个声调信息的主要部分。其中的“凸”字型虽然前部分基频线是上升的，但从听感上它并没有负载上升的信息，负载上升信息的是“凸”字型后段的下降部分，因而我们也把它归为下降型。

总之，虽然小称变音4ʔ45在基频线上表现出上述各种类型，但从听感上都是一样，即高升。

（三）小称变音 4ʔ45 的社会分层变异

下面按照前文的分类，考察小称变音4ʔ45各种类型的变异情况。按照基频线的性质，断裂型、凹型和高升喉型属于促化式，其中前两者属于中塞式，后者属于后塞式；纯高升型、下降型属于舒化式。

1.小称变音4ʔ45的年龄变异

通过统计，发现，小称变音4ʔ45几种类型的基频线存在比较明显的年龄变异，其年龄变异情况如表5-3。

表5-3　小称变音4ʔ45的年龄变异

年龄	类型 / 百分比 / 人数	促化式			舒化式
		中塞式	后塞式	合计	
12岁以下	16	24.5	0.5	25.0	67.6
12～30岁	18	22.2	4.6	26.8	63.0
31～50岁	17	27.9	3.4	31.3	54.9
51～70岁	11	39.4	4.5	43.9	43.7
70岁以上	5	31.7	10.0	41.7	43.4

在促化式和舒化式的两类读音中，除70岁以上的老年人以外，基本上是年龄越大，读促化式的越多，读舒化式的越少；年龄越小，读促化式的越少，读舒化式的越多。例外的是，70岁以上的人群促化式读音的比例比51～70岁的人群低2%，而其中的中塞式读音比51～70岁的人群低约8%，这有它特殊的原因，详见下文。从两种读音在各个年龄段的人群中所占的比例来看，促化式读音的比例较高，最低的也有22.2%；而后塞式读音的比例较低，最高的只有10%。

2.小称变音4ʔ45的性别变异

表5-4　小称变音4ʔ45的性别变异

性别	类型 / 百分比 / 人数	促化式			舒化式
		中塞式	后塞式	合计	
男	45	28.6	4.4	33.0	56.3
女	22	27.5	2.3	29.8	60.2

促化式读音中，男性所占比例比女性高约3%；而舒化式读音中，女性所占比例比男性高约4%。由此看来，小称变音4ʔ45的性别变异不明显。

3.小称变音4ʔ45的职业变异

表5-5　小称变音4ʔ45的职业变异

职业＼人数＼百分比＼类型		促化式			舒化式
		中塞式	后塞式	合计	
学生	27	25.3	2.5	27.8	66.4
工人	3	19.5	2.8	22.3	63.9
干部	7	27.1	7.1	34.2	52.4
教师	8	41.7	4.1	45.8	42.7
农民	22	28.3	4.2	32.5	53.4

促化式读音中，教师所占比例最大，为45.8%；其次是干部，为34.2%；再其次是农民，为32.5%；学生和工人均不到30%，而又以学生最小，仅为22.3%。舒化式读音中，学生所占比例最大，为66.4%；其次是工人，为63.9%；最小的是教师，为42.7%；农民和干部居中，两者的比例相差仅1%。由此可见，小称变音4ʔ45存在一定的职业变异。

4.小称变音4ʔ45的文化程度变异

表5-6　小称变音4ʔ45的文化程度变异

文化程度＼人数＼百分比＼类型		促化式			舒化式
		中塞式	后塞式	合计	
小学	31	31.2	3.5	34.7	55.6
初中	24	20.9	3.8	24.7	64.9
高中	11	37.1	3.8	40.1	46.2
大专及以上	1	16.6	8.3	24.9	66.6

由于大专文化程度的仅一人，人数太少，不便于进行比较。除此之外，促化式读音中，高中文化程度的所占比例最大，为40.1%；其次是小学，为34.7%；最小的是初中的，为24.7%。而舒化式读音中，初中文化程度的所占比例最大，为64.9%；最小的是高中的，为46.2%；小学的居中，为55.6%。由此可见，文化程度同小称变音4ʔ45的变异有一定的关系，但这种关系不是直线相关关系，而是曲线相关关系。

5.小称变音4ʔ45的客家话熟练程度变异

下面考察小称变音4ʔ45的变异同受访者客家话的熟练程度的关系，这67人客家话的熟练程度前文已介绍。此处之所以只考察小称变音4ʔ45在客家话熟练程度上的变异，是因为客家话水平较好的，粤语水平一般也较好；有些则只会说客家话，不会说粤语；而只会说粤语而不会说客家话的基本没有。普通话熟练程度的变异情况之所以不考察，是因为前面已经考察过它在不同文化程度上的变异，而普通话的熟练程度基本上同文化程度成正比，很少例外。

表5-7　小称变音4ʔ45的客家话熟练程度变异（一）

客家话熟练程度＼人数＼百分比＼类型		促化式			舒化式
		中塞式	后塞式	合计	
不会说	10	17.5	0.8	18.3	77.5
能说一点点	19	31.6	5.7	37.3	50.4
基本能交流	28	25.3	3.9	29.2	54.5
熟练	10	21.7	2.5	24.2	59.2

除了不会说客家话的以外，促化式读音所占比例同客家话熟练程度成反比，客家话熟练程度越高，促化式读音的比例越小；客家话熟练程度越低，促化式读音的比例越大。而舒化式读音所占比例同客家话熟练程度成正比，客家话熟练程度越高，舒化式读音的比例越大；客家话熟练程度越低，舒化式读音的比例越小。换言之，客家话的熟练程度同小称变音4ʔ45的变异有一定的关系。但是，为什么不会说客家话的反而读促化式的较少、舒化式的较多？我们认为，这背后的主要因素还是年龄。下面进一步考察客家话熟练程度与年龄的关系。

表5-8　不同年龄段的人群客家话的熟练程度

年龄 ＼ 人数 ＼ 百分比 ＼ 客家话熟练程度	人数	不会说	能说一点点	基本能交流	熟练
12岁以下	16	56.3	43.8		
12～30岁	18		33.3	61.1	5.6
31～50岁	17	5.9	29.4	35.3	29.4
51～70岁	11			72.7	27.3
70岁以上	5		20.0	60.0	20.0
合计	67	12.4	25.3	45.8	16.5

从表3-8的数据来看，12岁以下的孩子没有一个能用客家话进行基本的交流；而50岁以上的人群中只有极少数不能用客家话进行基本的交流。因此，小称变音4ʔ45表现出来的在客家话熟练程度上的变异很大部分可能是因为年龄因素造成的。下面控制年龄变量，选取31～50岁的人群继续探讨客家话的熟练程度同小称变音4ʔ45的变异之间的关系。

表5-9　小称变音4ʔ45的客家话熟练程度变异（二）

客家话熟练程度 ＼ 人数 ＼ 百分比 ＼ 类型	人数	促化式			舒化式
		中塞式	后塞式	合计	
不会说	1	8.3		8.3	83.3
能说一点点	5	38.3	6.7	45.0	31.7
基本能交流	6	20.9	2.8	23.7	63.9
熟练	5	30.1	1.7	31.8	56.7

从表5-9可以看出，不会说客家话的只有1人，不便进行比较。除此之外，能说一点点的、基本能交流和熟练的人群无论是促化式读音还是舒化式读音所占比例都存在较大的差别。在促化式读音中，前者所占比例比后两者分别高21%、13%；在舒化式读音中，前者所占比例比后两者分别低32%、25%。由此看来，客家话的熟练程度同小称变音4ʔ45的变异存在明显的关系。

（四）小称变音 4ʔ45 的演变

1.小称变音4ʔ45今读的层次、演变途径和发展趋势

一般认为，年龄较大的人群的口音一般代表比较早的层次，年龄较小的人群的口音一般代表比较晚的层次。从表5-3“小称变音的年龄变异”来看，促化式早于舒化式，这是因为：年龄越小，读促化式的越少，读舒化式的越多；反之，年龄越大，读促化式的越多，读舒化式的越少。在促化式中，中塞式应该早于后塞式。这是因为：第一，在有些老年人中，小称变音4ʔ45今一律读中塞式，而不是后塞式。第二，认为中塞式早于后塞式，从音理上也很容易得到解释。庄初升（2004）根据犁市土话小称变音的新老差异指

出，促化式的两种变音类型中，中塞式可能早于后塞式，后塞式是由中塞式演变而来的。[③]我们根据大村土话小称变音4ʔ45的社会分层变异得出了与他相同的看法。

从小称变音今读几个类型的年龄变异来看，舒化式是由促化式发展而来的。庄初升（2004）在谈到粤北土话小称变音时也曾指出，后塞式的变音类型进一步发展，紧喉特征消失，也就演变成舒化式的变音类型。[④]不过，在促化式中，有的中塞式先演变为后塞式然后再舒化；也有的中塞式则直接舒化。也就是说，后塞式不是促化的中塞式向舒化式演变的必经阶段，而只是可能阶段。这是因为：第一，在一些受访者中，同时存在促化的中塞式和舒化式，而没有出现促化的后塞式。第二，从表5-3“小称变音4ʔ45的年龄变异”中可以看到，促化式中的后塞式不管在哪个年龄段出现的比例都很小，远远低于中塞式，更低于舒化式。

虽然小称变音4ʔ45今天在大村土话中存在很多种类型的读音，但从其发展趋势来看，促化式的小称变音4ʔ45在大村土话中会逐渐消失，取而代之的是舒化式的小称变音。

2.影响小称变音4ʔ45变异的原因

（1）周边方言特别是客家话的影响是导致大村土话小称变音变异的主要原因。

如前所述，客家话熟练程度越低的人群，其小称变音4ʔ45的今读层次一般越早；反之，客家话熟练程度越高的人群，其小称变音4ʔ45的今读层次一般越晚。另外，70岁以上的老年人读促化式变音的比例比51～70岁的人群要低。经过深入访谈我们了解到，70岁以上的5位老人中有2位是幼年从客家方言区迁来的，不过他们现在都不会说他们的第一母语客家话了。我们还调查了4位外来媳妇大村土话小称变音4ʔ45的读音情况，结果发现，上述12个单字4位受访者无一例外都读成了纯高升型，没有中塞，也没有后塞。这些事实表明，大村土话小称变音4ʔ45的变异同客家话的影响有着非常明显的关系。

二语习得理论指出，母语同目标语之间会发生迁移现象。如果母语和目标语具有语际共性时，就会发生正迁移，有助于目标语的学习；如果母语同目标语存在差异时，母语就会对目标语产生负迁移，干扰目标语的学习。[⑤]上述外来媳妇的母语客家话因为不存在中塞式的读音，所以，她们在使用大村土话时，很容易受自己母语的影响读成舒化式的小称变音。另外，大村本地人由于经常兼用客家话，也导致了其母语中的小称变音发生了变异。如前所述，客家话熟练程度越高，读促化式的比例越小；客家话熟练程度越低，读促化式的比例越大。

对于大村12岁以下的孩子来说，他们的客家话能力普遍不强，但为什么小称变音的变异反而比较显著？我们认为这也是受周边外方言特别是客家话影响的结果。当然，这种影响不是直接的而是间接的。因为他们的母亲很多是来自周边的客家方言区，而这些母亲在家或者直接使用客家话，或者使用发生变异了的大村土话。可以想象，孩子们从小在他母亲那儿学习并不纯正的土话，慢慢地也就跟着发生了变异。

当然，除了客家话以外，周边的粤语以及普通话都对大村土话小称变音的变异也产生了一定的影响。不过，这种影响比起客家话来说，要小得多。

（2）大村方言自身的音系结构特点为大村土话小称变音4ʔ45的变异提供了可能。

语音的演变除了外因还有内因，外因要通过内因而起作用。如前所述，尽管大村土话的小称变音从基频线上来看各种各样，但从听感上来看具有共同的特征——高升。我们注意到，大村土话有两个低升的单字调，即阴平13和上声24。我们测量了部分受访者阴平13、上声24与小称变音4ʔ45的音高均值，表5-10是测量的结果：

表5-10 “钱（4ʔ45）、浅（24）、千（13）”的音高比较（单位：赫兹）

年龄	人数 \ 单字/音高	钱（4ʔ45）最低	钱（4ʔ45）最高	浅（24）最低	浅（24）最高	千（13）最低	千（13）最高
12岁以下	12	287.7857	338.7143	231.5455	266.5455	214.0000	233.5000
41～55岁	6	188.1667	251.1667	134.8000	175.2000	117.6667	135.0000
56～70岁	3	205.0000	318.3333	146.3333	192.0000	124.0000	141.6667

从表5-10可以看出，在以上各年龄段的发音人中，“钱、浅、千”三个字最低音高均值比较结果是：“钱”比“浅”高50赫兹左右，“浅”比“千”高20赫兹左右；最高音高均值比较结果是：“钱”比“浅”高80～100赫兹，“浅”比“千”高30～50赫兹左右。由此可以看出，小称变音4ʔ45的音高同其他两个上升型调类的音高有明显的区别。另外，如前所述，不是所有的小称变音中都出现了中塞现象；调查时还发现，非小称变音如阴平、阳平甚至上声中都存在中塞现象，可见，小称变音4ʔ45同其他调类的区别性特征是音高，而不是中塞。这样，小称变音4ʔ45在中塞特征消失以后向高升调演变也不会导致它同其他调类的混合。在调查过程中我们询问过当地人对上述4位外来媳妇口中小称变音的感觉，无论老少都认为同他们自己说的一样。伍巍在谈到龙归镇后坪村小称变音时指出：曲折变调是中塞韵母出现的前提，是小称语音形式的本质特征与音位标志。而该方言的调类和调值分别是：阴平21、阳平42、上声24、阴去44、阳去22、阴入5、阳入2。[⑥]从中可以看出，该方言声调系统中并没有出现曲折调。

（3）职业和文化程度对大村土话小称变音4ʔ45的演变有一定的影响。

小称变音4ʔ45除了存在明显的年龄变异以外，在职业、文化程度方面也表现出一定的变异。根据前文确定的小称变音4ʔ45几种类型的历史层次来看，在职业变异中，学生和工人演变最快。但考虑到这两个职业的人群多是年轻人，受年龄因素影响较大而予以排除外，剩下的几个职业中，教师演变最慢，干部和农民则演变较快。在文化程度的变异中，高中文化程度的演变较慢，小学和初中文化程度的演变较快。

三、小称变音 2ʔ23 的社会分层变异研究

在小称变音2ʔ23中，我们共调查了“哥、沙、尾、鸭”四个字。这四个字中，“沙、尾、鸭”能独立成词，而“哥”一般要重叠使用。同小称变音4ʔ45变异调查的12个单字相比，这里的四个字显得太少。之所以会出现这个情况，主要是因为：第一，经验不足，调查时没有考虑到不同小称变音字数多少的问题；第二，调查前对小称变音的变异情况了解不够。但是，我们还是想利用这有限的材料对小称变音2ʔ23的变异情况作个简单的介绍。这不但有助于认识小称变音2ʔ23的变异情况，也可以加深对小称变音4ʔ45变异的认识。由于“哥”在口语中一般不单说，因此，“哥”的读音情况仅作参考。

（一）小称变音 2ʔ23 今读的类型

同小称变音4ʔ45的今读相比，小称变音2ʔ23的今读类型相对较少，而读非小称变音的现象却比小称变音4ʔ45多得多。在考察小称变音4ʔ45的变异时把今读非小称变音的全部排除在外，因为这些读法或者属于本调，或者出现频率极低。但是，小称变音2ʔ23的非小称变音读音我们则要加以考察，因为这些读法或者不属于本调，或者出现频率非常高。

小称变音2ʔ23的今读可以分为两类：小称变音和非小称变音。小称变音读音又可分为断裂型、凹型、凸型和低升型四个小类，低升型又可分为带喉塞型和纯低升型两个小类。非小称变音读音可分为降调和平调两个小类。要指出的是，读降调和平调时，音高较低，且比较短促。小称变音2ʔ23的今读类型如图5-10，其基频线图此处就不一一介绍了。

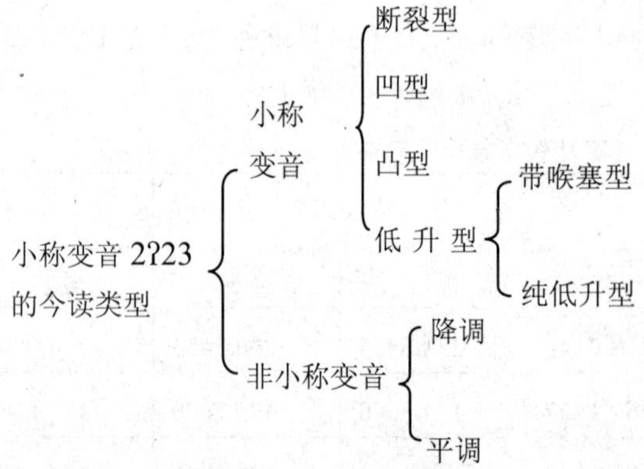

图 5-10 小称变音 2ʔ23 今读的类型

（二）小称变音 2ʔ23 的社会分层变异

1.小称变音2ʔ23的年龄变异

表5-11　小称变音2ʔ23的年龄变异

类型/百分比/年龄	人数	小称变音				非小称变音		
		促化式		舒化式	合计	降调	平调	合计
		中塞式	后塞式					
12 岁以下	16					41.7	54.2	95.9
12～30 岁	18					64.8	31.5	96.3
31～50 岁	17		2.0	7.8	9.8	58.8	31.4	
51～70 岁	11	30.3		6.1	36.4	30.3	33.3	
70 岁以上	5	33.3	6.7	46.7	86.7		13.3	

在以上各年龄段的人群中，小称变音读音所占的比例 70 岁以上的老年人为 86.7%；51～70 岁的人群为 36.4%；31～50 岁的人群还不到 10%；30 岁以下的人群则没有发现读小称变音的。可见，小称变音读音的比例同年龄成正比，年龄越大，小称变音读音的比例越大；年龄越小，小称变音读音的比例越小。在小称变音读音中，70 岁以上的人群和 31～50 岁的人群以舒化式为主，而 51～70 岁的人群则以促化式为主。在非小称变音读音中，70 岁以上的老年人只读平调；51～70 岁和 12 岁以下的人群平调的比例略高于降调；而 12～50 岁的人群降调的比例大大高于平调。

2.小称变音 2ʔ23 的性别变异

表5-12　小称变音2ʔ23的性别变异

类型/百分比/性别	人数	小称变音				非小称变音		
		促化式		舒化式	合计	降调	平调	合计
		中塞式	后塞式					
男	45	11.1	1.5	8.1	20.7	42.2	35.6	77.8
女	22			3.0	3.0	57.6	36.4	94.0

在小称变音读音中，男性所占比例比女性高约 18%，而且促化式读音只见于男性，不见于女性。在非小称变音读音中，女性所占比例比男性高 16%，其中，降调男性比女性低约 15%，平调男女基本持平。

3.小称变音 2ʔ23 的职业变异

表5-13　小称变音2ʔ23的职业变异

类型/百分比/职业	人数	小称变音				非小称变音		
		促化式		舒化式	合计	降调	平调	合计
		中塞式	后塞式					
学生	27					48.1	46.9	95.0
工人	3					66.7	22.2	88.9
干部	7	23.8		33.4	57.2	23.8	19.0	42.8
教师	8	20.9	4.2		25.1	41.7	33.3	75.0
农民	22	7.5	1.5	9.1	18.1	53.0	28.8	81.8

小称变音读音暂时只发现见于干部、教师和农民，工人和学生没有发现。在小称变音读音中，促化式读音主要见于干部和教师，两者所占比例都超过了 20%；而农民则还不到 8%；舒化式读音主要见于干部，所占比例为 33.4%，农民也有 9.1%，教师则未见。在非小称变音读音中，各个职业的都以降调为主，但降调同平调的比例之差各个职业相差较大，工人为 45%，农民为 24%，教师为 9%，农民为 6%，学生则只

有 1%。

4.小称变音 2?23 的文化程度变异

表5-14　小称变音2?23的文化程度变异

文化程度	人数	小称变音				非小称变音		
类型 / 百分比		促化式		舒化式	合计	降调	平调	合计
		中塞式	后塞式					
小学	31	8. 7	1. 1	9. 7	19. 5	36. 6	39. 8	76. 4
初中	24	2. 8		4. 2	7. 0	62. 5	30. 1	92. 6
高中	11	15. 1	3. 0	3. 0	21. 1	39. 4	39. 4	78. 8
大专及以上	1					100. 0		100. 0

如前所述，大专及以上文化程度的因人数太少，不便比较。除此之外，小称变音读音主要见于高中和小学文化程度的，两者所占比例都约为 20%；初中的则只有 7%。在小称变音读音中，高中文化程度的促化式读音所占比例最大，为 18. 1%；小学的次之，为 9.8%；初中的则还不到 3%。在非小称变音读音中，高中的降调与平调的比例基本持平，小学的平调的比例略高于降调，初中的降调的比例比平调高约 32%。

5.小称变音 2?23 的客家话熟练程度变异

表5-15　小称变音2?23的客家话熟练程度变异（一）

客家话熟练程度	人数	小称变音				非小称变音		
类型 / 百分比		促化式		舒化式	合计	降调	平调	合计
		中塞式	后塞式					
不会说	10					53. 3	46. 7	100. 0
能说一点点	19			1. 8	1. 8	35. 1	59. 6	94. 7
基本能交流	28	16. 7		10. 7	27. 4	51. 2	19. 0	70. 2
熟练	10	3. 3	6. 7	10. 0	20. 0	53. 3	26. 7	80. 0

表 5-15 显示，小称变音读音主要见于客家话基本能交流和熟练的人群，会说一点点客家话的人群，只有极少数人读舒化式的小称变音，而不会说客家话的人群没有发现一例读小称变音的。在非小称变音读音中，不会说客家话的人群降调的比例略高于平调；能说一点点客家话的平调的比例比降调高约 25%；基本能交流和熟练的则降调的比例比平调高约 30%。下面控制年龄变量，选取 31～50 岁的人群继续探讨小称变音 2?23 在客家话熟练程度上的变异。

表5-16　小称变音2?23的客家话熟练程度变异（二）

客家话熟练程度	人数	小称变音				非小称变音		
类型 / 百分比		促化式		舒化式	合计	降调	平调	合计
		中塞式	后塞式					
不会说	1					66. 7	33. 3	
能说一点点	5					40. 0	60. 0	
基本能交流	6			16. 7		66. 7	16. 7	
熟练	5		6. 7	6. 7		66. 7	20. 0	

由于不会说客家话的只有 1 人，不便比较。除此之外，小称变音读音只见于客家话基本能交流和熟练的人群，而能说一点点的则没有发现。在非小称变音读音中，能说一点点的以平调为主，其余的则都以降调占绝对优势。

（三）小称变音 2ʔ23 的演变

1.小称变音2ʔ23今读的层次

从上文小称变音2ʔ23今读类型的社会分层变异来看，年龄变异最为突出。如前所述，年龄较大的人群的口音一般代表比较早的层次，年龄较小的人群的口音一般代表比较晚的层次。因此，从小称变音2ʔ23的年龄变异可知，在小称变音读音中，促化式早于舒化式，这是因为：年龄越大，促化式读音的比例越大，舒化式读音的比例越小；而年龄越小，促化式读音的比例越小，舒化式读音的比例越大。70岁以上的老年人舒化式读音多于促化式读音，这有它特殊的原因，前文在分析小称变音4ʔ45的年龄变异时已指出。在促化式读音中，中塞式又早于后塞式，这是因为：中塞式只见于50岁以上的人群，而50岁以下的暂时没有发现。此外，在51～70岁的人群中只发现中塞式，没有发现一例后塞式，这再次说明，促化的中塞式向舒化式演变完全可以不经过后塞的阶段。

在非小称变音读音中，降调同平调哪个层次较早？从降调和平调的年龄变异情况来看，降调和平调的比例并不同年龄呈直线相关关系。不过，从70岁以上的只存在读平调的现象来看，平调可能是较早的层次，降调可能是较晚的层次。这里要解释的是为什么12岁以下的孩子也以读平调为主。前文指出，70岁以上和12岁以下的人群其他方言能力是最差的，12岁以下的孩子由于不具备其他方言的能力，因此较少受到其他方言的干扰，其小称变音读平调属于一种自然的演变。也就是说，一般情况下，其他方言能力越强，降调的比例越大；其他方言能力越低，平调的比例则越大，表5-16“小称变音2ʔ23的客家话熟练程度变异（二）”可以说明这一点。表5-17是“哥”字单说时的年龄变异情况。

表5-17 “哥”的年龄变异

年龄 \ 类型/百分比	人数	小称变音				非小称变音		
		促化式		舒化式	合计	降调	平调	合计
		中塞式	后塞式					
12岁以下	15	6.7		73.3			20.0	
12～30岁	15	13.3		46.7		33.3	6.7	
31～50岁	15	6.7		20.0		53.3	20.0	
51～70岁	10	60.0				30.0	10.0	
70岁以上	2	50.0		50.0				

“哥”单说时，相当部分人读为小称变音，也有相当部分人读非小称变音中的降调，不过，在12岁以下的孩子中，没有发现一例读降调的。

总之，小称变音 2ʔ23 虽然今天还存在读小称变音的现象，但其消失的趋势非常明显。31～50 岁的已经很少有人读小称变音了，30 岁以下的则没有发现一例读小称变音的。上述 4 个外来女性读“哥、沙、尾、鸭”四个字时，没有发现一例读小称变音的。不过，这个小称变音消失后是读降调还是读平调，目前还很难预测，只能留待以后的语言事实来说明了。

2.影响小称变音 2ʔ23 变异的原因

（1）社会地位是影响小称变音 2ʔ23 变异的原因之一。

上文谈到小称变音 4ʔ45 的变异时指出，职业和文化程度对小称变音 4ʔ45 的变异有一定的影响，同样的情形也发生在小称变音 2ʔ23 的变异之中。从职业变异来看，干部和教师读促化式小称变音的比例高于其他几个职业的人群；从文化程度来看，高中文化程度的人群读促化式小称变音的比例高于其他几个文化程度的人群；此外，在性别变异中，促化式的小称变音只见于男性，不见于女性。总的来看，社会地位较高的人群，小称变音变异较慢；社会较低的人群，小称变音变异较快。

（2）其他方言熟练程度对小称变音 2ʔ23 的变异有一定的影响。

上文谈到小称变音 4ʔ45 的变异时指出，其他方言熟练程度对小称变音 4ʔ45 的变异有比较明显的影响。但是，在小称变音 2ʔ23 的变异中其他方言的影响似乎没有那么明显。31～50 岁的读小称变音的主要见于客家话能力较强的人群中。不过，在非小称变音读音中，其他方言能力较强的，读降调的比较多，读平调的比较少。此外，在31～50岁的人群中，会说一点点客家话的以平调为主，其余的则都以降调占绝对优势。

四、结语

上文分别讨论了大村土话小称变音4ʔ45和2ʔ23的今读类型及其社会分层变异情况。从社会分层变异来看，年龄变异最为突出，这跟方言兼用能力表现出来的社会分层变异一致。大村土话小称变音的社会分层变异印证了我们在第四章根据韶关土话的地域差异所作出的推测：第一，中塞式早于后塞式。第二，在音系结构特点的允许下，小称变音可以从中塞式直接演变为舒化式，而不需经历后塞的阶段。通过对大村土话小称变音的社会分层变异研究，我们进一步指出，后塞式不是由中塞式向舒化式演变的必经阶段，只是可能阶段。此外，从发展趋势来看，小称变音4ʔ45将向纯高升型方向发展；小称变音2ʔ23则很快会消失，消失后，可能读降调，也可能读平调。

第二节 “父亲、母亲”面称的社会分层变异

在大村土话中，“父亲、母亲”的面称分别有以下几种：“阿叔、阿娘”“叔叔、娘娘”“阿爸、阿姆”“爸爸、妈妈”。为什么大村土话“父亲、母亲”的面称出现了这么多种类型？它们的使用情况又如何？为了比较全面地考察大村土话“父亲、母亲”面称的变异情况，我们走访了来自95个家庭的197个在大村土生土长的受访者。下面是这197个受访者的基本情况。

一、受访者的基本情况

表5-18 受访者的基本情况

性别	人数	年龄	人数	职业	人数	文化程度	人数
男	133	12岁以下	13	学生	47	没有读过书	10
		12～30岁	69	工人	39	小学	60
女	64	31～50岁	73	干部	8	初中	75
		51～70岁	29	教师	4	高中	48
		70岁以上	13	农民	99	大专及以上	4人

二、“父亲、母亲”面称的整体使用情况

上述197个受访者“父亲、母亲”面称的整体使用情况见表5-19。

表5-19 “父亲、母亲”面称的整体使用情况

“父亲”的面称			“母亲”的面称		
面称	计数	百分比	面称	计数	百分比
阿叔	92	46.9	阿娘	91	46.2
叔叔	17	8.7	娘娘	21	10.7
阿爸	14	7.1	阿姆	44	22.3
爸爸	71	36.2	妈妈	39	19.8
阿爷	2	1.0	阿娘/妈妈	1	0.5
			娘娘/阿姆	1	0.5
合计	196(1)	100.0	合计	197	100.0

说明：(1)“父亲”面称的总人数之所以比“母亲”面称的总人数少一个，是因为有一个受访者从小失去父亲，记忆中没有叫过父亲。

“父亲”的面称中，使用“阿叔”的有92人，占46. 9%；使用“叔叔”的有17人，占8. 7%；使用“阿爸”的有14人，占7. 1%；使用“爸爸”的有71人，占36. 2%；使用“阿爷”的则只有极少数。“母亲”的面称中，使用“阿娘”的有91人，占46. 2%；使用“娘娘”的有21人，占10. 7%；使用“阿姆”的有44人，占22. 3%；使用“妈妈”的有39人，占19. 8%；此外，还有极少数人同时使用有两种称呼。由此可以看出，在大村土话中，“父亲、母亲”的面称以使用“阿叔、阿娘”为主；处于第二位的，“父亲”的面称为“爸爸”，“母亲”的面称为“阿姆”；其余的几个面称中，所占比例较大的是“母亲”的面称“妈妈”，为19.8%。

三、“父亲、母亲”面称的社会分层变异

（一）“父亲、母亲”面称的年龄变异

表5-20 “父亲”面称的年龄变异

年龄	人数	面称 百分比 阿叔	叔叔	阿爸	爸爸	阿爷
12 岁以下	13			15. 4	84. 6	
12～30 岁	69	21. 7	2. 9	5. 8	69. 6	
31～50 岁	72	62. 5	13. 9	9. 7	12. 5	1. 4
51～70 岁	29	72. 4	13. 8	3. 4	10. 3	
70 岁以上	13	84. 6	7. 7			7. 7

由表5-20可知，“父亲”的面称存在明显的年龄变异。“阿叔”的使用比例与年龄成正比，年龄越大，使用比例越大；年龄越小，使用比例越小。其中，30岁以上的人群以使用“阿叔”占绝对优势，使用比例在各个年龄段中都超过了60%；到12～30岁的人群则锐减到21. 7%；12岁以下的孩子暂时没有发现使用“阿叔”的。“爸爸”的使用比例则与年龄成反比，年龄越大，使用比例越小；年龄越小，使用比例越大。其中，70岁以上的没有发现使用“爸爸”的；31～70岁的则只有11%的人使用；到了12～30岁的人群，则剧增到69. 6%；12岁以下的则递增至84. 6%。“叔叔”和“阿爸”在各个年龄段中的使用比例都比较低。不过，相对来说，年龄越大，使用“叔叔”的越多；年龄越小，使用“阿爸”的越多。

表5-21 “母亲”面称的年龄变异

年龄	人数	面称 百分比 阿娘	娘娘	阿姆	妈妈	阿姆/妈妈	娘娘/阿姆
12 岁以下	13			7. 7	92. 3		
12～30 岁	69	20. 3	8. 7	29. 0	39. 1	1. 4	1. 4
31～50 岁	73	60. 3	15. 1	24. 7			
51～70 岁	29	69. 0	13. 8	17. 2			
70 岁以上	13	100. 0					

与“父亲”面称的使用情况一样，“母亲”的面称也存在明显的年龄变异。“阿娘”的使用比例同年龄成正比，年龄越大，使用比例越大；年龄越小，使用比例越小。其中，31岁以上的人群以使用“阿娘”为主，使用比例在各个年龄段中都超过了60%；到12～30岁的人群则锐减到20. 3%；12岁以下的孩子暂时没有发现使用“阿娘”的。“妈妈”则只出现在30岁以下的人群中，其中，12～30岁的人群使用比例为39. 1%；到12岁以下的孩子则锐增至92. 3%。“娘娘”和“阿姆”则集中出现在12～70岁的人群中。此外，“阿姆”的使用比例高于“娘娘”。

上面分别介绍了“父亲、母亲”面称的年龄变异情况，总的来看，年龄越大，使用“阿叔、阿娘”的

越多；年龄越小，使用“爸爸、妈妈”的越多。此外，我们还发现，相对的一对称呼在同一个年龄段的人群中使用比例不一定相同。如“叔叔”和“娘娘”在 31～70 岁的人群中使用比例基本相同，在其他各年龄段的人群中使用比例都很低；“阿爸”在 12 岁以上的人群中使用比例还不到 10%，而“阿姆”则超过了 25%；“爸爸”在 12～30 岁的人群中使用比例约为 70%，而“妈妈”则还不到 40%。

（二）“父亲、母亲”面称的性别变异

表5-22 “父亲”面称的性别变异

性别 \ 人数 \ 百分比 \ 面称		阿叔	叔叔	阿爸	爸爸	阿爷
男	132	48.5	11.4	6.8	32.6	0.8
女	64	43.8	3.1	7.8	43.8	1.6

表5-23 “母亲”面称的性别变异

性别 \ 人数 \ 百分比 \ 面称		阿娘	娘娘	阿姆	妈妈	阿姆/妈妈	娘娘/阿姆
男	133	46.6	12.0	22.6	17.3	0.8	0.8
女	64	45.3	7.8	21.9	25.0		

“父亲”的几个面称中，男性“叔叔”的使用比例比女性高8%；而女性“爸爸”的使用比例比男性高10%，其余几个面称两者相差不大。“母亲”的几个面称中，女性“妈妈”的使用比例比男性高8%，其余几个面称两者相差不大。总的来说，“父亲、母亲”面称的性别变异不是很明显。

（三）“父亲、母亲”面称的文化程度变异

表5-24 “父亲”面称的文化程度变异

文化程度 \ 人数 \ 百分比 \ 面称		阿叔	叔叔	阿爸	爸爸	阿爷
没有读过书	10	80.8	10.0			10.0
小学	60	49.2	3.4	8.5	39.0	
初中	75	41.3	12.0	8.0	37.3	1.3
高中	48	47.9	8.3	6.3	37.5	
大专及以上	4	25.0	25.0		50.0	

表5-25 “母亲”面称的文化程度变异

文化程度 \ 人数 \ 百分比 \ 面称		阿娘	娘娘	阿姆	妈妈	阿姆/妈妈	娘娘/阿姆
没有读过书	10	90.0	10.0				
小学	60	45.0	5.0	20.0	30.0		
初中	75	45.3	16.0	18.7	20.0		
高中	48	39.6	8.3	35.4	12.5	2.1	2.1
大专及以上	4	50.0	25.0	25.0			

“父亲”的几个面称中，没有读过书的人群“阿叔”的使用比例最大，为80.8%；其他几个文化程度的人群相差相对较小，但与没有读过书的人群相差较大，其使用比例大专及以上的人群为25%，初中的为41.3%，高中的为47.9%，小学的为49.2%。其余几个面称中，“叔叔”的文化程度变异比较突出，但没有明显的规律。“母亲”的面称中，“阿娘”的使用情况同“阿叔”的基本相同，其余几个面称文化程度

变异比较明显，但规律性不强。

（四）“父亲、母亲”面称的职业变异

表5-26 “父亲”面称的职业变异

职业	人数 \ 面称 百分比	阿叔	叔叔	阿爸	爸爸	阿爷
学生	47	10.6	2.1	6.4	80.9	
农民	99	65.7	12.1	9.1	11.1	2.0
工人	38	39.5	5.3	5.3	50.0	
干部	8	62.5	12.5		25.0	
教师	4	50.0	25.0		25.0	

表5-27 “母亲”面称的职业变异

职业	人数 \ 面称 百分比	阿娘	娘娘	阿姆	妈妈	阿姆/妈妈	娘娘/阿姆
学生	47	10.6	2.1	23.4	61.7	2.1	
农民	99	65.7	12.1	20.2	2.0		
工人	39	35.9	17.9	25.6	20.5		
干部	8	50.0		37.5			12.5
教师	4	75.0	25.0				

“父亲”的面称中，学生“阿叔”的使用比例最小，仅为10.6%；其次是工人，为35.9%；农民和干部很高，都超过了60%；教师次之，为50%。使用“爸爸”的，学生所占比例最高，为80.9%；其次是工人，为50%；农民最低，只有11.1%；干部和教师也较低，只有25%。其他几个面称不存在明显的职业变异。“母亲”的面称中，“阿娘”的使用情况同“阿叔”的基本一致；“妈妈”的使用情况同“爸爸”的比较接近，但使用比例比“爸爸”低。其他几个面称的变异情况没有明显的规律。

（五）“父亲、母亲”面称的客家话熟练程度变异

这里之所以只讨论客家话熟练程度同“父亲、母亲”面称的变异关系，是因为从“父亲、母亲”的面称来看，它们受粤语影响很小；而普通话的熟练程度基本上同文化程度一致，因此不再加以讨论。

表5-28 “父亲”面称的客家话熟练程度变异

客家话熟练程度	人数 \ 面称 百分比	阿叔	叔叔	阿爸	爸爸	阿爷
不会说	7	42.9	14.3	14.3	28.6	
能说一点点	26	42.3	3.8	7.7	46.2	
基本能交流	128	45.3	9.4	6.3	38.3	0.8
熟练	35	57.1	8.6	8.6	22.9	2.9

表5-29 “母亲”面称的客家话程度熟练变异

客家话熟练程度	人数（面称/百分比）	阿娘	娘娘	阿姆	妈妈	阿姆/妈妈	娘娘/阿姆
不会说	7	14.3	14.3	28.6	42.9		
能说一点点	26	38.5	3.8	26.9	30.8		
基本能交流	129	46.5	14.0	20.2	17.8	0.8	0.8
熟练	35	57.1	2.9	25.7	14.3		

表5-28、表5-29显示，“父亲、母亲”的面称中，“阿叔、阿娘”的使用比例基本上与客家话熟练程度成正比，“爸爸、妈妈”的使用比例基本上与客家话熟练程度成反比。其余几个面称的使用比例与客家话熟练程度不存在直线相关关系。

总之，从“父亲、母亲”面称的社会分层变异来看，年龄变异最为突出，职业和客家话熟练程度以及文化程度等同“父亲、母亲”面称的变异也存在一定的关系。

四、“父亲、母亲”面称的历史层次、来源及其发展趋势

（一）“父亲、母亲”面称的历史层次

一般认为，年龄较大的人群的说法一般代表比较早的层次，年龄较小的人群的说法一般代表比较晚的层次。从表5-20“父亲”面称的年龄变异中可以看到，70岁以上的老年人几乎都用“阿叔”，极少例外，据此推测，“阿叔”是最早的层次。“叔叔”和“阿爸”，哪个层次较早呢？我们注意到，“叔叔”在70岁以上的老年人中就已出现，但使用比例还不到8%。51～70岁的使用“叔叔”的占13.8%，使用“阿爸”的占3.4%。此外，我们还发现，父母亲使用“阿爸”的，其子女没有发现一例使用“叔叔”的；但是，父母亲使用“叔叔”的，其子女则有很多使用“阿爸”。据此认为，“叔叔”的层次早于“阿爸”。“阿爸”和“爸爸”，哪个层次较早呢？由于“阿爸”和“爸爸”同时在51～70岁的人群中开始出现，因此，“阿爸”和“爸爸”应该处于同一个层次。不过，“爸爸”的使用比例比“阿爸”要高。

从表5-21“母亲”面称的年龄变异中可以看出，70岁以上的老年人都用“阿娘”，没有一个例外，因此，“阿娘”是最早的层次。“阿姆”和“娘娘”，哪个层次较早？我们注意到，它们同时出现在51～70岁的人群中，而且两者使用比例相差只有4%，因此，“娘娘”和“阿姆”处于同一个层次。不过，从它们在不同年龄段的人群中使用的比例来看，“阿姆”的使用比例比“娘娘”要高，而且年龄越小，两者比例相差越大。“妈妈”在12～30岁的人群中才开始出现，而且在12岁以下的孩子中，绝大多数使用“妈妈”，因而“妈妈”无疑是最晚的层次。

另外，我们还认为，“叔叔”与“娘娘、阿姆”属于同一个层次，这是因为：虽然“叔叔”出现在70岁以上的人群中，而“娘娘、阿姆”在50岁以下的人群中才出现，但“叔叔”在13个70岁的受访者中只出现了1例。“阿姆”与“阿爸”二者之间，“阿姆”的历史层次比“阿爸”要早，这是因为：第一，虽然“阿爸”和“阿姆”同时出现在51～70岁的人群中，但“阿爸”只出现了1例，“阿姆”出现了5例；第二，在12岁以上的人群中，“阿爸”的使用比例还不到10%，而“阿姆”的则超过了25%。

现把“父亲、母亲”面称的层次按照先后顺序图示如图5-11：

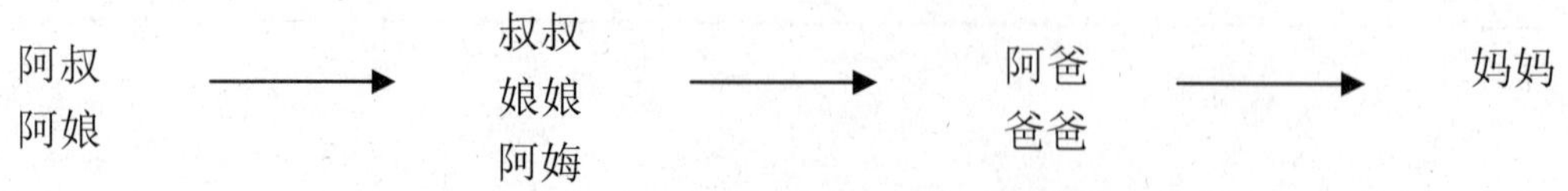

图5-11 “父亲、母亲”面称的层次

（二）“父亲、母亲”面称的来源

我们在第四章第三节“韶关土话的词汇变异”中指出，韶关土话亲属称谓今读小称变音的单音节词是韶关土话自身所有的说法。在双音节化的过程中，采用了两个不同的方式，一个是借用周边方言的词缀“阿”，一个是重叠，这两种形式在大村土话中都存在。就大村土话而言，“父亲、母亲”面称的原有称呼应该是单音节的“叔、娘”，然后在此基础上借用客家话的词缀形成“阿叔、阿娘”，或者在“叔、娘”的基础上重叠为“叔叔、娘娘”。

“阿姆、阿爸”来自周边客家话，不过，大村人在接受客家话这个“阿爸”时，不是原封不动地引进来，而是将其改造为“爸爸”。也就是说，“爸爸”这个称呼并不是来自普通话，而是来自周边客家话，原因有三：第一，从它的使用比例和出现时间来看，“爸爸”虽然在51～70岁的人群中就已开始使用，不过使用比例较小，只有10%；在31～50岁的人群中，也还不到13%。另外，尽管受访者是“父亲、母亲”面称的使用者，但使用什么样的面称，一般都来自他们的父母。因此，51～70岁的受访者的父母亲应是在距今70～90年前把“爸爸”这个面称教给这些受访者的，而70年前新中国还未成立。当时，当地人基本上都还没有接触过普通话。据调查，在韶关农村，新中国成立之前的学校教育或私塾教育老师所使用的教学语言多是粤语，而不是官话。因此，如果用普通话的影响来解释这个“爸爸”无疑很牵强。第二，“妈妈”的出现时间比“爸爸”的出现时间晚了40年。如果“爸爸”是来自普通话的话，那么，与此同时应该很可能会借入“妈妈”。但事实是，“爸爸”与客家话的“阿爸、阿姆”同时进入大村土话。第三，前文指出，“叔叔、娘娘”是在“叔、娘”的基础上产生的，那么，受到客家话“阿爸”的影响，仿照“叔、娘”到“叔叔、娘娘”的构成方式，类推产生“爸爸”这个称呼也是可能的。

随着“爸爸”被越来越多的人所接受，“妈妈”也进入到大村土话中来。与“爸爸”不同的是，“妈妈”是在已有的“爸爸”的基础上直接从普通话中借用过来的。

（三）“父亲、母亲”面称的发展趋势

表 5-20“父亲”面称的年龄变异显示，“阿叔、叔叔”的使用比例随着年龄的减小而逐渐降低，12 岁以下的孩子则暂时没有发现。“阿爸”和“爸爸”都只出现在 70 岁以下的人群中，而且其使用比例基本上也都同年龄成反比，不过，12 岁以下的孩子使用“阿爸”的仅为 15. 4%，使用“爸爸”的则为 84. 6%。表 5-21“母亲”面称的年龄变异显示，“阿娘”的使用比例随着年龄的减小逐渐降低，12 岁以下的孩子则暂时没有发现。“娘娘、阿姆”只出现在 70 岁以下的人群中，而且所占比例都不高，在 12 岁以下的孩子中暂时没有发现说“娘娘”的，说“阿姆”的也只占 7. 7%。“妈妈”虽然在 12～30 岁的人群中才开始使用，但一出现就有 39%的使用比例，在 12 岁以下的孩子中又猛增至 92. 3%。

从上述“父亲、母亲”面称的年龄变异情况来看，尽管“阿叔、阿娘”“叔叔、娘娘”是大村土话在自身“叔、娘”的基础上产生的说法，但是今天，“阿叔、阿娘”在 12 岁以下的孩子中已几乎无人使用，随着时间的迁移，它们会逐渐消失。“叔叔、娘娘”则只是昙花一现，在短短的几十年中就完成了从产生到消失的过程。“爸爸、妈妈”虽然出现较晚，但在 12 岁以下的孩子中，它们占有绝对优势，是大村土话现有的面称中最有活力的一个。虽然“阿姆”今天在大村土话中还占有一席之地，“阿爸”的使用比例也呈现逐年递增的趋势，但在“爸爸、妈妈”的强大渗透下，它们会逐渐消失在历史的长河之中。总之，不久的将来，“爸爸、妈妈”将战胜其他几个面称而成为大村土话唯一被使用的称呼。

五、“父亲、母亲”面称变异的起始和扩散

（一）“父亲、母亲”面称变异的起始

上文分别介绍了大村土话“父亲、母亲”面称的整体使用情况、历史层次、来源及其发展趋势，那么，它的变异是怎么开始的？或者说先在哪些人中发生变异的呢？

由于受访者“父亲、母亲”面称的使用一般取决于他们的父母，因此，要探讨“父亲、母亲”面称的变异情况必须弄清这些受访者的父母“父亲、母亲”面称的使用情况。表5-30至表5-33是受访者及其父母

亲“父亲、母亲”面称的使用情况。

表5-30 “父亲”面称的使用情况（一）

父称“父”	人数	受访者称“父”百分比：阿叔	叔叔	阿爸	爸爸
阿叔	46	34.8	4.3	2.2	58.7
叔叔	12	8.3	33.3		58.3
阿爸	6			33.3	66.7
爸爸	7				100.0

表5-31 “母亲”面称的使用情况（一）

父称“母”	人数	受访者称“母”百分比：阿娘	娘娘	阿娒	妈妈	阿娘/妈妈
阿娘	48	35.4	4.2	18.8	39.6	2.1
娘娘	11	9.1	36.4		54.5	
阿娒	13		15.4	61.5	23.1	
娘娘/阿娒	1				100.0	

表5-32 “父亲”面称的使用情况（二）

母称“父”	人数	受访者称“父”百分比：阿叔	叔叔	阿爸	爸爸
阿叔	26	38.5	7.7		53.8
叔叔	3	33.3			66.7
阿爸	3			66.7	33.3
爸爸	3	33.3			66.7

表5-33 “母亲”面称的使用情况（二）

母称“母”	人数	受访者称“母”百分比：阿娘	娘娘	阿娒	妈妈	阿娘/妈妈
阿娘	23	39.1	8.7	17.4	30.4	4.3
娘娘	3	33.3		33.3	33.3	
阿娒	7	14.3		14.3	71.4	

由表5-30至表5-33来看，父母亲使用“阿叔、阿娘”“叔叔、娘娘”和“阿娒”的，其子女不一定使用；但是，父母亲使用“阿爸、爸爸”的，其子女一般使用，很少例外。这说明，父母亲“父亲、母亲”的面称对其子女“父亲、母亲”的面称有一定的影响，但这种影响只体现在部分的面称中，而且这些面称都是出现层次较晚的。因此，受访者“父亲、母亲”面称的变异有些并不是直接来自其父母亲“父亲、母亲”所使用的面称。

付义荣（2008）在介绍安徽无为傅村“父亲”称谓演变时指出，傅村父亲称谓的变化与当时中国农民出现的分化有关。改革开放后，一批相对年轻、有文化的人开始大胆尝试新的职业而成为社会流动中的活跃者，与此同时，他们也开始沿用曾经只有那些有声望的群体才使用的父亲称谓——“爸爸”来表达他们向上流动的愿望。[7]但是，从大村土话“父亲、母亲”的面称来看，“爸爸、妈妈”的使用与受访者父母亲的社会阶层没有明显的关系。父母亲社会地位较高的如干部或教师等，其子女很多并没有使用“爸爸、妈妈”；相反，父母亲社会地位较低的如农民，其子女也有很多使用“爸爸、妈妈”。而且，在整个大村，干部和教师所占比例并不大。在197个受访者中，除47个学生外，还有150个受访者。而在这150个受访者中，外出务工的占26%，农民占66%，干部和教师合起来只占8%。农民虽然人数众多，但正如陆学艺（2004）所指出的那样，农业劳动者阶层内部的同质性较高，社会经济状况的差异较小，其内部并无明显的群体之分。[8]总之，社会分层不是导致大村土话“父亲、母亲”面称变异的真正原因。进一步观察还发现，最先使用“阿爸”“爸爸”和“阿姆”“妈妈”的受访者，其父母亲的文化程度也并不一定高于那些仍然使用“阿叔、阿娘”的。也就是说，父母亲的文化程度同其子女“父亲、母亲”面称的变异也不存在明显的相关性。因此，只能寻找另外的原因。

在调查的97个家庭中，受访者及其父母亲“父亲、母亲”面称使用情况齐全的有21个家庭。我们考察了这21个家庭父母亲“父亲、母亲”面称的一致性及其子女“父亲、母亲”面称的使用情况。在这21个家庭中，父母亲“父亲”面称一致的有14个家庭，父母亲“母亲”面称一致的有12个家庭。在父母亲“父亲”面称一致的14个家庭中，其子女“父亲”面称与父母亲都不同的有4个，占28.6%；在父母亲“母亲”面称一致的12个家庭中，其子女“母亲”面称与父母亲都不同的也是4个，占33.3%。在7个父母亲“父亲”面称不一致的家庭中，其子女“父亲”面称与父母亲都不同的有4个，占57.1%。在9个父母亲“母亲”面称不一致的家庭中，其子女“母亲”面称与父母亲都不同的有7个，占77.8%。由此可见，父母亲“父亲”面称不一致的，其子女“父亲”面称发生变异的比例比父母亲“父亲”面称一致的高28.5%；父母亲“母亲”面称不一致的，其子女“母亲”面称发生变异的比例比父亲“母亲”面称一致的高44.5%。因此，父母亲“父亲、母亲”面称是否一致与其子女“父亲、母亲”面称是否发生变异存在明显的关系。当父母亲“父亲、母亲”面称一致时，其子女“父亲、母亲”面称发生变化的可能性较小；当父母亲“父亲、母亲”面称不一致时，其子女“父亲、母亲”面称发生变化的可能性则很大。

总之，当家庭内部父母亲“父亲、母亲”面称使用不一致时，就为周边强势的客家话和普通话的渗透提供了可乘之机，“阿爸”“爸爸”和“阿姆”“妈妈”也就开始进入到了大村土话中。这样，大村土话“父亲、母亲”面称的变异也就先从这些家庭开始，然后再向其他家庭扩散。

（二）“父亲、母亲”面称变异的扩散

变异既然已经开始，那么，它是如何从部分家庭扩散到其他家庭的呢？我们以“阿姆”为例来加以探讨。前文指出，“阿姆”来自周边客家话，但有很多家庭母亲不是讲客家话的，其子女却使用“阿姆”，具体情况见表5-34。

表5-34 “母亲”面称及其母亲的母语情况

母亲母语 \ 人数 \ 百分比 \ “母亲”面称		阿娘	娘娘	阿姆	妈妈	阿姆/妈妈	娘娘/阿姆
土话	116	45.7	11.2	23.3	19.0	0.9	
客家话	74	44.6	9.5	21.6	23.0		1.4
粤语	2	50.0		50.0			
闽南话	5	80.0	20.0				

由表 5-34 可知，母亲母语是土话的，其子女使用“阿姆”的比例为 23.3%；母亲母语是客家话的，其子女使用“阿姆”的比例为 21.6%，前者比后者稍高。由此可知，“阿姆”的使用与母亲母语没有明显的关系。那么，为什么那些母亲母语不是客家话的人会称母亲为“阿姆”呢？通过深入调查发现，“阿姆”的使用存在明显的区域性。在大村的一个自然村——老厅中，很多使用“阿姆”的，其母亲母语并不是客家话。在 14 个老厅的受访者中，除了 3 个 12 岁以下的孩子使用“妈妈”以外，其余 11 人都使用“阿姆”，

其中3个12～30岁，5个31～50岁，3个51～70岁。另一个自然村——连园村也有类似的情况。在连园村5个12～30岁的孩子中，尽管其母亲多数不是讲客家话的，但他们全称母亲为“阿姆”。总之，从老厅和连园村“阿姆”的使用情况来看，大村很多人使用的“阿姆”并不是从使用客家话的母亲那里传承下来的，而是在周围邻居方言的影响或者感染下出现的。我们在调查中询问老厅人为什么都使用“阿姆”时，他们说具体的原因他们也不知道，反正老祖宗就这么教下来的。在连园村我们碰到一个10个月的孩子，我们问孩子母亲怎么教小孩称呼她。她说：“我教她叫我‘妈妈’，但是，长大了她到底是叫我‘妈妈’还是叫我‘阿姆’，我就不知道了。”。我们在第三章讨论“韶关土话区的方言转用”时指出，船话之所以能够保留下来，主要是因为船民聚居在一起，相互影响很大。大村土话“阿姆”的使用也是由于当地居民聚居在一起而相互影响的结果。图5-12是连园村村落：

图5-12 连园村村落

如前所述，“父亲、母亲”的面称存在着明显的年龄变异，年龄越大，“阿叔、阿娘”的使用比例越大，“爸爸、妈妈”的使用比例则越小；年龄越小，“阿叔、阿娘”的使用比例越小，“爸爸、妈妈”的使用比例则越大。由此可见，“爸爸、妈妈”的扩散是通过不同年龄段的人群来实现的。

总之，大村土话“父亲、母亲”面称变异的扩散有两个方向，一个是横向的扩散，如“阿姆”，这是受到邻居方言的影响表现出来的空间变异；一个是纵向的扩散，如“爸爸、妈妈”表现出来的明显的年龄变异。当然，时间的变异要通过空间变异来显示，而空间变异也往往反映了时间上的变异，其实质是相同的，只是观察的角度不同而已。

六、“父亲、母亲”面称变异的原因

（一）外部原因：大村土话居民语言态度的改变以及客家话和普通话的强势地位

前文指出，来自客家话的“阿爸、阿姆”以及在“阿爸”基础上产生的“爸爸”在70岁以下的受访者中开始出现；“妈妈”则在30岁以下的受访者中开始出现，在这个年龄段的受访者中，“爸爸”的使用比例急剧增加。为什么这两个时期“父亲、母亲”的面称会发生如此明显的变化呢？

庄初升（1999）指出，明代成化年间是闽西等地客民向粤北入迁的高峰期，此时，粤北的人口开始回升，粤北客家民系逐渐形成。[9]由此看来，大村土话与周边客家方言有了几百年的接触。但是，为什么只是到最近六七十年才有人开始使用客家话的“阿爸、阿姆”呢？这就要联系大村土话居民的语言态度来看。我们在第三章“韶关土话区的方言兼用”中指出，大村居民的祖先对大村土话非常忠诚，普遍有“宁卖祖宗田，勿卖祖公声”的传统。因此，在与客家方言的几百年接触中，大村土话受客家话的影响不是很大。但是，自20世纪初以来，中国社会发生了巨大的变化。一系列的政治运动如封建社会的最后一个王朝——清朝统治的结束、中华民国的成立、五四运动、新文化运动等对人们的思想形成了巨大的冲击，旧的思想、旧的观念、旧的礼教开始受到了怀疑。特别是新中国成立后在农村实行的土地改革等政策，不仅让农民得到了土地，而且进一步解放了农民的思想。大村人对自己母语的态度也跟着发生了变化，他们不再像过去那样要求来自客家方言区的妻子使用自己的土话，甚至在家庭中迁就妻子，使用对方的客家话。随着语言态度的改变，客家话的"阿爸""阿姆"开始进入到大村土话中来。

此外，新中国成立以后，初等教育得到了发展，越来越多的农民接受了一定的教育。在197个受访者中，没有受过教育的有10人，而这10人，有8人是70岁以上的老年人，只有2人是31～70岁的。而建国以后学校教育所使用的教学语言主要是普通话。1978年起，我国开始实行改革开放的政策，大村村民的生活再次了发生巨大的变化。许多人开始走出村庄从事其他职业，他们的生活范围随之扩大。随着交际范围的日益扩大，他们越来越感觉到，客家话的使用范围仍然有限；要同更多的人交流，只有掌握普通话。因此，他们乐于学习普通话，也乐于说普通话。这样，来自普通话的"妈妈"便进入到了他们的土话中来。与此同时，受客家话影响产生的"爸爸"的使用比例急剧增加。

当然，大村人之所以愿意接受周边客家话以及普通话的说法，除了因为语言态度改变以外，还有一个重要原因，那就是客家话和普通话的强大优势。由于不同的时期处于强势的方言不同，大村土话"父亲、母亲"面称变异的方向也就不同，早期是向客家话靠拢，近期是与普通话趋同。

（二）内部原因：语言系统的自我调整

前文指出，大村土话亲属称谓有两种形式，一种是附加式，一种是重叠式。附加式的前缀"阿"来自客家话，而重叠式是大村土话自创的。两种不同的形式目前正处在竞争之中，附加式面称很可能会被重叠式面称所取代。如"奶奶"一说正在取代"阿奶"，在借用客家话的"阿爸"时也把它改造为"爸爸"。来自普通话的"妈妈"一开始出现就占有高达39%的比例，比其他几个外来的面称出现时的比例高很多，这无疑与土话内部早已存在的"爸爸"存在着密切的关系。简·爱切生（1997）在谈到语言的变化时指出："语言变化表面上看起来都是由于社会语言学的因素引起的，比如：流行的新风尚、外来影响或者社会的需要。但是，如果再仔细一点加以检验，我们就会发现许多因素并非真正产生变化的原因，这些因素不过是变化的催化剂而已，它们利用并且促进了语言中已存在的趋向。……语言变化的社会原因很像这阵大风（注："这阵大风"指的是"刮倒了一株树"的大风），它们利用了以前没有利用过的语言系统中的弱点或潜在的不平衡。"[10]这一解释同样适用于大村土话"父亲、母亲"面称的变异。

七、结语

一般认为，亲属称谓属于封闭性的词汇，一般很少发生变化，但是，通过对大村土话"父亲、母亲"面称变异的考察发现，当社会处在急剧变化的过程中时，这些不易变化的亲属称谓也会发生变化，而且变化的速度有时非常快，可以在一两代人中实现。

简·爱切生（1997）曾指出："最重要的是，每一个想研究语言发生变化的原因的人都必须意识到造成语言变化的因素是非常多的。我们必须记住，语言既是一种社会现象，又是一种精神现象。在语言中，社会语言学的因素和心理语言学的因素错综复杂地纠缠在一起。"[11]本节运用社会语言学的方法，考察了大村土话"父亲、母亲"面称变异的外部的社会原因以及语言内部的原因，但未能考察这些土话使用者的心理因素，这不能不说是一个遗憾。

注释：

①朱晓农，寸熙. 韶关话的小称调和嘎裂声. 见：戴昭铭. 汉语方言语法研究和探索——首届国际汉语方言语法学术研讨会论文集. 哈尔滨：黑龙江人民出版社，2003. 349～350

②朱晓农，寸熙. 韶关话的小称调和嘎裂声. 见：戴昭铭. 汉语方言语法研究和探索——首届国际汉语方言语法学术研讨

会论文集. 哈尔滨: 黑龙江人民出版社, 2003. 350

③庄初升. 粤北土话音韵研究. 北京: 中国社会科学出版社, 2004. 255

④庄初升. 粤北土话音韵研究. 北京: 中国社会科学出版社, 2004. 255～256

⑤俞理明. 语言迁移与二语习得——回顾、反思和研究. 上海: 上海外语教育出版社, 2004. 75～107

⑥伍　巍. 广东曲江县龙归土话的小称. 方言, 2003（1）

⑦付义荣. 社会流动: 安徽无为傅村父亲称谓变化动因. 中国语文, 2008（2）

⑧陆学艺. 当代中国社会流动. 北京: 社会科学文献出版社, 2004. 22～23

⑨庄初升. 粤北客家方言的分布和形成. 韶关大学学报, 1999（1）

⑩简·爱切生. 语言的变化: 进步还是退化. 北京: 语文出版社, 1997. 160

⑪简·爱切生. 语言的变化: 进步还是退化. 北京: 语文出版社, 1997. 212

第六章　从交际功能和语言本体看韶关土话的濒危现象

如前所述，从使用人数来看，韶关土话区人口仅占韶关市常住总人口的4. 53%；从地理分布来看，韶关土话处在其他方言的重重包围之中，因此，由于对外交际的需要，韶关土话区方言兼用现象非常普遍，有的地方甚至出现了方言转用的现象。在与周边方言的长期接触中，韶关土话自身所有的语言特点已变得零零碎碎，早期的赣方言色彩已逐渐被客家话特色所覆盖，现在，更为强势的粤方言又开始对它产生影响。那么，韶关土话的发展前途如何呢？本章从交际功能和语言本体两个方面讨论韶关土话的濒危的现象，在此基础上，对韶关土话的发展趋势进行预测。

第一节　韶关土话交际功能的衰退

一、韶关土话交际功能的类型

第二章选取浈江区犁市镇梅塘村委会、乐昌市长来镇长来村委会、浈江区十里亭镇靖村村委会、曲江区白土镇大村村委会和仁化县周田镇周田村委会等五个村委会的村落，考察了韶关土话的使用状况。通过考察发现，上述五个村落土话的使用情况存在一定的差别。

第二章还详细介绍了韶关土话区所在乡镇土话区人口占该镇总人口的比例，土话区人口占该镇总人口70%以上的2个，40%～50%的4个，30%～40%的3个，10%～20%的2个，10%以下的11个。上述五个村落所在的乡镇土话区人口占该镇总人口的比例由大到小依次为：长来73.6%，犁市41. 4%，白土40.3%周田14. 8%，十里亭9. 2%。

从土话村落人口数量来看，一个村委会土话人口达两千以上的共有14个，而且主要集中在浈江区犁市镇、乐昌市长来镇和北乡镇。上述五个村委会的土话人口都在2 000左右，是人口最多或者较多的村落。

从土话分布情况来看，土话在一个乡镇内基本上连成一片且占该镇总人口30%以上的有7个乡镇。上述五个村落中，梅塘、长来所在乡镇的土话基本上连成一片，而靖村、大村和周田所在乡镇的土话被其他方言所隔开。

下面根据韶关土话区每个镇和村落土话的使用人口和地理分布，参考上述五个村落土话的使用情况，对韶关土话区所有村落土话的交际功能进行分类。不过，由于上述五个村落土话的使用情况参差不齐，因此，只能参考它们的整体情况进行大致的划分。

（一）旺盛型

这一类型的特点是土话在本乡镇内通行，方言兼用现象较少，长来土话属于这一类型。第二章指出，长来土话的使用域非常广，除个别使用域的个别场合以外，长来土话的使用比例在上述五个村落中都是位于前列的。长来土话使用比例较低的场合主要是去村委会办事。长来去村委会办事土话的使用比例之所以比其他村落低，是因为长来位于长来镇街旁，地理位置比较优越，外来人员较多，村民使用其他方言的比例也就相对较高。读书看报长来土话的使用比例也比较低，不过，这个场合对土话的交际功能没有很大的影响，因为土话使用者的主体——农民很少读书看报。

从长来的情况来看，旺盛型不但要求土话成片分布，而且使用人口要在该镇占有绝对优势。这样的话，属于旺盛型的，除长来镇的土话以外，就只有北乡镇的土话了。北乡镇土话集中分布在北乡南部，而且使用人口占该镇总人口的 73.5%。我们在北乡镇进行调查时也发现，北乡镇街上通行北乡话。在北乡镇内，土话村落中的外来人员对外也多使用北乡话。在镇上的机关和学校中，只要是北乡人，相互交流时都使用北乡话。

属于旺盛型的土话村落人口为 26 080 人，占韶关土话区总人口的 19.7%。

（二）互补型

这一类型的特点是土话在较大的范围内通行，方言兼用现象比较普遍，土话和其他方言使用域互补，梅塘土话属于这一类型。第二章指出，在梅塘，家庭内土话的使用比例非常高，其中，对妻子/丈夫土话的使用比例为 92.9%，居于上述五个村落之首。土话居民之间的交往、工作域和教育域中的学校课外等使用域或场合，土话的使用比例也都非常高。但是，与村外居民交往时，除了对客家人，其他领域土话的使用比例非常低，普遍兼用客家话，部分人兼用粤语。第三章还进一步指出，在梅塘，31～50 岁的男性土话居民，客家话熟练程度达到 4 级以上的占 53%，粤语熟练程度达到 4 级以上的占 40%。

从梅塘的情况来看，互补型要求土话使用人口较多，占该镇总人口的 40%左右，而且交通闭塞。另外，在实地调查中还发现，如果土话区人口占该镇总人口的 30%～50%，而且土话没有被其他的方言所隔开，是一个连续的区域，那么，即使土话村落交通比较便利，但其土话的交际功能也属于互补型。

土话的交际功能属于互补型的村委会有：曲江区白土镇上乡村委会、中乡村委会、下乡村委会、苏拱村委会，武江区西联镇西联村委会、下胡村委会、车头村委会、赤水村委会、甘棠村委会，浈江区犁市镇沙园村委会、群丰村委会、黄塘村委会、下园村委会、厢廊村委会、石脚下村委会、大村村委会、溪头村委会、梅塘村委会，仁化县石塘镇石塘村委会、水沥村委会、京群村委会、安岗村委会，乳源县桂头镇塘头围村委会、松围村委会、王龙围村委会、杨溪村委会、凰村村委会、七星墩村委会、红岭村委会、均村村委会。

需要指出的是，乳源县桂头镇的塘头围村委会居民虽然由于与客家人杂居而具备了较强的方言兼用能力，但由于周边都是讲土话的村落，而且桂头镇土话的势力比较大，因此，本村土话居民之间仍以使用土话为主，其土话使交际功能仍属于互补型。此外，石塘镇的土话虽然在该镇街上比较通行，但是，石塘镇非常小，没有什么外来人员，当地居民一般是去邻近的董塘镇从事各种交易，石塘镇镇中心基本上相当于其他土话村落的村委会中心，因此，石塘镇的土话交际功能也应归入互补型。

属于互补型的土话村落人口为 45 240 人，占韶关土话区总人口的 34.2%。

（三）萎缩型

这一类型的特点是土话只在有限的区域内使用，方言兼用现象普遍，并渗透到家庭内，属于这一类型的有靖村、大村和周田等土话。第二章指出，家庭域中，对母亲，土话的使用比例靖村为 87.5%，大村为 75%，周田为 100%；对妻子/丈夫，土话的使用比例靖村为 66.7%，大村为 75%，周田为 87.5%。与属于互补型的梅塘相比，靖村、大村家庭内土话的使用比例大大降低。周田家庭内土话的使用比例比较高有它特殊的原因。因为与周边客家话的长期接触，周田土话已经带有了浓厚的客家话色彩，周田当地人普遍认为周田土话与当地客家话很接近，比较容易听懂，因此，周田土话居民在家庭内普遍使用土话。但是，在对外来媳妇时，周田土话的使用比例是上述五个村落中最低的，只有 20%，比其他四个村落低 15%～35%。

从上述三个村落来看，下列类型的村落土话的交际功能属于互补型。

第一类，土话区人口虽然占该镇总人口的 30%以上，但土话被其他方言所隔开，呈岛状分布，如大村土话。为什么同属白土镇，上乡、中乡和下乡的土话交际功能属于互补型，而大村土话属于萎缩型呢？这是因为：第一，大村同白土镇的上乡、中乡和下乡之间有大片的荒无人烟的山地，大村土话同上乡、中乡和下乡的土话并不相连。第二，大村是在 2004 年才划归白土镇的，在此之前，它属于白沙镇（现已取消），而白沙镇街上通行客家话。第三，大村周边的村落多是客家话村落。土话的交际功能属于这一类型的还有曲江区白土镇界滩村委会，武江区西河镇大村村委会、村头村委会、什石园村委会、黄塱村委会、塘寮村委会，重阳镇水口村委会、大夫前村委会、黄岸村委会的黄土坛。

有几个村委会的情况要加以说明。从地理位置上看，西河镇和西联镇都位于市郊，为什么前文把西联镇的土话划归互补型，而把西河镇的土话划归萎缩型呢？原因在于这两个镇土话的分布情况不同。在西联镇，土话村落连成一片，除个别村落有极少数人使用其他方言以外，其余的村落都是纯土话村落，村内基本上都通行土话。西河镇则不同，土话村落中没有一个是纯土话村落，多与其他方言交错分布，村内方言兼用现象非常普遍。

重阳镇虽然土话区人口占到了该镇总人口的40%，但是，该镇土话已经出现了濒危的趋势，如重阳村委会樟树坝、黄岸村委会南岸村、九联村委会陀村都已经开始转用其他方言，青暖村则成为先祖型的方言转用村落。第三章还指出，万侯以前也应该属于土话村落，只是由于转用客家话时间久远而不为后人所知。在重阳镇土话比较稳定的村落里，方言兼用现象非常普遍，所以，这些村落土话的交际功能应归入萎缩型。

第二类，土话区人口占该镇总人口的10%～15%，土话村落虽被其他方言区所包围，但村落人口比较多，一般在2 000人左右。如浈江区十里亭镇靖村村委会和仁化县周田镇周田村委会。土话的交际功能属于这一类型的村落还有曲江区樟市镇流坑村委会，仁化县周田镇平甫村委会插莒扶，乐昌市廊田镇等。要说明的是，插莒扶虽然人口很少，但它同周田村委会连成一片，因此，其土话的交际功能应归入萎缩型。

田野调查中我们还发现，除了上述类型的村落以外，还有一些村落土话的交际功能也应该属于萎缩型，即第三类。

第三类，土话区人口虽然占该镇总人口的10%以下，但土话村落人口在1 500人左右，或者几个土话村落相接，连成一片，使用人口合起来也在1 500人左右。属于前者的有浈江区十里亭镇湾头村委会、良村村委会沙头、腊石村委会，新韶镇水口村委会，武江区龙归镇后坪村委会后坪，仁化县丹霞街道办事处夏富村委会；属于后者的有武江区乐园镇新村村委会、六合村委会，仁化县丹霞街道办事处麻塘村委会、狮井村委会、董塘镇江头村委会、周田镇上道村委会、龙坑村委会，乐昌市乐城街道办事处榴村委会、练塘村委会。

龙归镇后坪村委会的土话之所以归入萎缩型，主要是因为它所处的地理位置闭塞。龙归镇土话区人口只占该镇总人口的 5%，按理说，后坪土话应该属于危险型。但是，后坪交通非常不便，是韶关土话区中唯一一个分布在山上的村落。从后坪到村外的龙归镇有 8 千米，8 千米的山路上杳无人烟，唯一的一条通往龙归镇的简易马路还是最近两年才修建的。后坪村委会有两个自然村，除了后坪，还有一个使用客家话的带头村，但带头村只有600人，还不到后坪村的三分之一。仁化县夏富村委会所在的丹霞街道办事处土话区人口也非常少，但夏富村委会的地理位置也比较闭塞。除了本村有少数人使用客家话以外，周边没有其他使用客家话的村落与它接壤，土话在当地占有绝对优势。所以，其土话的交际功能也应归入萎缩型。

仁化县董塘镇土话区人口虽然只占该镇总人口的 3.4%，但是，其土话同石塘镇的土话连成一片，还有一定的生命力。丹霞街道办事处土话区人口也很少，但其中的麻塘村委会、狮井村委会的土话连成一片，土话村落共有 1 430 人。乐城街道办事处榴村委会、练塘村委会的土话也连成一片，土话村落共有 1 390人，村内通行北乡话，对外兼用粤语。总之，上述村落土话的交际功能都应归入萎缩型。

属于萎缩型的土话村落人口为39 481人，占韶关土话区总人口的29.8%。

（四）危险型

这一类型的特点是土话只限于本村使用，但几乎人人都能兼用其他方言，村组内和家庭内方言兼用现象非常普遍。土话的交际功能属于这一类型的基本上是第三章介绍的全民型方言兼用的村落，它们是：曲江区乌石镇湶浬村委会、白土镇河边村委会下三都骆姓和乌泥角欧姓，武江区重阳镇重阳村委会重阳村、九联村委会大沙洲、江湾镇朝阳村委会上瑶村，仁化县周田镇龙坑村委会猪头皮村李姓、董塘镇高宅村委会大村李姓，乐昌市乐城街道办事处下西村委会。此外，浈江区犁市镇犁市村委会狮塘村、黄沙村委会刘屋、黄竹村委会牛栏前、高夫、赤岸，仁化县黄坑镇高塘村委会冯屋、刘屋等村落的土话也属于危险型。下面略加说明。

犁市镇土话区人口虽占到了该镇总人口的40%以上，但黄竹村委会、黄沙村委会刘屋远离土话核心区域，被客家话所包围，同刘屋相邻的侯屋已经转用客家话，因此，尽管这些村落土话的使用者认为他们的土话不会消失，但客观上来说，其土话前途并不乐观。犁市村委会狮塘村位于犁市镇附近，与周边讲土话的村落相隔较远。从上编第一章“图 1－3 浈江区（乐园镇除外）土话的分布”可以看到，犁市镇土话村落多位于犁市镇的西部，只有犁市村委会位于犁市镇东南部。我们在该村用偶遇抽样法走访了 20 个不同年龄段土生土长的本村人，结果发现，有两个受访者的母语是客家话，而不是土话，这两个受访者的年龄都在 12 岁左右，他们土话的熟练程度都是只能听，不能说。此外，有 5 个受访者表示，他们最熟练的方言是客家话，这 5 位受访者各个年龄段的人都有。这些事实表明，狮塘村的土话面临着危险。

仁化县黄坑镇高塘村委会冯屋和刘屋相邻，两个自然村的村民聚居在一起，与周边客家话的村落相隔较远。过去，由于老年人对土话的忠诚态度，他们一般很少说周边的客家话，而且还要求嫁入的外来媳妇说他们的土话。现在，年轻人的语言态度已经发生了转变，他们像其他土话区的年轻人一样，开始迁就外来妻子使用妻子的方言。这两个自然村的人口也比较少，一共还不到 500 人。因此，在周边强势方言的渗透下，其土话的前途岌岌可危。

属于危险型的土话村落人口为 6 371 人，占韶关土话区总人口的 4. 8%。

（五）濒危型

这一类型的特点是土话只限于某个年龄段的人群使用，部分人开始转用其他方言。土话的交际功能属于这一类型的是第三章介绍的正在发生方言转用的村落，它们是：曲江区樟市镇北约村委会新欧、新肖、细肖、黄屋、老欧、老肖、涂肖，南约村委会上门、下门、新厅、刘屋；武江区西河镇向阳村委会，红星村委会坝厂朱姓、胡姓，龙归镇龙归村委会车角岭，重阳镇黄岸村委会上南岸村，九联村委会陀村；浈江区井巷社区张家大屋，乐园镇沙梨园村委会鹤冲村、头村邓姓，长乐村委会华屋、中村，新韶镇石山村委会石陂村，黄金村委会黄金村，十里亭镇良村村委会良村，犁市镇石下村委会谭屋、胡屋，黄沙村委会侯屋；仁化县周田镇较坑村委会新屋，平甫村委会冯屋，八村村委会李屋、谭屋、龚屋；乳源县一六镇一六村委会欧屋。此外，散居在各县市的船民、韶关市本城人、乐昌市区原张家巷、李家巷的居民等使用的土话也都属于濒危型。

属于濒危型的土话村落人口为 15 226 人，占韶关土话区总人口的 11.5%。

（六）灭绝型

这一类型的特点是今人能清晰地回忆起祖先曾经讲过土话、但现在已完全消失。土话的交际功能属于这一类型的就是第三章介绍的先祖型方言转用的村落，它们是：曲江区白土镇横村村委会李屋、樟市镇流坑村委会松山背，武江区龙归镇凤田村委会南岸村刘屋、重阳镇黄岸村委会下南岸村、九联村委会枧头村、青暖村委会暖水村欧屋、黄屋和侯屋、重阳村委会樟树坝，仁化县周田镇较坑村委会黄土寨等。此外，武江区重阳镇万侯村以前也应该是讲土话的。

上文把韶关土话的交际功能分为六个类型：旺盛型、互补型、萎缩型、危险型、濒危型和灭绝型。韶关土话是韶关的弱势方言，在韶关，比它使用域更广的有客家话和粤语；客家话和粤语之上，又有普通话。处于弱势的韶关土话的交际功能尚且可以细分为六个类型，那么，处于强势但交际功能明显有别的客家话、粤语和普通话又该划入哪类呢？看来，联合国教科文组织濒危语言特别专家组《语言活力与语言濒危》根据语言使用域的走向把语言的濒危程度分为六个级次显然不够，还需进一步细化。游汝杰、邹嘉彦（2004）认为，就中国社会语言生活而言，根据语言（或方言，下同）的社会功能，可以把它们分为顶层语言、高层语言和低层语言。顶层语言一般都是普通话，高层语言和低层语言不同的地方不同。[①]在韶关，韶关土话属于低层方言，普通话属于顶层方言，客家话和粤语属于哪个层次的方言呢？在粤语未进入韶关之前，客家话无疑是韶关的高层方言。现在，粤语有望取代客家话成为韶关市的高层方言。不过，就目前的情况而言，客家话和粤语在韶关都比较通行，可以说都是韶关市的通用方言。那么，这种情况下该如何判断哪个是高层方言呢？还是说高层方言可以同时存在两种？这些问题目前还无法回答，只能留待以后进一步研究。

二、韶关土话交际功能的衰退

韶关土话交际功能的衰退可以从两个方面来观察：

（1）从使用域来看，韶关土话交际功能的衰退是从文化领域和经济领域逐渐退缩到生活领域。

我们在第二章指出，家庭域和个人域以及土话居民之间的交往中，土话占绝对优势，使用比例都超过80%。与村外居民交往如去乡镇购物时，土话居民多倾向于使用其他方言，土话的使用比例比大大降低，约为40%。工作域中，土话的使用比例也还不到50%。教育域中，土话的使用比例则更低，学校课堂和读书看报两个场合土话几乎无用武之地。由上可知，土话的交际功能的衰退是先从文化领域和经济领域开始，然后逐渐退缩到生活领域。

当土话的交际功能退缩到生活领域后，如果再继续衰退的话，其使用主体就会逐渐局限于某个年龄段的人群，这时，土话的交际功能已经濒危。如在上述濒危型的村落里，土话的交际功能不仅局限在生活领域，而且只局限在部分人群中使用。

（2）从地理分布来看，韶关土话交际由能的衰退又有两种情况：

第一，从土话代际传承比较安全的村落来看，韶关土话交际功能的衰退是从乡镇外到乡镇内再到村组内和家庭内。前文在介绍韶关土话的交际功能时指出，土话在整个乡镇内比较通行的，其交际功能属于旺盛型；在乡镇内较广的土话区域内通行、非土话区内兼用其他方言的，其交际功能属于互补型；在乡镇内有限的土话区域内通行、方言兼用现象非常普遍，并逐渐渗透到家庭内的，其交际功能属于萎缩型；只在村组内使用、村组内和家庭内兼用其他方言现象非常普遍的，其交际功能属于危险型。从以上几个类型土话的交际功能的差异可以看出，土话交际功能的衰退是先从乡镇外到乡镇内然后再到村组内和家庭内的。

第二，从土话代际传承不安全的村落来看，韶关土话交际功能的濒危是从韶关土话区的边缘地带逐渐渗透到其中心区域。从地理分布来看，上述濒危型、灭绝型的土话村落或者处于韶关土话区的边缘地带，直接与客家话接壤，如曲江区樟市镇南约村委会和北约村委会、仁化县周田镇八村村委会、浈江区重阳镇青暖村委会；或者处在客家话的包围之中，如浈江区新韶镇石山村委会石陂、武江区龙归镇凤田村委会刘屋；或者处在市郊或市中心，如武江区西河镇向阳村委会、新韶镇良村村委会良村等。上述村落的地理位置如图6-1（用“▲”表示）：

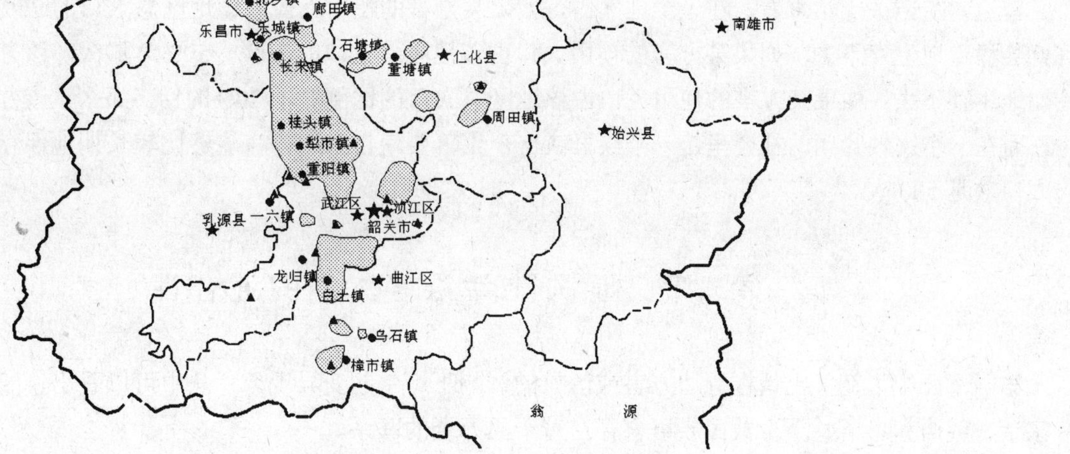

图6-1 韶关土话濒危村落的地理位置

从图 6-1 可以明显地看到韶关土话交际功能由边缘地带向中心区域逐渐衰退的过程。戴庆厦、张景霓（2006）指出："语言功能的衰退存在中心区（也称核心区）和边缘区（也称非核心区）的差异。语言衰退往往是在杂居的边缘区先发生，然后逐步向聚居的中心区推进。"[②]韶关土话交际功能的衰退也不例外。

三、影响韶关土话交际功能类型的因素

上文对韶关土话的交际功能进行了分类，为什么同属韶关土话，其交际功能存在如此明显的区别？影响韶关土话交际功能的因素有哪些？从整体上来说，影响韶关土话交际功能的因素主要有：土话所处的社会地位、土话村落所处的地理位置、土话村落的人口数量及其所占比例、杂居程度等。前两点在第三章中已有详细讨论，此处不赘；后两点第三章也有讨论，下面略加补充。

韶关土话居民与周边其他族群杂居的程度直接影响到土话的交际功能的类型。如果土话居民与其他族群的杂居基本上是乡镇之间的杂居，那么，这种杂居对土话影响不是很大，其交际功能属于旺盛型，如乐昌市长来镇和北乡镇的土话；如果是村委会以外、乡镇以内的杂居，那么，土话的交际功能将衰退，或者属于互补型或者属于萎缩型，如曲江区白土镇、浈江区犁市镇的土话；如果是村委会以内甚至是自然村以内的杂居，那么，土话将面临危险，其交际功能要么属于危险型，要么属于濒危型甚至灭绝型，如曲江区樟市镇南约村委会、武江区重阳镇重阳村委会、仁化县周田镇八村村委会、乐昌市乐城街道办事处下西村委会等村落的土话。

韶关土话的交际功能的类型还与该村落或乡镇土话村落人口数量及其所占比例有着非常密切的关系。一般情况下，如果土话区人口占该镇总人口的 75%左右，那么，其土话的交际功能属于旺盛型，如乐昌市长来镇和北乡镇。如果土话区人口占该镇总人口的 30%～50%，那么，其土话的交际功能一般属于互补型，如乳源县桂头镇、浈江区犁市镇和仁化县石塘镇等。如果土话区人口占该镇总人口的 10%～20%，那么，其土话的交际功能属于萎缩型，如乐昌市廊田镇和仁化县周田镇等。如果土话区人口占该镇总人口的比例低于 10%的话，那么，其土话的交际功能一般属于危险型，如曲江区乌石镇。

另外，在同等杂居的情况下，如果一个村落土话人口在 300 人以下，则其土话的交际功能多属于濒危型和灭绝型，如浈江区犁市镇黄沙村委会侯屋、刘屋，武江区重阳镇重阳村委会樟树坝、仁化县周田镇八村村委会龚屋等。如果一个村落土话人口在 300～500 人之间，则其土话的交际功能多属于危险型，如武江区河西镇朝阳村委会上瑶村，仁化县黄坑镇高塘村委会冯屋、刘屋等。属于萎缩型的土话村落似乎没有一个明显的人口界限，但是，从前文所列举的土话村落人口数量来看，75%似乎是一个基本的人口数。如曲江区樟市镇北约村委会土话村落人口占该村总人口的 43%，南约村委会土话村落人口占该村总人口的 20%，其居民早已开始转用其他方言；位于南约村委会和北约村委会之间的流坑村委会土话村落人口占该村落总人口的 73%，其土话还比较稳定，小孩仍以土话为母语。

总之，从韶关土话来看，在一个地区内，如果某方言的使用人口占该地区总人口的 75%，那么，该方言就会稳定地生存下去；如果某方言的使用人口占该地区总人口的 30%～50%，那么，该方言可能会比较长期地生存下去；如果某方言的使用人口占该地区总人口的比例低于 20%的话，那么，该方言就面临着危险。而在一个比较封闭的社会里，一个族群或一个聚落要使自己的方言能够比较长期地保存下去，最基本的人口数是 500 人。

第二节　韶关土话语言本体的混合性

第四章介绍了韶关土话在周边方言或语言的影响下产生的变异现象，从中可以看出，韶关土话与周边客家话、赣语和粤语甚至少数民族语言存在着千丝万缕的联系。

古全浊声母清化后今逢塞音、塞擦音时不论平仄一般读送气是客赣方言区别于其他汉语方言最为本质的语音特点。在调查的七个土话点中，除长来和桂头古全浊声母清化后送气与否以声母和声调为条件外，

其余五个点都具备了客赣方言这一本质特点。不但语音上具有典型的客赣方言特色，词汇上也具有明显的客赣特色。如七个点一致的“树柯（树枝）、层（摞起来）”、六个点一致的“松光（松明子）”、五个点一致的“□ŋian^{44}向阳音（点头）、结壁（砌墙）”、四个点一致的“做月（坐月子）”等，温昌衍（2002）认为它们是客赣关系特征词。③此外，来自赣方言的说法最多的点达43条，来自赣方言的词缀“哩/嘀”、表示雌性动物语素“婆”、持续体标记“倒”在韶关土话中也都分布较广。

相对于赣方言特色，韶关土话客家话特色尤其突出。语音上有部分点极少数浊上字归阴平。黄雪贞（1988、1989）曾先后指出：“古上声的次浊声母及全浊声母字，有一部分今读阴平，这是客家话区别于其他方言的重要特点。”④“有少数古平声次浊声母字多数客家话都归阴平，这也是客家话的声调特点。”⑤李荣（1989）指出：古次浊平、次浊上和全浊上的部分常用字归阴平，“这才是客家话区别于其他方言的特点，当然也是客家话区别于赣语的特点”。⑥词汇上，韶关土话客家话色彩尤为浓厚，如七个点一致的“旧饭（剩饭名词）、□lɛŋ^{3}石塘音（乳房）、姊嫂（妯娌）”、六个点一致的“鄙（脾气坏）”、五个点一致的“较（调换）”等，温昌衍（2002）认为它们是客方言特征词。⑦还有“菊”在七个点中都读送气音，温昌衍（2002）认为它是客家话语音特征词。⑧来自客家话的持续体标记“紧”在韶关土话中分布也较广。石陂和周田还借用了客家话的“澿（小孩儿）”、表示雌性动物语素“嫲”、表示时间的语素“晡”等。在石陂，全浊上和浊去的演变规律也开始与周边客家话趋同。

除了客赣方言的色彩以外，粤语也开始渗透到韶关土话中。词汇上如：□laŋ^{45}石塘音（毛线）、墟（集市）、雪条（冰棍）、老举（妓女）、红毛（黄）泥（水泥）、生果（水果）、椰（子）菜（洋白菜）。此外，韶关土话还有一些少数民族语言的底层，语音上如溪母读擦音；词汇上如：寮（小茅屋）、偋（藏物）、蛤（青蛙）、燶(被火烫伤)、生鸡（公鸡）、□k‘i^{3}向阳音（稠）。

当然，韶关土话在接受周边方言或语言影响的同时，或多或少也保留了一些土话自身所有的特点。语音上如阳声韵今读阴声韵、存在小称变音、“聂、抹、粒、裂”读同清入、“伞”读同清去；词汇上如：皓（亮）、□ts‘oŋ^{44}日石塘音/（昨天）、□lʌi^{13}大村音（苍蝇叮）、私厅（客厅）、□ts‘oe^{44}大村音（火灭了）、铲匙（锅铲）、堂前（婆婆）、□t‘ʌu^{22}鱼大村音（用药毒鱼）、夫娘（妻子）、恐（怕）、□moe^{21}大村音（水满）、□fu^{12}向阳音（一丘田）等；语法上如表示动作的持续用“起”等。

综上所述，可以看出，韶关土话一方面具有客赣方言区别于其他方言的重要特点，另一方面又保留了一些自身所有的与周边方言有别的语言特点，似赣非赣，似客非客。方言研究的一个重要目的是给方言分类和定性，那么，韶关土话属于一种什么样的方言呢？是否可以归入混合型方言呢？

游汝杰、邹嘉彦（2004）指出：“混合型方言”这个概念相当于混合语或克里奥尔语，只是层次不同。其特点有四：一是它已经定型，自有区别于它种方言的明显特征；二是它不是临时性的，在其使用的地点或地区，它是当地居民世代相传的母语；三是可以分辨出它所包含的不同方言的成分或层次；四是给方言分类或分区时，混合型方言往往成为有争议的问题。⑨从他们提出的上述四个特点来看，韶关土话都已具备。第一，它已经定型，与周边的客家话、粤语和闽南话等明显有别。我们在第一章指出，虽然学术界目前把这群方言称为“粤北土话”或“韶州土话”，我们把其中的韶州片称为“韶关土话”，但实际上，使用这群土话的居民及其周边客家人对这群土话有着另外的称呼，有的甚至存在自称和他称之别。如自称“虱婆声”，他称“虱嫲声”等。第二，它不是临时性的。如前所述，韶关土话居民的祖先是多是两宋以来从赣北、赣中迁移而来的，已经有了上千年的历史。现在，在韶关土话区多数村落里，土话仍然是当地居民世代相传的母语，只是由于周边强势方言的影响，有些村落的土话已经开始濒危或灭绝。第三，虽然韶关土话语言本体变异现象非常突出，但可以比较清楚地判断它的方言成分或层次。我们在第四章指出，除了少数民族语言底层以外，韶关土话与周边方言都不同的说法是韶关土话最早的层次即第一个层次；韶关土话与周边土话相同而与客赣粤方言不同的说法是韶关土话的第二个层次；来自赣语的说法是第三个层次；来自客家话的说法是第四个层次；而来自粤语的说法则是最晚近的即第五个层次。第四，它的归属比较难以确定。《中国语言地图集》B14指出：“韶州土话是粤北地区土著居民说的一种方言，它在汉语方言里的系属有待研究。”[10]

综上所述，我们认为，从现时的语言面貌来看，韶关土话应该属于一种混合型的方言。庄初升（2004）在谈到粤北土话的归属时也指出：“至此，我们似乎可以认为韶州片和连州片土话是以两宋以来江西中、北部的方言为主要来源，逐渐融入了明、清以来粤北的客家方言、粤方言或西南官话的一些成分和特点而形成的一类混合型方言。……分别来看，韶州片土话与客家方言的关系比较密切，其客家方言的成分和特点多一些，但不能简单地视之为客家方言。”[11]

第三节　韶关土话的衰变及其发展趋势

一、韶关土话是一种衰变方言

关于什么是濒危语言，学术界似乎还没有一个定论。联合国教科文组织濒危语言特别专家组《语言活力与语言濒危》（2003）认为：“正在走向消亡的语言即为濒危语言”。[12]我们认为这一定义过于笼统。戴庆厦（2004）提出运用综合指标体系来界定濒危语言。综合指标体系可分为核心指标和参考指标。核心指标主要有三：一是丧失母语人口的数量比例。如果这个民族80%以上的人都已转用第二语言，并有增长趋势，其母语有可能是濒危语言。二是母语使用者的年龄段的分布比例。如果这个语言只有中老年人懂得，青少年一代已失传，这种断代特征表明它已具有濒危的先兆。三是母语能力的大小。如果对母语只有听的能力而没有说的能力，或说的能力很低，说明这个语言的功能已严重衰退，正在走向濒危。参考指标是起补充、印证作用的，包括母语的使用范围、对母语的语言态度，以及与语言使用有关的社会、经济、文化等情况。[13]如果运用以上标准，韶关土话则不属于濒危语言，这是因为：从共时的平面来看，即将丧失母语人口的数量只占土话区总人口的11.5%，远远低于戴庆厦所提出的80%的标准。但是，如果不承认韶关土话的濒危现象，则有悖于事实，因为尽管韶关土话区多数村落土话还有比较旺盛的生命力，但有些村落已经或者正在发生方言转用。

熊正辉、张振兴、林立芳（2005）根据汉语的复杂性和多样性对濒危语言和方言给出了一个相对宽泛的定义：“当一种语言或方言已经被分化或分成若干个孤立的地区，并处于周围强势语言或方言的包围和影响之中，明显表现了生存活力的衰竭，这种语言或方言就是处于濒危状态。据此，我们可以把现在使用人口非常少，使用范围很窄，受到周围优势方言的强大影响，已经处于明显消亡之中的方言，称为濒危的或即将濒危的汉语方言。”[14]根据他们这一相对宽泛的定义，韶关土话无疑属于濒危方言。戴庆厦、张景霓（2006）认为，濒危语言研究应区分“濒危语言”和“衰变语言”两个不同的概念，“所谓‘濒危语言’，是指一种已丧失主要的使用、交际功能，即将消失的语言。所谓‘衰变语言’，是指一种由稳定使用状态向不稳定的方向发展，语言功能持续下降并出现衰退趋势的语言。二者虽然都是语言功能下降，但程度不同，性质不同，应属于两种不同的类型。……衰变语言，是指一种语言在局部上出现了功能衰退的趋势，存在濒危的兆头，但衰变语言还有较强的生命力，在主体部分或局部还能长时间地、稳定地使用下去。”从韶关土话来看，戴庆厦、张景霓对“濒危语言”和“衰变语言”的区分比较符合濒危语言的现状。总之，从交际功能来看，韶关土话目前处于一种衰变状态，是一种衰变方言。

不单是从交际功能来看韶关土话属于衰变方言，从语言本体上来看同样如此，韶关土话语言特征萎缩现象非常突出。游汝杰（2000）指出，方言的萎缩有两方面的涵义，其中一个涵义指的是“某种方言在方言特征上的萎缩。”[15]在周边方言或语言的影响下，韶关土话原有的特征已经或正在发生着各种各样的变异。语音上，知三读如端组和止摄合口三等白读撮口呼现象萎缩、见系合口三、四等开始腭化、小称变异舒化。词汇上，与周边土话的同源性共有成分共有37条，没有一个点全部保留，其中，长来有29条，桂头有23条，石塘有19条，向阳有18条，大村有17条，周田有11条，石陂有8条。只见于韶关土话、周边方言暂时未发现的说法共有54条，也没有一个点全部保留，其中，长来有29条，桂头有18条，石塘有13条，大村有 12 条，向阳有 7 条，石陂有 4 条，周田有 3 条。语法上，韶关土话自身所有的持续体标记“起”只见于长来、石塘和桂头；否定词不读阳平只见于长来和桂头；同普通话结果补语“掉”相当的成分“□hi$^{5}_{\text{大村音}}$”只见于大村、向阳和桂头。“方言特征的萎缩如果是因不断借用乙方言引起的，那么在萎缩的同时就会不断增加乙方言的特征。极端消长的结果，就会造成方言的转用，即原来说甲方言的人群，改说乙方言或跟乙方言相似的方言。”[16]这类极端消长的结果正在周田发生。在周田，土话区的孩子虽仍以土话为母语，土话的传承能力目前还是安全的，但从语言本体来看，周田土话同周田客家话非常接近。我们在比较韶关土话与相邻客家话的词汇时发现，周田土话与周田客家话的相似度非常高，具体情况请参看表 4-25。

二、韶关土话的发展趋势

（一）韶关土话的交际功能将由衰变走向濒危

上文把韶关土话的交际功能分为六个类型，从人口上来说，属于旺盛型和互补型的土话村落人口占韶关土话区总人口的53.9%，而属于萎缩型、危险型和濒危型的土话村落人口占韶关土话区总人口的46.1%。因此，就目前情况来看，超过一半地方的土话还能比较长时间地保存下去，将近一半的地方的土话面临危险或已经属于危险状态。但是，如果从发展趋势来看，无论是哪个类型的土话村落，其土话的交际功能都将进一步衰退，越来越多的土话的交际功能将面临濒危。原因如下：

（1）从语言本体来看，韶关土话内部差异大，相互之间很难交流，属于一群离心型方言。

下面以土话最为集中而且相接的浈江区犁市镇、乳源县桂头镇和乐昌市长来镇三地土话声调为例来看韶关土话内部的差异。

表6-1　犁市、桂头和长来三地土话的声调

调值＼调类 方言点	阴平	阳平	阴上	阳上	阴去	阳去	阴入	阳入	变音 1	变音 2
犁市	21	53	35		55	33	5	2	2ʔ23	4ʔ45
桂头	51	45	324	21	44	22	21，归阳上	33，归阴去	4	
长来	31	51	24		33		12		↘	12，归入声

从表 6-1 可知，犁市、桂头和长来三地除阴平比较一致以外，其余各个声调差别较大，要么分合规律不同，要么调型不同。阳平犁市和长来是降调，而桂头是升调；上声桂头分阴阳，而犁市、长来合为一个；去声犁市、桂头分阴阳，而长来合为一个；入声犁市分阴阳，长来合为一个，桂头则分别舒化归并到其他调类；小称变音犁市和长来有两个，其中，犁市为中塞式，长来为舒化式，桂头只有一个后塞式的。同分布在全国各地的客家话基本上能够通话形成鲜明对比的是，分布在韶关的土话相互之间交流非常困难。如桂头和长来虽然相接，但相互之间都听不懂对方的话，当地人甚至认为它们是两种不同的方言。因此，韶关土话属于一群离心型的方言。[17]

韶关土话内部差异大的原因之一是缺乏一种权威方言的影响。一般来说，每个地方行政区划中心的方言是当地最有权威的方言，一般人往往会使自己的方言尽量向这个中心靠拢。“一般人的语言心理是尽量靠拢这个中心。在这点上，语言心理和时尚心理是一致的，都是倾慕中心城市的。”[18]但是，从调查到的情况来看，韶关市区的本城话并没有成为韶关市的权威方言。抗战以前，虽然本城话在韶关市区很通行，但周边客家人进城同本城人交往时，不是客家人使用本城话，而是本城人使用客家话。韶关市如此，有土话分布的乐昌市也是如此。如乐昌市县城以前使用的方言叫北乡话，今天的长来话过去叫南乡话。从名称就可以看出，县城的北乡话并不是乐昌市的代表性方言。仁化县县城的附城话今天只局限在部分地方使用，县城开始通行粤语。

（2）随着生活范围的扩大，不同族群之间的交往越来越密切，这也会在一定程度上加速土话的濒危。

过去，由于过的是自给自足的小农经济生活，因此，韶关土话区居民交际范围往往局限于本村或本家族之间，与外族人来往较少。现在，他们的生活范围已经不再局限在本村，开始扩大到本乡镇、县城甚至更远的地方。因此，韶关土话居民与其他族群之间的交往越来越频繁，接触其他方言的机会也越来越多。方言兼用能力表现出来的明显的年龄变异可以充分地说明这一点。此外，土话居民与其他族群之间的通婚现象也越来越普遍。以前，土话区的人多是内部通婚。通常是一个土话村落里，不同姓氏的人之间联姻。在调查中经常发现，一个土话村落里，如果有不同家族的人，那么，这些家族之间多是亲戚关系。现在，通婚已经不再局限在本村，也不局限在周边的村落。第三章指出，土话区内部通婚的，70 岁以上的人群占 66. 7%；51～70 岁的人群占 53. 6%；31～50 岁的人群占 52. 9%；12～30 岁的人群则只有 27. 6%。与非土话区人群的频繁通婚，将使土话的交际功能逐渐衰退。

（3）从韶关土话使用者的语言态度来看，年轻人对土话持无所谓或反对的态度也将加速土话的濒危。

第二章指出，虽然韶关土话使用者反对土话的只占极少数，但有约三分之一的人表现出无所谓，强烈支持的只有五分之一，半数人比较支持。此外，对土话的语言态度存在着明显的年龄变异。除了 12 岁以下的孩子，年龄越小，对土话越不关心。其中，12～30 岁的人群更喜欢和倾向于使用优势的客家话或粤语，他们的方言兼用能力也是最强的。他们的语言态度和语言能力将直接影响着他们后代的语言习得。在调查中多次发现，很多年轻的父母已经不再教小孩学土话了，而是改说客家话或粤语，小孩的土话反而是在与周边小孩的交往中慢慢学会的，这种情况在乡镇周边和市郊的土话村落中最为突出。语言态度的转变还体现在对妻子的方言使用上。过去，老年人强调在家庭内使用土话，对来自外方言区的妻子也坚持使用土话。而现在，越来越多的年轻人迁就妻子，使用妻子的母语，家庭内双方言现象越来越突出，有的甚至整个家庭都使用妻子的母语。

（4）土话使用人口太少，强势方言已经渗透到韶关土话区核心地带。

如前所述，如果土话区人口占该镇总人口的 10%～20%，那么，这个地区土话的交际功能属于萎缩型；如果土话区人口占该镇总人口的比例低于 10%的话，那么，这个地区土话的交际功能属于危险型。从整个韶关市来看，韶关土话区人口只占韶关市常住总人口的 4. 53%。这么低的人口比例，其发展前途可想而知。即使是在韶关土话区，土话也并不都具有很强的交际功能。属于萎缩型、危险型和濒危型的土话村落人口占韶关土话区总人口的 46. 1%，其中，属于萎缩型的占 29. 8%，属于危险型的占 4. 8%，属于濒危型的占 11.5%。在萎缩型的村落中，有相当部分的土话发展前途短时期内都不容乐观，如浈江区十里亭镇靖村村委会现在约有 80%的人能够用粤语进行基本的交流，再过几十年以后会怎么样呢？还有如仁化县周田镇周田村委会，整个周田镇土话的使用人口本来就比较少，而周田村委会周边村落的土话已经濒危了，周田村委会的土话又能保持多久呢？

现在，除了处于边缘地带的土话已经出现濒危以外，处在土话区中心地带的韶关市区以及市郊的土话也出现濒危现象，各乡镇附近的土话也或者濒危、或者萎缩。“如果中心地区也出现了衰退，语言的整体功能就会随之动摇，衰退趋势就会转为濒危趋势。这个过程是一种质变。”[②]

（二）韶关土话语言本体变异的速度将越来越快，其原有的语言特点会逐渐减少，以至消失

第四章选取韶关土话七个点讨论了韶关土话语言本体的变异，从这七个点语言本体的变异程度来看，石陂最为突出，其次是周田，再其次是大村和向阳，石塘、长来和桂头较小，其中长来最小。从这七个点土话的交际功能来看，长来属于旺盛型，桂头和石塘属于互补型，大村、周田属于萎缩型，向阳和石陂属于濒危型。把韶关土话的交际功能与语言本体变异程度进行对照，发现，土话交际功能的强弱与语言本体的变异程度基本上成反比，土话交际功能越强，语言本体变异程度越浅；土话交际功能越弱，语言本体变异程度越深。如长来土话的交际功能是七个点中最强的，属于旺盛型，其土话变异程度也是七个点中最浅的；桂头和石塘土话的交际功能属于互补型，次于长来，其土话变异程度也就次于长来；大村土话的交际功能属于萎缩型，其土话变异程度也就比较深；而石陂土话的交际功能是属于濒危型，其土话变异程度是七个点中最深的。

这里有两个情况需要特别指出：第一，从交际功能来看，大村和周田的土话都属于萎缩型，但从语言本体变异情况来看，客家话对大村土话的影响属于浅层影响，而对周田土话的影响则属于深层影响。这主要是因为：周田村在20世纪80年代前一直是周田镇的政治、经济和文化中心，与周边客家人接触非常频繁；而大村从未成为它所在乡镇的中心，与周边客家人接触也相对较少。第二，从交际功能来看，向阳和石陂的土话都属于濒危型，石陂转用客家话，向阳转用粤语，但是，客家话对石陂土话的影响属于深层影响，而粤语对向阳土话的影响属于浅层影响。造成这个差别的原因在于它们濒危所经历的时间长短不同。石陂土话是在与周边客家话长期的接触中慢慢发生变化的，这种濒危经历了很长的时间。而向阳则不同，它是由于城市建设带来的大量外来人口的涌入导致其土话濒危的，其濒危所经历的时间非常短。我们可以借用戴庆厦（2004）关于濒危语言变化的一段话来解释这个现象："濒危语言的变化有缓慢型和急促型。缓慢型是经历较长时间的积累而导致濒危；急促型是在较短时间内就发生濒危。二者由于经历时间长短不同，语言结构变化特点也不同。缓慢型由于转用语影响的时间长，语言结构的变化大，转用语成分逐渐浸入语言结构的各个方面。……而急促型由于语言影响所经历的时间较短，语言结构的变化相对较小。"[⑲]

总之，语言本体变异程度的深浅与跟周边方言接触的时间长短有着密切的关系。接触时间越长，与周边方言的一致性就越多，变异程度就越深；接触时间越短，与周边方言的一致性就越少，变异程度就越浅。随着韶关土话区越来越多的人兼用周边方言，周边方言对土话的影响也将越来越深刻。因此，虽然韶关土话目前在语言本体上还存在着与周边方言截然不同的特点，但是，这种语言上的个性，会随着方言接触的频繁和深刻慢慢褪去，其自身所有的语言特点将逐渐丧失，以至于与周边方言趋同。

综上所述，无论是从交际功能还是从语言本体来看，韶关土话都属于一种衰变方言。而且，随着时间的推移，韶关土话的交际功能将逐渐衰退，语言本体变异程度将不断加深，韶关土话将慢慢走向濒危，只不过这种濒危在不同的地区经历的时间长短会有所不同。

注释：

①游汝杰，邹嘉彦. 社会语言学教程. 上海：复旦大学出版社，2004. 67～68

②戴庆厦，张景霓. 濒危语言与衰变语言——毛南语语言活力的类型分析. 中央民族大学学报（哲学社会科学版），2006（1）

③温昌衍. 客家方言的特征词. 见：李如龙主编. 汉语方言特征词研究. 厦门：厦门大学出版社，2002. 246～251

④黄雪贞. 客家方言的声调特点. 方言，1988（4）

⑤黄雪贞. 客家方言的声调特点续论. 方言，1989（2）

⑥李　荣. 汉语方言的分区. 方言，1989（4）

⑦温昌衍. 客家方言的特征词. 见：李如龙主编. 汉语方言特征词研究. 厦门：厦门大学出版社，2002. 211～236

⑧温昌衍. 客家方言的特征词. 见：李如龙主编. 汉语方言特征词研究. 厦门：厦门大学出版社，2002. 257

⑨游汝杰，邹嘉彦. 社会语言学教程. 上海：复旦大学出版社，2004. 47

⑩中国社会科学院与澳大利亚人文科学院. 中国语言地图集B14"广东省的汉语方言文字说明". 香港：香港朗文（远东）出版有限公司，1989

⑪庄初升. 粤北土话音韵研究. 北京：中国社会科学出版社，2004. 327

⑫联合国教科文组织濒危语言特别专家组.语言活力与语言濒危. 范俊军，宫齐，胡鸿雁译. 民族语文，2006（3）

⑬戴庆厦. 中国濒危语言个案研究. 北京：民族出版社，2004. 4～6

⑭熊正辉，张振兴，林立芳. "汉语濒危方言调查研究"总序. 见：丘学强. 军话研究. 北京：中国社会科学出版社，2005. 3

⑮游汝杰. 汉语方言学导论. 上海：上海教育出版社，2000. 167

⑯游汝杰. 汉语方言学导论. 上海：上海教育出版社，2000. 168

⑰庄初升. 粤北土话音韵研究. 北京：中国社会科学出版社，2004. 338

⑱周振鹤，游汝杰. 方言与中国文化. 上海：上海人民出版社，2006. 61

⑲戴庆厦. 中国濒危语言个案研究. 北京：民族出版社，2004. 12

结 语

一、研究方法

以结构主义理论为基础的描写语言学认为，语言是同质有序的。"同质有序"是指一种语言或方言的系统在内部是一致的，在同一个语言社区里，所有的人群在所有的场合，他们所使用的语言或方言的标准是统一的，而其结构和演变是有规律的。基于对语言的上述认识，描写语言学的旨趣是描写共时的同质的语言，因此全面描写方言系统成为传统方言学的已任。①中国的描写方言学在经历了滥觞期、展开期、普查期以后，现在已进入了深入期。②但是，随着方言调查的深入，方言学家越来越意识到，这种研究有着非常明显的局限性。由于对现实中的语言变异"视而不见"，因此，很多语言现象从共时的平面无法进行解释，对方言未来的发展趋势也无法作出预测。以变异理论为基础的社会语言学则认为，语言是"异质有序"的。"异质有序"是指一种语言或方言的系统在内部是不一致的，会因人群、因场合而异，不同的阶层有不同的标准，其内部是有差异的，但其结构和演变仍然是有规律的。基于对语言的上述认识，社会语言学的旨趣是研究共时的异质的语言，注重探索语言变异，用现在说明过去，预测未来。①因此，引进社会语言学的理论和研究方法来研究方言学是方言学今后发展的方向之一。游汝杰、邹嘉彦（2004）指出："社会语言学已经取得斐然可观的成绩，它应该是方言学今后发展的重要方向之一。传统方言学和社会语言学相结合，将使方言学在语言学园地里大放异彩。……新的汉语方言学的特点应该是历史语言学、描写语言学和社会语言学三结合。"③历史语言学、描写语言学和社会语言学三结合是本书的研究方法。

二、主要内容

（一）上编

上编首先运用方言地理学的方法，分县（市、区）介绍了韶关土话的分布及其使用人口。从地理条件来看，韶关土话主要分布在以韶关市为中心的低丘陵宽谷盆地中，尤其是在北江及其支流两岸的坝地上。从县（市、区）来看，韶关土话主要分布在曲江、武江、浈江、仁化、乐昌和乳源六个县（市、区）。从使用人口来看，韶关土话区总人口为 132 398 人，占韶关市常住总人口的 4. 53%。在此基础上，运用描写语言学的方法，选取曲江区白土镇大村村委会、武江区西河镇向阳村委会、浈江区新韶镇石山村委会石陂、仁化县周田镇周田村委会、仁化县石塘镇石塘村委会、乳源县桂头镇松围村委会等六个方言点，全面介绍韶关土话的语言面貌。第二章介绍了韶关土话的语音系统，第三章把韶关土话的音系与中古音系进行了比较，第四章详细介绍韶关土话的语言特点。第五章是韶关土话字音对照表，共收单字 2 246 个。第六章是韶关土话词汇对照表，共收词语 1 950 条。第七章是韶关土话语法例句对照表，共收语法例句 130 个。

下面从声母、韵母和声调三个方面概括韶关土话的语言特点。

声母特点有：①古全浊声母今逢塞音、塞擦音时，除桂头外，其余五个点不论平仄一般都读送气音，桂头古全浊声母今逢塞音、塞擦音时送气与否同时以声纽和声调为条件。②保留"古无舌上音"和"古无轻唇音"的特点。③除石陂和周田外，其余四个点泥、来母不论逢洪细一般合流，石陂和周田则逢洪细都有别。④除石陂外，其余五个点精、庄、知、章四组声母一般合流，石陂精、庄、知二与知三、章有别。⑤都有一些溪母的常用字读如晓母。⑥大村、向阳、桂头见系一般没有腭化，石陂、周田、石塘晓匣母三、四等部分腭化为擦音。⑦晓、匣母合口字有读 f 声母而混入非组的表现，匣母有部分字读 v 或零声母。

⑧疑母在开口呼前一般读为舌根音 ŋ/g，影母在开口呼前则一般读为零声母或半元音，只有周田影母在部分韵摄中读 ʔ。

韵母特点有：①效摄一、二等已经合流，蟹摄、咸摄、山摄一、二等大体上还保留区别的痕迹。②除石塘外，果摄一等与遇摄合口一等有合流的痕迹，其中桂头尤为突出。③大村、石塘和桂头止摄合口三等极少数常用字读 ʉ 或 y，而向阳、石陂和周田则不存在这一现象。④周田和桂头存在流摄与蟹摄合流的现象，向阳和石陂则存在流摄与效摄合流的现象。⑤四等齐韵字各点都有几个层次的读音。⑥梗摄存在文白异读现象，但不突出。⑦大村、向阳存在古阳声韵今读阴声韵的现象。⑧入声韵尾简化得严重，-p、-t、-k 尾都已消失。

声调特点有：①除桂头外，其余五个点次浊上 A 类字今读去声、B 类字今读上声，桂头 A 类字今读阳上、B 类字今读阴上。②全浊上声字的演变共有三个类型：第一，A 类字今读阴去、B 类字今读阳去，如大村、向阳和周田；第二，A 类字今读去声、B 类字今读阴平，如石陂、石塘；第三，A 类字今读阳上、B 类字今读阳去，如桂头。③大村、向阳、周田和桂头四个点清去字归阴去、浊去字归阳去；石陂和石塘清去字独立为去声调，浊去字石塘一般并入阴平调，石陂部分归阴平、部分归上声。④除石塘外，其余五个点清入和浊入今读有别，石塘清入和浊入合并为一个入声调。⑤都存在小称变音。

词汇上，韶关土话内部一致性比较强。在调查的 1 950 个词语当中，六个点完全一致而且与普通话不同的方言词约有 310 个，约占 16%；五个点一致的方言词也占有一定的比例。不过，韶关土话词汇内部也存在明显的差异，这种差异主要是由于与周边方言或语言的接触而造成的。韶关土话词语的构词理据多种多样，有摹形、摹声、着眼于事物的功用、着眼于事物的特点、着眼于事物的构成材料、着眼于事物之间的关系、着眼于其来源等。在亲属称谓上，韶关土话也富有特色。双音节的亲属称谓中，如果是非重叠式，后一个音节读音往往比较一致，除小称变音外，一般为上声和去声；如果是重叠式，则连读变调规律相同，而后一个音节多读上声。此外，“姑母”和“姨母”的面称在多数点中要区分大小。

语法特点可分为词法特点和句法特点。词法特点主要有：①表示动物性别的语素一般用“婆”和“牯”，石陂和周田则一般用“嫲”和“牯”。②相当于普通话“子”“儿”的后缀主要有“嘀”“哩”“仔”和“子”，不同的点使用的后缀稍有不同。③用于人的词缀主要有“阿”“佬”“仔”等。④用小称变音区分词的使用频度、语义和词类。⑤人称代词比较一致，而指示代词和疑问代词则相差较大。⑥否定词用“唔”和“冇”。⑦结构助词共有“箇”“哩”“得”“起”“倒”五个，不同的点使用的结构助词不同。

句法特点主要有：①完成体和已然体标记都用“了”。②持续体和进行体标记有“倒”“起”“紧”三个，不同的点使用的不同。③反复貌一般用“动词＋紧＋动词＋紧”的形式，重行貌都用“过”，短时貌都用“动词＋补语”的形式。④双宾语句的形式是“动词＋间接宾语＋直接宾语”，除周田外，其余五个点间接宾语前要用一个介词引入，这个介词五个点各不相同。⑤处置句都不用介词引入处置对象，而是用一般动词句来表达，被动句则用介词引入被处置的对象，介词有“拿”“拈”“俵”等。⑥比较句和疑问句的形式比较复杂，内部差异也很明显。⑦可能补语和受事宾语的顺序比较自由。

（二）下编

下编运用社会语言学和历史语言学的方法，讨论韶关土话的濒危现象。

第二章运用社会语言学的方法，首先从土话的代际传承、土话使用人口占总人口的比例、土话使用域的走向、就学之前学会的方言与长大之后学会的方言、不同的族群相互学习对方方言的程度等五个方面介绍了韶关土话的语言活力，指出，韶关土话的语言活力主要局限在土话区内；离开了土话区，土话的语言活力非常微弱。然后介绍了韶关土话使用者的语言态度，指出，土生土长土话居民对土话持反对以及无所谓态度的只占少数，比较支持的和强烈支持的几乎各占一半。不过，韶关土话居民对土话的态度存在明显的社会分层变异，其中，年龄变异最为突出。除了 12 岁以下的孩子，年龄与对土话持积极态度的比例成正比，年龄越大，强烈支持的比例越高；年龄越小，强烈支持的比例越低。

第三章运用社会语言学的方法介绍了韶关土话区的方言兼用和方言转用现象。韶关土话区的方言兼用现象可分为以下几种类型：①从兼用范围上分，可分为全民型和局部型两类；②从兼用程度上分，可分为熟练型和半熟练型两类；③从兼用数量上分，可分为双方言型和多方言型两类；④从方言获得顺序上分，可分为并行型和先后型两类；⑤从兼用方言的类型来分，可分为客家话型和粤语型两类；⑥从方言获得途径的数量上分，可分为单一途径型和多途径型。总的来看，韶关土话区大约有三分之一的人是多方言的使用者，三分之一的人是双方言的使用者，还有三分之一的人是单方言的使用者。在方言兼用能力的社会分层变异中，年龄变异最为突出。除了 12 岁以下的孩子，方言兼用能力的高低同年龄成反比。由于各种因素的影响，韶关土话区方言兼用现象越来越普遍，兼用的方言将从以客家话为主逐渐转变为以粤语为主。韶关土话区的方言转用可分为先祖型、爷辈型、父辈型、儿辈型和孙辈型等类型。产生方言转用的原因多种多样，其中主要的原因是韶关土话使用人口少及其与周边方言的交错分布。目前正在发生方言转用的村落或者位于土话的边缘地带，或者位于市郊或乡镇的中心或边缘。随着方言兼用现象的增多，韶关土话区方言转用现象也将越来越多。

第四章运用历史语言学和语言接触的理论和方法，探讨韶关土话的地域变异。首先确定了判断韶关土话地域变异的原则，即：依据韶关土话、连州片土话和湘南土话的共性确定韶关土话与周边方言的同源性共有成分，依据韶关土话、连州片土话和湘南土话的差异以及韶关土话的内部差异确定韶关土话与周边方言的接触性共有成分。然后从语音、词汇和语法三个方面详细分析了韶关土话的地域变异。总的来看，韶关土话的地域变异具有以下几个特点：第一，从变异的来源来看，韶关土话整体上受客家话影响最为深刻，赣语次之，粤语和少数民族语言对韶关土话的影响最小。第二，从变异的程度来看，不同的点受周边方言或语言影响的程度深浅不一。第三，从变异的速度来看，不同的语言要素变异速度快慢不一。

第五章运用社会语言学的方法，以曲江区大村土话小称变音和“父亲、母亲”面称为例讨论韶关土话的社会分层变异现象。总的来看，大村土话的年龄变异最为突出，年龄越大，其口音或说法层次越早；年龄越小，其口音或说法层次越晚。此外，社会地位的高低同大村土话的变异也有一定的关系。社会地位越高的人，其口音或说法层次越早；社会地位越低的人，其口音或说法层次越晚。造成大村土话变异的主要原因是周边方言特别是客家话的影响，而土话自身的结构特点对其变异也有一定的影响。

第六章从交际功能和语言本体两个方面讨论了韶关土话的濒危现象。根据实际情况把韶关土话的交际功能分为六个类型：旺盛型、互补型、萎缩型、危险型、濒危型和灭绝型。韶关土话交际功能的衰退可以从两个方面来观察：第一，从使用域来看，韶关土话交际功能的衰退是从文化领域和经济领域逐渐退缩到生活领域。第二，从地理分布来看，韶关土话交际功能的衰退又分为两种情况：从土话代际传承还比较安全的村落来看，韶关土话的交际功能的衰退是从乡镇外到乡镇内再到村组内和家庭内；从土话代际传承不安全的村落来看，韶关土话交际功能的濒危是从土话区的边缘地带逐渐渗透到中心区域。在语言本体上，韶关土话一方面具有客赣方言区别于其他汉语方言最为本质的语音特点，另一方面也保留了一些自身所有的区别于其他方言的语言特点，是一种“似赣非赣、似客非客”具有明显混合性的方言。总之，从交际功能来看，韶关土话将由衰变走向濒危；从语言本体来看，韶关土话变异的速度越来越快，其自身所有的特点会逐渐减少，以至消失。因此，虽然韶关土话目前属于衰变方言，但是，随着交际功能的衰退，语言本体变异程度的加深，韶关土话将逐渐走向濒危，只不过这种濒危在不同的地区经历的时间长短会有所不同。

三、创新之处

本课题的创新之处有：第一，方法新。本课题把历史语言学、描写语言学和社会语言学三者结合起来对韶关土话进行比较全面的调查研究，这在我国汉语方言学乃至整个语言学界的研究中并不多见。此外，本课题把语言学、地理学、社会学、人类学、历史学、统计学等相关知识结合起来，对韶关土话进行了全方位的分析研究，这在濒危汉语方言的研究领域中比较少见。第二，内容新。上编首先介绍了韶关土话的地理分布和使用人口，然后从语音、词汇和语法三个方面介绍了韶关土话的语言本体面貌。下编对韶关土话的语言活力、韶关土话使用者的语言态度、韶关土话区的方言兼用和方言转用、韶关土话的地域变异和社会分层变异、韶关土话的濒危等方面进行了全面的介绍。上述研究对韶关土话来说具有填补空白的意义，在汉语方言中像这样深入而全面地研究一种方言的也不多。第三，为研究语言（或方言，下同）活力和语言濒危提供了具体的基本的人口比例。在一个地区内，一种语言的使用人口需要达到多少的比例才会具有旺盛的生命力？一种语言的使用人口需要达到多少的比例才能长期保持下来？一种语言的使用人口在多少的比例下又会发生濒危呢？本课题以韶关土话为依据，对上述几个问题提出了具体的基本的人口比例。第四，本课题有助于深化相关领域的研究。通过对韶关土话交际功能的深入调查发现，联合国教科文组织濒危语言特别专家组《语言活力与语言濒危》把语言使用域分为五级的方法明显过粗。而且，划分等级时缺乏量化的标准。此外，关于划分濒危语言的标准，现在还没有一个比较科学的界限，特别是语言本体上的标准几乎还没有学者提出。

当然，本研究也有一些明显的不足之处。如问卷调查选择的方言点数量还不够多，社会分层变异变研究调查的语言项目还偏少，语言本体的地域变异观察尚不够细致，在调查韶关土话使用者的语言态度时，没有采用配对变项法等。对于本研究存在的不足，我们今后会尽力弥补和完善。

运用历史语言学、描写语言学和社会语言学三结合的理论来研究汉语方言，对我们来说，是一个尝试，但愿本研究能够对濒危汉语方言研究起到一定的参考作用。

注释：

①游汝杰，邹嘉彦. 社会语言学教程. 北京：复旦大学出版社，2004. 5～7

②游汝杰. 汉语方言学导论. 上海：上海教育出版社，2000. 264～272

③游汝杰，邹嘉彦. 社会语言学教程. 北京：复旦大学出版社，2004. 7

参考文献

一、专著类

1. 爱德华 · 萨丕尔. 语言论. 陆卓元译，陆志韦校订. 北京:商务印书馆, 1985
2. 鲍厚星. 东安土话研究. 长沙:湖南教育出版社, 1998
3. 鲍厚星等. 湘南土话论丛. 长沙:湖南师范大学出版社, 2004
4. 布龙菲尔德. 语言论. 北京:商务印书馆, 1997
5. 曹志耘. 南部吴语语音研究. 北京:商务印书馆, 2002
6. 陈松岑. 社会语言学导论. 北京:北京大学出版社, 1985
7. 陈保亚. 论语言接触与语言联盟——汉语（侗台）语源关系的解释. 北京:语文出版社, 1996
8. 陈　原. 社会语言学. 北京:商务印书馆, 2000
9. 陈　晖. 湘方言语音研究. 长沙:湖南师范大学出版社, 2006
10. 戴庆厦. 中国濒危语言个案研究. 北京:民族出版社, 2004
11. 范晔撰，李贤等注. 后汉书. 上海:中华书局, 1997
12. 胡松柏. 赣东北汉语方言接触研究. 暨南大学博士学位论文, 2003
13. 胡灵光, 游益森. 韶关市志. 上海:中华书局, 2001
14. 黄宣范. 语言、社会与族群意识——台湾语言社会学的研究. 台北:文鹤出版有限公司, 1995
15. 黄雪贞. 江永方言研究. 北京:社会科学文献出版社, 1993
16. 葛剑雄, 吴松弟, 曹树基. 中国移民史（第四卷）. 福建:福建人民出版社, 1997
17. 郭　熙. 中国社会语言学. 杭州:浙江大学出版社, 2004
18. 简·爱切生. 语言的变化:进步还是退化. 北京:语文出版社, 1997
19. 李如龙等. 福建双方言研究. 香港:汉学出版社, 1995
20. 李如龙, 张双庆. 客赣方言调查报告. 厦门:厦门大学出版社, 1992
21. 李如龙等. 粤西客家方言调查报告. 广州:暨南大学出版社, 2000
22. 李永明. 临武方言——土话与官话的比较研究. 长沙:湖南人民出版社, 1988
23. 李　蓝. 湖南城步青衣苗人话. 北京:中国社会科学出版社, 2004
24. 李冬香. 湖南赣语语音研究. 暨南大学博士学位论文, 2005
25. 林立芳, 庄初升. 南雄珠玑方言志. 广州:暨南大学出版社, 1995
26. 刘纶鑫. 客赣方言比较研究. 北京:中国社会科学出版社, 1999
27. 刘纶鑫. 江西客家方言概况. 南昌:江西人民出版社, 2001
28. 陆学艺. 当代中国社会流动. 北京:社会科学文献出版社, 2004
29. 卢小群. 嘉禾土话研究. 长沙:中南大学出版社, 2002
30. 卢小群. 湘南土话代词研究. 北京:中国社会科学出版社, 2004
31. 罗昕如. 湘南土话词汇研究. 北京:中国社会科学出版社, 2004
32. 欧阳觉亚. 普通话广州话的比较与学习. 北京:中国社会科学出版社, 1993
33. 潘悟云. 汉语历史音韵学. 上海:上海教育出版社, 2000
34. 曲江县地方志编纂委员会. 曲江县志.上海:中华书局, 1999
35. 沈若云. 宜章土话研究. 长沙:湖南教育出版社, 1999
36. 孙宜志. 江西赣方言语音研究. 北京:语文出版社, 2007

37. （元）脱脱等. 宋史卷四百九十三列传“西南溪峒诸蛮”. 上海: 中华书局, 1977
38. 万　波. 赣语声母的历史层次研究. 香港中文大学研究院中国语言及文学学部哲学博士论文, 1998
39. 王福堂. 汉语方言语音的演变和层次. 北京: 语文出版社, 1999
40. （唐）魏征等. 隋书. 上海: 中华书局, 1982
41. 谢留文. 客家方言语音研究. 北京: 中国社会科学出版社, 2003
42. 辛世彪. 东南方言声调比较研究. 上海: 上海教育出版社, 2004
43. 徐通锵. 历史语言学. 北京: 商务印书馆, 2001
44. 徐大明. 语言变异与变化. 上海: 上海教育出版社, 2006
45. 徐大明等. 当代社会语言学. 北京: 中国社会科学出版社, 1997
46. 徐松石. 徐松石民族学文集（上卷）. 桂林: 广西师范大学出版社, 2005
47. 袁　焱. 语言接触与语言演变. 北京: 民族出版社, 2001
48. 游汝杰. 汉语方言学导论. 上海: 上海教育出版社, 2000
49. 俞理明. 语言迁移与二语习得——回顾、反思和研究. 上海: 上海外语教育出版社, 2004
50. 詹伯慧. 广东粤方言概要. 广州: 暨南大学出版社, 2002
51. 张晓勤. 宁远平话研究. 长沙: 湖南教育出版社, 1999
52. 张双庆. 乐昌土话研究. 厦门: 厦门大学出版社, 2000
53. 张双庆. 连州土话研究. 厦门: 厦门大学出版社, 2004
54. 周振鹤. 中国历代行政区划的变迁. 北京: 商务印书馆, 1998
55. 周振鹤, 游汝杰. 方言与中国文化. 上海: 上海人民出版社, 2006
56. 中国社会科学院与澳大利亚人文科学院. 中国语言地图集. 香港: 香港朗文（远东）出版有限公司, 1989
57. 中共乐昌市廊田镇委员会, 乐昌市廊田镇人民政府. 廊田镇志. 香港: 香港华夏出版社, 2005
58. 祝畹瑾. 社会语言学译文集. 北京: 北京大学出版社, 1985
59. 庄初升. 粤北土话音韵研究. 北京: 中国社会科学出版社, 2004

二、论文类

1. 鲍厚星. 湖南东安型土话的系属. 方言, 2002（3）
2. 曹树基. 湖南人由来新考. 历史地理（第九辑）. 上海: 上海人民出版社, 1990
3. 曹志耘. 关于濒危汉语方言问题. 语言教学与研究, 2001（1）
4. 陈乐素. 珠玑巷史事. 学术研究, 1982（6）
5. 陈　晖. 湖南临武（麦市）土话语音分析. 方言, 2002（2）
6. 陈忠敏. 宁波方言“虾猪鸡”类字声调变读及其原因——兼论汉语南方方言表小称义的两种语音形式. 语言研究, 1992（2）
7. 陈忠敏. 论广州话小称变调的来源. 见: 潘悟云.东方语言与文化. 上海:东方出版中心, 2003
8. 陈保亚. 从接触看濒危方言、濒危特征和濒危机制. 长江学术, 2006（1）
9. 戴庆厦, 张景霓. 濒危语言与衰变语言——毛南语语言活力的类型分析. 中央民族大学学报（哲学社会科学版）, 2006 年（1）
10. 戴庆厦, 罗自群. 语言接触研究必须处理好的几个问题. 语言研究, 2006（4）
11. 邓晓华. 客家话跟苗瑶壮侗语的关系问题. 民族语文, 1999（3）
12. 付义荣. 社会流动: 安徽无为傅村父亲称谓变化动因. 中国语文, 2008（2）
13. 黄家教, 崔荣昌. 韶关方言新派和老派的主要差异. 中国语文, 1983（2）
14. 黄雪贞. 客家方言的声调特点. 方言, 1988（4）
15. 黄雪贞. 客家方言的声调特点（续论）. 方言, 1989（2）
16. 蒋冀骋. 湖南沅陵乡话词缀“立”[li]的来源. 湖南师范大学社会科学学报, 2004（5）
17. 邝永辉. 粤北虱婆声土话区的语言生活. 语文研究, 2002（2）
18. 邝永辉, 林立芳, 庄初升. 韶关市郊石陂村语言生活的调查. 方言, 1998（1）

19. 李 荣. 汉语方言的分区. 方言, 1989（4）
20. 李如龙. 关于东南方言的“底层”研究. 民族语文, 2005（5）
21. 李如龙, 辛世彪. 晋南、关中的“全浊送气”与唐宋西北方音. 中国语文, 1999（3）
22. 李星辉. 古入声字在湘语中的分化. 中南大学学报（社会科学版）, 2004（3）
23. 李冬香. 从湖南、江西、粤北等方言中的“咖”看湘语、赣语的关系. 语文研究, 2003（4）
24. 李冬香. 平话、湘南土话和粤北土话鼻音韵尾脱落现象考察. 广西民族学院学报（哲学社会科学版）, 2005（2）
25. 李冬香. 从音韵现象看赣语、湘语的关系. 语言研究, 2007（3）
26. 联合国教科文组织濒危语言特别专家组. 语言活力与语言濒危. 范俊军, 宫齐, 胡鸿雁译. 民族语文, 2006（3）
27. 梁猷刚. 广东省北部汉语方言的分布. 方言, 1985（2）
28. 鲁国尧. 宋元江西词人用韵的研究. 见: 胡竹安, 杨耐思, 蒋绍愚编. 近代汉语研究. 北京: 商务印书馆, 1992
29. 罗美珍. 论族群互动中的语言接触. 语言研究, 2000（3）
30. 罗昕如. 湖南蓝山土话的内部差异. 方言, 2002（2）
31. 罗昕如. 湘南土话特色词例析. 湖南师范大学学报（社会科学版）, 2003（2）
32. 牟廷烈. 韶关西河土话音系及其特点. 韶关学院学报, 2002（5）
33. 屈大均. 山语. 见: 广东新语（卷三）. 上海: 中华书局, 1985
34. 韶关市统计局. 韶关市 2005 年国民经济和社会发展统计公报. 见: 2006 韶关统计年鉴（内部发行）. 2006
35. 谭其骧. 湖南人由来考（1931）. 见: 长水集. 北京: 人民出版社, 1987
36. 汤志祥. 粤语的常见后缀. 方言, 2000（4）
37. 唐湘晖. 湖南桂阳县燕塘土话语音特点. 方言, 2000（1）
38. 王福堂. 平话、湘南土话和粤北土话的归属. 方言, 2001（2）
39. 温昌衍. 客家方言的特征词. 见: 李如龙. 汉语方言特征词研究. 厦门: 厦门大学出版社, 2002
40. 吴福祥. 关于语言接触引发的演变. 民族语文, 2007（2）
41. 吴松弟. 客家南宋源流说. 复旦学报（社会科学版）, 1995（5）
42. 伍巍. 广东曲江县龙归土话的小称. 方言, 2003（1）
43. 熊正辉, 张振兴, 林立芳. “汉语濒危方言调查研究”总序. 见: 丘学强. 军话研究. 北京: 中国社会科学出版社, 2005
44. 严修鸿. 客家方言与周边方言的关系词. 汕头大学学报（人文科学版）, 2001（4）
45. 曾毅平. 石城(龙岗)客话常见名词词缀. 方言, 2003（4）
46. 张 琨. 汉语方言中鼻音韵尾的消失. 史语所集刊第五十四本第一部分, 1983
47. 张均如, 梁敏. 广西平话. 广西民族研究, 1996（4）
48. 张双庆, 万波. 从邵武方言几个语言特点的性质看其归属. 语言研究, 1996（1）
49. 张双庆, 万波. 乐昌（长来）方言古全浊声母今读音的考察. 方言, 1998（3）
50. 张双庆, 万波. 客赣方言“辫”读如“边编”的性质. 方言, 2002（1）
51. 朱晓农, 寸熙. 韶关话的小称调和嘎裂声. 见: 戴昭铭. 汉语方言语法研究和探索——首届国际汉语方言语法学术研讨会论文集. 哈尔滨: 黑龙江人民出版社, 2003
52. 庄初升. 粤北客家方言的分布和形成. 韶关大学学报, 1999（1）
53. .庄初升. 粤北土话及其他汉语方言表“孵化”义的词源. 中国语文研究, 2005（2）
54. 庄初升. 粤北客家方言语音概貌. 韶关学院学报, 2005（5）
55. 庄初升. 粤北土话、湘南土话和桂北平话中古全浊唇音、舌音今读的特殊表现. 东方语言学（第二辑）. 上海: 上海教育出版社, 2007
56. 庄初升. 从知三读如端组看粤北土话、湘南土话、桂北平话与早期赣语的历史关系. 中山人文学术论丛（第八辑）. 台北: 台湾文津出版社, 2007

后 记

粤北地区蕴藏着丰富的语言资源，境内除了苗瑶语族的勉语和壮侗语族的壮语之外，汉语方言也极其复杂。除了客家话、粤语、闽南方言岛以外，还分布着一群归属未明的粤北土话。我硕士研究生毕业分配到韶关学院工作以后，就开始跟随林立芳教授、庄初升教授调查研究粤北土话。尽管我的博士论文研究的是湖南赣语，但因为湖南赣语夹在湘语、客家话、江西赣语和湘南土话之间，而上述方言同粤北土话的关系非常密切，因此，我不能不对粤北土话有所关注。博士研究生毕业以后，我便把研究重点转向粤北土话。

2005 年 9 月，我带着"粤北土话濒危现象的社会语言学研究"的课题到复旦大学中文系从事博士后研究工作。2006 年 2 月，我以上述题目申报 2006 年度国家社科基金青年项目，获准立项。在材料的搜集、整理和论文的撰写过程中，我觉得上述选题太大，于是把范围缩小到粤北土话中的一片——韶州片。"韶州片土话"是庄初升教授在《粤北土话音韵研究》一书中首次提出来的。为避免同《中国语言地图集》中的"韶州土话"混淆，我把"韶州片土话"改称为"韶关土话"。2007 年 10 月和 2008 年 5 月，我的研究成果《韶关土话濒危现象的社会语言学研究》先后顺利通过了复旦大学中文系的博士后答辩和国家社会科学基金项目的验收。

粤北土话早为学界所关注，现已发表和出版的研究成果为数不少，其中，最为丰富的当推庄初升教授。1995 年以来，他发表了一系列关于粤北土话的论文和专著。在得知我申报的"粤北土话濒危现象的社会语言学研究"获得立项后，他把他尚未公开发表的关于粤北土话的原始材料毫无保留地提供给我。完成了这个课题以后，看着厚厚的一堆方言语料，我觉得不拿出来跟学界共享实在可惜。于是，我就提议跟他合作，把这些方言语料整理出来正式交付出版。他欣然同意，因而就有了这本书的上编"韶关土话调查报告"。

"韶关土话调查报告"以韶关土话六个方言点为代表，从语音、词汇和语法三个方面介绍了其语言面貌。其中，大村、石陂、石塘、桂头的语音材料由庄初升教授提供，他还帮助确定了向阳和周田的音系，其他的语料以及全编初稿由我独立完成。在调查研究的过程中，我经常通过电子邮件与庄初升教授讨论各种疑难问题，由此获得了许多共识。初稿完成后，庄初升教授对"韶关土话字音对照表"和"韶关土话词汇对照表"进行了编辑排版，对字条和词条进行了一些删减和调整，并更正了其中的一些错漏。

"韶关土话调查报告"的调查内容和体例基本上按照张双庆教授主编的《乐昌土话研究》和《连州土话研究》两本书，这样做主要是为了方便同行了解和研究粤北土话。与以上两本书不同的主要在语法例句部分。我们在上述两本书提供的语法例句基础上，补充调查了一些例句，这样一共有 130 个语法例句，我们把这 130 个语法例句单列一章。

下编"韶关土话濒危现象的社会语言学研究"是在我的博士后出站报告的基础上修改而成的。在复旦大学中文系从事博士后研究工作期间，我得到了导师游汝杰教授的悉心指导。硕士研究生和博士研究生期间，我的研究方向都是汉语方言学，因此，刚开始做上述博士后研究课题时，我茫然无绪。游老师从研究思路、研究方法到研究提纲甚至问卷调查的设计都给了我很多具体的建议和指导。我从对社会语言学的一知半解到今天能运用社会语言学的方法来研究汉语方言的这个进步，要归功于游老师。他的前沿化、国际化、现代化的学术思想深深地影响了我。本书的书名——"韶关土话调查研究"也是游老师帮我确定的。师母除了关心我的生活以外，还总是给我鼓励。在调查问卷的设计以及方言地图的绘制过程中，我还得到了徐世璇研究员、雷洪波博士、孙锐欣博士和郭丽博士的热心帮助。

下编能有今天这个样子，还要感谢各位专家的意见和建议。在复旦大学中文系博士后出站报告答辩会上，专家组的各位老师对本编的修改提出了很多富有指导性的意见。国家社会科学基金项目验收后，全国哲学社会科学规划办把评审专家的意见反馈给我。本书的第二作者庄初升教授也提出了很多富有启发性的意见。遗憾的是，由于各种原因，专家们提出的意见我们未能一一采纳，还请各位专家谅解！

在暨南大学求学期间，我旁听了郭熙教授开设的“社会语言学”和李军教授开设的“语言统计”等课程。在复旦大学从事博士后工作期间，我又旁听了上海师范大学语言研究所潘悟云教授开设的“音韵学”、复旦大学历史地理研究所葛剑雄教授开设的“历史地理”、经济学院李洁明教授开设的“统计学”等课程。正是有了上述老师所传授的相关知识作基础，本课题才得以比较顺利地进行。

在田野调查过程中，我得到了很多单位和个人的帮助。我的工作单位——韶关学院文学院院长庄义友教授无论是在人力上还是物力上都给予了我大力支持。韶关市的各级政府特别是韶关土话区的各地乡政府和村委会帮我解决了田野调查中的很多实际问题。韶关土话区纯朴而热情的人民为配合我的调查，经常牺牲自己的节假日，其中有很多人我至今还不知道他们的名字。

我能够顺利地完成这项课题，与家人的支持分不开。我年迈的公公、婆婆帮我承担了照看幼女的义务。我的先生几乎把所有的业余时间都放在女儿的培养和对我的照顾上。正是由于他们无私的奉献，我才能够全心全意地投入到这项课题的调查研究中。

我的博士研究生导师詹伯慧教授、师兄刘新中博士以及暨南大学出版社李战副总编对本书的出版提出了一些建设性的意见，并给予了很多具体的帮助。暨南大学出版社黄倩编辑也为本书的出版付出了辛勤劳动。国家哲学社会科学基金项目、教育部人文社科重点研究基地重大项目和韶关学院汉语言文字学重点学科给予了经费支持。谨此一并致谢。

我从 1999 年第一次接触粤北土话至今正好十年，本书是我这十年来从事粤北土话调查研究的一个小结，希望能够得到各位专家学者的批评指正。我愿以此为起点，继续为粤北地区的语言研究尽绵薄之力。

李冬香

2009 年 6 月 3 日